做一个理想的法律人
To be a Volljurist

Allgemeiner Teil des
Bürgerlichen Gesetzbuchs
4. Auflage

民法总论

（第4版）

［德］莱因哈德·博克（Reinhard Bork） 著

谢远扬　郝丽燕　译

北京大学出版社
PEKING UNIVERSITY PRESS

著作权合同登记号　图字：01-2017-6190
图书在版编目（CIP）数据

民法总论：第4版／（德）莱因哈德·博克著；谢远扬，郝丽燕译. -- 北京：北京大学出版社，2024.7.（法律人进阶译丛）. -- ISBN 978-7-301-35140-6

Ⅰ.D913.04

中国国家版本馆CIP数据核字第202439F12J号

Allgemeiner Teil des Bürgerlichen Gesetzbuchs, 4. Auflage, by Reinhard Bork
© Mohr Siebeck Tübingen 2016

本书原版由 Mohr Siebeck Tübingen 于2016年出版。本书简体中文版由原版权方授权翻译出版。

书　　　名	民法总论（第4版） MINFA ZONGLUN (DI-SI BAN)
著作责任者	〔德〕莱因哈德·博克（Reinhard Bork）　著 谢远扬　郝丽燕　译
丛书策划	陆建华
责任编辑	王馨雨　陆建华
标准书号	ISBN 978-7-301-35140-6
出版发行	北京大学出版社
地　　　址	北京市海淀区成府路205号　100871
网　　　址	http://www.pup.cn　http://www.yandayuanzhao.com
电子邮箱	编辑部 yandayuanzhao@pup.cn　总编室 zpup@pup.cn
新浪微博	@北京大学出版社　@北大出版社燕大元照法律图书
电　　　话	邮购部 010-62752015　发行部 010-62750672 编辑部 010-62117788
印　刷　者	南京爱德印刷有限公司
经　销　者	新华书店
	880毫米×1230毫米　A5　34印张　1033千字 2024年7月第1版　2024年7月第1次印刷
定　　　价	198.00元

未经许可，不得以任何方式复制或抄袭本书之部分或全部内容。
版权所有，侵权必究
举报电话：010-62752024　电子邮箱：fd@pup.cn
图书如有印装质量问题，请与出版部联系，电话：010-62756370

"法律人进阶译丛"编委会

主　编

李　昊

编委会

（按姓氏音序排列）

班天可	陈大创	季红明	蒋　毅	李　俊
李世刚	刘　颖	陆建华	马强伟	申柳华
孙新宽	唐波涛	唐志威	吴逸越	夏昊晗
徐文海	叶周侠	查云飞	翟远见	章　程
	张焕然	张　静	张　挺	

Allgemeiner Teil des Bürgerlichen Gesetzbuchs
4. Auflage

作者简介

〔德〕莱因哈德·博克（Reinhard Bork），德国汉堡大学民事程序法和一般程序法荣休教授，主要研究领域是破产法和仲裁法。

博克教授1956年出生于德国科隆，1974年至1975年在联邦德国国防军服役，1975年考入明斯特大学法学院，1980年通过第一次国家司法考试，1982年通过第二次国家司法考试，1984年在明斯特大学获得法学博士学位，他的论文题目是《医学领域伦理委员会的程序》（Das Verfahren vor den Ethik-Kommissionen der medizinischen Fachbereiche），1988年以专题研究《论和解》（Der Vergleich）获得民法、商法、经济法和民事诉讼法任教资格。博克教授从1990年开始在汉堡大学担任民法和民事诉讼法教席至今，其间曾担任汉堡大学法学院副院长、院长，并在1992年至1998年担任汉堡高等法院的法官。他是《斯陶丁格民法典评注》（StaudingerKommentar BGB）、《Juris民法典实务评注》（Juris PraxisKommentar）、《施泰因/约纳斯民诉法评注》（Stein/Jonas ZPO Kommentar）、《博克/舍费尔有限公司法评注》（Bork/Schäfer GmbHG Kommentar）、《库伯勒/普律廷/博克破产法活页评注》（Kübler/Prütting/Bork InsO Loseblattkommentar），以及其他有关竞争法、公司法、家庭法等诸多评注的重要撰写者，他独自撰写了《民法总论》《破产法导论》等重要教科书及大量破产法专著，并发表专业学术论文、案例评述250多篇及大量书评。

自2010年起，博克教授曾作为牛津莫德林学院（Magdalen College Oxford）、台湾大学、荷兰拉德堡德奈梅亨大学（Radboud University Nijmegen）大学的访问学者，并在2020年至2023年担任牛津大学哈里斯·曼

Allgemeiner Teil des Bürgerlichen Gesetzbuchs

4. Auflage

彻斯特学院（Harris Manchester College）商法中心的高级研究员。此外，博克教授还是国际诉讼法学会、美国破产研究所、民法教师协会、民事诉讼法教师协会、破产法教师协会、欧洲重组与破产法大会（CERIL）、欧洲法研究所、德国仲裁协会等组织的成员。

译者简介

谢远扬，中国人民大学法学博士、德国汉堡大学法学博士。中国政法大学讲师，硕士生导师，主要研究领域为民法学、个人信息保护法和数据法学。在《法律科学》《清华法学》《现代法学》等核心期刊发表学术论文多篇；出版个人专著《个人信息的私法保护》。主持国家社科基金项目1项。是中国社会科学院法学研究所主持编撰的《民法典评注》撰写成员之一。

郝丽燕，中国社会科学院法学博士（民商法），德国波恩大学法学硕士（Diplom-Juristin）。取得德国北威州法律人候补文官资格，德国科隆大学访问学者。山东建筑大学法学院副教授、硕士生导师，主要研究领域为民法学、比较私法。在《法学家》《环球法律评论》《政治与法律》《华东政法大学学报》等核心期刊发表学术论文20余篇；出版个人专著《所有权转让的抽象性研究》和《履行障碍的救济体系研究》；合著《〈中华人民共和国民法典·合同编〉释义》；合译《德国强制执行法》。主持国家社科基金项目1项，中国法学会、山东省社科项目等省部级课题5项。是中国社会科学院法学研究所主持编撰的《民法总则评注》《民法典评注》撰写成员之一。

Allgemeiner Teil des Bürgerlichen Gesetzbuchs

4. Auflage

译丛主编简介

李昊，北京大学法学学士、民商法学硕士，清华大学民商法学博士，中国社会科学院法学研究所博士后。现任中南财经政法大学法学院教授、博士生导师，数字法治研究院执行院长，法律硕士"数字治理与合规"方向导师组组长。曾任北京航空航天大学人文社会科学高等研究院副院长、北京航空航天大学法学院教授（院聘）、博士生导师。德国慕尼黑大学、明斯特大学、奥格斯堡大学、奥地利科学院欧洲损害赔偿法研究所访问学者。兼任德国奥格斯堡大学法学院客座教授、中国法学会民法学研究会理事、中国法学会网络与信息法学研究会理事、北京市物权法学研究会副会长、北京中周法律应用研究院副理事长兼秘书长、北京法律谈判研究会常务理事、北京市金融服务法学会理事、湖北省法学会民法学研究会理事、上海法院特聘教授、浙江省检察院咨询专家、北京仲裁委员会/北京国际仲裁中心和苏州仲裁委员会仲裁员。担任《燕大法学教室》（简体版《法学教室》）主编、《月旦法学杂志》副主编、《中德私法研究》和《法治研究》编委。著有《纯经济上损失赔偿制度研究》《交易安全义务论——德国侵权行为法结构变迁的一种解读》《危险责任的动态体系论》《不动产登记程序的制度建构》（合著）、《中国民法典侵权行为编规则》（合著）等多部书稿。在《法学研究》《清华法学》《法学》《比较法研究》《环球法律评论》等期刊和集刊发表论文六十余篇。主持"侵权法与保险法译丛""侵权法人文译丛""外国法学精品译丛""法律人进阶译丛""欧洲法与比较法前沿译丛"等多部法学译丛，联合主编"新坐标法学教科书"系列。

做一个理想的法律人（代译丛序）

近代中国的法学启蒙受自日本，而源于欧陆。无论是法律术语的移植、法典编纂的体例，还是法学教科书的撰写，都烙上了西方法学的深刻印记。即使是中华人民共和国成立后曾兴盛过一段时期的苏俄法学，从概念到体系仍无法脱离西方法学的根基。自 20 世纪 70 年代末以来，借助我国台湾地区法律书籍的影印及后续的引入，以及诸多西方法学著作的大规模译介，我国重启的法制进程进一步受到西方法学的深刻影响。当代中国的法律体系可谓奠基于西方法学的概念和体系之上。

自 20 世纪 90 年代开始的大规模的法律译介，无论是江平先生挂帅的"外国法律文库""美国法律文库"，抑或舒国滢先生等领衔的"西方法哲学文库"，以及北京大学出版社出版的"世界法学译丛"、上海人民出版社出版的"世界法学名著译丛"，诸多种种，均注重于西方法哲学思想尤其英美法学的引入，自有启蒙之功效。不过，或许囿于当时西欧小语种法律人才的稀缺，这些译丛相对忽略了以法律概念和体系建构见长的欧陆法学。弥补这一缺憾的重要转变，应当说始自米健教授主持的"当代德国法学名著"丛书和吴越教授主持的"德国法学教科书译丛"。以梅迪库斯教授的《德国民法总论》为开篇，德国法学擅长的体系建构之术和鞭辟入里的教义分析方法进入了中国法学的视野，辅以崇尚德国法学的我国台湾地区法学教科书和专著的引入，德国法学在中国当前的法学教育和法学研究中日益受到尊崇。然而，"当代德国法学名著"丛书虽然遴选了德国当代法学著述中的上乘之作，但囿于撷取名著的局限及外国专家的视角，丛书采用了学科分类的标准，而未区分注重体系层次的基础教科书与偏重思辨分析的学术专著，与戛然而止的"德国法学教科书译丛"一样,在基础教科书书目的选择上尚未能充分体现当代德国法学教育的整体面貌,是为缺憾。

职是之故,自 2009 年始,我在中国人民大学出版社策划了现今的"外国法学教科书精品译丛",自 2012 年出版的德国畅销的布洛克斯和瓦尔克的《德国民法总论(第 33 版)》始,相继推出了韦斯特曼的《德国民法基本概念(第 16 版)(增订版)》、罗歇尔德斯的《德国债法总论(第 7 版)》、多伊奇和阿伦斯的《德国侵权法(第 5 版)》、慕斯拉克和豪的《德国民法概论(第 14 版)》,并将继续推出一系列德国主流的教科书,涵盖了德国民商法的大部分领域。该译丛最初计划完整选取德国、法国、意大利、日本诸国的民商法基础教科书,以反映当今世界大陆法系主要国家的民商法教学的全貌,可惜译者人才梯队不足,目前仅纳入"日本侵权行为法"和"日本民法的争点"两个选题。

系统译介民商法之外的体系教科书的愿望在结识季红明、查云飞、蒋毅、陈大创、葛平亮、夏昊晗等诸多留德小友后得以实现,而凝聚之力源自对"法律人共同体"的共同推崇,以及对案例教学的热爱。德国法学教育最值得我国法学教育借鉴之处,当首推其"完全法律人"的培养理念,以及建立在法教义学基础上的以案例研习为主要内容的教学模式。这种法学教育模式将所学用于实践,在民法、公法和刑法三大领域通过模拟的案例分析培养学生体系化的法律思维方式,并体现在德国第一次国家司法考试中,进而借助第二次国家司法考试之前的法律实训,使学生能够贯通理论和实践,形成稳定的"法律人共同体"。德国国际合作机构(GIZ)和中国国家法官学院合作的《法律适用方法》(涉及刑法、合同法、物权法、侵权法、劳动合同法、公司法、知识产权法等领域,由中国法制出版社出版)即是德国案例分析方法中国化的一种尝试。

基于共同创业的驱动,我们相继组建了中德法教义学 QQ 群,推出了"中德法教义学苑"微信公众号,并在《北航法律评论》2015 年第 1 辑策划了"法教义学与法学教育"专题,发表了我们共同的行动纲领:《实践指向的法律人教育与案例分析——比较、反思、行动》(季红明、蒋毅、查云飞执笔)。2015 年暑期,在谢立斌院长的积极推动下,中国政法大学中德法学院与德国国际合作机构法律咨询项目合作,邀请民法、公法和刑法三个领域的德国教授授课,成功地举办了第一届"德国法案例分析暑期班"并延续至今。2016年暑期,季红明和夏昊晗也积极策划并参与了由西南政法大学黄家镇副教授牵头、民商法学院举办的"请求权基础案例分析法课程暑期培训班"。2017年暑期,加盟中南财经政法大学法学院的"中德法教义学苑"团队,成功举办了"案例分析暑期培训班",系统地在民法、公法和刑法三个领域以德国的鉴定式模式开展了案例分析教学。

中国法治的昌明端赖高素质法律人才的培养。如中国诸多深耕法学教育的启蒙者所认识的那样,理想的法学教育应当能够实现法科生法律知识的体系化,培养其运用法律技能解决实践问题的能力。基于对德国奠基于法教义学基础上的法学教育模式的赞同,本译丛期望通过德国基础法学教程尤其是案例研习方法的系统引入,循序渐进地从大学阶段培养法科学生的法律思维,训练其法律适用的技能,因此取名"法律人进阶译丛"。

本译丛从法律人培养的阶段划分入手,细分为五个子系列:

——法学启蒙。本子系列主要引介关于法律学习方法的工具书,旨在引导学生有效地进行法学入门学习,成为一名合格的法科生,并对未来的法律职场有一个初步的认识。

——法学基础。本子系列对应于德国法学教育的基础阶段,注重民法、刑法、公法三大部门法基础教程的引入,让学生在三大部门法领域中能够建立起系统的知识体系,同时也注重扩大学生在法理学、法律史和法学方法等基础学科上的知识储备。

——法学拓展。本子系列对应于德国法学教育的重点阶段,旨在让学生能够在三大部门法的基础上对法学的交叉领域和前沿领域,诸如诉讼法、公司法、劳动法、医疗法、网络法、工程法、金融法、欧盟法、比较法等有进一步的知识拓展。

——案例研习。本子系列与法学基础和法学拓展子系列相配套,通过引入德国的鉴定式案例分析方法,引导学生运用基础的法学知识,解决模拟案例,由此养成良好的法律思维模式,为步入法律职场奠定基础。

——经典阅读。本子系列着重遴选法学领域的经典著作和大型教科书(Grosse Lehrbücher),旨在培养学生深入思考法学基本问题及辨法析理之能力。

我们希望本译丛能够为中国未来法学教育的转型提供一种可行的思路,期冀更多法律人共同参与,培养具有严谨法律思维和较强法律适用能力的新一代法律人,建构法律人共同体。

虽然本译丛先期以择取的德国法学教程和著述为代表,但是并不以德国法独尊,而是注重以全球化的视角,实现对主要法治国家法律基础教科书和经典著作的系统引入,包括日本法、意大利法、法国法、荷兰法、英美法等,使之能够在同一舞台上进行自我展示和竞争。这也是引介本译丛的另一个初衷:通过不同法系的比较,取法各家,吸其所长。也希望借助本译丛的出版,展示近二十年来中国留学海外的法学人才梯队的更新,并借助新生力量,在既有译丛积累的丰富经验基础上,逐步实现对外国法专有术语译法的相对统一。

本译丛的开启和推动离不开诸多青年法律人的共同努力,在这个翻译难以纳入学术评价体系的时代,没有诸多富有热情的年轻译者的加入和投入,译丛自然无法顺利完成。在此,要特别感谢积极参与本译丛策划的诸位年轻学友和才俊,他们是:留德的季红明、查云飞、蒋毅、陈大创、黄河、葛平亮、杜如益、王剑一、申柳华、薛启明、曾见、姜龙、朱军、汤葆青、刘志阳、杜志浩、金健、胡强芝、孙文、唐志威,留日的王冷然、张挺、班天可、章程、徐文海、王融擎,留意的翟远见、李俊、肖俊、张晓勇,留法的李世刚、金伏海、刘骏,留荷的张静,等等。还要特别感谢德国奥格斯堡大学法学院的托马斯·M.J.默勒斯(Thomas M. J. Möllers)教授慨然应允并资助其著作的出版。

本译丛的出版还要感谢北京大学出版社学科副总编辑蒋浩先生和策划编辑陆建华先生,没有他们的大力支持和努力,本译丛众多选题的通过和版权的取得将无法达成。同时,本译丛部分图书得到中南财经政法大学法学院徐涤宇院长大力资助。

回顾日本的法治发展路径,在系统引介西方法律的法典化进程之后,将是一个立足于本土化、将理论与实务相结合的新时代。在这个时代中,中国法律人不仅需要怀抱法治理想,还需要具备专业化的法律实践能力,能够直面本土问题,发挥专业素养,推动中国的法治实践。这也是中国未来的"法律人共同体"面临的历史重任。本译丛能预此大流,当幸甚焉。

李　昊
2018 年 12 月

译者序

应当承认,从成为博士候选人开始,无论是撰写博士毕业论文还是教授资格论文,博克教授的研究重心一直都在民事程序法领域。尤其是在进入汉堡大学任教之后,他的主要研究成果也大多集中于破产法领域。然而,同样无人能够否认的是,博克教授的《民法总论》一书,是自拉伦茨教授的《德国民法通论》之后,德国民法学界具有极高学术价值的经典民法总论教科书之一。同时,博克教授在程序法上的深厚积累和独特视野,也给这本教科书增添了特色。

首先,在研究范式上,博克教授的《民法总论》特别注重方法论上的指导性意义。本书的第一部分高屋建瓴地从私法秩序的总体角度来审视整个民法体系、《德国民法典》,以及民法规范的适用。博克教授强调,要从整体私法秩序的角度来理解民法的目的和内容,从而引出对私法法源和私法适用中各种重要方法的讨论,尤其是有关法律发现、法律解释和法律续造的讨论。"法源论"作为法学方法论的基石,充分体现了方法论思维在整个德国民法学界以及在博克教授本人学术思维中的核心地位。"法源论"能够为法律适用主体提供寻找法律的方法,既包括为一般的国民提供行为的应然规范,又包括为法律人在法律适用过程中提供适用和解释的对象,并以此形成裁判的基础。在此意义上,法源构成了法律适用的前提,但法律适用远远不止于此。在这之后,需要在法律解释层面进一步展开,面对适用中可能存在的种种问题,采用科学的方法明确适用对象,填补可能的法律漏洞,甚至在现有的法源之上加以续造,这就自然引出法律解释和法律漏洞填补的各种方法。除了第一部分,博克教授在他的整本教科书中都反复强调法律解释的重要意义,这不仅是指对法律条文的解释，而且包括更为重要的对当事人意思表示的解释，因为后者更能体现民法最基本的私法自治理念。

其次，在体系上，博克教授的《民法总论》特别注重整体的一贯性和关联性。众所周知，民法总则本身就是法典化和体系化最集中的体现，即提取公因式的结果。这种公因式，是以法律行为理论为核心，以民事权利的构成为基础而展开的。本书也贯彻了这种体系性，从第二部分开始，分别从权利主体、权利客体、权利内容以及权利变动（法律行为）等方面分别展开。具体来说，这种体系性表现为两个层次。第一个层次是从权利理论的视角，分别讨论权利的主体、客体、内容和变动。权利变动最基本的方法就是法律行为，从而本书引入了法律行为理论，即在此基础上进一步展开第二个层次，讨论法律行为的构成及其核心要素——意思表示，然后引申到法律行为的效力，最后是法律行为的实施及其特定形式——代理。这种外在的体系性让各个看似松散的章节产生了内在关联性，并进一步围绕法律行为和意思表示展开，这就更加突出了作为法律行为目的的私法自治理念，以及蕴藏在其中的自由和自治精神。

再次，在内容上，博克教授的《民法总论》贯彻了法教义学的理念。本书虽然以规范论为基础，但也非常注重对具体案例的分析。书中每当涉及难以理解的抽象规范时，总会辅以大量的联邦宪法法院、联邦普通法院、联邦行政法院甚至地方各州级法院的判决，它们或服务于一般规范的具体化，或服务于理论概念的阐释，或服务于解释法官法对实体法的渐进发展，帮助读者理解相关内容，其中当然也免不了作者对部分案例的点评。总而言之，通过大量的案例，博克教授将原本抽象的理论和规范与现实社会生活建立起关联，在为司法三段论中的大前提找对应小前提的同时，也为读者重现了法学理论和司法实践相互作用、相互影响、共同发展的过程。

在此基础上，博克教授特别注重历史视角。无论是社会现实、法律规范、学说理论还是司法实践都不可能是一成不变的，博克教授从历史的视角回顾《德国民法典》的发展历程，不吝笔墨地从德意志第二帝国成立之前开始，到德意志第二帝国成立之后，再到魏玛共和国时期、纳粹德国时期、冷战时期，直到现在的欧盟一体化时期，详细讲述了各个阶段对《德国民法典》

的编纂和内容的影响,以及《德国民法典》自身作出的种种应对和调整。同时,本书还注重从社会客观发展的角度,展现人格权制度、消费者保护制度、个人数据保护制度等新的议题,展示它们在理论层面和规范层面带给《德国民法典》的各种变革,给予读者一个全面且具有时代性的理解民法总则的视角。除此之外,在保证教科书观点一致性的基础上,博克教授除了介绍学界通说,还恰当地将法律界的重要争议展现在读者面前,既包括纯粹理论上的不同见解,又包括司法实践在法律适用和解释上的争论。这使得本书不仅仅是单纯的观点输出,更为广大读者留出了独立思考的空间。

最后,在行文上,凡是阅读过本书原版的读者都不会否认,博克教授的文字非常通俗易懂,并且不失法律语言的优美和准确性。有人曾说过,真正的大师,能用非常简单的语言解释清楚复杂的问题。面对使用晦涩难懂的"法学语言"的《德国民法典》,博克教授能够如此信手拈来,他深厚的民法功底可见一斑,这也让本书成为备受《德国民法典》艰深文本折磨的广大学子的"福音"。

在我国《民法典》已经实施的今天,再次阅读博克教授的《民法总论》,虽然碍于教科书题材的限制,其中并没有太多比较法的内容,但是本书关于《德国民法典》总则部分的讨论,对深入了解我国《民法典》总则编中各项制度的理论基础和规范架构仍会大有裨益。所谓"他山之石可以攻玉",横向比较他国法律中的优秀之处,最终还要落脚于对我国法律的进一步完善和发展,实现法学理论和方法的本土化。

本书翻译工作的完成,要感谢中南财经政法大学李昊老师辛苦的组织工作,还要感谢北京大学出版社陆建华老师、王馨雨老师不厌其烦的督促和耐心的编辑校对。

由于译者水平有限,很难将博克教授著作原文的精髓完美无缺地展现给读者,行文中也难免会有疏漏之处,在此敬请诸位读者不吝指正,共同促进本书翻译的完善!

谢远扬
2024年6月

第4版前言

在"第3版"问世5年后,一方面,本书在读者中收获了良好的反响;另一方面,出现了大量需要评估的判决和著作等新素材,特别是在消费者保护法方面的变化,这些因素共同促成了这一新的版本。感谢玛丽亚·韦伯和维拉·希尔克两位学生在修订过程中的积极支持,以及所有为本书的改进提出建议、作出贡献的人。

本书的内容截至2015年8月1日。对于您提出的批评、改进建议,以及对于错误和不准确之处的指正,笔者深表感谢!

莱因哈德·博克

汉堡,2015年8月

第 1 版前言

在《德国民法典》生效 100 年后,由笔者担任主编的出版社开始组织编写一套新的教材,其第一册的内容专注于民法总则。这套教材旨在介绍当今德国私法的各个方面,包括与欧洲法和国际法上的关联以及程序法上的框架条件。科学的要求和现代教学方法是这套教材的两个主要特点。因此,这套教材不仅面向初学者和进阶者,还面向有志于深入研究私法问题的学者和法律从业者,比如立法者。在此背景下,笔者的目标不是使本书具备百科全书式或评注式的完备性,而是通过有代表性的内容来阐明基础问题并揭示私法体系的大致轮廓。

莱因哈德·博克

目 录

第一部分　作为私法秩序组成的《民法典》

第一章　私法秩序 …………………………………………… 0003
一、法、私法和市民法 ……………………………………… 0004
　（一）法律 ………………………………………………… 0005
　（二）法的表现形式 ……………………………………… 0008
　（三）私法和民法 ………………………………………… 0012
二、私法的法源 ……………………………………………… 0014
第二章　《民法典》 ………………………………………… 0018
一、产生和发展 ……………………………………………… 0019
　（一）国家统一和法的统一 ……………………………… 0019
　（二）《民法典》的产生 ………………………………… 0022
　（三）《民法典》在20世纪的发展 ……………………… 0026
二、适用范围 ………………………………………………… 0034
　（一）事实的适用范围 …………………………………… 0034
　（二）时间上的适用范围 ………………………………… 0036
　（三）空间上的适用范围 ………………………………… 0036
三、体系化 …………………………………………………… 0041
　（一）法典的构造 ………………………………………… 0041
　（二）规范形式 …………………………………………… 0046
四、基本价值 ………………………………………………… 0050
　（一）私人自治 …………………………………………… 0051

（二）社会保护 ·· 0053
　　（三）自己责任 ·· 0054
　　（四）信赖保护 ·· 0055
第三章　私法的法律适用 ·· 0056
　一、概述 ·· 0058
　　（一）法律发现和方法 ·· 0058
　　（二）法律发现的程序 ·· 0061
　二、法律解释 ··· 0063
　　（一）基础 ·· 0063
　　（二）解释的标准 ··· 0064
　三、修正和补充 ··· 0074
　　（一）目的性限缩 ··· 0074
　　（二）类推 ·· 0075
　　（三）超越法律的法律续造 ····································· 0077

第二部分　权利主体

第四章　自然人 ··· 0081
　一、权利能力 ··· 0081
　　（一）概念 ·· 0082
　　（二）开始 ·· 0083
　　（三）终止 ·· 0085
　二、成年 ·· 0086
　三、住所 ·· 0086
　四、消费者和企业主 ·· 0089
　五、人格保护 ··· 0091
　　（一）姓名保护 ··· 0092
　　（二）保护一般人格权 ·· 0094

第五章　法人 ·································· 0098
　一、概念 ···································· 0100
　二、权利能力 ································ 0102
　　(一)取得 ·································· 0102
　　(二)范围 ·································· 0103
　　(三)区别 ·································· 0103
　三、类型 ···································· 0107
　　(一)私法上的法人 ·························· 0107
　　(二)公法上的法人 ·························· 0108
　四、总则编中有关法人的规定 ·················· 0109
　　(一)有权利能力的社团 ······················ 0109
　　(二)无权利能力社团 ························ 0117
　　(三)基金会 ································ 0119

第三部分　权利客体

第六章　概述 ·································· 0123
　一、定义 ···································· 0123
　二、类型 ···································· 0124
　三、区分 ···································· 0125
第七章　总则中对物的规定 ······················ 0127
　一、物 ······································ 0127
　　(一)概念 ·································· 0128
　　(二)类型 ·································· 0130
　二、组成部分 ································ 0133
　　(一)概念 ·································· 0134
　　(二)类型 ·································· 0134
　三、附属物 ·································· 0138
　四、收益和负担 ······························ 0141

（一）收益 0142
   （二）负担 0144

第四部分　法律事实

第八章　事件和行为 0147

第五部分　主观权利

第九章　主观权利的概念 0153
  一、概述 0154
  二、主观权利 0155
   （一）概念 0155
   （二）区分 0158
   （三）类型 0162
第十章　主观权利的命运 0163
  一、概述 0163
  二、产生 0164
  三、移转 0165
  四、消灭（抗辩） 0167
  五、可实现性（抗辩权） 0169
   （一）一般内容 0169
   （二）专论：时效抗辩 0170
   （三）滥用的限制 0182
第十一章　主观权利的实现 0189
  一、概述 0190
  二、正当防卫 0191
   （一）防卫状况 0192
   （二）防卫行为 0192
   （三）没有权利滥用 0192

（四）防卫错误 0193
　二、紧急避险 0195
　　（一）防御性紧急避险 0196
　　（二）攻击性紧急避险 0198
　四、自助救济 0200
　　（一）自助状况 0200
　　（二）自助行为 0201
　　（三）法律效果 0202
　五、附录：提供担保 0203

第六部分　法律行为学说的基础

第十二章　法律行为的概念 0209
　一、定义 0209
　二、界分 0213
　　（一）事实行为 0214
　　（二）准法律行为 0215
第十三章　法律行为的类型 0220
　一、单方法律行为和多方法律行为 0221
　　（一）单方法律行为 0221
　　（二）多方法律行为 0223
　二、债权法、物权法、家庭法上和继承法上的法律行为 0227
　三、财产权上的和人身权上的法律行为 0227
　四、生前行为和死因行为 0228
　五、负担和处分 0229
　　（一）分离原则 0229
　　（二）定义 0230
　　（三）区别 0232
　六、有因的法律行为和抽象的法律行为 0234
　　（一）基础 0235

（二）有因的法律行为 …………………………………………… 0237
　　（三）抽象的法律行为 …………………………………………… 0239
　　（四）原因行为 …………………………………………………… 0241
　　（五）抽象原则 …………………………………………………… 0242
　七、有偿的法律行为和无偿的法律行为 …………………………… 0248
第十四章　法律行为的解释 …………………………………………… 0250
　一、基础 ………………………………………………………………… 0252
　二、通过解释回答的问题 ……………………………………………… 0255
　　（一）法律行为的构成要件 ……………………………………… 0255
　　（二）意思表示的内容 …………………………………………… 0256
　三、解释方法 …………………………………………………………… 0257
　　（一）概述 ………………………………………………………… 0257
　　（二）自然解释 …………………………………………………… 0258
　　（三）说明性解释 ………………………………………………… 0263
　　（四）补充性解释 ………………………………………………… 0266
　四、解释的过程 ………………………………………………………… 0270
　　（一）确定解释的对象 …………………………………………… 0270
　　（二）文义 ………………………………………………………… 0271
　　（三）当事人的真实意思 ………………………………………… 0272
　　（四）表示之外的因素 …………………………………………… 0273
　　（五）解释规则 …………………………………………………… 0276
　　（六）三审上诉中的解释 ………………………………………… 0277
　五、要式法律行为的特殊性 …………………………………………… 0278
　　（一）意义查明 …………………………………………………… 0279
　　（二）形式有效性 ………………………………………………… 0279

第七部分　意思表示

第十五章　意思表示的构成 …………………………………………… 0285
　一、概述 ………………………………………………………………… 0287

- 二、外部要件 ······ 0287
  - (一)明示的表示 ······ 0287
  - (二)可推知的行为 ······ 0289
  - (三)沉默 ······ 0290
- 三、内部要件 ······ 0292
  - (一)基础 ······ 0292
  - (二)内部构成要素 ······ 0295

第十六章 意思表示的生效 ······ 0300

- 一、事先的思考 ······ 0303
  - (一)第130条第1款第1句的规定 ······ 0303
  - (二)需受领的和无须受领的意思表示 ······ 0304
  - (三)在场和不在场的意思表示 ······ 0304
  - (四)表示的阶段 ······ 0305
  - (五)风险分担 ······ 0306
- 二、作成 ······ 0307
- 三、发出 ······ 0307
  - (一)概念 ······ 0307
  - (二)若干具体问题 ······ 0309
  - (三)必要性 ······ 0311
- 四、到达 ······ 0312
  - (一)概念 ······ 0312
  - (二)若干具体问题 ······ 0313
  - (三)到达障碍 ······ 0321
  - (四)到达证明 ······ 0323
- 五、知悉 ······ 0323
- 六、法律效果 ······ 0324
  - (一)发出的法律效果 ······ 0324
  - (二)到达的法律效果 ······ 0326

第八部分　合同

第十七章　合同的构成 ········· 0331
一、概论 ········· 0333
二、合同自由 ········· 0335
（一）作为私人自治要素的合同自由 ········· 0335
（二）表现形式 ········· 0335
（三）限制 ········· 0336
（四）特别：强制缔约 ········· 0337
三、好意施惠关系 ········· 0342
四、先合同法律关系 ········· 0348
（一）先合同行为 ········· 0349
（二）先合同的债上关系 ········· 0349
（三）预约 ········· 0351
（四）选择合同 ········· 0353

第十八章　合同的订立 ········· 0356
一、概述 ········· 0360
二、要约 ········· 0361
（一）概念 ········· 0361
（二）内容 ········· 0364
（三）约束的效力 ········· 0368
三、承诺 ········· 0376
（一）概念 ········· 0376
（二）内容 ········· 0377
（三）生效 ········· 0381

第十九章　不合意 ········· 0386
一、概述 ········· 0387
二、公开的不合意 ········· 0390
（一）构成要件 ········· 0390

（二）法律效果 ··· 0390
　　（三）约定作成证书 ····································· 0392
　三、隐藏的不合意 ··· 0394
　　（一）构成要件 ··· 0394
　　（二）法律效果 ··· 0394
　　（三）后续的相关问题 ··································· 0395

第九部分　意思瑕疵

第二十章　导论 ··· 0401
　一、问题的提出 ··· 0401
　二、错误的原因 ··· 0402
　三、解决方案 ··· 0403
第二十一章　意思和表示有意识的不一致 ······················· 0405
　一、概述 ··· 0406
　二、隐秘保留/真意保留（第116条） ························· 0407
　　（一）构成要件 ··· 0407
　　（二）法律效果 ··· 0407
　三、虚伪表示（第117条） ·································· 0409
　　（一）构成要件 ··· 0409
　　（二）界分 ··· 0410
　　（三）法律效果 ··· 0412
　四、戏谑表示（第118条） ·································· 0414
　　（一）构成要件 ··· 0414
　　（二）法律效果 ··· 0415
第二十二章　撤销 ··· 0418
　一、概述 ··· 0422
　二、意思表示 ··· 0423
　三、撤销的原因 ··· 0424

        (一)内容错误(第119条第1款情况1) ································· 0425
        (二)表示错误(第119条第1款情况2) ································· 0431
        (三)传达错误(第120条) ··· 0432
        (四)性质错误(第119条第2款) ··· 0432
        (五)恶意欺诈(第123条第1款情况1) ································· 0441
        (六)违法的胁迫(第123条第1款情况2) ····························· 0452
    四、撤销权的行使 ·· 0457
        (一)撤销的表示 ·· 0458
        (二)撤销当事人 ·· 0460
        (三)撤销期限 ·· 0461
    五、法律效果 ··· 0464
        (一)无效 ··· 0464
        (二)返还/回复原状 ·· 0470
        (三)损害赔偿请求 ·· 0471
    六、撤销的排除 ··· 0475
        (一)已经认识到的或者共享的("双方的")错误 ············· 0475
        (二)确认 ··· 0477
        (三)违反忠实义务 ·· 0480
        (四)协议 ··· 0481
    七、例外情况 ··· 0482
        (一)在执行中的长期债务关系的撤销 ······························ 0482
        (二)婚姻关系的撤销 ·· 0484
        (三)与继承相关表示的撤销 ·· 0484

第十部分 法律行为生效

第二十三章 行为能力 ·· 0489
    一、导论 ·· 0493
        (一)基础 ··· 0493
        (二)界分 ··· 0495

二、无行为能力 ································· 0498
  （一）要件 ································· 0498
  （二）法律效果 ································· 0501
三、限制行为能力 ································· 0505
  （一）要件 ································· 0505
  （二）法律效果 ································· 0507
四、部分行为能力 ································· 0523
  （一）从事经营（第112条） ································· 0524
  （二）服务和劳动关系 ································· 0525

第二十四章 形式 ································· 0527
一、概述 ································· 0530
二、形式目的 ································· 0531
三、形式类型 ································· 0533
  （一）书面形式 ································· 0533
  （二）公证书（第128条） ································· 0541
  （三）官方认证（第129条） ································· 0542
  （四）其他的形式类型 ································· 0543
四、违反形式的法律效果 ································· 0543
  （一）违反形式的确定 ································· 0543
  （二）未遵守法律规定的形式 ································· 0545
  （三）未遵守意定形式 ································· 0549

第二十五章 法定禁止 ································· 0552
一、概述 ································· 0555
二、禁止性法律 ································· 0556
  （一）概念 ································· 0556
  （二）具体情况 ································· 0560
  （三）主观前提条件 ································· 0564
三、法律效果 ································· 0564
  （一）基本原则 ································· 0564

- (二)具体情况 ······ 0565
- 四、规避行为 ······ 0568

第二十六章　处分禁止 ······ 0571
- 一、概述 ······ 0574
  - (一)规范关联 ······ 0574
  - (二)处分权力和处分禁止 ······ 0575
  - (三)绝对效力和相对效力 ······ 0577
- 二、绝对处分禁止 ······ 0578
- 三、相对处分禁止 ······ 0580
  - (一)要件 ······ 0580
  - (二)法律效果 ······ 0581
- 四、法律行为上的处分禁止 ······ 0583

第二十七章　违反善良风俗 ······ 0586
- 一、引言 ······ 0591
- 二、暴利 ······ 0594
  - (一)概述 ······ 0594
  - (二)前提条件 ······ 0594
  - (三)法律效果 ······ 0599
- 三、违反善良风俗(第138条第1款) ······ 0602
  - (一)善良风俗的定义 ······ 0602
  - (二)案例组 ······ 0604
  - (三)主观要件 ······ 0611
  - (四)法律效果 ······ 0612

第二十八章　不生效之效果 ······ 0614
- 一、概述 ······ 0614
- 二、无效和部分无效 ······ 0616
  - (一)无效 ······ 0617
  - (二)部分无效 ······ 0618
- 三、意义转换 ······ 0626

(一)概述 0627
(二)前提条件 0627
(三)法律效果 0631
四、确认 0631
(一)概述 0632
(二)决定无效的时间点 0633
(三)确认的前提条件 0634
(四)确认的法律效果 0635

第二十九章 条件和期限 0637
一、概述 0639
二、条件 0641
(一)概念 0641
(二)适法性 0643
(三)法律效果 0645
三、期限 0654

第十一部分 代理

第三十章 导论 0659
一、基础 0660
(一)重点 0660
(二)参与者之利益 0661
(三)前提条件概述 0662
(四)法律效果概述 0662
(五)教义学基础 0662
二、简要区别 0664
(一)代理与事实行为 0664
(二)代理与中介 0666
(三)代理与使者 0666
(四)间接代理 0667

（五）利他合同 ··· 0670
　　（六）信托 ··· 0670
　　（七）台前人 ··· 0672
三、归责原则 ··· 0673
　　（一）归责作为法律技术 ····················· 0674
　　（二）归责事由的必要性 ····················· 0675
　　（三）归责、责任与穿透 ····················· 0677
　　（四）归责、解释与类推 ····················· 0677

第三十一章　代理的适法性 ············· 0679

第三十二章　代理人自己的意思表示 ····· 0683

一、概述 ·· 0684
二、使者关系 ··· 0684
　　（一）与代理的区别 ··························· 0684
　　（二）受领使者 ···································· 0686
　　（三）使者关系的法律效果 ················ 0688
三、代理人意思表示生效力的前提条件 ···· 0692
　　（一）生效力 ······································· 0692
　　（二）生效力的前提条件 ···················· 0693
四、意思瑕疵 ··· 0695

第三十三章　公示原则 ························ 0698

一、概述 ·· 0699
二、以他人的名义行动的确定 ················· 0701
　　（一）基础 ··· 0701
　　（二）特别情况：与企业相关的法律行为 ···· 0704
三、公示原则的例外 ································· 0706
　　（一）效力归属于相关人的法律行为 ···· 0706
　　（二）冒名行为 ·································· 0710
　　（三）法定对他效力 ··························· 0713
四、错误人 ·· 0713

     （一）代理人的错误认识 …………………………………… 0714
     （二）被代理人的错误认识 ………………………………… 0717
     （三）第三人的错误认识 …………………………………… 0717
  第三十四章 代理权 ………………………………………………… 0718
    一、概述 ………………………………………………………… 0723
    二、法律属性 …………………………………………………… 0723
    三、表现形式 …………………………………………………… 0724
     （一）法定代理权、法律行为上的代理权和机关代理权 …… 0724
     （二）共同代理 ……………………………………………… 0727
     （三）复代理 ………………………………………………… 0731
    四、意定代理权 ………………………………………………… 0735
     （一）概念 …………………………………………………… 0735
     （二）意定代理权的类型 …………………………………… 0735
     （三）（代理权的）授予 ……………………………………… 0736
     （四）意定代理权与基础关系 ……………………………… 0746
     （五）意定代理权的消灭 …………………………………… 0750
    五、权利外观代理 ……………………………………………… 0770
     （一）信赖保护的基础 ……………………………………… 0772
     （二）权利外观授权概述 …………………………………… 0776
     （三）容忍代理 ……………………………………………… 0777
     （四）表见代理 ……………………………………………… 0780
    六、代理权的范围 ……………………………………………… 0783
     （一）依赖于产生的要件 …………………………………… 0783
     （二）穿透至内部关系（"代理权滥用"） …………………… 0786
     （三）概述 …………………………………………………… 0787
     （四）自己交易的禁止（第181条） ………………………… 0792
    七、无权代理 …………………………………………………… 0801
     （一）概述 …………………………………………………… 0802
     （二）被代理人与第三人之间的法律关系 ………………… 0803

（三）代理人和第三人之间的法律关系 ·············· 0811
　　（四）被代理人和代理人之间的法律关系 ·············· 0819
八、违反约定填写的空白文件 ····················· 0821
　　（一）空白文件的概念 ····················· 0821
　　（二）教义上的归类 ······················ 0822
　　（三）形式 ·························· 0823
　　（四）违反约定填写 ······················ 0824

第三十五章　代理的效力 ························ 0826
一、第三人与被代理人关系中的效力 ················· 0828
　　（一）代理人行为的归责 ···················· 0828
　　（二）内在因素的归责 ····················· 0829
　　（三）损害赔偿请求权 ····················· 0838
二、第三人与代理人关系中的效力 ··················· 0839
　　（一）一般情况 ························ 0839
　　（二）代理人的自己责任 ···················· 0839
三、代理人与被代理人关系中的效力 ················· 0842

第十二部分　同意

第三十六章　基础 ···························· 0847
一、概述 ······························· 0848
二、同意 ······························· 0850
　　（一）概念和法律属性 ····················· 0850
　　（二）类型 ·························· 0851
　　（三）同意的表示 ······················· 0851
　　（四）拒绝同意 ························ 0856

第三十七章　特殊情况 ·························· 0858
一、无权利人的处分 ·························· 0859
　　（一）基础 ·························· 0859

(二)许可 0860
　　(三)追认 0861
　　(四)变为有效 0863
二、受领授权 0867
三、收取债权的授权 0867
四、取得授权 0869
五、负担授权 0870

第十三部分　消费者保护法中的特殊性

第三十八章　一般交易条款法 0877
一、基础 0878
　　(一)一般交易条款的意义 0878
　　(二)一般交易条款控制的发展 0879
　　(三)一般交易条款规定的适用领域 0881
二、一般交易条款的概念 0882
三、一般交易条款的订入 0886
　　(一)根据第305条第2款订入 0886
　　(二)企业往来中一般条款的订入 0889
　　(三)意外条款 0890
四、解释和效力审查 0891
　　(一)解释 0891
　　(二)内容控制 0893
五、不订入或不生效的法律效果 0899
六、消费者合同的特殊性 0900

第三十九章　在经营场所外订立的合同 0902
一、概述 0903
二、撤回权的前提条件 0904
　　(一)主体前提条件 0904
　　(二)客观前提条件 0905

三、撤回权的行使 · 0910
　(一)形式 · 0910
　(二)期限 · 0910
四、撤回的法律效果 · 0911
　(一)撤回权的教义 · 0911
　(二)返还 · 0913

第四十章　消费者信贷 · 0914
一、概述 · 0914
二、适用范围 · 0915
　(一)人的适用范围 · 0916
　(二)事实适用范围 · 0917
　(三)例外 · 0919
三、特殊性 · 0920
　(一)形式 · 0920
　(二)撤回权 · 0923
　(三)贷款人退出的可能性 · 0923
　(四)联合交易 · 0925

第四十一章　远程销售合同 · 0928
一、概述 · 0929
二、适用范围 · 0930
　(一)主体适用范围 · 0930
　(二)事实适用范围 · 0930
三、具体细节 · 0932
　(一)信息义务 · 0932
　(二)撤回权 · 0932
　(三)联合交易 · 0932

法律条文索引 · 0933

关键词索引 · 0958

第一部分

作为私法秩序组成的《民法典》

第一章 私法秩序

Adams, Normen, Standards, Rechte, JZ 1991, 941; Arzt, Einführung in die Rechtswissenschaft, 1996; Bachmann, Private Ordnung: Grundlagen ziviler Regelsetzung, 2006; Baumann, Einführung in die Rechtswissenschaft, 10. Aufl., 2010; Baur/Walter, Einführung in das Recht der Bundesrepublik Deutschland, 6. Aufl., 1992; Boehmer, Grundlagen der Bürgerlichen Rechtsordnung, 3 Bde., 1950–52; ders., Einführung in das Bürgerliche Recht, 2. Aufl., 1965; v. Bogdany, Prinzipien der Rechtsfortbildung im europäischen Rechtsraum, NJW 2010, 1; Breidenbach, Rechtsfortbildung jenseits klassischer Methodik, 1993; Brie, Die Lehre vom Gewohnheitsrecht, 1896; Bühler, Rechtsquellenlehre, 3 Bde., 1977–1985; Bydlinski, Hauptpositionen zum Richterrecht, JZ 1985, 149; ders., Richterrecht über Richterrecht, Festgabe 50 Jahre BGH, 2000, 3; ders., System und Prinzipien des Privatrechts, 1996; Eidenmüller, Rechtswissenschaft als Realwissenschaft, JZ 1999, 53; Esser, Grundsatz und Norm in der richterlichen Fortbildung des Privatrechts, 1956 (4. Aufl. 1990); ders., Richterrecht, Gerichtsgebrauch und Gewohnheitsrecht, FS F. v. Hippel, 1967, 95; C. Fischer, Topoi verdeckter Rechtsfortbildung im Zivilrecht, 2007; R. Fischer, Die Weiterbildung des Rechts durch die Rechtsprechung, 1971; Fleischer/Wedemann, Kodifikation und Derogation von Richterrecht, AcP 209 (2009), 597; Freitag, Gewohnheitsrecht und Rechtssystem, 1976; Frühauf, Zur Legitimation von Gewohnheitsrecht im Zivilrecht unter besonderer Berücksichtigung des Richterrechts, 2006; Germann, Präjudizien als Rechtsquelle, 1960; Geyer, Das Verhältnis von Gesetzes-und Gewohnheitsrecht in der privatrechtlichen Kodifikation, 1999; Gröpper, Gewohnheitsrecht, Observanz und unvordenkliche Verjährung, DVBl. 1969, 945; Heussner, Die Rechtsprechung des Bundesverfassungsgerichts zum Richterrecht, FS M. L. Hilger und H. Stumpf, 1983, 317; Hubmann, Entstehung und Außerkrafttreten von Gewohnheitsrecht-BGHZ 44, 346, JuS 1968, 61;

1

> H. Hübner, Kodifikation und Entscheidungsfreiheit des Richters in der Geschichte des Privatrechts, 1980; J. Ipsen, Richterrecht und Verfassung, 1975; Kähler, Strukturen und Methoden der Rechtsprechungsänderung, 2. Aufl., 2011; Kempe, Richterliche Rechtsfortbildung und Rechtsanwendungsprozess, 1994; Klappstein, Die Rechtspre‐chungsänderung mit Wirkung für die Zukunft, 2009; Köndgen, Privatisierung des Rechts, AcP 206 (2006), 477; Langenbucher, Die Entwicklung und Auslegung von Richterrecht, 1996; Larenz, Richtiges Recht, 1979; Lundmark, Umgang mit dem Präjudizienrecht, JuS 2000, 546; Mayer, Rechtsnormen und Kulturnormen, 1903; Meder, Ius non scriptum‐Traditionen privater Rechtssetzung, 2. Aufl., 2009; Merten, Das System der Rechtsquellen, Jura 1981, 169; Metzger, Der Begriff der Rechtsquelle, Festg. f. Ph. Heck, M. Rümelin und A. B. Schmidt, 1931, 19; Meyer‐Cording, Die Rechtsnormen, 1971; Nörr, Zur Entstehung der gewohnheitsrechtlichen Theorie, FS W. Felgenträger, 1969, 353; Oertmann, Rechtsordnung und Verkehrssitte, 1914; Picker, Richterrecht und Richterrechtssetzung, JZ 1984, 153; Puchta, Das Gewohnheitsrecht, 2 Bde., 1828/1837; Radbruch, Gesetzliches Unrecht und übergesetzliches Recht, SJZ 1946, 105 ff.; Raisch, Zur Abgrenzung von Gewohnheitsrecht und Richterrecht im Zivil‐und Handelsrecht, ZHR 150 (1986), 117; Rehbinder, Einführung in die Rechtswissenschaften, 8. Aufl., 1995; Ross, Theorie der Rechts‐quellen, 1929; Rümelin, Die bindende Kraft des Gewohnheitsrechts und ihre Begründung, 1929; Scheffelt, Die Rechtsprechungsänderung, 2001; Schulze, Richterrecht und Rechtsfortbildung in der europäischen Rechtsgemeinschaft, 2003; Wank, Grenzen richterlicher Rechtsfortbildung, 1978; Weller, Die Vertragstreue, 2009; Wieacker, Industriegesellschaft und Privatrechtsordnung, 1974.

一、法、私法和市民法

2 《民法典》*的客体（Gegenstand）是处于其适用范围之内的人们之间

---

* 未经特别指明，本书中的规范性法律文件均出自德国法，例如，《民法典》即《德国民法典》。——译者注

的法律关系(Rehctsbeziehung)。而《民法典》又是私法最主要的法源(Rechtsquelle),规定的是私法秩序(Privatrechtsordnung)的基本原则和规范,以及"法律共同体成员(Rechtsgenossen)"之间的基本法律关系。这部法典关注的并非法律共同体成员和国家之间的关系,而是在国家之下生活和参与交易活动的共同体成员之间的关系。这一定位使得法典中存在许多需要解释的概念。这些概念,基于注释和说明的需要,又对我们理解和掌握《民法典》提出了更多要求。因为对这些概念的注释和说明不应单纯地以私法上的法学理论和法哲学理论为基础,而应当建立在对《民法典》基本概念的清晰理解之上。

(一) 法律

《民法典》(Bürgerliches Gesetzbuch)是一部以私法秩序(Privatrechtsordnung)为组成部分的成文法(Geschriebenes Recht)。法律(Recht)可以被视为**一种具有公平性和可靠性且对共同体成员广泛适用的国家规范**(an Gerechtigkeit und Verlässlichkeit ausgerichtete staatliche Regelung des Miteinanders)。在这个意义上,法律可以被定义为一种由多种规范类型所组成的,为了人和组织的共同生活而建构的"游戏规则(Spielregeln)"。只要存在人之间的接触,尤其是在发生冲突的场合,就需要可信的行为规范,每个人都可以通过这些行为规范规制自己的行为,并且依据这些规范预测他人的行为。这些规范可以有不同的表现形式,从单纯的"行为规则(Benimmregeln)"到强制性的国家法规命令(Rechtsgebot)(例如纳税的义务)都是其具体表现。这些行为规范中的法律规范(Rechtsnorm)主要通过两种方式表现:其一是通过国家的强制执行力(→*边码 4 以下),其二是通过法的基本理念(→边码 8)。

3

法律上的行为规则最主要的特征是国家的强制执行性。法律规范大体上是源于国家的。具体来说,它们可以源于立法行为、行政行为和司法行为(→边码 9 以下)并且对所有规范对象都具有约束力。这种约束力主

4

---

* 在本书类似处,"→"表示"参见"之意。——译者注

要是通过国家来实现的,在必要时可以借助国家强制力。由此可以将法律规范与**习俗**(Sitte)上的"法"相区别,后者通常被视为风俗、习惯和礼仪,即所谓的社会规范(gesellschaftliche Normen)。虽然社会规范也可以规范人们之间的行为,但是它们没有法律意义上的约束力,不可以强制要求人们遵守。作为惩罚手段,法律还提供了一种通过暴力来实现的社会的"谴责(Ächtung)",而这种暴力专门为国家所保留,只能通过法律上请求权(Rechtsanspruch)的方式来实现。

范例

5 　　球迷 S 和 G 相约周六一起去观看本地足球队的比赛。S 有一辆车,两人相约坐 S 的车一起过去。当日,G 准时在两人约定的时间出现,但没有等到 S,S 由于天气的缘故,临时决定不去看球了,而改去看电影。在这个案例中,S 和 G 之间的协议(Absprache)并不属于法律的范畴,仅仅属于社会交往的范畴,因此既没有约束力也没有强制执行力(→边码678)。G 当然也可以和 S 绝交,并从朋友交往的角度批评 S 无情无义。

6 　　风俗习惯也能够具有**法律上的重要性**(Rechtliche Relevanz),例如《民法典》第1297条以下的亲属编,就将有关订婚的社会习惯视为一项法律事实(rechtliche Tatbestand)。当然,习惯也可以逐渐发展为习惯法(Gewohnheitsrecht)(→边码14),并成为一种法律规范(Rechtsnorm)。《民法典》第157条规定了法律解释(Auslegung)的基本规则(→边码549),《商法典》(Handelsgesetzbuch)第346条则确定了商事交往(Handelsverkehr)的基本规则。这种基本规则是基于在参与者中通行的交易习惯(Verkehrssitte)来确定的。虽然这种交易习惯并不是一种严格的法律规范,但是通过对法律规范的适用,也可以在一定程度上让这些习惯对参与者的行为具有法律的约束力。最后,人们可以依据善良风俗(sittliche Gepflogenheit)来填补既有的法律相关事实,譬如,一对男女发布订婚启事,可以从中推断出两人已经订婚的事实。

对于**伦理规范**(Normen der Ethik),以及基于神学(theologisch)或哲学(philosophisch)的行为规范的适用情况也没有太大不同。这时人们也常常会提到有关"道德(Sittlichkeit)"的规则。同样地,这些规则也并不一定有法律上的约束力,而只能通过法律之外的手段(但也必须在法律允许的范围内)来获得强制力。然而,就法律来说,其又必须满足"最低限度道德(ethische Minimum)"的要求,并且给予这种最低限度的道德要求以法律上的约束力。这一要求首先通过刑法(Strafrecht)规则来实现,但在《民法典》中也存在相应的规则,特别是在第 138 条第 1 款(对违背公序良俗契约的禁止;→边码 1152)和第 826 条(故意以违背善良风俗的方式侵害他人导致的损害赔偿义务)中表现得尤为明显。简而言之,这些法律规则化的"道德"内容是人类社会的正常运行必不可少的,虽然——如无数法政策讨论中所展现的那样——对于在何种程度上将道德规则法律化,仍然充满争议。当然,在道德和法律的行为要求之间也并非没有矛盾。譬如"人不得说谎"的要求,在民法中表现为对恶意欺诈(arglistige Täuschung)的禁止(参见《民法典》第 123 条;→边码 865),但在刑事诉讼中就未必能够毫无保留地适用,譬如《刑法典》第 153 条以下规定的,关于被告(而非原告)不真实陈述的规范。出现这些矛盾的原因在于,伦理是美德的体现,目的在于尽可能地实现最优状态;而法律更多的是基于目的性的考量,并且仅限于确保忍受共同生活所必需的最小限制。

7

而即使是国家制定的作为行为规则(Verhaltensregeln)的法律规范,如果其经过更加仔细的审视被视为**一种非法**(Unrecht),则其无须也不应当在个案中得到适用。区分法与非法的关键在于它们所体现的法理念(Rechtsidee),以及它们所体现的法律安定性和公正性。[1] 如果规范与法理念不一致,只是表现为权力滥用和专横,并且严重违背实体公正性,则是无效的(nichtig)。[2] 这些无效规范将被视为不存在。它们不需要被遵守也不应当被遵守。当然,对于一个真正的法治国(Rechtsstaat)来说,非

8

---

〔1〕 详细内容,参见 Larenz (Rdnr. 1), passim。
〔2〕 BVerfGE 95, 96, 134 f.; 54, 53, 67 f.; 23, 98, 106; 基础性讨论,参见 Radbruch, SJZ 1946, 105 ff.。

法规范只有在极端的情况下才会出现。一般来说,有缺陷的(fehlerhaft)法规范并不会像非法规范那样完全无效,而只是在必要情况下被视为违法(rechtswidrig)。对这种非法规范的判断,并非一般人的任务,而是要以一种"体系内在的(systemimmanent)"的思路,借助法律的手段,通过法院来进行。如果法院的这些裁判(Entscheidung)又与更高位阶的法不一致,则又会被视为违法的"法律"规范,需要规范的适用对象特别注意。

(二) 法的表现形式

9 在一个共同体中确实适用的法规范的总和被称为**实证法**(positive Recht)。人们常常将这种法视为人造产物,与此相对的是神定法或者自然法(göttliches oder Naturrecht)。实证法可以是成文的,也可以是不成文的。我们通常所称的国家的制定法(staatlich gesetzliches Recht)也具有不同的表现形式。**法典化的法律**(kodifiziertes Recht)是其一般表现形式。这种法典化的法律通常被认为是将某一个法律部门的法律规范(或部分法律规范)汇编在一部法典(Gesetzbuch)之中。这也是被汇编在一部"会典(codex)"中的成文法律规范,即以书面形式记录的规范集。根据制定者不同的情况,人们首先要区分法律(Gesetz)、法规/规章(Rechtsverordnung)和章程(Satzung)。[3] 法律是由立法者制定的,在德国宪法的语境下,就是由联邦或州的议会所制定的(《基本法》第77条第1款第1句)。法规则源于行政机关,其依据法律的授权而制定(《基本法》第80条第1句)。[4] 而章程是由自治实体,例如村镇或者大学所制定的。当然,章程的制定也可以被视为一种行政权力的体现,因此也需要法律的授权(如通过国家制定的乡镇法或者州制定的高校法)。

10 根据制定法的形式,人们还可以将法律分为**形式意义上的法律和实质意义上的法律**(Gesetzen im formellen und im materiellen Sinne)。所谓形

---

[3] 此外,还有其他法典化的形式。尤其是在国际层面还存在国际法上的条约。在欧盟语境下,就是指法规(Verordnung)和指令(Rechtlinie)。而在国家层面还存在州约(Staatsvertrag),如在不同联邦州之间缔结的州际广播条约(RundfunkStaatsvertrag)。

[4] 例如:《公路交通条例》第6条。

式意义上的法律,是指议会制定的所有被称为法律的文件,无论各个法令(Gesetzesbeschluss)的具体内容是什么。[5] 从法律规范的角度,所谓的法律并非只能在个别情况下适用,而应当能够规范不特定的一般事实。所谓的实质意义上的法,其特征在于包含抽象的一般规则。同样,法规(如《道路交通条例》)、章程(如《垃圾清运的费用章程》)或者习惯法(→边码14)中都含有这种抽象的一般规则,其不仅在个案中,而且还能在大量类似情况下得到适用。因此即便在形式上不具有法律的外观,这些法规范也能在实质意义上被视为法律。因此,这些规则虽然不具有法律的形式,但是属于实质意义上的法律。在此基础上,《民法典实施法》第2条就规定了"民法典和本法中所谓'法律'是指所有法律规范"。由此,人们可以将"法律规范"和"实质意义上的法"这两个概念等而视之。[6] 每一个法律规范也同时是一个**法源**(Rechtsquelle)。对于法源而言,这里提到的所有法律形式都应当被纳入考量,首先自然就是法律(形式意义上的)、法规和章程。[7]

《基本法》第20条第3款规定,行政和司法应当遵守**法律(成文法)和其他法律规范(具有法律效力的规范)**(Gesetz und Recht)。宪法的这一表述基于这样一种认知,即法律规范不仅通过成文法的形式展现出来,而且通过作为不成文法的一般法律原则(allgemeine Rechtsgedanken)和法律制度(Rechtsinstitut)来体现。以《民法典》中的合同法为例,众所周知,合同必须被严守(pacta sunt servanda)是一项合同法基本原则,但这一基本原则并没有在《民法典》中得到明确的规定。[8] 除此之外,日常经验告诉我们,人们在具体事务中的决定,也并不总是直接来源于法律规范本身。法律规范是需要解释的,因为其自身的内容也需要进一步明确。法律规范是存在漏洞的,因为立法者也会有不能发现或者不能解决相关利益冲突的情况。最后,法律规范会不可避免地存在不适用的或者不正确的情

11

---

[5] 根据通常的观点,预算法(《基本法》第110条第2款第1句)只是形式意义上的法律,因为它既没有创设抽象的一般规范,也没有创设法律规范。
[6] 例如,参见《民法典》第134条,边码1091。
[7] 对于私法的法源,参见边码18。
[8] 详细内容,参见Weller(边码1)。

况,并因此需要不断地修正。在这些情形下,就必须从法律规范价值秩序的整体进行考虑,借助法学方法论的适用(→边码 109 以下),在个案中找到合适的解决途径,以及相应的正确法律规范,并且其还必须能被纳入《基本法》第 20 条第 3 款所涉及的成文法之中,在成文法中找到依据。但这并不意味着法庭能够随意违反成文法,纠正立法者的规范意图。这种对成文法的不适用只有在非常极端的情况下,即通过成文法已经无法找到合适的解决途径时,才有合理性。这就意味着,法律并非"瞎子",其在适用中一方面需要顾及立法者的规范意图,另一方面需要在个案中追寻利益正当的解决途径。

12　　基于以上这些原因,从上诉法院判决中得出的**法官法**(Richterrecht)就具有重要意义。法院仅能依据个案作出裁判,其判决原则上并不能适用于不同的个案。与英美法不同[9],(在大陆法系国家中)法院的判决对其他法院和个人并没有约束力,只要他们没有参与相关的司法程序。[10]但是就个案裁判而言,其基于抽象的法律规范而作出,虽然没有法律上的约束力,但却基于具体的事实而产生,对类似的事实可以被视为一般的判决准则。这种基于抽象规范的总结,然后在具体案例中得到适用的法律规范就是所谓的法官法。它们并非实体法,因为那种超越具体个案的约束力并不具有合宪性:法庭并不具有形成有约束力的法律规范的合法性。[11]更准确的说法应该是,这些没有约束力的法律规范仅在学术讨论

---

[9]　参见 Lundmark, JuS 2000, 546 ff.。
[10]　详见《联邦宪法法院组织法》第 31 条。
[11]　联邦最高(普通)法院(Bundersgerichtshof)的裁判中所形成的法官法对其他法院的约束力非常有限。根据《民事诉讼法》第 563 条第 2 款的规定,只有上诉法院(Berufungsgericht)才直接受制于联邦最高法院的法律观点,即在具体案件中联邦最高法院能够作为其上级法院对上诉法院的判决进行审查。其他法院虽然可以在类似案件中作出不同的决定,但必须意识到其判决可能会在上诉过程中被推翻。为了避免这种情况发生,下级法院通常会通过提前服从的方式尊重联邦最高法院的法官法,以满足对法律确定性的一般需求。这种约束力也间接适用于联邦最高法院的其他法庭或其他高等法院(Obergericht)。如果它们希望其判决与某个联邦法院审判庭的判例不一致,根据《法官法》第 132 条的规定,可以向民事大审判庭(Großer Zivilsenat)、联合大审判庭(Vereinigte Große Senate)或根据《基本法》第 95 条第 3 款以及《保持联邦最高法院司法统一性法》,向由最高法院(包括联邦最高普通法院和各联邦专门法院)所组成的共同审判庭(Gemeinsamer Senat)提起诉讼。

中有意义,而对其他法院只能推荐适用。除此之外,那些认可(法官法)的法院会表示,在类似的案例中也有适用同样准则作出判决的意愿。这些实际的法律实践活动,自然会促使当事人的行为趋向于法官法的规范意旨,尤其是在合同构成和诉讼程序的语境下。最后,法官法可以因为长期的司法实践而逐渐成为一种习惯法,并因此不仅在事实上,而且在实际上产生规范的效力(→边码14、20)。除此之外,立法者也能将法官法法典化,当然,在此过程中也会对法官法的规范内容进行变更。[12] 在这个意义上,必须特别注意法官法的边界,毕竟法官的法律续造(Rechtsfortbildung)也必须基于权利分立的原则(→边码148)。

范例

  B公司是一家非常有名的壮阳药的生产厂商,其在产品的广告中未经同意便使用了著名骑手K的照片。K要求精神损害赔偿。基于《民法典》第253条第1款,精神损害赔偿只有在法律有明确规定的情况下才能主张。但第253条第2款并没有规定在人格权受损害时的损害赔偿金。然而,联邦最高法院[13]首先比照适用旧《民法典》第847条,认定人格权和旧《民法典》第847条所规定的法益应当受到同样的保护,并且在受到不合理的不当对待时,权利人有权提出精神损害赔偿。因此,法官的法律续造能够建构一套法律机制,虽然迄今都没有被成文法明确认可,但可以归纳到传统的人格保护的体系中。[14] 当然,对于精神损害赔偿请求权,很久以前就不再通过类推适用旧《民法典》第847条或者第253条第2款来获得支持,而是直接通过《基本法》的保护请求推导出来。[15]

13

---

 [12] 详见 Fleischer/Wedemann, AcP 209 (2009), 597 ff.。

 [13] BGHZ 26, 349, 356 ff.(骑手案)。

 [14] 对于之后发展的总结,参见 Gottwald, Das allgemeine Persönlichkeitsrecht-ein zeitgeschichtliches Erklärungsmodell, 1996, 199 ff.; Neben, Triviale Personenberichterstattung als Rechtsproblem, 2001, 334 ff.; Tacke, Medienpersönlichkeitsrecht, 2009, 59 ff.。

 [15] 参见 BGHZ 128, 1, 15; 之前的判决,参见 BGHZ 35, 363, 366。

14 　　另外一种法的表现形式是所谓的**习惯法**(Gewohnheitsrecht)。其并不依靠国家制定的法典化法律而存在,而是基于一些由法律共同体在长期的实践中形成的、被视为和被用作法律规范的行为规则而存在。[16] 这些习惯法规范最终依靠当事人对规范的适用意愿得到实现。虽然它们也是《民法典实施法》第 2 条(→边码 10)意义上的法律规范,即实质意义上的法律。诚然,这一过程需要相当长的时间以及规范受众的普遍法律信念。这些条件很难在现在得到满足(→边码 20),因此新的习惯法几乎不再形成。

(三)私法和民法

15 　　《民法典》是私法最主要的法源。**私法**(Privatrecht)规定了一国之内居住的人们之间的法律关系,这些法律关系具有多样性的特征。人们订立买卖合同(第 145 条以下*、第 433 条)、不履行(第 280 条以下)或仅部分履行(第 434 条以下)合同、提供贷款(第 488 条以下)、通过抵押权担保贷款(第 873 条、第 1113 条以下)、租赁房屋(第 535 条以下)、雇佣(第 611 条以下)、结婚(第 1303 条以下)、离婚(第 1564 条以下)、生育(第 1591 条以下)、撰写遗嘱(第 2064 条以下)和死亡(第 1922 条以下)。这些基本行为所产生的法律关系主要由《民法典》进行调整,同时还通过一些附属法律规范,如《产品责任法》或《地上权法》(Erbbaurechtsgesetz)等进行补充(→边码 18)。《民法典》及其附属法律包含的所有具有普遍适用性的规则构成了私法的"一般部分"。它被称为**市民法**(Bürgerliches Recht)。该术语是拉丁文"ius civile"的直译,在罗马法中是指适用于罗马公民的私法规范的总和。因此,市民法(Bürgerliches Recht)也经常被称为**民法**(Zivilrecht)。[17] 然而,在几个世纪的发展过程中,民法已经从人身适用范围的概念中解脱出来。至少从法国大革命开始,它被理解为"统一、没有阶级

---

　　[16] 参见 BVerfGE 122, 249, 269; 28, 21, 28 f.; 详细论述,参见 Frühauf und Meder(边码 1)。
　　* 如无特殊说明,本书所列具体法律条款均出自《民法典》,例如,"第 145 条以下",即"《民法典》第 145 条以下"。——译者注
　　[17] 参见 Medicus[10],边码 12。

差别且平等的国家应该有的普遍和平等的私法"。[18] 当然,今天民法不仅适用于"市民",也不仅适用于德国公民,而且同样适用于外国人,只要他们在德国法律的适用范围内生活和行为,就不会受到民法的限制。

私法不仅包括民法,而且包括其他特别法律领域。在这些法律领域中,对于特殊的法律关系适用特别的法律。因此也称为**特别私法**(Sonderprivatrecht)。其中的法律规范并不具有普遍的适用性,而只适用于特定的法律领域(例如雇员和雇主、商人、经济关系等)或法律利益(例如知识产权)。因此,劳动法、商法和公司法、经济法、私人保险法和知识产权法(包括著作权法、专利法等)都可归入其中。民法在这些领域也会得到适用,但仅作为辅助规定,在特别法并未自行处理相关问题时起补充作用。

16

私法需要和**公法**(öffentlichen Recht)相区分,公法调节国家与其管辖的人之间的法律关系,包括宪法、一般和特别行政法、社会法、税法,还包括诉讼法、刑法和教会法等。私法与公法之间的界限并不总是容易划清。但不能放弃对它们进行区分,因为私法和公法对于如立法权能[19]或正当的司法程序[20]等不同问题提出了完全不同的要求。对于正确的区分标准目前仍然存在争议。[21] 根据所谓的利益理论(Interessentheorie),如果某项规范更多地符合公共利益,那么它属于公法;相反,如果它更多地符合个人利益,则属于私法。然而,由于规范通常应该同时兼顾这两种利

17

---

[18] Wieacker, Privatrechtsgeschichte der Neuzeit², 461.

[19] 如果有人在绝对禁停区停放车辆,则会妨害公共安全。如果他自己不能消除这个妨害,警方可以拖走汽车并通过代为履行来消除这种妨害。警方可以要求行为人支付相关费用。如果这个支付请求是民法上的请求(例如根据《民法典》第 683 条、第 670 条等条款),那么它属于联邦的立法权限(《基本法》第 74 条第 1 款第 1 项、第 72 条第 1 款)。但实际上,它是一项公法上的赔偿请求,因此各州有关警察法的立法权限可以干预(《基本法》第 70 条第 1 款)。

[20] 根据《行政法院法》第 40 条第 1 款第 1 句的规定,行政法院负责处理公法纠纷(非宪法性质的);而根据《法院组织法》第 13 条规定,民事法院负责处理私法纠纷(通常称为"民事法律纠纷")。

[21] 详见 Erichsen, Allgemeines Verwaltungsrecht¹³, § 3 边码 14 以下; Eyermann-Rennert, VwGO¹⁴, § 40 边码 41 以下; Hübner², 边码 3 以下; Wolf/Neuner¹⁰, § 2 边码 17 以下; Wolff/Bachof/Stober, Verwaltungsrecht I¹², § 22 边码 14 以下。

益,因此这种区分并没有实际意义,如今也几乎没有人支持利益理论。同样,对于所谓的旧主体理论(ältere Subjektstheorie)也是如此,该理论认为关键在于争议的法律关系是否涉及国家。由于国家也可以以私法主体的形式存在(例如国家机关购买办公家具或公务车辆),并且在这种情况下应当适用民法,因此这个观点也没有意义。对此,司法实践试图进行如下区分[22]:如果国家与私主体之间存在一种上下级关系,那么它应该始终被视为公法[所谓的归属理论(Subjektionstheorie)]。然而,在平等参与的情况下,关键是规定争议关系的法律规范是否仅适用于国家而不适用于个人,如果是就可以视为国家的特别法[所谓的特别法理论(Sonderrechtstheorie)或者修订/新主体理论(modifizierte/neuere Subjektstheorie)]。在学术文献中,主要使用的是特别法理论,因为相比于归属理论(例如《行政程序法》第54条规定的公法合同),它的适用范围更广。

二、私法的法源

18　　和其他法律一样,私法也包含在抽象概括的规范,即实质意义上的法律中(→边码10)。私法规范可以在各种法源中找到。在**法律(成文法)**(Gesetzen)中,最重要的是《民法典》本身,其中包含了私法的基本规则(→边码15)。除此之外,还可以通过一些下位法进行补充,例如《产品责任法》或《地上权法》。此外,还有特别私法的法律,比如商法有《商法典》、经济法有《反限制竞争法》和《反不正当竞争法》、私人保险法有《保险合同法》、知识产权法有《著作权法》《专利法》和《商标法》,最后还有许多劳动法律法规,如《解雇保护法》《劳动合同法》《企业组织法》《母亲保护法》和《联邦休假法》。宪法,即《基本法》,不是私法的法律来源。按照当前的主流理解,它不包含直接适用于私法关系的法律规范,但包含在解释和应用私法规范时必须考虑的基本价值判断(→边码1107)。

---

[22] 参见 GmSOGB BGHZ 108, 284, 286f.; 97, 312, 314; BGHZ 121, 126, 128。

在私法中,**法规**(Rechtsverordnungen)的作用相对较小,**章程**(Satzungen)则根本没有作用。特别值得一提的是,基于《民法典》第 312c 条第 1 款、第 312e 条第 1 款、第 482 条第 2 款和第 651a 条第 3 款的《关于民事法律下信息和证明义务的规定》(另见《民法典实施法》第 238 条以下条款),以及基于《民法典》第 556 条第 1 款第 4 项的《物业费用条例》。 19

一些最初作为司法判例发展起来的私法制度,现在已被承认为**习惯法**(Gewohnheitsrecht)。在这方面,过去经常提及的先前未在法律中规定的先合同损害[23](所谓的 culpa in contrahendo,即缔约过失)及其相应的积极违约[24],现在已在《民法典》第 241 条第 2 款、第 280 条、第 311 条第 2 款中进行了规范。现在还存在的习惯法,比如,关于商业确认函上沉默的规则(→边码 760)。[25] 20

合同(Verträge)并不包含针对多种情况的抽象一般规定,而是仅适用于个别案例的"合同法(lex contractus)"(→边码 659)。因此,从实质上讲,它们并不是真正的法律来源,尽管它们确定了具体个案中合同各方的权利义务关系。然而,对于两种特殊类型的合同,情况有所不同:首先,工资协议(《工资协议法》第 1 条第 1 款)和企业协议(《企业组织法》第 77 条第 4 款第 1 句)会产生超越合同当事方的效力,因此它们包含法律规范。[26] 其次,社团章程不仅在合同意义上对创始成员具有约束力,而且适用于社团的所有成员。[27] 21

格式条款(Allgemeinen Geschäftsbedingungen)也不属于法律规范。根据《民法典》第 305 条第 2 款的规定,它们是合同的组成部分,因此,也适用和已成立的合同相类似的规范。[28] 只有当它们根据宪法授权可以被视为具有普遍具有约束力时,才具有法律规范的性质,即使没有特别的合 22

---

[23] 参见 BGH NJW 1979, 1983。
[24] 将其视为习惯法的详见 Palandt-Heinrichs[59] § 276 边码 105。
[25] Lettl, JuS 2008, 849; Medicus[10], 边码 440; MünchKomm.HGB-K. Schmidt[8] § 346 边码 132。
[26] 参见 Leinemann, DB 1990,第 732 页以下。
[27] 参见 K. Schmidt, GesR[4], § 5 I 1。
[28] 详见 Palandt-Grüneberg[74] § 305 边码 2。

同约定也可适用(参见《民法典实施法》第 243 条、《旅客运输法》第 57 条第 1 款第 5 项、《能源产业法》第 11 条第 2 款)。[29]

23　　私法的法律来源除国内法外,还包括**欧盟法**(Unionsrecht)(以前称为"共同体法"),即欧洲联盟的法律。[30] 这首先适用于《欧洲经济共同体条约》(也称《罗马条约》)。[31] 例如,《罗马条约》第 101 条第 2 款规定的禁止垄断行为的规范,对私法合同也具有直接的效力。基于《罗马条约》第 288 条第 2 款颁布的条例,根据该款第 2 句和第 3 句的规定,也具有直接适用性。相反,《罗马条约》第 288 条第 3 款的指令仅对有义务将其转化为国内法的成员国具有约束力。[32] 在民法方面,已经实施了多个重要指令。[33] 例如,第 13 条、第 14 条(→边码 169 以下)以及第 312b 条以下的"消费者"和"企业主"的定义是基于 1997 年 5 月 20 日发布的欧盟指令 97/7/EC[34],又如第 312 条是基于 1985 年 12 月 20 日发布的欧盟指令 85/577/EEC(→边码 1793),第 491 条以下是基于欧盟指令 87/102/EEC(→边码 1818),部分旅游合同法则是基于 1990 年 6 月 13 日发布的欧盟指令 90/314/EEC。

24　　**国际法**(Völkerrecht)作为法源只能间接地对私法产生影响。根据《基本法》第 25 条的规定,具有直接效力的国际法规范仅限于国际法的一般规定,但其在私法领域并不具有重要意义。然而,在私法领域具有重要意

---

[29] 参见 Hübner[2],边码 46。

[30] 关于"共同体法",详见 Heiderhoff, Gemeinschaftsprivatrecht, 2. Aufl., 2007; Leible, NJW 2008, 2558ff.; Müller-Graff, NJW 1993, 13ff.。

[31] ABl. EG Nr. C 115 vom 9.5.2008, S. 47.

[32] 指令只有在成员国未能按时将其转化为国内法时才能产生直接法律效力。这种效力仅在私法主体与成员国的关系中产生作用,而不是在与其他私法主体之间的关系中产生作用。参见 EuGH Rs. 152/84 (Marshall) = Slg. 1986, 723 = NJW 1986, 2178 Tz. 46ff.; Rs. 8/81 (Becker) = Slg. 1982, 53 = NJW 1982, 499 Tz. 24, 25; EuGH Rs. 192/94 (El Corte Ingles SA) = Slg. 1996, 1281 = NJW 1996, 1401 Tz. 15。

[33] 详细论述,参见 MünchKomm.-Säcker[4], Einl. BGB Rdnr. 186ff., 201ff. sowie die Übersicht bei Staudinger-Honsell[2013], Einl zum BGB Rdnr. 112ff., 其他还可参见 H. Roth, JZ 1999, 529ff.。

[34] 这些及后续提到的欧盟指令已经被 2011 年 10 月 25 日发布的《消费者权益指令》2011/83/EU 废止了。

义的国际法条约必须根据《基本法》第 59 条第 2 款的规定通过转换法（Transformationsgesetz）转化为国内法。通过这种方式，它们将作为国内法发挥作用。特别需要提及的是《联合国国际货物销售合同公约》（CISG）[35]，它是德国法律的一部分，并优先于《民法典》第 433 条以下的规定，适用于国际货物销售领域。[36]

  在这方面，特别值得一提的是《**联合国国际商事合同通则**》（UNIDROIT）。[37] 尽管它不是具有约束力的规范，而是罗马私法统一研究所提出的不具有约束性的建议，只包含一种规则模型，然而，它可以通过国际商事交易合同的当事人之间的协议以及各个国家立法机关的立法行为而被赋予法律效力。此外，在这些基本规则中形成了国际商事惯例，法院应该根据国内法的规定遵守这些惯例（→边码 6）。

25

  所谓《**共同参考框架草案**》（DCFR）[38] 也是一项规范建议。这是一份关于欧洲合同法及相邻领域的法典编纂草案，旨在形成一部在欧洲范围内适用的民法典。DCFR 在其第二卷规定了在德国法中可以归属于总则的有关法律行为学说的问题。[39]

25a

---

[35] BGBl. 1989 II, 586f./588ff.

[36] BGH NJW 1999, 1259, 1260.

[37] 概述参见 Boele-Woelki, IPRax. 1997, 161ff.; 以及 Basedow (Hrsg.), Europäische Vertragsrechtsvereinheitlichung und deutsches Recht, 1999; 详见 Staudinger - Olzen[2009], Einl. zum SchuldR, Rdnr. 304。

[38] 参见 Bar/Clive (Hrsg.), Principles, Definitions and Model Rules of European Private Law. Draft Common Frame of Reference (DCFR), 6. Bd., 2009。

[39] 详见 Hellwege, AcP 211 (2011), 665ff.。

第二章 《民法典》

Behrends/Sellert (Hrsg.), Der Kodifikationsgedanke und das Modell des Bürgerlichen Gesetzbuches (BGB), 2000; Blaurock, Europäisches Privatrecht, JZ 1994, 270; Boehmer, Einführung in das bürgerliche Recht, 2. Aufl., 1965; ders., Grundlagen der Bürgerlichen Rechtsordnung, 3 Bde., 1950–1952; Coing, Bemerkungen zum überkommenen Zivilrechtssystem, FS H. Dölle, 1963, 25; ders., Europäisches Privatrecht, 2 Bde., 1985/1989; Diederichsen, Die Industriegesellschaft als Herausforderung an das bürgerliche Recht, NJW 1975, 1801; G. Dilcher, Vom Beitrag der Rechtsgeschichte zu einer zeitgemäßen Zivilrechtswissenschaft, AcP 184 (1984), 247; Dittmann, Das Bürgerliche Gesetzbuch aus der Sicht des Common Law, 2001; Götz, Auf dem Weg zur Rechtseinheit in Europa, JZ 1990, 265; Hommelhoff, Zivilrecht unter dem Einfluß europäischer Rechtsangleichung, AcP 192 (1992), 71; Horn, Ein Jahrhundert Bürgerliches Gesetzbuch, NJW 2000, 40; Isele, Ein halbes Jahrhundert deutsches bürgerliches Gesetzbuch, AcP 150 (1950), 1; Kaser, Der römische Anteil am deutschen bürgerlichen Recht, JuS 1967, 337; Kötz, Dispositives Recht und ergänzende Vertragsauslegung, JuS 2013, 289; Krause, Der deutschrechtliche Anteil an der heutigen Privatrechtsordnung, JuS 1970, 313; Laufs, Beständigkeit und Wandel–Achtzig Jahre deutsches Bürgerliches Gesetzbuch, JuS 1980, 853; ders., Die Begründung der Reichskompetenz für das gesamte bürgerliche Recht, JuS 1973, 740; ders., Rechtsentwicklungen in Deutschland, 6. Aufl., 2006; Lüderitz, Kodifikation des bürgerlichen Rechts in Deutschland 1873–1977: Entstehung, Entwicklung und Aufgabe, FS „Vom Reichsjustizamt zum Bundesministerium der Justiz", 1977, 213; Medicus, Die Entwicklung des bürgerlichen Rechts seit 1900, JA 1971, ZR S. 119; Mitteis/Lieberich, Deutsches Privatrecht, 9. Aufl., 1981; Müller-Graff, Europäisches Gemeinschaftsrecht und Privatrecht, NJW 1993, 13; Mugdan, Die gesammten Materialien zum Bürgerlichen Gesetzbuch für das Deutsche Reich, Band 1–5 und Sachregister, Berlin 1899/1900 (Neudruck 1979);

> Raiser, Die Zukunft des Privatrechts, 1971; H. Roth, EG-Richtlinien und Bürgerliches Recht, JZ 1999, 529; H. Schlosser, Grundzüge der neueren Privatrechtsgeschichte, 10. Aufl., 2005; Schmoekel, 100 Jahre BGB: Erbe und Aufgabe, NJW 1996, 1697; Schubert, Materialien zur Entstehungsgeschichte des BGB, 1978; Schulte-Nölke, Die schwere Geburt des bürgerlichen Gesetzbuchs, NJW 1996, 1705; R. Schulze, Ein Jahrhundert BGB-deutsche Rechtseinheit und europäisches Privatrecht, DRiZ 1999, 369; Stürner, Der hundertste Geburtstag des BGB-nationale Kodifikation im Greisenalter?, JZ 1996, 741; P. Ulmer, Vom deutschen zum europäischen Privatrecht, JZ 1992, 1; E. Wagner, 100 Jahre Bürgerliches Gesetzbuch-Ein Überblick zu Entstehung, Grundlagen und Entwicklung des BGB, Jura 1999, 505; G. Wagner, Zwingendes Privatrecht, ZEuP 2010, 243; Wesenberg/Wesener, Neuere Deutsche Privatrechtsgeschichte, 4. Aufl., 1985; Wieacker, Privatrechtsgeschichte der Neuzeit, 2. Aufl., 1967.

一、产生和发展

通过历史的维度对法律进行解释是法律人的必备能力。如果想要正确理解和适用《民法典》，就必须了解它的历史渊源。必须能够理解它来自哪个时代、受到哪些法律观念的影响，以及它建立在何种基础之上。必须理解其规范概念的历史条件，并能够追溯该法律在其历史过程中经历的发展阶段。在这个过程中，人们会发现，在其百年的历史中，这部法律已经从它的历史包袱中解脱出来，时代在改变，《民法典》也应当能够适当地解决当代的问题和冲突。[1]

(一) 国家统一和法的统一

《民法典》是19世纪的产物，当时德国在政治上分裂成无数个独立的

---

[1] 在关于《民法典》产生历史的众多出版物中，以下特别值得一提：Schubert (Rdnr. 26), 27 ff.; Staudinger-Honsell[2013] Einl zum BGB Rdnr. 1 ff.。

邦国，同时也形成了应当建立一个统一民族国家的共识。与国家统一的思想并行的是法律统一的思想。这要在高度的**法律分散**(Rechtszersplitterung)的背景下来理解。在《民法典》生效之前，德国没有统一的法典化的民法典。相反，存在着许多地方性法律，这些法律在各个邦国被逐渐颁布，还有一些更为全面的法典编纂，它们中的一些声称对法律事项进行了完整和系统的规定。

29 　　因此，巴伐利亚州实行的是1756年的《巴伐利亚马克西米利安法典》(Codex Maximilianeus Bavaricus, Civilis)，左莱茵地区实行的是1804年的《法国民法典》，巴登州实行的是1809年的《巴登邦法》，该法典是《法国民法典》的翻译版本。普鲁士在1794年实施了《普鲁士国家普通邦法》，试图通过超过20000条规范来解决所有可能发生的争端（但最终以失败告终）。最后，萨克森州实行的是1863年的《萨克森民法典》。

30 　　在这种情况下，德意志地区主要适用日耳曼的习惯法规则和所谓的**共同法/普通法**(Gemeines Recht)。后者是在15世纪和16世纪引入的罗马法，基本上基于查士丁尼统治时期（公元527年至565年）的《国法大全》(corpus iuris)。该法律文集包括《法理概要》(Institutionen)（具有法律效力的教科书）、《法学汇纂》(Pandekten oder Digesten)（由法律学家著作组成的文集）、《查士丁尼法典》(Codex)（适用法律的汇编）和《新法典》(Novellen)（由查士丁尼本人颁布的法律）。在中世纪晚期，罗马法在博洛尼亚和巴黎的大学被重新发现并发展起来，且作为适应当时需求的法律(usus modernus pandectarum)在德国被接受。它先进入了地方法院和官僚机构，之后又渗透到立法中。19世纪，以弗里德里希·卡尔·冯·萨维尼(Friedrich Carl v. Savigny)和乔治·弗里德里希·普赫塔(Georg Friedrich Puchta)等人为首的"历史法学派"进一步推动了罗马法的发展。罗马法学家鲁道夫·冯·耶林(Rudolf v. Jhering)和伯纳德·温德沙益德(Bernhard Windscheid)也对其起到了推动作用。罗马法在伯纳德·温德沙益德的《潘德克顿法学教科书》中完成了最终的发展。[2]

共同法被视为民族国家不可或缺的要素,因为它和共同语言一样属于构成国家团结的强大纽带。但这种对于**法律统一化**(Rechtsvereinheitlichung)的需求也出于非常实际的原因。私法的多样性会干扰跨国贸易和经济交往,这些交往经常面临其他法律制度的挑战。与其创立和发展一样,欧洲联盟最初被称为欧洲经济共同体并非没有原因,主要是因为商人们提出了统一私法的需求。[3] 在政治统一的进程中,人们试图考虑到这种需求,并促进法律的统一化。这首先是一项能力问题。因此,尽管1848年法兰克福国民议会在《保罗教堂宪法》(Paulskirchen-Verfassung)[4]第64条的要求下,通过颁布民法、商法和汇票法、刑法和司法程序通则等共同法典来确立德国的法律统一,但该议会并没有自己的立法权限。然而,人们仍迅速达成了一个"示范法案",即《德意志普通票据法》[5],随后该法案由各个成员国通过平行法案的方式生效。1861年,按照同样的原则通过了《德意志普通商法典》。[6] 该法典由邦联议会推荐引入德意志各个邦国,并通过相应的地方法律生效。对债法统一化的努力源自1860年德国法学家大会上的建议[7],最终形成了1866年提交的"德意志普通债务法草案(德累斯顿草案)"[8],但由于1866年德意志邦联解体,这些初步的努力就被搁置了。

直到1871年,在**帝国建立**(Reichsgründung)的过程中,帝国议会才获得了立法权——与此前的1867年北德意志邦联议会一样——但最初

---

[2] Windscheid, Lehrbuch des Pandektenrechts, 7. Aufl. 1891;新版 Windscheid/Kipp, Lehrbuch des Pandektenrechts, 9. Aufl. 1906 (Nachdruck 1963)。

[3] 参见边码51。

[4] Vom 28.3.1849; RGBl. 1849, 101.

[5] Vom 24.11.1848; RGBl. 1848, 19.

[6] Vom 24.6.1861; Gesetzessammlung für die Königlich Preußischen Staaten 1861, 480ff. 还可参见 Baums, Entwurf eines allgemeinen Handelsgesetzbuches für Deutschland (1848/1849), 1982, 1ff.。

[7] 参见 Staudinger-Honsell[2013] Einl zum BGB Rdnr. 104。

[8] 更多相关细节,请参阅 Dölemeyer in: Coing (Hrsg.), Handbuch der Quellen und Literatur der neueren europäischen Privatrechtsgeschichte, Bd. III/2, 1982, 1562ff.。

只是对商法、汇票法和债务法(债法)获得立法权限。直到1873年修订了帝国宪法(→边码33),帝国议会才获得了对整个民法、刑法和诉讼法的立法权。与此同时,所谓的帝国司法法律(Reichsjustizgesetze)[包括《法院组织法》(Gerichtsverfassungsgesetz[9])、《民事诉讼法》(Civilprozeßordnung[10])、《刑事诉讼法》(Strafprozeßordnung[11])和《破产法》(Konkursordnung[12])]在1879年同时生效,德国首次实现了司法程序领域的统一。

(二)《民法典》的产生

1. 历史发展

33　　19世纪中叶,社会对制定统一民法典的必要性达成了广泛共识。这种想法早在1813年至1815年席卷德意志的独立战争(拿破仑战争)的影响下就产生了,安东·弗里德里希·约斯图斯·蒂堡(Anton Friedrich Justus Thibaut)在他1814年出版的著作《关于德国共同民法的必要性》中总结了这些观点。然而,他在同一年就遭到了弗里德里希·卡尔·冯·萨维尼的反对,后者在其著名的《对立法和法学的当代使命》(1840年第3版)一文中反对统一民法[13],但他也无法阻止这一发展进程。1867年,北德意志邦联议会的议员约翰内斯·米奎尔(Johannes Miquel)提议通过一部统一的民法典来消除民法领域的巨大差异,但被否决。该议案于1869年再次被提出,并以压倒性优势通过。在帝国议会中,这个提案也多次出现在议程上。最终,在议员约翰内斯·米奎尔和爱德华·拉斯克(Eduard Lasker)的主动提案下,帝国宪法进行了修改,扩大了立法权范围,涵盖了整个民法[即"米奎尔-拉斯克法案(lex Miquel-Lasker)"]。[14] 从此,立

---

　[9]　Vom 27.1.1877; RGBl. 1877, 41.
　[10]　Vom 30.1.1877; RGBl. 1877, 83.
　[11]　Vom 1.2.1877; RGBl. 1877, 253.
　[12]　Vom 10.2.1877; RGBl. 1877, 351.
　[13]　两部著作都由 Hattenhauer 重新出版(Thibaut und Savigny, Ihre programmatischen Schriften, 1973)。
　[14]　Vom 20.12.1873; RGBl. 1873, 379. 对此参见 Laufs, JuS 1973, 740ff.。

法的道路畅通无阻。

2. 在第一草案之前的工作

应帝国参议院(Bundersrat)的建议,"**预备委员会**(Vorkommission)"于1874年2月28日成立。该委员会由五名著名的德国法学家组成,包括列文·戈德施密特(Levin Goldschmidt)、弗朗茨·冯·库贝尔(Franz von Kübel)、路德维希·里特尔·冯·诺伊迈尔(Ludwig Ritter von Neumayr)、赫尔曼·谢林(Hermann Schelling)和安东·冯·韦伯(Anton von Weber)。预备委员会在很短的时间内就关于法律框架的基本概述和适用程序提交了一份意见书。[15]

34

于是,帝国参议院于1874年6月22日通过决议,成立了一个委员会,负责起草一份排除商法的德意志帝国民法典草案,即所谓的**第一委员会**(1. Kommission)。该委员会由11名成员组成,其中包括6名法官(Gustav Derscheid, Reinhold Johow, Franz von Kübel, Heinrich Pape, Gottlieb Planck, Anton von Weber)、3名政府官员(Albert Gebhard, Karl Kurlbaum, Gottfried Ritter von Schmitt)和2名教授(Paul von Roth, Bernhard Windscheid)。[16] 该委员会的成员代表了存在于德国的主要法律制度(普通法、普鲁士法、法国法、巴登法和萨克森法),同时结合了实践和学术(von Roth 代表德国法,Windscheid 代表潘德克顿私法/普世私法)。

35

1874年9月17日,委员会召开首次会议。他们决定起草**第一草案**(1. Entwurf)。根据预备委员会的建议,讨论的基础既不是现行法典,也不是任何现有的法律草案。相反,他们打算重新调整民法的五个部分,并为每个部分指定一名报告人。阿尔伯特·格布哈德(Albert Gebhard)负责总则部分;弗朗茨·冯·库贝尔(Franz von Kübel)负责债权法,但由于他过早去世,所以不得不将德累斯顿草案(→边码31)作为讨论基础;莱茵霍尔德·约霍(Reinhold Johow)负责物权法;戈特利布·普朗克(Gottlieb Planck)负责家庭法;戈特弗里德·里特·冯·施密特(Gottfried Ritter von Schmitt)负责继

36

---

[15] 参见 Schubert (Rdnr. 26), 170ff.; 以及 Benöhr, JuS 1977, 79ff.。
[16] 具体参见1888年第一草案的官方出版物前言,相关人物介绍参见 Schubert (Rdnr. 26), 69ff.。

承法。从1881年10月开始,委员会就各个初稿进行讨论。[17] 1883年10月,由于时间问题,伯纳德·温德沙益德退出了委员会。在最初只对各个部分进行单独修订的基础上,从1887年9月30日到12月底,委员会对整个草案进行了全面修订。然后,于1887年12月27日将第一草案交给帝国总理。

37 然而,帝国参议院司法委员会对于没有得到由第一委员会授权的规范草案理由书而感到遗憾。为了不进一步延迟《民法典》的立法工作,他们接受了海因里希·帕佩(Heinrich Pape)的建议,将草案与助手们整理的材料一起公开发布。这些**动机文件**(Motive)是通过评估和总结编纂人员所起草的初步草案及其理由书,以及根据委员会所核准的咨询记录而形成。相比前文所提及的那些文件(草案),这些动机文件才是更应当公布的,因为它们更能让人清晰地理解草案的内容。然而,这些动机文件从未经全体委员会的审查和批准。

38 1888年1月,**委员会的工作完成**(Kommissionsarbeit abgeschlossen)。第一草案连同动机文件一起提交给了帝国参议院。参议院于1888年1月31日决定将两者一起公开发布[18],以获取来自其他利益相关方的意见和建议,特别是来自未在第一委员会中获得代表的经济界相关方面的意见。

3. 对第一草案的批评

39 第一草案受到各方的严厉批评。[19] 帝国司法部将广泛的意见(其中包括律师公会的一份意见书[20])编纂成六卷刊出[21],以便人们获取。尽

---

[17] 参见 Schubert (Hrsg.), Die Vorlagen der Redaktoren für die erste Kommission zur Ausarbeitung des Entwurfs eines Bürgerlichen Gesetzbuches, 1980ff.。

[18] Entwurf eines bürgerlichen Gesetzbuches für das Deutsche Reich, Erste Lesung, ausgearbeitet durch die vom Bundesrathe berufene Kommission, Berlin/Leipzig 1888; Motive zu dem Entwurfe eines bürgerlichen Gesetzbuches für das Deutsche Reich, Band 1–5 und Sachregister, Berlin/Leipzig 1888(1983年再版);两者也刊行在 Mugdan, LII ff. und 359ff.。

[19] 关于反对意见,首先参见 Bähr, Gegenentwurf zu dem Entwurfe eines bürgerlichen Gesetzbuches, 1892; v. Gierke, Der Entwurf eines bürgerlichen Gesetzbuches und das deutsche Recht, 1889; Menger, Das Bürgerliche Recht und die besitzlosen Volksklassen, 1890 (5. Aufl. 1927); Pfizer, Ein Nothruf für deutsches Recht, 1892.–Eine ausführliche Bibliographie der kritischen Stellungnahmen findet sich bei Maas, ArchBürgR 14 (1899), 20ff.。

[20] 律师对第一草案的意见于1890年由德意志律师公会出版。

[21] 相关意见的综合由帝国司法部完成,并于1890年到1891年间陆续出版六卷本。

管当时普遍认为,草案有许多方面需要改进,但其仍构成了进一步工作的可行基础。人们批评它在语言表达上生硬、笨拙,且并未充分考虑社会和经济的需求。对内容的批评可以用"不德国(undeutsch)""与民众脱节(volksfremd)"和"与社会脱节(unsozial)"来概括。其中,"不德国"意味着该草案过于执着于罗马法或普通法,不恰当地忽视了德国法律的根源。因此,它被认为"与民众脱节",也就是说,根据批评者的观点,该草案中的规定并不总是符合民众对公正和合理的看法。此外,该草案被指责单方面偏袒"富有阶级",从而在劳动合同和婚姻财产法方面与民众脱节。

4. 之后的立法过程

第二委员会(2. Kommission)于1890年12月4日成立。该委员会由22名成员组成。[22] 他们来自德意志帝国的各个社会领域,既包括法律界人士(包括律师代表),也包括非法律背景的经济界代表,特别是农业、贸易、工商业以及国民经济方面的代表。然而,工业界和工人阶级的代表缺席。第二委员会的讨论从1892年4月开始,每周都在帝国公报上发布讨论结果,法典初步草案也向公众公开发表。[23] 这样做是为了让帝国议会(Reichstag)的成员以及公众能尽早了解并提出批评意见。

第二委员会的实质性讨论于1895年6月结束并记录在委员会的**立法会议纪要**(Protokollen)中。[24] 1895年10月底,**第二草案**(2. Entwurf)被提交给帝国参议院。[25] 该草案在基本结构和语言风格上继承了第一草案,但在细节上进行了许多修改。[26] 然而,委员会并没有实现在私法方

---

[22] 详见 Staudinger-Honsell Einl zum BGB Rdnr. 83。

[23] 第一编到第三编草案于1894年完成,第四编和第五编草案于1895年完成。

[24] Protokolle der Kommission für die zweite Lesung des Entwurfs des Bürgerlichen Gesetzbuchs, Bde. 1–7, 1897–1899; abgedruckt auch bei Mugdan, 568ff.

[25] Entwurf eines Bürgerlichen Gesetzbuches für das Deutsche Reich, Zweite Lesung, Nach den Beschlüssen der Redaktionskommission, Gesamtausgabe 1895.

[26] 参见 Reatz, Die zweite Lesung des Entwurfs eines Bürgerlichen Gesetzbuchs für das Deutsche Reich unter Gegenüberstellung der ersten Lesung, im Auftrage des Vorstandes des Deutschen Anwaltvereins dargestellt und aus den Protokollen der zweiten Lesung erläutert, Bd.1 1894, Bd.2 1896。

面"渗透一滴社会润滑油"的期望(→边码 47)。[27] 直到 1896 年 2 月 8 日,委员会最终开始起草一项关于施行法的草案。

42 　　第二草案在帝国参议院只经过细微的修改,然后于 1896 年 1 月 17 日作为**帝国议会提案**(Reichstagsvorlage)("第三草案")[28]与帝国司法部的**纪要**(Denkschrift)[29]一起提交给帝国议会。经过讨论,该提案[30]于 1896 年 2 月 6 日被转交给一个由 21 名成员组成的**帝国议会委员会**(Reichstagskommission)(第十二委员会)。[31]该委员会进行了 2 次审议和 53 次会议,按顺序逐条审查了包括施行法的规范在内的相关条款,但仅限于存在相关提案或发言的情况。[32]在政治和社会相关的问题上,如社团法、劳动合同法和婚姻法等方面,存在一些争议,也引入了一些现在看来相对古怪的修改。[33]最终,该**法**(Gesetz)于 1896 年 7 月 1 日在帝国议会中通过[34],于 1896 年 8 月 18 日由皇帝威廉二世颁布,并于 1896 年 8 月 24 日在帝国法律公报上发表。[35]为了给各邦和民众提供更长的适应、调整和转换的时间,该法案的**生效日期**(Inkrafttreten)被设定为 1900 年 1 月 1 日。

(三)《民法典》在 20 世纪的发展

43 　　《民法典》的立法者主要是以统一,而不是以当时适用法律的现代化为目标。他们的目的是将经过验证的和传统的法律编成法典,而不是创

---

[27] v. Gierke, Die soziale Aufgabe des Privatrechts, 1899, 13.

[28] Entwurf eines Bürgerlichen Gesetzbuchs, dem Reichstage vorgelegt in der vierten Session der neunten Legislaturperiode, 1896.

[29] Denkschrift zum Entwurf eines Bürgerlichen Gesetzbuchs nebst drei Anlagen, dem Reichstage vorgelegt in der vierten Session der neunten Legislaturperiode, 1896; 也刊行在 Mugdan, 821ff.。

[30] 记录于 Mugdan, 846ff.。

[31] 参见 Staudinger-Honsell[2013] Einl zum BGB Rdnr. 86。

[32] 第十二委员会的报告刊行于 Mugdan, 948ff.。

[33] 养蜂业的游说影响了养蜂权的规范化(§§ 961-964)。同时,现在看来有些奇怪的是《民法典实施法》第 130 条(关于鸽子的占有权)和第 133 条(关于教堂椅子和坟墓的使用权)。

[34] 帝国议会的问询记录于 Mugdan, 975ff., 1023ff.。

[35] RGBl. 1896, 195.

造全新的东西。在这个过程中借鉴了罗马法和德国法的大量**传统**(Traditionen)。因此,法典的体系(→边码76以下)以及总则和债法中的抽象性和利益平衡主要受到罗马法的影响,而《民法典》的其他编,特别是不动产法,更多地体现了德国法的元素。

在政治上,《民法典》的规范受到极具自由主义的**时代精神**(Zeitgeist)的影响,这种观点认为,在私法秩序中可以自行表达和调整彼此的利益。此外,该法更加注重一种更倾向于手工业和乡村小型家族企业的前工业化思想。从这个角度来看,《民法典》并不是展望未来,而是回顾过去:"它像《普鲁士普通邦法》(ALR)一样是一个时代最后的产物,坚持着过时的经济政策和陈旧的人的形象。"[36] 因此,毫不令人惊讶的是,这部法律在其历史发展过程中经历了许多修改、补充和调整,尽管原因各不相同。

44

1. 不足

《民法典》的部分内容被证明是**有缺陷的**(lückenhaft)。举个例子,重要的债法衡平制度,如从鲁道夫·冯·耶林时期就被广泛认可的在合同缔结前的过错行为导致的损害赔偿责任(culpa in contrahendo)[37] 或在法典生效后不久由赫尔曼·斯陶布(Hermann Staub)提出的积极违约[38],就并未包含在2002年之前的《民法典》中。由保罗·埃特曼(Panl Oertmann)提出的交易基础丧失也是如此,直到第一次世界大战,由于货币贬值,人们才痛苦地感受到了这种制度的缺失。[39] 这些空白最初可以通过法院的法律续造来填补[40],因此,这些法律机制长期以来形成了确立的、部分地被习惯法所认可的《民法典》的补充(→边码20)。如今,它们被规定在《民法典》第241条第2款、第280条、第311条第2款、第313条中。

45

---

[36] Mitteis/Lieberich (Rdnr. 26), § 5 Ⅲ 5
[37] v. Jhering, Culpa in Contrahendo, JherJb. 4 (1861), 1ff.
[38] Staub, Die positiven Vertragsverletzungen und ihre Rechtsfolgen, FS XXVI. DJT, 1902, 29ff.
[39] Oertmann, Die Geschäftsgrundlage, 1921.
[40] 有关缔约过失,参见 RG JW 1912, 743 (Urt. vom 26.4.1912) und RGZ 95, 58, 60 (Urt. vom 24.9.1918); 有关积极的义务违反,参见 RGZ 54, 98, 100ff. (Urt. vom 6.3.1903); 有关交易基础,参见 RGZ 103, 328, 332 (Urt. vom 3.2.1922); 总体论述参见 Falk/Mohnhaupt (Hrsg.), Das Bürgerliche Gesetzbuch und seine Richter, 2000。

46 　　在某些特定领域,《民法典》被证明非常**不够细致**(undifferenziert)。例如,《民法典》第 826 条的一般条款很难规范竞争法,因此,德国在 1909 年颁布了《反不正当竞争法》[41],并在 1957 年颁布了《反限制竞争法》。[42]

47 　　特别是,该法律**在社会保护方面缺乏平衡**(sozial unausgewogen)。该法律对经济弱势群体的保护不足在第一草案提交时就已受到严厉批评(→边码 39),但在后续的立法过程中也没有得到改善。社会国家理念变得越来越重要,这增加了立法者的压力,要求他们在《民法典》中扩大社会保护的范围,因此,毫不奇怪,《民法典》在租赁法方面多次进行修改和补充,以保护租户的权益(→边码 54)。劳动法已从该法典中分离出来,发展成为一个独立的领域,并通过许多部专门法律进行规范,《民法典》仅在适用第 611 条以下时才起到补充性作用(→边码 54)。旅游合同法于 1979 年加入了第 651a 条以下的规定中。[43] 消费者保护法最初通过附属法案规定在《民法典》中[44],现在已专门规范整合到法典中(第 305 条以下、第 312 条以下、第 355 条以下、第 491 条以下),这些专门规范部分补充了一般规定,部分取代了一般规定。[45]

2. 修订的需要

48 　　《民法典》除了存在这些"固有"的缺陷,多年来还不断面临来自外界的"现代化需求"。首先,**价值观的改变**(geänderte Wertvorstellungen)使得民法必须进行相应的调整。这些价值观的变化引起了《民法典》的大量修改,特别是在家庭法方面,因为家庭法一直被认为是反映当时社会观念变化的突破口(→边码 56)。各个时期的宪法(也就是现在的《基本法》)也对此产生了特别显著的影响。例如,基于社会国原则(Sozialstaatsprinzip)

---

[41] RGBl. 1909, 499.
[42] BGBl. 1957 I, 1081.
[43] BGBl. 1979 I, 509.
[44] 在《民法典》之前,已经于 1894 年颁布了关于分期付款的《分期付款法》(RGBl. 1894, 450),该法于 1990 年被基于欧盟指令(1986 年 12 月 22 日,87/102/EEC)的《消费者信贷法》所取代,《消费者信贷法》于 1990 年 12 月 12 日颁布(BGBl. 1990 I, 2840)。
[45] 参见边码 18 以及第十四部分。

(→边码104)和1957年6月18日通过的《男女同权法》[46]（Gleichberechtigungsgesetz）废除了与《基本法》第3条不相容的《民法典》第1354条,该条赋予丈夫"在所有涉及夫妻共同生活的事务中作出决定"的权利。

其次,随着**科技的发展**（Entwicklung der Technik）,民法也必须与时俱进。被过错原则主导的侵权法已不再能抵御现代科技发展所带来的风险。其结果表现为在《道路交通条例》第7条引入了车辆所有人的危险责任[47],以及在生产者责任领域制定了特定的风险承担和举证责任规则,其最初由司法判例发展而来[48],然后又根据欧盟指令[49]规范在《产品责任法》中。[50]

49

再次,**经济关系的变化**（Änderungen der wirtschaftlichen Verhältnisse）引发了进一步的调整需求。随着广大人民群众的整体财务状况几十年来的改善,人们对不动产的需求大量增加。然而,由于土地并非可无限扩展,因此必须放弃《民法典》只能拥有土地所有权而不能拥有建在土地上建筑物,甚至不能拥有单独住房的基本思想（第94条第2款;→边码249）。相应的考虑推动了《住宅所有权法》的出台[51],该法允许对住房设立特别所有权/专有权（Sondereigentum）（《住宅所有权法》第1条第1款和第2款）。

50

最后,不可忽视的是民事法律交流的**国际化**（Internationalisierung）以及欧洲为追求法律统一化的努力。如前所述,欧洲法的起源与统一德国民法的起源在某种程度上是相似的,两者都是针对实际商业交易需求而作出的回应（→边码31）。如今,德国民法在很多方面都受到国际影响,特别是受欧洲法的影响（→边码23以下）。在进一步的法律发展中,许多领域都力求实现与欧洲法律的统一,至少也要确保德国民法相比其他欧洲民法体系的竞争力。人们正在考虑制定一部欧洲民法典,尽管当前其具

51

---

[46] BGBl. 1957 I, 609.
[47] Vom 3.5.1909; RGBl. 1909, 437.
[48] Grundlegend RGZ 163, 21 (vom 17.1.1940) und BGHZ 51, 91 (vom 26.11.1968).
[49] Vom 25.7.1985, 85/374/EWG.
[50] Vom 15.12.1989; BGBl. 1989 I, 2198.
[51] Vom 15.3.1951; BGBl. 1951 I, 175.

体轮廓和前景可能还并不清晰。[52]

52　　　然而,所有这些都不能掩盖《民法典》中**极具适应性的基本概念**(äußerst anpassungsfähiges Grundkonzept)。在其百年历史中,从未出现过该法律陈旧过时,必须通过全新的规范体系来替代的想法。相反,法典经常受到批评的高度抽象性,反而一再证明其在解决当代问题上的价值,并对那些就1896年立法者而言根本无法预见的制度进行了法律上的归类。一个典型的例证就是融资租赁合同(Leasingvertrag),在司法实践中,通过适用《民法典》中的租赁条款(mietrechtliche Vorschriften),成功地解决了融资租赁合同中的问题。[53]

3. 重要修改概述

53　　　根据上述内容,《民法典》自生效以来,经历了许多修改和补充,有些体现在法律本身的措辞中,有些则通过附属法规或司法判例来塑造。这里并不需要列举所有修改,但是可以提及一些重要的修订,这些变化能够展示法律领域在时代变迁中的成长和发展。对于**总则部分**(Allgemeinen Teil),需要报告的内容相对不多。民法总则部分所涉及的民法基本理念和制度在很大程度上是超越时间的,无须通过立法进行修正。唯一的例外是行为能力制度。《成年法案》(Volljährigkeitsgesetz)[54]使得成年年龄界限(第2条)和完全行为能力的界限(第106条)从21岁降低到18岁。随后,《监护法案》(Betreuungsgesetz)[55]废除了禁治产制度(第104条第3项),并以家庭法中的监护制度(第1896条以下)取而代之。自2002年

---

[52] 有关这个问题的文献几乎难以忽视。参见 Kötz, Europäisches Vertragsrecht, 1996; Lang, Europäisches Privatrecht: die Rechtsvergleichung, 2. Aufl., 2007; Lerche, Konkurrenz von Einheitsrecht und nationalem Privatrecht – Perspektiven für ein europäisches Zivilgesetzbuch, 2007; Henninger, Europäisches Privatrecht und Methode: Entwurf einer rechtsvergleichend gewonnenen Methodenlehre, 2009; Müller-Graff, Gemeinsames Privatrecht in der Europäischen Gemeinschaft, 2. Aufl. 1999; Tietze u. a. (Hrsg.), Europäisches Privatrecht, 2004; Riedl, Vereinheitlichung des Privatrechts in Europa, 2004; Schulze, Gemeinsame Prinzipien des europäischen Privatrechts, 2003; ferner die Beiträge in Basedow (Hrsg.), Europäische Vertragsrechtsvereinheitlichung und deutsches Recht, 1999。

[53] BGH WM 1975, 1203 ff. (Urt. vom 8.10.1975); BGHZ 68, 118, 123 (Urt. vom 23.2.1977).

[54] Vom 31.7.1974; BGBl. 1974 I, 1713.

[55] Vom 12.9.1990; BGBl. 1990 I, 2002

起,第 105a 条进一步补充了该制度的适用范围。[56] 此外,社会变革在总则部分主要体现在一般条款中。一个法律行为是否因违反形式规定(第 125 条第 1 句)或法律禁止(第 134 条)而无效,取决于立法者制定了哪些形式规定和法律禁止性规定。最终,关于哪些法律行为与善良风俗不相容的观点(第 138 条第 1 款),也随时间的变化而变化(→边码 1181)。价值观的变化因此融入民法之中,而无须改变法律的措辞。

债法(Schuldrecht)的情况则有所不同。联邦德国司法部于 1982 年委托进行了一项改革调查[57],并在 1984 年成立了所谓的债务法委员会,该委员会在 1992 年提交了一份关于全面债法改革的具体建议报告。[58] 经过长期的停滞,这些建议最终于 2001 年的债法现代化法案(Schuldrechtsmodernisierungsgesetz)[59]中得到实现。《民法典》立法者忽视的社会保护通过《民法典》的发展和补充得到了弥补(→边码 47),这尤其适用于租赁法。为保护租户的居住利益,这一部分已经进行了许多修改。[60] 值得一提的是,《关于废除强制住房经济和建构社会租赁及居住权法》[61](过去第 556a 条,现行法第 574 条以下)、《第二住房解约保护法》[62](过去第 564b 条,现行法第 573 条以下),其第 2 条所规定的内容现在已经整合到了第 557 条以下的《租金上限法》[63](首先在附属法中规定的租金增加程序)和《增加租赁住房供应法》[64](过去第 564c 条,现行法第 575 条)。通过《租赁法改革法》[65],租赁制度得到了全面的现代化发展。后

---

[56] OLGVertrÄndG vom 23.7.2002; BGBl. 2002 I, 2850.
[57] Gutachten und Vorschläge zur Überarbeitung des Schuldrechts, hrsg. vom Bundesminister der Justiz, 3 Bde. 1982/83.
[58] Abschlußbericht der Kommission zur Überarbeitung des Schuldrechts, hrsg. vom Bundesminister der Justiz, 1992.
[59] Vom 26.11.2001; BGBl. 2001 I, 3138. Zusammenfassend dazu Staudinger-Honsell2013 Einl zum BGB Rdnr. 109 ff.
[60] 详见 Staudinger-Emmerich Vorbem. zu §§ 535, 536 Rdnr. 1 ff.。
[61] Vom 23.6.1960; BGBl. 1960 I, 389.
[62] Vom 18.12.1974; BGBl. 1974 I, 3603.
[63] Vom 18.12.1974; BGBl. 1974 I, 3603, 3604.
[64] Vom 20.12.1982; BGBl. 1982 I, 1912.
[65] Vom 19.6.2001; BGBl. 2001 I, 1149.

续的重要修正就可以在《租赁法修正法》[66]等法案中找到(→边码66)。劳动法方面的发展是在《民法典》之外进行的。尽管内容上可能不完整，但许多专门法律都对劳动关系进行了规定，并且随着时间的推移，它已经发展成为一种独立的特别私法(→边码16)。它受到《解雇保护法》[67](KSchG)、《工资支付法》[68](EFZG)、《孕妇及产妇保护法》[69](MuSchG)、《联邦假期法》[70](BUrlG)、《工资合同法》[71](TVG)和《企业组织法》[72](BetrVG)等的影响。最后，还有旅游合同法(→边码47)的编纂、医疗合同法[73](第630a条等)和支付交易法[74](第675c条等)的改革，以及侵权法方面的变化。除通过道路交通法和产品责任法对《民法典》进行补充(→边码49)外，尤其需要提到的是对一般人格权[75]以及针对所有非法侵害的一般停止侵害请求权的司法承认。[76]

55 **物权法**(Sachenrecht)几乎没有太多需要修改的地方。从其性质来看，这个法律领域本身就比较静态，并没有像合同法那样受到动态经济生活的影响。此外，物权法作为一个自成体系的规则系统是"通过组合而成的"，因此主要的缺陷并不明显。除立法者承认了住宅所有权(→边码50)并将改进的关于地役权的规定分离出来并纳入《地上权条例》(Erbbaurechtsverordnung)[77] [现在称为《地上权法》(Erbbaurechtsgesetz)[78]]外，主要通过法官造法的方式发展该领域。例如，确认担保所有权(Si-

---

[66] Vom 11.3.2013, BGBl. 2013 I, 434.

[67] Vom 10.8.1951; BGBl. 1951 I, 499.

[68] Vom 26.5.1995 (BGBl. 1994 I, 1014, 1065); davor Lohnfortzahlungsgesetz vom 27.7.1969 (BGBl. 1969 I, 946).

[69] Vom 24.1.1952; BGBl. 1952 I, 69.

[70] Vom 8.1.1963; BGBl. 1963 I, 2.

[71] Vom 9.4.1949; WiGBl. 1949, 55, 68.

[72] Vom 15.1.1972; BGBl. 1972 I, 13.

[73] Vom 20.2.2013, BGBl. 2013 I, 277.

[74] Heutige Fassung durch Gesetz vom 29.7.2009 (BGBl. 2009 I, 23552).

[75] 75BGHZ 13, 334, 337 (Urt. vom 25.5.1954); 对于由于侵害这些权利所导致的非物质损害赔偿，见边码13。

[76] RGZ 60, 6, 7 (Urt. vom 5.1.1905).

[77] Vom 15.1.1919; RGBl. 1919, 72.

[78] 现在名称的来源 vom 23.11.2007 (BGBl. 2007 I, 2614).

cherungseigentum)[79]、所有权保留的延长[80]以及基于有条件转让的期待权(→边码1281)。

家庭法(Familienrecht)的情况则完全不同,其规定在历史中最为多变。[81] 最初,它受到基督教和市民道德观念的强烈影响,在国家社会主义时期则被利用成种族意识形态工具。[82] 今天,它已经大部分转变为非常务实和世俗化的家庭法。婚姻法的变化是一个典型例子,它在1938年被从《民法典》中分离,单独成为婚姻法典[83],然后在1946年被新的去纳粹化的婚姻法典[84]所取代。在1976年先将离婚法(第1564条以下)重新纳入《民法典》,同时用破裂原则(第1565条以下)取代了原本的过错原则。[85] 随后,在1998年,婚姻登记法(第1303条以下)[86]被纳入,从而使婚姻法完全融入《民法典》。此外,还有许多体现社会价值观念的变化和基本法影响的其他修正。除了已经提到的《男女同权法》(→边码48),特别值得一提的是《非婚生子女法》[87],它为非婚生子女提供了更公平的赡养规定(尽管有所修改)和对父亲及其亲属的继承权,从而导致1998年消除了对已婚和未婚父母的子女在法律处理上的一切差异。[88] 此外,其他值得特别强调的改革法案还包括《收养法》[89]《照顾权法》

---

[79] RGZ 49, 170, 171 ff. (Urt. vom 15.11.1901).
[80] RGZ 155, 26, 28 ff. (Urt. vom 6.4.1937).
[81] 参见 Patti, FamRZ 2000, 1 ff.。
[82] 1935年9月15日颁布的《保护德国血统和荣誉法》(RGBl. 1935 I, 1146)以及1935年10月18日颁布的《保护德国人民遗传健康法》(RGBl. 1935 I, 1246)。前者禁止犹太人与德国或同族血统的国民之间的婚姻和通奸;后者规定在具有某些传染性或遗传性疾病的情况下,禁止结婚。对此详见 Schubert (Hrsg.), Das Familien-und Erbrecht unter dem Nationalsozialismus, 1993。
[83] Vom 27.7.1938; RGBl. 1938 I, 923.
[84] Vom 20.2.1946; KRABl. 1946, 77.
[85] 1. EheRG vom 14.6.1976; BGBl. 1976 I, 1421.
[86] EheSchlRG v. 4.5.1998; BGBl. 1998 I, 833.
[87] Vom 19.8.1969; BGBl. 1969 I, 1243.
[88] 通过平权法案 vom 16.12.1997 (BGBl. 1997 I, 2968)以及儿童权利法案 KindRG vom 16.12.1997 (BGBl. 1997 I, 2942)。
[89] Vom 2.7.1976 (BGBl. 1976 I, 1749):重新调整收养法。

（Sorgerechtsgesetz）[90]、《监护法》（Betreuungsgesetz）（→边码 53），以及《辅助监护法》（Beistandschaftsgesetz）[91]或《同性伴侣法》（Lebenspartnerschaftsgesetz）。[92]

57　　**继承法**（Erbrecht）方面的发展则要少得多，也不是那么令人激动。很少有法律变化是继承法本身引起的，法律变化更多是家庭法的变化引起的。[93]值得一提的是，《遗嘱法》[94]对遗嘱设立规定的重新调整，使得原本严格的形式要求得到了缓和。这些规定在 1953 年被重新纳入《民法典》。[95]

二、适用范围

58　　《民法典》规定了其适用范围内的私法关系（→边码 2）。通常，与"适用范围"相关的法律适用性的问题并不会引起太多争议。如果涉及私法情景，那么其受到《民法典》的约束，除非在特别法中进行了规定，例如《住宅所有权法》或《商法典》。《民法典》的适用性自然地源于法典为待解决的法律问题提供了相应的规范。只有在特殊情况下，才需要详细说明为何适用这些规定。这些特殊情况包括新规定的生效或涉及国际的事务。具体而言，对于《民法典》的适用范围，应作如下区分：

（一）事实的适用范围

59　　《民法典》规定了私法秩序的基础和法律主体之间的重要私法关系。它是私法的主要法源（→边码 15）。因此，就事实而言，《民法典》适用于涉及**私法关系**（Privatrechtsverhältnisse）的情况。只有当其他法律的特殊规定（→边码 18）或特别私法（→边码 16）介入时，《民法典》的一般规范才

---

[90]　Vom 18.7.1979（BGBl. 1979 I, 1061）：重新调整父母监护权法；放弃'父母权力'的概念（elterlichen Gewalt）"。

[91]　Vom 4.12.1997（BGBl. 1997 I, 2846）：为儿童提供辅助监护。

[92]　Vom 16. Februar 2001, BGBl. 2001, I S. 266.

[93]　比如非婚生子女的继承权（→边码 56）。

[94]　Vom 31.7.1938; RGBl. 1938 I, 973.

[95]　修正法案 v. 5.3.1953; BGBl. 1953 I, 33.

会被取代。反之,如果特殊的法律没有对具体冲突进行规定,那么就适用《民法典》的一般规范。因为在这种情况下,必须尝试通过借鉴现有规定和它们所依据的价值观,来找到一个合理的解决方案。

范例

当债权人向第三方转让他对债务人的债权时,根据《民法典》第 401 条第 1 款的规定,该第三方除了获得债权,还获得附随的担保(抵押、质押、保证)。关于他是否也获得对待债务加入人的权利,即对一位同意与债务人一起承担履行义务的第三人的权利,在《民法典》中没有规定。在司法实践中则可以类推适用《民法典》第 401 条第 1 款的规定,认为债务人的加入在经济上等同于自己承担债务的保证。[96]

60

现今的民法基本上通过《民法典》作为联邦法律进行了全面规定。州法(Landesrecht)只能在联邦立法者没有行使《基本法》第 74 条第 1 款第 1 项规定的竞合立法权的情况下制定(《基本法》第 72 条第 1 款)。[97] 在《民法典》刚生效的时候,存在着许多州法,这些法律很大一部分被《民法典》所取代(《民法典实施法》第 55 条),但部分仍然有效。此外,在《民法典实施法》第 56 条至第 152 条的冲突规则中,联邦立法者保留了一些特定领域的州权力。然而,随着《民法典》的适用已超过一百年,由州法管辖的案例的重要性自然而然地降低了,因此此不需要详细阐述。当州法与《民法典》发生冲突时,根据《基本法》第 31 条的规定,后者作为联邦法优先适用。

61

范例

E 是一块位于北莱茵-威斯特法伦州小河岸边的土地的所有者。有一天,E 看到 S 在他的土地前方的河中停了一条划艇并开始钓鱼。E 要求 S 停止这样做。S 辩称他持有合法的钓鱼执照,并且没有侵犯

62

---

[96] BGH NJW 2007, 1208, 1210; 2000, 575.
[97] 参见 BVerfGE 61, 149, 174 f.。

E 的权益。然而,这是错误的。根据《北莱茵-威斯特法伦州渔业法》第 4 条的规定,E 作为水域的所有者,享有渔业权。根据该法第 3 条第 1 款的规定,也享有对鱼类的取得权。这种地方法律上的所有权规定符合《民法典实施法》第 69 条的规定。因此,E 可以根据《民法典》第 1004 条第 1 款请求 S 停止侵害。

(二) 时间上的适用范围

63　在制定《民法典》以及每次修改时,都需要解决法律如何生效的问题。必须决定该法律是只适用于新事实,还是也约束已经发生的事实。《民法典实施法》第 157 条至第 218 条解决了《民法典》的生效问题;《民法典实施法》第 219 条至第 229 条解决了《民法典》修改的生效问题;而《民法典实施法》第 230 条至第 237 条解决了《民法典》在民主德国地区重新生效的问题。

(三) 空间上的适用范围

64　　von Bar, Internationales Privatrecht Bd. I, 1987, Bd. II, 1991; Ferid, Internationales Privatrecht, 3. Aufl., 1986; Firsching/v. Hoffmann, Internationales Privatrecht, 9. Aufl., 2007; Junker, Internationales Privatrecht, 1998; Kegel/Schurig, Internationales Privatrecht, 9. Aufl., 2004; Keller/Siehr, Allgemeine Lehren des Internationalen Privatrechts, 1986; dies., Einführung in die Eigenart des Internationalen Privatrechts, 3. Aufl., 1984; Koch/ Magnus/ Winkler v. Mohrenfels, Internationales Privatrecht und Rechtsvergleichung, 4. Aufl., 2010; Kropholler, Internationales Privatrecht, 6. Aufl., 2006; Kunz, Internationa les Privatrecht, 4. Aufl., 1998; Lüderitz, Internationales Privatrecht, 2. Aufl., 1992; Maenhardt/Posch, Internationales Privatrecht, Privatrechtsvergleichung, Einheitsprivatrecht: Eine Einführung in die internationalen Dimensionen des Privatrechts, 2. Aufl., 1999; Raape-Sturm, Internationales Privatrecht, Bd. I, 6. Aufl., 1977; Rauscher, Internationales Privatrecht, 3. Aufl., 2009; Schlosshauer-Selbach, Internationales Privatrecht, 1989; Schotten, Das Internationale Privatrecht in der notariellen Praxis, 1995.

1. 一般规定

《民法典》的适用空间范围一般限于德意志联邦共和国的领土范围内,因为德国法律无法在外国领土适用。因此,在涉外案件中,即涉及外国的人或事、部分或全部在德国境外发生的案件,必须检查其是否可以适用。对于这种情况,各国法律体系都必须决定是自行作出规范还是遵循外国法律。对于德国私法来说,相关规定主要在《民法典实施法》的第 3 条至第 46c 条中。[98] 这个领域通常被称为**国际私法**(Internationale Privatrecht)。然而,这个术语是具有误导性的,因为它并不涉及国际法,而属于国内法律,特指处理跨境(国际)事务的德国私法部分。每个国家都有自己的国际私法(IPR),也被称为冲突法。尽管国际上有为推动冲突法统一化作出的努力,但某些规则在多边国家条约中达成协议,在此基础上被纳入德国国际私法,并在《民法典实施法》第 3 条被优先适用。因此,家庭法问题主要在《海牙公约》中得到调整[99],合同债务的国际私法规则现在收录在《罗马Ⅰ条例》(Rome Ⅰ Regulation)[100] 中,非合同债务的国际私法规则在《罗马Ⅱ条例》(Rome Ⅱ Regulation)[101] 中收录。离婚法现在由《罗马Ⅲ条例》(Rome Ⅲ Regulation)[102] 调整,赡养费法由《赡养费条例》(Maintenance Regulation)[103] 调整,继承法由《继承规定》(Succession Regulation)[104] 调整。然而,这些国际上的协调努力并不能改变国际私法的国内法性质。因此,德国法官主要适用德国的国际私法[105],而外国适用者

65

---

[98] 此外,特别法(z. B. Art. 91 ff. WechselG, Art. 60 ff. ScheckG) 以及国际条约中也有规定。

[99] Eheschließungsabkommen vom 12.6.1902 (RGBl. 1904, 221); Vormundschaftsabkommen vom 12.6.1902 (RGBl. 1904, 240); Minderjährigenschutzabkommen vom 5.10.1961 (BGBl. 1971 Ⅱ, 217); Unterhaltsabkommen vom 24.10.1956 (BGBl. 1961 II, 1012) und vom 2.10.1973 (BGBl. 1986 Ⅱ, 837).

[100] VO (EG) Nr. 593/2008, ABl. EG Nr. L 177 v. 4.7.2008, S. 6 ff. Dazu Clausnitzer/Woopen, BB 2008, 178 ff.; Leible/Lehmann, RIW 2008, 528 ff.; Pfeiffer, EuZW 2008, 622 ff.

[101] VO (EG) Nr. 864/2007, ABl. EG Nr. L 199 v. 31.7.2007, S. 40 ff. Dazu Wagner, IPRax. 2008, 1 ff.

[102] VO (EU) Nr. 1259/2010 v. 20.12.2010, ABl. 2010 Nr. L 343, S. 10.

[103] VO (EG) Nr. 4/2009 v. 18.12.2008, ABl. 2009 Nr. L 7, S. 1.

[104] VO (EU) Nr. 650/2012 v. 4.7.2012, ABl. 2012 Nr. L 201, S. 107.

[105] 这个限制是有必要的,因为外国的国际私法有可能会引用德国法,进而引用德国的国际私法,所以在外国的法律纠纷中有可能需要适用德国的国际私法。

66 　　立法者可以利用各种不同的**连接点**(Anknüpfungspunkte)来确定是适用德国法还是外国法。例如，他可能认为德国法的某些规定非常重要，希望在任何情况下都适用这些规定(参见《罗马Ⅰ条例》第 9 条)，或者至少不承认与之冲突的外国法规定(参见《民法典实施法》第 6 条、《罗马Ⅰ条例》第 21 条)。他也可以让各方自行确定适用的法律(参见《罗马Ⅰ条例》第 3 条、第 17 条)。他还可以结合当事人的个人情况进行决策，比如国籍(参见《民法典实施法》第 7 条)、住所(参见《民法典实施法》第 26 条第 1 款第 1 项和第 2 款)或居所(参见《民法典实施法》第 13 条第 2 项第 1 款)。但他也可以结合地域情况进行决策，比如特定行为发生的地点(参见《民法典实施法》第 38 条等[106])或物品所在地(参见《民法典实施法》第 43 条第 1 款)。不同国家的法律制度在选择连接点时并不总是一致的，尽管所有国际私法都致力于尽可能公正地确定适用的法律。

67 　　如果德国法引用了外国的法律规范，那么意味着首先需要参考外国的国际私法，以确定是否应当适用外国法律(《民法典实施法》第 4 条第 1 款第 1 项)。事实上，外国国际私法可能要求适用德国法。为了避免出现引用循环，德国国际私法接受这种**反致**(Rückverweisung)(Renvoi)的情况，在《民法典实施法》第 4 条第 1 款第 2 项中规定适用德国实体法。

68 　　国际私法不能对一个案件是否适用德国法作出普遍性和一般性的回答。相反，必须针对**每个具体的事实要素**(für jedes einzelne Tatbestandsmerkmal)进行审查，以确定其是否适用德国法。

范例

69 　　一位来自挪威的未成年学生在德国购买了一件古董。这里的问题是，是否适用德国法(第 145 条以下)对合同缔结进行处理。这就要根据《罗马Ⅰ条例》第 10 条第 1 款进行回答。此时并不存在法律选择(《罗马Ⅰ条例》第 3 条第 1 款第 1 项)，因为协议是在德国签订和

---

[106] 关于《罗马Ⅱ条例》的优先性，请参阅该条例的第 1 条至第 3 条。

履行的,所以与德国具有最密切的联系,那么就要适用德国法(《罗马 I 条例》第 4 条)。因此必须考虑适用《民法典》第 107 条、第 110 条。但是,根据《民法典实施法》第 7 条第 1 款,挪威的未成年学生是否具备行为能力取决于挪威法而不是德国法。

和国际私法相同的问题也存在于**跨区域私法**(Interlokales Privatrecht)。这些是调整一个国家内多个私法之间关系的冲突规则,例如多个州法之间的关系。由于德国的私法现在已经在全国范围内实现统一,所以与美国等国家不同,这些问题只在极少数情况下存在于德国法律中,比如民主德国地区。这些问题由《民法典实施法》第 230 条以下条款规定的冲突法加以处理。至于预留给地方法的边缘领域(→边码 61),目前还没有出现相关的冲突案例。但无论如何,都应该按照与国际私法相同的规则解决这些问题。 70

2. 重要规范概述

基于以上的内容,首先对《民法典》**总则部分**(Allgemeinen Teil)的国际私法进行简要概述,我们可以看到,其只规定了少数问题。在个人法律关系方面(权利能力、行为能力、姓名),《民法典实施法》第 7 条至第 10 条规定,适用该人所属国家的法律[即属人主义(Personalstatut)];然而,《民法典实施法》第 12 条规定了在交往安全利益下对此的限制。《民法典实施法》第 11 条规定了法律行为的形式。根据该条款,法律行为的形式必须满足适用于法律行为内容的法律要求(行为或效力归属),或者满足适用于法律行为发生地的法律要求(属地主义)。除此就没有其他内容了。只有在债务合同方面,《罗马 I 条例》第 10 条规定,其订立和效力应按照适用于合同本身的法律进行处理(合同效力归属;→边码 72),即应尽可能根据单一法律来评判债务合同,以及意思瑕疵的内容。然而,在其他领域的合同上,则遵循适用于该领域的冲突规则。对于法律行为的效力问题,还应考虑《民法典实施法》第 6 条、《罗马 I 条例》第 9 条和第 21 条,以确保能够适用德国法的特别重要的基本规则。关于代理行为的处理,目 71

前没有规定。[107] 在时效方面,《罗马Ⅰ条例》第 12(1)(d)条只将债务合同索赔的时效纳入合同适用法律支配范围。然而,人们广泛认可这是一条可以普遍适用的规则。

72 **债法**(Schuldrecht)的规定则详细得多。对于合同债务关系(vertragliche Schuldverhältnisse),《罗马Ⅰ条例》第 3 条为当事人自主选择提供了广泛的空间:合同当事人可以自行决定适用何种法律评判他们的合同关系。如果没有这样的选择,那么首先适用《罗马Ⅰ条例》第 4 条第 1 款至第 3 款。其次适用与合同最密切相关的法律(《罗马Ⅰ条例》第 4 条第 4 款)。《罗马Ⅰ条例》第 6 条规定了消费者合同的特殊规范,《罗马Ⅰ条例》第 8 条则适用于劳动合同。[108] 适用于合同的法律规定了合同的成立和生效(→边码 71),以及合同的解释、履行、违约和无效的后果(《罗马Ⅰ条例》第 12 条)。此外,还包括根据无因管理产生的债权请求,正如《民法典实施法》第 38 条第 1 款明确规定的那样。法定债务关系(gesetzlichen Schuldverhältnisse)则优先适用行为地的法律。《民法典实施法》第 38 条第 2 款规定了不当得利、第 39 条规定了无因管理、第 40 条规定了侵权行为。只有在与其他法律存在更密切的联系时,才适用不同的法律(《民法典实施法》第 41 条),当事人在事件发生之后可以进行法律选择(《民法典实施法》第 42 条)或者直接适用《罗马Ⅱ条例》的内容。

73 在**物权法**(Sachenrecht)中,法律关系根据"lex rei sitae(拉丁文,意为物之所在地的法律)"来判断。这是一种国际通用的判断原则,适用于所有的物,在土地上尤为明显,因为位于特定国家领土内的土地的权益关系原则上只能由该国自行规定。这一原则规定在《民法典实施法》第 43 条中,并在第 46 条中附加了与其他法律的密切联系的保留条款。此外,它还体现在《民法典实施法》第 11 条第 5 款中,该款提到了"lex rei sitae"的

---

[107] 根据通说,代理行为的处理根据将要进行代理交易的国家法律来确定。参见 BGHZ 158, 1, 6; 128, 41, 47; Kropholler, IPR[6], § 41 I; Palandt-Thorn[74] Anh. zu Art. 10 EGBGB Rdnr. 1; 当然,也存在相反观点。

[108] 对于国际货物买卖,还应当注意优先适用(《民法典实施法》第 3 条第 2 项,参见边码 64)《联合国国际货物销售合同公约》(参见边码 24)。

形式要求适用于物权行为。

家庭法(Familienrecht)领域详细的冲突法规范可以在《民法典实施法》的第 13 条至第 24 条中找到。该法对结婚登记(第 13 条)、婚姻效力(第 14 条至第 16 条)、离婚(第 17 条以下条款)、赡养费(第 18 条)、儿童权利(第 19 条至第 23 条)以及监护、照顾和抚养(第 24 条)等方面的连接问题进行了详细规定。此外,还有《罗马Ⅲ条例》和《赡养费条例》(→边码 65)。 74

相比之下,关于**继承法**(Erbrecht),《民法典实施法》中只有很少的规定。根据《民法典实施法》第 25 条第 1 款的规定,继承权的确定应按照遗产人在其去世时所属国家的法律进行。而根据《民法典实施法》第 26 条的规定,在设立遗嘱处分时,满足相关国家的形式要求即可。 75

三、体系化

(一) 法典的构造

《民法典》共分为**五编**(fünf Bücher):总则(第一编)和专门探讨民法特定领域的四个分编,即债法(第二编)、物权法(第三编)、家庭法(第四编)和继承法(第五编)。[109] 这五编并不孤立存在,而是相互关联和互为补充。它们彼此参照并相互补充。 76

1. 总则

总则尤其重要,因为总则中包含了**对所有法律事项都具有重要意义的基本规定**(für alle Rechtsmaterien bedeutsame Regelungen)。以合同成立的规定(第 145 条以下)为例。合同既可以在债法中成立(例如租赁合同,535 条),也可在物权法(例如转让,第 929 条第 1 句)、家庭法(例如 77

---

[109] 这种规范技术可以追溯到海瑟(Heise)的一项系统化建议,即"Grundriss eines Systems des Gemeinen Zivilrechts zum Behuf von Pandecten-Vorlesungen",该建议提出于 1807 年。和现行《民法典》的不同之处在于,海瑟将物权法归属于第二编,将债法(债务法)归属于第三编。

婚姻契约,第 1408 条第 1 款)和继承法(例如继承合同,第 2274 条)中成立。立法者可以为每个法律领域单独规定合同应该如何成立。然而,这种做法并不是特别明智的选择。继承合同的成立在学理上与租赁合同的成立并无不同。因此,更为合理的做法是,将关于合同成立的规定提前,并制定普遍适用的规则来规定合同的成立方式。这样可以避免不必要的重复,并确保法律不会过于冗长。《民法典》的立法者采取了这种方法,将总则放在了各个分编之前。其包含了适用于整个《民法典》乃至整个私法的一般规定,甚至在一定程度上可以适用于整个德国法律。这一点也可以通过合同成立的规则进行简要说明,这些规则不仅适用于民法上的合同,还适用于商法和公法上的合同。在《民法典》中还可以找到其他类似的"提取公因式/放在括号之前"的方法,例如将意思表示规定(第 104 条以下)放在合同的特殊情况之前(第 145 条以下),将一般债务法问题放在特殊债务关系之前,将一般的赡养义务(第 1601 条以下)放在未婚父母对子女的赡养请求之前(第 1615a 条以下)。

78 从这个背景出发,简要地看一下第一编的内容,可以将总则首先分为以下几个部分:关于法律主体的规定(第 1 条至第 89 条)、关于法律客体的规定(第 90 条至第 103 条)、关于法律行为的规定(第 104 条至第 185 条),以及关于其他一般性重要问题的规定(第 186 条至第 240 条)。法典遵循了罗马法对人、物和诉讼的分类方式。它在第一节首先讨论了人,即法律主体,区分了自然人(第 1 条至第 14 条)和法人(第 21 条至第 89 条)(→边码 151)。第二节专门讨论了物,即法律客体(第 90 条至第 103 条)。除了物的概念,还特别强调了动产(例如汽车)和不动产(例如土地)之间的区别(→边码 228)。第三节是关于法律行为的,它是特别重要的一节(→边码 395)。首先需要澄清谁有行为能力并因此可以实施法律行为(第 104 条至第 113 条;→边码 967),然后涉及意思表示的有效性,这是法律行为的核心要素(第 116 条至第 144 条;→边码 566),合同的成立(第 145 条至第 157 条;→边码 655)、条件和期限(第 158 条至第 163 条;→边码 1248),代理关系(第 164 条至第 181 条;→边码 1288)以及同意的授予(第 182 条至第 185 条;→边码 1691)。第四节至第七节规定了期限和截止日期的计算(第186条至第193条;→边码334)、时效(第194条至第218条;→边码317)、主观权利的行使(第226条至第231条;→边码355)以及提供担保(第232条至第240条;→边码391)。

2. 债法

《民法典》第二编是有关债务关系的,同时再次区分了"提取公因式"的总则和特殊规定的分则。债法总则首先在第一节至第六节(第241条至第432条)中对可能出现在任何债务关系中的一般问题进行了规定,包括与财产、家庭或继承关系有关的债务关系。例如,如果债务人未能按时履行其义务,在符合第286条的前提下,他将违约,并须根据第280条、第281条承担损害赔偿和支付利息责任。这适用于无论他是否需要支付价金(第433条第2款)、排除妨害(第1004条第1款第1句)、支付抚养费(第1601条)或履行遗赠义务(第2147条)。因此,总则规定主要涵盖了履行障碍法、履行及其替代方法、债权让与以及多数债权人和债务人的问题。相比之下,第二编第七节主要涉及特殊债务法以及不同类型的债务关系(第433条至第853条)。可以将其分为基于合同的债务关系(需要存在一份合同)和基于法律规定的债务关系(当符合相应规范的事实存在时,相应的法律效果就会根据法律规范而产生)。其中,合同债务关系主要包括典型的交换合同,如买卖(第433条)、借贷(第488条)、租赁(第535条)、劳务合同(第611条)、工程合同(第631条)或旅游合同(第651a条),还包括其他类型的合同,如赠与(第516条)、借用(第596条)、委托(第662条)、合伙(第705条)或保证(第765条)。此外,还存在着基于无因管理(第677条)、不当得利(第812条)或侵权行为(第823条)而产生的法定债务关系。

3. 物权法

《民法典》第三编涉及与物相关的法律关系。它首先规定了占有作为实际对物的支配(第854条至第872条),然后转向一般的土地所有权(第873条至第902条)和所有权作为法律上对物的支配(第903条至第1011条)。第三编的其他部分则涉及限制物权,特别是不动产抵押权(第1113条至第1203条)以及动产和权利的抵押权(第1204条至第1296条)。

4. 家庭法

81 《民法典》第四编涉及家庭法关系，特别是婚姻法和亲属法。在这里，涉及婚姻的缔结、婚姻效力和离婚的问题，还涉及亲属关系、抚养义务、父母子女关系以及作为代理人对需要照顾的人的监护、照管和保佐的事宜。

5. 继承法

82 《民法典》第五编涉及人的死亡所产生的财产上的法律效果。首先，规定了法定继承的顺序。其次，讨论了继承人的权利和义务以及共同继承。接下来是关于通过遗嘱和继承合同确定继承顺序以及与此相关的被剥夺继承人法定份额保护的规定。关于剥夺继承权、放弃继承权、继承人通过继承证书和遗产买卖来证明其合法性等规定是《民法典》的最后一部分。这些规定完善了《民法典》关于遗产继承方面的内容。

6. 体系的问题[110]

83 《民法典》的立法者将一般的重要问题"放在括号之前（提取公因式）"的决定，导致了《民法典》具有**很高的抽象程度**(hoher Abstraktionsgrad)，也使得理解法律规范变得不容易。规范越是具有普遍适用性，就越需要以抽象的方式进行表述。关于合同成立的规定适用于整个私法，必须仅涉及合意的过程本身，而不得对合意的对象进行表述，因为这会削弱它们的普适性。这导致总则部分的规则非常抽象且缺乏直观性。不难理解，人们在立法过程中就已经指责它们"没有血气（Blutleere）"以及"缺乏与普通民众的联系（Volkstümlichkeit）"（→边码39）。出于同样的原因，其他法律秩序放弃了总则部分，但也不得不使用一般规则，例如关于合同成立的规定，这些规定便被嵌入法律的各种不同位置。[111] 另一方面，高度的抽象程度使得这些法规也可以适用于新的、在立法过程中完全不知道的情况。虽然以难以理解为代价，但总则部分实现了令人印象深刻的灵活性和法律的"抗老化性"（→边码52）。

---

[110] 详细内容，参见 Medicus[10], Rdnr. 32 ff.。

[111] 参见 Münch in: Behrends/Sellert (Rdnr. 26), 147, 149 ff.; Zweigert/Dietrich in: Stoljar (ed.), Problems of Codification, Canberra 1977, 34, 40 ff.。

总则的抽象性还导致其规定有时会适用于它们本意并不适合的情况。这种不适用性可能是因案件所涉及的法律领域本身的特殊性而产生的。为了解决这个问题，立法者在其他四编中设立了许多**例外规范**（Ausnahmeregelungen），旨在考虑到一般规范并不总是适用于特定法律领域的所有具体情况。例如，对于归为合同的婚姻契约，立法者在第 1311 条中对总则部分的合同成立规则进行了例外规定，同样地，对于遗嘱规定，立法者也在第 2078 条以下条款中设立了关于意思瑕疵的特殊规则。此外，还可能存在第二种情况，即一般规定在具体案例中不适用，此时，需要通过"目的性限缩"来缩小过于宽泛的抽象规则的适用范围（→边码142）。相反，如果在具体案例中缺乏抽象规则，则需要考虑是否可以类推适用现有的规范（→边码143）。

84

《民法典》的体系还导致了很多规范间的**引用**（Verweisungen）。[112]其中一些引用已经在法律本身的建构中设定，不再单独表述。例如，根据排除法，第 929 条第 1 句要求对所有权转让达成合意，因此可以清楚地理解为指的是在第 145 条以下意义上的合同订立。未明示的引用也包括对法定定义的引用。例如，第 727 条第 2 款第 1 句规定某一合伙人的继承人应在其死亡后立即通知其他合伙人，这实际上是在参照第 121 条第 1 款第 1 句对"立即（unverzüglich）"的定义，该条款将"立即"定义为"没有基于过错的迟延（ohne schuldhaftes Zögern）"（→边码913）。此外，为了避免重复，有时还会有明确的引用，这可能会使法律解释变得较为困难。

85

范例

K 从 V 那里购买了一辆汽车。当买卖合同被认定为无效时，V 要求 K 归还汽车。K 拒绝归还。当晚，汽车在 K 的车库里被盗。在这种情况下，即使 K 对汽车被盗没有过错，V 仍然可以要求 K 承担损害赔偿责任。这是因为，根据《民法典》第 819 条第 1 款的规定，恶意的追索债务人应与被告被等同对待。对此根据第 818 条第 4 款的规

86

---

[112] 参见 Budde, Jura 1984, 578 ff.; Wörlen/Leinhas, JA 2006, 22 ff.。

定,需要依据一般规定追究其责任。这些一般规则包括第292条,以及规定在第985条以下的所有权——占有关系(Eigentümer-Besitzer-Verhältnis)。在本案中,第990条第1款引用了第989条,并规定了一种需要存在过失才能成立的损害赔偿责任。但是,根据第990条第2款,由于迟延而产生的更广泛的责任不受影响。这就是对第287条第2句的引用,该条款规定了一种迟延时的债务人损害赔偿责任。

(二) 规范形式

87 我们可以根据不同的标准考察《民法典》的各个条款,并依据视角的不同进行分类。

1. 根据功能进行的分类

88 如果从规范的功能出发,那么我们必须首先强调**请求权基础**(Anspruchsgrundlagen)。这些规定赋予了法律主体在规范所包含情况发生时提出请求的权利。例如,这样的请求权基础可以是第823条第1款(作为违法行为的法律效果,受害人的损害赔偿权)或第667条(委托人有义务归还通过委托获得的财产)。

89 相对于请求权基础,第433条、第535条或第631条则属于**类型化规定**(Typisierungen)。在这些规范中,合同的类型得到了准确的描述。法律明确指出了买卖合同、租赁合同和承揽合同的含义。但是,合同双方所提出的与这些规定有关的主张并非源自法律规范,而是源自合同本身。例如,买方不是因为第433条第2款(《民法典》的规定之一)的规定而支付价款,而是因为他在买卖合同中负担了相应的义务。而在第433条第1款第1句中,法律表达了这个观点,即"通过买卖合同",卖方将负担义务。

90 其他规范还包括作为法律效果的**对抗权**(Gegenrechte)。它们可以细分为事实抗辩[无须主张的抗辩(Einwendung)]和抗辩权[需主张的抗辩(Einrede)]。事实抗辩的特征是通过阻止权利产生或使权利消灭来影响权利的存在,因此也被称为权利阻碍或权利消灭的抗辩。权利阻碍的抗辩,例如第105条第1款(当一方当事人无民事行为能力时,不会产生合同权利)或第125条第1句(未按法定形式订立的合同不会产生请求权)。

权利消灭的抗辩,例如第 142 条第 1 款(通过撤销交易来使请求权消灭,→边码 915)或第 362 条第 1 款(通过履行而使请求权消灭)。相反,抗辩权不会影响权利的存在,它们只是给予债务人引用异议事由拒绝继续履行的可能性(→边码 313)。我们可以将这些拒绝履行的权利分为一时性抗辩权和永久性抗辩权。一时性抗辩权仅能暂时阻止权利。一个典型例子是延期付款,即通过协议将支付截止日期推迟一段时间。永久性抗辩权则提供了一个持久且终局地拒绝履行的权利。这主要包括消灭时效,因为一旦消灭时效期满,债务人可以永久拒绝履行义务(第 214 条第 1 款)。

事实抗辩和抗辩权之间的区别主要体现在**诉讼过程**(Prozess)中。由于事实抗辩使得被诉权利不存在,法院必须始终("依法自动")审查是否存在权利阻止事由,并在确定存在时驳回起诉,因为法院无法裁决不存在(或不再存在)的权利。而只有当债务人主张拒绝履行事由时,才需要考虑抗辩权,因为仅有拒绝履行事由的存在并不会影响权利本身。因此,如果作为起诉依据的合同形式无效,则即使双方当事人没有意识到并且也没有主张无效性,法院也必须驳回起诉。然而,如果权利的消灭时效期间已过,法院只有在债务人主张消灭时效时才能驳回起诉。

91

此外,还有许多**其他规范功能**(weitere Normfunktionen)。例如,法律中包含明确的法定定义,如第 121 条第 1 款第 1 句关于"立即"一词的定义,或者第 166 条第 2 款第 1 句关于"授权"一词的定义。但也有其他规范对在其他法规中引用的定义或条件进行规定。例如,限制民事行为能力的定义在第 106 条中,法定书面形式的定义在第 126 条第 1 款中。此外,还有解释规则(Auslegungsregeln),例如第 139 条(→边码 1209)或第 154 条、第 155 条(→边码 769);风险分配规则,例如第 446 条第 1 款第 1 项的危险承担规则;形成权(例如第 119 条第 1 款、第 323 条第 1 款或第 543 条第 1 款第 1 句);以及纯粹形式的规定,如引用规定(例如第 124 条

92

第 2 款第 2 项）或诉讼规则［如举证责任规则（例如第 280 条第 1 款第 2 句、第 363 条）］。

2. 根据灵活性进行的分类

93　　根据其灵活性，《民法典》的规范可以分为严格法和衡平法。**严格法**（Strenges Recht /ius strictum）是指对所有相关法规，法院必须严格应用，以确保法律的确定性和清晰性，而不能考虑个案的特殊情况，无论是在事实方面还是在法律效果方面。例如，年龄限制（如第 104 条第 1 项）、规章制度（如要求登记在土地登记簿上的第 873 条第 1 款）和大多数无效规定都属于此类。例如，如果一份合同不符合形式要求，那么它就是无效的（第 125 款第 1 项），即使对一方当事人来说，这种法律效果会导致严重的不利后果，也是如此。法官基本上没有办法在裁决时根据具体情况实施自由裁量。然而，实践中倾向于在结果显失公平时可以依据第 242 条向当事人提供帮助，并且在具体情况下，如果能够证明主张无效是由于权利滥用的结果，那么就应当限制对方主张无效的权利（→边码 1078 以下）。

94　　在**衡平法**（billiges Recht / ius aequum）的规范中，法院则从一开始就考虑了个案公正的价值评估。这种评估可能存在于事实方面（例如，在第 138 条第 1 款、第 242 条，尤为明显的是在第 626 条第 1 款，个案的情况必须在价值评估中考虑，是否存在违背善良风俗、违背诚实信用或者其他不可接受的情况使得雇佣关系无法延续），也可能存在于法律效果方面。在此，法院可以不受严格规定的法律效果限制，而是在裁判中考虑个案的具体情况，并以此为依据作出判决。一个特别明显属于这种情况的例子就是第 315 条第 3 款第 2 句（法院根据公平确定履行义务），除此之外，第 343 条第 1 款第 1 句（酌减违约金）或第 829 条（依据公平原则，由无责任能力人承担的损害赔偿义务）等也属于这种情况。

3. 根据可用性进行的分类

95　　切勿将上述分类与强制法和任意法的分类相混淆。前一种分类涉及对法院的约束，后一种分类则以当事人的可协商性为区分标准。**强制性法律**（Zwingendes Recht / ius cogens）指的是所有当事人都无法排除适用的规范，即使在私法自治的基本原则下（→边码 99），也不可任意处置。[113] 某些衡平法（例如第 138 条、第 242 条；→边码 94），在某些情况下也可能是强制法。一个规范是否属于强制法并不总是一目了然。确定为强制法的规定通常明确排除了一切变通（例如，第 137 条第 1 句、第 276 条第 2 款），或者保护重要的法益（例如，第 104 条等），或者为了维护法律交易的安全性和可靠性而规定明确的界限（例如，通过规定年龄限制如第 2 条，规定形式要件如第 873 条第 1 款或 1313 条第 1 句，或者在物权法中规定了类型强制）。所有关于无效的规定以及旨在保护第三人利益的规定也都属于强制法（例如，第 935 条第 1 款第 1 句），因为只有第三人自身才能处置自己的利益，而不是由当事人决定。

相反，**任意性法律**（nachgiebiges Recht / ius dispositivum）是指所有当事人可以通过合同约定或单方放弃而排除适用的规范。例如，在买卖合同中，可以事先排除第 444 条规定范围内的瑕疵担保责任，或者债务人可以放弃由第 407 条第 1 款提供的信赖保护。[114] 这同时证明了即使是严格法（→边码 93），在某种程度上也可以是任意法。任意法的重要性在于它在当事人未在合同中对冲突内容进行约定的情况下提供了可适用的规范。[115] 因此，它补充了合同的规定。这同时也减轻了合同的负担。例如，在买卖合同中，只要合同双方就购买物品和购买价格达成一致，就足够了。对于质量保证问题，他们可以约定规则，但这不是必须的，因为在缺乏当事人协议的情况下，可以适用第 434 条以下的任意性法律规范（→边码 720）。

96

有些法规被设计为**半强制法**（halbzwingendes Recht）。它们不能在所有方面，而只允许在有限的范围内进行协商。例如，存在一些只有在对某一方有利的情况下才能放弃的规定（如第 574 条的租赁保护规定只能让房东承担不利后果、第 574 条第 4 款）。其他规定则只允许一定程度上的变通（例如，第 444 条规定，如果故意隐瞒瑕疵则不得排除适用），或者只能在特定时间点排除适用（例如，第 248 条第 1 款、276 条第 2 款、第 1149

97

---

[113] 基本内容参见 G. Wagner, ZEuP 2010, 243 ff.。
[114] BGHZ 102, 68, 71 f. 作为参考。
[115] 详见 Kötz, JuS 2013, 289 ff.。

条规定排除预先作出的安排,只允许权利产生或到期后的当事人约定)。

四、基本价值

98   Brox, Fragen der rechtsgeschäftlichen Privatautonomie, JZ 1966, 761; Busche, Privatauto nomie und Kontrahierungszwang, 1999; Bydlinski, Privatautonomie und objektive Grundlagen des verpflichtenden Rechtsgeschäfts, 1967; Canaris, Die Vertrauenshaftung im deutschen Privatrecht, 1971; ders., Die Bedeutung der iustitia distributiva im deutschen Vertragsrecht, 1997; Damm, Privatautonomie und Verbraucherschutz, VersR 1999, 129; Dauner-Lieb, Reichweite und Grenzen der Privatautonomie im Ehevertragsrecht, AcP 201 (2001), 295; Flume, Rechtsgeschäft und Privatautonomie, FS 43. Deutscher Juristentag, 1960, Bd. I, 135; Geißler, Die Privatautonomie im Spannungsfeld sozialer Gerechtigkeit, JuS 1991, 617; Grundmann, Privatautonomie im Binnenmarkt, JZ 2000, 1133; Haar, Der Einfluß des Vertrauens auf die Privatrechtsbildung, 1969; Hanau, Der Grundsatz der Verhältnismäßigkeit als Schranke privatautonomer Gestaltungsmacht, 2004; Hattenhauer, Grundbegriffe des Bürgerlichen Rechts, Historisch-dogmatische Einführung, 1982; F. v. Hippel, Das Problem der wirtschaftlichen Privatautonomie, 1936; Hönn, Zur Problematik der Privatautonomie, Jura 1984, 57; Hofer, Freiheit ohne Grenzen, 2001; Kroppenberg, Privatautonomie von Todes wegen, 2008; Manigk, Die Privatautonomie, FS P. Koschaker, Bd. I, 1939, 266; Mayer-Maly, Der liberale Gedanke und das Recht, FS K. Korinek, 1973, 152; Medicus, Schutzbedürfnisse (insbesondere der Verbraucherschutz) und das Privatrecht, JuS 1996, 761; Merz, Privatautonomie heute-Grundsatz und Rechtswirklichkeit, 1970; Paulus/Zenker, Grenzen der Privatautonomie, JuS 2001, 1; Püls, Parteiautonomie, 1995; Radke, Bedingungsrecht und Typenzwang, 2001; Rebe, Privatrecht und Wirtschaftsordnung, 1978; Repgen, Kein Abschied von der Privatautonomie, 2001; Reuter, Die ethischen Grundlagen des Privatrechts-formale Freiheitsethik oder materiale Verantwortungsethik?, AcP 189 (1989), 199; Rittner, Der privatautonome Vertrag als rechtliche Regelung des Sozialebens, JZ 2011, 269; E. Schmidt, Von der Privat-zur Sozialautonomie, JZ 1980, 153; Singer, Selbstbestimmung und Verkehrsschutz im Recht der Willenserklärungen, 1995; Stöhr, Die

> Vertragsbindung, AcP 214 (2014), 425; Wagner, Materialisierung des Schuldrechts unter dem Einfluss von Verfassungsrecht und Europarecht-Was bleibt von der Privatautonomie?, in: Blaurock/Hager (Hrsg.), Obligationenrecht im 21. Jahrhundert, 2010, S. 13 ff.; Wagner-v. Papp, Die privatautonome Beschränkung der Privatautonomie, AcP 205 (2005), 342; Weller, Die Vertragstreue, 2009; Wellspacher, Das Vertrauen auf äußere Tatbestände im bürgerlichen Rechte, 1906; Wieacker, Das Sozialmodell der klassischen Privatrechtsgesetzbücher und die Entwicklung der modernen Gesellschaft, 1953; M. Wolf, Rechtsgeschäftliche Entscheidungsfreiheit und vertraglicher Interessenausgleich, 1970. – Vgl. ferner die Angaben zur Vertragsfreiheit bei Rdnr. 654.

(一) 私人自治

《民法典》的规范架构受到一些重要的基本价值(Grundentscheidung)的影响。其中最重要的是承认私人自治(Privatautonomie)。这意味着**权利主体有权按照自己的意愿自主和自负责任地处理他们的私法事务**(Befugnis der Rechtssubjekte, ihre privatrechtlichen Angelegenheiten selbstständig und eigenverantwortlich nach ihrem eigenen Willen zu gestalten)。核心问题在于,应该由谁来决定私人法律关系的设立和变更。我们可以想象,在一个完全由国家控制、指导的社会中,国家保留这些决策权。国家决定工作岗位、食品和其他商品的分配,决定财产在生前和死后的命运,甚至可能决定配偶、子女等的分配。很明显,这种完全由国家决策的权力否定了法律主体的基本需求和他们的自决权利(无论是否能严格执行)。相比之下,在一个自由组织的社会中,国家将这些决策尽可能地交给权利主体。他们可以自行决定是否或和谁建立劳动关系、购买或出售什么物品、选择与谁结婚或指定谁为继承人等。采取这种方式的国家赋予权利主体私人自治权,并承认他们为自主、自由和自负责任的个人。这符合"伦理个人主义"的观点,也被证明是《民法典》的重要基础之一。[116]

---

[116] 相似观点,参见 Larenz/Wolf⁹, § 2 Rdnr. 2 ff.。

100   在这个背景下,可以确定私人自治的**关键要素**(wesentliche Elemente)。首先,它在合同自由中得到体现(第 311 条第 1 款),根据该规定,当事方基本上有权利和可能性按照他们的意愿通过合同约定其法律关系(→边码 660 以下)。作为合同自由的特殊表现,尽管在私法自治中可能被认为是理所当然的,但需要提及的是,在《民法典》第 1297 条第 1 款以及间接涉及的第 1306 条以下、第 1310 条以下条款也规定了结婚自由。然而,私人自治不仅局限于合同自由[117],而且体现在其他方面。另一个重要的组成部分是财产自由,这体现在第 903 条中。该规范允许所有权人随意处分自己的财产,并排除他人的任何干涉,除非违反法律规定或损害第三方的合法权利。财产自由最终在遗嘱自由(第 1937 条)中得到延续,这使得每个权利主体都可以自由决定自己的财产在其去世之后如何被使用。

101   对于《民法典》的立法者(Gesetzgeber des Bürgerlichen Gesetzbuches)来说,选择私人自治是理所当然的。《民法典》本来就以非常自由主义和个人主义的基本态度为特征(→边码 44)。它认为个人有能力自行处理私人事务,即在没有国家规定的情况下去管理,并且原则上足够为法律共同体成员之间的私法关系制定一个规范框架。因此,国家应远离这些法律关系。它可以将自己的行为限制在解决争议和履行公共职责方面,这些职责也往往要适用民法中的自愿司法管辖,例如公证(如第 311b 条第 1 款)、登记(如第 873 条第 1 款、第 1412 条第 1 款)或对需要保护的人提供照顾(如第 1666 条第 1 款、第 1773 条第 1 款、第 1821 条等)。除此以外,可以依靠参与权利主体之间的理性和"利己主义利益平衡",通过强制性法规(如第 134 条、第 138 条)来确保最低限度的公平。否则,就不要进行"合理性审查"。因为意愿代替理智即使不合理,只要是出于本人意愿,也应被接受(stat pro ratione voluntas)。

---

[117] 因此,将"私人自治的手段是法律行为"这句话(Medicus[10],边码 175)当作唯一解释是不够充分的。法律行为虽然是重要的手段,但并不是唯一的方式。例如,拒绝达成合同(反面行使合同自由)或抵制对其财产的干涉(行使财产自由),虽然是在私人自治的范围内行动,但并非法律行为。

对私人自治理念的承认今天已经通过《**基本法**》(Grundgesetz)得到体现。《基本法》第 2 条第 1 款规定了一般性基础,尤其是契约自由。私人自治的其他方面可以从更具体的基本权利中推导出来。例如,婚姻自由在《基本法》第 6 条第 1 款中得到体现。财产自由明确规定于《基本法》第 14 条第 1 款第 1 句。遗嘱自由也在其中得到确立。然而,《基本法》并未使《民法典》中的相应规定变得多余。因为后者涉及各个私主体之间的法律关系,基本权利规定则保证了私人自主权不受国家干预。

102

与今天对私人自治的基本判断同样不言自明的是,对私人自治的保护**不是无限制的**(nicht schrankenlos)。[118] 法律所追求的不是绝对自由,而是最大限度的合理自由。自由的私法交易也需要"交易规则"。这就使它们只能在法秩序认可的行为模式中发展。[119] 此外,还必须有相应的秩序规范来确保对私人自治的实践安全可靠。最重要的是,必须有切实的规则,以确保最低限度的公平、团结互助和社会保护。[120] 当然,对于这种必要性的认识在今天要比《民法典》生效时(→边码 47)更为强烈。今天不再只强调与自由相对应的责任(→边码 106),而且强调基于他人权利和公共利益而产生的限制。这种思想在前面提到的《基本法》第 2 条第 1 款等条款中已有所体现,并在德国私法的持续现代化过程中被特别强调。

103

(二)社会保护

因此,我们转移到了《民法典》的第二个重要的基本价值,即社会保护(Sozialschutz)。这是指**对弱势方的保护**(Schutz der Schwächeren),防止他们被优势方欺骗和利用。这种保护在总则中已经特别强调,尤其是在第 104 条以下条款,为非完全行为能力人提供了绝对的保护(→边码 968),第 138 条第 2 款的规定旨在防止对弱势方的剥削(→边码 1158),以

104

---

[118] 详见 Bieder, Das ungeschriebene Verhältnismäßigkeitsprinzip als Schranke privater Rechtsausübung, 2007。

[119] 在私人自治中尤其需要法秩序。参见 Flume[4], § 1, 2。

[120] 参见 Larenz/Wolf[9], § 2 Rdnr. 20。

及在第226条中规定阻止滥用权利(→边码344)。其他编中的例子包括债法中的第305条以下条款、物权法中的第903条以下条款、家庭法中的第1601条以下条款,以及继承法中的第2303条以下条款。但总体来说,《民法典》最初假设当事人之间存在着平等的力量或地位,可以相信"(每个人)利己的利益平衡"会带来合理和可接受的结果。然而,人们逐渐认识到,这种观念并不总是符合社会现实,特别是在房屋租赁、劳动关系和与消费者交易的领域。因此,在尊重社会保护原则(《基本法》第20条第1款)的影响下,《民法典》一再进行补充和改进。所以,在如今的《民法典》中,尤其是在债法中,也在其他编和附属法律中,存在着许多旨在平衡合同各方之间的"力量不平衡"并保护较弱一方的规定(→边码47、54)。

105　　当然,必须明确看到,这些规定代表了**对私人自治的限制**(Grenzen der Privatautonomie),因此不应轻率地过度扩张。对超出现有制度范围的社会保护的呼声基本上应该由立法者,而非法院来决定。所以,尽管可以看出社会保护是《民法典》的一个重要价值,但这并不意味着可以引用社会保护来将一个既没有违反法典规定也没有违反附属法律规定的合同认定为无效或要求对其进行修改。如果没有特别社会保护规定和一般条款(特别是第138条)的介入,那么一份对一方不利甚至可能是严苛的合同也是可以接受的。即使在社会国家原则之下,法院在任何意义上也无权在当事人主张之前向其提供保护或纠正不合理的决定。相反,应当以当事人的意愿优先(→边码101)。社会保护必须纳入法律中,并与法律中的许多相关条款结合起来。[121]

(三) 自己责任

106　　每一种自由的行为都对应着相应的责任。这一点已经体现在上文(→边码99)提出的私人自治的定义中,该定义强调了独立但也是自己责任(Verantwortung)的形式自由。因此,这是《民法典》的另一个基本理

---

[121] 具体连接点的举例参见 Larenz/Wolf[9], § 42。

念,即权利主体对他自己行为的后果以及可以归责于他的第三方行为承担责任。[122] 这一基本原则以一种非常不同的方式体现。[123] 在法律关系的领域中,体现在权利主体被其意思表示所引发的法律效果约束。凭借私人自治,权利主体有权自由地通过法律行为来构造私人生活关系。这种自由与受自己所作意思表示的约束相对应,特别是对权利主体所订立的合同(契约必须履行原则)。[124] 在法律交易中作出的某种表示,即便并非意思表示,比如特殊的通知,也会产生相应的责任(参见第171条第1款、第409条第1句)。但是,在侵权领域中,行为自由与责任结果相对应:侵害他人权益的人必须在法律规定的范围内为损害承担责任。通常,这需要有过失的行为(第276条第1款)。但是,法律也规定了危险责任[125],在这种情况下,赔偿义务与由其所引发的危险源具有更高的关联性,而非仅与损害相关。

(四)信赖保护

《民法典》的最后一个特别重要的基本价值是信赖保护(Vertrauensschutz)原则,其在法律行为领域发挥着特别重要的作用。在这个方面,重点是参与法律交易的人应该依赖于他人的行为和他们所创设的关系。信赖保护,一方面是对表示的有效性和正确性的信任的保护。这种保护体现在对意思表示的解释应当以相对人的视角为基础(→边码528以下),如对意思瑕疵的处理(→边码787)或对代理关系的公告(→边码1538以下)。另一方面则是对归属于对方的事实陈述的信赖的保护,比如,对可以推论出所有权关系的占有关系的信赖(→边码1128),或对公共登记和文件的准确性的信赖(第891条、第892条第1款第1项;第2365条、第2366条;《商法典》第15条第3款)。

107

---

[122] 详细论述,参见边码1321以下。
[123] 参见 Wolf/Neuner[10], § 10 Rdnr. 11 ff.。
[124] 对此的详细论述,参见 Stöhr, AcP 214 (2014), 425 ff.; Weller (Rdnr. 98), 2009。
[125] 例如,《道路交通法》第7条,《产品责任法》第1条。

第三章　私法的法律适用

> **文献**
>
> Babusiaux, Die richtlinienkonforme Auslegung im deutschen und französischen Zivilrecht, 2007; Bartholomeyczik, Die Kunst der Gesetzesauslegung, 4. Aufl., 1967; Basedow, Anforderungen an eine europäische Zivilrechtsdogmatik, in: Zimmermann/Knütel/Meincke (Hrsg.), Rechtsgeschichte und Privatrechtsdogmatik, 1999, 79; Beckmann, Die richtlinienkonforme Auslegung, 1994; Bettermann, Die verfassungskonforme Auslegung – Grenzen und Gefahren, 1986; Brandenburg, Die teleologische Reduktion, 1983; Bruns, Zivilrichterliche Rechtsschöpfung und Gewaltenteilung, JZ 2014, 162; Bydlinski, Juristische Methodenlehre und Rechtsbegriff, 2. Aufl., 1991; Börsch, Die Planwidrigkeit der Lücke, JA 2000, 117; Canaris, Die Feststellung von Lücken im Gesetz, 2. Aufl., 1983; Coing, Juristische Methodenlehre, 1972; Di Fabio, Richtlinienkonformität als ranghöchstes Normauslegungsprinzip?, NJW 1990, 947; Ehricke, Die richtlinienkonforme und die gemeinschaftsrechtskonforme Auslegung nationalen Rechts, RabelsZ 1995, 509; Engisch, Einführung in das juristische Denken, 11. Aufl., 2010; ders., Logische Studien zur Gesetzesanwendung, 3. Aufl., 1963; Esser, Grundsatz und Norm in der richterlichen Fortbildung des Privatrechts, 4. Aufl., 1990; ders., Vorverständnis und Methodenwahl in der Rechtsfindung, 2. Aufl., 1972; Fikentscher, Methoden des Rechts, 6 Bde. 1975–77; Fleischer, Rechtsvergleichende Beobachtungen zur Rolle der Gesetzesmaterialien bei der Gesetzesauslegung, AcP 211 (2011), 317; Flume, Richter und Recht, 46. DJT, 1966, Bd. II, K 1; Freitag, Privatrechtsangleichung auf Kosten Privater, EuR 2009, 796; Gadamer, Wahrheit und Methode, 6. Aufl. 1990; Germann, Probleme und Methoden der Rechtsfindung, 1965; Grosche/Höft, Richtlinienkonforme Rechtsfortbildung ohne Grenzen, NJW 2009, 2416; Gsell, Zivilrechtsanwendung im Europäischen Mehrebenensystem, AcP 214 (2014), 99; Haferkamp, Zur Methodengeschichte unter dem BGB in fünf Systemen, AcP 214 (2014), 60; Hager, Rechtsmethoden in Europa, 2009; Hassemer, Gesetzesbindung und Methodenlehre,

ZRP 2007, 213; Hassold, Wille des Gesetzgebers oder objektiver Sinn des Gesetzessubjektive oder objektive Theorie der Gesetzesauslegung, ZZP 94 (1981), 192; Hattenhauer, Zur Rechtsgeschichte und Dogmatik der Gesetzesauslegung, in: Zimmermann/Knütel/Meincke (Hrsg.), Rechtsgeschichte und Privatrechtsdogmatik, 1999, 129; Heck, Gesetzesauslegung und Interessenjurisprudenz, AcP 112 (1914), 1; ders., Das Problem der Rechtsgewinnung, 2. Aufl., 1932; Henninger, Europäisches Privatrecht und Methode-Entwurf einer rechtsvergleichend gewonnenen juristischen Methodenlehre, 2009; Herresthal, Die richtlinienkonforme und die verfassungskonforme Auslegung im Privatrecht, JuS 2014, 289; ders., Voraussetzungen und Grenzen der gemeinschaftsrechtskonformen Rechtsfortbildung, EuZW 2007, 396; Herrmann/Michl, Wirkungen von EU – Richtlinien, JuS 2009, 1065; Herzberg, Kritik der teleologischen Gesetzesauslegung, NJW 1990, 2525; Höpfner, Die systemkonforme Auslegung, 2008; Höpfner/Rüthers, Grundlagen einer europäischen Methodenlehre, AcP 209 (2009), 1; Hofmann, Die zeitliche Dimension der richtlinienkonformen Auslegung, ZIP 2006, 2113; Jacobi, Methodenlehre der Normwirkung, 2008; Jarass, Richtlinienkonforme bzw. EG-rechtskonforme Auslegung nationalen Rechts, EuR 1991, 211; Kramer, Juristische Methodenlehre, 4. Aufl., 2013; Kreft, Zum Verhältnis von Judikative und Legislative am Beispiel des Insolvenzrechts, KTS 2004, 205; Kriele, Theorie der Rechtsgewinnung, 2. Aufl., 1976; Langenbucher, Die Entwicklung und Auslegung von Richterrecht, 1996; Larenz Methodenlehre der Rechtswissenschaft, 6. Aufl., 1991 (Studienausgabe: Larenz/Canaris, Methodenlehre der Rechtswissenschaft, 3. Aufl., 1995); Lutter, Die Auslegung von angeglichenem Recht, JZ 1992, 593; Merz, Auslegung, Lückenfüllung und Normberichtigung, AcP 163 (1964), 305; Meyer, Die Grundsätze der Auslegung im Europäischen Gemeinschaftsrecht, Jura 1994, 455; Michael/Payandeh, Richtlinienkonforme Rechtsfortbildung zwischen Unionsrecht und Verfassungsrecht, NJW 2015, 2392; Mülbert, Einheit der Methodenlehre?, AcP 214 (2014), 188; F. Müller, Juristische Methodik, Bd. 1: 11. Aufl. 2013, Bd. 2: 2. Aufl. 2007; Muthorst, Auslegung: Eine Einführung, JA 2013, 721; Neuner, Die Rechtsfindung contra legem, 1992; Oberhammer, Kleine Differenzen, AcP 214 (2014), 155; Pawlowski, Methodenlehre für Juristen, 3. Aufl., 1999; Petersen, Von der Interessenjurisprudenz zur Wertungsjurisprudenz, 2001; Pfeiffer, Richtlinienkonforme Auslegung gegen den Wortlaut des nationalen Gesetzes, NJW 2009, 412; Prümm, Verfassung und Methodik, 1977; Rüthers, Gesetzesbindung oder freie Methodenwahl?, ZRP

> 2008, 48; ders., Methodenrealismus in Jurisprudenz und Justiz, JZ 2006, 53; Schapp, Methodenlehre des Privatrechts, 1998; ders., Methodenlehre und System des Rechts, 2009; Sosnitza, Interpretation von Gesetz und Rechtsgeschäft, JA 2000, 708; Stürner, Die Zivilrechtswissenschaft und ihre Methodik, AcP 214 (2014), 1; Veelken, Die Bedeutung des EG-Rechts für nationale Rechtsanwendung, JuS 1993, 265; Vogenauer, Die Auslegung von Gesetzen in England und auf dem Kontinent, 2 Bände, 2001; Wank, Die Auslegung von Gesetzen, 5. Aufl., 2011; Weber, Grenzen EU-rechtskonformer Auslegung und Rechtsfortbildung, 2010; Wischmeyer, Der „Wille des Gesetzgebers", JZ 2015, 957; Zippelius, Juristische Methodenlehre, 11. Aufl., 2012.

一、概述

(一) 法律发现和方法

109　　法律专家通常不会抽象地回答(民事)法律问题,而是基于具体原因回答针对特定生活事实(Lebenssachverhalt)的问题。当事人希望签订合同或设立遗嘱,并咨询律师或公证人有关正确法律安排的建议;委托人向律师咨询一个争议案件,并询问他所享有的权利;法官必须裁决一场争议,并审查所主张权益的合法性。在这些情况下,**法律发现**(Rechtsfindung)意味着确定特定生活事实的法律状态。法律专家采用一种特定的方法来进行法律发现。他们不凭直觉评估法律状态,而是根据相关规则和法律规定来查询。首先,他们提出一个假设,即某个特定的法规可以适用。然后,这个假设需要得到确认或否定。为此,需要检查法规所设定的前提条件是否存在。同时,还需提出一个假设(前提条件已经满足),然后对其进行证实或证伪。若假设得到确认,即认为法规的前提条件(事实构成)已经满足,则需要适用其法律效果。这样,就可以让相关的法律状态通过所适用的法规来确定。

范例

K 在 V 处购买了一台录像机,但发现录像机存在缺陷。K 询问他的律师有关他的权利。律师想到了《民法典》第 437 条,根据该条的规定,购买有瑕疵货物的买方可以请求卖方继续履行(提供完好无损的货物)、解除合同、减少购买价款或要求赔偿。因此,律师将会审查当事人是否已经签订了买卖合同,以及购买的商品是否存在瑕疵。如果这些条件都满足,那么就会适用第 437 条的法律效果:K 可以要求 V 继续履行,并在法规中条件进一步满足的情况下选择解除合同、减少价款或者要求损害赔偿。

110

这种简化的方法被更精确地称为"**涵摄**(Subsumtion)"。它检查一个生活事实(S)是否符合某个规范的前提条件,即是否可以归入该规范的事实构成要件(T)。如果成功,就会适用该规范的法律效果(R)。这是一种源于学院派的思维模式的具体应用,被称为"三段论"或"modus barbara(拉丁文,芭芭拉模式)"。它可以用以下示意图来表示:

111

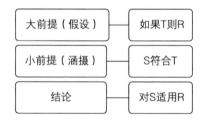

这种思维步骤遵循一个"如果——那么"的模式:如果情况 S 符合规范的事实构成要件 T,那么其法律效果 R 就会发生。

民法中(im Zivilrecht)的法律适用方法与其他法律领域的方法并没有本质不同。然而,一个特殊之处在于,它给予了当事人私人自治(→边码 99),因此法律状况不仅由书面和非书面法规所确定,而且主要受当事人的表示所确定。在引用法律规定之前,必须先检查当事人是否已经对待决问题有了约定。为此,必须根据第 133 条、第 157 条对他们的意思表示和协议进行解释(→边码 494 以下)。如果当事人之间已经有了约定,那

112

么就不能再退回适用任意性规范(→边码95以下),而只能检查私法自治的协议内容是否有效(如果与强制性法律规范发生冲突,则无效)。因此,适用的规范不必由国家设立,而可以由私法自治形成,例如合同约定[lex contractus(拉丁文,合同法);→边码659]。

范例

113　　在录像机案(→边码110)中,律师将会检查是否存在合同约定的保修条款,无论是通过变更(例如关于卖方嗣后履行的权利,参见第439条),还是通过瑕疵担保责任的排除(第444条)。如果是这样,就需要根据第444条、第475条以及可能的情况下根据第309条、第307条对该协议的有效性进行审查。如果经过这些审查保修条款是有效的,则其优先于任意性的法定保修权益而适用。

114　　在实践中,法律适用往往是一个烦琐的过程。对于明确而简单的例行案件,律师能够准确地加以分类,并根据他们的培训和经验,对法律问题进行无须特殊推导的解释。多年的实践使他们逐渐培养出一种被称为"判断力(Judiz)"的感觉,这种感觉让他们能够在不需要详细推导的情况下,自发地作出关于法律问题的公正和正确的判断。然而,这种做法不能成为法律方法的至高准则。约瑟夫·埃瑟尔(Josef Esser)认为,法官因其培训和经验而具有**前理解**(Vorverständnis),因此在学术推导之前就已经确信某个特定结果的正确性,法律方法对他来说只是一种正确性检验。[1] 然而,这种观点虽然迎合了许多法律人士的自信心[2],却是不可接受的。[3] 在简单和典型案件中放弃进行推导可能是可以接受的。但是,法律方法的实用性并不在于处理简单和典型的案件,而在于处理复杂和非典型的案件,而后者比人们所认为的更为常见。通过更加仔细和方

---

〔1〕 Esser, Vorverständnis (Rdnr. 108), passim, insbesondere 139 ff.

〔2〕 有位高级法官的言论尤为明显:"我想看看哪条法律会阻碍我作出一个合理的决定。"

〔3〕 对于Esser的观点,Larenz进行了详细回应,参见Larenz(边码108),210页以下。

法论上的准确观察,往往会发现前理解可能是错误的。此外,需要强调的是,法官在找法时,并不应当受制于自己的前理解和正确性信念,而应当受制于法律和法规(《基本法》第 20 条第 3 款)。[4] 法律和法规,而非自己的前理解,才是我们获得法律发现的依据。更重要的是,根据《基本法》第 3 条第 1 款,类似的案件也必须得到相同的判决。因为当所有法律适用者都能够从同一个起点而不是从各自的前理解出发寻找正确的解决方案时,平等、公正以及法律的确定性才更容易得到保证。

(二) 法律发现的程序

然而,这并不意味着法律适用者的前理解可以完全被忽视,它在法律发现的过程中实际上具有重要地位。正如前面所述(→边码 109),这个过程以假设开始,比如在缺乏合同约定的情况下,法律规范本身就可能决定法律状况。对于确定地**获取正确的规范**(Zugriff auf die richtige Norm),前理解当然是非常关键的。 115

然后需要确定规范的前提条件。这些前提条件的总和被称为规范的**构成要件**(Tatbestand)。需要明确每一项构成要件是否都在具体案例中得到满足。这是一个多层次的理解过程。首先需要澄清法律对此的要求。在此方面,法律适用者拥有一种前理解,他们通过这种前理解来解读法律文本。但是他们必须通过对法律进行解释来验证这种前理解,也就是通过对其字面意义、成因、体系和目的进行研究,询问其含义(→边码 121 以下)。这是一个认知过程,汉斯-格奥尔格·加达默尔(Hans-Georg Gadamer)将其描述为"解释循环"[5]:前理解会受到解释的影响,并通过对文本的"第二次梳理(in einem zweiten Durchgang)"让自己的理解更加贴近文本。这个过程会一直重复下去,直到前理解变成理解为止。 116

一旦确定了法律规范的要求,接下来就要检查需要被判断的**事实**(Sachverhalt)在具体案例中能否满足这些要求、事实要件(Tatsachen)是否 117

---

[4] 参见 Hassemer, ZRP 2007, 213 ff.; Rüthers, ZRP 2008, 48 ff.。
[5] Gadamer (Rdnr. 108), Ⅱ. Teil, Ⅱ. 1 以及 Heidegger, Sein und Zeit, 1927, § 63。

足够。为此,首先需要澄清事件的经过。在大学教育中,确定事实并不困难,因为它已经在作业文本中明确给出。然而,在实践中,确定事实往往比应用法律更费力。例如,律师不仅需要从客户提供的信息中筛选出关键信息,还需要就缺失的信息向客户提出正确的问题:一方面,他必须通过对规范的解释来确定哪些事实是重要的(必须发生什么才能满足规范的构成要件并引发其法律效果);另一方面,他还必须弄清楚这些相关的事实是否存在。在民事诉讼中,法院从当事人或他们的律师那里得知相关的事实。因此,事件并不会主动地被调查,只有在当事人对判决相关的事实提出不同陈述时,才会进行一个被认为可以澄清事实的证据收集程序。但是,认识过程始终是相同的:根据卡尔·恩吉施(Karl Engisch)[6]的精确表述,法律适用者在澄清法律规定和事实之间来回思考,直到确定是否满足了法律规定的要件。

118　　涵摄,即回答事实是否符合规范要件,有时是一个复杂的过程。当涉及法律规定的儿童无行为能力问题,根据第 104 条第 1 款的年龄限制(7 岁以下),涵摄是很容易的:只需要确定孩子的年龄。然而,涵摄有时又必须依赖于**价值评价**(Wertungen),因为只有通过价值评价才能确定事实是否满足要件的要求。例如,如果一对未婚夫妇订了一间周末的酒店房间,那么此合同是否违反善良风俗并且根据第 138 条第 1 款无效,这只是提出了问题,而没有回答。[7] 对此,必须将事实与"善良风俗"的法律概念放在价值评价的背景下进行考虑。法律人并不是一个"涵摄机器"。与 19 世纪不同,人们不再将法律发现看作是从概念中得出结果的过程["概念法学(Begriffsjurispradenz)"]。相反,首先必须接受"利益法学(Interessenjurisprudenz)"[8],即法律规定的适用旨在平衡利益,因此关键不在于概念,而在于概念所涵盖和平衡的利益。如今,人们普遍接受"评价法学

---

[6] Engisch, Logische Studien (Rdnr. 108), 15.
[7] 对此案例更具体的讨论,参见边码 1184。
[8] 利益法学的相关论述首先是 v. Jhering, Der Zweck im Recht, 1877,以及 Heck, AcP 112 (1914), 1 ff.。

(Wertungsjurisprudenz)"[9],它建立在利益法学的基础上,但更强调立法者和法官的利益平衡活动具有评价性质。因此,对于法律适用来说,重要的不仅是法律如何平衡利益,还包括为什么以这种方式(而不是其他方式)进行平衡。

在满足所有前提条件的情况下,就能确定具体的**法律效果**(Rechtsfolge)了。为了做到这一点,通常需要对法律进行解释。我们需要确定,法律将什么样的权利和义务与有效的构成要件联系起来,以及这些权利义务在具体案例中的意义。

119

范例

如果委托人 M 在人行横道上被 S 的汽车撞到,对 M 的律师 R 来说,找到相关法规并澄清其前提条件是否满足并不困难:根据《道路交通法》第 7 条和第 253 条第 2 款,M 可以向 S 要求赔偿损失和支付精神损害抚慰金。然而,确定具体的法律效果(损失金额、各项损失是否可赔偿、索赔是否转交给保险公司、精神抚慰金的数额等)可能非常困难。

120

二、法律解释

(一) 基础

待决案件适用的法律可以通过当事人的陈述或法律规范来确定(→边码 112)。在这两种情况下,需要根据文本的意义进行解释。需澄清的是,根据当事人或立法者的意愿,在何种条件下才会发生预期的法律效果。因此,解释的**对象**(Gegenstand)是语言。尽管如此,对于解释对象——一方当事人的陈述和法律规范——并非在所有方面都适用相同的解释标准。在解释意思表示(→边码 494 以下)时,可以使用较为主观的

121

---

[9] 参见 Larenz (Rdnr. 108), 119 ff.。

标准。预期的法律效果只应涉及当事人,这是一项具体且个体化的规则。因此,重要的是当事人如何理解或可能如何理解这些表示。然而,法律解释也会涉及适用于众多案例的、抽象而普遍的规范。在这种情况下,必须采用客观的标准,以确保在类似情况下对该规范进行相同的解释,并得出相同的适用结果。

122 这就引出了**法律解释的目标**(Ziel der Gesetzesauslegung)。与所有语言表达一样,法律很少是明确的,对它们通常有不同的理解。确定一条规范的一般意义以及针对具体案件的含义是解释的任务,法律解释旨在确定规范在当前适用时的含义。[10] 这涉及它在法律适用时的调整内容。然而,具有决定性的并不仅仅是历史上立法者的意图。[11] 虽然法规的形成背景和历史对确定其含义具有重要意义(→边码 130 以下),但一条规范可以在其发展历程中独自演变,摆脱其最初的含义,并改变其规范内容,以至于立法者所赋予的意义不再符合今天的含义。[12] 因此,在尚未确定的范围内,具有决定性的不是法规生效时主观上的意图,而是今天可以确定的客观化的规范内容。

(二) 解释的标准

123 一种可以追溯到萨维尼[13]的方法论通常使用四个标准对法律进行解释:文义(Wortlaut)、法律体系性(Gesetzessystematik)、产生历史(Entstehungsgeschichte)和规范目的(Normzweck)。如今,上位法作为第五个标准也加入其中。这些标准并非毫无关联,它们绝不是独立的解释方法。相反,它们从不同的视角审视法律,并共同且交互地用于确定法律的含义。当然,它们具有不同的权重[14]:文义和体系性构成一个基本框架,可

---

〔10〕 即今天占统治地位的"客观理论";仅参见 BVerfGE 11, 126, 129 ff.; Larenz (Rdnr. 108), 316 ff.。

〔11〕 目前民法领域已经几乎不再支持所谓的"主观理论"了;参见 Hassold, ZZP 94 (1981), 192 ff. m. w. N.; MünchKomm-Säcker[76] Einl. Rdnr. 123 ff.。

〔12〕 关于此问题的相关例证和论述,参见 Kreft, KTS 2004, 205 ff.。

〔13〕 v. Savigny, System des heutigen römischen Rechts, Bd. I, 1840, 212 ff.

〔14〕 参见 Larenz/Canaris (Rdnr. 108), 163 ff.。

能的解释结果必须在其范围之内。通常,规范目的起决定性作用,而对历史和上位法的研究可以确定规范目的。然后,可能需要根据其他因素对所确定的解释结果进行修正,这将在后面单独讨论(→边码 142 以下)。

1. 文本[语义学解释(philologische Auslegung)]

解释是对文本的解读,因此必须从规范的措辞出发。立法者也使用语言,在这个过程中,他们部分地使用了专有的法律词汇,但大部分时间也使用普通的词语。语言很少是明确的,它可以被解释,允许不同的解读。即使是乍一看在口语中明确的概念,在法律文件中也可能需要被解释。换句话说,一个规范的措辞是否明确,通常要在解释之后才能确定。

124

范例

根据《民法典》第 90 条的规定,"物"指的是有体物。在这个概念中,动物是否包含在内呢?从通俗的理解来看,人们往往会否定这个问题,因为这个描述只涉及(无生命的)物体,而不是生物。然而,法律上的"物"的概念与"人"的概念相对应。所有不属于人的东西都是权利客体,因此要么是物,要么是权利。因此,直到 1990 年,动物才在私法上被视为(可移动的)物,并且根据第 929 条第 1 句,通过协议和交付进行转让。然而,立法者希望考虑到动物作为生物的特殊地位,并在第 90a 条第 1 句中将其排除在物的范畴之外[15],然而,有关物的规定仍然可以适用(根据第 90a 条第 3 句)。

125

规范的意义很少能直接从法律文义中得出。相反,这一解释标准基本上具有限制性功能:与文字含义不符的解释必须被排除在外。文字是解释的最大限度,对于文字无法涵盖的情况,规范只能以类推的方式适用,而不能直接适用(→边码 143)。但类推不再属于解释的范畴,法律首先需要被解释。只有当解释完成并得出结论,即解释的规范未涵盖待决

126

---

[15] Gesetz v. 20.8.1990; BGBl. I, 1762.

问题时,才能考虑类推适用其他规范。然后,法律不再被解释,而是通过漏洞填补来补充。

范例

127　　　K 想要购买 V 的螺丝。V 知道 K 青睐 X 公司的产品,他向 K 展示了 Y 公司的样品,但放在 X 公司的盒子里。K 后来购买了这些螺丝,以为它们是来自 X 公司的,并在发现被欺诈后将它们换成了 X 公司的产品。对于由此产生的相关费用,K 要求 V 承担损害赔偿责任。V 引用了一项免责条款。对此,K 考虑适用第 444 条来要求 V 承担责任。然而,该条款只制裁故意隐瞒缺陷的行为,而不是故意伪造不存在的特性的行为。规范的文字表述["已隐瞒(erschwiegen hat)"]排除了将主动伪造与被动沉默等同的可能性。因此,解释已经达到了文义的极限,于是第 444 条被排除适用。根据这个解释结果,接下来可以考虑适用类推,这也是被普遍认可的方法。[16]

2. 规范体系[体系解释(systematische Auslegung)]

128　　　通常,法律条文本身并不能清楚地说明规范的意义。因此,在第二步需要考虑规范的体系。在体系解释中,需要考虑该条款在法律体系中的位置,与前后相关或涉及的其他规范的相互关系,以及与其他相关规范(包括其他法律中的规定)的比较。例如,可以询问在法律的哪个部分(Abschnitt)有这个规定,并且这个部分及其中包含的规定所涉及的主题是什么。此外,还应考虑如何处理其他规范中涉及的被解释段落的调整对象,以及如何理解其他措辞上相似的规定。[17]

范例

129　　　在第 935 条第 1 款第 1 句中,有一个问题就是何时可以认定所有

---

[16] 参见 BGH NJW-RR 1992, 1076。
[17] 对于"轻微(geringfügig)"一词,参见 Bork, K & R 1998, 183, 184 ff.。

者"丧失(abhanden gekommen war)"其动产,从而使他不必担心因第932条第1款的善意取得制度而导致所有权消灭。从体系的角度来看,首先需要注意的是,第935条是对第932条的例外规定,因此只有那些能够证明将第932条旨在保护法律交易的利益置于第935条所评估的所有者权益之上的情况才能被考虑。其次需要考虑第935条第1款第1句明确提到了盗窃和遗失作为丧失的情况,因此未提及的情况("或其他丧失")必须是可以和这些行为相比较的。这说明第935条第1款第1句中只包含非自愿的财产丧失。[18] 对第1006条第1款第1句进行的体系性和目的论分析,也能够支持这一结论,因为该条款倾向于假设占有人也是所有者。如果所有者自愿放弃占有,他就放弃了保护他财产的占有权益的法律推定。现在他必须预料到新占有者会利用这种所有权推定规则,并将财物转让给善意第三方。然而,如果所有者是非自愿丧失占有的,他就没有失去第1006条第1款第1句的保护,因此更值得保护。

3. 产生历史[历史解释(historische Auslegung)]

在语义学和体系解释所确定的框架内,对于待解释规范的意义可能会有多个答案。为了进一步澄清,需要研究该规范的起源和发展历史。这可以揭示法律制定者设立该条款的目的,即**历史上的立法者**(historischer Gesetzgeber)希望赋予它什么样的意义。为此,需要研究相关材料,以确定当前规范的形成原因和过程。[19]

130

这些**文献材料**(Materialien)可能具有非常不同的性质。关于《民法典》的材料,可以参考边码33以下的段落,甚至可能要从最早的版本和历史上的相关规则(第一草案和相应的动机文件)开始追溯规范的发展历程,直至今天的版本。在现代立法中,立法程序通常始于司法部成立制定规则建议的专家委员会。司法部基于该委员会提交的报告制定一部草

131

---

[18] 通说参见 Palandt-Bassenge[74] § 935 Rdnr. 3.
[19] 比较法的相关资料,参见 Fleischer, AcP 211 (2011), 317 ff.。

案,供公众讨论。在公众讨论的基础上,部长为内阁提出一部参考草案,经过内阁协商后,作为政府草案提交给议会讨论。政府草案的理由往往提供了关键线索。在议会立法过程中,还可以进行进一步修改,尤其是通过法律委员会的工作,以及在法案在联邦参议院遇到阻力时,通过调解委员会来解决。

132　　就回答特定问题而言,历史记录的**价值**(Wert)经常受到质疑。[20] 然而,对相关问题的深入解读一旦离开历史文献则寸步难行。当然,一些限制也是必要的。首先,应当记住,法律是由议会通过的,但相关文献材料通常来自委员会或政府部门。如果要从这些材料中推断立法者的意图,就必须意识到假设提交给议会的法案草案也获得了议会的认可的事实。[21] 其次,不应忽视法律在其生效后仍然存在的事实。它会不断发展,并可以脱离最初的立法意图。在这种情况下,法律适用者不必受限于历史立法者的意愿,而主要受制于基本的利益评估和明显的规范目的。因此,法官不能简单地扭转利益平衡,例如通过解释将原本用作保护买方的规定的逆向解释成不利于买方,也不能将明显不包括在规定范围内的案件纳入规定之内,无论是通过解释还是类推的方式(→边码 144)。[22] 另外,立法历史通常并不提供具有约束力的指示,而只是为特定解释提供论据,这些论据可以被其他解释标准更有力的论据所抵销。然而,进行确切的界定是困难的。这往往导致,如果立法者的意图与自己的观点一致,则立法者的意图被用作有力的论据;而当立法者的意图与自己的观点相悖时,人们往往认为立法者的意图并不具有约束力。

范例

133　　根据一份赡养协议(Unterhaltsvertrag),G 把他的专利权转让给了 S,并确保自己在每年获得的纯利润中获得 15% 的份额。15 年后,G 要求法院追讨整个期间的利润份额。S 提出了消灭时效的抗

---

[20] 典型观点 Wolf/Neuner[10], § 4 Rdnr. 32; 相反观点 Wischmeyer, JZ 2015, 957 ff.。
[21] 对此的质疑,参见 Larenz/Canaris (Rdnr. 108), 149 f.。
[22] 关于超越法律的法律续造的可能性和限制,见 Rdnr. 148 ff.。

辩。根据第197条第2款和第195条,定期重复的给付请求适用3年的消灭时效。因此,问题转化为这些利润份额是否属于定期重复的给付,值得怀疑的是,在没有盈利的年份,这些给付会中断。然而,至少在字面上将其归入第197条第2款并不冲突。从体系的角度来看,可以参考第101条第2项,它明确将利润份额列为定期重复的收入。从历史解释可以发现,"定期"一词并不指涉请求的金额,而是指支付截止日期。第一草案的第157条(→边码36)和第二草案的第164条(→边码41)仍提到"所有其他需要在重复的期限内需定期履行的给付"。然而,与来自国会提案的第192条(→边码42)版本相比,当前版本并没有修改的意图。因此,第197条第2款的规定适用于所有在定期时间内到期且涉及金钱给付的债权。[23]

  M在科隆租了V的一套公寓。M去世后,V向居住在布伦瑞克的M的继承人E解除了租赁合同,并援引了第580条。E以V必须证明有正当利益(根据第573条第1款)才能解除合同为由,反对这一解除通知。联邦最高法院支持了E的观点[24],主要理由就是立法者的意愿,在制定第573条时,立法者明确表示该条款适用于第580条的情况。[25] 联邦最高法院认为这是立法者的明确决定,法院在法律重新规定之前必须受此约束。然而,卡纳里斯(Canaris)反驳称[26],本案根本不是关于第573条能否普遍适用于第580条的问题,而是关于是否应根据第563条的法理精神将继承人不居住在已故被继承人的住所的情况作为(未写入法律中)例外予以承认的问题。由于立法者根本没有涉及这个例外情况,就必须根据法规目的来决定。第573条的规范目的是保护租户免受因失去住所而产生的相关费用和不便之苦。[27] 这条法律的目的并不要求将其应用于继

134

---

[23] BGHZ 28, 144, 149 ff.
[24] BGHZ 135, 86, 89 ff.
[25] BT-Drs. 7/2011, 8 und 7/2638, 2.
[26] ZIP 1997, 1507 ff.; 相反观点,参见 Leenen, Jura 2000, 248 ff.。
[27] BT-Drs. 7/2011, 8.

承人不居住在被继承人住所的情况。继承人在解除租赁合同时不会失去住所,也不必担心遭受与继承有关的问题之外的特殊不便之苦。因此,在考虑到法规目的的情况下,应当优先考虑出租房屋的所有者的利益,而不是立法者关于规定适用范围的理念。这意味着,通过目的解释的方式(→边码142),此规定应仅适用于继承人居住在被继承人住所的情况。

4. 规范目的[目的论解释(teleologische Auslegung)]

135 上述例子同时引出一种经常使用并起到决定性作用的解释标准,即法规目的。目的论[28]解释,可以明确哪种解释符合规范目的,并因此能够与法律的内部体系[29]相契合。对于规范目的的确定而言,历史解释可以提供很好的帮助,因为立法者的规范意图通常可以从法律材料中得出。当然,这也并非必然。有时也可能无法在相关材料中找到特定规范的目的,因此需要借助司法判例和文献来推导。[30] 一旦确定了规范目的,它通常会成为在多种解释可能性之间进行选择的重要依据。在这种情况下,既可以考虑通过限制的解释(限制性、约束性)来限制条款的适用范围,也可以考虑扩张的解释,前提是规范目的要求广泛的适用范围。当然,适用边界也还是通过文义来建构(→边码126、143)。对于例外规定,通常应该进行限缩解释,然而,这仅适用于以下情况:根据例外规定的目的和意图,必须被涵盖的例外情况不得被这种解释规则错误地排除在该规范的适用范围之外。[31]

范例

136 A和B希望就一辆自行车达成买卖合同,但无法就购买价格达成一致。因此,他们请16岁的C来确定一个合理的购买价格,C也

---

[28] 此概念来源于希腊文τέλος(telos):目的、目标。
[29] 与上述第2点所讨论的外部系统相反。
[30] 对于危险责任的例子而言,参见 Larenz/Canaris (Rdnr. 108), 157 ff.。
[31] Larenz/Canaris (Rdnr. 108), 176; BayObLGZ 2000, 36, 41.

确实这样做了。然而,B 拒绝接受这个购买价格,并以 C 未成年为由,称 C 无法有效确定价格。根据第 317 条的规定,确定履行义务是一项意思表示,根据第 107 条的措辞,只有当这种意思表示仅给予限制民事行为能力人法律利益或其法定代理人同意时,才能生效。在这里,两个条件都不满足,C 的法定代理人没有同意,而且意思表示并没有给 C 带来任何好处,因为其声明的法律效果不涉及他本人,而是影响 A 和 B,法律行为对他也没有任何不利。其在法律上对 C 是中立的。是否应将这类意思表示纳入第 107 条的适用范围,主要根据法规目的来判断。由于第 107 条旨在保护未成年人免受对其不利的法律行为的影响[32],没有理由拒绝他进行中立的法律行为。因此,普遍认为应当再次通过目的论的限缩(→边码 142),将这些意思表示排除在规范的适用范围之外(→边码 997、1008)。

5. 上位法(Höherrangiges Recht)

随着时间的推移,除了传统的四个解释标准,对上位法的关注也逐渐增多。这种**方法论**(methodischer Ansatz)的基本思想是,在存在疑义时,立法者会考虑遵守更高级别法律的规定,并希望对法规的理解与更高级别法律相一致。例如,如果一条简单法律有多种解释可能,其中一种解释与宪法不一致,那么可以认为立法者意图采纳其他符合宪法的解释。因此,应当以与宪法相一致的方式解释法律。对于章程或法规的解释,以及对授权法律或具有约束力的欧盟法或国际法的法律规范的解释都适用相同的原则。因此,对更高级别法律的解释中既包括体系的解释要素(因为对法律的解释必须在其规范环境中进行,其中当然包括更高级别的法律),也包括历史的解释要素(因为人们推测历史立法者希望以与更高级别法律相一致的方式理解法规)。因此,这种对更高级别法律的解释也同时受到文义和立法者明确意图的限制,这一点在分权制国家中,尤其应予以尊重:如果根据经典标准的解释毫无疑问地表明,该规定只能被理解为

137

---

[32] Vgl. Mot. I, 131/133 = Mugdan I, 424 f.

与更高级别法律不一致,那么不能通过与宪法、欧盟法或国际法相一致的解释来修正这个结果,相反,必须采取适用于低级法律与更高级法律之间冲突的规则。具体来说,这意味着:

138　　如果一条需要解释的规定在考虑文义、整体关联、历史发展和目的的情况下可以有多种解释,其中一种与宪法不兼容,那么应该采用**与宪法一致的解释/合宪性解释**(verfassungskonformen Auslegung)的方式。否则,解释将导致法律无效,从而产生荒谬的结果。因此,合宪性解释现在被广泛承认为一种常见的解释方法。[33] 然而,它必须被精确处理,因为它不是为了"修正"违宪的法律而使用的工具。它不是用来纠正造成违宪结果的解释,而是作为法律解释过程中的一个因素。其适用前提是需要解释的规定允许多种解释,其中至少有一种会得出符合宪法的结论。如果从规定的词句或立法者明确意图中可以清楚地得出只有一种解释可能,而该解释却导致违宪的结果,那么就不能适用合宪性解释:一个与文字不再一致的规范理解,无论其是与宪法相符的解释还是与立法者明确意图相矛盾的解释,都是无法适用的。[34]

范例[35]

139　　E 先生是一位聋哑人,由于残疾,他不会写字。他于 2000 年想要立遗嘱。他向公证人咨询后得知,根据《民法典》第 2232 条、第 2233 条和《公证法》第 31 条,只有通过个人手写或在公证人面前声明才能立遗嘱。这符合立法者的意愿,因此无法写下自己的名字和"我的遗嘱"这些字句的聋哑人无法立遗嘱。[36] 这些规定与《基本法》第 14 条第 1 款第 1 句中的继承权保障以及平权法案(《基本法》第 3 条第 1 款和第 3 条第 3 款第 2 句)不符,因为确实存在无法书写的聋哑

---

[33]　参见 BVerfGE 122, 39, 60; 95, 64, 93; 90, 263, 274 f.; Herresthal, JuS 2014, 289, 295 ff.; Larenz/Canaris (Rdnr. 108), 159 ff.。

[34]　BVerfGE 118, 212, 243; 99, 341, 358; 95, 64, 93; 90, 263, 274 f.

[35]　根据 BVerfGE 99, 341 ff.; 也可参见 OLG Hamm NJW 2000, 3362 = FGPrax. 2000, 151 ff. (Krug); Rohlfing/Mittenzwei, FamRZ 2000, 654 ff.。

[36]　参见 Mot. V, 251 = Mugdan V, 132。

人,他们具有必要的身体和智力自主权,并可以以非口头或书面方式表达自己的遗愿。考虑到明确的法律条文和清晰的立法意图,对上述法规进行合宪性解释是不可能的。所以,只能认定这些排除了无法书写的聋哑人定遗嘱权利的规定是违宪的。因此,立法者在 2002 年对这些违宪规定进行了修订或废止。[37]

在解释中也应考虑同样作为更高级别法律的欧盟法。在这种情况下,需要进行**与共同体法律一致的解释**(gemeinschaftsrechtskonforme Auslegung)。[38] 这尤其适用于那些将欧盟指令转化为国内法律的法规(→边码 23)。这也被称为**指令一致性解释**(richtlinienkonformen Auslegung)[39]:如果根据经典的解释标准存在多种解释可能性,应优先选择最符合欧盟法规定的解释。这个规则的合理性在于,根据《罗马条约》第 4 条第 3 款,欧盟成员国有义务遵守并调整国内法以适应指令的要求。因此,如果存在疑问,成员国的法院应选择与指令的内容相符的法律解释(如果可能,应当由欧洲法院给出该指令的解释)。[40]

140

最后,对于国际法的约束性规则,也应该采取相同的处理方式。只要德意志联邦共和国在特定的国内规定上负有国际法上的义务,就应该采用**与国际法一致的解释**(völkerrechtskonforme Auslegung)。这主要适用于国际法的一般规则,根据《基本法》第 25 条第 1 句,这些规则是联邦法,并根据《基本法》第 25 条第 2 句具有优先于法律的地位。然而,其他国际法

141

---

[37]　通过 2002 年 7 月 23 日的立法完成(BGBl. 2002 I, 2850)。

[38]　参见 EuGH Slg. 1997 I, 4961, 4997; 1994 I, 3325, 3357; BGH ZIP 2015, 979 Rdnr. 46; NJW 2004, 154; BAG NZA 2003, 742, 747 ff.; Canaris, FS Bydlinski, 2002, 47 ff.; di Fabio, NJW 1990, 947 ff.; Grundmann, JZ 1996, 274, 281 ff.; Herresthal, EuZW 2007, 396 ff.; Jarras, Grundfragen der innerstaatlichen Bedeutung des EG‑Rechts, 1994; Sosnitza, JA 2000, 708, 710 m. w. N.; Weber (Rdnr. 108)。

[39]　参见 EuGH Slg. 2006 I, 6057 Rdnr. 108; 2004 I, 8835 Rdnr. 113; BGHZ 192, 148 Rdnr. 25 ff.; BGH NJW 2009, 427 Rdnr. 19 ff.; Babusiaux (Rdnr. 108), passim; Freitag, EuR 2009, 796 ff.; Grosche/Höft, NJW 2009, 2416 ff.; Herresthal, JuS 2014, 289 ff.; Herrmann/Michl, JuS 2009, 1065, 1068 ff.; Hofmann, ZIP 2006, 2113 ff.; Michael/Payandeh, NJW 2015, 2392 ff.; Pfeiffer, NJW 2009, 412 ff.。

[40]　BVerfGE 75, 223, 237.

义务,比如来自国家间条约的义务,仅具有普通联邦法的地位,因此可以在体系解释的范围内考虑它们(→边码 128)。[41]

三、修正和补充

(一)目的性限缩

142   正如上文提到的案例(→边码 134、136)[42]所体现的,即使法律的文义包括某些情况,但根据法规的意义和目的来看,在实际适用中包括这些情况可能并不合适。然而,立法者并没有考虑到这些情况,因此也没有提供相应的例外规定。[43] 在这种情况下,根据规定的目的来看,文义表达过于广泛。然而,规范目的的关键作用允许其通过目的性的,即以规范目的为导向的限缩,将规范的适用范围限制在必要的限度,并且不适用于不必要的情况。这样就满足了宪法(《基本法》第 3 条第 1 款)中确立的不同待遇原则,即对不同的情况采取不同的处理方式。这种目的性限缩(Teleologische Reduktion)与限制性解释(→边码 135)不同:在限制性解释中,规范的文义被严格缩小解释,以至于根据字面意义,规范已经不适用于待决的事实。而在目的性限缩中,进行了限制性解释后规范的文义仍然包括待决的事实,需要根据法律的意义和目的对规范的适用范围进行限制。因此,目的性限缩并不是解释,而是对文义的修正。当然,只有在不违背立法者意图的情况下才允许进行这种修正,也就是说,立法者没有刻意将规范适用范围扩大到与其真正的规范目的相悖的程度。[44] 因此,必须通过历史解释来确定立法者是否考虑了待决(需要法定例外的)

---

[41] 参见,根据《Trips 协议》(德国联邦法律公报 1994 年第 II 册 1730 号)国家有责任确保实施有效的措施以保障对侵犯版权行为的证据的采集和保全,Bork, NJW 1997, 1665 ff.。

[42] 其他案例,参见 Larenz/Canaris (Rdnr. 108), 211 ff.。

[43] 因此,我们也可以称之为"隐性法律空白";法律在某种程度上是有缺陷的,因为它缺少了一个例外规定。参见 Larenz/Canaris (Rdnr. 108), 210。

[44] 参见 BVerfG NJW 2012, 669 Rdnr. 57。

事实。

(二) 类推

类推(Analogie)适用的情况刚好与此相反。当解释导致结果是,法规在文义上不适用于待决的事实,但根据其意义和目的实际上应该适用时,就进入了类推的**适用范围**(Anwendungsbereich)。这种情况下,法规的字面意义并非太宽泛,而是太狭窄,因此必须相应地应用类推的方法。这也被称为"制定法内的法律续造(gesetzesimmanente Rechtsfortbildung)"。类推与扩张解释(→边码135)有所区别:扩张解释下的规范仍然适用于待决的事实,因此可以直接应用该规范。然而,在类推中,即使在进一步解释的情况下,待决事实也未被规范的文义所涵盖。解释已经达到了文义的最大限度(→边码126),因此只能相应地类推适用,而不能直接适用。当然,类推并不是没有前提条件的。类推适用一个规则,意味着法律适用者要充当"替代立法者"的角色。这需要特殊的合法性审查,尤其不能与实际上具有管辖权的立法者意图相冲突。因此,只有符合以下情况才允许进行类推:

首先,类推需要法律存在一个**计划外的漏洞**(planwidrige Lücke)。[45] 这意味着解释必须得出这样的结论,即对于待决事实根本没有可以适用的规范。此时,解释比类推本身更为重要。其次,通过这种方法确定的法律漏洞必须是由立法者的疏忽造成的。法律中的漏洞可以分为两种情况:第一种情况是,立法者没有意识到,并因此与其规范的计划相反,而没有进行规定[原生的漏洞(primäre Lücke)],第二种情况是,立法者当时无法预见这个漏洞的存在,因为它是随着事态的发展而后来出现的[次生的漏洞(sekundäre Lücke)]。如果立法者已经对待审查的情况进行了考虑,并明确决定该规范不适用于该情况,那么我们不能通过类推的方式忽视这一决定(→边码132)。在权力分立的国家中,必须尊重立法者,接受

143

144

---

[45] 对于类推的前提,参见 BGHZ 149, 165, 174; BGH ZIP 2010, 791 Rdnr. 10; 2010, 739 Rdnr. 32; NJW 2007, 992 Rdnr. 14 ff.; 更深入的论述,参见 Würdinger, AcP 206 (2006), 946 ff.; ders., JuS 2008, 949 ff.。

这一决定,不能通过类推来适用。[46] 立法者是否做出了这种不进行规定的决定,可以通过历史解释来澄清。在这个过程中,也可能发现虽然存在有意的漏洞,但这个漏洞可以通过类推的方式填补,因为立法者希望司法者和学界来填补这个漏洞。

145 如果存在一个计划外的法律漏洞,接下来需要考虑的是,是否应当根据**法规目标和利益状况**(Normzweck und Interessenlage)的考虑而从以下方面入手,该原则要求将类似情况进行平等对待。因此,需要检查已经规定的情况与未规定的情况的利益状况是否相似,并且该规范的目的是否要求将其适用于未规定的情况:在这里,需要区分两种类推。在法条类推(Gesetzesanalogie)(个别类推)中,会对一个单独的规范进行评估,看其根据意义和目的是否可以类推适用于当前的情况;在法律类推(Rechtsanalogie)(整体类推)中,则将以大量规范为基础的法理念应用于正在讨论的情况。

范例[47]:

146 S 拥有访问 V 的计算机系统的权限。在 V 不知情的情况下,他使用与 V 协议约定的密码,在邮购商 D 处下订单。S 并未透露他是代表 V 进行订购,而是通过"他人名义"行事。然而,从 D 的角度来看,合同相对人应为 V,因为 D 认为是 V 下的订单,并且 D 只接受那些经过信用评估(D 在之前已经实施的!)并被授权使用电子订购系统的人的订单。[48] 但只有当 S 具备代理权时,V 才会受到约束。如果缺乏代理权,V 与 D 之间就并未达成合同。对于 D 来说,问题在于他是否可以追究 S 的责任。无法直接适用规范无权代理责任的第 179 条第 1 款,因为 S 并未公开表示自己是 V 的代理人,他只是以"他人名义",而非自己的名义行事。立法者忽略了这种情况。因此,可以类推适用第 179 条第 1 款,因为利益相关且第 179 条第 1 款

---

[46] 在特殊情况下,可以考虑进行"超越法律的法律续造"(参见边码149)。
[47] 边码 127 中的例子已经有所涉及。
[48] 参见,也参考下文,边码 1411。

的规范目的要求将其扩展到这种未加以规定的情况(→边码1620)。

G公司以特许经营的方式销售品牌服装。为此,他与独立的企业主签订框架协议,允许这些企业主以自己的名义在自己的商店销售服装,但产品范围、定价和营销活动由G规定。特许经营者从集中采购和结算系统以及集中广告活动中受益。其中一位特许经营者N对G的服务表示不满。双方发生激烈争执,甚至通过媒体进行了公开交锋。最终,G无正当理由地立即解除了与N的特许经营合同。双方之前订立的合同中并未包含相应的解除条款,法律也没有直接的相关规定,因为特许经营合同属于混合类型的合同,由多个在法律中没有明确规定的要素组成。然而,法律针对不同的持续性债务关系作出了规定,允许在合同继续履行已经不可接受的情况下基于重大原因立即解除(例如,第543条第1款第1句、第626条第1款、第723条第1款第2句)。通过法律类推的方式可以得出,持续性债务关系总是可以由于重大原因立即解除,特许经营合同也当然适用这一规则。[49] 自2002年以来,第314条已经确认了这一结果。

147

(三) 超越法律的法律续造

前文表明历史上立法者的意图可以起到决定性作用。如果法律中不仅包含了对规范范围的非约束性理念,而且还包含有关应该覆盖哪些情况和不应该覆盖哪些情况的明确判断,那么应当予以尊重。根据**权力分立**(Gewaltenteilung)原则和由此产生的法官应受法律和法规约束的原则(《基本法》第20条第3款),他们既不能通过法律解释(→边码130以下),也不能通过合宪性解释(→边码138),更不能通过制定法内的法律续造(目的性限缩或类推;→边码142、144)来进行修正。否则,将构成非法的法律续造。[50]

148

---

[49] BGHZ 133, 316, 320; BGH NJW 1999, 1177, 1178.
[50] 类似观点,参见 BVerfG NJW 2012, 669 Rdnr. 44 ff.; 56 f.; Bruns, JZ 2014, 162 ff.。

149　　　根据这个原则,只有在非常严格的条件下才能允许**例外情况**(Ausnahmen)。只有当历史立法者的决定是基于今天已经过时的假设,使得法院基于以前的规范理解只能得出极度不公正的结果时,才能考虑通过法官(司法机关)的判决来修正立法者(立法机关)的意图。在这种情况下,超越法律的法律续造(Gesetzesübersteigende Rechtsfortbildung)至少必须出于强制性的法律原因,而不仅是出于实用性的法政策考虑,因为法官没有权力以他自己的法律政策观点代替立法者的法律政策观点。

150　　　一个合理的超越法律的法律续造的例子已经在另一个背景下被讨论过(→边码13),即侵害人格权的案件中的精神损害赔偿请求。在侵犯人格权方面,根据第253条的字面解释和历史上立法者明确的规范意图,精神损害赔偿通常是不被允许的。然而,规范环境已经发生了彻底改变,并且现在人格权已经在宪法中得到承认。如果仍支持这种排除精神损害赔偿的观点,人格权的价值将会受到无法忍受的蔑视。因此,联邦最高法院通过超越法律的法律续造承认了这种精神损害赔偿。[51]

---

[51] 这种观点的支持者包括Canaris(Larenz/Canaris [Rdnr. 108], 249 f.)以及Larenz (Rdnr. 108), 425 f.; 反对观点,参见Flume (Rdnr. 108), K 1 ff.。

第二部分

权利主体

151　　法律条款是针对权利主体的,它们为这些相对人规定了权利和义务。因此,权利主体被定义为法律秩序承认的**权利和义务的承担者**(Träger von Rechten und Pflichten)。然而,《民法典》并没有使用这个通用概念,而是在总则部分第一章的标题中将民事权利和义务的承担者称为"人(Personen)"。这并不意味着有实质上的差别。在民法中,对于谁可以成为权利和义务的承担者并没有明确的定义。相反,从第一章的划分中可以看出,《民法典》承认了两种类型的权利主体。在这里,自然人指的是人类,法人指的是在法律上独立于其成员或创始人的组织,比如(注册)社团、股份公司(AktG)或有限责任公司(GmbH)。

第四章　自然人

> **文献**
>
> Deynet, Die Rechtsstellung des Nasciturus und der noch nicht erzeugten Person im deutschen, französischen, englischen und schottischen Recht, 1960; Fabricius, Relativität der Rechtsfähigkeit, 1963; Geilen, Das Leben des Menschen in den Grenzen des Rechts, FamRZ 1968, 121; Hähnchen, Der werdende Mensch-Die Stellung des Nasciturus im Recht, Jura 2008, 161; Hattenhauer, „Person"-Zur Geschichte eines Begriffes, JuS 1982, 405; Hölder, Natürliche und juristische Personen, 1905; Husserl, Rechtssubjekt und Rechtsperson, AcP 127 (1927), 129; Jaerbeck, Beginn und Ende des Lebens als Rechtsbegriff, 1974; Kahl, Die Rechte der Toten, 1991; Klinge, Todesbegriff, Totenschutz und Verfassung, 1996; Medicus, Zivilrecht und werdendes Leben, 1985; Roller, Die Rechtsfähigkeit des Nasciturus, 2013; Saerbeck, Beginn und Ende des Lebens als Rechtsbegriffe, 1974; Schmidt-Jortzig, Wann ist der Mensch tot?, 1999; Schönfeld, Rechtsperson und Rechtsgut im Lichte des Reichsgerichts, RG-FS Bd. Ⅱ, 191; Schwerdtner, Beginn und Ende des Lebens unter zivilrechtlichen Gesichtspunkten, Jura 1987, 440; H. Westermann, Person und Persönlichkeit als Wert im Zivilrecht, 1957; E. Wolf/Naujoks, Anfang und Ende der Rechtsfähigkeit des Menschen, 1955.

152

一、权利能力

《民法典》关于自然人的部分只包含相对较少的一般规定。第1条规定了权利能力(Rechtsfähigkeit)的开始(→边码156),第2条规定了成

153

年制度[1](→边码161)。这两条规定都是碎片化的。第1条并没有规定权利能力的概念(→边码154),也没有提及其终止(→边码160)。第2条没有明确说明成年的概念用于何处;该规定主要与第104条及后续条款相互关联(→边码161)。第7条至第11条涉及住所(→边码162),第12条涉及姓名(→边码173)。曾在第13条至第20条中规定的宣告失踪已经被专门的法律所取代,即《宣告失踪法》。[2] 现在,第13条和第14条规定了"消费者"和"企业主"的概念(→边码167)。根据《民法典》的结构,我们先从权利能力的概念说起。

(一)概念

154 权利能力是指**权利主体拥有作为权利和义务的承担者的资格**(Fähigkeit der Rechtssubjekte, Träger von Rechten und Pflichten zu sein)[3],这也可以间接地从第14条第2款中得出(→边码170)。只有具备权利能力的人才能获取权利和义务,因此,权利能力是构成权利主体(→边码151)的基本属性。没有不具备权利能力的权利主体。因为没有权利能力,就不能成为权利和义务的承担者,也不能成为权利主体。人的权利能力,即自然人的权利能力,是毫无争议的。法律是为了人类社会的秩序而制定的(→边码3),因此,人是法律规范的真正受众,也是被赋予权利和义务的对象。同时,承认每个人的权利能力是由人的尊严推导出来的宪法要求。人是权利的主体,而不是权利的客体。无论年龄、智力、血统、种族、语言、国籍和出生地、信仰、宗教和政治观点以及身体和心理健康状况如何,都适用这个原则(《基本法》第3条第3款)。权利能力是

---

[1] 在1974年之前,第3条至第5条规定了提前宣布成年的程序。由于现在成年年龄不再是21岁而是18岁,因此就不再需要通过法院判决提前到达成年,尤其是因为通过第112条和第113条可以实现未成年人的部分行为能力(→边码1037以下)。第6条同样适用于1974年以前关于禁治产(Entmündigung)的规定,现在已经通过监护制度替代(第1896条以下;→边码992以下)。

[2] Vom 4.7.1939; 新的立法参见 vom 15.1.1951; BGBl. I, 63。

[3] 参见 Lehmann, AcP 207 (2007), 225 ff.; Lorenz, JuS 2010, 11 ff.; Petersen, Jura 2009, 669 ff.。

人性的一部分,因此,它既不可被剥夺也不可放弃。[4] 问题仅仅是自然人的权利能力从何时开始(→边码156)和结束(→边码160)。

权利能力需要与权利主体的**其他法律特性**(anderen rechtlichen Eigenschaften),尤其是行为能力(Geschäftsfähigkeit)进行区分。[5] 行为能力是权利主体有效地实施法律行为的资格(→边码967),即通过法律行为设立、行使或履行权利和义务。这涉及法律上行为的能力(rechtliche Handlungsfähigkeit),并严格区别于权利能力。[6] 例如,刚出生的婴儿就拥有对自己父母请求抚养的权利,即使他/她无法亲自行使这些权利(而仅能由法定代理人行使),因为婴儿具有权利能力但没有行为能力。类似的概念也存在于民事诉讼法中(→边码976)。此外,当事人能力(Parteifähigkeit)指的是作为诉讼的当事人,即拥有诉讼权利和义务的能力,而参与诉讼程序的能力则被称为诉讼能力(Prozessfähigkeit)。民事诉讼法原则上将当事人能力与权利能力相关联(《民事诉讼法》第50条第1款),将诉讼能力与行为能力相关联(《民事诉讼法》第52条第1款)。因此,儿童可以作为当事人自己提起抚养权诉讼,但由于他们缺乏行为能力和诉讼能力,必须由父母代为行使。

155

(二) 开始

根据第1条的规定,人的权利能力从**出生完成时**(Vollendung der Geburt)开始。这是指婴儿完全离开母体的时刻,无须已经脱离脐带。婴儿必须至少存活了一段时间,即使在出生后不久就去世也可以。只要可以确认婴儿存在稳定的生命特征,例如,在离开母体后心脏跳动、脐带搏动或进行自然呼吸等情况下,就可以认为婴儿已经存活。[7]

156

---

[4] 例子:即使一位修士发誓放弃所有世俗利益,他也不会失去权利能力。
[5] 对此相近的观点,参见边码971以下。
[6] 因此,所有基于法律主体的行动能力对权利能力进行的定义都应该被拒绝。参见 Fabricius (Rdnr. 152), 44; Hölder (Rdnr. 152), 123 ff.; MünchKomm-Schmitt[6] § 1 Rdnr. 7. 相反观点,参见 Medicus[10], Rdnr. 1040; Wolf/Neuner[10], § 11 Rdnr. 1.
[7] 参见 Palandt-Ellenberger[74] § 1 Rdnr. 2.

157　　　尽管法律秩序通常只赋予具备权利主体资格的已出生个体相应的权利和义务,但也存在保护未出生生命(ungeborenes Leben)的例外情况。已经形成但尚未出生的胎儿(nasciturus)受到特殊的宪法保护。[8] 这也在民事法律方面产生影响:根据《民法典》第331条第2款,可以通过利益第三人合同(Vertrag zugunsten Dritter)使胎儿受益;根据《民法典》第823条第1款,出生前受到的伤害可以获得损害赔偿;根据《民法典》第844条第2款第2句,在未来负有抚养义务的人被杀害时,胎儿也享有权利。父亲可以在孩子出生前承认父子关系(《民法典》第1594条第4款)。此外,根据《家事与非诉事件程序法》第247条第1款,孩子对父亲的抚养请求从出生时就可以通过临时令获得保障。最后,根据《民法典》第1923条第2款,胎儿可以成为继承人。由此可以推断,未出生的生命在部分情况下已经具备**部分权利能力**(partiell rechtsfähig)。[9] 尚未受孕的生命(nondum conceptus)同样受到民事法律保护,例如《民法典》第2101条第1款第1句、第2106条第2款、第2162条第2款、第2178条等。[10] 然而,这种分类通常没有特殊的影响,因为所有这些权利都要求孩子实际上是活着的。在此之前没有权利产生,因此仅凭此理由,胎儿不能成为权利主体。但在继承法上有一个例外。根据《民法典》第1923条第2款,孩子的出生被假设为已经发生,并基于此产生《民法典》第1条的法律效果。因此,未出生的孩子在出生前就已经成为权利主体,并且可以在诉讼中由父母或监护人代理(《民法典》第1912条)捍卫其继承权。如果需要保护未来的权利,部分权利能力也可以包括作为诉讼当事人的能力[11]发挥作用:此

---

〔8〕 BVerfGE 88, 203, 251.

〔9〕 参见 BVerwG MDR 1962, 674; OLG Schleswig NJW 2000, 1271, 1272; Fabricius, FamRZ 1963, 403, 407; Hähnchen, Jura 2008, 161, 162; MünchKomm-Schmitt[6] § 1 Rdnr. 29 ff.; Palandt-Ellenberger[74] § 1 Rdnr. 7; Soergel-Fahse[13] § 1 Rdnr. 16; Staudinger-Kannowski[2013] § 1 Rdnr. 15; Wolf/Neuner[10], § 11 Rdnr. 11 ff.-A. M. BSG NJW 1963, 1078, 1079; Brox/Walker[38], Rdnr. 706 (anders nur für § 1923 Abs. 2); Köhler[38], § 20 Rdnr. 3; 没有明确结论,参见 Erman-Saenger[14] § 1 Rdnr. 2——不同意见,参见 Roller (Rdnr. 152), 145 ff., 202 ff.; 在财产保护方面,根据出生而有条件地具备权利能力;而在完整性保护方面,是无条件地具备权利能力。

〔10〕 参见 RGZ 65, 277, 279 ff.; MünchKomm-Schmitt[6] § 1 Rdnr. 42 ff.。

〔11〕 参见 Mittenzwei, AcP 187 (1987), 247, 274; Stein/Jonas-Jacoby, ZPO[23], § 50 Rdnr. 5。

时,未出生的孩子可以受到法律保护,并由父母或监护人代理(《民法典》第1912条)作为当事人行使权利。

范例

F女士住院期间,因接受了一批未经处理的血液输注而感染了梅毒(Lues)。出院后,她发现在被感染之前就怀上了孩子K。同样被感染的孩子K有权要求医疗机构承担赔偿责任。如果孩子已经出生并存活,同时具有权利主体资格,那么他可以作为损害赔偿的受益人,并通过父母代理参与诉讼程序。在这种情况下,健康损害发生在胎儿时期,但在出生后才显现出来,由此产生的预期损害赔偿权利随着孩子的出生而形成,并在出生后可以由孩子自己主张。[12]

158

孕妇F向家事法院申请了一项临时命令,要求未出生的孩子的生物学父亲M从孩子出生后开始每月支付200欧元的抚养费。根据《家事与非诉事件程序法》第247条第1款的规定,这样的申请是合法的。在这种情况下,申请人是尚未出生的孩子的代理人,即母亲(或监护人),孩子在出生后即成为诉讼的当事人。

159

(三) 终止

法律没有明确规定权利主体资格终止的情况。然而,根据第1922条第1款可间接推知,权利主体资格在人**死亡时**(mit dem Tode)终止,且将死亡时间设定为整个脑功能永久性衰竭(脑死亡)时。[13] 已经死亡的权利主体不能再成为权利和义务的承担者。因此,法律规定,在死亡时,包括所有资产和负债在内的死者全部财产都被转移给继承人(根据第1922条、第1967条),即让这些财产获得一个新的权利主体。没有其他终止权利主体资格的情况。特别是,死亡宣告(根据《宣告失踪法》第9条第1款

160

---

[12] BGHZ 8, 243, 245 ff.; vgl. auch BGHZ 161, 255, 262; 93, 351, 354 ff.; 58, 48, 49.
[13] 参见 BayObLGZ 1999, 1, 5; OLG Frankfurt NJW 1997, 3099, 3100; OLG Köln FamRZ 1992, 860, 862。

仅仅构成对死亡的推定)、指定监护(根据第 1903 条第 1 款,对于监护人有关同意保留的情况,只和被监护人的行为能力有关)或者开启破产程序(根据《支付不能法》第 80 条第 1 款仅影响处置权)并不导致失去权利主体资格。

二、成年

161　　根据第 2 条的规定,年满 18 岁即为成年(Volljährigkeit)。根据第 187 条第 2 款第 2 句,从 18 岁生日当天的 0 时开始即为成年。成年的法律效果在法律中有不同规定。成年意味着个人具备完全行为能力(根据第 104 条第 1 款、第 106 条)[14]、具备民事侵权责任能力(根据第 828 条)、可以结婚(根据第 1303 条第 1 款)、可以立遗嘱(根据第 2247 条第 4 款、第 2229 条第 1 款),并且具备诉讼能力(根据《民事诉讼法》第 52 条第 1 款)。此外,父母的监护权终止(根据第 1626 条第 1 款第 1 句),可能存在的监护人及其辅助人权利也会终止(根据第 1882 条和《社会法典(八)》第 30 条)。成年后的个人可以被任命为监护人(根据第 1781 条第 1 项)或遗嘱执行人(根据第 2201 条)。一些公法权利也与民法中的成年概念相关联,例如《基本法》第 38 条第 2 款第 2 句规定的被选举权。

三、住所

162　　第 7 条以下包含了关于个人住所(Wohnsitz)的规定。这些规定的**重要性**(Relevanz)主要体现在各个具体条款中。例如,根据第 132 条第 2 款第 2 句,意思表示接受人住所地的法院负责意思表示的公开送达。根据第 269 条第 1 款,在有争议的情况下,债务人的住所地被视为履行地;钱款应由债务人送至债权人的住所(第 270 条第 1 款)。根据第 773 条第 1 款

---

[14] 根据第 1600b 条第 3 款的特殊规定,成年的子女可以撤销其在未成年时只能由法定代理人撤销的父权。

第 2 句的规定,如果债务人住所变更导致主债务人追索权利的实现受到重大阻碍,则担保人无法提出先诉抗辩。在诉讼程序中,住所主要影响民事诉讼中的法院管辖权(《民事诉讼法》第 13 条)、自愿司法管辖权(《家事与非诉事件程序法》第 343 条第 1 款)和破产权利(《支付不能法》第 3 条第 1 款第 1 句)。

住所这一**概念**(Begriff)在法律中没有明确定义。然而,根据第 7 条第 1 款的规定,住所是一个人整体生活关系的空间中心。[15] 对于住所而言,其关注的是地方自治法意义上的社区(Gemeinde),而不是街道或者居住的房屋。因此,一个人的住所是指他/她持续定居(Niederlassung);并在那里建立了自己生活重心的社区或城市。持续定居包括居住(Unterkunft)和持久性(Dauerhaftigkeit)两方面。住所可以是酒店房间、带家具的房间、船只[16]或福利机构等,这个人必须长期定居在那里,不能只是暂时停留。如果一个人只是在一段有限的时间内定居,并且在定居时就打算在可预见的未来(可能是数年后)改变这种状态,那么就不符合持续定居的标准。[17] 因此,住所和居住地(Aufenthaltsort)不是同一概念[18],它们是通过持久性标准来区分的。

163

范例

F 女士与丈夫 M 和 6 岁的女儿 T 居住在吕贝克市。在一次与喝醉酒的 M 发生暴力争执之后,F 离开了住所,并搬到了汉堡市的一个妇女之家。M 在汉堡市法院对 T 提起了一项要求归还礼物的诉讼。根据《民事诉讼法》第 12 条和第 13 条,只有当 T 在法院所在地定居时,汉堡市法院才有管辖权。作为一名无行为能力人,根据《民事诉

164

---

[15] BGH LM Nr. 3 zu § 7 BGB.
[16] LG Hamburg NJW-RR 1995, 183, 184.
[17] 对于学生而言,通常不存在定居的问题,参见 BVerfG NJW 1990, 2193, 2194。对于流浪者而言,他们既没有居住地也并未长期定居,因此他们是没有住所的,参见 BayObLGZ 1964, 109, 111。
[18] 这一点在有关司法管辖权的问题上体现得尤为明显。参见《民法典》第 132 条第 2 款第 2 句以下,《民事诉讼法》第 16 条。

讼法》第11条第1款第1句的规定,T的住所归属于父母(→边码166)。尽管F目前居住在汉堡的妇女之家,但我们基本上可以假设她只是暂时而非长期在那里居住。因此,具有管辖权的不是汉堡市法院,而仍然是吕贝克市法院。[19]

165　　住所的建立和废止取决于当事人的**意思**(Willen)。[20] 这一点在第7条第3款针对住所废止的问题中明确提到,对于建立住所也是没有争议的。只有当某人把某个地方作为其生活中心(实际要素)并且有意这样做(意愿要素)时,才会建立住所。[21] 是否存在这种居住意愿需要通过解释来确定。住所的建立不是一项法律行为,因为其法律效果是根据法律规定产生的,而不仅仅是因为当事人有意为之,所以它是一种准法律行为,[22] 适用准法律行为的相关规定(→边码412以下)。这里同样也可适用第133条。因此,居住意思可以通过解释来确定,无须明确表示,这就意味着可以从环境中推断出来。[23] 只要客观观察者可以得知相应的意思就可以了。

166　　对于**未成年人**(Minderjährige),即使对住所的决定可以被视为准法律行为(→边码165),也不能类推适用《民法典》第104条以下,因为《民法典》第8条和第11条包含特殊规定。根据第11条,未成年人应当与其监护人共享住所。如果父亲和母亲有不同的住所,那么孩子将拥有两个合法住所。[24] 此外,作为替代,未成年人可以确定一个自愿选择的住所,方式可以是由监护人作为未成年人的代理人来决定(第11条第3句以及第

---

[19] BGH NJW 1995, 1224 f.; OLG Hamm NJW-RR 1997, 1165; OLG Karlsruhe NJW-RR 2009, 1598, 1599; OLG Nürnberg NJW-RR 1997, 1025; 1997, 514.

[20] 第9条第1款对于长期服役军人或定期服役军人的法定住所有不同规定。然而,根据第7条第2款,一个人可以拥有多个住所,因此也可以在法定住所之外建立自选住所。BVerwG MDR 1960, 1041 (L).

[21] 参见 BGH NJW-RR 1996, 1217。

[22] BGHZ 7, 104, 109; Erman-Saenger[14] § 7 Rdnr. 4; MünchKomm-Schmitt[6] § 7 Rdnr. 18; Soergel-Fahse[13] § 7 Rdnr. 7; Wolf/Neuner[10] § 14 Rdnr. 6.-A. M. Flume[4], § 9, 2 a cc.

[23] BGHZ 7, 104, 109 f.; BGH NJW 1988, 713.

[24] BGH NJW 1995, 1224.

1629条第1款第1句)或者在法定代理人的同意下由孩子自己来决定(第8条第1款)。

四、消费者和企业主

《民法典》第13条和第14条定义了"消费者"和"企业主"的概念。[25] 其基础(Grundlage)在于欧盟关于远距离交易中消费者保护的指令[26],其内容通过《远距离销售法》(Fernabsatzgesetz)[27] 被纳入《民法典》。这些规定主要在消费者保护法中使用(参见第241a条、第310条、第312条以下、第355条以下、第474条以下、第491条以下、第655a条以下、第661a条)。[28] 然而,立法者将这些规定"置于括号之前",并将它们列入民法总则。在此,它们被置于第一章,这当然在体系上是不正确的,因为它们不仅适用于自然人,还适用于法人和被承认有权利能力的合伙企业。根据法条字面意义上的规定,第14条对企业主的定义已经包括了法人。如果认为第13条并没有将消费者的概念限制为自然人,那么其也可以包括法人。[29]

167

这些规定的意义(Bedeutung)需要联系与消费者保护相关的其他私法规范才能理解。《民法典》第13条以下的规范中并没有规定任何法律效果。不过,符合"消费者"或"企业主"定义的对象仍然受《民法典》一般规则的约束,除非特定规范(→边码167)将此相关内容与特殊的法律效果联系起来。[30]

168

---

[25] 相似的观点,参见 Armbrüster, ZIP 2006, 406 ff.; Bülow, WM 2014, 1 ff.; 2011, 1349 ff.; 2006, 1513 ff.; Herresthal, JZ 2006, 695; Hoffmann, WM 2006, 560 ff.; Mohr, AcP 204 (2004), 660 ff.; Reichardt, Der Verbraucher und seine variable Rolle im Wirtschaftsverkehr, 2008; Riesenhuber/v. Vogel, Jura 2006, 81; K. Schmidt, JuS 2006, 1 ff.; ders., BB 2005, 837 ff.; Ultsch, Der einheitliche Verbraucherbegriff, 2006。

[26] Richtlinie 97/7/EG vom 20.5.1997; ABlEG Nr. L 144 vom 4.6.1997 = NJW 1998, 212。

[27] Vom 27.6.2000; BGBl. 2000 I, 897, 899。

[28] 详见第十四部分。

[29] 有关批评参见 Flume, ZIP 2000, 1427 f.。

[30] Bülow/Artz, NJW 2000, 2049, 2051。

169　　根据第 13 条的法律定义，**消费者**（Verbraucher）是实施法律行为的自然人，其行为的主要目的既不是一种商业活动，也不属于其独立业务活动。这个定义之所以被广泛认为是失误，是因为照此来说私人出卖人、赠与人或出租人也会被归类为消费者，这可能并不是原本的意图。[31] 然而，立法者的这种错误并不重要，因为与消费者相关的规范通常将消费者与企业主对立起来，所以从整体上看，关键在于权力不平衡以及其典型的对合同平等的妨碍。重要的是，企业主面对的是自然人。[32] 在这种情况下，当然会预设自然人一方需要保护。[33] 只有当自然人拥有商业企业或从事独立业务，并且该法律行为是为该商业企业或独立业务活动而实施的时，情况才会有所不同。因为在这种情况下，自然人自己就是企业主（→边码 170），因此不需要像消费者那样受到保护。然而，如果企业主进行私人交易，即所从事的法律行为与其企业或自主业务活动无关，则他与以工人或职员的身份从事工作获得报酬，或者目前失业没有收入的自然人一样，享有消费者的权利。

170　　根据第 14 条第 1 款的规定，**企业主**（Unternehmer）是指在其从事商业或自主业务活动的过程中签订合同的自然人、法人或有权利能力的合伙企业。[34] 因此，企业主的概念再次与法律行为紧密相关。该条款的规定对象是自然人和法人，还包括根据第 14 条第 2 款具有权利能力的合伙企业。[35] 这些人员必须是企业所有者（Unternehmensträger），即拥有工商企业或自主开展业务活动。企业处于创立阶段时，第 14 条的规定就已经得

---

〔31〕　相关内容，参见 Flume, ZIP 2000, 1427, 1428。

〔32〕　联邦最高法院（BGH）也将民事法人作为消费者来对待，即使他们不从事商业活动（BGHZ 149, 80, 82 ff.）。如果一个物业业主团体至少有一个成员是消费者，并且它进行的交易并非为了商业或自主业务目的（BGH ZIP 2015, 979 Rdnr. 23 ff.），法院也会将其视为消费者。然而，这与第 13 条、第 14 条的明确措辞并不相符合。参见 Krebs, DB 2002, 517 ff.; Mülbert, WM 2004, 905 ff.。

〔33〕　BGH NJW 2009, 3780 Rdnr. 10 f.

〔34〕　关于业务活动的概念，参见 BGHZ 167, 40 Rdnr. 14 ff.。

〔35〕　根据第 14 条第 2 款的规定，有权利能力的合伙的定义是它们具有获取权利和承担债务的资格。根据权利能力的定义（→边码 154），这仅仅表达了具有权利能力的合伙具有权利能力的意思（参见 Flume, ZIP 2000, 1427, 1428; Hensen, ZIP 2000, 1151）。与此相关的规范，比如《商法典》第 124 条第 1 款（→边码 195）。

到满足。[36] 然而,仅负责经营企业而没有成为企业所有者的人不足以被视为企业主,比如有限责任公司的董事长。[37] 最后,该法律行为必须是为了商业经营或自主开展业务活动而实施的。[38] 如果这些条件得到满足,该主体将被视为企业主,并可以适用第 14 条及相关条款的规定。

五、人格保护

J. Baur, Zum Namensschutz im deutschen und internationalen Privatrecht unter besonderer Berücksichtigung des Handelsnamens, AcP 167 (1967), 535; Brandner, Das allgemeine Persönlichkeitsrecht in der Entwicklung durch die Rechtsprechung, JZ 1983, 689; v. Buch, Name, Ehename und Kennzeichen, JZ 1974, 445; v. Caemmerer, Der privatrechtliche Persönlichkeitsschutz nach deutschem Recht, FS F. v. Hippel, 1967, 27; Degenhart, Das allgemeine Persönlichkeitsrecht, Art. 2 I mit Art. 1 I GG, JuS 1992, 361; Diederichsen, Der deliktsrechtliche Schutz des Persönlichkeitsrechts, Jura 2008, 1; Ehmann, Die Struktur des allgemeinen Persönlichkeitsrechts, JuS 1997, 193; Fabricius, Extensive Anwendung des § 12 BGB?, JR 1972, 15; Ficker, Das Recht des bürgerlichen Namens, 1950; Forkel, Zur Zulässigkeit beschränkter Übertragungen des Namensrechts, NJW 1993, 3181; J. Hager, Der Schutz der Ehre im Zivilrecht, AcP 196 (1996), 168; E. Helle, Der Schutz der persönlichen Ehre und des wirtschaftlichen Rufes im Privatrecht, 2. Aufl., 1969; J. Helle, Besondere Persönlichkeitsrechte im Privatrecht, 1991; Hoppe, Persönlichkeitsschutz durch Haftungsrecht, 2001; Hubmann, Das Persönlichkeitsrecht, 2. Aufl., 1967; Jarass, Das allgemeine Persönlichkeitsrecht im Grundgesetz, NJW 1989, 857; Klippel, Der zivilrechtliche Schutz des Namens, 1985; Knaak, Das Recht der Gleichnamigen, 1979; Köhler, Namensrecht und Firmenrecht, FS W. Fikentscher, 1998, 494; Krüger-Nieland, Anwendungsbereich und Rechtsnatur des Namensrechts, FS R. Fischer, 1979, 339; Loock, Das allgemeine

---

[36] BGHZ 162, 253, 256; BGH NJW 2008, 435 Rdnr. 6.
[37] BGHZ 170, 67 Rdnr. 13; 165, 43, 47; BGH NJW-RR 2007, 1673 Rdnr. 16 ff. (这也适用于一人有限责任公司的股东兼经理)。
[38] 对此,参见 EuGH ZIP 2015, 1882 Rdnr. 14 ff.; BGHZ 179, 126 Rdnr. 14。

> Persönlichkeitsrecht der öffentlichen Person in den Medien, 2005; Nußbaum, Der persönliche Schutz gegen Namensmißbrauch, 1933; Raschauer, Namensrecht, 1978; Schlachter, Der Schutz der Persönlichkeit nach bürgerlichem Recht, JA 1990, 33; Schlechtriem, Inhalt und systematischer Standort des allgemeinen Persönlichkeitsrechts, DRiZ 1975, 65; Schmieder, Name–Firma–Titel–Marke: Grundzüge des Rechts an der Bezeichnung, JuS 1995, 119; Schwerdtner, Das Persönlichkeitsrecht in der deutschen Zivilrechtsordnung, 1977; ders., Der zivilrechtliche Persönlichkeitsschutz, JuS 1978, 289.

172　　作为自然人(natürliche Person)的"人(Mensch)"位于法律秩序的中心。法律秩序就是为自然人构建的(→边码 3)。《基本法》第 2 条第 1 款承认了人格的自由发展权,并在第 2 条第 2 款第 1 句承认了生命权和身体完整权。同时,《基本法》在第 1 条第 1 款承认了人的尊严不可侵犯,并要求一切国家权力尊重和保护这种人格尊严。这些基本价值观也体现在民法中。维护人作为民事权利主体的人格是民法的任务之一。人的人格必须被确认为一种需要受到保护的法益,其不仅应免受国家,而且应免受任何第三方的侵害。人格的某些具体内容则有特别规定提供保护,如第 12 条(姓名权)、第 823 条第 1 款、第 253 条第 2 款(身体权、健康权、自由权、性自主权)以及《艺术著作权法》第 22 条以下(肖像权)等。此外,现在还一般承认了一般人格权(Allgemeines Persönlichkeitsrecht),它作为"其他权利"受到第 823 条第 1 款的保护(→边码 179)。

(一)姓名保护

173　　在民法总则中,人格权只涉及第 12 条。该条款保护每个人的姓名在未经授权的情况下免受侵害。人的名字用于对其自身的个人标识,并将事实和法律关系分配给特定的人。每个人都有权确保他的姓名不被其他人使用,而仅保留给他自己,以避免与其他人混淆,既不让他自己的事务归属于他人,也不让自己与他人的事务联系起来。[39] 因此,根据第 12 条

---

[39] 参见 BGH NJW 1959, 525。

的解释,任何个人特征标识都可以被视为**姓名**(Name)。最初,《民法典》中的姓名保护只适用于本名(bürgerliche Name),即和某个特定人相联系的名字和姓氏的组合。但今天,这一规范的适用范围更广泛:关键不在于姓名的定义,而在于姓名的功能。[40] 因此,私法和公法主体[41]的名称以及所有其他个体化标识如伪名[42]、绰号、公司名称和商号,以及口号、缩写[43]或标志的名称[44]等都受到保护。然而,对于商号(商人在商业活动中使用的名称,根据《商法典》第 17 条第 1 款)和商标(企业标识,根据《商标法》第 1 条、第 3 条、第 5 条),在专门规定的《商法典》第 37 条以下、《商标法》第 14 条中,有额外的特殊保护。

《民法典》为姓名权提供了**三重保护**(dreifachen Schutz)。根据第 12 条第 1 句,姓名持有人可以请求否认他人对该姓名的使用,并且消除所有侵害的影响。如果将来可能(再次)发生侵犯,则可以根据第 12 条第 2 句请求停止侵害、消除危险。这两项请求不需要侵权人具有过失。此外,如果姓名权被违法和故意地损害,还可以根据第 823 条第 1 款中的其他权利,提出损害赔偿请求。

174

(损害赔偿的)**前提**(Voraussetzung)是未经授权的对姓名权的侵害。如果有人否认本人使用姓名的权利,而该人又没有相应的权利[姓名否定(Namensleugnung)],或者他未经本人同意使用本人的姓名,即冒用本人的姓名[冒名(Namensanmaßung)],都可以确定地被认定为未经授权的对姓名权的侵害。此外,还包括通过使用类似的、容易混淆的姓名造成的一切侵害,即可能导致"混淆归属(Zuordnungsverwirrung)"[45]的侵害情况。

175

---

[40] BGHZ 34, 91, 94 f.
[41] BGH NJW 2006, 601 Rdnr. 9; 1994, 245, 246 und BVerfG NJW 1994, 2346 f.: Römisch-katholische Kirche.
[42] BGHZ 169, 193 Rdnr. 8: Klaus Kinski; 30, 7, 9: Caterina Valente.
[43] BGHZ 11, 214, 215 ff.
[44] BGHZ 126, 287, 291: Rotes Kreuz.
[45] BGHZ 161, 216, 220: Katholische Kirche; 119, 237, 245: Universitätsemblem.

范例

176　　M 和 F 离婚之后，F 继续使用婚姻姓氏（根据第 1355 条第 5 款第 1 句）。M 对此感到恼火，因此他就开始只使用 F 的出生姓名指代 F，无论是对 F 本人还是对第三方。这构成了一种对姓名的否认行为。根据第 12 条第 1 句，F 可以请求消除侵害，并根据第 12 条第 2 句请求未来的不作为。此外，根据第 823 条第 1 款，F 还可以请求赔偿所有财产损失。

177　　M 经营一家名为"Rolf Müller Backwaren"的面包店。在同一个地方，另一位名叫"Rolf Müller"的面包师傅也开了一家面包店，他的店名与 M 的店名完全相同。如果两个人有相同的名字和姓氏，那么其中没有人可以要求另一个人使用一个排除混淆的附加名称。事实上，在自己的名字与他人的名字完全相同的情况下，使用自己的本名是合法的。然而，在商业活动中情况就不同了。在这里，首先使用争议性标识的企业（"先前使用者"）可以要求另一方选择其他标识（例如"Backhaus Müller"）或在其商业标识中添加防止混淆的附加内容（根据《商法典》第 30 条第 2 款、《商标法》第 14 条第 2 款第 2 项）。[46] 因此，M 可以要求竞争对手停止侵害（例如通过移除店铺标志等）、未来不作为，并可以要求其赔偿损失。

178　　原告方是著名的流行歌手 Heino。被告在舞台上模仿原告。原告要求被告停止使用"Heino und die Toten Hosen"这个名称，并停止在其宣传中声称原告已加入摇滚乐队"The Toten Hosen"。原告的诉请得到了法院的支持：尽管名字（Vornamen）本身通常不受保护，但如果它们已经成为某个特定人物的"标识"，例如艺术家的名字，则情况就不同了。歌手 Heino 因此可以要求模仿者不再使用这个艺名。[47]

（二）保护一般人格权

179　　《民法典》第 12 条通过对姓名的保护来保护人格的一个具体方面。

---

[46] 参见 BGHZ 14, 155, 159: Farina; BGH NJW-RR 1993, 934, 935: Römer GmbH。

[47] OLG Düsseldorf NJW 1987, 1413 f.; 也可参见 BGH NJW 2008, 3782 Rdnr. 12: Ernst August (v. Hannover); 1983, 1184, 1185: Uwe (Seeler); ferner BGH NJW 2009, 1756 Rdnr. 12。

另一个方面由《艺术著作权法》第 22 条以下提供保护,只有在特定条件下才允许使用他人的形象(照片、绘画)。此外,相关的保护还涉及数据保护法中的个人数据人格权(《联邦数据保护法》第 1 条第 1 款)以及著作人格权(《著作权法》第 11 条以下)。然而,这些"特殊人格权"仅涵盖了个人人格的一部分。今天,无可争议的是,人的个体权利得到了超出法律实际规定范围的广泛保护。这是通过对**一般人格权**(Allgemeinenes Persönlichkeitsrecht/APR)[48]的承认来实现的,该权利被视为《民法典》第 823 条第 1 款中的"其他权利",并受到类似于《民法典》第 1004 条的预防性保护。因此,就像在第 12 条中一样,可以请求停止侵害、不作为和损害赔偿。[49] 一般人格权的任务是维护内在的个人私生活领域,并充分体现个人的尊严。它包括广泛的尊重和发展人格的权利,以及在处理和国家以及私法交易,尤其是在处理和媒体的关系时,对当事人人格的尊重。这里包括对侮辱[50]和诽谤[51]的防御,以及保护个人生活安宁[52]的权利。

一般人格权常常会与其他权利发生冲突,例如言论自由或新闻自由。只有通过**全面的法益和利益权衡**(umfassenden Güter-und Interessenabwägung)才能确定一般人格权是否(非法)受到侵害。[53] 为了对此进行梳理,司法界和学术界区分了三种不同的保护领域,其强度逐渐递减。[54] 这些保护领域包括私密领域、私人领域和公开领域。其中,私密领域享有最强的保

---

[48] 基本内容,参见 BGHZ 13, 334, 338: 在"读者来信(Leserbriefe)"栏目中,将纠正请求的部分内容进行摘录和发布是不被允许的。

[49] 主要是指非物质性的损害赔偿。

[50] 参见 BVerfGE 86, 1, 8 ff.: 使用词语"Krüppel(残废)"来描述一个坐轮椅的人是不被允许的。

[51] 参见 BGHZ 139, 95, 101 ff.: 有一个无法被证明的主张,即时任总理,后任联邦运输部长的 Manfred Stolpe 曾为民主德国地区的安全部门(史塔西)工作了 20 多年。尽管这个主张无法被证实,但由于公众的重大利益,例如对历史真相的追求和透明度的需求,这种声称在某些时候可能会被允许公开披露。在这种情况下,信息利益的重要性优先于保护当事人的权利。还可参见 BGHZ 176, 175 Rdnr. 16。

[52] 参见 BGHZ 106, 229, 232 ff.: 个人或企业有权要求不收到非法、骚扰性或未经请求的广告宣传资料的邮件。

[53] 一般人格权又被称为"框架性权利(Rahmenrecht)",因为这里只提供框架,留待保护范围的具体化。参见 Fikentscher, SchuldR[10], Rdnr. 1584; BGH NJW 1994, 124, 125。

[54] BGHZ 181, 328 Rdnr. 30。

护,公开领域享有最弱的保护。媒体的报道(即便内容准确[55])是否构成侵犯人格权,取决于报道内容涉及哪个领域。关于这个问题的详细内容属于侵权法,这里仅需说明如下内容:

181 **私密领域**(Intimsphäre)包括内心的思想和情感世界,以及与之相关的外在表现形式,例如机密信件或日记。它涵盖了所有由于其性质需要保密的事务,例如健康状况以及所有与性相关的事项。对私密领域的侵犯基本上是违法的。[56] 私密领域是个人最私人、最敏感的领域,可以要求绝对地免受公众的关注。因此,未经当事人同意,第三方不得擅自传播该领域的相关信息。

182 与私密领域不同,**私人领域**(Privatsphäre)并不受到绝对的保护。根据一般社会观念,私人领域是其他人只有在获得当事人自愿授权的情况下才能接触的领域。它主要涵盖了家庭和亲属圈子中的生活。是否可以报道来自该领域的内容,取决于公众对于公开是否存在合法的信息利益。对此,纯粹的好奇心显然不够。相反,在权衡各种权利之后,必须确定当事人维护其私人生活的利益是否应该被更重要的公众信息利益所取代。[57]

183 **公开领域**(Öffentlichkeitssphäre)是指那些人们有意向公众展示的行为领域。当某人公开行动以便于让其他人知道时,就涉及公开领域了。例如,当政治家发表演讲或运动员参加活动时,他们就处于公开领域。同样,某人接受记者采访时也是如此。在公开领域,新闻报道通常不会受到

---

[55] 通常,内容不准确的报道是不被允许的。然而,在特定条件下,所谓的怀疑报道(Verdachtsberichterstattung)是合法的。在这种情况下,媒体可以提出怀疑,即使后来证明这些相关的内容是错误的。参见 BVerfG NJW 2007, 2686, 2687; BGHZ 143, 199 = JZ 2000, 618 ff. (Kübler)。

[56] 参见 BGHZ 73, 120, 121 ff.:公开通过不法手段获得的 CDU 主席和秘书长之间的电话录音是非法的;BGH NJW 1988, 1984, 1985: 公开在一位秘书的办公室偷听到的夫妻之间有关性内容的电话录音是非法的。

[57] 参见 BVerfG NJW 2000, 1021: 非法公开摩洛哥公主卡洛琳(Caroline)和她家人的照片;BGHZ 178, 213: 对犯罪的演员进行报道是合法的;BGHZ 177, 119: 公开当时作为总理的 Heide Simonis 的照片是合法的;BGH NJW 1999, 2893: 报道汉诺威王子恩斯特·奥古斯特(Ernst August)因为婚外情导致婚姻破裂是合法的。

限制。[58] 那些自愿成为公众关注焦点的人，不应期望媒体不报道相关内容，因为他们在这方面没有受到保护的权益。

如何将某个具体事务准确地归入（Zuordnung）这三个领域中，并判断是否可以在该领域进行报道，并不存在一般性的标准。评估应当依据具体个案进行，并且非常依赖于当事人的具体情况。通常，要求公开报道任何人的离婚或酗酒问题是没有正当利益的，这些事情属于个人隐私范畴，基本上受到免予公开报道的保护。但是，如果要报道一位知名政治家或明星的离婚或酗酒问题，情况就不同了。尽管他们的个人隐私也会受到影响，但考虑到他们突出的地位，公众对信息的获取利益超过了对个人隐私的保护利益。

---

[58] 参见 BGHZ 45, 296, 306 ff.: 对于在 Gerd Bucerius 担任主编的报纸上的一篇名为《地狱燃烧的真的是火吗？》的文章，发表名为《等着 Bucerius 呢》的反对文章是合适的。

第五章 法人

> **文献**
>
> Ascheuer, Der Anteil des Gesamthänders am Gesamthandsvermögen, 1992; Backhaus, Der nicht eingetragene Verein im Rechtsverkehr, 2001; Bärmann, Die Wohnungseigentümergemeinschaft. Ein Beitrag zu der Lehre von den Personenverbänden, 1986; Ballerstedt, Mitgliedschaft und Vermögen beim rechtsfähigen Verein, FS A. Knur, 1972, 1; Bergmann, Ein Plädoyer für § 54 Satz 1 BGB: Der nicht rechtsfähige Verein als körperschaftlich verfasste Gesellschaft, ZGR 2005, 654; Berndt, Stiftung und Unternehmen, 8. Aufl., 2009; Binder, Das Problem der juristischen Persönlichkeit, 1907; Brecher, Subjekt und Verband, FS A. Hueck, 1959, 233; Bork, Zur Rechtsfähigkeit der Erbengemeinschaft, in: Martinek/ Sellier (Red.), 100 Jahre BGB-100 Jahre Staudinger, 1999, 181; ders., Wider die Rechtsfähigkeit der Wohnungseigentümergemeinschaft - eine resignierende Polemik, ZIP 2005, 1205; Buchda, Geschichte und Kritik der modernen Gesamthandslehre, 1936; Coing, Das Privatrecht und die Probleme der Ordnung des Verbandswesens, FS W. Flume, Bd. I, 1978, 429; Cordes, Die Gesellschaft bürgerlichen Rechts auf dem Weg zur juristischen Person?, JZ 1998, 545; Edenfeld, Die Rechtsbeziehungen des bürgerlichrechtlichen Vereins zu Nichtmitgliedern, 1996; Eichler, System des Personenrechts, 1989; Fabricius, Relativität der Rechtsfähigkeit, 1963; Flume, Allgemeiner Teil des Bürgerlichen Rechts, 1. Bd., 1. Teil, Die Personengesellschaft, 1977, 2. Teil, Die juristische Person, 1983; ders., Gesamthandsgesellschaft und juristische Person, FS L. Raiser, 1974, 27; ders., Körperschaftliche juristische Person und Personenverband, FS G. Kegel, 1987, 147; ders., Der nichtrechtsfähige Verein, ZHR 148 (1984), 503; ders., Savigny und die Lehre von der juristischen Person, FS F. Wieacker, 1978, 340; ders., Unternehmen und juristische Person, FS G. Beitzke, 1979, 43; ders., Die werdende juristische Person, FS E. Gessler, 1971, 3; O. v. Gierke, Das deutsche Genossen-schaftsrecht, 4 Bde. 1868-1913; ders., Die Genossenschaftstheorie und die deutsche Rechtsprechung, 1887; ders., Das Wesen der menschlichen

Verbände, 1902; Goll-hofer/Sontheimer, Die Stiftung, 2000; Grossfeld, Die Anerkennung der Rechtsfähigkeit juristischer Personen, RabelsZ 1967, 1; Grunewald, Die Rechtsfolgen der Erbengemeinschaft, AcP 197 (1997), 305; Haff, Grundlagen einer Körperschaftslehre, 1915; ders., Die Institution der Persönlichkeitslehre und des Körperschaftsrechts, 1918; Hartmann, Die Wohnungseigentümergemeinschaft als Konzeptionsproblem des Gesetzgebers, 2001; Herzog, Die unselbständige Stiftung des bürgerlichen Rechts, 2006; Hirte, Ein kleiner „Binnen-Rechtsvergleich" der Kapitalgesellschaften mit den natürlichen Personen, FS W. Goette, 2011, 151; Hölder, Natürliche und juristische Personen, 1905; ders., Das Problem der juristischen Persönlichkeit, JherJb. 53 (1908), 40; Huber, Rechtsfähigkeit, juristische Person und Gesamthand, FS M. Lutter, 2000, 107; Husserl, Rechtssubjekt und Rechtsperson, AcP 127 (1927), 129; Jäkel, Die Rechtsfähigkeit der Erbengemeinschaft und ihre Beteiligungsfähigkeit an Personengesellschaften, 2007; John, Die organisierte Rechtsperson, 1977; Kaper, Bürgerstiftungen: Die Stiftung bürgerlichen Rechts und die unselbständige Stiftung als Organisationsformen für Bürgerstiftungen, 2005; Liermann, Handbuch des Stiftungsrechts, 1. Bd., 1963; Madaus, Die Bruchteilsgemeinschaft als Gemeinschaft von Vollrechtsinhabern, AcP 212 (2012), 251; Maroldt, Die Rechtsfolgen einer Rechtsfähigkeit der Gemeinschaft der Wohnungseigentümer, 2004; Meschkowski, Zur Rechtsfähigkeit der BGB-Gesellschaft, 2006; Müller-Erzbach, Das Recht der Mitgliedschaft, 1949; ders., Das private Recht der Mitgliedschaft und Rechtsfähigkeit, 1979; Mummenhoff, Gründungssysteme und Rechtsfähigkeit, 1979; Nass, Person, Persönlichkeit und juristische Person, 1964; Ott, Recht und Realität der Unternehmenskorporation, 1977; Th. Raiser, Gesamthand und juristische Person im Lichte des neuen Umwandlungsrechts, AcP 194 (1994), 495; ders., Die Rechtsnatur der Wohnungseigentümergemeinschaft, ZWE 2005, 365; Reichert, Handbuch des Vereins-und Verbandsrechts, 12. Aufl., 2009; Renner, Die Wohnungseigentümergemeinschaft im Rechtsverkehr, 2005; Reuter, Rechtsfähigkeit und Rechtspersönlichkeit, AcP 207 (2007), 673; ders., Stiftungsform, Stiftungsstruktur und Stiftungszweck, AcP 207 (2007), 1; Rittner, Die werdende juristische Person, 1973; Roth, Ausgestaltungen der Rechtsfähigkeit im 19. und 20. Jahrhundert, 2008; Sauter/Schweyer, Der eingetragene Verein, 19. Aufl., 2010; K. Schmidt, Der bürgerlich-rechtliche Verein mit wirtschaftlicher Tätigkeit, AcP 182 (1982), 1; ders., Die Personengesellschaft als Rechtsfigur des "Allgemeinen Teils", AcP 209 (2009), 181; ders., Einhundert Jahre Verbandstheorie im Privatrecht, 1987; ders., Eintragungsfähige und eintragungsunfähige Vereine, Rpfleger 1988, 45; ders., Grundlagenungewissheit der Gesetzgebung oder der Rechtsfortbildung im Gesellschaftsrecht, FS V. Beuthien, 2009, 211; ders., Systemfragen des Vereins‒rechts, ZHR 147 (1983), 43; ders., Verbandszweck und Rechtsfähigkeit im Vereinsrecht, 1984; Schnorr v. Carolsfeld, Geschichte der juristischen Person, Bd. 1, 1933; Schöpflin, Der nichtrechtsfähige Verein, 2003; Seifart, Handbuch des Stiftungsrechts, 1987; Serick, Rechtsform und Realität juristischer Personen, 2. Aufl., 1980; Stöber, Handbuch zum Vereinsrecht, 10. Aufl., 2012; Stoltenberg, Rechtsfähigkeit nichtrechtsfähiger Vereine, MDR 1989, 494; Strickrodt, Stiftungsrecht, 1977; Timm, Die Rechtsfähigkeit der Gesellschaft bürgerlichen Rechts und ihre Haftungsverfassung, NJW 1995, 3209; Tolani, Teilrechtsfähigkeit von Personenvereinigungen, 2009; P. Ulmer, Die Gesamthandsgesellschaft‒ein noch immer unbekanntes Wesen?, AcP 198 (1998), 113; W. Weber, Die Körperschaften, Anstalten und Stiftungen des öffentlichen Rechts, 2. Aufl., 1943; Weiss, Rechtsfähigkeit, Parteifähigkeit und Haftungsordnung der BGB‒Gesellschaft nach dem Grundlagenurteil des Bundesgerichtshofs vom 29.01.2001, 2005; Wieacker, Zur Theorie der juristischen Person des Privatrechts, FS E. R. Huber, 1973, 339; Wiedemann, Juristische Person und Gesamthand als Sondervermögen, WM 1975, Sonderbeilage 4, 1; Wilhelm, Rechtsform und Haftung bei der juristischen Person, 1981; H. J. Wolff, Organschaft und juristische Person, Bd. 1: Juristische Person und Staatsperson, 1933; Zitelmann, Begriff und Wesen der sogenannten juristischen Personen, 1873; Zöllner, Rechtssubjektivität von Personengesellschaften?, FS J. Gernhuber, 1993, 563; ders., Rechtsfähigkeit der BGB‒Gesellschaft‒ein Sachverstands‒oder Kommunikationsproblem?, FS A. Kraft, 1998, 701.

一、概念

《民法典》在将人认定为自然人之后,从第 21 条以下也承认法人属于一种权利主体。其中,作为团体"原型"的登记社团成为《民法典》立法者关注的焦点(→边码 196)。[1] 法人是指**在法律上独立于其成员或创始人的组织**(rechtlich verselbstständigte, von ihren Mitgliedern oder Gründern unabhängige Organisationen)。这个定义符合并承认了法人的实际需求。人们并不总是独自行动,而会为了特定目的聚集在一起,比如进行体育活动、经营律师事务所或生产汽车,他们会在这种情况下建立一个组织。一旦这些组织的成员对外开展活动(比如签订合同),就会产生权利和义务的承担者是组织本身还是组织成员的问题。只要参与组织的人数不多,而且基本上一直保持为同一组人,就可以将这些自然人视为权利和义务的承担者,因为这些权利和义务是在这些自然人的共同活动中产生的。但是,如果参与的人很多,并且成员(通过"加入"和"退出")不断变化,那么迫切需要将组织本身视为权利和义务的承担者。为满足这种实际需求,法秩序首先考虑的就是承认法人制度。法人是一个组织体,即由人或财产组成的集合体。在特定条件下,这些组织本身就可以被视为权利和义务的承担者。它们作为法律主体参与法律交易,而不论当前属于它们的自然人是谁。

范例

七名法科学生成立了一个社团以"拯救"虚拟语气。他们选举同学 K 作为社团的代表。在社团被登记到社团登记处后,K 代表社团购买了几本词典。作为一个已登记并因此具有权利能力的社团(根据第 21 条),它是一个法人,因此是一个权利主体。社团是购买词典的合同的当事人,并且是根据合同转移所有权的书籍的所有者。然而,如果社团未被登记,则它不具备权利能力,不是权利主体,也不是法人(→边码219)。在这种情况下,合同的当事人和书籍的所有者将是所有社团成员。

187

---

〔1〕 在实践中更为重要的法人是股份公司和有限责任公司。因此,法人的权利不再与《民法典》的总则部分密切相关,而主要是在公司法中进行讨论。即使在本书中,也仅对其进行简要概述。

二、权利能力

188　　法人必然具备权利能力。因为法律承认它为权利主体,它就可以成为权利和义务的承担者,因此自然满足权利能力的条件(作为权利主体必然成为权利和义务的承担者;→边码 154)。承认法人地位的意义在于创建能够独立于其成员而自己成为权利和义务承担者的权利能力机构。因此,问题不在于法人是否具有权利能力,而在于其权利能力何时开始(→边码 189)、其范围是什么(→边码 191),以及如何区分法人与其他没有权利能力的组织(→边码 192 以下)。

(一)取得

189　　法人通常通过**在地方法院的公开登记簿中登记**(Eintragung in bei den Amtsgerichten geführte öffentliche Register)而获得权利能力。对于非营利性社团来说,根据第 21 条,其权利能力与登记在社团登记簿中的内容相关。对于股份公司、有限责任公司和登记合作社,根据《股份法》第 41 条第 1 款第 1 句、《有限责任公司法》第 11 条第 1 款和《合作社法》第 13 条的规定,其权利能力取决于在商业登记簿或合作社登记簿中登记的内容。因此,在登记之前,法人并不存在(→边码 190)。登记仅要求待登记的法人符合法律规定的特定最低要求。如果满足了这些要求,则有权申请登记,因为法定要件已经满足。登记法院没有审查登记内容的权力。一旦法人完成登记,它就诞生了,不需要进一步的政府批准["准则制(System der Normativbestimmungen)"]。只有在特殊情况下,法人才无须通过登记而是依靠政府授权行为["许可制(Konzessionssystem)"]而产生。例如,根据第 22 条,营利性和外国社团以及根据第 80 条设立的基金会和根据《保险监管法》第 15 条的保险业协会,都需要获得政府机关的合法授权才能成立。

190　　然而,不容忽视的是,在**登记之前**(vor der Eintragung),该组织(或社团)已经作为一个正在成立的法人实体而存在。[2] 它可以在成立过程中接受会员承诺的义务履行(参见《股份法》第 36 条、第 36a 条,《有限责任公司法》第 7 条),并自行申请登记(《民法典》第 59 条第 1 款、《股份法》第 36 条第 1 款、《有限责任公司法》第 7 条第 1 款、《合作社法》第 11 条第 1 款),因此在实质上具有权利能力和诉讼能力。[3] 因此,还在设立中的法人实体已经作为"设立中的团体"[预备社团(→边码 201),设立中的公司]的形式而存在,并以此形式以成立为目的参与法律交易,随着登记而成为完整的法人。

(二)范围

通过登记获得的法人权利能力原则上是无限的。认为法人只拥有部分权利能力的观点[4],并不可取。[5] 如果有人辩称法人实体不是家庭法的对象,因此在家庭法领域没有权利能力,那么可以反驳说,也存在某些法律规范不适用于自然人的情况。例如,自然人并非国际法规范的对象,因此不具备"国际法权利能力"。尽管如此,自然人的完全权利能力从未受到质疑,这对于法人实体也应当同样适用。它们基本上可以获得与自然人类似的权利和义务,只要不存在特别的法律规定或依据事物的性质而另有规定的情况。

191

(三)区别

除了法人,还存在其他人合组织,它们基本上不被承认为独立的权利主体,但有时会讨论是否应当赋予它们完全或部分的权利能力。[6]

192

---

〔2〕 细节方面存在争议,参见 K. Schmidt, GesR⁴, § 11 Ⅳ。
〔3〕 BGHZ 169, 270 Rdnr. 7; 117, 323, 325 ff.; LG Braunschweig NJW-RR 2000, 333, 334; vgl.auch BGHZ 146, 190, 196 ff.
〔4〕 "部分权利能力"的概念在非法人实体的社团中具有更重要的意义,尽管有讨论,但仍然被认为应当赋予它们有限的部分权利能力(→边码 195)。
〔5〕 相同观点,参见 Medicus¹⁰, Rdnr. 1099。
〔6〕 基本观点,参见 Reuter, AcP 207 (2007), 673 ff.。

1. 按份共有（Bruchteilsgemeinschaft）

193 　　根据第 741 条，所谓按份共有是指**多个（自然人或法人）共同拥有一项权利**[mehreren(natürlichen oder juristischen) Personen ein Recht gemeinschaftlich zusteht]。在这种情况下，这些个体之间唯一的联系就是他们共同拥有某物。[7] 其中一个典型案例是在第 1008 条规定的共有（Miteigentum）：三个朋友一起购买一艘帆船，他们成为该船的共有人。每个人拥有其中的三分之一的理论所有权份额。[8] 每个人都可以对此份额进行处置，但对于船只本身，只有三个人共同决定才能行使处分权（第 747 条）。从法律上讲，这种共同体仅因为共同财产而产生。[9] 除了共同所有和使用以外，没有其他更深层次的目的，需要利用共同财产来追求。因此，"按份共有"肯定不是一个法人实体，因为它既没有组织结构可以独立实施法律行为，又没有在公共登记处登记的要求。然而，也没有必要承认它自己的完全或部分权利能力。将"按份共有"的成员视为与共同财产相关的权利和义务的承担者已经足够。

193a 　　根据《住宅所有权法》（Wohnungseigentumsgesetzes）的概念，**业主共同体**（Wohnungseigentümergemeinschaft）以前也被认为是纯粹的按份共有团体。然而，联邦最高法院民事第五庭却宣布其具有（部分）权利能力。[10] 这本身并没有引起太多争议。[11] 原因在于，一个社团要具备法人能力需要满足三个要素：身份特征（名称和所在地）、合适的行为组织和合适的责任团体（Haftungsverband）。[12] 而业主共同体在这些方面都有欠缺。它没

---

[7] 参见 Bork, ZIP 2001, 545 f.。

[8] 不同观点，参见 Madaus, AcP 212 (2012), 251 ff.: 每一个按份共有人都拥有全部的权利。

[9] 当然，这种共同所有权还会引发其他法律问题，例如谁可以在何时驾驶船只，以及维护和修理费用如何分摊等。《民法典》在第 743 条以下对这些问题进行了规定；有关使用权的规定参见第 743 条第 2 款、第 745 条，有关费用分摊的规定参见第 748 条。

[10] BGH NJW 2005, 2061.

[11] 更详细的资料参见 Bork, ZIP 2005, 1205 ff.; ZInsO 2005, 1067 ff. 以及相关文献。然而，正如在这类情况下通常所遵循的那样，由于实际困难，"占主导地位的观点"当然被第五民事法庭所接受。参见 Palandt-Bassenge[65] 的相关论述，具体而言，请参考《住宅所有权法》第 1 条以及相关引用。

[12] 参见 John (Rdnr. 185), 72 ff., 230 ff.。

有一个完全的对外代表机构,因为根据《住宅所有权法》第 27 条的规定,物业管理员的代表权受到限制;它也没有适格的责任团体,因为既没有受到资本筹集规则和资本维持规则保护的最低资产,也没有业主个人对外承担责任的规定。尽管如此,立法者还是采纳了联邦最高法院民事第五庭的观点,并在《住宅所有权法》第 10 条第 6 款和第 7 款中宣布业主共同体(部分)具有权利能力。

2. 共同共有(Gesamthandsgemeinschaft)

共同共有关系与按份共有关系有所不同。按份共有关系适用于单独的权利客体,仅限于共同的权利归属(Rechtsinhaberschaft)。共同共有关系则适用于一些特殊的财产,并且通常(尽管不一定[13])以通过共有关系追求共同的目标为特征。共同共有可以是无权利能力的社团(根据第 54 条第 1 句)、民事合伙企业(GbR)(根据第 705 条)、无限合伙企业(oHG)(根据《商法典》第 105 条第 1 款)、有限合伙企业(KG)(根据《商法典》第 161 条第 1 款)、欧洲经济利益联合(EWIV)[14]、合伙企业(Partnerschaft)(根据《合伙企业法》第 1 条第 1 款)、船舶合伙(Partenreederei)(根据《商法典》第 489 条第 1 款)[15]、婚姻财产共有(根据第 1416 条)和继承共有(根据第 2032 条)。这些人合组织的特点是有**对一项特别财产的共同权益**(gemeinschaftliche Berechtigung an einem Sondervermögen)。与按份共有关系不同,共同共有人的权益不针对单个财产,而是针对整个财产。这些权益也没有划分特定财产的抽象份额,而只在整个财产中拥有份额,并且这些份额通常是不可转让的(参见第 719 条第 1 款、第 1419 条第 1 款;第 2033 条则有所不同)。因此,共同共有关系成员之间的联系要比按份共有的成员更加紧密。这也被称为共同共有的约束性(Gebundenheit)。

---

〔13〕 在继承共有中通常缺乏共同的目标。

〔14〕 《欧洲经济利益团体设立条例》(EWG-Ministerrates Verordnung über die Schaffung einer Europäischen Wirtschaftlichen Interessenvereinigung)(ABl. Nr. L 199, vom 31.7.1985)与相关执行该条例的法律第 1 条(BGBl. 1988 I, 514)相结合,该法律参照了普通合伙公司的法律规定。

〔15〕 参见 K. Schmidt, GesR^4, § 65 I 3。

195　　由于没有公开登记,共同共有通常也不被视为法人实体。[16]过去人们普遍认为,共同共有也**没有权利能力**(nicht rechtsfähig)。因此,共有的财产以及其他权利和义务,也并不由作为独立于其成员的法人所拥有。事实上,权利和义务的承担者(通过共同利益相连的)是成员们。这一观点在《商法典》第124条第1款得到了证实。该条款适用于无限合伙企业,并通过《商法典》第161条第2款也适用于有限合伙企业(KG)。按照这些规定,合伙企业体可以以自己名义获得权益并承担债务,取得土地所有权和其他物权,提起诉讼或参与诉讼。因此,可以认为这类合伙根据第14条第2款(→边码170)被间接地认可了权利能力、登记能力和诉讼能力[17],且不以获得权利能力为必要。恰恰相反,《商法典》第124条第1款的规定只在合伙通常没有权利能力的背景下才有意义,因为此时才有必要对商业合伙制度进行例外规定。这种传统观点如今仍然被广泛接受,并适用于继承共有[18]和婚姻财产共有[19]。

195a　　然而,在当今的社会,上述观点对于**民事合伙企业**(Gesellschaft bürgerlichen Rechts/GbR)而言已经过时了。在历史的沿革中,一开始许多观点[20]认为民事合伙企业是(部分)具有权利能力[(teil-)rechtsfähig]的[21],尤

---

[16] 其他观点,参见Th. Raiser, AcP 194 (1994), 495 ff.; K. Schmidt, GesR⁴, § 8 I 3; ders., AcP 209 (2009), 181, 201——相比之下,这里的主流观点;仅参见 BGHZ 179, 102 Rdnr. 10; Cordes, JZ 1998, 545 ff.; Huber, FS Lutter, 2000, 107 ff.; Ulmer, AcP 198 (1998), 113, 119 ff.; 其他相关内容,参见 Bork (Rdnr. 185), 195 Fn. 77/78。

[17] 参见《民法典》第1059a条第2款,提到"有权利能力的人合企业(rechtsfähigen Personengesellschaft)"。

[18] 参见 BGH NJW 2006, 3715 Rdnr. 7; 2002, 3389, 3390; Bork (Rdnr. 185), 181 ff.; 其他观点参见 Flume, Die Personengesellschaft (Rdnr. 185), 59 Fn. 48; Grunewald, AcP 197 (1997), 305 ff.; Fabricius (Rdnr. 185), 145 ff.; Hohensee, Die unternehmenstragende Erbengemeinschaft (1994), 187 ff.; Jäkel (Rdnr. 185); K. Schmidt, NJW 1985, 2785, 2788 ff.。

[19] 还可以参见 BayObLG ZIP 2003, 480。

[20] 参见 Huber, FS Lutter, 2000, 107 ff.; MünchKomm-Ulmer/Schäfer⁵ § 705 Rdnr. 160, 289 ff.; K. Schmidt, GesR⁴, § 8 Ⅲ; ders., AcP 209 (2009), 181, 190; Timm NJW 1995, 3209 ff.; Ulmer, AcP 198 (1998), 113 ff.。有关共同共有的内容,参见 Wolf/Neuner¹⁰, § 16 Rdnr. 30 ff.。

[21] 详见 Tolani, Teilrechtsfähigkeit von Personenvereinigungen, 2009。所谓部分权利能力(Teilrechtsfähigkeit)按照联邦最高法院的观点,是指共同合伙在特定条件下可以拥有某些法律地位(BGHZ 116, 86, 88),但存在法律上的不确定性。对于每项规范都需要进行审查,以确定它是否适用于具备部分权利能力的实体。因此,需要明确处理共同合伙是否具备完全的权利能力或缺乏权利能力。参见 Bork (Rdnr. 185), 185。

其是当它涉及特殊财产时。后来,司法实践也逐渐接受了这个观点,认为民事合伙企业是(部分)具有权利能力的。[22] 这种观点主要是通过将共有人团体,而非整个合伙企业本身视为承担者,来解决司法实践中的困难。但从教义学的角度来看,这种观点是不可接受的。[23] 它既与立法者的意愿、适用法规的措辞不一致,也与《商法典》第 124 条第 1 款所建构的共同共有(Gesamthand)制度不一致。因此,只能通过超越法律的法律续造来确定合伙企业具有权利能力(→边码 148),然而,实际上并没有这种需要。合伙成员可以自由组织为法人,没有对他们进行额外法律保护的必要。就法律交往来说,立法者的构想是,权利主体并不是合伙本身,而是(在他们合伙关系中的)成员。这种规范模式也不会带来不可克服的困难。[24] 因此,这种合伙既不具有权利能力,也不是法人。然而,目前立法者还是屈服于主流观点的压力,在《民法典》第 899a 条第 1 句承认了民事合伙企业的权利能力。

三、类型

(一) 私法上的法人

法人首先可以分为私法人和公法人两类。在私法人中,《民法典》只提到了两种法人,即社团(Verein)(第 21 条)和基金会(Stiftung)(第 80 条)。更一般地说,首先要区分法律上独立的人合团体和法律上独立的专门财产(基金会)。在这方面,具有权利能力的社团(der rechtsfähige Verein)[25]是**团体**(Körperschaften)的典型代表,其他形式都以此为基础。在

---

[22] 参见 BGHZ 146, 341; BGHZ 146, 190, 197; 136, 254, 256 ff.; 116, 86, 88; BGH ZIP 1997, 2120, 2121; später vor allem BGHZ 179, 102 Rdnr. 8 ff.; 其他观点还可参见 BAG NJW 2005, 1004, 1005。
[23] 对于民事合伙企业而言,其论述可以参见 Zöllner, FS Gernhuber (Rdnr. 185), 563 ff.,以及 FS Kraft (Rdnr. 185), 701 ff.。
[24] 更详细的论述,参见 Bork (Rdnr. 185), 186 ff.。
[25] 对此详细论述,参见边码 199 以下。

没有特殊规定的情况下,社团法适用于这些团体,除非调整它们的特殊法律明确规定了更具体的内容。这些团体主要包括股份公司(Kapitalgesellschaft),即股份有限公司(Aktiengesellschaft)(《股份法》第 1 条第 1 款第 1 句)、有限责任公司(die Gesellschaft mit beschränkter Haftung/GmbH)(《股份有限公司法》第 13 条第 1 款)和股份制合伙企业(die Kommanditgesellschaft auf Aktien)(《股份法》第 278 条)。此外,注册合作社(die eingetragene Genossenschaft)(《合作社法》第 17 条)和互保险协会(der Versicherungsverein auf Gegenseitigkeit/VVaG)[《保险监管法》(Versicherungsaufsichtsgesetz/VAG)第 15 条]也属于私法人,最新的还包括欧洲公司(Europäische Gesellschaft/SE)。[26] 此外,还有一些在《民法典》生效之前成立并根据《民法典实施法》第 82 条及第 163 条等规定继续存在的私法人形式。[27]

197 法人不仅可以是一个法律上独立的人合社团的组织,而且可以是一项专门财产。在私法中,只有**基金会**(Stiftungen)[28]属于这个类别。基金会不是组织成团体的机构,而是追求明确规定在基金会文件中的目标的财产,而这些目标需要经过长期的努力才能实现。[29] 其区别于社团法人的关键是,基金会没有成员。

(二) 公法上的法人

198 除了私法人外,还存在公法人,公法人也可以区分为团体和独立的特殊财产。公法中的**团体**(Körperschaften)包括地方自治团体(联邦、州、市镇、县、市镇联合体)和人合团体,特别是协会[联邦律师协会(Bundesrechtsanwaltskammer)、联邦医师协会(Bundesärztekammer)、工商协会(Industrie-und Handel-

---

[26] 26 § 1 SEAG i. V. m. der Verordnung EG Nr. 2157/2001 v. 8.10.2001 über das Statut der Europäischen Gesellschaft, ABl. EG Nr. L 294, 1.
[27] 基于中世纪文献的森林和市场合作社,参见 OLG Frankfurt NJW-RR 2000, 538 ff.;关于汉堡储蓄银行的前身,相关事实参见 BVerwGE 69, 11。
[28] 详细论述,参见边码 222 以下
[29] BayObLG NJW 1973, 249; OLG Frankfurt NJW-RR 2002, 176, 177.

skammern)等],还有大学(《高等教育法》第58条第1款第1句)和教会。[30] 公法中的团体与私法中的团体一样,也是基于成员而组织的。公法中的**独立的特别财产**(verselbstständigte Sondervermögen)可以分为机构(Anstalten)[如储蓄银行(Sparkassen)、联邦劳动局(Bundesagentur für Arbeit)、联邦统一事务局(Bundesanstalt für vereinigungsbedingte Sonderaufgaben)、地方广播电视机构(Landesrundfunkanstalten)等]和基金会[如普鲁士文化遗产基金会(Stiftung Preußischer Kulturbesitz)[31]、残疾儿童援助基金会(Stiftung Hilfswerk für behinderte Kinder)[32]、"记忆、责任、未来"基金会(Stiftung „Erinnerung, Verantwortung, Zukunft")[33]]。公法主体通常承担着(间接的)国家行政管理职能。然而,政府在特定情况下可以选择采用私法组织形式。因此,确定是私法人还是公法人,并不取决于其职责范围,而只取决于其产生依据。[34] 因此,问题的关键是该法人团体是否为国家通过公权力行政行为(Hoheitsakt)设立或认可的公法人。这些法人的法律地位自然受到公法的规范。根据《民法典》第89条,仅针对公职人员的私法行为适用第31条规定下的机构责任(→边码211)。[35] 此外,对于有破产能力的公法人(《支付不能法》第12条),其董事会必须遵守《民法典》第42条第2款规定下的破产申请义务。

四、总则编中有关法人的规定

(一)有权利能力的社团

《民法典》总则编第一部分的重点是社团(Verein)。在《民法典》

---

[30] 根据《基本法》第140条和《魏玛共和国宪法》第137条第4款和第5款的规定。
[31] BGBl. 1957 I, 841.
[32] BGBl. 1971 I, 2018.
[33] BGBl. 2000 I, 1263.
[34] MünchKomm-Reuter[6] § 89 Rdnr. 4; Soergel-Hadding[13] § 89 Rdnr. 12; Wolf/Neuner[10], § 16 Rdnr. 21.
[35] 根据《基本法》第34条和《民法典》第839条,公共机关在行使公法职能时应承担行政责任。

中,第21条至第54条将有关法人的一般规定"放在了括号之前"(→边码77),然后在第55条以下更详细地规定了有关登记社团的内容。然而,根据第54条的规定,未登记并因此无权利能力的社团应受制于民事合伙企业法而非社团法(→边码218)。因此,在第21条至第79条中,主要讨论已登记并具有权利能力的社团。接下来,将简要介绍这种社团的法律地位。

1. 设立

200 具有权利能力的社团的设立,需要由创始成员先签署**设立协议或章程**(Gründungsvertrag)。该章程可以由两个或更多人签订,但在向社团登记处申请登记之前,必须至少有七个创始成员(第56条)。最初的成员必须就社团的成立本身以及章程达成一致,尤其是关于团体的名称、所在地和目的,并且必须选举产生第一届理事会。章程必须符合第57条及其后续条款的要求。社团的组织章程(根据第25条),包括关于社团名称、所在地、目的、机构组成(→边码204)以及成员资格(→边码208)的基本规定,还包括所有对社团生活具有基础性影响的决策。[36]

201 签署章程之后,**设立中的社团/预备社团**(Vorverein)就产生了。它本身是一个在第54条意义上的无权利能力社团,但在进一步的设立程序中被视为具有权利能力(→边码190)。特别是,它可以收取首次会员费,并开始办理其在社团登记处的登记手续。

202 为了获得权利能力,法律进行了区分。根据第22条的规定,**营利性社团**(Wirtschaftliche Vereine)需要通过相关地方机构的许可才能获得权利能力[37][即"许可制度"(Konzessionssystem)";→边码189]。所谓的营利性社团是指在宗旨和事业上属于经营和商业领域的社团,也就是对非社员(外部市场)或社员(内部市场)从事商业活动,或者成员将其商业活动的一部分外包给社团。[38] 这些社团权利能力的授予由地方机构依法酌

---

[36] BGHZ 105, 306, 313 ff.
[37] 有关各个联邦州之间不同管辖权的概述,参见 Staudinger-Weick[2005] § 22 Rdnr. 8。
[38] 细节方面存在争议,参见 BGHZ 45, 395, 397 ff.; OLG Hamm NJW-RR 2000, 698, 699; K. Schmidt, AcP 182 (1982), 1 ff.; Staudinger-Weick[2005] § 21 Rdnr. 5 ff.。

情决定,因此并不存在获得许可的权利。通常情况下,地方机构会建议该社团采用适用于商业经营的法律形式[如股份公司(AG)、有限责任公司(GmbH)、合作社(Genossenschaft)],以确保债权人和其成员的利益得到保护。[39]

非营利性社团,也被称为**理念型社团**(Idealvereine),需要在相关地方法院的登记处进行注册登记(第55条第1款),以获得权利能力。为此,由理事会代表的团体必须提交注册申请(第59条第1款),并按照第77条的规定提供经过公证的材料(→边码1070)。注册申请必须附上由至少七名成员(第56条和第59条第3款)签署的章程,并提供有关理事会任命的证明文件(例如成立大会的记录)(第59条第2款)。由登记法院的执行官员(根据《执行动产登记法》第3条第1项a目)负责审查是否满足法定的注册条件["准则制(System der Normativbestimmungen)";→边码189]。如果满足法定条件,则必须进行登记,相关机构没有实质审查的裁量权。根据第66条,成功登记后必须进行公告,团体将获得权利能力。现在根据第65条,团体可以使用"登记社团(Eingetragener Verein)"(e.V.)作为附加标识。

2. 组织机构

作为法人的社团只是一个法律构造,本身无法思考或行动,必须由自然人代表社团来形成和执行其意思,这是通过社团组织完成的。组织机构的认知和行为通过**归责**(Zurechnung)(→边码1321以下)被归属于社团,并且以机构的认知作为社团的认知,以机构的行为作为社团的行为。[40] 然而,组织机构本身也只是具有特定职责的人造功能单位,它们被赋予在法人内部执行特定任务的职责。这些职责由"机构管理人"或"机构成员"来执行,即被委派执行机构职务的自然人,他们的认知和行为通过教义学构造的"组织关系(Organschaft)"被归责给法人。

每个社团至少要有两个机构,即主要负责管理和对外行为的理事会

---

[39] 参见 BGHZ 85, 84, 88 ff.; 45, 395, 397 ff.。
[40] 对于责任的内容,参见边码211。

(第26条),以及负责内部的基本意思形成的社员大会(第32条)。**理事会**(Vorstand)是社团的核心管理机构。它负责管理业务(第27条第3款)并代表社团实施外部的司法和非司法行为(第26条第1款第2句)。它的组成和法律地位主要由章程确定,并辅助参考第26条以下条款。理事会可以由一个或多个人组成(第26条第2款第1句),由社员大会选举(第27条第1款)并在社团登记处登记(第64条、第67条),以便于每个人都可以了解谁有权代表社团行事,理事会成员的代表权也取决于章程(第26条第2款第1句)。如果章程没有限制,则理事会的代表权就是不受限制的。[41] 对于第三方来说,对代表权的限制只有在其被登记在社团登记簿或第三方实际上知晓时才有效(第68条、第70条)。如果理事会由多人组成,章程可以规定单独或共同代表。如果章程未作规定,则必须由大部分理事会成员代表社团(第28条第1款以及第32条第1款第2句)行事。[42] 只有在被动代表(接受意思表示)方面,每个理事会成员才有代表权(第26条第2款第2句)。

社团的第二个必要机构是**社员大会**(Mitgliederversammlung)。它在地位上高于理事会,因为它可以修改章程(第33条),并且可以向受它监督的理事会发布指示(第27条第3款以及第665条)。除此以外,社员大会负责处理所有未指定给理事会或其他机构的问题(第32条第1款第1句)。章程必须规定何时及如何召开社员大会,以及有关《民法典》第36条和第37条的内容。大会的邀请必须包含议程,以便于社员做好准备;违背议程的决议是无效的(第32条第1款第2句)。[43] 如果法律(参见第33条第1款)和章程(第40条)对决策程序没有其他规定,则社员大会应根据第32条第1款第3句的规定,以出席社员的简单多数进行表决,受

---

[41] 当理事会滥用其代表权,并且对方至少显然知道这种滥用是针对社团目的时,就会适用有关代表权滥用的规则(边码1573以下)。参见 Staudinger-Weick[2006] § 26 Rdnr. 9。

[42] Brox/Walker[38], Rdnr. 745; Köhler[38], § 21 Rdnr. 24; K. Schmidt, GesR[4], § 24 Ⅲ 2 b. 另一种观点认为,应根据在内部作出相应决议的那些理事成员的多数来判断。参见 Staudinger-Weick[2005] § 26 Rdnr. 12,这些内部事宜对于法律交易而言当然是不可知的。对于所有成员的总体代表权,参见 Hübner[2], Rdnr. 223。

[43] 参见 BGHZ 99, 119, 123 f.。

到决策内容影响的会员不得投票(第34条)。弃权不计入票中,否则它们将被视为反对票。因此,实际上决策并非基于出席会员的多数(所谓的绝对多数),而是基于获得的投票多数(所谓的相对多数)。[44]

除了必要的社团机构,如理事会和社团大会,协会章程还可以设立**其他机构**(weitere Organe),并赋予它们特定职权(第30条)。例如,可以在社团中设立监事会(Aufsichtsrat)或顾问委员会(Beirat),并向其委托与理事会成员签订合同的职责。

207

3. 成员资格

如果章程没有相反的规定,那么任何有权利能力的人都可以成为社团的**成员**(Mitglied),这不仅限于自然人,也包括法人。只需要通过参加设立协议或加入协议即可成为社团成员,这被视为社团与新成员之间的入会合同(Aufnahmevertrag)。[45] 入会请求(Aufnahmeanspruch)在某种意义上拥有强制性合同的色彩[46],凡满足入会条件的都有权成为社团的成员(→边码664以下)。章程可以规定不同的入会条件。根据《民法典》第38条,成员资格既不可转让也不可继承。成员权利也不能委托给他人行使,由代理人行使也不可以。成员资格因死亡、退出(第39条)或被开除出社团而终止。

208

成员资格(Mitgliedschaft)是社团与社员之间的一种法律关系。它包括一系列个人权利,具体可以分为组织参与权(参加和参与社员大会)、享受权(享有社团提供的服务和设施的权利)[47]和其他权利(特别是成员在社团中应受到符合法律规定的公正对待的权利)。[48] 如果这些权利受到侵犯,成员不仅可以要求履行,还可以要求赔偿。对于第三方,适用第823条第1款,因为成员资格被视为该条款中所承认的其他权利;对于社

209

---

[44] BGHZ 83, 35 ff.

[45] BGHZ 101, 193, 196.

[46] 参见 BGHZ 140, 74, 76 ff.; 102, 265, 276; Staudinger-Bork[2015] Vorbem. zu §§ 145 ff. Rdnr. 16。

[47] 例如,网球俱乐部的成员有权使用俱乐部所提供的网球场。

[48] 参见 BGHZ 110, 323, 327。对于具体的其他权利,参见《民法典》第35条。

团,这还会构成一种积极的违约[49]（第280条、第241条第2款）。社员权利相应地对应着社员义务。特别是,根据章程,社员可以被要求支付会员费。此外,每个社员都受到一般社团法上的忠实义务的约束,根据该义务,每个社团成员都应当避免实施任何可能损害社团目标的行为。[50]

4. 社团义务的产生

210　（1）社团的义务可以基于法律行为和法律规定而产生。在**法律行为**（Rechtsgeschäften）方面,社团由理事会或其他组织机构（第26条第1款第2句、第30条第2句）代表。代表机构的成员同时代表社团本身实施行为。承担义务的不是社团成员,而是社团本身。[51] 因此,社团仅以其自己的财产对外承担债务。行为人原则上只在超出其代表权时承担责任（第179条;→边码1619以下）。

211　（2）依据相关法律规定,社团的相关法律义务中,特别重要的是**侵权责任**（Delikten）。根据第31条的规定,如果社团的理事会、理事会成员或其他合法代表在履行其职责时对第三方造成损害并应承担损害赔偿责任,那么社团将对此负责（所谓的机构责任[52]）。这个规定是基于社团行为的一项基本理念:社团成员的侵权行为被视为社团本身的侵权行为（→边码204）。因此,第31条确定了何时可以将机构或机构成员的侵权行为视为社团的侵权行为。因此,这不是一项请求权基础（责任规范）,而是一项归责条款（Zurechnungsnorm）。同时,依照一般规则,实际行为人也可能承担相应的责任。[53]

212　根据《民法典》第31条的要求,社团首先要为理事会、理事会成员或合法代表（verfassungsmäßige Vertreters）实施的行为承担责任。如今,合法代表的内涵不限于章程中规定的《民法典》第30条意义上的特别代表人（→边码207）,还包括那些通过社团章程、一般企业内部规定或者经

---

[49] BGHZ 110, 323, 327 f.
[50] BGHZ 110, 323, 330.
[51] 参见BGHZ 175, 12 Rdnr. 14。
[52] 尽管"机构责任（Organhaftung）"是个常用词,但很容易引起误解。第31条并非规定了机构的责任,而是规定了社团（对机构的行为）承担责任。
[53] BGHZ 109, 297, 302; BGH NJW 1996, 1535, 1536.

授权,具有独立地位和自己责任能力,代表法人对外进行工作的人员。[54] 如果没有满足这些条件,则第 31 条就不适用。相反,社团仅对自身的过失承担责任,这可能由于对雇员的不慎选用(第 831 条、第 31 条)或未指定合法代表(第 823 条第 1 款、第 31 条)所导致。

其次,需要满足的是,机构或合法代表必须已经实施了需要承担损害赔偿义务的行为(Schadensersatz verpflichtende Handlung)。这意味着所有法定的责任构成要件均已实现。因此,适用的法律可能包括《民法典》中的侵权条款和特别法中规定的过失或危险责任条款。此外,这里也可包括缔约过失或者积极损害债权的责任。因为在违反现有债权债务关系中的辅助义务时,机构并不是履行代理人,其行为也不应根据第 278 条被归于社团的损害赔偿责任。与此相反,这里应当适用机构行为就是社团行为的原则,因此不适用第 278 条,而只适用第 31 条。[55]

213

最后,机构必须实施执行业务的行为(in Ausführung der ihm zustehenden Verrichtungen)。这里并不需要实施行为的人具备代表权。第 31 条规定的责任不依赖于代表权,而依赖于机构为法人执行业务的资格。因此,法人的赔偿责任要求机构的行为符合其被赋予的职能。如果机构的行为与其被授予的职能的整体框架之间没有内在联系,则这一要求不会被满足。比如,对于理事会成员在某种场合下实施的私人行为,而非其履行职责过程中的行为,社团就无须承担责任。[56]

214

5. 社团的消灭

社团可以通过多种方式消灭。法律首先将特定事实与社团**解散**

215

---

[54] 参见 BGHZ 172, 169 Rdnr. 16; 49, 19, 21。有争议的是,对于不在协会章程中规定的人,如果满足上述前提条件,是否可以直接或类推地适用该条款,参见 Staudinger-Weick[2005] § 31 Rdnr. 24 ff.。

[55] Beuthien, DB 1975, 725 f.; Jauernig-Mansel[15] § 31 Rdnr. 1; Köhler[38], § 21 Rdnr. 30a; Palandt-Grüneberg[74] § 278 Rdnr. 6; Soergel-Hadding[13] § 31 Rdnr. 4; Staudinger-Caspers[2014] § 278 Rdnr. 124; Wolf/Neuner[10], § 17 Rdnr. 68,其他观点,参见 BGH NJW 1977, 2259, 2260 f.; Flume, Die juristische Person (Rdnr. 185), § 11 Ⅲ 5; Medicus[10], Rdnr. 1135; Staudinger-Löwisch[2004] § 278 Rdnr. 111。

[56] BGHZ 98, 148, 151 f.; 49, 19, 23。

(Auflösung)的法律效果联系起来。一个社团可以因为社员大会的决议（第41条、第74条第2款）、社团财产破产程序的开启（第42条、第75条）、符合章程规定解散要件的发生[57]、所有成员的离去[58]或行政机关的行政行为[59]而解散。然而，社团并不会随着解散而立即消失，也不会失去权利能力。相反，社团的宗旨转变为清算目标，并继续以清算为目的存在（第47条以下、第49条第2款）。仅剩下的机构是清算人（通常是现任董事会成员，第48条第1款），他们有责任终止运营业务，收回债权，变卖财产并偿还债务（第49条第1款第1句）。剩余资产，要么分配给章程中指定的人员，要么根据第45条第3款的规定分配给社员。

216 社团的解散与**消灭**（Erlöschen）是不同的。基本上，社团在清算结束之后才会消灭（参见第49条第2款）。只有当不需要进行清算时，才会立即消灭。但如果依据社团章程，根据《民法典》第45条第3款的规定，或根据政府机构（例如财政部）的命令[60]，财产应当归属于国库，财政部就能够通过概括继受（Gesamtrechtsnachfolge）在解散时获得社团的财产。社团也在解散的同时被清算和消灭。

217 社团可以因自行放弃[61]或行政撤销（第43条、第73条、第74条第1款）而**丧失权利能力**（Verlust der Rechtsfähigkeit）。但这通常不会导致社团的当然解散或消灭，而是将其转变为无权利能力社团。除非章程另有规定或者根据《民法典》第45条的规定，否则社团的财产、权利和义务将全

---

[57] 例如，终止日期的到达，参见《民法典》第74条第2款第1句。

[58] Beitzke, FS Wilburg, 1965, 19 ff.; Flume, Die juristische Person (Rdnr. 185), § 6 II; K. Schmidt, JZ 1987, 394 ff.-Nach h. M. führt der Wegfall aller Mitglieder zum sofortigen Er-löschen des Vereins; vgl. BGHZ 19, 51, 57; BAG JZ 1987, 420, 421; Jauernig-Mansel[15] § § 41–44 Rdnr. 8; Köhler[38] § 21 Rdnr. 35; Staudinger-Weick[2005] § 41 Rdnr. 12. 然而，只有在涉及社团财产的概括权利继受的情况下才需要遵循这一条件（→边码216），否则即使是没有成员的社团也需要进行清算。

[59] 例如，根据《基本法》第18条、《联邦宪法法院组织法》第39条、《社团法》第3条。

[60] 参见《社团法》第11条。

[61] 参见 BayOblLGZ 1959, 152, 158 f.; M. Bayer, Die liquidationslose Fortsetzung rechtsfähiger Idealvereine, 1984; Kollhosser, ZIP 1984, 1434 ff.; Soergel-Hadding[13] Vor § 41 Rdnr. 8; Staudinger-Weick[2005] § 41 Rdnr. 19 附其他证明。

部由作为共同共有人的社团成员继受,他们可以决定是否继续经营这个无权利能力社团。

(二)无权利能力社团

根据《民法典》第 54 条第 1 句,无权利能力社团适用《民法典》中关于**民事合伙企业的规定**(Vorschriften über die Gesellschaft bürgerlichen Rechts),以及第 705 条以下的条款。由于民事合伙企业本身并不具备权利能力(→边码 195 以下),因此无权利能力社团的法律地位在很多方面都与有权利能力的社团存在明显不同。除了社团成员,并不存在一个基于成员独立存在的权利主体。[62] 社团财产的承担者是作为共有人的社团成员,而不是社团本身。虽然相关的权利和义务是"为了社团"而产生的,但实际上是为社团成员利益服务的。这意味着社团成员也是"为了社团"的债务而成为债务人,并且这些债务的责任财产不仅限于社团的财产,还包括成员的个人财产,除非在产生债务时双方就约定了不同的责任限制。[63] 此外,根据第 54 条第 2 句,代表社团行事的人承担个人的无限连带责任。

218

如果我们认真考虑《民法典》第 705 条以下的内容,那么对于无权利能力社团而言,成员的变动**也是问题**(problematisch)。社团的性质决定了其成员会持续变动,相对而言,其成员的加入和退出并没有太多问题,然而,在民事合伙制度下,根据《民法典》第 723 条的规定,一个合伙人的退出原则上会导致合伙的解散,而新成员的加入需要获得所有现有合伙人的同意。虽然可以通过制定合伙协议来克服这个问题,然而,考虑到《民法典》第 705 条以下的规范,《民法典》第 54 条第 1 句未必能适用于无权利能力社团,并且也不能准确反映无权利能力社团的组织结构。

219

为了解决这些问题,需要了解**法律政策的背景**(rechtspolitischer Hintergrund)。[64] 历史上的《民法典》立法者旨在确保对社团的政治控

220

---

[62] 与此不同的是,还有一些人将合伙视为部分具备权利主体资格(边码 195 以下)。
[63] 民事合伙企业的基本内容,参见 BGH NJW 1999, 3483, 3484 f.。
[64] 参见 BGHZ 50, 325, 327 ff.。

制。为了实现这一目标,对于具有权利能的社团来说,过去的第 61 条第 2 款规定,"如果社团在公共社团法下是非法的或可以被禁止的,或者如果它追求政治、社会政策或宗教目的",那么就允许相关行政机关在登记程序中提出异议。想要避开这一规定的人只能采用无权利能力社团的形式。为了防止这种情况的发生,立法者通过引入公司法的相关制度使这种组织形式变得更缺乏吸引力,然而,他们并未成功。工会和政党正是以无权利能力社团的形式组织起来的,到今天仍然存在成千上万的无权利能力社团。现在我们已经认识到,不能忽视这一现象,而是应当谨慎地修正《民法典》立法者在第 54 条第 2 句所作出的决策,以便无权利能力社团能够拥有具有实际意义的权利。

221　　但对第 54 条第 1 句的**修正**(Korrektur)不能简单地通过普遍将无权利能力社团视为具有权利能力来实现。[65] 尽管立法者现在已在《民事诉讼法》第 50 条第 2 款的修改中授予无权利能力社团积极的当事人能力,以缓解司法实践[66]中关于权利能力和当事人能力之间没有一致发展的担忧,但目前并没有进一步改革法律的必要。在修改《民事诉讼法》第 50 条第 2 款之前,就已经承认了工会和政党等只是为了避免不合理且在现今看来站不住脚的政治控制而放弃权利能力(→边码 220),所以应把它们视为具有权利能力[67],并认可它们在诉讼中享有的积极当事人能力。[68] 考虑到它们在宪法(《基本法》第 9 条第 3 款第 1 句、第 21 条第 1 款第 2 句)中被确立的重要地位,人们认为它们有权享受它们在成立时所选择的状态,前提是没有相反的法律规定。然而,将社团仅分为登记社团(法人)和非登记社团(共同共有),并将这两种形式都视为具有法人资格是不合适的。将无权利能力社团解释为具有法人资格是自相矛盾的,也

---

[65]　其他观点,参见 MünchKomm-Reuter[6] § 54 Rdnr. 16 ff. (只适用于非营利性社团);Soergel-Hadding[13] § 54 Rdnr. 16; K. Schmidt, GesR[4], § 25 Ⅱ 1 a; Schöpflin (Rdnr. 185), 83 ff.。

[66]　BGH NJW 2008, 69 Rdnr. 54 ff.

[67]　关于政治党派的登记簿能力(Grundbuchfähigkeit),参见 OLG Zweibrücken NJW-RR 2000, 749 f.。

[68]　对政党而言,参见《政党法》第 3 条,对工会而言,参见《劳动法庭法》第 10 条,以及 BGHZ 109, 15, 17; 50, 325, 326 ff.; 42, 210, 216 ff.。

与法律规范不一致。相反,解决办法应该是修正第 54 条第 1 款。应当为无权利能力社团类推适用有权利能力社团的相关规定,并将不适用的公司法规范视为根据章程默示放弃,以便在法律实践中实现所希望的法律效果。这就意味着对第三方的责任仅限于团体的财产(→边码 210),机构责任则应类推适用第 31 条的规范(→边码 211),并且成员的变更应当和有权利能力的社团一样,通过简单的加入和退出就可以实现(→边码 208)。

(三)基金会

基金会(Die Stiftung)在本质上与社团(Verein)不同。它没有实体结构[69],也没有成员,而是一个法律上独立的**特别财产**(Sondervermögen)(→边码 197),所以普通的社团法规定并不完全适用于基金会。因此,立法者在《民法典》第 80 条以下的规范中单独规定了基金会法。以下是这些规定中的几个要点: 222

设立(Gründung)一个基金会首先需要实施一项基金会设立行为/捐助行为(Stiftungsgeschäft)。如果只有一个捐助人实施该行为,那么这是一个单方的、无须受领的法律行为。然而,也可以考虑多个捐助人之间的捐助协议(Stiftungsvertrag)。[70] 遗嘱中也可以包含捐助行为(第 82 条)。基金会行为用于为基金财产指定基金会的目的,必须采用书面形式(第 81 条第 1 款),包括组织章程(→边码 224),即基金会的组织规定(第 85 条),并且还必须经过有权的地方管理机关批准("许可制度";→边码 189)。获得批准后,基金会获得权利能力,成为法人。此时,它有权要求捐助人(或者在遗嘱基金会的情况下,对其继承人)转让基金会财产(第 82 条第 1 句)。法定的权利取得仅适用于可转让的债权和其他权利(第 82 条第 2 句),以及在死因处分之捐助的情况下(第 83 条),当基金会被指定为唯一的继承人时(第 1922 条),其当然获得被继承人的财产。 223

---

[69] 详见 Reuter, AcP 207 (2007), 1 ff.。
[70] 参见 BGHZ 70, 313, 321。

224 　　和社团章程一样(→边码 200),基金会的**章程**(Verfassung)规定了其名称、所在地、宗旨以及组织机构。然而,各地的基金会法对组织结构也有强制性规定。[71] 这些规定还通过参照许多有关社团法内容的第 86 条进行补充。特别是还参照了第 26 条,因此基金会也必须强制设立一个理事会(→边码 205),它适用的法规基本和社团理事会相同。根据第 86 条,基金会也会承担第 31 条规定的组织责任(→边码 211)。此外,根据各州的法律,这些组织机构还要受到基金会管理部门的监督。

225 　　基金会的**消灭**(Erlöschen)也适用和社团消灭基本相同的规则(→边码 215)。基金会的消灭可以通过开启破产程序(第 86 条以及第 42 条)或行政撤销(第 87 条)来实现。虽然和第 88 条的文义不同,但只有当以概括继受方式将基金会财产转让给特定的权利继受人时,基金会才会因解散(Auflösung)而消灭。[72] 如果情况不是如此,则应当先开启清算程序(第 88 条以及第 47 条等)。基金会在清算完成后才会消灭(→边码 216)。

---

[71] 参见 Staudinger-Hüttemann/Rawert[2010] Vorbem. zu §§ 80 ff. Rdnr. 75 ff.。
[72] 大多数地方法律规定,财政部为权利的概括继受人。

第三部分

权利客体

第六章　概述

> **文献**
>
> Binder, Der Gegenstand, ZHR 59 (1906), 1; ders., Vermögensrecht und Gegenstand, ArchBürgR 34 (1910), 209; Brecher, Das Unternehmen als Rechtsgegenstand, 1953; Hedemann, Die Lehre von den Rechtsgegenständen, ArchBürgR 31 (1908), 322; Hubmann, Das Recht am Unternehmen, ZHR 118 (1955), 41; Husserl, Der Rechtsgegenstand, 1933; Leible/Lehmann/Zech (Hrsg.), Unkörperliche Güter im Zivilrecht, 2011; Sohm, Der Gegenstand, 1905; ders., Noch einmal der Gegenstand, JherJb. 53 (1908), 373; ders., Vermögensrecht, Gegenstand, Verfügung, ArchBürgR 28 (1906), 173.

226

一、定义

权利客体的概念与权利主体(→边码230)相对应。法律关系仅存在于权利主体之间。基于客观法(→边码3)授予的主观权利[1]，确立了权利主体的"合法性"。这种合法性始终存在于和其他权利主体的关系中，但是，它们在内容上既可以涉及其他主体的行为，又可以涉及特定的权利客体。一个纯粹的与人有关的权利/对人权(personenbezogenes Recht)的例子就是雇主根据劳动合同要求雇员提供约定的劳务(第611条第1款)。在这种情况下，权利内容仅涉及一个权利主体的行为。既涉及人又涉及权利客体的例子是所有权人请求占有人返还原物(第985条)，以及买方请求卖方转让所有权并取得占有(第433条第1款第1句)。在这些情况下，实质上涉及的是一个权利主体实施的与客体相关的行为。另

227

---

[1] 详细内容，参见边码280以下。

一个与客体相关的权利/对物权(objektbezogenes Recht)的例子是所有权本身:物的所有人相对其他权利主体享有自由处分该物并排除其他人干涉的权利(第903条第1句)。这里的合法性也同样存在于与(所有)其他权利主体的关系中,但其内容只涉及一个权利客体。权利人对于权利客体拥有法律上的支配权。他也可以根据第903条行使该权利,如果第三方是无权占有人,则可以根据第985条行使该权利。他可以将这种支配转让给他人,并在买卖合同中根据第433条第1款第1句为自己设定义务。这种被认定为法律支配权的关系,使得客体成为权利客体。所以,权利客体可以指任何不是权利主体且可以成为法律上的支配权对象的东西。

二、类型

228 权利客体可以分为有形的权利对象和无形的权利对象(Rechtsgegenstände)。这个区分应该按字面意义来理解:有形的权利对象是那些可以"看到和触摸"的物。《民法典》的总则部分只提到了**有形对象**(körperlichen Gegenstände),并将其称为"物"(→边码234)。这些物可以再次分为动产(bewegliche Sachen)(也被称为 Mobilien 或 Fahrnis)和不动产(unbewegliche Sachen)(也被称为 Immobilien 或 Liegenschaften)。这些术语也应该按照字面意义来理解:动产是实际可移动的对象,不动产则是指土地。对这些物的支配权可以以财产所有权或限制性物权的形式存在。例如,可以在一件珠宝首饰(动产)上设立抵押权(第1204条),从而将权利人依据第903条第1句所享有权益中的变价权(Verwertungsrecht)转移给抵押权人(参见第1228条),由此,后者获得仅限于变价权范围内的法律上的支配权。不动产的土地抵押权也适用相同的规则(参见第1113条第1款、第1147条)。

229 第二类权利客体是**无形的对象**(unkörperlichen Gegenstände)。[2] 其

---

[2] 有益的贡献,参见 Leible/Lehmann/Zech (Rdnr. 226)。

中包括非物质利益(Immaterialgüter)。在这些精神利益(geistige Güter)上也可以建立支配权,例如,文学、科学或艺术作品的作者享有著作权,并且根据《著作权法》第11条以下的规定对其作品拥有法律上的支配权。同样,根据《专利法》第1条以下的规定,技术发明者可以获得专利权,并据此对其发明拥有法律上的支配权。其他的非物质财产包括外观设计(《外观设计法》第1条)和实用新型(《实用新型法》第1条、第11条)。除了这些非物质利益,所有其他权利也可属于权利客体,例如股权或支付请求。债权人不仅有权要求债务人履行相应的义务,而且可以对其债权行使支配权。例如,债权人可以决定是否行使自己的权利,如果存在相互的债权,可以通过抵销的方式行使债权(第387条),还可以通过转让将其债权让与给第三方(第398条)或抵押债权(第1273条第1款)。对权利进行扣押也是可能的(《民事诉讼法》第828条以下、第857条)。因此,权利本身也可以成为权利客体。[3] 这也适用于与特定客体相关的权利,例如返还请求权。

三、区分

"**权利客体**"一词与"**权利主体**(Rechtssubjekt)"的概念相对。权利主体从来不是法律上支配权的对象,而只能是这种支配权的持有者。特别是,人本身或人的身体(→边码240)不可以是权利客体,而是(其中包括)与客体相关的权利和义务的承担者。人格权也不是对个人人格的权利,而是为了保护个人人格而设立的对第三人的一系列请求和对抗的权利。然而,与人格权相关的法律行为是可以被接受的。例如,对于是否可以发布一张照片,根据《艺术著作权法》第22条第1款,权利人可以禁止他人使用该照片。家庭关系也不是支配权,例如,父母的照护权/亲权(Sorgerecht)(第1626条)不是对孩子的支配权,而是一系列对孩子福利负有责任的抚养权利和义务,这些权利和义务主要针对孩子,但在某些情

230

---

[3] 参见 Wolf/Neuner[10], § 26 Rdnr. 11; Krebs/Becker, JZ 2009, 932 ff.。

况下也可针对第三方。

231　　权利客体适用特定性原则(Spezialitätsprinzip):权利的对象始终是单个客体,而不是物的整体(→边码236)。因此,**财产**(Vermögen)本身不是权利客体。财产可以被定义为对一个人有价值的权利的总和,它由许多权利客体[也称为积极的财产(Aktivvermögen)]和债务[也称为消极的财产(Passivvermögen)]组成。例如,如果某人承诺转让他的全部财产(第311b条第2款),那么这里指的就是积极的财产,确切来说,他承诺转让他所有的权利(对物和其他权利客体)。上述解释表明,财产的概念本身并非指可转让的权利对象,而是指众多权利客体上所有权利的总和,而这些权利仅被归纳到财产的概念下。使用"财产"一词的法律规定同样如此,例如,如果第1922条第1款规定财产全部归继承人所有,那意味着(如第1967条第1款所确认的),继承人将获得被继承人所有的积极财产,即所有权利客体之上的权利,以及所有的债务。

232　　基于相同的理由,企业也不是权利客体。企业是指一个有组织的经济实体,其中包括人力和物力资源,企业主可以通过这个经济实体参与市场活动。[4] 因此,企业与企业主是相互关联的,企业主是企业的所有者,拥有与企业相关的所有物的所有权和与企业相关的所有权利。[5] 与财产一样,企业也是一个总称,它本身并不是一个权利客体。相反,从根本上说,它是企业主的特殊财产,用于在市场上进行经营,并与企业主的其他("私人")财产并存。

[4]　详见 K. Schmidt, HandelsR^6, § 3 I。
[5]　关于对企业和企业主的区分,参见 K. Schmidt, Handels, § 3 Ⅳ。

第七章　总则中对物的规定

一、物

Becker, Die einheitliche Sache als wirtschaftlicher Wert und als Rechtsbegriff, ZAkdR 1936, 84; Costede, Der Eigentumswechsel beim Einbau von Sachgesamtheiten, NJW 1977, 2340; Deutsch, Die rechtliche Seite der Transplantation, ZRP 1982, 174; Forkel, Verfügungen über Teile des menschlichen Körpers, JZ 1974, 593; Görgens, Künstliche Teile im menschlichen Körper, JR 1980, 140; Kirsten, Der Bestandsbegriff des § 93 BGB unter Berücksichtigung der technischen Normung, 1933; König, Software (Computerprogramme) als Sache und deren Erwerb als Sachkauf, NJW 1993, 3121; Kort, Software-eine Sache?, DB 1994, 1505; Michaelis, Voraussetzungen und Auswirkungen der Bestandteilseigenschaft, FS f. H. C. Nipperdey, 1965, Bd. I, S. 553; Müller-Hengstenberg, Computersoftware ist keine Sache, NJW 1994, 3128; ders., Ist das Kaufrecht auf IT-Produkte anwendbar?, NJW 2010, 1181; Oertmann, Zum Rechtsproblem der Sachgesamtheit, AcP 136 (1932), 88; Redeker, Software-ein besonderes Gut, NJOZ 2008, 2917; Siebert, Zubehör des Unternehmens und Zubehör des Grundstücks, FS f. P. Gieseke, 1958, S. 59; Strätz, Zivilrechtliche Aspekte der Rechtsstellung des Toten unter besonderer Berücksichtigung der Transplantationen, 1971; Taupitz, Wem gebührt der Schatz im menschlichen Körper, AcP 191 (1991), 201; Walz, Sachenrecht für Nichtsachen?, KritV 1986, 131; Wieacker, Sachbegriff, Sacheinheit und Sachzuordnung, AcP 148/149 (1943/44), 57; ders., Zum System des deutschen Vermögensrechts, 1941; Wieling, Vom untergegangenen, schlafenden und aufgewachten Eigentum bei Sachverbindungen, JZ 1985, 511.

(一) 概念

234 《民法典》第 90 条针对物(Sachen)的概念给出了法律定义;法律将其(仅)理解为**有形物体/有体物**(körperliche Gegenstände)。因此,无形的权利对象(→边码229)就被排除在外,虽然它们也是权利客体的表现形式之一。而"物"的概念也就只是那些在空间上有界限、可以感知并能被实际控制的权利对象,它们的关键特征是有形性。这可以解释为什么"物"的概念在实质上是为了物权(第 854 条以下)而设计的。物权法规范与"物"的概念相关,并同时制定了只适用于有形物体的规则,例如,占有作为对某物的实际控制(第 854 条第 1 款)只能存在于有体物上;在无形财产或权利上,也可能存在权利,但没有通过事实上的物理控制表现出来的支配权。同样,所有权人对占有人的追索权(第 985 条)只有在有体物上才有意义。因此,水、空气或气体只有通过容器在空间上可以被界定,并由此成为物权法上的对象时,才算是"物"。软件也是如此,作为精神创作,它受到著作权法的保护(《著作权法》第 2 条第 1 款第 1 项)。但是,当软件被复制并存储在数据载体中出售时,与唱片或音乐 CD 一样,它就不再是无形财产,而是通过数据载体实体化的物。至少对于通用软件来说,针对货物买卖(尤其是第 434 条以下)以及物的转让(第 929 条以下)的规定同样可以适用。[1]

235 以前,**动物**(Tiere)在《民法典》第 90 条中没有被专门提及,而是被视为物(→边码 125)。如今,根据第 90a 条的规定,动物不再被视为物,但除非另有规定,适用于物的规则也可以相应适用于动物。这样做是为了在伦理上增强可持续发展的动物保护意识,意识到动物作为生命体具有与

---

[1] 有关的争议观点,参见 BGHZ 143, 307, 309; 109, 97, 99; 102, 135, 139 ff.; BGH NJW 2007, 2394 Rdnr. 15; König, NJW 1993, 3121 ff.; Müller-Hengstenberg, NJW 2010, 1181 ff.; MünchKomm-Stresemann[6] § 90 Rdnr. 25; Redeker, NJOZ 2008, 2917 ff.; Taeger, NJW 2008, 3325 ff.; Wolf/Neuner[10], § 25 Rdnr. 1 以及相关内容。

无生命体不同的特质。[2] 但对于民法来说[3]，这个意愿是空洞的[4]，因为动物无论如何都不可能是权利主体，当然也不可能是权利和义务的承担者，因此必然被归类为权利客体。将它们与其他有体物等同看待，并不是因为伦理敏感度不足，而是因为适用于动物的物权法规则与（其他）物一样。

根据第 90 条的定义，"物"在法律意义上始终是指**单一对象**(einzelne Gegenstände)。物权法所适用的特殊原则是物的特定性原则(Spezialitätsgrundsatz)。根据该原则，与物相关的法律关系必须针对每个单独的物进行规范。物的集合(Sachgesamtheit)本身并不是权利客体，因此不能成为物权法上行为的对象，但这并不妨碍可以就集合物达成债上的合同，因为特定性原则只是物权法上的一个原则，旨在确保法律关系的清晰。物上的法律行为必须涉及该集合物中的每一个单独的物。

236

范例

如果一家拥有 5000 册图书的图书馆被出售，那么只需要签订一份关于"图书馆"的买卖合同即可。然而根据《民法典》第 929 条第 1 款的规定，每一本书都必须进行个别的转让。当然，交易双方的表示并不需要逐个清点每一本书，而是只要对物上的合意进行相应解释即可。因此，复数的物可以被统一名称所包含。但必须意识到，这只是一个语言上的简洁形式，在背后实际上隐藏着 5000 个物上的合意。

237

物的集合必须和"集成物(Sachmenge)"或者"自然的多数(natürliche

238

---

[2] 参见 T-Drs. 11/7369, 5; krit. dazu u. a. Braun, JuS 1992, 758 ff.; Grunsky, FS Jauch, 1990, 93 ff.; Jauernig-Mansel[15] § 90a Rdnr. 1; Küper, JZ 1993, 435 ff.; Medicus[10], Rdnr. 1178a; Pütz ZRP 1989, 171 ff.; K. Schmidt, JZ 1989, 790 ff.; verteidigend Lorz, MDR 1990, 1057 ff.; 1989, 201 ff.; Mühe, NJW 1990, 2238 ff.; Pauly, JuS 1997, 287 f.; Steding, JuS 1996, 962 ff.。

[3] 在刑法中也是如此，参见 Graul, JuS 2000, 215 ff.。

[4] 参见 BGHZ 167, 40 Rdnr. 27。

Mehrheiten)"相区别。后者指的是将复数的单一物结合起来,在法律生活中根据其本质而将其视为独立的权利客体,单一物本身则没有独立的经济意义,例如,以活页的形式出版的法律汇编就是一个独立的物,它并不是单一物(封面和页面)的简单相加,而是一个自然的多数集合,就像一磅糖、一堆木头或一副纸牌一样。这同样适用于多个自然物的集合,例如一只死亡的动物,我们不把它看作单一物(骨头、肉、角等)的简单相加,而是看作一个整体的自然物。

239　　合成物/结合物(zusammengesetzte Sachen)和集合物也应当区分开来。例如,汽车是一个整体的物。虽然它由多个零部件组成,但它并不是由发动机、轮子、座椅、电线和镜子等单独的物构成的集合物。这些零部件在安装之前是法律上独立的物,但是它们通过与新物品的连接基本上失去了自身的独立性[5],根据《民法典》第 93 条,它们现在是新物品的重要组成部分,而不再是独立的权利客体。

240　　由于权利客体应与权利主体相区分(→边码 230),因此**人体**(menschlicher Körper)不能被视为一个物。对人体的支配将等同于对该人自身的支配。因此,这种支配权是不被承认的。然而,在人死后,尸体根据《民法典》第 90 条应当被视为一个物,但作为"res extra commercium(拉丁文,意为不可交易的物品)",它不能成为法律交易的对象[6];与此同时,逝者的人格仍然存在。已与人体分离的身体部分(例如捐献的血液、为移植目的取出的器官、金牙、心脏起搏器等)可以被视为《民法典》第 90 条中的独立的物;与此相反的是,一些权利客体只有在与人体没有永久性连接之前,才可能被视为物(例如假发或某些义肢)。

(二)类型

241　　可以从不同的角度对物进行分类。对物的分类标准在总则部分有些是有前提条件的,而有些则是直接给出定义。分类的用益通常不规定在

---

[5]　同样可参见边码 248、250、255。

[6]　参见 MünchKomm-Stresemann[6] § 90 Rdnr. 29; Wolf/Neuner[10], § 25 Rdnr. 14; Zimmermann, NJW 1979, 569, 570 及相关内容。

总则之中,而是在《民法典》的其他各编中,它们在具体规范中与总则部分中定义的概念相连。这一点在**动产和不动产**(bewegliche und unbewegliche Sachen)之间的区别尤为明显。虽然总则部分并未明确规定相关规范[7],但针对动产的特殊规则却在第 91 条、第 92 条、第 97 条第 1 款第 1 句以及之后的第 929 条中得到了体现。所谓不动产(Immobilien, Liegenschaften),通常指的是登记在土地簿上的土地(Grundstücke),即地球表面的一部分。当然,在《民法典》中,土地是典型的不动产(参见第 94 条第 1 款、第 95 条第 1 款、第 96 条以及第 873 条第 1 款)。所有其他可以实现位置变化的物都属于动产。[8] 动产和不动产之间的区别在债法中意义不大,从根本上讲,购买土地的合同与购买自行车的合同遵循的规则相同。[9] 然而,就物权法而言,这一区别在许多方面都影响构成要件,特别是,土地不能按照与自行车一样的规则进行转让。法律行为的安全性和便利性为不同类型的处分行为提出了不同的要求(一方面,参见第 873 条第 1 款、第 925 条第 1 款第 1 句;另一方面,参见第 929 条第 1 款)。该区别在强制执行法中也有重要意义,因为强制执行通常遵循转让规则(一方面,参见《民事诉讼法》第 864 条第 1 款;另一方面,参见《民事诉讼法》第 803 条第 1 款第 1 句)。

根据《民法典》第 91 条的定义,**可替代物**(vertretbaren Sache)是指在交易中经常根据数量、度量或重量确定的动产,即可以轻松地与同类物品进行交换的物。它们也被称为"可交换物(fungible Sachen)"。货币、食品、饮料[10]、家用电器、股票或成衣等都属于可替代物,而土地、动物、艺术品或其他独一无二的物则不属于此范畴。[11] 总则编并没有包含与此概念相关的法律效果。区分可替代物的实益[12]主要涉及《民法典》第 607 条:借款合同只能涉及可替代物。通常情况下,借款合同涉及的就是

---

[7] 在第一草案的第 781 条中还有如下规定:"不动产是指土地。"
[8] 只要它们并非土地的实际组成。参见边码 248。
[9] 当然这里也有例外,如《民法典》第 311b 条第 1 款、第 438 条第 2 款。
[10] 对于酒的情况,参见 BGH NJW 1985, 2403。
[11] 参见 RGZ 107, 339, 340:自己定制家具。
[12] Vgl. §§ 651 Abs. 1 S. 3, 700 Abs. 1 S. 1 und 2, 706 Abs. 2 S. 1, 783.

货币,因此,在有息借贷中,将适用第 488 条以下(第 607 条第 2 款),但也可以适用于其他可替代物品。例如,当一个人向他的邻居借一只鸡蛋或一磅面粉时,他不必归还相同的物品(所借的物品)(第 604 条第 1 款),而只需要归还相同种类、品质和数量的物品(第 607 条第 1 款第 2 句),也就是另一只鸡蛋或一磅面粉。在此,在法律上构成了一个"鸡蛋借贷"或"面粉借贷"。在损害赔偿法中,可替代物的概念也起着一定作用:如果可替代物被毁坏,可以通过提供同类和同品质的其他物品来以恢复原状的方式进行损害赔偿(第 249 条第 1 句),而对于非可替代物,只能以金钱形式进行损害赔偿(第 251 条第 1 款)。

243　　根据第 92 条的规定,"**可消费物**(verbrauchbare Sache)"这个词并没有特殊的含义。根据该条的规定,可消费物首先是预期使用方式为消耗或销售的动产,例如,食品和燃料(用于消费)或证券(用于销售)[13]都属于这一范畴。根据第 92 条第 2 款的规定,这里的可消费物还可以包括那些本身并非用于消费,但却属于某个集合物中的一部分,尤其还是存放在同一个仓库时,它们都会以其预期的方式被出售(例如,存放在批发商处的本身不可消费的物品)。那些虽然存在耗损,但是消费却并非物品预期的使用方式的物,则不被视为可消费物。这种区分对于用益物权特别重要。[14] 通常,用益权人只能使用物品,而不能消费或出售(第 1030 条第 1 款、第 1037 条第 1 款)该物。物仍然归用益出让人所有,且用益权人必须在用益期满后归还(第 1055 条第 1 款)。但是,如果用益是针对一件可消费物["准用益权(uneigentlicher Nießbrauch)"],占有人将成为所有人,可以消费或出售该物,并在用益终止后提供价值补偿(第 1067 条第 1 款、第 1075 条第 2 款)。

244　　最后,还可以区分为**可分物和不可分物**(teilbare und unteilbare Sachen)。可分物是指实际上可以分割而不会损失价值的物,总则中并没有对这种区分进行详细讨论,它主要在需要分割共同财产时起作用。[15] 可

---

[13]　也可参见 RGZ 79, 246, 248: 屠宰用牲畜。
[14]　此外,参见第 706 条第 2 款第 1 句。
[15]　此外,参见第 420 条、第 427 条、第 431 条、第 432 条第 1 款第 1 句。

分物的分割很简单:物被分成与共有人数量相同的份数,并将每个部分转让给相应的共有人。然而,这只有在分割不会导致未分割物品的价值丧失,也就是部分价值的总和接近于未分割物品的价值时才有意义。如果物品不能被分割,或者分割会导致重大的价值损失,那么唯一的选择就是出售未分割的物并分配收益(参见第752条、第753条、第2042条第2款)。例如,如果五个人共同拥有一块土地,并希望分割共同财产,虽然他们可以将土地分成五份并将每份转让给各个共有人,但这通常会导致相当大的价值损失,因为分割造成(部分)土地面积较小,总体价值低于未分割的土地。因此,法律规定在这种情况下应当通过强制拍卖出售(称为"分割拍卖",《强制拍卖法》第180条以下)。

二、组成部分

Giesen, Scheinbestandteil-Beginn und Ende, AcP 202 (2002), 689; Harms/Ahorn, Sachen, Bestandteile, Zubehör-Zentrale Heizungsanlagen in der Zwangsversteigerung, Jura 1982, 404; Kirsten, Bestandteilsbegriff des § 93 BGB unter Berücksichtigung der technischen Normung, 1966; Michaelis, Voraussetzungen und Auswirkungen der Bestandteilseigenschaft (Kritische Erwägungen zur neueren und neuesten Rechtsprechung), FS H. C. Nipperdey, Bd. I, 1965, 553; Otte, Wesen, Verkehrsanschauung, wirtschaftliche Betrachtungsweise-ein Problem der §§ 93, 119 Ⅱ, 459 und insbesondere § 950 BGB, JuS 1970, 154; Peters, Windkraftanlagen und §§ 93 ff. BGB, WM 2007, 1003; Siebenhaar, Die Zeitbauten nach § 95 I Satz 1 BGB, AcP 160 (1961), 156; Stieper, Die Energieerzeugungsanlage-wesentlicher Bestandteil oder Scheinbestandteil des Gebäudes?, WM 2007, 861; Spyridakis, Zur Problematik der Sachbestandteile, 1966; Vennemann, Gebäude auf fremdem Grund und Boden, MDR 1952, 75; Weimar, Erwerb von Erzeugnissen und sonstigen Bestandteilen einer Sache, MDR 1974, 990; ders., Häuser als bewegliche Sachen, BauR 1973, 206; ders., Rechtsfragen bei Gebäuden als Scheinbestandteile, MDR 1971, 902.

(一) 概念

246 "组成部分/成分(Bestandteile)"这个概念最好从"合成物(zusammengesetzte Sache)"的概念出发来理解(→边码239):一个物往往由多个部分组成,这些组成部分本身也可以是物,但因与其他部分结合而失去了作为独立权利客体的特性。在法律交易中,它们不再被视为独立的物,而只被视为组成合成物的元素。例如,在一片土地上长着一棵树(根据第873条、第925条,买卖的是包括树的土地所有权,而不是仅购买地皮;根据第929条,树本身并不单独出售),或者一辆汽车里安装的发动机(处分的是整辆汽车,而不是单独处分发动机、座椅、镜子、轮子等)。就合成物而言,同样的规则也适用于自然集成物和自然多数的情况(→边码238):购买一只死掉的雄鹿,也将获得它的鹿角;购买一个石堆,也将获得每一块石头。因此,"组成部分"可以定义为物的一部分,且由于与其他部分的连接而失去了法律上的独立性。

(二) 类型

247 组成部分可以分为"重要的(wesentliche)"和"非重要的(unwesentliche)"部分,基于这种区分而产生不同的法律效果。

1. 重要的组成部分

248 根据《民法典》第93条,所谓重要的组成部分(wesentliche Bestandteile),其构成(Tatbestand)被(法律)定义为,如果将它们与物分离,则会导致这些组成部分或者(剩余的)物被破坏或者在本质上发生改变。[16] 如果分离严重损害了原物的可用性,则被认为发生了本质性的变化。例如,汽车的车身就是一个重要的组成部分[17],如果从一辆汽车中移除车身,那么剩下的就不再是一辆汽车,因为车身是与所有其他组成部

---

[16] 在某些情况下,如果分离虽然不会导致破坏或本质性变化,但只有通过非常不成比例的高成本才能实现分离,那么也会被同等对待。

[17] OLG Stuttgart NJW 1952, 145.

分连接的关键部分。然而,已经死亡的雄鹿的鹿角不是重要的组成部分,因为如果将鹿角取走,鹿本身并没有被破坏或者发生本质上的变化。同样,汽车的发动机也不是重要的组成部分[18],因为如果将发动机拆下来,无论是发动机还是整辆汽车都可以继续使用。

就**土地**(Grundstücke)而言,《民法典》第 94 条规定了特殊规则,规定了土地的重要组成部分包括建筑物[19](以及根据第 94 条第 2 款附加于建筑物的)和与地面牢固连接的物,此规定优先于第 93 条而适用。[20] 边码 246 提到的树木,在没有被破坏或发生本质性变化的前提下可以被挖起并移植到其他地方,因此根据第 93 条,不是土地的重要组成部分。然而,根据第 94 条第 1 款第 1 句,它又会成为土地的重要组成部分。而根据第 95 条,如果该树木只是暂时与土地连接在一起,则会被视为"表面上的组成部分(Scheinbestandteil)"。[21] 因此,如果树木只是暂时种植在土地上,根据第 95 条第 1 款,它根本不被视为任何组成部分,甚至不是次要的重要组成部分,只能被视为表面上的组成部分。

第 93 条规定的**法律效果**(Rechtsfolge)是,对于重要组成部分,不存在特别的权利。[22] 特别是,不能对它们拥有独立的所有权。这在第 946 条以下的条款中表现得尤为明显:如果原来独立的物成为其他物(或新物)的重要组成部分,那么对它们的所有权就会消灭。第三方的权利也将消灭(第 949 条)。原来的所有者现在可能会获得另一物(新物)的共有或部分所有权,或根据第 951 条获得相应的损害赔偿。第 93 条的规定当然不意味着禁止将重要组成部分与其他物相分离。例如,一旦汽车的车身与其他部件(在其他部分已经被毁损的情况下)相分离,原来的汽车所有者

---

[18] BGHZ 61, 80, 81 f.
[19] 根据《民法典》的规定,权利主体不享有对房屋独立的所有权。因此,买卖合同的标的物必须是房屋所在的土地,而不是房屋本身。然而,与第 94 条不同,《住宅所有权法》规定了对公寓的所有权(《住宅所有权法》第 1 条第 1 款和第 2 款)。
[20] 在所谓的自有界线或楼层悬挑的情况下,存在例外。BGHZ 175, 253 Rdnr. 12 ff.
[21] 参见 BGHZ 165, 184, 186 ff.; Giesen, AcP 202 (2002), 689 ff.。
[22] 这一规定的原因在于,经济实体应当同时也是一个法律实体。参见 Mot. Ⅲ, 41 = Mugdan Ⅲ, 22。

将对车身以及其他全部组成部分拥有所有权。在相互分离后,它们将再次成为独立的物,可以重新获得相应的权利,并可依据所有者的意愿进行处分。因此,可以存在关于重要组成部分的债权合同[23]:原来完好的汽车的所有者可以与购买者约定销售车身,即签订有效的买卖合同。然而,他只有在车身与其他部件分离后才能履行合同,因为只有此时才会产生对车身的所有权,并可转让给买受人。因此,第93条仅涉及物权,不涉及与重要组成部分相关的债权合同。

范例

251　　建筑承包商U按照E的委托在他的土地上建造一座房子。建筑材料(砖头、梁木、屋顶瓦片、门窗等)是U在V处以所有权保留条件购买的。它们成为土地的重要组成部分(根据第94条)。根据第946条,V对这些建筑材料的所有权消灭了。E也没有成为建筑材料的所有者,因为根据第93条,建筑材料上根本就没有任何独立的权利。

252　　M向V租赁了一块土地,租期为十年,并让U在那里建造一个亭子用于存放货物。虽然亭子符合第94条第1款第1句的条件,但它只是在租赁期限内为临时用途而建。因此,它只是表面成分(第95条第1款)。因此,亭子的所有权并没有根据第946条转移给土地所有者V,而最多只能根据第929条第1句转移给委托人M。

253　　V向出版社K提供书封,但保留所有权。K在这些书封中装订印刷的书页。因此,书封和书页成为书籍的重要组成部分。根据第947条第1款,尽管有所有权保留,V仍然失去了对书封的所有权。然而,他根据书封价值与印刷书页价值的比例获得了对该书的共有权。

2. 非重要的组成部分

254　　可以与主要物体分离而不会造成损失的部分是非重要部分,第93条

---

〔23〕 参见 BGH NJW 2000, 504, 505。

并不适用于它们。因此，可以在非重要的部分上设立独立的权利，并且在未分离时存在于它们之上的权利在分离之后也可以继续存在。当然，它们也可以共享主物的法律"命运"。根据第96条，土地的非重要组成部分是与土地所有权相关的权利，例如授予土地（更确切地说，是土地所有者）在邻近土地上通过的权利（称为地役权，第1018条）。[24]

范例

  V向巴士运营商K提供轮胎，并保留所有权。K在巴士轮毂上安装这些轮胎。由于K未支付购买价款，V解除了买卖合同，并基于第985条要求K归还轮胎。由于存在所有权保留，V并未根据第929条第1句因交付而失去所有权。轮胎经过安装并没有成为巴士的重要组成部分[25]，因为它们可以在不对轮胎和巴士造成重大破坏的情况下被轻松拆卸。因此，V也没有根据第947条第1款失去所有权。 255

  V向K提供了一套附有所有权保留的内置厨房。根据第94条第2款，它无法成为房屋的重要组成部分，因为它并未在建造过程中安装入房屋而成为房屋的附加部分；而根据第93条，因为该厨房能够轻松从房屋中分离，且不会对厨房或厨房家具造成严重的损害或本质上的改变，所以也无法成为房屋的重要组成部分。[26] 因此，安装内置厨房并未导致V根据第946条失去对该内置厨房的所有权。 256

---

 [24] 参见BayObLG NJW-RR 1990, 1043, 1044; OLG Hamm NJW-RR 2008, 1609, 1610; OLG Köln NJW-RR 1993, 982, 983。

 [25] 参见BayObLG NVwZ 1986, 511。

 [26] 针对那些在其他情况下不能使用的特殊定制品，情况则不同。参见BGH NJW-RR 1990, 914 f.; OLG Zweibrücken NJW-RR 1989, 84。有争议的问题是，那些不是重要组成部分的内置厨房是否被视为附属物（→边码261）。根据第97条第1款第2句，这应当由（该地区的）交易观念来决定。BGH NJW 2009, 1078 Rdnr. 28。这种从属性参见BGH NJW-RR 1990, 586, 587 (für Norddeutschland); OLG Nürnberg MDR 2002, 815, 816 (für Süddeutschland); 否定的观点参见OLG Düsseldorf NJW-RR 1994, 1039 f. (zust. Jaeger NJW 1995, 432); OLG Hamm FamRZ 1998, 1028。

三、附属物

文献

257
Dilcher, Der Streit um die Glocke – BGH, NJW 1984, 2277, JuS 1986, 185; Klinkhammer/Rancke, Hauptprobleme des Hypothekenrechts, JuS 1973, 665; Kollhosser, Der Kampf ums Zubehör (zwischen Grundpfandgläubiger und Sicherungseigentümer), JA 1984, 196; v. Lübtow, Das Grundpfandrecht am Vorbehaltseigentum – BGHZ 35, 85, JuS 1963, 171; Majer, Zur Bestimmung der Zubehöreigenschaft, BWNotZ 2008, 144; Mand, Das Anwartschaftsrecht am Zubehör im Haftungsverband der Hypothek bzw. der Grundschuld, Jura 2004, 221; Möschel, Die Eigentumsanwartschaft an Zubehörstücken in der Grundstückszwangsversteigerung, BB 1970, 237; v. Olshausen, Der praktische Fall – Bürgerliches Recht: Ein verzwickt-verstricktes Ding, JuS 1990, 816; Pikart, Probleme der sachenrechtlichen und schuldrechtlichen Anwartschaft, FS C. Heymanns Verlag, 1965, 179; Plander, Die Erstreckung der Hypothekenhaftung auf bewegliche Sachen und deren Enthaftung nach §§ 1121 f., 135 II, 136, 932 f., 936 BGB, JuS 1975, 345; ders., Haftung und Enthaftung von Zubehör für eine Eigentümergrundschuld – BGH, NJW 1979, 2514, JuS 1981, 565; Reinicke, Der Kampf um das Zubehör zwischen Sicherungseigentümer und Grundpfandgläubiger – BGHZ 92, 280, JuS 1986, 957; Rostosky, Der Sachinbegriff im ein- und mehrfachen Zubehörverhältnis, JherJb. 74 (1924), 75; Schlomka, Die Haftung des Grundstückszubehörs für die Hypothek, 1970; Siebert, Zubehör des Unternehmens und Zubehör des Grundstücks, FS P. Gieseke, 1958, 59; Tiedtke, Die Aufhebung des belasteten Anwartschaftsrechts ohne Zustimmung des Pfandgläubigers, NJW 1985, 1305; Weimar, Das Zubehör und seine Rechtslage, MDR 1980, 907; ders., Die mithaftenden Gegenstände bei den Grundpfandrechten, MDR 1979, 464.

258
附属物(从物)(Zubehör)的**概念**(Begriff)来自第97条第1款第1句：附属物是一类动产，旨在为主物的经济目的服务但不是其组成部分，并且与主物呈相应的空间关系。这个定义只有在应用于与附属物概念相关的规范时才能被理解：立法者在许多情况下希望实现这样一个目标，即由主物和其附属物组成的经济实体在法律交易中不被不必要地分开,而是尽可能地将其视为由多个物组成的法律整体。例如,根据第311c条的规定,出售某物的义务也应包括出售其附属物。第926条第1款第2句的相应规定,同样适用于土地附属物的转让。最终,根据第1120条,土地附属物属于"抵押的共同责任(Haftungsverband der Hypothek)",这意味着抵押权人(如按揭权人,根据第1192条第1款)不仅可以追索土地,还可以追索土地附属物。因此,对土地的查封也适用于债务人所有的土地附属物[《强制拍卖法》第20条第2款以及《民法典》第1120条],对这些从物的单独强制执行则被《民事诉讼法》第865条第2款第1句所排除。所有的这些规范[27]都旨在维护由主物和其从物构成的整体的经济性。

这些规定之所以有必要,是因为从物和主物仅在经济上而非法律上具有一体性。从物是**独立的物**(selbstständige Sachen),因此,根据第97条第1款第1句,它们与物的组成部分有所区别。后者要么根本不具备特殊的法律地位(重要组成部分,第93条;→边码250),要么作为非重要组成部分与主物紧密相连,以至于在法律交易中无须法律作出特别规定即可在经济上被视为统一的整体。例如,在一辆汽车中,轮胎是(非重要)组成部分(→边码255),而急救箱是从物。

根据第97条第1款第1句,法律只允许**动产**(bewegliche Sachen)具有从物的地位。因此,权利[28]和土地都不能作为从物。相反,动产通常会成为土地的附属物,例如酒吧中的啤酒抽取装置[29](更准确地说是建筑用地上的一座酒吧)或建筑物中的报警系统。[30]

判断从物的关键前提是,根据公认的观点(第97条第1款第2句),从物不能只是临时地(第97条第2款)**为主物的经济目的服务**(dem wirtschaftlichen Zweck einer Hauptsache zu dienen bestimmt)。[31] 因此,法

259

260

261

---

[27] 此外,参见《民法典》第457条第1款、第1031条、第1062条、第1093条第1款第2句、第2164条第1款。
[28] 参见BGHZ 135, 292, 295; 114, 277, 281; 111, 110, 116。
[29] OLG Celle OLGZ 1980, 13, 14.
[30] OLG München MDR 1979, 934.
[31] 还可参见边码256。

律假设存在一种从属和服务关系:根据主物所有者的意愿,从物旨在为其经济目的提供服务。主物必须是法律意义上的动产或者不动产,例如,企业不是物(→边码232),因此也不会是主物。相关规则示例包括在第98条中,该条规定了商业或农业用地上的经营设备是从物。[32] 例如,在一块建有餐馆的土地上,家具和厨房设备是土地的从物;在一座工厂建筑的土地上,生产机器和运输车辆是从物;在农场中,农机、养殖家畜和饲料储备是从物。

262　　最后,必须确定主物和从物之间存在**空间上的接近关系**(räumliche Nähe)(第97条第1款第1句)。例如,在有些动产中就很少存在这种关系,即使它们服务于土地使用的经济目的,但通常不存在于土地上,比如建筑承包商的建筑设备[33]或货运代理商的卡车[34],用于将土地上的产品送往客户的卡车是土地的附属物,即使它们"常常在路上"。

范例

263　　　　能源供应公司 E 为 A 和 B 的土地提供天然气。为此,一个归 E 所有的燃气罐被埋在 A 和 B 相邻的花园中,但燃气罐的一半位于 A 的土地,另一半位于 B 的土地。A 将他的土地出售给 K。在终止天然气供应合同后,E 要求从 B 和 K 那里取回燃气罐。K 主张他已经获得了对燃气罐的共有权。该燃气罐既没有与土地固定连接,也没有成为建筑物的附加,因此它并不是土地的重要组成部分。但它是从物(第97条第1款第1句)。如果想根据第929条以下的规定,认为该燃气罐的所有权已经移转,K 就必须阐明并证明他已经与 A 就燃气罐的所有权转移达成了合意。第926条第1款第2句的推定在这里不适用,因为它仅适用于出让人所有的从物。如果 K 成功证明

---

[32] 对此,BGHZ 165, 261, 264。

[33] BGHZ 124, 380, 393。

[34] BGHZ 85, 234, 237 ff.。然而,联邦最高法院在这里(以及在 BGHZ 124, 380, 392 中)也否定了经济用途的存在,因为该土地上只有一座管理建筑物,并且车辆并不用于管理,所以没有附属于土地用途。对此的批评意见,参见 Medicus[10], Rdnr. 1197; Reh-bein JR 1983, 280 f.。

了合意的存在,E 就必须阐明并证明,K 在转让罐子的所有权方面是非善意的。[35]

S 是一块土地的所有者,土地上有一座不再使用的旧教堂。挂在教堂塔楼上的钟被 S 出售给了 K,并根据第 929 条、第 930 条交付,双方达成协议要求 S 暂时为 K 保管这块钟。在债权人 G 的推动下,该土地被强制拍卖,G 自己中标。当 K 要求 G 返还他对钟的所有权时,G 拒绝归还——这是非法的。通过强制拍卖的中标,G 已成为该土地及从物的所有者(《强制拍卖法》第 90 条)。从物也已经同时被拍卖。属于债务人的从物已经随着土地一并被扣押(《强制拍卖法》第 20 条第 2 款以及《民法典》第 1120 条),因此也已经被拍卖(《强制拍卖法》第 55 条第 1 款)。《强制拍卖法》第 55 条第 2 款扩大了拍卖范围,包括属于第三方的从物。钟通常用于教堂土地的特定目的,因此属于从物。但因为协议约定 S 只能暂时为 K 保管钟,所以该钟已被解除了从属关系(第 97 条第 2 款),不再是从物,因此它的所有权也没有一同移转给 G。[36]

四、收益和负担

Affolter, Das Fruchtrecht, 1911; Baur, "Nutzungen" eines Unternehmens bei Anordnung von Vorerbschaft und Testamentsvollstreckung, JZ 1958, 465; Crome, Zur Fruchtlehre, Festgabe K. Bergbohm, 1919, 99; Faubel, Der Bereicherungsanspruch des Eigentümers einer Sache gegen den Besitzer wegen Nutzungen, 1950; v. Godin, Nutzung-srecht an Unternehmen und Unternehmensbeteiligungen, 1949; Möhring, Der Fruchterwerb nach geltendem Recht, insbesondere bei einem Wechsel des Nutzungsberechtigten, 1954; Panthel, Der

---

[35] LG Gießen NJW-RR 1999, 1538. 然而,法院认为燃气罐只是暂时埋藏的,因此仅是表面附属物。但这样一来,它也就不再是从物了(根据第 97 条第 2 款)。

[36] 参见 BGH NJW 1984, 2277, 2278; Dilcher, JuS 1986, 185 ff.。

> Eigentumserwerb an Früchten und sonstigen Bestandteilen nach § 956 Abs. 1 BGB, 1956; Reichel, Der Begriff der Frucht im römischen Recht und im deutschen BGB, JherJb. 42 (1901), 205; Reinhardt, Die Verpflichtung des Käufers zur Herausgabe von Nutzungen bei nichtigen Kaufverträgen, ZAkdR 1938, 508; Schnorr v. Carolsfeld, Soziale Ausgestaltung des Erwerbs von Erzeugnissen, AcP 145 (1939), 27; Wacke, Wer sät, der mäht, JA 1981, 286; Warschauer, Fruchterwerb bei Wechsel des Eigentums von der fruchttragenden Sache, JW 1912, 719; Wieling, Die Nutzungen des gutgläubigen Besitzers, insbesondere in fehlgeschlagenen Vertragsverhältnissen, AcP 169 (1969), 137.

(一) 收益

266　　《民法典》第100条定义了收益（Nutzung）的**概念**（Begriff），将收益理解为物或权利的孳息和因使用而生的利益。很多不同的规定都涉及这个概念，它们主要关注的问题是收益应分配给谁。例如，通过租赁合同，承租人获得使用权（第581条第1款第1句），用益权人享有用益物权（第1030条第1款）。从交付开始，买受人就享有收益权（第446条第1款第2句）。那些无权获得收益的人，根据第346条第1款、347条第1款第2句、第818条第1款、第987条以下、第990条第1款、第993条和第2020条的规定，必须归还收益，然而，根据第102条的规定，他们可以要求补偿获取收益所需的费用。

267　　收益首先是指物或权利的**孳息**（Früchte）。[37] 这里的孳息指的是物品或权利的产出。根据第99条第1款的规定，直接的物的孳息包括物的产出和根据其目的获取的其他收益。产出可以是从苹果树上收获的苹果、鸡蛋、奶牛产出的牛奶。从砾石场中获得的砂石则属于其他收益。直

---

[37] 公司既不是物也不是权利（参见边码232），所以无法拥有根据第99条的定义的孳息。因此，企业的利润也不是孳息。然而，可以类推适用有关孳息收取的规定（参见 Wolf/Neuner[10], § 27 第12段）。例如，当在一个会计期间内出售一家公司时，可以类推适用第446条第1款第2句，以确定年度利润的哪部分归买方所有，哪部分归卖方所有。通常，这会在买卖合同中明确规定。

接的权利孳息根据第 99 条第 2 款被定义为根据权利的目的获得的收益,例如从证券中获得的股息或在狩猎地租赁中获得的猎物。[38] 根据第 99 条第 3 款,间接的孳息也包括根据法律关系授予的物或权利的收益。[39] 因此,房屋的租金收入也被视为房屋所有权的孳息,它基本上是通过所有权产生的收益。第 953 条以下规定了当使用权人发生变更时,从被利用的物品中获得的孳息的所有权转移,其确切移转的时间界限由第 101 条规定。在孳息被收取之前,它们通常是"母物(Muttersache)"的一部分(而且常常是重要组成部分[40]),并且没有单独的权利(第 93 条、第 94 条第 1 款第 1 句)。但是,一旦它们被从该物中分离出来,根据第 953 条以下的规定,就可能归属于使用权人或者仍然归属于母物的所有者。

在第 100 条中提到的**使用利益**(Gebrauchsvorteile)在法律上没有详细定义。该术语应该按其字面意思来理解:使用权人可以在保持物品实体不受影响的情况下,以任何对自己有利的方式使用物品。因此,拥有花园土地使用权的人不仅可以摘花和采摘水果,还可以在花园里踢足球和晒太阳。拥有某支股票收益权的人不仅可以享受分红,还可以参加股东大会并行使表决权。值得注意的是,在租赁关系中,租户只能获得使用利益,而不能获得孳息的收益(参见第 535 条第 1 款第 1 句)。

268

范例

A 向 N 授予了某公司大量股票的收益权(根据第 1068 条)。根据股份公司股东大会的决议,其基础股本增加了。新股票将提供给具有相应认购权的股东(《股份法》第 186 条第 1 款第 1 句)。A 和 N 对于新股票的归属发生争议。如果新股票是对以前的用益的孳息,那么它们归 N 所有。然而,认购权并不是确定的预期收益(根据第 99 条第 2 款),而是作为针对股权比例减少的补偿而授予的独立

269

---

[38] BGHZ 112, 392, 398.
[39] Dazu BGHZ 180, 285 Rdnr.12.
[40] 对于羊毛这类的情况是不同的,在剪毛之前,羊毛被视为非重要组成部分。

财产权利,该权利属于股票的所有者而不是收益权人。[41]

270　　P 是农田的承租人,他允许贷款给他的 G 占有收获的谷物。然而,P 最终自己收割了谷物并将其运到批发商那里。在运送途中,S 的过失引起了一起交通事故,摧毁了收获的谷物。G 要求 S 进行赔偿。但是,只有当 G 是谷物的所有者时,他才有权索赔。在与土地分离之前,谷物是土地的组成部分,因此无法单独所有(根据第 93 条、第 94 条第 1 款第 1 句)。对于 P 和 G 来说,根据第 954 条,他们都没有土地的收益权,因此无法获得谷物的所有权。然而,作为承租人,P 有债上的收益权。因此,根据第 956 条第 1 款第 1 句,P 在谷物分离后获得了所有权,因为他被授予了作为母物的土地的占有。是否授予 G 相应的收益权并不改变这一点,虽然根据第 956 条第 2 款,授权会导致 G 通过原始取得的方式取得所有权。然而,根据第 956 条第 2 款与第 1 款第 1 句的规定,G 必须成为母物或收获物的占有人,才能实现这个目的。[42] 由于 G 无法满足这个条件,所有权归属于 P 而不是 G,因此 P 有权向 S 要求赔偿。

(二) 负担

271　　那些被授予收益的人一般也必须承担相应的负担(Lasten),即负责保护该物、支付相关的费用等。承受负担的义务可以通过合同约定或法律规定来确定。例如,根据第 586a 条的承租人义务;根据第 1047 条的用益物权人义务;根据第 446 条第 1 款第 2 句,在交付后,买方也有义务承受负担。法律并没有对负担进行定义,而只是在第 103 条中规定了负担承受义务移转时的分配方式。

---

[41]　参见 OLG Bremen DB 1970, 1436。
[42]　参见 BGHZ 27, 360, 361 ff.。

第四部分

法律事实

第八章 事件和行为

> **文献**
>
> P. Klein, Die Rechtshandlungen im engeren Sinne, 1912; Manigk, Das rechtswirksame Verhalten, 1939; ders., Das System der juristischen Handlungen im neuesten Schrifttum, JherJb. 83 (1933), 1.

272

除了权利主体(第 1 条以下;→边码 151 以下)和权利客体(第 90 条以下;→边码 226 以下),《民法典》还在总则部分规定了**法律上重要的事实**(rechtlich erhebliche Tatsachen)。当这些事实成为发生法律效果的前提时,它们就具有了法律上的重要意义。几乎所有法规都与这些法律事实(Rechtstatsache)相关联。[1] 只有存在与法律相关的特定事实,才能发生预先规定的法律效果。上文提到众多例子的不同特点已经表明,即使是非常不同的情况也可能对法律具有重大意义。

273

范例

根据《民法典》第 1922 条第 1 款,遗产的移转取决于被继承人的死亡。根据《民法典》第 823 条第 1 款,只有当权益被侵害时,才会产生赔偿责任。根据《民法典》第 929 条第 1 句,只有在财产实际转移给买受人时,所有权才会转让。根据《民法典》第 535 条第 1 款第 2 句,只有当租户在租赁合同中承诺支付租金时,他才有义务支付租金。根据《民法典》第 286 条第 1 款第 1 句,只有在债权人发出催告后,债务人才会进入迟延状态。

274

---

[1] 有的例外情况是像《支付不能法》第 1 条那样的规定,既不涉及事实,也没有规定任何法律效果。

275　如果要给众多可能的法律事实一定的体系,需要先区分事件、法律上的行为(→边码276以下)和内在因素(→边码277a)。**事件**(Ereignisse)是指所有不涉及法律主体行为的事实,例如诉讼中的消灭时效届满(第214条第1款)、继承中的死亡(第1922条第1款),或者火灾保险中被保险物因火灾而遭受损害。

276　与此相对,当法律效果要求特定法律主体的行为时,就涉及人的**法律上的行为**(Rechtshandlungen)。[2] 在这方面,行为可以分为合法和非法两类。非法的法律上的行为(rechtswidrige Rechtshandlungen)主要属于侵权法(第823条以下)的范畴,并且被称为违法行为(unerlaubte Handlungen)。如果一个人伤害了另一个人,他就实施了一项违法行为,因为从第823条第1款的角度来看,他的行为在法律上是有重要意义的,除非存在特殊的正当理由,否则这种法律上的行为就违反了法律秩序,是违法的。当然,在合同法中也存在非法的行为。如果送货车在交付货物时毁坏了客户的玫瑰花坛,则不仅构成侵权行为(第823条第1款),还违反了合同的附随义务(第241条第2款),因此构成积极违约。由于这种非法的行为,他不仅在侵权法上,而且在合同法上也有义务承担损害赔偿责任(第280条第1款)。

277　合法的法律上的行为(rechtmäßige Rechtshandlungen)可以分为事实行为(Realakte)[3]和表示行为(Erklärungen),表示行为又可以分为法律行为和准法律行为。[4] 本书将在第六部分(→边码395、407、412)对这种区别进行详细说明。在这里,只作简要概述:事实行为是指不属于表示行为的行为,即使行为人没有相应的意愿,也会依据法律产生相应的法律效果(→边码407)。例如,在此范畴中,根据《民法典》第950条第1款的规定,加工者将物加工后可以获得新物的所有权,即使他并不想成为所有

---

〔2〕 也可参见 Mot. I, 127 = Mugdan I, 421。

〔3〕 传统上,事实行为被视为合法的行为的子类。然而,反过来说,事实行为也可以包括非法的行为。参见 Medicus[10], Rdnr. 196。

〔4〕 有时候,也将事实行为和准法律行为归入法律上的行为,并将其与法律行为相对;例如,参见 Flume[4], § 9, 1,更多讨论,参见边码407以及相关内容。

者。相比之下,作为表示行为的法律行为是指,根据法律规定只有在当事人具有明确意思表示的情况下才能产生相应的法律效果,并且这种效果也是被(法律上行为的)意愿所涵盖的(所谓的意思表示;→边码 395、398)。例如,只有当雇员希望终止劳动关系并在解雇声明中明确表达这一意愿时,才能通过雇员的辞职来结束劳动关系。根据《民法典》第 433 条的规定,产生买卖合同的义务应以合同订立为前提,即双方的合意,表明他们确实希望承担这些义务。最后,在事实行为和法律行为之间的表示行为是准法律行为(rechtsgeschäftsähnliche Handlungen)。它与事实行为的不同之处在于它也是表示行为,与法律行为的不同之处在于其法律效果是根据法律规定产生的,而不是来自行为人自身的意愿(→边码 412)。例如,《民法典》第 286 条第 1 款第 1 句规定的催告包含请求对方履行债务。然而,迟延(法律效果)之所以发生,并不是因为发出催告的债权人希望如此(他的意愿表达的是他希望对方履行,而不是迟延的成立),而是因为法律规定迟延是催告的一种法律效果(→边码 413)。

在法律事实中,除了事件和行为,还有**内在因素**(innere Umstände),特别是对与法律相关情况的知悉与否。例如,根据第 442 条第 1 款第 1 句,如果买方在签订合同时知道商品存在缺陷,则买方的瑕疵担保权利就会被排除。而根据第 932 条第 1 款第 1 句、第 932 条第 2 款的规定,如果买受人获得无权处分人的物权时并非善意,即知道或由于重大过失而不知道该物件的所有权不属于卖方,就不会成立善意取得。

277a

第五部分

主观权利

第九章 主观权利的概念

Achterberg, Die Rechtsordnung als Rechtsverhältnisordnung, 1982; ders., Rechtsverhältnisse als Strukturelemente der Rechtsordnung, Rechtstheorie 1978, 385; Ahrens, Zur Anspruchskonkurrenz bei mehreren Haftungsgründen, AcP 170 (1970), 392; Aicher, Das Eigentum als subjektives Recht, 1975; Auer, Subjektive Rechte bei Pufendorf und Kant, AcP 208 (2008), 584; K. Blomeyer, Zur Lehre von den Rechten des Einzelnen, FS H. Lehmann, 1937, 101; Bornemann, Die Lehre vom Anspruch, 1971; Bruns, Die Anspruchskonkurrenz im Zivilrecht, JuS 1971, 221; Bucher, Das subjektive Recht als Normsetzungsbefugnis, 1965; Buchner, Für mehr Aktionendenken, AcP 186 (1986), 1; Coing, Zur Geschichte des Begriffs „subjektives Recht", in: Coing/Lawson/Grönfors, Das subjektive Recht und der Rechtsschutz der Persönlichkeit, 1959, 7; Dietz, Anspruchskonkurrenz bei Vertragsverletzung und Delikt, 1934; Eichler, Die Konkurrenz der vertraglichen und deliktischen Haftung im deutschen Recht, AcP 162 (1963), 401; Fezer, Teilhabe und Verantwortung, 1986; Georgiades, Die Anspruchskonkurrenz im Zivilrecht und Zivilprozeßrecht, 1968; Hellwig, Anspruch und Klagerecht, 1924; Jahr, Zum römischen (romanistischen) Begriff des Eigentums (subjektiven Rechts), Gedächtnisschrift W. Kunkel, 1984, 69; Kasper, Das subjektive Recht-Begriffsbildung und Bedeutungsmehrheit, 1967; Kaufmann, Zur Geschichte des aktionen-rechtlichen Denkens, JZ 1964, 482; Kleinfeller, Der Begriff „Anspruch", AcP 137 (1933), 129; Larenz, Zur Struktur „subjektiver Rechte", in: Festgabe J. Sontis, 1977, 129; Lent, Die Gesetzeskonkurrenz im Bürgerlichen Recht und Zivilprozeß, 2. Bde., 1912/1916; Medicus, Anspruch und Einrede als Rückgrat einer zivilistischen Lehrmethode, AcP 174 (1974), 313; Neussel, Anspruch und Rechtsverhältnis, 1952; Oertmann, Zur Struktur der subjektiven Privatrechte, AcP 123 (1925), 129; Okuda, Über den Anspruchsbegriff im deutschen BGB, AcP 164 (1964), 536; Petersen, Anspruchsgrundlage und Anspruchsaufbau als Abbildung des inneren Systems der Privatrechtsordnung,

> in: FS D. Medicus, 2009, 295; L. Raiser, Der Stand der Lehre vom subjektiven Recht im deutschen Zivilrecht, JZ 1961, 465; Schapp, Das subjektive Recht im Prozeß der Rechtsgewinnung, 1977; ders., Das Zivilrecht als Anspruchssystem, JuS 1992, 537; J. Schmidt, Aktionsberechtigung und Vermögensberechtigung, 1969; ders., Nochmals: Zur formalen Struktur der subjektiven Rechte, Rechtstheorie 1979, 71; R. Schmidt, Die Gesetzeskonkurrenz im bürgerlichen Recht, 1915; Schuppe, Der Begriff des subjektiven Rechts, 1887; Spickhoff, Anspruchskonkurrenzen, Internationale Zuständigkeit und Internationales Privatrecht, IPRax. 2009, 128; Thom, Rechtsnorm und subjektives Recht, 1878; G. Wagner, Rudolph von Jherings Theorie des subjektiven Rechts und der berechtigenden Reflexwirkungen, AcP 193 (1993), 319; Windscheid, Die Actio des römischen Civilrechts vom Standpunkt des heutigen Rechts, 1856; Wüstenbecker, Die subjektiven Privatrechte, JA 1984, 227.

一、概述

279　　法律规定了权利主体之间的法律关系,这些法律关系在具体情况下各有不同。在很多情况下,权利主体之间的唯一联系就是作为一般法律地位的共同性,也就是受到相同法律制度的约束。当两名司机在乡村公路上相遇时,他们的法律关系就仅限于一种非常普通的关系。这种关系非常模糊,不能说这两个人之间存在真正的法律关系,然而,如果两辆车碰撞,那么一般的法律关系就会具体化为特别的法律关系。这种关系的特点是,此时一名司机可以要求另一名司机赔偿损失(根据《道路交通法》第7条、《民法典》第823条第1款)。在此也就存在一项具体的请求,根据第194条第1款的定义,就是请求他人采取某种行动或停止某种行为的权利。这种请求的权利同时也是主观权利的一个重要子类,但这种权利的概念更广泛;除了请求的权利,还包括所有权或抵押权等财产性权利。在接下来的部分,我们需要明确主观权利的概念,并将其与请求权以及法律关系的概念联系起来。

二、主观权利

(一) 概念

关于主观权利的概念,并没有被普遍认可的定义。通常人们通过描述来概括主观权利,将主观权利描述为**法律秩序所授予的法律之力**(die von der Rechtsordnung verliehene Rechtsmacht)[1],经常通过权限(Befugnisse)和职责[2](Zuständigkeiten)或者授权[3](Berechtigungen)来解释。基于这种理解,(私法的[4])主观权利被划分为绝对权和相对权。绝对权对任何人都生效,而相对权仅对特定的相对人生效。[5] 所有权属于绝对权,第194条规定的请求权则属于相对权。   280

这种运用现象学的方法可以通过一种新的视角来更加准确地描述,该视角强调主观权利的形式和规范逻辑结构。[6] 根据这个视角,主观权利被认为是"对带有保护及独占排他性的行为合法性的授予(Zuweisung einer Verhaltensberechtigung mit Schutz und Ausschließlichkeitsgewähr)"。"**行为合法性的授予**(Zuweisung einer Verhaltensberechtigung)"意味着一个人通过法律或法律行为获得实施特定行为的权限。如果这个人有权实施实际行动(例如,钢琴的所有者有权弹奏钢琴,根据第903条),那么就存在一项许可规范(Erlaubnisnorm);如果这个人有权实施法律行为(例如,租户   281

---

[1] Brox/Walker[38], Rdnr. 617; Enneccerus/Nipperdey[15], 428 f.; Hübner[2], Rdnr. 354; Köhler[38], § 17 Rdnr. 5; Wolf/Neuner[10], § 20 Rdnr. 6.

[2] Hübner[2], Rdnr. 354.

[3] Medicus[10], Rdnr. 61.

[4] 主观权利不仅存在于私法中,而且存在于公法中。接下来我们只讨论私法关系中的主观权利。

[5] 参见 Brox/Walker[38], Rdnr. 631 f.; Hübner[2], Rdnr. 355 ff.; Köhler[38], § 17 Rdnr. 7/11; Medicus[10], Rdnr. 62 f.; Wolf/Neuner[10], § 20 Rdnr. 52 ff.。

[6] 详细的论述,参见 Bork, Der Vergleich, 1988, 193 ff.; Dörner, Dynamische Relativität, 1985, 25 ff.; J. Schmidt, Aktionsberechtigung und Vermögensberechtigung, 1969, 13 ff.。

有权解除租赁协议,根据第 542 条),那么就存在一项授权规范(Ermächtigungsnorm)。被授予的权限可以涉及权利持有人自身(例如人格权;→边码 179),也可以涉及某个权利客体(例如所有权,即与物相关或者物上的权利),或者涉及其他人(例如支付请求,即涉及与人相关的权利或人身权利)。在与人相关的权利中,与行为权限相对应的是对方的容忍或行为的义务,这个义务与主观权利是密不可分的两面。与人相关的权利既可以是和人格相关的,也可以是和客体相关的(例如,要求撤销对名誉的诽谤或转让某物)。因此,行为权限主要涉及他人(需要消除对人格权的侵害或应当交付标的物),而不涉及人格权或者物本身。因此,这些只间接涉及人格或客体的权利应归类为对人权。

282 "保护及独占排他(Schutz und Ausschließlichkeitsgewähr)"意指其他所有权利主体都被剥夺了这种行为权限。[7] 对于授权规范的保护来说,只要第三方没有被赋予相应的行为权限,无法实施合法行为[无权规范(Inkompetenznorm)],就足以达到保护目的。例如,在恶意欺诈的情况下,撤销权仅归属于被欺诈行为引导发出意思表示的一方,其他人所发出的类似意思表示则并不会产生撤销的效果,这并不需要特别的禁止条款或制裁措施。但在实际的行为中情况则不同,针对在他人鱼塘中捕鱼这样的行为,仅依靠"无权规范"并不能产生效果。因此,对于"所有权"这种物上权限,必须通过排除妨害和制裁来提供保护。

范例

283 　　所有权(Eigentum)是一种主观权利。通过第 903 条的规定授予行为的合法性:所有者可以随意处分标的物并排除他人的任何干扰。因此,所有者有权实施(任何)实际行为,所以第 903 条是一项许可规范,这种权限仅限于所有者。同样也可从第 903 条、第 1004 条以及第 823 条第 1 款中得出排除妨害的结论:侵害所有人权利的人可以被请

---

[7] 在这方面,例如合同自由,缺乏的是对其他主体的限制和排他性。合同自由适用于每个人,并且没有将任何人隔离在外,因此它不属于某个特定主体的主观权利。

求停止侵害、排除妨害和赔偿损害。因为行为授权仅涉及物（而保护和独占排他性针对任何人），所以所有权是一种与物相关的物上权利。

付款请求权（Zahlungsanspruch）也是一种主观权利。债权人被赋予某种行为的权限，即他可以要求债务人支付应付的金额。这种权限涉及他人法律上的行为，因此是一种授权规范（Ermächtigungsnorm）。这种行为权限，有保护和独占排他性，因为其他人没有被授予这种行为权限。因此，在第三方请求债务人付款时，其请求就变成了"无权规范"，故而这种第三方的请求没有法律效力。[8] 由于行为权限针对特定的人，这种权利属于对人权。 284

解除权（Kündigungsrecht）同样是一种主观权利，包括通过授权规范获得权限的一方可以通过单方意思表示终止法律关系的权利。保护和独占排他性同样存在，因为第三方的解除表示没有法律效力（无权规范）。 285

相反，代理权（Vertretungsmacht）是一种"法律之力（Rechtsmacht）"，而非主观权利（→边码1426）。代理人为他人引发法律效果的行为权限并不源于代理权，而是源于内部关系（如委托、劳务合同、法律规定等）。代理权只是赋予代理人的一种工具，使其拥有能够获得替他人行动的合法性。 286

占有（Besitz）同样不是一种主观权利。虽然占有能够在实际控制权（第861条以下）、追索权（第1007条）和侵权责任（第823条第1款[9]）方面得到保护，但它本身并非行为权限。只有法律行为（例如租赁合同）或法律规定（例如第867条）才能赋予占有人行为权限。 287

上述观点消除了**相对权和绝对权**（relative und absolute Rechte）之间的 288

---

〔8〕 此外，第687条第2款和第816条第2款也提供了间接的保护。这些并不是例外情况，而是作为"无权规范"的附加规定。

〔9〕 只要占有和使用权相联系，它就会被视为"其他权利"而受到保护。参见 BGHZ 137, 89, 97 f.; Medicus, AcP 165 (1965), 115 ff.。

区别(→边码 280)。关于相对权(如付款请求权)只针对特定人,而绝对权(如所有权)针对任何人的观点,强调的只是统一结构下的不同要素。这两种权利的共同特点是将行为权限分配给权利主体,并提供保护和排他性权利。将相对权和绝对权区分开来的观点,仅关注相对权的行为权限方面,对绝对权则只关注保护和排他性方面。然而,这种保护和排他性不仅存在于所有权(→边码 283),在债权中也是存在的(→边码 284),只是在债权中以"无权规范"的形式存在并因此"看不见",而在所有权中明确体现在第 903 条、第 1004 条和第 823 条第 1 款[10]中。因此,就保护和排他性而言,这两种权利都是"绝对"的,即任何人都不能侵犯。然而,如果仅考虑被分配的行为权限,则不能区分为相对权和绝对权,而只能区分为和人格相关的权利、和客体相关(物上)的权利与和人相关(对人)的权利(→边码 281)。

(二)区分

1. 法律关系

289　　法律关系的概念比"主观权利"更广泛。法律关系是指**权利主体之间存在的(人格的、客体的或与人有关的)法律上的关联**(rechtliche Beziehung zwischen Rechtssubjekten)[11],超出了纯粹的法律共同体成员状态,其特点是至少包含一个主观权利。其中,只包括主观权利的被称为"狭义上的法律关系"。然而,在法律关系中,除了主观权利(包括与其相对应的义务,→边码 281),通常还存在许多其他法律要素。这时也可以称之为"广义上的法律关系",它作为一个"有机体"[12]包含着众多的权利、

---

[10] 这同时也确认了主流观点,根据该观点,第 823 条第 1 款的"其他权利"并不保护债权。参见 Medicus, FS Steffen, 1995, 333 ff.; 相反观点,参见 Canaris, FS Steffen, 1995, 85 ff.。

[11] 根据通说,法律关系通常被定位为人和人之间或者人和物之间的法律上的关联。参见 Brox/Walker[38], Rdnr. 608; Hübner[2], Rdnr. 353; Köhler[38], § 17 Rdnr. 1。这个定义基于绝对权利和相对权利之间相互区别的观点,可以参考边码 288 所述内容,对此,如 Wolf/Neuner[10], § 19 Rdnr. 4 等所述。

[12] 对于债法上的法律关系,参见 Siber, SchuldR, S. 1。

义务、负担和责任等。[13] 法律关系常常表现为一系列法律要素的集合,这一点在债法中表现得尤其明显,例如,雇佣关系或租赁关系并不仅限于单一的主观权利和由其必然衍生的义务,而是包括了多种主观权利,并伴随着附随义务、责任等。

2. 请求权

"请求权(Anspruch)"是主观权利的一种类型。根据第 194 条第 1 款的定义,请求权是要求他人采取特定行为或停止行为的权利。因此,它是**与人相关的主观权利/对人权**(personenbezogenes subjektives Recht)。该权利存在于请求权利人(债权人)和请求义务人(债务人)之间。各个法律领域都存在这样的权利,因此我们可以谈论到债权、物权、家庭法或继承法上的请求权。债权方面的请求权通常被称为"债上请求权(Forderungen)"(参见第 241 条第 1 句)。 290

根据当前的理解,请求权主要是**一种实体权利**(Kategorie des materiellen Rechts)。然而在罗马法中,人们首先想到的并非实体法上的请求权,而是程序法上的诉请(actio)。如果这些诉请无法得到支持,也就不存在相应的请求权。伯纳德·温德沙益德的功劳在于克服了这种"诉讼思维",并确立了实体法上的请求权概念。[14] 然而,在《民法典》中仍然可以找到"诉讼思维"的残余,例如在第 12 条第 2 句、第 1004 条第 1 款第 2 句等规定的措辞中。[15] 291

请求权与**请求权基础**(Anspruchsgrundlage)是不同的。请求权基础指的是授予请求权的构成基础(→边码 88)。它可以是一项法律行为或法律法规,因此可以将它分为基于法律行为的(尤其是合同的)请求权和法定的请求权。例如,承包商对工程报酬的请求权基础是施工合同(而不是只作为一种合同类型的第 631 条第 1 款,→边码 89),所有权人对占有人的返还请求的请求权基础是第 985 条。在《民法典》的全部五编中都可以找 292

---

[13] 对于各项要素的详细论述,参见 Wolf/Neuner[10], § 19 Rdnr. 18 ff.。

[14] Windscheid, Die Actio des römischen Civilrechts vom Standpunkt des heutigen Rechts, 1856,还可以参见 Kaufmann, JZ 1964, 482 ff.。

[15] 参见 Medicus[10], Rdnr. 74。

到法定的请求权基础,它们也被称为请求权规范(Anspruchsnormen)。

293　　一个权利主体针对同一经济利益可以拥有多个请求权。在这种情况下,就会产生**请求权竞合**(Anspruchskonkurrenz)的问题。对此可以区分出几种情况。可以基于多个请求权基础来提出一个统一的请求,这被称为请求权基础或者请求权规范的竞合。竞合可以表现为各个规范之间的互斥[法条竞合(Gesetzeskonkurrenz),即优先适用特别法]或者它们可以同时适用[累积的规范竞合(kumulative Normkonkurrenz)]。例如,在交通事故中,受害人可以根据不同的法规提出不同的损害赔偿请求(《道路交通法》第7条、第18条,《民法典》第823条第1款、第823条第2款,以及《道路交通法》或《道路交通条例》的相关内容)。但实际上能够行使的只有一个损害赔偿请求权。因此请求权人只能选择其中的一项,例如不能将《道路交通法》第7条的请求权转让*给一个人,而将《民法典》第823条第1款的请求权转让给另一个人。然而,有时一个权利主体可以同时行使多个请求权(也可是多个已经分割的、可转让的支配客体,即一个请求权被分割成多个权利指向不同的义务人)。在此情况下,请求权会指向不同的法律效果,受害人不仅可以要求损害赔偿(Schadensersatz),还可以要求精神损害赔偿(Schmerzensgeld)[请求权的聚合(Anspruchshäufung)]。这些请求权也可以在择一关系(Alternativverhältnis)中相互替代[择一的请求权竞合(alternative Anspruchskonkurrenz)],例如《民法典》第437条第2项规定,购买了瑕疵商品的买受人可以选择撤销合同或减少价金。但也可以假设此时存在内容相同并且相互竞合的请求权(累积的请求权竞合),这种情况就是真正的请求权竞合。此时存在多个债上请求权并因此存在多个可处分客体,这些客体是否可以属于不同的人(例如,请求权人只将两个请求权中的一个转让)取决于具体情况和对债务人的保护需要。无论如何,此时通常会存在一种履行的共同(Erfüllungsgemeinschaft)[16],因为债权人只能获得一次给付。

---

* 作者在这里将请求权的行使,描述为"转让/出让(abtreten)"。——译者注
[16]　Wolf/Neuner[10], § 21 Rdnr. 7.

范例

K购买了一台电脑,并用支票支付了价款。在这里,除了来自买卖合同(第433条第2款)的价金请求权,还存在来自票据法的请求权(《支票法》第12条第1句)。即使在符合《支票法》第40条的条件下,第二个请求权也像第一个请求权一样只是针对合意金额的支付。但在这两个请求中,后者是为了保障前者的履行而存在的(第364条第2款)。此时这两个请求可以分开处理,因此出卖人可以将支票的权利转让给银行并保留请求支付对价的权利。支票是一种"流通票据",它可以独立于支付的基础请求而被转让。当然,卖方只能收到一次价金。通常,发行支票时存在一个默示的合意,即暂时不再主张价金债权(pactum de non petendo)。如果票据债务获得清偿,那么价金债权也会消灭。如果价金获得了支付,则支票承兑人作为支票受款人对卖方有不当得利抗辩权(第821条),因为出卖人此时对第二个债权没有获取的正当性(第812条第1款第2句)。

V向M出租了一块土地,并将"基于租赁合同的请求权"转让给银行B。租赁合同终止后,M没有搬走。尽管当地的租金为每月3000欧元,但B只是诉请根据第546a条第1款获得每月2500欧元的损害赔偿。判决生效后,V要求M每月再支付500欧元。他认为,除了第546a条第1款,还存在着第987条第1款、第990条第1款等其他请求。由于它们不是基于租赁合同的请求权,因此没有被转让给B。然而,联邦最高法院没有同意这个观点:首先,解释表明,后来的请求权也已经被转让给B。其次,在请求权竞合的情况下,只有在债务人同意时,才能通过转让将请求权相互分割,因为仅转让一个请求权会导致共同债务关系的产生(第428条),而这种关系只有在债务人同意时才能确立。[17]因此,只有在不与B和M的判决效力相冲突的情况下,B才能提出其他债上请求权。

---

[17] BGHZ 140, 175, 178 ff.

(三)类型

296　　主观权利可以通过不同的方式进行分类。按照法律领域进行分类的方式并没有太多实际意义。主观权利,特别是涉及特定人的请求权,在所有法律领域中都存在,因此我们还可以讨论**债法上的**、**物权法上的**、**家庭法和继承法上的**(schuldrechtlichen, sachenrechtlichen, familienrechtlichen und erbrechtlichen)主观权利(请求权),但这并不能带来特别的见解。

297　　更有意义的方式是按行为权限的内容进行分类(→边码 281)。这里可以首先讨论**人格权**(Persönlichkeitsrechte),它包括一般人格权,即对自己的支配权(→边码179),还包括其他与人格相关的权利,如亲权(elterliches Sorgerecht)(第 1626 条第 1 款第 1 句)。[18] 然后,必须强调**支配权**(Herrschaftsrechte),即作为对权利客体支配权的对物权(→边码 227 以下),尤其是对物(例如所有权、定限物权)和非物质利益(例如版权)的支配权,有时还包括对其他权利(例如对债权或股权的抵押权)的支配权。此外,还有**请求权**(Ansprüche),其中涉及和特定人相关的主观权利(→边码 290)。内容介于二者之间的是**形成权**(Gestaltungsrechte)。[19] 这种权利基于授权规范分配的行为权限,能够重构相应的法律关系(例如撤销、撤回、抵销、解除、行使优先购买权或选择权)。这种权利并非指向具体个人(不要求另一方当事人的参与),而是与客体,即一个法律关系相关。

---

　　[18] 这里的行为授权指向的是另一个人的人格,但既不涉及对此人格的支配,也不涉及指向该人行为的请求权。

　　[19] 根据那些希望区分绝对权利和相对权利的人的观点,这一点也同样适用;比如,参见 Hübner[2], Rdnr. 355。

第十章 主观权利的命运

一、概述

当权利主体主张一项主观权利时,首先要审查这项权利的产生(→边码 300)。它可能是基于权利主体本身而产生,这被称为原始取得(originärer Erwerb)(→边码 301)。但同时主观权利也可能是基于第三方主体产生的,然后转移给主张该权利的权利主体,这被称为继受取得/派生取得(derivativer Erwerb)(→边码 306)。权利的转移意味着,不再是原本的,而是新的权利持有人可主张该权利。如果确定了权利持有人,其次,就要检查这项权利是否已经消灭(→边码 310)。最后,需要考虑是否存在可以阻止这项权利实现的抗辩权(→边码 313)。

298

范例

批发商 V 向商人 K 交付了价值 10000 欧元的原材料,K 支付了 3000 欧元作为定金。V 将剩余的请求权转让给银行 B,四年后 B 向 K 要求支付 7000 欧元。在买卖合同成立时,价金请求权自 V 处产生。然而,他此时已经不能再主张该权利,因为他已经通过转让(第 398 条第 1 句)将权利让与给 B。因此,权利的持有人是 B(第 398 条第 2 句),尽管 B 可以授权 V 收取该款项(第 185 条第 1 款)。但如果 B 要求支付,K 可以提出抗辩,即 3000 欧元的价金请求权已经通过履行而消灭(第 362 条第 1 款)。对于余下的款项,K 可以根据第 195 条和第 214 条第 1 款提出时效抗辩。最终,K 不需要再承担支付价金的义务。

299

二、产生

300　　主观权利是**通过实现特定的要件而产生的**,法律秩序基于这些要件将主观权利的成立和法律效果相互联系(entstehen durch die Verwirklichung eines Tatbestandes, an den die Rechtsordnung als Rechtsfolge die Entstehung des subjektiven Rechts knüpft)。促使主观权利产生的构成要件是多样化的,基本上,可以分为法律行为和法定成立要件两类。法律行为的典型例子是签订合同,该行为导致约定的合同权利产生。法定成立要件的一个例子是对他人财物造成损害,这将使所有者获得请求损害赔偿的权利(第823条第1款),另一个例子是儿童的出生,这将使父母获得亲权(第1626条第1款第1句)。

301　　在这些要件实现的情况下,会产生一个以前并不存在的主观权利,该权利是从(首个)有权利的人身上产生的。因此,也被称为**原始的权利取得**(originärer Rechtserwerb)。此时,主观权利的权利人不是从其他人那里获得享有权利的资格。主观权利并非因第三人而产生,再转移到现在的权利人之上,而是直接从(现在的)权利人身上产生。

范例

302　　当租户和房东签订租赁合同时,房东会获得请求支付合意租金的权利。这个权利在此之前并不存在,它是直接基于房东本人而产生的。

303　　如果一位祖母在银行为她正在上学的孙女开立一个银行账户,那么孙女将获得属于自己的提款权。这个权利并不是先从祖母那里产生,然后通过转让(第398条)的方式移转到孙女身上,而是通过一份利益第三人合同直接从受益的孙女身上产生(第328条第1款)。

304　　W在J的狩猎区射杀了一只野猪并将其卖给K。野猪作为野生动物起初是无主状态,即没有任何人享有所有权(第960条第1款第

1句)。W无法根据第958条第1款取得该动物的所有权,因为他侵害了J的狩猎权(《民法典》第958条第2款以及《联邦狩猎法》第1条第1款第1句)。J也同样无法成为所有权人,因为W的行为并非源于J的授权,J无法承受W行为的法律效果。因此,只有当W将动物出售给K时,K才取得了所有权。此时W也并不享有可以根据《民法典》929条第1句、第932条第1款第1句转让给K的所有权。因为这些条款实际上适用于继受取得(→边码307),在所有权原始取得时只能类推适用。而根据第935条,J未获得所有权并不妨碍K取得所有权,因为J也从未丢失过动物。对于J,这里并不存在非自愿的占有丧失,因为他从未实际控制野生动物,也因此从未占有它(第854条第1款)。

三、移转

大多数主观权利是可以转让的。[1] 这些权利会从原权利人转移(Übergang)到受让人身上,这个过程从不同的角度来看是很有意思的。对于出让人,转让会导致原权利的丧失(→边码310),出让人因此不再有权主张该权利。但这些权利并没有真正消失,而是依同样转移到受让人身上。然而,出让人现在缺乏**实体原告适格**(Aktivlegitimation):他不再是权利人,因此如果他要求履行义务,则是在主张他人权利,只有在法律(例如第1629条第3款第1句)或现在的权利人(第185条第1款)允许的情况下,他才能这么做。由于权利被转让,现在作为新的权利人的受让人就具有实体原告适格。 305

对于新的权利人,这是一种权利的**继受取得/派生取得**(derivativer Erwerb)。主观权利并非产生在现在享有权利的个人身上,而是产生在第三者身上。因此,原权利的取得发生在前任权利人身上(除非经历了多次连 306

---

[1] 根据第399条、第400条、第1059条第1句以及物的本质属性,也确实存在一些例外情况,比如,对子女的监护权是专属于父母的个人权利,不能通过法律行为转让。

续的转让),出让人将主观权利转让给他的继受者。对于后者,这是一种派生的,而非原始的权利取得方式。当继任者主张权利时,需要确定两个问题:该权利是否(在权利出让人身上)有效地产生,以及已产生的权利是否有效地转移给现在的权利持有人?

范例

307　　E 借给 V 一本书,V 将书出售给善意的 K。根据第 929 条第 1 句和第 932 条第 1 款第 1 句,K 获得了这本书的所有权。此种所有权的取得,并非原始取得而是继受取得。[2] 书的所有权并不因为 V 的无权处分行为而消失,然后在 K 处重新产生。相反,K 通过购买获得的是 E 的所有权,尽管在这个过程中并没有 E 的参与。这种观点的正确性在所有权有负担的情况下表现得尤为明显。通常,所有权应当连同它之上的负担一并转让,K 通常不会获得比 E 更多的权利。更确切地说,他获得的是 E 的所有权,其中包括 E 所拥有的利益和负担,除非能够证明他对于那些物上的负担也是善意的(第 936 条)。但在此例中,K 知道相关的财产权利,只是相信这些权利是 V 的(K 认为 V 是所有者,并且根据第 1006 条第 1 款第 1 句,可以这样认为)。因此,他虽然获得了所有权,但并非不受限制,他得到的是 E 以前拥有的受限制的所有权。

308　　继受取得和原始取得一样,**可以基于法律行为和法律规定**(rechtsgeschäftlich und gesetzlich)。一般来说,通过法律行为的方式来实现,最为普遍。特别是在债权让与(第 398 条)和物的让与(第 873 条、第 925 条以及第 929 条)的情况下。此时,之所以发生权利转移,仅仅是因为当事人愿意如此。权利并没有被强加给受让人,而是因为双方达成了合意,受让人获得了这种主观权利(而原权利人失去了该权利)。此外,也存

---

[2] 通说参见 MünchKomm-Oechsler[6] § 932 Rdnr. 69。但对此问题仍然有争议,不同意见,参见 Hübner, Der Rechtsverlust im Mobiliarsachen-recht, 1955, 45 ff.; Staudinger-Wiegand[2011] Vorbem. zu §§ 932-936 Rdnr. 39 ff.; vermittelnd Wolf/Neuner[10], § 19 Rdnr. 14.

在法定的权利转移。例如,在债权让与中,根据第401条的规定,从属的担保物也会随着债权的转让转移到受让人名下,尤其是保证、抵押权和质权。这种权利转移依据法律的规定而发生,即使当事人没有达成合意,甚至没有相关意愿,也会发生。债权和担保是无法分割的,这就是从属性(Akzessorietät)的本质。

继受取得还可以通过**个别继受或者概括继受**(Singular-oder Universalsukzession)的方式实现。个别继受是指针对单个权利的法定继受,因此也被称为单一权利或特定权利继受,它通常基于权利前手和权利后手之间的法律行为而实现,适用特定性原则(→边码236)。这些情况包括债权让与、财产移转和法定的债权取得。在概括继受中,不仅一个单独的主观权利,而且权利人的全部财产都转让给继受人,并无须进行单独的转让行为,这种过程也被称为概括继承(Gesamtrechtsnachfolge)。此种概括继承最典型的例子[3]是第1922条第1款的规定:一个人死亡时,他的全部财产将归属于继承人。其背后的理念是,主观权利不能没有权利主体而存在。由于被继承人在去世时丧失了权利能力,因此不再作为权利主体,法律将遗产连同所有主观权利和义务分配给继承人。主观权利在被继承人死亡时立即转移到继承人名下,无论继承人是否愿意以他是否知道遗产的存在。继承人只能通过拒绝继承的方式来免除这种分配关系(第1942条第1款)。

309

四、消灭(抗辩)

在主张主观权利时,还必须检查该权利是否已在产生后消灭(untergegang)。这也被称为**权利丧失**(Rechtsverlust)。主观权利的持有人在两种情况下会丧失其权利。第一种:当主观权利转移给作为新的权利持有人的第三方,即第三方通过继受的方式获得权利时,就会发生权利丧失。第二

310

---

[3] 其他例子还包括:社团财产收归公库,根据《民法典》第46条第1款第1句;合伙人退出合伙企业时所持有份额的结算,根据《民法典》第738条第1款第1句;夫妻共同财产的设立,根据《民法典》第1416条第2款;以及实施企业(机构)合并,根据《企业改制法》第20条第1款第1项。

种：当主观权利在权利持有人处消灭时,也会发生权利丧失。这可能基于权利持有人自己的意愿(例如,债权的豁免,根据《民法典》第397条第1款)、他人的法律行为(例如,债务的履行,根据《民法典》第362条第1款)或其他情况(例如,自然灾害导致的标的物损毁、灭失,致使所有权终止)。

311 从前面的例子中可以看出,**权利消灭的原因**(Erlöschensgründe)是多种多样的。其中最常见的原因就是依据请求权的清偿(Erfüllung)(第362条第1款)。与此相对应的原因是替代清偿(Erfüllungssurrogate)(代物清偿,第364条第1款;提存,第372条、第378条;抵销,第387条、第389条)。然而,在权利持有人放弃的情况下,主观权利也会消灭。比如,第397条第1款规定的债权免除,以及第875条第1款第1句、第928条第1款和第959条中规定的所有权的放弃。当然,这些放弃的前提是该权利是可放弃的(例如,第1614条第1款中的未来赡养费请求权就无法放弃)。权利的消灭还可以基于当事人的死亡(例如,对于赡养费请求权,第1615条第1款规定抚养请求权的消灭)〔4〕、时间的经过(例如,对于版权,根据《著作权法》第64条,对于撤销权,根据第121条第1款第1句、第124条第1款;→边码317)或者相关客体的消灭(例如,第275条规定的给付不能;对于所有权,这种结果是显而易见的,因此没有特别规定)。除此以外,还有无数权利消灭的原因。在这里,只提到了选择替代损害赔偿导致的债权消灭(第281条第4款)以及根据合同的约定行使解除权后价金债权的消灭(第346条第1款)。

312 主观权利的消灭是可以针对主张该主观权利的人提出的**抗辩**(Einwendung)之一。抗辩是指影响主观权利存在的事实情况:如果抗辩事实成立,那么主观权利就不存在(或不再存在)。可以根据抗辩的效力,将其区分为权利阻碍抗辩和权利消灭抗辩(rechtshindernde und rechtsvernichtende Einwendungen)(→边码90)。因此,主观权利的消灭是权利消灭的抗辩的结果。

---

〔4〕 更多规定,参见《民法典》第672条第1句、第673条第1句、第759条第1款、第1061条第1句、第1090条第2款、第1353条第1款第1句。

五、可实现性（抗辩权）

> Hölder, Über Ansprüche und Einreden, AcP 93 (1902), 1; Jahr, Die Einrede des bürgerlichen Rechts, JuS 1994, 125/218/293; Langheineken, Anspruch und Einrede, 1903; Medicus, Anspruch und Einrede als Rückgrat einer zivilistischen Lehrmethode, AcP 174 (1974), 313; H. Roth, Die Einrede des Bürgerlichen Rechts, 1988; P. Schlosser, Peremptorische Einreden und „Ausgleichszusammenhänge", JZ 1966, 428; ders., Selbständige peremptorische Einrede und Gestaltungsrecht im deutschen Zivilrecht, JuS 1966, 257; Schwab, Die Entscheidung über prozeßhindernde Einreden, FS F. Weber, 1975, 413; Seelig, Die prozessuale Behandlung materiellrechtlicher Einreden, 1980.

（一）一般内容

在确认当事人主张的主观权利确实存在后，需要检查的是该主观权利是否可以实现[可执行(durchsetzbarkeit)]，或者是否存在相对的抗辩权(Einreden)。与上文的抗辩(Einwendung)不同，抗辩权并不影响请求权的存在。[5] 它只是给予债务人在主张抗辩权后拒绝继续履行待付义务的权利(→边码90)。因此，权利并不消失，而只是被剥夺了可实现性。可以将这些拒绝履行的权利分为一时性抗辩和永久性抗辩。一时性抗辩(dilatorische Einreden)仅暂时阻止权利的行使，典型例子是延期支付，它可以在合同关系中将支付日期推迟一段时间。永久性抗辩(peremptorische Einreden)则给予持续而终局地拒绝履行的权利。除了下文要讨论的时效抗辩(第214条第1款)，这些抗辩权还包括针对无法律上原因负担债务(第821条)和因侵权行为而取得债权(第853条)的抗辩权，其他抗辩

---

[5] 一般来说，抗辩权是请求权的对抗权(Gegenrecht)，然而，法律也在与物权相关的情况下使用这个术语(例如第1137条)。以下主要在请求权的语境中讨论。

事由还包括第 1166 条第 1 句、第 1973 条第 1 款第 1 句、第 1989 条、第 1990 条第 1 款第 1 句、第 2083 条、第 2345 条第 1 款第 2 句等。

为了使请求权失去可实现性,必须满足两个**前提**(Voraussetzungen)。首先,必须存在一个构成抗辩权的事实。也就是说,必须满足某项规范的构成要件,以产生相应的法律效果,即给予债务人一项拒绝履行的权利。其次,债务人必须决定行使抗辩权。事实上,债务人没有义务提出抗辩权,他可以放弃并履行债务,或者以其他理由拒绝履行义务,是否主张抗辩权取决于他的个人决定。与抗辩的区别主要在于,被抗辩权对抗的请求权只是无法实施,而非不存在。如果债务人不主张抗辩权,则法院不会主动援引。[6]

(二)专论:时效抗辩

Althammer/Würdinger, Die verjährungsrechtlichen Auswirkungen der Streitverkündung, NJW 2008, 2620; Birr, Verjährung und Verwirkung, 2. Aufl., 2006; Blasche, Aktuelle Probleme des Verjährungsrechts, Jura 2009, 481; Derleder/Kähler, Die Kombination von Hemmung und Neubeginn der Verjährung, NJW 2014, 1617; Dilcher, Verjährungsrecht, JZ 1983, 825; Dörner, Die Verjährung, 2. Aufl. 1969; Dohse, Die Verjährung, 11. Aufl. 2010; Effer-Uhe, Die Folgen der Verjährung des Vindikationsanspruchs, AcP 215 (2015), 245; Erdsiek, Verjährungseinrede, NJW 1959, 471; Grunsky, Die Auswirkungen des „urteilsvertretenden Anerkenntnisses" auf die Verjährung, NJW 2013, 1336; Kähler, Vom bleibenden Wert des Eigentums nach der Verjährung des Herausgabeanspruchs, NJW 2015, 1041; ders., Verjährungshemmung nur bei Klage des Berechtigten?, NJW 2006, 1769; Kornilakis, Wesen und Funktion der Verjährung im Rahmen des deutschen und englischen Schuldrechts, 2002; Krämer, Die Neuregelung des Verjährungsrechts im Schuldrechtsmodernisierungsgesetz, 2003; Lakkis, Die Verjährungsvereinbarung nach neuem Recht, AcP 203 (2003), 763; Lau, Die Reichweite der Verjährungshemmung bei Klageerhebung, 2008; Lawson, Zeitablauf als Rechtsproblem,

[6] 在诉讼中的结果参见边码91。

AcP 159 (1960/61), 97; Nassall, Die kenntnisabhängige Verjährung in der Rechtsprechung des BGH, NJW 2014, 3681; Offermann, Die Verjährung, 1967; Oppenborn, Verhandlungen und Verjährung, 2007; Piekenbrock, Befristung, Verjährung, Verschweigung und Verwirkung, 2006; Pohlmann, Verjährung, Jura 2005, 1; Rabe, Verjährung, NJW 1992, 2395; ders., Verjährungshemmung nur durch Klage des Berechtigten?, NJW 2006, 3089; Retzlaff, Kein Anerkenntnis durch Aufrechnung, NJW 2013, 2854; Riedhammer, Kenntnis, grobe Fahrlässigkeit und Verjährung, 2004; Rosenberg, Verjährung und gesetzliche Befristung, 1904; Rutz, Die Wesensverschiedenheit von Verjährung und gesetzlicher Befristung, AcP 101 (1907), 435; Schimmel, Verjährungsrecht nach der Schuldrechtsmodernisierung, JA 2002, 977; Spiro, Die Begrenzung privater Rechte durch Verjährungs-, Verwirkungs-und Fatalfristen, 2 Bde., Bern 1975; Weiss, Verjährung und gesetzliche Befristung, 1905; Zimmermann, Die Verjährung, JuS 1984, 409; ders., „… ut sit finis litium", JZ 2000, 853.

1. 基础

时间的经过可以以不同的方式影响主观权利。立法者为各种不同的权利设定了**除斥期间**(Ausschlussfrist),这一期间的经过将导致相关的主观权利归于消灭。这也称为排除时效(Präklusion)。例如,著作权的保护期为 70 年(《著作权法》第 64 条)、故意欺诈的撤销权在 1 年后消灭(《民法典》第 124 条第 1 款)、解除权的期限被规定在第 218 条,以及关于旅行瑕疵赔偿的请求权必须在旅行结束后的 1 个月内提出(《民法典》第 651g 条第 1 款第 1 句)。如果未在除斥期间内行使权利,那么主观权利将消灭,此时就存在一个法院有责任主动援引的抗辩(→边码 91)。

317

与除斥期间的经过相比,**消灭时效/诉讼时效**(Verjährung)有两个不同之处。首先,根据第 194 条第 1 款的规定,消灭时效仅适用于请求权,而不适用于其他主观权利。[7] 例如,所有权不能因时效而被剥夺,但根据第 985 条,所有权人对占有人的返还请求权可以适用时效(参见第 197 条第 1 款第 1 项)。[8] 只有在立法者明确将其排除在时效之外时,请求权

318

[7] 有关请求权竞合的内容,参见第 213 条,以及 BGH NJW 2015, 2106 Rdnr. 20 ff.。
[8] 详细论述,参见 Effer-Uhe, AcP 215 (2015), 245 ff.; Kähler, NJW 2015, 1041 ff.。

才不会罹于时效(参见第 194 条第 2 款、第 758 条、第 898 条、第 902 条第 1 款第 1 句、第 924 条、第 2042 条第 2 款)。其次,消灭时效并不构成抗辩,而只构成抗辩权。消灭时效期满后,权利并不消灭。相反,债务人获得了拒绝履行的权利(第 214 条第 1 款)。他可以行使这个权利,从而使请求权无法实现,但他也可以选择不提出消灭时效抗辩,这样一来,法院也不会主动考虑消灭时效经过的事实(→边码 328)。

319　　消灭时效的**意义和目的**(Sinn und Zweck)在于确保法律的安定性。[9] 一方面,债务人应知道是否仍有可能被要求履行其义务,在一定时间之后,他可能已经作好了不再履行义务的准备,并期望最终能够明确这一点,以便可以在其他方面安排相关事宜;另一方面,消灭时效规定的目的是避免让债务人和法院处理那些早已过去且通常难以证明的案件。因此,避免证据困难也是消灭时效的规范目的之一。

2. 时效的计算

320　　要确认一个请求权是否已经罹于时效必须分为两个步骤。首先,需要确定这类请求权的一般消灭时效有多长。其次,需要检查在具体案例中是否已经超过了消灭时效期限。

321　　(1) **消灭时效期限**(Verjährungsfristen)有时与相应的请求权相关。否则,它们就应当依据《民法典》第 195 条以下的规定来确定。因此,需要进行三个阶段的检查。在第一阶段,需要检查涉及的请求权是否有一个特定的法定消灭时效期限。例如,根据《民法典》第 438 条的规定,买卖合同中的瑕疵请求权时效为两年、五年或三十年;根据第 634a 条的规定,工程合同的请求权时效为两年或五年;根据第 852 条第 2 句的规定,侵权返还请求权的时效为十年或三十年。如果没有特殊的法定期限,则必须在第二阶段检查是否适用于《民法典》第 196 条和第 197 条规定的十年或三十年时效期限。根据《民法典》第 196 条的规定,对于不动产处分的请求权,时效期限为十年,第 197 条与物权返还请求权和已经获得生效判决(有法律效力)的请求权有关。如果这些规范也不适用,那么只剩下第三

---

[9] Vgl. Mot. I, 291 = Mugdan I, 512.

阶段的常规消灭时效期限,即三年(第195条)。

范例

管道工G在木匠S的工作场所修理了一条水管。对于工匠报酬的请求权,承揽合同法(Werkvertragsrecht)中没有特别的规定,因为《民法典》第634a条只涉及定作人的质量保证权利。因此,应当按照《民法典》第195条规定的三年时效期限计算消灭时效。 322

不同的消灭时效期限相互冲突,这长期以来一直是法政策**批评**(Kritik)的对象。[10] 联邦司法部成立的债法改革委员会在其最终报告中提出了详细的修改建议[11],但这些建议长期以来一直未受到关注。直到实施了关于消费品买卖的欧盟指令[12],才通过债法现代化法[13](→边码54)实现了对消灭时效制度的根本性改革并形成了今天的形态。 323

(2)一旦确定了基本的消灭时效期限的持续时间,接下来就需要确定该期限的**开始**(Beginn)时间点。特别法定的消灭时效规范通常会明确规定这个时间点。比如,根据第438条第2款,以交付或移交时间为准,根据第634a条第2款,以验收时间为准。对于根据第196条、第197条适用消灭时效的规范,第200条、第201条规定了开始时间:消灭时效从请求权发生时开始(第200条),对于已经确定的请求权,则从请求权的法律效力确定时开始(第201条)。至于根据第195条的三年普通消灭时效期限,按照第199条第1款的规定,应当从这些请求权产生的年份结束时开始计算。这意味着如果希望能够向法院成功主张请求权,则首先要求请求权 324

[10] Vgl. vor allem Peters/Zimmermann, Verjährungsfristen, in: Bundesminister der Justiz (Hrsg.), Gutachten und Vorschläge zur Überarbeitung des Schuldrechts, Bd. I (1981), 77 ff.; ferner Heinrichs, NJW 1982, 2021 ff.; ders., VersR 1991, Sonderheft 3.

[11] Bundesminister der Justiz (Hrsg.), Abschlußbericht der Kommission zur Überarbei-tung des Schuldrechts, 1992, 34 ff., 42 ff.

[12] Richtlinie 1999/44/EG vom 7. Juli 1999, ABl.EG Nr. L 171 = NJW 1999, 2421.

[13] Vom 26.11.2001; BGBl. 2001 I, 3138.

的成立和届期(fällig)。[14] 此外,债权人还应当知道或因重大过失而不知道构成请求权成立的事实以及债务人的身份[15](所谓的主观模型)。[16] 然而,根据第 199 条第 2 款和第 199 条第 3 款,损害赔偿请求有最长期限(Höchstfrist),对于其他请求权,第 199 条第 4 款也规定了最长期限(所谓的客观模型),对于不作为请求权消灭时效的起算点,第 199 条第 5 款进行了明确说明。

325　　消灭时效规范没有进一步规定消灭时效期限的**终止日期**(Ende)。具体计算方法由第 188 条第 2 款(→边码 339)规定,并且第 195 条规定的普通消灭时效期限始终从 1 月 1 日(0 时)开始,到 12 月 31 日(24 时)结束。其他消灭时效期限则应根据引发该消灭时效发生事件的日期进行计算。例如,如果一个十年消灭时效期限的请求权是在 2008 年 5 月 12 日产生的,那么该期限从 2008 年 5 月 13 日(0 时)开始,到 2018 年 5 月 12 日(24 时)结束。

326　　在特殊情况下,"时间被停止"。这导致了消灭时效的**停止/中止**(Hemmung)。根据第 203 条以下的条款,中止的原因包括当事人之间的协商(第 203 条)[17]、债务人根据双方约定的拒绝履行权,如延期(第 205 条)[18]、不可抗力(第 206 条)以及第 207 条以下条款规定的特殊情形,其中第 204 条规定的根据司法适用而中止的时效尤为重要。司法适用的基本情形在第 204 条第 1 款第 1 项中被规定为提起诉

---

[14]　BGHZ 113, 188, 191; 79, 176, 178; 55, 340, 341; BGH NJW-RR 2009, 1471 Rdnr. 9; 对于豁免或者免除请求权的消灭时效,参见 BGH NJW 2010, 2197 Rdnr. 20 ff.。

[15]　包括其有效地址,参见 BGH NJW 2013, 448 Rdnr. 13。

[16]　Vgl. BGH NJW 2015, 1007 Rdnr. 14 f; 详细论述,参见 Nassall, NJW 2014, 3681 ff.。对于关键当事人身份的知悉(尤其是针对法人的意思代表人),参见 Rdnr. 1667 sowie BGH NJW 2013, 448 Rdnr. 18 ff.; 2012, 2644 Rdnr. 10 ff.; 2012, 1789 Rdnr. 9 ff.; 2012, 447 Rdnr. 12; NJW-RR 2009, 1471 Rdnr. 11 ff.; 对于重大过失,参见 BGH NJW 2015, 1948 Rdnr. 29; 2012, 3569 Rdnr. 16 ff.; 2012, 2644 Rdnr. 17 ff.; 2012, 1789 Rdnr. 15 ff.; 2011, 3573 Rdnr. 7 ff.; ZIP 2015, 1491 Rdnr. 11; NJW-RR 2010, 681 Rdnr. 6 ff.。

[17]　详见 Oppenborn (Rdnr. 316); ferner BGH NJW 2015, 1007 Rdnr. 19 ff.; 2014, 3435 Rdnr. 9 ff.; 2007, 587 Rdnr. 9 ff.。

[18]　这也包括与债权人达成的"停止诉讼协议"(BGH NJW 2000, 2661, 2662 m. w. N.),但不包括法定的留置权(BGH NJW 2015, 1007 Rdnr. 22)。

讼。[19] 当然,还可以采取其他司法措施,如催告通知的送达(第204条第1款第3项)[20]、调解程序的启动(第204条第1款第4项)[20a]、诉讼中的抵销权(第204条第1款第5项)[21]、第三方的加入(第204条第1款第6项)[22]、在破产程序中登记请求权(第204条第1款第10项)和仲裁程序的启动(第204条第1款第11项)。在诉讼主张期间,即民事诉讼过程的整个期间,加上额外的六个月的期限内,消灭时效停止计算(第204条第2款第1句)。[23] 然而,如果诉讼最终被驳回,那么债权人(原告)和债务人(被告)之间现在已经确定不存在索赔关系,消灭时效的问题也因此不再存在。

中止的法律效果是,当中止事由存在时,该时间不计入消灭时效(第209条),因此消灭时效期限以及中止期间(Hemmungszeitraum)会延长[所谓的继续经过的中止(Fortlaufhemmung)]。针对没有法定代理人的非完全行为能力人(第210条)和遗产事务(第211条),有一些特殊的规定。在这种情况下,法律规定了所谓的时效期满不完成/中止(Ablaufhemmung),即诉讼时效期限通常继续计算,但在停止事由消失后会延长六个月。

326a

如果债务人承认了债权人所主张的请求权(无论具体的形式,甚至默示也可以),或者债权人采取了强制执行措施,那么根据第212条的规定,消灭时效将会**中断**(Unterbrechung)。[24] 与中止不同,中断不仅意味

327

---

[19] 关于是否由权利人提起诉讼的问题,肯定观点,参见 Rabe, NJW 2006, 3089 ff.; Staudinger-Peters/Jacoby[2014] § 204 Rdnr. 6; 否定观点,参见 Kähler, NJW 2006, 1769 ff.。否定的确认之诉在任何情况下都是不能实现的,参见 BGH NJW 2012, 3633 Rdnr. 24 ff.。

[20] Vgl. BGH NJW 2014, 3435 Rdnr. 10 f.,然而,仅催告(根据第286条第1款第1句)是不够的。

[20a] BGH NJW 2015, 2411 Rdnr. 9; 2015, 2407 Rdnr. 16 ff.

[21] Lehrreich BGHZ 176, 128 Rdnr. 15 ff.; 另参见 BGH NJW 2015, 1007 Rdnr. 18 仅主张留置权并不足够。

[22] BGH NJW 2012, 3087 Rdnr. 11; Althammer/Würdinger, NJW 2008, 2620 ff.

[23] Vgl. BGH NJW 2012, 3087 Rdnr. 12 ff.

[24] Dazu BGH NJW 2015, 1589 Rdnr. 8; 2013, 1430 Rdnr. 6; 2012, 3229 Rdnr. 11 ff.; Derleder/Kähler, NJW 2014, 1617 ff.; Grunsky, NJW 2012, 1336 ff.; Retzlaff, NJW 2013, 2854 ff.

着"时间停止",还意味着消灭时效期限重新开始计算。

3. 法律效果

328　如果债权人未能在规定的时间内中断诉讼时效期限(未能提出有效的诉请),以至于诉讼时效期限经过,那么债务人将拥有一项**拒绝履行的权利**(Leistungsverweigerungsrecht)。这使得债务人,无论是在诉讼中还是在诉讼外（第214条第1款）,都有权对债权人的请求权提出时效抗辩。这可以适用于主债权,也可以适用于从债权(第217条),除非它们已经单独中断了诉讼时效期限。[25] 然而,这种拒绝履行的权利只对尚未实现的请求权起作用。无论在法定时效届满前还是后,对于已经支付给债权人的款项,债务人都不能以不当得利要求返还(第214条第2款、第813条第1款第2句)。此外,债务人无法通过诉讼时效抗辩阻止债权人依据抵押、船舶抵押、留置权或质权来满足其请求权(第216条第1款和第2款)。[26] 因此,持有此类担保权的债权人不需要关注被担保请求权的诉讼时效期限。根据第215条,抵销权和留置权也适用相同的规定。

329　诉讼时效期限对于债权人和债务人的**权利继受人**(Rechtsnachfolger)同样适用。如果债权人将其债权转让给第三方,则债务人可以向受让人主张诉讼时效期限抗辩权(第404条)。这不仅适用于转让时已经逾期的情况,即使在没有逾期的情况下,也应当继续计算已经经过的诉讼时效期限。[27] 对于债务人的继受人,根据第417条第1款第1句,如果债权在前债务人那里时就已经超过诉讼时效期限,则继受人有权继续享受该期限利益。第198条对于债务继受人的特殊情况进行了规定:如果某个人作为权利继受人获得了某物,则针对物上请求权,他同样可以享受前任权利人已经过的诉讼时效期间。

范例

330　　B从E处盗窃了一件贵重的珠宝,30年后将其转让给K。E得

---

[25] BGH MDR 2014, 1201 Rdnr. 18 ff.
[26] Vgl. dazu BGH JZ 2000, 891 (Peters).
[27] BGH MDR 2014, 1201 Rdnr. 18 ff.

知了这件珠宝的去向,并要求 K 归还。该请求的基础是第 985 条。由于 B 根据第 937 条第 2 款无法取得所有权,K 也根据第 935 条无法适用善意取得,因此 E 仍是该珠宝的所有者。该请求只在 K 实际控制该珠宝时才对 K 产生,因为 K 是从 B 处获得了占有。K 只是 B 的占有事实的权利继受人,并不继受 B 的义务。相反,当 K 获得占有时,E 获得了对 K 的新的返还请求权。然而,作为 B 的继受人,K 可以将已经经过的诉讼时效期限计入自己的权利[28],所以他可以依据第 214 条第 1 款拒绝归还。因此,E 的所有权实际上已经变得毫无价值。[29]

4. 修正

当然,可以通过**当事人合意**(Parteivereinbarung)对上述规则进行变更[30],但只能在一定范围内,因为这些规则也涉及公共利益,不能完全受当事人支配。从原则上来说,减轻(Erleichterung)当然是可行的,尤其是通过合意来缩短诉讼时效期限。但第 202 条第 1 款就因故意侵权而产生的赔偿请求权设置了一个例外。除此以外,对格式条款(Allgemeine Geschäftsbedingung)规范而言,第 307 条[31]、第 309 条第 7 项[32]以及第 309 条第 8 项 b 目 ee 和 ff 子目就限制了相应的范围[33];对消费品买卖,第 475 条第 2 款也有相应的规定;而对第 242 条规定的基于诚信的给付,也可以通过合意设定三天的诉讼时效。与此相对,加重规定的适用范围则非常有限。因此,诉讼时效不得通过合意延长超过三十年(第 202 条第 2 款),并且也不能从一开始就被排除。债务人可以自行决定在诉讼时效届满后是否主张时效抗辩。因此,在诉讼时效届满后放弃诉讼时效抗

---

[28] 如果 K 反过来从 B 那里盗窃了这件珠宝,那么他就不是 B 的继受人,因此他不能拒绝归还。

[29] 详见 Effer-Uhe, AcP 215 (2015), 245 ff.; Kähler, NJW 2015, 1041 ff.。

[30] Dazu Lakkis, AcP 203 (2003), 763 ff.

[31] Vgl. BGH NJW 2015, 2571 Rdnr. 13 ff.; 2015, 2244 Rdnr. 15 ff.

[32] 通过缩短诉讼时效来排除责任;参见 BGHZ 170, 31 Rdnr. 18 ff.。

[33] Vgl. BGH NJW 2006, 47.

辩也是被允许的。[34]

332　在特定情况下,债务人主张诉讼时效可能违反**诚实信用原则**(Treu und Glauben)。[35] 例如,如果债务人通过承诺不会主张诉讼时效的方式阻止债权人提起停止诉讼时效的诉讼,但是之后又主张诉讼时效经过,他的行为就是不诚实的。在这种情况下,根据《民法典》第 242 条,由于债务人的矛盾行为(→边码 352),诉讼时效的抗辩将被忽略,且不需要债务人存在特别的恶意。只要债权人可以依赖于债务人的行为而相信他不会提出诉讼时效的抗辩即可。[36] 法律效果是诉讼时效的中止(→边码 326),也就是将诉讼时效期限推迟一段合理的时间。然而,司法实践通常非常严格地衡量这段时间,要求债权人最迟在债务人不诚实地援引诉讼时效后一个月内提起停止时效的诉讼。[37]

5. 附录:期限和期日的计算

333　Ekrutt, Gesetzliche Regelung der Zeitmessung, NJW 1978, 1844; Fuchs/Gaumann, Fristen im Rechtsleben, 1957; Josef, Die Tagesstunde im Rechtsverkehr, AcP 96 (1905), 200; Lawson, Die Zeit als Rechtsproblem, AcP 159 (1960/61), 97; Littbarski, Aktuelle Fristenprobleme des Zivil－und Zivilprozeßrechts im Spiegel höchstrichterlicher Rechtsprechung, 1983; Müller, Gelten so allgemein gehaltene Vorschriften wie § 186 BGB ohne weiteres für die gesamte Rechtsordnung?, NJW 1964, 1116; Repgen, Der Sonntag und die Berechnung rückwärtslaufender Fristen im Aktienrecht, ZGR 2006, 121; Romeick, Fristbestimmung, 1901; Rutz, Die gesetzliche Befristung, 1905; Säcker, Fristenhemmung und

---

[34] 参见 MünchKomm-Grothe[6] § 214 Rdnr. 5;相似的观点,参见 Wolf/Neuner[10], § 22 Rdnr. 9,这里所表达的观点并不意味着一个谨慎的债权人在任何情况下,即便有放弃诉讼时效的承诺,由于其并不能信赖这个放弃,也都必须提起诉讼来停止诉讼时效,而是如果一个债务人之前宣称放弃诉讼时效,之后却仍然主张诉讼时效,就是违反忠实义务的行为(→边码 332)。

[35] 例如,对于滥用催款程序的情况,参见 BGH ZIP 2015, 1590 Rdnr. 15 ff.。

[36] Vgl. BGHZ 93, 64, 66; BGH NJW 2015, 1007 Rdnr. 23.

[37] BGH NJW 1991, 974, 975.

> Fristenrestitution im Zivil-und Zivilprozeßrecht, ZZP 80 (1967), 421; Schroeter, Die Fristenberechnung im Bürgerlichen Recht, JuS 2007, 29;Ziegltrum, Grundfälle zur Berechnung von Fristen und Terminen gem. §§ 187 ff. BGB, JuS 1986, 705/784.

《民法典》在第186条以下的条款中规定了**期限和期日**(Fristen und Terminen)的计算规则。在此,期限指的是一段时间(在此期间应实施法律行为或发生事件),而期日则指的是一个特定的时间点(应实施法律行为或发生事件的时间)。[38] 例如,诉讼时效就是一个期限(第194条以下),成年年龄则是一个期日(第2条)。 334

法律规定的**适用范围**(Anwendungsbereich)的依据是第186条:适用于所有包含在法律、司法审判和法律行为中的期限和期日的确定。例如第194条以下规定的诉讼时效期限、民事诉讼中的上诉期限(参见《民事诉讼法》第222条第1款)以及催款信中设定的付款期限。但需要指出,正如第186条所述,这些只是解释性规则。因此,可能会因法律规定或当事人意愿的不同,而根据第187条以下的规定计算期限和期日。因此,只有在无法通过解释得出其他规则的情况下,才能适用第186条的规定。[39] 335

《民法典》在计算期限和期日时遵循"民事计算法(Zivilkomputation)"的原则,该原则基于天的开始或结束,而不是根据具体的时间点来计算。相比之下,"自然计算法(Naturelkompuation)"的原则根据期限触发事件的确切时间点进行计算。[40] 例如,如果一套定制西装在11月13日16时送达并验收,那么瑕疵请求权(第634a条第1款第1项)的消灭时效不是从这一时刻开始,而是从11月14日0时开始,并且不是在次年5月13日16时结束,而是在当天24时结束。因此,期限将延长多少小时和分钟取决于距离期限触发事件的日期结束还有多少时间。[41] 自然计算原则只 336

---

[38] VGH München NJW 1991, 1250, 1251.
[39] Staudinger-Repgen[2014] § 186 Rdnr. 24.
[40] Vgl. etwa Repgen, ZGR 2006, 121, 124 ff.
[41] Wolf/Neuner[10], § 23 Rdnr. 4 f.

适用于需要以小时为单位计算期限的情况，比如《民事诉讼法》第 217 条、第 604 条第 2 款（也可参见《民事诉讼法》第 222 条第 3 款）。

337 　　根据第 187 条，**期限的开始**（Fristbeginn）有所不同：如果期限由某个事件或在某天中的某时刻触发，根据第 187 条第 1 款，在计算期限时，这个事件或时刻发生的那一天不计入。因此，期限将从第二天的 0 时开始计算。这个规定保证了"民事计算法"（→边码 336）这一原则的适用。例如，如果一件购买的物品于 4 月 15 日交付，则第 438 条第 1 款第 3 项的诉讼时效期限不从交付瞬间开始计算，而是从 4 月 16 日 0 时开始计算（→边码 324）。根据第 187 条第 2 款，如果期限的计算是以某天的开始为基础或者需要计算年龄，则情况就会有所不同。因此，一个从 5 月 1 日（0 时）开始的为期三年的租赁合同，应该在 5 月 1 日，而不是在 5 月 2 日（0 时）开始计算。

338 　　期限的**持续时间**（Dauer）不是根据第 186 条以下的规定确定的，而是根据特别法律规范或法律行为来决定。但是，法律在这里也提供了解释规则，即通过第 189 条至第 192 条中的规则进行确定。在这些规范中，法律明确了"半年""半个月""期限延长""月初"和"月末"等概念。[42] 当然，当事人也可以有自己的理解，只要双方能够达成合意即可。

339 　　《民法典》第 188 条规定了**期限的终止**（Fristende）。根据第 188 条第 1 款的规定，以天为单位确定的期限在最后一天的期满日结束，即在最后一天的 24 时结束。而第 187 条第 1 款的情况则在第 188 条第 2 款中规定，按固定时间段确定的期限在被指定或计算的那一天结束，该天与期限触发事件发生的那一天相对应。[43] 例如，如果这一天是 5 月 31 日，并且期限为一个月，则期限将从 6 月 1 日 0 时开始。根据第 188 条第 1 款，期限实际上应在 6 月 31 日 24 时结束。然而，由于这一天不存在，根据第 188 条第 3 款，期限将在 6 月 30 日 24 时结束。如果一个持续一周的期限触发事件发生在星期三，那么期限将从星期四 0 时开始，直到下一个星期

---

[42]《商法典》第 359 条规定了特别的规则。

[43] 相关的例子，参见 Volmer, FamRZ 2000, 885。

三 24 时结束。对于第 187 条第 2 款的情况，期限的结束相比期限的开始（→边码 337）提前一天：例如，一个从 5 月 1 日开始的三年租约，在三年后的 4 月 30 日 24 时结束。如果有人在 2005 年 2 月 25 日出生，那么他在 2023 年 2 月 24 日 24 时达到 18 岁，而不是在 2023 年 2 月 25 日 24 时达到 18 岁。

如果一个需要在期限内实施的行为的截止日期正好是在**周六、周日或者法定节假日**（Sonnabend, Sonntag oder gesetzlichen Feiertag），根据《民法典》第 193 条和《民事诉讼法》第 222 条第 2 款的规定，该期限将顺延至下一个工作日的经过。这是考虑到要求在这些日子实施中断期限的行为，既不可能也不合理。[44] 第 193 条适用于消灭时效期限[45]和能力规定[46]，但不适用于有期限限制的意思表示，尤其在期限是为了保护意思表示相对人时。因此，如果劳动合同的终止通知期限正好在周六、周日或法定节假日结束，那么它不会再延长一天。[47] 340

范例

在一项民事诉讼中产生一份判决书，裁决结果为驳回原告的诉讼请求。该判决于 2000 年 6 月 8 日（星期四）送达给原告。根据《民事诉讼法》第 517 条的规定，他对这个判决有一个月的上诉期限。根据《民事诉讼法》第 222 条第 1 款和《民法典》第 187 条第 1 款的规定，这个期限从 2000 年 6 月 9 日 0 时开始计算。按照法律规定，这个期限将于 2000 年 7 月 8 日 24 时截止。但由于这一天是星期六，根据《民事诉讼法》第 222 条第 2 款的规定，期限应当延长两天。因此，原告在 2000 年 7 月 10 日（星期一）24 时之前均可提起上诉。 341

---

[44] 在该法律的制定过程中，重要考虑因素包括"对周日和节假日的尊重"以及"对工人阶级周日休息的尊重"。vgl. Prot. I, 383 ff. = Mugdan I, 768 f. sowie Repgen, ZGR 2006, 121, 127 f.

[45] 相对的观点，参见 BGH NJW 2014, 3435 Rdnr. 10。

[46] BGHZ 171, 33 Rdnr. 24 ff.

[47] BGHZ 59, 265, 267 f.; BGH NJW 2005, 1354, 1355; BAGE 22, 304, 305 ff.

(三) 滥用的限制

342   Dette, Venire contra factum proprium nulli conceditur, 1985; Hager, Schikane und Rechtsmißbrauch im heutigen bürgerlichen Rechte, 1913; Hohmann, § 242 BGB und unzulässige Rechtsausübung in der Rechtsprechung des BGH, JA 1982, 112; A. Hueck, Der Treuegedanke im modernen Privatrecht, 1947; Kegel, Verwirkung, Vertrag und Vertrauen, 1993; Mader, Rechtsmißbrauch und unzulässige Rechtsausübung, 1994; Merz, Vom Schikaneverbot zum Rechtsmißbrauch, ZfRV 1977, 162; Petersen, Die Grenzen zulässiger Rechtsausübung, Jura 2008, 759; Rebe, Der Wandel des Mißbrauchsbegriffs als Ausdruck eines veränderten Rechtsdenkens, JA 1977, 6; Riezler, Venire contra factum proprium, 1921; Siber, Schranken der privaten Rechte, 1926; Siebert, Verwirkung und Unzulässigkeit der Rechtsausübung, 1934; ders., Vom Wesen des Rechtsmißbrauchs, 1935; Singer, Das Verbot widersprüchlichen Verhaltens, 1993; Stauder, Die Verwirkung zivilrechtlicher Rechtspositionen, 1995; Teichmann, Venire contra factum proprium – Ein Teilaspekt rechtsmißbräuchlichen Handelns, JA 1985, 497; Zahn, Zur Auslegung von § 226 BGB, Recht 1906, 847.

1. 基础

343   如果权利人享有的主观权利不受异议,那么他基本上也可以行使该权利,即对其他权利主体产生效力,使其按照该主观权利所体现的行为授权实施行动(→边码281)。当然,这种权限也受到限制。特别是,不能以恶意刁难、违背善良风俗或滥用的方式行使主观权利。法律无法容忍以这些方式行使权利的行为。因此,普遍认为,主观权利从一开始就受到限制不得滥用。这些限制中的一部分已明确作为行为授权的内容上的制约。其中一个明显的例子是第903条,根据该条款,物的所有权人可以随意处分并排除他人的任何干涉,"除非违反法律或损害第三方的权利"。在这里,作为主观权利的所有权已经从内部受到制约,因此所有权人仅在与第903条第1句相一致的范围内享有权限。但即使在那些没有明确的内部制约的场合,外部限制也可以"削弱"主观权利。这些外部限制主要存在于第226条、第138条、第826条、第242条中,它们通过禁止对主观权利进行特定使用来限制权利行使。这些规定不能被视为受到权利滥用影响的当事人的抗辩权,因为抗辩权必须由当事人主张才能产生效果(→边码314以下)。相反,这些应当是由法官考虑的权利阻碍抗辩(→边码312)。权利滥用从一开始就不属于受保护的合法行为。因此,主观权利从一开始就仅存于将在以下详细讨论的滥用限制的范围内。[48]

2. 权利滥用(第226条)

权利滥用/恶意刁难(Schikane)的定义在第226条中得到了最为明确的表述。根据该规定,如果某人行使权利的唯一目的是对他人造成损害,那么这种行使是不被允许的。这就意味着,虽然行使权利是在行为合法性的范围内,但以恶意刁难的方式行使权利并不包括在内。行为是否具有恶意刁难的性质,应该根据客观标准而非主观评判进行判断。法律并不考虑权利持有人是否有意对他人造成损害,而是要求在客观情况下,考虑所有可以预见的情况,权利的行使只可能具有造成损害这一个目的。由此,权利持有人是否真的有意对他人造成损害并不重要。[49] 当然,满足恶意行使权利的唯一目的是造成损害的要求确实很难。通常还可以找到在权利行使中起到作用的其他动机。因此,第226条的适用范围很小,大多数相关案件都会通过第138条、第826条和第242条得到解决。

344

范例

E与他与多年不和的继子S发生冲突,并禁止S进入E拥有并安放着S母亲坟墓的地块。E作为土地所有人,根据第903条第1款,可以禁止S进入该地块。然而,如果这种权利的行使被视为恶意刁难,则该规定就不被适用。在这种情况下,很难想象这种无条件和

345

---

[48] 即所谓的内部理论;相关的批评,参见 Wolf/Neuner[10], § 20 Rdnr. 69 f.。
[49] 和通说不同,有观点认为这里需要证明权利持有人的主观故意。仅参见 Soergel-Fahse[13] § 226 Rdnr. 8 und Staudinger-Werner[13=1995] § 226 Rdnr. 10 m. w. N.;但就当前的情况来看,参见 Staudinger-Repgen[2014] § 226 Rdnr. 20 f. m. w. N。

无限制的禁令背后,除了对 S 造成伤害(不必导致财产损失,精神上的伤害也足够),还有什么其他目的。[50] 然而,如果 E 声称自己患有严重的心脏病,因此无法忍受在地块上看到 S 的样子,那么就可以认为,这种禁令是为了保护自己的健康。因此,第 226 条的规范就不再被适用了,但第 826 条的规范仍然具有可适用性,因为健康保护并不需要完全禁令。[51]

3. 违背善良风俗(第 138 条、第 826 条)

346 根据第 138 条第 1 款的规定,违背善良风俗(Sittenwidrigkeit)的法律行为是无效的。根据第 826 条的规定,故意以违背善良风俗的方式对他人造成损害的人应承担赔偿责任。从这两个法条可以得出结论,法律秩序不接受违背善良风俗的行为,这一原则也适用于权利行使。如果涉及法律行为[52],那么根据第 138 条第 1 款,法律行为将归于无效(具体案例:单方面针对合同相对人的违背善良风俗目的,→边码 1193 以下)。此外,悖俗行为的违法性也可以通过第 826 条进行推导。然而,这涉及两个困难。首先,为了确定是否违背善良风俗,需要在综合考虑所有已知情况的基础上进行利益衡量(→边码 1183、1196)。与第 226 条的情况相比,对第 826 条的适用一方面更严格,但另一方面也更灵活,因为前者无须进行任何利益权衡,仅需要存在恶意的损害目的。其次,需要讨论的是,第 826 条的适用是否要求权利持有人的故意,答案是否定的。[53] 故意虽然是损害赔偿责任的法定要件,但并非违背善良风俗的要件。虽然违背善良风俗的行为也可能源于主观故意,但如果已经可以从客观情况中得出确定的结论,那么无论权利持有人是否故意,都不应该行使权利。无论如何,违背善良风俗的行为都是不被允许的,即使权利持有人不知道违背善

---

[50] RGZ 72, 251, 254. Vgl. aber AG Grevenbroich NJW 1998, 2063, 2064, 在特定的情况下,即使禁止母亲在她儿子的坟墓上放置鲜花,也是可以接受的。

[51] Wolf/Neuner[10], § 20 Rdnr. 78.

[52] 例如,出于报复而解除租赁合同。

[53] Palandt-Grüneberg[74] § 242 Rdnr. 19——不同观点,参见 Wolf/Neuner[10], § 20 Rdnr. 79。

良风俗的判断依据。同时,也不一定必须发生损害。受影响的人也不需要等待损害的发生,而是可以预防性地反对违背善良风俗的行为。

范例

雇主G对在公司不受欢迎的员工N提起了关于产品缺陷方面的损害赔偿诉讼。尽管他知道这项请求是不存在的,但他为了威慑N指定了10名员工作为证人,他知道这些证人不能证实针对N的指控。N感到灰心丧气,并未出席口头听证会。最终针对N的缺席判决已经生效。直到执行程序时,N才想要进行抗辩。由于缺席判决已经生效,他已经没有法律程序上的救济途径。在特定的例外情况下,如果执行裁定被视为一种违反道德原则的行为,则可以通过第826条来打破执行裁定的有效性。根据判例,这种例外必须满足以下条件:判决书是错误的,债权人知道,并且债权人以违背善良风俗的方式获得或利用了该判决书。[54] 在这个案例中,这些条件的存在可以得到肯定,因此,G的执行被视为违背善良风俗并因此不被允许的行为。

347

4. 违背忠实义务(第242条)

第三种滥用的限制条件源于第242条。尽管该条款在字面上只适用于债务人[要求其按照诚实信用(Treu und Glauben)的原则,并考虑交易习惯的要求履行义务],但它体现的是一个普遍性的原则,因此也适用于权利人。权利人也应当根据诚实信用的原则,并考虑交易习惯的要求来行使权利。因此,违背忠实义务的权利行使是不被允许的。[55] 关键问题是何时可以确定存在**违背忠实义务**(Treuwidrigkeit)的行为。第242条是一项一般条款(Generalklausel),其基本思想是必须考虑到他人的合法利

348

---

[54] Vgl. BGH NJW 1999, 1257, 1258; 1998, 2818.
[55] 《联合国国际商事合同通则》第1.7条中有相应的规定(→边码25)。

第十章 主观权利的命运 **01 85**

益。因此，可以通过综合利益评估来确定是否违背忠实义务。[56] 然而，这并不是一个具体明确且可涵摄的大前提（Obersatz）。需要进一步确定应该考虑哪些利益，以及相对人可以合理地期望哪些行为方式。例如，债权人起诉失业的债务人可能在社会上被认为缺乏公德，但在法律上并不违背忠实义务。债务人不能基于法律的利益评估或者所涉交易领域内的惯常做法，而期望债权人因为他们失去工作的事实而"放他们一马"。因此，最好通过典型情境的类型化方式来具体化这个一般条款，类似于第138条第1款（→边码1184），从而可以将待决案例与之进行比较。[57] 对于不被允许的权利行使，可以将当前不可接受的行为、过去不可接受的行为、自相矛盾的行为以及缺乏配合的行为等作为基本类型。具体来说，需要注意如下几点内容[58]：

349 **所谓当前不可接受的行为（一般恶意抗辩）**[gegenwärtig zu missbilligenden Verhalten(exceptio doli praesentis)]是指具体的权利行使行为本身就表明了对忠实义务的违背。这可能涉及外部情况（例如在凌晨索赔）或内在情况，比如与行使权利相关的目的（例如利用公司法中的知情权进行商业秘密窃取）。如果自身对权利的行使没有任何利益，也可能构成对忠实义务的违背。[59] 例如，权利持有人渴望得到的东西恰好是他基于其他法律依据必须立即归还给对方的。这种情况在法律规则"dolo agit, qui petit, quod statim redditurus est（拉丁文，意为如果某人对即将归还他的财物主张权利，那么就可以认为他具有主观恶意）"中被提及。

范例

350 G 对 S 提起了一项诉讼，他扣押了 S 对 D 的债权，并将该债权转

---

[56] 在这种情况下，要件相对于第226条、第826条来说不那么严格。特别是，在此并不需要存在任何过失；参见 BGH NJW-RR 1986, 764, 765。

[57] Vgl. auch Ohly, AcP 201 (2001), 1 ff.

[58] 相关内容是显而易见的。当然，具体细节属于债法领域，在此，只需要一些提示即可。

[59] Vgl. näher Wolf/Neuner[10], § 20 Rdnr. 85 ff.

让给自己以进行收取。当他向 D 要求支付时，D 称他也有一项对 G 的债权可以进行抵销。根据法律上的相对性原则（第 387 条），这种抵销本应失败，因为根据《民事诉讼法》第 829 条和第 835 条，G 并未通过扣押和转让裁定成为 S 对 D 的债权人，而只是获得了继续代表 S 进行收取的权利。如果 G 要求 D 支付这笔债务，那么他必须立即将 D 支付的金额再返还给 D，以履行自己对 D 的债务。因此，援引缺乏相对性的理由违背了忠实义务。G 必须接受这种抵销。

所谓过去不可接受的行为（过去恶意抗辩/个别恶意抗辩）[früher zu missbilligendes Verhalten（exceptio doli praeteriti）] 是指发生在当前的权利行使因过去的不忠实行为而不当。例如，一个需要生活费支持的人由于自己的行为导致其陷入贫困状态，以至于他现在无法自给自足，就属于这种情况（根据第 1602 条第 1 款和第 1611 条第 1 款）。不忠实的权利取得也属于这种情况。其中的一种特殊法定情况被规定在第 162 条第 2 款（→边码 1264）。 351

所谓自相矛盾的行为（与先前行为相矛盾）[Widerspruch zu früherem Verhalten（venire contra factum proprium）] 是指当权利持有人通过自己的行为取得对方关于他不会行使或不会以请求的方式主张自己权利的合理信任，然后又主张自己权利的。例如，某人先阻止债权人提起中断诉讼时效的诉讼，然后又主张时效抗辩，就是一种不忠实的行为（→边码 332）。此外，也包括权利消灭：如果权利持有人长时间不主张自己的权利，以至于债务人可以相信该权利将不再被行使，那么当债务人作出相应调整时，权利持有人就必须遵守这种信任。[60] 352

所谓缺乏对应行为（"相似非难/你也如此"抗辩）[mangelndem korre-spondierenden Verhalten（„tu quoque"-Einwand）] 是指一个权利持有人行使自己的权利，却没有履行自己应尽的义务。特别是对于合同债务关系而言，如果权利持有人自己不遵守合同，那么他再行使合同权利可能就是 353

---

[60] Vgl. BGHZ 137, 69, 76; 122, 308, 315 f.; BGH NJW 2010, 1074 Rdnr. 19; 2003, 824.

违背忠实义务的。第 320 条第 1 款第 1 句的规定即是一例,即如果有人因为对方未能履行合同而想要解除合同,但他自己也没有遵守合同,那么就构成违背忠实义务。[61] 这意味着他希望对方履行合同义务,但自己却想摆脱这些义务。

---

[61] BGH NJW 1999, 352 f. m. w. N. 在这种情况下,违反忠诚义务可能源于权利持有人之前的行为,例如,他之前的违约行为导致对方无法履行合同。

第十一章 主观权利的实现

Adomeit, Wahrnehmung berechtigter Interessen und Notwehrrecht, JZ 1970, 495; Alwart, Zum Begriff der Notwehr, JuS 1996, 953; Baumgarten, Notstand und Notwehr, 1911; Braun, Subjektive Rechtfertigungselemente im Zivilrecht?, NJW 1998, 941; Dilcher, Besteht für die Notwehr nach § 227 BGB das Gebot der Verhältnismäßigkeit oder ein Verschuldenserfordernis?, FS H. Hübner, 1984, 443; Erb, Der rechtfertigende Notstand, JuS 2010, 17; Felber, Die Rechtswidrigkeit des Angriffs in den Notwehrbestimmungen, 1979; Himmelreich, Nothilfe und Notwehr, insbesondere zur sog. Interessenabwägung, MDR 1967, 361; Hoyer, Das Institut der Notwehr, JuS 1988, 89; Konzen, Aufopferung im Zivilrecht, 1969; Krafft, Der Ersatzpflichtige im Falle des § 904 BGB, AcP 165 (1965), 453; Krause, Zur Problematik der Notwehr, FS R. Bruns, 1978, 71; Kuchinke, Verantwortlichkeit und Haftung eines Täters bei Notwehrüberschreitung und Putativnotwehr, FS F.-W. Krause, 1990, 327; Kühl, Notwehr und Nothilfe, JuS 1993, 177; ders., Angriff und Verteidigung bei der Notwehr, Jura 1993, 57; Küper, Zum rechtfertigenden Notstand bei Kollision von Vermögenswerten, JZ 1976, 515; Kuhlenbeck, Das Recht auf Selbsthilfe, 2. Aufl., 1907; Lampe, Defensiver und aggressiver übergesetzlicher Notstand, NJW 1968, 88; Oetker, Über Notwehr und Notstand, 1903; Schaffstein, Notwehr und Güterabwägungsprinzip, MDR 1952, 132; Schreiber, Die Rechtfertigungsgründe des BGB, Jura 1997, 29; Schünemann, Selbsthilfe im Rechtssystem, 1985; Schwabe, Grenzen des Notwehrrechts, NJW 1974, 670; Schröder, Notwehr bei schuldhaftem Vorverhalten, JuS 1973, 157; Siegert, Notstand und Putativnotstand, 1931; Titze, Die Notstandsrechte im deutschen bürgerlichen Gesetzbuche und ihre geschichtliche Entwicklung, 1897; v. Tuhr, Der Notstand im Zivilrecht, 1888; Warda, Die Eignung der Verteidigung als Rechtfertigungselement bei der Notwehr (§§ 32 StGB, 227 BGB), Jura 1990, 344/393.

354

一、概述

355　　主观权利必须在法律秩序中得到验证,否则它们将毫无价值。只要权利的持有者没有受到任何人的挑战,就不会引起问题。在大多数情况下,其他权利主体会**当然且一致地**(freiwillig und einverständlich)尊重一个人的权利。这就意味着,例如,人们不会侵犯他人的所有权,而债权人关于支付报酬或提供劳务的请求也将自愿得到满足。总的来说,通过行使主观权利所构成的行为的合法性会受到尊重,它们的实现不会遇到任何阻力,因此不需要使用强制手段。在实践中,这种顺利实现主观权利的情况是正常的,并不会与特殊的法律问题相关联。

356　　法律秩序只有在权利人遇到困难时才会体现其必要性,例如权利人的所有权受到侵害或者请求权无法得到当然满足。在这种情况下,必须**强制**(zwangsweise)执行主观权利。然而,权利人本身并不具备实现权利的强制力。这既适用于权利实施(Rechtsdurchsetzung),也适用于权利辩护(Rechtsverteidigung)。一个法治国家不可能容忍"武力自卫权(Faustrecht)"。它不能接受法律共同体成员通过运用私刑来强行实现权利。相反,一方面,它必须保留对法律实施的暴力垄断,另一方面,必须通过法院和执法机构来帮助法律共同体成员实现其主观权利。因此,国家有义务提供司法保障,并且法律共同体成员有权要求国家提供司法保障,以实现有效的法律保护。[1]

357　　尽管不可过于强调国家暴力垄断的原则,但仍必须承认,确实存在一些国家无法及时提供帮助的情况。例如,当一个人被一只狗攻击或者看到一个小偷带着赃物逃跑时,该人就会面临紧急危险。如果此时还要等

---

[1] 参见 BVerfGE 93, 99, 107; 88, 118, 123 f.; 85, 337, 345; 80, 103, 107; 54, 277, 291; 3, 359, 364; 相关文献 Bethge, NJW 1991, 2391, 2393 ff.; Detterbeck, AcP 192 (1992), 325, 327 ff.; Dütz, Rechtsstaatlicher Gerichtsschutz im Privatrecht, 1970; Habscheid, ZZP 67 (1954), 188 ff.; Lorenz, AöR 105 (1980), 623 ff.; Pieck, Der Anspruch auf ein rechtsstaatliches Gerichtsverfahren, 1966; 总结观点,参见 Rosenberg/Schwab/Gottwald[17], § 3.

待国家通过警察和司法机构采取行动,那么个人主观权利的实现将会受到阻碍。在这种情况下,必须认可**国家暴力垄断原则的例外**(Ausnahme vom Gewaltmonopol des Staates)。法律体系必须允许权利人在进一步确定的范围内通过自己的行为实现他们的主观权利,以便更加有效地保护自身的人身和财产安全,从而抵御狗的攻击,或者凭借自己的力量执行追回赃物的请求权(第 985 条)。在《民法典》中,这主要体现在第 227 条以下以及第 904 条中。这些法律规定描述了正当防卫(第 227 条)、紧急避险(第 228 条和第 904 条)和自助行为(第 229 条以下)的内容。

这些规定的法律效果通常是,当权利人在规定的条件下行动时,其行为就**不会被视为违法**(nicht widerrechtlich)。这一逻辑表明,权利人自行实现主观权利的行为本身与法律体系不相容,因此是非法的,并且只有在特定情况下才会允许存在例外情形。但如果允许存在例外情形,那么就可以适用于整个法律秩序。因此,不仅在民事法律领域中,而且在刑事法律领域中,这种行为都不会构成违法。然而,在正当防卫(第 227 条)中,这并不是一个特别重要的问题,因为《刑法典》第 32 条也规定了类似的将正当防卫作为违法性排除的理由。相比之下,第 228 条、第 229 条,以及第 904 条中的规则,则可以被视为特殊规定,因为它们在不同程度上更详细地具体化了《刑法典》第 34 条中概括描述的紧急状态(Notstandssituation)所指的内容。[2]

358

二、正当防卫

《民法典》第 227 条第 1 款规定,正当防卫(Notwehr)不属于违法行为。在该条第 2 款中,正当防卫被定义为抵御对自己或者他人当前的违法侵害所必要的防御措施。这些规定与《刑法典》第 32 条相对应。对这两个规范可以进一步展开:

359

---

[2] Vgl. Lackner-Kühl, StGB[28], § 34 Rdnr. 14; Leipziger Kommentar zum StGB-Zieschang[12] § 34 Rdnr. 82; Schönke/Schröder-Perron, StGB[29], § 34 Rdnr. 6.

(一) 防卫状况

360　　首先,需要存在防卫状况(Notwehrlage)。根据第 227 条第 2 款的规定,如果一个人对他人的合法利益正在实施违法侵害,那么就符合防卫状况的情形。这种侵害必须来自人,而不是物。这种侵害必须是当下的,也就是说,侵害行为要么即将发生,要么正在进行中且尚未结束。其次,侵害行为必须是违法的,也就是说,它本身并不具有合法性。因此,不能对防卫行为实施正当防卫。如果在正当防卫的过程中侵害了对方的合法权益,行为也并不具有违法性,因此防卫行为的相对方不能再以正当防卫的理由实施自卫。而且,侵害方也并不以过错为必要条件,所以正当防卫也适用于无过错的侵害方。最后,侵害必须针对一个在法律上被认可的利益[3],其可以是防卫者自己的利益(正当防卫),也可以是第三方的利益[紧急救助(Nothilf)]。

(二) 防卫行为

361　　在存在防卫状况的情况下,只有为了抵御攻击所必需的防卫行为(Notwehrhandlung)才是合法的。因此,必然存在一个基于防卫意愿的[4]防卫行为来抵御侵害。在具体情况下,可以根据客观标准来证明这种防卫行为必要性,即不能存在另外一种同样有效但更温和的手段来保护受侵害的合法权益。

(三) 没有权利滥用

362　　如果可以满足防卫状况和防卫行为的要求,那么法定的事实构成就已经成立,法律并不需要进一步的条件。特别是,**不需要进行法益权衡**

---

〔3〕 例如,正当防卫的范围还可以包括寓所权(Hausrecht),因此人们可以对未经授权闯入者实施正当防卫;参见 OLG Düsseldorf NJW 1997, 3383, 3384。

〔4〕 没有防卫意愿的人不可能实施正当防卫行为;参见 BGH NJW 1990, 2263 (zu § 32 StGB)。

(keine Güterabwägung），也无须进行相应的合比例性检查[5]，这意味着如果没有其他方式可以阻止侵害，就可以通过剥夺侵害者更高级别的权益（例如，他的健康）来保护另一项法益（例如，毫无价值的财产）。法律作出这样的决定，是基于侵害者的行为具有违法性的考量，而对于受侵害者来说，也不应该要求他放弃自己的利益（"正义不需要屈服于非正义"）。

然而，基于**第 242 条**的规定，正当防卫行为也存在一些不成文的限制。即使是防卫行为，也不能采用权利滥用的方式。例如，如果侵害是由被侵害方故意挑起的，以便在之后可以实施防卫行为来反击侵害方，这就构成了权利滥用。[6] 此外，如果侵害是由一个明显无责任能力的人发起的，或者防卫行为被认为是完全过度使用，那么防卫行为也会被认为是权利滥用。[7]

363

（四）防卫错误

如果防卫者错误地相信自己处于防卫状况下，即所谓的**假想防卫**（Putativnotwehr），则其行为仍然是违法的。因此，根据第 823 条第 1 款，他要对他侵犯的权益承担损害赔偿责任。然而，只有当防卫者就自己关于防卫状况的错误判断存在过失时，他才会承担过失责任。[8]

364

上文所述的假想防卫和**防卫过当**（Notwehrexzess）是有区别的。当原本存在防卫状况的情况下，防卫者对侵害者造成的损害超出了为抵御侵害所必要的限度时，就称为"防卫过当"。这种过当的自卫行为不符合第 227 条第 1 款的要求，因为它超出了必要性的限度。根据《刑法典》第 33 条的规定，由于防卫者受到混乱、恐惧或惊吓而导致防卫过当不会受到刑事处罚，在民法中并不适用。相反，根据第 823 条第 1 款，如果防卫者有过失，他将对其侵犯他人权益的违法行为承担损害赔偿责任。当然，在判断

365

---

[5] 相似的观点，参见 Hübner², Rdnr. 555; Wolf/Neuner¹⁰, § 21 Rdnr. 53。
[6] Vgl. (zu § 32 StGB) BGH NJW 1983, 2267; 1962, 308, 309.
[7] BGH NJW 1976, 41, 42.
[8] BGH NJW 1987, 2509; 1981, 745; 1976, 41, 42; OLG Düsseldorf MDR 1998, 1227——对于没有过错的责任类推适用第 231 条的规定，参见 Kuchinke, FS Krause, 1990, 327 ff.。

防卫者的过失时,应该看他是否意识到(故意)或者是否应该能够意识到(过失),他已经超出了必要的限度。[9]

范例

366　　G 对 S 有一个支付请求。由于 S 没有履行支付义务,G 强行开走了 S 的汽车,并将该汽车出售,所得价金作为对其请求的"支付"。G 的这种行为属于侵犯财产权的违法行为。G 不能以正当防卫为由提出抗辩,因为当时并没有发生防卫状况,一般认为,不支付款项并不构成防卫状况中的侵害行为。

367　　T(一名神学学生)在 K 的售货亭里清理了一些色情读物,使其无法使用,并用黑笔在售货亭的窗户上写下"清除色情垃圾"的标语。这些对 K 财产的损害行为不能通过正当防卫来进行辩解,因为 K 没有侵犯 T 的任何权益,也不适用紧急救助。虽然紧急救助也可以针对国家实施,但必须存在威胁国家作为权利主体的个别利益的情况,并且这种威胁必须超出单纯干扰公共秩序的程度。此外,维护公共秩序是国家机构的责任。[10]

368　　一群光头党出现在一家迪斯科舞厅,打算"闹事"。于是舞厅的经营者 B 从抽屉中拿出一把手枪,开了一枪作为警告,并在光头党的头目 A 面对警告不为所动时射伤了他。子弹穿过 A 的身体,击中了一名旁观者 G。A 和 G 要求 B 赔偿所造成的财产损害和精神损害。对 A 来说,B 的行为属于正当防卫,所以 A 无权要求任何赔偿。A 对 B(紧急防卫)以及对 B 的客人(正当救助)的财产和健康构成了现实且非法的侵害。考虑到光头党的数量优势和警告枪声的无效,B 对 A 的伤害是必要的,否则无法进行防御,因此 B 的行为具有合法性。然而,对于没有发动攻击的 G 而言,这个抗辩理由并不适用。此外,在这里,《刑法典》第 34 条中的抗辩理由(正当的紧急避险;→边码

---

[9]　BGH NJW 1976, 41, 42.
[10]　BGHZ 64, 178, 179 f.

370)却可以适用。原因在于与《民法典》第 227 条的规定不同,《刑法典》第 32 条要求对受伤和被保护的法益进行权衡。在本案例中,《刑法典》第 34 条的条件就存在满足的可能。因此,G 不能根据第 823 条第 1 款和第 253 条第 2 款请求财产损害和精神损害赔偿,但可以类推适用第 904 条第 2 句请求损害赔偿(→边码 381)。[11]

坐轮椅的 R 看到一个 6 岁的儿童爬上他的樱桃树偷樱桃。无论 R 怎么呼喊,儿童都没有任何回应。于是 R 拿起他的猎枪,在一次未果的警告射击后,射伤了儿童,随后儿童要求赔偿损失。虽然这里存在着儿童的非法侵害行为,而且也无法以其他方式阻止儿童的行为,因为 R 无法到达他的樱桃树。然而,R 的行为并不能被合法化,因为他的行为属于对防卫权的滥用。防卫权滥用一方面体现在儿童的无过错(根据第 828 条第 1 款),另一方面体现在行为超过合理的限度(使用枪支保卫樱桃)。因此,基于上述情况,该儿童有权要求赔偿损失。

369

三、紧急避险

紧急避险在不同的法规中有不同的适用范围。第 228 条规定了可能造成危险的物品的损害(所谓的防御性紧急避险),第 904 条则规定了在必要条件下破坏他人财产以实现避险的情况(所谓的攻击性紧急避险)。这些民事法律规定的范围与刑事法律规定的范围并不完全相同:《刑法典》第 34 条不仅涵盖损害财产权益的情况,也涵盖损害其他法益的情况。当然,刑事法律规定所允许的行为,在民事法律规定中也不会构成违法。相比之下,《刑法典》第 35 条只涉及刑事过失,因此在民事法律中没有相关性。在那些刑事法律规定的范围下是否仍然存在民事责任,需要另行判断。

370

---

[11] Vgl. MünchKomm-Säcker[6] § 904 Rdnr. 24; Palandt-Ellenberger[74] § 228 Rdnr. 1 f.

(一) 防御性紧急避险

371 根据第 228 条第 1 句的规定,为了避免一个由他物所带来的危险威胁自己或他人的安全而损害或破坏这个物,如果此次损害或破坏是避险所必需的,并且所造成的损失与危险相比,不超过合理限度,那么这个行为并不违法。以下是相关的前提条件:

1. 避险状况

372 当一个物对行为人或第三方的(任何)权利造成侵害时,就可以成立避险状况。与防卫状况不同的是,这里的侵害可以只是威胁,而非必须正在发生[12],并且侵害方是物而非人。这种边界的划分有时是很困难的,并且由于第 228 条第 1 句对适用前提更严格的要求,也确实很重要。例如,一只凶猛的狗被一个人用作"武器"攻击另外一个人,那么这只狗的侵害实际上是来自人,从而构成了防卫状况。但是,如果这只狗失去了控制或是主动袭击他人,那么这个侵害则来自动物本身,因此根据第 90a 条第 3 句的规定,应当适用第 228 条。

2. 避险行为

373 如果存在避险状况,则根据第 228 条第 1 句,应当允许对造成危险的物实施造成损害的防卫行为。然而,除了具有防卫意愿[13],还需要满足以下条件:一方面这种侵害是必要的,另一方面无法以其他方式消除危险。此外,这种侵害也必须符合比例原则。因此,法益权衡必不可少,不仅应考虑物质价值,也应考虑个人的情感利益。避险行为的正当性,根据第 228 条第 1 句的内容,应当基于优势利益(überwiegende Interesses)的考虑。因此,被侵害的利益需要占优势地位。[14] 但是,如果这种避险行为可能造成的利益损害与危险物品可能造成的损害不成比例,以至于避险

---

[12] 这意味着损害不必是直接发生或正在发生,只需要存在危险会变成现实的可能性就足够了。在这种情况下,关键在于必要性的判断,即紧急避险的行动对于防止危险转变成实际损失而言是否具有必要性。

[13] BGHZ 92, 357, 359.

[14] Vgl. OLG Hamm NJW-RR 1995, 279.

行为造成的损害特别巨大，那么被侵害方应当牺牲自己的权益，并在需要时可以对物的所有者或持有人提出损害赔偿请求。

3. 法律效果

如果处于防御性紧急避险的状态，那么危险物的所有者不能要求避险人根据第 823 条第 1 款对该损坏物品进行赔偿，因为在这种情况下，避险行为导致的侵害是合法的。即使避险人故意造成了危险情势，也可以适用此规定。但是，在这种情况下，可以适用第 228 条第 2 句包含的一种独立的请求权基础，根据该规定，受害人可以向处于避险状态的避险人请求损害赔偿。相反，不得对处于避险状态下避险的人进行正当防卫，因为他的避险行为是合法的。对于假想的紧急避险（Putativnotstand）和紧急避险超过必要限度的行为（Notstandsexzess），适用边码 364 以下所述的内容。

374

范例

E 先生剪断了 N 先生位于土地边界的扬声器上的电缆。因为 N 先生在午夜时分举办花园派对播放过于吵闹的音乐，这让 E 先生感到十分困扰。对于 E 先生对 N 先生实施的财产侵害，并不是根据第 228 条，而是根据第 227 条来进行合理化。假设 N 先生对 E 先生的财产实施的侵害是非法的，但这并不是由于扬声器本身，而是由于使用扬声器的 N 先生的行为所导致的。[15]

375

在一艘油轮发生火灾时，人们使用化学品进行灭火，这些化学品也使得储存的燃油无法使用。尽管这些装载的燃油在火灾发生时并没有着火，但它仍然构成了一种潜在的威胁，因此处于避险状态中，必须摧毁油货以防止更大灾难的发生，这种行为是必要且合理的。[16]

376

邮递员 P 在 E 先生的土地上被他的狗攻击。为了自保，P 用棍棒

377

---

[15] OLG Karlsruhe NJW 1992, 1329; Medicus[10], Rdnr. 162.
[16] RGZ 143, 382, 387.

击打了狗,并且对狗造成了严重伤害。E要求赔偿损失。在这种情况下,E不能依据第823条第1款索赔,因为P是在避险状态下实施的行为,并且没有超出必要的限度。[17] 然而,如果P通过踢打原本平静的狗引发了争斗,根据第228条第2句,P就应当承担赔偿责任。

(二) 攻击性紧急避险

378　　攻击性紧急避险并非在民法总则部分,而是在物权编中进行了规定。在物权编中,作为对第903条的限制,第904条第1句规定了物的所有人无权禁止他人对物的干涉,前提是这种干涉是为了避免当前的危险所必要的,并且相对于物的所有人因为干涉所遭受的损害来说,当前的危险导致的损害可能是巨大的。

1. 避险状况

379　　与第228条第1句类似,第904条第1句也要求存在一种避险状态,即某项法律利益面临切实危险的状况。然而,在这里必须存在对法益当下(gegenwärtige)现实的危险,因此需要立即采取措施。

2. 避险行为

380　　这里与第228条第1句的关键区别在于避险状态下所应采取的行动。在第904条第1句的情况下,必须对一件并非危险来源的物进行干涉以回避危险。这种对无关物品的干涉,只有在更严格的条件下才是合法的,而不能像对危险来源的物那样宽松。首先,对于无关物品的干涉必须是为了防范危险而必要的。其次,这种干涉必须是适当的,而且根据法律规定,占优势的通常并非避险方自己的利益,而是无关第三方的利益。因此,只有在需要保护的法益明显高于物的所有人的利益时,对无关物的干涉才会具有合法性。

3. 法律效果

381　　如果满足第904条第1句的条件,则物的所有人不得对抗对其财产的

---

[17] OLG Hamm NJW-RR 1997, 467 f.

干涉。因此,避险方的行为也不会被认定为违法。如果在避险过程中导致第三方财产的毁损灭失,则由于不存在违法行为,避险方也不需要根据第 823 条第 1 款承担损害赔偿责任,但根据第 904 条第 2 句,受损的第三方可以通过民事"特别牺牲请求权/牺牲补偿请求权(Aufopferungsanspruchs)"获得赔偿。

范例

A 和 B 在公园里散步。突然,他们看到 E 的狗攻击了 4 岁的幼童 K。A 夺过 B 的手杖,用手杖击打狗,结果导致手杖断裂了。受伤的狗放开了 K。B 问购买新手杖的费用应当由谁承担。根据第 833 条第 1 句,作为狗的主人,E 需要承担责任。根据第 904 条第 2 句,A 是适格的被诉方。A 以保护 K 的目的,依据第 904 条第 1 句,正当地毁坏了 B 的手杖,该手杖本身并没有构成危险。然而,这种行动是为了保护 K 的利益。因此,有人认为,根据第 904 条第 1 句负有容忍义务的物的所有权人应该直接向使用被毁物品进行避险的人提出赔偿请求。[18] 然而,这里首先需要考虑到第 904 条的体系性——赔偿请求应当与对干涉者的容忍义务相对应。此外,与干涉者不同,受益人通常更难确定。于是不得不根据诱因原则(Veranlasserprinzip)来决定。最终,被诉方是干涉者,他可以根据第 683 条第 1 句、第 670 条向受益人和狗的主人 E 追偿。只有当行动者是在最终受益人的请求下实施避险行为时,才会有不同的结果,此时最终受益人也可以被视为干涉者。[19]

---

[18] LG Essen MDR 1998, 780; Horn JZ 1960, 350 ff.; Konzen, JZ 1985, 181, 182; Kraffert, AcP 165 (1965), 453 ff.; MünchKomm–Säcker[6] § 904 Rdnr. 16 ff. m. w. N.; Wolf/Neuner[10], § 21 Rdnr. 69.

[19] 19BGHZ 6, 102, 105 f.; BGH LM Nr. 2 zu § 904 BGB; LG Freiburg NJW–RR 1989, 683; Baur/Stürner, SachenR[18], § 25 Rdnr. 8; Jauernig–Berger[15] § 904 Rdnr. 5; Köhler[38], § 19 Rdnr. 18; Palandt–Bassenge[74] § 904 Rdnr. 5——也有观点认为干涉者和获益者应当承担连带责任;参见 Hogenschurz, MDR 1998, 1166 f.; Pawlowski[7], Rdnr. 859。然而,这是纯粹的基于公平原则产生的规则,并没有实体法律依据。

四、自助救济

383　　根据第229条以下的规范,可以使用私人暴力(暂时地)保护或执行主观权利。虽然正当防卫和紧急避险只授权采取防卫性的措施,但这里涉及的是通过积极的行为保护主观权利。根据第229条第1款,有条件地允许以下行为:取走、损毁或破坏财物,拘束具有逃亡嫌疑的债务人,或除去具有容忍义务的债务人的抵抗。在一个法治国家,国家对暴力的垄断具有重要意义(→边码356)。因此,只能在非常有限的范围内允许私人强制措施。特别重要的是,根据第229条第1款的规定,这些私人强制措施必须满足以下条件:无法及时获得官方的帮助,而且不立即采取行动可能导致请求权无法实现或实现具有显著困难。[20] 具体来说,需要考虑以下几点:

(一) 自助状况

384　　只有在行为人拥有**可执行的请求权**(durchsetzbaren Anspruch)时,才可采取自助行为。那些受到抗辩或不可起诉的请求权不能通过自助行为获得救济。债权人也不能以私人强制力获取法院不会判给他的东西。当然,这里的债权并不一定必须是到期债权,因为根据《民事诉讼法》第916条第2款的规定,对未来附条件或者附期限请求权的强制扣押也是被允许的。由于自助行为最终也会导致假扣押的法律效果(→边码388),可以将《民事诉讼法》第916条第2款的法律规则应用于此处。根据主流观点,自助行为所救济的必须是自己的权利,不允许代他人实施自助救济。[21] 然而,法律并没有明确指出,如果赃物所有人以外的人当场抓住

---

[20] 在特别情况下,法律允许自助行为的条件稍微放宽;参见 etwa §§ 562b (ggf. mit §§ 581 Abs. 2, 704 S. 2), 859 f., 867, 910, 962。

[21] Vgl. etwa Hübner[2], Rdnr. 572; Köhler[38], § 19 Rdnr. 20; MünchKomm-Grothe[6] § 229 Rdnr. 2; Soergel-Fahse[13] § 229 Rdnr. 9; Staudinger-Repgen[2014] § 229 Rdnr. 15; Wolf/Neuner[10], § 21 Rdnr. 73。

了小偷并使用武力夺取了赃物,其行为是否也具有合法性。根据主流观点,只有在合法权利人同意或构成无因管理时,其行为才具有合法性,但这并不能令人信服。[22]

此外,还必须满足的条件是,**无法及时获得官方援助**(obrigkeitliche Hilfe nicht rechtzeitig zu erlangen)。第229条第1款进一步明确了"不及时(nicht rechtzeitig)"的含义,即如果没有立即采取行动,就会导致请求权无法实现或实现具有显著困难。所以,如果担心等待警察或法院的援助会失去权利或只能通过极大的努力才能实现权利,那么就存在自助救济的可能。因此,首先要明确国家能够提供哪些帮助措施,这里既包括警方或有关部门的介入,也包括司法援助,无论是通过普通民事诉讼程序还是临时保护令程序。如果一个人可以通过申请扣押(根据《民事诉讼法》第916条)或临时禁令(根据《民事诉讼法》第935条、第940条)来及时保护自己的权利,那么他就不能采取自助行为。在这个意义上,如果债务人是明确的并且救济是可期待的,自助行为通常会被排除。但如果债务人不明或正准备将自己或争议物排除出官方程序,那么债权人就具备了实施自助行为的条件。同样,如果国家非法拒绝提供帮助,例如,有关部门拒绝消除违法状态,则权利人也可以实施自助行为。

(二) 自助行为

在自助状况存在的前提下,根据第229条以下的规定,法律仅允许非常有限的自助行为。首先,第229条第1款限制了可以采取的合法**措施**(Maßnahmen)。其包括取走、毁损或破坏财物,比如取走盗窃物品,或者取走欠债人打算逃跑用的汽车钥匙,或者破坏该汽车的轮胎。如果债务人有逃跑嫌疑,法律还允许对他进行拘束。此外,法律允许除去那些对债权人提出的容忍请求进行抵抗的行为。法律没有明确提及对具体个人使用暴力的情况。然而,如果与拘束或除去抵抗有必然联系,相应的暴力行为当然是被允许的。然而,根据第229条第1款,严重的身体伤害,甚至杀

---

[22] 相关基本观点,参见 Schünemann (Rn. 354), 56 ff.。

人,特别是对枪支的使用并不具有合法性。[23]

387　　根据第229条第1款,列举的以上措施也仅在**必要时**(erforderlich)才是合法的。根据第230条第1款,自助行为不得超出排除危险所需的必要范围。例如,在具体情况下,如果只需要拿走钥匙就能防止债务人逃跑,那么就不应当拘束他。债权人应该采取最温和的措施,只要他能够有效地防止请求权无法实现或者实现障碍的显著增加。

388　　除此以外,根据第230条第2款至第4款,还有其他限制。在取走财物和拘束债务人时,必须**申请**(Arrest zu beantragen)物的**假扣押**(第230条第2款以及《民事诉讼法》第917条)或人身的**假扣押**(第230条第3款以及《民事诉讼法》第918条)。因此,债权人也不能只是保留通过自助行为取走的财物。因为他通过自助行为既不能获得抵押权也不能获得留置权。相反,他必须通过临时法律救济程序获得法院的执行裁定(参见《民事诉讼法》第928条)。[24] 换句话说,必须在事实保全之后实施法律保全,自助行为必须在事后得到法院认可,并重新寻求官方协助。如果没有提出假扣押拘留申请或者申请被拒绝,那么也必须归还被取走的财物或者必须立即释放债务人(第230条第4款)。只有在债权人取走的是自己的财物时,这个规则才不适用,因为自助救济不是为了保障债权人的权益,而是为了恢复合法的状态。

(三) 法律效果

389　　如果自助行为是在第229条以下所规定的限制范围内实施,那么行为人的措施就不是非法的(第229条第1款)。因此,相对人就不能根据第823条第1款要求行为人承担损害赔偿责任。但如果不满足以上条件,则会产生损害赔偿责任。根据第823条第1款的规定,只有债权人的过错行为才能被追究。在这种情况下,需要再次审查他是否知道或者在

---

[23]　Wolf/Neuner[10], § 21 Rdnr. 76.

[24]　如果债权人已经获得了执行裁定,那么他现在必须进行强制执行程序;参见 § 230 Abs. 2。

适当的注意义务下本可以意识到自助行为是不被允许的。如果没有这样的情况,债权人就没有过错,则非法侵害法益的过错责任将会被排除。然而,对于这种情况,第 231 条规定了一种独立于过错的责任。因此,实施自助行为始终需要自担风险。

范例

S 在 E 的土地入口处违规停放了他的大众高尔夫轿车,导致 E 无法驾驶他的路虎汽车离开自己的土地。由于 E 必须参加一次重要的商务会议,他打电话给警察,却被告知拖车正在工作中,因此无法在晚上之前赶到。于是,E 用他的路虎汽车推开了 S 的高尔夫轿车,导致高尔夫轿车受到了严重的损坏。S 要求 E 承担损害赔偿责任。该请求是否得到支持取决于 E 的行为是否有正当理由。从第 229 条以下的自助救济角度来说,对 E 的自助状况存在疑问。虽然根据第 1004 条第 1 款第 1 句,E 对 S 有可执行的排除妨碍请求权,但是否无法及时获得官方协助尚存在疑问。警方无法立即介入,而是直到晚上才能提供帮助[25],但这并不意味着构成对权利的妨碍或增加了主张权利的难度。因为排除的请求在晚上仍然可以得到满足。E 必须参加一次重要会议的事实并不会改变这一点。此外,具体的自助措施也超过了必要的限度,因为 E 本可以乘坐出租车,并由 S 根据第 823 条第 1 款承担费用。因此,E 不能依据第 229 条,但可以依据第 859 条第 1 款提出请求[26],该条款赋予被干扰的所有权人一项自助权利,而不需要满足第 229 条以下的严格条件。

390

五、附录:提供担保

有时法律秩序还会要求当事人提供担保(Sicherheitsleistung)。这种

391

---

[25] Vgl. OVG Koblenz NJW 1988, 929, 930; AG Heidelberg NJW 1977, 1541 f. m. Anm. van Venrooy, NJW 1977, 1926.

[26] Vgl. AG Karlsruhe NJW 1977, 1926; Dörner, JuS 1989, 666, 671.

担保的**意义**(Sinn)在于保护对方免受未来可能的权利丧失。例如,在某些情况下,债务人必须向债权人提供担保,因为债权人目前还不能或不得强制执行其权利,如在债权仍有争议或尚未履行的情况下。此时,担保就是为了保护债权人免受在权利应当得到实现时债务人无法支付的风险。如果出现债务人失去履行能力的情况,那么债权人就可以从担保中获得满足。与此相对,在某些情况下,就轮到债权人必须提供担保,因为他们在其债权合法性尚未最终确定时,就已经可以强制执行自己的权利了。在这种情况下,担保是用来保护债务人的。如果后来发现债权人并没有权利,并且债权人已经破产,那么其返还请求权变得毫无价值。因此,担保是用于确保未来的履行。

392 这种提供担保的**基础**(Grundlage)可以在不同规范中找到。除了合同约定的情况,债务人在实体法中会根据第 52 条第 2 款、第 257 条第 2 句、第 258 条第 2 句、第 321 条、第 562c 条、第 775 条第 2 款、第 843 条第 2 款第 2 句、第 1039 条第 1 款第 2 句、第 1051 条、第 1067 条第 2 款、第 1218 条第 1 款、第 1382 条第 3 款、第 1585a 条、第 1986 条第 2 款、第 2128 条、第 2217 条第 2 款等规定被要求承担提供担保的义务。债权人提供担保的规定则见于第 273 条第 3 款。提供担保在诉讼法中具有特殊意义。《民事诉讼法》第 108 条以下作出了特别的规定,其部分内容就参照了《民法典》的规定。需要特别强调的是,在《民事诉讼法》第 709 条以下的规定中提供担保对于可暂时执行判决的执行具有重要意义。

393 《民法典》的总则部分在第 232 条以下仅规定了所提供担保的种类。因此,该法律并未明确规定在什么条件下应当提供担保,而是一般性地规定了当某人有义务提供或者有权要求提供担保时,他或她必须做什么或可以请求什么。在这方面,当然优先适用合同约定和法律的特殊规定。此外,这些法律规范主要假定应当提供的是实物担保。根据第 232 条第 1 款,可以考虑提存金钱或合适的(第 234 条)有价证券[27],从而使得权利

---

[27] 直到 2010 年 11 月 30 日,具体细节在《提存条例》(Hinterlegungsordnung)(vom 10. März 1937; RGBl. I, 285)中进行了规定。现在,提存程序的规范已由各联邦州负责。

人获得对提存物的质权(第 233 条)。此外,还可以将特定债权和权利(根据第 232 条第 1 款、第 236 条、第 238 条、第 1274 条)或动产(根据第 232 条第 1 款、第 237 条、第 1205 条)实施抵押,以及直接设立不动产抵押权(根据第 232 条第 1 款、第 873 条)。只有在没有其他担保的情况下,才允许根据第 232 条第 2 款、第 765 条提供符合第 239 条规定的保证。然而,在实践中,通常仅提供这种担保措施就足够了,因为对于动产而言,提存和抵押都不实际。相反,银行保证(Bankbürgschaft)通常是被认可的担保。在此意义上,第 232 条以下规范的重要性并不高。

第六部分

法律行为学说的基础

第十二章　法律行为的概念

> **文献**
>
> Diederichsen, Wandlungen der Rechtsgeschäftslehre, JurA ZivilR I (1969), 3; Flume, Das Rechtsgeschäft und das rechtlich relevante Verhalten, AcP 161 (1962), 52; ders., Rechtsgeschäft und Privatautonomie, FS zum 43. DJT, Bd. I, 1960, 135; Fröde, Willenserklärung, Rechtsgeschäft und Geschäftsfähigkeit, 2012; Gysin, Das Rechtsgeschäft in der modernen Privatrechtsjurisprudenz, 1929; Himmelschein, Beiträge zur Lehre vom Rechtsgeschäft, 1930; Köhler, Die neuere Rechtsprechung zur Rechtsgeschäftslehre, JZ 1984, 18; Leenen, Willenserklärung und Rechtsgeschäft, Jura 2007, 721; Leßmann, Die willentliche Gestaltung von Rechtsverhältnissen im BGB, JA 1983, 341/403; Löwisch/Neumann, Allgemeiner Teil des BGB: Einführung und Rechtsgeschäftslehre, 7. Aufl. 2004; Manigk, Zum Begriff des Rechtsgeschäfts, DJZ 1902, 279; Schapp, Grundfragen der Rechtsgeschäftslehre, 1986; Schiemann, Das Rechtsgeschäft, in: Staudinger, Eckpfeiler des Zivilrechts, 2005, 37; Willoweit, Abgrenzung und rechtliche Relevanz nicht rechtsgeschäftlicher Vereinbarungen, 1969; ders., Rechtsgeschäft und einverständliches Verhalten, NJW 1971, 2045; Zitelmann, Die Rechtsgeschäfte im Entwurf eines Bürgerlichen Gesetzbuches, 1889; Zweigert, „Rechtsgeschäft" und „Vertrag" heute, in: FS M. Rheinstein, Bd. 2, 1969, 463.–Vgl. auch die Angaben zum 7. Teil.

394

一、定义

一项法律行为（Rechtsgeschäft）是指一项**法律上的行为，它所表示的法律效果之所以会发生，（仅）是因为它被希望发生**〔Rechtshandlung, deren erklärte Rechtsfolge nach der Rechtsordnung (nur) deshalb eintritt, weil sie ge-

395

wollt ist]。[1] 因此，这是一种具有法律意义的行为(→边码273以下)，且应被放在私人自治的语境下看待。法律秩序允许行为主体在一定范围内自主地塑造彼此之间的法律关系(→边码99)。用于这种塑造的工具就是法律行为。在法律行为中，某人表示要产生特定的法律效果，也就是建立特定的法律关系或对其产生特定影响。因此，法律行为包含的一个最核心的元素[2]就是：一种旨在实现特定法律效果的目的性行为。[3] 由于法律秩序基本上接受这种意愿，因此，随着法律行为的生效，法律关系就会发生变化，而无须转换为国家的行为或特殊的法律规定。

范例

396　　员工A想要辞职。他希望终止与雇主U之间的一项与他相关的法律关系，即劳动关系。他可以通过向U宣布辞职来直接实现这个法律效果。宣布辞职是一项法律行为，因为根据法律秩序，其法律效果，即解除劳动关系因A的意愿而发生。

397　　V打算将一部电话转让给K。尽管V无法单独实现他所追求的法律效果，但他可以与K共同通过私人自治的方式来实现。为此，需要进行一项物上的法律行为，即就所有权移转达成合意并将电话交付给K(第929条第1句)。

398　　单纯的法律效果意思并不足以产生相应的法律效果。法律关系的变化必须对外界可见。因此，仅在内心希望某种法律效果发生是不够的。相反，当事人必须对外表达他的法律效果意思。只有在这种情况下，才存在一项法律行为。因此，法律行为的构成要件必然包括**意思表示**(Willenserklärung)，即法律效果意思的表示。[4] 意思表示是法律行为的

---

[1] Vgl. Mot. I, 126 = Mugdan I, 421.
[2] Flume[4]，§ 2, 2.
[3] Wolf/Neuner[10]，§ 28 Rdnr. 2.
[4] 相关细节，参见边码566以下，相反观点，参见Medicus[10], Rdnr. 175,该观点认为意思表示并非手段，而是法律行为的构成要件。

必要构成部分,有时甚至是唯一的构成部分。[5] 因此,法律常常将这两个术语视为同义词。[6] 例如,在第 105 条第 1 款有关行为能力的表述中使用了意思表示的无效,而在第 111 条第 1 句中则使用了法律行为的无效。同样,第 119 条第 1 款情况 1 有关撤销权的表述使用了意思表示的撤销,第 142 条第 1 款则使用了可撤销的法律行为。

当然,"法律行为"和"意思表示"这两个术语在概念上并不完全相同,前者包含了后者。因为尽管意思表示是构成法律行为的必要条件,但并不总是唯一的构成部分。通常只有在满足**其他条件**(weitere Umstände)的情况下,法律才会承认法律效果意思。[7] 如果没有这些附加条件,所期望的法律效果就不会发生。这些附加条件可以是第二个意思表示、一个事实行为、第三方的参与或其他情况。

范例

如果 K 想要购买 V 的电话,他不能仅凭自己的意思表示单方面产生相应的权利义务关系,而是需要实施一项法律行为,即"合同",需要 V 进行第二个相应的意思表示(→边码 396、703)。

如果 V 想要将电话转让给 K,那么根据第 929 条第 1 句的规定,需要实施一项法律行为。这个法律行为包括就所有权移转达成一致的协议,即一份物上合同和两个相应的意思表示,以及 V 向 K 的交付,即一项事实行为。

如果 V 想要将一块地转让给 K,根据第 873 条第 1 款的规定,也需要一个物上合意,此外还需要将 K 登记在土地登记簿上。因此,当事人所期望的法律效果(所有权移转)只有在第三方,即法院机构的

---

[5] 在这些情况下,我们也称之为单方法律行为(→边码 424)。例如,撤销声明、解约声明、遗嘱等。

[6] 参见 Mot. I, 126 = Mugdan I, 421: 这里的意思表示是指法律行为上的意思表示。通常情况下,意思表示和法律行为这两个术语被用作同义词。前者特别适用于意思的表达本身处于主要地位的情况,或者需要同时考虑意思表示仅作为法律行为构成要件的情况。

[7] 在某些情况下,将它称为"双重构成要件"是具有误导性的;参见 Flume[4], § 2, 3 c; Hübner[2], Rdnr. 611。它是一个具有多个构成要素的单一构成要件。

参与下才能实现。

403 (有效的)法律行为首先会产生其所指向的法律效果。然而,并不排除法律行为也可能产生其他**法定的法律效果**(gesetzliche Rechtsfolgen)。[8] 特别是在合同法中,法律规定会使法律行为和其他法律效果相联系。这些联系有些是强制性的,有些则可以由当事人通过合同进行具体协商。[9] 法律规定在这方面可以补充当事人达成的协议。例如,根据第 448 条第 2 款,不动产买受人有责任承担过户费用。这适用于当事人没有特殊约定的情况,但也可以被当事人放弃。在租赁合同中,即使没有明确的约定,根据第 536 条第 1 款,房东也要对物上瑕疵承担责任。正如第 536 条第 4 款所述,在住宅租赁合同中,使承租人承受不利后果的约定是无效的,这属于为了保护租户的强制性规定。

404 法律行为的构成要件(至少包含一个意思表示,可能还有其他条件)与其**生效前提**(Wirksamkeitsvoraussetzungen)是明显不同的。[10] 合同的构成仅要求双方当事人作出两个相应的意思表示。如果存在这些意思表示,就可以满足法律行为的构成。此外,如果法律行为无效,它所期望的法律效果也不会发生。如果违反法秩序的前提条件或限制,法律将否定法律行为的预期效果。例如,对于行为能力(Geschäftsfähigkeit)的问题,法律规定,如果意思表示来自一个 6 岁的儿童,虽然符合法律行为的构成要件,但根据第 104 条第 1 项和第 105 条第 1 款的规定,该意思表示无效,从而否定了对法律行为的认可,儿童所期望的法律效果也就不会发生。在违反形式要件的情况下也是如此。例如,如果双方当事人未根据第 311b 条第 1 款第 1 句的规定让公证员对土地买卖合同进行公证,虽然其符合法律行为的构成要件(→边码 405),但根据第 125 条第 1 句的规定,该合同仍然是无效的,因此不能产生预期的法律效果。在内容方面存

---

[8] Dazu Flume[4], § 1, 3b.
[9] 对此,详见边码 95 以下。
[10] 相关的例子,参见 Flume[4], § 2, 3 c: 虽然遗嘱只有在遗嘱人去世后才生效,但并不意味着死亡是遗嘱作为法律行为的一部分。

在瑕疵(inhaltliche Mängeln)也是如此。例如,如果双方达成的价格过高,尽管符合法律行为的构成要件,但法律秩序也会根据第138条第2款的规定否认该法律行为,因此预期的法律效果就不会实现。

关于形式要件(Form),部分观点认为,在那些必须在公职人员面前进行意思表示的情况下(例如,第311b条第1款第1句、第925条第1句、第1310条第1款),公职人员的参与就是法律行为的构成要件。[11] 但与此相反,应坚持的观点是,这些要求只是形式上的规定,因此是生效条件,而不是构成要件。这一结论可以从在某些情况下形式缺陷是可以被弥补的这一事实中得出。[12] 例如,根据第311b条第1款第2句,即使没有公证记录,也明显存在一项法律行为,因为登记土地登记簿的行为只能排除有效性的障碍,而不能替代缺少的法律行为构成要件。反之,也存在行政机关的活动被立法者提升为构成要件的情况,例如,第873条第1款中的登记行为(→边码403)。[13]

405

二、界分

将法律行为这一概念与其他法律上的行为进行对比,可以更清楚地凸显法律行为的特征。首先需要对法律行为与事实行为以及准法律行为进行区分。这种区分尤为关键,它涉及是否以及在何种程度上可以适用法律行为的规定(第104条以下)。需要特别考虑的是,未成年人的权利(第104条以下)和撤销权(第119条以下)是否可以直接或类推适用。

406

---

[11] 参见 etwa Brox/Walker[38], Rdnr. 97; Hübner[2], Rdnr. 610;(更进一步的)Wolf/Neuner[10], § 28 Rdnr. 4-7(将第三方,例如,第1310条第1款规定的民事登记官,在形式要求中规定的参与视为法律行为的一部分)。

[12] 相关的,Köhler[38], § 5 Rdnr. 6。

[13] 还可参见 Flume[4], § 2, 3 c。

(一) 事实行为

407 事实行为(Realakt)是指所有(合法的[14])**法律上的行为,它们并非表示,而是由法律规定其具有的法律效果,并不考虑行为人的意思**(Rechtshandlungen, die keine Erklärungen sind und an die das Gesetz Rechtsfolgen knüpft, ohne dass es auf den Willen des Handelnden ankommt)。因此,与法律行为一样,事实行为也具有法律上的意义。这使得它与其他实际行为(tatsächliche Verhalten)有所不同,例如,一封祝贺信。它与法律行为的区别在于,事实行为的法律效果是由法律规定的,因此无论行为人是否愿意,这些法律效果都会发生。由于事实行为不包含意思表示,关于法律行为的规定无法直接或类推适用于它。因此,即使是无行为能力人,也可以实施事实行为,而错误的事实行为也不能通过撤销来消灭。当然,事实行为可以成为法律行为的组成部分(→边码401)。在这种情况下,它可以作为意思表示之外的另一个构成要件而存在。但是,即使在这些情况下,法律行为的本质也是由意思表示,而非事实行为构成的(→边码399)。前者是本质的,后者是偶然的。

范例

408 U使用E的面粉烤面包。由于U的这种加工行为,E对面粉的所有权转移到了U身上(根据第950条第1款第1句)。这种法律效果是依据法律规定自动产生的,与U是否具有意愿无关。将面粉加工成面包是一种事实行为。它不是一项法律行为,因为它引发的是法定的、非自愿的法律效果。

409 建筑承包商F在E的土地上进行挖掘工作时,发现了一个装有古代货币的箱子。他把箱子带回家。根据第984条,他与E分别拥有这个宝藏一半的所有权。这是一种法定的法律效果,即使F没有相应的法律效果意思,该效果仍会发生。发现和占有宝藏属于事实

---

[14] 相关区别还可参见边码277。

行为,而不是法律行为。虽然占有必须伴随着一种"自然的占有意愿",但这并不是为了获取所有权,而是为了获得实际的对物支配。[15]

在上述例子中,如果 F 不是建筑承包商,而是一个 6 岁的儿童,该儿童在玩沙子时发现了这个箱子,那么第 984 条的法律效果也并不会改变。由于发现和占有都是事实行为,因此与法律行为相关的规定,包括第 104 条以下条款,均不适用。 410

K 坐在钢琴前创作了一首电影的音乐。根据《著作权法》第 1 条、第 2 条第 2 项和第 11 项,即使 K 在创作过程中并没有考虑到这种法律效果,他仍然成为该音乐著作权的持有人。原因在于,创作音乐是一种事实行为。 411

(二)准法律行为

在合法的法律上行为中,事实行为、法律行为和准法律行为(Rechtsgeschäftsähnliche Handlungen)相并列。准法律行为是**一种表示,它表达了一种意思,也具有法律上的意义,但它并不指向法律效果,因为相关法律行为的法律效果是由法律规定的**(Erklärungen, mit denen ein Wille manifestiert wird, der zwar rechtserheblich, aber nicht auf die Rechtsfolgen gerichtet ist, die das Gesetz an die betreffende Rechtshandlung knüpft)。在这里,没有法律效果意思,因为准法律行为的法律效果并非由行为人的意思所决定,而是由法律所规定。这是一种法定的、非自愿的法律效果。 412

范例

G 给他的债务人 S 写信,要求他尽快支付拖欠已久的 800 欧元,否则将保留采取法律措施的权利。G 的目的是促使拖欠款项的 S 付款。因此,G 的信是一种意思表示。这种意思表示在法律上是有 413

---

[15] 对此,参见 Flume[4], § 9, 2 bb; Wolf/Neuner[10], § 28 Rdnr. 14。

重要意义的。事实上，这就是第286条第1款第1句中的催告（Mahnung）。根据法律的规定，这个催告的效果是 S 进入迟延（Verzug）状态（并伴随着其他效果，根据第280条、第286条等的规定，包括 S 现在应承担更严格的责任，支付应付款项的利息，并向 G 赔偿违约损失）。然而，G 表达的意思并不导向这些法律效果。G 并没有写道"我希望您进入迟延状态"，而是表达"我希望您付款"。因此，"迟延"这个法律效果并不是因为它被当事人的意思所希望而发生，而是因为法律将其与债权人的催告联系起来，即使它并不被当事人的意思所希望。因此，根据通说，这个催告并不是一项法律行为，而是一项准法律行为。[16]

414 这些准法律行为可以分为两种，即意思表达和观念通知。当行为人向他人发出针对特定目标的表示时，就可以称之为**意思表达**（Willensäußerungen）。例如：

- 刚才提到的根据第286条第1款第1句的催告（表达的意思：债务人应该支付；法定效果：迟延开始）；
- 第108条第2款第1句、第177条第2款第1句中对追认进行表示的催告（表达的意思：相对人应该表示；法定效果：开始两周的期限）；
- 第264条第2款、第415条第2款第2句、第451条第1款第2句、第516条第2款第1句中类似的催告；
- 根据第281条第1款第1句、第323条第1款进行的期限设定（表达的意思：债务人应在规定期限内支付；法定后果：在期限届满后产生损害赔偿请求权和解除权）[17]；
- 根据第651c条第3款、第651e条第2款进行的期限设定（表达的意思：旅游经营者应消除旅游障碍；法定效果：在期限届满后获得瑕疵担保权利）；

---

[16] 详见 Flume[4], § 9, 1。
[17] Vgl. Medicus[10], Rdnr. 197; Wolf/Neuner[10], § 28 Rdnr. 9。

- 根据第 661a 条产生的奖励承诺。[18]

此外,还有**观念通知**(Wissensmitteilungen),即法律规定向对方传递特定信息将会产生的法律效果。例如: 415

- 根据第 409 条第 1 款第 1 句进行的让与通知(通知的信息:债权已被转让;法定效果:遵守被通知的法律状况,即使这可能与实际情况不符);

- 类似的通知还可根据第 149 条第 1 句、第 170 条、第 171 条第 1 款、第 374 条第 2 款第 1 句、第 410 条第 2 款、第 411 条第 1 句、第 415 条第 1 款第 2 句、第 416 条第 1 款第 1 句、第 469 条、第 566e 条、第 650 条第 2 款、第 665 条第 2 句、第 673 条第 2 句、第 692 条第 2 句、第 1220 条第 2 款、第 1280 条等进行;

- 根据第 536c 条进行的瑕疵通知和根据《商法典》第 377 条进行的瑕疵申诉(通知的信息:货物不符合合同要求;法定效果:获得瑕疵担保的权利);这里还包括第 703 条第 1 句。

因为准法律行为包含具有法律意义的表达,所以它们更接近于法律行为,而不是事实行为。其法律效果至少间接地取决于这些表达。因此,有必要**根据其保护目的类推适用有关法律行为的规定**(Vorschriften über die Rechtsgeschäfte nach Maßgabe ihres Schutzzwecks analog anzuwenden)。这并不意味着将法律行为的规定一律适用于准法律行为,而是需要针对每个准法律行为进行审查,以确定是否需要从有关法律行为的法律中选择具体规范,并根据规范的意义和目的类推适用。 416

适用准法律行为首先需要考虑的是**行为能力**(Geschäftsfähigkeit)。第 104 条以下条款旨在保护缺乏完全行为能力的人免受其行为的不利后果(→边码 968)。这个保护目的要求将有关行为能力的规定类推适用于准法律行为。这意味着无行为能力人不能有效地实施这些行为。因此,6 岁儿童的让与通知、瑕疵通知或催告在法律上都是无效的。限制行为能 417

---

[18] BGHZ 165, 172, 179; Lorenz, 2006, 472, 474; Stieper, NJW 2013, 2849, 2850 f.; alle m. w. N.

力人则仅可实施那些不会给他们带来法律上不利后果的准法律行为。因此，他们可以发出催告（第286条第1款第1句）或瑕疵通知（《商法典》第377条第1款），但他们不能通过让与通知产生第409条第1款第1句的效力。

418　　未成年人能否同意治疗行为（第630d条）的问题在法律适用上并不明确。医疗干预常常被视为对身体的损害，可以通过患者的同意来正当化。目前，达成一致的观点是，这并不是一项法律行为，而是一种"对会干预授权者法律领域的实际执行行为的许可或授权"。[19] 然而，同意接受医疗干预可能被视为准法律行为。因此，我们可以考虑类推适用未成年人法。然而，这一观点被普遍认为过于僵化。相反，关键在于这一敏感领域中，未成年人（或无完全行为能力的成年人）是否能够根据其精神状况和道德水准理解干预和授权的重要性及其后果。[20] 这里应当采取个体标准，正如在第828条第3款中所适用的那样。因此，第630d条第1款第2句也仅规定了无同意能力患者的代理。

419　　在准法律行为中，并不总是需要**撤销权**（Anfechtungsrecht）。只有当法律规定对行为者产生不利的法律效果时，才需要行使撤销权。[21] 如果可以通过纠正或通过相反行为（actus contrarius）（撤回、收回）来消除准法律行为，从而防止法定法律效果的发生，则无须行使撤销权。[22] 但是，如果在建立信任的表示（例如，第170条、第171条第1款、第409条第1款第1句之后的通知）中出现错误，或者由于欺诈或胁迫而实施了这些表

---

[19]　BGHZ 29, 33, 36.
[20]　参见（关于人身监护权，有争议的问题是，除了具有同意能力的未成年人，法定代理人是否也必须同意）Deutsch/Spickhoff, Medizinrecht[7], 2014, Rdnr. 419 ff.; Kern NJW 1994, 753 ff.; Laufs/Katzenmeier/Lipp, Arztrecht[6], 2009, Kap. V. Rdnr. 41, 43; Medicus[10], Rdnr. 199 ff.。
[21]　Medicus[10], Rdnr. 198; Stieper, NJW 2013, 2849, 2851 ff. (für § 661a, →Rdnr. 414).
[22]　Wolf/Neuner[10], § 28 Rdnr. 11.

示,根据第119条以下条款的意义和目的,必须有权行使撤销权。[23] 然而,如果仅对表示的法律效果存在误解,则并不当然能使其有权行使撤销权(→边码831)。

在有相对人的准法律行为中,也可以适用关于**到达**(Zugang)的规定(第130条以下)。因此,只有在催告、设定期限或投诉等行为到达对方后,才能开始计算或者确保遵守期限。在**形式规定**(Formvorschriften)方面,应根据其意义和目的来判断是否可以类推适用(→边码1053)。[24]

420

除此以外,还可以借助**代理**(Stellvertretung)制度来处理。尽管第164条第1款第1句只规定了在意思表示方面的代理权,但按照公认的观点,代理人也可以为被代理人实施准法律行为。因此,代理人如果具有代理权,可以代理被代理人实施催告、投诉、通报、通知等行为,并产生相应的法律效果(→边码1334),其中也可相应地适用第174条(→边码1530)。[25]

421

---

[23] 23Wolf/Neuner[10], § 28 Rdnr. 11.
[24] BAG NJW 2001, 989, 990.
[25] BGHZ 145, 343, 345 ff.; OLG Düsseldorf NJW-RR 2000, 583, 584;具体情况有所不同 BAG NJW 2003, 236——在这一命题背景下,可以解释第651g条第1款第2句中的例外规定,该规定作为对上述判例的回应而被添加到《民法典》中。

第十三章 法律行为的类型

文献

422

Baltzer, Der Beschluß als rechtstechnisches Mittel organschaftlicher Funktion im Privatrecht, 1965; Bartholomeyczik, Der Körperschaftsbeschluß als Rechtsgeschäft, ZHR 105 (1938), 292; Beyerle, Der dingliche Vertrag, in: Festschrift f. G. Boehmer, 1954, 164; Bohn, Wesen und Rechtsnatur des Gesellschafterbeschlusses, Diss. Hamburg 1950; Brandt, Eigentumserwerb und Austauschgeschäft, 1940; Busche, Zur Rechtsnatur und Auslegung von Beschlüssen, in: Festschr. f. F. J. Säcker, 2011, 45; v. Caemmerer, Rechtsvergleichung und Reform der Fahrnisübereignung, RabelsZ 12 (1938), 675; Dulckeit, Die Verdinglichung obligatorischer Rechte, 1951; Ernst, Der Beschluss als Organakt, in: Liber Amicorum f. D. Leenen, 2012, 1; Haedicke, Der bürgerlich-rechtliche Verfügungsbegriff, JuS 2001, 966; Heck, Gesellschaftsbeschlüsse und Willensmängel bei der Gesellschaft des Bürgerlichen Gesetzbuchs, in: FS O. v. Gierke, 1911, 319; Jüdel, Gesellschafterbeschlüsse bei Personengesellschaften, 1933; Kegel, Verpflichtung und Verfügung, in: FS F. A. Mann, 1977, 57; Hermann Krause, Das Einigungsprinzip und die Neugestaltung des Sachenrechts, AcP 145 (1939), 312; Herta Krause, Gesellschafterbeschluß und Abstimmung, Diss. Marburg 1937; Kuntze, Der Gesamtakt, in: Festgabe f. O. Müller, 1892, 27; B. Lindemann, Die Beschlußfassung in der Einmann-GmbH, 1996; Maier-Reimer, Negative „Beschlüsse" von Gesellschafterversammlungen, in: FS W. Oppenhoff, 1985, 193; Oertmann, Entgeltliche Rechtsgeschäfte, 1912; Renkl, Der Gesellschafterbeschluß, 1982 v. Tuhr, Zum Begriff der Verfügung nach dem BGB, AcP 117 (1919), 193; Ulmer, Gesellschafterbeschlüsse in Personengesellschaften, in: FS H. Niederländer, 1991, 415; Wilhelm, Begriff und Theorie der Verfügung, in: Coing/Wilhelm, Wissenschaft und Kodifikation des Privatrechts im 19. Jahrhundert, Bd. Ⅱ, 1977, 213.

一、单方法律行为和多方法律行为

法律行为可以根据满足法律行为要件的实现必须参与的人数,以及希望实现相应法律效果并表达意思的权利主体的数量进行分类。如果只需要一个人的意思表示,那么称之为单方法律行为(→边码424),在其他情况下则称之为多方法律行为。多方法律行为包括合同(→边码432)和决议(→边码436)。单方法律行为和多方法律行为的区别是由不同规定所设定的。例如,根据第111条第1句,未成年人在没有法定代理人的必要同意下实施的单方法律行为是无效的(→边码1033),而根据第108条第1款,合同只是效力待定[未决的无效(schwebend unwirksam)],可以通过法定代理人的追认而生效(→边码1026)。第174条和第180条也仅适用于单方法律行为。

423

(一) 单方法律行为

在单方法律行为(Einseitige Rechtsgeschäfte)中,**法律行为的构成要件可以由单个权利主体满足**(rechtsgeschäftliche Tatbestand von einem einzelnen Rechtssubjekt verwirklicht)。只需要有一个人希望产生相应的法律效果,并将其表达于外即可,无须其他人参与。这在涉及无须受领的意思表示时是适用的。[1] 在这种情况下,法律效果在意思表示被表达出来时就已经产生,无须他人知晓。如果涉及需受领的意思表示,那么根据第130条第1款第1句,只有在意思表示到达相对人后才会生效(→边码602),该相对人仅作为受领人参与法律行为的构成。需要注意的是,受领人是否具有与表意人相同的法律效果意思并不重要,接收人不必同意表意人所期望的法律效果。

424

范例

U 向 B 提供了从波恩搬家到柏林的报价。在 B 接受了这个报价

425

---

[1] 进一步的说明,参见边码603。

之后，U发现自己的价格计算错误。因此，他根据第119条第1款第2项因意思表示错误而撤销合同(→边码840)。撤销的意思表示(第143条第1款)是一项单方的、需受领的法律行为，可以使合同溯及既往地被消灭(第142条第1款)。根据第130条第1款第1句,U的表示必须送达B才能生效。但是,B不必参与撤销，并且他也不必同意U所追求的法律效果。

426　　房东V因M经常在晚上制造噪声(第543条)而无须预先通知地解除了租约。解除通知是一项单方的、需受领的法律行为，可以实现终止租赁关系的效果。解除通知也必须送达给其接受人。并且,M是否同意无关紧要，他的参与也并非必要。

427　　A的猫Beppo走失了。A张贴了告示,承诺会给把Beppo带回来的人50欧元作为奖励(第657条)。这是一项单方的、无须受领的(→边码604)法律行为,其结果是,执行所要求的行动(将猫带回来)的人获得了请求奖励(50欧元)的权利。这里的法律效果不仅取决于意思表示，还取决于额外的事实(执行所要求的行动)(→边码399)。尽管如此，这仍然是一项单方而非多方的法律行为，因为受益人即使不知道此项承诺，也会获得对承诺的权利。因此，不需要他也同意由该承诺产生的法律效果。

428　　E在遗嘱中指定他的儿子S作为唯一的继承人(第1937条)。订立遗嘱是一项法律行为，它的法律效果(被遗嘱人成为继承人)之所以会发生，是因为遗嘱人有意愿如此。这是一项单方的、无须受领的法律行为(→边码604)，受益者S无须参与。

429　　D想戒烟，因此在回家的路上把他的烟斗扔进了垃圾桶。这是放弃所有权的行为(Dereliktion,第959条)。它是一种单方的、无须受领的法律行为(→边码604)。在放弃所有权时，原来的所有者只需要表达不再想拥有该财产的意思即可。这种表示没有特定的相对人。它导致财产所有权的丧失，因此物变得"无主"，任何人都不需要参与或知道这个法律行为。

在共同权利(gemeinschaftliche Berechtigung)中,单方法律行为通常必须由所有权利人共同实施。例如,如果夫妻共同租了一套公寓,那么他们也必须共同解除租赁合同。如果只有其中一方解除合同,那么对租赁关系没有影响。这一规则同样适用于共同继承或共同代理的解除通知。[2] 在这些情况下,我们也称之为"**共同行为**(Gesamtakt)"。在这里,存在多个方向相同且内容一致的权利人意思表示。这既不是多方法律行为[3],也不是单方法律行为[4],而是一种独特类别的行为。共同行为是共同权利的表达。多个权利人必须共同实施法律行为,但这并不改变其作为单方或多方法律行为的性质。因为,关键不在于意思表示是否同向进行(如共同行为)或相互对应(如合同)[5],或者它们是否对外生效(如共同行为)或仅对内部生效(如决议)。[6] 关键也不在于在具体情况下是否需要多人实施法律行为。相反,关键在于它在性质上是否可以由一个人实施,解除通知可以由一个人实施,但合同(→边码 432)或决议(→边码 436)则不然。

430

(二) 多方法律行为

与单方法律行为相反,在多方法律行为(Mehrseitige Rechtsgeschäfte)中,至少需要两个权利主体参与法律行为实现的构成,并通过意思表示使其产生相同的法律效果。单人的表示没有法律效力。

431

1. 合同

多方法律行为主要包括合同。我们将在第九部分详细介绍合同,因此,只在这里进行简要说明。合同是通过**至少由两方当事人一致同意的对一项法律关系的安排**(einverständliche Regelung eines Rechtsverhältnisses

432

---

[2] 对此,参见边码 1435。
[3] 一致的观点,参见 Brox/Walker[38], Rdnr. 101; Flume[4], § 33, 2; Hübner[2], Rdnr. 619。
[4] 一致的观点,参见 Köhler[38], § 5 Rdnr. 9; Wolf/Neuner[10], § 29 Rdnr. 5。
[5] Wolf/Neuner[10], § 29 Rdnr. 5. 但是,在决议中(→边码 436),参与者的意思表示也同向进行,决议无疑是一种多方法律行为。
[6] So aber Hübner[2], Rdnr. 619/620。

durch mindestens zwei Parteien)[7],是通过私法自治建构权利义务关系的典型手段。通常,一方无法单独实现所期望的法律效果,而需要合同的存在。合同的特点在于(至少)两个权利主体相互作出意思表示,以实现相同的法律效果。[8] 这些法律效果之所以会发生,是因为它们符合当事人的一致意愿,并且只有在当事人达成一致的情况下才会发生。[9]

范例

433　　K 想要在 V 那里购买一架钢琴。为此,需要签订一份债法上的买卖合同。该合同要求 V 将钢琴转让给 K 并交付,且要求 K 支付购买价格(第 433 条)。K 无法通过单方面的法律行为实现这些法律效果。相反,V 和 K 必须对此法律效果达成合意。双方都必须表达相应的意思表示。如果他们这样做,就能形成一项合同,同时也就能产生权利和义务。而法律效果之所以在签订合同时就会产生,只是因为它们是双方所希望的。

434　　只要至少有两个人,**合同的订立人数**(Anzahl der vertragschließenden Personen)就不重要了。通常,合同是在两个当事人之间签订的。这被称为双边合同。当然,也有涉及更多当事人的合同,例如三方或四方合同。例如,如果 V 将钢琴卖给 K,那么这就是一份双边合同;如果 V 将钢琴卖给 K 和他的妻子 F,那么这就是一份三方合同;如果 A、B、C 和 D 成立一家公司,那么这就是一份四方合同。[10] 这些情况都涉及多方法律行为,而不仅是单方法律行为。

---

[7] 首先参见 Flume[4],§ 33, 2; Staudinger-Bork[2015] Vorbem. zu § § 145 ff. Rdnr. 1。

[8] 根据字面意思,双方的意思表示并不一致,因为卖家表示想要出售,而买家则表示想要购买。虽然这些意思表示不是平行的,但它们是相互对应的,因为双方都希望获得在第 433 条中描述的相同的法律效果(V 的义务是转让和交付购买物品,K 的义务是支付购买价款)。

[9] Staudinger-Bork[2015] Vorbem. zu § § 145 ff. Rdnr. 2。

[10] 组织法长期以来一直将社团的创立协议视为共同行为的特殊类别(参考 O. v. Gierke, Deutsches Privatrecht, 1895, § 63 I 2)。如今,它基本上又被归类为合同;仅参见 K. Schmidt, GesR[4], § 5 I 1 b。

通过合同负担义务的人数(Anzahl der durch den Vertrag verpflichteten Personen)对于确定某一法律行为是单方还是多方法律行为并不重要。合同始终是多方法律行为,即使在某些情况下(例如,根据第 516 条第 1 款进行的赠与)只有一方或者(例如,根据第 929 条第 1 句达成的合意)没有任何一方需要负担合同义务。

435

2. 决议

第二类多方法律行为是决议(Beschlüsse)。[11] 这是指组织内的**集体意愿形成**(kollektive[12] Willensbildung)过程。与共同行为[13](→边码 430)不同,决议不是面向外部的,而是用于内部机构或组织的意愿形成。[14] 例如,在多人组成的社团理事会(第 28 条以及第 32 条第 1 款第 1 句)、社团社员大会(第 32 条第 1 款第 1 句)、合伙企业的合伙人大会(《商法典》第 119 条第 1 款)或股份公司的股东大会(《股份法》第 133 条第 1 款)中都可以找到决议。根据目前普遍接受的观点,决议是一项法律行为。[15] 它与单方法律行为和合同都有所区别,因此也被称为"独特类型的法律行为"[16],但不能由此认为它不具备法律行为的特征。它的特殊之处在于,它是多方法律行为的一种特例,并且是面向内部的机构或组织的。

436

这种法律行为的**事实构成**(Tatbestand)由许多并行且内容一致(需受领)的意思表示组成,即参与决议的人以表决的方式表达自己的意思。[17] 该项法律行为的特殊之处在于,通常不是所有人都必须同意决议提案,只

437

---

[11] Umfassend K. Schmidt, GesR⁴, § 15.
[12] 在这里不考虑单人有限责任公司决议的特殊情况;对此,参见 B. Lindemann (Rdnr. 422)。
[13] 当然,将决议与共同行为相匹配,参见 BayObLG NJW 2002, 71, 72; ebenso Ernst, Liber Amicorum D. Leenen, 2012, 1 ff. („Organakt"),以及参见 Busche, FS Säcker, 2011, 45 ff.。
[14] 为了产生外部影响,决议通常需要被执行(例如:董事会通过合同,该合同已获得股东大会的授权),但这不是必要条件。有些决议即使没有被执行也会产生影响(例如:社员大会对社团理事会的解除职务;合伙企业的股东对财务报表的确认)。
[15] 其他观点,参见 RGZ 122, 367, 369。
[16] 与众多观点相比,参见 K. Schmidt, GesR⁴, § 15 I 2 a。
[17] Vgl. BayObLG NJW 2002, 71, 72; NJW-RR 1996, 524, 525。

要投票人中的多数人同意,所有人就都应遵守决议。对于意思表示——只要它们支持决议并指向相同的法律效果——适用第 104 条以下的规定,例如,根据第 105 条第 1 款,无民事行为能力人的投票是无效的,基于错误或欺诈的投票可以根据第 119 条、第 123 条第 1 款被撤销。[18] 如果其中一个意思表示被废除,那么如果其他的投票没有获得足够的多数票时,决议本身也会被废除。然而,决议本身并不适用有关法律行为成立的规定,而只适用关于法律行为形式和内容的规定,除非这些规定被专门的特别规定所取代。

范例

438　　一家有限责任公司的股东大会在 Q 弃权和有一票反对的情况下以多数票通过了关于股东表决权的规定。Q 认为股东大会犯了错误。因此,他根据第 119 条第 1 款提出了对该决议的撤销,但他不可能成功。Q 不能撤销决议,而只能撤销自己的表决,但这并不能导致决议被废除,因为多数投票仍然保持不变。因此,唯一的可能是,根据《股份法》第 241 条以下提起决议缺陷诉讼来消灭决议。[19]

439　　D 股份有限公司的股东大会根据《股份法》第 119 条第 2 款,通过多数决议,指示公司董事会在出售某个子公司时隐瞒与军火交易有关的合同。出于谨慎,该决议未被留档在股东大会的记录中。这个决议存在两个重大缺陷:一方面违反了《股份法》第 130 条第 1 款第 1 句的形式规定,另一方面违背了善良风俗。但其无效性不是基于《民法典》第 125 条、第 138 条第 1 款,而是基于《股份法》第 241 条第 2 项和第 4 项。

---

[18] 参见 BayObLGZ 2000, 66, 69; BayObLG NJW 2002, 71, 72——未经授权的代表见 OLG Frankfurt FGPrax. 2003, 134, 135。

[19] BGHZ 14, 264, 267 f.

二、债权法、物权法、家庭法上和继承法上的法律行为

从传统上来看,法律行为还根据其所在法律领域进行分类。在这里,人们将法律行为区分为债权行为、物权行为、家庭法律行为和继承法律行为,而在所有领域中都存在单方行为和多方行为。[20] 这种分类对于确定私法自治在各个法律领域中的适用范围以及可以在多大范围内自由实施法律行为非常重要。[21] 此外,这更多的是一种现象学上的分类,而不是学理上的分类。任何法律效果的产生都不取决于根据法律领域进行的划分。

440

范例

在债权法中,单方法律行为包括根据第 542 条第 1 款的解除合同;在物权法中,单方法律行为包括根据第 959 条进行放弃;在家庭法中,单方法律行为包括根据第 1592 条第 2 项、第 1594 条的认定父权;在继承法中,单方法律行为包括根据第 1937 条订立遗嘱。而多方法律行为,例如,在债权法中是买卖合同(第 433 条)或共有人决议(第 745 条第 1 款第 1 句);在物权法中是根据第 929 条第 1 句进行转让或根据第 1205 条第 1 款第 1 句进行抵押;在家庭法中是婚约(第 1408 条);在继承法中是根据第 1941 条第 1 款进行遗嘱公证。

441

三、财产权上的和人身权上的法律行为

除了按照法律领域进行分类,还有另一种与其密切相关,但不应混淆的分类方式:即根据财产权上的和人身权上的法律行为进行的区分。这些**概念**(Begriffe)基本上是不言自明的。大多数法律行为是具有财产权

442

---

[20] 详见 Wolf/Neuner[10], § 29 vor Rdnr. 15 und Rdnr. 15 ff.。
[21] 相关论述,参见边码 99 以下。

性质的,因为它们涉及一个权利主体的财产,例如买卖合同(第433条)、租赁合同(第535条)、转让(第929条)或抵押(第1205条)。相反,人身权上的法律行为涉及个人本身,例如订婚(第1297条)、结婚(第1310条)或认定父权(第1592条第2项、第1594条)。然而,在家庭法中也存在具有财产权性质的法律行为,例如根据第1408条第1款订立婚内协议(Ehevertrag)。反过来,也存在人身权关系影响下的财产权性质的法律行为,例如,双方都具有高度人身性的委托和雇佣合同(参见第613条、第664条)。

443　对于人身权上的法律行为,存在许多**特殊规定**(Sonderregeln)。尽管民法总则部分的法律行为理论基本上也可以适用,但由于在一般法律交往之外具有特殊重要意义,人身法律行为通常受到特殊规定的约束。例如,关于行为能力(参见第1303条、第1596条)、形式(第1311条第1句、1597条第1款和第2款)、约定条件或期限的可能性(第1311条第2款、第1594条第3款)以及代理关系(第1311条第1句、第1596条第4款)等方面都存在特殊的规定。这些规定以形式严格、不附带条件、高度人身性和更高的效力为特点。[22]

四、生前行为和死因行为

444　死因行为(Rechtsgeschäfte von Todes wegen)作为一种财产法律行为,也有其特殊性。与生前行为(Rechtsgeschäften unter Lebenden)相比,死因行为只在当事人死亡后才发生法律效力。典型的死因行为,如遗嘱(第1937条、第2064条等)和遗赠合同(第1941条、第2274条等)都以其财产权在遗嘱人去世后才产生效力为特点。在遗赠合同中,尽管存在合同约束,遗嘱人仍然可以在生前自由支配自己的财产(第2286条)。对于死因行为,民法总则部分的规定也可适用,但同样存在许多特殊的规范,特别是在行为能力(第2229条、第2275条第2款)、形式(第2231条、第2276条)和代理(第2247条第1款、第2274条)方面。

---

[22]　总结观点,参见 Köhler[38], § 5 Rdnr. 11。

五、负担和处分

(一)分离原则

理解法律行为理论最重要的是对负担和处分进行区分。我们的法律体系对这两种法律行为进行了明确区分,并对它们设置了非常不同的规则。两者在构成要件、法律效果和教义学结构上存在明显差异。《民法典》的体系在很大程度上都是基于这种区分,即所谓的分离原则(Trennungsprinzip)。该原则指出,**在法律交往中,债权法律行为(负担)必须与其物上的执行(处分)相区分**[im Rechtsverkehr das schuldrechtliche Rechtsgeschäft (Verpflichtung) von dessen dinglichem Vollzug (Verfügung) zu trennen]。通过负担行为,双方约定各自应履行的义务。通过处分行为,这些约定得以实现,债务也因此得到履行。

范例

K 在汽车经销商 V 那里订购了一辆豪华轿车,这辆车还没有被制造出来。这个订单在法律上是一份买卖合同,根据该合同,V 有义务在汽车完成后将其转让并交付给 K,而 K 有义务支付购买价款(第433条)。由于车辆尚不存在,因此 K 并不是车辆的所有者。即使豪华轿车已经停放在 V 的营业场地,K 也无法仅通过买卖合同而成为所有者。为了成为所有者,还需要实施另一项法律行为,即处分,根据第929条第1句转让车辆的所有权。如果实施了这项处分行为,K 就会成为车辆的所有者。与此同时,V 已经履行了他的义务,K 的请求权也就归于消灭了(第362条第1款)。如果 K 支付价金,情况也是类似的。如果以现金支付,根据第929条第1句的规定,V 通过转让成为现金的所有者。与此同时,在债权关系层面,K 的支付义务也消灭了(第362条第1款)。

447 　　在普通的买卖交易中,通常会订立**三份合同**(drei Verträge):一份债上的买卖合同(负担行为),以及两份转让合同(对标的物和价金的处分行为)。当然,也可能存在例外情形。比如,只附有一个处分行为的负担合同(例如:赠与合同,在其执行中只有赠与人实施处分行为)。也存在根本没有附带任何处分行为的负担合同(例如:租赁合同,转让租赁物不是法律行为,因此不是处分行为,而是一种事实行为)。还有一些处分行为不存在任何前置负担(例如:放弃所有权)。

(二)定义

1. 负担

448 　　通常,负担(Verpflichtung)是一种多方法律行为,通过该行为,至少一方获得权利,另一方则产生相应的行为义务。因此,一方面,负担意味着**建立一个之前并不存在的请求权**(Begründung von bisher nicht bestehenden Ansprüchen)(根据第 194 条第 1 款;→边码 290)和债务,并通过这种负担根据第 241 条的规定建立起一种债务关系。请求权和义务是一枚硬币的两面:一方面,一个人必须履行什么,另一个人才可以要求什么(为了简化内容,以下只讨论请求权的确立);另一方面,负担的特点在于,请求权并非通过法定事实构成要件的实现而建构,而是**通过私法自治的法律行为**(durch privatautonomes Rechtsgeschäft)来实现。因此,负担不是法定的,而是自主选择的法律效果。通常,需要一份合同来确立这些效果(第 311 条)。即使在只有一方被赋予权利,而另一方负担义务的情况下(→边码 435),也适用这一规定。在特殊情况下,如根据第 657 条的悬赏广告(Auslobung)(→边码 427),仅需要一项单方法律行为就足够了。

449 　　负担合同主要出现在**债法**(Schuldrecht)中,其中许多日常生活中的法律行为被类型化并详细规定在债编分则中。例如,通过签订买卖合同,卖方获得了支付价金的请求权(第 433 条第 2 款),而买方获得了转让标的物并交付的请求权(第 433 条第 1 款)。在租赁合同中,租户可以要求房东提供租赁物的使用权(第 535 条第 1 款第 1 句),而房东可以要求租户支付租金(第 535 条第 1 款第 2 句)。赠与合同仅确立了赠与人履行所承诺赠与的义务(第516条第1款)。然而,负担合同也出现在《民法典》的其他部分。例如,家庭法中有抚养协议(参见第1585c条),而继承法中有遗产买卖(第2371条)。

2. 处分

负担可以产生请求权,处分(Verfügung)则涉及**通过废止、转让、负担或内容变更对既有的权利产生法律行为上的影响**(rechtsgeschäftliche Einwirkung auf ein bereits bestehendes Recht durch Aufhebung, Übertragung, Belastung oder Inhaltsänderung)。例如,根据第397条的免除(Erlass)(债权的废止)、根据第959条的抛弃(Dereliktion)(所有权的废止)、根据第398条的让与(Abtretung)(债权让与)、根据第873条和929条的转让(Übereignung)(所有权转让)、根据第1192条第1款和第873条设立的土地债务(Grundschuld)以及根据第1205条设立的质押(所有权负担),或者根据第311条第1款的关于追溯性租金减免的合意(债权内容变更)。处分的指向始终是权利而不是物。[23]但即使是在《民法典》的用语中,这一点也并非总是被正确表达,例如,第1204条第1款简化地称为对物的负担,而实际上应该是"对某物的所有权负担"。[24]

450

处分是一种**法律行为**(Rechtsgeschäft)。从上述例子中可以看出,处分通常也需要一份合同。只有在特殊情况下,才能表现为单方法律行为,例如前面提到的抛弃(第959条)或者抵押权的放弃(第1255条第1款)。但在法律意义上,在任何情况下,包括合同的处分在内,只有受到影响的那个人,即出卖人而非买受人,才能进行处分。[25]处分合同通常也被称为"物上法律行为"。[26]如果我们不考虑(处分行为)不仅可以处分

451

---

[23] Flume⁴, § 11, 5 b; Wolf/Neuner¹⁰, § 29 Rdnr. 31 f.

[24] 在遗产法中,例如,在第1937条中,法律使用了"死因(von Todes wegen)"的术语,作为遗嘱和继承合同的总称,但这与通常的处分定义只在广义上相符。虽然"死因"的处分是一种法律行为(→边码444),但它并不直接对处分人的权利产生影响,因为这些权利只有在被继承人去世后才会转移到继承人名下。

[25] Flume⁴, § 11, 5 a——烤面包(→边码408)之所以不被视为处分,有两个原因:首先,它不是一项法律行为;其次,所有权的转移是由获得方而非失去方的行为所引起的。

[26] 否定观点,参见 Flume⁴, § 11, 2。

物上权利,还可以处分债权和其他无形权利,那么这样的说法也是没有问题的。

(三) 区别

452　在法律上,负担和处分之间的区别首先体现在**法律效果**(Rechtsfolgen)上。负担行为只会使权利的持有人获得请求权,而不会改变已有权利的归属,对于承担者,它只会增加负债(债务),而不会减少资产(权利)。例如,在购买汽车的买卖合同中,买家获得了请求交付汽车的权利,但并未获得所有权。只有通过处分,才能直接改变现有权利的归属状态。处分首先会导致处分人的资产减少,作为卖方,将出售的汽车转让给买方,卖方失去了所有权,并因此减少了资产,由于转让导致买方从买卖合同中产生的请求权消灭(第362条第1款),卖方同时也减少了负债,但这只是法律规定的结果,而非法律行为的结果(→边码462、470)。因为根据第929条第1款,当转让发生时,各方的意思表示都是针对所有权的转移,而不是针对买卖合同中履行请求的消灭。

453　另一个区别在于**相关人**(Bezugspersonen)。负担行为只在合同当事人之间产生相对效力,即"inter partes(拉丁文,意为当事人之间)",其法律效果仅限于合同各方之间的关系。相反,处分具有绝对效力,处分引起的权利归属变化可以对抗任何人。

454　效果上的不同又对两种法律行为类型的规则产生了影响。在规范负担行为时,立法者可以比在处分行为的情况下更加克制。例如,在负担方面,基本上没有**类型强制**(Typenzwang)的要求,只要符合行为能力的要求(→边码967)并遵守法律和道德的规范(→边码1089、1152),任何人都可以承担自己选择承担的负担。但在处分行为方面则有所不同,例如,在物上负担(Belastung)方面就存在着类型强制的要求(→边码662),在这里,当事人会受到物权法定规则的限制,不能创造出其他新的权利。

455　在**合法性**(Berechtigung)方面也存在差异。负担义务的人是否能够履行所承诺的义务,对于负担的成立基本上并不重要。因此,一个人可以多次负担同一项特定义务,例如,签订多个彼此不兼容的劳动合同或将一个物品卖给多个买家,即使他只能履行一个合同。但在处分方面则不同。因为处分能够切实地改变相关权利的归属,因此只有拥有该权利的人,即有"处分权力(Verfügungsmacht)"的人,才能拥有处分权。[27] 如果他处分了该权利(例如转让所有权),那他也会失去处分权力,该处分权力与本权会一同转移到受让人手中。因此,一个人只能实施一次处分,任何后续的处分行为都是无效的,除非处分权人同意(第185条;→边码1713)或符合善意取得的条件(第892条、第932条等;→边码1128)。因此,与负担不同,在处分方面适用优先原则(Prioritätsprinzip):在多个处分中,通常只有第一个是有效的,而在多个负担中,所有义务都是有效的,如果只能履行一个义务,那么债务人有选择权,可以选择履行哪个合同。[28]

在第一眼看来,上文表述最适用于以转让方式实施的处分,但其实可以适用于**所有处分类型**(für alle Verfügungsarten)。如果一个债权通过解除被废止,那么它就已经不存在了,所以无法再次对其进行处分。同样,对于内容的变更也是如此,因为修改后的权利已经不再是原始形态。物上负担同样遵循转让规则的原因是,不动产上负担的只是物权的部分转让。权利人拥有一系列权能(参见第903条第1句),例如,他可以实际使用或从某物中取得。他可以从这一系列权能中分离出使用和收益权(Nutzungs- und Verwertungsrecht),并通过设定物上负担的方式转让给他人。使用权可以通过设定用益物权(第1030条)的方式,收益权可以通过设定动产质权(第1204条)的方式实现转让。因此,物上负担基本上以与整个绝对权转让相同的形式进行(一方面参见第929条第1款,另一方面参见第1032条第1句、第1205条第1款第1句)。

456

法律规定对处分行为(Verfügungsgeschäft)的要求也更加严格,尤其是在**确定性**(Bestimmtheit)方面。在负担行为(Verpflichtungsgeschäft)中,不需要具体指定购买对象,只需要按种类进行描述即可(第243条)。而对于处分行为来说,必须符合特定化原则(Spezialitätsgrundsatz)。处分

457

---

[27] 详见边码1713。
[28] 对于未履行的合同,当事人根据第283条承担责任。

对象必须能够明确界定,以便权利主体能够在法律交往中清楚地识别出权利客体的变化。

458 大多数的处分行为都适用特殊的**公示原则**(Publizitätsprinzip)。虽然负担合同原则上可以以口头、默示和秘密的方式达成,但法律至少在物上处分行为的情形下提出了特定的公示要求,以确保权利变动对任何人都是可见的。例如,在动产所有权转让和设立负担的情况下,通常要求将该动产交付给受让人(参见第 929 条第 1 句、第 1032 条第 1 句、第 1205 条第 1 款第 1 句),在不动产权利转让和设立负担的情况下,则要求登记在土地簿上(第 873 条第 1 款)。然而,公示并不是一种普遍适用的处分原则。例如,根据第 398 条第 1 句,一项债权就可以通过简单的让与协议实现转让(而根据第 1280 条的规定,将债权进行抵押需要通知债权人)。

六、有因的法律行为和抽象的法律行为

459 Aretz, Das Abstraktionsprinzip – Das einzig Wahre?, JA 1998, 242; Bähr, Die Anerkennung als Verpflichtungsgrund, 3. Aufl. 1894; Beyerle, Trennungs- und Abstraktionsprinzip in der Fallbearbeitung, JuS 2009, 1079; Bork, Der Vergleich, 1988; Breyhan, Abstrakte Übereignung und Parteiwille in der Rechtsprechung, 1929; Cohn, Zur Lehre vom Wesen der abstrakten Geschäfte, AcP 135 (1932), 67; Eisenhardt, Die Einheitlichkeit des Rechtsgeschäfts und die Überwindung des Abstraktionsprinzips, JZ 1991, 271; Ferrari, Vom Abstraktionsprinzip und Konsensualprinzip zum Traditionsprinzip, ZEuP 1993, 52; Grigoleit, Abstraktion und Willensmängel – Die Anfechtbarkeit des Verfügungsgeschäfts, AcP 199 (1999), 379; Habermeier, Das Trennungsdenken, AcP 195 (1995), 283; Haferkamp, „Fehleridentität" – zur Frage der Anfechtung von Grund- und Erfüllungsgeschäft, Jura 1998, 511; Heck, Das abstrakte dingliche Rechtsgeschäft, 1937; Jahr, Zur iusta causa traditionis, SavZ RomAbt. 80 (1963), 141; Jauernig, Trennungsprinzip und Abstraktionsprinzip, JuS 1994, 721; Kaspar, Abschied vom Abstraktions- und Traditionsprinzip, 2002; Kiefner, Der abstrakte obligatorische Vertrag in Praxis und Theorie des 19. Jahrhunderts, in: Coing/

Wilhelm (Hrsg.), Wissenschaft und Kodifikation des Privatrechts im 19. Jahrhundert, Bd. Ⅱ, 1977, 74; Klingmüller, Der Begriff des Rechtsgrundes, 1901; Lange, Abstraktes und kausales dingliches Geschäft?, DR 1935, 485; ders., Rechtsgrundabhängigkeit der Verfügung im Boden-und Fahrnisrecht, AcP 146 (1941), 28; ders., Rechtswirklichkeit und Abstraktion, AcP 148 (1943), 188; A. Lindemann, Die Durchbrechung des Abstraktionsprinzips durch die höchstrichterliche Rechtsprechung seit 1900, 1989; Lorenz, Abstrakte und kausale Rechtsgeschäfte, JuS 2009, 489; Luig, Zession und Abstraktionsprinzip, in: Coing/Wilhelm (Hrsg.), Wissenschaft und Kodifikation des Privatrechts im 19. Jahrhundert, Bd. Ⅱ, 1977, 112; Maurer, Das Prinzip der Abstraktion, Kausalität und Trennung, insbesondere bei Verfügungen, 2003; May, Die Möglichkeit der Beseitigung des Abstraktionsprinzips bei den Verfügungsgeschäften des Fahrnisrechts, 1952; Peters, Kauf und Übereignung – Zum sog. Abstraktionsprinzip, Jura 1986, 449; Petersen, Das Abstraktionsprinzip, Jura 2004, 98; Ranieri, Die Lehre der abstrakten Übereignung in der deutschen Zivilrechtswissenschaft des 19. Jahrhunderts, in: Coing/Wilhelm (Hrsg.), Wissenschaft und Kodifikation des Privatrechts im 19. Jahrhundert, Bd. Ⅱ, 1977, 90; Rother, Die Erfüllung durch abstraktes Rechtsgeschäft, AcP 169 (1969), 1; Schlüter, Durchbrechung des Abstraktionsprinzips über § 139 und Heilung eines formnichtigen Erbteilskaufs durch Erfüllung – BGH NJW 1967, 1128, JuS 1969, 10; Schreiber/Kreutz, Der Abstraktionsgrundsatz, Jura 1989, 617; Stadler, Gestaltungsfreiheit und Verkehrsschutz durch Abstraktion, 1996; Stampe, Causa und abstrakte Geschäfte, ZHR 55 (1904), 387; ders., Das Kausalproblem, 1904; v. Thur, Zur Lehre von den abstrakten Schuldverträgen, 1903; Tu, Abstrakte Verfügungen und kausale Verpflichtungen, 2007; H. P. Westermann, Die causa im französischen und deutschen Zivilrecht, 1967; Wufka, Rechtseinheit zwischen Kausal-geschäft und Einigung bei Erbbaurechtsbestellungen, DNotZ 1985, 651.

(一) 基础

法律行为通常包含给予(Zuwendung)。例如,通过买卖合同,每个当事人都被给予一项请求权:买受人请求获得所有权和交付标的物的权利和出卖人请求获得价金的权利。根据第 398 条,让与能够使受让人获得

460

债权,根据第 929 条第 1 句,所有权移转能够使受让人获得所有权。通过给予行为,当事人通常会追求一个特定目的(Zweck),在这个意义上,给予就具有法律上的基础[即法律原因(Rechtsgrund);拉丁文为"causa"]。如果一个人承诺向另一个人无偿给予,那么这是出于赠与目的(donandi causa)。如果一个人转让了一张 100 美元的钞票给另一个人,则可能是为了履行支付义务,因此具有履行目的(solvendi causa)。

461　　可以通过一些**典型的目的**(typische Zwecke)来对各种可能的给予目的进行分类。[29] 首先,需要区分主要目的和辅助目的(Haupt- und Hilfszwecken)。主要目的通常是指在负担合同中约定的典型交易目的(typischen Geschäftszwecke),可以再次将它们分为有偿交易的交换目的(Austauschzwecke)(如购买、租赁、有息贷款、业务委托等)和无偿交易的慷慨目的(Liberalitätszwecke)(如赠与、借用、无息贷款、委托等)。除了主要目的,还存在辅助目的或执行目的,虽然它们是独立的目的,但都以某种方式为主要目的服务。其中最重要的是履行目的(Erfüllungszweck),它用于实现与待履行义务相关的预期和目标。此外,还有担保交易的担保目的和解决争议交易的清偿目的(和解、承认等)。

462　　**目的明确**(Zweckbestimmung)指的是必须确定给予的目的,有时可以通过双方当事人的表示来确定,有时则可以通过给予人单方的表示来确定。例如,在买卖合同中,双方当事人追求的就是一种交换目的,他们相互提供请求权,从而为预期的货物和货币的交换作准备。因此,他们约定了交易目的(原因"die causa")为"买卖"。就此交换目的的达成的合意是合同的重要组成部分(→边码 712),它是债权合意的对象(Gegenstand)。在悬赏广告(第 657 条)中,目的明确也是法律行为的重要组成部分。然而,由于这是一个单方法律行为(→边码 427),只有悬赏人的单方意思表示就足够了,不需要合意。而在(物的)转让中,必须根据具体情况来确定

---

[29] 详细论述,参见 Kreß, Lehrbuch des Allgemeinen Schuldrechts, 1929, 35 ff.; Bork (Rdnr. 459), 26 ff.; Ehmann, Die Gesamtschuld, 1972, 134 ff.; Schnauder, AcP 187 (1987), 142, 147 ff.。相比之下,传统学说将交易目的分为"买卖原因""支付原因"和"赠与原因"。然而,这并不是一种完整的、包括所有情况的系统化方法;参见 Flume[4], § 12, I 1。

所追求的目的。如果转让的是货币,则无法确定其目的,即无法确定货币的给予是用于履行现有的付款义务(履行目的),还是为了贷款目的或赠与目的。在这个意义上,目的明确并不是(至少就涉及所有权转让的部分)合意的必要组成部分,而是被单独放在一边。同时,履行目的也可由处分人单独确定,赠与目的则需要由各方再次协商(→边码470以下)。

在这个背景下,可以看到**有因法律行为和抽象法律行为**(kausale und abstrakten Rechtsgeschäften)之间的区别。如果法律行为包含明确的目的,即表达了法律行为的给予原因(causa)(例如:买卖合同),那么它们是有因的。相反,如果法律行为对其目的没有任何说明(例如:转让),则它们就是抽象的。[30] 具体来说,这意味着:

(二)有因的法律行为

有因行为(Kausale Rechtsgeschäfte)是包含特定目的的合意。目的明确是**法律行为的组成部分**(Bestandteil des Rechtsgeschäfts),它们自己说明了法律行为的给予应该用于何种目的。因此,它们在本质上是可以被理解的,也无须对法律行为的给予作额外的解释。所以,人们也说有因行为具有内在的目的。例如,在买卖合同中,各方彼此给予请求权,他们以"买卖"为交换目的来进行这种行为。当各方就合同类型达成一致,即他们确定合同是一个买卖合同时,他们也同时确定了(交换)目的,即通过合同相互给予请求权。

为了使明确的目的成为法律行为的组成部分,必须让它成为当事人法律行为**合意**(Einigung)的对象。[31] 当事人仅想到目的或以共同动机行事是不够的(→边码468)。在有因的法律行为中,只有当明确的目的被当事人双方一致的法律行为的意思所包含时,才具有法律意义。因此,只有当事人双方都同意他们的合同是买卖合同时,该合同才成立。这就确定

---

[30] 这个定义只涉及所谓的内容抽象,它涉及法律行为的必要内容,而不涉及"外在"抽象,即与法律行为的有效性有关的问题;进一步论述,参见边码479。

[31] 只有在一小部分的有因行为中,比如,悬赏广告,才不需要合意。但即使在悬赏广告中,也需要悬赏人在法律行为的意思中包含明确的目的。

了合同目的,它应当体现"买卖合同"的类型特征。这一点属于"essentialia negotii(拉丁文,意为合同要素)":如果没有关于合同目的的合意,合同就不会成立(→边码712)。

466 　　如果达成的合意是有效的,那么有因行为法律交易的目的也应当同时实现。从更严格的意义上来讲,**目的不达**(Zweckverfehlung)是不可能的。例如,在债上的买卖合同中,追求的交换目的首先指向互相的履行请求。每个人都向对方提供一项请求权。这是通过"买卖"这一交换目的来实现的,粗略地说,就是为了获得对待履行的请求权。这个目的在有效合同成立时已经实现了,在这一刻,双方的请求权已经产生,因此每一方都得到了他们通过自己的给予所希望获得的东西。给予、目的设定和目的的实现是同时进行的。无法想象有人向他人给予某物,而没有同时实现所追求的目的的情况("获得对待履行的请求权")。

467 　　然而,不可否认的是,合同目的对**债务关系的进一步命运**(weitere Schicksal des Schuldverhältnisses)仍然具有重要意义。虽然交换目的主要伴随着履行请求权的给予,但它在实现后也会继续影响当事人的法律关系,因为履行请求权的给予最终也只是进行商品与货币交换的法律准备。当无法再实现这一目标时,将适用履行不能的规定(第275条、第281条、第283条、第326条)。

468 　　与此相区分的是,关于当事人更深层次的目的设定的问题。通常,行为人通过特定的**动机**(Motiv)来达成有因合同。这些单方面的动机在法律层面基本上是无关紧要的。例如,K购买了一个花瓶,他想送给X作为结婚礼物,如果婚礼取消了,这对他不会有任何法律上的影响,他仍然受到买卖合同的约束。除非当事人在合同中一致地考虑了某一个动机(例如,明确提出第二个合同目的或根据第158条提出条件),情况才会有所不同。此外,在履行障碍法(Leistungsstörungsrecht)中,在解释法律行为或确定交易基础(第313条)时,相对方显而易见的动机可能会对解释结果产生影响。最后,法律允许在特定情况下考虑动机,例如,在根据第119条第2款(→边码853)、第123条(→边码865)或根据第2078条第2款进行撤销时,以及在第 779 条中的(和解)基础错误的情况下。[32]

(三)抽象的法律行为

明确目的并不是抽象法律行为的组成部分(Zweckbestimmung kein Bestandteil des Abstrakten Rechtsgeschäfts)。从外表上看不出实施这种行为的目的,因为它本身并不会说明其目的。例如,根据第 929 条第 1 句进行的所有权转让,只需要就所有权转让达成合意并交付物品即可,并不需要就给予的目的达成一致。相反,明确的目的必须通过对抽象行为进行外部解释来附加,而不能成为抽象行为本身的组成部分,例如,处分人可以确定转让应当用于偿还特定债务,即以履行目的(solvendi causa)进行。然而,如果是一项无偿、之前并不负担义务的给予行为,则必须约定一个赠与目的。此时,转让是以赠与为目的(donandi causa)进行的。 469

对于抽象行为的**明确目的**(Zweckbestimmung)部分可以通过单方意思表示达成,部分需要各方当事人达成合意。例如,债务人可以在向债权人进行给予时单独设定履行目的。在这种情况下,确定目的本身不是一项法律行为,因为它不针对法律效果,也不会引起相应的法律效果,但它是一种准法律行为,是一种具有法律意义的意思表示(→边码 412、414)。然而,如果转让是以无偿方式进行的——在这种情况下被称为"现手赠与/实物赠与(Handschenkung)"——如第 516 条第 1 款所述,各方需要就赠与目的达成一致。关于这个目的的合意则会成为法律行为的组成部分(→边码 471)。 470

在所谓的**现货交易**(Handgeschäften)中,通常包括的两个阶段——先是负担,然后是处分——被缩短了。[33] 例如,赠与可以分为两个阶段(第一阶段是有因赠与合同;第二阶段是抽象的履行行为)。但是这两个行为也可以在一个行为中合并成为"实物赠与"。由于此时给予立即生效,因此不需要作为前期准备的负担。既然没有前期准备的负担,也就不需要 471

---

[32] 进一步论述,参见 Bork(边码 459),352ff.。
[33] 详见 Bork (边码 459), 41 ff. m. w. N.。

履行目的。礼物的转让并非以履行为目的(solvendi causa)进行,而是以赠与为目的(donandi causa)进行。因此,除了抽象的给予,还有一份赠与合同,确定了合同当事人、合同对象和通过目的合意所形成的合同类型。其他的"现货交易",例如现货买卖,也是由两个抽象的处分行为(一方面是货物的转让,另一方面是货款的转让),以及伴随而来的合同约定组合而成的,这也可以同时作为瑕疵担保的基础。

472 抽象法律行为在**负担和处分**(Verpflichtung und Verfügung)中都存在,处分行为总是抽象的,因此需要一个超越它本身的附加的明确目的。相反,负担行为通常是有因的[34],但是也存在抽象的负担行为[35],例如支票和汇票、抽象的债务约束(第780条)和抽象的债务承认(第781条)。在这些具体法律行为的类型中,法律放弃了对合同目的合意的要求,它允许给予一项请求权,而该权利的目的在作为其来源的法律行为中并不明显,即允许合同在没有明确目的合意的情况下有效(因此,请求权得到满足)。例如,如果S在由双方签署的文件中声明他承认欠G 1000欧元,则G获得支付请求权,这不受S是否真的欠G 1000欧元的影响。如果债务已经存在,则G现在获得了第二个具有相同内容的请求权;如果债务不存在,则现在首次成立支付请求权(但根据第812条第2款可以请求返还;→边码473),并不需要达成关于此给予目的的合意。当然,抽象的债权合同常常也伴随着明确的目的,但合同本身并不将其表达于外。S可能负担义务,因为他作出了具有约束力的承诺(这样他就是出于履行目的而行事)。但也可能是因为S想给G提供一种担保(这样他就是出于担保目的而行事)。因此,在具体情况下,对于抽象的债务承认服务于何种目的,也要像所有权转让一样,必须通过附加的确定目的来明确。

473 有因行为和抽象行为之间的区别主要在**目的未达成**(Zweckverfehlung)时显现出来。由于抽象法律行为不需要目的合意,因此无论目标是否有效设定和实现,都会实施给予。当目标缺失或未达成时,追回这种给

---

[34] 进一步论述,参见Flume[4], §12, Ⅱ。
[35] 详见Flume[4], §12, Ⅱ 4。

予属于不当得利法的职责。例如,如果通过所有权转让来追求履行买卖合同的义务,但由于不存在有效的买卖合同而未能实现该目标,那么所有权转让仍然有效,财产权已转移给受让人。当然,处分人可以通过给付型不当得利(Leistungskondiktion)(第 812 条第 1 款第 1 句情况 1)追回财产,因为未能实现目标使得转让没有法律依据。如果某人认为自己根据买卖合同有义务支付价金,并且以履行的方式(根据第 364 条第 2 款)抽象承认(第 781 条)该支付义务,但后来发现买卖合同无效,那么也同样如此。尽管缺乏有效的法律基础合意,但该债权已经通过被承认而有效成立,根据第 812 条第 1 款第 1 句情况 1 以及第 812 条第 2 款,当然可以以不当得利为由要求返还。

(四)原因行为

通常,抽象法律行为可以通过它伴随的明确目的与一项有因的法律行为相关联。这个有因的法律行为则成为抽象法律行为的原因行为(Kausalgeschäfte)。例如,如果将钱款的转让用于买卖合同的履行目的,那么买卖合同就是履行行为的原因行为。"有因行为"和"原因行为"这两个术语在有些文献中常被用作同义词,这并不是完全正确的。一个法律行为是抽象的还是有因的,仅取决于该法律行为本身。然而,它是否为原因行为则取决于它**与另一项法律行为的关系**(Verhältnis zu einem weiteren Rechtsgeschäft)。

474

对这两个术语的混淆源于同样被简化的思考路径,即在**不当得利法**(Bereicherungsrecht)中,负担行为是处分行为的法律原因。例如,如果通过将标的物交付给买方来履行买卖合同,那么买方就以此法律原因取得该物。然而,根据目前普遍接受的观点,法律原因并不是买卖合同,而是卖方设定和实现的履行目的。[36] 买卖合同在这里只是间接相关,即用于证明目标实现的依据。如果待履行的买卖合同无效,卖方可以要求返还

475

---

[36] 总体概述,参见 Bork (Rdnr. 459), 21 ff.; Reuter/Martinek, Ungerechtfertigte Bereicherung, 1983, § 4, II 4。

标的物的所有权和占有,因为买方属于没有法律原因取得该物(根据第812条第1款第1句情况1)。这并不是因为缺乏有效的买卖合同,而是因为卖方设定的履行目的未能实现(→边码473),只有对于这种目标未能实现的解释才会涉及买卖合同的无效性。否则,无法解释为什么在(有效的)现货交易中,在没有负担合同(→边码471)的情况下,买受人可以保有履行的给付。他之所以可以这样做,是因为通过(伴随处分的)目的合意设定的目的已经实现。

(五) 抽象原则

1. 内容

476　　抽象原则(Abstraktionsprinzip)涉及的问题是,原因行为的无效会如何影响相关处分行为的有效性。对此有两种观点。一种观点认为,负担行为的缺陷会对处分行为的效力产生影响,使其也无效[所谓的有因原则(Kausalprinzip)]。在这种情况下,就称处分行为在负担行为方面是有因的,因为负担行为的原因实现也是处分行为有效的前提。例如,如果买方根据第119条第1款(→边码840)因意思表示错误而撤销买卖合同,则购买标的物的转让也是无效的(这意味着卖方仍然是标的物的所有者,并且根据第985条可以请求返还)。另一种观点认为,负担行为的缺陷不会影响处分行为的效力。在这种情况下,处分行为在负担方面是抽象的(因此称为抽象原则)。例如,买卖合同的撤销只会导致合同本身无效,而转让仍然有效,因此卖方不能根据第985条请求返还标的物,而必须根据第812条第1款第1句情况1基于不当得利请求返还所有权和占有。

477　　这个问题之所以必须被强调,是因为**分离原则**(Trennungsprinzip)(→边码445)。[37] 只有将负担行为和处分行为区分开来的法律体系才需要考虑一项法律行为的无效是否会对另一项法律行为产生影响。大多数法律体系并不对这两项行为进行区分。例如,法国法就不会面临这个问题,根据《法国民法典》第1138条第2款和第1583条,签订买卖合同就意

---

[37] 关于分离原则和抽象原则关系的详细论述,参见 Jauernig, JuS 1994, 721 ff.

味着所有权的转移,无论标的物是否已经交付给买方。因此,负担和处分没有分离。这意味着,如果交易无效,不仅债上的请求权会无效,所有权的转移也会无效。[38]

相比之下,德国法采用了分离原则和抽象原则,并决定不让负担行为的缺陷影响处分行为的效力。[39] 因此,这两项法律行为是被区分且独立地进行有效性审查的。这一原则被称为**抽象原则**:处分行为在负担行为面前是抽象的,即一个行为的无效并不会影响另一个行为的有效性。因此,如果买方因意思表示错误而撤销买卖合同,标的物的转让仍然有效。卖方必须在不当得利的基础上请求返还所有权和占有。[40] 相反,如果负担行为有效而处分行为无效,义务仍然存在,买受人可以要求出卖人重新(有效地)处分。

上述对抽象原则(处分行为相对作为其基础的负担行为的独立性)的描述虽然涵盖了实质上最重要的情况,但并不足够准确。因为"抽象/有因"的对立关系更多地涉及**给予相对于其目的的独立性**(Unabhängigkeit einer Zuwendung von ihrem Zweck)[41],而非处分相对于负担的独立性。如果一个给予行为能够在没有设定目的或无论所设目的是否达成的情况下仍然有效,那么它就是抽象的,否则,它就是有因的。这个定义似乎与边码 463 的内容相矛盾,因为边码 463 只关注一个法律行为是否设定了目的。但这实际上并不矛盾,而是一种补充。事实上,我们需要区分"内容上的"抽象和"外在的"抽象。[42] 内容上的抽象涉及法律行为是否必须表

---

[38] 参见 H. P. Westermann (Rdnr. 459), 10 f.; 详细的比较法内容,参见 Stadler (Rdnr. 459), 24 ff.。

[39] 参见 Mot. I, 127 = Mugdan I, 422 sowie § 829 des 1. Entwurfs, 其中并没有明确地规定抽象原则。

[40] 不当得利法在抽象原则下有特别重要的意义;参见 auch Flume[4], § 12, I 2; Stadler (Rdnr. 459), 211 f.。如果没有抽象原则,只有事实上的给予才需要被撤销,而权利上的给予(如所有权)将自动失效。

[41] 进一步的论述,参见 Bork (Rdnr. 459), 57 f. m. w. N.; 对于抽象原则的表述也可参见 § 829 des 1. Entwurfs = Mugdan III, IX。

[42] 相关的概念,参见 Jahr, AcP 468 (1968), 9, 16; 参见 Beuthien, Zweckerreichung und Zweckstörung im Schuldverhältnis, 1969, 286 f.; Medicus[10], Rdnr. 225。

达其明确目的的问题,这一点已经在边码463中讨论过了。外在的抽象则涉及这样一个问题:法律行为的有效性是否取决于设定目的的达成。这正是本文所讨论的抽象原则所针对的内容。因此,处分行为在其原因行为(负担行为)方面是抽象的,确切地说,这意味着如果负担行为无效,则处分行为的目标就未能达到(→边码473),但这并不影响处分行为的有效性。[43]

2. 目的

480　　抽象原则源自罗马法,并基于萨维尼的学说影响了《民法典》中的规定。[44] 其目的是**保护法律交往的安全**(Schutz des Rechtsverkehrs)。[45] 如果负担行为的错误不会对处分行为产生影响,那么处分行为仍然有效,因此受让人能够保留通过处分获得的法律地位。作为合法的权利人,他可以进一步处分,即使根据《民法典》第812条的债法上的义务,他应当归还该法律地位给出让人。因此,当受让人进一步处分给第三方时,第三方也无须担忧他现在的受让是否基于有效的负担行为。因为即使情况并非如此,也不会改变继续处分人的合法性。因此,抽象原则导致负担行为的缺陷只在合同当事人之间产生法律效果,而不会对与第三方的法律关系产生影响。这是一项明确的立法决定,有利于促进法律交往,但对无权处分人不利。

范例

481　　V在3月16日向K出售了一辆自行车,并在3月30日进行了交付。但是在4月5日,V以第119条第1款第2句的表示错误为由撤销了买卖合同:他本来想向K请求返还650欧元,但由于输入错误只请求返还了560欧元。分离原则和抽象原则要求分别审查买卖合同

---

[43] 顺便一提,在抵销方面情况有所不同。通过抵销权的行使,抵销方处分自己的相对债权,以清偿对方的债权为目的。如果对方的债权不存在,那么这个目的就无法实现,抵销方的相对债权也不会消失。抵销"落空",这里的给予取决于目标的实现。因此,抵销是一种有因的处分;参见 bereits v. Tuhr, Ⅱ/2, 176 sowie Bork (Rdnr. 459), 59 f. m. w. N.。

[44] 参见 v. Savigny, Obligationenrecht, Bd. Ⅱ, 1853, 254 ff.;相关历史发展可以参见边码459,详细的著作可以参见 Kiefner, Luig und Ranieri; ferner Stadler (Rdnr. 459), 46 ff.。

[45] Vgl. Mot. Ⅲ, 7 = Mugdan Ⅲ, 4.

和交付的有效性。在3月16日签订买卖合同时，V发生了表示错误。因此，他可以对这项行为提出撤销，导致买卖合同具有追溯性地无效（第142条第1款）。3月30日的处分行为不受影响。买卖合同的无效不会影响交付，V也不能对交付提出撤销，因为在进行交付表示时他没有错误（V的意图是让K成为所有者，他表示了这个意思；→边码826）。因此，K目前是自行车的所有者。虽然他根据第812条第1款第1句情况1有义务将自行车返还给V，但这并不改变这一所有权归属。如果K将自行车转让给D，那么D将从合法所有者那里获得所有权。即使D非常清楚K必须将自行车归还给V，这一点也仍然成立。在这种情况下，V只能请求K赔偿其价值损失（第818条第2款）和损害（第819条第1款、第818条第4款、第292条、第989条、第990条第1款）。如果没有抽象原则，K将不会成为所有者，D只能作为善意取得人获得所有权（第932条）。如果不是自行车，而是一项债权被出售和转让（第398条），即使K在撤销意思表示产生追溯力之前的4月2日，已经将债权转让给了D，也不能适用善意取得。因此，抽象原则在这种情况下显示出其特殊的保护功能。它主要在不适用善意取得的情况下发挥作用[46]，特别是在处分债权、扣押和法定质权时。

3. 突破

如果两个法律行为都存在相同的瑕疵，那么处分行为也是无效的。在这种情况下，我们称之为**共同瑕疵**（Fehleridentität）。[47] 然而，这并不是抽象原则的例外，相反，这是对应用抽象原则一以贯之的结果：负担和处分被分别评估，一个出现瑕疵不会影响另一个。两个法律行为都无效，只是因为它们都例外地出现了同样的缺陷，也就是说，同一法律规范使得这

482

---

[46] 对于抽象原则、善意保护，以及撤销权的总结，首先参见 Flume[4], § 12, Ⅲ 3; 对抽象原则优点的总结，参见 Stadler (Rdnr. 459), 728 ff.。

[47] 对此，参见 Haferkamp, Jura 1998, 511 ff.; Hübner[2], Rdnr. 651 ff.; Medicus[10], Rdnr. 231 ff.; vgl. auch Flume[4], § 12, Ⅲ 5.

两个法律行为都无效。

范例

483　　无行为能力的 V 向 K 出售了一枚收藏品硬币。根据第 105 条第 1 款,不仅买卖合同无效,V 的转让表示也是无效的。这两个法律行为存在相同的缺陷。

484　　B 遭遇了一起交通事故。在他对汽车进行修理的期间,他向租车公司 U 租了一辆"临时用车"。U 提议为 B 处理他向对方的赔偿请求。为此,他要求 B 将他的损害赔偿请求转让给自己。因为这项协议,U 违反了未经政府批准禁止提供法律服务的法律(参见《法律服务法》第 3 条、第 10 条第 1 款第 1 项[48])。该法是《民法典》第 134 条意义上的禁止性法律,因此赔偿协议是无效的(→边码 1106)。如果禁止性规范正是为了阻止约定的履行,那么无效结果也可适用于处分行为,这在《法律服务法》中是适用的。因此,赔偿协议和债权转让行为都是无效的。[49]

485　　G 为了保护自己的债权,让 S 将其可供执行的所有财产作为担保转让给 G。根据第 138 条第 1 款,不仅是担保协议,而且转让行为本身也是无效的。由于抽象处分行为通常是价值中立的,因此也不会违背善良风俗。[50] 但如果物权转让本身就是违背善良风俗的,情况就不同了。在本案的担保转让中就是如此,特别是当它像在本案中那样剥夺了债务人的经济自由时。[51]

486　　V 向 K 交付了 100 箱鸡蛋,在 K 的请求下,V 放弃了关于鸡蛋所有权保留的约定,因为他认为 K 信用良好。几天后,K 破产,V 根据第 119 条第 2 款撤销了所有表示,并要求破产管理人归还鸡蛋。如果

---

[48] 只有当将追收债务活动视为《法律服务法》第 5 条第 1 款规定的附属服务时,才适用其他规定。

[49] BGHZ 47, 364, 369; vgl. zur Abgrenzung auch BGH NJW-RR 2005, 1371 m. w. N.

[50] 代表观点,参见 Staudinger-Sack/Fischinger[2011] § 138 Rdnr. 166 附其他证明。

[51] BGHZ 19, 12, 18; Staudinger-Sack/Fischinger[2011] § 138 Rdnr. 305 ff. m. w. N.; krit. Stadler (Rdnr. 459), 137 ff.

V仍然是鸡蛋的所有者,他的别除请求(Aussonderungsbegehren)(《支付不能法》第47条)就有合法性基础。根据普遍的观点,如果V不仅能撤销买卖合同,还能撤销无条件放弃所有权保留的转让,那么根据第119条第2款的规定,他就是鸡蛋的所有者。如果认为K的信用是此项具体交易的重要特性(→边码844),那么V对此的错误判断不仅导致了买卖合同的签订,还导致了他放弃所有权的保留以及无条件的转让。[52] 然而,这种观点无法令人信服。[53] 因为即使在第119条第2款的情况下,错误一致性原则基本上也是被否定的。V进行处分的原因不是对K信用的错误判断,而是V自己的想法,即他根据一份有效的买卖合同有义务进行无条件转让。

然而,在前述情况下,如果K对V进行了欺诈,V就可以根据第123条第1款同时撤销买卖合同和转让。欺诈不仅针对买卖合同的签订,还针对标的物的获取,并且V的错误判断不仅导致其实施了负担行为,还导致了(无条件的)转让,因此两个法律行为都是可撤销的。[54] 由于此侵害的严重性,这里的抽象原则所追求的交易保护必须让位于对受欺诈者的保护。[55]

487

通过适用第139条(Anwendung des § 139)(→边码1210以下)使负担行为和处分行为整体无效从而打破抽象原则的观点应被拒绝。这种观点认为,根据当事人意愿,负担和处分可以构成一个第139条意义上的统一法律行为,如果其中一部分无效,则另一部分也无效。[56] 这与

488

---

[52] RGZ 66, 385 ff.

[53] 有关价值评估下的否定观点,参见 Grigoleit, AcP 199 (1999), 379, 396 ff. sowie Stadler (Rdnr. 459), 177 ff.: 抽象原则及其保护交易的规定优先于针对意思表示错误方提供的撤销权的保护。

[54] RGZ 70, 55 ff.

[55] Grigoleit, AcP 199 (1999), 379, 404 ff.; Stadler (Rdnr. 459), 181 ff.

[56] 在这个意义上,参见 BGHZ 31, 321, 323; BGH NJW 1991, 917, 918; OLG Stuttgart NJW-RR 1997, 236, 237; BAG NJW 1967, 751; Eisenhardt, JZ 1991, 271, 277; Palandt-Ellenberger[74] § 139 Rdnr. 7; Tiedtke, DB 1982, 1709, 1710 f.。

主流观点[57]不同。根据抽象原则,立法者已经决定,处分与负担不构成统一的法律行为。因此,第139条的适用条件明显不成立。

489   然而,公认的是,处分行为的有效性可以作为有效负担行为的**条件**（Bedingung）。[58] 只要法律行为不像土地所有权让与合意（第925条第2款）那样反对附加条件(→边码1258),当事人就可以约定仅当有效的负担存在时,处分才有效。[59] 问题在于,这种条件是何时被约定的,这就需要通过解释来确定。如果当事人在法律方面是外行,那么他们可能根本不知道负担和处分之间的区别。因此,他们通常会认为缺陷将导致他们的协议全部失效。然而,随着抽象原则的引入,法律秩序基本上反对考虑这种典型的、着重于因果关系的当事人意愿。所以,通常需要明确的当事人约定。[60] 但如果有特殊情况表明确实约定了一个条件,情况可能会有所不同。这些特殊的情况包括当事人在实施处分行为时不确定是否实际存在应履行的负担。[61] 但是,在有疑问时,抽象原则反对通过约定条件将负担和处分联系起来。[62]

七、有偿的法律行为和无偿的法律行为

490   最后,重要的是区分有偿和无偿(Entgeltliche und unentgeltliche)的法律

---

[57] BGH NJW 2005, 417; Bork (Rdnr. 459), 68 f. m. w. N.; Brox/Walker[38], Rdnr. 122; Erman-Arnold[14] § 139 Rdnr. 14; Flume[4], § 12, Ⅲ 4; Grigoleit, AcP 199 (1999), 379, 413 ff.; Hübner[2], Rdnr. 658; Jauernig, JuS 1994, 721, 724; Medicus[10], Rdnr. 241, 504; Schlüter, JuS 1969, 10, 11 f.; Soergel-Hefermehl[13] § 139 Rdnr. 20; Stadler (Rdnr. 459), 92 ff.; Staudinger-Roth[2015] § 139 Rdnr. 54 ff.; Wolf/Neuner[10], § 29 Rdnr. 76; grds. auch MünchKomm-Busche[6] § 139Rdnr. 21.

[58] Vgl. nur BGHZ 31, 321, 322 f.; Erman-Arnold[14] § 139 Rdnr. 14; Medicus[10], Rdnr. 239; Wolf/Neuner[10], § 29 Rdnr. 77.

[59] 当然,由于在处分时负担行为的(无)效力通常已经确定,这实际上是一个虚假条件,可能会考虑类推适用《民法典》第158条以下的规定(→边码1254)。

[60] 相同的观点,参见 Grigoleit, AcP 199 (1999), 379, 409 ff.。

[61] Westermann/Gursky/Eickmann[8], § 3 Rdnr. 12.

[62] Bork (Rdnr. 459), 60 ff., 66; Brox/Walker[38], Rdnr. 123; Flume[4], § 12, Ⅲ 4; Hübner[2], Rdnr. 657; Medicus[10], Rdnr. 239; Stadler (Rdnr. 459), 82 ff., 90 f.

行为。对于无偿法律行为,法律制定了特殊的、与一般标准不同的**评价标准**(Wertungen)。例如,对于那些有义务提供无偿服务的人,他们的责任标准通常会被降低(参见第 521 条、第 599 条、第 690 条)。[63] 此外,对于获得无偿履行的人,此时他们的信赖利益受到的保护要弱于他们获得有偿履行时受到的保护(例如,参见第 528 条第 1 款、第 530 条第 1 款、第 816 条第 1 款第 2 句、第 822 条、第 2287 条第 1 款、第 2329 条第 1 款第 1 句;《撤销法》第 4 条、《支付不能法》第 134 条)。这些规定表达了这样的思想:"相对于给出或承诺了对价的有偿行为,无偿获取的财产权应该获得较少的保护。"[64]

一个法律行为是否有偿,取决于其行为目的(→边码 461),又由是否存在交换目的或赠与目的而决定。主要看是否约定了**对待给付**(Gegenleistung)。就买卖合同而言,卖方应当转让和交付标的物(第 433 条第 1 款第 1 句),买方应当支付价款(第 433 条第 2 款)。约定的义务是相互关联的,每个人都为了获得对价而负担义务。因此,买卖合同——与租赁合同(第 535 条)、雇佣合同(第 611 条第 1 款)或合伙协议(第 705 条)一样——是一种有偿法律行为。相反,赠与(第 516 条第 1 款)、借贷(第 598 条)或委托(第 662 条)是无偿的,它们没有约定交换目的,因此也没有约定对待给付。

491

《民法典》多次提到了**无偿处分或给予**(unentgeltliche Verfügungen oder Zuwendungen),例如,第 816 条第 1 款第 2 句或第 822 条。这里的用词并非没有任何问题,因为处分行为本身就是抽象的法律行为,在内容上是中立的(→边码 461)。某人将面值为 100 美元的钞票转让给另一个人的目的可能是不同的:它可以是支付价金,也可以是履行赠与承诺或借贷合同。因此,作为处分的转让既不是有偿的,也不是无偿的。故而只有当考虑到与处分相关的债权法律行为时,才能确定其是否无偿。如果这种债权法律行为是无偿的,那么用于履行该合同的处分行为也是无偿的。因此,无偿不仅适用于债法上的赠与承诺,也适用于为履行该合同而实施的礼物转让。

492

---

[63] 然而,这并不适用于所有情况,尤其是在委托合同中(第 662 条)。
[64] Wolf/Neuner[10], § 29 Rdnr. 83.

第十四章　法律行为的解释

文献

Ananiadis, Die Auslegung von Tarifverträgen, ein Beitrag zur Auslegungstypologie zwischen Vertrag und Gesetz, 1974; Bang, Falsa demonstratio, JherJb. 66 (1916), 309; Becker, Rechtsvergleichende Notizen zur Auslegung, in: FS H. Lehmann, Bd. I, 1956, 70; Betti, Allgemeine Auslegungslehre als Methodik der Geisteswissenschaften, 1967; ders., Zur Grundlegung einer allgemeinen Auslegungslehre, FS E. Rabel, Bd. Ⅱ, 1954, 79; Bickel, Die Methode der Auslegung rechtsgeschäftlicher Erklärungen, 1976; Biehl, Grundsätze der Vertragsauslegung, JuS 2010, 195; Brandner, Die Umstände des einzelnen Falles bei der Auslegung und Beurteilung von Allgemeinen Geschäftsbedingungen, AcP 162 (1963), 237; Brox, Der Bundesgerichtshof und die Andeutungstheorie, JA 1984, 549; ders., Die Einschränkung der Irrtumsanfechtung. Ein Beitrag zur Lehre von der Willenserklärung und deren Auslegung, 1960; ders., Richterliche Gestaltung privater Rechtsverhältnisse, JR 1960, 321; Canaris, Die Bedeutung allgemeiner Auslegungs-und Rechtsfortbildungskriterien im Wechselrecht, JZ 1987, 543; ders., Das Rangverhältnis der „klassischen" Auslegungskriterien, demonstriert an Standardproblemen aus dem Zivilrecht, FS D. Medicus, 1999, 25; Coing, Die juristischen Auslegungsmethoden und die Lehren der allgemeinen Hermeneutik, 1959; Cordes, Der Haakjöringsköd-Fall, Jura 1991, 352; Cziupka, Die ergänzende Vertragsauslegung, JuS 2009, 103; Danz, Die Auslegung der Rechtsgeschäfte, 3. Aufl. 1911; Diederichsen, Der Auslegungsdissens, in: FS H. Hübner, 1984, 421; Ehricke, Zur Bedeutung der Privatautonomie bei der ergänzenden Vertragsauslegung, RabelZ 60 (1996), 661; Finkenauer, Ergänzende Auslegung bei Individualabreden, AcP 213 (2013), 619; Foer, Die Regel „falsa demonstratio non nocet"-unter besonderer Berücksichtigung der Testamentsauslegung, 1987; Grunewald, Die Auslegung von Gesellschaftsverträgen und Satzungen, ZGR 1995, 68; Hager, Gesetzes-und sittenkonforme Auslegung und Aufrechterhaltung von Rechtsgeschäften, 1983; Haspl, Die Kontrolle der tatrichterlichen Auslegung von individuellen Willenserklärungen durch die Rechtsmittelinstanz, 2008; Hellwege, Handelsbrauch und Verkehrssitte, AcP 214 (2014), 853; Henckel, Die ergänzende Vertragsauslegung, AcP 159 (1960/61), 106; Himmelschein, Beiträge zur Lehre vom Rechtsgeschäft, 1930; Hölder, Zur Lehre von der Auslegung der Willenserklärungen und der Bedeutung des Irrtums über den Inhalt, in: Festgabe f. E. I. Bekker, 1907, 57; Jahr, Geltung des Gewollten und Geltung des Nicht – Gewollten – Zu Grundfragen des Rechts empfangsbedürftiger Willenserklärungen, JuS 1989, 249; Kapp, Die Auslegung von Testamenten, BB 1984, 2077; Kötz, Dispositives Recht und ergänzende Vertragsauslegung, JuS 2013, 289; ders., Vertragsauslegung – eine Rechtsvergleichende Studie, in: FS A. Zeuner, 1994, 219; Kramer, Grundfragen der vertraglichen Einigung, 1972; Krampe, Die Unklarheitenregel, 1983; Larenz, Die Methode der Auslegung des Rechtsgeschäftes, 1930; ders., Ergänzende Vertragsauslegung und dispositives Recht, NJW 1963, 737; Leipold, Wille, Erklärung und Form, insbesondere bei der Auslegung von Testamenten, in: FS W. Müller–Freienfels, 1986, 421; Leonhard, Die Auslegung der Rechtsgeschäfte, AcP 120 (1922), 14; Lüderitz, Auslegung von Rechtsgeschäften, 1966; Manigk, Die Methode der Auslegung des Rechtsgeschäfts, ARWP XXVI (1932/33), 359; ders., Die Revisibilität der Auslegung von Willenserklärungen, in: RG–Festschrift, Bd. VI, 1929, 94; ders., Irrtum und Auslegung, 1918; Mayer–Maly, Bemerkungen zum Verhältnis zwischen der Gesetzesinterpretation und der Auslegung von Rechtsgeschäften, in: Festgabe f. O. Weinberger, 1984, 583; Messer, Die revisionsrechtliche Nachprüfung der Vertragsauslegung, FS W. Odersky, 1996, 605; Muthorst, Auslegung: Eine Einführung, JA 2013, 721; Oertmann, Rechtsordnung und Verkehrssitte, 1914; Pilz, Richterliche Vertragsergänzung und Vertragsabänderung, Diss. Freiburg 1963; Prütting, Methodische Grundfragen der Auslegung von Willenserklärungen, Festschrift W. Jagenburg, 2002, 735; M. Reinicke, Der Satz von der „falsa demonstratio" im Vertragsrecht, JA 1980, 455; Reymann, Falsa demonstratio und Erwerbsverhältnis bei der Auflassung, NJW 2008, 1773; Rittner, Verstehen und Auslegen als Probleme der Rechtswissenschaft, in: Verstehen und Auslegen, Freiburger Dies Universitatis 14 (1968), 43; Rummerl, Vertragsauslegung nach der Verkehrssitte, 1972; Säcker, Rechtsgeschäftsauslegung und Vertrauensprinzip, JurA 1971, Heft 6, 31; Sandrock, Zur ergänzenden Vertragsauslegung im materiellen und internationalen Schuldvertrag, 1970; Schäfer, Die Revisibilität der Vertragsauslegung nach der ZPO–Reform, NJW 2007, 3463; Scherer,

Andeutungsformel und falsa demonstratio beim formbedürftigen Rechtsgeschäft in der Rechtsprechung des Reichsgerichts und des Bundesgerichtshofs, 1987; dies., Die Auslegung von Willenserklärungen „klaren und eindeutigen" Wortlauts, Jura 1988, 302; Schimmel Zur Auslegung von Willenserklärungen, JA 1998, 979; ders., Zur ergänzenden Auslegung von Verträgen, JA 2001, 339; Semmelmayer, „Falsa demonstratio non nocet", JuS 1996, L 9; Smid, Probleme bei der Auslegung letztwilliger Verfügungen, JuS 1987, 283; Sonnenberger, Verkehrssitten im Schuldvertrag, 1969; Sosnitza, Interpretation von Gesetz und Rechtsgeschäft, JA 2000, 708; Stathopoulos, Zur Methode der Auslegung der Willenserklärung, FS K. Larenz, 1973, 357; Stöhr, Der objektive Empfängerhorizont und sein Anwendungsbereich im Zivilrecht, JuS 2010, 292; Stumpf, Zur Revisibilität der Auslegung von privaten Willenserklärungen, in: FS H. C. Nipperdey, Bd. I, 1965, 957; Titze, Die Lehre vom Mißverständnis, 1910; Trupp, Die Bedeutung des § 133 BGB für die Auslegung von Willenserklärungen, NJW 1990, 1346; Uffmann, Richtungswechsel des BGH bei der ergänzenden Vertragsauslegung, NJW 2011, 1313; Vogenauer, Zivilprozessuale Folgen subjektiver und objektiver Interpretationslehren, Festschriftf. J. Schröder, 2013, 221; Wagner, Interpretation in Literatur-und Rechtswissenschaft, AcP 165 (1965), 520; H. Westermann, Die Anpassung der Auslegungsmethode an die Eigenart des auszulegenden Willensaktes, in: FS K. Arnold, 1955, 281; Wieacker, Die Methode der Auslegung des Rechtsgeschäfts, JZ 1967, 385; Wiedemann, Die Auslegung von Satzungen und Gesellschaftsverträgen, DNotZ Sonderheft 1977, 99; Wieling, Die Bedeutung der Regel „falsa demonstratio non nocet" im Vertragsrecht, AcP 172 (1972), 297; ders., Falsa demonstratio, condicio pro non scripta, condicio pro impleta im römischen Testament, SavZRG (Rom. Abt.) 87 (1970), 197; ders., Falsa demonstratio non nocet, Jura 1979, 524; Wieser, Empirische und normative Auslegung, JZ 1985, 407; ders., Zurechenbarkeit des Erklärungsinhalts?, AcP 184 (1984), 40.

一、基础

494 　　一项法律行为的特点在于,其法律效果之所以会发生,(仅)是因为当事人是有意愿的(→边码395)。因此,每个法律行为都包括一个**意思表示**(Willenserklärung),即一个法律效果意思(→边码398)。想要通过法律行为引发法律效果的人必须表达自己的意愿,他必须"用语言表达出(zur Sprache bringen)"所追求的法律效果。这并不意味着他必须以法律上正确的方式来表达它们,但他至少必须表现出这样的行为,使他人能够意识到并用语言表达出他所希望的法律效果。

无论何时使用**语言**(Sprache),都可能出现不准确和被误解的情况。每个人都有自己的语言,每个人所使用的词语也都是基于自己的理解。在大多数情况下,这种意思(所指或所想)会被受领人正确理解,但也会存在偏差。这些偏差可能是由于表达过程中的错误(例如:口误或笔误),或者由于表达不清楚,受领人习惯于以不同的含义理解表意人所用的词语,或者根据自己的经验、背景作出与表意人不同的理解。

范例

有人想以50美元的价格出售他的手枪,并表示:"我以50美元的价格向您出售这支手枪。"在这里,解释者清楚而明确地表达了自己的意思。因此,很容易确定存在一个具有明确表达内容的买卖合同要约。然而,如果一个美国人向一个加拿大人展示一支手枪,并嘴里含糊地说着"50",那么这里就可以有各种不同的解释。也许这个美国人想要勒索"50",也许他只是在说以"50"的价格购买了这支手枪;这样就缺乏任何产生法律效果的意思。也许这个美国人只是想要修理手枪或者出借它,也许他想要出售它,这时作为货币单位,可以考虑美元或加元,如果交易发生在新加坡,也可以考虑新加坡元。

如果通过一项法律行为(只)能引起所期望和所表示的法律效果,那么必须确定当事人是否真的想要实现这个法律效果以及具体的法律效果意思。这是解释的任务。解释是一种**方法**(Methode),用于确定人类行为的相关法律意义。通过解释可以确定一个具体行为是否属于法律行为的外在表示,并且确切地了解所期望的法律效果是什么。

495

496

497

498　　如果人们的行为可以有**不同的解释**(unterschiedliche Interpretationen)，那么当每个人都对表述的含义有不同理解，并也都声称自己的理解最具权威性的时候，当事人之间就会产生争议。表意人将会要求依据自己的真实意图来解释，而受领人则会坚持应以他自己的实际理解意思为准。在这种争议中，每个民事法律体系都必须明确立场。关于解释目标的问题——究竟是探寻（表意人的）真实意愿、依据（受领人的）实际理解还是（客观的）通常理解——属于民法的基本判断之一。在回答这个问题时，需要考虑不同的观点。一方面，不应当将表意人与其不愿发生的法律效果相互联系。另一方面，表意人有责任清楚地表达自己的意愿，避免被误解，因为受领人自己是无法影响解释内容的。至少受领人的信赖应当受到保护，即除了应当根据通常的理解和在具体情况下可知的背景赋予其的含义，表示应当没有其他解释。

499　　《民法典》在**第 133 条和第 157 条**阐述了这个问题。第 133 条涉及意思表示的解释，并要求探究真实意图，而不是坚持表达的字面意义。这似乎支持了应当以真实意愿，而非以实际理解或通常理解为准的观点。相应地，第 157 条涉及合同的解释，并规定应根据诚实信用以及交易习惯来解释。这种表达明显将通常理解放在了中心位置。

500　　今天人们普遍认为，这种将解释规则分成两段的方式，以及这两个规范的具体表达都是失败的。关键不应该是法律行为是否仅包含一项意思表示，还是它是否属于合同。这种区别之所以无关紧要，是因为这样会忽视作为多方法律行为的决议（→边码 436）。关键问题实际上是**信赖保护**(Vertrauensschutzes)。原则上，接受表示的一方的信赖应该得到保护，即一个表示应该被诚实地理解为合理的含义。这意味着，在需要信赖保护的情况下（→边码 512、525 以下），不能仅依据真实意愿，尤其是当意愿没有被接受方"受领"时。发出意思表示的人首先必须接受，自己的表示有可能被解释得与他所设想的含义不同，因此他的表示会产生与他预期的法律效果不同的结果。对这一结果的调整是通过撤销权实现的，在条件具备时，表意人可以消灭他所作出的表示。法律提供了这种可能性，同时也确认了法律不应仅根据对真实意愿的解释来确定，否则撤销权将在很大程度上变得多余。[1] 但与此同时,实际受领人的理解也同样不再重要,因为真正的解释只能依赖于表示所具有的客观含义。所以,解释的基础不应该是具体受领人的理解,而应当是一个普通的、熟悉与解释相关背景知识的、客观的观察者(所谓的以客观受领方视角的解释;→边码527)。

这种客观化、抽象化,并且超越当事人具体想法的观点主要是通过第157条的规定表达出来的。然而重要的是,并不仅仅是合同,**所有的法律行为**(alle Rechtsgeschäfte)都必须从诚信的角度进行解释,即按照诚实信用和交易习惯所要求的方式进行解释。相对于此,第133条不应被理解为仅应当依据表意人的真实意愿进行解释,否则会和基于第157条的观点不一致。该规定的含义应当是,解释应该关注的是意思表示的实质意义,而非字面上的表述(尽管一般情况下不包括表意人单方面希望的,但未明确表示的意义;→边码511)。

501

二、通过解释回答的问题

解释是一种方法,用于确定当事人的行为作为法律行为的相关含义(→边码497)。当我们需要回答是否存在一个法律行为,即人的行为是否应作为法律行为意义上的意思表示构成要件来评估时,应当首先使用这种方法。如果问题的答案是肯定的,则需要通过解释来确定,意思表示的内容是什么,以及希望发生什么样的法律效果。

502

(一)法律行为的构成要件

法律行为的构成要件以意思表示为前提,即要求对**法律效果意思**(Rechtsfolgenwille)的表达(→边码395)。在大多数情况下,可以很容易地从一个人的行为中判断他是否有意引发法律效果。然而,也存在一些不确定的情况,即人的行为是否符合法律行为的要件。这些疑问可以通

503

---

[1] 详见边码787。

过解释来消除。[2] 相关案例也将在其他地方详细介绍。[3] 这里只需要明确以下内容：

范例

504　　鉴于一家大型建筑公司破产，该债务人主要债权银行的董事长 V 在一次新闻发布会上表示，他将确保为提供劳务的工人支付工资。随后，该银行被一名工人起诉要求支付工资。这就需要通过解释来确定 V 是否打算以法律行为的方式使银行负担义务，或者他只是表示自己将致力于维护工人在破产程序中的利益，而没有真正的法律效果意思（→边码569）。

505　　在一家火车模型店的橱窗里，一个写着"400 欧元"的标价牌旁边摆放着一只漂亮的"鳄鱼"机车模型。K 进入商店后告诉销售员 V，他接受买卖合同的要约。但只有当 K 和 V 之间达成买卖合同时，V 才需要向 K 交付机车模型并收取价金。这种情况下，只有当橱窗中展示的商品构成一项具有法律约束力的合同要约时，有购买意向的人才可以毫不犹豫地接受。但是否构成这种情况也需要通过解释来确定（→边码707）。

506　　X 股份有限公司的监事会在董事长 V 出席的情况下决定无理由解雇财务总监 F。随后，V 在第二天告诉 F 他被解雇了。因为只有当决定由监事会作出时，解雇才有效，所以需要通过解释来确定 V 是否自己作出了一项意思表示，即实施了单方法律行为，还是只是作为监事会的"使者（传达人）"传达了其解雇表示（→边码1345、1347）。

（二）意思表示的内容

507　　解释的主要适用领域是确定法律行为的内容，即确定其**具体的法律效果**（welche konkreten Rechtsfolgen）。在这方面有各种各样的应用

---

[2] BGH NJW 1986, 3131, 3132.
[3] 首先，参见边码566以下、656、707。

场景。除了之前描述的案例(→边码 496)，下面的例子也可以作为说明：

范例

E 先生起草了一份手写遗嘱，在遗嘱中设立他的子女为继承人，并确定他的妻子将获得房屋。在这种情况下，需要通过解释来确定 E 是否以此（通过遗赠，第 2147 条）剥夺了妻子的继承权[4]，或者根据房产价值与其他财产价值的比例关系，确定她是否应该成为共同继承人（同时也需要决定如何具体分配遗产，第 2048 条）。

508

建筑师 A 订购了中空砖并要求将其送到一个建筑工地。在这种情况下，需要通过解释来确定 A 是否自己购买，也就是他是否以自己的名义实施了法律行为，还是他作为代理人代表他人进行了交易（→边码 1382、1385）。

509

在一份船舶建造合同中，双方约定造船厂应根据"以下条款规定的措施"承担瑕疵责任。但在所提及的规定中，并未涉及瑕疵后果的损害（例如，在修复缺陷的时间内丧失的租船费收入）。双方争论的焦点是该条款是否排除了瑕疵后果的损害赔偿。这就需要通过解释来确定，造船厂"仅"根据其他合同条款承担责任，从而排除了瑕疵后果的索赔，是否符合双方共同的法律效果意思（→边码 530）。

510

三、解释方法

(一) 概述

解释旨在确定与法律相关的法律效果意思。为此，有三种解释方法，根据所涉及各方的利益地位不同，它们各自具有适用范围。如果没有保护他人的特别需要，可以通过自然解释（natürliche Auslegung）来明确表

511

---

[4] BayObLG NJW-RR 2000, 1174.

意人的真实意愿(→边码 512 以下)。如果在保护信赖利益的情况下,真实的意愿无法提供指引(→边码 500 以下),则必须通过说明性解释(erläuternde Auslegung)来确定可推定的意思(→边码 525 以下)。如果某个问题缺乏法律效果意思,则可以通过补充性解释(ergänzende Auslegung)来填补合同规定中的空白,该补充性解释基于假设的当事人意愿(→边码 532 以下)。说明性解释和补充性解释都是规范性解释(normative Auslegung)的子类型,是一种评估性的思考方法。这种思考方法并不关心表意人实际上希望什么,而是从受领人的角度合理地理解意思表示。

(二) 自然解释

512　表意人通常有兴趣将他的行为按照他所希望的方向去解释。他希望实际上所期望的事情发生,也就是他所设想的法律效果会发生。如果没有保护其他人利益的需要,表意人的这种要求是可以轻易地得到满足的,在无相对人的意思表示和已经在当事人之间达成一致的情况下,这一点尤其适用。

1. 无须受领的意思表示

513　有些单方法律行为不需要针对特定人实施,因此必要的意思表示没有具体的受领人并且也不需要被受领。从表面上看,这些法律行为似乎不需要保护对于特定表示含义的信赖。在此基础上,有观点认为在无须受领的意思表示中,应通过自然解释法来探究表意者的真实意愿。[5] 然而,这种观点是不正确的。事实上,在每个案例中,即使是无须受领的意思表示,也需要确定该法律行为是否涉及值得保护的利益。如果是这样,在选择解释方法时就需要顾及这些利益。

范例

514　V 未经请求地向他的朋友 K 寄送了一本使用过的法律词典,并

---

[5] 参见 etwa Wolf/Neuner[10], § 35 Rdnr. 31(在边码 32 所述对意思表示的限制之下,需要从外部的角度去考虑); Medicus[10], Rdnr. 322。

附上了 10 欧元的发票。K 将其放在书柜中，偶尔查阅。当 V 要求 K 支付购买价格时，K 解释说他们之间并没有达成买卖合同。他只是想使用这本书，而非购买它。然而，K 通过分类和阅读词典隐含地接受了 V 的要约，如果他的行为可以被理解为承诺(根据第 151 条第 1 款)，则其内容需通过解释确定(→边码 794 以下)。这种事实承诺行为(根据第 151 条)是单方的、无须受领的意思表示。是否存在这种事实承诺行为是通过解释来确定的。由于这种解释结果严重影响要约方(V)的利益，因此符合主流观点的看法是，它并不取决于交易中接受要约一方的实际意愿。然而，在缺乏受领人的情况下，也无法以受领人的角度作为依据。相反，必须从一个无相关利益的客观观察者的角度来解释受领人的行为。[6] 因此，在这里采取这种观察方法的结果是，K 的行为被理解为承诺，他只有在能够证明自己的真实意思与行为的客观表现不符的情况下才能根据第 119 条第 1 款的规定通过撤销免除自己的义务，仅使用而不购买该词典。否则，由于并不适用第 241a 条(双方都是消费者)，他必须支付价金。

A 承诺给任何找回她丢失的婚戒的人一个"丰厚的奖励"。当 G 交还戒指时，他要求 500 欧元。A 辩称，她认为"丰厚的奖励"是指 100 欧元。此时需要通过解释确定她的表示内容。尽管悬赏广告是一项单方的、无须受领的法律行为(→边码 427)，但这并不意味着就可以通过自然解释来确定行为人真实意愿的内容。相反，应该保护那些按照预期的方式接触这些表示，并且信赖于表示的通常含义的人。因此，在面向公众的表示中，应当遵循一般的交易习惯性理解。[7] 所

515

---

[6] BGHZ 160, 393, 397; 111, 97, 101; BGH NJW 2006, 3777 Rdnr. 18; 2000, 276, 277; 1990, 1656, 1657; Staudinger-Bork[2015] § 151 Rdnr. 15 m. w. N.; Wolf/Neuner[10], § 35 Rdnr. 32 und § 37 Rdnr. 38 (sowie bereits in § 28 Rdnr. 33).

[7] 参见 BGHZ 124, 64, 67; Wolf/Neuner[10], § 35 Rdnr. 33; ferner den von Kornblum, JuS 1981, 801。在该案例中，有人发布了一个悬赏广告，即猜出一个魔术技巧的人将获得前往拉斯维加斯旅游的奖励。结果一共有 60 人猜出这个技巧，表意人只从中抽取 5 名获奖者给予奖励。然而，其中一名未被抽中的人起诉并成功地获得了前往拉斯维加斯旅游的奖励。因为根据公众对悬赏广告报酬的一般理解，每个能猜出技巧的人都应该获得这个奖励。

以,口语中"丰厚"应当代表的是 500 欧元,而不仅仅是 100 欧元。虽然作为归还戒指的奖励,这看起来可能过于慷慨,但也不能排除接受这种(精神)价值的假设。如果 A 无法基于第 119 条第 1 款的规定证明自己对"丰厚"一词的含义产生了误解,那么她必须向 G 支付 500 欧元。

516   E 在慢跑时扔掉他已经破旧不堪的训练夹克。F 看到了这一幕后,认为 E 想扔掉这件夹克,就把它拿走了。当 E 在下一轮赛跑后看到 F 穿着夹克,要求返还时,F 声称 E 通过扔掉夹克放弃了夹克的所有权,而他自己则通过先占获得了夹克的所有权。E 告诉 F,他只是因为跑步太热了所以才把夹克扔进灌木丛中,而他一直想在下一轮跑步之前把它找回来。能否将 E 的行为理解为基于第 959 条的放弃所有权,必须通过解释来确定。抛弃[所有权的放弃(Dereliktion)]是一项单方的、无须受领的法律行为(→边码429)。F 观察到 E 的行为是一个无关紧要的偶然事件,在广义上他也不是意思表示的受领人。这里也没有值得保护的信赖利益,即不应当认为,一个人只要把自己的财产置于无人看管的状态,就意味着他并非暂时放弃了对财产的占有,而是永久地放弃了占有和所有权。因此,在自然解释的方式下,只能根据 E 的真实意图来确定这一点。

517   E 订立了一份遗嘱,遗嘱内容表示将"图书馆"赠与他的酒友 R。[8] E 去世后,继承人将三本侦探小说交给了 R;其他书籍则找不到了。然而,R 却要求获得 E 精心打理的酒窖。R 声称,E 一直把酒窖称为他的"图书馆"。其他酒友证实了这一点。在这里,也必须通过解释来确定 R 所接收的礼物是什么。第 133 条可以帮助解决文义问题:解释不应该局限于字面上的含义,而是要确定表示的含义。[9] 遗嘱是一项单方的、无须受领的法律行为(→边码428)。由于没有受遗赠权,因此普遍认为,不必保护任何人对遗嘱特定解释的信赖。因

---

[8] 案例参考 Brox/Walker[38], Rdnr. 127。

[9] 对于遗嘱的解释,参见 BGH NJW-RR 2009, 1455 Rdnr. 23; NJW 1993, 256; 1983, 672, 673。

此,在遗嘱中,通过自然解释确定遗嘱人的真实意图是没有争议的。[10]

2. 当事人一致的理解

对于需要受领的、针对特定相对人发出的意思表示,通常不应该通过自然解释来确定表意人的真实意图,而应该通过规范解释来确定相对人理解的客观可能性。相对人对意思表示理解的信赖应当得到保护,即这个意思表示应该按照公平合理的方式进行理解。如果所涉及的意思表示与表意人的真实意图不一致,则这是表意人应当承担的风险。除非满足因重大误解而撤销的条件,否则他也只能承认自己作出了相应的意思表示。然而,如果相对人**正确地理解**(richtig verstanden)了表意人的意思,那么就没有必要提供额外的保护。在这种情况下,双方的意愿相符。对于法律秩序来说,没有必要引入其他法律效果,除非需要考虑到第三方的合法利益。如果情况并非如此,那么就可以依据自然解释的方式来确定实际的法律效果意思,即使这可能与表面上明确的文义相悖(→边码545)。[11]

518

如果各方达成了一致理解,那么应该以当事人的期望(而不是以客观观察者角度的理解)为基础,这是一项基本原则。这项原则在罗马法中已经出现(尽管只限于对遗嘱的解释[12]),表现为"**错误的表述不会有害**(falsa demonstratio non nocet)"[13]这一规则。该规则总结了一种思考方

519

---

[10] 对于形式的问题见边码 558 以下。

[11] BGH ZIP 2015, 1677 Rdnr. 17; NJW 2002, 1038, 1039 f.; 2001, 1344, 1345; 2001, 144, 145——在《联合国国际商事合同通则》第 4.1 条中也可以找到类似的规则(→边码 25)。然而,根据第 4.2 条第 1 款,对单方表示的自然解释,必须以相对方知晓表意人的真实意图为前提。

[12] 详见 Bang, JherJb. 66 (1916), 309, 310 ff.; Wieling, SavZRG (Rom. Abt.) 87 (1970), 197 ff.。

[13] 对于此规则更详细的解释,参见 Foer, Die Regel „falsa demonstratio non nocet", 1987; M. Reinicke, JA 1980, 455 ff.; Scherer, Andeutungsformel und falsa demonstratio, 1987; Semmelmayer, JuS 1996, L 9 ff.; 批评意见,参见 Wieling, AcP 172 (1972), 297 ff.; ders., Jura 1979, 524 ff.。

式:即当事人不需要被迫接受与他们一致理解不符的意思表示的含义,即便后者是一般人对意思表示的通常理解。它同时适用于单方法律行为和多方法律行为。[14] 此外,根据第 133 条,也应该依据表示的含义而非单纯的文义来解释。[15] "错误的表述不会有害"这一规则还表明,在存在共识的情况下,应先考虑当事人对于意思表示所希望达成一致的意义,而非依据通常理解的含义。[16] 这也适用于各方故意或无意地表达错误的情况。[17]

范例

520　　　生产主管 A 向他的雇主 U 坦白,由于机器调整不当,前一天生产的全部产品都有缺陷。随后,关于损失大小和最终谁应该承担责任的问题,A 和 U 发生了争执。U 用"滚蛋吧!"这句话结束了对话。根据客观解释,这句话表达的意思是无期限辞退还是仅仅结束这次谈话,是值得怀疑的。如果双方都将这句话理解为无期限辞退,则该表达在法律上也应被视为无期限辞退。

521　　　G 向他的债务人 S 发送了一封准备好的信件,要求 S 承认 G 的诉求并放弃时效抗辩。S 签署了这份声明,但他给 G 附了一封信,在这封信中,他否认了 G 的所有请求。在这种情况下,S 是否想要承认并放弃时效抗辩是值得怀疑的。如果双方都一致认为,S 仍然反对 G 的请求,那么 G 预先准备的并由 S 签署的声明就毫无意义了。[18]

522　　　M 带他的伴侣 F 去医院。他在那里签署了一份文件,其中包含这样一个条款:"签署人为自己/登记病人申请住院治疗。他承诺支付所有产生的费用。"在签名行下面标注着"患者/法定代理人"。后来,医院要求 M 支付为 F 治疗产生的费用。根据规范性解释,一个既

---

[14] 在涉及多个当事人的情况下,所有当事人都必须以相同的方式理解意思表示,除非根据不同的主体可以将法律关系分开处理;参见 Flume[4], § 16, 2 b。

[15] Vgl. BGH NJW 2008, 1658 Rdnr. 12; 1998, 1480.

[16] Vgl. BGH NJW 1999, 486, 487; ZIP 1998, 830, 832.

[17] BGH NJW 2002, 1038, 1039.

[18] BGH ZIP 1997, 1205, 1206.

不是患者也不是其法定代理人的人,在签名时并不会让自己负担义务,而只是想让患者做登记。只有当双方都认为 M 要承担责任并且用他的签名表达自己愿意负担义务时,才可能适用"错误的表述不会有害"的规则。[19]

K 向 V 订购 214 桶"Haakjöringsköd",V 承诺交付。双方都认为"Haakjöringsköd"是指挪威语中的鲸肉。然而,它实际上是指鲨鱼肉。但根据"错误的表述不会有害"的规则,合同是关于鲸肉的。[20] 但是,如果进口机构批准该合同,则批准涉及进口鲨鱼肉,因为对于批准的内容来说,合同的规范解释就很重要了。[21] 523

V 是 12 号公寓的所有者,其中包括 12 号地下室。然而,V 实际上在使用 11 号地下室,并且此事之前没有人注意到。K 想购买 V 的公寓,并查看了 V 使用的地下室。现在,双方签署了一份公证合同,在合同中 V 向 K 出售"12 号公寓和地下室"。在登记簿上进行转移后,发现了错误。现在,K 要求获得 12 号地下室。然而,他无法成功,因为他并没有成为该地下室的所有者,缺少与该地下室相关的物上协议。虽然该协议从字面上涉及 12 号地下室,但是双方一致认为该协议是指 11 号地下室,因此根据"错误的表述不会有害"的规则,也只适用于 11 号地下室。[22] 524

(三) 说明性解释

如果刚才描述的自然解释条件不成立,那么就需要进行规范性解释。"规范性"意味着并不依赖于表意人的真实意愿或相对人的实际理解,而是通过**评价性/价值判断的思考方式**(wertenden Betrachtungsweise)来确定受领方在诚实信用原则以及交易习惯的考虑下应该如何理解该意思表 525

---

[19] OLG Saarbrücken NJW 1998, 828 f.
[20] RGZ 99, 147, 148; ausf. dazu Cordes, Jura 1991, 352 ff.; krit. Wieling, AcP 172 (1972), 297, 299 f.
[21] Vgl. Flume⁴, § 16, 2 b.
[22] BayObLG FGPrax. 1996, 215 (Kuntze); vgl. auch BGH NJW 2002, 1038, 1039; OLG Düsseldorf NJW-RR 2000, 1006, 1007.

示。通过推断当事人可能的真实意愿的方式来解释意思表示,这意味着:

526 通过评价性的方式可以确定,在某些情况下,如果对于客观的观察者来说,根本无从得知表意人的真实意图,那么就**不能以表意人的真实意愿**(nicht der wirkliche Wille des Erklärenden)为准。在这种情况下,表意人没有受到保护,因为他在有能力表达清晰明了的意思时却没有这么做。相反,表示的相对人需要受到保护,因为他可以信赖表示的通常含义。为了确保法律的明确性和可靠性,表意人要对自己的意思表示负责,应当根据一个客观的观察者所能赋予的意义来确定其表示的含义。相对地,**也不能仅以相对人的实际理解为准**(auch nicht das tatsächliche Verständnis des Erklärungsempfängers)。表意人也只会得出那些符合其合理预期的解释。

527 所以,重要的不是意思表示受领人实际理解了什么,而是他在具体情况下可以和应当理解什么。后者意味着可以考虑所有的理解可能性和所有对解释有影响的情况(→边码549),包括受领方知道或应当知道的情况[23](→边码550)。这种方法不根据表意人的真实意愿或受领人的实际理解,而是根据一个客观观察者的视角来解释,被称为**受领人视角的解释**(Auslegung vom Empfängerhorizont)。[24] 我们可以想象一个客观的观察者,他似乎站在表示受领人的后面,然后问他应当如何理解这个表示。假设这个观察者知道所有对于受领人可知的相关情况,并且他以受领人所属行业圈子的典型理解为基础。如果从这种"客观化"的角度出发确定了对意思表示的理解,那么表意人应当合理地承受这种理解。[25] 这也会导致,表意人实际想要表达的意思也已经被解释清楚了。只不过这并不是"错误的表述不会有害"规则的例外,而是适用规范解释而获得的结果。

范例

528 A是一家小型印刷厂的所有者,该印刷厂印刷包括日报在内的

---

[23] 这里的实质问题并不像措辞所示的那样与过失有关,而是涉及风险分担。
[24] Dazu Stöhr, JuS 2010, 292 ff.
[25] Vgl. auch BGH NJW 2008, 2702 Rdnr. 30.

各种印刷品。A 的印刷厂建筑紧邻 B 的土地,B 的土地上有一座独栋住宅。为了解决他们之间的邻里关系,A 和 B 约定,在面对 B 土地方向的印刷厂建筑墙面不得安装窗户。然而,当 A 安装玻璃砖时,B 提起诉讼要求拆除。B 的请求来源于合同约定。合同中规定的义务是 A 不得安装窗户,这也意味着不得安装玻璃砖。因为约定的目的是防止印刷厂夜间工作时的光线照入 B 的住宅。因此,通过说明性解释,可以得出结论:合同中的"窗户"也包括玻璃砖。[26]

在枪支案中(→边码 496),解释将主要取决于它的发生地点。如果美国人在加拿大向一个加拿大人以 50 元(Dollar)的价格提供枪支,那么就表明指的是加拿大货币。即使加拿大人知道提供者是美国人,也可以得出这个结论。同样,如果交易在美国进行,也适用反过来的情况。如果在新加坡进行交易,则可能约定使用新加坡的货币。如果没有相关线索,则与在其他第三国达成的交易一样,由于未就购买价格达成协议,因此没有成立合同(→边码 712、767)。 529

在造船案中(→边码 510),必须通过解释确定是否通过规定"造船厂根据以下条款规定的措施负责"来排除未单独提及的间接损害赔偿的责任。一般可以认为,在造船合同中,这种责任免除是惯例,但也可以认为对于如此重要的条款,人们本可以期望有明确的规定。因此,在存在疑问的情况下,基于规范的解释将无法排除责任。 530

K 向 J 订购了 200 个鞋撑。J 将价金请求权转让给了 Z。K 向 Z 表示,该请求是合法的,不再依赖于任何对待履行。当 J 未能交付鞋撑时,K 取消了买卖合同,并拒绝向 Z 支付款项。然而,Z 可以援引 K 的意思表示。该意思表示不仅表明 K 放弃了第 320 条规定的抗辩权,而且从诚实守信的受领人视角的解释来讲,意味着 K 不能基于 J 的不履行行为获得任何(可以对抗 Z 的)权利。该表示的目的正是使 Z 摆脱对待履行的风险。因此,K 就需要承担即使没有 J 的对待履 531

---

[26] BGH LM Nr. 17 zu § 133 (C) BGB.

行,仍需要向 Z 支付价金的义务。[27]

(四) 补充性解释

532　　有时,通过(自然或说明性)解释,可以得出当事方在某个特定点上没有形成法律效果意思的结论,因此在法律行为中就不会涉及这个问题。这种法律行为是不完整的,它没有规定应当规定的所有事项,无论是当事方认识到但不想解决的问题(有意的漏洞),还是他们一开始就根本没有意识到的问题(无意的自始漏洞),或者由于需要规定的事项事后才产生根本没有意识到的问题(无意的嗣后漏洞)。[28] 这些情况下,就需要采用补充性解释。[29] 因此,它适用于**漏洞填补**(Lückenfüllung)的情况。这种漏洞在单方法律行为中会出现,例如遗嘱,当然也会出现在多方法律行为中。但是,由于补充性解释主要应用在合同法领域,因此接下来只讨论补充性合同解释。在进行这种解释时,需要进行三个步骤:

533　　第一步需要确定是否存在**规范(规则)漏洞**(Regelungslücke)。如果合同法律行为在合同计划的范围内有未确定的事项,那么就存在漏洞。[30] 因此,必须确定当事方是否已经对该问题制定了相应的合同规则。这些规则也可以包含某种"否定决定"的内容,即确定某个特定情况不应该产生任何法律效果。[31] 这个问题必须通过自然或说明性解释来解决。因此,可以说这些解释方法是优于补充性解释而适用的。[32]

534　　第二步是要去考察补充性解释是不是**漏洞填补所必需的**(Lückenfüllung nötig)。如果法律行为虽然存在漏洞,但这个漏洞可以被(非强制性的)法律法规填补,那么通常就不需要补充性解释。在许多典

---

[27] BGH NJW 1970, 321.
[28] Vgl. BGH NJW-RR 2008, 562 Rdnr. 14; NJW 2002, 1260, 1262.
[29] Dazu Cziupka, JuS 2009, 103 ff.
[30] BGHZ 158, 201, 206; BGH NJW 2015, 955 Rdnr. 27; 2013, 678 Rdnr. 15; NJW-RR 2005, 205, 206; 2000, 894, 895; NJW 2002, 1260, 1262; 1998, 1219; 1994, 1008, 1011; Wolf/Neuner[10], § 35 Rdnr. 57.
[31] Vgl. BGH NJW 2002, 1260, 1262.
[32] Flume[4], § 16, 4 a.

型的情况中,合同规则可以通过法律规范得到补充,因此不需要通过补充性解释来填补缺口。换句话说:如果它本身并非解释规则(→边码555)[33],那么这些非强制性的法律规范通常优先于合同的补充性解释。[34] 至少在法规制定的解决方案所依据的利益状况在具体待决案件中存在时,应当适用这一原则。而在这些情况之外,才可以考虑是否通过合同补充性解释来反映非典型利益的状况。然后,必须通过补充性解释的方法找到一项合同上的(补充合同的)规定,以取代法律规定。在具体方法上,可以采用两种(可替代)方式。要么认为法律法规的适用结果会与当事人的意愿相矛盾,当事人因此默认排除了有关规定,当然,这只适用于法律规定是任意性的情况,即成文的法律规范可以被当事人约定排除的情况。要么通过(目的论的)法律解释的方式得出结论,即有关规定在特定情况下不适用,并且通过合同补充性解释来填补由此产生的规范漏洞。

范例

V 向 K 交付了有瑕疵的商品。当 K 要求瑕疵担保时,V 认为合同中没有规定瑕疵担保条款。在这种情况下,无须通过合同补充解释来寻找解决方案。相反,应当适用第 434 条以下条款,这些条款规定了这种典型情况的处理方式。 535

U 委托 H 作为唯一销售代理商销售汽车,此合同的执行需要进行大量投资。半年后,U 提前一个月通知 H 解除了合同,根据《商法典》第 89 条第 1 款第 1 句,这本身是无可非议的,因为各方没有在合同中设定期限,而是签订了无固定限期合同。但考虑到巨额的起始投资,这里似乎不应适用《商法典》第 89 条。由于《商法典》第 89 536

---

[33] 所谓解释规则是辅助性的,只有在法律解释本身没有得出结论时才会适用。因此,它们的适用排在合同补充解释之后。参见 Medicus[10], Rdnr. 341 sowie (für § 154) unten Rdnr. 772。

[34] 参见 BGHZ 177, 186 Rdnr. 18; 176, 244 Rdnr. 32; 158, 201, 206; 90, 69, 75; 77, 301, 304; 40, 91, 103; BGH NJW 2015, 1754 Rdnr. 21; 2010, 1135 Rdnr. 9; Kötz, JuS 2013, 289 ff.; Staudinger-Roth[2015] § 157 Rdnr. 23——不同观点,参见 Finkenauer, AcP 213 (2013), 619, 625。

条第 2 款允许各方达成不同的协议,因此应该通过合同补充解释来完善各方的约定,以排除《商法典》第 89 条的适用。[35]

537　　在由于缺乏足够的法律规范而不得不适用合同补充解释之后,第三步就要考察相关**漏洞是否具有填补的可能性**(Lückenfüllung möglich)。为了达到这个目的,应该考虑通过对现有规定进行"全面考察",以找到一个解决方案。[36] 在任何法律行为中,都包含着一些当事人的基本决定和价值判断。在进行补充解释时,这些决定应该继续得到贯彻。需要考虑的是,哪种补充现有规制方案的解决办法能够公平地满足各方的利益,并适当地处理争议焦点,以便任何一方都能接受。[37] 在这里,第 157 条规定的依据诚信原则和考虑交易习惯的解释原则也同样适用。[38] 这个过程也被称为寻找假设的当事人意愿(hypothetische Parteiwillen)[39]:需要找出如果当事人考虑到了争议点,他们会怎样处理它(规范性的;→边码 511)。然而,需要注意的是,这种解释可能最终会得到一个结论,即漏洞是无法填补的,因为在很多情况下没有能够让双方都接受的解决方案。[40] 此外,它也只能涉及填补合同框架中的漏洞,而不能涉及更改合同内容[41]或更正可确定的当事人意愿。无论实际意愿是否合理,都无关紧要。合同补充解释的任务不是使当事人的合同规范更好或更公正,而是

[35]　BGH NJW 1975, 1116, 1117.

[36]　同样适用于下文,参见 BGHZ 158, 201, 207; BGH NJW 2015, 955 Rdnr. 28; 2013, 678 Rdnr. 16; NJW-RR 2005, 205, 206; OLG Düsseldorf NJW-RR 1995, 1455, 1456。

[37]　Vgl. auch Art. 4.8 der UNIDROIT-Grundsätze (→Rdnr. 25).

[38]　BGHZ 158, 201, 207; BGH NJW 2009, 2443 Rdnr. 46; NJW-RR 2000, 894, 895; 1999, 1967; 1998, 1219 f.——基于诚实信用原则,也可能会出现存在明显漏洞且对一方不利的规则也应当维持的情况,此时,必须通过任意性法律规范来填补这些漏洞。联邦最高法院倾向于这种做法,即只有在无法忍受的情况下,才会通过补充性合同解释来填补无效的格式条款所造成的漏洞。参见 BGHZ 176, 244 Rdnr. 32 m. w. N.; kritisch dazu Uffmann, NJW 2011, 1313 ff.;参见 BGHZ 192, 372 Rdnr. 19 ff.; ZIP 2015, 1297 Rdnr. 23 ff.。

[39]　持反对意见的,参见 Wolf/Neuner[10], § 35 Rdnr. 68 ff.; krit. auch Flume[4], § 16, 4 d; dazu Finkenauer, AcP 213 (2013), 619, 623 f.。

[40]　Vgl. BGH NJW-RR 2005, 1040, 1041; 2005, 458, 460.

[41]　Vgl. BGH NJW 1998, 1480; OLG Nürnberg MDR 1998, 854.

保持其原有的状态。[42] 因此,在进行合同补充解释时,应当常常对"司法干预(richterliche Gängelung)"保持警惕[43],不要用法官的价值观代替当事人的意愿。[44]

范例

职业医生 A 和 B 在两个不同的城市工作,并约定进行工作交换。过了一段时间,A 回到他的老家,并在他原来工作的诊所旁边,即现在属于 B 的诊所附近开了一家新诊所。B 要求 A 停止这种行为。实质上,B 希望通过此举实现竞业禁止的目的。然而,工作交换协议和法律均不包含此类竞业禁止的规定。但是,从工作交换协议的目的和意义来看,根据第 157 条的规定,该协议应该补充一个合理期限为三年的竞业禁止协议。因为如果他们在短时间内就回到原来的工作地点并和对方争夺那些之前有联系的病患客户,任何一方都可以轻易地从另一方处"抢走客户",并可能危及经济的合同成果。[45]

538

S 想要购买一块土地。他从父亲 V 那里获得了 10 万欧元的贷款。贷款协议规定,如果 S 再次出售土地,那么他就要偿还贷款。后来,V 取消了贷款。由于没有约定解除权,只能通过合同补充解释来实现。关于这一点,一般来说贷款应该在规定期限内还清,而在本案中,只有在土地被再次出售时才需要归还,否则不需要还款。这符合当事人在签订合同时的真实意愿。因此,在这种情况下并不存在漏洞,通过合同补充解释添加解除权反而会与当事人的真实意愿相抵触。[46]

539

---

[42] Flume[4], § 16, 4 d.
[43] Medicus[10], Rdnr. 344.
[44] Vgl. auch BGHZ 146, 280, 284.
[45] BGHZ 16, 71, 75 ff.
[46] BGH NJW 1995, 1212, 1213.

四、解释的过程

540　　接下来,将在考虑诉讼程序方面因素的情况下,简单描述解释需要采取的主要步骤。

(一) 确定解释的对象

541　　首先,我们必须确定解释的对象。需要解释的并不是表意人的意愿,而是具体的**表示行为(要件)**(Erklärungstatbestand),即需要对其法律行为意义进行分析的行为。[47] 这就要求明确描述哪些行为需要进行解释。在诉讼过程中,如果一方的主张依赖于相关行为,就必须提出相应的事实,并在对方否认时提供证据予以证明。

542　　其次,有时候人们认为,如果存在**明确无疑的表示行为**(zweifelsfreier Erklärungstatbestand),就不需要进行解释。即所谓的如果表达清晰明确,就不需要进行解释。[48] 然而,菲利普·赫克(Philipp Heck)已经提出,这种观点与《民法典》第133条的内容并不相符,并且只有通过解释才能确定表示是否清晰明确。[49] 因此,不仅司法实践越来越远离这一观点[50],学术界也普遍反对这一观点。[51] 浏览一下"错误表述"的案例(→边码519以下)就可以发现,清晰明确的措辞背后也可能隐藏着与通常理解完全不同的意义,因此断定清晰明确的表示行为就不需要解释的观点是绝对错误的。

---

[47]　Wolf/Neuner[10], § 35 Rdnr. 4.

[48]　RG JW 1919, 102, 103 m. abl. Anm. Heck; BGHZ 32, 60, 63; 25, 318, 319; BayObLGZ 1981, 30, 34; Hübner[2], Rdnr. 744; Palandt-Ellenberger[74] § 133 Rdnr. 6.

[49]　Heck JW 1919, 102.

[50]　首先,参见 BGHZ 80, 246, 249 f.; 其次,参见 BGHZ 86, 41, 46; 然后,参见 BGH NJW 2002, 1260, 1261; 2002, 1044, 1046。

[51]　Flume[4], § 16, 2 a; Köhler[38], § 9 Rdnr. 3/11; Kramer, Grundfragen der vertraglichen Einigung, 1972, 138 f.; MünchKomm-Busche[6] § 133 Rdnr. 53; Soergel-Hefermehl[13] § 133 Rdnr. 1.

这一论断对**矛盾或荒谬的表示**（widersprüchliche oder unsinnige Erklärungen）也同样适用。它们在任何情况下都是可以进行解释的。[52] 法律适用者必须假设当事人意欲表达有意义的内容,只是表达方式不够准确。在这种情况下,解释的任务就是确定表示的意义,并在解释尚存多种可能时,更倾向于一种让表示具有实际意义的解释方式,以免它们变得毫无意义或部分失去意义(→边码556)。当然,人们也可能面临解释失败的情况。如果通过解释不能得出有意义的表示内容,则(在这方面)不会产生有效的法律行为。

543

最后,**自动化的表示**（automatisierte Erklärungen）也是可以进行解释的。在这里基本上没有任何特殊性,特别是不考虑"躲藏在技术进步背后"的情况。如果自动化的表示未能清晰地表达当事人的意图,则这应归咎于表意人。他不能以自己无法凭借现有的手段更清晰地表达自己意图的理由而免责。[53]

544

(二) 文义

如果存在口头或书面的表示,则根据普遍观点,解释应从文义（Wortlaut）开始。[54] 在没有偏见的情况下,人们经常会赋予具体的表述一定的意义。这种选择表述的意义是解释的基础,即先验的理解（Vorverständnisse）。在这里首先提供了一个举证责任规则[55],但除此之外不过是一个假设:有可能表意人希望他人以这种方式理解他的意思。文义只能提供这么多信息。因为根据第133条的规定,文义仅是解释的起点,而不是解释的指导方针。在实际的解释中,即便是没有偏见的情况,人们也可能会给法律行为赋予与文义完全不同的含义。这尤其适用

545

---

[52] BGHZ 20, 109, 110; Köhler[38], § 9 Rdnr. 3; Palandt-Ellenberger[74] § 133 Rdnr. 6a.
[53] Medicus[10], Rdnr. 332.
[54] 参见 BGHZ 124, 39, 44 f.; BGH NJW 2010, 64 Rdnr. 18; 2009, 2671 Rdnr. 14; NJW-RR 2002, 852; ZIP 2010, 238 Rdnr. 14; MünchKomm-Busche[6] § 133 Rdnr. 59——这种方法在解释默示行为时自然不能适用。没有言辞,就不能从文义出发进行解释。
[55] 那些主张与文义和客观含义不同的理解的人必须说明并证明这种理解;参见 BGH NJW 2001, 144; 1995, 3258; NJW-RR 2001, 421。

于非专业人士所使用的法律术语,其专业含义不一定与当事人的真实意愿相符。

范例

546　　V 和 S 签订了一份合同,其中 V 承诺向 S 提供一笔 10 万欧元的贷款。合同同时约定贷款的偿还义务被排除在外。从字面上来看("贷款"),我们可能会首先认为这是一份贷款合同。然而,如果考虑到偿还被排除在外,这就支持了实际上(合同双方所期望的法律效果)是一份赠与合同的观点。[56] 这种解释结果是重要的,因为与贷款合同不同,赠与合同根据第 518 条第 1 款的规定需要形式要件(→边码 558 以下)。

547　　S 从 G 那里借了一笔钱。S 的朋友 B 对 G 表示,他担保(garantieren)G 能够收回自己的钱。从字面上看,首先我们可以认为这是一份(独立)担保合同/准保证契约(Garantievertrag)。但是,(独立)担保合同和保证(Bürgschaft)有所不同。根据第 767 条的规定,保证人只承担从责任,即只有当主债务人负有债务时,保证人才必须满足债权人的请求,而(独立)担保人则承诺无论主债务人是否负有债务,都将满足债权人的请求。[57] 一般来说,只有当(独立)担保人自身有经济利益需要确保债权人得到满足时,才会承担这种如此广泛的责任。如果 B 没有这样的利益,那么他的表示——至少在他是法律外行的情况下[58]——应被解释为保证的意思表示,遵守第 766 条的形式要求(→边码 556、560 以下)。

(三) 当事人的真实意思

548　　接下来,需要确定当事人的真实意思,必须首先确定是否可以从表示

---

[56] Vgl. BGH NJW 1995, 1212, 1213.
[57] BGH NJW 1996, 2569, 2570.
[58] 对于相反的情况,参见 BGH WM 1975, 348, 349: 如果是商业经验丰富的当事人提供保证,那么只有在特别重大的情况下才能认为其承担了(独立)担保。

的文义中客观地推断出表意人真正的意图。当然,这仅适用于无相对人的意思表示或当事人之间已经达成合意的情况(→边码 512 以下)。对于确定真实意思以及自然解释和规范解释之间的关系,适用以下规定:如果涉及始终受自然解释约束的意思表示(→边码 513 以下),则必须调查真实意思。如果有一方希望从中获益,则必须提出并证明该意思;如果对方否认,也需要提供证据。然而,如果自然解释基于当事人之间的一致理解(→边码 518 以下),那么还需要进行区分。如果在诉讼过程中,双方都提出了这种一致理解,那么这将成为进一步诉讼的基础。此时,(自然)解释就已经结束,解释结论已经确定。然而,如果只有一方提出了存在合意,而对方表明了对意思表示完全不同的理解,就必须提供对一致理解的证据。[59] 但是,如果规范解释的结果与当事方对一致理解的陈述相同,那么无须进一步提供证据。因此,当一致理解受到质疑,规范解释优先,但仍然需要确定作出意思表示的表意人(根据受领人所认可的)实际上希望表达的意思。[60] 只有当这不会得到所期望的结果时,依赖自然解释的一方才需要提供证据,证明对方确实认识和理解了真实的意图。然而,在实践中很难提供这样的证据。总体而言,可以认为在解释中很少能确定当事人的真实意思。[61] 而在进行规范性、说明性解释时,当事人的真实意愿并不重要。

(四)表示之外的因素

因此,解释的关键步骤是确定对解释至关重要的外部情况,即表示之外的**环境因素**(Umstände)。在从受领人的角度进行解释时,需要站在一个客观观察者的角度,该观察者了解所有对于受领人来说是可知的、与解释相关的因素(→边码 527)。因此,必须确定并评估这些因素。在诉讼中,如果有人想从这些因素中推导出支持其不同解释的论据,那么

549

---

[59] Dazu BGH ZIP 2015, 1677 Rdnr. 17 ff.
[60] BGH NJW 2008, 2702 Rdnr. 30.
[61] 对于撤销来说情况则不同,这通常取决于表意人的真实意愿,参见边码 828。

他们必须自己提出这些论据,并在发生争议时提供证明。[62] 这些因素可以具有非常不同的性质。[63] 例如,表示行为的背景,特别是之前的当事人关系,可以揭示出如何理解一个意思表示(→边码 685)。[64] 发出表示的具体情境也非常重要,这包括外部因素,比如表示的场合或地点。特别重要的是,在发出表示时,对于各方而言,它们能够认识并了解的双方利益状况。[65] 必须考虑到每一方应当承担的风险[66],还需要注意法官不应当将他的个人理解视作合理解决方案,而应当考虑当事人的具体利益对于他们各自表示的客观含义所产生的影响。[67] 如果存在多个相关的表示,就需要考虑到体系性问题。这在合同解释中尤为重要,因为可以从其他合同条款中推断出对于某一合同条款的解释。此外,还应特别关注目的性,即表示的意义和目的。在合同解释中,合同的目的可以提供一个重要的准则(→边码 543、556)。[68] 当事人的后续行为也可以提供帮助理解意思表示的线索,例如,当事人后续的具体行为,或者他们对于第三人的表达或行为,这些都能够得出当事人的某种理解(通过当事人的行为进行自我解释)。[69] 然而,这只能揭示当事人的真实意愿,而不能确定表示的规范内容。[70] 此外,行业惯例和交易习惯也是有价值的参考,前提是存在迹象表明在相关的行业圈子中,这类表示通常会以这种方式被理解。[71] 然而,这要求双方都处于特定的行业圈

---

[62] BGH NJW 1999, 1702, 1703.

[63] Vgl. auch die Aufzählung in Art. 4.3 der UNIDROIT-Grundsätze (→Rdnr. 25).

[64] BGH NJW 2002, 1260, 1261; 1999, 3191.

[65] BGHZ 150, 32, 39; 149, 337, 353; BGH NJW 2006, 286, 287; 2003, 664, 665; 2002, 1044, 1046; 2002, 747, 748; 2002, 506; 2002, 440; 2000, 2099; ZIP 2010, 238 Rdnr. 14; 2000, 1385, 1387 f.; NJW-RR 2005, 34, 36; 2002, 852, 853.

[66] BGH NJW-RR 2003, 1053, 1054.

[67] BGHZ 146, 280, 284.

[68] 对此,可以参见边码 528 的窗户案。

[69] BGHZ 150, 32, 39; BGH NJW-RR 2013, 51 Rdnr. 14; 2007, 529 Rdnr. 18; 1998, 259; 1997, 238; ZIP 2000, 1385, 1389; Flume[4], § 16, 1 d.

[70] BGH NJW-RR 1998, 259; 1997, 238; NJW 1988, 2878, 2879.

[71] BGH NJW 2001, 1344, 1345.

子。[72] 最后,还需要注意,解释结果不应与日常生活经验相矛盾。[73]

在上述情况中,受领人是否真的知道这些因素并不重要。需要关注的只是这些因素对他而言是不是**可知的**(erkennbar)。[74] 因为对于那些对他而言可知,且他应当知道的情况,他必须自己承担责任。重要的是,这并不取决于他实际的理解(→边码527),而是取决于一个客观的、熟悉相关情况的观察者的立场。换句话说,对于受领人而言也必须进行解释,即询问自己应当如何理解这个表示。 550

范例

V 和 K 订立了一份买卖合同,在其中约定支付方式为"按照过往的方式支付"。这个表示本身是没有意义的,必须借助双方的交易历史来解释,并确定在双方过往的交易中,哪种是惯例的支付方式(现金或非现金、是分期付款还是立即支付、是否有贴现)。 551

K 在德国向意大利公司 V 订购了泳装。在支付条款中约定了"货到付款"。由于交付的货物存在瑕疵,K 用其损害赔偿请求抵销 V 的价金请求。然而,V 要求支付全部价款的请求在诉讼中得到法院的支持。在(国际)商事交易中,"C.O.D."代表"货到付款"。根据《商法典》第 346 条规定,应当考虑根据(国际)商事惯例进行解释,这一条款应被理解为排除抵销的适用。[75] 552

一个来自德国南部的学生在科隆的一家酒吧点了一份"ne halwe Hahn"。他以为自己点了半只鸡,而实际上在莱茵地区,"halwe Hahn"指的是一块奶酪面包。解释标准的关键在于这件事情发生在科隆,因此对于学生所下的订单,应当参考当地的惯例来理解。因此,他点的就是奶酪面包。然而,根据第 119 条第 1 款情况 1,学生可 553

---

[72] Dazu näher Wolf/Neuner[10], § 35 Rdnr. 15 f.
[73] BGH NJW 2005, 2620, 2621.
[74] 作为例外:BGH NJW 2006, 286, 287; Flume[4], § 16, 3 c。
[75] BGH NJW 1985, 550——在解释中考虑商业惯例的一般问题,参见 Hellwege, AcP 214 (2014), 853 ff.。

以撤销他的表示。[76]

554　　B 向 G 签署了一份保证书,其中首先确认 G 与 S-GmbH 公司(B 是其股东兼总经理)有着稳定的业务关系,并且 S-GmbH 公司有义务为 G 对 GmbH 公司的所有债权提供全额保证。然后 B 写道:"在此基础上,我(B)对每笔金额高达 81350.41 欧元的债务承担连带保证责任。"此时,S-GmbH 公司确实欠 G 此项数额的债务。大约三个月后,B 代表 S-GmbH 公司写信给 G,表示保证的目的是确保未来的货物供应。当 G 后来因为在保证书签订之后产生的债权而向 B 进行追偿时,B 辩称其没有对这些债务提供保证。但 G 认为根据 B 之前的表述,有理由相信 B 提供的保证涉及每一项信贷额度,包括未来的债权。由于合同文本不明确,书信往来对于解释合同各方行为具有特殊的重要性,因此 B 也对公司未来货物交付的债权负有责任。[77]

(五) 解释规则

555　　最后,通过成文或不成文的解释规则可以简化解释过程。[78] 其中,**成文的**(geschriebene)解释规则可能包括像第 154 条第 1 款第 1 句(→边码 772)这样的条款。同样,也可适用第 449 条第 1 款,根据该条款,如果存在疑义,应假定存在所有权保留协议,这意味着标的物在完全支付价金后才转移所有权,因此根据第 929 条第 1 句,该物权行为是以有条件让与的形式实施的,而第 158 条第 1 款则规定了这种条件的性质。这些解释规则通常只适用于"有疑义时(im Zweifel)",因此并不排除其他可能的解释。然而,这些规则确实会产生一种推定效果,即法律认为在有疑义时对双方意图的推定,因此在诉讼过程中,作出不同解释的一方需要举证证明

---

[76] 其他相关的例子,参见边码 528 以下。
[77] BGH NJW-RR 1998, 259 f.
[78] Wolf/Neuner[10], § 35 Rdnr. 52 对"实质性"的与解释结果相关的解释规则进行了一般性讨论,这些规则与涉及解释方法的"形式性"的规则形成对比。

自己的观点。

除了法律明文规定的解释规则,还存在一些**不成文的**(ungeschriebene)解释规则。例如,在劳动法领域,如果合同中存在疑义和不明确之处,依照第 305c 条第 2 款的规定(→边码 1772),应当遵循这一基本原则:劳动合同应该对起草该合同的一方不利。[79] 同时,还适用一个原则,即解释应当符合双方的利益。[80] 此外,应当假定在有疑义时,合同各方是理性的,并且他们不会追求不公正的结果,合同的解释不应导致合同内容(全部或部分)变得毫无意义或自相矛盾,或者与合同目的相悖。[81] 这句话当然强调了合同目的对于合同解释的特殊重要性(→边码 548),并再次表达了一个不言而喻的认知,即人们不应当给予当事人"石头"而应当给予"面包"。当然,这些解释规则并非绝对适用。一个众所周知的例外是,解释不应导致被解释的法律行为无效。[82] 但事实上,为了保护一方的利益,有时候必须赋予表示一种会使得法律行为无效的意义。例如,在确定一份责任声明(Haftungserklärung)应当是保证还是担保时(→边码 547),通常会认定其是保证。因为,依照第 766 条第 1 句规定,保证需要满足形式上的要求。如果没有满足这种形式要件,那么保证就是无效的(第 125 条第 1 句)。而如果是担保,则没有形式上的要求,它本来就应当有效。因此,在这种情况下,"有疑义时认定为保证"这一具体的解释规则取代了"解释不应导致无效"的一般规则。

556

(六)三审上诉中的解释

在诉讼方面,还需要考虑的问题是,解释结果是否可以在三审上诉过

557

---

[79] BAG NZA 1995, 1034, 1035; LAG Hamm NZA-RR 2001, 525, 526.
[80] BGHZ 131, 136, 138; BGH ZIP 2010, 238 Rdnr. 14.
[81] Vgl. etwa BGHZ 137, 69, 72 f.; BGH NJW 2005, 2618, 2619; 2002, 1038, 1039; 2002, 440; Flume⁴, § 16, 3 e; MünchKomm-Busche⁴ § 133 Rdnr. 63 ff.
[82] 对于此规则,参见 Art. 4.5 der UNIDROIT-Grundsätze (→Rdnr. 25); 此外 BGH ZIP 1999, 187, 188; NJW 1970, 468 f.。

程中由联邦最高法院(Bundesgerichtshof/BGH)进行审查。[83] 由于联邦最高法院仅应审查事实审法院(Tatsächengericht)中的法律适用问题(《民事诉讼法》第545条以下),因此可以得出以下结论:事实调查,即确定待解释的行为(→边码541)、当事人的真实意愿(→边码548)和与解释有关的情况(→边码549),是地方法院、州级法院和州高级法院的唯一任务[84],不由三审上诉法院进行。[85] 而解释本身,即确定重要的含义、对事实的解释,并非事实问题,而是法律问题。它始终是一个法律评价行为。因此,联邦最高法院应当在上诉案件中全面审查对已经确定事实的解释。[86] 然而,现实的司法实践并非如此。相反,它区分了涉及大量当事人的典型表示(例如,格式条款、标准合同、公司协议或章程)和只涉及个别情况的非典型表示,前者的解释总是受到严格审查,后者的解释只是为了检查是否违反了法律规定(解释规则、程序规定)、一般逻辑定律或经验法则。[87] 这里并没有一个令人信服的教义学基础。相反,这种司法实践可能是基于这样的考虑,即在解释方面给予事实审法院一定的自由裁量空间。[88]

五、要式法律行为的特殊性

558　对要式法律行为(formbedürftige Rechtsgeschäfte)而言,存在这样一个问题,即是否可以在解释中参考表示之外的实际情况,抑或只能限于文件

---

[83] Dazu Schäfer, NJW 2007, 3463 ff.; ferner Haspl (Rdnr. 493); 对于历史的视角,参见 Vogenauer, FS J. Schröder, 2013, 221 ff.。

[84] 关于上诉法院对第一审法院解释的优先权,参见 BGHZ 160, 83, 86 ff.。

[85] 关于前提,参见 BGH NJW 2015, 955 Rdnr. 16, 26; 2005, 2620, 2621; 2002, 1260, 1261。

[86] 相类似的,参见 MünchKomm-Busche[6] § 133 Rdnr. 74。

[87] 参见 BGHZ 190, 212 Rdnr. 8; 180, 191 Rdnr. 14; 160, 83, 94 ff.; 23, 263, 278; BGH NJW 2015, 1668 Rdnr. 9; 2014, 2177 Rdnr. 11; 2013, 1957 Rdnr. 15; 2013, 678 Rdnr. 11; 在判例中关于合同补充解释的适用更具有开放性,参见 BGHZ 158, 201, 206; BGH NJW 1998, 1219 f. m. w. N.;参见 Messer, FS Odersky, 1996, 605 ff.。

[88] Wolf/Neuner[10], § 35 Rdnr. 82 讨论裁量权的空间。

证书自身。这个问题不能简单地用一句话来回答。实际上,需要对解释(理解为意义查明)和形式有效性之间的差异进行区分。

(一)意义查明

第一步,需要确定相应形式要件在法律行为中的目的(当事人的实际意愿或法律的规范性要求)。在这一步骤中,根据司法实践和文献的一致观点,可以参考与要式的表示相关的具体情况。[89] 这是不可避免的,因为只有在解释之后,也就是确定了表示的实际内容之后,才能判断该表示是否真的需要形式要件以及所希望表达的内容是否符合形式要求。 559

范例

在保证案中(→边码547、556),必须通过解释来确定当事人是想要要式的保证还是非要式的担保。为此,应当参考所有能够查明的情况。 560

B以书面形式向G表明希望为S提供保证。文件证书中没有提及受保证债务的内容。然而,可以通过参考文件证书之外的情况来解决这个问题,例如各方之间的预先交谈。只有在形式有效性的视角下,才会出现一个问题,即是否需要在文件证书中更详细地描述被保证的债务(→边码563)。 561

(二)形式有效性

在第二步,首先应当检验经过确定后的意思表示是否符合形式要件。关于这个问题,法律实践支持所谓的暗示理论(Andeutungstheorie):必须要求在文件证书本身中能够识别意思表示的主要部分,否则文件证书的形式就与内容不符。而这里的识别只要求所需内容在文件证书中至少部 562

---

[89] Vgl. nur BGHZ 142, 158, 164; 86, 41, 45; BGH NJW 2006, 139, 140; 2000, 1570; MünchKomm-Busche[6] § 133 Rdnr. 30; Wolf/Neuner[10], § 35 Rdnr. 36.

分地被暗示出来就足够了。[90] 只有在符合"错误的表述不会有害"原则（→边码519）的情况下才会允许存在例外，并且该原则也可适用于要式的意思表示。[91] 然而，根据文献的观点[92]，这种适用也应该根据形式规定的目的进行区分：如果它只是为了保护当事人，而这种保护仅仅是为了避免草率行为或举证困难，那么就没有理由要求意思表示的主要内容必须在文件证书中以某种方式暗示出来。然而，如果形式规定的目的是保护一方免受这项法律交易的特殊风险，或者是维护第三方或公众的利益，那么法律行为的主要内容就必须在文件证书中清楚可见。这种观点避免了过于笼统的考虑，并在大多数情况下与"暗示理论"得出的适用结果相同。

范例

563　　在边码561中的第二个保证案中，与边码554的案例不同的是，文件证书中未提及受保证的债务。由于第766条旨在警告保证人面临的特殊风险，因此根据保护目的，必须要求保证人在书面声明中也对主债务及其金额表态，以便让他意识到所承担的风险范围。因此，在这种情况下应当遵循"暗示理论"。[93]

564　　V和K打算就30号至32号地块签订一份买卖合同。然而由于公证人的疏忽，在公证买卖合同中只提到了30号和31号地块，而没有提及32号地块。尽管如此，32号地块也被一并出售。这种一致的意愿（"30号至32号地块"）在相关文件证书中只是标记错误（→边码524）。尽管在文件证书中没有提及第32号地块，但根据第311b条第1

---

[90] 对此，比如BGHZ 80, 242, 245; 80, 246, 250; BGH NJW 1999, 2591, 2592; 1996, 2792, 2793; 1989, 1484, 1486。

[91] BGHZ 87, 150, 152 ff.; BGH NJW 2008, 1658 Rdnr. 13; OLG Frankfurt NJW 2008, 1003, 1004; Reymann, NJW 2008, 1773, 1775 f.; krit. zwischenzeitlich BGHZ 74, 116, 119.

[92] Brox JA 1984, 549, 553 ff.; Köhler[38], § 9 Rdnr. 15 f.; Lüderitz (Rdnr. 493), 194 ff.; Medicus[10], Rdnr. 331; Wolf/Neuner[10], § 35 Rdnr. 39 ff.; vgl. auch Flume4, § 16, 2 a; MünchKomm-Busche[6] § 133 Rdnr. 30. 对案例的辩护，参见Scherer, Andeu-tungsformel und falsa demonstratio, 1987, 61 ff。

[93] BGH NJW 1989, 1484, 1486; Wolf/Neuner[10], § 35 Rdnr. 38, 42; vgl. auch BGHZ 132, 119, 124.

款第1句的保护目的(防止草率行为和保存证据),这并不会造成损害。因此在买卖合同中并不适用暗示理论。[94] 但在土地登记簿上的情况就不同了。这里的登记是为了维护公共交易的利益。如果从土地登记簿上看不出32号地块也应该有新的所有者,那么就必须公告给所有人知晓。土地登记官需要一份转移登记(《土地簿条例》第20条,《民法典》第873条第1款、第925条第1款第1句),也就是指在公证人面前声明的物上协议,从中可以清楚地看出32号地块也应该被转让。K可以要求V(根据有效的买卖合同)配合进行新的转让登记。

---

[94] BGH NJW 2008, 1658 Rdnr. 13; Köhler[38], § 9 Rdnr. 15; Wolf/Neuner[10], § 35 Rdnr. 39 f. 类似结果,参见 BGHZ 87, 150, 152 ff. = JR 1984, 13 m. Anm. Köhler。

第七部分

意思表示

第十五章 意思表示的构成

Adomeit, Die weder gewollte noch erklärte Willenserklärung, FS H. Baumann, 1999, 1; Bartholomeyczik, Die subjektiven Merkmale der Willenserklärung, FS G. H. Ficker, 1967, 51; Bickel, Rechtsgeschäftliche Erklärungen durch Schweigen?, NJW 1972, 607; Binder, Wille und Willenserklärung im Tatbestand des Rechtsgeschäfts, ARSP V, 266; Brehmer, Wille und Erklärung, 1992; ders., Willenserklärung und Erklärungsbewußtsein, JuS 1986, 440; Brose, Grundsätzliches zur Willenserklärung, AcP 130 (1929), 180; Bydlinski, Erklärungsbewußtsein und Rechtsgeschäft, JZ 1975, 1; ders., Privatautonomie und objektive Grundlagen verpflichtender Rechtsgeschäfte, 1967; Canaris, Schweigen im Rechtsverkehr als Verpflichtungsgrund, FS W. Wilburg, 1975, 77; Danz, Zur Willens-und Erklärungstheorie des Bürgerlichen Gesetzbuchs, DJZ 1906, 1277; Ebert, Schweigen im Vertrags-und Deliktsrecht, JuS 1999, 754; Ehrlich, Die stillschweigende Willenserklärung, 1893; Eisenhardt, Zum subjektiven Tatbestand der Willenserklärung, JZ 1986, 875; Fabricius, Stillschweigen als Willenserklärung, JuS 1966, 1/50; Fröde, Willenserklärung, Rechtsgeschäft und Geschäftsfähigkeit, 2012; Götz, Zum Schweigen im rechtsgeschäftlichen Verkehr, 1968; Gudian, Fehlen des Erklärungsbewußtseins, AcP 169 (1969), 232; Habersack, Fehlendes Erklärungsbewußtsein mit Wirkung zu Lasten des Erklärungsempfängers? -BGH NJW 1995, 953, JuS 1996, 585; Hanau, Objektive Elemente im Tatbestand der Wil-lenserklärung, AcP 165 (1965), 220; Henle, Ausdrückliche und stillschweigende Willenserklärung nach dem Bürgerlichen Gesetzbuche, 1910; ders., Vorstellungs-und Willenstheorie in der Lehre von der juristischen Willenserklärung, 1910; Hepting, Erklä-rungswille, Vertrauensschutz und rechtsgeschäftliche Bindung, FS d. Rechtswiss. Fakul-tät zur 600-Jahr-Feier der Univ. Köln, 1988, 209; Hölder, Willenstheorie und Erklärungstheorie, JherJb. 58 (1911), 101; ders., Zur Theorie der Willenserklärung,

1905; Hoffmann, Willenserklärungen im Internet, 2003; H. Hübner, Zurechnung statt Fiktion einer Willenserklärung, FS H. C. Nipperdey, Bd. I, 1965, 373; Isay, Die Willenserklärung im Tatbestand des Rechtsgeschäfts nach dem BGB, 1899; ders., Zur Lehre von den Willenserklärungen nach dem BGB, JherJb. 44 (1902), 43; Jacobi, Theorie der Willenserklärung, 1910; Klein-Blenkers, Zwei Fälle „nicht gewollter" Willenserklärungen, Jura 1993, 640; Kramer, Schweigen als Annahme eines Antrags, Jura 1984, 235; Krause, Schweigen im Rechtsverkehr, 1933; Kühle, Der Dualismus von ausdrücklicher und stillschweigender Willenserklärung, 2009; Lange, Die Willenserklärung, JA 2007, 687/766; Leenen, Willenserklärung und Rechtsgeschäft, Jura 2007, 721; ders., Willenserklärung und Rechtsgeschäft in der Regelungstechnik des BGB, FS C.-W. Canaris, 2007, 699; Manigk, Willenserklärung und Willensgeschäft, 1907; Meder, Annahme durch Schweigen bei Überweisungsvertrag und Gutschrift, JZ 2003, 443; Neuner, Was ist eine Willenserklärung?, JuS 2007, 881; Oechsler, Der Allgemeine Teil des Bürgerlichen Gesetzbuchs und das Internet, JURA 2012, 422/497/581; Pawlowski, Rechtsgeschäftliche Folgen nichtiger Willenserklärungen, 1966; Rhode, Die Willenserklärung und der Pflichtgedanke im Rechtsverkehr, 1937; Schapp, Grundfragen der Rechtsgeschäftslehre, 1986; Schwerdtner, Schweigen im Rechtsverkehr, Jura 1988, 443; Schlossmann, Willenserklärung und Rechtsgeschäft, Kieler Festgabe f. A. Hänel, 1907, 1; Schmidt-Salzer, Subjektiver Wille und Willenserklärung, JR 1969, 281; Singer, Geltungsgrund und Rechtsfolgen fehlerhafter Willenserklärung, JZ 1989, 1030; ders., Selbstbestimmung und Verkehrsschutz im Recht der Willenserklärungen, 1995; Teichmann, Die protestatio facto contraria, FS K. Michaelis, 1972, 294; Weiler, Die beeinflußte Willenserklärung, 2002; Werba, Die Willenserklärung ohne Willen, 2005; Wieacker, Willenserklärung und sozialtypisches Verhalten, Göttinger FS d. OLG Celle, 1962, 263; Wieser, Wille und Verständnis bei der Willenserklärung, AcP 189 (1989), 112; ders., Zurechenbarkeit des Erklärungsinhalts, AcP 184 (1984), 40; M. Wolf, Rechtsgeschäftliche Entscheidungsfreiheit und vertraglicher Interessenausgleich, 1970.-Vgl. auch die Angaben zu Rdnr. 601 sowie zum 6. Teil.

一、概述

意思表示是每项法律行为的必要组成部分(→边码399),它是表达法律效果意思的行为。因此,意思表示是"**法律效果意思的表现**(Manifestation des Rechtsfolgenwillens)"。它分为外部要件[表示行为(Erklärung)]和内部要件[内心意思(Willen)],这两者必须同时存在。仅想象希望发生的法律效果是没有意义的,因为缺少了表示行为。为了使法律效果发生,法律效果意思必须通过外在行为的方式表达出来。换句话说,只有在表达了法律效果意思时,表示行为要件才会转化为一个意思表示。是否存在表示行为,需要通过解释来确定(→边码503)。通过解释,可以确定特定的行为是否构成意思表示,即是否表达了意愿以产生相应的法律效果。意思表示可以明确地表达,也可以通过行为推断出相关的意图。因此,意思表示是**任何一个人表明根据他的意愿应该发生特定的法律效果的行为**(jedes menschliche Verhalten, durch das jemand zu erkennen gibt, dass nach seinem Willen bestimmte Rechtsfolgen eintreten sollen)。[1]

566

二、外部要件

(一)明示的表示

如果一个人使用**语言文字**(Sprache)表达他的法律效果意思,则存在明示的意思表示(ausdrückliche Willenserklärung)。[2] 在这里,外部要件

567

---

[1] Vgl. Wolf/Neuner[10], § 30 Rdnr. 1.

[2] 不同观点,参见 Hübner[2], Rdnr. 669:在此并不取决于语言的使用,而是取决于表达的明确性,但这种观点是不可取的。因为即使需要进行解释的意思表示也可以被视为明示的意思表示。语言是容易被误解的,即使措辞明确也可能存在歧义(参见"错误的表述不会有害"案例,→边码519),否则就几乎不会有明示的意思表示了。此外,在要求"明示性"的规范解释时也可能会有不同的情况(→边码573)。

是口头或书面表达,对于意思表示的要件来说(与形式有效性的问题不同,→边码1054),使用的语言是否只能听到或同时可以通过视觉感知到并不重要。表意人也不需要以法律上正确的方式表达,只要通过解释可以推断出他的语言表达中存在法律效果意思即可。

范例

568　　　V和K签订了一份关于购买汽车的买卖合同(第433条);V和K在公证员面前声明过户(第873条、第925条);V给他的租户M写了一封信,"向您通知我将在3月31日解除租约"(第542条第1款);K通过电话委托他的银行购买60股戴姆勒/克莱斯勒公司的股票(第675条);K将有瑕疵的录像机退还给V,并说,"这就是你的垃圾"(第437条第2项、第349条)。

569　　　在一次涉及大型建筑公司破产的新闻发布会上,该建筑公司的主要合作银行的董事长表示,只要劳工能够出示正规的发票,他们就能收到应付款项。根据受领人视角的理解,这并不是一份具有法律约束力的担保声明,而是出于商业政策目的安抚债权人的意向性声明。〔3〕

570　　**数据电文的意思表示**(elektronische Willenserklärung)通常也是一种明示的意思表示。如果有人通过传真提出合同要约或者通过点击特定按钮接受了在互联网上提出的要约,那么他就通过使用语言表达了他的法律效果意思。无论表达的意思是自己当下组织的还是已经预先组织好的,都不重要。因为对于意思表示的要件来说,写一封信或者签署公证员事先起草好的合同是一样的;口头通知某人或者通过编程让计算机在特定条件下自动发送通知也是一样的;电话接受合同要约或者通过点击预先设置好的按钮来接受合同要约也是一样的。

〔3〕 不同观点,参见 OLG Frankfurt NJW 1997, 136 f.;参见 OLG Koblenz NJW-RR 2001, 1109.

(二) 可推知的行为

意思表示的要件也并不一定需要以明示的方式表达法律效果意思。相反,任何可以推断出特定法律效果意思的其他行为都是可以的。在这些情况下,如果法律效果意思不是通过语言表达,而是以其他方式体现出来,那么我们就称之为可推知的行为(Konkludentes Verhalten)或者默示的意思表示(stillschweigende Willenserklärung)。[4] 这些行为通常已经实现了(同时也表达了)法律效果意思。

571

范例

E 撕毁了他的遗嘱(第 2255 条);S 上了地铁(签订一份运输合同);K 在 V 的售货亭拿起一份报纸,并默默地将 1 枚硬币递给了 V(关于报纸和硬币的买卖合同和物上合同);K 收到了未经要求以 5 欧元的价格寄来的圣诞卡,他写了卡片并将其寄了出去(默示接受买卖合同和转让的要约);G 兑现了 S 提供给他作为解决争议的赔偿付款的支票(默示接受和解提议)[5];M 归还了他的党员证(默示退出党派)。[6]

572

通常来说,在大多数情况下,无论是明示还是默示的意思表示,**法律**(Gesetz)均认可其效力。第 164 条第 1 款第 2 句就特别指出了一种特殊情况。[7] 只有在个别情况下才需要明示的意思表示,例如在《民法典》第 244 条第 1 款、第 700 条第 2 款和《商法典》第 48 条第 1 款[8]中。此

573

---

[4] 的确,这个术语容易产生误解。默示的意思表示并不是通过保持沉默来表达意思(→边码 574),而是指一种(积极或消极的)行为,可以从中推断出法律效果意思。

[5] Vgl. BGHZ 111, 97, 101; BGH NJW 1990, 1656, 1657; näher dazu Rdnr. 756.

[6] OLG Hamm NJW 2000, 523, 524.

[7] 在立法过程中,像第一草案第 72 条所规定的那样,一项普遍性规定已经被删除;参见 Prot. I, 144 = Mugdan I, 685, Ausf. dazu Flume⁴, § 5, 1.

[8] 然而,在这些规定中,根据意义和目的,始终需要检查是否明确的可推知行为也是足够的;参见 Flume⁴, § 5, 1 und zu § 244 Abs. 1 RGZ 138, 52, 54。

外,有关形式的规定通常只能通过明示的意思表示来满足。[9]

(三)沉默

574 　　有时会产生这样一个问题,即通过沉默(Schweigen)是否可以推断出特定的法律效果意思。这个问题也是通过解释来回答的,其答案基本上是否定的。虽然沉默可能是一种(可推知的)意思表示,但通常不会被这样理解。因此,沉默通常**不构成意思表示**(keine Willenserklärung),既不是同意也不是拒绝。[10] 例如,如果当事人对一份合同要约未作出任何反应,那么肯定不应解释为明示的意思表示,同时也不存在可推知的意思表示。从意思表示相对人的行为中既不能推断出他同意所提供的法律效果并且愿意接受它们,也不能推断出他明确地拒绝了它们。[11]

575 　　当然,对于此原则也存在**例外情况**(Ausnahmen)。首先,法律有时会明确规定,沉默应被视为特定的意思表示。[12]例如,在第416条第1款第2句、第455条第2句、第516条第2款第2句中沉默被视为同意;而在第362条第1款、第377条第2款和第3款、《商法典》第386条第1款,以及《强制保险法》第5条第3款中,沉默均被视为拒绝。此外,当处于特定环境(besondere Umstände)时,也应当适用这种例外,即根据诚实守信原则,在具体情况下可以推断出,作出沉默表示的表意人希望产生特定的法律效果[即所谓的富有表意的沉默(beredtes Schweigen)]。例如,当确定各方是否达成协议时,一方当事人的沉默应具有特定的法律效果。这种协议可以通过明示或默示达成。然而,对于包含在格式条款中的规定,应当参照《民法典》第308条第5项的规定,即意思表示在某些情况下应认

---

　　[9] 例如,对于财产转让(第925条第1款第1句)的情况略有不同:买方须在公证人面前表示同意,接受卖方的所有权转让要约,这种同意也可以通过点头表示(因此,可以通过默示行为表示)。Wolf/Neuner[10], § 31 Rdnr. 4认为点头是一种明示的意思表示。

　　[10] Flume[4], § 5, 2 a/b; vgl. auch BAG NJW 2009, 2475 Rdnr. 14.

　　[11] BGH NJW-RR 1999, 818, 819; SG Koblenz NJW 1998, 3445, 3446.

　　[12] 这些规定通常不是解释规则,而是虚构规定,这些法律规定,放弃了意思表示的客观要件和主观要件。在这里,沉默并不是意思表示本身,而是意思表示的代替;参见 Wolf/Neuner[10], § 31 Rdnr. 23 附其他证明。

定为不发生效力。[13] 除此之外,当事人之间的惯常做法或交易习惯也可能为沉默赋予特定的意思表示(参见《商法典》第 346 条)。[14] 这尤其适用于所谓的商业确认函(→边码 760)。最后,如果根据诚实信用原则,当事人有义务作出表示时,沉默也可以具有表示的意义。[15]

范例

批发商 V 向零售商 K 寄送了 50 件男士衬衫。在随函附上的信中,提到 K 可以在支付 2500 欧元的情况下购买这批货物。如果 K 在两周内没有提出异议,那么交易即成立。在这种情况下,K 的沉默并不会根据《商法典》第 362 条第 1 款被假定为对合同要约的承诺,因为该规定仅适用于代理合同,而不适用于买卖合同。此外,V 无权单方面给 K 的沉默强加特殊含义。如果要达成这种目的,需要双方当事人之间意思的一致,而在这里并不存在这种合意。[16] 因此,只有当 K 的沉默符合当事方的惯常做法或者 V 和 K 所属行业的惯例时,K 的沉默才能被视为对要约的承诺。 576

经过长时间而紧张的初步谈判后,V 向 K 寄送了一份书面合同要约,其内容与谈判结果一致。在这种情况下,如果 K 希望防止其沉默被视为承诺,在商业交易中至少应当按照诚实信用原则提出异议。[17] 577

---

[13] 对此详见 BAG NJW 2009, 2475 Rdnr. 18。

[14] 不同观点,参见 Medicus[10], Rdnr. 346 f. (仅涉及法律规定或者当事人约定)。相关通说参见 Canaris, FS Wilburg, 1975, 77 ff.; Flume[4], § 5, 2; MünchKomm–Armbrüster[6] Vor § 116 Rdnr. 8; Wolf/Neuner[10], § 31 Rdnr. 13 ff.。

[15] Vgl. OLG Koblenz NJW 2001, 1948, 1949.

[16] 参见 BGH NJW 2013, 152 Rdnr. 24 ff.——此原则也适用于相应内容包含在 V 提供的格式条款中的情况。虽然在这里,第 308 条第 5 项既没有被违反,也不适用(根据第 310 条第 1 款第 1 句),但是,格式条款想要成为合同的组成部分,至少在这里需要存在可推知的一致意思(→边码 1766)。

[17] BGH NJW 1995, 1281.

三、内部要件

(一) 基础

1. 利益状况

578　　通过一项意思表示,某人表明了引发特定法律效果的意图。因此,必须存在一种**法律效果意思**(Rechtsfolgenwille)。具体而言,无瑕疵意思表示的主观要件主要包括:表示人必须希望自己的行为产生某种效果[**行为意思**(Handlungswille);→边码589];他必须知道自己的行为具有法律效果[**表示意识**(Erklärungsbewusstsein);→边码593];而且他必须恰好希望产生他的表示所对应的那些法律效果[**效果意思**(Geschäftswille);→边码600]。

579　　意思表示的主观方面**在意思和表示之间存在分歧**(Wille und Erklärung auseinanderfallen)时会引发问题。事实上,表意人的表示行为有可能被理解为与其本意不同。因为表示的含义一般是通过解释来确定的,并且通常是从受领人的角度进行解释的(→边码528)。通过这种方法确定的表示内容就未必与表意人的意图完全一致。从客观受领人的视角来看,可能存在与表意人所表达意愿不一致的法律效果。因此,所期望的结果与所表达的内容不符。

580　　在这种情况下就会存在**利益冲突**(Interessenkonflikt)。对于表意人来说,他希望产生的只有他所期望的法律效果。而对方则坚持认为,只有通过规范解释得出的法律效果才应当生效,即使它们可能与表意人的意愿不符。受领人将指出,他可以信赖通过解释得出的表示含义,并因此要求表意人对他的表示得出的这种含义负责。与此相反,表意人只会愿意承担他所希望的法律效果。

581　　此种利益冲突已经从**解释**(Auslegung)的角度进行了讨论(→边码498、500)。在那里,我们选择了信赖保护,并因此选择了从受领人的角度进行解释。这就涉及一个问题,即一个意思表示具有什么含义。这里所涉及的更深层次的问题是,即使表意人并不希望产生所表达的法律效果,这个效果对于表意人是否也具有约束力。

2. 有效性基础

在解决所描述的利益冲突的决策中,必须回答一个问题,即意思表示有效性的基础是什么,也就是法律秩序认为导致意思表示产生法律效果的真正原因是什么。如果有效性的基础更多是表意人的意愿,那么法律效果意思就比表示行为更具有重要性。换句话说,如果有效性更多是基于表示行为本身,那么对于(通过解释确定的)表达内容就比表意人的真实意愿更重要。关于有效性基础的问题,有三种理论: 582

首先是**意思理论**(Willenstheorie),这一理论可以追溯到萨维尼,并且在19世纪末影响了法学理论的发展。根据这一理论,首要考虑的是法律行为的意思。尽管意思表示不仅被理解为声明性意思通知(deklaratorische Willensmitteilung),还被理解为统一的构成行为(einheitlicher konstitutiver Akt)。[18] 然而,如果意思和表示因错误而不一致,那么意思表示应当无效:由于未被表达出来,因此所希望的意愿未能成立,而表示未能成立的原因,则是这种表示并非表意人所希望。[19] 这一观点也可以在第一草案中找到,例如在(第一草案)第98条等条款中规定,在(非重大过失导致的)错误的情况下,意思表示应当无效。[20] 583

与此相对的**表示理论**(Erklärungstheorie)更注重于表示行为本身的决定性意义。[21] 它主要关注受领人的信赖保护。因此,意思表示的有效性基础应仅仅是对表示行为产生的信赖,即使当表示的法律效果与表意人的法律效果意思不一致时,表意人也必须坚持遵守这一信赖的结果。 584

这两种理论都只绝对地强调了意思表示的一项要素,因此没有实现 585

---

〔18〕相关内容,参见 Flume⁴, § 4, 4/7。
〔19〕基础理论,参见 v. Savigny, System des heutigen Römischen Rechts, Bd. Ⅲ, 1848, 258; 参见 ferner Enneccerus, Rechtsgeschäft, Bedingung und Anfangstermin, 1889, 56 ff.; Windscheid, AcP 63 (1880), 72 ff.; Windscheid/Kipp, Lehrbuch des Pandektenrechts, Bd. I, 9. Aufl. 1906, 376, 384 ff.; Zitelmann, Irrtum und Rechtsgeschäft, 1879, 238 ff.。
〔20〕发展历史的详细情况,参见 Schubert, AcP 175 (1975), 426 ff.。
〔21〕基础理论,参见 Bähr, JherJb. 14 (1875), 393 ff.。

利益平衡。目前唯一具有代表性的**效力理论**(Geltungstheorie)试图实现这种利益平衡。[22] 根据这一理论,法律行为的法律效果的有效性基础在于意思和表示之间的相互作用。法律效果意思必须通过表示行为实现。意思表示之所以是一种有效表示(Geltungserklärung),是因为它使法律行为意思得以实现。它不仅仅是意思的通知,也是意思的执行。[23] 在这种意义上,它具有双重功能:因为它产生法律效果,所以是一种形成(确定)法律关系的行为,同时对于受领人来说,是一个需要信赖保护的表达。[24] 这种认知不允许仅依靠逻辑推理和理论模型来解决问题,而要求规范上的利益平衡,并且能够影响对意思表示内部要件的具体描述(→边码 588 以下)以及处理意思和表示之间有分歧时产生的影响(→边码 785 以下)。

586   **立法者**(Gesetzgeber)也赞同这种观点。《民法典》有意避免在这些理论之间作出直接选择,而是"根据实际情况,尽可能公正地考虑各种相关利益"[25]来现实地规范。这种平衡在意思瑕疵领域,主要通过归责原则和信赖利益保护原则来实现。因为一方面,意思表示是"权利形成的自决(Rechtsgestaltung in Selbstbestimmung)"[26],所以必须考虑真实意愿的内容;另一方面,意思表示是以信赖为基础的表达,因此要求信赖保护。

587   在处理**意思瑕疵**(Willensmängel)时,有必要进一步讨论这个问题(→边码 785 以下)。在这里简单提及:内心意思与表示行为的不一致基本上并不改变意思表示的有效性。在这方面,对于受领人来说,信赖保护是最优先的。这在真意保留(Vorbehalt)(第 116 条第 1 句)的情况下尤为适用。在这种情况下,有意造成内心意思与表示行为分歧的表意人并不值得保护。在错误的情况下(Irrtumsfällen)(第 119 条、第 120 条、第 123

---

[22] Vgl. nur Flume⁴, § 4, 7; Soergel-Hefermehl¹³ Vor § 116 Rdnr. 7; Wolf/Neuner¹⁰, § 30 vor Rdnr. 6 und Rdnr. 6 ff.; alle m. w. N.
[23] Flume⁴, § 4, 4 (a. E.).
[24] Wolf/Neuner¹⁰, § 30 Rdnr. 6 f..
[25] Denkschrift, 20 = Mugdan I, 832; vgl. auch Prot. I, 197 = Mugdan I, 710.
[26] Flume⁴, § 4, 8.

条),表意人可以通过撤销来排除意思表示。在这方面,考虑到表意人的利益,他不希望坚持自己不想要的事情。作为补偿,受领人有权获得信赖利益赔偿(第 122 条),即间接的信赖保护。只有在特殊情况下,即当受领人了解真实意愿并因此不值得受到保护时,意思与表示之间的不一致才会导致意思表示的无效(主要参见第 116 条第 2 句、第 117 条)。判断存在意思瑕疵的意思表示是否有效,仅在瑕疵可归因于表意人时才有意义,并且首先要以表意人有行为能力为前提。[27]

(二) 内部构成要素

在这个背景下,现在可以更准确地明确意思表示的主观要素。对于每个要素,都需要单独研究,以确定当内心意思和表示行为、内部要素和外部要素不一致时应产生什么效果。通常作如下区分: 588

1. 行为意思

只有当表意人有意识地进行了外部行为时,才能在事实上构成意思表示。意思表示应当是有意识的行为。因此,在主观层面上需要有一种行为意思(Handlungswille),即表意人必须有自己如此行为的意愿。[28] 如果连这点都不具备(在实际情况下可能很少发生),那么就不能将外部表示行为归责于表意人。   589

范例

在一次漫长而艰难的合同谈判中,K 睡着了。V 没有注意到这一点,问 K 是否同意最后的报价,K 在睡梦中嘟囔着"是的,是的"。这里缺乏行为意思,就像在催眠或反射状态下的表示一样。   590

N 需要叔叔 O 的担保来贷款。当 O 拒绝时,N 使用物理强制手段,抓住他并把他的手按到一个担保表格上签名。在"不可抗力(vis absoluta)"的情况下也是如此,会缺乏行为意思。[29] 但如果 N 打 O   591

---

[27]　参见边码 1541 以下。
[28]　否定观点,参见 Werba (Rdnr. 565), 71 ff.。
[29]　Flume⁴, § 4, 2 a; Hübner², Rdnr. 673.

或威胁要打他,然后 O 被迫自己签字(vis compulsiva),那么情况就不同了。这里 O 的行为仍然是有意识做出的,他仍然有行为意思。但是根据第 123 条第 1 款和第 2 款,O 仍可以撤销。[30]

592　　在边码 577 所提到的案例中,报价单已经送到了 K 的信箱里,但 K 没有阅读。尽管如此,他的沉默仍被视为同意。K 没有向 V 表达态度,他也不想表达态度。虽然他不知道自己有必要表态,但对相关情况的了解并不属于行为意思的范畴。在这种情况下,K 只能事后撤销(→边码 596)。[31]

2. 表示意识

593　　意思表示内部要件的第二个要素是表示意识(Erklärungsbe‐wusstsein)。这意味着表意人必须意识到自己所作的表示行为**在法律上具有重要意义**(rechtserheblich zu verhalten)。表意人必须认识到,他所期望的外部事实并非属于法律以外的范畴,而是具有法律效力。然而,同样对于表示意识而言,并不要求表意人知道他的表示行为(从相对人的角度来看)将产生什么具体的法律效果;这反而是效果意思的问题(→边码 600)。

范例

594　　K 给 V 写了一封信,表示他每月要以 50 欧元的价格租赁一台电脑。K 在这里错误地认为租赁是一种分期付款的购买方式。这里缺乏的不是行为意思(K 想写这封信),也不是表示意识(K 知道他正在提供一份合同报价并在法律上表达自己的意愿),而是效果意思(K 希望实现的法律效果与他所陈述的不同)。

595　　就表示意识而言,外部构成和内部构成是有区别的。如果(根据受领人的解释)表示明显不是为了产生法律效果,那么内部构成就不再重要。

---

[30] Vgl. Wolf/Neuner[10], § 32 Rdnr. 7 Fn. 12.

[31] Flume[4], § 5, 2 e;现在的不同观点,参见 Wolf/Neuner[10], § 31 Rdnr. 17:如果一个沉默的人缺乏表示意识,那么就没有意思表示,因此也就不需要考虑撤销的问题。

因此,有时候会产生一种令人困惑的观点,认为缺乏表示意识是指一种**情谊行为**(Gefälligkeitshandlung)或者非法律范畴的表示行为。[32] 是否存在情谊行为,需要通过对外部事实构成的解释来确定(→边码675)。关于表示意识,最多只能问的是,在和外部事实相反的情况下,表意人是否有意实施一个情谊行为。

关于当表示意识与外在表象相反会导致怎样的后果,尚存在争议。一般认为,受领人无法仅从外在事实构成中推断出这种不一致,并因此会信赖表意人所表达出的法律效果也是符合其意愿的。[33] 然而,表意人本人却不知道自己的行为具有法律意义,并因此希望不受自己意思表示的约束。在此就需要权衡自主决定和信赖保护之间的关系。有部分观点认为,表示意识是不可或缺的。自主决定作为法律行为约束性的基础不应被放弃。受领人的利益可以通过缔约过失损害赔偿请求权(c.i.c.)来填补。[34] 目前占主导地位的观点[35]则满足于所谓的**潜在表示意识**(potentiellen Erklärungsbewusstsein):对于意思表示的内部事实构成,只要表意人能够意识到他的行为可能被理解为意思表示即可。如果满足了这一条

596

---

[32] Vgl. Brox/Walker[38], Rdnr. 85.

[33] 如果受领人察觉到了瑕疵,那么就不存在意思表示。因为基于自然解释就已经表明当事人不希望产生法律效果(→边码518),所以,如果受领人没有产生信赖(→边码1543),则在这里不会涉及信赖保护(vgl. nur BGH NJW 1995, 953)。以下将始终假定受领人无法察觉到缺乏表示意识。

[34] 对此首先参见 OLG Düsseldorf OLGZ 1982, 240, 241 ff.; Canaris, NJW 1984, 2281 f.; ders., Die Vertrauenshaftung im deutschen Privatrecht, 1971, 427 ff.; Hübner[2], Rdnr. 677 f.; Singer, Selbstbestimmung und Verkehrsschutz im Recht der Willenserklärungen, 1995, 169 ff.; ders., JZ 1989, 1030, 1034 f.; Wolf/Neuner[10], § 32 Rdnr. 21 f.——与此相反(对于表示意识的各种相关性),参见 Werba (Rdnr. 565), 28 ff.。

[35] 参见 BGHZ 109, 171, 177; 91, 324, 327 ff. (dazu Ahrens, JZ 1984, 986 f.; Brehmer, JuS 1986, 440 ff.; Canaris, NJW 1984, 2281 f.; Schubert, JR 1985, 15 f.; BGH NJW 2007, 368 Rdnr. 11; 2006, 3777 Rdnr. 19; 2005, 2620, 2621 (当然,在错误地将表示意识和效果意思等同起来的情况下); NJW-RR 2001, 1130, 1131; NJW 1995, 953 (对此 Habersack, JuS 1996, 585 ff.); OLG Celle WM 1988, 1436, 1437; Brox/Walker[38], Rdnr. 137; Bydlinski, JZ 1975, 1 ff.; Flume[4], § 23, 1; Köhler[38], § 7 Rdnr. 5; Medicus[10], Rdnr. 607 ff.; MünchKomm-Armbrüster[6] Vor § 116 Rdnr. 3; Oechsler, JURA 2012, 422, 424 f.; Palandt-Ellenberger[74] Einf. v. § 116 Rdnr. 17; Soergel-Hefermehl[13] Vor § 116 Rdnr. 13。

件,就可以将外部事实构成归于表意人。如果他的外在行为使得相对人相信他所表达的内容是有法律意义的,那么他就对此与有过失。在这种情况下,信赖保护要求假定表意人在事实上首先作出了具有约束力的意思表示。而对于这个意思表示,表意人可以类推适用第 119 条第 1 款第 1 项[36]的撤销来消灭,但必须根据第 122 条承担损害赔偿责任。[37] 这种观点值得赞同:对于受领人来说,表意人对于(意思表示的)法律相关性或具体法律效果的错误认知都没有影响。如果因为表意人的疏忽而导致相对人产生了信赖,表达出来的意思表示应当按照可以理解的方式生效,那么在没有被撤销的情况下,表意人应当受到这种可以归因于他的信赖事实的约束。

范例

597　　在"特里尔葡萄酒拍卖事件"中,K 在拍卖过程中向他的朋友 F 示意。拍卖师将 K 举起的手误解为出价,并给予了他中标。在这里,K 并不知道自己的行为具有法律效力。然而,他本可以认识到这一点,因此根据类推适用第 119 条第 1 款的规定,他必须对自己作为意思表示的行为负责,但也享有撤销的权利。

598　　如果在边码 577/592 的例子中,K 对 V 的未知报价保持沉默,并且他也并不知道他的沉默具有法律约束力,那么此时 K 就缺乏表示意识。然而,由于 K 可以通过查看他的邮箱来认识到自己的行为可能被理解为接受了报价,那么他具有"潜在的表示意识",因此只能通过撤销来解除合同。

599　　S 想向 G 贷款。在 S 的请求下,B 写信给 G,表示他(B)为了 G 的利益,愿意为 S 的债务承担连带保证责任。后来,B 以他并不想承

---

[36] Bydlinski, JZ 1975, 1, 5 他想要将缺乏表示意识的情况与解释错误的情况等同起来,因此直接适用第 119 条第 1 款和第 2 款。但在这里相关的情况下,表意人希望将外部事实设置为他在法律上所希望的样子。因此,他的错误并不涉及表达本身,而是其法律行为的效力。

[37] 不同观点,参见 Medicus[10], Rdnr. 608(基于缔约过失的损害赔偿责任只能根据《民法典》第 311 条第 2 款和第 280 条)。

担保证责任为由拒绝支付。B声称当时自己错误地认为已经存在一份保证合同,而他只是想声明这一点。[38] 对此,需要通过解释来确定B的第一封信是义务性表示(承担保证责任),还是仅仅是说明性陈述。如果得出结论认定存在义务性表示(从受领人的视角来看,迄今尚未存在保证责任,且尽管B的措辞有些不寻常,但他承认自己要承担责任)[39],那么B自己是否在实际上缺乏表示意识就无关紧要了,因为在尽到谨慎注意义务的情况下,B本应该认识到G可以将他的陈述理解为承担保证责任的意思表示。

3. 效果意思

意思表示主观要件中的第三个要素是效果意思(Geschäftswille)。其意指当事人有意产生具体的法律效果。[40] 相比而言,表示意识涵盖了法律行为本身,而效果意思则专注于特定的法律效果。然而,如果表示的法律效果与所希望的不符,则根据第119条及其后续条款的规定,该意思表示并不当然无效,也可能是有效但可撤销的。[41] 有关适用于缺乏表示意识的规则,也同样适用于缺乏效果意思的情况:如果表意人因疏忽使他人相信他的表示应如他所理解的那样有效,那么在保留撤销权的前提下,将表意人约束于这种可归责于他的信赖事实是合理的。有关撤销权的详细讨论,请参阅边码818及其后续内容。

600

---

[38] 基于BGHZ 91, 324。

[39] Vgl. aber Canaris, NJW 1984, 2281; Medicus[10], Rdnr. 608a.

[40] 这就是人们所谓狭义上的"法律效果意思",而在广义上,法律效果意思往往指的是表示意识。

[41] 例如,边码594的例子。

第十六章　意思表示的生效

Bauer/Diller, Kündigung durch Einwurf-Einschreiben-ein Kunstfehler!, NJW 1998, 2795; Becker-Schaffner, Zugang der Kündigung, BB 1998, 422; Behling, Der Zugang elektronischer Willenserklärungen in modernen Kommunikationssystemen, 2007; Behn, Das Wirksamwerden von schriftlichen Willenserklärungen mittels Einschreiben, AcP 178 (1978), 505; Benedict, Einschreiben und Zustellungen durch die Post-lauter Kunstfehler?, NVwZ 2000, 167; ders., Versuch einer Entmythologisierung der Zugangsproblematik (§ 130 BGB), 2000; v. Blume, Versäumnis des Empfanges von Willenserklärungen, JherJb. 51 (1907), 1; Boemke/Schönfelder, Wirksamwerden von Willenserklärungen gegenüber nicht voll Geschäftsfähigen (§ 131 BGB), JuS 2013, 7; Brauer, Vertragsschluss und Zugang bei Verträgen mit Minderjährigen, JuS 2005, 472; Brause, Zugang kaufmännischer Schreiben in Handelssachen, NJW 1989, 2520; Brehm, Zur automatisierten Willenserklärung, FS H. Niederländer, 1991, 233; Breit, Die Verhinderung der Vollziehung einer Willenserklärung, SeuffBl. 71 (1906), 589; Brexel, Zugang verkörperter Willenserklärungen, 1998; Brinkmann, Der Zugang von Willenserklärungen, 1984; ders., Vertragsrechtliche Probleme bei Warenbestellungen über Bildschirmtext, BB 1981, 1183; Brun, Die „postmortale Willenserklärung"-Zur Auslegung des § 130 II BGB, Jura 1994, 291; Brunner, Zur Wirksamkeit von Willenserklärungen unter Treuhandauflage, MittBayNot. 1997, 197; Buckenberger, Fernschreiber und Fotokopien-Formerfordernisse, Absendung und Zugang, DB 1980, 289; Bultmann/Rahn, Rechtliche Fragen des Teleshoppings, NJW 1988, 2432; Burgard, Das Wirksamwerden empfangsbedürftiger Willenserklärungen im Zeitalter moderner Telekommunikation, AcP 195 (1995), 74; Clemens, Die elektronische Willenserklärung, NJW 1985, 1998; Coester-Waltjen, Das Wirksamwerden empfangsbedürftiger verkörperter Willenserklärungen, Jura 1992, 272; dies., Einige Probleme des Wirksamwerdens empfangsbedürftiger Willenserklärungen, Jura 1992, 441; Daumke, Rechtsprobleme der

Telefaxübermittlung, ZIP 1995, 722; Dehler, Die Zurechnung des Sprachrisikos bei Willenserklärungen, 2003; Dilcher, Der Zugang von Willenserklärungen, AcP 154 (1955), 120; Ebnet, Die Entwicklung des Telefax – Rechts seit 1992, JZ 1996, 507; ders., Rechtsprobleme bei der Verwendung von Telefax, NJW 1992, 2985; Eckert, Teleshopping – Vertragsrechtliche Aspekte eines neuen Marketingkonzepts, DB 1994, 717; Elzer/Jacoby, Durch Fax übermittelte Willenserklärungen und Prozeßhandlungen, ZIP 1997, 1821; Ernst, Der Mausklick als Rechtsproblem – Willenserklärungen im Internet, NJW-CoR 1997, 165; Franzen, Zugang und Zugangshindernisse bei eingeschriebenen Briefsendungen – BAG, NJW 1997, 146; BGH, NJW 1998, 194-, JuS 2000, 429; Friedmann, Bildschirmtext und Rechtsgeschäftslehre, Diss. Köln 1986; Fritzsche/Malzer, Ausgewählte zivilrechtliche Probleme elektronisch signierter Willenserklärungen, DNotZ 1995, 3; Gilles, Recht und Praxis des Telemarketing, NJW 1988, 2423; Gößmann, Der Zugang der elektronischen Willenserklärung, FS W. Hadding, 2004, 819; Haas, Das Wirksamwerden von Willenserklärungen, JA 1997, 116; Heiseke, Der Zugang formbedürftiger Erklärungen, MDR 1968, 899; Herbert, Zugangsverzögerung einer Kündigung per Einschreiben und der Lauf der Klagefrist des § 4 KSchG, NJW 1997, 1829; Herwig, Zugang und Zustellung in elektronischen Medien, MMR 2001, 145; Heun, Die elektronische Willenserklärung, CuR 1994, 595; Höland, Verzögerung, Verwirkung, Vereitelung – Probleme des Zugangs von Willens-erklärungen am Beispiel einer Arbeitnehmerkündigung, Jura 1998, 352; Hohmeister, Beweisschwierigkeiten beim Zugang einer Kündigung, BB 1998, 1477; ders., Zustellung von Willenserklärungen durch Einschreibesendungen oder Gerichtsvollzieher?, JA 1999, 260; Jänich, Übermittlung empfangsbedürftiger Willenserklärungen im Versicherungsvertragsrecht, VersR 1999, 535; Janko, Die bewußte Zugangsverzögerung auf den Todesfall, 2000; John, Grundsätzliches zum Wirksamwerden empfangsbedürftiger Willenserklärungen, AcP 184 (1984), 385; Joussen, Abgabe und Zugang von Willenserklärungen unter Einschaltung einer Hilfsperson, Jura 2003, 577; Jung, Das Wirksamwerden der mündlich an Mittelspersonen bestellten Willenserklärung, AcP 117 (1919), 73; Kaiser, Beweis von Zugang und Inhalt vorprozessualer Schreiben, NJW 2009, 2187; Kantorowicz, Methodologische Studie über den Zugangsbegriff, 1917; Kanzleiter, Der Zugang beurkundeter Willenserklärungen, DNotZ 1996, 931; Klingmüller, Zugang von Willenserklärungen bei verwaister Wohnung, VersR 1967, 1109; Köhler, Die Problematik automatisierter Rechtsvorgänge, insbesondere von Willenserklärungen, AcP 182 (1982), 126; ders., Rechtsgeschäfte mittels Bildschirmtext, in: H. Hübner u. a. (Hrsg.), Rechtsprobleme des Bildschirmtextes, 1986, 51; Krüger/Bütter, Elektronische Willenserklärungen im Bankgeschäftsverkehr: Risiken des Online-Banking, WM 2001, 221; Kuhn, Rechtshandlungen mittels EDV und Telekommunikation, 1991; Lohschelder, Das Wirksamwerden empfangsbedürftiger Willenserklärungen bei Übermittlung per Einschreiben, VersR 1998, 1198; Mankowski, Zum Nachweis des Zugangs bei elektronischen Erklärungen, NJW 2004, 1901; Mehrings, Vertragsschluß im Internet, MuR 1998, 30; Melullis, Zum Regelungsbedarf bei der elektronischen Willenserklärung, MDR 1994, 109; Moritz, Die Wirksamkeit eines Kündigungsschreibens bei Aushändigung an den Vermieter des Arbeitnehmers, BB 1977, 400; Mrosk, Der Nachweis des Zugangs von Willenserklärungen im Rechtsverkehr, NJW 2013, 1481; Müller-Erzbach, Kundgebungen in fremdem Interessenbereich, JherJb. 83 (1933), 257; Neuvians/Mensler, Die Kündigung durch Einschreiben nach Einführung der neuen Briefzusatzleistungen, BB 1998, 1206; Nippe, Der Zugang der Kündigung bei Urlaubsabwesenheit des Arbeitsnehmers-LAG Berlin BB 1988, 484, JuS 1991, 285; Oertmann, Zugehen und Vernehmen, Recht 1906, 721; Paefgen, Bildschirmtext aus zivilrechtlicher Sicht: Die elektronische Anbahnung und Abwicklung von Verträgen, 1988; ders., Bildschirmtext – Herausforderung zum Wandel der allgemeinen Rechtsgeschäftslehre?, JuS 1988, 592; Redeker, Geschäftsabwicklungen mit externen Rechnern im Bildschirmtextdienst, NJW 1984, 2390; Reichel, Vertragsmäßige Fiktion des Zugangs einer Erklärung, DJZ 1911, 1534; Riesenkampff, Beweisbarkeit der form- und fristgemäßen Übermittlung durch Telefaxgeräte, NJW 2004, 3296; A. Roth, Probleme des postmortalen Zugangs von Willenserklärungen–Ein Beitrag zum Anwendungsbereich des § 130 Ⅱ BGB, NJW 1992, 791; Schlechtriem, Das „Sprachrisiko"–ein neues Problem?, in: FS H. Weitnauer, 1980, 129; D. Schmidt, Die Wirkung des Widerrufs einer empfangsbedürftigen Willenserklärung nach § 130 Abs. 1 S. 2, Jura 1993, 345; Schwarz, Kein Zugang bei Annahmeverweigerung des Empfangsboten?, NJW 1994, 891; Schmittmann, Zu Telefaxübermittlungen im Geschäftsverkehr und den Gefahren der Manipulation, DB 1993, 2575; Tiedtke, Zugang und Zugangsbedürftigkeit der notariell beurkundeten Genehmigung, BB 1989, 924; Thalmair, Kunden – Online – Postfächer: Zugang von Willenserklärungen und Textform, NJW 2011, 14; Titze, Der Zeitpunkt des Zugehens bei

> empfangsbedürf-tigen schriftlichen Willenserklärungen, JherJb. 47 (1904), 379; Ultsch, Zugangsprobleme bei elektronischen Willenserklärungen, NJW 1997, 3007; Vehslage, Elektronisch übermittelte Willenserklärungen, AnwBl. 2002, 86; Waldenberger, Grenzen des Verbraucherschutzes beim Abschluß von Verträgen im Internet, BB 1996, 2365; Weber, Der problematische Zugang von Einschreibesendungen, JA 1998, 593; Weiler, Der Zugang von Willenserklärungen, JuS 2005, 788; Wiebe, Die elektronische Willenserklärung, 2002.–Vgl. auch die Angaben zu Rdnr. 565.

一、事先的思考

（一）第 130 条第 1 款第 1 句的规定

意思表示能够产生特定的法律效果。通常，这一过程的关键是确定所希望的法律效果何时发生，也就是意思表示何时产生效力。例如，对于口头的解雇，关键是受领人是否实际上听到并正确理解，还是只要他具有理解的可能性即可；对于书面解雇，重要之处是收件人是否已读，还是只需要将其投递到他的邮箱中即可。《民法典》在第 130 条至第 132 条中对这个问题进行了**不完全的**（lückenhaft）规定。其中第 130 条第 1 款第 1 句规定："向非对话人为意思表示，其意思表示以到达相对人时，发生效力。"因此，《民法典》仅涉及需受领的意思表示在对方不在场时的情况。对于无须受领的意思表示和在双方当事人均在场时发出的意思表示，《民法典》则没有明确规定。对此问题，人们过去曾认为，任何法律问题的解决方法都可以从事物的本质中得出。[1] 但现在普遍认为，可以借鉴根据第 130 条所得出的价值判断标准来解决法律中没有规定的相关问题。[2]

---

[1] Mot. I, 156 = Mugdan I, 438.
[2] Vgl. nur Wolf/Neuner[10], § 33 Rdnr. 10.

(二) 需受领的和无须受领的意思表示

603 根据第 130 条的表述,必须区分需要受领人受领的(empfangsbedürftige)和无须受领人受领的(nicht empfangsbedürftige)意思表示。通常,意思表示应该对特定人产生法律效果,并且必须让相对人知悉,以便他可以应对这些法律效果。因此,需要受领人受领的意思表示是正常情况。但是,民法中也存在无须受领人受领的意思表示这种**例外情况**(Ausnahmefall),这些意思表示会在没有被其他任何人知晓的情况下生效。与其相关的法律效果与除表意人外的任何其他人是否知晓该意思表示并无关联。

604 根据相关法律行为的性质,如果意思表示没有相对人,或者至少没有需要保护的受领人,那么法律就会认为这些意思表示无须受领。这种情况在**遗嘱**(Testament)〔3〕方面尤为普遍。根据第 2247 条第 1 款的规定,遗嘱可以通过亲自书写并签名表示的方式来设立。这是一种单方的、无须受领的意思表示。为了使其发生效力,遗嘱人只需要在他所写的文本上签字即可。由此可见,遗嘱人本人的法律效果意思具有终局效力。遗嘱并不需要通知法院或继承人,即使没有人知道,它在遗产分配时仍然有效。类似情况也适用于**悬赏广告**(Auslobung)(第 657 条),这也是一种无须受领的意思表示;完成所要求的行为之人即使不知道悬赏广告,也有获得赏金的权利。这同样可适用于**放弃财产**(Dereliktion)(第 959 条),除了放弃占有,还需要一种单方面的、无须受领的意思表示,就能够产生相应的法律效果[所有权的丧失(Eigentumsverlust)],而无须将该法律行为告知任何人。对于**捐赠行为**(Stiftungsgeschäft)也是如此,即捐赠人将捐赠财产用于公益,以创立一个基金会,这也可以通过一种单方面的、无须受领的意思表示来实现(→边码 223)。

(三) 在场和不在场的意思表示

605 法律进一步区分了当事人在场和不在场的(unter Anwesenden und

---

〔3〕 相关的例子,参见边码 427 至 429。

unter Abwesenden)意思表示。关键的区分标准不是同时空条件下的在场状态,而是**不经过中介的沟通**(unmittelbare Kommunikation),即直接的口头联系。如果有媒介介入,则意思表示原则上被视为不在场。这主要适用于书面表示通过邮寄的方式送达的情况。但是,通过使者传达的口头表示也被视为不在场。[4] 表意人将文件交给接收者的情况也应当遵守不在场意思表示的规则,因为接收者需要先阅读文件,因此不存在直接的沟通。[5] 以数据电文方式作出的意思表示也适用相同的规则。[6] 然而,对于可以进行直接沟通的媒介则有所不同。只要存在直接的沟通,无论是能够让表意人和受领人实现面对面还是电话联系,都被视为在场的意思表示。这种情况在第147条第1款第2句有关合同的要约中明确规定,同时也具有普遍的适用性。即使是屏幕到屏幕的直接在线联系(如"网上聊天""MSN"等),也被视为在场的表示,因为这种意思表示并非通过电子形式事先存储并固定下来,而是与电话沟通类似。[7] 按照第147条第1款第2句的内容,在这种情况下,意思表示是"通过其他技术设备由一方传达给另一方"的。

上述区分与**实体化和非实体化的/书面的和口头的**(verkörperten und unverkörperten)意思表示之间的区别不相符。因此,存在在场者之间交换实体化意思表示的情况,例如文件的交换。非实体化的意思表示通常是口头的,而实体化意思表示的体现则是视觉可感知的、具有持久性的,尤其是通过书面或电子形式存储固定的意思表示。当然,它们不是由法律明确规定或定义的分类。这些术语最多只有分类的价值,并不能从中推导出法律效果。

606

(四)表示的阶段

根据第130条第1款第1句的内容,可以将意思表示过程的**四个阶段**

607

---

[4] 也可以参见边码1355。
[5] 参见 BGH NJW 1998, 3344; 术语上的不同,参见 BAG ZInsO 2005, 1229, 1230。
[6] 对于传真,参见 LG Wiesbaden NJW-RR 1998, 1435, 1436。
[7] Heun CR 1994, 595, 597; Köhler[38], § 6 Rdnr. 13; Wolf/Neuner[10], § 33 Rdnr. 11/34. Weitergehend (auch für E-Mail) Dörner AcP 202 (2002), 363, 374 ff.

(vier Phasen)区分为:意思表示的作成(Formulierung)、发出(Abgabe)、到达(Zugang)和知悉(Kenntnisnahme)。例如,一份书面合同要经历以下四个阶段:发出人撰写合同(作成),将其投入邮局邮箱(发出),邮递员将其投递到收件人的邮箱(到达),然后收件人阅读合同(知悉)。这四个阶段中的每一个阶段都可能对意思表示的生效具有重要意义,具体取决于意思表示是否需要受领以及是向在场人还是向非在场人发出。

(五)风险分担

608　　在确定意思表示在哪个阶段生效的问题上,最终涉及的是如何分担风险。如果一个意思表示只是因为意外被发送出去,或者在途中丢失,或者出现被拒绝接受等情况时,是否意味着该意思表示应该生效,即所规定的法律效果是否应该发生。如果我们更准确地定义并确定了每个阶段,以及意思表示的生效需要在哪个阶段实现,那么我们必须意识到,这不仅决定了所期望的法律效果的发生与否,也决定了是否能够排除相应的抗辩(例如,收件人虽然在解雇通知到期前收到了解雇信,但未阅读;→边码619)。当无论如何风险都已经被分配时,就必须进一步证明存在重大的抗辩理由(例如,解雇信是在未经表意人同意的情况下由一名员工发送的;→边码615),并为可能的错误来源承担责任。

609　　关于风险分担,存在不同的方法,但目前没有一个方法占据绝对的主导地位。[8] 根据**表达理论**[(Ent-)Äußerungstheorie],只要表意人最终明确了自己的法律效果意思,意思表示就应当生效。这种方法完全不考虑受领人的利益。例如,雇主的书面解雇通知一旦发送出去就立即生效,即使雇员对此并不知情,他也已经被解雇了。这种理论在应对需要受领的意思表示时并不符合利益公平原则。因此,它只适用于没有特定相对人的意思表示,而不需要特定相对人承受意思表示的法律效果,即只能针对无须受领的意思表示(→边码603以下、617)。另一种极端观点是**询问理论**(Vernehmungstheorie),即只有当受领人知悉意思表示后,意思表示才会

---

〔8〕 关于《民法典》生效前的观点的描述,参见 Mot. I, 156 = Mugdan I, 438。

生效。这种理论多适用于口头表示(→边码631),因为在口头表示的情况下,受领人忽视表意人意思表示并导致其无法生效的风险相对较小。而在一般情况下,《民法典》第130条第1款第1句采用了**受领或到达理论**(Empfangs-oder Zugangstheorie),即必须确保意思表示已进入受领人的控制范围,以便在正常情况下可以预期表示能够被知悉(→边码619)。但该规定是**非强制性的/任意性的**(dispositiv),因此当事人可以通过协议作出不同约定,例如,将生效与发出关联起来[9],或将生效与知悉关联起来,或者就到达之简化达成协议。[10]

二、作成

如果我们仔细观察上述(→边码607)描述的四个阶段,就可以得出这样的结论:一个意思表示通过被作成表达而生效。通过作成(Formulierung),意思表示在事实上成立。[11] 即表意人通过口头或书面表达确立了意思表示的实际存在。因此,意思表示的作成是必不可少的[12]:对于一个在事实上不存在的意思表示,其有效性根本就无从讨论。

610

三、发出

(一) 概念

作成是(意思表示的)一项必要条件,但并非在所有情况下都足以使其生效。相反,我们通常还需要作出的表示进入外部世界,从而使其在法

611

---

[9] Flume⁴, § 14, 2.
[10] BGH NJW 1995, 2217.
[11] 在这里和以下的讨论中,假设主观要件是无误的,也就是说,行为人有意实施了特定的作为,并且与之相关行为的意思也是正确的。
[12] 对于沉默的例外,参见边码574以下。

律上(rechtlich)成立。[13] 这是通过意思表示的发出(Abgabe)来实现的。一般认为,只有在**表意人知晓和愿意的情况下,并以在正常情况下能够到达受领人的方式向其传达时**(mit Wissen und Wollen des Erklärenden in Richtung auf den Empfänger so auf den Weg gebracht ist, dass sie den Adressaten unter normalen Umständen erreichen kann),意思表示才被视为已发出。[14] 发出是指"通过表意人的行为使意思表示进入生效的状态(In-Geltung-Setzen)"。[15] 为此,表意人有意愿使意思表示进入社会交往(Verkehr)的领域,并且他也可以合理地预期和确信,这个意思表示(无论通过何种方式)将会被传达给受领人,这对意思表示的生效而言是必要的,且也足以使表示生效。对于口头表示,作成和发出通常同时进行,而对于书面表示,则可以更清晰地进行区分。在这里,除了意思表示的作成,还必须确保表示已经彻底离开了表意人的领域。[16] 这一规则同样适用于以数据电文形式作出的意思表示,对此没有任何作特殊规定的必要。

范例

612　　　　E 向站在他面前的 A 授予购买商品的权限,此时意思表示的作成和发出在一个行为中同时发生。但如果 E 请求他的秘书,在他(E)将信函寄给她(秘书)时,立即告诉 A 他已被授权进行商品购买。此时,意思表示的作成(对秘书的表示)和发出(秘书作为使者的发送[17])是分离的。[18] 然而,如果 E 已经告诉他的秘书,明天要通知 A 他已被授权,那么就同样已经完成了发出。如果 E 通过电子邮件授权 A,在计算机中的输入是作成,发送命令的激活是发出。如果 E 通过传真向 A 发送授权书,此时,制作复印模板是作成,发送传真是发出。

---

[13]　Hübner[2], Rdnr. 728.

[14]　Vgl. nur BGH NJW 1979, 2032; OLG Frankfurt a. M. NJW 1984, 2896; OLG Hamm NJW-RR 1987, 260, 262; OLG Stuttgart BwNotZ 2009, 117, 118; Flume[4], § 14, 2.

[15]　Flume[4], § 14, 2.

[16]　BGH DNotZ 1983, 624 f.

[17]　更进一步涉及使者的问题,参见边码 1355。

[18]　Vgl. OLG Frankfurt a. M. NJW 1984, 2896.

(二) 若干具体问题

具体而言,首先要求表意人**有目的地**(zielgerichtet)向特定的受领人发出意思表示。他不能仅向任何人或未明确确定的一般群体传达他对法律效果的意愿,而是必须向特定的受领人表达他的意愿。

613

范例[19]

在经公证的买卖合同中,买方 K 有权在 9 月 30 日之前撤销合同。买方于 9 月 24 日向公证人寄送了一封撤销函,公证人将其转寄给卖方 V,在 9 月 30 日送达给卖方。撤销声明必须向合同相对方,即 V 作出。然而,K 将他的声明寄给了公证人。只有当 K 可以合理预期并确信公证人会作为使者将该信函转交给 V 时,才能实现针对(正确的)受领人 V 的有目的地发出。

614

对于意思表示的发出而言,其还必须满足以下条件,即表示必须是**基于表意人的意愿**(mit Willen des Erklärenden)进入社会交往领域。否则,表意人无须承担法律效果。例如,某人起草了一份合同要约,但因为尚未最终决定是否要发出该要约而将其放在他的办公桌上,一位员工在认为这是一份被遗漏的要约的情况下发送了该要约,那么该要约将不具备法律效力。表意人当然可以通过事后追认的方式,将该行为纳入自己的意思中。[20] 如果他没有这样做,那么对于受领人来说,情况就很尴尬了,因为他无法从收到的信本身了解到这封信是在不符合表意人意愿的情况下被发送出去的。通常情况下,此时并不适用权利外观责任(Rechtsscheinshaftung),因为它也需要一个有意识的外部行为(→边码 1541

615

---

[19] Nach BGH NJW 1979, 2032; vgl. auch BGH NJW 1989, 1671 f.; OLG Hamm NJW-RR 1987, 260, 262.

[20] Flume[4], § 14, 2.

以下）。相反观点则认为[21]，根据关于缺少表示意识的意思表示生效规则（→边码593），即使没有发出行为，也应将送达给受领人的意思表示视为有效。此时仅允许表意人类推适用第119条而撤销，并且表意人还需要根据第122条承担责任。[22] 然而，没有发出行为与缺乏表示意识的情况并不相同[23]，因为对于前者，表意人没有针对外部世界的有意识行为。此外，由于证明表示错误而撤销很困难，因此一般只能考虑适用第120条。最多可以考虑通过类推适用第122条和第254条来保护善意的受领人并实现损害赔偿。就像一开始有效但之后被溯及撤销而无效的意思表示一样[24]，根据外观特征，受领人也会相应地产生信赖，应当可以合理地类推适用第122条。然而，更值得提倡的观点是，只有在表意人自身存在过错或根据第278条可以归责的情况下，才应当使其基于缔约过失（c. i. c.）承担责任。[25] 因为与第119条和第122条的情况不同，这里并没有表意人对外部世界实施的可归责性，所以只能将其与过错联系起来。

616　　最后，意思表示必须**在正常情况下能够到达受领人**（Empfänger unter normalen Umständen erreichen），才能"开始实施（in Marsch setzten）"。对于不在场的意思表示（→边码605），通常可以通过使者或以邮递的方式来满足这一条件。对在场的意思表示而言，必须确保受领人有机会听到表意人所说的话。例如，在噪声环境下作出意思表示的人，如果当时的环境使得正常的交流都不具有可能性，那么当然也不能指望该表示会传达给相对人，这已经不是法律上可接受的意思表示的发出了。总之，关键在于表示是否具有到达受领人的可能性，而不在于它是否能够及时到达受领人

---

〔21〕 Flume[4], § 14, 2 Fn. 10 mit § 23, 1; Medicus[10], Rdnr. 266; Palandt-Ellenberger[74] § 130 Rdnr. 4; Soergel-Hefermehl[13] § 130 Rdnr. 5.

〔22〕 Canaris, JZ 1976, 132, 134; Wolf/Neuner[10], § 32 Rdnr. 17 f. 在第三方行为不可归责的情况下，也适用于前述情况。

〔23〕 不同观点，参见 Medicus[10], Rdnr. 266。

〔24〕 详情参见边码932。

〔25〕 BGHZ 65, 13, 15; Köhler[38], § 6 Rdnr. 12——请参考第172条相关的争议问题，参见边码1527。

或者它是否事实上真正到达了受领人。

(三) 必要性

无须受领的意思表示（nicht empfangsbedürftigen Willenserklärungen）不需要传达给任何人即可生效(→边码603以下)。由于它们没有特定的受领人,因此也不必满足发出的要求。此时这种意思表示既不必针对特定的受领人"实施",也不必去讨论在正常情况下表意人是否能够预期到受领人的知悉。因此,对于无须受领的意思表示,技术上不需要"发出"。相反,它们通常通过作成(根据具体规范的意义和目的更进一步的定义)和表达来生效,从中就可以推断出,表意人现在打算最终实现的法律效果意思。在遗嘱中,有签名就足够了;在悬赏广告中,有公开公告就够了(例如,通过报纸广告或在树、路灯杆或超市公告板上张贴传单);在抛弃中,只需抛弃这项行为,就可以推断出放弃所有权的意愿。

617

范例

E先生赠送给他妻子F一部分公司股份。后来,他立了一份公证遗嘱,在其中因为妻子的严重忘恩而撤销了这笔赠与,并同时将他的儿子S指定为唯一继承人。根据前文所述,遗嘱本身作为一种无须受领的意思表示作成即生效。同时,赠与的撤销也是有效的。遗嘱也可能包含其他需要受领的意思表示内容,只要表意人将其适当地引入法律交往,使其能够被送达受领人(→边码613以下)。对于这项前提,第2260条、第2262条规定了遗嘱只要通知法定的继承人(包括妻子),就可以满足。[26]

618

---

[26] RGZ 170, 380, 382 ff.——根据第130条第2款,表意人在撤销赠与的表示发出但尚未被受领人收到时去世,对撤销的有效性没有影响(→边码643)。

四、到达

(一) 概念

619 根据第 130 条第 1 款第 1 句的规定，需受领的意思表示的生效，在在场人(→边码 605)之间取决于意思表示的到达(Zugang)。通过明确这一概念，实际上进行了风险的分担(→边码 608)：表意人应承担意思表示未到达、未及时到达或未正确到达受领人的风险。因此，表意人承担传递风险。这样做是为了保护受领人的利益，使其能够应对涉及他的法律效果。相反，受领人应承担由于其个人的原因而无法、未及时或未正确地知悉意思表示的风险。此外，还应排除表意人必须证明主观要件(知悉)的风险。[27] 为了在这里划定一个符合利益平衡的界线，立法者选择了受领或到达理论(→边码 609)。因此，**只要意思表示已经进入受领人的支配领域，以至于在正常情况下可以合理预期被知悉**(wenn sie so in den Herrschaftsbereich des Empfängers gelangt ist, dass unter normalen Umständen mit Kenntnisnahme zu rechnen ist)，该意思表示就已经到达并生效。实际上，受领人事实上不必真的知悉该表示[28]，只要他有知悉的可能性即可。在这种风险分担规则下，讨论是否有人应当为潜在的错误承担责任是没有意义的。如果邮局把一封信投入了错误的邮箱，那么无论收信人自己是否有过错，或者是否将过错归咎于邮局，都不算作到达。如果通过电子邮件发送给受领人或者通过电话答录机留言的内容被意外删除，那么也不影响意思表示的到达，无论受领人是否有过错。

620 明确到达含义的**重要性**(Relevanz)主要体现在两个方面：一方面，在解决实际法律案件时，有时需要考虑受领人是否确实收到了意思表示；另一方面，需要考虑的问题是受领人是否及时收到了意思表示。例如，如果

---

[27] Vgl. Mot. I, 157 = Mugdan I, 438.
[28] Vgl. BAG ZInsO 2005, 1229, 1230.

房东提起租赁解除之诉,无固定期限的租赁关系必须按时终止。这取决于解除通知是否已经进入租户的控制范围,以便在正常情况下可以预期租户会及时知悉。这些前提条件存在的**证明责任**(Beweislast)通常由表意人承担,因为是表意人希望从他的意思表示中获得权利,并确保意思表示在期限届满之前生效。因此,在诉讼过程中,是否满足及时作出表示的前提条件这一实质性法律问题必须与是否在具体案例中证明这些前提条件的程序性问题区分开来。[29]

对于**到达和知悉之间的关系**(Verhältnis von Zugang und Kenntnisnahme)需要作出进一步解释。虽然到达并不要求受领人实际了解表示的内容,但如果受领人确实知悉了表示的内容,那么意思表示也会被视为已经到达。[30] 知悉行为本身必然包括到达。因此,如果能够证明实际知悉了意思表示,就不再需要讨论表意人在正常情况下是否可以预期到这种知悉。相反,定义到达的这一部分的目的就在于使表意人免于陷入难以证明实际知悉的困境。然而,如果他仍然能够证明实际知悉,那么他也就证明了到达的发生。

621

(二)若干具体问题

1. 对不在场人的到达

根据第130条第1款第1句的规定,对于相对人不在场情况下(→边码605)发出意思表示的生效,是否到达是最重要的判断依据。因此,首先需要确定的是,意思表示是否已经进入受领人的**支配领域**(Herrschaftsbereich),以便其拥有知悉表示内容的可能性。如果表示是由表意人亲自交付给受领人的[31],无论是表意人自己交付还是由表意人的传达人(→边码1356)如邮递员交付,都能够满足这一前提要求。此外,表示也可以由其他人交付,只要这个人可以被纳入受领人的控制范围。当然,这个人必须是一个适格的受领代理人,否则就不能合理期待受领人应

622

---

[29] 有关证明的问题参见边码641。

[30] John, AcP 184 (1984), 385, 409; Medicus[10], Rdnr. 276; Wolf/Neuner[10], §33 Rdnr. 26.

[31] Vgl. BAG ZInsO 2005, 1229, 1230.

当知悉表示的内容(→边码 1356 以下)。另外,表示只要进入受领人的物理支配领域就足够了,比如,从门下塞进去[32]、投递到信箱、放入邮箱[33]、通过传真形式打印出来,或者存储在一个准备好接收的电子媒介(如计算机、电话答录机、电子邮箱[34])上。

623 第二个问题是,**在正常情况下是否以及何时可以预期到对表示的知悉**(ob und wann unter normalen Umständen mit Kenntnisnahme zu rechnen)。[35] 仅仅存在表示被知悉的抽象可能性并不足够。对于"到达"这个概念的公正界定必须考虑到受领人的利益。例如,如果雇主在解雇期限的最后一天 24 时前的夜间将解雇通知放入员工的信箱,员工虽然有知悉通知的可能性,但在正常情况下,不应当期望他在夜间还去查看信箱。如果只考虑表示是否进入受领人的支配领域,将会得出不合理的结果。因此,只有当对表示的知悉不仅是可能的,还是合理的之时,意思表示才应当会生效。所以,还应当根据常识来判断,在正常情况下,何时可以预期到对表示的知悉。

范例

624 为了遵守截止时间,K 在星期六 24 时之前将辞职信投入 V 的邮箱。因此,理论上辞职的意思表示已经进入 V 的物理支配领域。然而,在正常情况下,不应当期望 V 在午夜之前能够知悉这封辞职信,因为通常在邮递员派送当天的邮件后,人们不会再查看自己的邮箱[36],而这一般发生在 17 时。因此,辞职的意思将直到星期一才会生效(已经太迟了),因为星期日通常也不会有人查看自己的

---

[32] Vgl. LAG Düsseldorf MDR 2001, 145.
[33] 有关法院信箱的案例,参见 VG Minden Rpfleger 2001, 191 (Dübbers)。
[34] Dazu Thalmair, NJW 2011, 14 ff.
[35] 根据 Flume[4],§ 14, 3 b (zust. Soergel-Hefermehl[13] § 130 Rdnr. 8) 这一前提只在涉及判断到达的及时性问题时才具有重要性;对于到达本身而言,只要进入了物理支配领域即可。然而,基于文中提到的原因,这种观点是不可接受的;参见 Medicus[10], Rdnr. 275; Wolf/Neuner[10], § 33 Rdnr. 21。
[36] Vgl. BGH NJW 2004, 1320, 1321.

邮箱。[37]

如果 K 通过录音答录机向 V 发出辞职声明,那么该表示将被视为及时到达,因为在正常情况下可以预期人们会在 17 时后再次检查他们的录音答录机。这也同样适用于周末。尽管受领人可能在周末外出,但这些都属于正常的风险范围。然而,如果受领人已经在录音答录机的留言中有明确的表示,使任何来电者都能够知晓录音答录机将在第二天才会被听取,那么此时就无法实现通知的送达。在这种情况下,受领人已经开辟了一种额外的沟通途径,并因此可以自行定义其使用方式。如果这种沟通途径是通过合同约定的,那么它就必须按照合同要求进行使用(→边码 640)。

625

U 给正在度假的雇员 A 发了一封解雇信,这封信在解雇期限到期之前被投放到 A 的邮箱中。解雇是有效的。A 正在度假属于他自己的风险范畴,因为他可以通过邮件转寄服务[38]或委托可信任的人及时查看邮箱[39]来确保及时收到重要的邮件通知。在此基础上,雇主在雇员度假期间(在他当然知道的情况下)解雇他并不违反诚信原则。[40] 当然,如果由于度假原因,雇员错过了根据《解雇保护法》第 4 条第 1 句规定的提起诉讼的期限,那么根据《解雇保护法》第 5 条的规定,允许事后提起延迟的诉讼。

626

K 想购买 V 的露营车,他提出了一份书面报价,并表示自己会在十天内遵守。V 在第二天通过挂号信表示接受了这个报价,但由于 K 不在家,挂号信无法送达给 K。邮递员在 K 的邮箱里留下了一张

627

---

[37] 对于商业往来,参见 BGH NJW 2008, 843 Rdnr. 9; VersR 1994, 586。

[38] 如果发生这样的情况,那么这份表示只有在它到达收件人度假地之后才被视为到达,因为在此之前,它还没有从邮局的控制范围进入收件人的控制范围。然而,收件人必须按照诚信原则(边码 637)认定这份意思表示被及时送达;Flume[4], § 14, 3 c/e。除非表意人已经预计到有转寄,并因此考虑到所需的时间;参见 BGH NJW 1996, 1967, 1968; Wolf/Neuner[10], § 33 Rdnr. 55。

[39] Vgl. LAG Bremen MDR 2005, 1236 f.

[40] 德国联邦劳动法院(BAG)的长期判决, z. B. NJW 1993, 1093 f.; 1989, 2213; 1989, 606——不同意见,参见 Flume[4], § 14, 3 e。

通知单,并将信件放在邮局供其取件。[41] K 没有取走这封信,并且后来认为 V 没有在十天的期限内接受报价。这个观点是正确的。K 只收到了通知单,从中无法看出这个放置的信件是由谁写的、内容是什么。因此,这封信本身并没有进入受领人的支配领域。[42]

628　　在**数据电文的意思表示**(elektronischen Willenserklärungen)[43]方面,没有特别规定。只要满足正确的法律适用即可。例如,通过电子邮件发送的意思表示,它将进入收件人的支配领域,并存储在他的计算机系统中(或者存储在为他维护邮箱的服务商的计算机系统中)。同样的规定也适用于其他传输方式,这些方式会导致意思表示在受领人的接收设备上暂时存储,例如,具备暂时存储功能的传真机。是否在屏幕上显示或打印出来并不重要。[44] 然而,对于普通的、不能暂时存储的纸质传真,打印是必要的,因为只有在打印出来后,意思表示才进入受领人的支配领域。关于存储或打印的意思表示何时被视为已被知悉,与普通信件相同。[45] 在

---

[41] 在所谓的可投递的挂号信(Einwurf-Einschreiben)中情况就不同了。在这种情况下,邮递员可以将挂号信直接投递到邮箱中,并据此生成一份投递凭证(即可视为有效送达);对此,参见 LG Potsdam NJW 2000, 3722; AG Paderborn NJW 2000, 3722, 3723; Bauer/Diller, NJW 1998, 2795 f.; Benedict, NVwZ 2000, 167 ff.; Friedrich, VersR 2001, 1090 ff.; Hohmeister, JA 1999, 260 f.; ders., BB 1998, 1477 f.; Jänich, VersR 1999, 535 ff.; Neuvians/Mensler, BB 1998, 1206 f.; Reichert, NJW 2001, 2523 f.; Saenger/Gregoritza, JuS 2001, 899 ff.。

[42] BGHZ 137, 205, 208 (dazu Franzen JuS 2000, 429 ff.); BGH NJW-RR 2007, 1567 Rdnr. 20; OLG Brandenburg NJW 2005, 1585, 1586——不同意见,参见 Wolf/Neuner[10], § 33 Rdnr. 16——有关拒收邮件的违反诚信原则问题的讨论,参见边码 639 以下。

[43] 对此详见 Behling (Rdnr. 601); Brehm, FS Niederländer, 1991, 233 ff.; Brinkmann, BB 1981, 1183 ff.; Burgard, AcP 195 (1995), 74 ff.; Clemens, NJW 1985, 1998 ff.; Daumke, ZIP 1995, 722 ff.; Ebnet, NJW 1992, 2985 ff.; Eckert, DB 1994, 717 ff.; Elzer/Jacoby, ZIP 1997, 1821 ff.; Ernst, NJW-CoR 1997, 165 ff.; Fritzsche/Malzer, DNotZ 1995, 3 ff.; Gößmann, FS Hadding, 2004, 819 ff.; Herwig, MMR 2001, 145 ff.; Heun, CuR 1994, 595 ff.; Köhler, AcP 182 (1982), 126 ff.; Krüger/Bütter, WM 2001, 221 ff.; Mankowski, NJW 2004, 1901 ff.; Mehrings, MuR 1998, 30 ff.; Melullis, MDR 1994, 109 ff.; Paefgen, JuS 1988, 592 ff.; Riesenkampff, NJW 2004, 3296 ff.; Ultsch, NJW 1997, 3007 ff.; Vehslage, AnwBl. 2002, 86 ff.; Wiebe, (Rdnr. 601)。

[44] OLG Köln NJW 1990, 1608, 1609; vgl. aber auch BGH NJW 2004, 1320.

[45] BGH NJW 2004, 1320.

公务和商务往来中,不会预期在工作时间结束后还能得知传真的内容[46],但在私人接收设备上,类似于电话答录机(→边码625),仍然可以预期受领人在之后会进行"查看邮件(Postdurchsicht)"的操作。对于通过电子邮件发送的意思表示,在商务交往中可以预期在工作时间内受领人就会得知其内容。[47]对于那些不一定每天都查看他们的"电子邮箱"的人来说,还没有形成普遍适用的做法,因此在这种情况下,只有在实际收到意思表示时才能被视为已知悉。[48]然而,如果受领人向表意人提供了这种方式(提供指定接收的电子邮件地址),那么至少可以预期受领人在第二天可以得知(→边码625)。

即便是以**外语作出的表示**(fremdsprachige Erklärungen),也应使用一般的到达定义。对于使用非受领人所理解的语言发出的表示,在受领人知悉之前,必须经过翻译才能生效。[49]因此,"语言风险(Sprachrisiko)"在于发出意思表示的人。当然,如果表意人没有迹象表明受领人不掌握当地通用语言,那么情况就不同了,这时"语言风险"在于受领人。[50]

受形式约束的表示(Formgebundene Erklärungenen)必须以符合规定形式的方式送达。[51] 这包括法定的形式和约定的形式。当事人对特定形式的合意并不免除对到达的规范要求,即使在受形式要求约束的表示中,也只能在第151条、第152条[52]的限制范围内(→边码748以下)以

629

630

---

[46] 参见OLG Rostock NJW-RR 1998, 526, 527: 周五无论如何都不会超过16时; LAG Brandenburg MDR 1999, 368, 369: 一般工作日不超过18时。

[47] LG Nürnberg-Fürth NJW-RR 2002, 1721, 1722; Gößmann, FS Hadding, 2004, 819, 824 ff.; Krüger/Bütter, WM 2001, 221, 224 ff., 227 ff.

[48] Ultsch, NJW 1997, 3007 f.

[49] LAG Hamm NJW 1979, 2488.

[50] 参见Flume[4], § 15 I, 5; Medicus[10], Rdnr. 295 f.; Schlechtriem, FS Weitnauer, 1980, 129 ff.。MünchKomm-Einsele[6] § 130 Rdnr. 31 f. 认为语言问题并非应当在到达阶段解决,而应当只是解释和理解的问题。相关整体问题的详细论述,参见Dehler (Rdnr. 601), 209 ff.。

[51] BGH NJW 2010, 1518 Rdnr. 23; 2006, 681 Rdnr. 13; 1997, 3169, 3170; 1995, 2217; OLG Dresden OLG-NL 1999, 19, 20; BAG ZInsO 2005, 1229, 1230.

[52] BGHZ 160, 97, 101; BGH NJW 1999, 1328.

及通过相应的当事人协议[53]放弃对到达的要求。因此,如果需要通过公证认证,送达时就必须提供公证文件的副本。在有书面形式要求的情况下,文件的送达必须附带原始签名等。[54]

2. 对在场人的到达

631　"在场者之间(unter Anwesenden)"的沟通以直接口头交流为特征(→边码605)。此时,意思表示过程的四个阶段(→边码607)通常在一个行为中同时发生。在面对面的对话中,只能人为地对到达和知悉进行区分。根据广泛接受的观点[55],对在场者之间的意思表示,应适用**询问理论**(Vernehmungstheorie)(→边码609):只有当对方听到并正确理解了意思表示时,它才有效(而不管对方是否正确理解了其法律意义)。表意人随后承担起询问风险,因为表意人可以通过提问的方式确保对方正确理解了意思表示。与此相对,由于没有书面文件,受领人无法再次阅读表示内容。然而,如果受领人出于某些原因未能或未能正确听到表示,并且这些原因从表意人的角度来说是不可知的,例如,注意力不集中或听力下降,则机械地适用询问理论并不符合公平原则。因此,根据反对观点[56],可以认为当表意人能够合理地相信受领人已正确听到表示时,意思表示在在场者之间就可以发生效力[**有限的询问理论**(eingeschränkte Vernehmungstheorie)]。

631a　"有限的询问理论"在**可推知的/默示的意思表示**(konkludenten Willenserklärungen)(→边码571)中也同样适用。这样的默示意思表示通

---

[53] BGH NJW 1995, 2217.

[54] 对于形式要求的细节问题,参见边码1051以下;关于传真传输的特殊事项,参见边码1057。

[55] BGH WM 1989, 650, 652; BayObLG NJW-RR 1996, 524, 525; Flume[4], § 14, 3 f; Hübner[2], Rdnr. 735; Wolf/Neuner[10], § 33 Rdnr. 38 f.; speziell für Gehörlose Neuner, NJW 2000, 1822, 1825 f.

[56] Brinkmann, Der Zugang von Willenserklärungen, 1984, 97 f.; Brox/Walker[38], Rdnr. 156; John, AcP 184 (1984), 385, 394; Köhler[38], § 6 Rdnr. 19; Medicus[10], Rdnr. 289; MünchKomm-Einsele[6] § 130 Rdnr. 28; Palandt-Ellenberger[74] § 130 Rdnr. 14; Soergel-Hefermehl[13] § 130 Rdnr. 21——Strenger Staudinger-Singer/Benedict[2012] § 130 Rdnr. 113: 受领人也可以通过询问的方式来确认自己是否正确理解了表示的内容。

常不是书面形式,而是通过受领人观察到的非语言行为来表现。因此,只有当表意人合理地相信受领人已经注意到并正确理解了默示的行为时,这个默示的意思表示才被视为有效。

3. 特殊的受领人

法律对两类特殊受领人作出了特别规定。首先,第 130 条第 3 款明确规定,有关到达的规则也适用于必须向**行政机关**(Behörden)送达的意思表示。这里也称为"需要官方受领的意思表示"。例如,在第 376 条第 2 款第 1 项和第 2 项(针对存款机构的表示)、第 875 条第 1 款第 2 句、876 条第 3 句、第 928 条第 1 款、第 1168 条第 2 款第 1 句、第 1183 条第 2 句(针对土地登记机构的表示)、第 976 条第 1 款(针对警察的表示),以及在第 1945 条第 1 款、第 2081 条第 1 款和第 3 款、第 2202 条第 2 款第 1 句(针对遗产法院的表示)中可以找到示例。只要这些意思表示已经进入行政机关的控制领域,并且可以预计其将被知悉,它们就被视为已送达。因此,不需要表示被放在负责人员的桌子上或者明确该人员已知晓。不适用于第 130 条第 3 款的意思表示包括不是向政府机关,而是在政府机关面前作出的表示,例如,关于过户(第 925 条第 1 款)或婚姻登记(第 1310 条第 1 款第 1 句)。在这种情况下,受领表示的不是行政机关,而是合同相对方。

632

第 131 条包含了对**无行为能力人或限制行为能力人**(nicht oder nicht voll Geschäftsfähigen)意思表示方面的另一项特殊规定。通常情况下,对于一个意思表示,可能需要一个法律行为上的回应,然而限制行为能力人是无法单独有效实施的(→边码 967)。因此,针对限制行为能力受领人的意思表示通常只有在其到达法定代理人知悉后才会生效。相应地,第 131 条第 1 款规定了对于不在场的意思表示[57],其受领人为无行为人能力的情况(→边码 977 以下)。此时,这些表示必须到达法定代理人处,这又要

633

---

[57] 对意思表示的限制,参见 JuS 2004, 472 ff.。在对在场人的意思表示适用(有限的)询问理论(→边码 631)。

求法定代理人不是偶然知悉,而是必须向他们作出[58](→边码 613)。如果受领人是限制行为能力人(→边码 990 以下),原则上适用同样的规定(第 131 条第 2 款第 1 句)。但是,如果该意思表示对该限制行为能力人仅带来法律上的利益(→边码 997 以下),或者法定代理人已经同意(→边码 1010),那么该表示在到达限制行为能力人时就已经生效(第 131 条第 2 款第 2 句)。

634　　反之,第 131 条不包含类似于第 105 条第 2 款的特殊规定。对于向**失去意识或精神暂时受干扰的人**(Bewusstlosen oder vorübergehend in seiner Geistestätigkeit Gestörten)发出的意思表示(→边码 987),意思表示的生效仍然遵循第 130 条的规定。这意味着,对于不在场人之间的意思表示是否生效通常独立于受领人的状态,因为它取决于在正常情况下知悉意思表示的可能性(→边码 623)。而在场人之间意思表示的规范适用在边码 631 已经讨论过了。

范例

635　　雇主 A 想要终止与未成年人 B 的雇佣关系。因此,他给 B 发送了一封解雇信,但没有向 B 的父母展示,因为他担心会引起麻烦。在这种情况下,解雇的有效性存疑。基本上,这种对于 B 不利的意思表示,只有在其作为法定代理人的父母后才能生效。[59]根据第 131 条第 2 款第 2 句,如果 B 的父母事先同意 B 接受解雇声明,适用的规则就有所不同。在这里没有明显的迹象表明 B 的父母同意 B 接受解雇声明。因此,只有在 B 的父母授权 B 开始在 A 处就业,并因此根据第 113 条第 1 款第 1 句将 B 视为部分具备行为能力的情况下,解雇才可能生效(→边码 1040 以下)。

---

[58]　BAG NZA 2012, 495 Rdnr. 19; NJW 2011, 872 Rdnr. 20 ff. m. w. N——不同观点,参见 Boemke/Schönfelder, JuS 2013, 7, 9。

[59]　根据《民法典》第 1629 条第 1 款第 2 句的规定,只要在父母其中一位那里实现了交付,就可以认为已经送达了。

(三) 到达障碍

为了使意思表示生效,它必须进入受领人的支配领域,但如果受领人不让意思表示进入他的支配领域,则可以阻止表示的到达并因此使其无效。如果受领人或受领人的代理人[60]拒绝接受,或者被邮递员通知的受领人没有领取为他保留的文件(→边码 627),则意思表示就未到达。在某些情况下,就可以通过第 242 条和损害赔偿的规范绕开这一障碍:

如果意思表示因为受领人的影响而无法到达,那么在某些情况下,**根据诚信原则**(nach Treu und Glauben)(第 242 条),应将这些到达障碍视为不存在。司法判例[61]在这方面有所不同。一般来说,表意人必须重新实施未成功的送达。因此,他必须再次发出表示,必要时可以根据第 132 条第 1 款借助法院执行官的帮助(→边码 641)。如果受领人的居住地不明,根据《民事诉讼法》第 132 条第 2 款,可以采取《民事诉讼法》第 185 条以下规定的公告送达方式。如果成功送达,意思表示被视为及时生效。因此,第 242 条的适用不会导致到达的拟制,只会导致及时性的拟制。这对于表意人来说是有利的,因为他可以自己决定是否坚持他的表示。然而,如果再次送达对表意人来说是不合理的,则无须再次尝试。这主要适用于无理拒绝受领(grundlose Annahmeverweigerung)[62]和恶意阻止送达(arglistige Zugangsvereitelung)的情况。在这些情况下,第 242 条的适用不仅会导致及时性的拟制,还会导致到达本身的拟制。当然,仅当表意人有意坚持他的意思表示时,才能适用此规定,否则他将在极端情况下处于不利地位。

在合同或准合同的特殊法律关系中,**损害赔偿法**(Schadensersatzrecht)可以产生相同的结果。[63] 虽然原则上我们不必为受领意思表

636

637

638

---

[60] Dazu BAG NJW 1993, 1093; Schwarz, NJW 1994, 891 ff.

[61] 基础理论,参见 BGHZ 137, 205, 208 ff. m. w. N. (其中包括 Lohschelder, VersR 1998, 1198 ff.; Peters, JR 1998, 369 f.); 还可参见 BGH NJW-RR 2007, 1567 Rdnr. 20; OLG Köln NJW-RR 2001, 590 f.; LG Hamburg NJW-RR 2001, 586; Flume[4], § 14, 3 c/e。

[62] 例如,如果一封信未按规定支付邮费,那么拒绝接收是有正当理由的。

[63] 否定观点,参见 Flume[4], § 14, 3 e。

示而做好准备,但是对于那些由于现有或正在建立的合同关系而可能接收到具有法律效力的意思表示的人来说,他们必须采取适当的预防措施,以确保这些表示能够顺利到达。[64] 如果他没有这样做,则可能违反合同或先合同的谨慎义务。如果这种违反是故意的,那么他就应当承担损害赔偿责任[缔约过失责任或者先合同义务的违反(c. i. c. oder pVV);根据第 280 条、第 241 条第 2 款和第 311 条第 2 款]。受领人必须恢复到损害行为未发生的状态,因此应当被视为意思表示已经及时到达。这在结果上同样意味着表示已经到达和及时到达的拟制。[65]

范例

639　　在露营车案件中(→边码 627)并不存在到达的阻碍,因为 K 并不能预见通知单上的挂号信是关于他购买要约的承诺表示。[66] 因此,V 在得知送达失败后,应该再次尝试确保承诺表示的到达。然而,如果这样做,受领期限就会经过,他的表示只能被视为新的要约(根据第 150 条第 1 款),对此 K 可以接受,也可以拒绝。

640　　V 向 K 提出了一个有效期为 24 小时的合同要约,并补充说,K 也可以通过传真或电子邮件承诺该要约,或者在电话答录机中回复。在这种情况下,如果 V 关闭设备、未放入传真纸或将电话答录机的提示设定为后天才收听,则上述方式对 V 接受 K 的回复而言均无可能性,其应当承担这些行为的后果。[67]

---

[64] 参见 BGHZ 174, 77 Rdnr. 12; BGH NJW-RR 2007, 1567 Rdnr. 20; NJW 1996, 1967, 1968;更加广泛的,参见 LG Freiburg NJW-RR 2004, 1377。

[65] 法律司法实践倾向于通常只有在重新投递是可能的情况下,才会在满足损害赔偿条件的情况下引入意思表示送达的拟制;参见 BGHZ 137, 205, 208 ff.; ebenso Wolf/Neuner[10], § 33 Rdnr. 56。

[66] BGHZ 137, 205, 208 ff.; vgl. auch OLG Brandenburg NJW 2005, 1585, 1586——相反的例子,参见 Herbert, NJW 1997, 1829 ff.。

[67] 还可对照边码 625 以及相似的案件 RG LZ 1925, 252; OLG Karlsruhe NJW 1973, 1611, 1612; LAG Hamm ZIP 1993, 1109, 1110; Fritzsche/Malzer, DNotZ 1995, 3, 14; Köhler[38], § 6 Rdnr. 30。

(四)到达证明

由于(及时的)到达常常决定着法律关系的命运,实践中如何能够对到达进行司法证明就成为一个重要问题。[68] 仅通过邮寄发出并不构成对到达的表面证据(Anscheinsbeweis)。[69] 发送挂号信的方式并不是最安全的,因为面临着快递员找不到收件人的风险,而且从通知中无法得知哪封信已被投递(→边码627、639)。无论如何,都应选择挂号信回执,以便获得确认收件的证据。最安全但并非总是可行的方式是在见证人或提供收据的情况下交付。将信投入住宅邮箱也可以由适格的表示传达人[70]作证。一种特别可靠但昂贵的解决方案是通过法院执行官进行送达,根据第132条第1款(与《民事诉讼法》第191条以下相结合)这是可能的,并可以替代到达的判断。通过传真送达时,发送报告上的"o.k."备注提供了到达的初步证据。[71] 这对于电子邮件往来中的送达和已读确认也同样适用。[72]

641

五、知悉

对意思表示过程中的第四个阶段,可以参考上文的内容;基本上,意思表示的有效性并不取决于其受领人是否实际知悉(Kenntnisnahme)(→边码619)。仅对于在场人的意思表示适用"有限询问理论"(→边码631)。但是,如果受领人确实已经了解了意思表示的内容,则该表示就会

642

---

[68] 对此更好的解释,参见 Bauer/Diller, NJW 1998, 2795 f. m. w. N.; Kaiser, NJW 2009, 2187 ff.; Mrosk, NJW 2013, 1481 ff.。

[69] BGH NJW 2009, 2197 Rdnr. 11.

[70] 在法律上,表示传达人(Erklärungsboten)不能是表意人本人。因为在之后的诉讼过程中,表意人将成为一方当事人,所以不能作为证人出庭作证。

[71] OLG München MDR 1999, 286——通说认为发送报告不能作为决定性证据;参见 BGH NJW-RR 2002, 999, 1000; NJW 1995, 665, 666 f. m. w. N.; BAG MDR 2003, 91; 反对意见,参见 Riesenkampff, NJW 2004, 3296, 3297 f.。

[72] Mankowski, NJW 2004, 1901 ff.

生效。在这种情况下,无须进一步讨论是否到达的问题(→边码 621)。

六、法律效果

(一)发出的法律效果

643　　根据第 130 条第 2 款的规定,如果表意人在发出表示后去世或丧失行为能力[73],并不影响表示的有效性。该条规定涉及表意人在意思表示发出和到达之间**去世或丧失行为能力**(Tod oder Wegfall der Geschäftsfähigkeit des Erklärenden)的情况。对于法律行为意思的形成来说,关键是最终表达意思的时刻。如果在这个时刻,表意人具有权利能力和行为能力,那么他就已经有效地表达了自己的意思。他在表示生效之前丧失这些能力并不会改变这一事实。法律秩序尊重一切负责任地表达出的法律效果意思,但同时也要求表意人(或在死亡的情况下,其继承人)对其表示负责。第 130 条第 2 款没有规定受领人变化的情况。如果受领人在到达之前丧失行为能力,则适用第 131 条(→边码 633)。如果受领人去世,则表示必须送达给其继承人。

范例

644　　K 在买卖合同中被 V 欺骗了。他写信给 V,声称由于欺诈行为,他要根据第 123 条撤销买卖合同。K 将信投入邮筒后在回家的路上被一辆汽车撞倒并受重伤。根据第 130 条第 2 款,这不会影响撤销声明的有效性。[74]

645　　E 与银行 B 达成协议,约定在他死后,他的储蓄账户不会归其继

---

[73]《民法典》在使用"geschäftsunfähig"一词时表达得不准确:它的意思是(毫无争议地)指任何一种失去行为能力的形式,包括限制行为能力;参见 Mot. I, 159 = Mugdan I, 439。法院在根据第 1903 条的规定作出同意保留的命令时,第 130 条第 2 款仍然适用;参见 OLG Celle NJW 2006, 3501, 3502; Roth, NJW 1992, 791 Fn. 1。

[74] 更详细的说明,参见边码 904。

承人,而是转给他的朋友 D。这是一项针对第三方的以死亡为条件的合同(根据第 331 条第 1 款):B 向 E 承诺,在 E 去世后,储蓄账户的余额不再归属于 E 或其继承人,而是归属于 D;因此,D 在 E 去世后获得了对银行的存款支付请求权。然而,他还需要一个额外的法律基础,以便在与继承人的关系中保留这笔财产。这个法律基础来自一份赠与合同。E 通过他在世时授权银行通知 D 的方式向其发出了这个赠与合同的要约。尽管 E 已经去世,但根据第 130 条第 2 款,只要要约到达 D,这个要约就有效。根据第 153 条(→边码 734),D 也可以接受这个要约。[75] 这份赠与合同已经在遗赠人去世时得到履行,因此不受第 518 条第 1 款、第 2301 条第 1 款和第 2 款这些规定的限制。

E 向他的儿子 S 提供了一份公证文件,提议在 S 放弃继承权的情况下,将一套公寓赠与他。然而,在 S 收到这个提议之前,E 去世了。这里并不能适用第 130 条第 2 款,因为继承法的价值判断更为重要:法律的安定性要求被继承人去世后,继承规则应当建立在一个稳定的基础之上,不随着时间的经过而发生改变。[76]

646

第 130 条第 2 款仅提到去世和丧失行为能力,然而,根据该条款所包含的法律理念,个人意愿的生效条件通常取决于表示的发出而不是到达(→边码 643),根据其意义和目的,这一理念也应适用于**其他与意思形成相关的情况**(andere für die Willensbildung relevante Umstände),例如,意思表示错误。如果在表示发出时存在可以引起撤销的错误,那么即使在表示到达之前纠正了错误,也不会排除撤销的可能性,除非可以依据具体案情从受领人的角度将受领人未被告知的情况解释为第 144 条意义上的确

647

---

[75] 整体对照 BGHZ 46, 198, 201 ff.; BGH NJW 1975, 382 ff.; OLG Koblenz NJW-RR 1995, 1074——Janko(边码 601)对此基本持否定态度:在死亡之前保留的"死后意思表示"并未被发出,因此不属于第 130 条第 2 款的适用范围。

[76] BGHZ 37, 319, 329;同样适用于放弃继承法定份额的权利的情况,参见 BGHZ 134, 60, 63 ff.。

认(Bestätigung)(→边码 825)。[77] 即使法律要求某人是否知道或应该知道某事，也以发出的时间而非到达的时间为准。[78] 但是，这必须涉及意思相关的情况。第 130 条第 2 款的法律理念并不适用于所有与主观因素相关的特征，例如，在发出和到达之间丧失处分权的情况(→边码 1717)。

(二)到达的法律效果

648　　根据第 130 条第 1 款第 1 句的规定，(在不在场人之间发出的需受领的)意思表示在其到达时**生效**(wirksam)。它产生了表意人希望实现并被法律接受的效果。例如，一旦撤销的表示到达，根据第 142 条第 1 款，被撤销的法律关系将被溯及既往地消灭；一旦承诺的表示到达，合同即告成立等。当然，这一切的前提是已经满足所有其他要件(例如，存在必要的撤销理由)，并且没有其他障碍存在(例如，意思表示没有因为表意人无行为能力或形式瑕疵而无效)。

649　　根据第 130 条第 1 款第 2 句的规定，尽管意思表示已经到达，但如果在此之前或同时受领人收到了一份**撤回的表示**(Widerruf)，那么意思表示将不会生效。这实际上只适用于不在场人之间的意思表示。例如，如果房东通过邮寄发送了一份书面解约通知，并在到达前以口头、电报或其他数据电文方式告知租户，这份(尚未到达的)解约通知无效。同样，如果房东写了第二封信，邮递员同时送达了两封信件，那么无论受领人先读哪封信都无关紧要。[79] 在这里，只关注到达的时间顺序，而不是知悉的时间顺序。同样无关紧要的是，法律效果的产生是否还取决于其他条件(→边码 648)。因此，不应该认同这样的观点，即在受领人实际知悉被撤回的表示之前，只要撤回的表示送达给受领人即可。[80] 法律明确强调的是到

---

[77] 对于通常情况，参见 Flume[4]，§ 14, 2。

[78] Flume[4]，§ 14, 2。

[79] BGH NJW 1975, 382, 384。

[80] 不同观点，参见 Hübner[2], Rdnr. 737。

达,而不是知悉(→边码648)。[81] 然而,如果受领人在本来最早可能知悉的时间之前实际上已经知悉了意思表示,那么撤回的表示就为时已晚(→边码642)。

范例

在边码645中讨论的以死亡为条件的储蓄账户赠与的案例中,如果继承人成功在银行将要送达给受益第三方的赠与要约到达之前撤回该要约,他就可以阻止赠与合同的成立。[82] 遗嘱人本人也可以作出撤回的表示,例如,在他的遗嘱中声明。[83] 然而,在这种情况下,撤回的表示必须至少与赠与要约同时送达。 650

房东V于1月2日通知租户M在3月31日解除租约。然而,他在2月撤销了该解约通知。但是单方面的意思无法实现此目的。根据第573c条第1款第1句的规定,在解除住房租赁合同时必须遵守(几乎)一个季度的通知期间。因此,如果他希望租户在3月31日离开房屋,解约通知必须在1月的第3个工作日之前送达给租户。一旦解约通知送达,房东也无法再单方面撤销。因此,如果在解约期限到期之前他改变主意,必须与租户重新达成继续租赁的合同,而不能仅通过撤销解约通知强迫租户继续履行合同。 651

V通过电报向K提供销售商品的报价,并告知K一天内他将遵守该报价。然而,当天商品价格上涨。因此,V前往K的住处,但只见到他的女佣,他设法说服女佣将电报交给K。然而,由于K已经接受了该报价,所以这个撤回已经太迟了。即使K还不知道该报价,也无法改变迟到的事实(→边码649以此为例)。K因此有权利保持他得到的优惠商机。 652

V在拍卖网站"eBay"上出售一辆二手汽车。K通过最高出价 652a

---

[81] 这也是主流观点,参见RGZ 91, 60, 63; Medicus[10], Rdnr. 300; Wolf/Neuner[10], § 33 Rdnr. 58。

[82] BGH NJW 1975, 382, 383 f.

[83] OLG Düsseldorf VersR 1996, 590, 591; 也可参见上文边码618。

4500 欧元"中标"。但 V 以他已经将汽车从报价中删除为由拒绝交付。这里 V 和 K 存在合同关系，因此 V 的表示不能被撤回。其效果并非根据第 145 条（→边码 724），因为根据 eBay 的一般交易条款（Allgemeine Geschäftsbedingungen），这不是一个要约，而是对最高出价者要约的预期承诺（→边码 710）。而根据 eBay 的一般交易条款，撤回也是被排除的。这样的做法并不违反法律规定，因为第 130 条第 1 款第 2 句是一项任意性规范。因此，V 最多只能提出异议。[84]

652b   A 和 B 作为公寓业主参加了业主大会。在这个大会中，他们以书面形式投票表决管理人的报酬。A 和 B 最初提交了一张选票，在上面勾选了"否"。而当主持人还在计票时，A 和 B 要求撤回他们的选票，因为他们现在想重新选择"是"。然而，根据第 130 条第 1 款第 2 句，作为 A 和 B 的意思表示的选票已经被提交给了主持人，因此即使主持人还没有打开 A 和 B 的选票，它们也已经变得无法撤回。[85]

653   意思表示到达后，若法律没有明确规定，则只能**在例外情况下撤回**（ausnahmsweise widerruflich）。[86] 但是，这里的撤回并不会使（起初因到达而生效的）意思表示溯及既往地消灭，而只是面向未来地结束它的效果。当然，在代理权（第 168 条第 1 句；→边码 1507）、事前同意（第 183 条；→边码 1703）以及无须受领的法律行为（如第 658 条、第 2253 条等）中，也都可以撤回。此外，根据第 145 条，表意人在合同要约中也可以排除对其约束，即保留撤回的权利（→边码 724）。在不动产交易中，第 873 条第 2 款包含一项特殊规定。而且第 530 条以下、第 671 条也规定了赠与人和委托人的撤回权。最后，消费者保护法领域还大量规定了消费者的有期限退货权（→边码 1793、1839/1846、1861）。

---

[84] KG NJW 2005, 1053, 1054; OLG Oldenburg NJW 2005, 2556, 2557.
[85] BGH NJW 2012, 3372 Rdnr. 6 ff.
[86] 对于法律中未规定的撤销权见 Fricke VersR 1999, 521 ff.（旧《保险合同法》第 5a 条）。

第八部分

合 同

第十七章 合同的构成

> **文献**
>
> Bahntje, Gentlemen's Agreement und abgestimmtes Verhalten, 1982; Baldus, Römische Privatautonomie, AcP 210 (2010), 1; Barnert, Die formelle Vertragsethik des BGB im Spannungsverhältnis zum Sonderprivatrecht und zur judikativen Kompensation der Vertragsdisparität, 1999; Bechtold, Die Grenzen zwingenden Vertragsrechts, 2010; Becker, Vertragsfreiheit, Vertragsgerechtigkeit und Inhaltskontrolle, WM 1999, 709; Belke, Die Geschäftsverweigerung im Recht der Wettbewerbsbeschränkungen, 1966; Berger, Kontrahierungszwang bei Energielieferungsverträgen mit Ölgesellschaften, BB 1961, 1223; Bülck, Vom Kontrahierungszwang zur Abschlußpflicht, 1940; F. Bydlinski, Kontrahierungszwang und Anwendung des allgemeinen Zivilrechts, JZ 1980, 378; ders., Zu den dogmatischen Grundfragen des Kontrahierungszwangs, AcP 180 (1980), 1; Contzen, Kontrahierungszwang bei marktbeherrschenden Unternehmen, Diss. Köln 1965; Dam-mann, Die Grenzen zulässiger Diskriminierung im allgemeinen Zivilrecht, 2005; Dilcher, Typenfreiheit und inhaltliche Gestaltungsfreiheit bei Verträgen, NJW 1960, 1040 ff.; Dutta, Grenzen der Vertragsfreiheit im Pflichtteilsrecht, AcP 209 (2009), 760; Ehlers, Die Problematik des Kontrahierungszwangs in der Wettbewerbsordnung, Diss. Hamburg 1979; Gernhuber, Austausch und Kredit im rechtlichen Verbund - zur Lehre von der Vertragsverbindung, in: FS K. Larenz, 1973, 455; Greib, Der Kontrahierungszwang im geltenden Recht, Diss. Würzburg 1960; Greiner, Kontrahierungszwang als Folge kartellrechtlichen Diskriminierungsverbots?, 1975; Grossmann, Die Vertragsfreiheit als ökonomisches und juristisches Ordnungsprinzip, Diss. Freiburg 1957; Grundmann, Die Dogmatik des Vertragsnetzes, AcP 207 (2007), 718; Grunewald, Vereinsaufnahme und Kontrahierungszwang, AcP 182 (1982), 181; Hackl, Vertragsfreiheit und Kontrahierungszwang im deutschen, im österreichischen und im italienischen Recht, 1980; Hedemann, Der Kon-trahierungszwang, Erinnerung und Ausblick, in: FS H.-C. Nipperdey, 1955, 251; Heinrich, Formale Freiheit und materiale

654

Gerechtigkeit, 2000; Herrmann, Die Abschlußfreiheit – ein gefährdetes Prinzip, ZfA 27 (1996), 19; Hönn, Entwicklungslinien des Vertragsrechts, JuS 1990, 935; Hofer, Vertragsfreiheit am Scheideweg, 2006; Huber, Die verfassungsrechtliche Bedeutung der Vertragsfreiheit, 1966; Isensee (Hrsg.), Vertragsfreiheit und Diskriminierung, 2007; Kilian, Kontrahierungszwang und Zivilrechtssystem, AcP 180 (1980), 47; Klingenfuß, Der Kontrahierungszwang im deutschen und französischen Zivilrecht, 2004; Knobel, Wandlungen im Verständnis der Vertragsfreiheit, 2000; Köhncke, Vertragsfreiheit in Deutschland und Spanien, 2006; Köndgen, Selbstbindung ohne Vertrag, 1981; Kötz, Freiheit und Zwang im Vertragsrecht, in: FS E.–J. Mestmäcker, 1996, 1037; v. Koppenfels, Das Ende der Vertragsfreiheit?, WM 2002, 1489; Korte, Die Vertragslehre im Bürgerlichen Gesetzbuch für das Deutsche Reich, 1897; E. A. Kramer, Die „Krise" des liberalen Vertragsdenkens, 1974; G. Kramer, Vertragstatbestand, Vertragsinhalt und Wirksamkeitsvoraussetzungen des Vertrages, Diss. Heidelberg 1964; Kroppenberg, Vertragsfreiheit von Todes wegen, 2008; Krückmann, Enteignung, Einziehung, Kontrahierungszwang, 1925; Küttner, Aufnahmezwang für Gewerkschaften?, NJW 1980, 968; Laufke, Vertragsfreiheit und Grundgesetz, FS H. Lehmann, Bd. I, 1956, 145; Leßmann, Die willentliche Gestaltung von Rechtsverhältnissen im BGB, JA 1983, 341/403; Merz, Vertrag und Vertragsschluß, 2. Aufl. 1992; Molitor, Zur Theorie des Vertragszwangs, JherJb. 73 (1923), 1; Müllereisert, Vertragslehre, 1947; Nipperdey, Kontrahierungszwang und diktierter Vertrag, 1920; ders., Stromsperre, Zulassungszwang und Mo–nopolmißbrauch, 1929; Pappenheim, Die Vertragsfreiheit und die moderne Entwicklung des Verkehrsrechts, in: FS G. Cohn, 1915, 289; Raiser, Vertragsfreiheit heute, JZ 1958, 1; ders., Vertragsfunktion und Vertragsfreiheit, Festschr. zum 43. Deutschen Juristentag, Bd. I, 1960, 101; Rath–Glawatz, Anzeigenauftrag und Kontrahierun–gszwang, WRP 1982, 625; Reinhardt, Die Vereinigung subjektiver und objektiver Gestaltungskräfte im Vertrage, FS W. Schmidt–Rimpler, 1957, 115; Ritgen, Vertragsparität und Vertragsfreiheit, JZ 2002, 114; Rittner, Der privatautonome Vertrag als rechtliche Regelung des Soziallebens, JZ 2011, 269; Röthel (Hrsg.), Verträge in der Unternehmerfamilie, 2014; Herbert Roth, Der faktische Vertrag, JuS 1991, L 89; Schlossmann, Der Vertrag, 1876; J. Schmidt, Schutz der Vertragsfreiheit durch das Deliktsrecht?, FS R. Lukes, 1989, 793; Schmidt–Rimpler, Grundfragen der Erneuerung des Vertragsrechts, AcP 147 (1941), 130; ders., Zum Vertragsproblem, FS L. Raiser, 1974, 3; Siber, Die schuldrechtliche

> Vertragsfreiheit, JherJb. 70 (1921), 223; Simon, Zum Kontrahierungszwang von Kreditinstituten, ZIP 1987, 1234; Singer, Vertragsfreiheit, Grundrechte und der Schutz des Menschen vor sich selbst, JZ 1995, 1133; Stöhr, Die Vertragsbindung, AcP 214 (2014), 425; Strauss, Gewerbefreiheit und Vertragsfreiheit, in: FS F. Böhm, 1975, 603; Stürner, Privatautonomie und Wettbewerb unter der Hegemonie der angloamerikanischen Rechtskultur?, AcP 210 (2010), 105; Weller, Die Vertragstreue, 2009; M. Wolf, Vertragsfreiheit und Vertragsrecht im Lichte der AGB-Rechtsprechung des Bundesgerichtshofs, Festgabe 50 Jahre BGH, 2000, 111; Wunner, Die Problematik des Grundsatzes der Vertragsfreiheit im Privatrecht, Diss. Heidelberg 1957.–Vgl. auch die Literaturangaben zur Privatautonomie bei Rdnr. 98.

一、概论

《民法典》没有对合同(Vertrag)的**概念**(Begriff)进行明确规定,而是将其视为已知的前提条件。第 145 条以下条款仅涉及合同的订立(Vertragsschluss);此外,立法者主要关注在特定债法中各个合同类型的规定。根据这些规定,合同的概念是,一种(至少[1])双方的法律行为,用以规范双方的法律关系,通过合同当事人之间的一致同意来达成。[2]

这个定义中的重点是,首先它是一项**法律行为**(Rechtsgeschäft),包含(至少)两个意思表示。在合同中,当事方约定的法律效果并非根据法律规定自动产生,而是因为双方的意思达成了一致(→边码 395)而发生。这主要意味着双方必须有法律效果意思(Rechtsfolgenwillen)。因此,通过解释(→边码 503),必须对当事方的行为进行研究,以确定他是否有通过达成合同来产生法律约束力的意愿(Rechtsbindungswillen),或者双方打算进入合同外的领域。这在界定合同与好意施惠关系(Gefälligkeitsverhältnis)时尤为

655

656

---

[1] 参见边码 434;对于合同的类型,参见边码 440 至 492。
[2] Flume[4], § 33, 2.

重要(→边码 675)。作为双方或多方之间的法律行为,合同还要求当事方就要产生的法律效果**达成一致**(Übereinstimmung)。各方必须希望发生相同的法律效果。他们必须达成一致,即"和睦相处(sich vertragen)"。因此,法律有时也将合同简称为"合意(Einigung)"(参见第 873 条第 1 款、第 929 条)。法律效果因为当事人具有一致意思而产生,并且也只有在当事人意思达成一致的情况下才会产生。因此,任何一方都无法单方面确定法律效果,并强迫另一方接受合同内容。

657　　合同制度对于立法者来说也是一种**调控工具**(Steuerungsinstrument)。通过将法律效果的发生与合同联系起来,并要求各方达成合意,立法者可以防止某人通过单方面的决定强迫或强制他人履行给付。例如,房主不必担心他们仅仅因为租户的单方意思就被强迫出租房屋或接受特定租户,因为建立租赁关系需要合同(第 535 条)。这同样适用于整个财产流转制度,无论是在合同法上(参见第 311 条第 1 款),还是在物权法上(如第 398 条、第 873 条、第 929 条)。通过合同,同样可以保护一方当事人免受意外获益:无论减免债务(第 397 条),还是赠与(第 516 条第 1 款),都需要一份合同来确保获得受益人的同意。

658　　各方必须通过相应的意思表示表达他们的一致意见。这是通过**合同订立**(Vertragsschluss)来实现的,即各方"互相声明他们的一致意愿"。[3] 通常情况下,合同是通过一方提供所需的合同规定,而另一方接受它来达成的。因此,合同通常是通过要约(Angebot)和承诺(Annahme)来达成的(→边码 700)。但合同的关键是各方就产生的法律效果达成共识,而不仅仅是这种达成合意的技术。因此,合同也可以通过其他方式而不仅仅是通过要约和承诺来订立,例如,双方对第三方提出的合同建议的同意(→边码 701)。

659　　通过合同,当事人自行创建了应当调整他们之间关系的"法"。当事人通过订立合同建立了**合同的法**(lex contractus)。[4] 当事人必须遵守这个

---

〔3〕 例如,第一草案第 77 条; 对此,参见 Mot. I, 161 = Mugdan I, 441。

〔4〕 对此,参见 Flume⁴, § 33, 2。

自设的法:合同就产生了约束力[5],可以由任何一方向对方主张或要求履行。这种通过私人自治创建的合同法还可以由私法的一些规定(有时是任意性的,有时是强制性的)来补充(→边码718)。但从根本上来说,合同并不是一种正式的法律来源(→边码21)。

二、合同自由

(一)作为私人自治要素的合同自由

因为合同的法律效果的发生仅仅是基于各方当事人的自愿,所以合同被证明是私人自治的重要工具(→边码99以下)。在我们的私法秩序中,这是一个基本原则[6],即各方当事人有权利和可能根据他们自身的意愿来合同化地规范他们之间的法律关系。这个原则被称为"合同自由"。 660

(二)表现形式

合同自由有不同的表现形式。首先,它是指**订立自由**(Abschlussfreiheit):各方当事人原则上可以自由决定是否订立合同。这种订立自由有积极和消极两个方面。[7] 积极的订立自由意味着法律赋予了私法主体通过合同来调整私法关系的可能性。消极的订立自由意味着每个人都有权利拒绝向他提供的合同(→边码664)。例如,没有人可以强迫一个房屋所有者出租房屋,或者强迫一个汽车所有者出售汽车(→边码657)。**相对人自由**(Partnerfreiheit)也同样重要:想要订立合同的人可以自由选择与谁进行交易,没有义务必须与特定的利益相关者达成一致。合同自由的另一个重要表现形式是**内容自由**(Inhaltsfreiheit):各方在合同的内容上也 661

---

[5] 参见 Art. 1.3 der UNIDROIT-Grundsätze (→Rdnr. 25);详细论述,参见 Stöhr, AcP 214 (2014), 425 ff.; Weller (Rdnr. 654), passim。

[6] 同样的,Art. 1.1 der UNIDROIT-Grundsätze (→Rdnr. 25);也可参见 Rittner, JZ 2011, 269 ff.

[7] Vgl. nur Staudinger-Bork[2015] Vorbem. zu §§ 145 ff. Rdnr. 13 f.

是自由的,可以自由协商约定,如履行和对价,并自由约定交易的条款。原则上,合同订立的**形式也是自由的**(Formfreiheit)。法律仅在例外的情况下会将合同的有效性与遵守特定形式挂钩(→边码 1044)。最后,还存在**变更和解除自由**(Änderungs- und Aufhebungsfreiheit):各方可以根据合意自由变更合同所产生的法律关系,或者完全解除合同。

(三) 限制

662　　对于合同自由的上述表现形式,当然也存在一定的限制。[8] 合同自由并非不受到限制。首先,它必须考虑到特定法律领域内的特殊**体系要求**(systematische Vorgaben),特别是在合同的法律效果会对超出当事方之间的关系产生影响的情况下。[9] 例如,在物权法中,存在着确定的物权种类限制,因此当事人无法约定一项不属于抵押、地役权或年金债务(Hypothek, Grundschuld oder Rentenschuld)等法定类型的抵押权。在家庭法和继承法中也存在着类型限制。例如,根据目前的理解(尽管法律的措辞并未明确关注性别中立),婚姻制度仅对异性伴侣开放,而同性伴侣则可选择根据《终结对同性共同体的歧视法:生活伴侣关系》(LPartG)[10]享有法律保护。在继承法中,只能通过继承合同(Erbvertrag)根据第 2278 条第 2 款的规定来约定继承顺序。然而,不仅是内容自由(以及与之相关的变更自由),形式自由(参见第 873 条第 1 款、第 925 条第 1 款第 1 句、第 1311 条第 1 句、第 2276 条第 1 款第 1 句)和解除自由(参见第 1313 条第 1 句)在这些法律领域中也都受到限制。

663　　合同自由也受到**强制性法律**(zwingende Recht)的限制。虽然承认合同自由意味着相信当事方基本上有能力自行处理他们自己的事务,并且通过"自利的利益平衡(egoistische Interessenausgleich)"将能够达成适当的合意。施密特-林普勒(Schmidt-Rimpler)以合同的"正当性保障

---

[8]　关于此事的详细论述,可以参考在边码 654 中列出的 Barnert, Heinrich 和 Knobel 的专著,以及 Wolf/Neuner[10], § 10 Rdnr. 38。

[9]　Vgl. dazu Flume[4], § 1, 8 b; Hübner[2], Rdnr. 604 f.

[10]　Vom 16.2.2001; BGBl. 2001 I, 266.

(Richtigkeitsgewähr)"的形象化说法来描述了这一观点。[11] 然而,这种信任往往也会被破坏。因此,通过强制性规定确保合同的公正是至关重要的。[12] 其中包括旨在保护较弱一方的规定,比如,消费者保护法等。[13] 此外,还有第 134 条、第 138 条等旨在防止违反法律和道德秩序核心内容的法律行为(→边码 1089、1152)。同时,合同自由也受到禁止权利滥用的限制(第 242 条,→边码 348)。

(四) 特别:强制缔约

"强制缔约(Kontrahierungszwang)"的**概念**(Begriff)必须从"合同自由(Vertragsfreiheit)"的角度来解释。合同自由包括订立的自由,因此也包括拒绝订立的自由:法律主体有权拒绝被提供的合同(→边码 661)。然而,这并不是无限制的。虽然基本上不会强制要求提出拒绝订立的理由或禁止恶意拒绝的规定,但是,当拒绝合同要约被证明是对消极合同自由的滥用时,就超过了合理的限度,尤其是当双方存在显著的不平衡时,例如,一方拥有垄断地位。在这些情况下,法律体系必须在严格的条件下提供"缔约强制",即要求当事人承担签订特定合同的义务。[14]

664

在存在合同强制缔约的情况下,不仅涉及订立自由,还涉及内容自由:当事人不仅有义务订立一个合同,还有义务**以合理和通常的条件**(zu angemessenen und üblichen Bedingungen)来订立合同,即对合同方来说都是合理可接受的条件。否则,一方当事人会通过提出不可接受的条件来迫使合同相对方放弃他的缔约意愿,从而破坏订立自由。

665

---

[11] Schmidt-Rimpler, AcP 147 (1941), 130, 149 ff.
[12] Vgl. nur Medicus[10], Rdnr. 472 ff.
[13] 参见第 307 条至第 309 条;参见边码 1775 以下。
[14] Vgl. Nipperdey, Kontrahierungszwang und diktierter Vertrag, 1920, 7.

范例

666   V 经营着方圆 50 公里范围内的唯一一家药店。K 急需一种重要的药物。由于 V 与 K 存在邻里纠纷,他拒绝向 K 出售药物。这是对消极订立自由的滥用,V 有义务按照通常的条件向 K 提供所需的药物。

667   强制缔约的**法律基础**(Rechtsgrundlage)部分包含在特别法中,如《联邦律师条例》第 48 条以下、《强制保险法》第 5 条第 2 款、《航空运输法》第 21 条第 2 款、《旅客运输法》第 22 条、第 47 条等。[15] 对于企业之间的交易,通常可以参考《反限制竞争法》第 33 条与第 20 条。《反限制竞争法》第 20 条禁止市场强势和市场主导的企业不合理地阻碍或不公平地对待对大企业依赖性较高且无法另寻出路的小型或中型企业,特别是通过采购或供应限制等方式。[16] 此外,根据《反限制竞争法》第 19 条第 4 款一般滥用禁止的规定,也可能存在强制缔约的情况。[17] 在没有特别法规定的情况下,可以参考**第 826 条**。[18] 在企业与最终消费者之间的关系中,如果拒绝订立合同在具体情况下基于对所有人适用的合理条件是一种对善良风俗的违背,帝国法院曾以第 826 条为依据支持了一种间接的强制缔约。[19] 然而,此种强制缔约主要限于垄断企业[20]和生活必需品。在这些情况下,存在强制性合同是无争议的;值得讨论的是,是否需要继续维持如此有限的适用条件,以及第 826 条是否为正当的请求权基础。[21] 部分观点认为,至少对于承担公共供应任务的企业,或者在类似

---

[15] 关于此问题的概述,参见 Staudinger-Bork[2015] Vorbem. zu §§ 145 ff. Rdnr. 17 以及 Kilian, AcP 180 (1980), 47, 53 f.。

[16] 对此详细的论述,参见 Staudinger-Bork[2015] Vorbem. zu §§ 145 ff. Rdnr. 18 ff.。

[17] 对此详细的论述,参见 Dammann (Rdnr. 654), 136 ff.。

[18] 以下对这个领域的阐述符合笔者在 Staudinger-Bork[2015] Vorbem. zu §§ 145 ff. Rdnr. 21 ff.中的评论。

[19] RGZ 148, 326, 334; 133, 388, 392; 132, 273, 276.

[20] 现在还有 BGH ZIP 1994, 1274, 1276; Flume[4], § 33, 6 d 将其视为与垄断企业相关的独立法规。

[21] 对此,例如 Erman-Armbrüster[14] Vor § 145 Rdnr. 29; Jauernig-Mansel[15] Vor § 145 Rdnr. 10 f.; Soergel-Wolf[13] Vor § 145 Rdnr. 53; 参见 LG Oldenburg NJW-RR 1992, 53, 54。

的情况下(→边码 145)应假定存在强制缔约义务。[22] 还有观点认为,除占市场垄断地位外[23],向公众提供生活必需品者也须承担强制缔约义务。[24] 而根据被最广泛接受的观点,强制缔约在满足普通人正常生活需求["正常需求(Normalbedarf)"]的范围内就可以存在。[25]

任何论述(Stellungnahme)都必须从合同订立自由的基本原则出发。在特定情况下,必须说明行使这种基本自由是否与法律和道德秩序不相容,因此是违法或违背善良风俗的。[26] 在这种"违背善良风俗(Sittenwidrigkeit)"的情况下,并不涉及对道德上可憎的行为的指责,而是涉及在经济生活中执行法律原则的问题。因此,从第 826 条的客观事实构成出发是基本正确的。然而,对于违背善良风俗的问题必须保持一定的开放性,并且不应该预先限制在一个单一类别上。相反,应当调查具体案例的所有情况,以确定是否有特定的理由限制合同自由。在这个过程中,必须考虑到基本权利(例如,在提供通过其他途径无法获得的生活必需品时,需要考虑《基本法》第 1 条和第 2 条的规定)和宪法的关键价值判断(例如,社会国原则)。

668

通常情况下,这被归结为三个**基本问题**(Grundfragen):

669

- 顾客是否**缺少合理的替代选择**(keine zumutbare Ausweichmöglichkeit),或者他能否从其他人那里获得所需要的服务?
- 顾客是否**依赖于该服务**(auf die Leistung angewiesen),或者他是否可以合理放弃该服务?
- **拒绝是否缺乏合理理由**(Ablehnung sachlich nicht begründet),也就是说,拒绝是基于恶意还是基于事实的决定?

---

[22] Larenz, SchuldR I[14], § 4 I a.

[23] Bydlinski, AcP 180 (1980), 1, 35; Kilian, AcP 180 (1980), 47, 60 f.; 受限的 MünchKomm-Busche[6] Vor § 145 Rdnr. 22; 参见 BGH NJW 2013, 1519 Rdnr. 19; 1980, 186; 反对观点,参见 BGH NJW 1990, 761, 763.

[24] Vgl. etwa Palandt-Ellenberger[74] Einf. v. § 145 Rdnr. 10; Wolf/Neuner[10], § 48 Rdnr. 13; offen BGH ZIP 1994, 1274, 1276; NJW 1990, 761, 763.

[25] So Bydlinski, AcP 180 (1980), 1, 37; Medicus/Lorenz, SchuldR I[20], Rdnr. 84.

[26] Larenz, SchuldR I[14], § 4 I a, 基本上也是如此。

一般只有在满足所有这些条件时才会考虑强制缔约。但这并非必须。[27] 相反,如前所述,必须根据具体情况进行整体权衡判断。

范例

670 剧评家 R 想购买一场城市剧院演出的门票。城市剧院以 R 过去经常对该剧院的演出提出不客观和尖锐性的批评为由拒绝了他的请求,表示不再欢迎 R 来观看演出。帝国法院支持了这一决定。[28] 然而,作为一个剧评家,R 没有其他选择,他必须依赖于观看这部剧来完成自己的工作,而非仅仅为了娱乐。在考虑到职业自由、言论自由和新闻自由(《基本法》第 12 条、第 5 条)以及合同自由(《基本法》第 2 条第 1 款)之间的权衡时,我们现在认为,城市剧院的拒绝是不合理的。[29]

671 G 作为一个夜店经营者,因为尼日利亚人 B 的肤色较深而拒绝了他的入场申请。B 要求实施强制缔约。在涉及可能基于种族歧视的拒绝交易的情况下,法律规定尚不清晰。一方面,餐厅和夜店并不具有垄断地位;另一方面,B 的访问也不是必要的。尽管如此,如果从宪法(《基本法》第 1 条和第 3 条第 3 款)的价值判断中推导出有关歧视性的拒绝不仅是不客观和不被容忍的,而且在保障合同自由的法律秩序中也被视为是违背善良风俗的,因此是不可接受的[30],那么我们就可以在这里认可强制缔约。有观点希望通过给受歧视者提供精神损害赔偿以及通过刑事强制机构和商业监管机构来追究责任,以安慰受歧视者。[31] 然而强制缔约并不是唯一可行的民事"制

---

[27] Vgl auch BGH NJW 1990, 761, 762 f.

[28] RGZ 133, 388, 392; zust. Eidenmüller, NJW 1991, 1439, 1441.

[29] Larenz, SchuldR I[14], § 4 I a 也是如此; Medicus/Lorenz, SchuldR I[20], Rdnr. 84; MünchKomm-Busche[6] Vor § 145 Rdnr. 21 Fn. 119; Palandt-Ellenberger[74] Einf. v. § 145 Rdnr. 10; 对于体育报道,参见 LG Münster NJW 1978, 1329。

[30] 对此,例如 Bezzenberger, AcP 196 (1996), 395, 427 ff.; Dammann (Rdnr. 654), 29 ff., 187 ff.; Larenz, SchuldR I[14], § 4 Ⅳ; ferner Otto, Personale Freiheit und soziale Bindung, 1978, 139 ff., 147 f.。

[31] 对此,例如 Kühner, NJW 1986, 1397, 1401; Medicus/Lorenz, SchuldR I[20], Rdnr. 84; 参见 Canaris, AcP 184 (1984), 201, 243。

裁"方式。准确来说，它并非一种制裁（Sanktion），而是一种预防（Prävention）。强制缔约的请求并不是损害赔偿请求权，而是一种准不作为请求权（quasinegatorischer Unterlassungsanspruch）（→边码672）。因此，以赔偿金和侮辱罪判决对发生的歧视行为进行惩罚，但却拒绝受害者在民事法律上防止未来可能类似的侵害，几乎是不可接受的。所以，总的来说，我们必须承认存在强制缔约。但这并不意味着对于任何公开进行交易但无法提供合理理由拒绝与他人签订合同的人，都应该存在一种强制缔约的义务。[32] 不是每一种不公正、不合逻辑的行为都等同于悖俗；单纯没有进行合理解释的不平等对待本身是不足以成立强制缔约的。然而，就种族歧视而言，这已经明显超出了必要的界限，因为拒绝交易与全面否定人的尊严的悖俗判断相联系（根据《基本法》第 1 条和第 3 条第 3 款的价值判断，超出了第 3 条第 1 款的范围），因此拒绝者的行为表现为违背善良风俗。现今，我们还可以补充引用《全面平等待遇法》的价值判断，尽管从该法第 21 条并不能直接推导出强制缔约义务。[33]

关于强制缔约的**法律性质**（Rechtsnatur）尚存在争议。根据多数意见，它被认为是一种恢复原状请求权（Naturalrestitutionsanspruch）。根据第 826 条的规定，滥用拒绝订立合同的行为通常会以订立被拒绝的合同的形式来实现损害赔偿。[34] 然而，这个观点的缺点是责任构成必须具有过失——在第 826 条中甚至是故意。这并不合适，因为消除不当的不公正对待的请求不应取决于当事人是否因为过失而拒绝履行义务。强制缔约更多的是关于预防损害而不是消除损害；被歧视者的诉求更多的是针对

672

---

[32] 但是相对应的观点，参见 Tilmann, ZHR 141 (1977), 32, 74 ff；行使房屋使用权，参见 BGHZ 124, 39, 43；相对而言 OLG Celle OLGZ 1972, 281, 282: 对于没有垄断地位的食品零售商，不存在强制缔约的义务；对于储蓄银行，参见 BGH ZIP 1994, 1274, 1276。

[33] 参见 BGH NJW 2011, 3149 Rdnr. 18, 以及关于意见的立场 Palandt-Grüneberg[74] § 21 AGG Rdnr. 7。

[34] So z. B. RGZ 155, 257, 276, 284; 148, 326, 334; 132, 273, 276; LG Oldenburg NJW-RR 1992, 53 f. m. w. N.; Jauernig-Mansel[15] Vor § 145 Rdnr. 11; Soergel-Wolf[13] Vor § 145 Rdnr. 53.

未来而不是过去。因此,更倾向于认为这是一种无过失的准不作为请求权。[35]

673　强制缔约的**执行**(Durchsetzung)是通过诉讼途径进行的。希望订立合同的一方必须提出一个包含所有必要细节的要约,受要约方必须接受这个要约。[36] 要约提出方可以起诉要求对方作出这个承诺的意思表示。[37] 如果他赢得了诉讼,根据《民事诉讼法》第894条的规定,该表示将被视为具有法律效力。如果想要订立合同的一方由于缺乏相关信息(例如,关于通常的合同条件),不足以具体化要约,他就有权要求对方提出一个完整的要约。如果对方拒绝,可以通过诉讼要求对方履行提出要约的义务,并根据《民事诉讼法》第888条的规定,通过罚款或强制执行来实施。[38]

三、好意施惠关系

674　　Behrend, Haftung für Gefälligkeitshandlungen, Recht 1919, 291; Blatzheim, Die Unfallhaftung aus der sog. Gefälligkeitsfahrt im Kraftfahrzeug, Diss. Köln 1952; Böhmer, Definition des Begriffs der Gefälligkeitsfahrt, VersR 1964, 807; ders., Unbilligkeit der Haftung des Gefälligkeitsfahrers, JR 1970, 135; ders., Zum Begriff der Gefälligkeitsfahrt, JR 1957, 338; Dahmann, Gefälligkeitsbeziehungen, Diss. Erlangen 1935; v. Dewitz, Gefälligkeitsverhältnisse im Bürgerlichen Recht, Diss. Tübingen 1939; Diele, Haftpflichtrisiko und Schadensverteilung bei sog. Gefälligkeitsfahrten, Diss. Freiburg 1960; Etzbach,

---

〔35〕 Erman-Armbrüster[14] Vor § 145 Rdnr. 29; Larenz, SchuldR I[14], § 4 I a; Staudinger-Bork[2015] Vorbem. zu §§ 145 ff. Rdnr. 27.

〔36〕 BGHZ 193, 10 Rdnr. 11; BGH NJW-RR 2013, 788 Rdnr. 8; MDR 2013, 321 Rdnr. 8; vgl. auch BGH NJW 2013, 72 Rdnr. 11.

〔37〕 BGHZ 191, 139 Rdnr. 34; BGH AUR 2014, 263 Rdnr. 21; NJW 2006, 2843 Rdnr. 26.

〔38〕 在实践中,还允许提起确认诉讼;BGH NJW 1985, 2135, 2136; 1981, 644, 645; 具体详细讨论,参见 Staudinger-Bork[2015] Vorbem. zu §§ 145 ff. Rdnr. 33 f.。

Die Haftung aus erwiesener und empfangener Gefälligkeit unter besonderer Berücksichtigung der Haftung bei Gefälligkeitsfahrten, Diss. Erlangen 1935; Evers, Zum Problem der Kraftfahrzeug-Gefälligkeitsfahrt, Diss. Köln 1936; Eylert, Gefälligkeitsbeziehungen, Diss. Köln 1955; H.-D. Fischer, Gefälligkeitsfahrt und vorvertragliche Haftung, 1938; Friedrich, Die Gefälligkeitsfahrt im Kraftfahrzeug, Diss. Göttingen 1939; Heyl, Die rechtliche Behandlung der Gefälligkeiten, insbesondere der Gefälligkeitsfahrt, unter besonderer Berücksichtigung der Lehre von den faktischen Vertragsverhältnissen, Diss. Köln 1943; E. v. Hippel, Die Haftung bei Gefälligkeitsfahrten, in: FS F. v. Hippel, 1969, 233; Hirte/Heber, Haftung bei Gefälligkeitsfahrten im Straßenverkehr, JuS 2002, 241; Hoffmann, Der Einfluß des Gefälligkeitsmoments auf das Haftungsmaß, AcP 167 (1967), 394; Kallmeyer, Die Gefälligkeitsverhältnisse, Diss. Göttingen 1968; Klimke, Rechtsprobleme um die Ersatzpflicht aus Anlaß von Gefälligkeitshandlungen, ZfVersW 1977, 51; Klünder, Die rechtliche Natur der Gefälligkeitsleistungen, Diss. Göttingen 1932; Krückmann, Die Gefälligkeitsfahrt, JW 1932, 3688; ders., Gefälligkeitsverträge, SeuffBl. 74 (1909), 113/153; Lietz, Über die Rechtsfindung auf dem Gebiet der sog. Gefälligkeitsverhältnisse, Diss. Frankfurt 1940; Lucke, Ein Beitrag zur Frage der Haftung aus Gefälligkeitsfahrten mit Kraftfahrzeugen, Diss. Heidelberg 1931; Mahrzahn, Die Haftung des Kraftfahrzeughalters aus Gefälligkeit, Diss. Göttingen 1921; Markert, Privatautonomie und Kontrahierungszwang, AG 1991, 288; Mersson, Zur Haftung bei Gefälligkeitsfahrten, DAR 1993, 87; Michaelis, Gefälligkeitsleistung und Vertrag, Diss. Leipzig 1937; Pallmann, Rechtsfolgen aus Gefälligkeitsverhältnissen, Diss. Regensburg 1971; Propach, Die Gefälligkeiten des täglichen Lebens, insbesondere die Gefälligkeitsfahrt, Diss. Erlangen 1935; Radtke, Die Kraftfahr-zeug-Gefälligkeitsfahrt, Diss. Halle 1935; Schumacher, Über die rechtliche Natur der Gefälligkeiten des täglichen Lebens und die Haftung aus Gefälligkeiten unter besonderer Berücksichtigung der Haftung bei der Gefälligkeitsfahrt, Diss. Marburg 1940; Theegarten, Die Schadensersatzpflicht aus Gefälligkeitsverhältnissen, Diss. Köln 1949; Wagenführ, Die Gefälligkeitsfahrt im Kraftfahrzeug unter besonderer Berücksichtigung der Haftung des gefälligen Fahrers, Diss. Frankfurt 1943; Willoweit, Abgrenzung und rechtliche Relevanz nicht rechtsgeschäftlicher Vereinbarungen, 1969; ders., Die Rechtsprechung zum Gefälligkeitshandeln, JuS 1986, 96; ders., Schuldverhältnis und Gefälligkeit, JuS 1984, 909; Windel, Personenrechtliche Grenzen der Vertragsbindung, in: FS F. E. Schnapp, 2008, 859.

675　合同关系需要各方具有受法律约束的意愿(→边码656)。但有时,法律主体之间达成的**协议并不希望具备合同上的法律约束力**(Abreden, die keine vertragliche, rechtlich verbindliche Qualität haben),而是仅限于纯粹的社交领域。当事人的意愿并不是设立可起诉的履行请求权。相反,协议仅限于家庭、朋友、同事、邻里或类似的关系。对这些情况,我们称之为"好意施惠关系(Gefälligkeitsverhältnis)"。[39]

676　首先,要明确好意施惠关系与**情谊合同**(Gefälligkeitsverträgen)的区别。好意施惠关系是指仅基于"情谊"而承担的义务,例如,代朋友接受的订单、为同事保管物品、为家庭成员提供担保或在伴侣关系中提供重要的劳动。[40] 无论是非约束性的好意施惠关系还是合同债务关系,唯一的评判标准是当事人之间的协议是否通过**受法律约束的意思**(Rechtsbindungswillen)而达成。对此标准进行批评的观点[41]并不令人信服。有人认为寻找这种受法律约束的意思是虚幻的,因为他们将其视为一个纯粹虚构的产物,但笔者并不认可这种观点,因为这种观点忽视了重要的一点,即认可法律约束意思是为了承认一种谨慎义务,并在违反该义务时应承担损害赔偿责任。可以确定的是,与任何解释一样,在具体情况下,区分可能很困难,并且它也是主要作为确定责任承担的前提。然而,我们不能将问题仅限于责任的承担,还必须考虑履行和不当得利请求权。此外,当事人自然有权通过合同约定情谊关系,因此我们不能从一开始就排除他们之间并不存在法律上的约束力。[42]

677　当事人之间是否具有法律约束意思,也是需要通过**解释**(Auslegung)来确定的(→边码503)。[43] 关键是要确定在给定情况下,履行相对人是

---

[39] Staudinger-Bork[2015] Vorbem. zu §§ 145 ff. Rdnr. 79 ff. 已经讨论了这个问题并将在下文继续讨论。

[40] BGHZ 177, 193 Rdnr. 41 ff.; BGH FamRZ 2013, 1295 Rdnr. 29; 2011, 1563 Rdnr. 21.

[41] 首先,参见 Flume[4], § 7, 5 ff.;也可对照 Plander, AcP 176 (1976), 425, 440 ff.。

[42] 也可对照 Flume[4], § 7, 7; Medicus[10], Rdnr. 191; 与此相反 Schwerdtner, NJW 1971, 1673, 1674。

[43] 基本上——也适用于接下来的内容——BGHZ 21, 102, 106 f.; 参见 BGH NJW 2006, 3777 Rdnr. 19; 1992, 498。

否可以根据履行义务人的行为,依据诚实信用和交易惯例推断出存在这样受法律约束的意思。**判断标准**(Kriterien)主要包括:恩惠的种类、基础和目的、经济和法律意义(特别是对于履行相对人)、能够证明的具体情况以及当事人之间的利益关系。免费和无私并不一定表明缺乏法律约束意思,因为这些动机在情谊合同中也会存在。但是,重要的是它是否属于一种日常生活中的恩惠或纯粹的社会交往事务,此外还需考虑施惠方是否会面临承担完全不相称的责任风险。与法律约束意思可能相关的因素包括:托付物品的价值、事务的经济意义、受益者明显的利益、受益者对施惠者的依赖程度、施惠者所意识到的由于其不当履行可能会对受益者所造成的风险,以及对施惠者自身经济或法律上的利益。[44]

范例

S 向他的朋友 G 承诺,下周六开车带他去看当地足球俱乐部的客场比赛。但由于 S 没有在约定时间出现,G 选择了坐火车去。G 要求 S 偿还车费。请求权依据的基础可能是第 281 条,但该条规范要求存在一种债务关系。由于无法看出 G 在受法律约束方面有明显的意愿,这里就不是一份客运合同,而是一种出于友谊的、在法律上没有约束力的"好意同乘(Gefälligkeitsfahrt)"。[45] 678

8 岁的 F 过生日。她的父母邀请了八个孩子参加生日派对。晚餐时,这些兴奋的孩子在桌子上互相扔着网球。一颗由孩子 L 特别用力投掷的球击中了一个玻璃杯,导致杯子碎裂,并造成孩子 G 的右眼重伤。根据第 832 条第 2 款,F 的父母对 G 所受损害负有责任,因为他们通过合同承担了对孩子的监管责任。虽然通常情况下,照看聚集在一起玩耍的孩子只是出于情谊[46],但是在明确邀请参加生日 679

---

[44] 例如,除了下面要讨论的例子,参见 OLG Saarbrücken NJW-RR 2002, 622, 623; AG Kaufbeuren NJW-RR 2002, 382。

[45] 参见 BGH NJW 1992,498; 对此,参见 BGH NJW 2015, 2880 Rdnr. 8 ff.; 对于所谓的合伙用车(Fahrgemeinschaften)来说情况是不同的,因为所有参与者都依赖于彼此约定的可靠性。对此,参见 Mädrich, NJW 1982, 859, 860。

[46] BGH NJW 1968, 1874.-A. M. Willoweit, JuS 1986, 96, 101.

派对的情况下,孩子们应当特别受到主办父母的照顾。人们合理地期望,在考虑到与儿童游戏相关的风险时,主办方应当谨慎地照顾孩子,这就表明存在一种法律约束意思。[47]

680 如果存在一种纯粹的情谊关系,那么根据定义,**不存在合同请求权**(keine Vertragsansprüche)。既不能要求一方履行合同,也不能要求另一方承担费用。情谊关系的继续也无法强制实施。最后,次给付请求,特别是损害赔偿请求,也不适用于合同法的规范(→边码682)。

681 与此相对,有人提出了"**没有主要履行义务的合同**(Vertrag ohne primäre Leistungspflichten)"理论:虽然双方当事人不存在合同履行的请求,但如果一方决定履行义务,那么他们将负担合同中的谨慎义务。[48]然而,这个观点是不可取的。作为保护和谨慎义务的法律依据,应优先考虑类似合同的信赖关系(→边码682)。虽然可能存在没有主要履行义务的合同,但它无论如何都是一份合同,由于缺乏明确的表示,必须寻求一种仅限于次给付义务的法律约束意思,而这将使得解释变得非常困难。[49]

682 由于缺乏合同法律关系,因此在实施情谊行为时造成的损害,基本上只能以侵权法(第823条以下)作为**责任基础**(Haftungsgrundlage)。[50]但是,这些规范并不保护纯粹经济损失(reine Vermögensverletzungen),并且也不能作为第278条中的履行辅助人责任的依据。然而,好意施惠关系也会导致社会联系的增强,从而产生法定的债务关系,由此产生了一种类似于合同的特殊关系(vertragsähnliche Sonderbeziehung)。根据这种关系,受益人虽然没有主要的履行请求权,但有权相信合同相对人会以特别

---

[47] OLG Celle NJW-RR 1987, 1384——不同观点,参见 Wolf/Neuner[10], § 28 Rdnr. 21: 仅适用侵权法即可满足要求。

[48] Vgl etwa Fikentscher, SchuldR[10], Rdnr. 25; Soergel-Wolf[13] Vor § 145 Rdnr. 85; Willoweit, JuS 1986, 96, 106; 1984, 909, 915; Wolf/Neuner[10], § 28 Rdnr. 21.

[49] 参见上文所述,边码676。

[50] OLG Hamm NJW-RR 1987, 1109 f; Mersson, DAR 1993, 87, 90.

谨慎的态度对待他。[51] 当然，对于这种法定保护关系中的义务，在具体个案中，根据第280条、第241条第2款因为积极侵害债权（positive Forderungsverletzung）而承担损害赔偿责任的情况下，必须特别证明其存在及范围。

范例

  S向G承诺带她去看足球比赛（→边码678）。S履行了他的承诺，但让他的朋友F开车，由于F的疏忽未注意到停车标志而导致发生事故，造成G重伤。在这种情况下，G可以根据第823条第1款、第253条、第823条第2款，以及《刑法典》第229条、《道路交通法》第24条《道路交通条例》第8条第2款对F提出损害赔偿请求。认为G在乘车前默示放弃赔偿责任的主张，就像将责任标准限制在故意和严重过失上一样无法成立。[52] 根据《道路交通法》第18条的请求权也因《道路交通法》第8a条而无法主张。对S的请求权同样需要以适用《道路交通法》第7条为基础。[53] 另外，S只能通过第278条将F的错误行为归责于他，而这需要双方存在特殊的法律关系。在本案之中，这种特殊的法律关系仅存在于好意施惠关系之中。尽管G没有请求履行的权利（→边码678），但她至少可以要求在情谊行为中保护她的人身安全。如果违反了相应的义务，S就应当根据第280条、第241条第2款以及第278条基于积极侵害债权而承担损害赔偿责任。

683

---

[51] Jauernig-Mansel[15] § 241 Rdnr. 25; MünchKomm-Roth/Bachmann[6] § 241 Rdnr. 124; Schwerdtner, NJW 1971, 1673, 1675; Thiele, JZ 1967, 649, 652; i. E. auch Flume[4], § 7, 7; Windel, FS Schnapp, 2008, 859, 861; a. M. Palandt-Grüneberg[74] Einl v § 241 Rdnr. 8.

[52] 详细的相关论证，参见 Medicus[10], Rdnr. 186 ff./194; Staudinger-Bork[2015] Vorbem. zu §§ 145 ff. Rdnr. 86.; 参见 Hirte/Heber, JuS 2002, 241, 244 f.。

[53] Vgl. BGHZ 80, 303, 305; dazu auch Mädrich, NJW 1982, 859, 861。

四、先合同法律关系

Adler, Realcontract und Vorvertrag, JherJb. 31 (1892), 190; v. Arnim, Die Option im Waren-und Aktienbereich, AG 1983, 29; Blaurock, Der Vorvertrag zur Zeichnung von Aktien, in: FS F. Rittner, 1991, 33; Brüggemann, Causa und Synallagma im Recht des Vorvertrages, JR 1968, 201; Bucher, Die verschiedenen Bedeutungsstufen des Vorvertrages, in: Berner Festgabe zum Schweizerischen Juristentag, 1979, 169; Cartellieri, Die Option, BB 1948, 162; Casper, Der Optionsvertrag, 2005; Degenkolb, Der Begriff des Vorvertrages, 1871; ders., Zur Lehre vom Vorvertrag, AcP 71 (1887), 1; Deiter, Der Verpflichtungsvertrag (pactum de contrahendo), Diss. Marburg 1902; v. Einem, Die Rechtsnatur der Option, 1974; Fikentscher, Lizenzoption, Anbietungspflicht und Vertragserweiterung, FS J. Gernhuber, 1993, 121; Fischbach, Vorbereitende Rechtsverhältnisse, ArchBürgR 41 (1915), 160; Freitag, "Specific performance" und "causa-Lehre" über alles im Recht des Vorvertrages?, AcP 207 (2007), 287; Geller, Der Vorvertrag, Diss. Erlangen 1908; Georgiades, Optionsvertrag und Optionsrecht, in: FS K. Larenz, 1973, 409; Henrich, Unwiderrufliches Angebot und Optionsvertrag, in: Zimmermann/Knütel/Meincke (Hrsg.), Rechtsgeschichte und Privatrechtsdogmatik, 1999, 207; ders., Vorvertrag, Optionsvertrag, Vorrechtsvertrag, 1965; Hertel, Rechtsgeschäfte im Vorfeld eines Projekts, BB 1983, 1824; Köhler, Vorvertrag, Option und Festofferte, Jura 1979, 465; Larenz, Die rechtliche Bedeutung von Optionsvereinbarungen, DB 1955, 209; Levinsohn, Der Vorvertrag, 1931; Metzdorf, Die Grundfragen des Vorvertrages nach deutschem und österreichischem Recht, Diss. Breslau 1938; Nipperdey, Vorhand, Vorkaufsrecht und Einlösungsrecht, ZBlHR 1930, 300; Rath Vorverträge nach dem Bürgerlichen Gesetzbuche, Diss. Erlangen 1906; Reinicke/Tiedtke, Heilung eines formnichtigen Vorvertrages und ihre Auswirkungen auf die Vertragsstrafe, NJW 1982, 1430; Reuß, Die Intensitätsstufen der Abreden und die Gentlemen-Agreements, AcP 154 (1955), 485; Ritzinger, Der Vorvertrag in der notariellen Praxis, NJW 1990, 1201; Röhl, Über außervertragliche Voraussetzungen des Vertrages, in: FS H. Schelsky, 1978, 435; Roll, Die Verjährung beim Vorvertrag, BB 1978, 69; Roth, Der Vorvertrag, 1928; Rother, Der

> Vertrag als Vertragsgegenstand, in: FS K. Larenz, 1973, 435; Schäfer, Der Darlehensvorvertrag, Diss. Freiburg 1902; Schlossmann, Über den Vorvertrag und die rechtliche Natur der sog. Realkontrakte, JherJb. 45 (1903), 1; Schmalzel, Vorverträge zugunsten Dritter, AcP 164 (1964), 446; K. Schmidt, Zur Durchsetzung vorvertraglicher Pflichten, DNotZ 1990, 708; Steindorff, Vorvertrag zur Vertragsänderung, BB 1983, 1127; Stintzing, Die Vorverpflichtung im Gebiet der Schuldverhältnisse, 1903; Traut, Beiträge zur Lehre vom Vorvertrag, Diss. Heidelberg 1911; Wabnitz, Der Vorvertrag in rechtsgeschichtlicher und rechtsvergleichender Betrachtung, Diss. Münster 1962; Weber, Der Optionsvertrag, JuS 1990, 249; Wenner, Vorverhandlungen und Vorvertrag, BB 1966, 669; Zöllner, Der arbeitsrechtliche Vorvertrag, in: FS H. Floretta (1983), 455.

(一) 先合同行为

当事人在订立合同之前通常会进行长时间的磋商。在这个阶段作出的表示不是意思表示,因为它缺乏受法律约束的意思,只是提出了有关后续合同应该如何进行的建议。这些建议是不具有约束力的,因此可以毫不费力地终止谈判。根据第154条第1款第2句的规定,即使在达成协议的过程中已经将部分协议以书面形式记录下来,这仍然没有约束力(→边码771)。但是,合同订立之前的表述可能会对后续合同的解释产生影响(→边码549)。 685

(二) 先合同的债上关系

当事人开始进入合同磋商虽然尚不构成合同关系,但也进入了一种法定的债务关系。它并不包含主给付义务,特别地,通常也不能通过这种债务关系要求对方订立合同。但是,当事人有责任对磋商对象履行相应的忠实义务,并充分考虑对方的基本利益。尤其必须确保相对人不会遭受人身或财产的损失。此外,还存在信息和协助义务。如果因过错违反这些义务,相对人则可以根据第280条、第241条第2款、第311条第2款的规定,基于缔约过失(culpa in contrahendo / c. i. c.)主张损害赔偿请求权。 686

范例

687　　K 在 S 超市购物时,因为踩到一片蔬菜叶子而滑倒并摔断了一条腿。根据第 280 条、第 241 条第 2 款和第 311 条第 2 款的规定,S 超市对 K 承担因缔约过失(c. i. c.)而产生的赔偿责任。因为当 K 进入超市时,就形成了一种先合同的债务关系,要求超市保护顾客免受身体上的损害。由于没有采取措施防止这种典型事故的发生,S 超市就因过错违反了这个义务。[54]

688　　M 在因对方的过失而导致的交通事故中受伤。在车辆修理期间,他向租车公司 V 租了一辆替代车辆。当发现 V 要求支付的租车费用超过保险公司通常所能报销的金额时,M 要求 V 退还差额。这个要求同样来源于缔约过失责任(c. i. c.)。因为 V 作为专业租车公司应当知晓相关的情况,本应主动告知 M 关于保险金不能完全报销租车费用的事实。[55]但由于过错,V 违反了这个义务,根据恢复原状原则(第 249 条第 1 句),V 必须将 M 置于其被正常告知的状态下。在这种情况下,M 本可以租一辆更便宜的车,并从保险公司获得全部费用的报销。现在未获得报销的额外费用成为 M 的损失,需要由 V 予以赔偿。

689　　V 向 M 出售 M 事先已经租下的住宅用地。经过长时间的谈判,双方就所有问题达成了一致。M 询问 V 是否可以在购房合同公证之前(第 311b 条第 1 款第 1 句)开始进行改建工作。但因为 V 仍在寻找更有支付能力的买家,便回答说公证只是一种形式上的手续,他对改建没有异议。然而在公证时,V 突然要求提高 12.5 万欧元的购买价格,因此谈判破裂。M 解除租赁合同并搬出房屋,同时要求 V 赔偿改建费用。通常情况下,合同谈判的中断,即使是无理由的,也不会构成缔约过失(→边码 685)。但是,如果实际上并不存在达成合意的意愿并且没有告知对方不存在这种意愿,情况就不同了。

---

[54] Vgl. BGHZ 66, 51, 52 ff.

[55] Vgl. LG Ravensburg NJW-RR 1994, 796; Etzel, VersR 1993, 1192, 1195.

然而，司法实践在要式合同中的要求更加严格，即通常要求相对人存在故意违反诚信义务的行为。[56]。在本案中，V 在明知的情况下使得 M 产生了合理的信赖，即确信的确订立了合同，因此 V 对 M 负有损害赔偿责任。当然，缔约过失的后果也不是要求必须达成合同或要求赔偿履行利益。[57] 相反，M 只能要求被放置在一个诚信行为的状态下，即如果 V 及时披露对达成的协议进行公证的保留意见，就会使 M 免受改建费用的损失。

(三) 预约

如果当事人并不打算立即订立合同，但在早期阶段已经在当事人之间产生约束力，他们可以订立一份预约(Vorvertrag)。预约是一种债上的负担合同(schuldrechtlicher Verpflichtungsvertrag)，当事人在其中约定订立另一个债上的负担合同，即所谓的主合同。[58] 这样就产生了一种**债上强制缔约**(schuldrechtlicher Kontrahierungszwang)。[59] 必须将主合同和预约严格分开，它们有不同的合同客体。例如，被认为是买卖合同的主合同能够设立第 433 条中的典型义务，而预约只能约定以后订立该买卖合同的义务，之后的主合同也必须是一种债上的负担合同。以处分为目的的合同永远不可能是预约，而是主合同本身。[60]

690

预约的**内容**(Inhalt)应当不同于主合同的内容，其旨在将当事人约束至主合同的订立。但预约中关于主合同的内容必须具体化，以便提起履行之诉要求订立主合同，并根据《民事诉讼法》第 894 条执行判决。因

691

---

[56] BGH NJW 1996, 1884 = JZ 1997, 467 = ZIP 1996, 1174 m. krit. Anm. Ochsenfeld; OLG Koblenz NJW-RR 1997, 974; 批评意见 Kaiser, JZ 1997, 448 ff.。

[57] 在个案中有不同，参见 BGH JZ 1999, 93, 94 (zust. Stoll)——对这些争议问题的详细论述，参见 Staudinger-Löwisch/Feldmann[2013] § 311 Rdnr. 157 ff.; Weber, AcP 192 (1992), 390, 428 ff.。

[58] BGHZ 102, 384, 388; BGH NJW 2006, 2843 Rdnr. 9 ff.; BAG NJW 2010, 1100 Rdnr. 20 ff.

[59] Freitag, AcP 207 (2007), 287, 293; MünchKomm-Busche[6] Vor § 145 Rdnr. 65.

[60] BGH NJW 2013, 3779 Rdnr. 10; RGZ 48, 133, 135.

此，主合同必须至少在预约的基础上能够确定，可以通过对预约进行解释和补充，并由法官参考适用任意性法律来确定。[61] 这种对确定性的要求不仅适用于主合同的合同要素(essentialia negotii)，还适用于所有当事人认为重要的附加事项。[62] 如果不能满足这一点，则预约是无效的。这不仅适用于预约，也同样适用于其他任何一种合同。[63]

范例

692　　A 和 B 约定，一旦 A 完成学业，他们将成立一家公司。双方已经签署了一份关于公司章程的预约(而不是附条件的公司章程)，但该预约无效，因为其中甚至没有明确公司应采取何种法律形式，即该公司是股份有限公司还是有限责任公司。[64]

693　　V 和 K 书面约定，当 V 年满 70 岁时，K 将以 40 万欧元的价格购买 V 的房地产。在 V 年满 70 岁后，他与 K 签订了买卖合同，并经过公证人公证。K 被登记在土地登记簿后，V 和 K 发生争执。V 要求返还房地产，并称预约是无效的，因此没有义务履行主合同。的确，根据第 311b 条第 1 款第 1 句的规定，一份针对房地产买卖合同的预约需要进行公证。[65] 此外，如果基于无效的预约而订立了主合同，并且该主合同仅仅是基于错误认知而认为有义务履行预约，那么可以根据第 812 条的规定请求返还。[66] 然而在本案中，应注意到根据第 311b 条第 1 款第 2 句的规定，预约的形式缺陷可以通过订立符

---

[61] BGH WM 1994, 752, 754; NJW-RR 1993, 139, 140; OLG Brandenburg NJW-RR 2008, 254; Freitag, AcP 207 (2007), 287, 290; Staudinger-Bork[2015] Vorbem. zu § § 145 ff. Rdnr. 56 ff. m. w. N.

[62] Vgl. BGH NJW 1990, 1234, 1235.

[63] 对于合同要素，参见边码 712；对于附加事项，参见边码 720。

[64] Vgl. RGZ 106, 174, 176; OLG Frankfurt MDR 1973, 759.

[65] BGH NJW 2006, 2843 Rdnr. 15; 1999, 2806; 1986, 2820, 2821; NJW-RR 2003, 1565, 1566; OLG Brandenburg NJW-RR 2008, 254, 255; OLG Hamburg NJW-RR 1992, 20, 21; BAG NJW 2010, 1100 Rdnr. 23.-Vgl. zu § 550 BGB auch BGH NJW 2007, 1817, Rdnr. 14.

[66] Brüggemann, JR 1968, 201, 206; MünchKomm - Busche[6] Vor § 145 Rdnr. 67; Staudinger-Bork[2015] Vorbem. zu § 145 ff. Rdnr. 68.

合形式要求的主合同来弥补[67],因此预约应当被认定为有效,而买卖合同及其履行也不能被撤销。

预约的**执行方式**(Durchsetzung)与法定的强制缔约相同(→边码 673):一方必须提出包含所有必要细节的要约,而另一方必须接受这个要约。要约方可以起诉要求对方作出承诺的意思表示。[68] 如果他赢得了诉讼,则根据《民事诉讼法》第 894 条的规定,该承诺将被视为具有法律效力。如果由于缺乏详细信息(例如,关于通常的合同条件),有意订立合同的一方不能充分具体化其要约的内容,那么他必须要求对方提出要约。如果无法实现这一内容,可以通过诉讼要求对方履行提出要约的义务,并根据《民事诉讼法》第 888 条的规定通过罚款或强制执行来实施。[69]

694

(四)选择合同

在合同订立前的阶段中,还有另外一种对当事人进行约束的方式,就是所谓的选择合同(Option)。根据当事人的**利益状况**(Interessenlage),选择权主要适用在以下场景:一方面,尚不能明确是否真的需要后续的(主)合同;另一方面,一方当事人(选择权利人)希望相对方(选择义务人)受到足够的拘束,以便当权利人想要真正订立合同时,义务人无法再从主合同中脱身。例如,在租赁关系中经常遇到的合同延期选择(Vertragsverlängerungsoption)就是这种情况。类似的情况,也常常会出现在生产商还无法最终评估自己的订单状况,因此还不能明确订购生产设备的数量时,只能为确保在获得足够的订单时有能力进行生产而预先采取保障措施。预

695

---

[67] 对此,参见 BGHZ 82, 398, 403 ff.; BGH NJW 2012, 3171 Rdnr. 10 ff.; 2004, 3626, 3628; NJW-RR 2003, 1565, 1566; Reinicke, 违反形式订立的合同的法律效果,参见 1969, 25 ff.; Reinicke/Tiedtke, NJW 1982, 1430 ff.; Staudinger-Bork[2015] Vorbem. zu § § 145 ff. Rdnr. 62——不同观点,参见 Henrich, Vorvertrag, Optionsvertrag, Vorrechtsvertrag, 1965, 169。

[68] BGH NJW 2006, 2843 Rdnr. 26.

[69] Vgl. dazu BGHZ 98, 130, 133 f.; BGH NJW 2001, 1285, 1286; 2001, 1272, 1273; WM 1994, 752, 753; Brüggemann, JR 1968, 201, 203; Staudinger-Bork[2015] Vorbem. zu § § 145 ff. Rdnr. 67.

约无法解决这个问题,因为在预约中,双方都有义务订立主合同,而这里只想确保权利人在需要时,确实能够达成主合同。在这些情况下,选择权是有意义的,它为权利人提供了通过单方面意思表示就能达成所希望的主合同的可能性。

696 能够实现这一目标的**法律构建**(rechtliche Konstruktion)并没有确定下来。当事人有各种不同的设计选择。[70] 首先,可以考虑由一方提供(定期或不定期的)要约,另一方在需要时可以接受。这种情况被称为固定要约(Festofferte)。义务人在此期间始终受到其要约的约束,权利人则可以通过单方面意思表示[即承诺表示(Annahmeerklärung)]订立合同。其次,在合同中也可以包含有约束力的要约(bindendes Angebot)。这种情况被称为要约合同(Angebotsvertrag),同时可以规定更为详细的条款,例如,义务人受约束的期限以及权利人在何种情况下必须作出承诺。此外,还可以规定附随义务(Nebenpflichten)。最后,可以订立附条件的主合同,条件是权利人的表示可以决定主合同生效与否。[71]

697 在具体情况下,应通过解释来确定各方想要采取何种构建。在这里,也应该考虑到这样一个基本原则,即在不确定的情况下,应优先选择可以使当事人意思得以实现的解释方式(→边码 556),这一点在**形式**(Form)方面尤为重要。对于需要特定形式的主合同达成选择权的合意,会使义务方单方面被约束,并因此根据相应形式条款的意义和目的满足相应的形式要求。[72] 然而,在行使选择权时可能会有所不同。对固定要约和要约合同而言,权利人的行使表示也需要满足形式要求,因为它们

---

[70] 参见 Folgenden BGHZ 97, 147, 152; Staudinger-Bork[2015] Vorbem. zu § § 145 ff. Rdnr. 70 f.——根据通说,总是存在一种特殊的合同形式;参见 v. Arnim, AG 1983, 29, 39 f.; Casper (Rdnr. 684), 42 ff./73; Weber, JuS 1990, 249, 253 f.。

[71] 此时该条件就不是任意条件(Potestativbedingung)(→边码 1261),而是意愿条件(Wollensbedingung),因为它只存在于与法律行为有效性相关的意思表示中,而不是在任何其他与意愿相关的行为中(Flume[4], § 39, 2 d; 不同观点,参见 Erman-Armbrüster[14] Vor § 158 Rdnr. 14)。此时意愿条件是可接受的,因为合同的有效性不仅仅取决于单方义务人的意愿;参见 BGHZ 47, 387, 391; Henrich, Vorvertrag, Optionsvertrag, Vorrechtsvertrag, 1965, 236; a. M. Jauernig-Mansel[15] Vor § 145 Rdnr. 6。

[72] Casper (Rdnr. 684), 127 ff.

无非是对要约的承诺以订立主合同的意思表示,因此直接受到形式条款的约束。然而,在附条件的主合同中,主流观点认为根据第 456 条第 1 款第 2 句的规定,行使表示应该是形式自由的[73](因此,在有疑义的情况下,应该支持"附条件的主合同"的构建选择,以避免产生效力障碍[74])。然而,必须反驳这种观点,至少那些旨在保护表意人的形式规定应当适用于行使选择权的情况,因为表意人在此之前还没有受到约束。[75]

构建方式的选择也对问题的答案产生影响,即选择权是否属于一种形成权(Gestaltungsrecht)。这个问题被主流观点所肯定[76],但在固定要约和要约合同中,答案是否定的,因为这里的选择无非是对合同要约的承诺,所以不构成形成权。[77] 然而,在附条件的主合同中,情况就不同了,可以认为此处存在一种基于合同的选择权。[78]

698

---

[73] BGH LM Nr. 16 zu § 433 BGB; Erman-Armbrüster[14] Vor § 158 Rdnr. 15; Palandt-Elleberger[74] Einf. v. § 145 Rdnr. 23; Soergel-Wolf[13] Vor § 145 Rdnr. 71; Wolf/Neuner[10], § 36 Rdnr. 8.

[74] Vgl. Staudinger-Bork[2015] Vorbem. zu § § 145 ff. Rdnr. 72.

[75] Casper (Rdnr. 684), 131 ff.; Flume[4], § 38, 2 d; Georgiades, FS Larenz, 1973, 409, 425 f.; Jauernig-Mansel[15] Vor § 145 Rdnr. 6; Lorenz, FS Dölle, 1963, 103, 115 ff.; MünchKomm-Busche[6] Vor § 145 Rdnr. 75; Staudinger-Bork[2015] Vorbem. zu § § 145 ff. Rdnr. 74.

[76] Vgl. etwa BGH NJW 2015, 402 Rdnr. 21; Casper (Rdnr. 684), 62 ff.; v. Einem, Die Rechtsnatur der Option, 1974, 23 ff.; Jauernig-Mansel[15] Vor § 145 Rdnr. 6; MünchKomm-Busche[6] Vor § 145 Rdnr. 70; Palandt-Ellenberger[74] Vor § 145 Rdnr. 23; Wolf/Neuner[10], § 36 Rdnr. 9.

[77] Staudinger-Bork[2015] Vorbem. § § 145 ff. Rdnr. 73 m. § 145 Rdnr. 34.

[78] Vgl. BGHZ 94, 29, 31; BGH NJW 2015, 402 Rdnr. 21.

第十八章 合同的订立

文献

Andreae, Das Recht des Antragsempfängers, Diss. Erlangen 1914; Assmann, Die unbestellten Zusendungen, 1901; Augner, Vertragsschluß ohne Zugang der Annahmeerklärung, 1985; Bailas, Das Problem der Vertragsschließung und der vertragsbegründende Akt, 1962; Bartl, Aktuelle Rechtsfragen des Bildschirmtextes, DB 1982, 1097; Bierekoven, Der Vertragsabschluss via Internet im internationalen Wirtschaftsverker, 2001; Bindewald, Der Tod des Antragenden, Diss. Jena 1938; Bischoff, Der Vertragsschluss beim verhandelten Vertrag, 2001; Böhmert, Das Geschäft und der Rechtsschutz des Verkehrsautomaten nach modernem Recht, Diss. Erlangen 1910; Brehmer, Die Annahme nach § 151 BGB, JuS 1994, 386; Brinkmann, Vertragsrechtliche Probleme bei Warenbestellungen über Bildschirmtext, BB 1981, 1183; ders., Zivil-und Presserechtliche Fragen bei der Nutzung von Bildschirmtext, ZUM 1985, 337; Bultmann/Rahn, Rechtliche Fragen des Teleshopping, NJW 1988, 2432; P. Bydlinski, Probleme des Vertragsabschlusses ohne Annahmeerklärung, JuS 1988, 36; Czeguhn, Vertragsschluss im Internet, JA 2001, 708; Dahnke, Besteht die Möglichkeit einer Offerte zwecks Vertragsschluß mit einer beliebigen Person im geltenden bürgerlichen Recht?, Diss. Kiel 1932; Dethloff, Vertragsschluss, Widerrufs-und Rückgaberecht im E-Commerce, Jura 2003, 730; Diederichsen, Der Schutz der Privatautonomie bei Befristung des Vertragsangebots, in: FS D. Medicus, 1999, 89; ders., Der „Vertragsschluß" durch kaufmännisches Bestätigungsschreiben, JuS 1966, 129; Dietrich, Der Kauf im Selbstbedienungsladen, DB 1972, 957; Dörner, Rechtsgeschäfte im Internet, AcP 202 (2002), 363; Eckardt, Die „Vergleichsfalle" als Problem der Auslegung adressatenloser Annahmeerklärungen nach § 151 S. 1 BGB, BB 1996, 1945; Ehrlich, Die stillschweigende Willenserklärung, 1893; Ernst, Vertragsschluss im Internet unter besonderer Berücksichtigung der E-Commerce-Richtlinie, 2007; Finkenauer, Zur Bestimmung der gesetzlichen Annahmefrist in § 147 II BGB-LAG Berlin, NZA-RR 1999, 355,

JuS 2000, 118; Francke, Zum Vertragsabschluß durch Fernsprecher, Recht 1901, 201; Frankenburger, Die rechtliche Bedeutung der Telefongespräche, DJZ 1904, 844; Freund, Die stillschweigende Vertragsannahme (§ 151 BGB), Diss. Breslau 1899; Fritzsche, Der Abschluss von Verträgen, § § 145 ff. BGB, JA 2006, 674; Grapentin, Vertragsschluss bei Internet-Auktionen, GRUR 2001, 713; Graue, Vertragsschluß durch Konsens? in: G. Jakobs (Hrsg.), Rechtsgeltung und Konsens, 1976, 105; Greifelt, Die Zusendung unbestellter Waren, WRP 1955, 120; Greulich, Der Fernschreiber, Rechtsfragen bei der Verwendung im Geschäftsverkehr, BB 1954, 491; Grunewald, Die Anwendbarkeit des AGB-Gesetzes auf Bestimmungen über den Vertragsschluß, ZIP 1987, 353; Hager, Die Versteigerung im Internet, JZ 2001 786; Hart, Soziale Steuerung durch Vertragsabschlußkontrolle – Alternativen zum Vertragsschluß?, KritV 1986, 211; Hellgardt, Privatautonome Modifikation der Regeln zu Abschluss, Zustandekommen und Wirksamkeit des Vertrags, AcP 213 (2013), 760; Hertel, Rechtsgeschäfte im Vorfeld eines Projekts, BB 1983, 1824; Hildebrandt, Die Annahme eines Vertragsantrages, Diss. Jena 1907; Hilger, Die verspätete Annahme, AcP 185 (1985), 559; Himmelschein, Beiträge zu der Lehre vom Rechtsgeschäft, 1930; Hoeren, Online-Auktionen, 2002; Hollerbach, Die rechtlichen Rahmenbedingungen für Internet-Auktionen, DB 2000, 2001; Honsell/Holz-Dahrenstaedt, Grundprobleme des Vertragsschlusses, JuS 1986, 969; Isay, Zur Lehre von den Willenserklärungen nach dem BGB, JherJb. 44 (1902), 43; Jacobsohn, Die Anfechtung stillschweigender Willenserklärungen wegen Irrtums, JherJb. 56 (1910), 329, 390; Jansen, Die „Bindung" an Angebot und Annahme beim Vertragsschluß – eine rechtsvergleichende Untersuchung, Diss. Tübingen 1983; Joerges, Zum Recht des Fernsprechverkehrs, ZHR 56 (1905), 44; Jung, Die Einigung über die „essentialia negotii" als Voraussetzung für das Zustandekommen eines Vertrages, JuS 1999, 28; Kilian, Rechtssoziologische und rechtstheoretische Aspekte des Vertragsabschlusses, in: FS R. Wassermann, 1985, 715; Kleinschmidt, Annahme eines Erlassangebots durch Einlösung eines mit dem Angebot übersandten Verrechnungsschecks?, NJW 2002, 346; Korch, Abweichende Annahme? Kein Fall für Treu und Glauben!, NJW 2014, 3553; Kohler, Über den Vertrag unter Abwesenden, ArchBürgR 1 (1889), 283; Köhler, Rechtsgeschäfte mittels Bildschirmtext, in: Hübner u. a., Rechtsprobleme des Bildschirmtextes (1986), 51; ders., Vereinbarung und Verwirkung der Vertragsstrafe, in: FS J. Gernhuber, 1993, 207; Köndgen, Selbstbindung ohne Vertrag, 1981; Korfmacher, Die Offerte ad incertam personam, Diss. Köln 1936; Kramer, Grundfragen der vertraglichen Einigung, 1972; ders., Schweigen als Annahme eines Antrages, Jura 1984, 235; Krückmann, Die sog. „Offerte ad incertam personam", BayZ 1915, 97; Lange, Die Rechtsnatur von Antrag, Annahme und Ablehnung, geprüft bei Verträgen beschränkt Geschäftsfähiger, in: FS R. Reinhardt, 1972, 95; Lauktien/Varadinek, Der Vertragsabschluss im Internet, ZUM 2000, 466; Leenen, Abschluß, Zustandekommen und Wirksamkeit des Vertrages, AcP 188 (1988), 381; Lettl, Das kaufmännische Bestätigungsschreiben, JuS 2008, 849; ders., Versteigerung im Internet-BGH, NJW 2002, 363, JuS 2002, 219; Lindacher, Die Bedeutung der Klausel „Angebot freibleibend", DB 1992, 1813; Lorenz, Vorzugsrechte beim Vertragsschluß, Festschr. F. G. Dölle, Bd. 1, 1963, 103; Ludwig, Notarielle Urkunden für die, die es angeht?, DNotZ 1982, 724; Manigk, Das rechtswirksame Verhalten, 1939; Mankowski, Online – Auktionen, Versteigerungsbegriff und fernabsatzrechtliches Widerrufsrecht, JZ 2005, 444; Mayer-Maly, Vertrag und Einigung, in: FS H.-C. Nipperdey, Bd. 1, 1965, 509; ders., Vertrag und Einigung, FS W. Wilburg, 1965, 129; ders., Der Konsens als Grundlage des Vertrages, FS E. Seidl, 1975, 118; ders., Die Bedeutung des Konsenses in privatrechtsgeschäftlicher Sicht, in: G. Jakobs (Hrsg.), Rechtsgeltung und Konsens, 1976, 91; Meder, Die Annahme durch Schweigen bei Überweisungsvertrag und Gutschrift, JZ 2003, 443; Merle, Die Vereinbarung als mehrseitiger Vertrag, FS J. Wenzel, 2005, 251; Micklitz, Verbraucherschutz und Bildschirmtext, NJW 1982, 263; Mössner, Die Zusendung unbestellter Waren, Diss. Heidelberg 1942; Moritz, Vertragsfixierung durch kaufmännisches Bestätigungsschreiben, BB 1995, 420; v. Müller, Zusendung unbestellter Waren, Diss. Marburg 1940; Muscheler/Schewe, Die invitatio ad offerendum auf dem Prüfstand, Jura 2000, 565; Neumayer, Vertragsschluß durch Kreuzofferten?, in: FS O. Riese, 1964, 309; Neumond, Der Automat, AcP 89 (1899), 166; Nowak, Der elektronische Vertrag, MDR 2001, 841; Paefgen, Forum: Bildschirmtext – Herausforderung zum Wandel der allgemeinen Rechtsgeschäftslehre?, JuS 1988, 592; ders., Rechtsgeschäfte mittels Bildschirmtext, AfP 1991, 365; Pärn, Vertragswirkungen ohne Vertragsschluß, eine Studie zu § 151 BGB, Diss. Kiel 1956; Probandt, Zivilrechtliche Probleme des Bildschirmtextes, UFITA 98 (1984), 9; Redeker, Geschäftsabwicklung mit externen Rechnern im Bildschirmtextdienst, NJW 1984, 2390; Rehse, Der Vertragsschluss auf elektronischem Wege in Deutschland und England, 2001; Reichau, Der Vertragsschluß durch Fernsprecher, insbesondere beim Eintreten von Mittelspersonen, Diss. Jena 1908; Repgen, Abschied von der Willensbetätigung, AcP 200 (2000), 533; Rother, Internet-Versteigerungen, 2007; Rudolph, Vertragsschluss im elektronischen Geschäftsverkehr, 2005; Rüfner, Verbindlicher Vertragsschluß bei Verträgen im Internet, JZ 2000, 715; Schärtl, Das kaufmännische Bestätigungsschreiben, JA 2007, 567; Scherer/Butt, Rechtsprobleme bei Vertragsschluss via Internet, DB 2000, 1009; Schöne/Fröschle, Unbestellte Waren und Dienstleistungen, 2001; Schultz, Annahme im Sinne des § 151 BGB und Annahme durch Schweigen, MDR 1995, 1187; Schwarze, Die Annahmehandlung in § 151 BGB als Problem der prozessualen Feststellbarkeit des Annahmewillens, AcP 202 (2002), 607; Schwung, Die Zusendung unbestellter Waren, JuS 1985, 449; Sohm, Über Vertragsschluß unter Abwesenden und Vertragsschluß mit einer persona incerta, ZHR 17 (1873), 16; Spindler, Vertragsabschluss und Inhaltskontrolle bei Internet-Auktionen, ZIP 2001, 809; Stellmann/Süss Abschluss von Mietverträgen im Internet?, NZM 2001, 969; Szamotulski, Der Vertragsschluß ohne Annahmeerklärung gegenüber dem Antragenden, Diss. Freiburg 1903; Schwarze, Die Annahmmehandlung in § 151 BGB als Problem der prozessualen Feststellbarkeit des Annahmewillens, AcP 202 (2002), 607; Taupitz/Kritter, Electronic Commerce – Probleme bei Rechtsgeschäften im Internet, JuS 1999, 839; Tichbi, Die Rechtsstellung des Angebotsempfängers unter besonderer Berücksichtigung des Insolvenzrechts, 2011; Uhlmann, Elektronische Verträge aus deutscher, europäischer und US-amerikanischer Sicht, 2003; Ulrici, Die enttäuschende Internetauktion-LG Münster, MMR 2000, 280, JuS 2000, 947; Volp/Schimmel, § 149 BGB-eine klare und einfache Regelung?, JuS 2007, 899; Vytlacil, Die Willensbetätigung, das andere Rechtsgeschäft, 2009; Walchshöfer, Annahmefristen in Allgemeinen Geschäftsbedingungen, WM 1986, 1041; Waldenberger, Grenzen des Verbraucherschutzes beim Abschluß von Verträgen im Internet, BB 1996, 2365; Wedemeyer, Der Abschluß eines obligatorischen Vertrages durch Erfüllungs-und Aneignungshandlungen, Diss. Mar-burg 1904; Weimar, Zweifelsfragen zur unbestellten Ansichtssendung, JR 1967, 417; Wenzel, Vertragsabschluss bei Internet-Auktionen-ricardo.de, NJW 2002, 1550; Wessel, Die Zusendung unbestellter Waren, BB 1966, 432; Weth, Zivilrechtliche Probleme des Schwarzfahrens in öffentlichen Verkehrsmitteln, JuS 1998, 795; Wiebe, Vertragsschluss bei Online – Auktionen, MMR 2000, 323; K. F. Wilhelm, Die Rechtslage bei der Zusendung unbestellter Bücher, Diss. Jena 1933; Zschimmer, Die Offerte an das Publikum, Diss. Rostock 1897.

一、概述

700　　合同作为一项法律行为，其特点在于各方就他们所希望的法律效果达成一致(→边码 656)。这种一致通过合同的订立表现出来(→边码 658)。即使是最简单的合同的订立，也由第 145 条以下作出了规定。[1] 这些规定假设合同是通过**要约和承诺**(Angebot und Annahme)达成合意的。因此，当一方提出合同，另一方接受这个要约时，合同就订立了。对此，法律没有作出明确规定，而只是提出了相关假设，并规定了一些有关的具体操作细节。特别是，法律详细说明了要约人(Anbietende/Offerent)被其要约所约束的期限以及要约受领人必须在多长时间内接受才不会使要约失效。

701　　通过要约和承诺订立合同并不是唯一可能的形式。此外，还有通过双方当事人对**第三方提案的同意**(Zustimmung zu einer Vorlage)来订立合同的方式。在这种情况下，各方同意第三方的建议。[2] 例如，在证券交易所进行的电子交易[3]，签署由公证人准备的合同文件，或者诉讼各方同意法院的和解建议，都采用的是这种方式。会议记录中的典型表述（"在法院的建议下，各方达成以下和解协议……"）并不意味着一方接受了另一方的要约，而是意味着双方同意了第三方的"要约"。这些同意表示的结果，即为合同的约束力，与通过要约和承诺形成的结果没有区别。区别仅仅是技术性的。它们的不同之处在于，各方在这里发出的是相同

---

[1] 关于这些规则的可适用性，参见 Hellgardt, AcP 213 (2013), 760 ff.——在国际贸易购销合同中存在类似的规定 Art. 2.1 ff. der UNIDROIT-Grundsätze (→Rdnr. 25); 对此详述，参见 Köhler in: Basedow (Hrsg.), Europäische Vertragsrechtsvereinheitlichung und deutsches Recht, 2000, 33 ff.。

[2] 对此，参见 Staudinger-Bork[2015] Vorbem. zu §§ 145 ff. Rdnr. 38; 还有 Merle, FS Wenzel, 2005, 251 ff.。

[3] Vgl. Kümpel, WM 1991, Beil. 4, 1, 5 ff.

的而不仅仅是相对应的意思表示。[4] 第145条以下的条款并非针对这种情况,但在适当的情况下,可以在个别案件中类推使用。[5]

二、要约

(一) 概念

1. 基础

合同的成立首先要求一方当事人向另一方提出关于合同所导致的法律效果的提议。《民法典》第145条将这个提议称为"Antrag"* 相比之下,更常见一些、听起来不那么官方的词语是"要约(Angebot)"**,但实际上并没有实质性的区别,这只是一个纯粹的术语问题。

要约是针对所能导致的法律效果而提出的,因此是一种**意思表示**(Willenserklärung)。这种意思表示需要向另外一方即潜在的合同相对人发出,因此是一种需受领的意思表示。它不能与双方法律行为相混淆(→边码399)。[6] 这种法律行为需要(至少)两个意思表示,即要约和承诺。因此,要约只是合同的一个要素,还需要加入至少一个其他的要素——承诺。[7]

法律一般认为,一个要约应包含了合同条款的所有内容,所以要约的受领人只需简单地回答"是"即可承诺(→边码711)。这主要源于第150

702

703

704

---

[4] Flume⁴, § 34, 1; vgl. auch Huber, RabelsZ 43 (1979) 413, 445 f.
[5] Merle, FS Wenzel, 2005, 251, 256 f.不同观点,参见Leenen, AcP 188 (1988), 381, 399 ff., 404 ff.,仅仅使用第154条和第155条是不足以解决问题的,因为例如第147条以下条款也适用于解决是否及何时作出对提案的同意的问题;此外第152条也可以直接适用,比如涉及对公证人准备的提案的同意。
* 此概念通常也被翻译为"要约"。——译者注
** 此概念原意更倾向于"报价"。——译者注
[6] Flume⁴, § 35 I 1.
[7] 此外,要达到预期的法律效果,可能需要满足其他条件,例如,根据第929条第1句的规定进行所有权转移时需要进行交付;参见边码400以下。

条第2款的规定,根据该规定,如果承诺存在对原要约内容的扩展、限制或其他变更,将被视为对原要约的拒绝,并成为一个新的要约(→边码741)。这一观点在要约的**定义**(Definition)中发挥了作用:它是一种需受领的意思表示,通过该表示,某人向他人建议订立一项合同,合同的成立仅取决于对方的同意。

2. 与要约邀请的区别

705　合同的要约是一项意思表示,以体现当事人的**法律约束意思**(Rechtsbindungswillen)为特征。[8] 在这方面,它就与日常用语中通常称为"提议/报价(Angebot)"的其他行为有所不同。例如,如果一家商场在广告宣传册上宣布"本周特价",那么这并不是一个法律意义上的要约,而只是对感兴趣的顾客的邀请,引导他们亲自前往商场选择广告所宣传的商品,并提出一份买卖合同的要约,然后由商场(商品所有人)接受。在这里,我们所谈到的就是"要约邀请(invitatio ad offerendum)",即向对方提出要求或发出邀请,让他们提出一份合同要约。[9] 表意人希望,就算对方作出了同意的表示,自己也不会立即受到合同的约束,而是能够保留自己来决定是否作出承诺并使得合同成立的权利。他目前的表示只是为了告知潜在的合同相对人自己所能提供的商品或服务,表示希望达成合同的意愿,并划定对方可以预期合同的范围。

范例

706　悬赏广告在日常生活中是十分常见的。[10] 除了上文已经提到的广告宣传册,还包括邮购公司的产品目录、报纸广告中的销售或工作机会[11]、公告栏上的活动通知[12]、橱窗中的商品展示[13],以及餐厅的菜单等。

---

[8] Vgl. auch BAG ZIP 2015, 1653 Rdnr. 30 ff.
[9] BGH NJW 2009, 1337 Rdnr. 12.
[10] 详见 Staudinger-Bork^{2015} § 145 Rdnr. 5 ff.。
[11] BGH NJW 2012, 2268 Rdnr. 11.
[12] Vgl. RGZ 133, 388, 391.
[13] Dazu BGH NJW 1980, 1388; OLG München ZIP 1981, 1347.

无论是具备要约所必需的法律约束意思,还是仅仅是要约邀请,都需 707
要通过从接受者的视角来**解释**(Auslegung)并确定(→边码 503 以下)。
为此,应考虑所有能够从客观观察者的角度所看到的情况(→边码 527、
550)。通常情况下,能够成为判断依据的是,陈述中没有包含所有必要的
合同条款,例如,没有提及对价的金额(→边码 712)。最重要的是要考虑
到,在向公众发出表示时,常常需要保留在达成约束性合同之前,检查自
己的供货能力和对方支付能力的权利,因此,在这种情况下,往往被视为
缺乏受法律约束的意愿。

范例

  一家银行在一家跨地区的日报中附加了一些被称为"可用于现金支 708
付的债权支票"的明信片。在附带的广告文本中,它说:"您可以使用这
张支票申请最高 12000 欧元的现金贷款。支付将通过邮局进行,不再需
要亲自去银行。"从法律上讲,这并不构成一份提供贷款合同的要约。一
方面,这是因为关键点(贷款利率)没有被提及。另一方面,银行明显保
留了拒绝贷款申请的权利,例如,因为对申请人的信用状况有疑虑或因
为收到的明信片数量过多,导致贷款额度已耗尽。[14]

  网购公司 V 在其网站上通过"电子目录"的方式销售商品。客户 709
可以点击所需产品,然后在订单页面上填写个人信息(姓名、送货地
址、信用卡号码等)。这个电子目录与印刷目录一样处理:它并不构
成法律上的要约,而是要约邀请,因为网购公司在接到订单后还需要
确认所需商品是否有现货以及能否供应。[15] 通常情况下,提供要约

---

[14] Vgl. BGH NJW 1980, 1388.
[15] BGHZ 179, 319 Rdnr. 12; BGH MDR 2013, 1300 Rdnr. 11; MMR 2013, 586 Rdnr. 10; NJW 2012, 2268 Rdnr. 11; 2011, 2653 Rdnr. 32; LG Münster JZ 2000, 730 (abl. Rüfner, JZ 2000, 715 ff.; Ulrici, JuS 2000, 947 ff.); Czeguhn, JA 2001, 708, 710; Dethloff, Jura 2003, 730, 731 ff.; Dörner, AcP 202 (2002), 363, 377 f.; Lauktien/Varadinek ,ZUM 2000, 466, 467; Scherer/Butt, DB 2000, 1009, 1012; Staudinger-Bork[2015] § 145 Rdnr. 9; Taupitz/Kritter, JuS 1999, 839, 840 f.; Waldenberger, BB 1996, 2365; differenzierend Glatt (Rdnr. 699), 41 ff.; Muscheler/Schewe, Jura 2000, 565, 568 f.

的是订购的客户。但是根据解释,客户的表示也可能被理解为不具受法律约束的意思,而只是发送合同文件的要求。[16]

3. 拍卖中的特殊情况

710　　在拍卖过程中,哪种行为应被视为要约,哪种行为应被视为承诺尚存在疑问。根据《民法典》第 156 条第 1 句的规定,投标人的出价可以被解释为要约,而拍卖师的落槌则可以被解释为承诺。即使在拍卖中发出的意思表示(例如,房地产拍卖)需要形式要件,这一规定仍然适用。[17] 因此,拍卖师的呼唤只是要约邀请,即要求竞拍人出价。同时,根据《民法典》第 156 条第 2 句的规定,更高的出价将会使低于该出价的其他出价作废。由此可见,在拍卖条件没有其他规定的情况下,一个与他人出价相同的要约是不被允许的。因此,拍卖师面对的始终是能够接受的要约。

710a　　第 156 条原则上也适用于**互联网拍卖**(Internet-Auktionen)。但该规定是可被协议排除的。[18] 在互联网拍卖公司的一般交易条款/格式条款(AGB)中,通常会合法地规定,商品的报价在法律上被视为最高出价者所提出的订立合同的要约,或者是对拍卖结束时出现的最高报价的预期承诺,从而使合同在拍卖结束时自动在出卖人和最高出价者之间成立。[19]

(二)内容

711　　法律规定,要约应包含合同中需要规定的一切内容,以便要约受领方可以通过简单的"是"来作出承诺(→边码 704)。因此,要约必须**足够明确**(hinreichend bestimmt)。它至少必须涉及即将进行详细讨论的合同的重要组成部分,除此之外,还包括要约方希望将其列入合同约定的所有事项。通过要约是否能让合同内容足够明确,仍然需要通过解释来确定。如果通过

---

[16]　BGHZ 160, 393, 396.
[17]　BGHZ 138, 339, 342 f.
[18]　BGH MDR 2015, 368 Rdnr. 22.
[19]　重要判例,参见 BGHZ 149, 129, 133 ff. = JZ 2002, 504 (Hager) (对此,参见 Lettl, JuS 2002, 219 ff.; Wenzel, NJW 2002, 1550 f.); 此外,参见 BGH NJW 2015, 1009 Rdnr. 14; 2014, 1292 Rdnr. 19; 2011, 2643 Rdnr. 15 f; 2005, 53, 54; 大量的参考文献在 Staudinger-Bork[2015] § 156 Rdnr. 10a。

解释不能得出足够具体的结论,那么要约就是不完整的,因此也是无效的。

要约必须特别明确地将**合同的要素**(essentialia negotii),即合同的重要组成部分表达出来。这包括合同标的(Vertragsgegenstand)、合同当事人(Vertragsparteien)和合同类型(Vertragstyp)。相应地,合同还应包括对待给付(Gegenleistung)。例如,如果有人希望缔结一份买卖合同,那么他的要约就必须明确表示所希望订立的合同类型是买卖合同、所希望购买的标的是什么、谁是买方和卖方,以及愿意支付的价金是多少。在劳务合同和委托合同中[20],第612条、第632条的规定使得就对待给付达成一致更加容易,因为在要约中不需要提供有关的详细信息。除此之外,也可以通过事后适当的程序来协商确定合同的要素,例如,事后由第三方来确定合同相对人[21],或者将对待给付的金额与交易所价格(Börsenpreis)等挂钩,只要能够确定就足够了。[22] 一般来说,要约并不总是需要明确地提出。在实践中,要约也可以默示地发出并生效,只要从当时的具体情况可以推断出合同的要素即可。但如果即便通过解释也无法表明要约涉及合同的要素,那么合同当然也就无法成立(→边码763)。

712

范例

A前往牙医那里接受治疗。这里并不存在明确的合同订立。相反,合同是通过A(通过在接待处登记)默示地提出一份要约,而牙医则是通过他在接待处工作的助手或开始治疗的行为作出承诺,从而使得合同订立。虽然在双方的行为中并没有提及相关报酬及其金额,但它是根据法律(第612条与牙医费用规定)来确定的。

713

早上K经过V的亭子,默默地将一枚1欧元的硬币放在钱盘上,指着一叠日报,然后V将硬币放入收银机,并交给K一份报纸。虽然这里双方都没有说一句话,但K已经提出了一个足够明确的、不

714

---

[20] 关于委托合同的明确性,参见LG Lübeck NJW-RR 1999, 1655; für Maklerverträge s. § 653 und dazu BGH NJW 2002, 817, 818。

[21] 由代理人指定的情况,参见BGH NJW 1998, 62, 63。

[22] BGH NJW 2006, 139, 140; NJW-RR 2002, 415。

容置疑的要约,V默默接受了这个要约,作出了承诺。

715　　D根据他认识两个月的朋友F的请求,为她在G处的债务付款。当D要求偿还时,F称D已经将这笔金额作为礼物替她向G的债务付款。对于D和F是否就合同类型作为合同主要内容达成一致,应通过解释双方各自的表示和行为进行判断。在本案中,D和F在D付款时相处的时间很短,这就能引出一个合理的推测,即D并非将这笔款项赠与F,而只是替F预先支付而已。[23] 因此,F必须证明她与D实际上就"赠与"作为合同类型达成了一致,以推翻这一假设。

716　　当有人向公众求助,**向不特定的人**(ad incertam personam)提出动议,也会满足确定性的要求。[24] 虽然合同相对人的具体身份在此时没有被明确指定,但它可以是足够明确的,因为(且只有当)通过解释能表明要约人希望与任何表示接受要约的人达成合意。当然,这种情况通常只会在日常行为中发生。

范例

717　　K从香烟自动售货机里取了一盒香烟。自动售货机的设置本身就是一种要约,只有通过投入所需的货币才能接受这个要约,作出承诺(由于技术原因,只能这样)。这是一种向"不特定人(ad incertam personam)"的要约,对于使用自动售货机的人来说这是显而易见的,它受到诚信条件(lautere Bedienung)和自动售货机功能的制约,并且只在库存充足的情况下才会生效。[25]

---

[23] OLG Koblenz NJW-RR 1998, 1516 f.

[24] BGH NJW 2007, 2912 Rdnr. 9; 关于网络拍卖(eBay)的要约,参见 BGH NJW 2011, 2643 Rdnr. 16。

[25] OLG Düsseldorf ZMR 1987, 328; Brox/Walker[38], Rdnr. 167; Flume[4], § 35 I 1; MünchKomm-Busche[6] § 145 Rdnr. 12; Staudinger-Bork[2015] § 145 Rdnr. 8; ohne die Vorbehalte auch Muscheler/Schewe, Jura 2000, 565, 567.–A. M. (nur invitatio) Erman-Armbrüster[14] § 145 Rdnr. 8; Köndgen, Selbstbindung ohne Vertrag, 1981, 284 ff.; Medicus[10], Rdnr. 362; Padeck, VersR 1989, 541, 542; Wolf/Neuner[10], § 37 Rdnr. 11.

同样的规则也适用于自助加油站的加油泵。由于取油过程的不可逆转性,对于加油站经营者而言,无论是根据债法方面的规定(第433条)还是根据物权法方面的规定(第929条),都存在一个要约,该要约由加油的汽车驾驶员通过操作加油泵的行为来作出承诺。[26]

718

K 在超市里拿起一罐扁豆汤并放在收银台上。普遍认为,在货架上摆放的商品只是要约邀请。真正的要约是由顾客将商品放在收银台处提出的。[27] 这种观点的理由是,顾客应该有将商品"不受制裁"地放回货架的可能性。此外,如果商品在因不可归责于顾客的情况下被毁损,顾客也不希望承担对价风险。然而,这种观点并不令人信服。在超市交易中,个人的具体身份和信用状况通常不会实质影响交易[28],而且可以通过其他方式解决退换货和风险分担的问题;即便顾客还没有将商品从货架上取走,将商品陈列在货架上就已经是要约了[29],顾客将商品放在收银台时就是已经接收该要约,作出承诺。[30]

719

为了使要约生效,只需表明它包含了合同的要素。关于交付的时间和地点、违约后果或合同标的物的瑕疵等其他问题,则可以由法律来进行

720

---

[26] BGH NJW 2011, 2871 Rdnr. 13 ff.; Borchert/Hellmann, NJW 1983, 2799, 2800 (仅对债上行为; Jauernig-Mansel[15] § 145 Rdnr. 7; Köhler[38], § 8 Rdnr. 12; A. Schmidt, Rechtsfiguren der Selbstbedienung im Zivilrecht, Diss. München 1985, 96 f.; Staudinger-Bork[2015] § 145 Rdnr. 8; Lange/Trost, JuS 2003, 961, 964(关于附条件的合意/买卖中的所有权保留)——根据上述规定,加油者提出了一个要约,只有在加油站员工释放或未锁定油枪时才算作承诺(so OLG Düsseldorf JR 1982, 343; Herzberg, NJW 1984, 896, 897; ders., JA 1980, 385, 389 f.),或者甚至只有在收银台发出表示时才会成立 (Deutscher, JA 1983, 125, 126; Palandt-Ellenberger[74] § 145 Rdnr. 8).

[27] Vgl. etwa Carlsson JR 1954, 253 f.; Dietrich, DB 1972, 957 f.; Erman-Armbrüster[14] § 145 Rdnr. 10; MünchKomm-Busche[6] § 145 Rdnr. 12; Recke, NJW 1953, 92.

[28] Vgl. BGHZ 124, 39, 43.

[29] So auch BGH NJW 2011, 2871 Rdnr. 15.

[30] 同样的观点,参见 Bögner, JR 1953, 417 ff.; Muscheler/Schewe, Jura 2000, 565, 567; Soergel-Wolf[13] § 145 Rdnr. 7; Staudinger-Bork[2015] § 145 Rdnr. 7; offen BGHZ 66, 51, 55 f..

补充规定,尤其是在债法中。这些问题也被称为**合同的常素**(naturalia negotii)。[31] 它们有关合同当事人之间的典型冲突,被抽象和一般性地规范化,因此可以在合同中自行约定(→边码 96),但不是必须的。因此,在要约中无须提及这些常素。

721　　另外,要约人也不必局限于合同的要素。根据第 154 条、第 155 条(→边码 764),要约可以包含其他要点,并使其成为合同标的。这些额外的对象称为**合同的偶素**(accidentalia negotii)。它们也可以是法律规定的事项;这时,关键是要看要约中的规定是否与法律规定不同,以及如果不同,法律的规定是否为任意性的,即是否可以通过与之不同的合同约定来排除法律的适用。这些偶素当然也可以是法律未涉及,但双方都希望在合同中进行规定的内容。

范例

722　　K 在 V 处购买了一辆汽车。30 个月后,K 以引擎有缺陷为由要求赔偿。V 援引了诉讼时效——根据第 438 条第 1 款第 3 项的规定是合法的。合同中未明确规定的诉讼时效问题属于合同的常素。如果任何一方有意愿,他们本也可以在合同中提及并约定与法律不同的内容(→边码 331),那么这将成为合同的偶素,就像 V 在交付前装上冬季轮胎的约定一样(这是法律自然不会涉及的一个问题)。

(三)约束的效力

1. 对要约人的约束力

723　　要约是一项需受领的意思表示,根据第 130 条第 1 款第 1 句的规定,意思表示一旦到达就会生效。通过到达所产生的要约的**效力**(Wirkung)对于要约人(Antragend)而言,首要的就是形成对自己的约束力(第 145 条)。通过这个规定,要约的受领人可以获得一个明确的基

---

[31] 有关语义的问题,参见 Flume[4], § 6, 2。

础,并有足够的时间来考虑是否作出承诺。此时,要约受领人就有机会通过承诺来订立合同。这并不是一种只能存在于既有法律关系之内的形成权(Gestaltungsrecht),而是建构合同法律关系的法律上的可能性[32],也可以称为"合同上的期待(Vertragsanwartschaft)"[33],它在原则上可以转让、抵押以及在破产中作为破产财产的组成部分。[34]

要约的约束力在于,已到达的要约不得**撤销或取回**(Widerruf oder Rücknahme)。这本身就源于第 130 条第 1 款第 2 句(→边码 653 以下)的规定,并且在第 145 条中再次得到确认,因为在(日耳曼)普通法中,直到要约的受领人作出承诺之前,要约都是可以自由撤销的。[35] 按照现行法,除了极少数例外情况,要约都是不可撤销的。从到达开始,只有当所提供的合同是单方面可撤销的时候,要约才具有可撤销性。[36] 只有在提出要约和作出承诺的表示之间发生了重大变化,并且满足关于交易基础丧失(Wegfall der Geschäftsgrundlage)的规则,那么才可能导致要约具有可撤销性。[37] 但是,正如第 145 条所表明的那样,要约人可以自行排除其约束力。[38] 存在疑问的是,一个因为到达而已经生效的此种要约,是否

724

---

[32] Bötticher, FS Dölle, I, 1963, 41, 52 ff.; Erman-Armbrüster[14] § 145 Rdnr. 19; Georgiades, FS Larenz, 1973, 409, 420; Köhler[38], § 8 Rdnr. 14; Staudinger-Bork[2015] § 145 Rdnr. 34 m. w. N——不同观点,参见 RGZ 132, 6, 7; Jauernig-Mansel[15] § 145 Rdnr. 4; Lorenz, FS Dölle, I, 1963, 103, 106 ff.; Palandt-Ellenberger[74] § 145 Rdnr. 5, wohl auch Wolf/Neuner[10], § 36 Rdnr. 9。

[33] RGZ 151, 75; Fritzsche, JA 2006, 674, 676; Staudinger-Bork[2015] § 145 Rdnr. 33; Wolf/Neuner[10], § 37 Rdnr. 12.

[34] BGH NJW-RR 2015, 735 Rdnr. 19;区分 Tichbi (Rdnr. 699), S. 54 ff., 137 ff.。

[35] 参见 Mot. I, 164 f. = Mugdan I, 443; Flume[4], § 35 I 3 a——然而,根据《联合国国际商事合同通则》第2.4条(→边码 25),国际商事买卖中允许有限度地行使撤销权。

[36] Flume[4], § 35 I 3 b. 例如:第 873 条第 2 款。如果根据这个规定,在没有公证的情况下,即使是已经缔结的物权合同,也是可单方面撤销的,那么对于还未被承诺缔结这样一份合同的要约,更应该适用这个规定。

[37] 进一步的论述 Flume[4], § 35 I 3 d,认为至少在情况发生明显变化时,要约受领人应当拥有一项一般的撤销权;参见 Wolf/Neuner[10], § 37 Rdnr. 13,认为情况变化需要达到使人认为不合理的程度。相关观点,参见 Medicus[10], Rdnr. 369。

[38] 根据《民法典》第 308 条第 1 项的规定,如果要约受领人在其一般交易条款中保留了过长的承诺期限,则该条款当然无效,BGH Wohnungseigentümer 2014, 118 Rdnr. 11; NJW 2014, 857 Rdnr. 5 ff.; 2013, 3434 Rdnr. 18 ff., aber auch BGHZ 194, 121 Rdnr. 17 ff.。

还能允许要约人自由地随时(并且仅对未来有效)撤销。[39] 当然,在每个具体个案中都需要仔细检查是否只存在要约邀请(invitatio ad offerendum)。如果解释一方面表明存在受法律约束的意愿,另一方面表明即使在要约的承诺后也有撤销的意思,那么解除权(Rücktrittsrecht)也是可以考虑的。

范例[40]

725   K 在进行了一些初步讨论后,给 V 写信要求他提供一份关于订立供货合同的要约。V 回信表示,他愿意按照交易所当日市价"根据我们能够提供的数量敞开供应"。K 回复说,他接受这个要约。两周后,V 告诉 K 他不会供货,因为在要约到达时,所需数量已经不复存在,"敞开供应(freibleibend)"在商业交易中没有明确的含义。首先需要根据具体情况来判断,V 的信是否只是要约邀请。[41] 支持的观点认为,V 显然打算将他的供货义务与他的履行能力联系起来,因此缺乏明确性;反对的观点认为,K 要求一个具有约束力的要约,这从收件人的角度来解释应该起着决定性作用。因此,这就存在一个有效的要约,但 V 的表达却排除了根据第 145 条产生的约束力。这就意味着 V 在承诺之前可以撤销要约。然而,由于 V 想要将他的供货义务与履行能力联系起来,我们必须理解 V 的要约是希望自己"保留最后决定权(das letzte Wort behalten)",即他希望能够解除在承诺表示到达时订立的合同。这不能被视为要约中的撤销保留条款[42],而应该理解为关于合同解除权(Rücktrittsrecht)的约定。

---

[39] BGH NJW-RR 2004, 952, 953——参见对在互联网拍卖的框架下排除要约的约束力(eBay) BGH NJW 2015, 1009 Rdnr. 14; 2014, 1292 Rdnr. 19 ff.; 2011, 2643 Rdnr. 17。
[40] Nach BGH NJW 1984, 1885.
[41] Vgl. BGH NJW 1996, 919 f.
[42] 然而,Flume[4], § 35 I 3 c 认为,合同一旦订立就不能被撤销。只有在保留解除权的情况下,当事人才能单方面解除合同。根据 Wolf/Neuner[10], § 37 Rdnr. 15 通过排除对要约的可承诺性来解决这个问题。然而,在《民法典》第 145 条中,没有为要约人开放这样偏离私法体系的解决方案。

然而，由于 K 希望获得法律确定性，按照诚实信用原则（第 242 条）的要求，决定是否行使解除权必须在承诺表示到达后立即作出并通知对方。[43] 而 V 在这里拖延了足足两周，他的解除已经太迟了。因此，合同是有效的。

2. 持续期间

《民法典》在第 146 条至第 149 条也对约束力的持续期间进行了规定。根据第 146 条的规定，如果要约被相对人拒绝或未及时承诺，则该要约失效。对于**拒绝**(Ablehnung)的含义法律没有具体规定。拒绝的含义可以是要约的受领人明确或可推知地表示不接受该要约的意思表示。[44] 仅仅保持沉默是不够的(→边码 574)。拒绝是一种需受领的意思表示，必须送达给要约人。拒绝的表示到达后要约即失效。 726

迟延的承诺(nicht rechtzeitige Annahme)具有相同的效果。第 147 条至第 149 条对于要约的承诺能力的时间限制作了规定，第 150 条第 1 款作了补充。根据这些规定，对要约的迟延承诺被视为新的要约。判断的关键是承诺表示到达要约人处的时间。[45] 因此，如果要约受领人希望作出承诺，他通常(→边码 732)必须确保其承诺的表示在期限届满之前到达要约方，即及时到达(→边码 619 以下)。《民法典》对承诺的及时性作如下表述： 727

根据第 148 条规定，要约人有权对于自己发出的要约，自行设置**任意的承诺期限**(gewillkürte Annahmefrist)。[46] 这个规定不仅适用于口头要约，也适用于书面要约，并在效力上优先于第 147 条的规定(→边码 730)。要约人可以要求对方必须立即回复，也可以明示或暗示地给予对方一个或短或长的考虑时间。在确定这个期限时，要约人拥有完全的自由。 728

---

[43] BGH NJW 1984, 1885, 1886.
[44] 参见 OLG Rostock NJW-RR 1998, 526——对于带有变更条件的承诺，在法律上被视为对要约的拒绝(第 150 条第 2 款)，参见边码 741。
[45] 参见 OLG Rostock NJW-RR 1998, 526, 527；一个例外的情况，参见 BGHZ 149, 1, 4。
[46] 对此，参见 Diederichsen, FS Medicus, 1999, 89 ff.——对于规定要约受领人一般交易条款的规范，参见边码 1779。

范例

729   V 在 5 月 10 日的信函中提出了购买 80 头种牛的要约。V 补充，这个要约的有效期为一周。在考虑到这个期限具体何时开始时，V 一方面希望确切知道从何时起他不再受其要约的约束，另一方面他也无法确定具体的邮递时间。因此，他设定的一周期限应该被解释为从要约发出的那一刻开始计算（由信函中给定的日期表示）。对于期限结束的规定，应当适用第 186 条、第 187 条第 1 款、第 188 条第 2 款、第 193 条：根据第 187 条第 1 款，5 月 10 日不计入期限计算。因此，根据第 188 条第 2 款，期限将在 5 月 17 日结束。然而，由于 5 月 10 日是一个星期六，根据第 193 条，承诺期限延长至 5 月 19 日（→边码 339 以下）。

730   如果要约人没有表明他希望在何时收到承诺，那么根据第 147 条的规定，应当给予要约受领人一个**法定的承诺期限**（gesetzliche Annahmefrist）。对于这个期限，需要区分在场的和不在场的意思表示（→边码 605）。对于在场的要约，法律要求受领人立即作出决定：根据第 147 条第 1 款，这样的要约只接受立即承诺。这个规定的基础考量是，即时作出决定通常能够反映受要约人的真实意愿并且也符合交易惯例。[47] 然而，对于向不在场人作出的要约，根据第 147 条第 2 款，在要约人可合理期待的答复到达的期限届满之前，都可以作出承诺。[48] 确定这个期限的标准是客观的，并且主要依赖于个案具体情况。需要明确的是，在要约人已知的情况下，他可以期望在多长时间内获得对方的答复。在此，一方面应考虑受领人需要充分思考的合理期限上的利益，另一方面也应考虑对方如果立即作出决定对受约束要约人可能带来的利益。

731   在考虑各项**标准**（Kriterien）时，首先要考虑的是所选择的送达方式（Übermittlungsweg）：如果要约人是通过电报发送要约的，通常就能够认定

---

[47] Mot. I, 168 f. = Mugdan I, 445.
[48] 对此详细论述，参见 Finkenauer, JuS 2000, 118 ff.——对于第 151 条第 2 句的例外 →Rdnr. 759。

他对快速沟通感兴趣。[49] 同样的情况也适用于在商业往来中使用传真或电子邮件,除非表意人明显只是出于成本考虑。[50] 但即便在这些情况下,受领人也并不一定需要选择相同的沟通方式进行回复,例如,对于电报的要约,可以选择通过电话或电子邮件进行回复,但是,与书面要约相比,此时的回复应当更迅速。除了选择的沟通方式,还应考虑在正常的邮递时间(Postlaufzeit)内来发送要约和回复。此外,还需要计算合理的处理和考虑时限(Bearbeitungs- und Überlegungsfrist),其持续期间也取决于所提供的合同类型和复杂程度。[51] 例如,对于住房申请者的紧急需求,需要更快地回应租赁合同的要约,而对于土地买卖合同的要约,则可以有更长的考虑时间。[52] 此外,那些与期限相关的重要事项(fristrelevante Umstände),例如,受领人罹患疾病或已经离开住所,以及现实的罢工等。如果要约人对此确实了解,当然也需要考虑。[53] 根据这些因素,我们可以计算所需的总体期限。只有遵守整体期限才重要,而无须考虑各个阶段的具体期限,例如,通过迅速作出决策或通过快速送达的承诺表示,就可以弥补过长的邮寄时间对于要约生效的影响。

一份迟到的承诺表示(verspätet zugegangene Annahmeerklärung)原则上不可能导致合同的订立。相反,根据自愿或法定的承诺期限,要约在期限届满后立即失效,而迟到的承诺表示则根据第 150 条第 1 款的规定应当被视为新的要约,需要再次被承诺。[54] 根据这一原则,第 149 条承认了一个例外:如果迟到的承诺在正常送达时间内可以在承诺期限内到达,并

732

---

[49] Vgl. auch LG Wiesbaden NJW-RR 1998, 1435, 1436.

[50] Finkenauer, JuS 2000, 118, 112; Staudinger-Bork^{2015} § 147 Rdnr. 14.

[51] 参见 BGH NJW 2010, 2873 Rdnr. 12; OLG Rostock NJW-RR 1998, 526, 527——更广泛的影响,参见 LAG Berlin NZA-RR 1999, 355, 356;相关的批评意见,参见 Finkenauer, JuS 2000, 118 ff.。

[52] KG MDR 2001, 685.

[53] BGH NJW 2010, 2873 Rdnr. 12.

[54] 参见 BAG NZA 2010, 32 Rdnr. 29——在某些例外情况下,对于迟到的承诺表示,沉默可能被视为接受新的要约;参见 BGH NJW-RR 1999, 818, 819; 1994, 1163, 1165。

且承诺人对此是明知的,那么要约人必须立即[55]通知对方该承诺已经迟到,并且导致合同不能成立。如果要约人未能通知对方,则根据第149条第2句,承诺被视为没有迟到,合同成立。这样做是为了保护承诺人,他已及时发送了承诺,因此有理由相信合同已达成(无论他是否真正相信)。

范例

733　　V 在 4 月 17 日的信中以 8000 欧元的价格将他的二手车出售给 K。这封信在 4 月 18 日送达 K,K 在 4 月 22 日的回信中表示同意 V 的要约。由于邮局的疏忽,这封信直到 5 月 5 日才送达 V。因此,承诺是迟到的,因为根据法律规定(第 147 条第 2 款),承诺期限应不超过一周:事实非常简单,条件十分明确,K 可以看出 V 想要卖掉他的车,对此并不需要额外的考虑时间。但是,延迟送达是邮寄问题造成的,V 也能知悉这一点,因此满足了第 149 条第 1 句的规定:如果 V 不再希望订立合同(例如,他已在一周期限结束后将汽车以其他方式出售),他必须立即通知 K 关于承诺延迟到达的情况。而当延迟送达是 K 错误地填写地址所致时,情况就更不同了。因为只有当延迟的原因是运输工具的不正常运转所导致时,才适用于第 149 条。在本案中,根据第 150 条第 1 款,K 的承诺被视为新的要约,V 无须作出反应。

3. 要约承诺前的死亡或丧失行为能力

734　　如果要约人在发出要约与承诺到达之间去世或成为无行为能力人,则第 153 条的内容可以补充第 130 条第 2 款的规定。虽然根据第 130 条第 2 款,可以得出要约仍然有效的结论(→边码 643),但第 153 条规定其仍然可以被承诺。因此,该条规定了要约的**承诺性**(Annahmefähigkeit)。如果要

---

[55] 即所谓的不可归责之迟延(ohne schuldhaftes Zögern),第 121 条第 1 款第 1 句(参见边码 913)。

约被承诺,则在提供要约人去世时,承诺的表示必须到达其继承人。合同将与继承人达成。如果提供要约人成为无行为能力人,则根据第 131 条的规定,承诺的表示必须到达其法定代表人,以使无行为能力的要约人和要约受领人之间达成合同。

第 153 条是一项**解释规则**(Auslegungsregel)。[56] 根据法律的推定,要约在要约人去世或成为无行为能力人的情况下也应该继续有效。但是,要约人可以作出不同的规定,法律用"除非可以认为要约人有其他意思"这句话来表达这一内容。要约的可承诺性也可以通过这种方式以法律行为来规定,因为(通过条件的加入)合同本身也可以相应地被附加条件。当然,是否存在这种不同的规定也需要通过解释来确定。要约人可以明确表示,要约只在他活着且有行为能力时才有效[实际意思(tatsächlicher Wille)]。但是,相应的规定也可能由具体情况而产生[假设意思(hypothetischer Wille)]。当然,在解释时(→边码 550),只能考虑到要约受领人能够认识到的情况。[57]

735

范例

K 在寄给 V 一封订购五件定制衬衫的订单信后,在从邮局回程的途中去世了。在订单到达 V 处后,他立即开始制作衬衫。[58] 当成品衬衫被送达时,K 的继承人以没有合同为由拒绝接收和支付款项。这个观点是正确的。根据 V 能够明显认知到的情况(这是定制衬衫 Maßhemden),可以推断 K 的假设意思是,在死亡之时,他的要约不应该继续有效,除非承诺的表示已经生效。因此,V 在开始生产时,在

736

---

[56] Brox/Walker[38], Rdnr. 174; Erman–Armbrüster[14] § 153 Rdnr. 2; Jauernig–Mansel[135] § 153 Rdnr. 4; Palandt-Ellenberger[74] § 153 Rdnr. 2; Soergel–Wolf[13] § 153 Rdnr. 9 f.; Wolf/Neuner[10], § 37 Rdnr. 23.–Nach a. M. handelt es sich um einen die Bindungswirkung regelnden willensunabhängigen Rechtssatz; vgl. Flume[4], § 35 I 4; Medicus[10], Rdnr. 377; MünchKomm-Busche[6] § 153 Rdnr. 4.

[57] Brox/Walker[38], Rdnr. 174; Staudinger–Bork[2015] § 153 Rdnr. 5 m. w. N.

[58] 这应当被视为包含一个承诺的表示,根据第 151 条第 1 句的规定,它在未到达时就已生效(→边码 749 以下)。

未确定合同生效的情况下,承担了无效的材料和劳务成本风险。他对合同已经成立的信赖也是无法受到保护的。因此,也无法赋予他类似于第122条的不依赖过错的损害赔偿请求权,以弥补消极利益的损失。[59]

737 关于**要约受领人死亡或丧失行为能力**(Tod und Geschäftsunfähigkeit des Angebotsempfängers)的问题,法律没有明确规定。这就取决于要约是否也可以对继承人继续有效,或者如银行提供的贷款要约那样,仅适用于被继承人个人。因此需要通过解释来确定(尽管没有类似于第153条的规定来简化解释)。受领人在要约到达之前去世的,如果要约只适用于被继承人,它将不再有效。要约无法进入被继承人的支配领域,因为他已经没有所谓的支配领域了。要约只能进入继承人的支配领域,但他们并不是预期的受领人,也不能代替被继承人的"接收人地位(Adressatenstellun)",因为这不是一个可继承的法律地位。然而,如果要约受领人在作出承诺之前去世,由于要约具有极高的人格属性,承诺的权利也不可继承。[60]

三、承诺

(一) 概念

738 承诺(Annahme)是要约受领人对所提供合同要约的同意表示。它基本上(→边码749)是一种需受领的意思表示。通过这种表示,要约受领人明示或默示地表达,他完全(→边码741)同意要约人提出的法律效果。

---

[59] 同样地(尽管在某种程度上基于不同的理论基础),参见 Flume[4], § 35 I 3; Medicus[10], Rdnr. 377; MünchKomm-Busche[6] § 153 Rdnr. 4; Soergel-Wolf[13] § 153 Rdnr. 13——另外有不同观点认为,此时既要基于假设的当事人意愿,即在判断要约是否有效时应当考虑双方当事人的可能愿意,同时也应当考虑要约受领人确实无法察觉的情况;参见 insbesondere Jauernig-Mansel[15] § 153 Rdnr. 4; Palandt-Ellenberger[74] § 153 Rdnr. 2。

[60] 关于不同的情况,参见 Staudinger-Bork[2015] § 153 Rdnr. 10 ff. m. w. N。

承诺是一种意思表示,但它本身不是法律行为。如同要约一样(→边码703),它只是合同法律行为的一部分。[61]

(二) 内容

在内容上,首先必须**对要约表示同意**(Einverständnis mit einem Angebot)。并且需要具备受法律约束的意思。承诺的表意人必须表明他愿意受合同的约束,并且会按照要约人提议的方式来实施。为此,承诺的表示必须与具体的要约相关。如果这个表示(从受领人的角度解释)本身是一个要约,那么它不会达成合同,即使它在内容上与另一份要约指向相同的法律效果,它也不会成为承诺["交叉要约(Kreuzofferten)"]。[62] 然而,在这种情况下,如果要约受领人不再希望达成协议,则必须在收到相应要约后立即提出异议。否则,沉默在例外情况下(→边码760)会被解释为同意。[63]

739

范例

V 在 9 月 15 日写信给 K,表示他已经为 K 保留了最后的 24 瓶 2013 年的阿尔萨斯雷司令凯芙克坡列白葡萄酒,价格与去年相同。同一天,K 写信给 V,询问他是否能再次以去年的价格寄给他 24 瓶 2013 年的阿尔萨斯雷司令凯芙克坡列白葡萄酒。这里存在交叉要约。尽管双方都希望达成相同的法律效果,但并未达成合同。原因在于各自的意思表示和对方都没有关联。这是两个要约,而不是要约和承诺。然而,在这种情况下,V 将酒寄给 K 就可能使合同成立。在规范解释下,这种行为可以理解为对 K 的要约的默示承诺。

740

承诺还必须明确表示对所提出的要约的**无保留的同意**

741

---

[61] Flume[4], § 35 II 1.

[62] 不同观点,参见 Flume[4], § 35 II 1; Neumayer, FS Riese, 1964, 309, 328: 在合同中达成实质性的共识就足够了。

[63] Soergel-Wolf[13] § 145 Rdnr. 24; Staudinger-Bork[2015] § 146 Rdnr. 7; v. Tuhr, II/1, 459 f.

(uneingeschränkte Einverständnis)。这是根据第 150 条第 2 款规定得出的。根据该规定,如果承诺存在明显的[64]扩展、限制或其他变更,应当视为对要约的拒绝(根据第 146 条,此时要约将消灭;→边码 726),并附带产生一个新的要约。[65] 合同的成立要求各方在所有细节上达成一致。如果承诺在任何内容[66]上与要约存在差异,即使是在次要方面[67],也不能确定要约方是否同意这些差异。因此,尽管要约受领人原则上已经作出了承诺的表示,但他的"是……但是……(Ja-aber)"也会导致合同不能成立。在此,法律将承诺的表示视为新的要约,原要约人可以通过无保留地接受它来作出承诺。[68] 他当然也可以明确拒绝或不予回应。这样,合同就不会当然成立,而此时关于合同是否成立则取决于原要约人是否接受变更过的承诺。然而,"有保留的承诺(Annahme unter Vorbehalt)"并非承诺。它缺乏最终明确的受法律约束的意思,因此不适用第 150 条第 2 款,但要约依旧有效。[69] 换句话说,如果在原始要约的承诺保留期间进行重新谈判,则表明原始要约仍然有效。[70]

范例

742　　　　N 在 V 公司购买了全额的汽车保险,他申请在 2 月 21 日取消此保险。V 确认保险将于 2 月 28 日终止。3 月 2 日,N 发生了一起事故,他要求获得保险赔付。只有在 N 的汽车在 3 月 2 日仍然有保险时,他才能获得保险赔付。然而,根据第 311 条第 1 款的规定,保险合同已于 2 月 28 日因解除而终止。尽管 N 申请了 2 月 21 日终止保险,V 在 2 月 28 日确认,但这并不属于第 150 条第 2 款的情况。根据

---

[64] BGH NJW 2014, 2100 Rdnr. 17; abl. Korch, NJW 2014, 3553 ff.
[65] Vgl. etwa BGH NJW 2015, 2648 Rdnr. 31; 2012, 3505 Rdnr. 15 ff.
[66] 只要合同的当事人不变,具体表达意思表示的人的变化,如代理人的变化,并不足以认定合同内容发生变化;参见 OLG Köln NJW-RR 2005, 1252, 1253。
[67] BGH NJW 2001, 221, 222.
[68] 关于《保险合同法》第 5 条的特殊规定,参见 OLG Hamm NJW-RR 1989, 533。
[69] Vgl. OLG Koblenz VersR 1999, 219, 220.
[70] Diederichsen, FS Medicus, 1999, 89, 95 ff.

解释，从受领人的角度应当将 N 的终止保险请求理解为，保险最早应当在 2 月 21 日终止。他对合同延期至 2 月 28 日终止而无须支付任何费用的提议没有任何反对的理由。因此，V 的承诺没有偏离要约，因此合同于 2 月 28 日被解除。[71]

S 在 G 公司申请贷款，G 表示同意此要约。但 G 的首次回信附有该公司的一般交易条款，其中包括贷款支付的特定要求。在这种情况下，应当认为未能订立贷款合同。如果承诺方在其承诺表示中提及一般交易条款，则此变更属于第 150 条第 2 款的情况。[72] 此时，合同只能通过要约方（在此处为 S）再次表示的同意（例如，通过满足支付贷款的要求或使用已支付的贷款）来缔结。[73]

有时候，人们会表现出一种行为，从表面上看似乎接受了某项交易，但同时却又明确表示并不打算订立合同。一个典型的例子是汉堡停车场案[74]：一位驾车者将车停在一个收费的市政停车场上，但同时又表明不愿意订立合同，因为使用公共区域是免费的。联邦最高法院基于豪普特（Haupt）的论述[75]表达了以下观点：在现代大规模交通中仅通过使用该服务的行为即可订立合同。这里不需要考虑当事人的法律效果意思，而应该考虑到这种使用服务的行为在社会上的典型意义。这种**事实合同关系的理论**（Lehre vom faktischen Vertragsverhältnis）现今已不再被支持。[76] 它与法律行为理论并不相容，也不需要用它来构建合同关系。因为如果有人使用了公开提供的服务，那么通常可以从行为中推断出他接受了这一要约。与此同时，对于存在承诺行为但同时声明保留，不愿

743

744

---

[71] OLG Frankfurt NJW-RR 1993, 153.

[72] BGHZ 160, 393, 397; BGH NJW 1988, 2106, 2108——如果双方在合同表示中引用自己的一般交易条款（AGB），那么合同内容将不包括这些条款（→边码 1767）。

[73] 关于《民法典》第 150 条第 2 款中提到的可承诺性的详细说明，参见 Staudinger-Bork[2015] § 150 Rdnr. 14 ff.。

[74] BGHZ 21, 319.

[75] Haupt, Über faktische Vertragsverhältnisse, 1941.

[76] 最后被 Larenz[7], § 28 II放弃；相关的总结，参见 Roth, JuS 1991, L 89 ff.。这些法律的发展被 OLG Frankfurt NJW-RR 1998, 1515 所忽视。

意承担对待给付义务的表示,从诚信原则的解释(第133条、第157条)来看,基于**相反事实抗辩**(protestatio facto contraria)也是无效的[77],因为它是与表意人实际行为相矛盾的表示。同样的道理,可以得到与适用第612条、第632条类似的结果。[78] 相反的观点则尊重这种保留的表示,因此拒绝任何法律行为上的解决方案。取而代之,他们希望通过不当得利制度来解决这个问题。[79] 然而,这并不能得出合理的结论,因为在现代大规模交往中,特别是在包含一般交易条款的情况下,只有合同法才能带来符合各方利益的解决方案。

范例

745   学生S在火车上被抓到无票乘车,除了通常的票价,他还应支付根据一般运输条款规定的"最高乘车费"的罚款。从法律上讲,这是一种合同罚金,需要以合同的订立为前提。因此,根据不当得利制度,运输公司不能获得这笔最高乘车费。然而,通说认为,乘客上车即接受了有偿运输合同的要约(→边码754)。他不想支付车费的保留意见,既不属于第116条第1句(内心保留)的情况,也会因为相反事实抗辩而不发生效力。若乘客未成年,则即使采用这种主张,也只能获得不当得利法上的补偿。但此时合同权利的无效不是由于缺乏法律上的约束力,而是由于未成年的事实。[80]

---

[77] BGHZ 95, 393, 399; OLG Köln MDR 2000, 407, 408; Brox/Walker[38], Rdnr. 194; Flume[4], § 5, 5; MünchKomm–Armbrüster[6] Vor § 116 Rdnr. 10 Palandt–Ellenberger[74] Einf. v. § 145 Rdnr. 26; Soergel–Wolf[13] Vor § 145 Rdnr. 104; Staudinger–Bork[2015] Vorbem. zu § § 145 ff. Rdnr. 39; Weth, JuS 1998, 795, 796; zur Abgrenzung auch BGH NJW 2002, 817.

[78] Dafür Medicus[10], Rdnr. 250.

[79] Hübner[2], Rdnr. 1015; Jauernig–Mansel[15] Vor § 145 Rdnr. 20; Köhler[38], § 8 Rdnr. 29; ders., JZ 1981, 464 ff.

[80] 对此详细的论述,参见Weth, JuS 1998, 795 ff. 此外,他还正确地指出这不仅涉及最高乘车费用,还涉及责任限制:无票乘车者不能受益,因为未能签订合同而不适用运输公司的一般运输条款中的责任限制条款;参见AG Jena NJW-RR 2001, 1469。

(三) 生效

1. 到达的要求

只有当承诺的表示**到达**(zugehen)要约人时,承诺才产生合同成立的效力。显而易见,这源于承诺是一种需受领的意思表示,适用第 130 条的规定。 746

承诺的表示必须**及时**(rechtzeitig)到达,否则要约将失效(→边码 727 以下)。此外,要约人可以设定其他法律未规定的有关承诺生效的特别要求。例如,他可以要求只能向特定的人发出或以特定的形式接受。另外,只有当法律对合同或者如在保证的情况下(第 766 条第 1 句)仅对一方的表示规定特定形式,并且该人是承诺人时,承诺的表示才需要满足形式要件。 747

2. 例外(第 151 条、第 152 条)

根据一般原则,直到承诺表示到达时合同才成立。然而,根据第 152 条的规定,存在一个例外,即所谓的**继续性公证**(Sukzessivbeurkundung)。根据第 128 条,在需要公证的合同中,可以分别作出公证要约和承诺。因此,合同当事人不必一同去公证处(→边码 1068)。如果这两个意思表示被分别公证,那么在承诺由公证员公证时,合同就已经成立了。只要没有另行约定,承诺的表示到达发出要约人就不是必需的。[81] 748

根据第 151 条的规定,如果要约人放弃该承诺表示[82]或根据交易习惯无法期待承诺表示,那么**向要约人作出的承诺表示是不必要的**(Erklärung der Annahme gegenüber dem Anbietenden entbehrlich)。法律在这些情况下并没有否定承诺本身,而是使之成为一种无须受领的意思表示。因此,这里并不是指仅存在默示意思表示就足够的情况(→边码 574)。从条文的措辞可以看出,这里的要约也同样需要被承诺。只是这种承诺并不需要向要约人作出。因此,放弃的仅仅是技术意义上的发出(理解为针对特定接收者的有目的的表达,→边码 611)和承诺表示的到达,如同无须受领的意思表示那样(→边码 611)。为了确定承诺,当然需 749

---

[81] BGHZ 149, 1, 4; BGH NJW-RR 1989, 198, 199.

[82] 这种放弃并不能通过要约受领人的一般交易条款强迫要约人接受,参见 OLG Düsseldorf NJW-RR 2003, 126, 127。

要有对外部可见的法律效果意思。单纯内在的、在外部世界不可见的承诺意思是不够的。[83] 需要一种意愿表达(Willensbetätigung)，即一种可察觉的行为，虽然它可能不符合需受领意思表示的要求，也不一定需要直接向要约人表达，但客观观察者可以将这种行为理解为对要约作出承诺的表达。[84] 通常情况下，这可能是通过要约受领人使用要约人提供的给付或开始准备要约人所要求的给付来实现的。另外，如果要约对于接收方是有利的，也可以作为承诺的迹象。[85]

范例

750　　V 寄给他的朋友 K 一本书，并发出以 20 欧元的价格出售这本书的要约。K 阅读了这本书，但没有支付款项。在这种情况下，V 可以要求 K 支付 20 欧元，因为一个相应的买卖合同已经成立。V 在其要约中默示地放弃了承诺表示的送达。K 通过阅读这本书将他的承诺意愿向外界表达出来。[86]

751　　K 在 V 那里订购了一本书，V 将其寄给了 K。这不属于第 151 条的情况，而是一种默示的承诺表示。[87] 虽然第 151 条规定了不需要对要约人作出承诺，但在这种情况下，V 通过履行所要求的给付向 K 默示地作出了承诺的表示。[88]

752　　K 向 V 订购了一套定制西装。在默示无须作出承诺表示的情况

---

[83] 不同观点，参见 Flume[4], § 35 II 3; Schwarze, AcP 202 (2002), 607 ff.。

[84] 普遍接受的观点；参见 BGHZ 160, 393, 396 f.; 111, 97, 101; BGH NJW-RR 2006, 1477 Rdnr. 16; NJW 2006, 3777 Rdnr. 18; 2004, 287, 288; 2000, 276, 277; 1999, 2179; Medicus[10], Rdnr. 382; Wolf/Neuner[10], § 37 Rdnr. 38; 对于教义学的分析，参见 Vytlacil (Rdnr. 699), passim——反对意愿表达概念的充分理由（在结果一致时），参见 Repgen, AcP 200 (2000), 533 ff.。

[85] BGH NJW-RR 2004, 1683; NJW 2004, 287, 288; 2000, 276, 277; 1999, 2179; 1997, 2233.

[86] Vgl. OLG Köln NJW 1995, 3128, 3129.

[87] 根据第 150 条第 2 款的前提有所不同（→边码 741）；在这种情况下，商品的发送构成了一个新的要约，参见 BGHZ 160, 393, 397。

[88] 为了区分默示的承诺表示和第 151 条的情况，参见 Staudinger-Bork[2015] § 151 Rd-nr. 2; 此外，参见 LG Gießen NJW-RR 2003, 1206。

下，V 开始裁剪西装。通过这样做，他表达了自己的承诺意愿，因此根据第 151 条，即使 V 没有对 K 作出任何明确答复，合同依旧成立。

G 通过传真请求酒店老板 H 为他在 12 月 17 日至 19 日预留一个单人间，H 将 G 的名字记录在客人名单上。通过这样做，根据第 151 条，合同已经成立，因为根据交易习惯，H 不需要作出明确答复，并且 H 通过将 G 的名字记录在客人名单中表示了自己的承诺意愿。[89]

S 没有买票就上了火车，因此被要求支付最高额乘车费用（→边码 745）。在这种情况下，提供列车服务被视为有偿运输的要约，并且无须特别作出承诺的表示，上车的行为应被理解为表示承诺的意愿。

M 搬进了一套新公寓，并在那里连接了他的电器设备。然而，他拒绝支付寄给他的电费账单，因为他还没有与供电公司签订合同。但是，提供电力可以作为要约（所谓的事实要约），并放弃作出承诺的表示，连接设备可以被理解为表示承诺的意愿，符合第 151 条的规定。[90]

G 与 S 就赔偿金的数额发生争议。S 寄给 G 一张附注称这是他最后一次要约的支票。G 兑换了支票，并写信给 S，表示他仅仅将这笔款项视为部分履行。然而，G 的行为不能被认可。S 的信件可以理解为在无须承诺表示的情况下提出的和解要约（Vergleichsangebot），兑换支票可以理解为承诺意愿的表示，符合第 151 条的规定。[91]

---

[89] OLG Düsseldorf MDR 1993, 26.

[90] BGH NJW 2014, 3148 Rdnr. 10; 2014, 1951 Rdnr. 13; OLG Saarbrücken NJW-RR 1994, 436 f.; Staudinger-Bork^{2015} § 151 Rdnr. 19 m. w. N.; 参见 BGH NJW 2003, 3131 und OLG Dresden NZM 2000, 158 (供水); BGHZ 158, 201, 203 f. und BGH NJW-RR 2004, 928, 929 (远程供热); BGH NJW 2005, 3636, 3637 (客运); BGH NJW 2012, 1948 Rdnr. 11 (废物处理和垃圾处理).

[91] BGHZ 111, 97, 101 ff. (krit. dazu v. Randow, ZIP 1995, 445 ff.); OLG Hamm NJW-RR 1998, 1662 f.; OLG Köln MDR 2000, 407, 408——在一些相反的情况下，即使一方向另一方发送了支票或者支票被兑现，也不能将其视为对剩余债务豁免的要约或承诺: BVerfG NJW 2002, 1200; BGH NJW 2001, 2325 und 2001, 2324 (dazu Kleinschmidt NJW 2002, 346 f.); OLG Karlsruhe ZIP 2000, 534, 535 ff.; OLG Koblenz NJW 2003, 758, 759; LG Bremen NJW-RR 1999, 636, 637; AG Schöneberg MDR 1999, 1373; 参见 Schneider, MDR 2000, 857 f.。

757　　　对于第 151 条的特殊承诺,通常适用于关于意思表示的**一般规定**（allgemeine Vorschriften）。这当然也适用于未成年人,因此第 151 条涵盖的不完全行为能力人的意思表示仅在满足第 107 条以下规定的限制时才会有效。意思表示瑕疵的规定也同样适用,因此根据第 151 条订立的合同,如果存在撤销的理由,也可以被承诺人通过撤销来解除。而要约人只有在知悉对方已经作出承诺的事实之后,才会遭受第 122 条意义上的信赖损害。根据第 151 条,即使对于具有形式约束的意思表示,也可以放弃承诺表示的送达（→边码 630）。此外,同样在第 151 条的情况,必需的意愿表达也可以由代理人根据第 164 条以下的规定进行。然而,在没有受领人的情况下,用于确定是否表达了承诺意思的解释,实际上并不是从受领人的视角进行的,而是从一个不相关的客观第三方的视角进行的（→边码 514）。

758　　　对于是否可以违反一般规则,需要在**缺乏表示意识**（fehlenden Erklärungsbewusstseins）的情况下进行讨论。如果要约受领人的行为表明存在承诺意思,但实际上并不存在这样的主观意思,那么根据一般规则,承诺意思就无关紧要了。只要要约受领人至少有潜在的表示意识,也就是能够认识到自己的行为具有法律意义,那么这种行为就会被认定为意思表示,表意人可以通过撤销来消灭这种意思表示（→边码 596）。就此规则而言,通说认为在第 151 条的情况下允许一种例外:当一个人因误解而无意中使用或消耗了他未要求寄送的（但不受第 241a 条约束的）物品,例如,他将该物品视为自己的或已经成立的另一项合同的一部分,尽管他必须证明缺乏承诺意思,但如果他成功证明了这一点,那么无须当事人撤销,承诺行为就会因为没有表示意识而无效。[92] 然而,这种观点是不可取的。[93] 是否可以将要约受领人的行为理解为承诺意思是通过解释来确定的,解释还包括判断当事人是否具有表示意识和效果意思。如

---

[92] BGH NJW 1990, 1656, 1658; NJW-RR 1986, 415; Bydlinski, JuS 1988, 36, 37 f.; Flume[4], § 35 Ⅱ 3; MünchKomm-Busche[6] § 151 Rdnr. 10; Palandt-Ellenberger[74] § 151 Rdnr. 2b; vgl. auch Wolf/Neuner[10], § 37 Rdnr. 40.

[93] Ebenso Brehmer, JuS 1994, 386, 389 f.; Staudinger-Bork[2015] § 151 Rdnr. 16.

果从客观观察者的角度来看确实如此,那么(被认为的)受领人就需要证明缺乏表示意识或效果意思,并根据第119条第1款对意思表示进行撤销。通说认为,在第151条的情况下可以作出不同的判断,因为只要存在承诺人的意愿表达没有产生外部效应并且未对要约人产生信的赖情况,就无须依赖客观观察者的视角对要约人进行保护。然而,这种观点也是不能令人信服的,因为这些情况只有在发生外部效应后才能产生关联性,并且所提出的主观区别会比第151条本身带来更多的法律不确定性。因此,结论仍然是,如果要约受领人无法基于第119条第1款进行撤销,那么其承诺行为必须遵循中立视角的理解,并依照第122条进行赔偿。

对于要约人来说,第151条带来的问题是,他无法得知合同是否达成。第147条第2款以到达为基础,但在这里并不适用,因为刚好没有考虑承诺通知的到达。因此,第151条第2句规定了**承诺期限**(Annahmefrist)的终止时间应根据要约人的意愿或根据从具体情况中推断出的要约人意愿确定。[94] 759

对于一份要约而言,**沉默**(Schweigen)原则上不应被视为一种意思表示,因此它既不是拒绝(→边码726),也不是承诺。[95] 然而,根据商业确认函(kaufmännische Bestätigungsschreiben)的规定,沉默也可以导致合同成立。根据长期的法律判例[96],这需要满足以下条件:(1)当事人是商人或按照商业方式参与商业活动;(2)发件人认为口头上已经达成一份合同,并希望在确认函中进行书面确定或详细说明;(3)确认函在谈判结束后立即发送;(4)确认函送达合同相对人。如果收件人在这种情况下保持沉默,即没有立即提出异议,那么确认函的内容将被视为达成协议的内容,除非发件人无法预料到对方的同意,例如,对于确认函的内容,发件人已经认识到或显著偏离了约定。 760

---

[94] Beispiele: BGH NJW 2000, 2984, 2985; 1999, 2179, 2180; KG NJW-RR 2000, 1307, 1308.

[95] 对于例外情况,参见边码574——对于迟到承诺表示的沉默,参见边码732。

[96] 较早的观点,参见 BGHZ 7, 187, 189 m. w. N.; 11, 1, 3; 最近的观点,参见 BGHZ 188, 128 Rdnr. 21 ff.; BGH NJW-RR 2001, 680; NJW 1994, 1288; 对教义学分析,参见 Lettl, JuS 2008, 849 ff.; Schärtl, JA 2007, 567, 568; K. Schmidt, FS Honsell, 2002, 99 ff.。

第十九章　不合意

文献

Bading, Irrtum und Dissens, JW 1914, 609; Bailas, Das Problem der Vertragsschließung und der vertragsbegründende Akt, 1962; Diederichsen, Der Auslegungsdissens, FS H. Hübner, 1984, 421; ders., Der logische Dissens, Festschr. zum 125jährigen Bestehen der Juristischen Gesellschaft zu Berlin, 1984, 81; Engels, Der offene und versteckte Dissens, Diss. Rostock 1903; Funk, Die Beweislastverteilung beim Streit über das Zustandekommen, die Wirksamkeit und den Inhalt von Verträgen auf der Grundlage des Bürgerlichen Gesetzbuches und der Zivilprozeßordnung, Diss. Göttingen 1974; Grünwald, Der versteckte Dissens, Diss. Köln 1939; Jung, Die Einigung über die „essentialia negotii" als Voraussetzung für das Zustandekommen eines Vertrages, JuS 1999, 28; E. A. Kramer, Anmerkungen zum Konsenserfordernis bei zweiseitig verpflichtenden Verträgen, FS C.-W. Canaris, 2007, 665; ders., Grundfragen der vertraglichen Einigung, 1972; Leenen, Abschluß, Zustandekommen und Wirksamkeit des Vertrages, AcP 188 (1988), 381; ders., Faktischer und normativer Konsens, in: Recht genau, FS J. Prölss, 2009, 153; Manigk, Das Wesen des Vertragsschlusses in der neueren Rechtsprechung, Beiträge zur Lehre vom Konsens und Dissens, JherJb. 75 (1925), 127; Matthes, Irrtum und Mißverständnis in ihrer Beziehung zueinander nach den §§ 119, 155 des BGB, Diss. Leipzig 1905; Petersen, der Dissens beim Vertragsschluss, Jura 2009, 419; R. Raiser, Schadenshaftung bei versteckten Dissens, AcP 127 (1927), 1; Schlachter, Irrtum, Dissens und kaufrechtliche Gewährleistungsansprüche, JA 1991, 105; Titze, Die Lehre vom Mißverständnis, 1910.

一、概述

合同的订立要求当事人就所有需要规定的事项达成一致。如果满足这个条件,就达成了共识(Konsens)。而如果当事人尚未完全达成一致,那就称为不合意。**不合意**(Dissens)是指在需要规定的事项中存在的分歧。[1] 当事人意识到这种分歧,也就是知道还有一些事项尚未最终解决,因此需要补充完善目前尚有缺漏的协议,这被称为公开的不合意(offene Dissens),部分内容在第 154 条中有所规定(→边码 770)。而如果当事人错误地相信他们已经完全达成一致,那就是隐藏的不合意(versteckte Dissens),在一定程度上由第 155 条进行规定(→边码 779)。

762

合同的规划方案(Regelungsprogramm)*部分来自法律,部分来自当事人的意愿。就**合同的要素**(essentialia negotii)(→边码 712)达成一致是必不可少的。如果在要素问题上没有达成一致,合同就不可能成立。这里也可以称之为"逻辑上的不合意"[2],因为这种不合意涉及一个必须规定的事项。在这种情况下,并不适用第 154 条、第 155 条。[3] 根据这些规范,当对合同内容无法达成一致时,是否应该就已经达成合意的部分成立合同,最终应该由当事人自己的意愿决定(→边码 769)。但是,如果当事人甚至没有就合同要素内容(或确定这些要素的程序)达成一致,那么即使当事人想要订立合同,合同也不会成立。在这种情况下,法律效果(没有合同)并不由他们决定。

763

---

[1] Vgl. Leenen, AcP 188 (1988), 381, 383.

* 指合同当事人希望达成的合同内容。——译者注

[2] Diederichsen, FS Jur. Ges. Berlin, 1984, 81, 89 ff.

[3] BGH NJW 1997, 2671; LAG Hamm NZA-RR 2000, 356, 359; Flume[4], § 34, 6 b; Jung, JuS 1999, 28 f.; Leenen, AcP 188 (1988), 381, 411; MünchKomm-Busche[6] § 154 Rdnr. 3; Petersen, Jura 2009, 419, 420; Staudinger-Bork[2015] § 154 Rdnr. 3/8; Wolf/Neuner[10], § 38 Rdnr. 3 und Rdnr. 8——不明确的观点,参见 BGH NJW-RR 2006, 1139 Rdnr. 21; 1999, 927; 不正确观点,参见 KG NZM 2000, 1229, 1230。

764　第154条和第155条仅适用于协议缺陷涉及**合同偶素**(accidentalia negotii)的情况,即不必强制当事人规定的事项(→边码721)。如果一方希望解决此类问题,则这些问题将成为规范条款的一部分。因此,第154条第1款第1句(以及类似的第155条)规定,这些要点必须是"即使仅一方当事人表示,也应达成协议的要点"。

范例

765　K在V处订购了"1500个适用于IBM 4028打印机的原装IBM打印墨盒"。V回复说,他将提供"1500个适用于IBM 4028打印机的打印墨盒"。[4] 根据解释,双方对于合同标的没有达成一致,因为K希望获得IBM的原装打印墨盒,而V则希望提供适用于IBM打印机的任意制造商的打印墨盒。在这种情况下,已经缺乏对合同要素(essentiale negotii)的一致意见,因此并不适用第154条以下条款。

766　上述限制已经表明,能够被第154条以下条款涵盖的不合意案例是**非常少见**(selten)的。在大多数情况下,通过解释就能够得出结论,双方在合同条款的所有部分都达成了合意(因此只剩下撤销合同的可能性;→边码782)。[5] 当在这些方面缺乏这种一致时,因为通常涉及合同要素,所以无论合同当事人的意愿如何,合同的签订都已失败。

范例

767　一位美国人和一位加拿大人签订了一份买卖合同,并约定以元(Dollar)作为价金单位,但未明确是美元(US dollar)还是加元(Canadian dollar)。这种经常提到的货币案例既可以通过将其解释为某种特定货币来解决(→边码496、529),也可以认为双方在购买价格及其

---

〔4〕　Vgl. OLG Hamm NJW-RR 1998, 1747.

〔5〕　比如,参见BGH NJW 2003, 743——对此趋势的批评,参见Flume[4], § 34, 4。

03 88　民法总论(第4版)

合同要素上没有达成一致。因此第 154 条以下条款,在任何情况下都无法适用。

D 在他认识了 2 个月的朋友 F 的请求下支付了 F 在 G 处的债务。当 D 要求得到补偿时,F 称 D 已经把这笔钱当作礼物送给了她。根据解释,特别是考虑到 D 和 F 在支付时相处的时间很短,D 的行为应当被视为默示的无息借贷,而 F 已经同意了这个安排(→边码 715)。这里不存在不合意,而是存在一份借款合同[6],F 最多只能根据第 119 条第 1 款情况 1 以内容错误为由请求撤销。

768

第 154 条和第 155 条规定的不合意的**法律效果**(Rechtsfolge),基本上取决于当事人的意愿。当事人的意愿可能是,他们同意部分内容已经生效,而对尚未达成一致的内容将继续协商——尽管确实存在即使协商也无法达成一致的风险。当然,当事人的意愿也可以是,只有对所有尚未解决的问题都达成一致后,合同才能生效。无论选择哪种方式,都需要通过对相互交换的表示的解释来确定。而需要通过解释来回答的问题是,对于合同中达成共识的部分是否已经存在最终有效的法律约束意思。然而,客观事实通常很难支持这样的解释。因此,法律在第 154 条和第 155 条中提供了**解释规则**(Auslegungsregeln)。在公开的不合意情况下,当事人明知他们的协议尚不完全,如果通过解释没有得出明确的结论,根据第 154 条第 1 款第 1 句,就应当认定合同尚未成立(→边码 771)。然而,就隐藏的不合意而言,根据第 155 条,尽管对于合同的一部分尚存在不合意的情况,但就达成共识的部分应当产生合同的约束力(→边码 780)。第 154 条以下条款的这种灵活的法律效果体系终究还是基于对私法自治的尊重[7]:原则上,通过这些规定,合同因为不合意而存疑时应当不成立,以保护消极的合同自由。只有在当事人自愿的情况下,不完全的合同才会产生约束力。

769

---

[6] Vgl. OLG Koblenz NJW-RR 1998, 1516 f.
[7] Flume⁴, § 34, 6 c; Lindacher, JZ 1977, 604; vgl. auch Mot. I, 162 = Mugdan I, 441.

二、公开的不合意

(一) 构成要件

770　　当合同当事人意识到已协商一致的合同内容与规划方案之间的分歧,并认为不完全的协议还需要进一步完善时,就存在公开的不合意(offene Dissens)了。因此,这一构成要件既强调客观组成部分(规划方案与合同内容之间的分歧),也有主观组成部分(对协议不完整性的认识)。是否满足客观条件需要通过解释来确定。[8] 通过解释,即使只有一方当事人可知的意愿,也应该(就所涉内容)达成协议。这种当事人意愿,即使是合同偶素的内容也必须表达于外,只有内心的保留是不够的。最关键的是,当事人必须表明,尽管可能存在法律规定,但其仍然希望将当事人对合同内容的合意作为合同订立的先决条件;然后,需要确认当事人在该问题上是否达成了一致。这也需要通过解释来确定。如果只是表示的措辞有所不同,但双方当事人的真实意思实际上达成了一致,那么就已经达到了必要的合意(→边码 518);不合意也就不复存在。最后,在主观层面上,必须至少有一方当事人(→边码 779)意识到缺乏这种一致。

(二) 法律效果

771　　根据第 154 条第 1 款第 1 句的规定,当存在公开的不合意时,合同不是无效,而是**在有疑义的情况下不成立**(im Zweifel nicht geschlossen)[9],并因此导致法律行为在事实上的不存在(这个未决的问题也无法通过适用强制性法律来解决,因为前提是需要一个虽然存在缺陷但是有约束力的合同)。根据第 154 条第 1 款第 2 句的规定,即使将已经达成一致的内容通过书面的形式固定下来[所谓的草约/临时记录(Punktation)],这一规

---

[8] 对此,详见 Diederichsen, FS Hübner, 1984, 421 ff.。

[9] 参见,也适用于下面的内容:Staudinger-Bork²⁰¹⁵ § 154 Rdnr. 6 ff.。

则仍然适用。然而,如果这种对不一致(Einigungsmangel)的理解是违反诚信原则的,那么根据第242条,这种理解不应被采纳。例如,一方已经收到了其履行的对价,但只是为了保留所获利益而主张不一致[10],就属于这种情况。

然而,第154条只是一条**解释规则**(Auslegungsregel)。[11] 基于这一规则和私法自治原则,当事人可以在某些问题仍处于未决状态的情况下达成合同协议。[12] 然而,第154条第1款第1句只能在"有疑问"时适用(→边码769)。因此,首要任务(→边码534)是通过解释确定当事人就不合意本身所达成的法律效果。[13] 当事人可能通过各种具体情况表明他们希望在不考虑未决问题的情况下达成合同约束关系。例如,可以通过开始履行合同来表明这种意愿。[14] 人们称其为"通过后续行为的自我解释(Selbstinterpretation durch späteres Verhalten)"(→边码549)。[15] 此外,强制缔约也能产生合同约束力。[16] 在解释上,商业惯例也应当被考虑进来。[17]

如果根据解释结果,约定的合同内容可以无须考虑未决的问题而生效,那么这些**尚存的漏洞**(verbleibende Lücken)可以在此时已存在的合同规定中通过不同的方式填补。当事人可以事后就具体问题达成一致,或者承诺以后通过协商解决未决的问题。他们还可以约定由法院来填补这

---

[10] BGH MDR 1954, 217; Erman - Armbrüster[14] § 154 Rdnr. 9; Flume[4], § 34, 6 e; Münch-Komm-Busche[6] § 154 Rdnr. 8.

[11] BGHZ 119, 283, 288; BGH NJW-RR 2014, 1423 Rdnr. 29 ff.; NJW 1997, 2671; BayObLG NJW-RR 2003, 9, 10.

[12] BGHZ 119, 283, 288; BGH NJW-RR 2014, 1423 Rdnr. 31; NJW 2006, 2843 Rdnr. 10; NJW 1997, 2671; BayObLG NJW-RR 2003, 9, 10.

[13] Diederichsen, FS Hübner, 1984, 421, 432 f.

[14] BGHZ 119, 283, 288; BGH NJW 2006, 2843 Rdnr. 10; 2002, 817, 818; OLG Brandenburg NJW-RR 2008, 254, 255; KG MDR 2005, 1276, 1277; Flume[4], § 34, 6 e; Münch-Komm-Busche[6] § 154 Rdnr. 5; Wolf/Neuner[10], § 38 Rdnr. 9.

[15] Lindacher, JZ 1977, 604, 605.

[16] BGHZ 41, 271, 275.

[17] Vgl. OLG Frankfurt NJW 1977, 1015, 1016.

些未决的问题。[18] 如果当事人无法达成这样的协议,那么还可以适用法律中的任意性规范。[19] 任意性规范作为辅助(→边码534),可以对当事人的意思表示进行补充解释以填补漏洞。此时,合同的实际履行可以作为漏洞填补的正确方法。[20]

范例

774　　　V 有一套公寓出租,M 对此表示感兴趣。看房后,双方签署了一份书面租赁合同。然而,合同中的"押金(Kaution)"一栏保持空白。V 将钥匙交给 M,并解释说他必须要求 M 支付押金,但可以在其他场合安排时间详细讨论此事。M 表示同意。根据第154条第1款第1句和第2句的规定,合同在未就押金达成一致时通常不视为成立。然而,钥匙的交付和 V 的表态导致合同可以被解释为已经具有约束力。由于 M 同意之后解决押金的问题,我们可以假设 V 要求与 M 在之后达成合意,也可能是指要求 M 支付符合当地标准金额的押金。[21]

775　　　K 想从 V 那里购买他在一块地产中的共有权。V 表示同意,但要求 K 在合同签订之前,支付 7.5 万至 10 万欧元的定金。根据第311b条第1款第1句的规定,双方随后签署了一份公证合同,但其中却没有关于定金的条款。因此,正式约定的合同内容与(有效的非正式)协议不符。除非可以将正式合同的签订视为放弃定金要求,否则就存在明显的不合意,在这种情况下,合同就不会成立。[22]

(三) 约定作成证书

776　　　合同通常是不受形式制约的(→边码1044),但是,合同各方可以约定

---

[18] BGH BB 1965, 103; a. M. wohl Flume[4], § 34, 6 e.
[19] 关于这一点和接下来的内容,参见 BGH NJW 2002, 817, 818 (zu §§ 612, 632, 653)。
[20] BGHZ 119, 283, 288.
[21] 即使对于租金本身的高低也可以如此,参见 BGH NJW 1997, 2671, 2672。
[22] BGH NJW 1998, 3196.

他们的合同必须以特定形式订立,例如以书面形式或公证形式。如果合同各方就采用**自愿的书面形式**(gewillkürte Schriftform)达成一致,那么根据第 154 条第 2 款的规定,合意的公证将被视为合同成立的要件,也就是说,即使双方意思已经一致,合同也只能在公证完成后才能成立。这意味着,在公证之前作出的口头表示将不具有约束力,各方缺乏订立合同的法律约束意思,合同仍处于草拟阶段。

但第 154 条第 2 款也只是一项**解释规范**(Auslegungsregel)。这意味着,首先必须通过解释确定各方是否实际上约定了特定的形式。然后,必须通过解释确定各方就未能遵守这种形式所约定的法律效果。[23] 如果通过解释没有得出明确的结果,根据第 154 条第 2 款的规定,应当怀疑合同根本没有达成(而不仅仅根据第 125 条第 2 款而无效)。[24]

然而,第 154 条第 2 款所显示的结果实际上**很少**(selten)发生,因为解释通常会导致不同的结果。因此,如果根据各方当事人的意愿,公证的目的只是让它作为一项证据,那么在存疑时,合同仍然可能是有效的。[25] 这种情况经常会出现在商业交易中。然而,即使在这种商业交易中,也必须存在特别的证据。[26] 此外,当事人在订立非正式合同时可能已经默许或者明确放弃了约定的形式要求(→边码 1066),那么,此时就无法适用第 154 条第 2 款。同样,如果当事人在有效订立合同后才约定制作一份文书,也不适用这项规定。[27] 这种约定要么意味着要为合同签订提供一项证据,要么意味着原始合同被撤销,并由一份新的、按约定公证的合同取而代之。此外,在第 154 条第 2 款的情况下,也需要考虑违反诚信原则的情况(→边码 771)。[28]

---

[23] 在法定的书面形式的情况下,就不存在这个问题。这里,根据第 125 条第 1 款,形式缺陷会导致无效的法律效果(→边码 1075)。

[24] 与第 154 条第 2 款和第 125 条第 2 款之间的关系,详见边码 1086。

[25] BGH NJW 1999, 1328, 1329; NJW-RR 1993, 235, 236; OLG Celle NJW-RR 2000, 485, 486; LAG Hamm NZA-RR 2000, 356, 359.

[26] BGH NJW-RR 1991, 1053, 1054.

[27] RGZ 94, 333, 335; OLG Frankfurt NJW-RR 1992, 756, 757.

[28] BGH NJW-RR 1987, 1073, 1074; Böhm, AcP 179 (1979), 425, 444 ff.

三、隐藏的不合意

(一)构成要件

779　　与公开的不合意一样(→边码 770),第 155 条规定的隐藏的不合意也具有客观和主观两个构成要件。**客观上**(Objektiv),第 155 条要求当事人未能就合同偶素达成完全一致(→边码 763)。在这方面与公开的不合意相同:必须通过解释明确根据当事人任何一方的意愿,在合同中应该规定的内容,以及必须通过解释明确是否已就规划方案(Regelungsprogramm)的内容达成一致(→边码 770)。**主观上**(Subjektiv),第 155 条要求当事人没有意识到规划方案与合同内容之间的分歧,也就是说,各方认为已经就所有需要规定的事项达成完全一致。如果有一方当事人意识到了分歧,那么就不应适用第 155 条,而应适用第 154 条。[29]

(二)法律效果

780　　关于法律效果,第 155 条的表述是令人困惑的。与第一印象相反,这一规定也是根据一般的法律行为理论的基本原则而建立的,即合同未成立的原因在于各方没有达成完全的一致。在这方面,这一规定与第 154 条没有任何不同(→边码 771)。然而,法律在这里又规定了"若可推论纵无关于该点之约定,契约亦得成立者,其经合意之部分为有效",这就构成了一种对应第 139 条法律理念的(→边码 1209)**例外**(Ausnahme)。[30] 这种情况只适用于部分的不合意(Teildissens),也就是说,只有当分歧通常

---

[29] BGH NJW-RR 1990, 1009, 1011; Diederichsen, FS Hübner, 1984, 421, 440; Korte, DNotZ 1984, 3, 19 f.; Medicus[10], Rdnr. 436; Staudinger-Bork[2015] § 154 Rdnr. 2——不同观点,参见 Flume[4], § 34, 4; MünchKomm-Busche[6] § 155 Rdnr. 2; Palandt-Ellenberger 74 § 155 Rdnr. 1; Soergel- Wolf[13] § 155 Rdnr. 12。

[30] Flume[4], § 34, 7; Leenen, AcP 188 (1988), 381, 416 f.; Oepen, Zur Dogmatik des § 139 BGB, 2000, 26; unklar MünchKomm-Busche[6] § 155 Rdnr. 14。

只涉及个别要点时[且这些要点不得属于合同要素(essentialia negotii),→边码763]才能适用。此时,需要确定的是,如果当事人在签订合同时已经知道这些不合意,他们是否仍然认为自己受到合同的约束。[31] 而这需要再次通过解释来确定。由于当事人并未考虑部分不合意的情况,这与第139条(→边码1218)类似[32],属于对已发出表示的补充解释。特别重要的是,应当确定未决要点对合同的意义。因不合意而存在的缺陷越微不足道,这种假设的生效意思(Gültigkeitswille)就越容易被确认。如果能够通过解释得出部分有效的结论,那么合同就是基于双方都合意的部分达成的。剩下的缺陷可以通过适用任意性法律,或者辅助性地通过合同解释来弥补(→边码534)。[33]

范例

G应当按月从E那里获取年金(Rente)。G坚持要求,这笔年金应通过根据第1199条在不动产登记簿中设立定期土地债务(Rentenschuld)的方式得到保障。根据初步协商,应当约定一笔销除金(第1199条第2款),其金额为12万欧元。然而,他们在合同中[34]意外地遗漏了有关销除金的条款。在这种情况下,根据第155条,应当视为未签订合同,因为该事项十分重要,无法假定即使没有在土地簿上的保障,关于年金的协议也会被认可。[35]

781

(三) 后续的相关问题

1. 与因错误而撤销的区别

隐藏的不合意的特点在于,双方在规划方案所涉及的范围上存在认

782

---

[31] OLG Köln NJW-RR 2000, 1720, 1721; MünchKomm-Busche⁶ § 155 Rdnr. 1.
[32] 详见 Oepen, Zur Dogmatik des § 139 BGB, 2000, 18 ff./26。
[33] OLG Bremen NJW-RR 2009, 668, 669.
[34] 该合同不需要满足法定形式,因为第311b条第1款的规定不适用于土地负担的情况。
[35] BGH WM 1965, 950, 952.

知错误(Irrtum),这引发了关于第155条和第119条之间竞合(Konkurrenz)的问题。从事实来看,区别在于是否存在合意:如果能够通过解释表明意思表示一致,那么就达成了一项合同[36],虽然可能会因为错误而在事后被撤销。相反,如果能够通过解释表明意思表示不一致,那么就存在不合意。[37] 在第119条第1款的情况下,错误涉及自身意思表示的内容(→边码824),而在第155条的情况下,则涉及上文提到的表示完全一致。因此,这里应当优先考虑是否满足第155条的情况,因为只有在达成合同后才会有撤销的问题。如果第155条的条件得到满足,并导致合同没有成立——尽管第155条没有假设这种情况(→边码780)——那么就无须再进行撤销。未成立的合同根本无法撤销,只有在合同与达成共识的部分确实生效的情况下才需要考虑撤销的问题。但出于若干原因,这种情况通常不会发生。首先,错误通常不会涉及当事人一方自己表示的内容,而是涉及相对方的意思表示,这就不会使当事人有权撤销自己的意思表示。其次,只有在未包括在合意中的部分并非合同要素的情况下,才会考虑共识部分的有效性(→边码780)。这将排除根据第119条第1款(援引)的撤销。最后,通过"生效(gelten)"这个词,第155条最终明确,如果满足第155条的要件,则共识部分应当生效。因此,通过撤销排除这种明确且符合法律意旨的结果是不可能的。

2. 损害赔偿

783 如果当事人一方通过其自身可归责的行为,例如通过不清晰的措辞故意引起了隐藏的不合意,那么根据第280条、第241条第2款、第311条第2款的规定,该当事人应向相对人承担由此产生的损害赔偿责任,因为他违反了应避免通过不清晰措辞误导对方的义务。[38] 对于反对意见提

---

[36] 这也适用于双方均存在的动机错误(→边码944),即基于这一误解,各方达成了协议;参见 BGH MDR 2001, 1046, 1047。

[37] Vgl. OLG Köln NJW-RR 2000, 1720.

[38] RGZ 143, 219, 221; 104, 265, 268; Erman-Armbrüster[14] § 155 Rdnr. 6; Giesen, Jura 1980, 23, 24; Hübner[2], Rdnr. 1024; Medicus[10], Rdnr. 439; Palandt-Ellenberger[74] § 155 Rdnr. 5; Soergel-Wolf[13] § 155 Rdnr. 21; Staudinger-Bork[2015] § 155 Rdnr. 17.

出的担忧[39],即在存在不合意时不应当只进行单方面的错误归责,应当通过考虑根据第 254 条的与有过失(Mitverschulden)来处理,而不是通过排除所有责任来处理。

---

[39] Vor allem Flume⁴, § 34, 5; zust. Jauernig-Mansel¹⁵ § 155 Rdnr. 3; MünchKomm-Busche⁵ § 155 Rdnr. 15; Schlachter, JA 1991, 105, 108.

# 第九部分

意思瑕疵

第二十章 导论

> Canaris, Die Vertrauenshaftung im deutschen Privatrecht, 1971; Coester-Waltjen, Die fehlerhafte Willenserklärung, JA 1990, 362; Jahr, Geltung des Gewollten und Geltung des Nicht-Gewollten, JuS 1989, 249; Kellmann, Grundprobleme der Willenserklärung, JuS 1971, 609; Mankowski, Beseitigungsrechte, 2003; Singer, Geltungsgrund und Rechtsfolgen der fehlerhaften Willenserklärung, JZ 1989, 1030; ders., Selbstbestimmung und Verkehrsschutz im Recht der Willenserklärungen, 1995; Wiedemann/Wank, Begrenzte Rationalität-gestörte Willensbildung im Privatrecht, JZ 2013, 340; Zimmermann (Hrsg.), Störungen der Willensbildung bei Vertragsabschluss, 2007. ——也可参见第七部分的内容。

一、问题的提出

我们的私法制度基本上假定每个人都可以通过自由和负责任的自主决定来处理他们的私法关系。然而,他们也必须承担他们所希望和引发的法律效果(→边码106)。对于明确的意思表示,这是可以理解的。然而,如果存在**意思瑕疵**(Willensmängel),那么必须特别考虑相应的法律效果。当意思与表示不一致,当事人的意思没有被表达,而表达的内容又非当事人本人的意思时,就会涉及意思瑕疵的问题。这句话涉及两个已经详细讨论过的基础问题,因此这里只是简要回顾一下。

首先,需要强调的是,在意思表示中需要区分**外部要件和内部要件**(äußerer und innerer Tatbestand)(→边码566以下)。外部要件是指表示行为本身,其内容须通过解释确定(→边码787)。内部要件是指表意人的内心意思,其中区分了行为意思、表示意识和效果意思。在一般情况下,外部要件和内部要件应当是一致的,因为通常意思表示是无误的。然而,如果表意人并未期待所表示的法律效果,即他缺乏具体的效果意思(→边码600)甚至缺乏表示意识(→边码596),那么外部要件和内部要件就可能不一致。[1]。

787　　其次,需要强调,对于解决此类不一致所造成的问题,**信赖保护**(Vertrauensschutz)具有重要意义(→边码107)。如果内心意思与表示行为不一致,那么这里就会存在冲突:一方面,表意人通常希望实际的意图能够生效,另一方面,表示受领人通常希望实际表示的内容能够生效。[2] 解决这种冲突就依赖于信赖保护原则。这首先体现在,对于意思表示的关键内容,原则上并不取决于(表意人的)实际意图,而是取决于在表示受领人的视角下,如何理解该表示(→边码500、507、528以下)。不仅在确定表示内容时,而且在处理意思与表示之间的分歧时,对于受领人来说,信赖保护也是最重要的标准(→边码789)。

二、错误的原因

788　　当意思和表示不一致时,可能有不同的原因。在某些情况下,这种分歧是**有意为之**(gewollt)。例如,当某人知道自己在表达一种他实际上并不希望发生的意愿时,就会出现这种情况。虽然他在表面上表现出有法律效果意思,但实际上只是为了假装或开玩笑而表达。这种情况在实践中很少见,《民法典》在第116条至第118条(→边码794)中对其进行了规定。更常见的情况是,**无意识地**(ungewollt)出现了意思和表示之间的分歧。表意人对自己的表示内容产生了错误的认知,并且没有意识到自己没有表达出自己想要表达的法律效果。这些错误的情况在《民法典》的第119条、第120条、第123条(→边码818以下)进行了规定。

---

[1] 缺乏行为意思的情况,参见边码589。
[2] 详见 Mankowski (Rdnr. 784), 435 ff.。

三、解决方案

为了解决表意人和受领人之间的利益冲突,自然有多种**可能的解决方案**(Möglichkeiten)。可以像"意思理论(Willenstheorie)"(→边码 583)那样,绝对地依据表意人的真实意思,并在存在意思瑕疵的情况下将表示视为无效。同样也可以像"表示理论(Erklärungstheorie)"(→边码 584)那样,特别强调对受领人的信赖保护,并始终将受意思瑕疵影响的意思表示视为有效,而最终导致意思瑕疵变得无关紧要。这两种观点都完全忽视了一方的利益,因此不能得出合理的结论。只有基于"效力理论(Geltungstheorie)"(→边码 585),才能找到能够实现规范性利益平衡的解决方案。法律也试图避免僵化的解决方案,并在意思瑕疵和信赖保护之间寻求合理的平衡,根据意思瑕疵的严重程度和受领人的保护需求进行区分:

789

在第一种情况下,错误的**意思表示依然是有效**(Willenserklärung wirksam)的,表意人最终将被其表示行为所约束。这意味着对表示受领人的绝对保护。在隐秘保留/真意保留(Geheimer Vorbehalt),也就是在表意人暗中保留了不同于其口头声明的真实意愿的情况下(→边码 795),《民法典》在第 116 条第 1 句中采纳了这种解决方案。即使在法律未特别提及的意思形成错误的情况下,也就是意思表示并非不一致,而是指对于意思形成具有重大影响的认知与现实相悖时(→边码 830),意思表示仍然有效。通常,这些动机错误基本上是不会为相关的规范所考虑的,只在第 119 条第 2 款(→边码 853)和第 123 条诈欺的情况下(→边码 865)存在例外。

790

在第二种情况下,错误的**意思表示自始无效**(Willenserklärung von Anfang an nichtig)。立法者基于(意思和表示之间)有意识的分歧(bewusster Divergenz)选择了这种法律效果,此时受领人就不值得受到保护(Empfänger

791

nicht schutzwürdig）。[3] 表意人故意表达了与其真正法律效果意思不符的内容，并且可以确定或至少能够推测出，受领人知晓意思与表示之间的分歧。受领人在这种情况下并不需要受到保护，因此可以将表意人的利益置于更值得保护的地位。立法者为这种情况选择了这种解决方案：如果受领人已经意识到表意人的隐秘保留（第 116 条第 2 句；→边码 797），或者表示只是表面上假装同意而已（第 117 条；→边码 801），或者意思表示只是开玩笑，而且可以假设受领人能够意识到这种表示并不是认真的（第 118 条；→边码 811），那么意思表示就是无效的。

792　　在第三种情况下，**意思表示是有效的，但可被撤销**（Willenserklärung wirksam, aber anfechtbar）。为了受领人信赖保护的利益，表意人首先必须坚持表示的有效性。之后，考虑到他的具体利益，表意人可以通过撤销意思表示来消除其后果。如果他选择这种解决方案，那么根据第 122 条，意思表示受领人将获得信赖利益损害赔偿，即间接信赖保护。此时双方都不是绝对地受到保护，而是相对地受到保护。立法者在意思和表示之间存在无意识分歧（unbewussten Divergenz）时采取了这种解决方案，也就是在第 119 条第 1 款（→边码 826）和第 120 条（→边码 843）的真正错误的情况下，其中并非完全缺乏效果意思，而是希望实现的是所表示以外的其他法律效果。此外，个别重大意思形成错误（ausnahmsweise erhebliche Willensbildungsfehler）可通过撤销来主张，包括根据第 119 条第 2 款的因性质错误（Eigenschaftsirrtum）而提出的撤销（→边码 844），以及根据第 123 条因恶意欺诈（arglistige Täuschung）或胁迫（Drohung）而提出的撤销（→边码 865、888）。

---

[3] 第 116 条第 1 句规定了一个例外（→边码 790）。

第二十一章　意思和表示有意识的不一致

Baeck, Das Scheingeschäft-ein fehlerhaftes Rechtsgeschäft, 1988; Bär, Scheingeschäfte, 1931; Hattenhauer, Scheingeschäft und Einwendungsdurchgriff beim finanzierten Grundstückskauf - OLG Koblenz NJW-RR 2002, 194, JuS 2002, 1162; v. Hein, Der Abschluss eines Scheingeschäfts durch einen Gesamtvertreter: Zurechnungsprobleme zwischen Corporate Governance und allgemeiner Rechtsgeschäftslehre, ZIP 2005, 191; Holzhauer, Dogmatik und Rechtsgeschichte der Mentalreservation, FS R. Gmür, 1983, 119; Hohmeister, Letztmals: Zur Abgrenzung zwischen Scheingeschäft und Umgehungsgeschäft bei vorsätzlich falscher Rechtsformwahl, NZA 2000, 408; Kallimopoulos, Die Simulation im bürgerlichen Recht, 1966; Kiehl, Schutz des Dritten gegen Scheingeschäfte, Gruchot 63 (1919), 558; Kohler, Studien über Mentalreservation und Simulation, JherJb. 16 (1878), 91; Kramer, Das Scheingeschäft des Strohmanns - BGH, NJW 1982, 569, JuS 1983, 423; Michaelis, Scheingeschäft, verdecktes Geschäft und verkleidetes Geschäft im Gesetz und in der Rechtspraxis, FS F. Wieacker, 1978, 444; Oertmann, Scheingeschäft und Kollusion, Recht 1923 I, 74; Thiessen, Scheingeschäft, Formzwang und Wissenszurechnung, NJW 2002, 3025; Tscherwinka, Die Schmerzerklärung gemäß § 118 BGB, NJW 1995, 308; Waas, Scheingeschäft des Vertreters gem. § 117 BGB und Mißbrauch der Vertretungsmacht, Jura 2000, 292; Wacke, Mentalreservation und Simulation als antizipierte Konträrakte bei formbedürftigen Geschäften, FS D. Medicus, 1999, 651; Weiler, Wider die Schmerzerklärung, NJW 1995, 2608; K. Wolff, Mentalreservation, JherJb. 81 (1931), 53; Wurster, Das Scheingeschäft bei Basissachverhalten, DB 1983, 2057.

一、概述

794 第一种意思表示瑕疵的特点在于，表意人在明知不具有效果意思的情况下行事，也就是完全清楚地知道自己表达了他实际上并不想产生的法律效果。这里存在着意思和表示之间**有意识的分歧**（bewusste Divergenz）。[1] 这种情况可用"意思保留（Willensvorbehalte）"一词来描述[2]，它包括三种类型，相互之间的区别在于意思保留在外部显现的程度。首先是隐秘保留（geheime Vorbehalt）：表意人将自己的真实意思保留于内，而所表达出的并非自己的意愿。此时，如果受领人能够信赖，（表意人）所表达出的法律效果是真实的，那么这样的保留对表意人而言就是毫无作用的。根据第 116 条第 1 句，这样的意思表示属于不可撤销的有效。只有在受领人知晓隐秘保留时它才无效（第 116 条第 2 句），此时受领人不存在信赖利益的保护。同样地，如果（表意人）与受领人通谋而作出虚伪（Schein）的意思表示，受领人也不存在需要保护的信赖利益。因此，根据第 117 条第 1 款，这样的意思表示也是无效的。立法者在第 118 条中对仅仅出于开玩笑/戏谑（Scherz）而作出的意思表示提供了类似的解决方案。在这种情况下也缺乏效果意思。然而，这种无效的后果并非取决于受领人意识到是在开玩笑，而是在于表意人作出意思表示时"预期其诚意之欠缺，不致为人所误解"。即使受领人未意识到玩笑，意思表示仍然是无效的。在这里，受领人不是通过明确意思表示的有效来获得保护，而是通过损害赔偿（第 122 条）来获得保护。

---

[1] 与此相反，Wacke（→边码 793）认为，在第 116 条和第 117 条的规定中，存在一个同时陈述的预期相反行为（actus contrarius），对于需要特定形式的法律行为来说，只有在可以进行不要式撤销的情况下才有效。然而，法律并没有支持这种复杂的观点。

[2] Medicus[10], Rdnr. 591.

二、隐秘保留／真意保留（第116条）

（一）构成要件

第116条所规定的是一种意思表示，其中表意人私下保留了不愿意对外表达的意愿。这一规范的适用需要满足以下条件：表意人缺乏效果意思，而将其真实的效果意思保留不发，也就是说，表意人没有向外部表达真实效果意思，并且假设受领人不会察觉到这一保留。在这一点上，第116条中规定的情形与第118条中规定的戏谑表示有所不同，后者是指表意人希望受领人意识到其不够严肃认真，也不同于相反事实抗辩（protestatio facto contraria），即表意人明确表示其意思与客观的受领人视角下对其表示可能的解释不同（→边码744）。[3] 此外，隐秘保留也被称为"心中保留／真意保留（Mentalreservation）"。保留的动机并不重要，无论是出于损害或激怒受领人的目的发出带有隐秘保留的表示，还是出于正当动机（ehrenwerte Motive）（→边码798），都是无关紧要的。

795

（二）法律效果

《民法典》在法律效果方面进行了区分。通常情况下，因为隐秘保留是内部的，所以受领人不会知道。他因此信赖表意人表达的是真实的法律效果意思。这种信赖受到第116条第1句的保护，该条规定因为存在隐秘保留而**不会使意思表示无效**（Willenserklärung nicht nichtig）。因此，除非存在其他无效原因，否则该表示是有效的。表意人不能以缺乏效果意思为由抗辩，他必须承担自己的意思表示的后果，因为他让对方相信这个表示是认真的。总之，在未被识别的隐秘保留的情况下，法律提供了信赖保护，符合表示理论的含义（→边码584）。

796

如果受领人**知悉**（Kennt）隐秘保留，他就知道所述内容并不是表意人

797

---

[3] Vgl. Flume⁴, § 20, 1.

真正的意思。他也不应当相信所述内容会产生相应的法律效果,因此也不存在信赖利益保护。因此,根据第116条第2句的规定,在这种情况下该表示被视为无效是合乎逻辑的。[4] 然而,这仅适用于需受领的意思表示。在无须受领的意思表示中,没有具体的受领人来知悉,因此表示的有效性仍然成立。[5] 如果表示针对多个受领人,那么所有受领人都必须知悉该保留,才能满足第116条第2句的条件。[6]

范例

798　　S欠G共计50欧元,S被他的女友以难以置信的理由抛弃了。为了安慰S,G宣称他免除了S的债务,但同时私下保留以后向S追讨这50欧元的权利。然而,这个保留对G没有任何帮助。当从受领人的角度来解释时,他的表示应被理解为提议订立豁免协议(第397条第1句)。如果S接受了这个提议,那么G的债权就被消灭了。根据第116条第1句的规定,G是否有效果意思并不重要。唯一例外的情况是,如果S看穿了G的惺惺作态,并意识到他实际上并不想豁免债务,那么根据第116条第2句的规定,G的表示就无效了。

799　　美国人V在新加坡向加拿大人K出售一把手枪,价格为50元。V故意模糊表述,希望能够选择对他最有利的货币。在这里也适用第116条,当事人的实际理解并非起决定作用。[7] 相反,应当通过从受领人的角度进行客观解释,来确定究竟以哪种货币计价。如果这种解释能够导致明确的结果(比如新加坡元为当地货币),那么V必须遵循这一解释;他事先保留其他解释的意图在第116条第1句的规定下是不重要的。如果解释没有得出明确结论,那么无论V的想

---

[4] Flume[4], § 20, 1; Wolf/Neuner[10], § 40 Rdnr. 5; Medicus[10], Rdnr. 593.

[5] 第116条第2句的类推适用也被排除;参见 OLG Frankfurt FamRZ 1993, 858, 860; Köhler[38], § 7 Rdnr. 8; MünchKomm-Armbrüster[5] § 116 Rdnr. 10——不同观点,参见 Erman-Arnold[14] § 116 Rdnr. 8; Flume[4], § 20, 1; Jauernig-Mansel[15] § 116 Rdnr. 4。

[6] Flume[4], § 20, 1; Medicus[10], Rdnr. 593.

[7] 但是,Flume[4], § 20, 1。

法和保留如何,都不存在有效的要约。[8]

V在隐秘保留的情况下授予S代理权。S意识到这个保留条件,但仍然以V的名义与K签订了合同。根据第116条第2句,这里的代理权授予行为是无效的。[9] 内部授权的受领人只有S,而不是K(→边码1459)。V不能依据权利外观原则(Rechtsscheinsgrundsätze),视S已经获得了代理权,而对K主张权利(→边码1538以下)。[10]

800

三、虚伪表示（第117条）

（一）构成要件

根据第117条第1款,表意人和相对人通谋而为虚伪意思表示的,该意思表示无效。该规范的要件首先需要一个需受领的意思表示(empfangsbedürftige Willenserklärung)。对于无须受领的意思表示,不适用该规范,因为根本没有相对人可供其通谋。其次,需要满足的是,该意思表示只是虚伪地(nur zum Schein)作出,此时表意人实际上并不希望产生所表达的法律效果,也就是说,他缺乏效果意思,就符合这个条件。在这一点上,第117条与第116条是一致的。它们的不同之处在于是否存在与意思表示受领人的通谋(Einverständnis des Erklärungsempfängers),也就是说,受领人不仅知道意思与表示之间的分歧(就像在第116条第2句中),而且双方都同意所表达的法律效果不应该发生。[11] 因此,还需要有明示或可推知的"伪装约定(Simulationsabrede)"[12],这样,当事人双方的

801

---

[8] 同样的观点,参见 MünchKomm-Armbrüster[6] § 116 Rdnr. 5。
[9] 不同观点,参见 BGH NJW 1966, 1915, 1916; Jauernig-Mansel[15] § 116 Rdnr. 2; Wolf/Neuner[10], § 40 Rdnr. 2。
[10] 参见 Köhler[38], § 7 Rdnr. 8 的注释。
[11] BGH NJW 2009, 2554 Rdnr. 12.
[12] MünchKomm-Kramer[4] § 117 Rdnr. 8.

意愿才不会仅仅是表面上的一致。这种"伪装约定"必须由提出合同表示的当事人来完成。如果涉及代理人，则应根据第166条第1款来处理。[13] 当然，如果代理人只负责谈判，而委托人自己进行最终的约定，情况就不同了。[14] 如果缺乏"伪装约定"，则应该适用第118条，而非第117条。[15]

802   虚伪行为的存在由主张此事实的一方承担**举证责任**(Beweislast)。[16] 这一点，一方面源自法律根据第117条的评价认为，意思表示应当推定为严肃认真的；另一方面，根据第117条的规定，这属于一种权利阻碍性抗辩(Rechtshindernde Einwendung)，主张此抗辩的一方必须证明其前提条件。

(二) 界分

803   虚伪表示需要与**间接代理行为**(Strohmanngeschäft) 相区分，后者的特点是在外部关系中由某人["间接代理人(Strohmann)"]进行的交易，其意图是在内部关系中将法律效果转移给另一个人["幕后人(Hintermann)"] (→边码1318)。间接代理行为与虚伪行为的区别在于后者的关键要素是"只是假装(nur zum Schein)"。在虚伪行为中，双方都不希望产生他们所表示的法律效果，他们只是伪装相应的法律效果意思。根据第117条第1款的规定，该法律行为是无效的，且不会产生法律效果。然而，间接代理行为的情况则不同，在这种情况下，行为的经济后果确实会影响其他人，即指派"间接代理人"的"幕后人"，但这仅在约定的法律效果确实产生时才成立。因此，"间接代理人"的表示必须是严肃认真的，他需要有效的法律行为来实现其经济计划。因此，即使最终的权利和义务应当归属

---

[13] 在共同代表的情况下，一个共同代表人的参与就足够了，参见 BGH NJW 1999, 2882.-A. M. v. Hein, ZIP 2005, 191 ff.。

[14] BGHZ 144, 331, 332 ff. = MDR 2000, 1308 (Grziwotz); dazu Thiessen, NJW 2001, 3025 ff.; ferner BGH NJW 2001, 1062.

[15] BGHZ 144, 331, 334 = MDR 2000, 1308 (Grziwotz); dazu Thiessen, NJW 2001, 3025 ff.; vgl. ferner BGH NJW 2001, 1062.

[16] BGH NJW 1999, 3481; KG ZMR 2009, 201.

于"幕后人","间接代理人"也具有必要的法律效果意思。[17]

范例

H 急需资金,但银行不再向他提供贷款,因此他请求他的朋友 S 向银行申请贷款,然后将资金作为贷款转让给他。H 承诺承担 S 在与银行签订的合同中的所有义务,特别是偿还贷款的义务。如果按照这种方式处理,那么银行和 S 之间的贷款合同就并非虚伪行为。S 希望达成有效的合同,以获得他打算转让给 H 的贷款金额的权利。这是一个典型的间接代理行为,在与银行的关系中,只有 S 享有权利,同时也负担义务(包括偿还债务)。[18] 804

根据同样的标准,虚伪行为也应与信托行为(Treuhandgeschäft)相区分。在这种交易类型中,委托人将财产转让给受托人,以便受托人代表委托人进行管理[管理信托(Verwaltungstreuhand)]或作为其债权担保而持有这些财产[担保信托(Sicherungstreuhand);→边码 1313 以下]。特别是在担保信托中,经常约定委托人在与第三方的外部关系中仍然作为权利人行使权利,例如收取已转让的债权作为担保,受托人不得随意处理担保财产,并在内部关系中受到合同义务的约束。尽管如此,转让行为[这里指担保转让(Sicherungszession)]并非虚伪行为,因为虽然在与第三方的关系中确实如此表现,但各方也确实希望实现表示的法律效果(这里指债权转让)。担保受益人在担保人破产时应当受到物权上的保护,并且不必与所有其他普通债权人分享担保财产的价值,而是作为优先受偿人有权优先从担保财产中获得偿付(参见《支付不能法》第 51 条第 1 项、第 50 条第 1 款)。 805

同样的情况也适用于**规避行为**(Umgehungsgeschäft)。若当事人实际上希望达成的目的为法律所禁止,因此尝试通过达成一项法律文本未涉及的合意来规避法律的禁止性规定,实现同样的经济结果,就是规避行 806

---

[17] Vgl. BGH NJW-RR 2013, 687 Rdnr. 14 ff.; 2007, 1209 Rdnr. 5; NJW 1995, 727; KG ZMR 2009, 201; OLG Naumburg MDR 2005, 741.

[18] Vgl. BGH NJW-RR 1997, 238.

为。在这种情况下,规避行为的意思表示并非虚假地作出。当事人实际上希望达成法律未涉及的合意;他们只是不希望相关禁止性法律被适用于其行为。[19] 因此,该法律行为并不会根据第 117 条第 1 款当然无效,但是,它必须遵守被规避的法律的规定(→边码 1120 以下)。

范例

807　　　E 想要将他的酒吧出租。G 因酗酒而无法获得酒吧经营许可(根据《餐饮业法》第 4 条第 1 款第 1 项规定)。随后,E 继续对外经营酒吧。他雇佣 G 作为经理,并约定 G 可以留下收入减去每月应付给 E 的"预期利润"2000 欧元作为经理工资。这里存在一种规避行为。实际上,这两份合同并没有区别:G 独立负责酒吧的运营,而 E 则获得固定金额。然而,这并不是虚伪行为。双方并不希望达成租赁合同,因为 G 作为承租人将成为经营者,但却无法获得许可证,相反,他们希望达成他们所表示的内容,即保持 E 作为经营者的经理合同。另一个问题是,是否应该将被规避的规范应用于这种规避行为。[20]

(三) 法律效果

808　　《民法典》第 117 条第 1 款规定了**伪装表示的无效**(Nichtigkeit der simulierten Erklärung)。由于表示受领人不仅知道意思和表示之间的分歧,甚至还同意了这种分歧,因此他并不需要受到信赖保护。所以,当双方都同意表示的法律效果不应发生时,该法律行为也不会产生相应的效力。[21] 这种无效的后果适用于任何人,同样包括第三方。这些第三方只

---

　　[19]　Köhler[38], § 7 Rdnr. 10; 也参见 BGH ZIP 2009, 1111 Rdnr. 13; Keller, NZA 1999, 1311, 1312 (反对意见,参见 Hohmeister, NZA 2000, 408 ff.)。

　　[20]　对此,参见边码 1122。

　　[21]　一个例外的情况是所谓的假结婚(Scheinehe),只有在符合第 1314 条第 2 款第 5 项的条件时才能被解除。此时,并不适用第 117 条。因此,在民政官面前只是形式上作出的虚假表示仍然有效。

能通过一般条款,例如善意取得,根据缔约过失损害赔偿(第 280 条、第 241 条第 2 款、第 311 条第 2 款)或者根据第 826 条、第 823 条第 2 款以及《刑法典》第 263 条关于诈骗的规定来受到保护。[22] 然而,有一个例外情况,即当虚伪行为是代理人与相对人为了欺骗被代理人而进行时,在这种情况下,可以类推适用第 116 条第 1 句的规定,该法律行为在与被代理人的关系中被视为有效。[23]

同时,第 117 条第 2 款认可了**非伪装表示的有效性**(Wirksamkeit einer dissimulierten Erklärung)。在本款所涉及的虚伪行为中,各方并不希望发生伪装的、仅仅是形式上表示的法律效果,实际上,他们想要的是另一种情况,只是他们没有明确表达出来。在这种情况下,实际上所希望的法律行为被虚伪的表示所掩盖。这种隐含的意思表示也被称为"非伪装的"表示。第 117 条第 2 款规定了"适用于该隐藏法律行为之规定",这意味着,一方面,法律忽视了表面上虚伪表示的文义内容,而是关注于隐藏的、实际上所希望的法律效果的表示内容。法律有时也能接受虚伪的表示,这体现在根据在第 117 条中得到确认的"错误的表述不会有害(falsa demonstratio non nocet)"(→边码 519)的解释原则。[24] 只要能确定存在共同的法律效果意思,当事人选择就实际上想要的内容提出不同的表示就是无害的。另一方面,如果这种非伪装的法律行为能够符合法律行为有效性的要求,而且当事人所希望的内容也被明确表达,其也能够产生相应的效力。

809

范例

V 打算向 K 出售一块地。为了节省成本和土地转让税,他们在公证处都声称购买价格为 30 万欧元。然而,双方实际上合意的购

810

---

[22] 不同观点,参见 Flume[4], § 20, 2 c: 在一个虚伪行为中,存在一种对虚伪行为的相对人的默示授权,允许其处分被虚伪表示订立或移转的法律地位;赞同的观点 Medicus[10], Rdnr. 599 认为,这是一种不被允许的拟制;参见 Canaris, Die Vertrauenshaftung im deutschen Privatrecht, 1971, 85 ff.; MünchKomm- Armbrüster[4] § 117 Rdnr. 21。

[23] BGH NJW 1999, 2882 f.; dazu Waas, Jura 2000, 292 ff.

[24] Wolf/Neuner[10], § 40 Rdnr. 17/19.

买价格应该是40万欧元[所谓的分项契约(Unterverbriefung)]。[25]根据第117条第1款的规定,这里所作出的意思表示(30万欧元)无效,因为双方并不真正希望产生这个法律效果,而只是表面上作出了虚伪的表示。[26] 当事人实际上想要的内容(40万欧元)并没有被明确表示。但是,根据第117条第2款的规定,法律也会接受基于不真正希望产生的法律效果所作的表示("错误的表述不会有害")。然而,这种非虚伪的行为仍然受到一般规则的约束,因此必须按照第311b条第1款第1句的规定进行公证。然而,此时在公证书中只能找到表示出的内容,而不是当事人真实的意思。与意外的错误表示不同,这里的"错误的表述不会有害"原则并不能帮助解决问题,因为通过故意的错误表示可能轻易规避形式规定。[27] 因此,在这种情况下,合同虽然不符合第117条第1款的规定,但符合第125条第1款的规定,应当属于无效。然而,如果K作为新业主已经登记在不动产登记簿上,根据第311b条第1款第2句的规定,形式上的缺陷将会被纠正,因此K必须支付40万欧元的购买价格。

四、戏谑表示(第118条)

(一)构成要件

811　　根据第118条的规定,非诚意之意思表示,如预期其诚意之欠缺,不致为人所误解者,其意思表示无效。这项规定首先要求一个非**诚意的意思表示**(eine nicht ernstlich gemeinte Willenserklärung)。无论是需要接收方

---

[25] 对于较高价格的合意,参见OLG Koblenz NJW-RR 2002, 194, 195;进一步讨论,参见Hattenhauer, JuS 2002, 1162 f.。关于区分,参见Abgrenzung auch BGH NJW 2011, 2785 Rdnr. 6。

[26] 然而,如果通过解释可以得出,所指定的购买价格确实是双方所希望的,可参见BGH NJW-RR 2002, 1527; NJW 2001, 1062; OLG Oldenburg MDR 2000, 877。此外,还可参见BGH ZIP 2009, 1111 Rdnr. 13:如果当事人为了节省税款而希望采取特定的税务安排,而这些安排要求具备民事法律效力,那么这并不是一种虚伪行为。

[27] Flume[4], § 20, 2 a; Wolf/Neuner[10], § 40 Rdnr. 19 f.

受领的表示,还是不需要接收方受领的表示,都同样适用。"非诚意(Mangel der Ernstlichkeit)"只是在表述上再次陈述了其并非真正希望产生的法律效果。在这方面,第118条的要件与第116条的要件并没有区别。

第118条的规定基于这样一个前提,即作出意思表示时**期望对方不会误解其缺乏诚意**(Erwartung, der Mangel der Ernstlichkeit werde nicht verkannt werden)。因此,第116条和第118条的区别仅在于主观层面。在第116条中,表意人认为受领人不会意识到隐秘的保留,而在第118条中,表意人认为对方会意识到缺乏效果意思。因此,如果考虑到即使出于正当动机也可能存在隐秘保留的情况(→边码795),可以说,第116条涉及的是"恶意的玩笑(bösen Scherz)",而第118条涉及的是"善意的玩笑(guten Scherz)",尽管这里不考虑非诚意意思表示的原因和动机。[28] 因此这里不需要受领人认识到"玩笑",也就是缺乏诚意(如果他认识到了,双方达成一致时就应优先考虑适用第117条;→边码801)。根据第122条第2款的规定,这种"玩笑"甚至不必是客观上可识别的(→边码814)。[29] 对于表意人来说,主观的意思保留就足够了,但如果他以第118条为依据主张无效,在有争议的情况下需要证明他的表示缺乏诚意,并期望受领人能认识到这一点。[30]

(二)法律效果

第118条将这种意思表示归于**无效**(Nichtigkeit)。这也适用于有特定形式要求的法律行为。[31] 如果受领人认识到缺乏诚意,那么对于无效

---

[28] 根据通说,"戏谑表示(Scherzerklärung)"的称谓实际上太过狭隘。例如,根据第118条,即使是出于炫耀或挑衅而作出的非诚意的表示,在此也适用,但预期受领人必须始终不会误解缺乏诚意的性质。如果缺少这一点,那么第118条的规定将无法适用于其他出于愤怒或压力而作出的表示(持此观点的有 Tscherwinka, NJW 1995, 308 f.;可能还有 Palandt-Ellenberger[74] § 118 Rdnr. 2)。在这种情况下,只能考虑根据第116条第2句认定无效或根据第123条来撤销;参见 Köhler[38], § 7 Rdnr. 13; Medicus[10], Rdnr. 596; Weiler, NJW 1995, 2608 f.。

[29] 不同观点,参见 Pawlowski[7], Rdnr. 476 f.——这完全是主流观点;可参见 Bydlinski, JZ 1975, 1, 3; Flume[4], § 20, 3; Wolf/Neuner[10], § 40 Rdnr. 11 附其他证明。

[30] Vgl. OLG Celle WM 1988, 1436, 1437.

[31] BGHZ 144, 331, 334 f.; dazu Thiessen, NJW 2001, 3025, 3026 f.

的后果也不应当有反对意见,因为此时他也不应受到保护。然而,如果他没有认识到开玩笑的真实意图,情况就不同了。在这种情况下,他需要受到信赖保护。然而,对于表意人作出的模糊的表示,法律并非通过暂时支持这种表示(然后当然是可撤销的)的方式来提供信赖保护,相反,会直接认定其无效。因此,在这种特殊情况下[32],法律是站在"意思理论"的立场上的(→边码583)。

814 如果表示的受领人没有认识到缺乏诚意,也就是说,他并非因故意而不知道缺乏效果意思(第122条第2款),那么受领人实际上只有在表意人根据第122条第1款有义务**赔偿损害**(Schadensersatz)时才受到保护。因此,这并非提供原保护(Primärschutz),而只是提供次保护(Sekundärschutz)。表意人必须向未能预料并且无法识别缺乏诚意的受领人支付信赖损害的赔偿,即受领人因相信表示的有效性而遭受的损害。该要求针对的是"消极利益(negative Interesse)",即受领人必须被置为从未发出具有误导性的戏谑表示的地位。[33] 这种情况下,并不需要表意人的过失,因此,表意人疏忽地未能认识到受领人无法识别缺乏诚意,既不是表示无效的障碍,又不是赔偿责任的先决条件。

815 如果表意人后来意识到受领人没有理解到他的戏谑行为,那么他有一项**释明义务**(Aufklärungspflicht)。他必须按照诚实信用的原则告知受领人,说明该表示并非严肃认真的意思表示,否则,如果他依赖表示的无效性(谋利),那么他的行为就是不诚信的。在这种情况下,他必须根据第242条的规定,依据有效的意思表示承担其后果。[34]

---

[32] Zutr. Wolf/Neuner[10] § 40 Rdnr. 9.

[33] 关于具体情况,参见边码932以下。

[34] Brox/Walker[38], Rdnr. 401; Köhler[38], § 7 Rdnr. 13; Wolf/Neuner[10], § 40 Rdnr. 13; Palandt-Ellenberger[74] § 118 Rdnr. 2; Staudinger-Olzen/Looschelders[2015] § 242 Rdnr. 421——根据部分法学界观点,在未履行释明义务的情况下,可能会将第118条的构成要件推断为第116条的构成要件;参见Flume[4], § 20, 3; Medicus[10], Rdnr. 604; MünchKomm-Armbrüster[6] § 118 Rdnr. 10。根据第118条的文义,对行为归类的关键在于表示发出时的情况,而不是之后的发展情况(也可参见边码647、825、1239)——完全否定的观点,参见Singer, Selbstbestimmung und Verkehrsschutz im Recht der Willenserklärungen, 1995, 182 f.。

范例

  U 解雇了被抓到偷窃的员工 A。当 A 要求 2000 欧元的补偿时，U 讽刺地表示，A 甚至可以得到 2 万欧元。根据第 118 条的规定，U 的这一提议是无效的。[35] A 也不能要求按此数额赔偿，因为他本应能够清楚地认识到 U 并非认真地发出该表示（第 122 条第 2 款）。

[35] Vgl. OLG Rostock OLGRspr. 40 (1920), 273.

第二十二章　撤销

文献

Adams, Irrtümer und Offenbarungspflichten im Vertragsrecht, AcP 186 (1986), 453; Arnold, Die arglistige Täuschung im BGB, JuS 2013, 865; Birk, § 119 BGB als Regelung für Kommunikationsirrtümer, JZ 2002, 446; Brauer, Der Eigenschaftsirrtum, 1941; Breidenbach, Die Voraussetzungen von Informationspflichten beim Vertragsschluß, 1989; Brox, Die Einschränkung der Irrtumsanfechtung, 1960; Büchler, Die Anfechtungsgründe des § 123 BGB, JuS 2009, 976; Coester-Waltjen, Die Anfechtung von Willenserklärungen, Jura 2006, 348; Conrad, Die bereicherungsrechtliche Rückabwicklung nach Anfechtung wegen arglistiger Täuschung (§ 123 I Var. 1 BGB), JuS 2009, 397; Cziupka, Die Irrtumsgründe des § 119 BGB, JuS 2009, 887; Danz, Über das Verhältnis des Irrtums zur Auslegung, JherJb. 46 (1904), 381; Derleder, Die Rechte des über Fehler der Kaufsache getäuschten Verkäufers, NJW 2001, 1161; Diesselhorst, Zum Irrtum beim Vertragsschluß, Sympotika f. F. Wieacker, 1970, 180; Drexelius, Irrtum und Risiko, 1964; Ehricke, Die Anfechtung einer Tilgungsbestimmung gem. § 366 Abs. 1 BGB wegen Irrtums, JZ 1999, 1075; Eidenmüller, Druckmittel in Vertragsverhandlungen, in: Zimmermann (Hrsg.), Störungen der Willensbildung bei Vertragsschluss, 2007, 103; N. Fischer, Anfechtung von Willenserklärungen im Mietrecht, WuM 2006, 1; Flad, Irrtum über die Eigenschaften einer dritten Person, Gruchot 61 (1917), 1; Fleischer, Der Kalkulationsirrtum, RabelsZ 65 (2001), 264; ders., Informationsasymmetrie im Vertragsrecht, 2001; ders., Konkurrenzprobleme um die culpa in contrahendo: Fahrlässige Irreführung versus arglistige Täuschung, AcP 200 (2000), 91; Flume, Eigenschaftsirrtum und Kauf, 1948; Gabrielli, Das Verhältnis zwischen der Anfechtung wegen Eigenschaftsirrtums und den Gewährleistungsansprüchen im deutschen, österreichischen und italienischen Recht, 1999; J. v. Gierke, Sachmängelhaftung und Irrtum beim Kauf, ZHR 114 (1951), 73; Giesen, Zur Relevanz des Kalkulationsirrtums, JR

1971, 403; Goltz, Motivirrtum und Geschäftsgrundlage im Schuldvertrag, 1973; Gradenwitz, Anfechtung und Reurecht beim Irrtum, 1902; Grundmann, Die Anfechtung des Verfügungsgeschäfts, JA 1985, 80; Haferkamp, „Fehleridentität"-zur Frage der Anfechtung von Grundund Erfüllungsgeschäft, Jura 1998, 511; Harke, Irrtum über wesentliche Eigenschaften, 2003; Haupt, Die Entwicklung der Lehre vom Irrtum beim Rechtsgeschäft seit der Reception, 1941; Heiermann, Der Kalkulationsirrtum des Bieters beim Bauvertrag, BB 1984, 1836; Henle, Irrtum über die Rechtsfolgen, 1911; Heinrich, Die unbewußte Irreführung, AcP 162 (1963), 88; Hönn, Grundfälle zur Konkurrenz zwischen Sachmängelhaftung beim Stückkauf und Anfechtung wegen Willensmängel, JuS 1989, 293; P. Huber, Die Konkurrenz von Irrtumsanfechtung und Sachmängelhaftung im neuen Schuldrecht, FS W. Hadding, 2004, 105; ders., Irrtumsanfechtung und Sachmängelhaftung, 2001; Jahr, Geltung des Gewollten und Geltung des Nicht-Gewollten, JuS 1989, 249; John, Auslegung, Anfechtung, Verschulden beim Vertragsschluß und Geschäftsgrundlage beim sog. Kalkulationsirrtum-BGH NJW 1981, 1551, JuS 1983, 176; Karakatsanes, Die Widerrechtlichkeit in § 123 BGB, 1974; Kern, Ausgewählte Probleme der Anfechtung nach § § 119, 120 BGB, JuS 1998, L 41; Kiehnle, Unmöglichkeit nach Verjährung: Zu "Doppelwirkungen" und zur Auslegung des § 326 Abs. 1 und 4 BGB, Jura 2010, 481; Kindl, Der Kalkulationsirrtum im Spannungsfeld von Auslegung, Irrtum und unzulässiger Rechtsausübung, WM 1999, 2198; Kipp, Über Doppelwirkungen im Recht, insbesondere über die Konkurrenz von Nichtigkeit und Anfechtbarkeit, FS F. v. Martitz, 1911, 211; Köhler/Fritzsche, Anfechtung des Verkäufers wegen Eigenschaftsirrtums-BGH, NJW 1988, 2597, JuS 1990, 16; Kornblum, Die überzähligen Klorollen-LG Hanau, NJW 1979, 721, JuS 1980, 258; Kramer, Bundesgerichtshof und Kalkulationsirrtum: Ein Plädoyer für eine rechtsvergleichende Öffnung im Irrtumsrecht, Festgabe 50 Jahre BGH, 2000, 57; ders., Zur Unterscheidung zwischen Motivund Geschäftsirrtum, ÖJZ 1974, 452; Krückmann, Kalkulationsirrtum und ursprüngliche Sinn-, Zweck-und Gegenstandslosigkeit, AcP 128 (1928), 157; ders., Zum Kalkulationsirrtum, JW 1927, 2404; Lange, Die Neugestaltung der Anfechtung und das Vertragsverhältnis, JherJb. 89 (1941), 288; Leenen, Die Anfechtung von Verträgen-Zur Abstimmung zwischen § 142 Abs. 1 und § 119 ff. BGB, Jura 1991, 393; Leist, Die Einschränkung der Irrtums-und Täuschungsanfechtung in der Praxis, AcP

102 (1907), 215; Lenel, Der Irrtum über wesentliche Eigenschaften, AcP 123 (1925), 161; Leonhard, Der Irrtum als Ursache nichtiger Verträge, 2. Aufl. 1907; Leßmann, Irrtumsanfechtung nach § 119 BGB, JuS 1969, 478/525; ders., Schadensersatzpflicht nach Irrtumsanfechtung des Meistbietenden-BGH, NJW 1984, 1950, JuS 1986, 112; Lobedanz, Der Einfluß von Willensmängeln auf Gründungs-und Beitrittsgeschäfte, 1938; Lobinger, Irrtumsanfechtung und Reurecht, AcP 195 (1995), 274; Löhnig, Irrtum über Eigenschaften des Vertragspartners, 2002; ders., Irrtumsrecht nach der Schuldrechtsmodernisierung, JA 2003, 516; Loewenheim, Irrtumsanfechtung bei Allgemeinen Geschäftsbedingungen, AcP 180 (1980), 433; v. Lübtow, Zur Anfechtung von Willenserklärungen wegen arglistiger Täuschung, FS H. Bartholomeyczik, 1973, 249; Manigk, Irrtum und Auslegung, 1918; Mankowski, Arglistige Täuschung durch vorsätzlich falsche oder unvollständige Antworten auf konkrete Fragen, JZ 2004, 121; ders., Beseitigungsrechte, 2003; Marburger, Absichtliche Falschübermittlung und Zurechnung von Willenserklärungen, AcP 173 (1973), 137; Martens, Das Anfechtungsrecht bei einer Drohung durch Dritte, AcP 207 (2007), 371; ders., Durch Dritte verursachte Willensmängel, 2007; ders., Wer ist "Dritter"? -Zur Abgrenzung der § § 123 I und II 1 BGB, JuS 2005, 887; J. Mayer, Der Rechtsirrtum und seine Folgen im bürgerlichen Recht, 1989; Mayer-Maly, Bemerkungen zum Irrtum über den Wert, FS M. Pedrazzini, 1990, 343; ders., Bemerkungen zum Kalkulationsirrtum, FS R. Ostheim, 1990, 189; ders., Rechtsirrtum und Rechtsunkenntnis als Probleme des Privatrechts, AcP 170 (1970), 133; Mock, Die Heilung fehlerhafter Rechtsgeschäfte, 2014; G. Müller, Zur Beachtlichkeit des einseitigen Eigenschaftsirrtums beim Spezieskauf, JZ 1988, 381; M. Müller, Beschränkung der Anfechtung auf das Gewollte, JuS 2005, 18; Mues, Die Irrtumsanfechtung im Handelsverkehr, 2004; Musielak, Der Irrtum über die Rechtsfolgen einer Willenserklärung, JZ 2014, 64; ders., Die Anfechtung einer Willenserklärung wegen Irrtums, JuS 2014, 491/583; Neuffer, Die Anfechtung von Willenserklärungen wegen Rechtsfolgenirrtums, 1991; Oertmann, Doppelseitiger Irrtum beim Vertragsschluß, AcP 117 (1919), 275; Pawlowski, Die Kalkulationsirrtümer: Fehler zwischen Motiv und Erklärung, JZ 1997, 741; Pentz, Anfechtung eines Erbverzichts, MDR 1999, 785; Petersen, Anfechtung und Widerruf des Vertrags, in: Liber Amicorum f. Detlef Leenen, 2012, 219; ders., Die Bestätigung des nichtigen und anfechtbaren Rechtsgeschäfts, Jura 2008, 666; Preiß,

Die Berechtigung zur Anfechtung einer Willenserklärung in Mehrpersonenverhältnissen, JA 2010, 6; Probst, Zur „ Eindeutigkeit " von Anfechtungserklärungen, JZ 1989, 878; Raape, Sachmängelhaftung und Irrtum beim Kauf, AcP 150 (1949), 481; Riezler, Zur Begrenzung des negativen Vertragsinteresses, DJZ 1912, 1176; Rittner, Rechtswissen und Rechtsirrtum im Zivilrecht, FS F. v. Hippel, 1967, 391; Rönnau/Faust/Fehling, Durchblick: Der Irrtum und seine Rechtsfolgen, JuS 2004, 667; Rösler, Arglist im Schuldvertragsrecht, AcP 207 (2007), 563; Rothoeft, System der Irrtumslehre als Methodenfrage der Rechtsvergleichung, 1968; Säcker, Irrtum über den Erklärungsinhalt, 1985; Schermaier, Europäische Geistesgeschichte am Beispiel des Irrtumsrechts, ZEuP 1998, 60; Schlachter, Irrtum, Dissens und kaufrechtliche Gewährleistungsansprüche, JA 1991, 105; Schloßmann, Der Irrtum über wesentliche Eigenschaften der Person und der Sache nach dem Bürgerlichen Gesetzbuch, 1903; Schmidt-Rimpler, Eigenschaftsirrtum und Erklärungsirrtum, FS H. Lehmann, I, 1956, 213; Schmidt-Salzer, Gewährleistungsausschluß und Irrtumsanfechtung, JZ 1967, 661; Schmiedel, Der allseitige Irrtum über die Rechtslage bei der Neuregelung eines Rechtsverhältnisses, FS E. v. Caemmerer, 1978, 231; Schreiber, Nichtigkeit und Gestaltungsrechte, AcP 211 (2011), 35; Schubert, Unredliches Verhalten Dritter bei Vertragsschluß, AcP 168 (1968), 470; ders., Zu einer Edition unveröffentlichter Materialien zum BGB-Zugleich ein Beitrag zur Entstehungsgeschichte des § 119 BGB, AcP 175 (1975), 426; Schünemann/Beckmann, Inhalts - und Erklärungsirrtum, JuS 1991, L 65; Schur, Eigenschaftsirrtum und Neuregelung des Kaufrechts, AcP 204 (2004), 883; Schwaab, Zum Irrtum beim Vertragsabschluss, 2000; v. Schwind, Der Irrtum im Verkehrsrecht des ABGB und des BGB, JherJb. 89 (1941), 119; Singer, Der Kalkulationsirrtum - ein Fall für Treu und Glauben?, JZ 1999, 324; ders., Geltungsgrund und Rechtsfolgen der fehlerhaften Willenserklärung, JZ 1989, 1030; Spiess, Zur Einschränkung der Irrtumsanfechtung, JZ 1985, 593; Stieper, Anfechtbarkeit von Gewinnzusagen, NJW 2013, 2849; Titze, Die Lehre vom Mißverständnis, 1910; ders., Vom sog. Motivirrtum, FS E. Heymann, Ⅱ, 1940, 72; v. Tuhr, Irrtum über den Inhalt einer Willenserklärung, LZ 1918, 126; Waas, Der Kalkulationsirrtum zwischen Anfechtung und unzulässiger Rechtsausübung - BGHZ 139, 177, JuS 2001, 17; Wasmuth, Wider das Dogma vom Vorrang der Sachmängelhaftung gegenüber der Anfechtung wegen Eigenschaftsirrtums, FS H. Piper, 1996, 1083; Weiler,

Die beeinflusste Willenserklärung, 2003; H. Westermann, Einheit und Vielfalt der Wertungen in der Irrtumslehre, JuS 1964, 169; Wieacker, Gemeinsamer Irrtum der Vertragspartner und clausula rebus sic stantibus, FS W. Wilburg, 1965, 229; Wieling, Der Motivirrtum ist unbeachtlich!, Jura 2001, 577; Wieser, Der Kalkulationsirrtum, NJW 1972, 708; J. Wilhelm, Irrtum über rechtliche Eigenschaften und Kauf, Festgabe f. W. Flume zum 90. Geburtstag, 1998, 301; R.-M. Wilhelm, Anfechtung und Reurecht, Diss. Tübingen 1990; Windel, Welche Willenserklärungen unterliegen der Einschränkung der Täuschungsanfechtung gem. § 123 Abs. 2 BGB?, AcP 199 (1999), 421; M. Wolf, Willensmängel und sonstige Beeinträchtigungen der Entscheidungsfreiheit in einem europäischen Vertragsrecht, in: Basedow (Hrsg.), Europäische Vertrags rechtsvereinheitlichung und deutsches Recht, 2000, 85; Wurm, Blanketterklärung und Rechtsscheinshaftung, JA 1986, 577; Zitelmann, Irrtum und Rechtsgeschäft, 1879.- Vgl. auch die Angaben bei Rdnr. 784.

一、概述

818　　如果意思和表示之间存在意外的分歧，也就是说，表意人对他表示的内容产生了错误理解，甚至没有意识到他表示的并非他想要的法律效果，那么法律[1]就允许他**撤销**（Anfechtung）意思表示；此种规范也在部分例外的情况下同样适用于某些重要的意思形成错误（→边码824）。可撤销的意思表示首先是有效的。如果表意人愿意接受所表示的(尽管不是他所期望的)法律效果，则可以让他自己受其约束，但他也可以通过撤销表示来消灭意思表示。这一规范的前提是存在意思表示(→边码820)，且存在撤销的原因(→边码824以下)，通过及时作出(→边码911)撤销表示(→边码904)向正确的撤销相对人(→边码908)行使撤销权，以及(撤销权)不因特殊原

---

[1] 对于国际贸易合同,《联合国国际商事合同通则》(→边码25)在第3.4条以下条款中包含了关于合意的特殊规范；对此，参见 M. Wolf (Rdnr. 817)。

因而被排除(→边码 941 以下)。如果满足了这些条件,意思表示将被视为自始无效(→边码 915),但撤销方必须赔偿对方可能遭受的信赖损失(→边码 932)。

在明确撤销之前需要进行**解释**(Auslegung)。[2] 这在撤销权是基于意思和表示之间的分歧的情况下是显而易见的(→边码 824)。因为尽管受领人接收到了与真实意愿不符的表示措辞,但理解了表意人的真实意愿,那么实际上生效的仍然是真实意愿(→边码 942 以及边码 518 以下)。这样,真实意愿和引起的法律效果之间根本就没有出现分歧,因此无须撤销。只有当经过规范解释得出的意思表示内容偏离了表意人的实际意愿,但并没有出现不合意(Dissen)时(→边码 770、779),才可能考虑撤销。而且,即使在出现意思形成错误的情况下(→边码 824),也必须首先明确意思表示的内容,以便评估意思形成错误的程度。

819

二、意思表示

根据法律条款的措辞(参见第 119 条第 1 款、第 120 条、第 123 条第 1 款),只有意思表示可以被撤销。[3] 与第 142 条第 1 款所暗示的不同,这里并不是对法律行为本身,而是(仅仅)针对涉及这项法律行为的意思表示(→第 915 条)提出异议。在此过程中,既包括**需受领**的意思表示,又包括**无须受领**的意思表示(empfangsbedürftige und nicht empfangsbedürftige),尽管在无须受领的意思表示情况下,撤销问题通常不会出现。因为它们的内容通常通过自然解释得出,表意人的真实意愿是起决定性作用的,所以其真实意愿与其所作表示之间实际上是不会存在分歧的。然而,无须受领的意思表示的撤销并不能完全排除。这是因为,一方面,有些无须受领的意思表示需要从规范上加以解释(→边码 513 以下);另一方面,撤销的原因可能并非基于意思和表示之间的分歧,而是基于(正确表达的)意思

820

---

[2] 参见 Brox/Walker[38], Rdnr. 407 ff.; Flume 4, § 21, 2。
[3] 关于当缺乏表示意识时,是否存在(可撤销的)意思表示的问题,见边码 596。

(→边码 824)的形成存在错误。第 119 条第 2 款的所有权错误或者第 123 条第 1 款情况 1 的欺诈,就是如此。因此,这两项规定也适用于无须受领的意思表示。

范例

821　　E 认为他的手表无法修复,于是将其丢弃。但当他得知手表只是电量用尽时,他根据第 119 条第 2 款撤销了这一抛弃行为(Dereliktion)(第 959 条),这是一个无须受领的意思表示(→边码 604)。

822　　只有**自己的**(eigene)意思表示才能被**撤销**。[4] 撤销权旨在保护那些未能正确表达其法律效果意思的人。如果对相应表示的含义产生误解,通常是不能撤销的。而对方的意思表示只有在涉及自己并会导致对自己表示的内容产生误解时,才具有相关性。此外,在代理关系中,有权提出撤销的是作出可撤销意思表示的代理人,而不是被代理人(→边码 907)。

范例

823　　D 向 F 提出为其支付欠 G 的债务。F 将此视为赠与的要约并表示同意。如果通过解释认为 D 的表示应理解为贷款的要约(→边码 768),那么 F 不能因为误解了 D 的表示而提出撤销,而只能因为在规范解释下她的表示("我同意")具有一个她不希望的含义而提出撤销["我接受你的要约,并接受按照规范解释的内容"(作为贷款要约)]。

三、撤销的原因

824　　《民法典》在第 119 条、第 120 条、第 123 条中确认了六种**撤销原因**(Anfechtungsgründe),它们的共同点是意思表示受到意思(形成)缺陷的

---

[4] BGH NJW 1998, 531, 532; Flume[4], § 21, 4; 也可参见 Medicus[10], Rdnr. 749。

影响。因此,第119条第1款规定了内容错误和表示错误(Inhalts-und den Erklärungsirrtum)、第2款规定了性质错误(Eigenschaftsirrtum)。[5] 第120条中包含了传达错误(Übermittlungsirrtum),而第123条涉及恶意欺诈(arglistige Täuschung)和胁迫(Drohung)。在所有这些情况下,撤销的原因要么是意思和表达之间的分歧(如第119条第1款、第120条),要么是(明确表达的)意思形成的错误(如第119条第2款、第123条第1款)。在第一种情况下,可以提出撤销,因为表意人表达了他不想表达的内容;在第二种情况下,也可以提出撤销,因为表意人在正确的信息下不会作出这样的表达。

撤销原因必须存在的**时间点**(Zeitpunkt)是发出意思表示的时刻。因此,在发出表示之前引起的错误必须持续到表示发出时[6],而对于在发出表示后发现的错误仍然可以行使撤销权。这一点可以从第119条、第123条的措辞中得出结论,也可以从第130条第2款中推断出这一含义,这些条款表明影响意思表示有效性的主观情况并不取决于到达,而是取决于意思表示发出的时间(→边码647)。因此,如果表意人在表示发出和到达之间发现了自己的错误,那么他在未能够成功根据第130条第1款第2句撤回(Widerruf)的情况下,还可以提出撤销。只有在第120条的情况下,意思和表示之间的不一致通常不能在发出表示时确定,而要等到使者传达表示时才能确定。

825

(一) 内容错误(第119条第1款情况1)

第119条第1款情况1允许那些"在作出意思表示时对其内容产生误解"的人提出撤销。这里的撤销原因是**表示内容与效果意思之间的分歧**(Divergenz zwischen Erklärungsinhalt und Geschäftswille),也就是一方面是通过解释确定的表示内容,另一方面是表意人所希望的内容,两者之间存在分歧。确定这种分歧,需要分四个步骤进行:

826

---

[5] 对错误撤销的详细论述,参见Cziupka, JuS 2009, 887 ff.; Mankowski (Rdnr. 817), 379 ff.。
[6] BGH NJW 2005, 976, 977.

1. 表示的内容

827　在第一步中,需要确定表意人实际上表达了什么(tatsächlich erklärt hat)。因此,需要确定表示的内容。这是根据通常的解释规则进行的。在这里通常只考虑规范性解释,因为第119条第1款涵盖的错误情况恰恰表明,真正的当事人意愿没有被对方理解(→边码942)。因此,需要借助价值评估的方式确定,受领人在诚实信用的基础上,在考虑交易惯例的前提下,应当如何理解该表示。

2. 效果意思

828　在第二步中,需要确定表意人想要表达什么(erklären wollte)。因此,需要考虑的是,表意人实际上有哪些效果意思,以及他认为自己表达了什么。在实践中明确这一点往往会遇到困难。欲撤销合同的一方可能向法院提供相应的事实,但另一方通常会加以否认。证明(举证)的责任就落在了欲撤销合同的一方身上。因此,他必须提供证据并说服法院,证明在作出表示时他持有一种与其表达内容不符的效果意思。但就像通常涉及意思表示内部要件一样,这种证据很难提供。通常,欲撤销合同的一方将依赖于可能具有不确定说服力的线索。如果他无法提供证据,那么他将无法成功撤销合同。

3. 意思与表示之间的分歧

829　在第三步中,需要将表意人所表达和所希望表达的内容进行比较。需要考察意思和表示之间的**分歧**(Divergenz)。如果两者一致,那么就不存在内容错误。因此,撤销请求不成立。

830　即使表意人因错误观念而作出了在了解真实情况下不会作出的表示,也可以适用。但**动机错误**(Motivirrtum)[7]不符合第119条第1款情况1规定的撤销条件(→边码836以下)。《民法典》在第119条第1款中有意排除了意思形成错误,因为如果不这样做,法律的不确定性将会

---

[7] 对此详见 Mankowski (Rdnr. 817), 391 ff.; Wieling, Jura 2001, 577 ff.; 此外,参见 BGHZ 177, 62 Rdnr. 15。

过高。[8] 如果表意人希望将自己的动机风险转嫁给对方,那么就必须将这些动机纳入合同内容,并将它们列为合同条款(→边码468)。其目的在于,如果(表意人)确实存在某种意思,但此意思并没有在表示中充分表达,就能够以此请求撤销。此时也就存在内容错误,因为表示内容与效果意思不一致,后者涉及动机在合同中的考量。此外,单方面的(einseitig)动机错误只有在符合特定条件时才被考虑,具体可参见第119条第2款、第123条第1款情况1、第2078条第2款(→边码824、853、964;有关双方动机错误,参见下文边码944)。

单方面的动机即使存在错误,即表意人对其所希望表示的法律效果存在误解,也是不予考虑的。这种**法律(效果)错误**[Rechts(folgen)irrtum]并不属于第119条第1款情况1规定的内容错误,因此基本上不允许撤销。[9] 这里既可能涉及对法律状况(Rechtslage)的认知错误(某人不了解相关法律规范),也可能涉及对引发法律效果的事实的认知错误(某人了解相关法律规范,但错误地认为不满足其条件)。[10] 只有当法律效果应当成为表示内容,但并未在表示中充分表达时,才会导致出现不同的情况(→边码830、838)。[11]

831

4. 错误的严重性(因果关系)

当表示与意思不一致时,第四步是判断这种分歧是否严重。根据第119条第1款的规定,只有在可能的情况下,即当事人在了解真实情况并合理评估相关情况后不会作出表示时,才能被允许撤销。因此,法律并非要求存在过错——即使是自己造成的错误也可以撤销[12]——而是要求

832

---

[8] 参见 OLG Bamberg MDR 2003, 80; 参见 Wolf/Neuner[10], § 41 Rdnr. 5 f.——在第一草案第102条中,原本应明确规定动机错误的无关性;对此,参见 Mot. I, 203 = Mugdan I, 465; Prot. I, 246 = Mugdan I, 721。

[9] 参见 BGHZ 177, 62 Rdnr. 15, 20; 168, 210 Rdnr. 19; 134, 152, 155 f.; OLG München NJW 2010, 687; Köhler[38], § 7 Rdnr. 24; Musielak, JZ 2014, 64 ff.; Wolf/Neuner[10], § 41 Rdnr. 87 ff.-Anders Art. 3.4 der UNIDROIT-Grundsätze (→Rdnr. 25)。

[10] Flume[4], § 23, 4 d.

[11] Vgl. etwa OLG Düsseldorf NJW-RR 1998, 150, 151.

[12] 对于交易的参与者而言,这是有争议的;也参见 LG Tübingen JZ 1997, 312 (zust. Lindemann); MünchKomm-Armbrüster[6] § 119 Rdnr. 70; 与此相反,参见 Mues (Rdnr. 817), 在各处有相关内容。

[12a] BGZ NJW 2015, 2729 Rdnr. 10.

错误与表示之间存在**因果关系**(Kausalität)[12a],对此需要从两方面进行审查:

833 　　首先要确定的是,如果当事人了解情况,是否会(或者不会)作出这样的表示。这就要考虑错误的**主观严重性**(subjektive Erheblichkeit)。如果假设即使没有错误,表示仍然会以已经发出的方式作出,那么就缺乏因果关系。这种情况特别发生在表意人并不关心错误所涉及的情况下,或者他故意冒着承受错误的风险时。[13]

834 　　法律并不仅要求考虑主观严重性,而且要求考虑"依据合理的判断",表意人是否本就不应作出这个意思表示。通过确定这种**客观严重性**(objektiven Erheblichkeit)的要求,确保撤销实际上是为了保护真正的意思自由,而不是为了弥补固执、不理智或情绪所致的一时性判断。如果错误只涉及次要问题,或者这种错误对于表意人是有利的,使他因此达成的协议比他原本想要的更为有利,那么这种作为修正措施理解的因果关系就不必适用。关键在于,一个理智的、行动"摆脱固执和无知"[14]的人,即使在错误的情况下是否也会选择作出这个表示。[15]

范例

835 　　一位校长使用一份订单表格向供应商订购了"25 大罐卫生纸"。她理解为订购了 25 大卷。然而实际送货的却是 3600 卷——这是正确的,因为按照规范解释,一大罐包含 12 打,因此她实际上订购了 25 个单位,每个单位包含 144 卷。在这里,意思(25 卷)与表示(3600 卷)不一致。这种分歧很重要,因为如果校长了解情况,她绝不会订购 3600 卷。因此,根据第 119 条第 1 款情况 1,该表示可以被撤销。[16]

836 　　F 购买了当地球队在联赛中最后一场主场比赛的门票,希望能参加这场盛大的冠军庆祝活动。遗憾的是,在离赛季结束还有三轮时

---

[13] BGH DB 1958, 893; vgl. auch BGH NJW 1995, 190, 191.
[14] Köhler[38], § 7 Rdnr. 29.
[15] Vgl. auch BGH NJW 1995, 190, 191.
[16] Vgl. LG Hanau NJW 1979, 721; dazu Kornblum, JuS 1980, 258 ff.

就已经非常明显地表明这支球队将会降级，F想要退票。然而，他被急需每一笔钱的俱乐部拒绝了——这是合理的。如果没有约定退回权［更确切地说是解除权（Rücktrittsrecht）］，权利人也没有出于宽容而给予他这种权利，F将受制于合同。他不能根据第119条第1款情况1撤销，因为这不是内容错误，而是一个无关紧要的动机错误（→边码830）。

U在S市的木工招标中提交了一份15万欧元的报价。后来，U撤回了他的报价，并称因为忘记了运输和安装成本而出现了计算错误。尽管如此，S市还是接受了这份报价。由于U无法根据第145条撤回约束性的报价，合同已经成立了。合同对价按照约定为15万欧元。即使S市知道U的"真实意愿"，也不能认为按照自然解释应当视为约定更高的价格。因为双方正确理解表示的内容是15万欧元。S市知晓的U的错误并不涉及表示本身的内容，而是导致U发出该表示的先决条件。[17] 因此，U不能撤销。U所犯的计算错误，并不能使他有权撤销，因为这是一项无关紧要的动机错误（→边码830）。即使计算错误是由软件错误引起的[18]，也适用这一规则。当然，这一结果可以通过两种方式进行纠正。首先，如果受领人在已经知道重大计算错误或故意忽略了这一认知的情况下，以违背诚信的方式接受了报价，那么可能根据第242条构成权利滥用（unzulässige Rechtsausübung）。[19] 其

837

---

[17] 如果在合同要约中详细说明了计算过程，并且由于计算错误导致最终金额不正确，情况可能就不同了，此时，固定价格要约的动机就成为了表示的一部分（→边码830）。如果受益者在这里重新计算并发现了错误，那么按照自然解释的方式，适用的是双方真正意图的内容，而不是表示的内容（→边码942）。

[18] BGHZ 139, 177, 181; BGH NJW 2005, 976, 977; LG Frankfurt NJW-RR 1997, 1273; Köhler, AcP 182 (1982), 126, 134 ff.——与表示错误相区别，参见边码841。

[19] BGHZ 139, 177 = JR 1999, 153 (Peters)（对此，参见 Waas, JuS 2001, 17）; BGH NJW 2015, 1513 Rdnr. 6; 2006, 3139 Rdnr. 25 ff.; Flume[4], § 25; Köhler[38], § 7 Rdnr. 25; Medicus[10], Rdnr. 757 ff.; Wolf/Neuner[10], § 41 Rdnr. 71 ff.——对于已经意识到并利用了计算错误的错误认定，则参见 Singer, JZ 1999, 342 ff.; Wieser, NJW 1972, 708, 709; 对于基于第119条第2款的撤销，参见 Fleischer, RabelsZ 65 (2001), 264, 288 ff.; MünchKomm-Armbrüster[6] § 119 Rdnr. 122; Pawlowski, JZ 1997, 741 ff.; 关于第242条涉及法律效果可撤销性的考虑，参见 Kindl, WM 1999, 2198 ff.

次，根据第241条第2款，承诺人有义务考虑未来合同伙伴的根本利益，因此有责任提醒报价方存在重大计算错误。如果承诺人有过失地违反了这一义务，则他有义务承担损害赔偿责任，结果是承诺人不能依据已签订的合同行事。[20]

838　　K在V处订购商品。由于他想避免承担运输费用，于是要求V将商品寄送给他，这也得到了同意。当V根据第448条第1款向他收取运输费用时，K对买卖合同提出异议。这里不仅存在一个无关紧要的法律效果错误，还存在一个内容错误。通过商品寄送条款，K想表明V应承担运输费用。因此，法律效果应被视为意思表示的内容。然而，这一点并没有明确表达。K只是表示希望约定一种交货义务。效果意思和表示之间的差异构成了重大的内容错误，使K有权撤销合同(→边码831)。

839　　A曾受委托在专业书籍中刊登广告。有一天，他收到了一则经过缩小和修改的广告以及一封信函，信中提议他将这则广告刊登在一本专业杂志上。A认为自己收到了专业书籍广告的校对稿。他没有阅读这封信，而是签署了准备好的同意书。当A收到两份账单时，误会才得以消除。在这种情况下，根据第119条第1款情况1，A可以撤销。虽然未经阅读即签署文件的人原则上不能撤销，因为他已表示愿意接受文件的全部内容，但如果他对文件内容有特定的看法，那么就存在误解。因此，需要区分签署者是否基于文件的具体内容进行了假设。[21] 在这里，A原本想要表达对编辑更改的同意，而不是额外订购。这是一个重大的内容错误，因此A有权撤销。[22] 如果双方都基于特定文件内容进行了假设，则应遵循双方意愿，而不是文件中所述内容，除非违反形式规定(→边码942以及边码562以下)。

---

[20] BGH NJW 2015, 1513 Rdnr. 6 ff.

[21] BGH NJW 1995, 190, 191; OLG Köln VersR 2000, 243, 244; Hübner[2], Rdnr. 802 f.; Köhler[38], § 7 Rdnr. 32; Medicus[10], Rdnr. 752 ff.-A. M. Flume[4], § 23, 2; Mankowski (Rdnr. 817), 385 ff.

[22] Vgl. LG Krefeld NJW-RR 1998, 1522; AG Leonberg NJW-RR 2002, 855.

(二)表示错误(第 119 条第 1 款情况 2)

根据第 119 条第 1 款情况 2,那些"不欲为该内容之表示"的人也可以提出异议。该规定涉及的是称为"错误(Irrung)"的表示。当表示的文义根本不符合表意人的意思时,例如拼错、讲错或用错,甚至表示方式有误,就会出现这种错误。表示错误和内容错误的共同之处在于,所希望的法律效果与实际效果意思不符。区别在于,在表示错误的情况下,表意人根本不想发出具体的表示内容,他使用了自己不想使用的表示符号;而在内容错误的情况下,表意人想要表达具体的表示内容,但其含义和表意人的意愿不符。如果存在表示错误,那么在与内容错误相同的其他条件下,表意人也有权申请撤销。需要注意的是,这里也必须存在重大错误(→边码 832)。

840

范例

寿险公司 V 向其被保险人 N 寄送了一份新的保险单,其中告知 N 将获得 3000 欧元的年金。不久之后,V 撤销了这个表示,因为根据 V 的观点,N 应该得到一笔与所述金额相同的一次性赔偿款,而不是年金。负责处理此事的工作人员在将金额 3000 欧元输入计算机时,将其错误地输入到了年金项下。这里涉及的不仅仅是一个计算错误(→边码 837),还是一个表示错误。错误输入的数据不仅仅是准备表示内容的计算材料,还是表示的内容本身。如果在数据输入过程中出现错误,并且这个错误未经更正地反映在表示中,那么就存在一个表示错误[23],而不是一个计算错误。

841

S 打算向 G 银行申请一笔贷款,用于购买 V 的汽车。S 签署了一份未填写内容的 G 银行贷款表格,并授权 V 填写所需金额,但不得超过 2 万欧元。V 填写了 2.5 万欧元并将表格寄给 G,G 在上面签字并根

842

---

[23] BGH NJW 2005, 976, 977; OLG Hamm NJW 1993, 2321; OLG Köln VersR 2002, 85, 86; OLG Nürnberg NJW-RR 2003, 628, 629; LG Berlin NJW-RR 2009, 132; OLG Olden burg NJW 2004, 168; AG Bad Homburg NJW-RR 2002, 1282; Köhler[38], § 7 Rdnr. 27; Wolf/Neuner[10], § 41 Rdnr. 39.

据表格约定直接支付给 V。当 S 被要求偿还 2.5 万欧元时,他撤销了他的合同意思表示。这是一个关于违反协议填写空白文书的案例,需要区分处理:违反协议填写文书的当事人自然不能援引这个表示,因为他缺乏填写的授权,所以不存在有效的意思表示。这里当然就不存在撤销。[24] 然而,对于善意的第三方,则可以类推适用第 172 条第 1 款、第 173 条的规定,即表示应当采用第三方可以理解的方式。对于表意人来说,此时就存在着一种表示错误,因为他并不希望出现这种具体的表示内容。然而,这种错误并不足以导致撤销,因为权利外观责任(Rechtsscheinhaftung)无法通过撤销来排除。如果 V 是在填写表格时出现了笔误,那情况就不同了。此时 S 可以类推适用第 166 条第 1 款援引 V 的错误,并根据第 119 条第 1 款情况 2 进行撤销。[25]

(三)传达错误(第 120 条)

843　一般来说,如果表示被传达的人或机构错误传达,那么也属于一种表示错误。[26] 因为表意人实际上并不希望发生这种(可以归因于传达者的)外部情势(表示行为)。因此,根据第 120 条的规定,传达的人或机构错误传达的意思表示可以在与第 119 条中错误发出的意思表示相同的条件下被撤销。在这一过程中特别需要确定因果关系(→边码 832 以下)。然而,只有在表意人指定了使者,使其具有"使者权限(Botenmacht)",并且没有基于故意而错误传达时才可以撤销,否则表示不能归于表意人。

(四)性质错误(第 119 条第 2 款)

1. 一般内容

844　第 119 条第 2 款规定,对表示内容的误解也包括那些对当事人或物在

---

[24] 如果 S 授权 G 填写表格的金额最高为 2 万欧元,那么 G 不能援引填写的 2.5 万欧元。然而,根据自然解释,可以得出结论,即双方达成了一项金额为 2 万欧元的合同。

[25] 关于区别的详细论述,参见边码 1642 以下、边码 1650。

[26] BGH NJW 2005, 976, 977.

交易中被视为重要特性的误解。[27] 这意味着，一个典型情况是，某人对某人或物品的关键特性有一定的理解，并且正是基于这些理解，他决定作出意思表示。例如，某人一开始相信他购买的60瓶摩泽尔白葡萄酒是适合糖尿病患者饮用的葡萄酒，但后来发现该酒因含糖量过高而不适合糖尿病患者，则可以撤销该买卖合同，但必须根据第122条第1款赔偿信赖损害。如果按照上述方式理解第119条第2款，一开始可能会认为这类可撤销行为非常广泛，因为任何关于特性的认知错误都可能被撤销。即使这些错误认知的存在是因为相对人既没有说明这些特性对他的重要性，也没有尝试这么做，从而没有告知真实情况，也可适用。对此存在很多法政策角度上的批评[28]，并试图通过不同途径明确限制第119条第2款的适用范围。稍后将单独讨论这一点（→边码860以下）。接下来，这里首先阐述基本上符合主流观点的对第119条第2款的解释。

2. 前提条件

根据第119条第2款的规定，相关的错误必须涉及**一个人或物的性质** （Eigenschaften einer Person oder Sache）。这里的"物（Sache）"是指行为对象（Geschäftsgegenstand）、合同标的（Vertragsobjekt），不仅是有体物（第90条），还包括债权、权利和集合物；而"人"则是指合同当事人之一或与交易有关的第三方。[29] 性质是指任何决定性的、对于物有价值的因素。涵盖所有法律上或实际上的特征或关系，这些特征或关系是由人或物本身产生的，并直接影响（而不仅是间接影响）它们。[30] 845

只有当性质错误涉及一个**对交易重要**（verkehrswesentlich）的性质 846

---

[27] 关于历史发展，参见 Harke (Rdnr. 817), 43 ff.。

[28] Vgl. etwa Flume[4], § 24; Medicus[10], Rdnr. 770; MünchKomm-Armbrüster[6] § 119 Rdnr. 9 m. w. N.

[29] 范例：因为对担保人支付能力的认知错误而撤销贷款合同；因为对与入住公寓的人员性质的认知错误而撤销租赁合同；因为对第三方的性质认知错误而撤销为第三方受益的合同。详见 Löhnig (Rdnr. 817), passim。

[30] Vgl. BGH NJW 2001, 226, 227.

时,才可以行使撤销权。根据通说[31],这一标准基本上是可以具体客观地确定的:在这类法律交易中,通常被赋予决定性价值的所有性质特征都是重要的。因此,"决定性因素(prägende Faktor)"(→边码845)在具体交易中必须具有相当大的价值,这通常要求它具有一定的持续性。然而,如果当事人认为某特征对他们来说是至关重要的,那么即使该特征在客观上并不重要,也可以通过这种方式将其定义为对具体的法律行为来说具有交易重要性的性质。

847　　此外,司法实践中还会要求,必须能够以某种方式让人识别出,相关性质已经被表意人视为合同的基础。[32] 因此,表意人必须明确表示或者至少在合同谈判抑或在合同缔约阶段就已经明确表达出,他认为某种特定性质是存在的,而不一定要把这个性质直接作成在他的表示中。然而,在错误制度中,这种可识别性只在法律效果方面具有关联性(参见第122条第2款;→边码860),因此,这并非一个合适的限制标准。事实上,并不需要这样的标准,因为通过对上文"具体客观标准"的慎重处理,就可以施加足够的限制(→边码849以下)。

848　　最后,错误必须是**重大的**(erheblich)。这是因为第119条第2款参照了第119条第1款。因此,在性质错误的情况下,需要考虑的是,当表意人了解了事实情况并进行合理评估时,他是否会放弃作出他原先的意思表示(→边码823)。

范例

849　　K从V处购买一块土地,认为这是建筑用地,但后来发现这块土地无法获得建筑许可,于是K根据第119条第2款撤销了买卖合同。土地的可建性是一个对价值评估至关重要的法律特征,其根源在于事实本身(其位于建设规划范围之外),因此是一项与交易相关的重

---

[31] Brox/Walker[38], Rdnr. 419; Hübner[2], Rdnr. 790; Köhler[38], § 7 Rdnr. 21; ders., JR 1984, 324, 325; Leßmann, JuS 1969, 525; Palandt-Ellenberger[74] § 119 Rdnr. 25——关于法律行为上性质错误的学说的不同看法,参见边码861以下。

[32] BGHZ 88, 240, 246; BGH NJW 2001, 226, 227; 来源 Wolf/Neuner[10], § 41 Rdnr. 64。

要性质。[33] 根据司法判例(→边码847),只有 K 在合同谈判中明确将建设用地的性质作为基础条件,关于这一性质的错误认知才有权被撤销。

U 打算雇佣管理人员,为此,他与 P 签订了人力资源顾问合同,要求 P 为他挑选合适的人员并提出招聘建议。当 U 得知 P 是一个旨在破坏经济的邪教成员时,他撤销了人力资源顾问合同。他可以依据第 119 条第 2 款做出此举。加入教派是一个影响个人品质的因素,因此可以被视为人的重要特性。这一特性是否具有交易上的重要性取决于具体合同内容。与纯粹的商品交易不同,对于一方承诺为另一方挑选管理人员的合同来说,如果该教派的主张可能影响管理人员的选择,那么教派成员身份至少在此项交易中具有重要性。[34]

850

A 向 G 辞去了她在公司的工作。几天后,A 发现自己已经怀孕四个月了,因此,她撤销了辞职的表示。这种情况不符合第 119 条第 2 款的条件。虽然一个关于性质的错误认知也可能涉及表意者本人,但怀孕并不是一种永久性的状态,因此就具体法律行为而言,并非该人对交易至关重要的性质(→边码846)。[35]

851

K 在古董商 V 那里购买了一个旧柜子,认为它是一个巴洛克时期的柜子。然而,K 不久之后就发现这个柜子实际上制作于 20 世纪,K 以柜子不值这么多钱为由提出撤销。如果情况属实,根据第 138 条,合同可能首先是无效的(→边码1160 以下)。如果不符合这项条件,则可以考虑根据第 119 条第 2 款提出撤销。尽管对物品价值的误解并不能成为提出撤销的理由,因为根据第 119 条第 2 款,对交易重要的性质只包括影响价值、对价值评估具有重要作用的因素,而不是价值本身[36],但家具的年代和所属时代是影响价值的因素,至

852

---

[33] Vgl. RG WarnRspr. 1911 Nr. 172.

[34] LG Darmstadt NJW 1999, 365, 366; 以及参见 BAG NJW 2013, 1115 Rdnr. 40 ff. (在雇佣司机时,司机是否有犯罪前科和暴力倾向就缺乏相关重要性)。

[35] BAG NJW 1992, 2173, 2174——如果签订了一份因怀孕而无法履行的短期合同,情况可能会有所不同。

[36] Vgl. BGH NJW 1988, 2597, 2598 f.; BayObLG NJW-RR 1999, 590, 592.

少在从古董商那里购买时,年代也是交易中的重要考量,因此如果存在关于这些方面的错误认知,就可以提出撤销。[37] 但如果 K 是在跳蚤市场上发现了这个柜子,认为它是一件巴洛克时期的家具,并认为通过购买可以获得一件"便宜货"时,情况就不同了。在这种具体交易中,"真实性"并非重要性质,因此也就不能提出撤销。[38]

3. 竞合

853　　这里还有一种的主流观点,性质错误往往会被视为一种典型的**动机错误**(Motivirrtum)[39](→边码 830):它强调的并非意思和表示之间的分离(表意人所表达的正是他想表达的内容),而是关于期望和现实之间的差异。因此,第 119 条第 2 款并不只在表达上包含一个内容错误(Inhaltsirrtums)的类型,相反,通过"视为(gilt)"这个词所具有的拟制含义,使得在此规范下的动机错误例外地应当被作为一个内容错误来处理,尽管它实际上并非内容错误。

854　　因此,关于**第 119 条第 2 款和第 119 条第 1 款情况 1 之间的竞合的问题**(Konkurrenz zwischen § 119 Abs. 2 und § 119 Abs. 1, 1. Fall)也就同时被提出了。当标的的某个性质已经或应当被共同表示,但依据通常的规范解释,在表示中却没有或没有正确地被表达时,就会出现这种情况。此时,根据对第 119 第 1 款情况 1 的规范解释,意思表示是可以被撤销的,因为应当被表示出的内容并没有被表达出来,所以不再需要对第 119 条第 2 款的适用条件进行评估,因为这种评估并不总是那么容易。然而,这种竞合关系不应导致将表意人对有重要交易意义的性质的看法过于轻易地提

---

[37] 此处的撤销权并不因瑕疵担保制度而被排除,因为这里并不存在实物缺陷;参见边码 856 ff.。

[38] Vgl. Köhler[38], § 7 Rdnr. 21; Wolf/Neuner[10], § 41 Rdnr. 63.

[39] Prot. I, 238 f. = Mugdan I, 720; Brox/Walker[38], Rdnr. 416; Hübner[2], Rdnr. 786; Köhler[38], § 7 Rdnr. 18; Leßmann, JuS 1969, 525; MünchKomm-Armbrüster[6] § 119 Rdnr. 114; Palandt-Ellenberger[74] § 119 Rdnr. 23; Schur, AcP 204 (2004), 883 ff.; Weiler (Rdnr. 817), 401 ff., 406; Wieling, Jura 2001, 577, 579 ff.; Wolf/Neuner[10], § 41 Rdnr. 51——对于不同的观点,参见边码 862。

升为(有意的)表示内容。相反,更应该在个案下仔细审查内容错误的前提条件。

范例

K 不小心进入了一家马肉店,要求购买 1 千克菲力(肉排)。[40] 在规范解释(受领人视角下的客观解释,考虑表示地点)的情况下,这应当意味着 1 千克马肉,然而,K 想要表达的是 1 千克牛肉。因此,效果意思与表示行为不符,根据第 119 条第 1 款情况 1 就可以撤销。对性质的预想不仅是行为的动机,还是沉默的、共同表示的、个性化的对所需商品种类的描述。然而,如果 K 在同一家马肉店指着一块特定的肉排说"请帮我称一下",那么认为 K 在这里所希望的共同表示也是牛肉的预想就是牵强的,因为在这种情况下,甚至从表意人的角度来看,都没有理由进行这样的解释。相反,K 表达了他想表示的内容:通过指示(而不是通过指明所想要的性质)作出购买特定肉排的表示。因此,这不是关于内容的错误,而是关于性质的错误。根据此处的观点(→边码 846),这完全可以作为撤销的原因。而根据判例法,则需要在行为完成时明确地将该性质列入合同。 855

除此之外,还涉及第 119 条第 2 款和瑕疵担保制度之间的竞合问题 (Konkurrenz zwischen § 119 Abs. 2 und dem Gewährleistungsrecht)。当性质的缺失在法律中已经涉及更为具体的规范时,就可以排除第 119 条第 2 款规定的撤销权。在这些规范中明确的利益平衡规则不应该通过行使撤销权来回避。因此,第 119 条第 2 款是不具有优先适用性的。[41] 这尤其 856

---

[40] 根据 Brox/Walker[38] 的例子,参见边码 426。

[41] 完全支持通说的;仅参见 BGHZ 34, 32, 34; OLG Köln VersR 2000, 243, 245; Flume[4], § 24, 3; Medicus[10], Rdnr. 775 ff.; MünchKomm-Armbrüster[6] § 119 Rdnr. 28 ff. m. w. N.; Wolf/Neu-ner[10], § 41 Rdnr. 68; 对于在结果上基本相似的情况下肯定请求权竞合,参见 P. Huber (Rdnr. 817), 306 ff.; ders., FS Hadding, 2004, 105 ff.; 过于极端的(在具体商品买卖中完全排除了《民法典》第 119 条第 2 款的适用)参见 G. Müller, JZ 1988, 381, 387 f.——不同观点 (可以同时适用),参见 Löhnig, JA 2003, 516, 520 ff.; Wasmuth, FS Piper, 1996, 1083 ff.。

适用于瑕疵担保,例如,根据第 437 条第 2 项,购买商品时存在对买方不利的缺陷就会使其有权退货(解除买卖合同)或减价(降低购买价格)。根据第 434 条第 1 款的规定,这些规定中所谓的缺陷,是指物品的实际属性(Beschaffenheit)与合同约定的属性有(对买受人)不利的差异(实然属性与应然属性的差异)。如果能够满足这一条件,通常也会存在性质错误,因为期望(应然属性)与现实(实然属性)有所不同。然而,至少在这种情况下,撤销权是被排除的,因为可能让当事人规避瑕疵担保,特别是合同相对人的继续履行权。[42] 由于瑕疵担保实际上只在风险转移后生效(参见第 434 条第 1 款第 1 句),如果符合第 119 条第 2 款的条件,可以在这一时间点到达之前提出撤销。[43]

范例

857　　　K 从 V 处购买了一幅被认为是画家威廉·莱布尔(Wilhelm Leibl)作品的画作,实际上这幅画(仅)来自并不那么出名的画家弗兰克·杜文内克(Frank Duveneck)。在交付画作 28 个月后,K 发现了这一点。在此,实然属性(杜文内克)与应然属性(莱布尔)存在差异,并且由于 K 因这种偏差支付了过高的购买价格而遭受不利,他可以选择退货或减价。然而,根据第 438 条第 1 款第 3 项的规定,他的瑕疵担保权利已经过了担保期。此时 K 也不能通过因性质错误而提出撤销来规避这种法律规定。在这里,瑕疵担保优先于撤销权。[44]

858　　　相反地,如果一幅被认为是杜文内克的作品的画作被出售,实际上却是莱布尔的作品,那么 K 既不能要求瑕疵担保(偏差对他没有不利影响),也不能提出撤销(他的错误对他有利,因此不严重)。然

---

[42] Vgl. Schur, AcP 204 (2004), 883, 901 ff.

[43] 不同观点,参见 P. Huber, FS Hadding, 2004, 105, 119。

[44] 如果 V 也犯了错误,这也适用于 V 的撤销。当然,他也不能通过因为性质错误而撤销合同来逃避瑕疵担保的责任;参见 BGH NJW 1988, 2597, 2598; Köhler/Fritzsche, JuS 1990, 16 ff.。通常,卖方的撤销会因为对他有利且不严重而无法得到支持(边码 848)。

而,此时 V 如果认为这种错误对他而言是严重的,那么他就可以提出撤销,并且行使撤销权不会规避瑕疵担保条款,因为在这种情况下瑕疵担保条款原本就不适用。[45]

在边码 852 的例子中,如果 K 明确表达了要的就是"巴洛克时期的衣柜",那么当衣柜仅被 V 作为巴洛克风格的衣柜出售时,K 就可以因为实然属性与应然属性存在不利的偏差而选择退货或减价。[46] 虽然根据第 119 条第 2 款的规定,双方均不得撤销。

859

4. 不同的观点

上文已经提到,第 119 条第 2 款受到了广泛的法律政策批评(→边码 844)。这一规定被认为是失败的,因此人们试图尽可能地限制其适用范围。然而,从一开始就应当反对这些尝试。所谓的通过第 119 条第 2 款,法律行为被大量无效化的风险并不存在,因为宣告撤销的一方必须证明自己的性质认知错误,而这是一种关于自己过去意思表示内部要件的错误认知,这种证明很少能成功。此外,在认知错误的情况下,表示的受领人并不比在其他类型错误的情况下更值得保护。受领人无法察觉表意人的错误认知,在这方面与其他错误情况也并无不同。此外,正如第 122 条第 2 款所示,可识别性对于是否可撤销并不起根本作用,而只在损害赔偿请求方面起作用。因此,应接受立法者的判断,只提供次级的保护,并满足撤销相对人的赔偿请求。

860

---

[45] 在结果上,同样参见 BGH NJW 1988, 2597, 2598/2599; Köhler/Fritzsche, JuS 1990, 16 ff.。尽管通说认为,对于艺术品来说,不利和重要与否并不仅取决于市场价值,还取决于人们对某一位特定画家的精神价值评估,但联邦最高法院仍然支持了撤销:买方 K 可以选择退货;如果他不愿意这样做,卖方 V 可以撤销,此时他并不会侵犯买方 K 的权利,因为卖方不能以不诚信的方式阻止买方 K 不想见到的事情发生(卖方进行撤销是在行使他自己的权利,而不是违反买方 K 的意愿)。

[46] OLG Zweibrücken MDR 1999, 217 f.

861　　在这种背景下,弗卢梅(Flume)[47]提出的关于**法律行为上的性质错误学说**(Lehre vom geschäftlichen Eigenschaftsirrtum)就没有说服力了。根据这种观点,交易上的重要性(Verkehrswesentlichkeit)并不取决于具体客观的标准,而是取决于当事人所定义的法律行为上的重要性:只有那些法律行为(明示或默示)涉及的性质才可以被考虑在内,也就是成为合同内容的性质。然而,通常存在的典型的、习惯的性质就必须被视为当事人共同表示的一部分。如果这些条件得到满足,那么根据第 119 条第 2 款就可以撤销,但前提当然是撤销权没有被瑕疵担保制度所取代(→边码 856)。相反,保留在内心的、未被共同表示的关于性质的观点必须被视为单方面的动机而不予考虑。

862　　根据这种观点,撤销的原因(Anfechtungsgrund)不是极其重大的动机错误,而是实然属性与应然属性之间的偏差,也就是说,物品并没有按照当事人的约定具有其应当具备的特性。部分人因此得出结论,根据第 119 条第 2 款,这属于表示错误的一种情形,因为法律行为表述涉及的特性与表意人的意思不符。[48] 然而,弗卢梅却认为,可撤销性的根据既不在于观念与现实的偏差,也不在于意思与表示的偏差,而在于约定与现实的偏差。据他的观点,这根本就不应当属于一种错误的情形。

范例

863　　*法律行为上的性质错误学说在前述大多数案例中会得出不同的结论。只有当所涉及的性质被作为表示的一部分,即成为法律行为的内容时,才可能撤销。如果必须满足这一条件,那么在大多数情况*

---

[47] Flume[4], § 24, 2 b 作出详细论述,参见氏著: Eigenschaftsirrtum und Kauf, 1948, passim; 此外还有 Medicus[10], Rdnr. 770; Pawlowski[7], Rdnr. 543; Soergel-Hefermehl[13] § 119 Rdnr. 34; J. Wilhelm (Rdnr. 817), 301 ff.; 以及 Birk, JZ 2002, 446 ff.。在结论上相似的,参见 MünchKomm-Armbrüster[6] § 119 Rdnr. 100 ff., 110 ff., 其中试图将撤销权与全面风险评估挂钩,一方面,当表意人承担风险时,会导致因性质错误的撤销受到限制;另一方面,当受领人承担风险时,会导致其他动机错误的主体[事实错误的主体(Sachverhaltsirrtümer)]也能够撤销。

[48] 参见 Soergel-Hefermehl[13] § 119 Rdnr. 35 以及相关证据,Wolf/Neuner[10], § 41 Rdnr. 64 Fn. 111。

下,瑕疵担保就具有适用的优先性。在土地案中(→边码849),不动产必须作为具有建造许可的土地出售;如果是这样,撤销权将被瑕疵担保制度所取代。

对这一理论的批评(Kritik)首先必须强调,并不能认为法律规定中存在相应的限制。[49] 第119条第2款的措辞中提到了错误,因此,认为不存在错误的解读(→边码862)的观点无法令人信服。此外,法律还使用了"交易上的重要性(verkehrswesentlich)"的概念,这与将其限制为"法律行为上的重要性(Geschäftswesentlichkeit)"是很难协调一致的。然后,寻找关于应然属性上合意的尝试将导致更高的法律不确定性,因为对这个问题通常不会有太多的线索。这一理论本身承认了对法律行为上的性质错误,存在对既有性质的一般性认知,并且应当被视为共同表示的内容。因此,它是与现实生活有所脱节的。比如,购买一袋牛奶的人认为牛奶不应当是酸的,然而,这种一般的性质通常并不是被共同表示的,而是被预设的。实际情况是,买受人展示一袋牛奶给收银员看,表示想购买这袋牛奶,但他并没有表示想购买一袋不酸的牛奶。这并不是偶素(accidentalia),而是常素(naturalia negotii)(→边码720)。与此同时,错误与物的瑕疵之间的界分变得模糊。通过强调应然属性,第119条第2款和交付后瑕疵担保的适用范围在很大程度上相互重叠,导致因为后者的特殊性,前者几乎没有适用范围。尽管这是立法者的有意为之,但并不符合法典的构想。因此,法律行为上的性质错误理论应予以抛弃。

864

(五)恶意欺诈(第123条第1款情况1)

1. 基础要件

根据第123条第1款情况1的规定,可以撤销因恶意欺诈(arglistige

865

---

[49] 根据J. Wilhelm(边码817),311的观点,第119条第2款的事实要件表述已经过时,它最多只能被接受为一个关于法律政策的表态。

Täuschung)而作出的意思表示。[50] 这里所预设的错误观念通常[51]属于**动机错误**(Motivirrtums)的特殊情况:表意人表达了他本想表达的内容,但这却是一个由恶意欺诈导致的虚假的观念。第123条旨在保护意思形成不受意思表示相对人(或可归责于他的第三人;→边码879)的不正当影响。[52] 因此,表意人单纯的动机错误并不足以成立(→边码830)。只有当这种动机错误是基于恶意欺诈时,意思表示才能被撤销。

866 因此,首先需要存在**欺诈行为**(Täuschungshandlung)。所谓的欺诈行为,是指任何旨在使他人产生、加强或维持这种错误观念的行为。欺诈(以及由此产生的错误观念)可以并且必须涉及每一个客观可核实的情况,即事实,这在广告和宣传中尤为重要。欺诈可以通过积极的作为或消极的不作为来实施。有关法律行为的重要情况,如果明确或默示地[53]作出违背真实情况的陈述,则构成了通过积极的作为实施欺诈。与之类似的情况是,当事人在承担释明义务(Aufklärungspflicht)的情况下,隐瞒了与法律行为相关的重要情况,或者没有纠正已经认知的对方错误。[54] 这种释明义务可以根据法律[55],也可以根据第242条的诚信原则与交易习惯而产生。当然,原则上来说,自己的利益应当由自己负责。因此,这意味着并不存在一般性的(allgemeine)披露义务(Offenba-

---

[50] 相关总结,参见BGH NJW-RR 2005, 1082, 1083;相关教义学论述,参见Mankowski (Rdnr. 817), 303 ff.;另参见Büchler, JuS 2009, 976 ff.; Weiler (Rdnr. 817), 337 ff.。

[51] 在特殊情况下,内容错误有时也可能是出于恶意欺诈,例如,当某人在表示中使用了一个外来词,但他被误导,错误地理解了其含义。在这种情况下,根据第123条的规定适用被欺诈的理由更为有利(参见边码885),因为撤销时限更长(第124条;参见边码914)并且不适用第122条(参见边码939)。

[52] BAG NJW 2015, 2908 Rdnr. 28——参见Arnold, JuS 2013, 865, 866: 这一特征涉及不正当行为(恶意),其包含了道德价值判断,因此这不仅是为了保护决定自由。

[53] Vgl. BGH NJW 2001, 3331, 3332; OLG Düsseldorf NJW 2002, 612, 613.

[54] 对此,参见Mankowski (Rdnr. 817), 309 ff.;对于证明责任,参见BGH NJW 2014, 3296 Rdnr. 12 ff.;对于界分,参见BGH ZIP 2015, 1593 Rdnr. 13 ff.。

[55] 特别需要强调的是,在签订保险合同时,根据《保险合同法》第19条第1款第1句中的信息披露义务;例如,参见KG NJW-RR 1999, 100(关于在签订火灾保险合同时对具体纵火威胁的信息披露义务)。

rungspflicht),适用于可能对潜在合同相对人的决定产生影响的情况。[56] 只有那些显然对另一方的意思形成明显起到决定性(offensichtlich von ausschlaggebender)影响的情况,才会有不同的处理方式。[57] 因此,必须根据具体情况,特别是各方合理互相信赖的程度以及对于实现合同目的的重要性,来确定是否存在释明义务。[58] 如果一方当事人明确询问某一具体情况,则释明义务必然存在。[59] 但即使未经明确询问,在显而易见的情况下,认识到该情况对于表意人的决定至关重要时,也有义务主动提供信息。如果明显认识到正确信息对于表意人的决定至关重要,就不能利用已经认识到的对方错误来谋取自己的利益,也不能让对方"自投罗网",因此,在这种情况下必须进行纠正。

范例

在一处公寓的销售谈判中,V 对 K 声称该公寓通过租金收入和税收优惠可以自负盈亏。当发现这不是真实情况时,K 因恶意欺诈而撤销了买卖合同。在这里,V 通过积极行为让相对人 K 产生了错误认识,从而进行了欺诈。这里并非不具有约束力的宣传陈述,而是可以被客观核实的要约,因此满足了第 123 条第 1 款情况 1 的条件。[60]

867

K 从 V 处购买了一家有限责任公司的股份。在此过程中,V 只披露了公司的主要银行债务。当后来发现该有限责任公司濒临破产时,K 因关于公司经济状况的恶意欺诈而撤销了买卖合同。在这里,V 有披露义务。考虑到该有限责任公司的财务状况紧张,他必须

868

---

[56] BGH NJW 2015, 1669 Rdnr. 14; 2010, 3362 Rdnr. 21; OLG Hamm NJW-RR 2000, 1183, 1184. 1183, 1184.
[57] BGH NJW 2012, 2728 Rdnr. 27 ff.; 2012, 296 Rdnr. 38; 2010, 3362 Rdnr. 22; 2001, 3331, 3332; 2001, 64; 2000, 2497, 2498; 1999, 2804, 2805; ZIP 2005, 1594, 1595; MDR 2001, 1042; NJW-RR 1998, 1406; BAG NJW 2013, 1115 Rdnr. 25.
[58] 可参见 BGH NJW 2010, 3362 Rdnr. 25; 2008, 644 Rdnr. 30; 2008, 640 Rdnr. 10, 13。
[59] 例如,参见 LG Hannover MDR 1998, 1474, 1475; BAG NJW 1996, 2323, 2324; Mankowski, JZ 2004, 121 ff.;对于违法性,参见边码 873。
[60] KG NJW 1998, 1082, 1083.

主动向 K 披露公司的所有债务情况，因为债务的金额对 K 来说显然具有决定性意义。[61]

869　　B 与 A 签订了一份建筑设计合同，后来 B 发现 A 既不是建筑师也不是土木工程师，而是材料科学工程师，因此 B 以恶意欺诈为由撤销了合同。在这里，也适用撤销权。鉴于这会对 B 的合同目的是否实现构成显而易见的威胁，A 必须无条件地披露自己的职业资质，因为这一情况显然对 B 具有决定性意义。[62]

870　　欺诈行为必须导致被欺诈者产生**错误的观念**（Irrtum）。[63] 了解真实情况的人不会产生错误观念，因此也无法撤销。相反，对于撤销权而言，被欺诈者是否能够识别真实情况并不重要；在此"共同过错（Mitverschulden）"并不被纳入考虑范围。[64]

871　　第 123 条规定的撤销权以**双重因果关系**（doppelte Kausalität）为要件。首先，欺诈行为必须与错误观念的形成（Täuschungshandlung für den Irrtum）有因果关系。这一点通常没有太大困难，因为仅通过欺诈行为维持一种已存在的错误观念，让表意人进一步坚信自己的错误（→边码 866）就足够了。其次，由欺诈引起的错误观念必须与意思表示的发出（Irrtum für die Abgabe der Willenserklärung）有因果关系。双重因果关系的要求已经体现在法律的措辞中，法律要求表意人作出发出表示的决定是基于恶意欺诈。但是，共同原因也是可以的。[65] 因此，根据生活经验，在不存在欺诈的情况下，意思表示将不会以相同的方式或在相同的时间作出。[66] 如果欺诈只涉及无关紧要的次要问题，对法律行为而言无足轻重，则缺乏因

---

　[61]　BGH NJW-RR 1998, 1406 f.
　[62]　OLG Nürnberg NJW-RR 1998, 1713, 1714.
　[63]　BGH NJW 2012, 296 Rdnr. 8.
　[64]　BGH NJW-RR 2005, 1082, 1083；NJW 2001, 64——根据第 254 条的规定，在因恶意欺诈而要求赔偿时，情况当然就不同了（→边码 886、939）。
　[65]　BGH NJW-RR 2005, 1082, 1083；NJW 1995, 2361, 2362；BAG NJW 1999, 3653, 3654；1996, 2323, 2324.
　[66]　Vgl. BGH NJW 2015, 1669 Rdnr. 15；MDR 2001, 1042, 1043.

果关系(→边码 832 以下)。

范例

K 与 V 就提供 10000 千克橙汁的交易进行谈判。当 K 对要约的价格提出异议时，V 诚实地表示，他必须坚持这个价格，否则他的交易利润率将低于 5%；而事实上，交易利润率是 5% 的很多倍。当 K 在合同签订后发现这一点时，他以欺诈行为为由提出了撤销并且成功了，因为假如他知道真实情况，就不会以这个价格订立合同，所以欺诈行为和具体意思表示的发出之间存在因果关系。[67] 872

然后，需要考虑欺诈行为的**违法性**(Rechtswidrigkeit)。法律只在胁迫的情况下提及这一要求(第 123 条第 1 款情况 2；→边码 894)，因为恶意欺诈行为通常都被认为是违法的。[68] 然而在今天，毋庸置疑的是，在欺诈行为中也可能存在正当理由，因此，法律应该补充未明文规定的违法性要件。当然，正当理由只在个别情况下适用；通常，欺诈行为的违法性是可以被推断的。例如，在一个不被允许提出的问题上说谎并非违法[69]（典型例子：在一次关于一个无固定期限的工作岗位的面试中，对怀孕与否的问题进行虚假否认[70]），或者在正当防卫情况下进行的欺诈行为也不属于违法（参见第 227 条；→边码 359）。 873

最后，在主观方面需要存在**恶意**(Arglist)。[71] 对此基于客观事实，有 874

---

[67] BGH NJW 1964, 811.

[68] Bericht der XII. Kommission, S. 39 = Mugdan I, 965.

[69] 对此详见 Mankowski, JZ 2004, 121, 126 f.; Medicus 10, Rdnr. 792 ff.。

[70] 参见 EuGH NJW 1994, 2077 f.; BAG MDR 2003, 996, 997; NJW 1993, 1154, 1155 f.; 不同观点，参见 Medicus¹⁰, Rdnr. 793 m. w. N.。这涉及两种观点；关于询问残疾程度的合法性，参见 s. BAG NJW 2001, 1885; 1996, 2323, 2324; 关于询问前科的问题，参见 BAG NJW 2013, 1115 Rdnr. 24; 1999, 3653; 关于询问是否从事过秘密警察(Stasi)活动的问题，参见 BAG NJW 2001, 701。

[71] 对此详见 Rösler, AcP 207 (2007), 563, 570 ff.。

条件的故意/间接故意(bedingter Vorsatz)[72]就足够了:欺诈者必须认知到或有意地接受表达者的错误观念,自己的行为对该错误的因果关系,以及该错误对意思表示可能造成的影响。这里并不需要有损害或获取利益的意图,因为第123条旨在保护的不是财产,而是法律上的决策自由(→边码865)。[73] 在程序上,通常可以从客观的不正确行为推断出可能的故意。[74]

范例

875 在查看一辆二手车时,购买意向者K询问该车是否有过事故损坏。V对此一无所知,却声称该车没有发生过事故。K购买了这辆汽车,但后来得知这辆二手车曾经发生过严重事故。在这种情况下⋯⋯实施了恶意的行为。他毫无根据地声称汽车没有事故记录,这足以构成⋯⋯因为当某人在没有具体认识的情况下对某事实进行了陈述,且他⋯⋯这些陈述可能是错误的,那么就应当接受这种错误可能带来的结果⋯⋯

876 重病患者E想⋯⋯一块地赠送给他的妻子F。他和朋友D商量了这件事,并询问他⋯⋯法。D知道F已背叛她的丈夫多年,但为了不让E在他的最后时⋯⋯到伤害而隐瞒了这个事实。E去世后,E和F的儿子S要求撤销⋯⋯协议。在这里,D的行为符合欺诈的法律定义,尽管他出于好意⋯⋯满了F的通奸行为,即为了保护E。欺诈并不要求有道德上⋯⋯行为,因此,即使欺诈者只是想做好事,欺诈也可能存⋯⋯究竟什么对他来说是最好的,应由表意

⋯⋯GHZ 168, 64 Rdnr. 13; BGH NJW 2015, 1669 Rdnr. 16; 2010, 596 Rdnr. 41; ⋯⋯2806; NJW-RR 2005, 1082, 1083; BAG NJW 2013, 1115 Rdnr. 26;对于法律错误的⋯⋯注,参见BGHZ 186, 96 Rdnr. 43——关于在因过失提供虚假信息时,是否可以根据第280条、第241条第2款、第311条第2款的提起缔约过失的损害赔偿问题,参见边码886。

[73] 首要的BGH NJW 2000, 2497, 2499; 1974, 1505, 1506; Erman-Arnold[14] § 123 Rdnr. 29。

[74] BGH NJW-RR 2005, 1082, 1083。

[75] BGHZ 168, 64 Rdnr. 13; 74, 383, 391 f.; 63, 382, 388; BGH NJW 2007, 835 Rdnr. 8; 1998, 302, 303; 1995, 955, 956; KG NJW-RR 1999, 100, 101。

人自己决定。[76] 然而,在这种情况下,撤销的请求将不会获得支持,因为与第 123 条第 2 款所规定的内容不符(→边码 877 以下)。

2. 经由第三人的欺诈(第 123 条第 2 款)

根据第 123 条第 2 款第 1 句的规定,当第三方实施欺诈时,只有在表示受领人知道或应当知道欺诈行为的情况下,才能撤销需受领的意思表示。因此,这一规定限制了可撤销性。在第 123 条第 1 款中未提及欺诈者的身份,因此首先可以得出结论,**欺诈者的身份基本上是无关紧要的**(Person des Täuschenden grundsätzlich unerheblich)。无论是表示受领人还是第三方进行欺诈都无关紧要。对于无须受领的意思表示[77](→边码 603 以下),尤其是对于悬赏广告来说,这一点是不受限制的。但是,对于遗嘱,由于第 2078 条第 2 款的特殊规定,这个问题并不重要。根据该规定,即使没有恶意的欺诈,只要存在动机错误也就够了。

对于**需受领的意思表示**(empfangsbedürftige Willenserklärungen),第 123 条第 2 款包含了一项例外规定。针对这些意思表示,如果表示受领人与欺诈无关,那么他对意思表示的信赖将受到保护。然而,这种情况仅基于表示受领人是善意的时候才成立,如果他知道[78]向他发出的意思表示由欺诈行为所致[79](→边码 871)或由于疏忽而不知道该思想表示和欺诈行为有关,即他应该知晓欺诈行为[80],那么他就缺乏善意。在这种情况

877

878

[76] Brox/Walker[38], Rdnr. 454; Flume[4], § 29, 2; Köhler[38], § 7 Rdnr. 43 Medicus[10], Rdnr. 789; MünchKomm-Armbrüster[6] § 123 Rdnr. 17; Wolf/Neuner[10], § 41 Rdnr. 108; zu § 463 a. F. (vgl. heute § 438 Abs. 2 S. 1) auch BGHZ 109, 327, 333——不同观点,参见 BGH LM Nr. 9, 14 zu § 123 BGB; Palandt-Ellenberger[74] § 123 Rdnr. 11. Hübner 2, Rdnr. 829 认为撤销在这些情况下属于权利的滥用。

[77] 但有所限制,参见 Windel, AcP 199 (1999), 421 ff.。

[78] 对于知悉的推定,参见 BGH NJW 2008, 644 Rdnr. 45; 2008, 641 Rdnr. 21。

[79] 比如,如果房地产买家受到卖家的恶意欺诈,即使银行知道这种欺诈,根据第 123 条的规定,买方与提供贷款的银行之间的贷款合同也不能被撤销。然而,在这种情况下,银行要对其客户承担赔偿责任,因为银行有义务在发现欺诈行为时提醒客户。参见 BGHZ 186, 96 Rdnr. 20。

[80] 请参考第 122 条第 2 款对于必须知晓的法律定义(→边码 939),在这里也可以作为参考。

下,他必须将欺诈归因于第三方,因为作为"知情者",受领人承担了被撤销的风险。如果满足这些前提条件,根据第 123 条第 1 款和第 2 款第 1 句,就会产生撤销权。必须强调的是,受领人必须知道(或应该知道)欺诈行为及其所导致的表意人的错误。如果在具体情况下,受领人应当询问自己所接收的意思表示是否基于欺诈,那么此时若受领人不知道就肯定存在过错。[81]

879　　第 123 条第 2 款中的**第三人**(Dritter)是指既不是表示受领人本人,也不是任何"属于其阵营"的其他辅助人(Hilfsperson),因此不应归入风险范围内。[82] 因此,对于此构成要件来说,仅表示受领人本人未被欺诈是不够的。相反,第三人必须是一个行为不应被归于表示受领人的人。例如,在代理人实施欺诈的情况下,因为代理行为当然应归责于作为被代理的表示受领人,代理人和行为辅助人就不是第 123 条第 2 款中的第三人。[83] 因此,该情况将被视为被代理人本人被欺诈,并可以根据第 123 条第 1 款提出撤销。对于其他帮助表示受领人参与法律行为并得到其同意的辅助人员也是如此。最后,作为几个合同方之一签订合同的人也不属于"第三人"。[84]

范例

880　　房产中介人 M 代表 V 出售一幢房子。在 K 看房时,M 错误地声称房子的水管是在一年前完全更换过的。K 和 V 达成合意。但之后 K 发现这栋房子的水管已经用了 30 年,需要维修,K 以受欺诈为由撤销了买卖合同。V 不能援引第 123 条第 2 款第 1 句,因为 M 虽然不是代理人,但他是受 V 委托的帮助人,其行为应被归责于 V。[85]

---

[81] BGH NJW 2003, 424, 425; NJW-RR 1992, 1005, 1006.

[82] Vgl. BGH NJW 2012, 296 Rdnr. 34; 1996, 1051; vgl. auch Mankowski (Rdnr. 817), 953 ff.; Martens, JuS 2005, 887 ff.

[83] BGH NJW 2003, 424, 425; 2001, 358 f.; 1989, 2879, 2880; OLG Köln VersR 2000, 243, 245; KG ZIP 2000, 268, 270.

[84] BGH NJW 2014, 3296 Rdnr. 19; OLG Koblenz NJW-RR 2003, 119, 120 f.

[85] OLG Zweibrücken NJW-RR 2003, 418, 419.

除非 M 不能代表任何一方[86]或同时代表双方行事[87],情况才会有所不同。

K 在 V 处购买了一辆二手车。购买价金将分期支付。为此,K 在 B 银行的一张表格上申请融资贷款,这是 V 提供给他的。贷款金额将直接支付给 V。当 K 发现 V 在车辆行驶里程方面欺骗了他时,K 撤销了买卖合同和贷款合同。关于车辆行驶里程的欺诈行为不仅影响了买卖合同,也和贷款合同的成立产生了因果关系。因此,K 可以选择或者主张瑕疵担保责任,或者撤销贷款合同。对此,并不适用第 123 条第 2 款第 1 句,因为在分期付款买卖中,卖方作为贷款提供方的代理人,所以不属于第三方。[88] 881

S 向 G 借款,G 坚持要求 S 提供一个保证人。于是,S 转而联系 B,通过对其财务状况进行欺诈性描述,说服 B 签署保证书。只有当 G 知道或应该知道 S 的欺诈行为时,B 才能撤销保证合同,因为在这种情况下,S 并非作为 G 的"帮凶",而是出于自身利益而作为"第三人"行事。[89] 882

第 123 条第 2 款第 2 句规定了第三方欺诈的特例。该规定主要涉及第 328 条第 1 款意义上的**利益第三人合同**(Vertrag zugunsten Dritter)。在这种情况下,双方当事人[许诺人(Versprechend)和受许诺人(Versprechensempfänger)]签订一份合同,使第三方(受益人)获得请求权。尽管第 123 条第 2 款第 2 句最初只涉及撤销请求的受领人[90],而现在旨 883

---

[86] Vgl. BGH NJW 1996, 1051.

[87] Flume[4], § 29, 3; 也可参见 BGH NJW 1996, 451; KG NJW 1998, 1082, 1084; Martens, JuS 2005, 887, 890; Wolf/Neuner[10], § 41 Rdnr. 112——一般来讲,学术界普遍认为中介人在大多数情况下可以被视为"第三人";参见 BGHZ 33, 302, 309; BGH NJW 1996, 1051; Hübner[2], Rdnr. 830; Köhler[38], § 7 Rdnr. 45; Palandt-Ellenberger[74] § 123 Rdnr. 14。

[88] BGHZ 47, 224, 227 ff.; 33, 302, 309; BGH NJW 2006, 1955 Rdnr. 29; 1979, 1593, 1594。

[89] BGH NJW-RR 1992, 1005, 1006; NJW 1968, 986, 987; ausf. Flume[4], § 29, 3.

[90] 如果在这里说,该表示可以被受益人撤销,那么这并不是规定了相对无效,而是确定了撤销的相对方(→边码 908)。

在保护善意的受益人对这项请求权的法律效力的信赖,但前提是一个不属于受许诺人或受益第三方的第四人实施了欺诈行为。如果表示受领人,也就是受许诺人,或一个可归责于他的人实施了欺诈行为,那么许诺人可以根据第 123 条第 1 款随时撤销其意思表示;第 123 条第 2 款的例外规定此时就不能适用了。如果欺诈行为来自不属于受许诺方阵营的人,那么根据第 123 条第 1 款结合第 2 款第 1 句的规定,合同可以被撤销,只要受许诺方知道或应该知道这种欺诈行为。如果受益第三人或可归责于他的人实施了欺诈行为,那么可以直接针对第三人提出撤销。这源于第 123 条第 2 款第 2 句的合理推论(Erstrechtschluss)。因为,如果这项规定甚至允许当一个无关的第四人实施了欺诈,但第三人知道或应该知道这种欺诈时,针对受益的第三人提出撤销,那么当第三人自己也受到欺诈时,撤销就变得更加合理了。

范例

884　　E 为了照顾他的爱人 G,与 B 银行签订一份合同,为 G 设立一个账户。为此,签订了一份利益第三人的合同,其中 B 承诺将账户余额归属于 G 而非 E。因此,G 直接获得了对 B 的账户的提款请求权。B 之所以签订这份合同,是因为被 E 的信用记录欺骗了。当 B 得知真相后,想要以欺诈行为作为撤销的原因。关键在于谁向 B 提供了关于 E 的错误信息。如果是 E 本人,根据第 123 条第 1 款,B 可以针对 E 提出撤销,而不考虑 G 的认知状况。如果是 G 或可归责于她的人实施了欺诈,根据第 123 条第 2 款情况 2,B 可以["合理地(erst recht)"]针对 G 提出撤销。如果是第四人(例如 E 的朋友)进行了欺诈,而这种欺诈既不可归责于 E 也不可归责于 G,那么只有在 G 知道或应该知道这种欺诈的情况下,B 才能提出撤销。

3. 竞合

885　　如果符合第 123 条的条件,那么可能同时存在**其他撤销的原因**(andere Anfechtungsgründe),特别是第 119 条第 2 款的条件也可能同时被满足。

只要它们本身不被其他保障权利所排除(→边码856),被欺诈者就有自由选择权。通常,他会选择第123条,因为撤销期限更长(→边码914),并且不需要根据第122条进行赔偿(→边码939)。因此,当事人只会在必要时提及其他撤销原因。此外,除了第123条,通常还存在**物的瑕疵担保责任**(Sachmängelgewährleistungsrechte)(例如基于第437条第3项的损害赔偿请求)或根据第280条(→边码886)、第826条或第823条第2款以及《**刑法典**》第263条的**损害赔偿请求**(Schadensersatzansprüche)(→边码940)。在这些情况下,被欺诈者可以选择适合自己的法律途径。第123条不会当然被其他规定排除。[91] 事实上,第123条的这种辅助性规范可能仅用于保护相对人的利益,但由于欺诈者已经实施了欺诈行为,因此并不值得受到保护。然而,欺诈并不能当然地导致遭受悖俗的指控[92],否则法律行为将直接无效,并不需要适用立法者在第123条中所规定的撤销权。[93]

存在争议的是欺诈与**缔约过失**(culpa in contrahendo/ c. i. c.)(第311条第2款)的竞合。每一种恶意欺诈行为都可能会表现为缔约过失的一种类型,因为即使在先合同阶段也不得实施欺诈。因此,通说[94]认为可以同时适用这两种法律制度,结果是被欺诈者可以在超过撤销期限(第124条第1款)后,通过恢复自然状态/恢复原状(Naturalrestitution)的方式(第249条第1句)解除合同。[95] 因过失导致的提供虚假信息(Falschinformation),尽管不能撤销,也应当可以根据第280条、第241条第2款、第311条第2款以以缔约过失为由请求赔偿,但这可能会使得合同被解除,除

886

---

[91] BGH NJW 1958, 177; Derleder, NJW 2001, 1161 ff.
[92] BGH NJW 2013, 1591 Rdnr. 8.
[93] BGH NJW 2008, 982 Rdnr. 11.
[94] BGHZ 137, 255, 265; BGH NJW-RR 2005, 1082, 1084; NJW 2002, 2774, 2775; 1998, 302, 303 f. = JZ 1998, 1173 (Wiedemann); NJW 1996, 451; 1995, 2361, 2362; 1979, 1983 f.; OLG Köln VersR 2000, 243, 246; Flume[4], § 27, 4; Hübner[5], Rdnr. 851; Köhler[38], § 7 Rdnr. 65; Palandt-Ellenberger[74] § 123 Rdnr. 27; Schubert, AcP 168 (1968), 470, 504 ff.
[95] 对于将第124条类推适用于缔约过失的请求,参见 Grigoleit, Vorvertragliche Informationspflichten, 1997, 132 ff.; MünchKomm-Armbrüster[6] § 123 Rdnr. 91 m. w. N.; Reinicke, JA 1982, 1, 6; Wolf/Neuner[10], § 41 Rdnr. 117 ff.。

非瑕疵担保规则排除了基于缔约过失的求偿。[96] 与在文献中广泛存在的一种观点相反[97],应当同意这一点,即这两种法律制度具有不同的前提条件和目标。根据第 280 条第 1 款第 2 句,缔约过失的请求需要(推定的)过失,并允许依据第 254 条进行与有过失的抗辩。[98] 在第 123 条中重点是决定的自由,而在(缔约过失)损害赔偿请求方面,重点则是对财产损害的补偿。由此可见,一方面,由于保护方向不同,第 123 条并非缔约过失的特例;另一方面,缔约过失责任需要证明财产损害的存在。[99]

范例

887   在边码 880 以下的例子中,存在瑕疵担保损害赔偿请求。K 可以选择是否通过撤销来解除合同,或者是否请求减价或请求因债务不履行而获得损害赔偿。

(六)违法的胁迫(第 123 条第 1 款情况 2)

888   根据第 123 条第 1 款情况 2,受到非法胁迫影响而作出意思表示的人可以撤销其意思表示。[100] 这种撤销类型与其他所有类型的不同之处在于,表意人并没有错误。尽管如此,仍然存在不可接受的意思影响。表意人出于精神压力被迫作出意思表示,因此必须通过撤销来解除。因此,这里也涉及意思决定的自由。

1. 胁迫

889   "胁迫(Drohung)"指的是胁迫者对未来的不利情况进行的展示,并声

---

[96] Vgl. BGHZ 88, 130, 134——在过失欺诈的情况下类推适用第 123 条 Mankowski (Rdnr. 817), 342 ff. m. w. N.; Weiler (Rdnr. 817), 641 ff.。

[97] Brox/Walker[38], Rdnr. 463; Canaris, ZGR 1982, 395, 416 f.; Liebs, AcP 174 (1974), 26 ff.; Medicus[10], Rdnr. 450/811; ders., JuS 1965, 209, 211 ff.; Schumacher, Vertragsaufhebung wegen fahrlässiger Irreführung unerfahrener Vertragspartner, 1979, 23 ff., 118 f.

[98] BGH NJW-RR 2005, 1082, 1084.

[99] BGH NJW-RR 2008, 564 Rdnr. 11; NJW 1998, 302, 304——反对要求财产损失参见 Fleischer, AcP 200 (2000), 91, 111 ff.。

[100] 总结参见 BGH NJW 2005, 2766 ff.; 详细参见 Mankowski (Rdnr. 817), 349 ff.; Weiler (Rdnr. 817), 251 ff.。

称如果被胁迫者不作出胁迫者所期望的意思表示,胁迫者可以影响这种情况的发生。[101] 在这里,胁迫者的具体身份并不重要。这里不适用第 123 条第 2 款。因此,表示受领人并非必须实施胁迫,即使受领人既不知道也无须知道,第三方的胁迫[102] 也可以使表意人有权撤销。胁迫必须是一种**不利情况**(Übel),即对受胁迫者有害的状态。这种不利情况不必是特别严重的,只要造成精神上的强迫状态即可(参见第 124 条第 2 款第 1 句)。然而,对于轻微的不利情况,胁迫和意思表示之间的因果关系可能存疑(→边码 900)。受到胁迫的不利情况不一定针对表意人自身,也可以针对与表意人关系密切的人,以至于表意人因胁迫而陷入精神上的强迫状态。[103]

这种不利情况必须是**未来发生的**(zukünftig)。直接造成损害,特别是直接使用暴力,通过绝对的暴力(vis absoluta)不属于第 123 条第 1 款情况 2。这项规定旨在针对通过精神上的强迫状态,即通过强迫(vis compulsiva)来影响意志自由,而不涉及直接的物理强迫。然而,在使用暴力时可能存在将来进一步实施暴力的胁迫,这将被第 123 条第 1 款情况 2 所涵盖。例如,如果在书面表示中,表意人被强行按住手签字,那么行为意思就会因绝对暴力而缺失,根本就不存在意思表示(→边码 589 以下)。这时就根本无须撤销。反之,如果表意人在遭受殴打后签署合同,那么他可以因非法胁迫而提出撤销,因为这些殴打可以被视为对(未来)进一步殴打的威胁,以至于受影响者只是为了避免这种不利情况才签字。 890

胁迫者随后必须**展示**(in Aussicht stellen)这种未来的不利情况。这意味着胁迫者必须严肃认真地宣告(ankündigen)这一点。宣告是否严肃认真,应根据被胁迫者的视角来评判。如果被胁迫者认为宣告是严肃认真的,那么他的意志自由就会受到影响。这足以适用于第 123 条第 1 款情况 2。根据规范的意图和目的,胁迫是否真的严肃认真并不重要。[104] 重 891

---

[101] BGH NJW-RR 1996, 1281, 1282; NJW 1988, 2599, 2600 f.; BAG NZA 2000, 27.
[102] Dazu Martens, AcP 207 (2007), 371 ff.
[103] 参见 BGH NJW 1988, 2599, 2601; Flume⁴, § 28, 2 c——宣告自杀的胁迫本身也可能足够;参见 BGH NJW-RR 1996, 1281。
[104] BGH NJW-RR 1996, 1281, 1282; NJW 1982, 2301, 2302.

要的是被胁迫者认为宣告是严肃认真的,并且胁迫者也意识到他的行为被视为一种胁迫(→边码 901)。

892 　　最后,胁迫者必须声称对不利情况的发生有影响力(vorgeben, auf den Eintritt des Übels Einfluss zu haben)。只是警告可能由第三人导致的危险,或发出警告的人并没有声称可以控制不利情况的发生,就不存在胁迫。[105] 另外,胁迫者只需声称对不利情况的发生有影响力,他是否真的拥有这种影响力在法规的保护目的上并不重要,只要从被胁迫者的角度看,胁迫者看起来可以(单独或与他人一起)导致所宣告的不利后果即可。

范例

893 　　雇主 G 发现他的雇员 N 挪用资金并伪造文件。随后,G 要求 N 的妻子 F 为她丈夫的债务提供担保。F 为了避免 G 报警而同意了,但后来以受到胁迫为由撤销了担保的表示。然而,这里并不存在胁迫。虽然 F 处于一种(心理上的)困境,G 可能利用了这一点。但这并不足够,因为根据第 123 条第 1 款情况 2 的规定,只有当不利情况至少被暗示时,才构成违法行为。因此,仅仅因为 G 可以报警并不足够,而需要 G 至少含蓄地表示,如果 F 不签字,他将利用这一可能性。将第 123 条类推适用于利用已经存在的困境是不合理的。否则,该规范的适用范围将变得模糊不清,因为意思表示经常在真实存在或被认为是困境的情况下作出。法律只会在困境是基于胁迫或满足第 138 条的条件下才予以考虑。[106]

2. 违法性

894 　　根据第 123 条第 1 款情况 2 的规定,要求胁迫应当是非法的。因此,违法性必须单独确定。这可以从所胁迫的不利情况、所追求的目的或

---

[105] LAG Köln NZA-RR 1999, 232, 233.
[106] BGH NJW - RR 1996, 1281, 1282; NJW 1988, 2599, 2601; Flume 4, § 28, 1; MünchKomm-Armbrüster 6 § 123 Rdnr. 123——不同观点,参见 Sack, NJW 1974, 565。

所胁迫的不利与所追求的目的之间的关系中得出。[107] 如果以非法行为(例如实施身体暴力、财产损坏或违约行为[108])胁迫,那么胁迫的违法性就已经由**手段的违法性**(Widerrechtlichkeit des Mittels)所证成。在这种情况下,对所追求的目的的评估就不再重要了。即使胁迫者有权请求相应的表示,该意思表示仍然是可撤销的。[109]

反之,胁迫的违法性也可能源于**所追求的目的的违法性**(Widerrechtlichkeit des angestrebten Erfolgs),而无须额外考虑所宣告的不利情况的评估。例如,如果有人向第三方(例如官员)承诺支付"回扣"[110],就属于这种情况。贪污行为总是违法的,因此不再需要考虑所宣告的不利情况违法(如威胁打击)与否(如威胁法律上可能的合同解除[111])。然而,在这种情况下,根据第 134 条或第 138 条,法律行为通常因为所追求的目的的不法而已经无效,因此不再需要撤销。

895

如果既没有所威胁的不利情况,也没有所追求的不法目的,那么违法性还可能源于**手段和目的之间的关系**(Mittel-Zweck-Relation)。因此,需要考察威胁使用的这种手段和希望达到的目的之间是否存在不当比例。[112] 在这里,通常涉及一个基本问题,即手段和目的是否有关、是否存在内在联系,以及胁迫者是否有权作出所追求的表示。[113] 如果有人威胁要提起诉讼,那么这个问题的答案是肯定的。以诉讼作为威胁手段,即使是为了执行一个本来无权要求的权利,也从不是非法的。[114] 此外,关键

896

---

[107] BGH NJW 2010, 1364 Rdnr. 33.
[108] BGH NJW 1995, 3052, 3053; OLG Saarbrücken MDR 1999, 1313.
[109] Flume^4, § 28, 2 a.
[110] 与向胁迫者支付无法提出合法请求的款项相类似,这种情况可以称之为"敲诈(Erpressung)";参见 Medicus^{10}, Rdnr. 817。然而,并不总是可以断定,当胁迫者的意思表示没有合法请求权基础时,其不法性必然存在。例如,强迫达成交换协议并非在每种情况下都是非法的,因为与行贿或支付赎金不同,交换协议本身并不是道德上不可接受的,即使对合同的成立没有请求权也是如此;以及,参见 BGHZ 25, 217, 219 f.; BGH NJW 1996, 1274, 1275; Flume^4, § 28, 2 b; Hübner^2, Rdnr. 840.
[111] Vgl. BGH NJW 1997, 1980, 1981.
[112] BGH NJW 1996, 1274, 1275.
[113] BGH NJW 2010, 1364 Rdnr. 36.
[114] BGH NJW 2005, 2766, 2768; Flume^4, § 28, 2 b/3 (a. E.); Medicus^{10}, Rdnr. 818.

是根据情况来看,胁迫是否在所有合理和正当思考的人看来是实现目标的合适手段。[115]

范例

897 　　D 得知 S 有逃税行为,并以可能会报警为理由引导 S 出售一幅有价值的画作。在这里,虽然所扬言的不利结果(报警)并不违法,所追求的目的(出售一幅画作)也不违法,但使用该特定手段达到该特定目的却是违法的,因为先前的行为与现在的交易行为并无关联。[116] 只有当报警是因为特定行为而被迫实施的时候,这种报警的威胁才是合法的,因为从这个特定行为产生了债权,而威胁则是行使或保障债权实现的必要手段。[117]

898 　　年仅 18 岁的未婚少女 T 生了一个无法确定父亲身份的孩子。T 与父母同住,父母催促她将孩子送给他人领养,否则她就必须带着孩子搬走。T 最终同意了将孩子送给他人领养,但后来以受到胁迫为由而撤销自己的同意。这里的违法性既不是源于扬言的不利结果("赶走"女儿),也不是出于所追求的目的(同意领养),而是源于手段与目的之间的不恰当关系。[118]

899 　　胁迫者不需要在**主观上**(subjektiv)正确理解自己行为的违法性。然而,在司法实践中认为,胁迫者至少必须了解违法性是在何种情况下产生的;否则,由于存在一种可被允许的错误认知,会导致胁迫并不构成违法。[119] 然而,这种观点并不成立。在第 123 条第 1 款情况 2 中,与刑法不同(参见《刑法典》第 240 条、第 253 条),这里并不是针对胁迫者的指

---

[115] BGHZ 25, 217, 220; 通过新闻报道胁迫,参见 BGH NJW 2005, 2766, 2769 ff.; 通过解除委托胁迫,参见 BGH NJW 2013, 1591 Rdnr. 10 ff.; 2002, 2774, 2775。

[116] 参见 Flume⁴, § 28, 2 c; BAG NJW 2015, 2908 Rdnr. 2911 (通过解除胁迫)。

[117] 参见 BAG NJW 1999, 2059, 2061; LAG Köln MDR 1998, 974, 975; 通过不定期的解除而胁迫,参见 BAG NZA 2000, 27, 28 f.。

[118] BGHZ 2, 287, 295 ff.

[119] BGHZ 25, 217, 224.

责,而是为了保护自由意志受到非法侵害的人。[120]

3. 因果关系

被胁迫的人只有在胁迫对于他的意思表示产生了**因果关系**(kausal) 时才能提出撤销。这里同样适用边码 871 所述的相应内容。如果被威胁的人本来就打算作出这个意思表示[121],或者已经看穿了威胁不会或不能实施,那么就缺乏必要的因果关系。由于受胁迫的人并没有被威胁"迫使"作出他的意思表示,因此排除了撤销的可能性。 900

需要区分的是因果关系和**最终连接**(finale Verknüpfung)的要求:普遍认为,已经作出的具体意思表示必须符合胁迫者的目的。[122] 例如,实施胁迫行为的租户想要降低租金,而房东却将房屋卖给第三方,那么就缺乏最终连接[123]:尽管威胁导致了购房合同的成立,但这并不能被撤销,因为租户所追求的意思表示与最终实现的意思表示并不相同。 901

4. 竞合

关于竞合关系问题,基本上同样适用欺诈撤销的相关规定(→边码 885 以下)。特别是在适用第 123 条第 1 款情况 2 时,还可以考虑根据第 280 条、第 241 条第 2 款、第 311 条第 2 款提起缔约过失损害赔偿请求。[124] 然而,胁迫者不能依据第 254 条要求受胁迫者承担与有过失的责任。[125] 901a

四、撤销权的行使

如果满足撤销的条件,那么撤销权人就拥有撤销权,他获得了通过及 902

---

[120] Flume[4], § 28, 3; Hübner 2, Rdnr. 841; Köhler[38], § 7 Rdnr. 51/58; Lorenz, JZ 1963, 319 f.; Medicus[10], Rdnr. 820; MünchKomm-Armbrüster[6] § 123 Rdnr. 111; Soergel-Hefermehl[13] § 123 Rdnr. 51; Wolf/Neuner[10], § 41 Rdnr. 137; Zweigert, JZ 1958, 570 f.

[121] Vgl. BGHZ 2, 287, 299 f.; BGH WM 1974, 1023.

[122] 参见 BGH NJW-RR 1996, 1281, 1282 以及详细内容 Flume[4], § 28, 3; Hübner[2], Rdnr. 842; Wolf/Neuner[10], § 41 Rdnr. 126; Zweigert, JZ 1958, 570 f.。

[123] 相关例子:Wolf/Neuner[10], § 41 Rdnr. 127。

[124] BGH NJW 2002, 2774, 2775; 1979, 1983; NJW-RR 2002, 308, 309.

[125] BGH NJW 2001, 3779.

时的撤销表示来追溯性地撤销他的意思表示的权利。因此,撤销权是一种**形成权**(Gestaltungsrecht),附着于可撤销意思表示所建立的法律关系。撤销权并非独立存在,而是始终只能与可撤销的法律关系一并转让。

903   撤销权的目的是让表意人有可能摆脱他并非真正希望作出的意思表示。通过撤销的方式解除可撤销意思表示所产生的法律效果,并非自动从法律中产生。相反,撤销权人必须**及时表示撤销**(Anfechtung fristgerecht erklären)。在此,立法者追求两个目标,一方面,撤销权人应有权在意思表示可撤销的情况下继续保持法律行为的有效性。这也是通过撤销权保护意思自由的一部分:表意人无须坚持自己的错误,而是接受以撤销的方式产生的法律效果。另一方面,撤销权人必须迅速作出是否撤销的决定,以便对方在合理时间内知道法律行为是否应被撤销。

(一)撤销的表示

904   在上述背景下,法律首先在第143条第1款中规定,撤销必须通过向撤销相对人作出表示来实施。这就需要一个撤销表示,其被法律视为在第130条第1款第1句意义上**需受领的意思表示**(empfangsbedürftige Willenserklärung)(→边码603)。因此,根据第130条第1款第1句的规定,撤销的效力(→边码915以下)仅在撤销表示送达给撤销相对人时发生。然而,这里并不需要对方的接受,因为撤销是一种单方意思表示行为(→边码424)。作为意思表示,撤销表示受到一般规则的约束,例如需要具备行为能力,作为第111条意义上的单方意思表示行为,撤销表示可以由代理人代为发出,也可以自己实施撤销。[126] 作为一种形成权的行使行为,撤销表示是不附条件的(→边码1258),但它并不需要特定形式,即使要撤销一个受特定形式约束的意思表示也是如此。[127]

905   撤销权并非**必须以明示方式**(muss nicht ausdrücklich)行使。这同样适用于一般规则。撤销表示可被解释为一种意思表示,所以可推知的表

---

[126] Vgl. BGH NJW 2015, 2729 Rdnr. 11 ff.
[127] 对于继承法的例外,参见第1955条第2句、第2282条第3款(→边码963、965)。

示(konkludente Erklärung)也可满足要求。因此,撤销权人的行为只要表明他希望因为意思瑕疵而消除其意思表示的法律效果就足够了。[128] 然而,这种意思必须最终能够明确确定。通过解释必须得出一个明确的结果,例如,如果不仅需要考虑撤销,还需要考虑解除合同(Kündigung),那么对于撤销来说,必须明显表明该表示应该被追溯既往地撤销,而不仅仅是面向将来的解除。[129]

撤销的原因(Anfechtungsgrund)也无须明确说明。这意味着,即使表意人没有将具体情况归类为法律上规定的内容错误、表示错误或恶意欺诈等,也是有效的。[130] 即使他指出的撤销原因是错误的,但只要提出了与正确的撤销原因相关的事实,那么这就是无碍的。[131] 产生撤销原因的事实必须至少对于撤销相对人是可认知的,除非他实际上已经知道了这些事实。[132] 此外,由于撤销期限的存在,期限届满后,撤销相对人可以信赖于期限已经经过事实而不再预期会有其他撤销原因的存在。因此,追加全新的事实,从而产生新的法定撤销原因,应当被视为新的撤销原因,但如果撤销期限已过,即使是新的理由也是不会产生效力的。[133]

906

---

[128] BGHZ 91, 324, 331 f.; 88, 240, 245; BGH NJW-RR 2003, 380; OLG Hamm NJW 2004, 2601; LG Köln NJW-RR 2008, 1592, 1594; 详见 Mankowski (Rdnr. 817), 683 ff.。

[129] Flume[4], § 31, 2; Köhler[38], § 7 Rdnr. 76; Wolf/Neuner[10], § 41 Rdnr. 13; vgl. auch Medicus[10], Rdnr. 717——不同观点(始终需要清晰明确的溯及既往说明),参见 BGHZ 91, 324, 331; 88, 240, 245。

[130] 相反观点,参见 Flume[4], § 31, 2,当存在多个撤销原因时,撤销方必须至少在对方有要求的情况下说明他打算依据哪些撤销原因实施行为。然而,竞合问题可以通过解释来解决:如果除了恶意欺诈,还存在第 119 条规定的错误,则应假定由于第 122 条的赔偿责任,表意人确实打算依据第 119 条的撤销原因实施,但仅作为辅助手段(→边码 885)。这里不需要撤销人的任何具体特别表示。

[131] BAG NJW 2013, 1115 Rdnr. 36 ff.。

[132] 不同观点(完全没有说理义务),参见 RGZ 65, 86, 88; Brox/Walker 38, Rdnr. 433。

[133] Vgl. BGH NJW 2008, 939 Rdnr. 21; 1995, 190, 191; Flume[4], § 31, 2; Hübner[2], Rdnr. 947; Köhler[38], § 7 Rdnr. 76; Medicus[10], Rdnr. 724; Staudinger–Roth[2015] § 143 Rdnr. 13 m. w. N.; Wolf/Neuner[10], § 41 Rdnr. 15.

(二) 撤销当事人[134]

907　　只有欲解除其意思表示的人才是**撤销权人**(Anfechtungsberechtigt),并不是每个对撤销有法律利益的人都有权提出撤销。[135] 基本上,人们只能撤销自己的意思表示(→边码822)。这也适用于第120条规定的传达错误的情况,因为使者传达了委托人的意思表示,所以撤销权属于委托人而不是使者。只有在代理关系中情况才有所不同:如果需要撤销一个代理人的错误意思表示,则撤销权属于被代理人,因为他将承受需要消除的法律效果;当然,这种撤销权可以再次通过有权的代理人行使(→边码1371、1655)。

908　　适格的**撤销相对人**[136](Anfechtungsgegner)一般是撤销权所要消除的法律效果针对的(意思表示)当事人。因此,根据第143条第2款情况1,法律规定在合同中应当将合同当事人确定为撤销相对人。[137] 如果撤销权人的合同中有多个合同当事人,则必须向所有人表示撤销。[138] 即使通过可撤销的法律行为所产生的债权已经转让,撤销相对人也仍然是合同当事人(转让人,而非受让人)。然而,如果是通过第三人的欺诈行为达成的利益第三人合同(→边码883),则必须向第三人作出撤销的表示(第143条第2款情况2)。在需受领的单方法律行为中,根据第143条第3款第1句,必须向其受领人表示撤销。因此,解除表示必须向解除的受领人(例如雇员或房东)表示撤销。即使某项法律行为可以选择向机构实施,而且撤销权人已经选择了这种方式,上述规定仍然适用:适格的撤销相对人不是该机构,而是根据第143条第3款第2句的实际受领人,因为是他承受了表示的法律效果。如果要撤销一个无须受领的单方法律行为,根据第143条第4款第1句,可以针对直接获得法律利益的任何人宣

---

[134] 详见 Preiß, JA 2010, 6 ff.。
[135] 这直接源于第770条第1款、第1137条第1款第1句和第1211条第1款第1句:提供附属担保的人有兴趣通过撤销来消除担保的债权。然而,法律只给予他一个抗辩权。例外规定包括第318条第2款和第2080条。
[136] 对此详见 Mankowski (Rdnr. 817), 656 ff.。
[137] BGH NJW 2012, 296 Rdnr. 44.
[138] BGH NJW 1986, 918 f.; OLG Koblenz NJW-RR 2003, 119, 121.

告撤销。然而,在需(官方)受领的法律行为中,根据第143条第4款第2句,也允许向机构宣告撤销,该机构将告知直接受影响的人。[139] 如果要向多人发出欲撤销的意思表示,必须向所有受领人宣告撤销,并且对每个撤销相对人都必须存在撤销原因。[140]

范例

G是E的地产上土地债务(Grundschuld)的权利人。在E的胁迫之下,G向不动产登记处表示,他根据第1192条第1款、第1168条第2款宣布放弃土地债务,随后被注销。如果G想根据第123条第1款情况2来撤销这一放弃行为,他必须根据第143条第3款第2句向E作出撤销的表示。

E想要离开他的土地,原因是他因受恶意欺诈而相信这片土地受到污染。因此,他根据第928条第1款向土地登记处宣布放弃所有权。随后,该土地所在的州被登记为新的所有者。如果E想根据第123条第1款情况1来撤销这一放弃行为,根据第143条第4款第2句,这是一项需要(官方)受领的单方法律行为,他既可以向作为直接受益人[141]的联邦州,也可以向土地登记机关作出撤销所有权放弃行为的意思表示。

(三) 撤销期限

法律并不直接认定可撤销的法律行为是无效的,而是赋予表意人一

---

[139] 第143条第3款第2句和第143条第4款第2句之间的关系取决于一方当事人是否可以或必须向机关实施单方法律行为。如果法律行为必须向机关实施,那么这是一项需(官方)受领的意思表示,根据第143条第4款第2句,这种意思表示既可以针对机关,也可以针对直接受益人提出撤销。然而,如果这种单方法律行为既可以向实际的受领人实施,也可以向机关实施,那么就适用第143条第3款第2句。有关继承法的例外情况,可以参阅边码963以下。

[140] BGHZ 137, 255, 260 ff.

[141] 直接受益人是指直接获得法律利益,而非通过第三方的法律继承获得法律利益的人;参见Flume⁴, § 31, 5 c。

项形成权,因此对于撤销相对人的不确定性在于,权利人是否会行使这种形成权。为了尽快消除这种悬而未决的状态,第 121 条、第 124 条规定了撤销权的行使期限。这不是一种消灭时效期限,否则只有当撤销相对人主动援引期限的届满,法院才能考虑期限的经过。消灭时效只适用于请求权(第 194 条第 1 款),但撤销权不是请求权,而是一种形成权。因此,这个期限更像是一种**除斥期间**(Ausschlussfrist),在此期限届满后,撤销权直接消灭[排除(Preclusion);→边码 317]。因此,在撤销期限届满后发出的撤销表示将无效,因为要行使的权利已不复存在,法院有权自行审查期限是否经过,而无须撤销相对人主张。

1. 根据第 119 条、第 120 条的撤销

912　　就撤销期限的问题,法律区分了不同的撤销原因。如果根据第 119 条、第 120 条进行撤销,那么根据**第 121 条第 1 款第 1 句**的规定,撤销表示必须在撤销权利人(或可归责于他的人;→边码 1655 以下)获悉撤销原因后立即作出。期限从获悉撤销原因的确切时刻开始计算,也就是发现错误的时刻。在有可能发现错误的情况下,如果因为严重的疏忽而未发现,也能以此作为借口阻止期限的计算。然而,如果在发出意思表示后的十年内该错误仍未被发现,那么根据第 121 条第 2 款,撤销权将被永久消灭。

913　　如果存在积极的知悉,就必须**立即**(unverzüglich)提出撤销。法律在第 121 条第 1 款第 1 句中通过"没有过错的迟延"来定义"立即"的概念;这是法律在其他地方也会使用的法定定义方法。[142] 因此,法律并没有

---

[142] 可参见第 111 条第 2 句、第 149 条第 1 句、第 174 条第 1 句、第 230 条第 3 款和第 4 款、第 318 条第 2 款第 2 句、第 374 条第 2 款第 1 句、第 384 条第 2 款、第 396 条第 1 款第 2 句、第 410 条第 1 款第 2 句、第 625 条、第 650 条第 2 款、第 663 条第 1 句、第 727 条第 2 款第 1 句、第 777 条第 1 款、第 789 条第 1 句、第 960 条第 2 款、第 961 条、第 965 条、第 978 条第 1 款第 1 句、第 1042 条第 1 句、第 1160 条第 2 款、第 1166 条第 1 句、第 1218 条第 2 款、第 1220 条第 2 款、第 1241 条、第 1285 条第 2 款第 2 句、第 1799 条第 1 款第 2 句、第 1831 条第 2 款、第 1894 条第 1 款第 2 款、第 1909 条第 2 款、第 1980 条第 1 款第 1 句、第 2045 条第 2 句、第 2146 条第 1 款第 1 句、第 2215 条第 1 款、第 2259 条第 1 款、第 2384 条第 1 款第 1 句;以及《商法典》第 377 条第 1 款和第 3 款、《支付不能法》第 103 条第 2 款第 2 句、《股份法》第 92 条第 1 款、《孕妇及产妇保护法》第 9 条第 1 款第 1 句——对于法律定义的普遍适用性,参见 BSG NJW 2005, 3803, 3804。

设定具体的时间限制。相反,在不同情况下需要考虑各方的具体利益,审查在何时提出撤销表示是可能且合理的。在这个过程中,撤销相对人希望尽快让情况明了的利益与撤销权利人希望能够充分考虑自己行动的利益相互对立。因此,并不一定要求马上提出撤销。相反,应该给予撤销权利人一段短暂的思考时间,他可以在这段时间内咨询相关法律建议[143],评估诉讼前景以保护自己的权利。因此,对特定天数的明确性限制是不适当的。但可以认为,一般三天内提出撤销是及时的,而两周后则通常会假定期限已经过。[144] 根据第 121 条第 1 款第 2 句的规定,作出撤销表示即满足期限的要求。为了使撤销生效,这份表示必须送达给撤销相对人(第 130 条第 1 款第 1 句)。但是,送达并不一定要在撤销期限内完成。这样可以确保短暂的期限不会因为再需要考虑传递时间而进一步缩短。

2. 根据第 123 条的撤销

根据第 123 条的撤销,**第 124 条**作出了一项不同的规定。如果撤销相对人通过恶意欺诈或胁迫行为导致撤销人作出了意思表示,那么相对人就不配享有特别短的撤销期限的保护。因此,法律要求他承受更长的不确定期,根据第 124 条第 1 款的规定,撤销权利人享有一年的除斥期间。根据第 124 条第 2 款第 1 句的规定,如果撤销的原因是受到恶意欺诈,则期限从发现欺诈行为时开始计算,这符合第 121 条第 1 款第 1 句的规定(知悉作为撤销原因)。[145] 在这里,单纯的怀疑或者因疏忽导致的不知悉并不会导致不利结果。[146] 对于胁迫,如果撤销权人从一开始就知道,那么期限从处于强迫状态结束时开始计算,因为只有从这一刻起,撤销权人才能自由决定是否行使撤销权。然而,在任何情况下,最迟在作出可撤销的意思表示的十年后,撤销权都将消灭(第 124 条第 3 款)。根据第 124

---

[143] BGH NJW 2008, 985 Rdnr. 18——如果接受的法律建议是错误的,就可能存在无过错的法律错误,因此进一步犹豫不决是无过错的;参见 BSG NJW 2005, 3803, 3804。

[144] OLG Hamm NJW 2004, 2601.

[145] 参见对于《民法典》第 1954 条第 2 款的概括性表述(→边码 963)。

[146] KG NJW 1998, 1082, 1083 f.

条第 2 款第 2 句,参照第 206 条、第 210 条和第 211 条的内容,这些条款规定了因不可抗力(höher Gewalt)、无行为能力但没有法定代理人的撤销权人或者因当事人的死亡而导致的期限中止。为了遵守期限,需要确保通知到达撤销相对人。这里不能类推适用第 121 条第 1 款第 2 句,因为这种规定所依据的理由(→边码 913)在一年的期限内并不存在。

五、法律效果

(一) 无效

1. 基本原则

915 根据第 142 条第 1 款的规定,行使撤销权的法律效果是,可撤销的法律行为被视为**自始无效**(von Anfang an nichtig)。[147] 在这里,法律术语的用词不够准确,因为与第 119 条、第 120 条、第 123 条不同,法条不再谈论意思表示的撤销,而是谈论法律行为的撤销。这并不意味着如果可撤销的意思表示是该法律行为的非独立组成部分,就可以撤销该法律行为。[148] 意思表示始终是必要的,但同时也是法律行为的非独立组成部分。这并不能推导出,在单方法律行为中可以撤销意思表示,而在多方法律行为中可以撤销法律行为。这种区分也根本没有必要。即使在合同中,撤销也只涉及意思表示。[149] 例如,如果一个要约被撤销,那么缺少两份相对应的合同表示,从而就没有有效的合同存在。因此,根本就不需要撤销合同本身。除此之外,第 142 条第 1 款包括以下两方面内容:

916 一方面,被撤销的意思表示将**被完全消灭**(ersatzlos beseitigt)。并不是由撤销权人实际希望表达的意思表示来取代它;通过解释得出的意思

---

[147] 基础的研究,参见 Mankowski (Rdnr. 817), 27 ff.。
[148] So aber Köhler[38], § 7 Rdnr. 69; Leenen, Jura 1991, 393, 398; Palandt-Ellenberger[74] § 142 Rdnr. 1; Petersen (Rdnr. 817), 220.
[149] Zutr. Brox/Walker[38], Rdnr. 439; Flume[4], § 21, 6; Staudinger-Roth[2015] § 142 Rdnr. 15.

不会被真实意思所取代。[150] 这一法律效果在这句话中被明确表达出来："即使取消了撤销，也不会有修正。"相反，将恢复到在发出被撤销表示之前存在的法律状态。然而，这种效果会对所有人产生影响，而不仅仅涉及当事人之间的关系。

范例

由于受到威胁，V 将他的房屋卖给了 K，并转让了所有权。为了保证价金债权，V 创设了一项抵押和一项保证。此外，V 的债权人 G 已对这笔款项进行了查封。如果 V 撤销其旨在签订有关债上买卖合同的意思表示，则该意思表示将被溯及既往地消灭。因此，之前在不动产交易完成之前存在的无债权状态恢复。而抵押权（如果抵押权的设立也未被撤销）变更为土地债权（根据第 1163 条第 1 款第 2 句、第 1177 条第 1 款），保证被消灭（根据第 767 条第 1 款第 1 句）[151]，G 的查封已经无意义，因此失效。 917

另一方面，被撤销的意思表示不仅对未来有效，还是**溯及既往**（rückwirkend）地消灭，即撤销的效力"溯及既往（ex tunc）"。[152] 因此，法律适用者被立法者要求，在对案件进行回顾性评估时，应当在意思表示发出之后和撤销表示送达之间的时间内，假装被撤销的意思表示从未发出过。 918

2. 负担和处分

只有存在撤销原因的意思表示才可以被撤销。如果在当事人之间既发生了一项负担/原因行为，又发生了一项处分行为；既签订了一项债权合同，又签订了一项物权合同，那么根据**分离原则**（Trennungsprinzip）（→ 边码 445），必须对每项交易分别进行审查，确认是否存在撤销原因： 919

通常，错误只会涉及**负担行为**（Verpflichtungsgeschäft）（更准确地 920

---

[150] BGH NJW 2010, 289 Rdnr. 16，相关的例外，参见边码 954 以下。
[151] 对可撤销性的抗辩权，见脚注 134。
[152] 相关的例外，参见边码 958 以下。

说,是与负担行为相关的意思表示;→边码915)。因此,只能撤销负担行为中的这一意思表示,作为其后果,原因行为的合同就不成立,因为撤销人没有作出对应的表示。但根据抽象原则(→边码476),履行行为仍然有效。根据第812条第1款情况1,任何一方都可以要求返还其有效履行的内容(→边码931)。

921　　在较为罕见的情况下,**处分行为**(Verfügungsgeschäfts)也可能存在撤销原因。如果两个表示都存在相同的意思瑕疵,那么就属于共同瑕疵(→边码482)。特别是,第119条第2款、第123条的意思瑕疵也可能影响履行行为。在这种情况下,与处分相关的意思表示也是可撤销的。处分行为人在作出了撤销的表示后[153],既可以根据第985条,又可以根据第812条第1款情况1要求返还已交付的物。最后,负担行为和处分行为可以在一次交易中同时发生。即使在这种情况下,对于需要在法律上区分的意思表示,其可撤销性也需要分别进行审查(→边码483)。

范例

922　　K以现金从V处购买了一栋多户住宅。V在明知与事实不符的情况下向K保证,该建筑没有使用公共资金资助,因此不受《住房限制法》的约束。但事实证明这实际上是一栋符合社会住房标准的住宅,导致K无法自行居住。他以受欺诈为由撤销了购买的意思表示。这种撤销不会因为瑕疵担保制度的优先性而无效(→边码885)。K可以确保他的买卖合同以及其过户声明(Auflassungserklärung)都可以被撤销[154],因为欺诈也对此产生了影响,但不包括价金的交付,因为该交付不是基于有关住房限制的欺诈,而是基于对支付义务的接受。当然,根据第812条第1款情况1,K可以要求返还购买价金。

923　　K在参观了一件样品后向古董商V订购了一套"奥格斯堡纹"镀

---

[153]　通常,撤销表示不会明确表明是要撤销的(只有)负担行为,还是(也包括)处分行为。在这种"概括性表示"的情况下,需要加以解释。一般来说,如果对处分行为的撤销对表意人有利,那么通常也会意味着需要撤销处分行为。

[154]　BGH NJW 1995, 2361, 2362.

银餐具。V 前往他的店里,从存放餐具的保险库中取出了一个标有"奥格斯堡纹"的包装盒,立即送到了 K 那里。当 V 意识到他不小心拿错了一个实际装有全银餐具的包装盒时,他根据第 119 条第 2 款撤销了他的交付表示。[155] 然后,他可以根据第 985 条要求返还已经送达的餐具,但必须提供一套镀银餐具以履行仍然有效的买卖合同。

3. 部分撤销

在可分的法律行为中,可能出现意思瑕疵仅涉及一部分法律行为的情况。在这种情况下,表意人可以选择仅撤销涉及该部分法律行为的部分意思表示。[156] 此时,剩余部分的法律行为是否仍然有效,或者部分无效是否导致整体无效,取决于是否满足第 139 条的规定(→边码 1215)。[157]

924

范例

V 以公证合同的形式向 K 出售了他的农场和一片林地。后来,K 基于有关森林资源的恶意欺诈行为而撤销了合同。在这种情况下,如果 K 希望保留农场,他可以选择仅针对涉及林地区域的部分作出撤销表示。根据第 139 条的规定,如果合同在这方面是可分的(例如,如果只有一个不可分割的总价,那么就不是可分的),并且可以假设当事人即使没有林地也会出售农场,那么合同有关农场的内容就仍然有效。[158] K 也可以选择对整个合同提出撤销。在这种情况下,就无须适用第 139 条。因为,法律行为并非部分无效,而是全部无效。在这种情况下,只有当提出全部撤销被认为违反诚信时,才可能认为关于农场的部分合同是有效的(→边码 953 以下)。

925

---

[155] 这里提到的认知错误既不属于《民法典》第 119 条第 1 款情况 1(V 本意就是他所说的:"我转让这个盒子里的餐具。"),也不属于《民法典》第 119 条第 1 款情况 2(V 的本意是想要实现表示的行为)。

[156] 这里就不存在义务,参见 BGH NJW 2010, 289 Rdnr. 17。

[157] OLG Köln VersR 2000, 871; OLG Stuttgart NJW-RR 2000, 1035, 1036.

[158] RGZ 146, 234, 236 ff.

然而,在存在恶意欺诈行为的情况下,这种结论几乎无法成立。[159]

4. 撤销和善意取得

926 第142条第1款规定的溯及既往的拟制(Rückwirkungsfiktion)可能会导致现实中的难题,特别是当被撤销的一方在此期间出于对意思表示稳定性的信赖而将标的物进一步转让给他人时。例如,如果 K 以可撤销的方式从 V 那里购买了商品,并且已经将其转售给了 D,那么 D 就已经成为该商品的所有者。他有效地从作为合法持有人的 K 那里获得了所有权。如果 V 现在撤销了让与所有权的表示,那么当事人的法律地位都必须重新评估。根据第142条第1款的规定,应当假设 K 从未从 V 那里获得过所有权。因此,他也无法作为合法持有人将其转让给 D。但是根据第932条第1款第1句,D 已经善意地从 K 那里获得了所有权。根据第932条第2款,只有当他知道或者因重大过失不知道 K 不是所有人时,他才不是善意的。这种对于从非法持有人那里获取的所有权的限制,在撤销权的场合其实没有太大意义,在取得标的物时 D 根本不可能是恶意的,因为 K 在那时仍然是所有人。即使借助第142条第1款规定的溯及既往的拟制,D 的这种认知状态也无法改变。如果情况保持不变,那么 V 的撤销就毫无意义。无论如何,如果 D 知道可撤销性,那么对他而言就是不公平的。在这种情况下,他就不能以对所有权取得的善意来掩盖自己。因此,根据第142条第2款的规定,那些知道或者应该知道可撤销性的人在行使撤销权时将被视为已经知道或者应该知道处分行为的无效。[160] 因此,如果 D 知道可撤销性,他将被视为已经知道 V 对 K 的转让无效以及 K 并非权利人。这里要求他知道导致可撤销性的情况即可,而不必严格要求他在法律上准确地归纳。[161] 所以,他的善意取得就不成立。然而,如果 D 因为重大过失而不知道可撤销性,那么他也会基于过错承受不

---

[159] Vgl. auch Wolf/Neuner[10], § 41 Rdnr. 98 a. E.

[160] Dazu Mankowski (Rdnr. 817), 460 ff.

[161] BGH LM Nr. 1 zu § 142 BGB; Flume[4], § 31, 1.

利结果;第142条第2款不涉及过失程度,只涉及过失的对象。

5. 无效法律行为的撤销

在上述背景下,即使存在无效原因和可撤销原因,也可能有撤销一个法律行为的必要。根据**权利的双重效力理论**(Lehre von der Doppelwirkung im Recht)[162],一项法律行为可能因多种原因而无效。即使一个法律行为是无效的,它仍然可以额外地被撤销。这种需求可能正是基于第142条第2款,即一个善意的人,虽然不知道法律行为的无效原因,但知道其可撤销性。

范例

退休人员 V 以低价向艺术家 K 出售一幅他认为毫无价值的赝品画作。K 知道这是一幅原作,但并未告诉 V。在这种情况下,不仅买卖合同无效,根据第138条第2款,转让行为也是无效的,同时根据第123条第1款情况1也可以被撤销。如果 K 将画作再转售给 D,D 在善意的情况下,即如果他对 K 的无效和由此产生的违法性一无所知,就可以取得所有权。然而,如果他知道 K 通过欺诈手段获得了所有权,那么他就知道了可撤销性,根据第142条第2款,在 V 提出撤销后,他就不能依赖于善意取得所有权。反对意见[163]则认为在这些情况下可直接适用第932条第2款,因为 D 知道可能的无效原因,这种观点远远偏离了法律规定,应予以拒绝。

同样地,对一项已经被撤销且因此无效的法律行为基于其他撤销原因可以再次被撤销可能也是有意义的,例如,质疑第一个撤销原因的证明,或者考虑到其他撤销原因存在更有利的适用条件(如撤销期限)或法

---

[162] 这一观点源自 Theodor Kipp, Über Doppelwirkungen im Recht, insbesondere über die Konkurrenz von Nichtigkeit und Anfechtbarkeit, in: Festgabe v. Martitz, 1911, 211 ff.; 也可参见 Schreiber, AcP 211 (2011), 35 ff.。

[163] 参见 Hasse, JuS 1997 L 1, 3 f.; Medicus[10], Rdnr. 728 ff.; MünchKomm-Busche[6] § 142 Rdnr. 21; Oellers, AcP 169 (1969), 67 ff.; 参见现有观点 Kiehnle, Jura 2010, 481, 483 f.; Staudinger-Roth[2015] § 142 Rdnr. 27 ff.。

929a 当然"权利的双重效力"理论并不能无限扩展。例如,第 138 条规定的无效法律行为不能再根据第 312g 条进行撤回。[165] 虽然撤回也消除了导致合同成立的意思表示(→边码 1814),就像撤销表示(→边码 915)一样,然而,第 138 条[自始的无效(Nichtigkeit ex tunc)]和第 312d 条(将合同债务关系事实上转变为根据第 355 条、第 346 条的返还债务关系;→边码 1861)的法律效果并不相互吻合,它们彼此排斥,因为无效债务关系无法转变为返还/回复原状债务关系(Rückabwicklungsschuldverhältnis)。

(二)返还/回复原状

930 只有在可撤销的意思表示所形成的法律关系未被撤销本身所消除的情况下,才需要进行一个特殊的回复原状(Rückabwicklung)(→边码 916)。由于可撤销的意思表现本身引起的**法律变化**(rechtliche Veränderungen)永远不需要在撤销时被回复(rückabgewickelt);法律通过第 142 条第 1 款来解决这一问题。例如,如果一个解除通知被撤销,那么由于撤销,最初由解除结束的法律关系将被恢复。如果财产以可撤销的方式转让,那么随着撤销,所有权将以溯及既往的方式再次归还给出卖人,就好像他从未失去过它一样。

931 而在**事实变化**(tatsächliche Veränderungen)以及未受撤销影响的**后续行为**(Folgegeschäften)方面,情况就不同了。这里首先要再次讨论负担和处分之间的关系(→边码 919)。如果只有原因行为被撤销,但处分行为依然有效,那么履行行为必须得到回复。根据第 812 条第 1 款情况 1[非债清偿的返还财产之诉(condictio indebiti)]的规定,出让人可以提出不当得利返还请求之诉。[166] 第 812 条第 1 款第 2 句情况 1[目的嗣后消灭的返还之诉(condictio ob causam finitam)]在此不能适用,因为根据第 142 条第

---

[164] Flume 4, § 31, 6.

[165] 不同观点,参见 BGH NJW 2010, 610 Rdnr. 12 ff. 附其他证明;Petersen (Rdnr. 817), 222; Schreiber, AcP 211 (2011), 35 ff.。

[166] Vgl. Conrad, JuS 2009, 397 ff.

1 款的规定,不能假定合同基础是事后消失的(尽管实际上是这样),而应当假定合同基础自始就不存在。[167] 受领人可根据第818条第3款主张不当得利已经消失从而受到保护,但前提是他不知道可撤销性或者其构成事实(→边码926),否则根据第819条第1款、第142条第2款、第818条第4款,他将被剥夺这一抗辩权。[168] 如果处分行为涉及的意思表示也被撤销,则基于实际转让行为的存在仍需要回复原状。特别是,根据第985条、第812条第1款第1句情况1的规定可以要求占有人归还财产。

(三)损害赔偿请求

1. 根据第119条和第120条的撤销

根据第119条和第120条的规定,如果一个意思表示被撤销[169],则撤销权人根据第122条第1款,有责任赔偿相对方因信赖被溯及既往消灭的表示有效而遭受的损失。这是一种**不依赖过错的信赖责任**(verschuldensunabhängige Vertrauenshaftung),被视为撤销权的一种修正措施。[170] 对意思表示有效性的信赖并不绝对受到保护,而是通过一项补偿性的损害赔偿规范进行相对保护(→边码792)。然而,这种损害赔偿请求不以过失为前提,所以,无论撤销人能否避免错误,都必须承担责任。第122条第1款规定的也不是缔约过失的特殊情况。[171] 如今,无过错责任不再通过引发原则(Veranlassungsprinzip)来解释[172],因为仅仅启动因

---

[167] 这是有争议的;对于观点的状况,参见 Reuter/Martinek, Ungerechtfertigte Bereicherung, 1983, § 5 II 1 (a. E.); Staudinger-Lorenz[2007] § 812 Rdnr. 88;对于相反观点参见 Palandt-Sprau[74] § 812 Rdnr. 26——相反,从来没有适用第814条,参见 BGH NJW 2008, 1878 Rdnr. 14 ff.。

[168] Wolf/Neuner[10], § 41 Rdnr. 164.

[169] 对于根据第118条而无效的戏谑表示,参见边码814。

[170] 对此的全面论述,参见 Mankowski (Rdnr. 817), 541 ff.。

[171] 首先参见 Flume[4], § 21, 7——如果表意人导致了自己的错误,除了根据第122条第1款的规定,还可以根据缔约过失 c. i. c.(第280条、第241条第2款、第311条第2款)承担责任。同样,如果对方故意或过失地导致了表意人的错误,也适用相同的规定;参见 LG Darmstadt NJW 1999, 365; MünchKomm-Armbrüster[6] § 122 Rdnr. 13。

[172] 和之前的通说不同;参见 BGH NJW 1969, 1380; Brox/Walker[38], Rdnr. 444; Palandt-Ellenberger[74] § 122 Rdnr. 1; Staudinger-Singer[2012] § 122 Rdnr. 2。

果链并不足以成为责任的基础,而是通过所谓的领域理论(Sphärentheorie),根据该理论,责任的基础在于,在损害赔偿责任者可控制的风险领域中存在缺陷。[173]

933 领域理论对这一规范进行的解释,似乎同时合法化了在其他情况下**对第 122 条的类推适用**(analoge Anwendung des § 122),在这些情况下缺乏有效意思表示,以及错误原因可以归因于表意人的风险领域。[174] 这种对无过错责任规范的类推适用,自然需要特殊理由的支撑。例如,在意思表示未能有效发出时(→边码 615),或者根据第 153 条,缺乏承诺能力时(→边码 736),或者在使者故意传递错误信息时(→边码 1361),该规范都会被质疑。对于缺乏表示意识的情况,如今可以直接通过撤销权解决(→边码 596)。如果一个意思表示因缺乏行为能力产生效力瑕疵,同样也不能适用类推,因为错误原因不能归因于无行为能力者(→边码 968)。

934 **请求义务人**(Anspruchsverpflichtet)是行使撤销权的人。法律规定,表意人应当被动适格(passivlegitimiert)。在一般情况下也是如此,因为表意人通常也是提出撤销请求的人。然而,这种情况在撤销一个代理人作出的意思表示时就不适用了,此时与第 122 条第 1 款的字面规定相反,在外部关系中应由提出撤销请求的人(被代表人)承担责任,而非表意人(代理人)。因为根据第 164 条第 1 款,代理人的表示应归属于被代理人。因此,它来自被代理人的风险领域,因此被代理人可以提出撤销请求(→边码 822),但也必须承担损害赔偿责任。被代理人是否可以向代理人追偿,则属于内部关系的问题(→边码 1689)。

935 **请求权人**(Anspruchsberechtigt)在需受领的意思表示情况下,限定于撤销意思表示的受领人,并非任何信赖表示有效并因此遭受损失的第三方都有权利主张损害赔偿。简而言之,可以认为,除非考虑第 143 条第 4 款第 2

---

[173] Canaris, Die Vertrauenshaftung im deutschen Privatrecht, 1971, 479 ff.; Flume[4], § 21, 7; Frotz, Verkehrsschutz im Vertretungsrecht, 1972, 474 ff.; MünchKomm-Armbrüster[6] § 122 Rdnr. 2 f.; Soergel-Hefermehl[13] § 122 Rdnr. 1; Staudinger-Singer[2012] § 122 Rdnr. 2; Wolf/Neu-ner[10], § 41 Rdnr. 152.

[174] Vgl. MünchKomm-Armbrüster[6] § 122 Rdnr. 5 f.

句的特殊规定,通常是撤销相对人主动适格(aktivlegitimiert)。因为第 122 条第 1 款和第 143 条的规定基本上是相互对应的,两者都与需受领性(Empfangsbedürftigkeit)和(通过撤销再次排除的)基于被撤销的意思表示获得的利益有关。然而,在这里仍然可能出现第三人损失补偿(Drittschadensliquidation)的情况,例如,根据第 143 条第 2 款向合同当事人撤销一份利益第三人合同,而合同当事人可以根据第 122 条第 1 款有权获得损害赔偿,但损害实际发生在第三人身上。在这种情况下,合同当事人/撤销相对人应当弥补第三人的损失。

确定损害赔偿请求的**范围**(Umfang)时主要关注**消极利益**,如第 179 条第 2 款所述(→边码 1631),**它受到积极利益的限制**(negative Interesse, begrenzt durch das positive Interesse)。基本上,法律只保障消极利益,即信赖利益。受害人将被置于他从未发出被撤销的意思表示,即双方"从未见过"的情况下。相反,不会被损害赔偿填补的是积极利益,即履行利益。受害人不会被放置在如果被撤销的表示仍然有效时他将处于的地位。然而,有时信赖利益可能会高于履行利益。在这些情况下,根据第 122 条第 1 款的规定,消极利益受到积极利益的限制,因为受益人不应该因为与撤销相关的损害赔偿制裁而处于比没有撤销时更好的地位。

936

范例

在一块土地的强制拍卖过程中,U 出价 250000 欧元。E 超过 U 的出价 5000 欧元,并得到了拍卖品。后来,他因错误而撤销了自己的出价。由于 E 的出价使 U 的出价失效(根据《强制拍卖法》第 72 条第 1 款第 1 句),必须重新拍卖。在第二次拍卖中,成交金额只有 231000 欧元。因此,储蓄银行 S 要求 E 赔偿损失,因为 E 的行为使银行 13000 欧元的土地债务遭受损失,如果 U 得到了拍卖品,这笔钱本可以被覆盖。根据《民法典》第 122 条第 1 款,S 作为受益的第三方被动适格。如果没有 E 被撤销的表示,U 本会得到拍卖品。那样就不需要重新拍卖,而 S 的土地债务也不会受损。S 也信赖了 E 被撤销的表示的有效性。如果 S 没有信赖,他本可以反对 E 的出价,导致这个

937

出价被立即拒绝,至少保证 U 的出价仍然有效(根据《强制拍卖法》第 71 条、第 72 条)。[175]

938 中间商 K 向供应商 V 订购了 20 台售价为 100 欧元的割草机,他可以以 120 欧元的价格转售。当 V 因错误而撤销了他的合同表示时,K 要求赔偿 600 欧元,理由是他本可以以 90 欧元的价格从 D 处购买割草机。实际上,这里的消极利益为 20×30 欧元,因为如果 V 没有作出被撤销的声明,也就是 K 从未"见过"V,K 本可以从 D 处订购割草机,然后每台获利 30 欧元。然而,根据《民法典》第 122 条第 1 款,消极利益是被积极利益限制的:如果 V 没有撤销,K 只能获得每台 20 欧元的利润。在撤销的情况下,他不能要求更多,否则他将因撤销而处于比没有撤销时更好的地位。

939 《民法典》首先在第 122 条第 2 款中考虑受害人的**与有过失**(Mitverschulden):如果权利人知道或由于过错[176]应当知道而未能知道撤销的原因,则损害赔偿权完全消灭。任何人如果知道或者应当知道对方的意思表示是可撤销的,都无法信赖其表示的稳定性。即使他这样做,也要自己承担相应的风险,不能要求对信赖损害的填补。[177] 除了第 122 条第 2 款,也可能适用第 254 条。[178] 如果损害赔偿权利人(共同)导致了错误,或者以其他方式促成了损害的发生或扩大,那么损害赔偿责任取决于当事人在多大程度上造成了损害。当然,根据第 254 条第 1 款,受害人的(共同)过错是必需的。因此,如果受害人对表意人的错误没有过错,那么根据第 254 条第 1 款,损害赔偿责任既不能被免除也不能被减少。[179] 如

---

[175] BGH NJW 1984, 1950 f.; dazu ausf. Leßmann, JuS 1986, 112 ff.

[176] 没有进行调查的义务。基本上,每个人都可以相信对方的表示是没有错误的。只有在出现明显错误的情况下,才存在问询的义务。

[177] 根据第 119 条第 1 款的撤销规定,还需要考虑到,如果相对人已经意识到表意人的错误(→边码 942)或后来接受了真实意思(→边码 954),那么就不应撤销。

[178] 不同观点,参见 Flume[4], § 21, 7。

[179] 不同观点(无过错的排除),参见 Flume[4], § 21, 7; Hübner[2], Rdnr. 818; Köhler[38], § 7 Rdnr. 36; Wolf/Neuner[10], § 41 Rdnr. 153.–Wie hier Medicus[10], Rdnr. 786.。

果受害人单独造成了错误,则根据第 254 条第 1 款,赔偿请求将完全被排除。在存在共同过错的情况下,请求权应当根据各自的过错程度来分配。[180]

2. 根据第 123 条的撤销

如果根据第 123 条撤销一个意思表示,则不会考虑针对恶意欺诈或威胁的受害者的损害赔偿请求。错误的根源毕竟不是出自他们的风险领域。相反,撤销相对人通常将根据缔约过失(第 280 条、第 241 条第 2 款、第 311 条第 2 款)[181]或侵权行为(《民法典》第 823 条第 2 款联合《刑法典》第 253 条和第 263 条、《民法典》第 826 条)向撤销人承担损害赔偿责任,因为他(或可归责于他的第三方)通过恶意欺诈(→边码 885 以下)或胁迫导致意思表示的作出。与此相反,合同损害赔偿请求,例如,根据第 437 条第 3 项,通常会与被撤销的合同一并消灭。[182]

940

六、撤销的排除

在不同情况下,尽管存在撤销的前提条件,但撤销是可以被排除的。例如,因**期限经过**(Fristablaufs)而被排除(→边码 911 以下、914),以及因**法条竞合**(Gesetzeskonkurrenz)导致性质错误的撤销被排除,由瑕疵担保制度替代(→边码 856)。此外,还需要提及以下的情况:

941

(一) 已经认识到的或者共享的("双方的")错误

在第 119 条和第 120 条[183]的情况下,当对方已经认识到表意人的错误(过失在此时不够),或者对方也陷入了相同的错误,撤销就被排除

942

---

[180] BGH NJW 1969, 1380, 然而, 对于双方都无意导致错误的情况而言, 有关批评参见 Medicus[10], Rdnr. 786。

[181] BGH NJW 2013, 1591 Rdnr. 9.

[182] 不同观点, 参见 Flume[4], § 31, 6。

[183] 根据第 123 条, 对方的知情并不排除撤销的可能性, 相反, 正是由于对方的知情, 撤销才得以成立。

了。这首先适用于**内容和表达错误**(Inhalts- und Erklärungsirrtum)。如果对方意识到表意人表达的事实或含义存在错误,也就是说,对方了解到了表意人的真实意愿,那么(表意人)所表达的内容就不再适用,产生效力的就是真实意思。这源于解释优于撤销的原则(→边码819)。因为如果受领人理解了表意人的真实意思,那么就应当根据自然解释原则认可这种真实意思。[184] 如果双方都陷入了相同的错误,也是同样的情况。在这些情况下,撤销的条件不成立,因此撤销就会因为这些原因而被排除。

范例

943   V以15欧元的价格销售遥控模块。K知道在V出售的这种模块通常售价为51欧元,并意识到V出现了笔误。他写信给V表示接受了这个要约。在这里,V无须根据第119条第1款情况2进行撤销。相反,合同实际上已经以51欧元的价格成立。由于K已经注意到了错误,V的要约可以被自然地被解释为51欧元。根据规范解释,K的承诺表示的内容是,K愿意接受根据V的要约得出的价格,因此也是51欧元。K不能因为内容错误而撤销,因为他并没有犯错,而是故意发出了他不希望的表示;这是第116条第1句的情况,而不属于第119条第1款情况1。如果双方都没有注意到V在要约中的笔误,则根据"错误的表示不会有害"的原则(→边码519),结果也是一样的:根据双方一致的意思,双方都同意以51欧元的价格达成协议。

944   通常,**动机错误**(Motivirrtum)不会成为撤销的原因(→边码830),而属于表意人的风险范围。即使表示受领人已经意识到了动机错误,其意思表示仍然是有效的。[185] 然而,在存在双方动机错误的情况下,如果双

---

[184] 仅参见BGH NJW-RR 1995, 859; Flume[4], § 16, 1 d; OLG München NJW 2003, 367。
[185] 然而,如果存在相应的信息披露义务,可以根据第123条提出撤销请求。

方都将共同的想法作为行为的基础,那么可能导致法律行为缺乏(主观的)交易基础(第313条第2款)。[186] 这同样适用于双方的性质错误。如果这些情况不能通过(补充)合同解释[187]或优先的瑕疵担保制度(→边码856)来规范,则必须通过缺乏交易基础的理论来解决,并且该理论将代替撤销权。[188] 这就导致人们会相信只有根据第119条第2款而撤销的人才会获得更大的利益[189],因为相比根据第122条的损害赔偿责任和第142条第1款产生的"全有或全无"原则,应当优先考虑根据第313条第1款可能进行的合同调整,而这一结果显然不能让人满意。

范例

(紧随边码849的范例之后)在土地出售时,双方默认该土地为建设用地。但当发现该土地位于建设规划之外,因此其价值仅为购买价格的一半时,基于维护自身的权利,买方K询问,他能否保留该土地,但降低购买价格。如果土地不是作为建设用地出售(这可能通过解释确定,可能从合同谈判中得出,也可能通过约定仅适用于建设用地的购买价格得出),那么减少价金是可以不适用的。根据第119条第2款,原则上可以撤销整个合同。但是,如果被误认的建设用地的性质被双方视为主观交易基础,并且该性质的缺失不仅属于K的风险范围,那么合同可以根据第313条第1款进行调整以适应实际情况。 945

(二)确认

根据第144条第1款的规定,如果有权撤销的一方确认(bestätigen) 946

---

[186] Vgl. etwa BGH NJW 2001, 226, 227; OLG Zweibrücken NJW-RR 1998, 1680, 1681; Köhler[38], § 7 Rdnr. 26; Löhnig, JA 2003, 516 ff.; Palandt-Grüneberg[74] § 313 Rdnr. 38; Soergel-Hefermehl[13] § 119 Rdnr. 65 f.; Wolf/Neuner[10], § 41 Rdnr. 70, 76 ff.-Abl. Flume[4], § 25.

[187] 例如,BGH WM 2000, 915。

[188] Vgl. nur MünchKomm-Armbrüster[6] § 119 Rdnr. 116

[189] 首先参见 Flume[4], § 24, 4; Medicus[10], Rdnr. 778; 以及 Hübner[2], Rdnr. 808 f.; 此外,参见 Wieling, Jura 2001, 577, 585。

了可撤销的法律行为,则不得撤销。这种确认是一种意思表示,通过这种表示,撤销权人表明,尽管法律行为具有可撤销性,但他仍然希望坚持该法律行为。[190] 实际上,这是**对撤销权的**明示或默示**放弃**(Verzicht auf das Anfechtungsrecht)。[191] 立法者甚至认为,确认是一种无须受领的意思表示。目前的通说也持这种观点,认为确认不需要向撤销的相对人表示,也不需要通知他。[192] 然而,这与撤销相对人对法律明确性的需求相抵触,撤销相对人必须也应当知道法律行为是否最终有效。因此,应当这样解释第 144 条,即确认是通过需受领的意思表示进行的。[193]

947　　是否需要进行这种确认同样是通过**解释**(Auslegung)来确定的。当事人通常都不会明示放弃,他们也不需要这样做。对于默示(可推定)的确认,任何表明尽管知道法律行为具有可撤销性,但仍然坚持法律行为的行为都足以表达确认的意思。[194] 因此,应通过规范性解释[195]确定撤销权人是否希望进行确认。

948　　首先需要**认识到可撤销性**(Kenntnis der Anfechtbarkeit)。为了将撤销权人的行为视为确认,他至少应当认为该法律行为是可撤销的[196];他必须认识到自己可以对该法律行为采取某些行动。[197] 如果他甚至没有考虑过撤销权,那么也无法推断他想要默示放弃这种权利。如果只对多个

---

[190]　BGH NJW 2012, 296 Rdnr. 48.

[191]　Prot. I, 275 f. = Mugdan I, 731; RGZ 68, 398, 400; Erman-Arnold[14] § 144 Rdnr. 1; Hübner[2], Rdnr. 962; Köhler[38], § 7 Rdnr. 82; Medicus[10], Rdnr. 534; Palandt-Ellenberger[74] § 144 Rdnr. 1; Soergel-Hefermehl[13] § 144 Rdnr. 1; Staudinger-Roth[2015] § 144 Rdnr. 2; Wolf/Neuner[10], § 41 Rdnr. 169 然而,明确的放弃与确认是不同的,也可参见 BAG NJW 2015, 2908 Rdnr. 30; 反对这种术语的,参见 Flume[4] § 31, 7; MünchKomm-Busche[6] § 144 Rdnr. 3。

[192]　Vgl. nur Brox/Walker[38], Rdnr. 437; Flume[4], § 31, 7; Hübner[2], Rdnr. 962; Soergel-Hefermehl[13] § 144 Rdnr. 1; Wolf/Neuner[10], § 42 Rdnr. 169.

[193]　同样参见 Köhler[38], § 7 Rdnr. 82; Medicus[10], Rdnr. 534; Mock (Rdnr. 817), 58 ff.; Münch-Komm-Busche[6], § 144 Rdnr. 4; Staudinger-Roth[2015] § 144 Rdnr. 4.

[194]　BGHZ 110, 220, 222; BGH NJW 2010, 3362 Rdnr. 37.

[195]　将确认视为无须受领的意思表示的人,必须解释为何仍然需要根据规范进行解释以明确保护对象(→边码 513)。对于自然解释的观点,至少目前没有人支持。

[196]　BGHZ 129, 371, 377; BGH NJW 2012, 296 Rdnr. 48; NJW-RR 1996, 1281, 1282 f.; Mock (Rdnr. 817), 61。

[197]　MünchKomm-Busche[6] § 144 Rdnr. 7.

撤销原因中的一个有可撤销性的认识,那么该法律行为也就只会因为该撤销原因而被确认,且仍然可以因其他原因而被撤销。[198]

此外,应全面考虑所有**个案的情况**(Umstände des Einzelfalles)进行解释。特别是应考虑其他理解的可能性(Deutungsmöglichkeit)。但在结果上,法官的确信是至关重要的,即撤销权人想要进行确认。然而,在司法判例中这被表述为,只有在排除其他任何理解可能性的情况下才会考虑确认,[199]这可能过于严格了。[200] 最多只能接受一种说法,就是如果存疑(!)则不会确认。

949

范例

K 从 V 那里购买了一套房屋。事后 K 发现地下室潮湿,而 V 故意隐瞒了这一情况。K 首先应根据第 437 条第 3 项请求赔偿,然后根据第 123 条第 1 款情况 1 提出撤销。K 首先请求 V 承担瑕疵担保责任,并不意味着撤销权已经消灭。这并不是确认,而是试图通过两种可能的途径之一来达到目标,而不是同时放弃第二种途径。[201]

950

K 由于 V 的恶意欺诈行为而购买了草莓,他在知晓欺诈的情况下将其加工成果酱。在 V 得知此事之前,K 已经表示要撤销。通过对法律行为客体的使用或消耗,通常会表明确认意愿。通说认为,确认是一种无须对方受领的意思表示,因此在这种情况下无法撤销。根据上文所述的反对意见,由于确认的表示尚未到达,因此尚未生效。然而,由于违反忠实义务,撤销权在这种情况下已经被排除(→边码 953)。

951

第 144 条的确认是对此前已生效的法律行为的确认,而不是对法律

952

---

[198] Vgl. nur Staudinger-Roth[2015] § 144 Rdnr. 9.
[199] Vgl. etwa BGHZ 110, 220, 222; BGH NJW 1971, 1795, 1800; WM 1982, 1249, 1251; KG NJW-RR 1999, 100, 101.
[200] Ebenso MünchKomm-Busche[6] § 144 Rdnr. 6.
[201] BGHZ 110, 220, 222.

行为的重新达成。因此,第 144 条第 2 款规定确认不需要符合原先可撤销法律行为所规定的**形式**(Form)。所以,可撤销的房地产买卖合同可以以非正式形式确认。然而,如果撤销已经表示完成,第 142 条第 1 款的无效后果就已经发生,那么法律行为就不能再根据第 144 条第 1 款进行确认(已行使的形成权不能再放弃),而只能根据第 141 条第 1 款按照有约束性的形式进行确认(→边码 1241)。[202]

(三)违反忠实义务

953　　撤销在非常有限的**例外情况**(Ausnahmefällen)下可能会违反忠实义务(Treuwidrigkeit),并且在这种情况下可以根据第 242 条被排除。[203] 例如,虽然表示了撤销的意思,但是撤销权人故意阻碍了本应实施的回复原状,则可以认定存在这种违反忠实义务的情况。[204] 如果错误或欺诈仅涉及法律行为的次要方面,则已经缺乏了意思瑕疵与意思表示的因果关系(→边码 832 以下、870),因此根据第 242 条对其追偿就没有必要了。[205] 相反,如果事实已经发展到在撤销表示发出时[206]与撤销权人原先的理解相一致,即现实情况与被撤销的意思表示发出时所持的理解相符,则也可以适用第 242 条。[207]

954　　目前普遍认为,在第 119 条、第 120 条的情况下,如果撤销相对人**愿意接受真实意思**(auf das tatsächlich Gewollte einlassen),而撤销人仍然主张法律行为的无效,那么他的行为就违反了忠实义务。[208] 撤销权利的授予

---

[202]　BGHZ 110, 220, 222.

[203]　否定的观点,例如 BGH NJW 2011, 3149 Rdnr. 7 ff.。

[204]　Ebenso Wolf/Neuner[10], § 41 Rdnr. 151.

[205]　Vgl. MünchKomm-Armbrüster[6] § 119 Rdnr. 143 gegen RGZ 102, 87, 88 f.

[206]　BGH NJW 2000, 2894.

[207]　参见 BGH WM 1983, 1055, 1056 (最初只是虚假宣称的建筑许可证后来被追认或承认);BAG NZA 1988, 731 (最初只是虚假宣称的犯人在开放式监狱中的自由出入状态被事后批准);此外,一般而言,参见 OLG Nürnberg NJW-RR 2002, 1705, 1706; BAG NJW 1999, 3653, 3655; 1996, 2323, 2326。

[208]　显然不同意的观点,参见 Soergel-Hefermehl[13] § 142 Rdnr. 9; Spieß, JZ 1985, 593 ff.; 除以下列举之外,首先参见 Krampe/Berg, Jura 1996, 206, 210; M. Müller, JuS 2005, 18 ff.; R.-M. Wilhelm (Rdnr. 817), 91 ff.; 另参见 LG Berlin NJW-RR 2009, 132, 133。

不应该使撤销权人处于比其正确表达法律效果意思时更有利的地位。撤销权并非后悔的权利。[209] 因此，如果撤销相对人同意，那么撤销权人就必须遵循自己的真实意思。

这一结果的教义学推导显然存在含糊之处。普遍认为，通过相应的同意表示(Einverständniserklärung)，撤销相对人可以避免第142条第1款之下的无效后果。[210] 最终，这将成为对第142条第1款的目的性限缩。然而，这种解决方案在事件发生的时间顺序上确实存在困难：一旦撤销权被行使，无效后果就已经发生。撤销相对人后来的同意是否应该具有追溯效力，从而使所述的无效后果消失，并同时用表意人的真实意思取代之前表示的内容，确实很难解释。因此，更好的做法似乎是，虽然坚持无效后果，但对撤销权人（以及任何第三方，如果他们在撤销后并不会处于比正确表达意思时更有利的地位）而言，其主张无效和不表达真实意图将被视为违反忠实义务。在适当的情况下，撤销表示中可以包含签订一份（债法上可追溯的）[211]）以真实意愿为内容的新合同的要约，撤销相对人可以通过他的同意表示作出承诺。

（四）协议

双方可以通过合同以协议(Vereinbarung)排除意思表示的撤销。[212] 然而，如果这种协议也是可撤销的，例如基于欺诈或胁迫，那么当然就不会起作用。此外，根据第307条第2款，格式条款中的撤销排除条款是无效的。[213]

---

[209] 所以，首先参见 Gradenwitz（边码 817），3 und passim。
[210] 首先参见 Wolf/Neuner[10], § 41 Rdnr. 149 f.; 此外，参见 Hübner[2], Rdnr. 813; Lobinger, AcP 195 (1995), 274 ff.; Medicus[10], Rdnr. 781; MünchKomm–Armbrüster[6] § 119 Rdnr. 141; Staudinger–Roth[2015] § 142 Rdnr. 38——通常会补充说，在这些情况下存在错误的表达；参见 Flume[4], § 21, 6; Köhler[38] § 7 Rdnr. 31; Köhler/Fritzsche, JuS 1990, 16, 19。
[211] 作为示例，请参考第141条第2款、第159条。
[212] 对于第123条，有权限制其适用 BGH NJW 2012, 296 Rdnr. 27 ff.; 2007, 1058 Rdnr. 18。
[213] BGH NJW 1983, 1671, 1672。

七、例外情况

957　在一些特殊情况下，撤销权会受到不同规范的制约。以下情况值得一提：

（一）在执行中的长期债务关系的撤销

958　撤销也可以针对旨在建立长期债务关系的意思表示，例如租赁、劳动或合伙协议。然而，如果相关的长期债务关系已经开始执行，可能会导致回复难以实现（Rückabwicklungsschwierigkeiten）。例如，已提供的劳动力无法以物质形式退还；在这种情况下，只能提供价值补偿（第818条第2款），并与对待给付的请求相互抵销，因此可能根本就不能产生回复请求。此外，劳动关系不仅涉及财产关系，还具有个人和社会组成部分，这些几乎更是不可能回复的。因此，应考虑是否仅限长期债务关系的撤销对未来产生作用，即仅导致面向未来（ex nunc）的无效。

959　对于公司设立协议/合伙协议（Gesellschaftsverträge），现在公认的是，根据第119条、第120条所作的撤销通常不会具有追溯效力。对于股份公司，根据《股份法》第241条以下、《有限责任公司法》第75条以及《合作社法》第94条等规定，通常已经排除了撤销的可能性。[214] 如果一个合伙企业已经开始运作，那么它就已经签订了合同，作出了决议并分配了利润或亏损，无法进行撤销。因此，只要确实签订了合同，意思瑕疵仅被视为立即终止的合理理由，故而合伙关系仅限于面向未来的终止。对于过去，合伙协议仍然是一个在内外关系中有效的，尽管是"有缺陷"的合伙关系的基础。[215] 这些对撤销权的修改既适用于公司的成立，也适用于股东

---

[214] 首先参见 MünchKomm-Armbrüster[6] § 119 Rdnr. 16。

[215] 可参见 BGHZ 63, 338, 344 f.; KG ZIP 2000, 268, 269; Grunewald, GesR[7], 1. A. Rdnr. 159 ff.; K. Schmidt, GesR[4], § 6; Staub-Ulmer, HGB[4], § 105 Rdnr. 327 ff.。

的加入[216],人们还可以在受欺诈和胁迫的情况下适用它们。并不存在所谓由于更高位阶的公共利益或特别值得保护的人而限制这些规定的适用的情况。[217]

对于已经开始执行的**劳动关系**(Arbeitsverhältnisse)也要作出相应判断。由于回复的困难以及特殊的个人权利的影响,特别是对雇员的保护,也在这里承认,尽管意思缺陷使撤销成为可能,但也只能面向将来生效。这一原则基本上也适用于欺诈或胁迫的情况。[218] 然而,对于雇员通过欺诈获得职位的情况,这里提出了一个例外,因为给予这些雇员基于劳动关系产生的不当得利返还请求权以外的其他权利是不合理的。[219] 但这种观点是不可取的[220];对于雇员的请求,仅需根据第 242 条的规定提出欺诈抗辩即可。正确的方式应当是,允许溯及既往直到劳动关系还未开始、雇员尚未开始工作时。在这种情况下,由于还未开始给付和对待给付的交换,不存在回复的困难,雇员保护也尚未发生作用,因此可以继续遵循第 142 条第 1 款的溯及既往原则。[221]

960

对于租赁合同(Mietverträge),相应的限制并不存在。这些法律关系仅限

961

---

[216] 对于转让同样适用;然而,对于公司股权的转让情况则不同,因为根据《股份法》第 67 条第 2 款和《有限责任公司法》第 16 条,即使从一开始就无效,也可以通过这些条款确保必要的明确性。参见 BGH NJW 1990, 1915 f.。

[217] 如今,公司法领域的主流观点;仅参见(但需进一步证明) BGHZ 63, 338, 346; OLG Celle ZIP 1999, 1128, 1129/1130; OLG Rostock NZG 2000, 930, 931; Flume, AT I/1, Die Personengesellschaft, 1977, § 2 III; K. Schmidt, GesR[4], § 6 III 3 a; Staub-Ulmer, HGB[4], § 105 Rdnr. 353; 此外,参见 Köhler[38], § 7 Rdnr. 34/61; MünchKomm-Armbrüster[6] § 123 Rdnr. 6——不同观点,参见 BGHZ 55, 5, 9; Hübner[2], Rdnr. 959; Staudinger-Roth[2015] § 142 Rdnr. 32 f.。

[218] Vgl. nur LAG Hamm MDR 2000, 282 m. w. N.

[219] Vgl. (je m. w. N.) BAG AP Nr. 49 zu § 123 BGB; Münchener Hdb. ArbR-Richardi/ Buchner[3] § 34 Rdnr. 43 ff.; MünchKomm-Armbrüster[6] § 123 Rdnr. 7; Staudinger-Roth[2015] § 142 Rdnr. 34.

[220] 反对任何形式的追溯效力,参见 BAG AP § 123 BGB Nr. 27, 24, 18, 2; Erfurter Kommentar zum ArbR-Preis[10] § 611 BGB Rdnr. 365 ff.; Köhler[38], § 7 Rdnr. 61; Zöllner/Loritz/Hergenröder, ArbR[7], § 14 Rn. 37 ff.。

[221] 基础的内容,参见 BAG MDR 1999, 809, 810 f.; AP § 123 BGB Nr. 31, 24; LAG Hamm MDR 2000, 282。

于纯粹的财产关系,所以可以回复。[222] 对于保险合同(Versicherungsverträge)也是如此。[223] 因此,并不能建立一个一般性原则,即长期债务关系的撤销只能具有面向未来的效力。

(二)婚姻关系的撤销

962　　家庭法针对婚姻缔结中的意思瑕疵作出了特殊规定。出于对特殊法律关系的特别保护和对公共利益的考量,这里的意思瑕疵不能通过撤销来解决,而是根据第 1313 条、第 1314 条第 2 款第 2 项至第 4 项,在一项特殊的法庭解除程序中进行主张,该程序按照《家事与非诉事件程序法》规定进行(《家事与非诉事件程序法》第 121 条第 2 项)。因此,意思瑕疵并不导致自始的无效,而只能通过法院裁定(《家事与非诉事件程序法》第 38 条)进行解除,并仅从当时面向未来生效。

(三)与继承相关表示的撤销

1. 接受或放弃遗产

963　　遗产的接受或放弃的撤销有特殊规定,包括第 1954 条以下条款。这些规定基于总则部分的撤销权而建构,特别是它们把第 119 条、第 120 条、第 123 条规定的撤销原因作为前提。出于对(存在或者不存在的)遗产负债的错误认知,根据第 119 条第 2 款进行的撤销并不少见。[224] 此外,根据第 1949 条第 1 款,还存在一个动机错误,即关于继承权取得原因(Berufungsgrund)的错误认知,被认为是重大的,如果存在这样的错误,那么即使没有撤销,继受遗产也是无效的。接下来,第 1954 条第 1 款针对撤销情况修改了撤销期限,根据这一规定,接受或放弃遗产只能在六周内进

---

[222]　BGHZ 178, 16 Rdnr. 26 ff.; 137, 255, 266; BGH NJW 2010, 3362 Rdnr. 38; Münch Komm-Busche[6] § 142 Rdnr. 17/20; Staudinger-Roth[2015] § 142 Rdnr. 36.

[223]　完全按照通说;仅参见 OLG Saarbrücken VersR 2001, 751, 752——不同观点,参见 OLG Nürnberg VersR 2001, 1368 (Tecklenburg); 2000, 437, 438 ff.。

[224]　Vgl. BGHZ 106, 359, 363; BGH NJW 2015, 2729 Rdnr. 12; KG FGPrax. 2004, 127, 128.

行,这延长了第 121 条第 1 款第 1 句的期限(→边码 912),并缩短了第 124 条第 1 款的期限(→边码 914)。此外,根据第 1955 条第 1 句,撤销表示必须向继承法院作出,这与第 143 条第 4 款相反(→边码 908)[225],根据第 1955 条第 2 句、第 1945 条第 1 款,与正常情况不同(→边码 904),必须以公证的形式或以法院记录的形式进行。根据第 1957 条第 1 款,除了第 142 条第 1 款(→边码 915 的)的无效结果,被撤销的表示会被相反的表示所替代,即接受继承的撤销被视为放弃,放弃继承的撤销被视为接受。

2. 遗嘱处分

对于撤销遗嘱性处分,在第 2078 条以下条款以及第 2281 条以下条款中,有大量对普通撤销规则的修改。[226] 对于**遗嘱**(Testaments)的撤销,首先要强调的是,遗嘱人通常没有撤销的需求,因为他如果不想坚持(第 2253 条)可以随时撤回遗嘱。只有当撤回权已经消灭,比如在涉及一个配偶去世后的共同遗嘱中的相互性处分时(第 2271 条第 2 款),才会对生存的配偶产生撤销的问题。[227] 因此,按照第 2080 条,通常不是表达意思的人(→边码 907),而是那些能够直接从废除遗嘱中受益的人有权撤销。作为第 2078 条规定的撤销原因,其第 1 款再次确定了内容和表达上的错误,第 2 款规定了非法的胁迫。此外,根据第 2078 条第 2 款,任何动机错误都被认为是重大的,因此无论这种动机错误是否基于欺诈,都不重要(→边码 865);对于在立遗嘱时未知的合法继承人被忽视的情况,第 2079 条第 1 句就假定了这种动机错误。立法者在这里可以更加宽容,因为在遗嘱中对表示有效性的信赖是不值得保护的。因此,第 2078 条第 3 款也不允许对信赖损害进行赔偿。至于因果关系,第 2078 条放弃了客观因果

---

[225] 根据第 1945 条第 1 款,必须向继承法院声明放弃遗产,因此第 143 条第 4 款第 2 句生效,然而该条款仅允许向继承法院申请撤销,而不像第 1955 条第 1 句所规定的那样,是强制性的。根据第 143 条第 4 款第 1 句,接受遗产是一种无须受领的意思表示,但在这里不适用,因为接受遗产并不会使第三方获得法律上的优势。

[226] 这些规定不适用于涉及死亡保险合同。在这种情况下,仍然适用第 119 条以下相关条款,BGHZ 157, 79, 85 ff.; BGH NJW 2008, 2702 Rdnr. 19。

[227] 可以通过对适用于遗嘱协议的规定(→边码 965)进行类推来回答这个问题;参见 BGHZ 37, 331, 333。

关系,仅要求满足主观重要性(→边码832以下)。与第143条第4款第2句(→边码908)、第121条、第124条(→边码912、914)不同,撤销表示必须在一年内向继承法院宣告(第2082条第1款)。

965 　　第2281条以下条款关于**遗嘱协议**(Erbvertrag)规定了相似的规范。然而,在这里,遗嘱人也必须具有撤销的权利,由于合同约束,他无法单方面撤回遗嘱协议,只能通过退出(Rücktritt)解除(第2293条以下)。因此,根据第2281条第1款,遗嘱人享有相同的撤销权利,这与遗嘱中的第三人的权利相同。第三人只能在遗嘱人去世后才能提出撤销请求,且只有在遗嘱人的撤销权尚未消灭时才能提出(第2285条)。根据第2282条第1款和第2款的规定,只有在遗嘱人无行为能力的情况下,才能通过代理人提出撤销的请求(→边码904)。撤销的相对人通常是合同相对人(第143条第2款;→边码908),只有在第2281条第2款的特殊情况下才是继承法院。根据第2282条第3款的规定,与一般规则(→边码908)不同,在任何情况下,撤销表示都必须由公证人进行公证。最后,第2284条包含了一项关于确认的特殊规定(→边码946以下)。

第十部分

法律行为生效

第二十三章 行为能力

> **文献**
>
> Aleth, Der Vertragsschluß mit Minderjährigen, JuS 1995, L 9; Beitzke, Mündigkeit und Minderjährigenschutz, AcP 172 (1972), 240; Belling, Entscheidungskompetenz für ärztliche Eingriffe bei Minderjährigen, FuR 1990, 68; Binder, Die Geisteskrankheit im Recht, 1952; Böhmer, Zum Problem der „Teilmündigkeit" Minderjähriger, MDR 1959, 705; Böttcher, Abschied von der "Gesamtbetrachtung"–Sieg des Abstraktionsprinzips, Rpfleger 2006, 293; Bosch, Teilunmündigkeit trotz Volljährigkeit, FS G. Schiedermair, 1976, 51; Brandt, Verkehrssicherheit und Geschäftsunfähigkeit, 1936; Braun, Gutgläubiger Erwerb vom Minderjährigen gemäß § § 107, 932 BGB?, Jura 1993, 459; Breit, Die Geschäftsfähigkeit, 1903; Brox, Der Minderjährigenschutz beim Rechtsgeschäft, JA 1989, 441; Canaris, Geschäfts-und Verschuldensfähigkeit bei Haftung aus „culpa in contrahendo ", Gefährdung und Aufopferung, NJW 1964, 1987; ders., Verstöße gegen das verfassungsrechtliche Übermaßverbot im Recht der Geschäftsfähigkeit und im Schadensersatzrecht, JZ 1987, 993; ders., Zur Problematik von Privatrecht und verfassungsrechtlichem Übermaßverbot, JZ 1988, 494; Casper, Geschäfte des täglichen Lebenskritische Anmerkungen zum neuen § 105a BGB, NJW 2002, 3425; Coester-Waltjen, Nicht zustimmungsbedürftige Rechtsgeschäfte beschränkt geschäftsfähiger Minderjähriger, Jura 1994, 668; dies., Überblick über die Probleme der Geschäftsfähi-gkeit, Jura 1994, 331; Czeguhn, Geschäftsfähigkeit-beschränkte Geschäftsfähigkeit-Geschäftsunfähigkeit, 2003; Dalhoff, Die Einwirkung der Geschäftsfähigkeit auf nichtrechtsgeschäftliche Willensäußerungen, Diss. Münster 1969; Derleder/Thielbar, Handys, Klingeltöne und Minderjährigenschutz, NJW 2006, 3233; Eltzbacher, Die Handlungsfähigkeit nach deutschem bürgerlichen Recht, 1903; Enderlein, Geschäftsunfähigkeit und Einwilligungsvorbehalt, JR 1998, 485; Fielenbach, Können Minderjährige aus zivilrechtlicher Sicht bedenkenlos schwarzfahren?, NZV 2000, 358; Fleck, Rechtlich

966

neutral und doch wirksam, JZ 2012, 941; Franzen, Rechtsgeschäfte erwachsener Geschäftsunfähiger nach § 105a BGB zwischen Rechtsgeschäftslehre und Betreuungsrecht, JR 2004, 221; Fröde, Willenserklärung, Rechtsgeschäft und Geschäftsfähigkeit, 2012; Gebauer, Die Lehre von der Teilgeschäftsunfähigkeit und ihre Folgen, AcP 153 (1954), 332; Gerstberger, Der Schutz gutgläubiger Dritter im Rechtsverkehr mit nicht entmündigten unerkennbar Geisteskranken, Gruchot 71 (1931), 1; Giesen, Grundsätze der Konfliktlösung bei fehlerhaften Rechtsgeschäften, Jura 1981, 505; Gitter/ Schmitt, Die geschenkte Eigentumswohnung–BGHZ 78, 29, JuS 1982, 253; Habermeyer/ Saß, Voraussetzungen der Geschäfts(-un)fähigkeit–Anmerkungen aus psychopathologischer Sicht, MedR 2003, 543; Hagemeister, Grundfälle zu Bankgeschäften mit Minderjährigen, JuS 1992, 839/ 924; Hager, Schenkung und rechtlicher Nachteil, in: Liber Amicorum f. Detlef Leenen, 2012, 43; Harder, Die Erfüllungsannahme durch den Minderjährigen–lediglich ein rechtlicher Vorteil, JuS 1977, 149/1978, 84; ders., Minderjährige Schwarzfahrer, NJW 1990, 857; Harte, Der Begriff des lediglich rechtlichen Vorteils i. S. d. § 107 BGB, Berlin 2008; Hauck, Der Schutz von Minderjährigen bei Eingriffen in höchstpersönliche Rechte und Rechtsgüter, NJW 2012, 2398; Heim, Gesetzgeberische Modifizierung der Auswirkungen der Geschäftsunfähigkeit Volljähriger beim Vertragsschluss, JuS 2003, 141; Hommers, Die Entwicklungspsychologie der Delikts–und Geschäftsfähigkeit, 1983; Hillenkamp, „Freie Willensbestimmung" und Gesetz, JZ 2015, 391; Jänicke/Braun, Vertretungsausschluss bei rechtlich nachteiligen Verfügungen zu Gunsten Minderjähriger, NJW 2013, 2474; Jauernig, Anstaltsnutzung und Minderjährigenrecht, NJW 1972, 1; ders., Minderjährigkeit und Postbenutzung, FamRZ 1974, 631; ders., Noch einmal: Die geschenkte Eigentumswohnung– BGHZ 78, 28, JuS 1982, 576; Jerschke, Ist die Schenkung eines vermieteten Grundstücks rechtlich vorteilhaft?, DNotZ 1982, 459; Jurgeleit, Der geschäftsunfähige Betreute unter Einwilligungsvorbehalt, Rpfleger 1995, 282; Kämmerer, Minderjährigkeit und Postbenutzung, DVBl. 1974, 273; Keller, Grundstücksschenkungen an Minderjährige, JA 2009, 561; Knieper, Geschäfte von Geschäftsunfähigen, 2002; Knoche, Minderjährige als Geschäftsführer ohne Auftrag, MDR 1964, 193; Knothe, Die Geschäftsfähigkeit des Minderjährigen in geschichtlicher Entwicklung, 1983; Köbler, Das Minderjährigenrecht, JuS 1979, 789; Köhler, Grundstücksschenkung an Minderjährige–ein „lediglich rechtlicher

Vorteil"?, JZ 1983, 225; Kohler, Gesetzestreue oder Gesetzeskorrektur in der Rechtsanwendung, Jura 1984, 349; Kulke, Probleme der beschränkten Geschäftsfähigkeit, JuS 2000, 89; Lange, Die Rechtsnatur von Antrag, Annahme und Ablehnung, geprüft bei Verträgen beschränkt Geschäftsfähiger, FS R. Reinhardt, 1972, 95; ders., Schenkungen an beschränkt Geschäftsfähige und § 107 BGB, NJW 1955, 1339; Leenen, Die Heilung fehlender Zustimmung gem. § 110 BGB, FamRZ 2000, 863; Lindacher, Überlegungen zu § 110 BGB, FS F. W. Bosch, 1976, 533; Lipp, Die neue Geschäftsfähigkeit Erwachsener, FamRZ 2003, 721; Löhnig/Schärtl, Zur Dogmatik des § 105a, AcP 204 (2004), 25; Lorenz, Grundwissen Zivilrecht: Rechts-und Geschäftsfähigkeit, JuS 2010, 11; Ludyga, Die Stärkung der Rechtsstellung Geschäftsunfähiger-Auslegung von § 105a BGB, FPR 2007, 3; v. Lübtow, Schenkungen der Eltern an ihre minderjährigen Kinder und der Vorbehalt dinglicher Rechte, 1949; Mankowski, Verändert die Neurobiologie die rechtliche Sicht auf Willenserklärungen?, AcP 211 (2011), 153; Maultzsch, Die "fehlerhafte Gesellschaft": Rechtsnatur und Minderjährigenschutz, JuS 2003, 544; Mayer-Maly, Die Grundlagen der Aufstellung von Altersgrenzen durch das Recht, FamRZ 1970, 617; Medicus, Beschädigung eines Mietwagens durch Minderjährige, JuS 1974, 221; Moritz, Die (zivil) rechtliche Stellung der Minderjährigen und Heranwachsenden innerhalb und außerhalb der Familie, 1989; G. Müller, Betreuung und Geschäftsfähigkeit, 1998; Münch, Gibt es eine ausnahmsweise Genehmigung einseitiger Rechtsgeschäfte Minderjähriger?, FS D. Leipold, 2009, 1109; Nitschke, Die Wirkung von Rechtsscheintatbeständen zu Lasten Geschäftsunfähiger und beschränkt Geschäftsfähiger, JuS 1968, 541; Nolte, Download, Handy & Kids, ZVI 2012, 324; Ostheim, Probleme bei Vertretung durch Geschäftsunfähige, AcP 169 (1969), 193; Pawlowski, Die Ansprüche des Vermieters eines Kraftfahrzeuges gegen den minderjährigen Mieter, JuS 1967, 302; ders., Willenserklärungen und Einwilligungen in personenbezogene Eingriffe, JZ 2003, 66; Preuß, Das für den Minderjährigen lediglich rechtlich vorteilhafte Geschäft, JuS 2006, 305; Ramm, Drittwirkung und Übermaßverbot, JZ 1988, 489; Reck, Die Geschäfte des täglichen Lebens volljähriger Geschäftsunfähiger, 2008; Roth, Die Rechtsgeschäftslehre im demographischen Wandel, AcP 208 (2008), 451; Rümelin, Die Geisteskranken im Rechtsgeschäftsverkehr, 1912; Prinz von Sachsen-Gesaphe, Der Betreuer als gesetzlicher Vertreter für eingeschränkt Selbstbestimmungsfähige, 1999; Scheerer,

Bankgeschäfte des Minderjährigen, BB 1971, 981; Scherner, Generaleinwilligung und Vertretungsnotstand im Minderjährigenrecht, FamRZ 1976, 673; K. Schmidt, Grenzen des Minderjährigenschutzes im Handels-und Gesellschaftsrecht, JuS 1990, 517; Schmitt, Der Begriff der lediglich rechtlich vorteilhaften Willenserklärung i. S. des § 107 BGB, NJW 2005, 1090; Schmoeckel, Demenz und Recht: Bestimmung der Geschäfts - und Testierfähigkeit, 2010; Schreiber, Geschäftsfähigkeit, Jura 1991, 24; ders., Neutrale Geschäfte Minderjähriger, Jura 1987, 221; Schwab, Gedanken zur Reform des Minderjährigenrechts und des Mündigkeitsalters, JZ 1970, 745; ders., Mündigkeit und Minderjährigenschutz, AcP 172 (1972), 266; Schwimann, Die Institution der Geschäftsfähigkeit, 1965; Stracke, Der minderjährige Schwarzfahrer: Sind ihm wirklich Tür und Tor geöffnet?, NJW 1991, 875; Stürner, Der lediglich rechtliche Vorteil, AcP 173 (1973), 402; Ulrici, Alltagsgeschäfte volljähriger Geschäftsunfähiger, Jura 2003, 520; Ultsch, Schenkung des gesetzlichen Vertreters an Minderjährige: Gesamtbetrachtung oder konsequente Einhaltung des Trennungsprinzips?, Jura 1998, 524; van Venrooy, Erfüllung gegenüber dem minderjährigen Gläubiger, BB 1980, 1017; Vortmann, Bankgeschäfte mit Minderjährigen, WM 1994, 965; Wacke, Nochmals: Die Erfüllungsannahme durch den Minderjährigen - lediglich ein rechtlicher Vorteil?, JuS 1978, 80; Wedemann, Die Geschäftsunfähigkeit, Jura 2010, 587; dies., Die Rechtsfolgen der Geschäftsunfähigkeit, AcP 209 (2009), 668; Wesche, Geschäftsfähigkeit und Betreuung, Rpfleger 2008, 449; Weth, Zivilrechtliche Probleme des Schwarzfahrens in öffentlichen Verkehrsmitteln, JuS 1998, 795; Wieser, Verstößt § 105 BGB gegen das verfassungsrechtliche Übermaßverbot?, JZ 1988, 493; Wilhelm, Aufforderung zur Erklärung über die Genehmigung eines schwebend unwirksamen Geschäfts und Widerruf des Geschäfts, NJW 1992, 1666; ders., Das Merkmal " rechtlich vorteilhaft" bei Verfügungen über Grundstücksrechte, NJW 2006, 2353; Winkler v. Mohrenfels, Der minderjährige Schwarzfahrer, JuS 1987, 692; Zorn, Erfüllung einer Verbindlichkeit oder lediglich rechtlicher Vorteil, FamRZ 2011, 776.

一、导论

(一) 基础

《民法典》建立在私人自治原则的基础上,它任由私法主体自己通过实施法律行为处理他们的事务。这不仅以意思自由为前提[1],而且以处理自己事务的人[2]具有一定的成熟度为前提。比如,一个2岁的儿童,继承了一栋出租公寓(因为他有权利能力,所以可以继承;→边码154),但他不能对租赁合同的终止作出决定。该儿童缺乏必要的判断能力和认知能力,他既不能对自己行为的前提作出正确预判,也不能对其法律效果作出正确预判。正如第2229条第4款对遗嘱设立的表述,他没有能力"理解他发出的意思表示的意义,并根据该理解而行动"。任何私法都要预见这种情况,并因此对权利主体的行为能力作出规定。行为能力的含义是,**权利主体有效力地实施法律行为的能力**(Fähigkeit des Rechtssubjekts, Rechtsgeschäfte wirksam vorzunehmen)。在《民法典》中,行为能力主要规定在第104条以下条款。这些条款从原则上规定了行为能力,且对特定人群规定了例外情况[3],它们仅对法律行为直接适用,但对准法律行为可以类推适用(→边码417)。

967

所有关于行为能力的规范的**意义和目的**(Sinn und Zweck),都是保护没有充分判断能力者避免遭受来自己的不利。[4] 他们应当能够使自己免受不利之法律行为的损害。这种保护受到法律秩序的特别重视。比如,未成年人不可能有权利外观责任(→边码1542)。一般来说,对意思表

968

---

[1] 关于在现代神经生物学对大脑的研究认识下,是否还可以假设存在这种意思自由,另参见 Hillenkamp, JZ 2015, 391; Mankowski, AcP 211 (2011), 153 ff.。

[2] Vgl. Flume⁴, § 13, 1.

[3] BGH NJW 2014, 1095 Rdnr. 24; 详见 Mankowski, AcP 211 (2011), 153, 173 ff.。

[4] Vgl. Mot. I, 131 = Mugdan I, 424.

示人的行为能力的信赖不受保护:未成年人保护优先于信赖保护。[5]交易相对人应当承担意思表示人无行为能力的风险。然而,只要意思表示人有行为能力,他就可以承担自身事后丧失行为能力的风险。但是,这种风险承担只可能通过个别约定发生,在一般交易条款中不会发生。[6]

范例

969　　　V患有尚未确诊的狂躁抑郁性精神病。他取得了一处不动产,并在该不动产上为G设立了土地债务。根据第104条第2项,V是无行为能力人,所以他发出的所有意思表示根据第105条第1款均无效。因为缺失有效的合意(第873条第1款、第925条第1款),V没有成为不动产的所有权人;他不能为G设立土地债务,这同样以有效的合意为前提条件(第873条第1款)。虽然可以从被错误地登记为所有权人的人那里善意取得土地债务(第892条第1款),但是善意仅解决权利缺失,而不解决行为能力缺失的问题,亦即仅帮助排除处分权的瑕疵,而不是合意的瑕疵。[7]

970　　　行为能力原则上必须按类型加以规范。[8] 当没有特别诱因时,我们不能在任何具体的情况下审查所有的参与人,以确定他们是否对该具体的法律行为有足够的判断能力和认识能力。否则,法律交往将具有严重的不安定性。因此,法律秩序提供**有差别的保护**(abgestuften Schutz)。[9]对于自然人,行为能力原则上根据年龄确定。不满7岁的未成年人是无行为能力人(第104条第1项),他们既不能有效力地发出意思表示(第

---

〔5〕 Wolf/Neuner[10], §34 Rdnr. 71;对这一法律的基本决定的批评,参见 Canaris, Bankvertragsrecht, 2. Bearb., 1981, 2711。

〔6〕 BGHZ 115, 38, 44 f.

〔7〕 BGH NJW 1988, 3260, 3261.

〔8〕 Vgl. Flume[4], §13, 2.

〔9〕 Vgl. Wolf/Neuner[10], §34 Rdnr. 2.

105 条第 1 款),也不能有效力地接受意思表示(第 131 条第 1 款),他们的法定代理人必须代替他们行动(→边码 985 以下)。7 岁至 17 岁的未成年人是限制行为能力人(第 106 条),只有在法律行为不会为他带来法律上的不利时,他才可以在没有法定代理人参与的情况下,自己有效力地发出意思表示(第 107 条、第 131 条第 2 款;→边码 996)。自然人随着年满 18 岁成为成年人(第 2 条),因而"法定成年",即具有行为能力。例外情况是,如果一个成年人并非暂时性地处于精神活动受疾病干扰、意思决定之自由被排除的状态,那么他就像不满 7 岁的儿童一样是无行为能力人(第 104 条第 2 项;→边码 980);或者该成年人被指定了附同意保留的监护,那么他就像 7 岁至 17 岁的未成年人那样是限制行为能力人(第 1903 条;→边码 992)。法人从来都不具有行为能力。[10] 法人通过其机关行动,因而通过自然人行动,为法人行事的人之行为被归于法人,因此,关键的是该自然人的行为能力。

(二) 界分

行为能力区别于其他法律特性和能力。首先,不能将它与**权利能力**(Rechtsfähigkeit)混淆。对自然人而言,权利能力始于出生(第 1 条),是成为权利义务承担者的能力(→边码 154),而行为能力原则上取决于年龄,是通过法律行为上的行动(Handeln)设立权利和义务的能力,或者对其进行处分的能力。在此强调的是"通过法律行为上的行动",这一词语为行为能力和**处分权**(Verfügungsmacht)之间的区别提供了依据。处分权是在法律上处分一项权利的能力,它是一个法律上的权限问题,涉及的是人和处分客体之间的法律上的纽带。反之,对于行为能力,与之相关的不是权限,而是行为

971

---

[10] 对于该问题有争议,因为《民事诉讼法》第 52 条(→边码 976)通常在诉讼能力的视角下讨论。同本处 BFH NJW 1974, 880; Rosenberg/Schwab/Gottwald, ZPR[7], § 44 Rdnr. 7; Stein/Jonas-Jacoby, ZPO[23], § 51 Rdnr. 13; Zöller-Vollkommer, ZPO[30], § 51 Rdnr. 11; 也见 BGHZ 38, 71, 75——不同观点,参见 BGH NJW 1984, 668; 1965, 1666, 1667; Beuthien NJW 1999, 1142, 1143; Henssler, ZIP 1997, 1481, 1488; Jauernig/Hess, ZPR[30], § 20 Rdnr. 5; Staudinger-Weick[2005] Einl. zu §§ 21 ff. Rdnr. 54; 也见 BGHZ 121, 263, 266; OLG Hamburg NJW-RR 1997, 1400; OLG Hamm NJW-RR 1998, 470; OLG Koblenz ZIP 1998, 967 f.。

人的特性,亦即可以通过自己的意思表示(在法律分配的权限内)有效力地实施法律行为。

范例

972　　边码967中提到,2岁的儿童有权利能力。他可以是不动产的所有权人。作为所有权人,他有处分权,因此他可以将所有权转让给其他人。但是根据第873条第1款,对此需要合意,即物权合同,这样就需要意思表示,根据第104条第1项、第105条第1款,儿童不能自己有效力地发出意思表示,必须由他的法定代理人代为发出意思表示。法定代理人是基于自己的行为能力而行动的。根据第164条第1款第1句,这个意思表示被归于(被代理的)儿童(→边码1321以下)。形象地说,法定代理人在被代理的儿童的处分权限中供给了自己的行为能力,并借此供给了有效力的意思表示,因此,有效力的所有权转让的所有前提条件都被满足。

973　　行为能力也应与**侵权能力**(Deliktsfähigkeit)相区分。侵权能力在第827条以下条款中被规定,即就他人遭受的损害承担责任的能力。因此,它并非法律行为上的行动中的判断能力或认知能力,而是在非法的事实性的行为中,即侵权行为中的判断能力和认知能力。与第104条第1款的行为能力相同,根据第828条第1款,未满7岁的儿童也没有侵权能力,他是无侵权能力人。7岁至17岁的未成年人是限制侵权能力人。只有当他对责任有必要的判断能力时,才对由他引起的损失承担责任(第828条第3款)。与第105条第2款相对应,根据第827条第1句,成年人处于无意识状态,或者处于精神失常、意思决定之自由被排除的状态,若实施了侵权行为,应认定他没有侵权能力。

974　　第1303条以下条款规定了**婚姻能力**(Ehefähigkeit),它属于行为能力的特殊情况。根据第1310条第1款第1句,婚姻是通过在民政登记官面前作出的意思表示而缔结的。因此结婚者必须具有行为能力。基于此,第1304条明确规定,无行为能力人不能缔结婚姻。无行为能力人的范围由第 104 条规定。当然，法律效果不同：一般情况下，无行为能力人的意思表示根据第 105 条第 1 款无效，但无行为能力人（其他方面符合法律规定）缔结的婚姻并非无效，而是可以申请撤销（第 1314 条第 1 款、第 1316 条第 1 款第 1 句第 1 项）。此外，相关配偶可以在具有行为能力后确认婚姻关系（第 1315 条第 1 款第 2 项）。限制行为能力人原则上也不可以结婚（第 1303 条第 1 款），除非只有一方配偶是未成年人，但年满 16 岁，并且家事法院对其免除成年要求（第 1303 条第 2 款至第 4 款）。违反该条款，但是其他方面符合法律规定而缔结的婚姻仅仅可撤销（第 1314 条第 1 款）。根据第 1315 条第 1 款第 1 项规定的标准，瑕疵可以通过家事法院的追认而补正，或者通过期间成年配偶的确认而补正。此外，第 1311 条第 1 款第 1 句排除了不完全行为能力人由法定代理人代理：结婚是当事人亲自实施的法律行为，代理是不被允许的(→边码 1336 以下)。

第 2229 条规定了**遗嘱能力**（Testierfähigkeit），同样包含了与行为能力不一致的规定，即对遗嘱设立的规定。[11]根据第 2229 条第 1 款，未成年人只有在年满 16 岁时，才可以设立遗嘱。从今天的视角来看，这关乎的不是对第 107 条的缓和，而是强化。[12] 因为设立遗嘱不对作出表示的遗嘱人产生法律效果，因此并非对他不利的法律行为，这样，7 岁的未成年人在没有法定代理人同意的情况下就应当可以设立遗嘱。[13] 但是鉴于遗嘱设立的意义和影响，《民法典》在此处设定了更高的年龄界限，同时在第 2233 条第 1 款、第 2247 条第 4 款中规定了特别的形式条款。不满 7 岁的儿童设立的遗嘱根据第 104 条第 1 款、第 105 条第 1 款无效，除此之外，第 2229 条第 4 款替代第 104 条第 2 项、第 105 条。

975

对诉讼而言，当事人能力与权利能力相当（参见《民事诉讼法》第 50

976

---

〔11〕 对于继承合同，第 2275 条第 1 款仍然是一般规定；参见 BayObLG FamRZ 2002, 62, 63。

〔12〕 对此，立法者观点不同。根据第 107 条，未成年人只能实施对他纯获利益的法律行为（参见 Mot. I, 133 = Mugdan I, 425），在遗嘱中不是这种情况，因为它既不为遗嘱人带来利益，也不为他带来不利。根据立法者的观点，未成年人以第 107 条为基础不可能设立遗嘱。今天也允许未成年人实施这种中性法律行为(→边码 1008)，因此，文中所写适用。

〔13〕 从今天的视角看，如此理解第 2229 条第 2 款是多余的。

条第1款),**诉讼能力**(Prozessfähigkeit)与行为能力相当。当事人能力是成为诉讼主体的能力,即成为诉讼权利和义务的承担者的能力,而诉讼能力关乎的是诉讼中的行为能力,即当事人在诉讼中有效力地行动之能力。根据《民事诉讼法》第52条,一个人只要能通过合同负担义务,他就有诉讼能力。借此提示参照民法。据此,诉讼能力只能由完全行为能力人享有(包括根据第112条、第113条的部分完全行为能力人;→边码1037),而无行为能力人(→边码977)和限制行为能力人(→边码990)就算在取得法定代理人同意的情况下,也不享有诉讼能力。

二、无行为能力

977　　无行为能力这一概念在内容上通过它的法律效果来定义:那些由于年龄(第104条第1项)或者精神状态(第104条第2项),既不能有效力地发出意思表示(第105条第1款),也不能有效力地接受意思表示(第131条第1款)的人,无行为能力。

(一)要件

1. 儿童

978　　法律规定了两种无行为能力的情况。根据第104条第1项,**不满7岁者**(wer nicht das siebte Lebensjahr vollendet hat)无行为能力。儿童在7岁生日之前,没有能力实施法律行为。这完全不依赖于法律行为是否对他们有利或者不利,也不依赖于他们在具体需要评价的法律行为中是否有能力正确判断他们意思表示的意义和范围,并根据理解恰当地决定他们的意思。[14] 父母作为法定代理人,也不能对此予以任何改变。他们不能赋予儿童行为能力,即使对最简单的、适龄的法律行为也不能(赋予儿童行为能力)(→边码1014)。

---

[14] 对此的批评,参见边码989。

范例

父母给了他们 6 岁、即将上小学的女儿 T 2 欧元,允许她买一本练习册。T 选了一本练习册,在收银台表示:"我想买这本练习册。"如果我们将这理解为 T 自己的意思表示,那么既未成立有效的买卖合同,也未发生有效的所有权转让,因为 T 作为 6 岁的儿童,无行为能力。父母的允许也不能使之发生变化。因此,如果我们不想把所有的此类法律行为都认定为不发生效力,解决的办法只能是,将 T 归为使者(Botin),她转达的是父母的意思表示,即使这对交易相对人而言可能是不可认知的(→边码 1348)。

979

2. 精神疾病患者

根据第 104 条第 2 项,处于**精神失常、意思决定之自由被排除的状态**(die freie Willensbestimmung ausschließenden Zustand krankhafter Störung der Geistestätigkeit)下的人,无行为能力,前提是这种状态在本质上并非暂时性的。该定义探讨的是精神疾病患者,根据年龄,他们本应是完全行为能力人或限制行为能力人,但是因为疾病而长期不能自由地决定其意思。在一个存在大量老年精神疾病患者的老龄化社会中,这一规定的意义不容小觑。[15] 第 104 条第 2 项的必要要件首先是患有精神疾病,至于这种状态是由异常的心理秉性,还是由疾病或由脑细胞受损而引起的,并不重要[16];同样,他们是否已经确诊,或者是否已经因此被采取监护措施(→边码 992、994),也不重要。精神疾病必须排除意思决定之自由。满足这一前提条件的情况是,"某人没有能力自由且不受当前精神障碍影响地形成其意思,并根据准确获得的认知而实施行为"。判断的依据是,在对需要考虑的要点进行实质性审查的过程中,他是否能在权衡利弊后自由地决定,抑或反之,不能认为他可以自由

980

---

[15] 关于人口学的框架条件的进一步论述,参见 Roth, AcP 208 (2008), 451 ff.;另参见 Schmoeckel (Rdnr. 966), passim。

[16] 对医学意义上的精神病和精神衰弱作相同理解;参见 OLG Düsseldorf FamRZ 1998, 1064, 1065。

地决定意思,比如,因为精神障碍而由第三人绝对掌握意思。[17] 在作出意思表示[18]时是否满足这些前提条件,通常需要根据医学鉴定来确定。[19]

981　此外,不能自由决定意思的状态不能是暂时的,而应是**长期的**(dauerhaft)。仅暂时不能自由决定自己的意思者,并非无行为能力。此时,对他在这种暂时的状态中作出的意思表示的有效性进行否定(第105条第2款;→边码987),对他的保护就足够了。只要某种状态依经验无法在可预见的时间内逐渐消失,这种状态就是长期的。

982　最后,无行为能力还要求相关人在作出意思表示时**处于**(befindet)这种状态。精神病学研究表明,长期的精神病患者也有清醒的阶段,在这个阶段他完全可以自由地决定自己的意思。如果一个无行为能力人的意思表示是在这样的"清醒时刻(lucidum intervallum)"作出的,那么它具有效力,因为意思表示人并非处于无行为能力的状态。反之,并不要求意思表示恰好由这种精神疾病引起,亦即并不要求意思表示属于精神疾病的构成。没有精神疾病是否也会作出该意思表示,在所不问。[20]

983　精神疾病无须在所有的行为领域都排除意思决定之自由。也有某些疾病仅限于特定的生活领域。可能是某人因为由疾病引起的易怒倾向而没有能力在涉及法律争议时自由地决定自己的意思(诉讼妄想),而在其他情况,比如,在签订买卖合同或者进行银行交易的情况下,其精神活动不会受到妨碍。[21] 在这种情况下,没有理由完全剥夺相关人的行为能力,承认

---

[17] BGH NJW 1996, 918, 919; vgl. auch BayObLG NJW-RR 2000, 1029, 1030; OLG Düsseldorf FamRZ 1998, 1064, 1065; BAG NJW 2011, 872 Rdnr. 16; 2009, 3051 Rdrn. 8.

[18] 对不断发展的精神疾病(阿尔茨海默病),参见 OLG München NJW-RR 2009, 1599, 1600。

[19] 参见 BayObLG FamRZ 2001, 35 f.; NJW-RR 2000, 1029, 1030; OLG Frankfurt FamRZ 2000, 603 附 Günthe 评释;关于医学视角,参见 Habermeyer/Sass, MedR 2003, 543 ff.; 关于法学视角,参见 Schmoeckel (Rdnr. 966), passim。

[20] RG WarnRspr. 1928 Nr. 167.

[21] 对在婚姻事务中部分无行为能力[因此,基于《民事诉讼法》第52条第1款(→边码976),也对部分无诉讼能力]有启发性的,参见 BGHZ 18, 184 ff.。

他部分无行为能力(partielle Geschäftsunfähigkeit)足矣。[22] 无行为能力延伸至所有受病象掌控的生活领域内的意思表示,而其他的意思表示发生效力。

同样应承认,在特别重要的交易中不能存在**相对无行为能力**(relative Geschäftsunfähigkeit)。[23] 这种对行为能力的限制将在法律交往中产生很大的权利不安定性,因为根本无法区分特别重要的法律行为和不那么重要的法律行为。此外也不存在保护需要,原因在于,基于心理疾病或者身体的、精神的障碍不能亲自处理重要事务的相关人,可以通过安排监护人获得帮助(→边码 992)。[24] 最后,在此范围内第 105a 条也可提供帮助(→边码 989a)。

984

(二)法律效果

根据第 105 条第 1 款,无行为能力人的意思表示**无效**(nichtig),意思表示对表示人而言有利或不利,是以自己的名义发出(法律效果应当对表示人产生)还是以他人的名义发出(法律效果不对表示人产生,而应当对被代理人产生,理由在第 165 条)[25],在所不问。第 131 条第 1 款对该条款予以补充,根据第 131 条第 1 款,意思表示也不能到达无行为能力人,亦即没有到达法定代理人的意思表示不能生效力(→边码 633)。符合第 104 条要件的人,不得参与法律事务。他的法定代理人代替他行动,法定代理人为无行为能力人发出(第 164 条第 1 款)并接受意思表示(第 131 条第 1 款、第 164 条第 3 款)。未成年人的法定代理人是其父母(第 1629 条第 1 款;→边码 986)、监护人(第 1773 条第 1 款、第 1793 条第 1 款第 1

985

---

[22] 这是通说;不同的观点,仅参见 BVerfG NJW 2003, 1382, 1383; BGHZ 143, 122, 125; BayOblG NJW 1992, 2100, 2101; Wolf/Neuner[10], § 34 Rn. 5 f.。

[23] 一般的观点;仅参见 BayOblG NJW 1989, 1678, 1679 附其他证明——不同的观点,参见 OLG Köln NJW 1960, 1389; Flume[4], § 13, 5; 关于监护,参见 Pawlowski[7], Rdnr. 198 f.; ders., JZ 2003, 66, 72。

[24] 恰当的,参见 Köhler[38], § 10 Rdnr. 4。

[25] BGHZ 158, 1, 6; 115, 78, 80 f.; 53, 210, 215 ——关于在有瑕疵的持续性债之关系中的限制,参见边码 1205;关于根据《居住与照护合同法》第 4 条在居住与监护合同中的效力待定,参见 Wedemann, Jura 2010, 587, 591 f.。

句)或者保佐人(第 1909 条第 1 款、第 1915 条第 1 款、第 1793 条第 1 款第 1 句),成年人的法定代理人是其照护人(第 1902 条)。这些代理人实施的法律行为使无行为能力人可以享有权利并负担义务。但是,鉴于第 1629a 条、第 1793 条第 2 款、第 1915 条第 1 款,未成年子女的责任仅限于在其成年时拥有的财产。

986　　实践中最常见、最重要的法定代理是**父母**(Eltern)对未成年子女的代理。根据第 1626 条第 1 款第 1 句,父母有权利和义务照管未成年子女。也包括依据第 1629 条第 1 款第 1 句为未成年子女代理事务,第 1629 条第 1 款第 2 句将它规定为共同代理(→边码 1435 以下)。但是,父母的代理权在很多方面受到限制。首先,第 1629 条第 2 款将第 1795 条所规定的代理权完全排除。由此,应当可以避免利益冲突,当父母作为子女的代理人为子女与亲近之人实施法律行为时,通常会产生利益冲突。第 1641 条的赠与禁止包含了其他排除情况。之后,第 1643 条第 1 款规定,在第 1821 条和第 1822 条第 1 项、第 3 项、第 5 项、第 8 项至第 11 项所规定的情况中,虽然父母可以代理未成年子女,但是法律行为需要家事法院的追认。[26] 这同样适用于根据第 1643 条第 2 款第 1 句的拒绝遗产或者遗赠,以及放弃义务份额。

987　　根据第 105 条第 2 款,在**没有意识或者精神活动暂时受干扰**(Bewusstlosigkeit oder vorübergehenden Störung der Geistestätigkeit)的状态下发出的意思表示也无效。此处并非指昏厥或者睡眠,因为在这种状态下自然的行为意志已经缺失。在要件上已经不存在意思表示,也就不会提出意思表示的效力问题(→边码 589)。相反,应当包括的是行为人不再能理解其行为的内容和意义的状况。比如,酗酒或者吸毒引起的恍惚状态,高烧引起的臆想、癫痫等[27],然而,受压力或者高度刺激的影响则不符合。第 105 条第 2 款是第 104 条第 2 项的配套规定,填补了因为第 104 条第 2 项的严格条件可能产生的保护漏洞。仅暂时不能自由决定意思的人,也必须只在该段暂时的时间内受到保护。无须将他宣告为无行为能力人。

---

[26] 范例:公司份额的赠与,OLG Frankfurt NJW-RR 2008, 1568。
[27] Vgl. LAG Köln NZA-RR 1999, 232, 233.

《民法典》在第104条第2项中放弃对此作要求(通过持久性要求;→边码981),并在第105条第2款中拒绝承认未成年人在该阶段发出的意思表示。因此,此处的"原则——例外"关系恰好与第104条第2项、第105条第1款相反:彼处无效是原则,而生效力(在"清醒时刻"作出的意思表示)是例外;此处将精神干扰作为暂时的例外情况处理,而在其他情况下仍然有行为能力。[28] 对于意思表示的到达也以(消极的)行为能力为出发点,因为第131条第1款同样与无行为能力相关联,并且不存在与第105条第2款类似的条款,这样,根据第130条第1款第1句,意思表示可以在任何时候到达精神暂时受干扰的人,即使他正处于受干扰阶段。[29]

范例

A 酗酒,他在醉酒时向 B 借了 20 欧元作为回家的路费,并允诺连本带息一并归还。该约定是借贷合同,但是无效。该结论并非从第105条第1款得出,因为 A 不是无行为能力人。如果醉酒状态是第104条第2项意义上的精神活动受疾病干扰的状态,那么它并不长期排除意思决定之自由,而是只有当摄入了足够量的酒精时才如此。[30] 如果某人处于这种(根据其本质虽然重复出现,但是每次只是暂时的)状态,那么他在此阶段发出的意思表示根据第105条第2款无效。

988

针对第105条的法律效果规定及第104条的要件,卡纳里斯提出了**宪法上的疑问**(verfassungsrechtliche Bedenken)。[31] 在一成不变的无效后果

989

---

[28] 此外,这种"原则——例外"关系对证明责任也有影响:主张依第105条第1款或者第2款意思表示无效者,必须证明自由的意思决定被长期(第105条第1款、第104条第2项)或者暂时(第105条第2款)排除,相反,主张意思表示有效者,必须证明意思表示是在"清醒时刻"作出的;参见 BGH NJW 2014, 1095 Rdnr. 24; 1988, 3011。

[29] 当然,必须具备一般的到达条件,比如,在当面作出的意思表示中,意思表示人认识到干扰时,条件缺失(→边码631)。

[30] 当然,醉酒状态也可以转变为第104条第2项意义上的长期的精神活动受疾病干扰的状态;参见 BayObLG FamRZ 1991, 608, 609。

[31] Canaris, JZ 1987, 993 ff.; 1988, 494 ff.——Wolf/Neuner[10] 也认为急需改革,§34 Rdnr. 18。

方面，立法者违反了比例原则。为保护相关人，没有必要完全剥夺他们的行为能力，应当将其宣告为限制行为能力人，他至少可以实施法律上纯获利益的法律行为，这样足矣。因此，第104条、第105条无效，取而代之的是类推适用第107条以下条款。然而，该观点原则上没有得到支持。[32] 可能的原因是，稍缓和的规定也可以满足所有参与者的保护需求，但是无论如何不能超过立法者的裁量范围。对于不满7岁的儿童，完全排除其行为能力的固定年龄限制，不仅是保护儿童利益的要求，也是保护法律交往利益的要求。否则就不能查明，在意思表示背后是否真的有法律行为的意思，而在纯获利益的交易中也需要这样的意思。在此要按照"自然的行动能力"，要求在具体情况中进行审查，这比简单地询问年龄困难得多；这对法律交往而言要求过高。

989a　　然而，立法者在**第105a条**中作出了一定妥协。[33] 根据该条款，如果日常生活交易用少量金钱就可以完成，或者已经完成，并且不会为无行为能力人个人或财产带来危险，那么（只有[34]）成年的无行为能力人（第104条第2项）可以进行这种日常生活交易。[35] 比如，成年的无行为能力人买了一把牙刷，并立即付款[36]，虽然他没有行为能力，但是负担行为和处分行为都生效力。当然，根据（虽然有疑问[37]）立法者[38]的明确意思，第105a条仅排除不当得利法上的返还[39]，并不会导致从给付完成

---

[32] Palandt-Ellenberger[74] § 105 Rdnr. 1; Ramm, JZ 1988, 489 ff.; Wieser, JZ 1988, 493 f.

[33] Dazu Casper, NJW 2002, 3425 ff.; Czeguhm (Rdnr. 966), 50 ff.; Franzen, JR 2004, 221 ff.; Heim, JuS 2003, 141 ff.; Kohler, JZ 2004, 349 f.; Lipp, FamRZ 2003, 721 ff.; Löhnig/Schärtl, AcP 204 (2004), 25 ff.; Pawlowski, JZ 2003, 66 ff.; Ulrici, Jura 2003, 520 ff.

[34] 不同观点（对无行为能力的未成年人的类推适用，参见边码978），参见 Ludyga, FPR 2007, 3 f.; Pawlowski, JZ 2003, 66, 72。

[35] 关于该概念，参见 Reck（边码966），Passim。

[36] 在此第110条的详解相应适用；参见边码1019。

[37] 有道理的批评，参见 Kohler, JZ 2004, 349 f.; Ludyga, FPR 2007, 3, 4 f.; 另外参见后续详解；全面的关于法律政策的批评，参见 Wedemann, AcP 209 (2009), 668 ff.。

[38] BT-Drs. 14/9266, S. 43.

[39] 对此，参见 Heim JuS 2003, 141, 143; Lipp, FamRZ 2003, 721, 728; Löhnig/Schärtl, AcP 204 (2004), 25, 41, 44 ff.。

时起法律行为自始生效力。[40]

三、限制行为能力

限制行为能力也通过其法律效果来定义:对表示人非纯获利益的意思表示,需要其法定代理人同意——因为年龄(第106条)或者法律规定的同意保留(第1903条)——这样的意思表示人是限制行为能力人(第107条以下)。

(一)要件

1. 未成年人

限制行为能力在两种情况下发生。第106条规定了第一种情况:限制行为能力人是**年满7岁,但是未满18岁**(das siebente, aber noch nicht das achzehnte Lebensjahr vollendet)的未成年人。随着第7个生日到来——更准确地讲:在生日当天0时(第187条第2款)——未成年人不再是完全无行为能力人,而是依据第107条以下条款,直到第18个生日(第2条),是限制行为能力人。

2. 被照护人(Betreute)

成年人,即年满18岁的自然人,在一般情况下是完全行为能力人,只有在第104条第2项规定的情况下是无行为能力人(→边码980)。但是,当满足两个前提条件时,成年人也可能是限制行为能力人。第一个前提条件是,照护法院根据第1896条第1款第1句为相关人指定**照护人**(Betreuer),因为相关人基于心理疾病或者身体、精神的障碍不能亲自完全或者部分地处理自己的事务。照护命令限于需要照护的职责范围(第1896条第2款第1句)。如果用这样简单的照护命令就可行,则被照护人

---

[40] 但是如此的Palandt-Ellenberger[74] § 105a Rdnr. 6;对于仅有利于无行为能力人的单方生效,参见Casper, NJW 2002, 3425, 3427; München-Schmitt[6] § 105a Rdnr. 20。

自己仍然有完全行为能力。[41] 他只是得到了照护人的支持(第1901条),此时照护人在其职责范围内有法定代理权(第1902条)。

993 　　第二个前提条件是**许可保留的命令**(Anordnung eines Einwilligungsvorbehalts)。只要是为了避免被照护人或者其财产遭受严重损害,照护法院根据第1903条第1款第1句,就可以命令对于涉及照护人职责范围的意思表示,被照护人需要得到照护人的许可。这种许可保留的法律效果是限制行为能力:根据第1903条第3款第1句,当意思表示为被照护人仅带来法律上之利益时,不需要照护人的许可。这与第107条相对应。在其他方面,第1903条第1款第2句指引参照第108条至第113条、第131条第2款、第206条。

994 　　然而,根据照护法体系,许可保留通常仅导致**部分限制行为能力**(partielle beschränkten Geschäftsfähigkeit)。它可以只涉及被命令照护的事务。如果对事务命令了许可保留,那么被照护人在这样的事务中只是限制行为能力人。这两个领域可以重叠,但是并非必须重叠。因为根据第1896条第2款第1句、第1903条第1款第1句规定的至关重要的必要性原则可以得出,照护所延及的主题范围要比许可保留的主题范围更广。只有在许可保留涉及的领域中,被照护人才是限制行为能力人,而在其他领域中他仍然是完全行为能力人。另外,在没有其他命令的情况下,被照护人根据第1903条第3款第2句在微小的日常生活事务中始终具有完全行为能力。[42] 第104条第2项当然不受波及。只要满足它的前提条件,相关人就是无行为能力人,是否以及在何种程度上命令照护和许可保留,则完全无关紧要(边码980)。[43]

995 　　与之相反,人们普遍认为,在命令许可保留的情况下,**被照护人仍然有行为能力**(Betreute geschäftsfähig);只是法律效果与限制行为能力的法

---

　　[41] 关于监护与行为能力之间的关系,详见 Wesche, Rpfleger 2008, 449 ff.。
　　[42] 关于与第105a条之间的关系(边码989a),参见 Franzen JR 2004, 221 ff.; Pawlowski, JZ 2003, 66 ff.。
　　[43] 绝对通说;参见 Bodenhausen, Rpfleger 1997, 52, 54; Jurgeleit, RPfleger 1995, 282 ff.; Mitko, Der Einwilligungsvorbehalt, 1995, 88 ff.; Müller, Betreuung und Geschäftsfähigkeit, 1998, 77 ff.——根据相反观点,第105条被第1903条取代;参见 Enderlein, JR 1998, 485 ff.附证明。

律效果相当。[44] 然而,因为法律效果——正如在文本中所解释的——重叠,限制行为能力通过这些法律效果来定义(边码990),我们也可以在许可保留的情况下探讨限制行为能力。然而,关于第1903条[45]的法律解释持对立观点,理由是,部分限制行为能力对德国法而言是陌生的。可是这并不正确,根据照护制度实施前适用的法律,部分限制行为能力是不可能存在的。但是它作为一项制度,与部分无行为能力同样符合德国法(→边码983)。通过在第1903条中对照护法的构造,它已经在德国法中得以实现了。

(二) 法律效果

1. 概述

限制行为能力人的法律行为可以通过法定代理人实施,这一点与无行为能力人(→边码985以下)相同;在这方面,适用一般代理法。限制行为能力人的特殊性表现为,相关人可以自己实施法律行为,这与无行为能力人不同,对此法律予以区分:对于不为限制行为能力人带来法律上之不利的意思表示,他可以自己发出,不需要法定代理人的参与;反之,对表示人有法律上之不利的意思表示,则需要法定代理人参与,原则上的方式是,在发出意思表示前同意(第107条)。如果限制行为能力人在未经事前同意的情况下行动,那么根据第111条,单方意思表示无效;反之,合同表示仅是效力待定,法定代理人可以事后追认(第108条),其后果是,意思表示有溯及力地生效(第184条第1款)。 996

2. 法律上无不利之法律行为

关于限制行为能力人是否可以在没有法定代理人参与的情况下实施法律行为这一问题,根据第107条、第1903条第3款第1句,取决于他是否通过意思表示纯获法律上之利益。[46] 今天达成一致的观点是,**立法表** 997

---

[44] vgl. nur Brox/ Walkers[38], Rdnr. 288; Müller, Betreuung und Geschaeftsfähigkeit, 1998, 70 ff.; Palandt-Götz[74], §1903 Rdnr. 10.

[45] Begr. RegE, BT-Drs. 11/4528, 136.

[46] 对此更进一步的,参见 Harte (Rdnr.), passim; Preuss, JuS 2006, 305 ff.。

达并不成功（Gesetzesformulierung missglückt）。除了应当以"法律上纯获利益"替代"仅法律上获益"，立法者没有考虑到，对意思表示人而言还存在中性的意思表示（→边码 1008）。因为该规定的目的是保护限制行为能力人不遭受自己意思表示的损害[47]，对表示人同样不具有危险性的中性法律行为与法律允许的纯获法律上之利益的法律行为相同，都不需要服从于许可保留，这可以通过目的限缩的途径（→边码 142）从第 107 条的适用领域中得出，依其文本表达，虽然其适用领域包括所有的并非纯获利益的意思表示，但是中性意思表示依其意义与目的不需要被包括在内。因此，目前普遍认为，不应当询问意思表示是否仅带来法律上之利益，而应当询问，意思表示是否为表示人带来法律上之不利（→边码 1008）。

998 如果我们仍然把这种保留与法律表达关联起来，则必须审查，限制行为能力人在什么时间通过他的意思表示**纯获法律上之利益**（lediglich einen rechtlichen Vorteil erlangt）。对于该要件的解释首先要强调，法律审查的是法律上之利益。这不取决于法律行为对未成年人在经济上是否有利。更准确地说，应当审查意思表示如何影响表示人的法律状态。因此，所有导致**权利减少**（Minderung von Rechten）或者**义务增加**（Vermehrung von Pflichten）的法律行为在法律上都是不利的。只要意思表示设立一项义务，它带给未成年人的就并非仅有法律上之利益，即使这种义务可能有诸多对应的权利，或者所有的权利和义务相抵后，法律行为在经济上仍有利。总收支平衡对限制行为能力人是否有利，根本无法在法律交往中作出可信的判断，因此，权利安定性要求作出严格解释。除此之外，法定代理人应当作出决定——确切地说，不仅在经济视角下，而且在教育视角下——未成年人是否也应当可以实施对他不利的法律行为。

范例

999 17 岁的 M 用 20 欧元从其成年朋友 F 那里买了一张邮票，第二天他又将该邮票以 200 欧元的价格转卖给邮票商 H。两个买卖合同

---

[47] Mot. I, 131/133 = Mugdan I, 424 f.

都需要法定代理人的同意。M与F之间的买卖合同虽然在经济上特别有利,但是在法律上(也)不利,因为它为M设立了支付金钱的义务。这同样适用于M和H之间的买卖合同,因为M有义务转让邮票的所有权。在处分行为方面(→边码 1004 以下),邮票的所有权从F转移给M并发生效力,因为它为M带来的仅是利益,但是邮票所有权从M转让给H则并非如此。这同样适用于将现金的所有权从M转让给F(不生效力)和从H转让给M(生效力)。

在这些条件下,评价**债权法律行为**(schuldrechtliche Rechtsgeschäfte)并非总是很容易。关键取决于法律行为是否旨在增加义务。在此,是通过法律行为设立义务,还是由法律设立义务,换言之,义务的设立是意思表示的内容,还是通过法律与法律行为有关联[48],则无关紧要。在双务合同中,对双方都产生主要义务,因此它绝不是纯获法律上之利益。仅为一方设立主义务的不完全双务合同可能对另一方在法律上是不利的,因为法定的从属义务涉及返还义务,比如借用(第604条第1款)或者无偿借贷(第607条第1款),或者涉及费用赔偿义务,比如委托(第670条)或保管(第693条)。在单方负担义务的法律行为中,如果义务不涉及限制行为能力人,而涉及合同相对人,情况则有所不同。属于此类的主要是赠与,前提是它不预先规定负担(第525条)[49]或者解除保留。[50] 1000

然而,在赠与中也可能出现的问题是,是否出现其他的法定法律效果,比如,缴税义务或者取得义务,这也导致赠与并非纯获法律上之利益的法律行为。区分直接和间接法定法律效果,对判断这一问题的帮助十分有限。[51] 原因在于,毕竟几乎任何法律行为都有不利的远期效果,其实应当在考虑保护目的的情况下,以评判的观察方式审查,取得的权利和 1001

---

[48] BGHZ 161, 170, 178; Schmitt, NJW 2005, 1090, 1092.
[49] Vgl. OLG Köln NJW-RR 1998, 363.
[50] BGHZ 162, 137, 142; 161, 170, 173; BayObLG FGPrax. 2004, 123 f.; OLG Köln Rpfleger 2003, 570, 572.
[51] Köhler[38], § 10 Rdnr. 16; Medicus[10], Rdnr. 562 f.

设立的义务是并存的,还是仅——在经济上当然是降低的——取得权利。[52] 因此不能从定义的角度陈述理由,而必须从目的的角度陈述理由。

范例

1002　　V欲将一个负担土地债务的不动产赠与其11岁的儿子M。因此他携M来到公证机构,公证员对V的赠与要约、M的承诺意思表示,以及双方土地契约的意思表示予以公证。在这里,债权上的赠与合同生效力。[53] M的承诺表示只为他带来法律上之利益。该承诺表示的目的不是设立义务,而只是取得权利。不动产负担土地债务,对此不发生改变。它没有为M个人设立义务,而只设立了不动产的责任。此外,在审查债权上的赠与合同时,不能考虑这一因素。不能随着赠与合同的订立而对M主张土地债务,而只有在随着所有权转让时才能主张。然而根据通说,应当进行整体观察,因为只有从债权合同和物权合同的整体观察中,才能查明法律上之利益。[54] 但是,这与分离原则和抽象原则不一致。因此,如果审查物权法律行为的效力,则必须同样否定其法律上之不利。M通过土地契约也未负担义务,最多只是取得了经济价值减少的不动产所有权。相应地,应确定在公共负担和税法方面的后果,比如,涉及不动产所有权人的不动产税和费用。[55] 相反,如果赠与一个出租的不动产,那么在处分行为

---

[52] Hager (Rdnr. 966), 50 ff.; Köhler[38], § 10 Rdnr. 16; Medicus[10], Rdnr. 562 ff.; Stürner, AcP 173 (1973), 416 ff.; Wolf/Neuner[10], § 34 Rdnr. 31.

[53] 仅参见 BayObLGZ 1998, 139, 143 ff.——与规定的义务和解除保留时不同(→边码 1000)。

[54] BGHZ 78, 28, 31, 34 f.(不同观点,参见 BGHZ 161, 170, 173; 对此参见 Müßig, JZ 2006, 150 ff.; Schmitt, NJW 2005, 1090 ff.); BayObLGZ 1998, 139, 143; Gitter/Schmitt, JuS 1982, 253 ff.; Hübner[2], Rdnr. 708; Keller, JA 2009, 561 ff.; Medicus[10], Rdnr. 565——与本处相同,反对的有 Jänicke/Braun, NJW 2013, 2474 ff.; Jauernig, JuS 1993, 614 f.; 1982, 576 ff.; Köhler[38], § 10 Rdnr. 16; Ultsch, Jura 1998, 524, 527 f.; Wolf/Neuner[10], § 34 Rdnr. 28; 原则上还有 Wilhelm, NJW 2006, 2353 ff. (明显批评法律政策)。

[55] BGH 161, 170, 177 f.(dazu Schmidt, NJW 2005, 1090, 1091 f.)。

中存在法律上之不利,因为未成年人通过第566条取得了出租人地位,从而负担了债权上的义务。[56]

V欲赠与其子M住宅所有权,此时的法律状态也存在争议。因为M作为住宅所有权人也应承担个人义务,比如,抵偿按份额的一般管理费的义务。正确的是,在此同样必须承认法律上之不利。[57] 根据其他观点,关乎的是所有权取得的法定效果,这种法定效果也许使交易比初见之时在经济上显得不那么有利,但是并不能使其成为需要经法定代理人同意的法律上(也)不利的交易。[58]

1003

当**处分**(Verfügungen)导致限制行为能力人的权利减少时,它总是不利的。因此,权利转让在法律上并非纯获利益,比如,将所有权转让给他人,尽管取得人可能已经有债权上的处分请求权。在有效的处分中,总资产负债在经济上得以平衡——因为权利丧失与免除义务是相对应的——对此不发生改变。其他处分也是不利的,比如,债务免除、终止[59]或者解除,前提是这些法律行为旨在消灭处分人已经存在的权利。

1004

范例

未成年人M是某体育协会的会员。他想放弃这项运动,并节省必须用零花钱支付的高额会员费,因此他按期至季度末终止合同。该终止无效,因为终止会导致他丧失会员权。

1005

---

[56] 因为第1056条第1款,当出让人保留用益权时,也适用,参见BGHZ 162, 137, 140; BayObLG NJW 2003, 1129——关于债权行为的不利,参见Hager (Rdnr. 966), 46 ff.;关于第1821条、第1822条的代理限制的适用,参见Lobinger, AcP 213 (2013), 366 ff.。

[57] 现在持此观点的包括BGHZ 187, 119 Rdnr. 5 ff.;此外,参见Brox/Walker[38], Rdnr. 276; Hübner[2], Rdnr. 707。

[58] 仅当法定义务在(住宅所有权人)共同条例中被强化或者产生附加义务时,情况才有所不同,参见BGHZ 78, 28, 31 f.; BayObLG FGPrax. 2000, 176, 177; 1998, 21, 22; OLG Hamm NJW-RR 2000, 1611, 1612; Medicus[10], Rdnr. 565; MünchKomm-Schmitt[6] § 107 Rdnr. 47; Wolf/Neuner[10], § 34 Rdnr. 32。

[59] 例外:未成年的贷款人终止无偿的借款合同(第488条第3款第3句),那么终止仅导致未成年人的还款请求权到期,对他而言完全是有利的。

1006　相反,通过对方的处分取得权利只在法律上是纯获利益的。限制行为能力人是否有债权上的处分请求权,该请求权是否因处分行为而得以履行且因此应当消灭,则无关紧要。我们可以借助分离原则和抽象原则来论证该结论。[60] 无论如何,请求权在这种情况下根本不消灭,因为根据通说[61],只有向法定代理人提供履行给付,或者经法定代理人同意向未成年人提供履行给付的,履行给付才导致债权请求权消灭。未经同意,未成年人以及被照护人没有**受领权限**(Empfangszuständigkeit)。法律行为虽然生效,但是并不导致债权请求权的消灭。

范例

1007　O 在经公证的赠与合同中向其 8 岁的侄子 N 允诺支付 5000 欧元。第二天,O 把一捆钞票交给 N,但是 N 在路上将其丢失。N 的父母要求 O 重新支付。在这里,N 因赠与合同而产生的有效请求权(→边码1001)并没有因为同样有效的钞票所有权转让而消灭。对此需要父母的配合[62],因为 N 没有受领权限。N 可以要求 O 重新支付,而 O 对 N 有不当得利请求权,然而,由于第 818 条第 3 款的规定,只要该条的适用不与第 819 条第 1 款对立,不当得利请求权就无法成立。

1008　对限制行为能力人而言,不需要其法定代理人的参与,即可以实施**中性法律行为**(neutrale Rechtsgeschäfte)。比如,限制行为能力人可以作为代理人以他人名义发出并受领意思表示(第 165 条),因为他的行为的法律效果不归属于他自己,而归属于被代理人。[63] 意思表示虽然没有给他带

---

[60] 对此参见 Brox/Walker[38], Rdnr. 276——主张整体观察者不能追溯至该观点(→边码 1002)。

[61] 可参见 Köhler[38], § 10 Rdnr. 18; Medicus[10], Rdnr. 566; MünchKomm-Schmitt[6] § 107 Rdnr. 43; Wacke, JuS 1978, 80 ff.; Wolf/Neuner[10], § 34 Rdnr. 35——不同观点,参见 Harder, JuS 1977, 149 ff.; 1978, 84 ff.; van Venrooy, BB 1980, 1017 ff.。

[62] 许可(→边码 1010、1715)足矣;参见 VG Düsseldorf NJW 2001, 2651。

[63] 对于针对无权代理人的损害赔偿请求权由第 179 条第 3 款第 2 句得出(→边码 1635)。

来利益,但也无不利,是中性行为,因此根据第107条的保护目的,不需要法定代理人的参与即可生效(→边码997)。这对根据第317条的给付确定、经权利人同意处分他人所有权(第185条)或者向善意取得人处分(第892条、第932条)〔64〕同样适用。

3. 法律上不利之法律行为

如果法律行为对未成年人有法律上的不利,那么他自己不能有效地实施该法律行为。确切地说,需要经其**法定代理人的同意**(Zustimmung seines gesetzlichen Vertreters)。如果他未经同意就实施行为,根据法律行为的类型,法律对其法律效果作出区分:单方法律行为,比如终止,根据第111条第1句不生效力(→边码1034);合同,根据第108条第1款效力待定,经法定代理人追认可以生效力。具体的含义如下: 1009

(1)许可(Einwilligung)

限制行为能力人得到法定代理人事前同意,其实施的法律上不利之法律行为——无所谓关乎的是单方还是多方——自始生效力。法律在第183条第1句中将事前同意称为许可。〔65〕 第107条与这一法定定义相关联。当然,彼处仅表达为,未成年人实施法律上不利的法律行为,需要经法定代理人许可。法定代理人是否授予许可,任其自由。无论是交易相对人还是未成年人本人,都没有要求法定代理人许可的请求权。〔66〕经必要的许可而实施的法律行为自始生效力,在法律中没有特别规定,而是作为当然的内容被包括在第107条和第108条中。 1010

①可以对具体的法律行为授予许可。我们也称其为**特别同意**(Spizialkonsens)。法律将这样的具体同意作为一般情况。它关乎的是单方的、 1011

---

〔64〕 仅参见 Wolf/Neuner[10], § 34 Rdnr. 33——反对第932条、第892条在无权利的未成年人处分的情况下适用 Braun, Jura 1993, 459 ff.; Medicus[10], Rdnr. 568。

〔65〕 对此一般的,见下文边码1696。

〔66〕 Flume[4], § 13, 7 c aa——法定代理人拒绝许可的,在重大的情况下可以由家事法院替代进行评可(第1666条第3款);在其他情况下,未成年人只对法定代理人有损害赔偿请求权;参见 MünchKomm-Schmitt[6], § 107 Rdnr. 22。

需受领的意思表示,应根据第 107 条的保护目的进行限缩解释[67],第 182 条、第 183 条对其适用:许可不需要形式,既可以对未成年人表示("内部许可"),也可以对未成年人的交易相对人表示("外部许可");在实施法律行为前可以被撤回,既可以对未成年人撤回("内部撤回"),也可以对交易相对人撤回("外部撤回";→边码 1703)。

范例

1012　　　M 的父母在 M 16 岁生日时送给他 200 欧元用于购买一台二手电脑,M 一直以来就想从他的成年朋友 V 处买下这台二手电脑。下午,M 与父母因为 M 学习成绩差而发生了争吵,于是 M 乘车到 V 处,通过购买电脑以减缓自己的失意。其间 M 的父母电话告知 V,他们不再同意 M 购买该电脑。V 仍然对 M 信守诺言,并将电脑转让给 M。在这里,买卖合同使 M 负担支付价款的义务,因此对他在法律上存在不利,合同没有生效,因为 M 的父母把对 M 授予的许可又对 V 撤回了(第 183 条第 2 句)。这也适用于对钱的所有权转让。反之,电脑所有权转让对 M 仅具有法律上之利益,因此生效力。但是,如果 M 的父母事后不追认交易,V 可以根据第 812 条第 1 款第 1 句情况 1 要求返还占有和所有权。

1013　　　如果 M 的父母对 V 表示了许可,交易成立前又对 M 撤回,那么 V 对许可仍具备有效力的信赖,而且对 M 的意思表示仍有效力的信赖必须受到保护。法律没有特别规定这种保护。这一漏洞可以通过类推适用第 170 条、第 173 条进行填补:许可在与 V 的关系中仍然有

---

[67] 参见 BGHZ 47, 352, 359(许可购买汽车包括订立责任保险,但是不包括保险合同的清算.);BGH NJW 1973, 1790(许可取得驾驶证不包括承租私家车)——不正确的 AG Köln NJW 1987, 447(许可使用公共交通工具包括无票乘车);同样的 Stracke, NJW 1991, 875 ff.; Weth, JuS 1998, 795, 797 f.; 与此相反,正确的 AG Bergheim NJW-RR 2000, 202, 203; AG Hamburg NJW 1987, 448; AG Wolfsburg NJW-RR 1990, 1142; Fielenbach, NZV 2000, 358 ff.; Harder, NJW 1990, 857 ff.; Palandt-Ellenberger[74] § 107 Rdnr. 9; Winkler von Mohrenfels, JuS 1987, 692, 693 f.; Wolf/Neuner[10], § 34 Rdnr. 38.

效,只要他既没有认识到许可消灭也不应当认识到许可消灭。[68]

② 可以想象,法定代理人不仅对具体的法律行为,而且对所有的法律行为都予以同意。我们将其称之为**无限一般同意**(unbeschränkter Generalkonsens)。这样的一揽子同意必须按照第 107 条以下条款的意义和目的进行衡量。一揽子同意不允许导致这些条款所追求的未成年人保护所剩无几。因此,无限一般同意是不被允许的。即使未成年人早熟,拥有成年人的判断和决定能力,父母也不能提前就所有想象中可能的法律行为对未成年人授予同意(→边码 978)。这与立法者的决定对立,即未成年人在年满 18 岁前不应当自己对不利之法律行为作决定。这种严格按照年龄界限确定的标准,为保护法律交往之安定利益应当受到尊重。法定代理人不能通过无限一般同意越过这一点。无限一般同意实际上赋予了未成年人行为能力,而立法者并没有赋予未成年人这种行为能力(或者仅在第 112 条、第 113 条所规定的特殊条件下;→边码 1037 以下)。

1014

③ 另一方面,随着未成年人年龄的增长,父母给予未成年人更大的自主余地,在清晰的法律行为范围中授予未成年人一个——当然,未来可以随时撤回的(第 183 条第 1 句)——一揽子同意。目前达成共识的是,虽然立法者没有考虑这样的**有限一般同意**(beschränkter Generalkonsens),但这是必要的且有意义的,因此应当通过法律续造的方式予以承认。[69] 当然,前提条件是,要在一般同意的内容上予以限定,只能包括释明的那些法律行为。鉴于第 107 条的保护目的,有限一般同意同样是需受领的意思表示,应予以限缩解释(→边码 1011)。

1015

范例

未成年人 M 想在假期与户外运动爱好者开车去瑞典。父母同意

1016

---

[68] Canaris, Die Vertrauenshaftung im deutschen Privatrecht, 1971, 70 f.——关于第 170 条、第 173 条的具体情况参见边码 1516 以下。

[69] 然而谨慎的观点,参见 Flume[4],§13, 7 c aa。

并给了 M 500 欧元用于旅行。在此,存在对参与旅行所有必要的法律行为的有限一般同意,包括对该旅行中经常发生的所有法律行为。因此 M 可以为旅行预订房间、购买旅行保险、在旅行中购买食品或入场券,等等,但是不包括与旅行无关的法律行为,比如,购买首饰(只要不是旅行纪念品)或者尝试赌博。

1017　④第 110 条,所谓的零花钱条款也与此有关联。根据该条款,缺失必要的法定代理人同意而订立的合同自始生效力,"如果未成年人按合同给付所用的金钱,是法定代理人或者第三人经法定代理人同意,为此目的而交与未成年人的,或者为任意处分而交给未成年人的"。

1018　前提条件是,**为了特定目的或者为任意处分而交与未成年人金钱**(Geld zu einem bestimmten Zweck oder zur freien Verfügung überlassen)[70],交与人要么是法定代理人本人,要么是经法定代理人同意的第三人。[71] 这样,未成年人若订立了一个合同,则必须用交给他的金钱履行该合同。满足这些条件的,该合同连同履行行为自始发生效力。[72] 借此应当实现的是,已经提供了自己负担的给付的未成年人可以享有对待给付。

1019　当然,只有当他"**完成**"给付(Leistung "bewirkt" hat)时,才应当对他进行保护。在此之前,债权法律行为(待定)不发生效力(第 108 条第 1 款),通过完成给付而有溯及力地发生效力。"完成"通常的意思是完全履行,可能是通过现金支付,也可能是通过从以未成年人名义设立的账户上转账。[73] 未成年人的部分给付只有在对待给付可分且合同因此也可

---

[70]　如果交给未成年人有余额的手机,未成年人可以用它预订铃声,则《民法典》第 110 条不适用。确切地说,要审查将手机交给未成年人是否包括推定的订立铃声合同的许可,对此通常予以否定;正确的 Mankowski Anm. zu AG Düsseldorf MMR 2007, 404; 关于主题范围,另参见 AG Berlin MMR 2009. 783; Delreedr/Thielbar, NJW 2006, 3233 ff.。

[71]　范例:将未成年人自己的工作收入(推定地)交给他;参见 BGH NJW 1977, 622, 623。

[72]　根据 Leenen, FamRZ 2000, 863 ff., 第 110 条仅是对负担行为的补正,以法定代理人同意处分为前提条件。借此,规范剥夺了立法者规定的适用范围中的主要部分。也参见 Mot. I, 146 ff.=Mugdan, I 432 ff.。

[73]　不同的(仅转账),参见 Wolf/Neuner[10], § 34 Rdnr. 44。

分,即未成年人因为它提供的部分给付能得到相应的对待给付,未成年人保护没有因此受到破坏的情况下,才可行。[74] 分期付款以及信用交易通常不满足这些前提条件,随着最后一期价款的支付才满足。

除此之外,**具体合同必须与金钱给予的目的一致**(der konkrete Vertrag vom Zweck der Mittelzuwendung gedeckt)。如果是为了特定的目的而将金钱交与未成年人,那么只有在该目的确定之内的合同才发生效力。在与目的关联的金钱交与中包含许可,其范围通过解释确定。如果没有其他的依据,第 110 条的出发点是,许可应当仅对目的约束内完全履行的合同适用。但解释也可能得出,完全履行并非关键,合同应当随着订立就发生效力。为了"任意处分"而将金钱交与未成年人,并不意味着对一切用这笔金钱履行的法律行为都许可。比如,给了 10 岁的未成年人 10 欧元的人,当然不同意未成年人用这笔钱购买酒或者色情杂志。[75] 这样的法律行为也不能根据第 110 条发生效力。该条款并非意在允许未成年人用"任意处分"的金钱履行任何法律行为。确切地说,应将它理解为**解释规则**(Auslegungregel),亦即作为得出金钱交与中包含推定同意的规范,按照交易习惯对它进行如下的标准化:仅应当在合同被履行的情况下才许可该合同。[76] 在此,此类有限一般同意的应然边界可以通过解释来确定。 1020

第 110 条借此被证明是**第 107 条的特别情况**(Sonderfall zu § 107)。[77] 如果规范表达的是"未经同意"订立的合同,那么所指的是"未经明确同意"订立的合同。在不能另行确定父母的同意这一前提条件时,法律推定在金钱交与中包含推定的、有条件的许可,该许可仅应当对目的约束内的完全履行的合同适用。 1021

---

[74] 范例:不定期的保险合同分别对保险费支付年度的效力;LG Bochum VersR 1970, 25 (L)。

[75] 对于文身,参见 AG München NJW 2012, 2452; Hauck, NJW 2012, 2398 ff.。

[76] 直观的 RGZ 74, 234, 235 f.;另参见 Brox/Walker[38], Rdnr. 280; Köhler[38], § 10 Rdnr. 24 f.; Lindacher, FS Bosch, 1976, 533, 543 ff.; Medicus[10] Rdnr. 579; MünchKomm-Schmitt[6] § 110 Rdnr. 2 ff. 附证明;Palandt-Ellenberger[74] § 110 Rdnr. 1; Wolf/Neuner[10], § 34 Rdnr. 48。

[77] 与所有的观点都不同的:Soergel-Hefermehl[13] § 110 Rdnr. 1; Wolf/Neuner[10], § 34 Rdnr. 42——其他观点,参见 Leenen, FamRZ 2000, 863 ff.。

范例

1022　在边码 1016 表述的案例中，第 110 条不能改变结果。500 欧元是为了旅行而交与 M 的，因此属于特定目的。关于首饰和赌博的合同不属于这一目的，因此需要父母的特别同意。反之，如果给 M 400 欧元用于旅行，另外 100 欧元是零花钱（可能是明确表示，也可能是通过解释得出，旅行费用也包括零花钱份额），那么他获得了任意处分的 100 欧元。这肯定包括购买首饰，只要完全支付了首饰价款，但是不包括赌博，除非是无恶意的彩票等。

1023　14 岁的 M 在 V 处用零花钱购买了一把型号为 M92FS 的空气软弹手枪，包括弹药。当父母发现时，他们要求 V 返还价款，同时取回手枪。他们的要求是合法的，因为合同与第 110 条不一致：14 岁的未成年人用零用钱购买手枪，这不符合父母的推定意思。[78]

1024　未成年人 M 用 5 欧元的零花钱购买彩票，赢了 5 万欧元。他用这些钱购买了一辆二手车，并且以现金支付。关于私家车的买卖合同以及金钱所有权的转让，因为没有 M 父母的同意，所以效力待定。父母将零花钱交给 M 是为了任意处分，我们认为，典型的有限一般同意包括购买彩票，但这对购买汽车不适用。赢的钱并没有交给 M 任意处分。在第 110 条中规定的许可仅关乎零花钱，不关乎其替代品。[79] 如果持有不同观点，无论如何必须提出的问题是，替代品的使用是否可以被第 110 条中隐含的许可所包括。

（2）追认

1025　对于为限制行为能力人带来法律上之不利，但没有被法定代理人事前许可包含在内的法律行为，法律作出区分：

---

[78]　AG Freiburg NJW-RR 1999, 637, 638. 彼处对给予零花钱中包含的同意的范围应根据内部关系确定，因为涉及的是内在同意，这是正确的，在行为能力中善意信赖不受保护；也参见 MünchKomm-Schmitt[6] § 110 Rdnr. 27 f. 根据其他观点，必须以对合同相对人的可认识性为依据；参见 RGZ 74, 234, 235 f.; OLG Hamm VersR 1954, 218, 219。

[79]　Vgl. RGZ 74, 234, 235 f.

①**合同**(Verträge)可以根据第 108 条第 1 款经法定代理人追认。根据第 184 条第 1 款的定义,追认是指使法律行为溯及既往发生效力的事后同意。[80] 未经许可而订立的(非自始)需同意的合同不生效力。但是,它可以通过法定代理人的事后认可溯及既往地生效力,无须重新订立。因此我们将其称为"效力待定"。在法定代理人作出决定之前,它始终处于一种待定状态。如果代理人决定追认,由效力待定的合同变成自始生效力的合同。如果代理人拒绝追认,合同最终不生效力。如果限制行为能力人在待定状态期间成为完全行为能力人,那么根据第 108 条第 3 款,他可以自己对追认作出决定。

1026

追认(Genehmigung)是单方的、需受领的、非要式的、有效的(gültige)意思表示,根据第 182 条第 1 款,该意思表示既可以对限制行为能力人作出(内部追认),也可以对合同相对人作出(外部追认);这也对拒绝追认的意思表示适用(→边码 1710)。当追认与合同的内容完全一致时,追认使合同生效力。追认与合同内容是否一致,要通过解释来确定,一般是通过受领人视角的解释。也可以是未成年人订立怎样的合同,代理人就追认怎样的合同。有限制的追认、扩展的追认,以及有条件的追认不会使合同生效力。

1027

范例

17 岁的 T 告诉父母,她刚刚用 2000 欧元从 V 处购买了一匹乘骑的马。父母去看了这匹马,并对 T 声明他们同意。其后发现,这匹马的价格是 4000 欧元。在这里,追认与实际订立的买卖合同不一致,因为即使从意思表示受领人 T 的视角也能认识到,父母旨在追认的是价格为 2000 欧元的买卖合同。反之,如果父母打电话给 V 并表示,他们的女儿将交易告知他们,他们对此同意,那么从受领人视角解释时,意思表示必须被理解为,父母同

1028

---

[80] 对此的一般情况,详见边码 1696。

意了价格为 4000 欧元的合同。[81] 因此合同发生效力。父母当然可以对相应的意思表示受领人撤销追认表示,本案是对 V 的外部追认[82](在此根据第 123 条的撤销因 123 条第 2 款而落空)。他们必须按照第 122 条的标准向 V 给付损失赔偿。

1029　　合同相对人可能对以第 108 条第 1 款之规定为基础的待定状态不满意。他的利益可能是,尽快知道他是否可以期待合同(溯及既往地)生效力,抑或需要重新作出处理。法律在第 108 条第 2 款考虑了该利益:合同相对人可以**请求代理人作出追认的意思表示**(den Vertreter zur Erklärung über die Genehmigung auffordern)。其结果是,决定——与第 182 条第 1 款不同——仅能对合同相对人作出(第 108 条第 2 款第 1 句第 1 半句),不能再对未成年人作出。此外,还会引发的后果是,在要求之前已经向未成年人作出的追认或者拒绝追认失去效力(第 108 条第 2 款第 1 句第 2 半句)。法定代理人因此可以重新作出决定,在某些情况下(新的)决定可能与对未成年人作出的决定不同。根据第 108 条第 2 款第 2 句,作出新决定的期限为两周。该期限从请求到达时起算,只有追认的意思表示及时到达合同相对人时,该期限才得以保障。如果代理人未在此期限内作出意思表示,那么根据第 108 条第 2 款第 2 句第 2 半句,视为拒绝追认。如果未成年人在此待定状态期限内达到成年年龄,那么他根据第 108 条第 3 款有权决定追认,追认的请求根据第 108 条第 2 款指向未成年人本人,而不再指向其法定代理人。[83]

---

〔81〕 不同观点,参见 Flume[4], § 13, 7 d bb (赞同的,参见 Medicus[10], Rdnr. 575):合同相对人不值得保护,因为只有当他自己将需追认的交易通知追认人时,他才允许信赖他可以认识的追认内容。但是没有理由偏离规范解释的一般规则。如果在撤销的情况下要求信赖损害赔偿,考虑第 122 条交易相对人的过失已足够。

〔82〕 根据 Medicus[10], Rdnr. 575 也要对合同相对人撤销内部追认,然而这与第 143 条第 3 款第 1 句不一致。

〔83〕 BGH NJW 1989, 1728.

范例

1030　O 赠与他 15 岁的侄子 N 200 欧元,条件是 N 要在 9 月 1 日前报名参加舞蹈班。因此,N 于 8 月 30 日在舞蹈学校 T 报名了一个舞蹈班。N 的父母在 9 月 2 日才得知此事,但是同意。因为 N 未成年,9 月 5 日 T 产生顾虑,请求 N 的父母告知是否同意。9 月 8 日 N 的父母表示同意。现在 O 认为,他可以将 200 欧元收回,因为 N 无论如何也不是在 9 月 1 日前报名。但是该观点在法律上是错误的。虽然在 8 月 30 日 N 与 T 之间订立的服务合同效力待定(第 108 条第 1 款)。但是通过对 N 作出的内部追认(第 182 条第 1 款),该合同自 9 月 2 日始溯及既往地发生效力(第 184 条第 1 款)。当然,因为 T 的请求,根据第 108 条第 2 款第 1 句,合同又重新处于待定状态。向 T 授予的外部追认再次使合同产生溯及既往的效力,亦即在 8 月 30 日发生效力(第 182 条第 1 款、第 184 条第 1 款)。

1031　在第 108 条第 2 款第 1 句中,立法者将合同相对人请求法定代理人第二次作出决定的可能性限于追认。在立法过程中,对(第二次决定)是否扩张至事前许可进行了讨论,但是出于权利安定之利益遭到了否决[84],因此,鉴于不存在违反计划的规定漏洞,不得类推适用。因此,合同相对人只能通过向法定代理人询问来确定是否存在(内部)许可。如果代理人没有作出相应的答复,那么根据第 280 条、第 241 条第 2 款、第 311 条第 2 款、第 278 条,限制行为能力人应为其法定代理人的缔约过失承担责任。[85]

1032　在第 108 条第 2 款规定的结束待定状态的可能性之外,第 109 条赋予了合同相对人**撤回权**(Widerrufsrecht)。根据第 109 条第 1 款,合同相对人可以对限制行为能力人或者对其法定代理人撤回他的意思表示,借此阻

---

[84] Prot. I, 129=Mugdan I, 677.
[85] Flume[4], § 13, 7 c cc; Köhler, Jura 1984, 349 ff.; MünchKomm-Schmitt[6] § 108 Rdnr. 24 f.; Soergel-Heferemhl[13] § 108 Rdnr. 8 (pVV); Wilhelm, NJW 1992, 1666, 1667——对于第 108 条第 2 款的类推适用,参见 Erman-Müller[14] § 108 Rdnr. 7; Jauernig-Mansel[15] § 108 Rdnr. 3; Köhler[38], § 10 Rdnr. 31; Palandt-Ellenberger[74] § 108 Rdnr. 7.

止合同发生效力。根据第 109 条第 2 款,这仅适用于当他并不知晓限制行为能力的情况。如果他知晓该情况,那么只有在限制行为能力人违反真实情况而声明其法定代理人已经同意,且合同相对人不知道声明不正确的,合同相对人才能撤回。然而,在第 109 条第 2 款中只有存在积极认识才有害,而在——包括重大——过失的情况下,根据第 109 条第 1 款仍有撤回权。如果存在积极认识,那么合同相对人接受待定状态之风险,根据第 108 条的标准,必须等待法定代理人作出决定。反之,未成年人本人受自身意思表示的约束。与可以拒绝追认的法定代理人不同,与可以根据第 109 条从其意思表示中解脱的交易相对人亦不同,未成年人自己没有结束待定状态的可能性。

1033　　②对于限制行为能力人在未经法定代理人许可而实施了对他不利的**单方法律行为**(einseitiges Rechtsgeschäft)的情况,第 111 条包含了特别规定。在单方法律行为中,比如,终止继续性合同的意思表示、追认的意思表示、撤销的意思表示以及解除合同的意思表示,立法者认为待定状态是不可接受的,因为意思表示的受领人不能摆脱法律行为。与合同相对人不同的是,他们自己不能决定是否愿意与未成年人来往[86],他们也不能提前确定,其是否成年以及其法定代理人是否许可。因此,第 111 条第 1 句规定,如果没有第 107 条要求的法定代理人的许可,则实施的单方法律行为不生效力。这样,法律行为并非效力待定,而是无可挽回地不发生效力。此时不考虑追认。[87]

1034　　根据法律文本,即使意思表示受领人表示同意限制行为能力人的单方意思表示,第 111 条第 1 句也适用。然而在这种情况下,受领人不需要其所提供的保护,因此规定的效力在目的上限缩:在意思**表示受领人同意**(Einverständnis des Erklärungsempfängers)的情况下,需要同意的单方法律行为并非最终不发生效力,而是效力待定,根据第 108 条以下条款处理。[88] 当单方法律行为是合同的组成部分时,比如,在不动产买卖合同

---

[86] Mot. I, 133 = Mugdan I, 425.
[87] 对于第 111 条的目的降低,当然是 Münch, FS Leipold, 2009, 1109 ff.。
[88] Brox/Walker[38], Rdnr. 285; Köhler[38], § 10 Rdnr. 29.

中授予的委托书,适用相同规则。[89]

第 111 条第 2 句还加强了对意思表示受领人的保护:如果限制行为能力人已获得法定代理人的许可,那么他必须将许可以书面形式提交给受领人,否则受领人可以**立即将法律行为驳回**(Rechtsgeschäft unverzüglich zurückweisen),除非法定代理人将许可告知他("对内部追认的外部告知")。驳回必须说明,缺失书面证明,且必须立即驳回,即无过失性之迟延(第 121 条第 1 款;→边码 913)。通过这种方式,意思表示受领人——如在第 174 条(→边码 1530)和第 180 条(→边码 1614)中——可以迅速确定单方法律行为的效力。

1035

范例

17 岁的 M 继承了一栋公寓房。因为他打算独自使用该房子中的商用部分,所以想与现在的承租人 A 终止合同。在租赁合同中规定了,合同至年底半年时间的终止期限。6 月 29 日 M 的书信到达 A 处,在书信中 M 表示了租赁合同应当于年底终止。第二天 A 写信给 M,他驳回了终止,因为 M 没有证明他的法定代理人已经同意。这封信于 7 月 3 日到达 M 处,因此 M 提交了一份 6 月 25 日其父母作出的书面同意表示,再次表示终止合同,因此,租赁合同在下一年的年底才终止。第一个终止根据第 111 条第 2 句不生效力,原因是 M 基于没有书面的同意证明立即将终止驳回。(对于立即性取决于寄送,而非到达,→边码 913)。第二个终止虽然生效力,但是没有遵守终止期限,这样,直到下一年的 12 月 31 日前,A 仍可以使用该房子中的商用部分。

1036

四、部分行为能力

在第二种情况中,法律规定在特定行为领域赋予限制行为能力人有完全行为能力的可能性。第 112 条在从事经营时允许这种情况(独立的

1037

---

[89] BGHZ 110, 363, 369 f.

职业)，第 113 条在服务和劳动关系中允许这种情况(不独立的职业)。在这些条款中，关乎的并不是第 107 条、第 111 条的例外，而是第 106 条的例外，因为未成年人以及被照护人(第 1903 条第 1 款第 2 句)在相关领域完全有行为能力，而法定代理人在这方面不再有代理权，除非未成年人授予他代理权。

(一) 从事经营(第 112 条)

1038　　根据第 112 条，法定代理人可以授权未成年人独立从事经营。在此属于有限制的一般同意的特殊情况[90](→边码 1015)，一般涉及的是经营公司[91]，但是任何其他的独立经营行为(比如，艺术行为)都可以成为对象。如果授权得到家事法院的追认，那么未成年人在该领域取得完全行为能力。他不必为每一个对他不利的措施而取得法定代理人的同意，而是可以如同一个成年人那样自己实施所有的由经营带来的法律行为；第 107 条至第 111 条不适用。例外的是第 112 条第 1 款第 2 句规定的情况，即使法定代理人实施行为，也需要经过家事法院追认(→边码 986)。这里仍适用关于限制行为能力的一般规定。这同样适用于所有的与企业行为无关的法律行为。法定代理人仅在家事法院追认的情况下可以根据第 112 条第 2 款撤回授权。

范例

1039　　经父母追认和家事法院的同意，17 岁的 M 经营了一家开发和运营计算机软件的企业。比如，M 可以购买硬件和软件、辅助材料、生产资料或者运输车辆，可以招聘和解雇员工，租赁经营场所，销售他研发的产品。但是，因为第 112 条第 1 款第 2 句，不经父母及家事法院的同意，他不能贷款或者授予商事代理(第 1629 条第 1 款、第 1643

---

[90] 参见 Medicus[10], Rdnr. 583——不同观点，参见 MünchKomm-Schmidt[6] § 112 Rdnr. 1。
[91] 如果未成年人参与了公司经营，那么公司是企业承担人，而股东不是。第 112 条原则上不介入。必须考虑《商法典》第 114 条、第 125 条、第 161 条第 2 款、第 164 条把参与等同于承担个人责任的人合公司的股东。

条第 1 款、第 1822 条第 8 项和第 11 项)、不能出售企业(因为不属于经营行为引发的法律行为),也不能用获得的利润购买自行车,因为购买自行车不属于经营行为,所以不包括在部分行为能力之中。只有在利润被交给 M 自由处分的情况下才会有所不同,这样适用第110 条。

(二)服务和劳动关系

第 113 条包含类似规定(实践意义大为不同)。根据该条款,法定代理人不需要家事法院的追认[92]就可以授权未成年人建立服务关系和劳动关系。此类授权有变更法律地位的效力,因此必须对未成年人表示,而不是对合同相对人表示[93],在此不涉及第 182 条以下条款意义上的许可。授权的效果是,未成年人在一切由该服务合同和劳动合同引发的法律行为中成为完全行为能力人。其范围包括订立服务和劳动合同,在劳动关系中作出意思表示,订立伴随交易,以及终止劳动关系(第 113 条第 1款)。此外,存疑时转换成类似的劳动关系或者服务关系也包括在内(第113 条第 4 款)。例外的情况是,即使法定代理人自己实施的法律行为也需要经家事法院追认(第 113 条第 1 款第 2 句)。法定代理人可以撤回授权或限制授权,但是仅对未来发生效力(第 113 条第 2 款)[94],借此可以收回其代理权。对于职业培训关系,即"学徒岗位",不适用第 113 条,因为此时劳动或服务不是主要的,主要的是职业培训(《联邦教育法》第 1 条、第6 条)。[95]

1040

---

[92] 当未成年人受法定监护时则不同,因为法定监护人根据第 1822 条第 7 项(第 1643条第 1 款未提及父母),监护人需要家事法院的追认;对该不同处理的批评(参见第 113 条第3 款)Flume⁴, § 13, 8。

[93] MünchKomm-Schmitt⁶ § 113 Rdnr. 17; Soergel-Hefermehl¹³ § 113 Rdnr. 3.

[94] 关于限制性处理,参见 MünchKomm-Schmitt⁶, § 113 Rdnr. 35 ff.。

[95] Vgl. nur MünchKomm-Schmitt⁶ § 113 Rdnr. 4.

范例

1041　　16 岁的 M 从父母那里取得授权,普通中学毕业后在附近的钢厂工作。因此,根据第 113 条第 1 款第 1 句,M 可以订立劳动合同、参加工会[96]、在银行开工资账户、对工资提起诉讼[97]、对企业内部的养老金情况作出决定[98]、在重组范围内放弃工资、变更劳动合同,或者辞去工作并受聘于建筑公司。反之,他不能在雇主那里为有损害赔偿义务的同事作保证(第 113 条第 1 款第 2 句联合第 1643 条第 1 款、第 1822 条第 10 项),或者辞去钢厂的工作后在舞厅当迎宾员(第 113 条第 4 款)。如果他用工资购买管理者杂志,则不属于第 113 条第 1 款第 1 句的情况,而属于第 110 条的情况,只要父母把雇主向 M 支付的工资——父母有义务决定工资的使用——交给他任意处分。

1042　　V 是一个企业主,他想要聘用自己未成年的女儿工作。他和他的妻子共同授权给女儿建立相应的服务关系,并与她订立服务合同。该合同需要经家事法院指定的补充照顾人同意。根据第 113 条第 1 款第 1 句授权有效。但是类推适用第 181 条,因为这里存在利益冲突的危险,应当通过被选择的法律构造来规避第 181 条的规定。因此适用第 1629 条第 2 款、第 1795 条第 1 款(对母亲)和第 2 款(对父亲)、第 1909 条。[99]

---

[96] 有争议;关于观点,参见 Gilles/Westphal, JuS 1981, 899 ff.; MünchKomm-Schmitt[6] § 113 Rdnr. 24。

[97] 根据第 112 条、第 113 条,部分有行为能力者,根据《民事诉讼法》第 52 条在相关领域也有诉讼能力(→边码 976);仅参见 Stein/Jonas-Jacoby, ZPO[23], § 52 Rdnr. 4 ff.。

[98] BAG NZA 2000, 34, 36.

[99] 详细的,参见 MünchKomm-Schmitt[6] § 113 Rdnr. 11 ff.。

第二十四章　形式

Armbrüster, Treuwidrigkeit der Berufung auf Formmängel, NJW 2007, 3317; Battes, Erfüllungsansprüche trotz beiderseits bewußten Formmangels? JZ 1969, 683; Bernard, Formbedürftige Rechtsgeschäfte, 1979; Bloching/Ortolf, Schriftformklauseln in der Rechtsprechung von BGH und BAG, NJW 2009, 3393; Böhm, Das Abgehen von rechtsgeschäftlichen Formgeboten, AcP 179 (1979), 425; Boente/Riehm, Das BGB im Zeitalter digitaler Kommunikation – Neue Formvorschriften, Jura 2001, 793; Boergen, Die Effektivität vertraglicher Schriftformklauseln, BB 1971, 202; Buckenberger, Fernschreiben und Fernkopien-Formerfordernisse, Absendung und Zugang, DB 1980, 289; Canaris, Die Vertrauenshaftung im deutschen Privatrecht, 1971; Coing, Form und Billigkeit im modernen Privatrecht, Sonderheft zur DNotZ 1965, 29; Cordes, Telefax und Übereilungsschutz, NJW 1993, 2427; Dietrich, Kann man sich bei der Unterschriftsleistung vertreten lassen?, DB 1974, 2141; Ebbing, Schriftform und E-Mail, CR 1996, 271; Ebnet, Rechtsprobleme bei der Verwendung von Telefax, NJW 1992, 2985; Einsele, Formerfordernisse bei mehraktigen Rechtsgeschäften, DNotZ 1996, 835; Elzer/Jacoby, Durch Fax übermittelte Willenserklärungen und Prozeßhandlungen, ZIP 1997, 1821; Emde, Das Schriftformerfordernis im Mietrecht, WuM 1999, 251; Fritzsche/Malzer, Ausgewählte zivilrechtliche Probleme elektronisch signierter Willenserklärungen, DNotZ 1995, 3; Geißler, "In Textform"–was ist das?, NZM 2001, 689; Gernhuber, Formnichtigkeit und Treu und Glauben, FS W. Schmidt-Rimpler, 1957, 151; Gragert/Wiehe, Das BAG im Strudel neuer Medien, NZA 2001, 311; Hähnchen, Das Gesetz zur Anpassung des Privatrechts und anderer Vorschriften an den modernen Rechtsgeschäftsverkehr, NJW 2001, 2831; Häsemeyer, Die gesetzliche Form der Rechtsgeschäfte, 1971; ders., Die Bedeutung der Form im Privatrecht, JuS 1980, 1; Hagen, Formzwang, Formzweck, Formmangel und Rechtssicherheit, FS H.

Schippel, 1996, 173; Harke, Formzweck und Heilungsziel, WM 2004, 357; Heibel, Die qualifizierte elektronische Signatur, 2004; Heiss, Formmängel und ihre Sanktionen, 1999; K. Heldrich, Die Form des Vertrages, AcP 147 (1941), 89; Henneke, Form-und Fristfragen beim Telefax, NJW 1998, 2194/2958; Hepp, Zur Formbedürftigkeit einseitiger Erwerbsverpflichtungen, NJW 1972, 1695; Heun, Elektronisch erstellte oder übermittelte Dokumente und Schriftform, CR 1995, 2; Heusch, Die elektronische Signatur, 2004; F. v. Hippel, Formalismus und Rechtsdogmatik, 1935; Hoffmann, Willenserklärungen im Internet, 2003; Holzhauer, Die eigenhändige Unterschrift, 1973; Jacoby, Die gesetzliche Schriftform bei Abschluss und Änderung von Gewerberaummietverträgen, NZM 2011, 1; Janal, Die Errichtung und der Zugang einer Erklärung in Textform gem. § 126b BGB, MDR 2006, 368; Kanzleiter, Anforderungen an die Unterschriften von Beteiligten und Notar unter der notariellen Niederschrift, DNotZ 2002, 520; ders., Der Umfang der Beurkundungsbedürftigkeit bei verbundenen Rechtsgeschäften, DNotZ 1994, 275; Keim, Das notarielle Beurkundungsverfahren, 1990; Kreikenbohn/Niederstetter, Qualifizierte Schriftformklauseln in Mietverträgen, NJW 2009, 406; Köbl, Die Bedeutung der Form im heutigen Recht, DNotZ 1983, 207; Köhler, Die Problematik automatisierter Rechtsvorgänge, insbesondere von Willenserklärungen, AcP 182 (1982), 126; ders., Die Unterschrift als Rechtsproblem, FS H. Schippel, 1996, 209; Kühne, Die gesetzliche Form der Rechtsgeschäfte im deutschen und im italienischen Recht, 2002; H. Lehmann, Die Unterschrift im Tatbestand der schriftlichen Willenserklärung, 1904; Leo, Schriftformwahrung bei Stellvertretung in der Gewerberaummiete, NJW 2013, 2393; Leue, Die neuen Formvorschriften des Privatrechts, 2002; Leverenz, Auswirkungen des "Gesetzes zur Anpassung des Privatrechts und anderer Vorschriften an den modernen Rechtsgeschäftsverkehr" auf die Versicherungswirtschaft, VersR 2002, 1318; Lindner – Figura, Die Einhaltung des mietvertraglichen Schriftformgebots bei Nachträgen, NJW 2009, 1861; Lingemann/Gotham, Doppelte Schriftformklausel-gar nicht einfach!, NJW 2009, 268; W. Lorenz, Das Problem der Aufrechterhaltung formnichtiger Schuldver-träge, AcP 156 (1957), 381; ders., Rechtsfolgen formnichtiger Schuldverträge-BGH, NJW 1965, 812, JuS 1966, 429; Löw, Die gewillkürte Schriftform im Arbeitsvertrag, MDR 2006, 12; Ludwig, Entwicklungstendenzen des Rechts der notariellen Beurkundung, AcP 180 (1980), 373; Maier-Reimer, Die Form verbundener Verträge, NJW 2004, 3741;

Malzer, Die öffentliche Beglaubigung, DNotZ 2000, 169; Mankowski, Formzwecke, JZ 2010, 662; Mertens, Die Reichweite gesetzlicher Formvorschriften im BGB, JZ 2004, 431; Merz, Auslegung, Lückenfüllung und Normberichtigung, AcP 163 (1964), 305; Mock, Die Heilung fehlerhafter Rechtsgeschäfte, 2014; Nipperdey, Formmängel, Vertretungsmängel, fehlende Genehmigung bei Rechtsgeschäften der öffentlichen Hand und Treu und Glauben, JZ 1952, 577; Pickart, Die Rechtsprechung des Bundesgerichtshofs zur Formnichtigkeit von Verträgen, WM 1963, 1013; ders., Die Rechtsprechung des Bundesgerichtshofs zum notariellen Grundbuchrecht, WM 1970, 266; Pohlmann, Die Heilung formnichtiger Verpflichtungsgeschäfte durch Erfüllung, 1992; Pordesch, Die elektronische Form und das Präsentationsproblem, 2003; Rapp, Rechtliche Rahmenbedingungen und Formqualitäten elektronischer Signaturen, 2002; Regenfus, Gesetzliche Schriftformerfordernisse – Auswirkungen des Normzwecks auf die tatbestandlichen Anforderungen, JA 2008, 161/246; Reichel, Zur Behandlung formnichtiger Verpflichtungsgeschäfte, AcP 104 (1909), 1; Reiling, Vorkehrungen gegen Vertragsänderungen durch den Vertragspartner: Schriftformklauseln, JA 2000, 866; D. Reinicke, Rechtsfolgen formwidrig abgeschlossener Verträge, 1969; ders., Die Bedeutung der Schriftformklausel unter Kaufleuten, DB 1976, 2289; ders., Formmangel und Verschulden bei Vertragsabschluß, DB 1967, 109; Reithmann, Warnpflicht des Notars bei der Beurkundung, NJW 1995, 3370; Schäfer, „Schriftliche" Einladung zur Mitgliederversammlung eines eingetragenen Vereins auch per E–Mail?, NJW 2012, 891; Scheuerle, Formalismusargumente, AcP 172 (1972), 396; Schmidt–Salzer, Rechtsprobleme der Schriftformklauseln, NJW 1968, 1257; Schultz, Nochmals: Schriftform bei Mietverträgen, NZM 1999, 298; Schulz, Schriftformklauseln in Allgemeinen Geschäftsbedingungen, Jura 1995, 71; Siegel, Die privatrechtliche Funktion der Urkunde, AcP 111 (1914), 1; Singer, Formnichtigkeit und Treu und Glauben. Zur bereicherungsrechtlichen Abwicklung formnichtiger Grundstückskaufverträge, WM 1983, 254; Teske, Schriftformklauseln in Allgemeinen Geschäftsbedingungen, 1990; Tiedtke, Die Bedeutung des Verzichts auf die Geltendmachung mündlicher Vertragsänderungen, MDR 1976, 367; Timme/Hülk, Schriftform bei langfristigen Mietverträgen – ein Dauerproblem, NJW 2007, 3313; Tschentscher, Beweis und Schriftform bei Telefaxdokumenten, CR 1991, 141; Vehslage, Das geplante Gesetz zur Anpassung der Formvorschriften des Privatrechts und anderer Vorschriften des modernen Rechtsverkehrs, DB 2000, 1801; Vollkommer, Formstrenge und prozessuale Billigkeit, 1973; Wagner, Zum Schutzzweck des Beurkundungszwanges gemäß § 313 BGB, AcP 172 (1972), 452; Westerhoff, Wie begründen wir die Formnichtigkeit?, AcP 184 (1984), 341; Winkler, Die Formbedürftigkeit von Kaufanwärterverträgen über Grundstücke und Eigentumswohnungen, NJW 1971, 401; M. Wolf, Rechtsgeschäfte im Vorfeld von Grundstücksübertragungen und ihre eingeschränkte Beurkundungsbedürftigkeit, DNotZ 1995, 179; Zempel, Gerichtliche Protokollierung an Stelle notarieller Beurkundung-Möglichkeiten und Grenzen, NJW 2015, 2859; Zenker, Textform im WWW, insbesondere bei eBay, JZ 2007, 816; Zoller, Die Mikro-, Photo-und Telekopie im Zivilprozeß, NJW 1993, 4429.

一、概述

1044　　在德国私法中,意思表示可以默示发出,因此,它是非要式的(→边码573)。合同也可以不需要形式。形式自由原则[1]是为了法律交往的简单性和快捷性之利益,普遍的形式强制,特别是在日常生活的大宗交易中,将会严重妨碍交易。[2] 在罗马法中,原本所有的法律行为都需要形式,后来形式依然是许多法律行为的要件。今天它一般不再是法律行为的必要组成部分,而仅仅是某些法律行为的特征,区别于其他要件[3](→边码405)。形式自由是合同自由的体现(→边码661)。以何种形式(口头、书面、默示)表达自己,以及是否使他们的法律行为服从于形式强制(→边码776),应当交给当事人自行决定。第125条第2句、第127条体现了该理念,这两个条款规定了**意定形式**(gewillkürte Form),即通过法律

---

[1] 对此《联合国国际商事合同通则》第1.2条也有疑虑(→边码25)。
[2] 参见 Mot. I, 180＝Mugdan I, 451——Salopp 表述为:我们不可能在每一个超市的收银台安排一名公证员。
[3] 关于形式从法律行为概念历史性的脱离以及例外,Flume[4], § 15 I 1 附证明; Wolf/Neuner[10], § 44 Rdnr. 2。

行为约定了形式。此外存在很多规定了**法定形式**(gesetzliche Form)的情况。在这些情况下,法律认为意思表示特别重要或者特别危险,因此规定,只有当它满足特定形式时才生效力。[4] 在此,对形式类型的划分体现为:从一般书面形式(比如,第550条第1句)到公证文书(比如,第311b条第1款第1句),再到在特定的公职人员面前作出意思表示(比如,第925条第1款第1句、第1310条第1款第1句)。

一般的情况是,**整个法律行为**(das ganze Rechtsgeschäft)(构成法律行为的所有意思表示[5])都需要形式,比如,第550条第1句中的长期租赁合同,第2231条第1项、第2232条中的公证遗嘱就属于这种情况。也存在**半边的形式**(halbseitige Form),即在合同的两个意思表示中只有一个需要形式。在第766条第1句中可以找到一个重要的范例,据此,在保证合同中,保证人的意思表示需要书面形式,另外,在第518条第1款中,赠与承诺也需要书面形式。

1045

二、形式目的

当事人或者立法者选择哪种形式类型,取决于形式规定所追求的目的。在此主要区分三个形式目的:证明功能、警告功能和咨询功能。[6] 警告功能和证明功能在立法资料中可以直观地表示为[7]:"遵循形式是必要的,可以唤起参与人的商业情绪、法律意识,促使其谨慎思考,并且保障各方作出决定的严肃性(警告功能)。""另外,遵守形式使行动的法律

1046

---

[4] 在极少数情况下,形式规定表达的不是生效的前提条件,而是为证明之利益建议当事人需要形式;关于《商业拍卖条例》第1条,参见BGH MDR 2000, 512。

[5] 只要法律行为由意思表示构成,就可以说法律行为需要形式。还有其他因素属于法律行为的要件,比如,事实行为(边码399),那么形式强制仅涉及意思表示,不涉及其他要件特征。

[6] 分类在部分情况下区别很大。根据Heldrich, AcP 147 (1941), 89, 91 ff., 应当区分8个形式目的:订立明确、内容明晰、证明保障、仓促保护、第三人可认识、专业咨询、公共利益意义上的监督、为公共利益增加订约难度;认为应当区分14个形式目的的观点,参见Mankowski, JZ 2010, 662 ff.。

[7] Mot. I, 179 = Mugdan I, 451.

特征更加清晰，它充当已经完成的法律意思的印章（与钱币的标记一样），使法律行为的完成不受质疑。最后，遵守形式保障了法律行为可以被证明，即根据其保存文本和内容在任何时间都可以被证明；它也使诉讼减少或者缩短，以及简化诉讼（证明功能）。"

1047　　首先，特定形式的规定在多数情况下都有**证明功能**（Beweisfunktion）。应当将意思表示作成文书，借此在有争议时可以在法庭上证明意思表示已经作出以及其内容。如果当事人通过法律行为约定了特定的形式，那么在大多数情况下，他们主要通过这种方式获得证明手段。立法者在很多情况下也追求该目的。比如，第311b条第1款第1句规定，不动产买卖合同需要公证文书，借此合同的订立和内容可以用公证文书证明。第550条第1句规定期限超过一年的不动产租赁合同必须采用书面形式，借此合同的订立和内容在经过长时间后仍然能够得以证明。书面形式的要求不仅指向合同当事人，而且指向第三人，比如，根据第566条第1款，加入长期租赁合同中的不动产取得人，需要从书证中（不仅仅是从出让人的回忆中）获得对其有约束力的期限。[8]

1048　　其次，形式规定可以保障**警告功能**（Warnfunktion）。通过敦促当事人以特定的形式作出意思表示，使当事人在这种形式化的过程中清楚地知道其行为的意义和影响，以此保护其不操之过急。第311b条第1款第1句属于此列。特别是不动产买卖合同，由于买卖客体和通常可观的对待给付，从日常生活习惯的视角看属于显著交易，当事人——不仅是放弃不动产财产的出让人，而且是接受不动产财产、通常有义务支付可观的对待给付的取得人——应当周密思考。同样，第766条第1句规定，保证人应当以书面形式作出使其负担义务的意思表示，这样他可以在记录以及签字时清楚，他正在进行一项危险的交易，即用自己的全部财产为他人债务承担责任。

1049　　最后，形式规定可能具有**咨询功能**（Beratungsfunktion）。比如，在第

---

〔8〕 Vgl. nur BGHZ 176, 301 Rdnr. 13; BGH NJW 2010, 1518 Rdnr. 14; Franke, ZMR 1998, 529, 530 f.

311b条第1款第1句、第518条第1款、第2232条第1句、第2371条中的公证人介入就属于这种情况,根据《公证法》第17条,公证员应当向当事人说明交易的法律影响,并注意使无经验的、不机敏的当事人不遭受不利。

以第311b条第1款第1句为例,它表明,借助形式规定可以谋求多个甚至所有的前文表达的形式目的;形式的功能可以**累积**(kumuliert)。特别是公证人的公证同样可以服务于证明功能、警告功能和咨询功能,这在《公证法》第17条第1款和第2款中有明确表达。

三、形式类型

在《民法典》第2编至第5编中,法律在不同的位置规定了形式强制。此处规定的形式类型在总则部分第126条以下条款中予以定义。这些定义主要对法定形式适用。反之,在意定形式中,当事人自由选择法律规定的形式类型,或者作出完全不同的考虑[比如,法律从未规定在证人面前作出意思表示(→边码1072),或者在实践中购买牲畜时通常通过当事人的三次击掌订立合同]。对意定书面形式而言,第127条中规定的只是解释规则。

(一)书面形式

《民法典》在第126条中规定了法定书面形式,在第127条中规定了意定书面形式。这两个规定不完全一致,确切地说,对法定书面形式的要求比对意定书面形式的要求更严格。

1. 法定书面形式(第126条)

如果法律在某处要求,意思表示[9]应以书面形式发出,那么根据第

---

[9] 对于其他书面作出的意思表示,特别是准法律行为上的行动(→边码420),要审查,该规范依其意义和目的是否类推适用。反对意见[其后果是,传真(→边码1057)已足够]BAG NJW 2003, 843, 844; 2001, 989, 990;对此批评的,参见 Gragert/Wiehe, NZA 2001, 311 ff.——在《民法典》之外,有时候对意思表示也要审查,法律规范是否将书面形式作为效力要求,或者为其他目的;参见 BGH NJW 2001, 600, 601f.(经济警察审查的简化在《商业拍卖条例》第1条第1款)。

126条第1款，其含义为要制成文书，该文书必须由出具人亲自签名，或者借助经公证的画押签名。对于合同，第126条第2款规定，当事人必须在同一个文书上签名，当存在多个文字表达相同的文书时，一方当事人在为另一方当事人确定的文书上签名足矣。[10] 在存在多个合同副本的情况下，一份副本满足形式要求足矣。[11] 是否满足要求，应于签名时查明。[12]

1054　　因此，首先需要**文书**（Urkunde），亦即将意思表示书面地呈现于纸上。[13] 与遗嘱（第2247条第1款）不同，文书不必手写，也不必由意思表示人亲自书写；合同表格或者打印的合同文本也是文书。文本多于一页，则必须将每页组合成一个整体。可以通过实体合并，比如，通过装订成册完成，也可以通过其他方式，比如，将页或者合同确定（的内容）连续编号，或者从版面的形成、文本的关联性或者类似的因素中明确地得出整体性。[14] 如果形成实体或内容上的合并，那么各页构成一个整体文书，只需要在末尾签名一次。反之，如果没有形成合并，那么每页都是独立的文书，必须在每页签名，这样才满足第126条的形式规定。[15] 此外，还要求文书要完整地体现意思表示。是否满足该条件，要通过解释来确定，在此首先应查明意思表示的内容，其次，要审查该内容是否在文书中被表达出来（→边码558以下）。关于文书的到达，参见边码630。

范例

1055　　在一栋正在建造的房子中，M想从V处租赁3间办公室，租期为5年。在租赁合同中约定，将正在建造的建筑物中的第一层空间（H

---

　　[10]　然而联邦法院（NJW 2015, 2648 Rdnr. 32 ff.）在第550条中对租赁合同允许例外，根据《民事诉讼法》第278条第6款成立的和解足矣，BAG NJW 2007, 1831 Rdnr. 16 ff.。
　　[11]　BGHZ 142, 158, 160.
　　[12]　BGH NJW 2007, 3237 Rdnr. 26.
　　[13]　在电子手写板上的签名不满足，参见 OLG München NJW 2012, 3564, 3565。
　　[14]　BGHZ 136, 357, 359 ff. 附相反观点的全面证明，该观点仅认为实体的组合才足够：BGH NJW 2003, 1248; 2000, 354, 357; 1999, 3257, 3258; 1999, 2591; NJW-RR 2000, 1108; NZM 2001, 43, 44; 2000, 548, 549。
　　[15]　BGH NJW 1999, 1104, 1105.

街道），约 260 平方米，出租给承租人；准确的面积见附件中的规划，在该规划中出租空间用绿色划定边框。当事人仅在合同上签名，而未在合同的附件上签名。第 550 条第 1 句的书面形式仍然可以得到保障。只有在附件包含独立的规定，而不仅仅是作为在合同中已经足够具体的权利和义务的定位指南或者注释的情况下[16]，附件才必须（通过实体结合或者其他方式）与合同联合成一个整体文书。在本案中，通过"第一层空间（H 街道），约 260 平米"的表述已经可以清楚地查明出租客体，这样，提请参照的规划仅用于详细说明，并不包含独立的规定内容。

文书必须**签名**（unterzeichnet）。法律所要求的签名有不同的功能。它应当在空间上终结文本[17]［终结功能（Abschlussfunktion）］，使签发人具有可识别性［身份功能（Identitätsfunktion），→边码 1060］，表明面前的文本与表示人的意思一致［一致性功能（Deckungsfunktion）][18]，敦促表示人作出缜密的思考，即保护他不轻举妄动［警告功能（Warnfunktion）］。如果某人在文书开头就签名，借此承认之后的文本，那么这一目的就不足以得到保障，因为可能在签名后对文本的内容进行补充。"上款签名"不是第 126 条意义上的签名，因此不满足形式规定。[19] 事后作为附言附加的补充或者变更，必须重新签名。[20] 签名必须在体现意思表示的文书上出现，意思表示以文书的形态到达受领人。因此，不满足要求的情况是，某

---

[16] BGHZ 142, 158, 163 ff.; BGH NJW 2003, 1248; NJW-RR 2001, 953 f.; NZM 2001, 43, 44. 对于增补合同，参见 BGH NJW 2009, 2195 Rdnr. 21 ff.; 2008, 2181 Rdnr. 24。

[17] 不是时间上的。虽然部分观点认为，签名使文本脱离起草阶段（另参见 Jauernig-Mansel[15] § 126 Rndr. 2）。可是对于这样的重大事件根据意思表示的发出确定更好（→边码 611），在需要签名的双方当事人同时在场的情况下，意思表示的发出可以与签名是同一个行为。

[18] 部分观点将它也称为"真实性功能"；参见 Köbler[38]，§ 12 Rdnr. 7。

[19] BGHZ 113, 48, 53 f.; 对于位于文本旁边的"旁边签名"相同 BGH NJW 1992, 829, 830; 赞同的观点，参见 Medicus[10]，Rdnr. 617; Wolf/Neuner[10]，§ 44 Rdnr. 27——不同观点，参见 Köbler, JZ 1991, 408, 409; ders. FS Schippel, 1996, 209, 219 f.。

[20] BGH NJW-RR 1990, 518。

人在邮局以电报的方式传达意思表示,并在交付的表格上签名,因为该表格不会到达受领人,所以传达的电报没有亲笔签名。关于空白签名,参见边码 1642 以下、1648。

范例

1057　　B 因为其子 S 的请求,在 G 银行的保证表格上签名,他把该保证表格通过传真发送给 G。当 G 要求 B 支付的时候,B 主张形式无效——这是正确的,因为第 766 条第 1 句对保证人的意思表示所要求的书面形式没有得到保障。B 虽然在保证表格上亲笔签名,但是该文书没有到达 G(→边码 630)。到达他的是传真机的电传内容,即一份本身没有签名的文书,它只是使另一份文书(传真原件)包括的签名可以被看见。这不满足第 126 条的书面形式要求。[21]

1058　　文书必须**由出具人**(von dem Aussteller)签名。法律以出具人为准,并不意味着起草人或者书写人必须签名。出具人是指文本被视为其意思表示者,他以自己的名义或者作为他人的代理人发出意思表示。对此,第 126 条第 2 款对合同作出特殊规定:如果合同需要书面形式,那么当仅有书面的要约和书面的承诺时,则不满足要求,因为由签名的文书仅得出单方的意思表示,而未能达成合意。确切地说,必须有所有的合同当事人都签名的整体文书。[22] 然而,如果整体文书中的意思表示在内容上都一致[23],那么在该文书上所有当事人仅对自己的意思表示签名即可。[24] 如果存在多份合同文书的正本,每个当事人都应当取得一份,根据第 126 条第 2 款第 2 句,每个当事人取得对方签名的合同文

---

[21] BGHZ 121, 224, 229; BGH ZIP 2006, 224 f.; NJW 1997, 3169, 3170; BAG NJW 2003, 843, 844; Cordes NJW 1993, 2427 ff.; Elzer/Jacoby, ZIP 1997, 1821, 1826 ff.附证明;Köhler[38], § 12 Rdnr. 8; Vollkommer/Gleussner, JZ 1993, 1007 ff.。

[22] Vgl. BGH NJW 2004, 1103; 2003, 3053, 3054; OLG Hamm VerR 2000, 365; OLG Rostock NJW-RR 2001, 514; BAG NJW 2005, 2572 f.

[23] So zu § 550 BGHZ 160, 97, 102 ff.

[24] BGH NJW 2001, 221, 222.

本即可。[25]

文书必须由出具人**亲笔**(eigenhändig)签名,对此,需要手写的签名。传真、打印的、机器或电子生成的签名都不足以满足书面形式的要求。[26] 目前在单纯的告知中经常见到的表述为"该函件由机器起草,无须签名即有效",因为没有亲笔签名,显然不满足书面形式的要求,除非法律——比如,在第 793 条第 2 款第 2 句或者《股份法》第 13 条第 1 句中——考虑大宗交易的特征允许存在例外。然而,法律允许他人握着自己的手签名,比如,因为年龄或者疾病导致不能自己持笔或者用笔,笔路(书写过程)必须取决于表示人的积极行动意思。[27]

1059

最后,亲笔签名是指**签下名字或者经公证认证的画押**(Namensunterschrift oder ein notariell beglaubigtes Handzeichen)。借助该要求,可以保证意思表示人的个性化,并证明作者身份。因此,(表示人)至少要用全姓进行签名。[28] 在此也可以使用笔名,只要名字的使用人确保其具有可识别性。商人可以根据《商法典》第 17 条第 1 款使用它的商号,即用它在商事交易中使用的名称签名。名称的书写不需要字迹清晰易读,但必须是个性化的,笔迹连贯,显示相应的典型特征,使完整的签名意图能被辨认出来。[29] 反之,任何缩写[简略的画押(paraphen)]或者其他标记都不足[30];众所周知的"三个叉"可以源自任何一个人。它们不适合识别创作人。不能写自己名字的人,必须将自己的画押("三个叉")在公证员面前画在文书的文本上。然后公证员认证该画押源自他认识的或者用证件证

1060

---

[25] 在实践中的大多数情况下,合同以两份寄送人签名的文本寄出,并备注对方应当将其中一份签名后寄回。

[26] Wolf/Neuner[10], § 44 Rdnr. 33; 对此批评的 Köhler, AcP 182 (1982), 126, 147 ff.; 对于电子邮件附加的签名文档中的书面形式保障,也参见 Ebbing, CR 1996, 271 ff.。

[27] 参见 BGH NJW 1981, 1900, 1901; 特别对身体残疾者 Neuner NJW 2000, 1822, 1826。

[28] 仅有名字还不够,参见 BGHZ 152, 255, 257; OLG Stuttgart NJW 2002, 832。

[29] BGH NJW 1996, 997; OLG Köln NJW-RR 2005, 1252; 没有任何特性的不清晰易读的签名则不同,参见 BGH NJW-RR 1999, 697; AG Dortmund NJW-RR 2000, 151; 对此, 也参见 Schneider MDR 2000, 747 f.。

[30] BGH NJW-RR 2007, 351 Rdnr. 10.

明的人。

范例

1061　　M欲订立一个为期5年的不动产租赁合同。出租人V把签过名的合同文本寄给他，请他也签名。M的妻子F在取得他的同意后用M的名字签名，并将合同寄给V。在这里，根据第550条第1句，合同需要采用书面形式。合同上有V的亲笔签名。M方面也满足书面形式的要求。文书上有亲笔签名，阅读合同文本的人可以辨认出该签名。并非M本人，而是F——虽然亲笔，但是以M的名义——行动，从书面形式的视角来看并不重要，只是从合法性的视角来看较为重要（→边码1413）。在此关乎的不是形式问题，而是代理问题。[31]

1062　　**电子意思表示**（elektronische Willenserklärung）不可能满足书面形式的前提条件，因为不能实现在到达受领人的文书上亲笔签名。根据《电子商务欧盟指令》[32]第9条，欧盟成员国有义务使通过电子途径订立合同成为可能。因此法律[33]规定，在法律——比如，第623条、第630条第3句、第761条第2句、第766条第2句、第780条第2句、第781条第2句——没有不同规定的情况下，书面形式可以被电子形式替代（第126条第3款）。在这种情况下，意思表示的出具人必须将他的名字附加在意思表示中，并根据《签名法》给电子文档配备有资质的签名（第126a条第1款）。[34] 在合同中，双方当事人不能仅将自己的意思表示用这种电子方式签署，而是必须对文字相同的文档都用这种电子方式签署（第126a条

---

　　[31] BGHZ 176, 301 Rdnr. 27; BGH NJW 2013, 1082 Rdnr. 10 ff.; 2007, 3346 Rdnr. 13; Jacoby, NZM 2011, 1 ff.; 也参见 Leo, NJW 2013, 2393 ff.。
　　[32] Richtlinie 2000/31/EG vom 8. 6. 2000, ABlEG v. 17.7.2000, L 178/1.
　　[33] 在2001年7月13日的关于私法和其他法规适应现代法律交易的文本中；BGBl. I, 1542。对此，另参见 Boente/Riehm, Jura 2001, 793 ff.; Geissler, NZM 2001, 689 f.; Hähnchen, NJW 2001, 2831 ff.; Heusch (Rdnr. 1043), passim; Leverenz, VersR 2002, 1318 ff.。
　　[34] 关于到达问题，参见 Boehnte/Riehm, Jura 2001, 793, 795 f.。

第 2 款）。除此之外，第 126b 条规定了文本形式[35]，但只有当法律明确允许时才适用。发生这种情况时[36]，根据第 126b 条意思表示必须在持久的数据载体[37]上发出，并且在文字上可读，指明意思表示人，通过复制签名副本或者其他适合的方式可以识别出意思表示结束。但不需要法律意义上的签名(→边码 1056 以下）。

2. 意定书面形式（第 127 条）

如果法律没有规定书面形式，当事人可以通过法律行为约定。[38] 首先第 127 条第 1 句规定，在存疑的情况下，第 126 条的规定也适用于通过法律行为确定的书面形式。对此第 127 条在这方面作了一些简化，因此，可以认为当事人欲通过约定书面形式而实施第 126 条的要求。然而，这仅在"存疑"的情况下适用。因此，第 127 条第 1 句属于**解释规则**（Auslegungsregel）。要解释的是，（当事人）约定书面形式这一法律行为，而不是应当满足书面形式的法律行为。如果对书面形式约定的解释引发了其他的结果（比如，因为当事人约定，对于书面形式应当要求在两个证人面前签名或者需要挂号信[39]），那么该结果优先；否则仍然应当维持对法定书面形式的要求。如果当事人遵守了特定的形式，那么在存疑的情况下，应认为他们未约定进一步的形式要求。[40] 1063

然而，这一规则在第 127 条第 2 款第 1 句中同样受到限制：只要没有不同的意思，对于保障意定书面形式而言，**电信传达**（telekommunikative 1064

---

[35] 对此，详见 Janal, MDR 2006, 368 ff.; Zenker, JZ 2007, 816 ff.。

[36] 立法者的使用增加；比如，参见 §§ 477 Abs. 2, 482 Abs. 1 S. 1, 482a S. 1, 484 Abs. 2 S. 3, 486a Abs. 1 S. 3, 505 Abs. 1 S. 1, 510 Abs. 1 S. 2, 555a Abs. 1 S. 1, 555d Abs. 3 S. 1 und Abs. 4 S. 1, 556a Abs. 2 S. 1, 556b Abs. 2 S. 1, 556c Abs. 2, 556g Abs. 4, 557b Abs. 3 S. 1, 558a Abs. 1, 559b Abs. 1 S. 1, 560 Abs. 1 S. 1 und Abs. 4, 613a Abs. 5, 630c Abs. 3 S. 1, 630e Abs. 2 S. 1 Nr. 1, 655b Abs. 1 S. 3, 675 Abs. 3; 此外，Art. 246 Abs. 1 S. 3, 246a § 1 Abs. 2 S. 2 EGBGB。

[37] 在一般的网页上的复制不足，BGH NJW 2014, 2857 Rdnr. 19 f.。

[38] 形式强制一般必须通过合同约定，不能由一方强加。如果合同一方作出合同要约，在要约中他可以确定，他将仅接受通过特定形式作出的承诺表示，则情况不同（→边码 746）。

[39] 这种法定书面形式的强化是被允许的，然而根据第 309 条第 13 项，在格式条款中则不被允许。

[40] BGH NZM 2000, 548.

übermittlung)以及在合同中的**往来信件**(Briefwechsel)已足够。与第126条不同(→边码1056),在此关乎的问题是,传真、电报、电子邮件[41]或者书面合同中交换书面意思表示(→边码1058)是否足够。这个问题也要优先通过解释形式约定来回答(比如,当事人可以在此处明确确定,电子邮件不满足要求)。如果解释无结果,那么第127条第2款第1句的解释规则使这种缓和的要求得以满足。然而,根据第127条第2款第2句,可以事后要求与第126条相当的证明书。但是据此制成的文书不再是(以缓和的形式已经生效作出的)意思表示的体现,而只是宣告性行为,仅用于证明目的。

范例

1065　　V和M在他们的租赁合同中约定,终止合同必须采用书面形式表示。V在一封用签章签名的信函中表示终止合同。传真签名不满足法定书面形式的要求(→边码1060),但是在意定书面形式中足够。原因在于,如果第127条第2款第1句使电信传达满足要求,那么由此虽然没有放弃签名本身,但是却放弃了亲笔签名。[42]

1066　　当事人可以随时再废止书面形式的约定。**形式约定的废止**(Aufhebung der Formvereinbarung)可以不需要形式,也可以通过默示的行为实施。这种选择的后果是,仅在诉讼时才会关注形式瑕疵。[43] 默示地废止形式约定,可能是双方一致漠视约定的形式强制,比如,口头达成合意或者双方一致同意实施合同。[44] 当然,前提条件是,当事人一致愿意使口头约定具有约束力,与他们是否考虑到当初约定的形式强制无关。[45]

---

　[41]　对邀请参加会员大会,参见 Schäfer, NJW 2012, 891 ff.。
　[42]　Flume[4], § 15 II 2 b.
　[43]　Vgl. Schneider, MDR 2000, 747, 748 f.
　[44]　BGH NJW 2000, 354, 357; OLG Brandenburg NJW-RR 2001, 1673, 1674.
　[45]　BGHZ 119, 283, 291; 71, 162, 164; BGH NJW 1991, 1750, 1751; 1975, 1653, 1654; 1968, 32, 33——反之,要求特别的需确定的废止意思,参见 BFH NJW 1997, 1327, 1328;原则上也见 Wolf/Neuner[10], § 44 Rdnr. 84,通过补充解释(即使是限缩的)(提供)帮助。

这对"双重的"或者"升级的"书面形式条款同样适用,即使当事人在原始的书面条款中约定,废止该条款也应当通过书面形式完成[46],因为上述书面形式的约定也可以被(默示地)废止。[47] 但相反观点认为,当事人最终地、不可撤回地受书面形式条款的约束。然而,若双方一致有意愿使口头约定有效,那么这种对合同自由的限制不具有合法性。

(二)公证书(第128条)

法律在第128条中规定了合同的公证书,没有规定其他的意思表示的公证书(比如,遗嘱,第2231条第1项、第2232条)。与书面形式相比,此类形式更严格,或者可以认为,根据第126条第3款,公证书替代了书面形式(而根据第127a条,公证书可以被记录在法院的诉讼和解中的意思表示替代[48])。**公证书**(Notarielle Beurkundung)意味着当事人在公证员[49]面前作出意思表示,公证员将意思表示记录下来。[50] 文书的制作人(→边码1054以下)在此情况下是公证员,他证明意思表示正如在文书中记载的那样,是在他面前作出的。 1067

第128条的规范内容限于,允许对合同作**连续性公证书**(Sukzessivbeurkundung)。与第925条第1款第1句、第1311条第1句、第1410 1068

---

[46] 关于在格式条款中包含的"双重的书面形式条款"的效力,参见 BAG NJW 2009, 316 Rdnr. 15 ff.; Lingemann/Gotham, NJW 2009, 268 ff.。

[47] OLG Düsseldorf NZM 2001, 591; LAG Rheinland-Pfalz MDR 1999, 1393 f.; D. Reinicke, DB 1976, 2289 ff.; Soegel-Hefermehl[13] § 125 Rdnr. 33; Tiedtke, MDR 1976, 367 f.——不同观点 BGHZ 66, 378, 382(仅对商人); BGH NJW-RR 1991, 1289, 1290; BAG NJW 2003, 3725, 3727; Erman-Arnold[14] § 125 Rdnr. 26; Medicus[10], Rdnr. 643; MünchKomm-Einsele[6] § 125 Rdnr. 70; Palandt-Ellenberger[74] § 125 Rdnr. 19; Reiling, JA 2000, 866, 869; Wolf/Neuner[10], § 45 Rdnr. 84 f.。

[48] 在第925条第1款第3句中隐藏相同的评估。对第127a条,参见 BGHZ 142, 84, 87 f.; BGH NJW 2014, 1231 Rdnr. 13 ff.; OLG Koblenz NJW 2015, 1316; Zempel, NJW 2015, 2859 ff.。

[49] 公证书尽量指派给公证员。只有在例外的情况下其他部门才对公证书有权认证。比如,对父亲身份的承认,参见1597条第1款联合《公证法》第62条第1款第1项(基层法院)、《社会法(八)》第59条第1款第1项(青少年局)。

[50] 该前提条件的适用无关于合同订立的情况,比如,通过拍卖订立的合同,参见 BGHZ 138, 339, 341 f.。

条、第2276条第1款第1句中不同的是，双方的意思表示不必同时在同一个公证员面前发出，它们也不必——与第126条第2款(→边码1058)不同——记录于同一份书证中。确切地说，首先对要约进行公证，然后对承诺进行公证，这样足矣。也不必由同一个公证员进行公证，要约和承诺可以由不同的公证员进行公证。[51]

1069　　另外，**公证程序**(Beurkundungsverfahren)以《公证法》为基础。公证员查明当事人的意思，为他们提供咨询服务(《公证法》第17条)。然后，公证员制作记录当事人意思表示的笔录(《公证法》第8条、第9条第1款第1句第2项)。公证员向当事人宣读笔录，得到他们的同意，当事人[52]和公证员都要签名(《公证法》第13条第1款第1句)。根据《民事诉讼法》第415条第1款，符合规范而制定的公证书作为官方文书具有完全的证明力——意思表示如公证的那样，在公证员面前作出。因此在结论上，公证书同时具有证明功能、警告功能和咨询功能(→边码1047以下)。

(三) 官方认证(第129条)[53]

1070　　与公证书相区别的是第129条规定的官方认证，法律主要对应当在登记程序中发出的意思表示有此要求(主要参见《土地簿条例》第29条以及《民法典》第77条、第1560条第1句，《商法典》第12条第1款第1句，《企业改制法》第17条第1款)。当然，这里也是公证员行为。但是公证员在认证时不是记录意思表示，他只是证明表示人在他面前对(可能并非源自公证员，而是表示人带来的)书面的意思表示签名。公证员不审查谁在书证中作为表示人出现[54]，他仅证明在他面前在书证上签名的人的身份具有一致性。被证明的只是签名或者画押的真实性(《公证法》第40条第3款)，而不是予以签名的意思表示的作出甚至其内容。

---

[51] 关于在这种情况下合同订立的时间点，见边码748。
[52] 在这里(→边码1060)也要求用姓签名；BGHZ 152, 255, 257 ff.; OLG Stuttgart NJW 2002, 832 f.; 批评的，参见 Kanzleiter, DNotZ 2002, 520 ff.。
[53] 对此，详见 Malzer, DNotZ 2000, 169 ff.。
[54] 关于例外情况下可能的空白签名的认证，参见《公证法》第40条第5款。

范例

G 将债权让与给 Z,并根据第 403 条第 1 句对让与意思表示进行 1071
了官方认证。就该文书,Z 只可以根据《民事诉讼法》第 415 条第 1 款
证明 G 在债权让与文书上签名,但不能证明双方真正地实施过债权
让与,或者被让与的债权真实存在。根据《民事诉讼法》第 416 条,Z
可以将认证的债权让与意思表示作为私人文书来证明债权让与。此
外,她也可以根据第 410 条对债务人使用该文书。

(四)其他的形式类型

法律在不同的位置创立了非典型的,在总则中没有进一步定义的形 1072
式强制。在这里要提及的是,在主管部门或者公职人员面前作出的意思
表示,不必对该意思表示进行公证;无论如何,公证都不是此处意思表示
生效的前提条件。范例见第 925 条第 1 款第 1 句、第 1310 条第 1 款第 1
句、第 1311 条第 1 句。目前,不再对证人参与作任何强制性规定。第
1312 条第 1 款第 2 句仅把它视为对结婚者意愿的让步,就效力而言并无
意义。第 2250 条第 1 款开启了通过在 3 个证人面前作出口头意思表示的
紧急遗嘱的任选可能性,然而还需要在遗嘱人去世前由证人或者其他人
对遗嘱人的意思表示制作备忘录。

四、违反形式的法律效果

(一)违反形式的确定

如果关乎的是法律行为的形式无效,则首先要审查是否违反形式,亦 1073
即要考虑法律行为是否需要特定的形式,该形式是否在必要的**范围**(Umfang)内得以遵守。[55] 经常出现的情况是,虽然当事人的行为原则上符合

---

[55] 对此参见 Mertens, JZ 2004, 431 ff.。

形式,但是法律行为并没有完全满足形式要求。首先,毋庸置疑的是,对法律行为的约定必须始终符合形式规定,法律行为才发生效力。[56] 但是,对所有附随协议的约定也必须符合形式要求[57],当事人在没有这些附随协议时是否也会订立法律行为并不重要。这个问题不是从要件方面提出的(形式强制),而是从法律效果方面提出的(根据第139条仅部分形式无效;→边码1075)。最后,如果自始包含于已经变更的合同中的意思表示需要形式,且变更涉及的是需要形式的要点,则变更也需要形式。只有涉及消除合同进展中的困难[58],或者在形式规定只想保护一方当事人,且变更对该方当事人只有法律之利益的情况下,这才不适用;此外,形式规定根据其意义和目的可以限制性地予以运用(范例:保证人义务的削减)。再如,在意定形式中也要注意的是,允许当事人把形式强制限制在合同要素上(当然,对此并无推定),形式约定可以随时被非要式地废止(→边码1066)。当然,文本本身有完整性和正确性的推定,这样,宣称约定与文书不同者,或者宣称约定了对文书予以补充者,必须对此予以证明[59]。关于有形式要求的意思表示的到达,参见边码630;关于解释,参见边码558以下。

范例

1074　　V和K订立了一个经公证的不动产买卖合同。双方对应当排除不动产的瑕疵担保达成一致。由于公证员的疏忽,该约定没有被同时记录在合同中。因此根据第125条第1句整个合同无效,因为这样的附属协议必须同时经过公证,不能认为当事人在没有这一重要事项的情况下也会订立合同(第139条)。如果V和K事后约定了瑕

---

[56] Vgl. BGHZ 142, 158, 161; BGH NJW 2010, 1518 Rdnr. 13; 2002, 3389, 3390; NZM 1999, 763.

[57] 对于联合成一体的多个合同,参见BGH NJW 2013, 1083 Rdnr. 22; 2004, 3330, 3331; WM 2001, 45, 46; Maier-Reimer, NJW 2004, 3741 ff.。

[58] BGH NJW 2001, 1932, 1933.

[59] Vgl. nur BGH NJW 2002, 3164 f.; 1991, 1750, 1753; 1980, 1680, 1681; MDR 1999, 759; OLG Schleswig MDR 2000, 632.

疵担保排除，适用同样的规则。反之，如果涉及的是关于私家车的买卖合同，当事人对此约定了书面形式，那么关键的仅在于，在没有文书记录或者事后约定了瑕疵担保排除的情况下，当事人是否也愿意受法律约束，尽管他们约定了形式。

（二）未遵守法律规定的形式

法律行为在其实施的时间点（→边码1239）违反法定的形式规定，也没有补作符合形式的表示[60]，那么第125条第1句包含惩罚：法律行为**无效**（nichtig），亦即绝对不包含法律效力。当然，这仅适用于法律规定的形式，即强制性的形式，不适用于仅包含"应当规定"的形式规范[61]，比如，第1312条第1款第2句。如果形式瑕疵只涉及部分法律行为，比如，只涉及附属协议（→边码1073），那么是否应当维持法律行为中符合形式部分的法律效力，这一问题要根据第139条回答[62]（→边码1209、1219）。对于第125条第1句存在大量的例外情况，它们部分由法律规定，部分由判例和法理发展而来。 1075

例如，有一些**特别条款**（Spezialvorschriften）明确规定了不同的法律效果。比如，第550条第1句属于此列[63]：如果一年期以上[64]的不动产租赁合同没有以书面形式订立，那么与第125条第1句不同，形式瑕疵并不导致租赁合同无效，而是导致被视为订立了无特定期限的合同。这意味着无效的并非整个合同，而是约定的期限。形式规定之目的使这一受限制的无效后果合法化：应当保护并警告承租人避免仓促订立长期租赁合同，潜在的不动产取得人应当可以从合同文书中得知长期的有效期（→边码1047）。 1076

---

[60] Dazu BGHZ 160, 97, 100 f.
[61] Flume⁴, § 15 Ⅲ 3 a.
[62] BGH NJW 2004, 3330, 3331.不同观点（第140条），参见 Maier-Riemer, NJW 2004, 3741, 3744。
[63] Vgl. dazu u. a. Timme/Huelk, NJW 2007, 3313 ff.
[64] 放弃对一年期以上的合同的自需解约也满足该条件，BGH NJW 2007, 1742 Rdnr. 13 ff.。

对于无期限的、通常可以借助法定终止期限而终止的租赁合同，法律既没有规定对合同当事人的保护，也没有规定对取得人的保护，这样，将合同修正，使其不再属于第 550 条第 1 句的保护范围，已足够。对此法定的范例是，必须按照规范意义和目的衡量无效规范的法律效果。[65]

1077　　在违反形式的法律行为无效的情况下，其他规定原则上保持不变，但是有补正(Heilung)的可能性。[66] 第 311b 条第 1 款第 2 句规定，如果不动产的所有权通过土地契约和在土地簿中进行登记（第 873 条、第 925 条）而转让给取得人（第 925a 条当然要对此予以阻碍，据此只有在出示了负担行为的公证文书的情况下才应当接受土地契约的意思表示），那么未经公证并因此根据第 125 条第 1 句无效的不动产买卖合同的全部内容[67]仍然生效。其他前提条件是，债权的合意在此时间点仍继续存在。[68] 对无效后果的这种修正也是由形式规定的意义和目的决定的。第 311b 条第 1 款第 1 句意在防止未经考虑即为之的不动产法律行为。因为，实施——受形式约束的——履行行为本身发挥了警告功能，保护可以分配在负担行为的第一阶段。这对第 494 条第 2 款第 1 句、第 518 条第 2 款、第 766 条第 3 句、第 2301 条第 2 款适用。这背后不存在一般的原则。因此不能提出诸如此类的命题，即任何负担行为的形式瑕疵都可以通过履行来补正。[69] 确切地说，在提到的规范中关乎的都是不可类推适用的特别规定。[70]

1078　　最后，在特别例外的情况下，如果一方当事人主张形式无效，可能违反

---

〔65〕对于第 134 条，参见边码 1111 以下——就此而言，对要件方面再次产生溯及效力（参见 Regenfus, JA 2008, 161 ff., 246 ff.），并说服联邦最高法院，在第 550 条的情况下"第 126 条第 2 款的外部形式"已足够：BGH NJW 2010, 1518 Rdnr. 12 ff., 17 ff.。

〔66〕Dazu Harke, WM 2004, 357 ff.; Mock (Rdnr. 1043), 80 ff.; Pohlmann (Rdnr. 1043), passim.

〔67〕主要在主法律行为而并非从属约定被制成书证这样的情况中有意义。在此，通过履行从属约定也生效。

〔68〕BGH NJW 2004, 3330, 3331——不同观点，参见 Harke, WM 2004, 357, 359 f.。

〔69〕这在立法资料中被明确否定；参见 Mot. I, 183 = Mugdan I, 453。

〔70〕与通说相反，可以考虑（谨慎地）类推，参见 Häsemeyer, Die gesetzliche Form der Rechtsgeschäfte, 1971, S. 105 ff., 259 ff.; D. Reinicke, Rechtsfolgen formwidrig abgeschlossener Verträge, 1969, S. 22 ff.; 拒绝的，参见 Mock (Rdnr. 1043), 261 ff.。

诚实信用(Treu und Glauben)原则(第 242 条)。[71] 当然,这种突破形式无效的前提条件和限制并不明确。首先应指出,形式无效的合同不因为第 242 条而生效,第 242 条引起的结果只能是一方当事人不得主张形式无效。[72] 然后,要严格限定这一限制。根据司法裁判的一个公式,不能因公正性权衡而消除形式无效,只能在例外情况中为了避免完全不可承受之结论而消除形式无效。[73] 该条款在涵摄中并无实际帮助。确切地说,它始终与一般条款相同[74],必须进行分组[75],这样就可能对要重新决定的情况进行归类,允许通过与相应组群中的典型案例作比较而进行评价。在此,这种分组不是最终的,而只是被用作导向标准和评价标准。

如此理解,第 242 条的适用首先限制于负担行为。在处分中,通常不考虑突破形式无效,因为它对任何人都产生效力,不仅仅涉及合同当事人之间的关系,在这种关系中第 242 条单独适用。在法律交往中,法律关系清晰性之利益优先。对家事法合同和继承法合同应当适用相同规则。在经济后果方面表述为,如果形式无效对一方的打击特别严重,仍不足以引起形式无效的突破。万不得已,在援用第 125 条第 1 句将决定对方的生存毁灭的情况下,可以在该视角下考虑适用第 242 条。[76] 与此相反,当事人的认知状况可能有重要意义。如果双方都知道他们必须注意形式规定,但是同意放弃形式,那么他们不值得——根据第 116 条[77](→边码

1079

---

[71] 对此更详细的,参见 Armbrüster, NJW 2007, 3317 ff.;批评的,参见 Mock(Rdnr. 1043),S. 252 ff.。

[72] Vgl. Flume[4], § 15 Ⅲ 4 c/d.

[73] Vgl. etwa BGH 138, 339, 348; 92, 164, 171 f.; 85, 315, 318 f.; 48, 396, 398; BGH NJW 2004, 3330, 3331; 1987, 1069, 1070.

[74] 对第 138 条,参见边码 1184。

[75] 对分类的建议,参见 Brox/Walker[38], Rdnr. 311 ff.; Medicus[10], Rdnr. 630 ff.; D. Reinicke, Rechtsfolgen formwidrig abgeschlossener Verträge, 1969, S. 41 ff.; Wolf/Neuner[10], § 44 Rdnr. 63 ff.。

[76] 参见 BGH NJW 2004, 3330, 3331; 1972, 1189。当然,在后面所说的情况下,因为出卖人的推动不考虑证明书,他事后想向高龄的买方推销基于形式无效出卖的住宅,在此,偿还的价款对所有权住宅不足。因此,违反诚信毋宁说是源于整体行为,而不是源于清算威胁买方生存这一后果。

[77] Flume[4], § 15 Ⅲ 4 c cc.

797)的评价——被保护。当事人已有效地遵守形式义务的[78]（→边码349），或者一方当事人已经对形式无效的协议中对他有利的部分主张请求权的[79]（→边码352），可能例外地适用其他的规定。此外，当事人必须承担对方主张无效的风险，即使他们已经因为对方特别的实力地位放弃遵守他们知道的形式规定。[80] 因过失而不知道形式规定的情况相同。如果在形式要求方面，一方当事人对另一方当事人有声明义务，但是他过失地违反了该义务，大多数情况下要考虑缔约过失责任中的损害赔偿责任（第280条、第241条第2款、第311条第2款）。反之，如果一方当事人在形式要求方面恶意欺诈了另一方，那么之后他不能主张由他故意引起的形式瑕疵。

范例

1080　　在著名的贵族案[81]中，买卖双方订立了不动产买卖合同，但是卖方V向买方K保证，在没有公证文书的情况下他也将履行合同（这样根据第311b条第1款第2句可以补正），因此双方不考虑制作公证书；K可以信赖V的"贵族言辞"。帝国法院合理地根据诚实信用拒绝对形式无效予以突破，因为K知道形式规定，他自己承担V不遵守其在法律上不受约束的允诺带来的风险。

1081　　如果V在前案中不是"贵族"，而是法律人，他违背良知在形式要求方面欺骗了在法律方面是外行的K，那么V不能主张形式瑕疵。但是这并不意味着，他现在可以要求K履行合同。确切地说，首先K有选择权，他可以选择是否想要求通过第242条对自己进行保

---

[78] BGH LM Nr. 11 zu § 566 BGB; OLG Jena NZM 1999, 906.
[79] BGH NJW 2004, 1103 f.; NJW-RR 2003, 1635, 1636 f.; LAG Hamm NZA-RR 2000, 356, 360.
[80] OLG Jena NJW-RR 1999, 1687; Medicus[10] Rdnr. 632——在这方面不同观点Wolf/Neuner[10], § 44 Rdnr. 68——反之，当遵守双方都知道的形式规定因为特殊原因不合理时，可以认为违反诚信原则；参见OLG Köln VIZ 1999, 736, 738：民主德国地区特殊的政治关系。
[81] RGZ 117, 121.

护。[82] 因此，K既可以主张合同根据第125条第1句无效，亦可以要求V履行合同。在后一种情况中，无论是根据第123条的撤销（这仅导致意思表示的消灭，不导致合同有效），还是根据第280条、第241条第2款、第311条第2款的损害赔偿请求权（仅指向消极利益，因此不指向履行），都不能帮助他，只有第242条有所助益，借助第242条可以避免V主张形式无效。

B是S有限责任公司的股东兼经理，在G银行那里为S有限责任公司贷款，以口头形式为贷款的偿付作保证。S有限责任公司在很长一段时间内用这笔贷款成功经营，因此B得到了可观的利润。当贷款变成不良贷款，G向作为保证人的B提出请求时，B主张形式无效。这违反了诚实信用，因为B从整个法律行为中——没有保证就不能成立——取得了可观的利益，如果现在他想保留利益，却将损失分配给G，这就违反了诚实信用。[83]

1082

(三) 未遵守意定形式

在法定形式自由的法律行为中，形式就属于当事人私人自治的决定。这不仅对法律行为的形式要求适用（边码1044、1063、1066），也对违反形式约定的法律效果适用。当事人可以自由约定，法律行为在这种情况下是否无效或者可以补正，等等。是否涉及这样的法律效果约定，必须通过解释来确定。只有对没有任何约定的情况，第125条第2句才包含**解释规则**（Auslegungsregel），这表明存疑时应当认为当事人的意思是，不遵守约定形式应当导致需要形式的法律行为无效。该规定通常只对口头意思表示有意义，因为在书面意思表示中应认为，没有进一步的形式约定（→边码1063）。[84]

1083

---

[82] Vgl. auch Rndr. 1547.
[83] BGHZ 132, 119, 128 f.; 121, 224, 233 f.; BGH NJW 2004, 1103 f.; 1997, 3169, 3170; NJW-RR 2003, 1635, 1636 f.
[84] BGH NJW 2000, 354, 356; NZM 2000, 548.

1084　在可以适用该规则之前,必须查明具体当事人的意思,亦即审查当事人是否在违反形式的情况下约定具体的法律效果(konkrete Rechtsfolgenvereinbarung)。一般情况下不会找到明确的约定。[85] 在很多情况下,当事人考虑了他们约定的形式的功能,从这一因素也可以得出关于法律效果的一些结论。如果当事人只是为了证明而约定形式(证明功能),那么在违反形式时,并非在任何情况下都无效。确切地说,如果可以达到证明目的,那么无形式的意思表示足矣,因为形式约定之目的可以通过其他方式达到。然而,对此有合法利益者可以要求补充形式。

范例

1085　当事人在服务合同中约定,应当通过挂号信书面终止合同。针对通过普通信件表达的终止,相对人根据第125条第2句主张形式无效,但他不能借此获得成功。约定的书面形式有决定性属性,而以挂号信的方式到达,其作用仅仅是确保了终止意思表示到达的证明手段。如果这一点——如本处——没有争议,则不需要证明,或者可以另行证明,放弃"挂号信"这一形式导致终止的意思表示无效并不符合当事人的推定意思。[86]

1086　存在疑问的是第125条第2句与**第154条第2款**的关系。这两个条款经常被称为并联规范。[87] 这是正确的,当两个条款表达的是,忽视意定形式在存疑的情况下(保留了其他内容的当事人意思)应当导致违反形式而订立的法律行为不应当有法律效果。必须加以区分的是:第154条第2款(→边码776以下)对合同而言是特别条款。它表明,在存疑的情

---

[85] 如果通过形式约定只有一方当事人,比如,意思表示的受领方被保护,那么该当事人可以接受无形式的意思表示。但是,Flume[4](§ 15 Ⅲ 2)将这样的受领强加为一般情况,因此将立即驳回无形式的意思表示的义务分配给意思表示受领人。这样的看法一般不符合当事人明确约定形式这一因素。

[86] 参见 BAG NJW 1980, 1304;另外参见 BGH NJW 2013, 1082 Rdnr. 8; RGZ 98, 233, 235; 77, 70 f.; OLG Hamm NJW-RR 1995, 750, 751。

[87] Vgl. etwa Hübner[2], Rdnr. 874; Staudinger-Hertel[2012] § 125 Rdnr. 125.

况下,只要约定的形式没有得到保障,合同便尚未订立。法律推定倾向于认定在制成公证书之前,当事人没有法律效果意思,仅口头发出的意思表示尚无约束力。因此,合同还处于起草阶段。与此相反,第 125 条第 2 句认为,存在有约束性的、有法律效果意思的意思表示,而该意思表示被宣告为无效。如果涉及的是合同的意定形式,那么首先要审查的是,尽管没有遵守形式,当事人是否愿意使合意受法律约束。如果这一点(与第 154 条第 2 款相反)得到肯定,那么第二步要根据第 125 条第 2 句审查当事人意在受法律约束的合意是否应当生效,尽管他们约定了形式[88][与第 125 条第 2 句的推定相反,这可以得到肯定,如果默示地废止形式约定与受约束的事实合意联系在一起(→边码 1066),或者形式根据当事人意思没有决定性意义,而只有证明功能(→边码 1084)]。[89] 反之,如果涉及的不是合同,而是单方意思表示,只能适用第 125 条第 2 句处理。

与法定形式情况完全相同,在意定形式中,援引第 125 条第 2 句的无效后果也可能**违反忠实原则**(treuwidrig)。在边码 1078 以下的内容因此也适用于此。 1087

---

[88] 不同观点,参见 Flume⁴ § 15 Ⅲ 2:尽管之前有形式约定,如果当事人仍然使法律行为有效,那么它就有效。正确的是,两个规范经常得出相同结论。但是想象中可能的情况是,当事人想使约定受法律约束,因为他们没有想过形式规定,却赋予了形式规定某种意义,因为该形式规定,他们现在的意思必须根据第 125 条第 2 句而落空。

[89] Vgl. BGH NJW 1999, 1328, 1329.

第二十五章　法定禁止

文献

1088　Amm, Rechtsgeschäft, Gesetzesverstoß und § 134 BGB, Diss. Bochum 1982; Beater, Der Gesetzesbegriff von § 134, AcP 197 (1997), 505; Behrends, Die fraus legis, 1982; Beneke, Gesetzesumgehung im Zivilrecht, 2004; Bickel, Die „objektive Gesetzesumgehung" des BAG, JuS 1987, 861; Bramsche, Rechtsfolgen verwaltungsvertraglicher Gesetzesverstöße, insbesondere Nichtigkeitsfolge durch entsprechende Anwendung des § 134 BGB im Rahmen des § 59 Abs. 1 VwVfG sowie Vereinbarkeit des § 59 VwVfG mit dem Verfassungsrecht, 1986; Bülow, Grundfragen der Verfügungsverbote, JuS 1994, 1; F. Bydlinski, Thesen zur Drittwirkung von Grundrechten im Privatrecht, in: Rack (Hrsg.), Grundrechtsreform, 1985, 173; Canaris, Gesetzliches Verbot und Rechtsgeschäft, 1983; ders., Grundrechte und Privatrecht, AcP 184 (1984), 201; ders., Gesamtunwirksamkeit und Teilgültigkeit rechtsgeschäftlicher Regelungen, FS E. Steindorff, 1990, 519; Damm, Kontrolle von Vertragsgerechtigkeit durch Rechtsfolgenbestimmung, JZ 1986, 913; Diekhoff, Lohnanspruch für verbotswidrige Urlaubstätigkeit, DB 1966, 1235; Dilcher, Rechtsgeschäfte auf verfassungswidriger Grundlage, AcP 163 (1964), 193; Dürig, Grundrechte und Zivilrechtsprechung, FS H. Nawiasky, 1956, 157; Endemann, Über die civilrechtliche Wirkung der Verbotsgesetze, 1887; Erlanger, Zur Anwendbarkeit des § 134 BGB auf Schutzgesetze, LZ 1932, 943; Finger, Zu den Folgen einer Mietzinsvereinbarung unter Überschreitung der ortsüblichen Vergleichsmiete, ZMR 1983, 37; H. A. Fischer, Die Rechtswidrigkeit, 1911, 56; Friedrichs, Gesetzliches Verbot und Nichtigkeit, Recht 1924, 121; Gamillscheg, Die Grundrechte im Arbeitsrecht, AcP 164 (1964), 385; ders., Die Grundrechte im Arbeitsrecht, 1989; v. Gamm, Die Gesetzesumgehung, WRP 1961, 259; Giger, Rechtsfolgen norm – und sittenwidriger Verträge, 1989; Guckelberger, Die Drittwirkung der Grundrechte, JuS 2003, 1151; J. Hager, Gesetzes–und sittenkonforme

Auslegung und Aufrechterhaltung von Rechtsgeschäften, 1983; ders., Die gesetzeskonforme Aufrechterhaltung übermäßiger Vertragspflichten – BGHZ 89, 316 und 90, 69, Jus 1985, 264; ders., Grundrechte im Privatrecht, JZ 1994, 373; Helf, Zivilrechtliche Folgen eines Verstoßes gegen das Schwarzarbeitsgesetz, 1986; Herzog, Quantitative Teilnichtigkeit, 1926; de Hody, Wann ist ein verbotswidriges Geschäft nach § 134 BGB nichtig?, Diss. Würzburg 1909; Hönn, Kompensation gestörter Vertragsparität, 1982; Huber, Typenzwang, Vertragsfreiheit und Gesetzesumgehung, Jura 1970, 74; H. Hübner, Zum Abbau von Nichtigkeitsvorschriften, FS F. Wieacker, 1978, 399; U. Hübner, Personale Relativierung der Unwirksamkeit von Rechtsgeschäften nach dem Schutzzweck der Norm, FS H. Hübner, 1984, 487; Immenga, Rechtsfolgen unzulässiger Leiharbeitsverhältnisse, BB 1972, 805; Köhler, Möglichkeiten richterlicher Monopolpreiskontrolle, ZHR 137 (1973), 237; ders., Schwarzarbeitsverträge: Wirksamkeit, Vergütung, Schadensersatz, JZ 1990, 466; Kötz, Die Ungültigkeit von Verträgen wegen Gesetzes – und Sittenwidrigkeit, RabelsZ 58 (1994), 209; R. Kramer, Der Verstoß gegen ein gesetzliches Verbot und die Nichtigkeit von Rechtsgeschäften (§ 134 BGB), Diss. Mainz, 1976; O. Lange, Die behördliche Genehmigung und ihre zivilrechtlichen Auswirkungen, AcP 152 (1952/53), 241; ders., Die Bedeutung der behördlichen Genehmigung im rechtsgeschäftlichen Verkehr, NJW 1949, 201; Langen, Welche Bedeutung hat heutzutage der Ausdruck „gesetzliches Verbot" in § 134 BGB, FS R. Isay, 1956, 321; Leisner, Grundrechte und Privatrecht, 1960; Lorenz, „ Brauchen Sie eine Rechnung? ": Ein Irrweg und sein gutes Ende, NJW 2013, 3132; Mayer-Maly, Handelsrechtliche Verbotsgesetze, FS W. Hefermehl, 1976, 103; Meier-Reimer, Umgehungsbekämpfung durch Wissenszurechnung – ohne Grenzen und um jeden Preis?, NJW 2013, 2405; Müller, Anwendbarkeit von § 134 BGB im Kartellrecht, JZ 1954, 720; Nipperdey, Grundrechte und Privatrecht, 1961 = FS E. Molitor, 1962, 17; Oeter, „ Drittwirkung" der Grundrechte und die Autonomie des Privatrechts, AöR 119 (1994), 529; Otte, Die Nichtigkeit letztwilliger Verfügungen wegen Gesetzes-oder Sittenwidrigkeit, Jura 1985, 192; Pansegrau, Die Fortwirkung der römischrechtlichen Dreiteilung der Verbotsgesetze in der Rechtsprechung des Reichsgerichts: Zur Vorgeschichte des § 134 BGB, 1989; Pawlowski, Rechtsgeschäftliche Folgen nichtiger Willenserklärungen, 1966; ders., Zum Umfang der Nichtigkeit bei Verstößen gegen „öffentlichrechtliche" Verbotsgesetze, JZ

1966, 696; ders., Zur Frage der Auswirkung gesetzlicher Verbote auf Verträge (zu BGH JZ 1970, 504), JZ 1970, 506; Prost, Verbotene Geschäfte und strafbare Handlungen nach dem Kreditwesengesetz, NJW 1977, 227; Raestrup, Über die Nichtigkeit von Rechtsgeschäften, die gegen ein gesetzliches Verbot i. S. des § 134 BGB verstoßen, Diss. Marburg, 1930; Riedl, Die Rechtsfolgen des Verstoßes gegen Verbotsgesetze, bei denen der Gesetzeszweck nicht die Nichtigkeit des Rechtsgeschäfts nach § 134 BGB erfordert, 2002; H. Roth, Geltungserhaltende Reduktion im Privatrecht, JZ 1989, 411; Sack, Unlauterer Wettbewerb und Folgevertrag, WRP 1974, 445; ders., Der rechtswidrige Arbeitsvertrag, RdA 1975, 171; Schiller, Der Verbotsbegriff des § 134 BGB am Beispiel der Mindestvergütungsregelungen der §§ 5 bis 12 EEG, 2005; K. Schmidt, Vertragsnichtigkeit nach § 134 durch nicht-regelnde Behördenmitteilung, NJW 1995, 2255; J. Schröder, Gesetzesauslegung und Gesetzesumgehung, 1985; W. Schroeder, Über die verbotenen Rechtsgeschäfte nach heutigem Recht, Diss. Breslau, 1905; Schurig, Die Gesetzesumgehung im Privatrecht, FS M. Ferid, 1988, 375; Schwabe, Die sogenannte Drittwirkung der Grundrechte, 1971; Seiler, Über verbotswidrige Rechtsgeschäfte, Gedächtnisschrift f. W. Martens, 1987, 719; Sieker, Umgehungsgeschäfte, 2001; Sonnenschein, Schwarzarbeit, JZ 1976, 497; Stach, Nichtigkeit letztwilliger Verfügungen zugunsten Bediensteter staatlicher Altenpflegeeinrichtungen?, NJW 1988, 943; Stamm, Kehrtwende des BGH bei der Bekämpfung der Schwarzarbeit, NJW 2014, 2145; Stammler, Die Lehre von dem richtigen Rechte, 2. Aufl. 1926, 261; Stober, Zur zivilrechtlichen Wirkung wirtschaftsverwaltungsrechtlicher Verbote, GewArch 1981, 313; Taupitz, Berufsständische Satzungen als Verbotsgesetze im Sinne des § 134 BGB, JZ 1994, 221; Teichmann, Die Gesetzumgehung, 1962; ders., Die "Gesetzesumgehung" im Spiegel der Rechtsprechung, JZ 2003, 761; van Venrooy, Das Verbot unterschiedlicher Behandlung nach § 26 Abs. 2 Satz 1 GWB im Lichte des § 134 BGB, BB 1979, 555; Westphal, Zivilrechtliche Vertragsnichtigkeit wegen Verstoßes gegen gewerberechtliche Verbotsgesetze, 1985; Zeise, Voraussetzungen und Folgen des § 134 BGB bei Tausch-und Kompensationsgeschäften, JR 1948, 278.

一、概述

第134条规定,违反法定禁止的法律行为无效,只有当从禁止性法律中得出不同的结论时,才不会产生这一法律效果。《民法典》通过该规定在**法律效果**(Rechtsfolgenseite)方面给予禁止性法律以协助,《民法典》没有表示哪些法律行为是被禁止的,哪些是不被禁止的,而是将其他的"禁止特定法律行为但没有包含惩罚"规定的法律效果放置一边。[1] 如果根据第134条审查法律行为的无效性,必须首先审查法律行为在订立的时间点(→边码1239)是否违反了在内容上禁止此类法律行为的规范。接着要确定规范本身是否包含违反该规范的法律行为之法律效果,这种情况被称为完全法条(→边码1102),否则被称为不完全法条。只有当规范本身不包含法律效果,即涉及不完全法条时,才能从第134条中得出法律行为无效的结论。但是,这只适用于不能从禁止性法律的意义和目的中得出不同于法律行为无效的其他法律效果的情况(→边码1111)。

1089

根据不同观点[2],无效性应当始终从禁止性法律自身得出。第134条实际上什么都没有说明,因此仅在完全法条中适用。然而,如果按照这种解释,那么这一规定完全是多余的。确切地说,正确的是前面的阐述,将这一规定视为《民法典》对不完全法条提供的补充,在法律效果上当然要注意规范的意义和目的,因此,第134条和禁止性法律之间就存在**相互影响**(Wechselwirkung)。要在考虑禁止性法律的情况下查明法律效果,它(法律效果)附着于禁止性法律中,但是没有在禁止性法律中表达出来。

1090

---

[1] Wolf/Neuner[10], § 45 Rdnr. 2.
[2] Flume[4], § 17, 1;赞同的,参见 Medicus[10], Rdnr. 644/646。

二、禁止性法律

(一) 概念

1091　第 134 条没有对禁止性法律的概念进行定义。只要规范要求的是法律[3]，则可以适用《民法典实施法》第 2 条，据此《民法典》意义上的"法律"是指任何法律规范，亦即任何实体意义上的法律，任何抽象的一般规定(→边码 9)。因此不需要涉及形式意义上的法律。法规、规章、一般约束性的劳资协议中的规范性规定[4]，甚至习惯法或者没有写下来的法律基本原则[5]也可能是第 134 条意义上的禁止性法律。

1092　法律必须包含一项**禁止令**(Verbot)，而是否包含禁止令，需要通过解释查明。在此，通过法律文本解释，通常收获甚微。仅在极少数情况下，法律行为的内容被明确禁止。偶尔会使用的表达是"不能""不得"或"不允许"，对于它们的意义一直存在争议。[6] 大多数禁止性法律根本没有此类提示。然而，法律规范的文义并不起决定性作用。确切地说，起决定性作用的是法律规定根据其意义和目的是否旨在阻碍法律行为所追求的效果。因此必须审查规范是否反对法律行为的内容或者其实施，即反对法律行为所追求的法律效果。如果只是法律行为成立的情事不被允许，而不是法律行为的效果不被允许，则不满足要求。确切地说，必须是法律行为导致的效果被禁止。区分不允许法律行为效果的法律规范和只反对实施法律行为的情事的法律规范通常并不容易。司法裁判和学理的处理尤其以结果为导向，很少致力于准确的教义的区分，这使区分任务更加困难。如果更仔细地观察，可以作以下展开[7]：

---

[3] 对此，详见 Beater, AcP 197 (1997), 505 ff.。

[4] OLG Hamm NJW-RR 1999, 424, 425 附其他证明; Stach NJW 1988, 943 ff.——不同观点，参见 MünchKomm-Armbrüster[6] § 134 Rdnr. 31 ff.。

[5] BGHZ 51, 255, 262——在这方面拒绝的 Staudinger-Sack/Seibl[2011] § 134 Rdnr. 22。

[6] Vgl. MünchKomm-Armbrüster[6] § 134 Rdnr. 43 ff.。

[7] 证据在 Flume[4], § 17, 3; Staudinger-Sack/Seibl[2011] § 134 Rdnr. 5 ff.。

——法律规范禁止约定的法律效果或者被引起的法律效果的,它一 1093
定是禁止性法律。比如,在谋杀委托中(→边码1103),受刑事处罚的行为
是合同的标的。法律规定禁止了法律行为所指向的行为或者结果;它基
于法律行为的内容而禁止其产生的法律效果。我们可以把这种规范称为
"**内容禁止**(Inhaltsverbot)"。

——那些不禁止法律行为的内容,但是禁止法律行为实施的法律规 1094
定,也是禁止性法律。我们可以把这种类型(的禁止性法律)用关键词"**实
施禁止**(Vornahmeverbote)"来表达。它们的特点是,法律使我们认识
到,它不希望不被认可的情况产生有效的法律效果。在实施法律行为时
表现出来的特定的行为方式是被禁止的,窝藏(《刑法典》第259条)就是
一个例子。该规范并非因为法律行为的内容而禁止法律效果,而是因为
特别的伴随情事旨在保护失主:非价值评价(Unwerturteil)不是从当事人
有义务转让买卖标的物所有权以及有义务支付价款中的事实得出(第433
条),而是由买卖标的物被盗的事实得出。[8]

——此外,也有法律规定既不禁止法律行为的内容,又不禁止法律行 1095
为的订立,而只禁止外在情事。我们将其称为**纯粹的秩序性规定**(bloße
Ordnungsvorschriften)。它们不是禁止性法律。[9] 立法者的意图不是用
这些法律规定阻碍法律行为,而是构造秩序框架。秩序性规定与实施性
禁止的不同之处通常是,实施性禁止意欲保护法律行为参与者(合同当
事人)形式的利益和实体的利益(范例:欺诈;→边码1103),以及受法律
行为实体影响者的利益(范例:窝藏;→边码1094),而秩序性规定则更
多关注公共利益。为了保护公共利益,一般不需要使法律行为无效,法
律行为之外的惩罚足矣(刑罚、秩序措施、竞争法的措施或者商业法的措
施,等等)。

---

[8] 对于进口禁止也参见 OLG Karlsruhe NJW-RR 2002, 1206。
[9] BGHZ 152, 10, 11 f.; BGH NJW 2003, 3692 f.——然而,有关法律行为情事的规定
经常包含自己的无效惩罚。这主要对形式规定适用,对它的不重视受到第125条的惩罚(→
边码1075)。

范例

1096　加油站承租人 P 于 22 时卖给 K 一瓶香槟。因此 P 违反了《商店停止营业法》第 6 条第 2 款，据此，在一般的商店停止营业期间仅允许出售（Abgabe）汽车配件、动力燃料和旅行必需品。根据其文义，《商店停止营业法》第 6 条第 2 款有可能是《民法典》第 134 条意义上的禁止性法律。因为该规定根据其意义和目的是一部劳动者保护法，并非旨在保护受法律行为影响的人在形式上或者实体上的利益，它仅仅是反对买卖合同的时间因素，不反对当事人追求的结果。它是单纯的秩序性规定，因此不属于第 134 条的范畴。[10]

1097　第 134 条包含了对私人自治的限制（→边码 663）。当事人不可以通过法律行为规避禁止性法律。在这方面第 134 条与其他**限制私人自治形成可能性**（Einschränkungen privatautonomer Gestaltungsmöglichkeiten）的法律相抵触。包含这些限制的法律规范不是禁止性法律。[11] 立法者在这些规范中约束性地形成了特定法律制度，因此创造了剥夺私人自治性处置的工具。如果仍应予以处置的，那么以此为目标的约定不依第 134 条无效，而是无效果（wirkungslos）（当然，这在实践结果上并无差异）。它"落空了"，因为法规对它所追求的效果不仅是禁止，而且对此无规定。受限制的不仅仅是法律上的"可为"，还有法律上的"能为"。比如，物权法中的物权法定（→边码 662）、法定代理权的构成、要求官方许可[12]、通过

---

　　[10]　RGZ 60, 273, 276; Hübner[2], Rdnr. 885; Wolf/Neuner[10], § 45 Rdnr. 17——但是这种归类并非确定无疑。根据其他观点，涉及的是禁止性法律，作为法律效果只要求否定履行请求权，因此只有负担行为直到履行前始终处于效力待定状态；参见 Flume[4], § 17, 4; Staudinger-Sack/Seibl[2011] § 134 Rdnr. 104, 260; 不明确的，参见 Medicus[10], Rdnr. 648/650。

　　[11]　参见 v. Tuhr, II/2, 1 f.; 此外参见 Flume[4], § 17, 2; Staudinger-Sack/Seibl[2011] § 134 Rdnr. 33 附证明。

　　[12]　如果合同需要官方追认，那么在追认授予前它效力待定。当追认被拒绝或者不可能授予时，合同最终无效；参见 BGHZ 127, 368, 375/377 和 K. Schmidt, NJW 1995, 2255 ff.。所有的这些并非从第 134 条得出（不同观点 Soergel-Hefermehl[13] § 134 Rdnr. 42），而是从公法对私人自治的限制得出；参见 MünchKomm-Armbrüster[6] § 134 Rdnr. 7; Staudinger-Sack/Seibl[2011] § 134 Rdnr. 166 ff.。

法律行为排除可转让性[13],等等,都属于此列。

范例

  E 与他的邻居 N 约定,E 在之后的十年内放弃对其不动产进行任何处分。这样的约定违反了第 137 条第 1 句,因为 E 的意图是放弃物权上的处分权,而不仅仅是根据 137 条第 2 句所允许(设立)的债权法上的不作为义务(→边码 1147 以下)。由第 137 条第 1 句得出,在物权上放弃处分权在《民法典》中是未知的。放弃的约定同样无效(wirkungslos)。法律对它不予承认,不需要追溯至第 134 条。 1098

  如果存在禁止性法律,那么根据抽象原则(→边码 476 以下),应分别审查**负担行为和处分行为**(Verpflichtung und Verfügung),以确定法律行为是否违反禁止性法律,并因此根据第 134 条无效。通常只有负担行为违反禁止并因此无效,而处分行为有效。在这种情况下,处分根据第 812 条第 1 款第 1 句情况 1 通过不当得利返还,在此需要注意第 817 条第 2 句的限制。[14] 当禁止性法律恰恰意在阻碍货物流通本身,情况就不同了。如果禁止性规范仅针对处分行为,那么负担行为也始终无效。这是从第 134 条得出的结论,因为禁止性法律作为内容禁止对负担行为产生影响。 1099

范例

  K 从 V 处取得大量海洛因。这样的合同违反《麻醉品交易法》第 12 条、第 29 条。这些规范涉及的是禁止性法律,旨在排除麻醉品的自由交易。因此它们最终反对的是货物流通本身,其后果是,不仅所有权转让根据第 134 条无效,而且买卖合同也无效,因为它本就旨在引起被禁止的法律效果。 1100

  牙医 Z 与收账机构就医生酬金之债权订立事务管理合同,在该 1101

---

 〔13〕 不同观点,参见 BGH NJW 1988, 819, 820:第 400 条作为第 134 条意义上的禁止性法律。

 〔14〕 BGHZ 2001, 1 Rdnr. 17 ff.(赞同的 Stamm, NJW 2014, 2145 ff.);BGH ZIP 2015, 1444 Rdnr. 14 ff.。

合同中 Z 通过概括的债权让与将他对所有患者的债权都转让给收账机构。这种债权让与因没有患者的同意而无效，原因是从债权让与中得出的信息义务(第 402 条)违反了医生的沉默义务(《刑法典》第 203 条第 1 款第 3 句)。在此涉及的是禁止性法律，这样债权让与以及指向其的让与负担都无效。[15]

1101a　　V 将他骑乘的马赠与 15 岁的 T。该交易违反《动物保护法》第 11c 条。因为该规范恰好意在阻止向 16 岁以下的人出让(椎骨)动物。在此，只要我们将《动物保护法》第 11c 条视为《民法典》第 134 条意义上的禁止性法律，而不仅仅是作为第 107 条的特别法，无论是负担行为还是处分行为就都无效。

(二)具体情况

1. 特别法

1102　　偶尔出现特别法，这些特别法反对法律行为的内容，因此是上述定义意义上的禁止性法律。它们本身包含无效的效果或者其他的法律效果(完全法条；→边码 1089)。如果满足它们的前提条件，就不再需要第 134 条。比如，第 444 条、第 536d 条、第 639 条排除(瑕疵)担保的规定就属于此列。在《民法典》之外，《社会法典(一)》第 32 条也提供了清晰的范例("与社会法典的规定不一致的私法上的约定对社会给付权利人不利的，该约定无效。")。

2. 刑罚规范

1103　　禁止性法律大多数并非出现在民法中，而是出现在公法中，特别是刑法中。在存疑的情况下，刑罚规定是第 134 条意义上的禁止性

---

[15] 参见 BGHZ 115, 123, 124 ff., 130 f.; BGH NJW 2005, 1505, 1506; 1996, 775; 对于律师 BGHZ 148, 97, 101 f.; 122, 115, 117 ff., 121 f.; 116, 268, 272 ff.; BGH NJW 1995, 2915; 1995, 2026, 2027; 但是现在参照《联邦律师条例》第 49b 条第 4 款，对此参见 LG Baden-Baden NJW-RR 1998, 202 f.; 对于专利律师 OLG Düsseldorf NJW-RR 1999, 1583, 1584——关于债权让与因为违反《法律服务法》第 10 条而无效，参见 BGH NJW 2015, 397 Rdnr. 5。

法律[16],旨在实施可受刑事处罚之行为的合同通常受第 134 条的限制。在此方面,刑罚规范包含内容禁止(→边码 1093),然而刑事法律的文字中没有将其归类为禁止性法律的依据,原因仅在于,刑罚规范是简练的表述。比如,如果《刑法典》第 211 条第 1 款规定,"谋杀者受终生自由刑处罚",那么其背后隐藏着两项说明:①禁止谋杀;②不顾上述规定而谋杀者受终生自由刑处罚。规范的第一部分理所当然地并没有明确地强调,但它通过规范的整体结构而产生。如果某人负担"谋杀"义务,那么该合同根据第 134 条无效,因为合同指向《刑法典》第 211 条的禁止性法律所不允许的结果。此外,刑事法律可能包含实施禁止,这在上文(→边码 1094)窝藏中已经说明理由。《刑法典》第 253 条、第 263 条也包括实施禁止,它们的目的是保护合同当事人不受欺诈或者敲诈,因此不能接受当事人在不允许的情况下成立的法律行为,故而关乎的是禁止性法律。但是在这些情况下,第 123 条作为特别规范优先于第 134 条。[17] 此外,在刑事法律中也必须审查它们是否意在阻碍具体的法律行为。

范例

V 向 K 的非法妓院提供饮料,当 V 出示账单时,K 认为买卖合同根据第 134 条无效。然而该观点不正确。虽然《刑法典》第 184a 条规定,卖淫应受刑事处罚。但是该法律根据其意义和目的旨在阻碍卖淫(交易),而不是阻碍关于饮料的买卖合同。通过销售 V 提供的饮料,K 更容易开展不被允许的性交易,但这对由保护目的得出的规范的效力领域没有任何影响;V 没有直接参与《刑法典》第 184a 条所不允许的结果,因此也没有直接违反规范。也即,仅仅与禁止性法律行为有紧密联系是不足的。[18]

1104

---

[16] BGHZ 115, 123, 125——也参见 BGH NJW 2003, 2742; NJW-RR 2002, 1527; 2001, 380, 381: 合同导致的偷税可受刑事处罚,只有当它是唯一的合同目的时,才根据第 134 条而无效。

[17] Vgl. nur Staudinger-Sack/Seibl^{2011} § 134 Rdnr. 15.

[18] BGH JZ 1987, 835 f.; 对(已经废止的)《联邦律师条例》第 1 条也可参见 BGH NJW 1998, 1955。

3. 单方禁止

1105 单方禁止也可能是第 134 条意义上的禁止性法律。[19] 关键的并不是禁止性法律是否针对一方或者双方合同当事人。关键的是它不允许法律行为的内容或者其实施。单方禁止——比如,《刑法典》第 263 条（→边码 1095, 1103）——经常恰恰旨在保护规范对象的合同相对人,因此说明它是实施禁止。将法律归类到禁止性法律的关键,不是规范对象的范围,而是在当事人举止行为之外是否应当阻碍法律行为本身。[20] 如果满足这一前提条件,则法律行为就被第 134 条包括在内,即使被保护者本身的行为根本不违反禁止。[21]

范例

1106 G 对 A 表示,在支付合理酬金的情况下向 S 回收 A 的债权。该约定因为违反第 134 条联合《法律服务法》第 3 条、第 10 条第 1 款第 1 项而无效。根据《法律服务法》,如果未获授权的人允诺向他人提供法律意见,或者以其他方式在他人的法律事务中行为,那么该合同根据《民法典》第 134 条无效。该《法律服务法》只是单方禁止,因为它只针对未经许可而行为者。旨在保护的正是未经许可而行为者的合同交易人不遭受不合适的以及不充分的法律服务业务,因此作为实施禁止是第 134 条意义上的禁止性法律。[22]

---

[19] 范例:《联邦律师条例》第 45 条、第 46 条（BGHZ 141, 69, 79 以及脚注 36）;《养老机构法》第 14 条（BGH NJW 2012, 155 Rdnr. 15; 对此也参见 Meier-Reimer, NJW 2013, 2405 ff.）;《法律服务法》第 3 条（→边码 1106）。

[20] 参见 BGHZ 110, 235, 240; BGH NJW 2003, 3692, 3693; OLG Hamm NJW-RR 1999, 424, 425; Canaris, Gesetzliches Verbot und Rechtsgeschäft, 1983, 22 ff; Mayer-Maly, FS Hefermehl, 1976, 103, 104; MünchKomm-Armbrüster[6] § 134 Rdnr. 48 f; Soergel-Hefermehl[13] § 134 Rdnr. 15; Staudinger-Sack/Seibl[2011] § 134 Rdnr. 75——司法判决现在也不再否定——在具体情况中的所有的模糊情况——单方禁止的禁止性法律的性质,而是询问,单方禁止是否要求法律行为无效（→边码 1116 以下）。

[21] 与之相区别的问题是,单方违反（针对双方的）禁止性法律是否根据第 134 条而无效。这一问题当然触及法律效果方面,并非归属到禁止性法律中（→边码 1118）。

[22] BGH NJW 2015, 397 Rdnr. 5 ff. 关于《法律咨询法》第 1 条的前身 BGHZ 153, 214, 218; BGH NJW 2003, 1938, 1940; 2000, 1560, 1562; 1998, 1955; NJW-RR 2012, 35 Rdnr. 13; 也参见 BGH NJW 2005, 3570; 2004, 2516——关于律师的代理禁止,也参见 BGH NJW 2011, 373 Rdnr. 16; 1999, 1715, 1717; AG Arnsberg NJW-RR 1999, 63 f.。

4. 基本权利

《基本法》中的基本权利虽然包含了我们对法律制度的重要价值判断，但是作为防御法其主要是针对国家。它涉及的是基本权利人和国家之间的法律关系，而不是基本权利人和人之间的法律关系。根据目前的主流观点，在这样的法律关系中，基本权利通过在执行一般条款时作为评价标准而被予以考虑，只能包含"间接的第三人效力"，比如，在查明法律行为依第138条违反善良风俗，或者依第242条违反诚信的情况下。[23] 反之，它们不作为禁止性法律（或者仅在与国家的法律关系中）[24] 而被予以考虑。[25]

1107

范例

迪斯科舞厅的经营者K，因为尼日利亚人B肤色深，要求只有在加价10%的情况下才向他出售饮料。这种行为与《基本法》第3条第1款和第3款不符（→边码671）。因此，合同并非根据第134条联合《基本法》第3条无效，而是根据第138条第1款无效，在适用该条款时要同时考虑宪法的价值判断。

1108

N签署了一个劳动合同，其中第8项规定："不允许劳动者加入

1109

---

[23] BVerfGE 89, 214, 229; BGHZ 142, 304, 307; BGH NJW 2000, 1028; 1999, 567, 568; BAGE 48, 122, 138; 47, 363, 374 f.; NZA 1994, 1080, 1082; Canaris, Grundrechte und Privatrecht, 1999, 34 ff.; ders., AcP 184 (1984), 201 ff.; Diederichsen, AcP 198 (1998), 171, 224 ff., 230 ff.; Dürig, FS Nawiasky, 1956, 157 ff.; ders., DÖV 1958, 194 ff.; Erman-Arnold[14] § 134 Rdnr. 10; Guckelberger, JuS 2003, 1151 ff.; Medicus, AcP 192 (1992), 35, 43; Schapp, JZ 1998, 913, 918; Soergel-Hefermehl[13] § 134 Rdnr. 7; Staudinger-Sack/Seibl[2011] § 134 Rdnr. 41; Wolf/Neuner[10], § 5 Rdnr. 13——不同观点 BAGE 28, 176, 183; 13, 168, 174 ff.; 7, 256, 260; 4, 274, 276 f.; J. Hager, JZ 1994, 373 ff.; Leisner, Grundrechte und Privatrecht, 1960, 356 ff., 384 ff.; Schwabe, AcP 185 (1985), 1 ff.; ders., Die sog. Drittwirkung der Grundrechte, 1971, 19 ff.; 部分有 Singer, JZ 1995, 1133, 1135 f.。

[24] Vgl. Staudinger-Sack/Seibl[2011] § 134 Rdnr. 37.

[25] Beater, AcP 197 (1997), 505, 524; Erman-Arnold[14] § 134 Rdnr. 10; Köhler[38], § 13 Rdnr. 11; MünchKomm-Armbrüster[6] § 134 Rdnr. 34; Wolf/Neuner 10, § 45 Rdnr. 6——不同观点 BGHZ 51, 255, 262; Hübner[2], Rdnr. 882; 对于《基本法》第3条，也参见 Canaris, AcP 184 (1984), 201, 236。

工会。"该条款与《基本法》第9条第3款第1句保障的结社自由不一致。该基本权利主要针对的是国家,因此不能被视为第134条意义上的禁止性法律。[26] 当然也不需要它,因为在这里通过宪法本身确立了直接第三人效力(《基本法》第9条第3款第2句)。

(三) 主观前提条件

1110 对于规范是否是禁止性法律这一问题,关键因素不在于主观要件。第134条的要件也不要求过错。因此无论如何都可以认为,对于违反内容禁止而言,法律效果不依赖于只有一方当事人的行为在主观上是可指责的。[27] 然而,在实施禁止中存在的禁止性法律要求故意或者过失,因此只有当该主观条件也成立时,其要件才满足。只有当禁止性法律的客观要件和主观要件都满足时,才能适用第134条。另外,如果具体的情况关乎的是在一方无过错而行为的情况下,无效后果根据禁止性法律的意义和目的是否也是正确的惩罚,那么可以只在法律效果方面考虑主观前提(→边码1118)。

三、法律效果

(一) 基本原则

1111 如果违反本身没有提出法律效果的法定禁止,那么第134条规定法律行为无效,且此时从禁止性法律中得不出其他结论。[28] 一方面的意思

---

[26] 不同观点,参见 Flume[4],§17,1。

[27] Vgl. BGHZ 122, 115, 122; 115, 123, 130; Canaris, Gesetzliches Verbot und Rechtsgeschäft, 1983, 21 f.; Flume[4], §17, 3; Medicus[10], Rdnr. 647; Wolf/Neuner[10], §45 Rdnr. 22.

[28] 该法律效果原则上是非强制性的(→边码1097)。只有在禁止性法律恰好旨在保护交易相对人,并且被保护者的同意排除了禁止性法律要件的情况下,合同相对人的同意才是重要的。比如,《刑法典》第223条就是这种情况(范例:同意牙医治疗),但是《法律服务法》第3条则不是(许可非法律人的法律咨询)。

是，禁止性法律询问的是根据其意义和目的，无效是否是恰当的反应。另一方面的意思是，第 134 条包括内容的**解释规则**（Auslegungsregel），即违反禁止性法律应当导致无效。[29] 虽然禁止性法律首先要审查不放弃无效的后果是否对规范的规定目的更公平，但是如果这一审查不能得出明确结论，那么第 134 条适用。法律将无效视为通常情况，这是由它的表达所得出的，因为借助词语"如果……不……"描述的始终是例外情况。

主要从禁止性法律中推论出具体的法律效果。在此开启了**形形色色的法律效果**（Spektrum）。从法律行为有效到效力待定[30]到完全无效。哪个法律效果是正确的，要借助具体情况的具体因素并考虑禁止性法律的意义和目的来确定。在此适用的简单法则是，内容禁止通常要求完全无效（→边码 1113），而在实施禁止中也考虑其他惩罚（→边码 1115）。

1112

（二）具体情况

1. 内容禁止

如果禁止性法律关乎的是内容禁止（→边码 1093），即法律行为指向的结果不被允许，那么一般只考虑法律行为无效。[31] 如果法律规定表明，它不想让法律行为在内容上旨在达成的结果发生，那么这个目的只能通过使之无效来完成[32]，否则我们将允许设立引起禁止性结果的义务。

1113

---

[29] BGH NJW 2014, 3639 Rdnr. 14; 2014, 3016 Rdnr. 33; Canaris, Gesetzliches Verbot und Rechtsgeschäft, 1983, 15; MünchKomm–Armbrüster⁶ § 134 Rdnr. 1; Staudinger–Sack/Seibl²⁰¹¹ § 134 Rdnr. 58; Wolf/Neuner¹⁰ §45 Rdnr. 2——不同观点，参见 Flume⁴, §17, 1; Seiler, Gedächtnisschrift Martens, 1987, 719, 725 ff.。

[30] 对此，参见 Flume⁴, §17, 4; Staudinger–Sack/Seibl²⁰¹¹ §134 Rdnr. 103 ff., 229。违反商业警务规范被作为范例而提出。比如，关于宵禁时段的规定是为了阻碍在这个时间段还销售饮料，并非为了同时阻碍应当为已经销售的饮料支付价款。笔者认为在该规范中通常涉及的不是禁止性法律，而仅仅是秩序规定（→边码 1095 以下），因此，效力待定只在极少数情况下是正确的法律效果。

[31] 一般的观点，仅参见 Flume⁴, §17, 4。

[32] 对于低于法定最低价格，参见 BayObLG 2001, 54, 58 f.; 1995, 225, 226; 对于违反竞争的行为承担的义务，参见 OLG Stuttgart NJW–RR 1997, 236, 237; 对于使用建筑法不允许的建筑物的租赁合同，参见 AG Celle NZM 1999, 473。

亦即法律禁止的，不能通过合同升格为可行的。[33] 然而，在此从规范的保护目的也可以得出，并非完全无效，而是根据第 139 条的法律理念[34] 仅部分无效才具有恰当性。

范例

1114　　M 从 V 处承租公寓。月租金为 375 欧元，比当地平时月租金 300 欧元高 20%。因此该租赁合同违反《经济刑法》第 5 条。该法将租赁暴利归为违反法规，是第 134 条意义上的禁止性法律，因为它旨在保护承租人不支付过高的租金，而无效之惩罚适得其反，因为承租人将失去住宅，而不是不履行过高的支付租金的义务。因此，根据规范的意义和目的，正确的法律效果不是完全无效，而是部分无效：租赁合同仅在迫使承租人支付超过许可的租金范围的情况下无效。[35]

2. 实施禁止

1115　　在实施禁止中表现则不同（→边码 1094）。在此更有可能会考虑无效之惩罚的替代方案。当然，我们也必须牢记，**无效被视为通常情况**（Nichtigkeit als Regelfall）。如果一个规范是禁止性法律的原因是，基于具体的伴随情况，为了法律行为参与人形式的和实体的利益，法律规定不允许某种法律效果，那么该法律效果不具有效力以及法律行为因此无效是强制性的后果。因此，导致不同结果的只能是，具体案例中的特殊情事以及受

---

[33] Medicus[10], Rdnr. 647.

[34] 部分无效一般并不是由第 139 条得出，而是直接由第 134 条后半句联合保护性法律的规范目的得出；参见 OLG Hamburg NJW-RR 2000, 458, 459; Staudinger-Sack/Seibl[2011] § 134 Rdnr. 87。

[35] BGHZ 89, 316, 319; OLG Hamburg NJW-RR 2000, 458, 459; Lammel, NZM 1999, 989, 990; 也参见 OLG Hamburg MDR 1999, 669（当地一般租金的提高不是事后补正）；对于降低至当地一般租金, Canaris, FS Steindorf, 1990, 519, 529 ff.; Köhler[38], § 13 Rdnr. 13; Palandt-Ellenberger[14] § 134 Rdnr. 27 附其他证明——Canaris, Gesetzliches Verbot und Rechtsgeschäft, 1983, 29 ff.认为在这种情况中存在"半边的无效"：替代租金请求权的是不当得利请求权，而合同在其他方面仍然有效。这样的半边无效在我们的法律中是陌生的；部分无效足矣。也参见 Cahn, JZ 1997, 8, 13 f.; Staudinger-Sak/Seibl[2011] § 134 Rdnr. 97, 112 f. 附其他证明。

禁止性法律保护人的利益。如果仍然是无效,那么通常根据第817条第2句排除不当得利请求权。[36] 第242条通常也不妨碍当事人主张无效。[37]

这种"原则——例外"关系可以再次以**单方禁止**(einseitige Verbote)为例进行说明。人们普遍认为,单方禁止通常不导致无效,或者至少不总是导致无效。[38] 然而(本书)不能同意此观点。[39] 即使在单方禁止中,从中得出禁止性法律性质的,也是法律规定不想使通过法律行为所约定的法律效果得以实现(→边码1105)。如果从禁止的单方性得出,无效并非正确的惩罚,那么所涉及的根本不是禁止性法律。因此,在这里也只有具体情况中的特殊因素可能导致不将无效作为惩罚。

1116

范例

V的职业是居间促成借贷,获得佣金。他在农业经营者L的庭院中拜访L,并说服他在G银行的借贷要约上签名。V因此违反了《工商管理条例》第56条第1款第6项,该条款不允许在流动经营中有偿地居间促成借贷。该规定虽然仅针对居间人,但它是有利于借款人的保护法律,属于禁止性法律,因此使居间合同无效。L可以根据第312g条第1款(→边码1793)撤回借贷合同,这作为对居间合同的惩罚是不足的。[40]

1117

在**单方违反**(einseitige Verstößen)中表现不同。如果仅一方违反针对双方当事人的禁止性法律(比如,因为禁止性法律要件包括特定的主观条

1118

---

[36] 对于律师禁止代理,参见BGH NJW 2011, 373 Rdnr. 17 ff.;律师合同无效,律师没有第683条、第670条的请求权,因为第817条第2句没有第812条的请求权。

[37] BGHZ 198, 141 Rdnr. 30.

[38] 比如,参见BGHZ 152, 10, 12; 143, 283, 287; 146, 250, 257 f.; 118, 142, 145; 115, 123, 125; BGH NJW 2003, 3692, 3693; OLG Köln NJW-RR 2000, 136, 137; Brox/Walker[38], Rdnr. 325; Flume[4], § 17, 4——在所述出处,特别是司法裁判中,并非一直足够明确的是,是否否定了禁止性法律的性质,以及是否从法律效果方面论证或者涉及单方禁止。

[39] 同样的,参见Staudinger-Sack/Seibl[2011] § 134 Rndr. 75。

[40] BGH NJW 1999, 1636, 1637.

件,双方当事人中仅一方满足),那么为了保护主观上守法行为的当事人,他可以要求例外地不将无效作为惩罚。

范例

1119　　A 委托 U 建造房子。U 没有在手工业者名册中登记,也没有营业许可证,因履行该委托而违反了《非法劳动法》第 1 条第 1 款。该法规定了违规行为,根据《违反秩序法》第 10 条只能是故意违反规定。此外,《非法劳动法》是禁止性法律,针对双方当事人,正如从《非法劳动法》第 2 条得出的那样,据此委托人也违规。如果双方当事人都满足针对他们的要件,除了无效,别无他法。[41] 如果委托人对不允许的情事一无所知,则他值得保护。无效惩罚将剥夺他所有的履行请求权和(瑕疵)担保请求权。因此存在例外情况,其解决方法是,承揽合同在仅单方违反《非法劳动法》的情况下有效,由 U 通过第三人履行,该第三人在提供他所负担的给付时为合法行为。[42]

四、规避行为

1120　　当事人有时候试图避免对他们不利的法律效果,他们通过选择其他可以达到相应的经济结果之方案(Gestaltung),以避免满足禁止性法律的要件。这本身并非有失体统,而仍然属于私人自治的范围。不同的是,法律规范的文义没有包括的方案违反**禁止性法律的意义和目**(Sinn und Zwecke des Verbotsgesetzes)。[43] 对于这样的情况,有些法律明确规定,被规避的规范仍可适用(参见第 306a 条、第 312k 条第 1 款第 2 句、第 361 条

---

[41] BGHZ 201, 1 Rdnr. 12 (赞同的 Stamm, NJW 2014, 2145 ff.); 198, 141 Rdnr. 12 ff.(赞同 Lorenz, NJW 2013, 3132 ff.); 111, 308, 311; 85, 39, 43 ff.; BGH NJW 2015, 2406 Rdnr. 10。

[42] BGHZ 89, 369, 373 f.; BGH NJW-RR 2002, 557; NJW 1985, 2403 附 Canaris 批评的评论; OLG Düsseldorf NJW-RR 1998, 1710; 完整的,也参见 Köhler, JZ 1990, 466 ff.。

[43] BGHZ 85, 39, 46.

第2款第2句、第655e条第1款第2句、《商法典》第75d条第2句、《远程课程保护法》第8条，《捐税法》第42条）。如果没有对规避情况进行特别规定，那么要通过解释规范来查明，禁止性法律是否也对被选择的制度直接或者类推适用，因为无论如何它都意在阻碍所追求的成果，不依赖于所选择的方案。如果赞同这个观点，则引发了第134条的法律效果。这不涉及第134条的特殊问题，而是涉及禁止性法律的问题。

法律规避并不是独立的法律制度（kein eigenes Rechtsinstitut）[44]，但是形成了规避行为这一定义。规避行为是指原本旨在实施法律禁止的要件的当事人实施了（非禁止的）法律行为，通过该法律行为，当事人试图借助没有被（禁止性）法律文义包括的要件而达到经济上相同的结果。该定义表示的只是一个有问题的要件，而不是一个独立法律制度的前提条件；从这个定义不能得出法律评价。[45] 亦即法律上只涉及一个问题，被规避的规范（禁止性法律）依其意义和目的通过解释或者——在解释触及（条文）边界的情况下——通过类推适用，是否可以对没有被禁止性规范文义包含的要件适用。在此，关键的仅仅是文义中描述的方案和当事人选择的方案根据规范目的是否作相同处理。如果属于这种情况，则禁止性法律必须适用（附第134条的后果）。不需要当事人的主观条件，特别是不需要规避意图。[46] 反之，只有规避意图不能引起第134条的法律效果。[47]

1121

---

[44] Prot. I, 257=Mugdan I, 725; Flume⁴, § 17, 5; Köhler³⁸, § 13 Rdnr. 17; Medicus¹⁰, Rdnr. 660; MünchKomm–Armbrüster⁶ § 134 Rdnr. 11 ff./15; Sieker (Rdnr. 1088), 8 ff.; Teichmann, JZ 2003, 761 ff.——不同观点 Wolf/Neuner¹⁰, § 45 Rdnr. 27; wohl auch Staudinger–Sack/Seibl²⁰¹¹ § 134 Rdnr. 150 f.; 区别对待 Beneke (Rdnr. 1088), 73 ff.。

[45] Soergel–Hefermeh¹³ § 134 Rdnr. 37.

[46] BGHZ 56, 285, 289; 51, 255, 262; 37, 363, 366; BGH NJW 2009, 2554 Rdnr. 17; WM 1990, 222, 227; BayObLGZ 2000, 36, 42; MünchKomm–Armbrüster⁶ §134 Rdnr. 16; Soergel–Hefemeh¹³ § 134 Rdnr. 40; Staudinger–Sack/Seibl²⁰¹¹ § 134 Rdnr. 145——不同观点（各自根据规范目的），参见 Meier-Reimer, NJW 2013, 2405, 2406; Wolf/Neuner¹⁰, § 45 Rdnr. 27。

[47] BGH NJW 1997, 2599, 2600.

范例

1122　　E 意将他的餐馆出租给 G。G 因为酗酒未能取得餐馆经营许可(《餐饮业法》第 4 条第 1 款第 1 项)。[48] 因此 E 仍对外继续经营餐馆。他聘用 G 为经理,并约定 G 每月向 E 支付"预付利润"2000 欧元,扣除这 2000 欧元后的收入,允许 G 作为经理的薪酬保留。此处存在规避行为。法律禁止与不能取得经营许可的人订立租约,但不禁止订立经理合同。然而,在实际结果方面,这两个合同没有区别:G 决定餐馆的命运,承担自己责任;E 取得固定款项。根据法律的意义和目的,被规避的规范对规避行为类推适用,结果是经理合同根据第 134 条无效。[49]

1123　　劳动者 A 申请了 3 个月的无薪度假。在度假证明中约定,A 应当在 4 月 7 日重启劳动关系,否则劳动关系当天终止。这里涉及的是附条件的废止合同(Aufhebungsvertrag),虽然原则上是允许的,但是不允许规避终止保护的规定。如果 A 在 4 月 7 日没有重新开始劳动关系,用人单位因此而写信函通知他,劳动关系因为条件成就而终止,则 A 可以提起终止保护之诉,因为在这个案例中,解释的结果是,这里订立的有条件的废止合同也是《解雇保护法》第 1 条意义上的"终止"。此"终止"不生效力,因为它包含了提前的放弃终止保护,因此是不被允许的。[50]

---

[48] 参见边码 807 关于第 117 条的适用。

[49] OLG Hamm NJW 1986, 2440, 2441; OLG Koblenz NJW‑RR 1994, 493; Vgl. auch OLG Hamm NJW‑RR 2000, 1565.

[50] BAGE 26, 417 ff.=ArbuR 1975, 220 ff.附 Wollenschläger 评释。

第二十六章　处分禁止

文献

Assfalg, Der Schutz des Treuhandbegünstigten gegen abredewidrige Verfügungen des Treuhänders in rechtsvergleichender Sicht, NJW 1970, 1902; Beer, Die relative Unwirksamkeit, 1975; Berger, Rechtsgeschäftliche Verfügungsverbote, 1998; A. Blomeyer, Zum relativen Verbot der Verfügung über Forderungen, FS E. E. Hirsch, 1968, 25; Blum, Veräußerungsverbot und Vormerkung, Diss. Breslau 1906; Brütt, Das rechtsgeschäftliche Veräußerungsverbot nach Gemeinem Recht und Bürgerlichem Gesetzbuch, Diss. Berlin 1900; Bülow, Grundfragen der Verfügungsverbote, JuS 1994, 1; ders., Zu den Vorstellungen des historischen Gesetzgebers über die absolute Wirkung rechtsgeschäftlicher Abtretungsverbote, NJW 1993, 901; Canaris, Die Rechtsfolgen rechtsgeschäftlicher Abtretungsverbote, FS R. Serick, 1992, 9; ders., Die Verdinglichung obligatorischer Rechte, FS W. Flume, Bd. I, 1978, 371; Coing, Die Treuhand kraft privaten Rechtsgeschäfts, 1973; du Chesne, Die Vollziehung eines durch einstweilige Verfügung angeordneten Veräußerungsverbotes hinsichtlich eines Liegenschaftsrechts, DNotV 1917, 205; Däubler, Rechtsgeschäftlicher Ausschluß der Veräußerlichkeit von Rechten?, NJW 1968, 1117; Denck, Die Relativität im Privatrecht, JuS 1981, 9/861; Dubischar, Doppelverkauf und „ius ad rem", JuS 1970, 6; Dulckeit, Die Verdinglichung obligatorischer Rechte, 1951; Fahland, Das Verfügungsverbot nach §§ 135, 136 BGB in der Zwangsvollstreckung und seine Beziehung zu den anderen Pfändungsfolgen, 1976; Foerste, Grenzen der Durchsetzung von Verfügungsbeschränkungen und Erwerbsverboten im Grundstücksrecht, 1986; Fraeb, Die Rechtsfolgen einer gegen die §§ 135, 136 BGB verstoßenden Verfügung unter besonderer Berücksichtigung des Zwangsversteigerungsvermerks bei eingetragenem Rangvorbehalt, ZblFG XII (1911/12), 613; Furtner, Sicherung eines künftigen Rechtserwerbs durch einstweilige Verfügung, NJW 1964, 745; ders., Die rechtsgeschäftlichen Verfügungsbeschränkungen und ihre Sicherung, NJW 1966, 182; Gerhardt, Absolute und relative Unwirksamkeit als

1124

rechtliches Steuerungsinstrument im Insolvenzfall, FS W. Flume, Bd. I, 1978, 527; Habscheid, Richterliches Erwerbsverbot und Grundbuchrecht, FS G. Schiedermair, 1976, 245; Heydrich, Das einstweilige Erwerbsverbot an Grundstücken in der Praxis, MDR 1997, 797; Hubernagel, Das Erwerbsverbot als Verfügungsverbot, Gruchot 73 (1933), 36; U. Hübner, Personale Relativierung der Unwirksamkeit von Rechtsgeschäften nach dem Schutzzweck der Norm, FS H. Hübner, 1984, 487; Huesker, Zur Lehre von den gesetzlichen und richterlichen Veräußerungsverboten nach dem Bürgerlichen Gesetzbuch, Diss. Leipzig 1910; Jakobs, Die Verlängerung des Eigentumsvorbehalts und der Ausschluß der Abtretung der Weiterveräußerungsforderung, JuS 1973, 152; Jungk, Eigentumserwerb des durch ein relatives Veräußerungsverbot geschützten Gläubigers durch Erklärung des Schuldners nach dessen Verfügung zugunsten eines Bösgläubigen, JA 1991, 18; Kirschbaum, Das richterliche Veräußerungsverbot nach Gemeinem Recht und Bürgerlichem Gesetzbuch, Diss. Marburg 1902; Knoke, Zur Lehre vom relativen Veräußerungsverbot, Königsberger Festg. Güterbock, 1910, 401; J. Kohler, Das Verfügungsverbot lebt, JZ 1983, 586; ders., Das Verfügungsverbot gemäß § 938 Abs. 2 ZPO im Liegenschaftsrecht, 1984; ders., Eigentumserwerb des durch Verfügungsverbot Geschützten an verbotswidrig veräußerten Mobilien, Jura 1991, 349; ders., Vormerkbarkeit eines durch abredewidrige Veräußerung bedingten Rückerwerbsanspruchs, DNotZ 1989, 339; Kuhlmann, Relative (einseitige) Unwirksamkeit, Diss. Marburg, 1936; R. Liebs, Die unbeschränkbare Verfügungsbefugnis, AcP 175 (1975), 1; G. Lüke, Der Inhalt des Pfändungspfandrechts, JZ 1955, 484; Mayer-Maly, Die relative Unwirksamkeit im österreichischen Recht, FS W. Reimer, 1976, 67; Mehrtens, Das gesetzliche Veräußerungsverbot, Diss. Göttingen, 1974; Merrem, Sicherung vertraglicher Verfügungsverbote, JR 1993, 53; Münzel, Gerichtliche Erwerbsverbote durch einstweilige Verfügungen, DNotV 1928, 282; Mummenhoff, Vertragliches Abtretungsverbot und Sicherungszession im deutschen, österreichischen und US-amerikanischen Recht, JZ 1979, 425; Muthorst, Macht durch Verdinglichung-zum Gläubigerwettlauf bei Doppelverpflichtung, in: Jb. Junger Zivilrechtswissenschaftler, 2012, 127; H. W. Neumann, Vormerkung, Verfügungsbeschränkung und Veräußerungsverbot, Diss. Hamburg 1930; J. Neumann, Vormerkung und Veräußerungsverbot, JW 1902, 454; Oertmann, Das Problem der relativen Rechtszuständigkeit, JherJb 66 (1916), 130, 249; ders., Rechtsges-chäftliches Veräußerungsverbot als dingliche Dispositionsbeschränkung nach gegenwärtigem und künftigem Rechte, SeuffBl. 64 (1899), 354 und 369; Ostermann, Das Erwerbsverbot, Diss. Bonn 1930; Ch. Paulus, Richterliches Verfügungsverbot und Vormerkung im Konkurs, 1981; G. Paulus, Schranken des Gläubigerschutzes aus relativer Unwirksamkeit, FS H. C. Nipperdey, Bd. I, 1965, 909; Pikalo, § 137 BGB in der Praxis des Rechtslebens, DNotZ 1972, 644; Raape, Das gesetzliche Veräußerungsverbot des BGB, 1908; Raible, Vertragliche Beschränkung der Übertragung von Rechten, 1969; Ruhwedel, Grundlage und Rechtswirkungen sogenannter relativer Verfügungsverbote, JuS 1980, 161; Saueracker, Der Begriff des gesetzlichen Veräußerungsverbotes, Diss. Halle 1913; Schachian, Die relative Unwirksamkeit der Rechtsgeschäfte, Diss. Berlin 1910; Schlegelmilch, Das relative Eigentum, Diss. Halle-Wittenberg 1928; H. Schlosser, Außenwirkungen verfügungshindernder Abreden bei der rechtsgeschäftlichen Treuhand, NJW 1970, 681; Schmidt, Über gesetzliche und richterliche Veräußerungsverbote nach früherem und heutigem Recht, Diss. Breslau 1904; Scholz, Die verbotswidrige Abtretung, NJW 1960, 1837; Schott, Über Veräußerungsverbote und Resolutivbedingungen im bürgerlichen Recht, Breslauer Festg. Dahn, Bd. III, 1905, 305; Seidel, Das richterliche Veräußerungsverbot nach Gemeinem Recht und Bürgerlichem Gesetzbuch, Diss. Greifswald 1904; Seifert, Verfügungsfreiheit und rechtsgeschäftliches Veräußerungsverbot, Diss. Frankfurt 1965; Simokat, Die Verfügungsmacht, 2014; Solon, Zur Lehre von den Veräußerungsverboten der §§ 135, 136 BGB, Diss. Leipzig 1908; Strohal, Über relative Unwirksamkeit, Festschr. Zur Jahrhundertfeier des Allgemeinen Gesetzbuches, Bd. II, 1911, 746; Timm, Außenwirkungen vertraglicher Verfügungsverbote?, JZ 1989, 13; Voss, Über den Schutz des Veräußerungsverbotes (§§ 135, 136 BGB) gegen Beseitigung der Veräußerung in Konkurs-und Anfechtungsfällen, LZ 1909, 755; ders., Die Wechselbeziehungen zwischen Schuldanfechtungsrecht und Veräußerungsverbot (§§ 135 ff. BGB), LZ 1910, 520/592; ders., Über das Verhältnis zwischen relativem Veräußerungsverbot und Vormerkung nach dem BGB, JherJB 60 (1912), 293; E. Wagner, Absolute Wirkung vertraglicher Abtretungsverbote gleich absolute Unwirksamkeit verbotswidriger Abtretungen?, JZ 1994, 227; ders., Vertragliche Abtretungsverbote im System zivilrechtlicher Verfügungshindernisse, 1994; Weiland, Die Sicherung konkurrierender Sachleistungsansprüche im Wege einstweiliger Verfügung durch Vormerkung und Verfügungsverbot, 1992; Weimar, Das relative Veräußerungsverbot, MDR

> 1961, 568; ders., Relatives Veräußerungsverbot, MDR 1969, 202; Weng, Erwerbsverbot im Sachenrecht, Diss. Tübingen 1976; Weitnauer, Die unverzichtbare Handlungsfreiheit, Festschr. für F. Weber, 1975, 429; Wiegand, Numerus clausus der dinglichen Rechte, FS K. Kroeschell, 1987, 635; Wieling, Jus ad rem durch einstweilige Verfügung?, JZ 1982, 839; ders., Schlußwort zu Kohler JZ 1983, 586, JZ 1983, 592; Wolany, Bedingte Einziehbarkeit gepfändeter GmbH-Geschäftsanteile, FS H. C. Nipperdey, Bd. I, 1965, 975; Wünschmann, Vom pactum de non cedendo, Gruchot 54 (1910), 217; Ziegler, Bedingte Verfügungen und § 137 Satz 1 BGB, Diss. Regensburg 1980.

一、概述

（一）规范关联

1125　《民法典》第 135 条以下条款规定了法定出让禁止（第 135 条）、机关的出让禁止（第 136 条）和法律行为上的出让禁止（第 137 条）。**出让禁止**（Veräußerungsverbot）的含义是，禁止以特定方式处分某权利客体。现在一致认为，出让禁止不仅是指"技术意义"的出让，即有偿转让，而且包括对相关权利的任何处分，即废止、设定负担和变更内容。[1] 因此，尽管法律术语很简短，但下文仍将探讨处分禁止。

1126　需要通过**与第 134 条的规范关联**（Regelungszusammenhang mit § 134）来理解第 135 条以下条款（→边码 1130）。法定处分禁止是第 134 条意义上的禁止性法律（→边码 1134），它在第 135 条中再次被特别提及，这是因为存在某些仅为了保护特定人的处分禁止。对于此类"相对处分禁止"（→边码 1137 以下），立法者不想使其保留第 134 条的无效后果，而是对其规定了自己的法律效果，即相对不发生效力（→边码 1140）。除此之外，仅对法定处分禁止适用的第 134 条、第 135 条规范群应当扩张至机关

---

〔1〕 关于处分定义，参见边码 450。

的处分禁止和法律行为上的处分禁止。

(二)处分权力和处分禁止

前述导言提出了一个问题,即**处分权力**(Verfügungsmacht)和处分禁止之间是怎样的关系。处分权力属于权限,它赋予权利人处分其主观权利之权利。主观权利的特点是,它为权利持有人预留特别的行动资格(→边码280)。可以将主观权利转让给第三人,原则上(→边码1148)也属于这种行动的资格。比如,所有权的权利人或者债权的权利人可以把对物的所有权或者债权转让给第三人。因此,主观权利也包括对该权利的处分权力。[2] 一般情况下,该权限只属于权利人。第三人的处分没有法律效力,因为任何人都不能处分他没有的权利,除非权利人(→边码1713)或者法律对他授权。处分人没有这种资格的,只有在法律例外地允许从非权利人处(善意)取得的情况下,(取得人)才可以从没有处分权限的人那里取得主观权利。 1127

第892条和第932条以下条款允许**从无权利人处取得物**(Erwerb vom Nichtberechtigten),而对权利没有规定善意取得。其原因是,我们想对相信转让人有权的取得人提供保护的情况,只发生在可以一般化的、以典型方式存在的客观要件中,人们允许基于该要件推断出让人的权利人身份。对于动产,占有构成这样的权利外观要件(人们可以基于占有推断占有人的所有权,第1006条第1款第1句),对于不动产,在土地簿中的登记是权利外观(第891条第1款)。相反,债权没有这样的客观的权利外观要件。相信出让人声明其是被转让债权的持有人者,相信的不是客观情事,而是合同相对人的"空话"。对出让人纯粹"空话"的信赖,在《民法典》中不受保护。 1128

主观权利的持有人原则上可以自由处分该权利,但也存在例外。对**处分权的限制**(Einschränkungen der Verfügungsmacht)有极其不同的形式,这些限制既可以涉及具体的标的物,也可以涉及全部财产。最广泛的 1129

---

[2] 对此,详见 Simokat(边码 1124), passim。

是，在完全剥夺（权利人的）处分权力的同时将它转让给第三人。这种情况包括，破产程序开启时（债务人随着开启决议失去处分权，该处分权转让给法院指定的破产管理人，《支付不能法》第 80 条第 1 款、第 81 条第 1 款第 1 句），或者指定遗嘱执行人时（立遗嘱人死亡时遗产转移到继承人财产中，而处分权移交给遗嘱执行人，第 2205 条第 2 句、第 2211 条第 1 款）。此外还有一种可能性，即将处分与第三人的同意相关联。此类情况包括在第 1365 条第 1 款第 2 句、第 1369 条第 1 款中（只有另一方同意时，配偶一方才可以处分其全部财产或者生活用品），或者破产程序启动时法院作出同意保留之命令（在破产申请和启动决定之间，债务人的处分只有在临时破产管理人同意的情况下才发生效力，《支付不能法》第 21 条第 2 款第 2 项、第 24 条第 1 款、第 81 条第 1 款第 1 句）。

1130 最后存在这种可能性，将**处分禁止**（Verfügungsverbot）强加给权利持有人。比如，在《民事诉讼法》第 829 条第 1 款第 2 句的债权扣押中（扣押决议将处分禁止强加于扣押债务人，而扣押债权人仅取得扣押质权，只有通过附加的转让决议，他才能取得对债权的处分权，《民事诉讼法》第 835 条），或者发生在根据《支付不能法》第 21 条第 2 款第 2 项的支付不能启动程序中的一般处分禁止命令中（处分禁止被强加于债务人，而处分权转让给临时破产管理人需要明确的指定，《支付不能法》第 21 条第 2 款第 1 项、第 22 条第 1 款第 1 句）。此类处分禁止不是对处分权力的限制〔3〕，而是禁止以特定方式行使处分权。该规范不是在"可以"的"物权的"层面适用，而是在"应当"的"内容的"层面。只要为处分禁止所涵盖，权利人就既不能自己处分，也不能与第三人共同处分。处分权力亦不能转让给第三人。当然，这两种构造的结果相同：法律行为不生效力。处分权力限制的原因，只是权利人被剥夺了相应的法律权力（Rechtsmacht）（"缺失法律上的可为"），而在处分禁止的情况下，或者是禁止性法律本身规定了不生效力，或者从第 134 条以下条款得出不生效力（缺失法律上的应为；→边码 1134 以下、1140）。

---

〔3〕 不同观点，参见 Flume[4], §17, 6c。

(三) 绝对效力和相对效力

处分禁止的效力(Wirkung)可以既是绝对的,又是相对的。一般情况是**绝对**(absolut)效力[4]:违反禁止的处分——可能根据特别法的规定,也可能根据第134条——无效。它不产生法律上的效果。对任何人都如此,换言之,处分不仅对参与处分的当事人不生效力,参与处分的当事人可以主张处分不生效力,而且对任何第三人亦如此。与之不同的是**相对**(relativ)处分禁止:违反这种禁止的处分,只有在与处分禁止应当保护的人的关系中才不生效力,而它在与任何第三人的关系中被认为发生效力(→边码1140)。

1131

范例

基于其弟B根据《民事诉讼法》第938条第2款取得的初级法院的临时禁令,E被禁止向其他人出让已经允诺给B的家族银器。然而,E将该家族银器卖给了D,并转让了所有权,X将银器从D处偷走。D可以根据第985条对X要求返还银器,因为在与X的关系中,他(D)是银器的所有权人,尽管基于临时禁令,E服从于相对转让禁止(第136条),以至于他不能使D取得所有权。根据第136条联合第135条第1款,这仅适用于对B进行保护的情况,而在与第三人的关系中不适用。因此,D可以对X主张所有权转让生效力,借此根据第985条优先主张权利。如果X没有将银器偷走,而是损毁,D可以根据第823条第1款对X基于侵害所有权主张损害赔偿。反之,如果B要求E转让所有权,E可以根据第929条第1句、第931条满足B的要求。在与B的关系中(相对的),所有权转让给D不生效力,这样,E仍然是所有权人,所有权可以转让给受相对处分禁止所保护的B,D不能通过示明银器已经转让给他来阻止

1132

---

[4] Flume[4], § 17, 6b.

向 B 转让所有权。[5]

1133　　**善意取得**(gutgläubiger Erwerb)(→边码1128)的可能性不受绝对禁止转让和相对禁止转让之区别的影响。是否可能从无权利人处取得,只由立法者决定。立法者在处分权层面允许善意取得的情况,主要出现在非权利人实施处分的情况下(第932条以下、第892条),另一种情况是,某人虽然是权利人,但是处分权属于第三人(第2211条第2款对遗嘱执行;《支付不能法》第81条第1款第2句对破产管理是限制性的),或者与第三人共同行使处分权(《支付不能法》第24条第1款、第81条第1款第2句对临时破产管理中的同意保留;反之,在第1365条、第1369条中不属于此)。在处分禁止的情况下也存在善意取得,比如,破产启动程序根据《支付不能法》第24条第1款、第81条第1款第2句在一般处分禁止有绝对效力的规定中,或者根据第135条第2款、第136条在相对处分禁止中(→边码1143)。

二、绝对处分禁止

1134　　绝对处分禁止表现为不同形式。存在法定处分禁止,但不被遵守的,根据禁止性法律之命令[6](完全法律,参见边码1089),其结果是对任何人而言,该法律行为都无效,根据第134条(非完全法律)同样如此。

---

[5] 在此意义上 Flume[4],§17,6 d;Kohler,Jura 1991,349 ff.;MünchKomm-Armbrüster[6] §135 Rdnr. 39;Muthorst(Rdnr. 1124),127,131 ff.;Staudinger-Kohler[2011] §135 Rdnr. 117 ff.;Wolf/Neuner[10],§55 Rdnr. 40——根据其他观点,E 只要表示,在没有发生违反禁止处分时 E 享有的所有权利 B 也享有,就够了;参见 BGHZ 111,364,369 = JZ 1991,40 附 Mayer-Maly 否定的评释;Soergel-Hefermehl[13] §136 Rdnr. 26。根据其他不同观点,根本不需要由 E 转让所有权,B 可以直接向 D 要求返还标的物;参见(第4版之前)MünchKomm-Mayer-Maly/Armbrüster §135 Rdnr. 39。与两个观点相对,要坚持《民法典》的所有权转让要件和请求权基础。

[6] 属于此的主要是总则部分第161条第1款第1句(→边码1273),以及继承法方面的第2113条以下;仅参见 Staudinger-Kohler[2011] §135 Rdnr. 49/56 附其他证明。

"绝对效力"的含义是：对任何人的效力["所有的人(inter omnes)"]。属于此类的主要是禁止商品流通本身的特别法律规范(→边码 1099 以下)，比如，《麻醉品交易法》第 12 条、第 29 条(该法旨在杜绝麻醉品交易)。这样的规定没有剥夺权利人的处分权力，只是不允许其在特定方面行使处分权。因此，比如，不能向消费者转让损害健康的食物，但是可以转让给废品处理机构。

法律也零星地规定了有绝对效力的**机关**(behördlich)处分禁止，其中不仅仅执法部门属于机关，所有的公共机构，包括法院都属于机关。如果违反了机关处分禁止，通常在包含授权基础的法律中寻找法律效果[比如：在破产启动程序中，债务人违反了破产法院强加于他的一般处分禁止(→边码 1130)，那么根据《支付不能法》第 24 条第 1 款，第 81 条第 1 款第 1 句不生效力]。如果没有这样的法律效果命令，那么对仅旨在保护特定人的机关禁止，适用第 136 条(→边码 1138)。反之，旨在保护公共利益的处分禁止不包括在这样的条款中。不能直接从第 134 条中得出法律效果，因为官方命令不是禁止性法律，并且对机关禁止的授权基础只针对机关，不针对合同当事人。因为立法者没有规定这样的情况，这个法律漏洞可以通过类推适用第 134 条来填补：违反绝对机关处分禁止的法律行为无效。[7]

1135

范例

初级法院根据《刑事诉讼法》第 290 条对在逃的、被指控袭击银行的 A 作出裁定，A 的全部国内财产被没收。在民事法律方面，法院借此宣布一般处分禁止，该禁止不是为特定人利益，而是为公共利益，因此并非相对处分禁止，而是绝对处分禁止。[8] 所以，A 的处分类推第 134 条无效。

1136

---

[7] RGZ 105, 71, 75 ff.; Staudinger-Kohler[2011] § 136 Rdnr. 2 附其他证明。

[8] Bülow, JuS 1994, 1, 3; Staudinger-Hefermehl[13] § 136 Rdnr. 6; Staudinger-Kohler[2011] § 136 Rdnr. 29.

三、相对处分禁止

(一) 要件

1137　相对处分禁止的特点是,它们仅旨在保护特定的、可以个体化的人。其中在第 135 条以下条款中区别**法定**(gesetzlich)相对禁止和机关相对禁止。法定相对禁止很少出现,并且其中大部分有自己的法律效果规定,是完全规范(范例:第 1128 条[9])。第 135 条的直接适用范围是有限的。

1138　规范在更多情况下通过指向第 136 条而获得意义。因为**机关的**(behördlich)(包括法院的)相对处分禁止有更广泛的适用范围。在实践中最重要的范例是强制执行中的扣押。在债权扣押中,执行法院根据《民事诉讼法》第 829 条第 1 款第 2 句,明确对执行债务人表示了禁止处分被扣押的债权。这关乎的是仅旨在保护执行债权人的处分禁止,因此属于第 135 条、第 136 条意义上的相对处分禁止。根据《强制拍卖法》第 23 条第 1 款没收不动产明确产生(相对)处分禁止,在动产扣押中,法院执行员的没收也导致相对处分禁止。[10] 其他重要的适用领域是经暂处分表达的处分禁止,在此情况下根据《民事诉讼法》第 935 条、第 938 条第 2 款,依申请暂时不允许权利人处分其权利,或者不允许他以特定的方式处分其权利。这样的处分禁止只保护申请人,因此是第 136 条、第 135 条第 1 款第 1 句意义上的相对处分禁止。

1139　经暂处分表示的处分禁止和通过暂时法律保护而表示的**取得禁止**(Erwerbsverbot)应具有相同地位。在此情况下,法院禁止被申请人从他人处取得物。[11] 被申请人违反了该禁止,那么以取得为目的之处分类推

---

[9]　Vgl. Flume[4], § 17, 6 c; Staudinger-Kohler[2011] § 135 Rdnr. 53.

[10]　Vgl. nur Brox/Walker, ZwangsvollstreckungsR[10], Rdnr. 361; Rosenberg/Gaul/Schilken, ZwangsvollstreckungsR[11], § 50 Ⅲ 2; Stein/Jonas-Münzberg[22] § 803 Rdnr. 5.

[11]　范例:V 在一份未经公证的合同中将一块不动产卖与 K,并表示了土地契约。为了阻止 K 提出登记申请,通过登记补正形式瑕疵(第 311b 条第 1 款第 2 句),V 针对 K 申请了取得禁止。

第 136 条、第 135 条相对不生效力。虽然不直接适用该条款,因为禁止不是针对处分人,而是针对处分受领人。但是因为涉及的是同一法律行为,取得只是处分的相对面,类推适用是合法的。[12]

(二) 法律效果

第 135 条第 1 款第 1 句规定了违反相对转让禁止的法律效果,即**法律行为上的处分相对不生效力**(relative Unwirksamkeit rechtsgeschäftlicher Verfügungen),其含义是,违反禁止的处分并非(绝对)无效,而是仅在与禁止要保护的人的关系中不生效力,反之在其他情况中则生效力(→边码 1132)。不生效力的相对性是对人,而不是对事:在与被保护人的关系中法律行为被认为完全不生效力,在与其他人的关系中被认为完全生效力。当然,相对不生效力的法律效果也可由其他法律进行规定,比如,在第 134 条中——该条款与第 135 条相反,明确表达——只有在为了保护受益人有所需要时,且禁止和授权禁止的法律都没有其他规定时,才产生相对不生效力。此外,处分禁止所保护者的同意(第 182 条)可以避免相对不生效力(许可,第 183 条第 1 句、第 185 条第 1 款),或者消除相对不生效力(追认,第 184 条第 1 款、第 185 条第 2 款;→边码 1696)。

1140

在第 135 条第 1 款第 2 句中,法律行为上的处分与通过**强制执行**(Zwangsvollstreckung)和假扣押实施的处分地位相同。相对不生效力的不仅是那些被禁止人出让权利的法律行为,还包括通过扣押或假扣押从被禁止人那里取得权利的没收行为。否则,处分禁止过于容易被规避。

1141

---

[12] 这是通说;参见 BGH NJW 1983, 565; BayObLG NJW-RR 1997, 913, 914; OLG München FamRZ 1969, 151, 152; RGZ 120, 118, 120; 117, 287, 291; Beer, Die relative Unwirksamkeit, 1975, 172 ff.; Erman-Arnold[14] § 136 Rdnr. 7; Foerste, Grenze der Durchsetzung von Verfügungsbeschränkungen und Erwerbsverboten im Grundstücksrecht, 1986, 114 ff.; Habscheid, FS Schiedermair, 1976, 245 ff.; Heydrich, MDR 1997, 796 f.; Hübner[2], Rdnr. 974; MünchKomm-Armbrüster[6] § 136 Rdnr. 8 f.; Palandt-Ellenberger[74] § 136 Rdnr. 5; Soergel-Hefermehl[13] § 136 Rdnr. 30 f.; Wolf/Neuner[10], § 55 Rdnr. 34 f.;原则上,也参见 Staudinger-Kohler[2011] § 136 Rdnr. 34 ff.——不同观点,参见 Flume[4] § 17, 6 e; Medicus[10], Rdnr. 665。

范例

1142　　如果在边码1132的范例中，E只是将家族银器卖与D，并未转让所有权，此时在所有权转让前颁布处分禁止，那么根据第135条第1款第1句向D转让所有权相对不生效力。如果E放弃转让所有权，D可以通过诉讼主张他的所有权转让请求权（第433条第1款第1句），通过判决取得（执行名义），因为买卖合同有效。该名义也可以被执行（根据《民事诉讼法》第894条第1款，判决有既判力时合意拟制发生，根据《民事诉讼法》第897条，由法院执行员取走银器替代交付）。该所有权转让根据第135条第1款第2句，在与B的关系中不生效力。D只有第283条、第281条、第326条、第275条规定的权利。

1143　　G扣押了S对D的债权。此后该债权又被X扣押。第二次扣押并非根据第136条、第135条第1款第2句相对不发生效力。然而，G的扣押产生相对处分禁止（《民事诉讼法》第829条第1款第2句）。因此，根据第136条、第135条第1款第1句，S将债权让与给X在与G的关系中不生效力，根据第136条、第135条第1款第2句，这与X着手的强制执行相同。在这里不需要相对不生效力，原因在于，虽然多重扣押导致每个扣押债权人都取得扣押质权，但是根据优先原则，G的质权优先于X的质权（《民事诉讼法》第804条第3款）。

1144　　根据第135条第2款，这些规定类推适用于从非权利人处取得权利的人（→边码1128），亦即他们仍然保留**善意取得的可能性**（Möglichkeit gutgläubigen Erwerbs）。违反禁止处分而转让动产的受领人既不知道处分禁止，也不是因为重大疏忽而不知道处分禁止，该处分根据第136条、第135条第2款、第932条即使相对于受禁止保护者亦生效力。这是合乎逻辑的。原因是，如果可以从非权利人那里善意取得，那么必然也可以从受处分禁止限制的权利人那里善意取得。当然，必须在具体的情况中审查法律是否为这种形式的处分提供善意保护。

范例

在边码 1132、1142 的范例中,如果 D 不知道法院的处分禁止,且对此无重大过失,那么,尽管有处分禁止,他也可以取得家族银器的所有权(第 136 条、第 135 条第 2 款、第 932 条)。B 经过详细咨询,立刻告知 D 有确凿的处分禁止,或者同时申请了对 E 的处分禁止和对 D 的取得禁止(边码 1139)。如果 B 的申请未获成功,D 在与 B 的关系中也成为家族银器的所有权人。B 只能向 E 求助(第 283 条、第 281 条、第 326 条、第 275 条)。如果争议的标的或者处分的标的是债权,就算 D 是善意的,他也不能取得债权,因为不存在债权的善意取得。 1145

如果 D 是恶意的,期间他将银器所有权转让给古董商 A,那么只要涉及的是处分禁止所保护的 B 的权利,A 就只能善意取得。如果 E 根据第 929 条第 1 句、第 931 条将银器转让给 B,那么 B 就成为所有权人,因为(向其他人的)处分在与他的关系中不生效力,E 仍然被视为有处分权的所有权人(为 B 的利益)。B 可以根据第 985 条向 A 要求返还原物,因为 B 在与 A 的关系中,也被认为是所有权人。不同的情况仅仅在 A 是善意的情况下,即 A 不知道 D(在与 B 的关系中)没有权利,而且他对不知情没有重大疏忽。 1146

四、法律行为上的处分禁止

第 137 条涉及法律行为上的处分禁止,亦即权利人通过法律行为声明,愿意放弃全部或者部分处分。这样,根据第 137 条第 1 句,法律行为上的处分禁止**没有物权效力**(ohne dingliche Wirkung):如果违反禁止而实施处分,处分是有效力的,且对任何人都有效力,包括为其利益而约定处分禁止的人。通过这种方式,法律交往对标的物可交易性的信赖得到保护。在具体情况中取得人的善意并不是关键。反之,违反规定而约定物权效力的,这种约定不发生效力。其结论是,法律规定处分权是不可放弃的权 1147

限,当事人自治受到限制。[13]

1148 对第 137 条第 1 句中坚持的原则,法律只对债权规定了一个表象的例外:约定债权不应当让与的,根据第 399 条情况 2,债权让与被排除。[14] 原因是债权产生时就是不可转让的,权利人从一开始就没有转让权。在这里关乎的是内容确定,而不是允许通过法律行为禁止处分本身可转让的债权。[15] 导致的结果是,已经实施的让与绝对不发生效力,而不是相对不发生效力。[16] 这对《住宅所有权法》第 12 条、第 35 条同样适用。

1149 相反,根据第 137 条第 2 句,法律行为上的处分禁止的**债权效力**(schuldrechtliche Wirkung)不受影响。若某人对另一个人设立不处分某标的物之义务,或者仅为他人之利益而处分,根据第 137 条第 1 句,该协议虽然没有物权效力,但是根据第 137 条第 2 句有不受时间限制的[17]债权效力。违反约定而将标的物所有权转让给第三人的,如果第三人知道法律行为上的处分禁止,那么所有权转让本身发生效力。处分人必须向受利益人给付损害赔偿,请求权一般从第 283 条、第 281 条、第 275 条中得出。[18]

范例

1150 E 是家族银器的所有权人。他想将银器赠与其弟 B,同时他还想让银器永远保留在家族内。因此,他附解除条件地转让银器所有

---

[13] 第 137 条第 1 句不是第 134 条意义上的禁止性法律;参见边码 1097 以下。

[14] 对此请再次注意《商法典》第 354a 条:约定不得让与的债权源于双方商事行为,那么让与排除无关紧要。

[15] 与该通说不同,Berger(边码 1124),240f.,241ff. 认为,让与禁止的结果是,债务人和债权人还可以共同处分;类似的 Dörner, Dynamische Relativität, 1985, 141 ff.; Thiele, Die Zustimmungen in der Lehre vom Rechtsgeschäft, 1966, 231 ff.。

[16] BGHZ 112, 387, 389 f.; 102, 293, 301; 70, 299, 301; 40, 156, 159 f.; BGH NJW-RR 1992, 790, 791; Berger (Rdnr. 1124), 291 ff.; Flume[4], § 17, 7——不同观点,参见 Canaris, FS Serick, 1992, 9 ff.; Jacobs, JuS 1973, 152, 156 f.; Wolf/Neuner[10], § 29 Rdnr. 48。

[17] BGH NJW 2012, 3162 Rdnr. 10 ff. (30 年后也不)。

[18] Nur vgl. BGHZ 31, 13, 19; Münch/Komm-Armbrüster[6] § 137 Rdnr. 32; Staudinger-Kohler[2011] § 137 Rdnr. 50; Teichmann, JZ 1974, 32, 34.

权,解除条件是 B 继续转让银器所有权。该约定既不包含排除 B 的物权处分权的效力[19],也不包含对第 137 条第 1 句的规避——法律不允许[20],因为当事人只利用了法律允许的方案。正如他们可以为 E 约定优先权那样,他们也可以将所有权转让附解除条件,因为通过第 161 条第 3 句中规定的善意取得的可能性,法律交往受到充分保护。[21]

---

[19] So aber Flume[4], § 17, 7.
[20] So aber Staudinger-Mansel[15], § 137 Rdnr. 2.
[21] BGHZ 134, 182, 186 f.; BayObLG NJW 1978, 700, 701; Bülow, JuS 1994, 1, 5; Furtner, NJW 1966, 182, 185; Hübner[2], Rdnr. 976; MünchKomm-Armbrüster[6] § 137 Rdnr. 15 附证明; Soergel-Hefermehl[13] § 137 Rdnr. 14; Staudinger-Kohler[2011] § 137 Rdnr. 31 附证明; Timm JZ 1989, 13, 14 ff.——区分的(仅在请求权被担保时允许,只应当阻碍处分的,不允许),参见 Medicus[10], Rdnr. 852。

第二十七章 违反善良风俗

文献

1151　Arzt, Die Ansicht aller billig und gerecht Denkenden, 1962; Barkhausen, Das Verhältnis der Nichtigkeit wegen Knebelung zur Gläubigergefährdung bei der Sicherungsübertragung, NJW 1953, 1412; Bartholomeyczik, Äquivalenztheorie, Waffengleichheit und Gegengewichtsprinzip in der modernen Rechtsentwicklung, AcP 166 (1966), 68; ders., Der maßgebende Zeitpunkt für die Bestimmung der Sittenwidrigkeit nichtiger Verfügungen von Todes wegen, FS OLG Zweibrücken, 1969, 26; Bauer-Mengelberg, Knebelverträge, 1929; Becker, Die Lehre von der laesio enormis in der Sicht der heutigen Wucherproblematik. Ausgewogenheit als Vertragsinhalt und § 138 BGB, 1993; Behm, Zur Wirksamkeit von Rechtsgeschäften über „Telefonsex", NJW 1990, 1822; Bezzenberger, Ethnische Diskriminierung, Gleichheit und Sittenordnung im bürgerlichen Recht, AcP 196 (1996), 395; Birk, Der Zeitpunkt für die Beurteilung der Sittenwidrigkeit von Testamenten und Erbverträgen, FamRZ 1964, 120; Bleckmann, Sittenwidrigkeit wegen Verstoßes gegen den ordre public international, ZaöRV 34 (1974), 112; Boemke, Kündigung von NPD-Konten und § 138 BGB, NJW 2001, 43; Bötticher, Zur Ausrichtung der Sanktion nach dem Schutzzweck der verletzten Privatrechtsnorm, AcP 158 (1959/60), 404; Bork, Das Wucherdarlehen und seine Verzinsung, JA 1980, Übungsbl. 192; Breithaupt, Die guten Sitten, JZ 1964, 283; Bürger, Über das Wesen der guten Sitten als Erscheinung der Rechtspraxis, Diss. München 1957; F. Bydlinski, Möglichkeiten und Grenzen der Präzisierung aktueller Generalklauseln, in: Rechtsdogmatik und praktische Vernunft, Symposium zum 80. Geburtstag von F. Wieacker, 1990, 189; ders., Über das Verständnis der „guten Sitten" im österreichischen Recht, FS J. Gernhuber, 1993, 827; Coing, Allgemeine Rechtsgrundsätze in der Rechtsprechung des RG zum Begriff der „guten Sitten", NJW 1947/48, 213; Damm, Kontrolle von Vertragsgerechtigkeit durch Rechtsfolgenbestimmung. Nichtigkeit und Nichtigkeitsbeschränkung bei Gesetzes-und Sittenverstoß, JZ 1980,

495; Derleder, Der Marktvergleich beim Konsumentenratenkredit als Mittel der Sittenwidrigkeitsprüfung, NJW 1982, 2401; Dick, Der „Verstoß gegen die guten Sitten" in der gerichtlichen Praxis, ArchBürgR 33, 74; Dressler, Der Zeitpunkt für die Beurteilung der Sittenwidrigkeit von auf die Zukunft ausgerichteten Sicherungsgeschäften, Diss. Heidelberg 1974; Dempewolf, Sittenwidriger Akzeptaustausch, NJW 1959, 229; Eckert, Sittenwidrigkeit und Wertungswandel, AcP 199 (1999), 337; Eckstein, Zur Lehre von der Nichtigkeit des Vertrages wegen Unsittlichkeit, ArchBürgR 38, 195; ders., Studien zur Lehre von den unsittlichen Handlungen, Rechtshandlungen und Rechtsgeschäften, insbesondere Verträge, ArchBürgR 41, 178; Enderlein, Rechtspaternalismus und Vertragsrecht, 1996; Engel, Wird der Rechtsbestand des dinglichen Erfüllungsgeschäftes durch ein gegen § 138 BGB verstoßendes Kausalgeschäft beeinflußt?, Diss. Marburg 1911; Esser, § 138 und die Bankpraxis der Globalzession, ZHR 135 (1971), 320; Fastrich, Richterliche Inhaltskontrolle im Privatrecht, 1992; ders., Unwirksame Hinauskündigungsklauseln und geltungserhaltende Reduktion, ZGR 1991, 306; Finkenauer, Zur Renaissance der laesio enormis beim Kaufvertrag, FS H. P. Westermann, 2008, 183; Fischinger, Vom richtigen Zeitpunkt: Sittenwidrigkeitskontrolle arbeitsvertraglicher Lohnabreden, JZ 2012, 546; Futter, Energieversorgungsverträge und Monopolmißbrauch, BB 1978, 935; Gebhardt, Der Zeitpunkt für die Beurteilung der Sittenwidrigkeit eines Testaments, Rpfleger 2008, 622; Geddert, Recht und Moral, 1984; Grunwald, Sittenwidrigkeit, Rechtswidrigkeit und dolus malus, Diss. Göttingen 1974; Gusky, Sittenwidrigkeit und Gläubigerbenachteiligung, 2007; Gusy, Sittenwidrigkeit im Gewerberecht, DVBl. 1982, 984; Habersack, Vertragsfreiheit und Drittinteresse, 1992; Haberstumpf, Die Formel vom Anstandsgefühl aller billig und gerecht Denkenden in der Rechtsprechung des BGH, 1976; Hackl, Äquivalenzstörung und Sittenwidrigkeit, BB 1977, 1412; Hager, Gesetzes- und sittenkonforme Auslegung und Aufrechterhaltung von Rechtsgeschäften, 1983; ders., Die gesetzeskonforme Aufrechterhaltung übermäßiger Vertragspflichten-BGHZ 89, 316 und 90, 69, JuS 1985, 264; Hedemann, Die Flucht in die Generalklauseln, 1933; Herschel, Nachträgliche Sittenwidrigkeit, JW 1938, 545; H. Herzog, Zum Begriff der guten Sitten im BGB, 1910; Hölder, Das gegen die guten Sitten verstoßende Rechtsgeschäft, DJZ 1908, 46; Hönn, Kompensation gestörter Vertragsparität. Ein Beitrag zum inneren System des Privatrechts, 1982; ders., Wirksamkeitskontrolle als Instrument des allgemeinen Privatrechts zur Bewältigung von

Ungleichgewichtslagen, JZ 1983, 677; Honsell, Die Rückabwicklung sittenwidriger oder verbotener Geschäfte, 1974; ders., In fraudem legis agere, FS M. Kaser, 1976, 111; ders., Die zivilrechtliche Sanktion der Sittenwidrigkeit, JZ 1975, 439; ders., Die zivilrechtliche Sanktion der Sittenwidrigkeit, JA 1986, 573; ders., Die Abwicklung sittenwidriger Darlehensverträge in rechtsvergleichender Sicht, FS H. Giger, 1989, 287; Husmann, Die Testierfreiheit im Lichte der Grundrechte und des Sittengesetzes, NJW 1971, 404; Jakobi, Recht, Sitte und Sittlichkeit, JherJb 41 (1900), 68; Jacoby, Das Wuchergeschäft, JherJb. 60 (1912), 229; Jung, Das wucherähnliche Rechtsgeschäft, 2001; Kaufmann, Recht und Sittlichkeit, 1964; W. Koehler, Die Anwendung des § 138 zum Schutz sozialer Interessen der Allgemeinheit, SJZ 1946; 165; Kötz, Die Ungültigkeit von Verträgen wegen Gesetz-und Sittenwidrigkeit, RabelsZ 58 (1994), 209; Koller, Sittenwidrigkeit der Gläubigergefährdung und Gläubigerbenachteiligung, JZ 1985, 1013; Koziol, Sonderprivatrecht für Konsumentenkredite, AcP 188 (1988), 183; Kraft, Interessenabwägung und gute Sitten im Wettbewerbsrecht, 1963; Krüger, Sittenwidrige Mithaftung: Der Schlussstein in der Rechtsprechung des BGH, NJW 2009, 3408; Kulke, Sittenwidrigkeit eines Schuldbeitritts und Teilnichtigkeit, ZIP 2001, 985; Larenz, Grundsätzliches zu § 138 BGB, JurJb. 7 (1966), 98; Laun, Recht und Sittlichkeit, 3. Aufl. 1935; Lauterburg, Recht und Sittlichkeit, 1918; Lehmann, Nachträgliches Unsittlichwerden von Verträgen, Diss. Jena 1934; Leonhard, Der Verstoß gegen die guten Sitten, FS H. Bekker, 1907, 87; Lieb, Sonderprivatrecht für Ungleichgewichtslagen? Überlegungen zum Anwendungsbereich der sog. Inhaltskontrolle privatrechtlicher Verträge, AcP 178 (1978), 196; Liesegang, Zur Frage der Sittenwidrigkeit sogenannter Fluchthilfeverträge, JZ 1977, 87; Lindacher, Grundsätzliches zu § 138 BGB, AcP 173 (1973), 124; Lotmar, Der unmoralische Vertrag, 1896; Majer, Sittenwidrigkeit und das Prostitutionsgesetz bei Vermarktung und Vermittlung, NJW 2008, 1926; Mast, Die Einwirkung der beiderseitigen Sittenwidrigkeit des Grundgeschäfts auf das abstrakte Verfügungsgeschäft in der Rechtsprechung des Reichsgerichts und des Bundesgerichtshofs, Diss. Freiburg 1957; Mayer-Maly, Das Bewußtsein der Sittenwidrigkeit, 1971; ders., Die guten Sitten als Maßstab des Rechts, JuS 1986, 596; ders., Die guten Sitten des Bundesgerichtshofs, Festgabe 50 Jahre BGH, 2000, 69; ders., Bewegliches System und Konkretisierung der guten Sitten, FS W. Wilburg, 1986, 117; ders., Renaissance der laesio enormis?

FS K. Larenz, 1983, 395; ders., Was leisten die guten Sitten?, AcP 194 (1994), 105; ders., Wertungswandel im Privatrecht, JZ 1981, 801; Meyer-Cording, Gute Sitten und ethischer Gehalt des Wettbewerbsrechtes, JZ 1964, 273; Mitteis, Zur Auslegung des § 138 I BGB, Leipziger FS A. Wach, 1917, 15; Mölders, Nichtigkeit von Grund – und Erfüllungs – geschäft, Diss. Münster 1959; Mühl, Sittenwidrigkeit und Leistungsgeschäft, Diss. Göttingen 1947; Müller-Freienfels, Zur Rechtsprechung beim sogenannten „Mätressen – Testament", JZ 1968, 441; Müssigbrodt, Sittenwidrigkeit und Wucher beim Darlehensvertrag, JA 1980, 697 f.; Nieder, Das Behindertentestament, NJW 1994, 1264; Ohly, Generalklausel und Richterrecht, AcP 201 (2001), 1; v. Olshausen, Zivil-und wirtschaftsrechtliche Instrumente gegen überhöhte Preise, ZHR 146 (1982), 259; Ott, Zur Sittenwidrigkeit von Konsumentenkreditverträgen, BB 1981, 937; Otte, Die Nichtigkeit letztwilliger Verfügungen wegen Gesetzes-oder Sittenwidrigkeit, JA 1985, 192; Pagenstecher, Sittenwidrige Lieferungsbedingungen, 1943; Paulus, Sittenwidrige Rechtsgeschäfte des bürgerlichen Rechts, Diss. Erlangen 1937; Pawlowski, Die Aufgabe des Richters bei der Bestimmung des Verhältnisses von Recht, Sittenwidrigkeit und Moral, ARSP 50 (1964), 503; Peifer, Sittenwidrigkeit von Verträgen über die Bereitstellung von Telefonsexdiensten?, NJW 2001, 1912; Reichel, Nichtigerklärung eines Wuchergeschäftes gegen den Willen des Bewucherten, LZ 1917, 654; G. H. Reiser, Sittenwidriges Behindertentestament und unerträgliche Belastung der Allgemeinheit, MDR 1995, 237; Rittner, Zur Sittenwidrigkeit von Teilzahlungskreditverträgen, DB 1981, 138; H. Roth, Geltungserhaltende Reduktion im Privatrecht, JZ 1989, 411; ders., Zinszahlungspflichten bei wucherischen und wucherähnlichen Darlehensverträgen, ZHR 153 (1989), 423; Rother, Sittenwidriges Rechtsgeschäft und sexuelle Liberalisierung, AcP 172 (1972), 498; Roth – Stielow, Die guten Sitten als aktuelles Auslegungsproblem, JR 1965, 210; Rudloff, Zur Sittenwidrigkeit der Verfügungen von Todes wegen, Diss. Marburg 1962; Rühle, Das Wucherverbot-effektiver Schutz des Verbrauchers vor überhöhten Preisen?, 1978; Sack, Das Anstandsgefühl aller billig und gerecht Denkenden und die Moral als Bestimmungsfaktoren der guten Sitten, NJW 1985, 761; ders., Die lückenfüllende Funktion der Sittenwidrigkeitsklauseln, WRP 1985, 1; ders., Sittenwidrigkeit, Sozialwidrigkeit und Interessenabwägung, GRUR 1970, 493; Schachtschneider, Das Sittengesetz und die guten Sitten, FS W. Thieme, 1993, 195; Scheuing, Der Knebelvertrag, Diss. Tübingen 1930; H. Schmidt, Die Lehre von der Sittenwidrigkeit der Rechtsgeschäfte in historischer Sicht, 1973; A. Schmitt, Die Sittenwidrigkeit von Testamenten in der höchstrichterlichen Rechtsprechung, 1999; Schmoeckel, Der maßgebliche Zeitpunkt zur Bestimmung der Sittenwidrigkeit nach § 138 I BGB, AcP 197 (1997), 1; Schricker, Gesetzesverletzung und Sittenverstoß, 1970; Schumacher, Sittenwidrige Testamente, FamRZ 1956, 261; Schulte, Zur Aushöhlungsnichtigkeit nach § 138 BGB, AgrarR 1973, 388; G. Schulze, Das Geschäft mit der Stimme–Zur Sittenwidrigkeit von Verträgen über sog. Telefonsex–BGH, NJW 1998, 2895, JuS 1999, 636; Siemens, Wandel in der Rechtsprechung zur Sittenwidrigkeit von „Mätressentestamenten" unter Berücksichtigung soziologischer Gesichtspunkte, Diss. Münster, 1974; K. Simitis, Gute Sitten und ordre public, 1960; Simshäuser, Zur Sittenwidrigkeit der Geliebten–Testamente, 1971; Smid, Rechtliche Schranken der Testierfreiheit aus § 138 I BGB, NJW 1990, 409; Speckmann, Terminologisches zur Rechtsprechung in der Frage der Sittenwidrigkeit letztwilliger Zuwendungen bei ehebrecherischen Beziehungen, JZ 1969, 733; ders., Nochmals: Testierfreiheit und Nichtigkeit bzw. Teilnichtigkeit des „Geliebtentestaments", NJW 1971, 924; Steinbach, „Die guten Sitten" im Rechte, DJZ 1899, 47; Steindorff, Die guten Sitten als Freiheitsbeschränkung, in: summum ius, summa iniuria, 1963, 58; Steinmetz, Sittenwidrige Ratenkreditverträge in der Rechtspraxis auf der Grundlage der BGH – Rechtsprechung, NJW 1991, 881; Sunder–Plassmann, Das Verhältnis arbeitsvertraglicher Unwirksamkeitsgründe zu § 138 Abs. 1 BGB, Diss. Münster 1964; Taupitz, Zur Sittenwidrigkeit einer Vereinbarung zwischen Anwalt und Nichtanwalt über die Zahlung von Provisionen für die Vermittlung von Mandanten, NJW 1989, 2871; Thielmann, Sittenwidrige Verfügungen von Todes wegen, 1973; Tiedtke, Teilnichtigkeit eines sittenwidrigen Rechtsgeschäfts, ZIP 1987, 1089; v. Tuhr, Eigentumserwerb aus unsittlichem Vertrag, AcP 120 (1922), 1; Veelken, Bindungen des Revisionsgerichts bei der Beurteilung der Sittenwidrigkeit von Rechtsgeschäften nach § 138 BGB, AcP 185 (1985), 46; Vogel, Der Begriff des gegen die guten Sitten verstoßenden Rechtsgeschäfts nach § 138 Abs. 1 BGB, Diss. Leipzig 1906; R. Weber, Gedanken zur Konkretisierung von Generalklauseln durch Fallgruppen, AcP 192 (1992), 516; Weimar, Nach welchem Zeitpunkt ist die Sittenwidrigkeit eines Rechtsgeschäfts zu beurteilen?, MDR 1968, 110; Westerwelle, Die Sittenwidrigkeit von Sicherungsübereignungen unter besonderer Berücksichtigung der Gläubigergefährdung, Diss. Köln 1960; Wieacker, Rechtsprechung und Sittengesetz, JZ 1961, 337; Windel, Personenrechtliche Grenzen der

Vertragsbindung, FS F. E. Schnapp, 2008, 859; Zimmermann, Richterliches Moderationsrecht oder Totalnichtigkeit? Die rechtliche Behandlung anstößig-übermäßiger Verträge, 1979; ders., Sittenwidrigkeit und Abstraktion, JR 1985, 48.

一、引言

《民法典》第 138 条第 1 款规定，违反善良风俗的法律行为无效；第 138 条第 2 款将暴利规定为违反善良风俗的法律行为的特殊情况。应在这样的**背景**(Hintergrund)下看待这些规定，即在任何社会都存在大量的应当调整人类行为的规则。[1] 另外，行为标准提供了在社会中被广泛接受的合乎道德的基本价值，这些基本价值在哲学上、宗教上或者政治上都可以成立。在这些道德规范中，只有一小部分有法律上的约束性：法律调整的只是"最低限度的道德"。在民法中可以找到具体的特别规范，它们十分明确地指向该方向。除了第 123 条(→边码 865 以下)，还应指出的主要是第 138 条、第 242 条、第 826 条，它们是"主流社会道德"融入民法的关口。在第 138 条第 1 款中，法律秩序拒绝承认与主流社会道德不一致的法律行为。

1152

立法者已经认识到，这种未明确列举违反善良风俗要件，而只满足于**一般条款**(Generalklausel)的模糊规定并非没有危险。困难在于将"善良风俗"作为法律概念具体化(→边码 1180 以下)，这在我们目前多元化的社会中并非一项轻松的任务。法律适用者不允许将其个人的道德观念宣布为有约束性的，他必须询问，在这个社会中什么是必须被接受的。对此，立法材料指出，虽然赋予了法官很大的裁量权衡空间，以至于不能排除出错的可能，但是在德国法官的责任心方面，人们应当毫无疑虑地信赖，他们可以恰当地适用法律规定。[2]

1153

---

〔1〕 详见边码 3。
〔2〕 Mot. I, 211 = Mugdan I, 469.

1154   违反善良风俗的行为在某些情况下已经在法律上被评定为第134条意义上的禁止性法律的特别要件（边码1091以下）。这样，问题就在于**第138条和第134条的关系**（Verhältnis der §138 zu §134）。个别观点认为，要独立地审查这两项规定。[3] 根据通说，第134条优先于第138条。[4] 在违反禁止性法律的法律效果方面，该观点得到认同。法律行为违反禁止性法律的，主要根据被违反的规范之意义和目的确定法律效果；只有在存疑的情况下无效（→边码1111以下）。立法者已经通过禁止性法律和第134条的相互作用决定了悖俗行为应当具有何种法律效果，这个结果不允许因第138条而受到破坏。[5]

范例

1155   M从V处租了一套公寓。月租金是375欧元，比当地一般租金300欧元高25%。因此，租赁合同违反《经济刑法》第5条，根据第134条，租赁合同在租金超出承租人被许可支付的范围时无效（→边码1114）。如果我们认为在租金暴利之外还存在违反善良风俗的行为，并适用第138条，得出租赁合同无效的结论，这剥夺了受保护的承租人的租赁合同，因此适得其反。[6]

1156   应根据一般规则确定违反善良风俗的**关键时间点**（maßgeblicher

---

[3] BGHZ 53, 152, 160; Hübner[2], Rdnr. 923.

[4] BGH NJW 1983, 868, 869 f.; BAG NJW 1993, 2701, 2703; Erman-Arnold[14] §138 Rdnr. 10; Jauernig-Mansel[15] §138 Rdnr. 19; MünchKomm-Armbrüster[6] §134 Rdnr. 4; v. Olshausen, ZHR 146 (1982), 259, 288 ff.; H. Roth, JZ 1989, 411, 416; Soergel-Hefermehl[13] §138 Rdnr. 63 附其他证明; Taupitz, VersR 1991, 1213, 1221。

[5] 因此，第134条和第138条的竞合关系可以被接受的情况是，在第138条中无效的惩罚也被置于规范目的保留，因为这样通过两条路径可以得出相同结论——相反的观点，Staudinger-Sack/Fischinger[2011] §138 Rdnr. 114 f.认为，第138条的辅助性只有在这样的规范目的保留的情况下才合法，否则就无法解释，为什么违反习俗的行为一旦被纳入禁止性法律，它就不再必然无效。然而，解释是从规范的目的中得出的，因此最终是从立法者的相应决定中得出的。

[6] 关于这种情况，详见v. Olshausen, ZHR 146 (1982), 259, 288 ff.。

Zeitpunkt):这取决于实施法律行为时的情况[7],在单方法律行为中,一般是需要评价的意思表示到达时,在合同中,是承诺的意思表示到达时(→边码 1239)。法律行为在这个时间点没有违反善良风俗的,即使观念嗣后变严格,该法律行为也仍然有效。因此,订立时符合善良风俗的负担法律行为,即使现在不再能订立并生效力,也必须履行。不同的情况是,需要对处分行为在其实施后的时间点进行判断,如果违反善良风俗,则不再能实施并生效力(在这种情况下,对负担行为而言发生嗣后履行不能)。然而,在大多数情况下债务人可以根据第 242 条以违反诚实信用来抗辩履行请求[8],除非可以通过补充的合同解释或者交易基础障碍规则进行调整。[9]

法律行为在其实施的时间点违反善良风俗,如果善良风俗之后改变,也不能嗣后生效力。确切地说,需要根据第 141 条进行确认(→边码 1237)。与联邦法院的裁判[10]不同,根据通说[11],(只)允许对遗嘱进行例外处理,原因是,如果不这样做就可能使遗嘱人不愿意考虑的人成为继承人。可以通过第 242 条说明理由,它阻断了对违反善良风俗情形的援引。若基于以下事实,即遗嘱人的意愿指向继承,继承法中的基本原则是,应尽量使遗嘱人的意思实现,那么这是令人服膺的(参见第 2084 条)。[12]

1157

---

[7] 仅参见 BGHZ 125, 206, 209; 120, 272, 276; BGH ZIP 2015, 1276 Rdnr. 69; NJW 2015, 1668 Rdnr. 7; 2014, 2177 Rdnr. 10; 2002, 429, 431; Fischinger, JZ 2012, 546, 548; Staudinger-Sack/Fischinger[2011] § 138 Rdnr. 94 ff., 214; 区别的,参见 Eckert, AcP 199 (1999), 337 ff.; Schmoeckel, AcP 197 (1997), 1 ff.。

[8] BGH NJW 1983, 2692 f.; Staudinger-Sack/Fischinger[2011] § 138 Rdnr. 99 附其他证明。

[9] BGHZ 126, 226, 241; BGH NJW 1993, 3193, 3194.

[10] BGHZ 20, 71, 73 ff.

[11] 对此,详见 Bartholomeyczik, FS OLG Zweibrücken, 1969, 26 ff.; Schmoeckel, AcP 197, (1997), 1 ff.; 另外 OLG Hamm OLGZ 1979, 425, 427 f.; Flume[4], § 18, 6; Gernhuber, FamRZ 1960, 326, 334; Medicus[10], Rdnr. 692; MünchKomm-Armbrüster[6] § 138 Rdnr. 133 ff.; Soergel-Hefermehl[13] § 138 Rdnr. 44; Staudinger-Sack/Fischinger[2011] § 138 Rdnr. 105 附其他证明; Wolf/Neuner[10], § 46 Rdnr. 28。

[12] Wolf/Neuner[10], § 46 Rdnr. 28; 也参见 Gebhardt, Rpfleger 2008, 622 ff. (根据遗嘱效力对判断违反善良风俗的意义进行区分)——不同观点,参见 Staudinger-Sack/Fischinger[2011] § 138 Rdnr. 105("脱离生活的")。

二、暴利

(一) 概述

1158　《民法典》第 138 条第 2 款宣告暴利法律行为无效。借此，私人自治被设置边界。因为法律秩序无法容忍合同一方"诱骗"受制于他的另一方。正如从措辞"特别"所表述的那样，该规定处理的是违反公序良俗的特殊情况，因此优先于第 138 条第 1 款。[13] 然而，根据《刑法典》第 291 条[14]，暴利受刑事处罚。该规范关乎的是第 134 条意义上的禁止性法律，这样，我们可以认为，因为这一规定具有优先性（边码 1154），所以第 138 条第 2 款落空。[15] 但是这就忽视了立法者将《民法典》第 138 条第 2 款和《刑法典》第 291 条的综合适用。[16] 因此可以得出的结论是，民法方面应当只在第 138 条第 2 款作出规定。在这种情况下，第 138 条第 2 款就被视为第 134 条联合《刑法典》第 291 条的特别规范。[17] 相反，《经济刑法》第 5 条中关于租赁暴利之规定处理的则是暴利的特殊情况，因而，只有在不满足《经济刑法》第 5 条要件的情况下，才适用《民法典》第 138 条第 2 款。[18]

(二) 前提条件

1159　前提条件贯穿于三个层面。在法律行为层面需要给付和对待给付之

---

[13]　关于两款的关系详见边码 1193 以下。
[14]　之前：《刑法典》第 302a 条。
[15]　如此观点，参见 Jauernig-Mansel[15] § 138 Rdnr. 19。
[16]　根据《打击经济犯罪法（一）》第 3 条（1976 年 7 月 29 日，BGBl. 2034, 2036, 2038）。
[17]　同样的观点，参见 Staudinger‑Sack/Fischer[2011] § 138 Rdnr. 202——对于平行性，参见 Erman‑Arnold[14] § 138 Rdnr. 10; Hübner[2], Rndr. 911; Soergel‑Hefermehl[13] § 138 Rndr. 70（但是与边码 76 矛盾）。
[18]　同样的观点，参见 MünchKomm‑Armbrüster[6] § 138 Rdnr. 147; Soergel‑Hefermehl[13] § 138 Rdnr. 76——对于这种情况中的平行性，参见 Cahn, JZ 1997, 8, 13; Staudinger‑Sack/Fischinger[2011] § 138 Rdnr. 203。

间明显不合比例。在处于劣势的当事人层面,需要审查紧迫情况、无经验、欠缺判断力或者意志显著薄弱。在处于优势的当事人层面,要审查"利用"。前两个层面是客观要件,而"利用"则是主观前提条件。

1. 明显不相当

第 138 条第 2 款首先要求,对当事人的某项给付其被允诺或者被给予了与给付明显不相当的财产利益。在本质上,给付和对待给付之间这样的不相当只存在于**交换合同**(Austauschvertrag),因此第 138 条第 2 款在其他法律行为中不适用。对其他法律行为,只有第 138 条第 1 款的违反善良风俗可以适用(→边码 1179)。 1160

通常很容易确定给付和对待给付之间的**不相当性**(Missverhältnis)。当客观价值[19],即给付的通常市场价格不符合其对待给付时,就成立不相当性。当然,并非每个不适度的法律行为都是暴利的,因此法律要求的是"明显不相当"。对于该要件没有绝对的定义,更多情况下根据个案的具体情况来检视是否**明显**(auffällig)超过可接受的范围。[20] 首先考虑的是承担的风险[21],在该背景下要问的是在这种情况下,一般市场价格是多少。这一经验规则(Faustformel)的作用是,当价格超过一般市场价格的 100% 时,对待给付与给付之间明显不成比例。[22] 具体情况中有特殊因素的,也可以确定更低的价格界限,或者例外地允许超过市场价 100% 的界限。 1161

范例

对于借贷利息是多少才合理这一问题,一般经济情况、贷款额度、 1162

---

[19] 关于它的标准,参见 BGH NJW-RR 2003, 558, 559; NJW 2002, 429, 431。

[20] 关于中间人工资,参见 BGH NJW-RR 2003, 699, 700; 对马的购买价格,参见 BGH NJW-RR 2003, 558, 559。

[21] 参见 BGHZ 69, 295, 300 f.: 在协助偷渡合同中,"蛇头"承受的生命危险使高价格合法化。

[22] BGHZ 128, 255, 259; BGH NJW 2003, 3486; 2000, 1254, 1255; 1995, 1146, 1148; 1994, 1344, 1347; NJW-RR 2005, 1418, 1420; 2000, 1431, 1432——关于租赁合同和用益租赁合同中的计算,参见 BGHZ 141, 257, 259 ff.; BGH NJW 2004, 3553, 3554; 2002, 55 f.; Jung(边码 1151), 209 ff.。

借款人的信誉等级,以及担保的价值都起到一定作用。如果无担保的消费者借贷的一般市场年利率为 9%,对取得的给付而言,18.5% 的年利率就是明显不成比例。合同利息率相对超出一般市场年利率 100% 的,如本案,或者绝对超出 12% 的,就满足该前提条件。[23]

2. 受不利一方当事人的特殊情况

1163　仅仅是明显不成比例,并不能成立暴利要件。确切地说,还要求受不利一方当事人特别"缺乏抵御"。受不利一方当事人必须处于一种交涉能力和实施能力被削弱的情况中,以至于不能保证"利己的利益平衡"(→边码 663)。法律列举了四种成立该状况的情形,只需要满足其中的一种即可:紧急(困境)、无经验、缺乏判断能力、严重的意志薄弱。这是**完整列举**(abschließende Aufzählung)。如果债务人不能维护自己利益的原因不能涵摄上述四种情况(比如,利用感激之情),那么该法律行为只有在满足第 138 条第 1 款的条件下才无效(→边码 1193 以下)。[24]

1164　法律首先提及**紧急状况**(Zwangslage),所指的是,受不利一方当事人立即且无法拒绝地依赖于给付,以至于他别无选择。受不利一方当事人必须处于(通常是经济上的,但不绝对[25])困境,由于没有可期待的其他选择的可能性,他迫切需要对方的给付。这样,他的选择只能是,按要求支付(暴利)价金,或者放弃给付并承受因此带来的不可承受之不利。

范例

1165　　星期六晚上,因为水管爆裂,E 的房子的地下室被水淹了。但 E 无法将锈穿的主水龙头关闭。在这种紧急情况下,E 打电话给水管

---

[23] BGHZ 128, 255, 259; 110, 336, 338 f.——具体情况,也包括具体计算,参见 Staudinger-Sack/Fischinger[2011] § 138 Rdnr. 215 ff.。

[24] 相同的 Staudinger-Sack/Fischinger[2011] § 138 Rdnr. 267——不同观点(第 138 条第 2 款类推适用)。

[25] 仅参见 BGHZ 154, 47, 50(心理上的紧急状况);BGH WM 1981, 1050, 1051(健康上的紧急状况);Soergel-Hefermehl[13] § 138 Rdnr. 78; Staudinger-Sack/Fischinger[2011] § 138 Rdnr. 232。

工人 K,他在把价格加到相当于一般价格的 150% 的情况下才答应帮助 E。此时,K 利用了 E 的紧急状况。[26]

G 是方圆 80 公里内唯一的一家内热能企业,52 岁的 N 在 G 企业做热能工程师。为了压缩开支,G 与 N 协商,小时工资降至 8.5 元,平均劳资协议工资为 15 欧元。N 同意降低工资,因为正如 G 所知,N 患病的父亲需要供养,而且他担心因为年龄找不到其他工作。根据第 138 条第 2 款降低工资合同的约定无效,因为 G 利用了 N 的紧急状况。[27]

1166

第 138 条第 2 款列举的第二种情况是**无经验**(Unerfahrenheit),即缺乏生活和交易经验,一般是未成年人、精神方面受限制的人或者在不同的社会体系和经济体系中生活的人。受不利一方当事人必须是一般地、根本地缺乏经验。仅在订立的合同领域缺乏经验不满足要求。[28]

1167

范例

K 之前经营办公用品,后从 V 处收购了丝袜厂。由于 K 经营企业失败,他要求 V 返还购买价款,理由是工厂根本不值那些钱,V 利用了他对丝袜工业没有经验这一点。对丝袜工业领域没有经验不是关键之处,因为 K 作为商人原则上是有交易经验的,应当了解收益性和市场情况。[29] 在该案中可以考虑基于欺诈而撤销。

1168

缺乏判断能力(Mangel an Urteilsvermögen)的情况是,受不利一方当事人严重缺失理性权衡的能力[30],在仔细考量利益和不利后不能正确地判断双方的给付。该品质(不少情况下与一般的缺乏经验交叉)表明自然

1169

---

[26] Vgl. AG Langenfeld NJW-RR 1999, 1354.
[27] Vgl. LAG Berlin NZA-RR 1998, 392.
[28] Erman-Arnold[14] § 138 Rdnr. 52; MünchKomm-Armbrüster[6] § 138 Rdnr. 150; Soergel-Hefermehl[13] § 138 Rdnr. 79; Wolf/Neuner[10], § 46 Rdnr. 56.
[29] BGH BB 1966, 226.
[30] 不属于此情况的:待命,参见 BGH NJW 2006, 3054 Rdnr. 28。

人从事交易时是轻率的、幼稚的,没有考虑给付的有用性和其他的替代方案。

范例

1170　　K 与 V 在森林散步。当他们踏入湖边界的草地时,V 表示,这块草地属于他;K 可以用 28 万欧元买下这块草地。K 很激动。两人立即去了公证处,对买卖合同进行公证。现在 K 得知,交界处是自然保护区,不被允许在其上面建造房屋。在此可以认为,V 利用了 K 缺乏判断能力的情况,这种情况表现在他一时冲动的、未经思考的行为上。如果 V 将交界处是自然保护区的事实告知 K,在 K 询问的情况下将草地称为"待建地块",那么就不构成欺诈。此时关乎的不是缺乏判断能力[31],而是令人失望的风险交易。[32]

1171　　最后一组案例的要件特点是**严重意志薄弱**(erhebliche Willensschwäche),在此情况下关乎的是(尚未达到无行为能力的界限)心理上的反抗能力减弱。然而,立法者在经过思考后,要求的是严重的意志薄弱,一般性地迁就相对方执着的合同要约是不足的。[33] 确切地说,必须存在受不利一方当事人不能恰如其分地行动之状态。比如,只有在精神受限、有毒瘾或者酒精中毒的情况下才满足这一前提条件。

范例

1172　　F 是拜仁慕尼黑球队忠实的球迷,必须现场观看接下来的冠军联赛。于是他开车去了体育场,以入场价 3 倍的价格在"黑市"上买到一张票。该交易不满足暴利要件,因为球迷的激情可能引起经济上荒唐的交易,但是没有超出严重意志薄弱的界限。[34]

[31] BGH WM 1976, 926 f.
[32] MünchKomm-Armbrüster[6] § 138 Rdnr. 151.
[33] 参见第一次经济犯罪法特别委员会报告, BT-Drs. 7/5291, 1, 20。
[34] OLG Köln OLGZ 1993, 193, 195 f.

在一次"咖啡之旅"中,组织者的款待特别慷慨大方,但是电热毯 1173
的价格奇高。出卖人唤起了参与人的感恩之情,可以动员更多人购
买。在这种境况下部分观点认为,鉴于心理上的迫不得已存在严重
意志薄弱。[35] 然而,这既不可能关乎第 138 条第 2 款意义上的"紧
急情况",因为买方并不是立即、不可拒绝地依赖电热毯(→边码
1164),也不可能关乎严重的意志薄弱,因为在这种情况下,心理强迫
性没有那么大,不足以使买方的抵抗能力严重降低。买方受到第
312g 条撤销权(→边码 1793)的充分保护。

3. 利用

暴利要件最后的前提条件是,法律行为使受利益一方当事人利用了 1174
对方的弱点。这是主观前提条件,要求故意,但不要求特别的直接利用的
故意。受利益一方当事人必须认识到客观因素,并有意识地加以利
用。[36] 他必须知道(或者因为轻率而没有认识到[37]),给付和对待给付
之间严重不合比例,且对方处于对抗能力减弱的状态。此类主观要件在
诉讼中难以证明,因此司法裁判合理地允许证明简化:如果确认了严重不
成比例,那么允许推论出主观要件[38],即成立表见证明,而特别严重的不
成比例甚至可以推定受利益一方当事人予以利用。[39]

(三) 法律效果

第 138 条第 2 款被规定为第 138 条第 1 款的特殊情况,因此第 1 款规 1175

---

[35] LG Trier NJW 1974, 151, 152 附 Sack 的注释, NJW 1974, 564 f.; Staudinger–Sack/Fischinger[2011] § 138 Rdnr. 247。
[36] BGH NJW 2002, 429, 431 f.
[37] BGHZ 128, 255, 258; 80, 153, 160 f.
[38] Vgl. BGHZ 125, 135, 140.
[39] 参见 BGH NJW-RR 2000, 1431, 1432 f.; NJW 1994, 1275; WM 1990, 1322, 1323; 在暴利消费信用贷款中,任何明显不成比例都可以成立推定,BGHZ 98, 174, 178——表见证明和推定的区别是,推定必须由对方的证明(没有剥削)推翻。反之,表见证明要求的是陈述非典型的关系,从中得出由确认的事实(明显不成比例)推论出需证明的事实(剥削)在具体情况下不具有合法性;如果达到要求,则对方证明存在剥削的情况。

定的**无效**(Nichtigkeit)的法律效果也适用。[40] 因为法律不仅提到承诺,也包括在明显不合比例的关系中所提供的对待给付,因此不仅是负担行为无效,受不利一方当事人的(根据抽象原则需要特别评价的)处分行为也**无效**[41],他可以根据第 985 条要求返还已经提供的对待给付。[42] 反之,受利益一方当事人的处分发生效力[43],他必须要求将他提供的给付按不当得利返还,然而受第 817 条第 2 句的限制,该规定对受利益一方当事人根据第 812 条第 1 款第 1 句情况 1 的返还请求权类推适用。该条款旨在剥夺脱离法律秩序行为者的法律保护,这一目的对主张不当得利的受利益一方当事人也适用。

范例

1176　　为了担保 G 提供的贷款,借款人 S 设立了土地债务。如果借贷合同根据第 138 条第 2 款无效,那么 S 所有的支付以及土地债务的设立均无效,因为同意对贷款人提供担保也与暴利借贷相关联。[44] S 可以要求返还已经支付的利息(→边码 1178)以及更正土地簿。G 可以根据第 812 条第 1 款第 1 句情况 1 规定的不当得利要求返还已经支付的货币。然而,类推适用第 817 条第 2 句受到限制:对借贷而言,"给付"是有时间限制的使用可能性。G 必须为 S 保留该使用可能性,这样,G 只有在约定的合同期限经过后才能要求返还借贷货币。[45]

---

　　[40] 相反,根据《联合国国际商事合同通则》第 3.10 条,给付和对待给付之间严重不成比例仅导致可撤销。

　　[41] Vgl. nur BGH NJW 1994, 1470; 1994, 1275.

　　[42] 当然,在金钱给付中因为金钱种类的混同,第 985 条一般不适用,这样基于第 948 条联合第 951 条第 1 款第 1 句,适用不当得利;同时考虑损害赔偿请求权(主要根据第 280 条、第 241 条第 2 款、第 311 条第 2 款的缔约过失和第 826 条)。

　　[43] Flume[4], § 18, 7 d.

　　[44] BGH NJW 1994, 1275; 1982, 2767, 2768.

　　[45] 基础的 RGZ (GZS) 161, 52, 56; 另外 BGHZ 99, 333, 338 f.; BGH NJW 1995, 1152, 1153; 1993, 2108; Canaris, FS Steindorff, 1990, 519, 527; Flume[4], § 18, 10 f) Soergel-Hefermehl[13] § 138 Rdnr. 85; Staudinger-Sack/Fischinger[2011] § 138 Rdnr. 261——批评的 Hager, Gesetzes- und sittenkonforme Auslegung und Aufrechterhaltung von Rechtsgeschäften, 1983, 96 ff.; Honsell, ZHR 148 (1984), 298, 301。

有争议的是**效力维持性限缩**(geltungserhaltende Reduktion)的问题。 1177
部分观点认为,暴利要件成立的法律效果,并非整个法律行为完全无效。
确切地说,第 138 条第 2 款的保护目的通常是——与第 134 条相同(→边
码 1113 以下)——将合同降低至允许的最高标准。[46] 通说不赞同该观
点。[47],它并不认为第 134 条包含了相应的规范目的保留,而第 138 条第 2
款对此保持沉默。因为第 134 条指引参照禁止性法律的规范目的,除此
之外所包含的内容显而易见:处理法律效果规定要符合规范目的,在没有
特别规定时也适用。反对对第 138 条第 2 款进行目的限缩的观点主张,一
方面,目的限缩分担了受利益一方当事人的一切风险,因为如果不是暴
利,那么他无论如何都可以得到最高允许的对待给付。另一方面,受不利
一方当事人可以通过第 817 条第 2 句得到保护,这毫无问题(→边码 1175
以下),这样,并不需要限缩第 138 条第 2 款。只有不能通过其他途径实
现对受不利一方当事人保护的,才必须按规范目的处理第 138 条第 2 款的
法律效果。[48]

范例

在暴利借贷中(→边码1176),从借贷合同无效中可以得出,G 不 1178
能主张利息。他必须将借贷货币留给 S 无息使用。[49] 绝对通说认
为[50],G 至少可以主张一般市场利息,应该可以通过第 138 条第 2 款

---

〔46〕 Hager(上注),149; Koziol, AcP 188 (1988), 183, 223; H. Roth, JZ 1989, 411, 416——
关于法官的变更权,《联合国国际商事合同通则》第 3.10 条也作了规定(→ 边码 25)。

〔47〕 BGHZ 68, 204, 207; Cahn, JZ 1997, 8, 14 ff.; Canaris, WM 1981, 978, 979; Erman-Arnold[14] § 138 Rdnr. 55; Zimmermann, Richterliches Moderationsrecht oder Totalnichtigkeit?, 1979, 177 ff.

〔48〕 同样的观点,参见 Köhler[38],§ 13 Rdnr. 38 (仅在继续性债务关系中)。

〔49〕 BGHZ 99, 333, 338 f.; BGH NJW 1995, 1152, 1153; 1993, 2108; 1983, 1420, 1422; 同样的观点,参见 Köhler[38],§ 13 Rdnr. 40。

〔50〕 Vgl. nur Brox/Walker[38], Rdnr. 346; Bunte, NJW 1983, 2674, 2676; Canaris, WM 1981, 978, 985 f.; Dauner, JZ 1980, 495, 503 ff.; Flume[4],§ 18, 10 f) Hager, Gesetzes - und sittenkonforme Auslegung und Aufrechterhaltung von Rechtsgeschäften, 1983, 97 ff.; Koziol, AcP 188 (1988), 183, 223; Medicus, Ged.-Schr. Dietz, 1973, 61, 71, 75 f.; H. Roth, JZ 1989, 411, 413; Soergel-Hefermehl[13] § 138 Rdnr. 85; Staudinger-Sack/Fischinger[2011] § 138 Rdnr. 255 f.

的目的降低论证。但是，除了要考虑市场一般利息可能并不是最高允许的利息这一事实(→边码1177)，该规范并不是为了保护受利益一方当事人，而是保护受不利一方当事人，那么，目的降低必须被排除。如果请求权应当以第818条第2款为依据，那么要再次对第817条第2句提出异议。必要时，应考虑法定利率(《民法典》第246条、《商法典》第352条第1款第1句)。[51]

三、违反善良风俗（第138条第1款）

1179　除了暴利要件，第138条第1款一般性地规定违反善良风俗的法律行为无效。该规定对**所有的法律行为**(alle Rechtsgeschäfte)都适用，亦即包括所有的合同和单方法律行为，而非像第138条第2款那样，只对交换法律行为适用。[52]

(一) 善良风俗的定义

1180　第138条第1款使法律适用者面对的问题是，"善良风俗"作为法律概念存在于生活中，必须将其拾取出来，它属于"**主流社会道德**(herrschende Sozialmoral)"要素(→边码1153)——法律秩序用无效作为惩罚来保护它。在这里，既不允许将个人的道德设想绝对化，也不允许将"聚餐会友时的观点"轻率地提升为一般的价值信念。帝国法院在1936年的一项裁判中指出，违反善良风俗的概念本质上是由自变革以来盛行的民众情感和国家社会主义价值观来定义的[53]，这一情况警示我们要警惕法律对意识形态的唯命是从。

---

〔51〕对此，参见 Bork, JA 1980, Übungsbl. 192ff.。

〔52〕关于遗嘱，参见边码1192；关于终止(Kündigung)违反善良风俗，参见 BGH NJW 1970, 855 f.; LG Frankfurt NJW-RR 2001, 1113, 1114; LG Leipzig NJW 2001, 80 (赞同的 Boemke, NJW 2001, 43 ff.)。

〔53〕RGZ 150, 1, 4.

司法裁判借鉴了法律资料[54]，根据公正理念的法感情和礼俗感情 1181
(Rechts- und Anstandsgefühl aller billig und gerecht Denkenden)来判断善良风俗。[55] 借此，一方面表达的是，(善良风俗)既不能取决于过高的道德标准，也不能取决于一般蔓延成风的道义上的例行公事，而是以正直的"一般人"为标准。另一方面，这只是用一个空洞的公式替代了另一个公式。在一个多元化的社会中，是否真的存在所有人都同意的、可以确切地被认为公正理念的价值观，这也是个问题。关于正直和不正直之间界线的一致意见，在《民法典》制定者的共同体中要比在我们今天的共同体中更容易形成。肯定存在那种人们很快就对法律行为违反公序良俗达成一致的明朗的情况(比如，买卖儿童)。但是在灰色地带(比如，捐献精子合同[56]或者代孕合同[57])，为了能对是否违反善良风俗作出判断，则需要进行深入讨论和谨慎论证。还要考虑的是，"善良风俗"是变化的，它始终处于变化中，因此，可能发生的是，昨天被视为违反善良风俗的行为，今天让人们觉得可以容忍。[58]

在此背景下，当我们审查法律行为是否**违反法律价值**(Rechtswertwid- 1182
rigkeit)，即审查法律行为是否否定了法律秩序要实现的价值的时候[59]，我们一直在安全线上徘徊，尽管这个安全线总是波动的。在此，主要是基本权利起了作用。基本法的价值规则在确定"善良风俗"时具有根本性意义。虽然基本权利不能自动作为禁止性法律而导致法律行为无效，但是在第138条第1款的适用中，基本权利发挥"间接第三人效力"的功能，其含义是，基本权利为法益之重要性提供强有力的依据[60](→边码

---

[54]　Mot. II, 727=Mugdan II, 406（目前的 § 826）。
[55]　Vgl. BGHZ 52, 17, 20; BGH NJW 1991, 913, 914.
[56]　Dazu BGHZ 87, 169, 172 ff.; Larenz/Wolf⁹, § 41 Rdnr. 50.
[57]　Dazu OLG Hamm NJW 1986, 781=JA 1986, 261 ff. 附 Bork 评释=JZ 1986, 441 附 Kollhosser 评释; Lüderitz, NJW 1990, 1633 ff.;关于公共秩序的统一 BGH NJW 2015, 479 Rdnr. 27 ff.。
[58]　参见 BGH NJW 2002, 361,对判断的标准时间点得出的结论,参见边码1156以下; 也参见边码1184。
[59]　Flume⁴, § 18, 1.
[60]　比如，过分的竞争禁止违反善良风俗也可以受《基本法》第12条的职业自由的支持;仅参见 BGH NJW 2015, 1012 Rdnr. 8。

1107)。对于基本法直接面向国家所保护的法益,民法也必须彻底地保护它们免受法律行为的侵害。在援引违反法律价值时,当然可以仅涉及近似的方法。

1183 具体的**利益权衡**(Interessenabwägung)应当在每个具体案件中确定,法律行为是否违反善良风俗。在利益权衡时,应考虑并衡量所有有说服力的因素。应根据固定的司法裁判的规则,对内容、动机和目的进行总结,从中提取共同特征,如果法律行为在共同特征中违反善良风俗,它就满足第 138 条第 1 款的要件。[61] 决定性的因素主要是法律行为的内容和目的。在此,一方面可能仅内容就已经违反善良风俗,无须再考虑法律行为的目的(再次参见买卖儿童的例子)。另一方面,内容上无恶意的法律行为之目的同样可能违反善良风俗(例如,指定情人为唯一继承人,为了诱导她继续维持不正当关系;→边码 1192)。在评价时可以考虑主观因素,特别是动机和意图,然而,这并不是强制性的(→边码 1199)。同样可以考虑悖俗的伴随因素,但是,其本身并不适合作为判断违反善良风俗的理由。[62] 例如,合同当事人的欺诈不能使交易违反善良风俗,而只是根据第 123 条可以撤销。[63] 最终,当然必须由总体评价得出结论。

(二) 案例组

1184 具体情况中的利益衡量必须根据同类案例确定方向。[64] 一方面,这有利于同类案例作相同处理;另一方面,这有利于在发现和评价重要观点时减轻负担。因此,一般推荐将现有的案例材料根据案例组构造成一般条款,然后尝试将需要判断的新案例归类到案例组之一(或者找出关键的不同,使其不能归类到违反善良风俗的案例组)。然而在此过程中需要明确的是,不存在强制性的分类,而是我们既可以根据这种因素,也可以根

---

[61] Vgl. nur BGHZ 146, 298, 301; 125, 206, 209; BGH ZIP 2015, 1276 Rdnr. 69; NJW-RR 1998, 590, 591。

[62] BGH NJW 1988, 2599, 2601 ff.。

[63] Vgl. BGH NJW 1995, 3315; OLG Hamm NJW-RR 1998, 337。

[64] 对此详细的 Ohly, AcP 201 (2001), 1 ff.。

据那种因素构建案例组。[65] 下面根据内容违反善良风俗、共同目的违反善良风俗，以及一方对合同相对人的目的违反善良风俗进行分类。另外，需要强调的是，一个具体案例可以被归类到多个不同的案例组中，因为一个法律行为可能在不同的视角下都违反善良风俗。最后，需要考虑到，善良风俗在不断变化，以至于对之前被归类到违反善良风俗中的案例，如今可能作出不同的评价(→边码1181)。比如，在性道德方面普遍持宽容态度[66]，而在经济上的权利行使方面设置更严格的标准。[67]

1. 内容违反善良风俗

可以将内容违反善良风俗的法律行为归纳到第一类案例组中。法律行为指向否定法律制度所保护的价值的法律效果。仅从法律效果中就得出违反善良风俗，不需要考虑其他因素，比如，不需要考虑法律行为的目的。对非商品化法益所实施的法律行为就属于此[68]，比如，在法律行为中某人负担离婚[69]、不结婚、与特定第三人结婚、变更信仰、行使证人沉默权、授予某人名誉头衔[70]、不在已离婚的配偶居住地居住[71]等义务。 1185

范例

与性工作者签订的性交易合同至今仍被视为违反善良风俗。我们论证该评价的理由当然不是因为合同指向彼此未成立婚姻关系的人之间的性交易，其本身就已经是受指责的，也不是因为"嫖娼者"的性冲动、追求刺激，或者没有经验而受到利用。[72] 确切地说，应当指 1186

---

[65] 参见不同的案例组，一方面在 MünchKomm-Armbrüster⁶ § 138 Rdnr. 27-128，另一方面在 Staudinger-Sack/Fischinger²⁰¹¹ § 138 Rdnr. 266-672。

[66] 比如，将住房出租给未婚的情侣在今天不再被视为违反善良风俗；参见 BGHZ 92, 213, 219 f. 附其他证明；不同的，还有 AG Emden NJW 1975, 1363, 1364。

[67] Hübner², Rdnr. 894.

[68] 对此详细的，参见 Windel, FS F. E. Schnapp, 2008, 859 ff.。

[69] 因此不正确的，参见 BGH LM Nr. 5 zu § 138 (Cd) BGB(遗嘱条件有效性，受遗赠人必须离婚)；合理反对，参见 Flume⁴, § 18, 2 b cc.。

[70] Vgl. BGH NJW 1994, 187.

[71] BGH NJW 1972, 1414 f.

[72] 同样的观点，还有 BGHZ 67, 119, 125。

出,人们不能接受性行为的商业化,它应当是自愿的、随时可以撤回的、高度身份性的决定,不应基于合同义务而发生。[73] 目前《性工作者法律关系规范法》确认了该评价[74],合同无效建立在第 1 条的基础上,但是接下来规定,性行为发生后,合同嗣后生效。[75]

1187　　特别有争议的是,色情电话合同是否违反善良风俗。部分观点认为它有效,原因在于,当事人既没有视觉接触,也没有身体接触。[76] 联邦最高法院则作出了相反裁判,原因在于,即使在色情电话中,女性也依合同受顾客意愿的约束,谈话并不是她自由决定的,女性的隐私领域被贬低为商品。[77] 而现在,联邦法院不再认为此类合同违反善良风俗。[78]

1188　　F 在州足球联赛中是合同制非职业球员。他想转会到其他俱乐部。之前的俱乐部放行,但是要求新俱乐部支付协会章程中规定的转会费(培训损失赔偿和照护损失赔偿)1.25 万欧元,但是新俱乐部拒绝支付,这是合理的:协会章程中支持该请求权的条款违反善良风俗,因为它妨碍了足球运动员的职业进步,这是不被允许的。正如从《基本法》第 12 条第 1 款的评价中得出的,《基本法》第 12 条第 1 款

---

[73] OLG Schleswig NJW 2005, 225, 226 f.;关于性工作者的"赎身",参见 OLG Köln NJW-RR 1998, 1518 f.;对此还参见 OLG Düsseldorf NJW-RR 1998, 1517。

[74] Vom 20.12.2001; BGBl. I, 3983.

[75] 对此的解释参见 OLG Schleswig NJW 2005, 225, 226 f.; Majer, NJW 2008, 1926, 1927; Palandt-Ellenberger[74] 附录 § 138 ProstG 1 Rdnr. 2——不同观点(单方负担义务的合同),参见 Armbrüster, NJW 2002, 2763 f.。

[76] 参见 AG Offenbach NJW 1988, 1097;另参见 OLG Düsseldorf NJW 1990, 1856;OLG Jena MDR 2001, 78 f.; OLG Köln MMR 2001, 43 (赞同的观点,参见 Ditscheid); LG Frankfurt NJW-RR 2002, 994; LG Konstanz NJW-RR 2002, 995; AG Bottrop MMR 2000, 296 (赞同的观点,参见 Struck);未决的 OLG Koblenz NJW-RR 2000, 930; LG Bielefeld NJW-RR 1999, 1512, 1513; LG Schwerin NJW-RR 2000, 585, 586; AG Witten MMR 2000, 221, 222 (Eckert)。

[77] BGH NJW 1998, 2895 ff. 附其他证明,关于观点之争(对此参见 G. Schulze, JuS 1999, 636 ff.);但是之后相对化 BGH NJW 2002, 361 f.;此外认为违反善良风俗 OLG Düsseldorf NJW-RR 1999, 1431; OLG Karlsruhe NJW 1997, 2605; OLG Stuttgart NJW-RR 1999, 1430; LG Hannover MMR 2000, 707 (否定的观点,参见 Struck); AG Duisburg NJW-RR 2000, 930, 931; Peifer, NJW 2001, 1912 ff.。

[78] BGH NJW 2008, 140 Rdnr. 11 ff.;反对的观点,参见 Majer, NJW 2008, 1926 ff.。

是基本权利,在解释第 138 条第 1 款时应把它作为"指导方针"予以考虑,职业自由应受特别保护。转会费条款是客观的许可限制,只有为了保护特别重要的集体利益,或者为了预防重大危险时才被允许,在本案中,这种情况并不明显。[79]

2. 共同目的违反善良风俗

第二组案例使法律行为受到捆绑,违反善良风俗并不是从约定的法律效果中得出,而是从当事人共同追求的目的中得出。属于此种情形主要是那些以悖俗的方式损害第三人利益或者公共利益的合同。它们也被称为损害第三人的[80]或者损害集体的[81]法律行为。 1189

范例

K 从 H 处购买雷达探测装置。当他主张瑕疵担保请求权时,H 主张合同无效。雷达探测装置的买卖合同违反善良风俗,因此根据第 138 条第 1 款合同无效,因为它可以使超速成为可能,从而损害公众的重要利益,即交通参与人的身体和生命所要求的更高安全性利益。[82] 然而,无效合同的清算因为第 817 条第 2 句而落空(→边码 1200)。 1190

经销商 H 在 G 银行贷款,通过一揽子债权让与,H 将他对顾客的所有债权都让与给了 G 银行。此不受限制的一揽子债权让与违反善良风俗,因为它没有考虑到 H 必须在供货商处订货,而供货商一般愿意约定延长的所有权保留,亦即将 H 转卖商品时的债权提前让与给该供货商。因为 H 只能进行一次让与债权,面对不受限制的一揽子债权让与,他的选择是,要么对供货商隐瞒一揽子债权让与,借此让他们产生错觉,不能把已经让与给 G 的债权再次转让给他们;要么必 1191

---

[79] BGHZ 142, 304, 307 ff.; vgl. auch BGH NJW 2000, 1028 ff.
[80] 范例:合同中提升价格,为了阻碍第三人行使有限购买权,BGH MDR 2006, 79。
[81] 合同使逃税具有可能性,只有这是其主要目的时,才导致根据第 138 条无效,BGH NJW-RR 2002, 1527。
[82] LG Bonn NJW 1998, 2681;也参见 LG München I NJW-RR 1997, 307;关于劳动合同中承担罚金的允诺,参见 BAG NJW 2001, 1962, 1963。

须放弃所有的在没有延长的所有权保留的情况下不准备供货的供货商("违约理论")。这关乎的是债权人危害(因此是共同对第三人目的违反善良风俗的情况),同时也是捆绑(因此是一方对合同相对人的目的违反善良风俗的情况,→边码1193)。因此司法裁判要求物权上的部分放弃条款(Teilverzichtklausel),亦即供货商需要的债权应当自始就被排除在一揽子债权让与之外。[83] 否则,一揽子债权让与(物权行为)将根据第138条第1款而无效(→边码1200)。

1192　　E已婚,育有两子女,但E指定即将离开他的情人为唯一继承人。此遗嘱违反善良风俗。这虽然不是从内容上得出来的,因为将非家庭成员指定为继承人在内容上没有问题,但是从法律行为目的上可以得出(因为涉及的是单方法律行为,目的可以由一方独立决定):指定情人为继承人的目的只是保持性关系("各取所需"),这导致遗嘱违反善良风俗。反之,如果(也)存在其他值得认同的动机,比如,照拂目的或者感激,则遗嘱有效。[84] 仅否定婚姻和家庭秩序,或者剥夺配偶和其他法定继承人继承权如今不能构成违反善良风俗。因此立遗嘱人和受益人之间的关系是否破坏婚姻,则无关紧要。[85]

3. 一方对合同相对人的目的违反善良风俗

1193　　最后是第三组案例,在此情况下,一方当事人使另一方当事人受到不可承受之不利。第138条第2款中的暴利(Wucher)是该案例组的特殊情况。立法者认为,在该条款中给付和对待给付之间明显不成比例不足以评定违反善良风俗,还需要对弱势一方的特殊情况予以利用。这源于两方面:一方面,第138条第2款指明,只有在明显的情况才能使违反善良风俗合理化;另一方面,从第138条两款的关系中得出,给付和对待给付之

---

[83] BGHZ 98, 303, 314; 55, 34, 35 f.; 32, 361, 366; BGH NJW 1999, 940; 1995, 1668, 1669.

[84] BGHZ 112, 259, 262; 77, 55, 59; 53, 369, 375; BayObLG NJWE-FER 2001, 295, 296; OLG Düsseldorf NJWE-FER 1998, 85; Larenz/Wolf[9], § 41 Rdnr. 54.

[85] Flume[4], § 18, 5.

间被确认为明显比例失调的交换合同,不能仅因为比例失调就根据第138条第1款而无效,否则第138条第2款就没有意义了。确切地说,将**准暴利法律行为**(wucherähnliches Rechtsgeschäft)的不恰当的交换合同评价为第138条第1款意义上的违反善良风俗的条件是,除明显比例失调之外,还有其他因素(→边码1160以下),且根据这些因素可以合理判断存在第138条第2款规定的类似情况。[86] 司法裁判将受益人应受谴责的态度[87],或者遭受不利一方受利用的特殊情况等作为这样的附加因素予以考虑,但是特别严重的不成比例也可以满足(此条件),因为这表明了受益人有应受谴责的态度(→边码1199结尾)。

范例

K花了5万欧元从V处购买游戏机。事后证明,游戏机的市值只有1.5万欧元。合同并非根据第138条第2款无效,因为不能确定K有特殊弱点。然而这属于第138条第1款意义上的违反善良风俗,因为价格比市场价的300%还要高。通过这种给付和对待给付之间特别严重的不成比例可以得出,V有可谴责性的观念,因此,合同根据第138条第1款无效。[88]   1194

19岁的N在G的店里做帮工,被抓住在工作岗位上偷窃。G的损失是1750欧元。G在人事部领导和其他人在场的情况下对N进行了3个小时的审问,接着开车带N到公证员那里,在公证员面前签署了额度为3万欧元的债务承认书(偷窃商品价值和侦查费用)。该承认书并非根据第138条第2款无效,因为不涉及交换合同,但是根据第138条第1款无效,因为损失和赔偿数额明显不成比例,G利用了N缺乏经验及紧迫状况。[89]   1195

---

[86] 详见 Finkenauer, FS H. P. Westermann, 2008, 183 ff.。
[87] BGH NJW 2014, 1652 Rdnr. 10.
[88] BGH BB 1998, 393.
[89] OLG Düsseldorf NZA-RR 1999, 397, 398; Vgl. auch LAG Thüringen NZA-RR 1999, 399, 400 f.

1196　一般而言,不仅对交换合同,而且对所有的法律行为,在进行必要的**总体评价**(Gesamtwürdigung)时都要考虑:约定给付的不合理性,利用经济优势,或者——经常与之相反——利用相对人的特殊弱点[90],它暗含受益人应受谴责的观念。比如,滥用垄断的情况即属于此,在此情况下垄断人强加不合理的合同条件或者捆绑合同,处于弱势的合同当事人的经济谈判余地受到过分限制,只得听任另一方当事人摆布。[91] 这一条件在判断离婚后果协议[92]、保证或者债务加入时有特别意义,在这些情况下司法裁判[93]对违反善良风俗的认定要求责任范围和履行能力之间存在明显不成比例,原则上还必须附加的是,保证合同必须在悖俗的情况下(比如,弱化风险[94];隐瞒异常责任风险;利用情感上的困境,因为保证人顾及主债务人而完全不能拒绝签名;等等)成立。

范例

1197　19岁的 B 为其父母的建筑项目向 G 银行设立保证。被保证的信贷是 400 万欧元。当时 B 是军人,以后想学习医学。该保证违反善良风俗,因为责任数额和 B 的给付能力之间明显不成比例。另外,无论是基于年龄还是基于教育,B 都不具有可以正确评估风险的充分交易经验。除此之外,他设立保证是出于帮助父母的意愿,对父

---

[90]　关于"赠与领地",参见 BGH NJW 2012, 3366 Rdnr. 19,附其他证明。

[91]　关于竞争禁止,参见 BGH NJW 2015, 1012 Rdnr. 8 ff.;关于法律行为的处分禁止(§ 137 S. 2 BGB),参见 BGH NJW 2012, 3162 Rdnr. 20 ff., 24 ff.。

[92]　Dazu BGHZ 158, 81, 100; BGH NJW 2009, 2124 Rdnr. 11 ff.; 2005, 139, 140; 2005, 137, 138.

[93]　BVerfGE 89, 214, 229; 81, 242, 255; BGHZ 151, 34, 36 f.; 146, 37, 42; 137, 329, 333; 134, 325, 327; 125, 206, 209 ff.; BGH ZIP 2014, 1016 Rdnr. 20 f.; 2003, 796, 797; NJW 1997, 3372, 3373; 1997, 52, 53; 1995, 592; 1994, 1278, 1279;对此不同观点 Fischer, WM 1998, 1750 ff.; Horn, WM 1997, 1081 ff.; Kreft, WM 1997, Beil. 5, 21 ff.; Kulke, ZIP 2001, 985, 987 ff.; Lorenz, NJW 1997, 2578 ff.; Martis, MDR 1998, 936 ff.——关于区别(不同于土地债务),参见 BGHZ 152, 147, 149 ff.。

[94]　告知签名只是为了存档的,属于诱导保证人签名。联邦最高法院(NJW 1989, 1605)目前没有对此不满,但是经联邦宪法法院的干涉后(BVerfGE 89, 214),保证被宣告违反诚实信用(BGH NJW 1994, 1341)。对联邦宪法法院的裁判进行批评的,主要是 Zöllner, AcP 196 (1996), 1 ff.。

母提出的设立保证的请求,B根本不能拒绝。G利用了这些因素,因为他可以认识到,B对该建筑项目明显没有自己的利益,而是出于没有经验和顾及父母作出了承诺。[95] 如果B因为保证义务而破产,根据《支付不能法》第286条以下条款,B可以申请免除剩余债务,但这并改变不了什么。[96]

G要开一个酒馆。为了该目的,啤酒厂B给了他优惠的借贷。同时G有义务在30年的时间里售卖B的啤酒。司法裁判将如此长时间的啤酒关联义务视为捆绑合同,因此违反善良风俗,因为这不合理地限制了酒馆老板经济活动的自由,他本可向客人、公众提供不同类型的啤酒,并在人们不接受时更换啤酒种类。然而,在这种情况下,合同不应该完全无效,而是使购买啤酒的关联义务缩短至合理的期限,即最长20年(→边码1202)。[97]

1198

(三) 主观要件

关于第138条第1款的无效——如暴利(→边码1174)——是否以满足主观要件为前提条件,存在争议。现在可以肯定的是,当事人意识到自己的行为应受谴责不属于第138条第1款的前提条件。部分观点要求当事人必须认识评价违反善良风俗的重要因素。[98] 然而这句话过于宽泛。[99] 无论如何,在第一组案例中,即内容违反善良风俗(→边码1185),可以不要求认识到相关因素。如果约定的法律效果本身已经不可接受,那么法律制度必须否认法律行为的效力,完全不依赖于当事人的认知和意愿。[100] 第二组案例则不同:违反善良风俗恰恰源自共同目的,因

1199

---

[95] BGHZ 125, 206, 209 ff.
[96] BGH NJW 2009, 2671 Rdnr. 28 ff.; 对此 Krüger, NJW 2009, 3408 ff.。
[97] BGHZ 74, 293, 298; BGH NJW 1992, 2145 f. 附其他证明。
[98] Vgl. etwa Brox/Walker[38], Rdnr. 330; Hübner[5], Rdnr. 898.
[99] Flume[4], § 18, 3; Medicus[10], Rdnr. 690 —— 观察到客观化趋势的,还有 Köhler[38], § 13 Rdnr. 30; Soergel-Hefermehl[13] § 138 Rdnr. 34。
[100] 关于支付贿赂金,参见 BGHZ 94, 268, 272。

为当事人对法律行为目的之共识是必要的,这包含在重要因素的认识中。反之,在第三组案例中可以更谨慎:在受不利当事人方面根本不要求主观要件[101],在受利益当事人方面不应当强制要求主观要件。但是主观要件可以(通常也会)支持违反善良风俗的判断;也可能存在从客观因素中就已经能得出违反善良风俗的情况(比如,从特别严重的不成比例),这样就不再需要主观因素。司法裁判坚持,受利益的合同一方当事人必须具有应当受谴责的观念,然而在特别严重不成比例的情况下,允许从故意利用或至少重大过失利用中推知。[102]

(四) 法律效果

1200　　法律行为违反善良风俗的,根据第 138 条第 1 款无效(→边码 1204)。该法律效果在实施法律行为时就已经产生,因此不受相关情况后续变化的影响(→边码 1157)。基于区分原则和抽象原则,在此,对负担行为和处分行为彼此独立地各自评价。一般只有**负担行为**(Verpflichtungsgeschäft)违反善良风俗。[103] 相反,**处分**(Verfügungen)一般是中立的。只有当违反风俗恰好是通过处分引起的商品流通的对外显示时,情况才不同。[104] 比如,在无限制的一揽子债权让与中(→边码 1191),担保合同中债权人的风险要低于在担保合同的物权实现中的风险,也即一揽子债权的让与中,这样,在该问题中不仅负担行为无效,处分行为也无效。如果仅负担行为无效,则通过第 812 条第 1 款第 1 句情况 1 返还。然而,必须审查不当得利返还是否因为第 817 条第 2 句而落空(→边码 1176 以下)。

---

[101] BGHZ 50, 63, 70——相反,如果受不利当事人认识到重要的因素,则不影响,BGH NJW 2007, 2841 Rdnr. 16 ff.。

[102] 参见 BGHZ 196, 299 Rdnr. 21; 154, 47, 52; 146, 298, 302 ff.; 141, 257, 263; 125, 218, 227; BGH NJW 2015, 1668 Rdnr. 7; 2014, 1652 Rdnr. 5; 2012, 2099 Rdnr. 13。与企业间的合同不同,参见 KG MDR 2002, 999; 2001, 24;对于网上拍卖,参见 BGH NJW 2015, 548 Rdnr. 9 f.; 2012, 2723 Rdnr. 17 ff.。

[103] BGHZ 146, 298, 306.

[104] BGH NJW 1997, 860; Flume[4], § 18, 8; Köhler[38], § 13 Rdnr. 32; Wolf/Neuner[10], § 46 Rdnr. 67 ff.

1201 无效之惩罚涵盖**整个法律行为**(das gesamte Rechtsgeschäft)。与善良风俗相符的内容是否可以维持,应当根据第 139 条第 1 款进行判断(→边码 1215 以下)。只有在具体合同条款不可接受的情况下,才考虑部分无效。这样——正如第 306 条第 1 款对格式条款规定的那样(→边码 1787)——当符合合同当事人假定意愿时,合同其他部分的效力将被维持。反之,如果违反善良风俗是从给付和对待给付之间不成比例中得出的,则必须排除效力维持限缩[105]——正如在第 138 条第 2 款中规定的那样(→边码 1177),这是因为,如果不如此,则约定违反善良风俗的给付对受益一方当事人完全无风险。[106] 此处,如果应当受保护一方当事人只有在效力维持限缩的情况下才能得到保护,则也要承认例外情况。[107]

范例

1202 在供应啤酒案中(→边码 1198),司法裁判不假思索地接受第 139 条的适用,期限条款降低到 15 年至 20 年符合合同当事人的假定意愿。[108] 然而,这在方法论上不正确:最多可以宣告原期限条款无效,合同剩余部分有效。这样,可以通过补充的合同解释为合同补充合理期限。[109] 合理期限最长为 10 年。[110] 这与欧洲卡特尔法(也译"反垄断法")所规定的无异议的最高期限相符。[111]

---

[105] 不同观点,参见 BGHZ 196, 355 Rdnr. 38 und 196, 299 Rdnr. 27 (§ 632 Abs. 2 BGB 对违反善良风俗的处分约定类推适用); 146, 37, 47 f.; OLG Köln NZG 2001, 165, 167 (Gitter 否定); LAG Köln MDR 2001, 1000, 1001——参见 BGH NJW 2009, 1135 Rdnr. 10 ff.; NJW 1997, 3089 (对此 Butters, JuS 2001, 324 ff.)。

[106] Flume⁴, § 18, 9; Köhler³⁸, § 13 Rdnr. 31; Kulke, ZIP 2001, 985, 992.

[107] LG Schwerin NJW-RR 2000, 585, 586.

[108] BGH NJW 1992, 2145.

[109] Vgl. auch Butters, JuS 2001, 324, 326 f.。

[110] 相同的参见 Köhler³⁸, § 13 Rdnr. 27。

[111] 参见所谓的《欧洲共同体条约》(EGV)第 85 条和《集体豁免条例》第 8 条第 1 款第 c/d 项 (根据《里斯本条约》的统计:《罗马条约》第 101 条,1983 年 6 月 2 日欧洲委员会条例 (AmtsBl. EG, L 173/5 ff.)。

第二十八章 不生效之效果

一、概述

1203　法律行为的瑕疵与**不同的法律效果**（unterschiedliche Rechtsfolgen）联系在一起。这些法律效果——各自根据瑕疵的严重程度和被侵害条款的保护目的——从无效到效力待定和相对不生效，再到法律行为可撤销。因此，只要意思的瑕疵不是完全不重要的，就通常导致法律行为可撤销；只有在表示相对人不值得保护或者撤销权已经被行使的情况下（→边码789以下），它才会引起最终无效。行为能力方面的缺陷，要么导致最终无效（→边码985），要么导致效力待定（→边码996）。违反形式规定（→边码1075、1083）、法定禁止（→边码1111）或者善良风俗（→边码1175、1200）的行为，通常的后果是最终无效，而违反处分禁止的行为则无关紧要（→边码1147），但是也可能引起最终无效（→边码1134）或者相对不生效力（→边码1140）。

1204　如果想将这些法律效果体系化，可以首先将可撤销和不生效力进行区分。如果法律规定某法律行为**可撤销**（Anfechtbarkeit），尽管存在瑕疵，但法律行为仍然生效力，进而引起依其内容所追求的法律效果，只是这种效果可以通过撤销的意思表示与法律行为被一并溯及既往地消灭（第142条第1款）。相反，**不生效力**（Unwirkamkeit）这一上位概念，包括了所有共同特点是该法律行为无法产生预期的结果的法律效果。无效（最终没有效力）、效力待定（暂时没有效力）[1]和相对不生效力（只在与

---

〔1〕对此，参见 Kroppenberg, WM 2001, 844 ff.。

特定人的关系中没有效力)〔2〕都属于此。这些法律效果已经在引起它们的要件部分进行了详细论述,因此此处只进行体系性说明。

在讨论具体不生效力的原因时同样变得清晰的是,法律力图将不生 1205
效之后果限于必要的范围内。既可以在要件方面,也可以在法律效果方面找到以规范目的、保护需求以及(偶尔)以当事人意思为依据而作出的**修正**(Korrektive)。在行为能力方面,可以作为例证提及的是,区分无行为能力和限制行为能力,在限制行为能力方面,区分法律上不利之法律行为和法律上无不利之法律行为(→边码 970)。在有法定形式要求的情况下,法律部分允许对违反形式进行补正(→边码 1077),在意定形式的情况下,则考虑当事人的意思(→边码 1083)。违反法定禁止,只有当从禁止性法律中不能得出其他结论时,才导致无效(→边码 1111)。此外,对于违反善良风俗的法律行为,法律为了避免它们全部无效,规定了"效力维持性限缩"(→边码 1177、1201)。在继续性合同中,法律借助瑕疵合伙学说(fehlerhafte Gesellschaft)〔3〕和瑕疵劳动关系学说(fehlerhafte Arbeitsverhältnis)〔4〕对它们予以纠正(→边码 958 以下)。第 139 条至第 141 条的基础也致力于将不生效力降低至必要限度,并帮助当事人实现目的,前提是与不生效力的规范一致。通过允许部分地维持涉及不生效力原因的法律行为(第 139 条),或者允许将其转换成其他的生效力的法律行为(第 140 条),以及允许在无效原因消灭或者避免时确认法律行为(第 141 条),这些规定同样致力于避免法律行为(完全)无效。

---

〔2〕 Wolf/Neuner[10], § 55 Rdnr. 1 ff.; 然而在彼处撤销也属于无效,这与概念完全不一致,因为变成无效与不生效不是一回事——法律经常将"不生效(unwirksam)"和"无效(nichtig)"这两个概念作为近义词使用(只参见第 111 条第 1 句和第 2 句),没有致力于使用清晰的术语。也参见 Flume[4], § 30, 2。

〔3〕 与无行为能力的关系,参见 BGH NJW 1992, 1503, 1504; KG ZIP 2000, 2253, 2254; Maultzsch, JuS 2003, 544; 与第 134 条的关联 BGHZ 153, 214, 222; 一般的,参见 Mock (Rdnr. 1206), 337 ff.。

〔4〕 参见 BGH NJW 2000, 2983 (zu § 134) 附其他证明; 详见 Mock (Rdnr. 1206), 277 ff.。

二、无效和部分无效

1206　　André, Einfache, zusammengesetzte, verbundene Rechtsgeschäfte, Marburger Festg. f. L. Enneccerus, 1913; Beyer, Salvatorische Klauseln, 1988; Battes, Rechtsformautomatik oder Willensherrschaft, AcP 174 (1974), 429; Cahn, Zum Begriff der Nichtigkeit im Bürgerlichen Recht, JZ 1997, 8; Canaris, Gesamtunwirksamkeit und Teilgültigkeit rechtsgeschäftlicher Regelungen, FS E. Steindorff, 1990, 519; Deubner, Von verfehlter und richtiger Anwendung des § 139 BGB, JuS 1996, 106; Frey, Die Folgen der Teilnichtigkeit im Arbeitsrecht, ArbuR 1957, 161; Gerhardt, Teilweise Unwirksamkeit beim Vertragsschluß durch falsus procurator-BGH NJW 1970, 240, JuS 1970, 326; Häsemeyer, Zur Anwendung des § 139 BGB auf Erbverträge, FamRZ 1967, 30; Helm, Teilnichtigkeit nach Kartellrecht, GRUR 1976, 496; Herschel, Teilnichtigkeit kollektiver Regelungen, BB 1965, 791; B. Herzog, Quantitative Teilnichtigkeit, Diss. Göttingen 1926; Keim, Keine Anwendung des § 139 BGB bei Kenntnis der Parteien von der Teilnichtigkeit?, NJW 1999, 2866; Kohler, Teilunwirksamkeitsklauseln, DNotZ 1961, 195; Kötz, Die Wirksamkeit von Freizeichnungsklauseln, NJW 1984, 2447; Krampe, Aufrechterhaltung von Verträgen und Vertragsklauseln, AcP 194 (1994), 1; Lammel, Vertragsfreiheit oder Wirtschaftsfreiheit-Zur Teilnichtigkeit von Wettbewerbsabreden, AcP 189 (1989), 244; Lang, Teilweise Nichtigkeit der Rechtsgeschäfte, § 139 BGB, 1926; Mayer – Maly, Über die Teilnichtigkeit, Gedächtnisschr. f. F. Gschnitzer, 1969, 265; ders., Die Bedeutung des tatsächlichen Parteiwillens für den hypothetischen, FS W. Flume, Bd. I, 1978, 621; Meilicke/Weyde, Ist der Fall der Teilnichtigkeit von Verträgen vertraglich nicht mehr regelbar?, DB 1994, 821; Michalski, Funktion, Arten und Rechtswirkungen von Ersetzungsklauseln, NZG 1998, 7; Michalski/Römermann, Die Wirksamkeit der salvatorischen Klausel, NJW 1994, 886; Mock, Die Heilung fehlerhafter Rechtsgeschäfte, 2014; Oepen, Zur Dogmatik des § 139 BGB, 2000; Oertmann, Subjektive Teilnichtigkeit, ZHR 101 (1935), 119; Pawlowski, Rechtsgeschäftliche Folgen nichtiger Willenserklärungen, 1966; Petersen, Die Teilnichtigkeit, Jura 2010, 419; Pierer v. Esch, Teilnichtige Rechtsgeschäfte, 1968; H. Roth, Geltungserhaltende

> Reduktion im Privatrecht, JZ 1989, 411; Sandrock, Subjektive und objektive Gestaltungskräfte bei der Teilnichtigkeit von Rechtsgeschäften, AcP 159 (1960/61), 481; H.-H. Seiler, Utile per inutile non vitiatur, Zur Teilunwirksamkeit von Rechtsgeschäften im römischen Recht, FS M. Kaser, 1976, 127; Sommer/Weitbrecht, Salvatorische Klauseln in GmbH-Verträgen, GmbH-Rdsch 1991, 449; Steindorff, Teilnichtigkeit kartellrechtswidriger Vereinbarungen in der Rechtsprechung des Bundesgerichtshofs, FS W. Hefermehl, 1971, 177; P. Ulmer, Offene Fragen zu § 139 BGB, Vorteilsregel und „Politik des Gesetzes", FS E. Steindorff, 1990, 799; Wernicke, Die Rückführung überlanger Wettbewerbsverbote in der BGH-Rechtsprechung, BB 1990, 2209; H. P. Westermann, Die geltungserhaltende Reduktion im System der Inhaltskontrolle im Gesellschaftsrecht, FS W. Stimpel, 1985, 69; R. Zimmermann, Richterliches Moderationsrecht oder Teilnichtigkeit, 1979.–Vgl. auch die Literaturangaben zu Rdnr. 966, 1043, 1088, 1124, 1151.

(一) 无效

如果一项规范将法律行为的无效规定为其法律效果，则意味着该行为追求的**法律效果没有发生**(Rechtsfolgen nicht eintreten)。[5] 法律秩序拒绝赋予法律行为所追求的法律效果，而且原则上是全部的、最终的、自始的(溯及既往的)、对任何人的。[6] 当然，法律行为作为实际发生的事件不能通过法律从世界上被抹去。而且，也不意味着无效的法律行为完全不能有法律效力。[7] 这表现在，无效法律行为在第122条和第139条至第141条中通过法律本身升格为要件，在补正的例外情况下(→边码1077)甚至可以嗣后变为生效力。在法律规定无效的情况下，法律行为本应当引起的法律效果不发生，这依照法律的实施而适用，不需要形成行为，比如，诉讼或者当事人的声明。

1207

---

[5] Flume[4], § 30, 1; Hübner[2], Rdnr. 929; Mock (Rdnr. 1206), 17 ff.; Soergel-Hefermehl[13] Vor § 116 Rdnr. 76; Wolf/Neuner[10], § 55 Rdnr. 3/8.

[6] BGH NJW 2012, 1570 Rdnr. 17.

[7] 此外，参见 Brox/Walker[38], Rdnr. 352; Leipold[7], § 18 Rdnr. 1 f.。

1208 　　是否产生其他法律效果来替代这些法律效果,要根据法律规定来确认。有观点认为,无效这一概念必须被解释为,它包含用符合规范目的之法律效果替代违反规范的法律效果的意图[8],该观点未获得拥趸者。无效的法律行为是否能取得意义,以及在恰当的情况下能取得怎样的法律效果,应从法律中推断得出,而不是从事前阐明无效后果的无效概念中得出。

(二) 部分无效

1. 基本理念

1209 　　导致无效的瑕疵可以关乎整个法律行为(比如,无行为能力人订立合同),此时当然是整体法律行为无效。但是也会出现法律行为仅部分有瑕疵的情况(范例:在公证员面前订立的不动产买卖合同中,补充协议没有同时公证,→边码1074),在这种情况下,面临的问题是,是否能满足于部分无效,即法律行为有瑕疵的部分无效,无瑕疵的部分有效。第139条将该问题的回答与当事人意思联系起来,法律以整体无效为出发点,但是当无瑕疵部分发生效力符合当事人的实际意思或者推定意思时,允许部分无效。从法律的文义("当……不……")得出,规范包含一项**解释规则**(Auslegungsregel)[9],即部分无效原则上与当事人意思不符,但是从当事人表示、具体情况和利益状况中可以得出不同结论。该规范有利于主张全部无效的当事人(之利益),而将其意思不能查明的风险分配给主张法律行为部分不发生效力的当事人。

2. 前提条件

1210 　　只有在**一体法律行为**(einheitliches Rechtsgeschäft)负担导致无效之瑕疵的情况下,才会出现部分无效的问题。法律表达的是:"一个法律行为

---

[8]　在这个意义上主要是 Cahn (JZ 1997, 8 ff.) 结合 Flume (§ 30, 1/8) 和 Pawlowski (Rechtsgeschäftliche Folgen nichtiger Willenserklärungen, 1996, 37 und passim)。

[9]　正确的,参见 Erman-Arnold[14] § 139 Rdnr. 1; Oepen (边码1206), 28 f., 各自附证明——根据相反观点,涉及的不是解释规则,而是立法者的价值判断;仅参见 MünchKomm-Busche[6] § 139 Rdnr. 2; Soergel-Hefermehl[13] § 139 Rdnr. 1。与争议相关联的是,在查明当事人部分有效的意思时关乎补充的合同结合或者仅关乎当事人利益的客观评价(→边码1218)。

的部分无效的……"当合同的具体条款无效,或者整个合同受到无效原因影响时,该前提条件不会造成困难。[10] 存在多个法律行为,仅其中一个有无效原因,原则上不会影响其他法律行为的效力。但是当这些法律行为结合为一体时,情况则不同。依通说,在这种情况下必须询问,"这些法律行为是否捆成一体",即以应当"共存亡"的形式彼此关联[11],一个法律行为在没有其他法律行为的情况下就不成立。是否有这样的表现,根据的是当事人是否有真实或者推定的意思[12],需要通过解释查明。[13] 当然不允许在审查要件的时候(是否存在一体的法律行为)对法律效果方面同时处理(一方是否随着另一方也无效)。确切地说,此时要问的唯一问题是,当事人在实施法律行为时是否将这两个整体当然视为一体,他们形成并表示了唯一的整体法律约束意思,即在一个(法律行为)受约束之前不能从另一个(法律行为)中得出法律效果。[14] 对此类联结的重要依据是,法律行为一体地成立(比如,在一个整体的文书中成立或者在一个期日签署多份合同)、谈判进程(考虑到有利于订立第二个合同而对第一个合同作出让步)或者法律行为内容上的关联,但这绝对不是强制性的依据。

范例[15]

V和K订立了两个合同。在第一个合同中,V将餐厅卖给了K。公证的合同中包括土地契约(第873条、第925条)。在另一个合同 1211

---

[10] 关于对无效合同包含的代理授权的影响参见边码1491。
[11] BGH NJW 2012, 296 Rdnr. 55; 2011, 2874 Rdnr. 24; 1997, 933, 934; 1994, 2885.
[12] 参见 Mot. I, 222=Mugdan I, 475;在此,另一方当事人认识并同意的意思,或者一方当事人无论如何无异议地接受的意思足矣。关于"关联意思",参见 BGH NJW 2012, 296 Rdnr. 58; 2011, 2874 Rdnr. 24。
[13] 仅参见 OLG Köln VersR 2000, 459——依其他观点,要根据客观的意义关联来确定;仅参见 MünchKomm-Busche[6] § 139 Rdnr. 16;还有 Flume[4], § 32, 2 a;参见 Medicus[10], Rdnr. 502; Wolf/Neuner[10], § 56 Rdnr. 10。然而,客观意义关联为查明当事人的推定意思仅提供——尽管是重要的——解释因素。也参见 Staudinger-Roth[2015] § 139 Rdnr. 37 f., 45。
[14] 恰当的,参见 Oepen (Rdnr. 1206), 38。
[15] 根据 BGHZ 112, 376。

中，K 有义务从 V 处购买餐厅所用全部饮料。在土地登记簿变更以及不动产价款支付后，K 根据第 510 条第 1 款第 1 句第 2 项和第 355 条提出撤销供应饮料合同，要求返还不动产的价款，同时他同意更正土地簿。K 返还价款的要求根据第 357 条第 2 款第 1 句是合理的，因为饮料供货合同取消后，不动产买卖合同也作废。两个合同构成一个整体，若没有其中一个合同另一个也不可能订立。相反，土地契约发生效力，因为由抽象原则决定，负担和处分不是第 139 条意义上的一体法律行为(→边码 488)，K 不必同意更正土地簿，而是要返还不动产。

1212　第 139 条借助文本"如果法律行为的一部分无效……"要求，法律行为是**可分的**(teilbar)。在此可分性的含义是，剥离无效部分后，剩余部分必须保留，且可以作为独立的法律行为而存在。[16] 这样的分割既可以从事实方面考虑，也可以从人的方面考虑。比如，参与合同订立的多个人中只有一个人负担无效原因，且合同对其他人可以继续有意义，即认为存在人的方面的可分性。它是否也应当继续存在，是当事人推定意思的问题，即法律效果问题，而不是可分性问题，即要件问题。如果将导致无效的合同条款从合同中剥离，其余部分可以有意义地保留，则存在事实方面的可分性。[17] 不属于这种情况的，比如，只有要约发生效力，而不是承诺发生效力，或者无效原因涉及合同要素(essentialia negotii)。

范例

1213　　A 想开一个酒馆，B 想作为股东参与其中。A 和 B 因此与 X 啤酒厂订立了一个长达 30 年的啤酒供货合同。之后得知，B 是无行为能力人。因为啤酒供货合同作为一体法律行为，在人的方面是可分的，它可以在 A 和 X 啤酒厂之间保持效力，只要这符合当事人 A 和

---

[16] BGH NJW 2015, 1754 Rdnr. 19——对此，批评的观点，参见 Oepen (Rdnr. 1206), 39。
[17] Vgl. etwa BayObLG FGPrax. 1996, 215, 216.

X 的意思。这在此处可以采信,因为 B 也不打算积极参与经营。当然合同还有第二个瑕疵,因为考虑到超长的合同期限,该合同作为捆绑合同违反善良风俗。[18] 但是这并不导致合同整体无效。司法裁判认为期限条款在时间方面是可分的,因此将该条款降低至合理标准。[19] 正确的处理是,将违反善良风俗的期限条款完全从(其余部分有意义的,即实质可分的)合同中删除,由此产生的漏洞通过补充的合同解释填补为合理的期限条款(→边码1202)。

最后,一体但可分的法律行为允许仅**部分无效**(teilweise nichtig)。法律行为是可分的尚不足够,还要求将有瑕疵的部分剥离后,剩余的部分必须可以生效力,即不能遭受相同的或者其他的效力瑕疵。否则,现在在法律效果方面讨论的问题并未出现,即剩余法律行为根据当事人意思是否应当有效。 1214

3. 法律效果

第 139 条规定,在不能从**当事人意思**(Parteiwillen)中得出其他结论的情况下,部分无效的法律效果是全部无效。全部无效是否符合当事人的意思,一如既往地需要通过解释查明。第 139 条仅包含一个解释规则,借此推定当事人想要的是全部无效,而不是部分无效。该推定所依据的因素是,当事人约定了一体的整个法律行为,借此对外表达了他希望法律行为作为一体而存在。因此可以认为,在存疑的情况下,他们要么希望成立全部交易,要么希望全盘否认。另一方面也不能排除,当事人同意部分发生效力(第 139 条)或者同意替代交易(第 140 条;→边码 1231)。[20] 如果这样的当事人意思得以确认,那么没有理由不遵守。唯一的问题是,旨在部分发生效力的当事人意思是否能够得以确定。 1215

如果当事人已经**明确**(ausdrücklich)约定该问题,解释在这方面的难度不大。在合同实践中,多数情况下通过所谓的救助式条款(salvatorische 1216

---

[18] 参见——也关于下文——边码 1198/1202。
[19] 同样对超长的等级租金,参见 BGH NJW 2012, 1502 Rdnr. 13 ff.。
[20] Oepen(边码 1206),12f.。

Klauseln)完成,在此条款中确定了合同的部分无效不应当触及合同剩余部分的有效性。如果附加上不生效部分通过生效部分替代,则被称为"替代条款(Ersetzungsklauseln)"。[21] 此类条款一方面反驳了第139条的推定,另一方面使当事人负担通过谈判将合同中不生效力的部分替换成生效力的部分的义务。然而,当合同的重要组成部分生效力,或者条款适用将导致完全不同的风险分配时,替代条款不再继续有帮助。因此,替代条款也需要解释,亦即替代条款在第139条的规则应当适用的情况下不适用。故替代条款最终只导致第139条的推定被反转,其后果是,主张全部无效的当事人承担陈述和证明责任。[22]

1217　　也存在没有替代条款的情况,此时需要查明**当事人的实际意思**(der tatsächliche Parteiwille)。比如可以表现为,当事人在合同磋商时确凿地表示,希望合同仅以协商一致的文本订立,或者确认当事人达成一致,必要时应当使合同除去无效部分而有效。应当从当事人的实际意思中推断得出法律效果,这样就不再需要第139条的辅助性解释规则。如果当事人甚至已经认识到,可分的法律行为部分无效,那么对无效的部分他们通常没有法律效果意思,真实意愿仅指向生效力的部分。[23]

1218　　在不能查明当事人实际意思时,要询问**当事人的假定意思**(der hypot-

---

[21] 比如,对于合伙合同,Blaum/Scholz (im Beck'schen Formularhandbuch zum Bürgerlichen, Handels-und Wirtschaftsrecht[11], 2013, Ⅷ. C. 1 § 10) 建议下列条款:"如果合同的规定或者一个未来加入合同中的规定应当在法律上无效,或者不能实施,或者事后丧失法律效力或者可实施性,合同剩余部分不应当受此影响。同样适用的是,发现合同存在漏洞的情况。替代无效的或者不可实现的规定,或者为了填补漏洞,应当适用合理规范,只要法律上可能,这些规范与合伙人希望或者合同的意义和目的最接近,只要订立合同时或者事后补充规定时应当想到该要点。如果规范的无效性是以合同中约定的给付的标准或者时间(期间或期日)为基础,同样适用;这样,最可能希望的法律上允许的给付标准和时间(期间或者期日)被视为约定的。"详细论证的表达建议,也可参见 Beyer, Salvatorische Klauseln, 1988, 121 ff.; 另外参见 Michalski, NZG 1998, 7, 15。

[22] BGH NJW 2007, 3202 Rdnr. 26; 2003, 347 f.; MDR 2006, 79, 80; NJW-RR 1997, 684, 685。

[23] 在此是否能得出先于第139条适用范围的情况(参见 BGHZ 45, 376, 379; BGH WM 1994, 1711, 1712; Soergel-Hefermehl[13] § 139 Rdnr. 39 附其他证明),或者在第139条内得出当事人部分有效的意思(so u. a. Keim NJW 1999, 2866 ff.; Medicus[10], Rdnr. 507; MünchKomm-Busche[6] § 139 Rdnr. 31; Staudinger-Roth[2015] § 139 Rdnr. 24),对结论无关紧要。

hetische Parteiwille），亦即如果他们预见部分无效的情况,当事人应当约定什么(→边码537)。就此而言,当事人的意思表示有漏洞的,应通过补充解释填补。[24] 在此,当事人是否根据诚实信用原则或者在理性权衡后希望合同在去除无效部分的情况下成立,必须通过全面评价当事人可以认识的利益来确定。[25] 在此首先要询问,无效部分对当事人的意义。确切地说,如果涉及的是技术上的清算规则,它的无效不影响合同的合法性,特别是给付和对待给付的关系[26],这样就存在部分生效的意思依据。如果当事人已经开始实施合同,无效的部分在此没有起作用,这种依据就越明显。[27] 相反,如果涉及的规定应当保护一方,而现在另一方从无效的规定中不能得到补偿利益,这样通常没有部分生效的意思。[28] 反之,如果一方从全部无效中得到特别的利益,则存在部分生效的依据。

范例

K向V表示,他想购买V的不动产,条件是他(K)找到一个有支付能力从他这里继续购买该不动产的买受人。不久之后,V和K对该不动产的买卖合同进行了公证,但是没有包含之前约定的条件。这样,对补充协议没有同时公证,不动产买卖合同部分无效。基于之前的协商确定的是,K在认识到无效的情况下不应当希望成立无条 1219

---

[24] 依通说,此处涉及的只是利益评价,不是补充解释。但是,依此观点,当事人的假定意思也应当被查明(仅参见Flume[4], § 32, 5; MünchKomm-Busche[6] § 139 Rdnr. 30 ff.; Soergel-Hefermehl[13] § 139 Rdnr. 34;也可参见Wolf/Neuner[10], § 56 Rdnr. 25),没有理由从补充(!)解释的适用范围中排除。与补充的合同解释不同,这里可以考虑单方利益(比如,参见Medicus[10], Rdnr. 508; Staudinger-Roth[2015] § 139 Rdnr. 74 ff.),该论证也不能令人信服。如果涉及的是合同是否没有无效部分的情况下也订立的问题,必须考虑单方利益,当然是以诚实信用为边界。没有发现与补充解释方法不一致。然而正确的是,被解释的不是法律行为本身(它无效),而是当事人的意思表示;完整的,参见Oepen (Rdnr. 1206), 3 ff., 28。

[25] BGH NJW 1996, 2087, 2088; OLG Köln VersR 2000, 871.

[26] 关于该观点,参见BGH NJW 1996, 2087, 2088; OLG Hamm NJW-RR 1997, 722。

[27] 根据通说这不是解释因素,而是仅导致当事人根据诚实信用不能主张无效(→边码1224);仅参见BGHZ 112, 288, 296; Staudinger-Roth[2015] § 139 Rdnr. 90。

[28] 违反善良风俗的合同的"效力维持限缩",参见边码1177、1201,以及BGH NJW 2009, 1135 Rdnr. 10 ff.。

1220　　K 从 V 处购买税务咨询师事务所。在合同中约定,V 应当向 K 交付全部档案。该约定根据第 134 条联合《刑法典》第 203 条第 1 款第 3 项因为违反沉默义务而无效(→边码 1101)。关于买卖合同是否全部无效的问题,关键的不是当事人在认识到事实情况时将尝试通过取得当事人同意以免除沉默义务,而是在没有交付档案义务的情况下当事人是否会订立合同。由于购买价格主要是为了补偿客户群中体现的"商誉",因此该问题的回答是否定的,这样仍然维持第 139 条的推定,即合同全部无效。[30]

1221　　G 向 S 提供额度为 20 万欧元的借贷。当 S 陷入经济困境时,他建议将不动产卖与 G,出卖价款应当与借贷进行冲抵。G 与 S 订立了合同并作了公证,其中公证的价款为 20 万欧元。冲抵协议忘记进行公证。因为它是需要公证的补充协议,应因此根据第 125 条第 1 句无效(→边码 1073)。合同是否因此全部无效,应根据第 139 条来确定。利益状况表明,公证的部分生效:无论如何只要 G 可以用发票等证明已经支付了借贷,冲抵约定对他不是如此重要,因为他可以自己事后通过抵销的意思表示完成冲抵。[31]

4. 偏离

1222　　几个**特别条款**(Spezialvorschriften)偏离了第 139 条的推定。比如,第 306 条第 1 款规定,一般交易条款的无效不影响合同其他部分生效力(→边码 1787)。在第 2085 条中,第 139 条对遗嘱的推定被推翻:因为既不能询问遗嘱人,也不能消除瑕疵,因此,在存疑的情况下遗嘱的部分无效不应导致全部无效。

1223　　可以从**无效规范的目的**(Zweck der Nichtigkeitsnorm)中得出,部分无

---

[29] Vgl. BGH NJW 1999, 351.
[30] BGH NJW 1996, 2087, 2088; KG NJW- RR 2001, 1215, 1216 f.
[31] BGH NJW 2000, 2100, 2101; 1994, 720, 721.

效无法得出全部无效的后果。[32] 如果出卖人知晓瑕疵的存在,但对买受人作了隐瞒,约定了排除瑕疵担保,那么该瑕疵担保排除根据第 444 条无效。但是,其后果当然不能是整个买卖合同无效,否则第 444 条旨在保护买受人的目的就会被消除。亦即买受人不仅失去了瑕疵担保排除,也失去了整个合同。

最后,可以根据**第 242 条**的诚实信用原则阻止一方当事人主张依第 139 条对自己适用全部无效。[33] 然而,不应当高估该例外的适用范围。大多数情况下这一视角已经被提前考虑。亦即如果法律行为部分无效,而一方不允许主张该瑕疵[34],那么法律行为在要件层面必须自始被作为全部发生效力处理。此时不再提出部分无效的问题。此外,也必须在合同的补充解释时考虑诚实信用的要求(→边码 1218),那么通过这种方式也可以得出部分生效的结论,第 139 条的推定规则不必进行事后纠正。

1224

范例

M 请律师 A 代理一个法律案件。合同中约定,A 应当获得固定律师酬金 1 万欧元,但是前提为 M 赢得诉讼。风险代理费的约定根据第 134 条联合《联邦律师条例》第 49b 条第 2 款第 1 句无效。根据第 139 条,代理合同其余部分不受此影响,那么根据第 612 条第 2 款联合《律师报酬法》支付法定酬金仍是必要的。它当然可能比约定的风险代理费高,在诉讼失败的情况下也要支付酬金。风险代理费应当保护的当事人实际处于不利地位。因此在结论上达成一致的是,在此情况下律师根据第 242 条不允许主张部分无效。[35] 同样也可以持以下观点,即 A 根据诚实信用不允许主张禁止风险代理费,因此不允许主张部分无效,这样第 139 条根本就不再适用。

1225

---

[32] Flume[4], § 32, 4.

[33] BGH NJW 1993, 1587, 1589; Köhler[38], § 15 Rdnr. 7; Wolf/Neuner[10], § 56 Rdnr. 28 ff.

[34] 主要在形式瑕疵时考虑,参见边码 1078 以下。

[35] BGHZ 18, 340, 349;此外,参见 Medicus[10], Rdnr. 515; Wolf/Neuner[10], § 56 Rdnr. 34。

三、意义转换

1226　Bach, Die Umdeutung rechtsgestaltender Willenserklärungen im Rahmen des Krankenversicherungsvertrages, VersR 1977, 881; v. Brasch, Die Konversion vom Standpunkt der Begriffs-und Interessenjurisprudenz, Diss. Münster 1949; Bürck, Umdeutung eines Vertrages bei Ausfall einer Vertragsbedingung-BGH NJW 1971, 420, JuS 1971, 571; ders., Zur Umdeutung von Rechtsgeschäften nach § 140 BGB, SchlHA 1973, 37; Derleder, Die Auslegung und Umdeutung defizitärer mobiliarsachenrechtlicher Übereign-ungsabreden, JZ 1999, 176; Finger, Die Umgestaltung nichtiger Rechtsgeschäfte, 1932; O. Fischer, Konversion unwirksamer Rechtsgeschäfte, FS A. Wach, Bd. I, 1913, 179; v. Friesen/Reinecke, Probleme der Umdeutung von außergerichtlichen Kündigungen in ordentliche Kündigungen bei schwerbehinderten Arbeitnehmern, BB 1979, 1561; Helm, Die Umdeutung der außergerichtlichen in eine ordentliche Kündigung, BB 1989, 693; Herschel, Der für die Umdeutung von Rechtsgeschäften maßgebende Zeitpunkt, DRiZ 1952, 41; Hieber, § 140 und das Grundbuchamt, DNotZ 1954, 303; Kahl, Grenzen der Umdeutung rechtsgeschäftlicher Erklärungen (§ 140 BGB), Diss. Münster 1985; Krampe, Die Konversion des Rechtsgeschäftes, 1980; F. Möller, Die Umdeutung von Blanko-Wechseln, DB 1961, 159; Molkenbur/Krasshöfer-Pidde, Zur Umdeutung im Arbeitsrecht, RdA 1989, 337; Mühlhans, Die (verkannten?) Auswirkungen der §§ 116, 117 BGB auf die Umdeutung gem. § 140 BGB, NJW 1994, 1049; Petersen, Die Umdeutung eines Wechsels in ein abstraktes Schuldanerkenntnis (BGHZ 124, 263), Jura 2001, 596; D. Reinicke, Die Umdeutung nichtiger Wechsel, DB 1960, 1028; Schütz, Die Umdeutung einer formnichtigen Bürgschaft in einen Kreditauftrag, WM 1963, 1051; Siller, Die Konversion (§ 140 BGB), AcP 138 (1934), 144; Tiedtke, Die Umdeutung eines Vermächtnisses in ein Rechtsgeschäft unter Lebenden, NJW 1978, 2572; ders., Die Umdeutung eines nach den §§ 1365, 1366 BGB nichtigen Rechtsgeschäfts in einen Erbvertrag, FamRZ 1980, 1; Veit/Waas, Die Umdeutung einer kompetenzwidrigen Betriebsvereinbarung, BB 1991, 1329; Weimar, Die Umdeutung unzulässiger Eintragungen im Grundbuch, WM 1966, 1098; ders., Die Umdeutung

> wechselund scheckrechtlicher Erklärungen, WM 1967, 862; Weyreuther, Zur richterlichen Umdeutung von Verwaltungsakten, DÖV 1985, 126; Wieacker, Zur Theorie der Konversion nichtiger Rechtsgeschäfte, FS H. Lange, 1992, 1017; Zeiss, Die Umdeutung einer formnichtigen Bürgschaft in einen Kreditauftrag, WM 1963, 906.

(一)概述

根据第140条,无效的法律行为可以转换成另一个生效力的法律行为。该规范处理的情况是,除了无效的法律行为,还有一个可以生效力地实施的法律行为,它可以实现当事人所追求的目的,但是当事人没有选择它,如果他们知道其选择的法律行为无效,可能选择另一个生效力的法律行为。因此,第140条要求法律适用者审查这个生效力的可能的法律行为是否符合当事人的(假定)意思。如果是这样,则无效法律行为可以转换成另一个可能的法律行为。意义转换(Umdeutung)也被称为**变换**(Konversion)[36],由此一方面尊重无效规范,因为选择的法律行为依然无效,同时另一方面也注意到当事人的意思,因为它尽可能通过法律允许的途径引领当事人接近他追求的目的,不需要新的意思表示。不要求当事人实施了法律允许的行为。不需要相应的表示要件。确切地说,第140条的意义和目的是,即使特定行为人选择的手段不被允许,也可以实现他们取得经济成效的意图,即可以通过选择被允许的、符合其假定意思的手段取得经济成效。[37]

(二)前提条件

只有当结果因为法律上的原因而无法实现当事人意思时,才考虑意义转换。因此,根据法律文义第一个前提条件是**无效的法律行为**(nichtiges Rechtsgeschäft)。在此意义中的"无效"不仅是指法律明确规

---

[36] 关于概念,参见 Flume⁴, § 32, 9 b。
[37] BGH NJW 1998, 896, 897; Soergel-Hefermehl¹³ § 140 Rdnr. 1.

定——无论出于什么原因[38]——它是无效的法律行为,而且包括通过其他方式否认其效力的法律行为。必须将它们与失败的法律行为同等对待,失败的法律行为虽然不是无效的,但是目的仍会"落空",它们也不能取得其所追求的结果。[39] 在这种情况中需要在没有新的表示要件时帮助当事人实现他们追求的经济结果。在没有终止原因的情况下而非正常终止的,[40]或者在被转让的权利不存在的情况下而转让权利的,[41]也成立第 140 条意义上的无效。当然,在此情况下进行转换之前可以通过对实施的法律行为进行解释(→边码 556)从而避免无效。

范例

1229　　A 与 B 对三幅画的所有权有争议。在和解中 A 承认 B 有所有权,B 已经声明他将这些画借给 A,在 A 处保留长达 10 年。当 D 损坏了其中的一幅画时,A 要求损害赔偿,且主张损害赔偿的基础是对画的所有权。D 提出异议,主张 A 已经承认了 B 的所有权。如果与当事人的确信相反,A 在和解成立前是画的所有权人,当将和解中的意思表示理解为单纯的债权上的法律行为时,它对第三人没有效力,那么 A 仍然是所有权人。在这种情况下,本应当考虑将 A 的承认转换成所有权转让。[42] 但是在此不需要这样的转换,因为和解中的"承认"可以根据第 929 条、第

---

[38] 撤销后根据第 142 条无效的法律行为也可以转换,仅参见 Palandt-Ellenberger[74] § 140 Rdnr. 3; Soergel-Hefermehl[13] § 140 Rdnr. 3; Staudinger-Roth[2015] § 140 Rdnr. 15; Wolf/Neuner[10], § 57 Rdnr. 2——不同观点,参见 Flume[4], § 32, 9 c; Hübner[2], Rdnr. 940; Medicus[10], Rdnr. 518; Spieß, JZ 1985, 593, 597 f.。

[39] 同意的,参见 Kahl, Grenzen der Umdeutung rechtsgeschäftlicher Erklärungen (§ 140 BGB), Diss. Münster 1985, 55 ff.。

[40] 不同观点,参见 BGH NJW 1981, 43, 44——根据此处所持观点可以转换成正常终止;仅参见 BGH NJW-RR 2000, 987, 988; NJW 1998, 1551; 1998, 76, 77; BAG NJW 2002, 2972, 2973; LAG Sachsen-Anhalt NZA 2000, 472, 473——如果正常终止的条件不成立,则考虑转换成废止合同,OLG Köln MDR 2002, 390, 391。

[41] 在对受让人该权利的论证中转换可能;参见 RG LZ 1931, 839, 841。

[42] 转换当然可能不成功,因为根据边码 1230 的详细论证,负担转换成处分是不被允许的。

930条解释为所有权转让[43],其法律效果当然是,A不再是画的所有权人,因此其无权再根据第823条第1款的请求权提出索赔。

接下来,要寻找可以成立并生效的**替代法律行为**(Ersatzgeschäft)。借助那句"若无效的法律行为符合另一个法律行为的要求",法律对外表达了替代法律行为在效力上必须作为"弱化"(minus)被包含在无效的法律行为中,它是无效法律行为的"定性部分"。[44] 无效法律行为通过转换而形成的法律行为,其法律效果不能比无效法律行为更广,也不能与无效法律行为的效果不同,而只能借助其他手段带来相同或较小的经济上的结果。[45] 比如,无效的质押不能通过意义转换成为让与担保,但可以成为债权法上的留置权。[46] 也可以考虑变更一方主要给付义务或者双方主要给付义务。[47] 无论如何,替代法律行为所有的发生效力的前提条件都必须满足,因为通过第140条放弃的只是表示要件,而不是其他前提条件。

1230

最后,意义转换的前提条件是,替代法律行为**被当事人的意思覆盖**(vom Parteiwillen gedeckt)。根据第140条,若存在替代法律行为,其发挥效力的情况是,若认识到法律行为无效,当事人应当愿意适用替代法律行为。对查明当事人意思,第139条规定的内容(→边码1215以下)按其意义适用:当事人可以同时明确声明替代法律行为,即有替代规定。[48] 即使没有明确的意思表示,赞同或者反对替代法律行为的当事人意思也可以得以确定。通常情况下当然是查明当事人的假定意思。这意味着,需要查明若当事人在实施法律行为的时间点[49]认识到该法律行为无效,他们是否会根据

1231

---

[43] BGH WM 1974, 11, 12; Bork, Der Vergleich, 1988, 136 f.; vgl. auch Derleder, JZ 1999, 176, 179.
[44] Flume⁴, § 32, 9 a/c; 对此批评的,参见 Medicus¹⁰, Rdnr. 519。
[45] BGHZ 125, 355, 363; BGH NJW 1997, 521, 522; BayObLG NJW-RR 1999, 620, 621; 关于形式无效的支票通过意义转换成为汇票,以及参见 BGHZ 147, 145, 148。
[46] RGZ 124, 28, 29 ff.
[47] BGH MDR 2004, 867, 868.
[48] 范例:非正常终止附加"辅以正常终止"。在此类"转换条款"中通常关乎的是受制于法律条件的(→边码1253)替代法律行为;参见 Flume⁴, § 32, 9 d。
[49] 关于该时间点也对假定当事人意思的标准,参见 BGH MDR 2004, 867, 868。

诚实信用原则并在权衡所有的参与方利益后决定实施替代法律行为。特别是,当无效法律行为和替代法律行为在根本上导致相同的经济上的结果时,且当事人选择的法律形式对他们没有特殊意义,假定意思得以肯定。[50]

范例

1232　　V 将他的多户住宅卖给 K,在不动产所有权转让之前,V 就将他对该住宅中所有的承租人的终止权(租赁合同)转让给了 K。该权利让与无效,因为终止权作为非独立的从权利不能单独转让。然而,权利让与可以根据第 185 条第 1 款转换成行使授权(Ausübungsermächtigung)。行使授权是被允许的,在法律效果方面没有超出权利让与的法律效果,协助 K 实现在所有权转让并借此加入租赁合同(第 566 条)之前就可以对承租人终止合同之目的。由此可以认为,当事人在认识到不可让与性的情况下将约定这样的行使授权。[51] 反之,若权利让与另外因为 V 无行为能力而落空,那么不考虑意义转换,因为 V 此时也不能有效地授予行使授权。

1233　　在 B 被通知将因为违反忠实义务而被提起刑事诉讼之后,A 立即终止了与 B 的合伙关系。事后证明,该通知是错误的,那么立即终止因为缺失非正常终止事由不生效力。不得转换成正常终止,因为不能认为,A 无论如何都想与 B 解散合伙。毋宁说这些情状表明,A 只想在对 B 的责难合法的情况下终止合伙。[52]

---

[50] BGHZ 174, 39 Rdnr. 27; BGH MDR 2008, 1413 Rdnr. 18.

[51] BGH NJW 1998,896,897——以及参见 BGH NJW-RR 2003,51,52;2000,1987,988; NJW1987,3121,3122,对根据第 1059 条第 1 句无效的用益权的转让,参见 RG JW 1910,801;对此,参见 Flume⁴, § 32,9 a。

[52] 也可参见 BGH NJW 1998, 1551; OLG Saarbrücken NJW-RR 1998, 1191, 1192;关于撤销的意思表示转变成终止 OLG Celle ZIP 1999, 1128, 1130——然而在司法实践中要求,必须毫无疑问地得出辅助性的针对正常终止的当事人意思,该观点是不可取的。与解释相同,此时可以求助于意思表示之外的因素,即使意思表示是要式的(→边码 549、559)。正确的是,必须毫无疑问地能够确定假定的当事人意思,因为根据法律文本它是意义转换的前提条件,陈述责任和证明责任由主张意义转换的当事人承担。

(三) 法律效果

若意义转换的前提条件成就,则替代法律行为有效。该效果**依法**(ex lege)产生。对此既不需要当事人的意思表示,也不需要法官的形成性行为(Gestaltungsakt)。自始——从无效的法律行为成立时——有效的法律效果是当事人原本应当实施的替代法律行为引起的法律效果。

当然存在——正如第 139 条所规定的那样(→边码 1223)——对产生法律效果的**限制**(Schranke)。如果意义转换破坏了无效规范之目的,即使条件成就,意义转换也将被排除。[53] 这主要适用于形式无效:比如,保证的意思表示因为缺失书面形式根据第 766 条第 1 句、第 125 条第 1 句无效,则它不能转换成(不需形式而有效的)债务加入,否则第 766 条第 1 句的保护功能将被破坏[54](保护保证人不操之过急;→边码 1048)。

四、确认

Böhm, Die Bestätigung nichtiger Rechtsgeschäfte, Diss. Greifswald 1926; Graba, Bestätigung und Genehmigung von Rechtsgeschäften, Diss. München 1967; Jacoby, Die gesetzliche Schriftform bei Abschluss und Änderung von Gewerberaummietverträgen, NZM 2011, 1; Kohte, Unwirksame Bestätigung eines wucherähnlichen Kreditvertrags – BGH NJW 1982, 1981, Jus 1984, 509; Mock, Die Heilung fehlerhafter Rechtsgeschäfte, 2014; M.Müller, Die Bestätigung nichtiger Rechtsgeschäfte nach § 141 BGB, 1989; Petersen, Die Bestätigung des nichtigen und anfechtbaren Rechtsgeschäfts, Jura 2008, 666; Rosenthal, Die rechtliche Natur und die Wirkung der Bestätigung nichtiger und anfechtbarer Rechtsgeschäfte, Diss. Jena, 1911; Untermann, Die Bestätigung nichtiger und anfechtbarer Rechtsgeschäfte, Diss. Marburg 1928; Waas, Sinn und Tragweite der Bestätigung eines

---

[53] 关于第 1365 条,参见 BGHZ 125, 355, 363 f.。

[54] 参见 BGHZ 174, 39 Rdnr. 24 ff. und BGH MDR 2008, 1413 Rdnr. 17:无效的债务加入转换成形式有效的保证。

> nichtigen Rechtsgeschäfts nach § 141 BGB, FS U. Eisenhardt, 2007, 347; Wurmstich, Die Bestätigung nichtiger und anfechtbarer Rechtsgeschäfte nach dem BGB, Diss. Jena, 1910.

(一) 概述

1237　　第 141 条第 1 款规定,无效法律行为的**确认**(Bestätigung)应当被评价为重新实施(该法律行为)。这背后隐藏着以下考虑:导致法律行为无效的原因有时会在事后消灭,比如,无行为能力人其间成为有行为能力人,或导致违反善良风俗成立的因素消灭,亦或者形式规范其间被立法者废止。在这些情况下,当事人有可能仍然追求无效法律行为的法律效果。

1238　　在**教义上**(dogmatisch)这可以通过两个途径来实现:即通过实施新的(与原始法律行为完全一致的)法律行为或者通过补正此前无效的法律行为。当事人在大多数情况下认为第二个途径是正确的,也即不必实施新的法律行为,而是明示或默示声明,因为无效原因消灭,他们想遵守原始法律行为。但是根据之前的通说[55],法律不接受此类确认:无效的法律行为即使在无效原因消灭的情况下也无效,不可补正,这样,当事人如果还想追求之前所约定的未能生效的法律效果,必须再次订立法律行为。然而第 141 条第 1 款迎合了当事人,它将确认的意思表示视为重新实施法律行为,亦即将"之前无效的法律行为应当补正"的意思表示法定地转换成以下意思表示——"新的法律行为引起的法律效果应当与无效的法律行为原本应当引起的法律效果相同"。依此观点,法律效果由确认的法律行为得出。根据目前盛行的反对观点[56],当事人可以通过确认来补

---

[55] Vgl. etwa Mot. I, 217 f.=Mugdan I, 472 f.; Hübner[2], Rdnr. 933; Mock (Rdnr. 1236), 49 ff.; Reinicke/Tiedtke, NJW 1982, 1430, 1433.

[56] BGH NJW 1999, 3704, 3705; Bork, Der Vergleich, 1988, 124 ff. 附其他证明; Flume[4], § 30, 6; Gröschler, NJW 2000, 247, 248; Jacoby, NZM 2011, 1, 5 ff.; Kothe, JuS 1984, 509, 511 f.; Medicus[10], Rdnr. 532; Müller, Die Bestätigung nichtiger Rechtsgeschäfte, 1989, 199 ff. 附其他证明; Soergel-Hefermehl[13] § 141 Rdnr. 1; Staudinger-Roth[2015] § 141 Rdnr. 1; 也包括 MünchKomm-Busche[6] § 141 Rdnr. 1/16。

正无效的法律行为。[57] 只是补正同样无溯及力,它需要满足实施新的法律行为时要注意的所有生效力的前提条件。因此,法律效果不是由确认行为得出,而是由被确认的法律行为得出。

(二) 决定无效的时间点

第 141 条的基础是,对于法律行为无效而言,不取决于法院适用法律的时间点,而取决于**实施法律行为**(Vornahme des Rechtsgeschäfts)的时间点。法律行为是否违反形式要求、违反法律或者违反善良风俗,应根据法律行为实施时的关系判断。这对单方法律行为意味着,需受领的意思表示根据第 130 条第 1 款第 1 句依到达时间确定(→ 边码 619),无须受领的意思表示以发出表示时为准(→ 边码 617)。对合同而言取决于合同订立时,一般是承诺表示到达的时间(→ 边码 746)。然而,该时间仅对客观生效力的前提条件较为重要,特别是对形式要求(→ 边码 1075)、违反法定禁止(→ 边码 1089)或善良风俗问题(→ 边码 1156 以下)。在主观条件方面,要根据发出意思表示的时间点确定。这对第 130 条第 2 款的权利能力和行为能力适用(→ 边码 647),对基于第 118 条、第 119 条、第 123 条和第 130 条第 2 款所包含的法律理念的意思瑕疵适用(→ 边码 810、825、981、987)。 1239

如果一个法律行为在实施时负担了无效原因,那么——除了确认或者法定例外——它原则上属于**不可补正地**(unheilbar)无效。当事人不能获得所追求的法律效果,并且是全面、最终、自始、对任何人无效(→边码 1207)。无效规定或者导致无效规范适用的因素消灭的,对此不产生影响。[58] 1240

范例

A 想经营加油站。原油企业 B 允诺,如果 A 在 10 年内只在 B 企 1241

---

[57] 确认当然与第 311b 条第 1 款第 2 句、第 518 条第 2 款、第 766 条第 3 句规定的形式无效法律行为的补正(→边码 1077)无关。补正不是依当事人意思的法律行为的效果,而是无效合同履行的法定效果。

[58] 仅对违反善良风俗的遗嘱讨论例外(→边码 1157)。

业采购燃料和润滑剂,则会给予其必要的投资。1998年12月1日,双方口头对此作出约定。1999年,双方发生争议。合同根据第125条第1句无效。因为涉及竞业限制约定(A在其他供货商处的采购自由被限制),根据《反限制竞争法》第34条,直至1998年12月31日,有效的文本合同应当满足形式要件要求。书面形式要求自1999年1月1日起被废止,因为没有相应的法律溯及规定,它无法改变在该时间点之前成立的协议。[59]

(三)确认的前提条件

1242　法律首先要求存在**无效的法律行为**(nichtiges Rechtsgeschäft),无效的原因不重要。因被撤销而根据第142条第1款无效的法律行为也可以被确认。[60] 与第140条相同,必须宽泛理解无效的概念,这样,无约束力的[61]或者失败的[62]法律行为也可以被确认,只要在要件上存在法律行为。[63] 即使最初效力待定,追认被拒绝后最终无效的法律行为在效力瑕疵清除后也可以被确认。[64]

1243　接着需要实施了无效法律行为的人具有**确认的意思表示**(Bestätigungser-klärung)。其含义是,当事人[65]必须明确[66]或者推定表达,他们仍想"立足于无效的法律行为之上"。[67] 对此主观上需要确认意思,即需要旨在确认("补正")无效法律行为之法律效果意思。其首要条

---

[59] BGH NJW-RR 1999, 1199; 1999, 689; Vgl. ferner OLG Hamburg MDR 1999, 669.
[60] 与之相区别的是,依第144条可撤销但是尚未被撤销的法律行为的确认。
[61] BGH NJW 1999, 720, 722; 1998, 2528, 2529.
[62] 不同观点,参见 BGH NJW 1987, 1698, 1699 f.; Staudinger-Roth[2015] § 141 Rdnr. 9。
[63] 参见 BAG NJW 2011, 872 Rdnr. 40: 无论如何都需要达到。
[64] BGH NJW 1999, 3704 f.
[65] 代理当然是允许的。
[66] 推定确认仅在形式强制时被排除(→边码1244);参见 Flume[4], § 30, 6。
[67] BGH NJW 1999, 3704, 3705; 1998, 2528, 2529; 1982, 1981; 批评的观点,参见 Mock (Rdnr. 1236), 54。

件是,当事人知道原始法律行为无效,或者至少他们怀疑法律行为的效力。[68] 错误地认为法律行为生效力而变更或者履行合同对此尚不足够。因为由此不能推测确认的意思:如果当事人认为法律行为生效力,就不存在想补正的诱因。除此之外,还要有遵守法律行为的意思。然后客观上需要对查明的确认意思进行公告,亦即当事人的行为必须被允许推论得出他们想立足于无效的法律行为之上。

因为法律旨在将确认与重新实施作相同处理(→边码1238),因此,必须满足**生效力的前提条件**(Wirksamkeitsvoraussetzungen),就像当事人重新订立法律行为那样。这首先意味着,必须清除原始法律行为的无效原因。[69] 但是除此之外,确认也必须符合重新订立法律行为的要求。因此,作出确认的法律行为必须符合重新实施被确认的法律行为时要注意的形式,即使在重新实施时法律行为的形式得以保障,但法律行为仍会因其他原因无效。[70] 故此,确认因违反善良风俗而无效的不动产买卖合同的前提条件不仅是消除违反善良风俗的因素,还要求确认意思表示的公证书。

1244

(四)确认的法律效果

如果满足第141条第1款的前提条件,那么确认使**法律效果向未来发生效力**(Eintritt der Rechtsfolgen ex nunc)。[71] 确认没有"物上的"溯及效力:正如在重新实施法律行为时,无效法律行为追求的法律效果只能向未来产生,那么被评价为重新实施的确认也不能产生溯及力。从法律评价认

1245

---

〔68〕 BGHZ 129, 371, 377; BGH NJW 2012, 1570 Rdnr. 21; 1998, 2528, 2529; NJW-RR 2003, 769, 770.

〔69〕 直观的 KG NJW-RR 2010, 730, 732。

〔70〕 通说;参见 BGH NJW 2003, 589; 1999, 3704, 3705; 1985, 2579, 2580; Flume[4], § 30, 6; Köhler[38], § 15 Rdnr. 19; Mock (Rdnr. 1236), 52 ff.; MünchKomm-Busche[6] § 141 Rdnr. 15; Palandt-Ellenberger[74] § 141 Rdnr. 4; Soergel-Hefermehl[13] § 141 Rdnr. 7; Wolf/Neuner[10], § 58 Rdnr. 7——不同观点,参见 Jacoby, NZM 2011, 1, 6 (只要不是形式规定目的例外地要求重复); Medicus[10], Rdnr. 532; Staudinger-Roth[2015] § 141 Rdnr. 16 附其他证明。

〔71〕 BGH NJW 1999, 3704, 3705; BAG NJW 2005, 3595, 3596; 2005, 2333, 2334.

为,确认是重新实施,从中也可得出该结论。

1246　　然而对于无效合同的确认,第141条第2款推定存在**债权上的溯及关系协议**(schuldrechtliche Rückbeziehungsvereinbarung)。法律的出发点是,确认无效法律行为的当事人彼此希望对过去的处理是无效法律行为溯及性地被补正。同样,他们希望在任何方面都"立足于无效的法律行为之上"。即使不允许他们溯及性地改变法律状态,他们也可以相互负担义务,彼此提供在法律行为自始有效时的给付。法律在第141条第2款推定有这种债法上溯及性的负担意思。当然,它关乎的只是存疑时适用的解释规则。因此在可以主张该规则之前,要通过解释查明,债权上的溯及关系是否符合当事人的意思。[72] 只有当解释不能得出清晰的结论时,才可以适用第141条第2款。

---

[72] 关于从无效规范得出的边界,也参见 BAG NJW 2005, 3595, 3596; 2005, 2333, 2334。

第二十九章　条件和期限

Adickes, Zur Lehre von den Bedingungen nach römischem und heutigem Recht, 1876; Bauschke, Die Beendigung des Arbeitsverhältnisses durch auflösende Bedingung oder Zweckbefristung, BB 1993, 2523; Behrendt, Verfügungen im Wege der Zwangsvollstreckung (2006); Berger, Zur Anwendung des § 161 BGB bei bedingter Forderungsabtretung, KTS 1997, 393; A. Blomeyer, Studien zur Bedingungslehre, 1938/39; Brecht, Bedingung und Anwartschaft, JherJb. 61 (1912), 263; Bruck, Bedingungsfeindliche Rechtsgeschäfte, ein Beitrag zur Lehre von der Unzulässigkeit von Bedingung und Zeitbestimmung, 1904; Callmann, Die condicio iuris, Diss. Rostock 1908; du Chesne, Betagte Rechte, BayZ 1909, 423; Christiansen, Forderungsrecht und Leistungszeit, 1998; Egert, Die Rechtsbedingung im System des bürgerlichen Rechts, 1974; Ehrlich, Die Zulässigkeit von auflösenden Bedingungen in Arbeitsverträgen, DB 1992, 1186; Eisele, Zur Lehre von den conditiones iuris, AcP 54 (1871), 109; Enneccerus, Rechtsgeschäft, Bedingung und Anfangstermin, 2 Bde., 1888/89; Falkenberg, Zulässigkeit und Grenzen auflösender Bedingungen in Arbeitsverträgen, DB 1979, 590; Felix, Zulässigkeit und Besonderheiten auflösend bedingter Arbeitsverträge, NZA 1994, 1111; Fitting, Über den Begriff der Bedingung, AcP 39 (1856), 305; Ganns, Die analoge Anwendung des § 162 BGB, Diss. Bielefeld 1983; Giesen, Wollensbedingung, FS Schapp (2010) 161; Grimm, Gutgläubiger Erwerb bei bedingten Verfügungen, Diss. Göttingen 1913; Heitsch, Die Verfügungsbeschränkung des § 161 BGB, Diss. Jena 1906; Henke, Bedingte Übertragungen im Rechtsverkehr und Rechtsstreit, 1959; R. Henle, Unterstellung und Versicherung, 1922; Hölder, Zur Lehre von der Wollensbedingung, JherJb. 56 (1910), 147; Hövelmann, Die Bedingung im Verfahrensrecht – dargestellt an Fällen aus dem Patentrecht, GRUR 2003, 203; Holtz, Der Schwebezustand bei bedingten Rechtsgeschäften, Diss. Rostock 1904; Hromadka, Alter 65: Befristung oder

1247

Bedingung?, NJW 1994, 911; ders., Zur Zulässigkeit des auflösend bedingten Arbeitsvertrages, RdA 1983, 88; Kapler, Begriff und Wesen der conditio iuris, Diss. Berlin 1889; Kempf, Auflösende Bedingung und Rechtsnachfolge, AcP 158 (1959/60), 308; Koller/Buchholz, Der bedingte Beitritt zu einer Kommanditgesellschaft, DB 1982, 2172; Krückmann, Verhinderung des Vertragsschlusses, Recht 1911, 56; ders., Die Wollens-Bedingung, BayZ 1913, 345; Krug, Die Zulässigkeit der reinen Wollensbedingung, Diss. Marburg 1904; Mand, Das Anwartschaftsrecht am Zubehör im Haftungsverband der Hypothek bzw. der Grundschuld, Jura 2004, 221; Martens, Grundfälle zu Bedingung und Befristung, JuS 2010, 481, 2010, 578; Meier, Schadensersatz aus Verfügungsgeschäften?, RabelsZ 76 (2012), 732; Merle, Der auflösend bedingte „Zitterbeschluß" – Brot oder Stein?, FS J. Bärmann/H. Weitnauer, 1990, 497; Minas, Theorie der bedingten Rechtsgeschäfte, Diss. Saarbrücken 1966; Müller, Zur Beweislast bei der aufschiebenden Bedingung, JZ 1953, 727; Muskat, Die Bedingung des reinen Wollens des Verpflichteten bei dem Kauf auf Probe und anderen Verträgen, Gruchot 49 (1905), 472; Muthorst, Bedingt, befristet, betagt – Sonderfälle der Forderung im Spiegel des Insolvenzrechts, ZIP 2009, 1794; Nastelski, Die Zeit als Bestandteil des Leistungsinhalts, JuS 1962, 289; Neumann, Über die Rechtswirksamkeit von Verfügungen während des Schwebens einer aufschiebenden Bedingung, Diss. Rostock 1905; Oertmann, Die Rechtsbedingung (condicio iuris), 1924; Petersen, Bedingung und Befristung, Jura 2011, 275; Pietzker, Über den Begriff der aufschiebenden Bedingung, AcP 74 (1974), 462; Pohle, Prozeßführungsrecht und Rechtskrafterstreckung bei bedingten Veräußerungen, FS H. Lehmann, Bd. II, 1956, 738; Pohlmann, Verzicht auf die aufschiebende Bedingung einer GmbH-Anteilsübertragung, NJW 1999, 190; Raape, Die Wollensbedingung, 2. Aufl. 1912; Radke, Bedingungsrecht und Typenzwang, 2001; Rodermund, Rechtsgeschäfte unter Vergangenheits- oder Gegenwartsbedingungen mit besonderer Berücksichtigung letztwilliger Verfügungen, Diss. Münster 1990; Romeick, Zur Technik des Bürgerlichen Gesetzbuchs: Die Fristbestimmung, 1901; Scherbring, Natur und Wirkungen der conditio iuris, Diss. Erlangen 1897; Schiedermair, Das Anwendungsgebiet des § 162 BGB, 1929; Schiemann, Pendenz und Rückwirkung der Bedingung, eine dogmengeschichtliche Untersuchung, 1973; G. Schmidt, Die betagte und die befristete Forderung, Diss. Freiburg 1969; Schmidt-Rimpler, Die Gegenseitigkeit bei einseitig bedingten Verträgen, 1968; U. Schneider, Die Rückdatierung von Rechtsgeschäften, AcP 175 (1975),

279; Schott, Über Veräußerungsverbote und Resolutivbedingungen im bürgerlichen Recht, Breslauer Festg. f. F. Dahn, 1905, 305; Schreiber, Die bedingte Übereignung, NJW 1966, 2333; Simshäuser, Windscheids Voraussetzungslehre rediviva, AcP 172 (1972), 19; Stachow, Über Potestativbedingungen, welche auf die freie Entschließung des Verpflichteten gestellt sind, Diss. Heidelberg 1908; Walsmann, Ein Beitrag zur Lehre von der Wollensbedingung, JherJb. 54 (1909), 197; Wendt, Die Lehre vom bedingten Rechtsgeschäft, 1872; Winkler, Verfügungen des bedingten Grundstückseigentümers, MittBayNot. 1978, 1; M. Wolf, Schutz der Nachlaßgläubiger bei auflösend bedingter Vollerbschaft und Vorerbschaft, FS U. v. Lübtow, 1990, 325; Wollstadt, Die auflösende Bedingung, Diss. Heidelberg 1908; Wunner, Die Rechtsnatur der Rückgewährpflichten bei Rücktritt und auflösender Bedingung mit Rückwirkungsklausel, AcP 168 (1968), 425; Zawar, Der bedingte oder befristete Erwerb von Todes wegen, DNotZ 1986, 515; ders., Gedanken zum bedingten oder befristeten Rechtserwerb im Erbrecht, NJW 2007, 2353; Zimmermann, „Heard melodies are sweet, but those unheard are sweeter …", AcP 193 (1993), 121.

一、概述

在法律行为生效力的情况下,原则上法律行为追求的法律效果随着其成立而产生。然而,这并不总是符合当事人利益。有时候,参与人追求**法律行为的约束与法律效果的产生相分离**（Trennung von rechtsgeschäftlicher Bindung und Eintritt der Rechtsfolgen）。参与人的利益可能在于,推迟法律效果的产生或者限制其持续时间。第158条和第163条使两者成为可能,根据这两条,需要区别的是,法律效果的开始或结束依赖于确定的事件还是不确定的事件。 1248

如果法律效果的开始或结束依赖于不确定的事件,则称之为**条件**（Bedingung）（第158条）。如果当事人不能确定法律行为的效果所依赖的因素在未来是否发生,就可以采取这种方式。条件是对未来不确定事件的规定,在其发生时法律效果产生或者终止（→边码1252）。附条件的 1249

不是法律行为的意思,而是法律行为之效果。[1] 反之,如果效果依赖于未来确定事件,即未来客观确定发生的因素,则称之为**期限**(Befristung)(第163条;→边码1284)。对法律行为的效力可附始期和终期。

1250　　无论是条件还是期限,都可以约定是延缓的或者是解除的,也可以组合。[2] 如果法律效果的发生被推迟,所附条件或者期限就是**延缓的**(aufschiebend)(推迟的)(第158条第1款、第163条)。在此情况下,直至事件发生(或者最终落空)前,法律行为效力待定。如果法律效果立即发生,只是持续至未来确定或者不确定事件发生时,则所附条件或者期限是**解除的**(auflösend)(最终的)(第158条第2款、第163条)。当事人意在设置条件或期限,抑或只是到期规定(→边码1285),与判断所附条件或期限是生效的或者解除的相同[3],都是解释问题。[4] 然而,有时候借助解释规则,法律才有用(比如在第449条第1款、第454条第1款第2句中)。这种区分对证明责任也有作用:从法律行为中得到权利者,必须证明法律行为不附条件,或者证明生效条件已满足,而对权利有争议的对方,必须证明约定了解除条件以及解除条件已被满足。

范例

1251　　M经科隆的银行培训后毕业。他在那里租了E的一间房间,租赁合同有效期至2001年12月31日。2001年初,M决定在2001年至2002年冬季学期在汉堡大学申请一个学位。第一次拜访时,他注意到V发布的住房出租广告。简短磋商后,V和M订立了一个租赁合同,起始时间为2001年10月1日,同时以M取得汉堡大学的录取通知书为前提。回科隆后,M和E订立了一个终止合同,起始时间为2001年9月30日,同样,该合同只有在M取得来自汉堡大学的录取

---

[1] Flume[4], § 38, 4 a/b.
[2] Vgl. BGH NJW-RR 2006, 182, 183.
[3] Vgl. BGH NJW-RR 2009, 1172 Rdnr. 17; 1998, 801, 802.
[4] BGH NJW 1975, 776, 777; WM 1963, 192, 193; OLG Bamberg NJW-RR 2008, 1325, 1326.

通知书后才应当发生效力。此处,在科隆的原始租赁合同附解除期限(2001年12月31日),终止合同(始期为2001年9月30日24时)和新的租赁合同(始期为2001年10月1日0时)附延缓期限。此外,无论是终止合同还是与V的租赁合同都以获取录取通知书为延缓条件。上述日期的到来是确定的,录取通知书的取得是不确定的将来事件。

二、条件

(一) 概念

第158条以下所指的条件(Bedingung)是通过当事人意思上升为法律行为内容的**规定**(Bestimmung),它使行为的法律效果依赖于未来事件,其是否发生现在尚不确定。[5] 第158条表达的是"条件产生",法律将条件不仅理解为相应的规定,还包括未来**事件**(Ereignis)本身。可以将其称为"条件事件"。[6] 具体有以下区别:

1252

只有从**法律行为上的规定**(rechtsgeschäftliche Bestimmung)中得出其效果依赖于未来事件的,才存在条件。法律行为应当自条件产生(或者至条件产生)效力,其必须从法律行为中得出。在此,第158条意义上的条件区别于法定条件。法定条件是法律行为法定生效力的前提条件或者有效要求(包括必要的追认[7])。它们不是第158条以下条款采取意义上的条件,因为在缺失部分生效力的前提条件的情况下,推迟的是法律约束性,而不仅仅是法律效果,并且这种效果在任何情况下都是以法律为基础,不是以当事人意思为基础。法定条件也不能作为真正的条件由当事人约定,因为这在法律行为的要件上重复了法定生效力的前提条件,并没

1253

---

[5] 此处讨论的条件概念与合同条件、支付条件、交货条件和一般交易条件没有关系。
[6] Soergel-Wolf[13] Vor § 158 Rdnr. 2.
[7] Vgl. BGH NJW 1996, 3338, 3340.

有因此使基于当事人意思的法律效力依赖于未来不确定事件。[8]

1254 　　法律行为的效力必须依赖于**将来的**(zukünftig)事件。如果当事人将法律行为与客观已经确定产生(或者消灭)的因素相关联,只是当事人主观上对此尚不知情,这种情况被称为表见条件。[9] 在表见条件中,对当事人而言关乎的不是将来的发展,而是当下法律关系的澄清。[10] 因为这并非真正的条件,延缓性表见条件已经确定不发生的,实施的法律行为并非效力待定,而是自始不生效力。延缓表见条件已经发生的,已实施的法律行为无条件地有效。然而,在个别情况下也可能需要承认当事人存在值得保护的利益,故而使法律行为的效力依赖于只是主观上不确定的因素。[11] 在这种情况下,不能直接适用第 158 条以下条款。但是,它们可因私人自治适用于相关的法律行为,就好像它们对此情况也有规定(→边码 1267)。[12]

1255 　　最后,必须存在**不确定**(ungewiss)之事件。从与将来事件之前提的相互作用中可以得出,此处所指的是客观不确定的事件,而不是那些客观已经确定,只是需要在未来主观澄清的事件(→边码 1254)。反之,如果将来事件的发生已经确定,关乎的就不是条件,而是期限,虽然其产生的准确时间点还不确定(拉丁语:dies certus an, incertus quando)。

范例

1256 　　V 的房子有一间阁楼,目前由其父 O 居住。V 与其子 S 订立了一个租赁合同,合同生效的前提是 S 的祖父 O 去世。该租赁合同不是附条件的,而是附期限的,因为"祖父去世"这一事件已经确定会发

---

[8] Vgl. Flume[4], § 38, 1 c.
[9] 表见条件也被称为当下条件、前提条件或者假设。
[10] Soergel-Wolf[13] Vor § 158 Rdnr. 10.
[11] Flume[4], § 38, 1 b.
[12] Brox/Walker[38], Rdnr. 481; Erman-Armbrüster[14] Vor § 158 Rdnr. 6; Hübner[2], Rdnr. 1123; Jauernig-Mansel[15] § 158 Rdnr. 6; Medicus[10], Rdnr. 829; Palandt-Ellenberger[74] Einf. v. § 158 Rdnr. 6; wohl auch MünchKomm-H. P. Westermann[6] § 158 Rdnr. 52 f.

生,即便具体的时间点不确定(mors certa,hora incerta)。

(二)适法性

约定条件属于私人自治,因此**原则上适法**(grundsätzlich zulässig)。但在两方面可以存在例外:第一,牵涉的法律行为可能根本不能附条件。第二,具体约定的条件可能不适法。

1257

存在**不得附条件的法律行为**(bedingungsfeindliche Rechtsgeschäfte),即根本不能附条件的法律行为。在此情况下,一方面不适法性可以由法律规定,比如,第388条第2句、第925条第2款[13]、第1311条第2句、第1594条第3款、第1595条第3款、第1750条第2款第1句、第1752条第2款第1句、第1947条、第2180条第2款第2句、第2202条第2款第2句。此类法定的条件禁止通常旨在保障权利安定性。所指的是那些在法律行为订立和条件发生之间存在不受欢迎的效力待定状态的法律行为,因为效力待定状态对相对方和交易都意味着极大的权利不安定性。出于相同原因,也承认未予以规定的条件禁止。特别是根据第388条第2句的法律理念,单方法律行为通常不得附条件,只要它有权利形成的效果。[14] 这对撤销的意思表示、解除的意思表示和终止的意思表示同样适用。在此情况下,适法的只是"法定条件"[15](→边码1253),以及相对人表示同意的条件,或者相对人可以自己决定其成就的条件,这样,权利安定性的要求得以满足,因为相对人自己可以决定法律效果是否发生。

1258

范例

U向员工A提出,如果A拒绝U提出的变更劳动合同的要约则

1259

---

〔13〕 Vgl. auch §§ 4 Abs. 2 S. 2 WEG; 1 Abs. 4 S. 1, 11 Abs. 1 S. 2 ErbbauRG。

〔14〕 BGHZ 97, 264, 266 ff.; BAGE 97, 193, 195 ff.——反之,非权利形成的法律行为,比如,合同要约(BGH NJW-RR 2004, 952, 953)、代理权授予或者同意(但是追认不是)可以附条件;参见Wolf/Neuner[10], § 52 Rdnr. 25;对聘任有限责任公司的经理,参见BGH NJW-RR 2006, 182, 183 f.。

〔15〕 关于"辅助性"的终止,参见BAG NJW 2014, 3533 Rdnr. 12。

终止劳动合同。终止作为权利形成的法律行为原则上不得附条件，因为附条件的终止引起的待定状态对员工而言不可承受。然而，正如从《解雇保护法》第2条得出的那样，在这里的"变更终止"是适法的，在变更终止中，作为生效条件的员工的行为是确定的。终止表示的法律效果是否发生仅仅依赖于他的行为，即是否接受变更要约(任意条件,→边码1261)。[16]

1260 　　即使对可以附条件的法律行为而言，**在具体情况中特定的条件也可能不适法**(im konkreten Einzelfall bestimmte Bedingung unzulässig)，因此无效。这适用于违反法律或者违反善良风俗的条件，它们根据第134条、第138条已经无效，或者适用于不可能发生的条件。[17] 否则任何将来事件都可以上升为条件，无所谓关乎的是不受人影响的事件，还是人的行为方式。这样，可以将第三人的表示或者行为作为条件，通过这种方式使原本不需要追认的法律行为依赖于第三人的同意。[18]

1261 　　完全依赖于一方当事人意志的条件原则上也适法。然而，在此类**任意条件**(Potestativbedingung)中可能面临的问题是，是否存在法律行为，或者更确切地说，此时是否缺失一方当事人的法律约束意思。共同法上的学说实际上支持此观点。[19] 但是，现在一致认为，一方当事人可以使关键的客观事件发生，这样的条件应当予以承认。[20] 所有权保留（第449

---

　　[16] Vgl. BAG NJW 1995, 1981, 1982.

　　[17] 如果关乎的是延缓条件，在这些情况中原则上不仅是条件无效，整个法律行为也无效，因为通常不认为在没有无效部分，即不附条件时，当事人也想使法律行为成立。条件作为法律行为不可分割的组成部分，排除第139条的适用，但这不能得出上述结论(主要参见Flume[4], § 38, 4 c 及其后续通说)，而是从第139条的正确适用得出(赞同的观点，参见MünchKomm-H. P. Westermann[6] § 158 Rdnr. 46;也可参见 Medicus[10], Rdnr. 853)。反之，在解除条件中第139条毫无疑问地适用。

　　[18] BAG NJW 1995, 1981, 1982.

　　[19] Vgl. Flume[4], § 38, 2 d.

　　[20] Vgl. nur BGHZ 134, 182, 187 f.; OLG Hamm OLGZ 1978, 169, 171; OLG München NJW-RR 1988, 58, 59; MünchKomm-H. P. Westermann[6] § 158 Rdnr. 19; Soergel-Wolf[13] Vor § 158 Rdnr. 23; Wolf/Neuner[10], § 52 Rdnr. 15.

条第 1 款)和第 2075 条的情况也得到了法定承认。相反,有争议的是任意条件,在任意条件中只有负担义务人的意志才对法律行为的效力起决定作用。[21] 司法裁判允许以法律行为任意适用为目的的任意条件,至少在每个当事人同时是债权人和债务人的双务合同中如此。[22] 法学理论反对——对此类型的延缓条件——予以承认,这是有道理的。[23] 虽然从第 454 条第 1 款第 2 句似乎可以得出,买受人纯粹的任意可以被视为延缓条件,但是应当将该规范理解为例外。原则上当事人的约束不应当由其任意决定,否则合同无法成立。[24] 与解除的意志条件中的情况不同,在延缓的意志条件中,现在恰恰是法律行为的约束性悬而未决,而不是其实施未决。

(三) 法律效果

对于法律效果,要根据是延缓条件还是解除条件进行区分,除此之外还要根据条件是否成就进行区分。 1262

1. 解除条件

如果约定了解除条件,则**法律行为**(Rechtsgeschäft)订立后立即发生效力。自法律行为实施至所附条件成就期间,当事人受其约束,并根据其内容产生当事人所希冀的法律效果。此时,无异于法律行为未约定条件。 1263

随着**条件成就**(Bedingungseintritt),法律行为丧失效果。此时当事人之间重新形成法律行为订立前的法律状态(第 158 条第 2 款),不需要任 1264

---

[21] 也有人将此情况称为意志条件 (condicio si volam oder si voluero);仅参见 Flume[4],§ 38, 2 d; Soergel-Wolf[13] Vor § 158 Rdnr. 25。

[22] BGHZ 47, 387, 391; BGH NJW 1996, 3338, 3340; NJW-RR 1996, 1167; BayObLG NJW-RR 1988, 982; 1986, 568; OLG Hamm OLGZ 1978, 169, 171; 赞同的观点,参见 Erman-Armbrüster[14] Vor § 158 Rdnr. 13; Giesen, FS Schapp (2010), 161 ff.; Jauernig-Mansel[15] § 158 Rdnr. 4。

[23] Flume[4], § 38, 2 d; MünchKomm-H. P. Westermann[6] § 158 Rdnr. 21 ff.; Soergel-Wolf[13] Vor § 158 Rdnr. 28; Staudinger-Bork[2015] § 158 Rdnr. 18; Wolf/Neuner[10], § 52 Rdnr. 18; 也有 Medicus[10], Rdnr. 831 und JuS 1988, 1, 2 f.。

[24] Vgl. auch RGZ 136, 132, 135; 131, 24, 26.

何当事人的声明或者行为。[25] 只有在条件成就对其有利一方当事人通过**违反忠诚**(treuwidrig)义务的行为引起条件成就的情况下,才不产生上述法律效果。对此情况,第162条第2款规定视为条件未成就。[26] 反之,如果条件成就对其不利的一方当事人违反忠诚义务而阻碍条件成就,根据第162条第1款,条件视为成就。[27] 该条款包含了一般法律理念,即任何人不得从自己违反诚实信用而引起的状况中获得利益。[28] 影响事件进展是否违反忠诚义务,不能抽象地确定,只能在具体情况中判断。决定性因素在于,忠诚的合同相对人可以期待哪些行为。这应当根据诱因、目的、动机,并考虑具体情况中所有的因素,特别是法律行为的内容,对影响条件成就的合同当事人的行为进行全面评价,然后确定。[29]

1264a　　条件对其有利者**放弃**(verzichtet)条件的——放弃既不需要形式,也不需要接受[30]——那么在延缓条件中法律行为向未来发生效力,在解除条件中法律行为确定地发生效力。[31] 如果转让时只有**负担行为**(Verpflichtungsgeschäft)附解除条件,那么为了履行而提供的给付在条件成就时,应根据第812条第1款第2句情况1返还不当得利。

1265　　无论如何,条件成就**没有溯及效力**(ex nunc),即仅向未来发生效力。[32] 与撤销的意思表示不同(第142条第1款),它无溯及效力地清除法律行为,这由第159条得出。该条款处理的情况是,当事人约定与条件成就相关联的后果应当在更早的时间点发生。满足该前提条件的,法律

---

[25] BGH NJW 1999, 1782.
[26] 例如,终止劳动关系的目的仅在于,可以要求返还圣诞补贴;参见 LAG Hamm MDR 2000, 219。
[27] 根据通说,第162条对意志条件(→ 边码1261)不应当适用;仅参见 BGH NJW 1996, 3338, 3340; Flume[13] § 40, 1 f) Soergel-Wolf[13] Vor § 158 Rdnr. 28。不应当同意此观点。在查明违反忠诚时注意意志条件的特殊性足矣;参见 Staudinger-Bork[2015] § 162 Rdnr. 4 附其他证明。
[28] BGHZ 88, 240, 248; BGH NJW 2003, 1459, 1460; BAG DB 2015, 563 Rdnr. 32.
[29] BGH NJW 2005, 3417; 1984, 2568, 2569.
[30] 在这方面否定的观点,参见 Pohlmann, NJW 1999, 190 ff.。
[31] BGHZ 140, 258, 261 f.; 138, 195, 202 f.; 127, 129, 133 ff.
[32] Vgl. BGHZ 133, 331, 334; BGH NJW 2011, 143 Rdnr. 45.

认为此时当事人互负义务,在条件成就时将彼此置于如条件在约定的时间点成就的地位。只有在条件成就只对未来发生效力的背景下,该规定才有意义。因此第 159 条在体系上与第 141 条相符(→边码 1245 以下):在两种情况下关键事件都没有溯及力;通过债权上的、有债之效力[33]的溯及关联约定,当事人可以取得如法律作出"物上的"溯及效力规定那样的地位。然而,与第 141 条不同的是,溯及关系的约定不能推定得出,因为从条件约定中一般不能推测出,过去的法律状态也应当嗣后改变。

法律行为实施之后,被证实约定的条件不可能成就的,这被称为**条件落空**(Bedingungsausfall)。在解除条件中,其后果是,法律行为确定保持效力。如果从中获益的当事人违反忠诚义务引起条件落空,根据第 162 条第 1 款(→边码 1264),此时条件也视为成就。 1266

范例

V 将一个电影院出租给 A,但是之后解除了合同。接着他又与 B 订立了用益租赁合同,并约定该合同只有在 V 有效地解除与 A 的合同的情况下才生效。接下来 B 接管了电影院,且经营得卓有成效。当证实 V 并未有效地解除与 A 的合同时,他咨询自己有什么权利。V 与 B 的合同只有在 V 有效地解除与 A 的合同时才有效,该条款不是真正条件,而是表见条件,因为解除的效力不是未来事件,而是已经明确的,只是当事人主观不确定之事件(→边码 1254)。此处仍然可以认为(第 157 条、第 242 条),当事人主要意在订立生效的合同,但是在证实 A 有更优的权利时,该合同应当终止。因此,对第 158 条以下条款的类推适用仍有意义,但并非在延缓条件的意义上,因为在延缓条件中 B 自始并无合同,而是在附溯及关系约定的解除条件的意义上。其后果是,V 和 B 之间的用益租赁合同随着法律状态的揭示而终止,且根据第 159 条,准许当事人彼此处于合同自始无效的 1267

---

[33] OLG Köln BauR 2013, 482.

状态。除了用益赔偿,B 还必须赔偿 V 的可得利益[34],在此可以用已经支付的租金进行结算。

2. 延缓条件

1268 如果法律行为附延缓条件,法律行为的订立导致**待定状态**(Schwebezustand)。此时当事人也受法律行为约束,不能撤回他的意思表示。[35] 然而法律行为的效果尚未发生。法律行为在其成立和条件成就之间的期间内效力待定。

1269 随着**条件的成就**(Bedingungseintritt),效力待定状态终止。此时,法律行为产生效果,不需要当事人其他的表示或者行为(第 158 条第 1 款)。根据第 162 条第 2 款,这仅对违反忠实义务引起条件成就的情况不适用(→边码 1264)。[36] 在延缓条件中,仍然仅向未来产生效果。条件成就向**未来**(ex nunc)产生效果,即事后不会改变过去之法律状态。保留第 159 条意义上的债权上的溯及关系之约定是可能的(→边码 1265)。对于消灭时效问题,当然在任何情况下都取决于条件成就,因为附条件的请求权尚未产生,故消灭时效也不会经过。[37]

1270 在**条件落空**(Bedingungsausfall)的情况下,约定的条件不再能成就。这同样终止待定状态,亦即法律行为——正如当事人预先规定的那样不再发生效力——最终不生效力。根据第 162 条第 1 款,对违反忠实义务引起条件落空的情况再次适用不同的效果(→边码 1264、1266)。

范例

1271 V 以所有权保留的方式将一台施工机械转让给 K。根据第 449

---

[34] BGH LM Nr. 1 zu § 159 BGB.

[35] Wolf/Neuner[10], § 52 Rdnr. 44——然而,允许撤销:存在撤销事由的,则在条件成就之前就允许撤销,在某些情况下为了维持期限也是必要的。已经成就的条件可以以此方式被消灭。对于期限计算(第 121 条、第 124 条)关键在于意思瑕疵的发现,而不是条件成就。

[36] 其适用不依赖于,当事人在该时间点是否对此有意愿,BGHZ 151, 116, 121; 134, 182, 188; OLG München NJW-RR 2009, 950, 951。

[37] BGHZ 47, 387, 391.

条第 1 款的解释规则,其含义是,依第 929 条第 1 句对所有权转让必要的物权合意附延缓条件,即 K 支付买卖价款。只要 V 的买卖价款债权没有得到完全满足,尽管已经交付并表示了合意,V 就仍然是施工机械的所有权人,因为合意的法律效果被推迟。如果机械在效力待定状态期间被损毁,则 V 享有第 823 条第 1 款规定的损害赔偿请求权。如果 K 在损害事件发生后支付最后一期买卖价款,这仍适用。然后,所有权直接转让给他。但是这仅对从条件成就起的时间适用,而不对过去适用,因此在审查对 D 的损害赔偿请求权时,仍然以在损害事件时间点 V 拥有所有权为出发点。然而,可以从占有转移和所有权保留的担保性质得出,根据第 159 条,当事人希望产生债权上的溯及关系,这样 V 必须将他的损害赔偿请求权转让给 K。

3. 附条件的权利人之保护

第 160 条、第 161 条保护的是,在条件成就时应当取得权利者的权利不遭受对方破坏或者损害。如果损害或者破坏表现为条件成就前权利人的处分,法律在第 161 条通过将该处分宣告为不生效力而补正。对其他情况,根据第 160 条将面临损害赔偿请求权。其含义具体是指:

①根据第 161 条,破坏性的或者损害性的处分以附条件权利人之利益为代价(所谓的中间处分),它不生效力。这关乎的是**绝对处分禁止**(absolutes Verfügungsverbot)(→边码 1134),其以下列考虑为基础:如果处分附条件,处分标的(物或者权利)随着条件成就才归取得人所有,这不仅在附延缓条件的处分中对附条件的合法取得(第 161 条第 1 款)适用,也在附解除条件的处分中对附条件的返还取得适用(第 161 条第 2 款)。在这两种情况下,转让人直至条件成就仍然是有处分权的所有权人或者权利持有人。因此他其实有法律上之权力,有效地对物或权利另行处分且生效力,特别是转让给第三人。条件成就不改变法律上之权力,因为它没有溯及力(→边码 1265)。因此,仍然有权的权利人的中间处分,虽然在债权上是对附条件权利人的违约,但在物权上生效力。立法者不接受该结论,因此在第 161 条表达了一般规则的例外:如果仍然有权的权利人实施

的中间处分对附条件权利人不利,那么中间处分不生效力,只要其与附条件处分之间的不兼容性足够。然而,这仅在条件成就时适用。那么,中间处分生效力,但附解除条件,直至附条件的处分生效力。反之,如果中间处分中合法第三人可以主张其善意(第 161 条第 3 款),则中间处分确定生效力。该规定建立的理念是,可以从无权利人处善意取得者,必须可以合理地从仍然有权的权利人处善意取得,他的权利在条件成就时(仅对未来有效力!)消灭。善意指向的是,仍然有权的权利人有不附条件的权利。[38] 最后,中间处分可以因在第 161 条中受保护的附条件权利人的同意而生效力。[39]

范例

1274　　G 将他对 S 的债权附延缓条件地让与给了 Z。在效力待定期间,他将该债权又让与给 D,并通知 S。S 向 D 支付。在这里,第二次向 D 的债权让与随着条件成就而成为损害性中间处分,不生效力(第 161 条第 1 款第 1 句)。此处不考虑 D 根据第 161 条第 3 款善意取得,因为不存在债权的善意取得。但是 S 根据第 407 条、第 408 条受保护,这样,Z 必须根据第 816 条第 2 款从 D 处主张 S 给付的不当得利返还。

1275　　如果 G 将债权附解除条件地让与给 Z,Z 收取了债权,那么收取债权也是中间处分,在条件成就时变为不生效力。[40] S 通过第 407 条受保护,如果他不知道解除条件,那么 G 必须根据第 816 条第 2 款从 Z 处主张不当得利返还。反之,如果 S 知道解除条件,则他或者必须为向 Z 的支付取得 G 的同意,或者类推适用第 372 条第 2 句的提存。[41]

1276　　E 将自己的私家车附延缓条件地质押给 P。在效力待定期间,E

---

[38] MünchKomm-H. P. Westermann[6] § 161 Rdnr. 19; Staudinger-Bork[2015] § 161 Rdnr. 15.
[39] BGHZ 92, 280, 288; BGH WM 2004, 752, 753.
[40] 参见 BGHZ 20, 127, 133; BGH NJW 1999, 1782, 1783——不同观点,参见 Berger KTS 1997, 393 ff.。
[41] Flume[4], § 39, 3 a; MünchKomm-H. P. Westermann[6] § 161 Rdnr. 10; Staudinger-Bork[2015] § 161 Rdnr. 5 附其他证明。

又将该私家车转让给了 D。该中间处分即使在条件成就时也生效,因为 D 只是取得了负担附延缓条件质权的所有权。不予考虑 D 善意取得无负担的所有权,因为质权人原则上必须占有质物(第 1205 条第 1 款第 1 句、第 1253 条第 1 款第 1 句)。P 的权利因此未受损害。这对附延缓条件的质押也适用,否则随着条件成就不能产生法律效果。因此 E 只能根据第 931 条将所有权转让给 D,这样,对不负担质权的所有权的善意取得因第 936 条第 3 款而落空。如果 P 对 D 也保留质权,则中间处分并不损害他,这样中间处分也不会根据第 161 条第 1 款第 1 句不生效力。

V 将他的私家车在保留所有权的情况下卖给了 K。G 是 V 的债权人,他在 K 处扣押了 V 的私家车。K 支付了最后一期价款后,他申请将对该私家车的强制执行宣告为不生效力。V 在强制执行的时刻是私家车的所有权人,因此扣押生效,G 取得扣押质权。条件成就仅导致现在所有权从 V 转让给 K。其实在此可以如同 V 有所有权那样转让,即只负担 G 的扣押质权。如果继续这样,附条件的权利人在采取强制性措施时所处的情况比通过法律行为实施处分时更为不利,因为通过法律行为向 G 出质随着条件成就根据第 161 条第 1 款第 1 句不生效力。但是,由于债权人通过强制执行(包括支付不能时的总体执行)取得的地位不能比债务人通过法律行为为他们取得的地位更有利,第 161 条第 1 款第 2 句使通过法律行为的中间处分等同于通过强制执行、假扣押执行或者通过破产管理人的处分。[42] 因此,扣押随着条件的成就而不生效力,K 取得无负担的所有权。

1277

② 在**第 161 条**中,法律赋予附条件的权利人损害赔偿请求权的情况是,附条件转让的物,或者附条件设立或者转让的权利在效力待定期间被前权利人有过失地损害或者破坏。在法律行为实施和条件成就之间的期间,在附条件的取得行为的当事人之间成立债之关系,基于该债之关

1278

---

[42] 参见 BGH WM 2004, 752, 753;详见 Behrendt(Rdnr. 1247), passim。

系，在条件成就时失去权利的一方负担义务，即须顾及对方的利益，特别是不能损害或者破坏预先计划的取得。该法律关系在附条件的处分中具有法定属性[43]，在附条件的负担中具有法律行为上的属性。[44] 如果违反了从中得出的保护义务且有过错，则附条件的权利人有损害赔偿请求权。这同样依赖于在附条件的取得行为中约定的条件之成就。因为此前附条件的权利人没有损失。但是，基于债之关系，在条件成就之前可以通过给付之诉或者(预防性的)不作为之诉采取措施。此外，附条件的权利人的取得利益可以通过暂时性法律保护得到保护。[45]

范例

1279　　V 将他的私家车在保留所有权的情况下卖与 K。在效力待定期间，V 再次借用了该私家车，在用车期间因轻微过失引起严重事故。此时，如果 K 支付了该私家车的最后一期价款，V 必须根据第 160 条第 1 款向 K 给付损害赔偿。

1280　　如果 V 不是将私家车卖给 K，而是出于附条件赠与允诺而负担转让所有权的义务，则只有在他因重大过失或者故意引起事故的情况下，才负担损害赔偿义务。此外，满足第 160 条第 1 款的条件。在过错方面，在该条款中适用与不附条件设立的主义务和从义务相同的标准[46]，故应当考虑第 521 条。

1281　　正如从上述所知，附条件的权利人通过第 160 条、第 161 条受到较强的保护。这一法律地位被概括在**期待权**(Anwartschaftsrecht)的概念中。[47] 期待权的定义是，在诸多取得要件中已经满足很多要件，以至于

---

[43] 全部否定的，参见 Meier, RabelsZ 76 (2012), 732 ff.。
[44] Flume[4], § 40, 2 c; Staudinger–Bork[2015] § 160 Rdnr. 1 f.
[45] Flume[4], § 39, 4; Soergel–Wolf[13] § 160 Rdnr. 5 f.; Staudinger–Bork[2015] § 160 Rdnr. 5.
[46] Flume[4], § 40, 2; Soergel–Wolf[13] § 160 Rdnr. 4; Staudinger–Bork[2015] § 160 Rdnr. 9.
[47] 关于期待权的细节在物权法的文献中论述。在此处只参见 Staudinger–Bork[2015] Vorbem. zu §§ 158 ff. Rdnr. 53 ff. 在边码 1 之前附全面的文献一览表。

可以判断取得人的法律地位得到保障,转让人不能单方破坏该法律地位。但在以下情况中,期待权成立的前提条件尤为缺失:条件成就还依赖于转让人的行为,或者转让人还可以通过单方面消灭已经成就的条件(比如,撤回只有他提出的在土地簿中登记的申请)来阻碍权利取得的完成。在这些情况中不存在期待权,而是所谓的期待,它不关乎特殊的法律地位。在此取得人只有债权上的取得请求权,以及或多或少切合实际的最终得以实现的希望。

反之,如果满足期待权的前提条件,则附条件的权利人获得一项独立的法律地位,它一方面区别于债权上的取得请求权(比如,所有权转让请求权),另一方面区别于物权上的完全权利(比如,所有权)。它是**物权的预备阶段**(Vorstufe zum dinglichen Recht),但是作为所有权的"同质弱化(wesensgleiches minus)"极大范围地服从于完全物权的规定。这意味着,比如,期待权可以像完全权利那样转让或者设立负担,且服从于与完全权利相同的强制执行规则(比如,有权根据《民事诉讼法》第771条提起第三人异议之诉[48],或者在不动产被没收时落入责任财产,→边码1283)。此外,它所受的保护在本质上与完全权利相同。当然,保护主要从第161条得出,而不是从其"本质"得出或者从期待权的概念得出。只是第823条第1款和第1004条可以补充地类推适用。如果条件成就,期待权将期待权利人的权利增强为完全权利,在此,附于期待权而设立的权利根据物权上的替代原则类推第1287条继续附于完全权利而存在。

1282

范例

V将拖拉机在保留所有权的情况下卖给了农场主K。基于K的债权人G的诉请,K所有的院落不动产被命令强制拍卖。根据《强制拍卖法》第20条第2款、《民法典》第1120条,不动产的没收也包括属于债务人自己的附属物,拖拉机是附属物(《民法典》第98条第2项),但不属于债务人,因为它的所有权属于V。但是K的期待权是债

1283

---

[48] BGHZ 55, 20, 28.

务人自己的。因此,没收不动产将其包括在内。[49] 故根据《强制拍卖法》第 90 条、第 55 条,随着拍卖成交,拖拉机转让给不动产的购买人。随着条件成就,该购买人成为拖拉机的所有权人。

三、期限

1284　期限在概念上是指,法律效果的产生根据法律行为的内容,依赖的并非不确定的未来事件,而是确定的未来事件。通常该事件是确定的开始期日或者结束期日,即具体指定的日期("2015 年 12 月 31 日"),或者可以通过指定的期间来计算的日期("3 个月")。但若其他事件——比如,去世的日期——确定必然发生,仅仅不确定何时会发生(→边码 1255),这也是合适的事件。对期限的适法性参照适用关于条件适法性的详尽解释:不得附条件的法律行为也不得附期限。[50]

1285　要将附延缓期限的债权和过期债权(betagter Forderung)**相区别**(abzugrenzen):后者立即产生,只是尚未到期,前者直至附期限的事件成就时才产生。区别主要影响的是,债权是否可以提前履行,对于过期债权得到肯定回答(第 271 条第 2 款、第 813 条第 2 款),对于附延缓期限的债权则是否定回答。[51]

1286　在期限的**法律效果**(Rechtsfolgen)方面,第 163 条规定,第 158 条、第 160 条、第 161 条的规定参照适用。这对延缓期限意味着,法律行为受约束地订立,但是随着事件的成就才产生法律效果。直至该时间点之前都处于效力待定状态,在此期间附期限的权利人根据第 160 条、第 161 条受

---

[49] BGHZ 35, 85, 87 ff.; Vgl.auch BGHZ 117, 200, 205 ff.
[50] Erman-Armbrüster[14] § 163 Rdnr. 1; MünchKomm-H. P. Westermann[6] § 163 Rdnr. 5; Soergel-Wolf[13] § 163 Rdnr. 10; Staudinger-Bork[2015] § 163 Rdnr. 9; 也参见 BGHZ 52, 269, 271 f.; 不同观点,参见 RGRK-Steffen[12] § 163 Rdnr. 3 (仅对明确的法定禁止)。
[51] 赞同的观点,参见 Wolf/Neuner[10], § 53 Rdnr. 6 gegen Flume[4], § 41, 拒绝对两个制度进行区分——关于《支付不能法》的暗示,见 BGHZ 182, 264 Rdnr. 10; 167, 363 Rdnr. 6; BGH ZIP 2013, 1082 Rdnr. 28; 2010, 335 Rdnr. 20 附其他证明;详见 Muthorst, ZIP 2009, 1794 ff.。

保护(→边码1268以下、1272以下)。如果法律行为附解除期限,则法律效果随事件而终止。重新取得权利的权利人同样根据第160条和161条受保护(→边码1263以下、1272以下)。在第163条中未参引第159条,但是这并不能推测出"物上的"溯及力,立法者没有特别的意图。当然,不能阻止当事人约定债权上的溯及关系(→边码1265)。同样也没有参引第162条(→边码1264)。因为只要关乎的是特定日期的期限,这就是正确的,任何人既不能违反忠诚义务促使日期发生,也不能违反忠诚义务阻碍其发生。然而不同的是,那些仅发生的事实是确定的,但具体发生日期不确定的期限。比如,如果法律关系以人的死亡为延缓期限(→边码1256),从法律行为生效中获得利益的人可以违反忠诚义务促使事件发生[52],那么就类推适用第162条第2款。[53]

---

[52] 参见BGH NJW 1968, 2051 f.;前位继承人被后位继承人杀害。
[53] Jauernig-Mansel[15] § 163 Rdnr. 1; MünchKomm-H. P. Westermann[6] § 163 Rdnr. 6; So-ergel-Wolf[13] § 163 Rdnr. 9; Staudinger-Bork[2015] § 163 Rdnr. 7;通过第242条进行区分的观点,参见Erman-Armbrüster[14] § 163 Rdnr. 3——不同观点,参见RGRK-Steffen[12] § 163 Rdnr. 1。

第十一部分

代理

第三十章 导论

Adomeit, Heteronome Gestaltungen im Zivilrecht?, FS H. Kelsen, 1971, 9; Bauer, Die 1287 Entwicklung des Rechtsinstituts der freien gewillkürten Stellvertretung seit dem Abschluß der Rezeption in Deutschland bis zur Kodifikation des BGB, Diss. Erlangen 1963; Bettermann, Vom stellvertretenden Handeln, Diss. Gießen 1937 (Neudruck 1964); Beuthien, Zur Theorie der Stellvertretung im Bürgerlichen Recht, in: FS D. Medicus,1999, 1; ders., Zur Theorie der Stellvertretung im Gesellschaftsrecht, in: FS W. Zöllner, 1998, 87; Buchka, Die Lehre von der Stellvertretung bei der Eingehung von Verträgen, 1852; Derpa, Die Zurechnung nichtrechtsgeschäftlichen Handelns bei Vertretung kraft Amtes, 1973; Dölle, Neutrales Handeln im Privatrecht, FS F. Schulz II, 1951, 268; Everding, Die dogmengeschichtliche Entwicklung der Stellvertretung im 19. Jahrhundert, Diss. Münster 1951; Förster, Stellvertretung-Grundstruktur und neuere Entwicklungen, Jura 2010, 351; Fränkel, Die Grundsätze der Stellvertretung bei den Scholastikern, ZVgl-RW 27 (1912), 289; Frese, Zur gemeinrechtlichen Lehre von der beauftragten Vermögensverwaltung und Willensvertretung, 1889; Frotz, Verkehrsschutz im Vertretungsrecht, 1972; Giesen-Hegermann, Die Stellvertretung, Jura 1991, 357; Hellmann, Die Stellvertretung in Rechtsgeschäften, 1882; Hitzemann, Stellvertretung beim sozialtypischen Verhalten, 1966; Hoffmann, Grundfälle zum Recht der Stellvertretung, JuS 1970, 179/234/286/451/570; Holländer, Die gewillkürte Stellvertretung, Diss. Leipzig 1910; T. Honsell, Die Besonderheiten der handelsrechtlichen Stellvertretung, JA 1984, 17; G. Hueck, Bote-Stellvertreter im Willen-Stellvertreter in der Erklärung, AcP 152 (1952/53), 432; Jhering, Mitwirkung für fremde Rechtsgeschäfte, Jher-Jb. 1 (1857), 273; 2 (1858), 67; Isay, Die Geschäftsführung nach dem Bürgerlichen Gesetzbuche für das Deutsche Reich, 1900; Jahr, Fremdzurechnung bei Verwaltergeschäften, FS F. Weber, 1975, 275; Klinck, Stellvertretung im Besitzerwerb, AcP 205 (2005), 487; Körnig, Tatsächliche Vertretung, Diss. Münster 1937; Laband, Die Stellvertretung bei dem

Abschluß von Rechtsgeschäften nach dem ADHGB, ZHR 10 (1866), 183; Lenel, Stellvertretung und Vollmacht, JherJb. 36 (1896), 1; Leonhard, Vertretung und Fremdwirkung, JherJb. 86 (1936/37), 1; Lorenz, Grundwissen Zivilrecht: Stellvertretung, JuS 2010, 382; Lüderitz, Prinzipien des Vertretungsrechts, JuS 1976, 765; Mitteis, Die Lehre von der Stellvertretung, 1885 (Neudruck 1962); Mock, Grundfälle zum Stellvertretungsrecht, JuS 2008, 309/391/486; Monhemius, Grundprinzipien der Stellvertretung mit Bezügen zum Handels- und Gesellschaftsrecht, JA 1998, 378; U. Müller, Die Entwicklung der direkten Stellvertretung und des Vertrages zugunsten Dritter, 1969; Müller-Freienfels, Die Vertretung beim Rechtsgeschäft, 1955; ders., Stellvertretungsregeln in Einheit und Vielfalt, 1982; ders., „Haftungsvertreter" und Stellvertreter, FS H. Hübner, 1984, 627; Pikart, Die Rechtsprechung des Bundesgerichtshofs zur rechtsgeschäftlichen Stellvertretung, WM 1959, 338; Rosenberg, Stellvertretung im Prozeß, 1908; Schlossmann, Die Lehre von der Stellvertretung, insbesondere bei obligatorischen Verträgen, 2. Bde., 1900/1902 (Neudruck 1970); ders., Organ und Stellvertreter, JherJb. 44 (1902), 289; P. Schwerdtner, Rechtsgeschäftliches Handeln in Vertretung eines anderen, Jura 1979, 51/107/163/219; Siebenhaar, Vertreter des Vertreters?, AcP 162 (1963), 354; H. J. Wolff, Organschaft und juristische Person, Bd. 2: Theorie der Vertretung, 1934 (Neudruck 1968).

一、基础

（一）重点

1288　　《民法典》在第164条至第181条规定了代理权。之所以对此规定有**需求**（Bedarf），是因为并非任何人都能或者都愿意自行完成自己的所有事务。有些法律主体根本不能自己实施生效力的行为，因此需要代理人。这对自然人和法人同样适用（→边码970）。可以自己实施生效力的行为的人，通常也不愿意或者不能亲自完成所有的事务，想想因为缺席或生病而产生的阻碍的情况，或者企业——通常不是由企业主独自代表，而是根据分工,由众多工作人员代表。

总则的第三章只讨论法律行为,因此第 164 条以下的条款也只针对**法律行为上的**(rechtsgeschäftlich)行动领域,满足本人让他人代为实施有约束性的行为这一需求。这里规定的是意思表示的归责。因为通过法律行为设立的权利和义务并非归属于表示人(代理人),而是归属于被代理人(→边码 1293)。对其他行为的归责,比如侵害,则在其他章节讨论(主要参见第 31 条、第 278 条,以及边码 1301、1321 以下)。 1289

范例

某家禽养殖场场主 V 派他的司机 S 上门收购鸡蛋和家禽。买卖合同在顾客 K 和 V 之间成立,因为司机 S 的意思表示根据第 164 条第 1 款第 1 句归属于 V。如果司机 S 在合同订立后将蛋箱打翻在顾客的新地毯上,则 V 应根据第 280 条承担积极的违约责任,因为司机 S 的侵害行为根据第 278 条归责于 V。 1290

(二) 参与者之利益

法律必须正确处理参与者的利益,概述如下:首先,对被代理人而言,因为他不能或者不想自己行动(→边码 1288),所以他存在应当承认的由代理人介入的需求。因此,他有将代理人发出的或接受的意思表示归责于他的利益。但与此同时,他的利益也在于,代理人遵守法律或者法律行为预先规定的界限。交易相对人首先想知道的是,意思表示人是为他自己而行动,还是作为代理人为他人而行动。此外,被代理人的利益还在于,通过代理人的意思表示,实际地取得权利并负担义务。另外,被代理人必须受保护的情况还包括,某人以他人代理人的身份出现,尽管该人对此根本无权。其次,代理人不希望他的意思表示的法律效果与自己相关,他的利益在于,权利和义务仅发生在被代理人和合同相对人之间。[1] 1291

---

[1] 此外,代理人还希望他为此支出的费用得到补偿;对此,参见边码 1688。

最后,也要考虑公众的利益,比如,某些特定的意思表示仅可由相关人自己作出。

(三) 前提条件概述

1292　在上述背景下,《民法典》第 164 条第 1 款第 1 句将代理生效力与以下前提条件关联:

——代理必须适法。代理原则上被第 164 条所许可,但存在例外,特别是在具有高度身份性的法律行为中(→边码 1334 以下)。

——代理人必须发出自己的意思表示。如果他只是转达其委托人的意思表示,则他不是代理人,而是传达人(→边码 1294 以及边码 1343 以下)。

——代理人必须以他人名义发出意思表示。对交易相对人而言,必须明确的是,法律行为的法律效果不应当与代理人相关(→边码 1301 以及边码 1378 以下)。

——代理人必须有代理权而行动。只有这样,意思表示的效力才为被代理人且对被代理人产生(→边码 1307 以及边码 1425 以下)。

(四) 法律效果概述

1293　代理的法律效果,根据代理人是否有代理权而行动,可分为:

——如果代理人在授予他的代理权框架内发出意思表示,则根据第 164 条第 1 款第 1 句,该意思表示的法律效果直接与被代理人相关(→边码 1425)。

——如果代理人没有代理权,则合同效力待定。被代理人可以根据第 177 条追认合同,如果他不追认,无代理权的代理人根据第 179 条对交易相对人承担履行或者损害赔偿责任(→边码 1602)。反之,无权代理的单方法律行为原则上不生效力(第 180 条;→边码 1614)。

(五) 教义学基础

1294　为了深入理解代理权,要回答的问题是,谁在代理中是起决定性作用的行为人,即谁实施了法律行为,而该行为的法律效果与被代理人关联。[2]《民法典》第164条第1款第1句以**代表理论**(Repräsentationstheorie)为基础[3],只将代理人视为起决定性作用的人,因此,发出的意思表示的效力仅根据代理人确定,比如,行为能力或者可能发生的意思瑕疵原则上根据代理人判断(目前仅参见第166条第1款以及边码1365以下)。对被代理人的约束来自《民法典》第164条第1款第1句:在法定代理权中,代理人的意思表示是为了被代理人,也对被代理人产生效力,因为法律规定如此;在通过法律行为授予的代理权中,因为法律接受被代理人有此意思。[4]

反之,**交易控制人理论**(Geschäftsherrentheorie)的基础是,在法律上被代理人被视为行为人,由他形成法律上重要的意思,代理人只是作为他的"机关"、意思承载人或者表示辅助人出现。[5] 基于该理论,对意思表示的效力而言,关键的是作为交易控制人的被代理人。该理论与现行法律体系不一致,比如,第166条第1款明确规定,应以代理人个人为准,被代理人则无关紧要。 1295

传达理论(vermittelnde Theorie)也面临相同的情况,该理论将代理人的行为(缔结法律行为)和被代理人的行为(授予代理权)强调为"法律行为的总要件",认为应对其进行统一评价。代理人和被代理人共同作为法律行为的实施者。其后果是,对生效力的前提条件而言,也必须部分根据代理人确定,部分根据被代理人确定。[6] 然而,该理论在立法过程中被 1296

---

[2] 详见 Flume⁴, § 43, 2/3; Soergel-Leptien¹³ Vor § 164 Rdnr. 10 ff.。

[3] 持该观点的,主要是 Windscheid, Lehrbuch des Pandektenrechts, I⁷, 1891, § 73。

[4] 因此,尽管 Müller-Freienfels (Die Vertretung beim Rechtsgeschäft, 1955, 202 ff.) 提出疑问,代理制度仍然与私人自治原则一致;参见 Flume⁴, § 43, 3; MünchKomm-Schramm⁶ Vor § 164 Rdnr. 68; Wolf/Neuner¹⁰, § 49 Rdnr. 35。

[5] 此观点萌芽于 v. Savigny, Obligationenrecht, 1853, II, § 57; 现在持此观点的, 还有 Beuthien, FS Medicus (Rdnr. 1287), 4 ff.。

[6] Vgl. etwa Mitteis, Die Lehre von der Stellvertretung, 1885, 109 ff.; MünchKomm-Schramm⁶ Vor § 164 Rdnr. 68; Müller-Freienfels, Die Vertretung beim Rechtsgeschäft, 1955, 202 ff.; Siebenhaar, AcP 162 (1963), 354 ff.; Thiele, Die Zustimmung in der Lehre vom Rechtsgeschäft, 1966, 243 ff.

明确否定了[7],在法定代理权(此时被代理人根本没有行动)中不起作用,并且它忽视了无代理权的代理人的行动也构成完整的(即使在某些情况下为了保护被代理人而不生效力)法律行为要件。因此,本书在结论上赞同代表理论,它也是立法所采纳的理论基础。

二、简要区别

1297　无论是在法律行为上的法律交往(Rechtsverkehr),还是在非法律行为上的法律交往,即纯粹的事实交往中,都会通过完全不同的方式指定辅助人。此时并非总是关乎代理人,因此,应当在法律效果方面追问,如何区分代理行为与相似的行为。

(一)代理与事实行为

1298　辅助人不仅被委以发出意思表示,而且被委以(或者只是被委以)**实施纯粹的实际行为**(rein tatsächliches Verhalten)。

范例

1299　　一位漆匠学徒为其雇主在顾客处刷窗户。在此情况下,他根本没有发出意思表示。

1300　　禽类养殖场主V的司机S卖鸡蛋(→边码1290)。在此情况下,除了发出意思表示,还存在纯粹的实际行为。S作为代理人,作出对物权合意必要的意思表示,同时交付标的物,通过此种方式,S根据第929条第1句而为出卖人即所有权人V转让鸡蛋的所有权。这里的交付就不是意思表示。在此范围内,辅助人不是代理人(因为只有在意思表示的领域内才存在代理)。毋宁说S通过事实行为为V转移占有。[8]

---

[7] Prot., 288 ff.=Mugdan I, 738 ff.

[8] 如果辅助人自己直接占有,所有权人只间接占有或者根本未占有,则辅助人将基于所有权人的指示把自己的占有转移给取得人,即第854条意义上的实际控制;参见BGH NJW 1986, 1166, 1167。如果辅助人只是占有辅助人(第855条),则他将转移所有权人的占有;参见RGZ 137, 23, 25。

基于买卖合同,所有权人有义务转让所有权并设法使取得人获得占有(第433条第1款第1句)。在履行时,辅助人被指定为履行辅助人(Erfüllungsgehilfe),此时只有在发出意思表示时他才作为代理人而行动。

辅助人的实际行为也可以归责于他的指定人(→边码1290)。这以归责规范(Zurechnungsnorm),即命令某人必须将他人行为归责为自己行为的条款(→边码1321以下)为前提条件。第31条属于此类归责规范,它在实质上规定协会必须将其理事会成员的(侵害)行为归责为协会自己的行为,亦即代表人的侵害行为在法律上是法人的侵害行为。第278条也是归责规范,在该条款中,债务人并非自己履行义务,而是通过辅助人履行,履行辅助人有过错的错误行为被归责于债务人。反之,第831条不是归责规范,根据该规定,交易控制人为他的事务辅助人(Verrichtungsgehilfe)引发的损害承担责任。该责任的基础并非辅助人的损害行为被归责于交易控制人;交易控制人承担责任是因为他没有恰当地选择、指导、装备、监督辅助人,他为自己的行为,而不是为他人的行为承担责任。 1301

范例

如果边码1299中提及的漆匠学徒将一个颜料桶碰倒了,那么这发生在合同履行框架内,因此是在受损人和交易控制人之间的债权特别关系的框架内。在此,履行辅助人的有过错的错误行为根据第278条第1句被归责于交易控制人。除此之外,漆匠学徒是第831条意义上的事务辅助人。如果在漆匠工作时涂料溢出,溅到一个行人身上,情况则不同。此时受损人和交易控制人之间不存在特别关系。对于受损人,辅助人并非为了履行交易控制人的债之义务而行动,他不是履行辅助人,而是事务辅助人。因此,交易控制人只在第831条的前提条件下向受损人承担责任。[9] 1302

[9] 一方面,参见BGH NJW 1971, 31, 32, 另一方面, 参见BGHZ 1, 388, 390。

1303　第 855 条提及的**占有辅助人**（Besitzdiener）也属于此类情况。他为对自己发出指示的他人行使对物的实际控制。根据第 854 条，对物有实际控制者是占有人。尽管如此，《民法典》还是在第 855 条中规定，虽然占有辅助人行使实际控制权，他人不行使实际控制权，但他人仍然是占有人。占有辅助人的物之控制，基于指示权被归责于"幕后者"。如果占有辅助人取得对物的直接控制，则实际占有人是他人。此时占有辅助人并非作为代理人行动，因为取得对拥有物的实际控制并非法律行为。[10]

（二）代理与中介

1304　辅助人经常只在合同磋商阶段介入，并非在合同订立时介入。这样的辅助人没有为合同当事人发出意思表示。他们通常将供应方与需求方介绍给彼此，初步商谈合同内容的具体细节，或者为了一方而与另一方协商可以签订的合同文本，这只是为当事人订立合同作准备。比如，居间人（参见第 652 条第 1 款第 1 句）、商事居间人（参见《商法典》第 93 条）和商事代理人（当然，他们在中介之外也可以被委任作为代理人订立合同；参见《商法典》第 84 条第 1 款第 1 句情况 2）。

（三）代理与使者

1305　代理的特点是，辅助人发出自己的意思表示（→边码 1292）。相反，使者只是转达交易控制人的意思表示，他没有表达自己的法律效果之意思，只是转述他人（口头的或书面的）意思表示（关于具体情况，参见边码 1344 以下）。然而，代理与使者的共同之处是，意思表示直接对交易控制人产生法律效果。

---

[10] 仅参见 Flume[4], § 43, 1; Medicus[10], Rdnr. 895; 不同的（准法律行为的）观点，参见 Klinck, AcP 205 (2005), 487 ff.——关于法律行为中事实行为与代理的同时发生，参见边码 1300。

(四)间接代理

> Börner, Offene und verdeckte Stellvertretung und Verfügung, FS H. Hübner, 1984, 409; Erzbach, Die Grundsätze der mittelbaren Stellvertretung aus der Interessenlage entwickelt, 1905; Gerhardt, Von Strohfrauen und Strohmännern, FS G. Lüke, 1997, 121; Gremmels, Treuhand und mittelbare Stellvertretung, Diss. Göttingen 1936; Grzibek, Direkte Rechtsbeziehungen bei der verdeckten Stellvertretung, 2004; G. Hager, Die Prinzipien der mittelbaren Stellvertretung, AcP 180 (1980), 239; Klein, Der Strohmann im Privatrecht, Diss. Hamburg 1937; E. Müller, Zur Reform der herrschenden Lehre von der mittelbaren Stellvertretung, DJZ 1906, 164; Neubecker, Beiträge zur Lehre von der mittelbaren Stellvertretung, GrünhutsZ 36 (1909), 31; Ohr, Zur Anerkennung der verdeckten Stellvertretung in der Rechtsprechung des Reichsgerichts, AcP 150 (1949), 525; Schless, Mittelbare Stellvertretung und Treuhand, 1931; Schwark, Rechtsprobleme bei der mittelbaren Stellvertretung, JuS 1980, 777; Wäscher, Die verdeckte Stellvertretung mit unmittelbarer Fremdwirkung, Diss. Köln 1956; Wacke, Die adjektizischen Klagen im Überblick, SavZ Rom. Abt.124 (1994), 280; Wassner, Inhaber und Strohmann beim Einzelunternehmen, ZGR 1973, 427; Wesenberg, Zur Behandlung des Satzes Alteri stipulari nemo potest durch die Glossatoren, FS F. Schulz, Ⅱ, 1951, 259; M. Wolf, Der mittelbare Stellvertreter als nichtberechtigt Verfügender, JZ 1968, 414.

1306

代理人以他人名义发出意思表示(→边码1292),借此对外表达的是,他的意思表示的法律效果应当归属于被代理人,被代理人是合同当事人,被代理人的法律状态受影响。代理人则以他人名义且为他人利益("为他人打算")而行动。在所谓的间接代理中则不同。在间接代理中,某人也并非为自己利益,而是为他人利益行动,但是他**以自己的名义**(im eigenen Namen)出现[11],因此他自己享有权利并负担义务。因此,

1307

---

[11] 行为人是否想以自己的名义行动并不重要。合同相对人(意思表示受领人)的信赖受保护,即表示人自己享有权利并负担义务,他以自己名义作出的意思表示的法律效果应当归属于他(边码1416以下)。

"间接代理"这一概念具有误导性。间接代理人是否可以在经济上将自己的行为的效果转嫁给那个利益指向人,比如,是否可以要求利益指向人补偿他向买受人支付的价款,则是第二个问题(该问题通常根据第 670 条回答)。无论如何,出卖人只能将间接代理人而不是他的"幕后人"作为其合同相对人而与之交往。间接代理和直接代理的区别不在于所追求的经济结果(行为的利他性),而在于法律上的构造:间接代理人以自己的名义行动,意思表示的法律效果归属于他自己;直接代理人以他人名义行动,意思表示的法律效果归属于被代理人。

范例

1308　　V 欲出让他的私人收藏中的一幅画,为此,他委托了艺术商 S。D 在 S 的展厅中对这幅画感兴趣。现在,S 可以作为 V 的代理人,以 V 的名义将画卖给 D,并转让所有权(直接代理)。因此,V 和 D 之间成立债权合同和物权合同(第 164 条第 1 款第 1 句)。反之,如果 V 不希望自己出现,S 也可以以他自己的名义(虽然在经济上为了 V 的利益)将画卖给 D(间接代理)。在此情况下,合同在 S 和 D 之间成立。V 不可以向 D 主张买卖价款,而是——根据第 662/675 条、第 667 条——只能向 S 主张。S 根据第 929 条第 1 句、第 185 条向 D 转让所有权。是否存在直接代理或间接代理,对以下问题很重要:D 应当向谁主张瑕疵担保权;如果 D 不支付价款,谁可以起诉 D 要求支付买卖价款;谁的债权人可以扣押对 D 的买卖价款请求权。

1309　　间接代理在《民法典》(Bürgerliches Gesetzbuch) 中未被专门予以规定,第 164 条以下条款仅规定了直接代理。[12] 这是值得注意的,因为罗马法中没有直接代理。[13] 意思表示的法律效果总是归属于表示人,万不

---

〔12〕 相关论证参见 Mot. I, 223 = Mugdan I, 476: 这是行为人自己的交易;没有必要通过法律规定使法律效果过渡给幕后人。

〔13〕 以下主要参见 Flume[4], § 43, 2; Hübner[2], Rdnr. 1168; Soergel-Leptien[13] Vor § 164 Rdnr. 6 ff.; Staudinger-Schilken[2014] Vorbem. zu § § 164 ff. Rdnr. 3 ff.。

得已时可以借助"附加之诉(adjektizische Klage)"对被代理人主张意思表示的法律效果。[14] 在德国法中,代理制度在18世纪才得到承认。在民法典审议阶段,关于这一点——与其说是其实践必要性,不如说是其教义学解释——仍存争议,至今仍有分歧(→边码1294以下)。

然而,《商法典》在第383条以下的行纪行为中,规定了间接代理在实践中的重要情况。根据《商法典》第383条的定义,行纪人是职业性地以自己的名义为他人(委托人)之利益买卖商品和有价证券的人。如果以自己的名义为他人之利益买卖其他标的(例如,不动产或者专利),或者商人并非职业性而只是偶然性地实施此类交易,那么根据《商法典》第406条,这也是行纪行为。关键的是,以自己的名义为他人之利益订立买卖合同。因此它关乎的是间接代理的情况。买卖合同在行纪人与买受人(在出卖行纪中)之间或者在行纪人与出卖人(在购买行纪中)之间成立,行纪人必须向委托人交出合同相对人的对待给付,或者——在对待给付未提供的情况下——通过债权让与转让对待给付请求权(《商法典》第384条第2款第2半句)。在此之前,委托人对行纪人的合同相对人没有请求权(《商法典》第392条第1款),因为通过行纪人的意思表示,没有在委托人和第三人之间成立法律关系。然而,间接代理的法律效果只归于代理人,不归于"幕后人"的基本原则在第392条第2款中被突破。为了保护委托人的债权人,该条款规定,只要关乎的是委托人对行纪人的关系,或者关乎委托人对行纪人的债权人的关系,即使没有债权让与,行纪人对第三人的请求权也被视为委托人的请求权。如果行纪人的债权人扣押行纪行为中的债权,那么委托人可以根据《民事诉讼法》第771条提起第三人异议之诉,虽然他尚未成为债权的持有人。

1310

---

[14] 在罗马法中适用"alteri stipulari nemo potest"原则(任何人不得为法人允诺;D 45, 1, 38, 17)。只有家子(Hauskinder)和奴隶,他们因为服从强权,自己不能是所有权人,而是为其主人(dominus, pater familias)行动,物权法律效果直接归属于主人。反之,他们自己负担义务。但是借助附加之诉可以在特定条件下要求权利持有人承担附加责任。具体参见 Kaser, Römisches Privatrecht, Bd. I, 2. Aufl. 1971, §§ 62, 141; Bd. II, 2. Aufl. 1975, § 204; Wacke, SavZ Rom. Abt. 124 (1994), 280。

(五)利他合同

1311 在利他合同中,允诺人和允诺受领人之间订立合同,受益第三人从合同中直接取得自己的请求权(第328条第1款)。该制度与直接代理的共同之处是,第三人直接享有权利;与间接代理的共同之处是,合同当事人以自己的名义行动。该共同点只是表面的性质,利他合同不是间接代理的表现形式,而是独立的法律制度。与直接代理不同的是,受益第三人自己不是合同当事人,他只有权利,而不负担义务,也没有参与合同的订立。[15]

(六)信托

1312 Assfalg, Die Behandlung von Treugut im Konkurse des Treuhänders, 1960; Bitter, Rechtsträgerschaft für fremde Rechnung: Außenrecht der Verwaltungstreuhand, 2006; Blaurock, Unterbeteiligung und Treuhand an Gesellschaftsanteilen, 1981; Coing, Die Treuhand kraft privaten Rechtsgeschäfts, 1973; Eden, Treuhandschaft an Unternehmen und Unternehmensanteilen, 1981; Fischbach, Treuhänder und Treuhandgeschäfte, 1912; Gremmels, Treuhand und mittelbare Stellvertretung, Diss. Göttingen 1936; Grundmann, Der Treuhandvertrag, 1997; Hartisch, Vertretung und Treuhand im Steuerrecht, Diss. Münster 1962; Hengstberger, Stellvertretung und Treuhand im BGB, 1912; Hirschberger, Die Doppeltreuhand in der Insolvenz und Zwangsvollstreckung, 2005; Kötz, Trust und Treuhand, 1963; v. Kries, Die Rechtsstellung des Erwerbers bei treuwidrigen Verfügungen eines Treuhänders, Diss. Freiburg 1965; Lammel, Die Haftung des Treuhänders aus Verwaltungsgeschäften, 1972; Liebich/Mathews, Treuhand und Treuhänder in Recht und Wirtschaft, 2. Aufl. 1983; Ludewig, Die Ermächtigung, 1922; Michael, Öffentliche Treuhand, 1948; Oertmann, Die Fiduzia, 1890; Schless, Mittelbare Stellvertretung und Treuhand, 1931; Schmelzeisen, Das Treupfand, 1936; Siebert, Das rechtsgeschäftliche Treuhandverhältnis, 2. Aufl. 1959; Walter, Das Unmittelbarkeitsprinzip bei der fiduziarischen Treuhand, 1974; Weckerle, Treugeberrechte bei Insolvenz des Treuhänders, 1971.

[15] Vgl. nur Flume[4], § 43, 6; Müller-Freienfels, Die Vertretung beim Rechtsgeschäft, 1955, 26.

信托在法律上没有明确的定义,在概念上也没有准确的表述。[16] 它 1313
的特点是,某人(受托人)为了他人(委托人),根据特别约定(信托协议)行
使对委托人财产价值(信托物)的法律上的权力。此类协议的**目的**(Zweck)
在于,受托人应当为委托人管理财产价值(管理信托),或者在于,受托人应
当通过信托交易获得担保(担保信托)。管理信托主要是为委托人的利
益,是他益的。反之,担保信托主要是为受托人的利益,是自益的。

范例

G 出于税收原因作为有限责任股东参与两合公司,该公司经营 1314
私立医院。G 只对营利分配和损失分配感兴趣,不想关心其他具体
情况,因此他委托 T 作为信托受托人实施股东权利(管理信托)。[17]

S 在 B 银行取得信贷。为了担保而将顾客的债权转让给银 1315
行,在贷款偿还后,银行应当将该债权再回转给 S(担保信托)。

法律上可以存在多种形式的**架构可能性**(Gestaltungsmöglichkeiten)。 1316
信托物的所有权可以仍然属于委托人,如果受托人在此情况下对外行
动,那么他根据代理权以他人的名义作为直接代理人处分信托物(代理权
信托),[18]或者根据第 185 条的授权(→边码 1713),以自己的名义作为间
接代理人处分信托物(授权信托)。通常的情况是,信托委托人将信托物
转移给受托人(交与可信任者)(基于信用的信托),而由受托人作为权利
持有人,以自己的名义处分。此时,根据第 137 条(→边码 1147),他只在
内部关系中受信托协议约束,即仅在债权上受委托人的利益和意思约束。
因此,受托人是法律上的所有权人。因为委托人可以通过债权上对受托
人的约束继续对物实施影响,财产标的无论如何都可以在经济上归属于
他,委托人通常被称为"经济上的所有权人"。

---

[16] Vgl. Gernhuber, JuS 1988, 355——关于信托,详见 Hübner[2], Rdnr. 1189 ff.; Soergel-Leptien[13] Vor § 164 Rdnr. 58 ff. 附其他证明。

[17] Vgl. BGH BB 1987,1275.

[18] 对该类型的批评,参见 Soergel-Leptien[13] Vor § 164 Rdnr. 73。

范例[19]

1317 律师T保管托管账户上的钱,这些钱由第三人为委托人G存入该账户。当T的债权人扣押该账户时,G根据《民事诉讼法》第771条提起了第三人异议之诉。账户是对银行的债权,在法律上属于T的财产,因此原则上承受T的债权人的审阅权。然而,它在经济上关乎的是G的钱,T只是为他进行信托管理。因此G有《民事诉讼法》第771条意义上的"阻碍转让的权利"。虽然T可以对该债权实施法律上的处分,但是在与G的内部关系中不可以。因此这样的处分对G而言是对其权利领域的违法性侵犯。G因此可以——比如,通过临时禁令——防止T违反指示而处分账户。[20]

(七)台前人

1318 台前人(Strohmann)是在法律交往中被推至前台的人。他以自己的名义,但为他人之利益而行动,因此他基于其实施的法律行为自己享有权利并负担义务。[21] 这使台前人与利他的受托人和间接代理人相关联。不同之处在于,一方面,在台前人关系中,他与幕后人的内部关系对外通常保密,而在信托和间接代理中可以被公开。另一方面,最重要的不同之处在于目的,幕后人设置台前人通常是因为他想在法律交往中使人产生错觉,或者他想通过这种方式实现他本人不能实现的法律效果,可能是他不满足请求权成立的要件特征,也可能是他想通过这种途径规避法定的或者约定的障碍。[22] 法律不能直接承认这种目的,因此在具体情况中总是要审查法定障碍或者约定障碍是否对台前人适用[23],或者是否可能存

---

[19] 根据 BGH NJW 1996, 1543。

[20] 关于《民事诉讼法》第771条意义上的"阻碍转让的权利"的理解,参见 BGHZ 55, 20, 26; Baur/Stürner/Bruns, Zwangsvollstreckungsrecht, Bd. I, 13. Aufl. 2006, Rdnr. 46.4。

[21] BGH WM 1964, 179; NJW 1982, 569, 570; OLG Koblenz VersR 1998, 200——关于第117条对比适用,参见边码803。

[22] Vgl. RG JW 1938, 2837; Wassner, ZGR 1973, 427 ff.

[23] 关于规避,参见边码1120。

在"穿透"至幕后人的情况。[24]

范例

  V没有为他的企业取得营业许可证,因此他将有营业许可证的S推至台前,S对外应当作为企业所有人出现。[25] 1319

  为了保证他们的收入不被债权人动用,V和他的妻子F作为他们的女儿S的法定代理人,以女儿的名义开立了一个银行账户。V通过该账户回收债权。S作为台前人是账户持有人,同时也是利他的信托受托人。[26] V的债权人无论如何都可以在满足《撤销法》第1条、第7条的条件下动用该账户。[27] 如果S的债权人动用该账户,V既不能提起第三人异议之诉(《民事诉讼法》第771条),也不能在S支付不能时行使取回权(《支付不能法》第47条)[28],因为根据当事人的意思,在法律交往中应当给人留下这些是S的财产的印象,S的债权人将该财产视为信用资料,其信赖应当受到保护。[29] 1320

三、归责原则[30]

  如边码1289所述,代理人发出的意思表示(第164条第1款)或者接受的意思表示(第164条第3款)直接归属于被代理人。在**要件方面**(Tatbestandsseite),代理人的意思表示归属于被代理人的结果是,在法律效果上,应当视为被代理人自己发出或者接受意思表示。这种情况被称为"归 1321

---

[24] 关于"穿透"的一般情况,参见边码1329。
[25] Vgl. BGH NJW-RR 2003, 1116 f.
[26] 台前人也可以是(隐藏的)信托受托人或者间接代理人;仅参见 Staudinger-Schilken[2014] Vorbem. zu § § 164 ff. Rdnr. 49。
[27] BGHZ 124, 298, 300 ff.; 进一步参见 Gerhardt, FS Lüke, 1997, 121 ff.: 如果确认了台前人性质,可以通过容忍之诉"穿透"。
[28] 关于《支付不能法》,参见 BGH WM 1964, 179。
[29] 参见 Uhlenbruck-Brinkmann, InsO[14], 2015, § 47 Rdnr. 82 附其他证明。
[30] 以下参见 Bork, ZGR 1994, 237 ff.; Medicus[10], Rdnr. 882 ff.。

责"。这是一种普遍的现象,值得我们进一步思考。

1322　　"归责"这一**概念**(Begriff)在法律上没有定义,但是它在法律用语中占有一席之地。我们主要在因果关系领域处理归责问题,即确定发生的事件能否"作为自己的行为"归属于法律主体这一问题。[31] 但是,我们的目光不能局限于此。[32] 在此之外形成一个统一的特征也并非易事。究其原因,其一,归责要件遍布在所有法律领域(比如,《民法典》第 31 条、《刑法典》第 14 条、《行政程序法》第 32 条第 1 款第 2 句);其二,可被归责的对象具有多样性[33](比如:行为,《民法典》第 31 条、第 164 条、第 278 条;认知,《民法典》第 166 条第 1 款;实际暴力,《民法典》第 855 条;份额,《股份法》第 16 条第 4 款;劳动者,《共同决定法》第 5 条)。如果我们不想仅针对个别规范来定义"归责",那么该定义必然是抽象的。

(一) 归责作为法律技术

1323　　首先要考虑的是,归责关乎**法律技术**(Rechtstechnik)。作为法律概念,归责仅对法律效果有意义。法律效果以法律要件的满足为前提,如果一个法律主体未能自己实现所有的法律要件,则不会发生法律效果(比如,一个人未订立买卖合同,就不会被主张支付买卖价款)。但是,如果通过其他途径实现的与要件有关的情况可以归责于该法律主体,则另当别论。"其他途径"一般是指:通过另一个法律主体[34](比如:根据第 164 条,经由代理人发出买卖合同的意思表示)。在这个过程中可能是,第二个法律主体自行将缺失的要件因素全部实现(前述例子就属此类),但也可能是,虽然第二个法律主体自己没有实现全部要件事实,但是两个法律

---

[31] Vgl. schon Kant, Metaphysik der Sitten, 1797, 31; 基于此的, Larenz, Hegels Zurechnungslehre und der Begriff der objektiven Zurechnung, 1927, 60。

[32] 其他观点,参见 Binder, Philosophie des Rechts, 1925, 722; krit. auch Canaris, Die Vertrauenshaftung im deutschen Privatrecht, 1971, 467 f.。

[33] 关于《民法典》的概述,参见 Medicus[10], Rdnr. 882 ff.。

[34] 在"风险归责"的情况中,比如,在第 287 条第 2 句、第 300 条第 2 款、第 447 条,关键要件的法律关系可以通过"偶然"实现,特别是自然事件实现;对此详见 Canaris, Die Vertrauenshaftung im deutschen Privatrecht, 1971, 479 ff.。对此下文——无论如何在术语上——不涉及。

主体联合起来就实现了全部要件事实。[35] 比如,在卡特尔法中确定市场控制地位时,根据《反限制竞争法》第36条第2款第1句,计算企业的市场份额或者利润时要加上关联企业的市场份额或利润,这样,虽然可能其中任何一个企业都不能独自控制市场,但是联合起来就实现了对市场的控制。[36]

归责是在整体构想的范围内将与要件有关的情况归属("相加")于法律主体。在此要谨慎地区分关于某事应当进行归责的规范(相关规范[37])和使归责成为可能的规范(归责规范)。通过代理人订立买卖合同时,第433条是相关规范,第164条是归责规范。法定归责规范为此采用了不同的手段。有些条款通过规定规范对象应为另一个法律主体的行为承担责任,从而实现归责(比如,第31条、第278条);有些条款明确宣告第二个法律主体的情况是关键性的(比如,第166条);也有些条款通过拟制的方式(比如,《共同决定法》第5条第1款第1句——参见边码1326)。它们的基础都是,如果没有归责,一个法律主体自己未能实现所有的要件事实,但是与另一个法律主体联合起来则实现了全部的要件事实,且应**对要件上重要的关系进行归入性全面考察**(zuordnende Gesamtschau der tatbestandsrelevanten Verhältnisse)。它们的发生总是从相关规范方面着眼,归责在将(无归责就不产生法律效果的)案情涵摄至相关规范的过程中属于"辅助技术"。

1324

(二) 归责事由的必要性

虽然法律主体没有自行(完全)实现要件,但法律效果却应对他产生,这需要实体上的正当性。必须有合适的归责事由,不仅使归责本

1325

---

[35] Wiedemann, Die Unternehmensgruppe im Privatrecht, 1988, 23 因此区分构建性的归责和累积的归责,与之区分的还有导致不产生特定法律效果的"消极归责"。归责的效力总是"构建性的",这是因为,如果没有归责,那么(积极的或消极的)法律效果将不会产生。

[36] 关于该规范,参见BGH NJW-RR 2010, 618 Rdnr. 15。

[37] 可能涉及的是整体规范群。如此,对第31条的归责规范,(至少)所有的侵权要件是相关规范;对第164条的归责规范,所有的法律行为要件都是相关规范。

身,而且使应当被归责的具体前提条件充分地合法化。[38] 对此,第一个法律主体为第二个法律主体"承担责任",这样的论证尚不足以使归责合法化。承担责任,在多数情况下是归责规范的法律效果,而非它的合法性证明,我们必须追问为什么产生这样的责任。归责事由可能源于非常简单的因素,比如,代理权授予(第164条期待的归责),或者在一个特殊的法律关系中,履行义务时聘请了辅助人(第278条确定的归责)。归责绝不以滥用为前提,而在很多情况下对多个法律主体之间有重要意义,归责有时是不可避免的,至少是对允许的分工或者功能划分的必要调整。然而,对于有关的具体法律效果,需要追问的是,分配给不同的法律主体本身是否已经足以构成归责事由。与归责事由相区别的是归责目的。法律上可能的归责目的,通常是使"相关"规范的适用成为可能,或者保障"相关"规范的适用。

范例

1326　　根据《共同决定法》第5条第1款第1句,康采恩公司(子公司)的劳动者在《共同决定法》上被视为控制公司(母公司)的劳动者。[39] 该归责规范的目的是,依《共同决定法》第1条的条件标准,保证《共同决定法》的适用。归责的事由为,控制公司有领导权,因此对共同决定而言,重要的、关键的决定权在控制公司那里。

1327　　另一个范例规定在《股份法》第16条第4款中[40],这是个典型的归责规范:一个法律主体不满足作为相关规范的《股份法》第16条第1款中的"多数股东"要件,但是在《股份法》第16条第4款中,此法律主体与彼法律主体在要件上的有关情况可以叠加,同时归属于企业,该企业可以实施控制性影响。归责的目的是保证有关条款的适用以避免被规避:不能因为相关人将所占份额在受他影响的企业之间进行分配,就使与多数股权相关联的条款不适用。这种影响同

---

[38] 因此参见 Binder, Philosophie des Rechts, 1925, 722 f.。
[39] 示例如 Brügel/Tillkorn, GmbHR 2013, 459 ff.; Seibt, DB 2015, 912 ff.。
[40] 对此,参见 BGH ZIP 2013, 308 Rdnr. 33。

时也是关键性的归责事由。

(三) 归责、责任与穿透

归责规范区别于**责任规范**(Haftungsnormen)。责任规范的作用不是克服相关规范在要件实现方面的不足,根本没有在要件方面可以通过责任规范进行归责的法律规范,毋宁说责任规范本身就包含了关键的要件,这些要件的实现就能引起损害赔偿或者其他责任(关于第 831 条,参见边码 1301)。因此,归责规范和责任规范的目标在不同层面:归责的目标在相关规范的要件方面(不排除归责规范再次重复相关规范的法律效果的情况),而责任规范的重点在法律效果方面。1328

除了归责和责任这两个概念,还有一个术语是**穿透**(Durchgriff)。穿透是指法律效果延伸至本来的条款规范对象背后的第三人。这种情况既可以通过归责规范,也可以通过责任规范发生。从广义上讲,穿透是归责和责任的上位概念。[41] 而在传统上,穿透并非上位概念,而是被理解为特殊的责任规范,即责任穿透。[42] 在此情况下,一般涉及的是论证股东为公司的债务承担责任。[43] 1329

(四) 归责、解释与类推

归责问题只出现在具体的规范适用中。在此首先要问,是否不能通过对应当得出法律效果的规定进行恰当**解释**(Auslegung)来更简单地克服相应的困难。在逻辑上,解释优先于归责。如果归责是为了弥补要件实现的不足,那么必须先确定,该法律效果的有争议的要件是否可能通过恰当的解释实现。如果不能,则可以考虑通过归责使其完整;如果可能,那么其结果是,现在已经满足(相关)规范的要件了,法律效果可以直 1330

---

[41] 关于"责任穿透"与"归责穿透"的区别,参见 Wiedemann, Die Unternehmensgruppe im Privatrecht, 1988, 19 im Anschluss an WM 1975, Beil. 4, 17 f.。

[42] "责任穿透"与"归责穿透"在体系上有所不同。

[43] 对此进一步的观点,参见 Bork, ZGR 1994, 237, 256 ff.; Müller-Freienfels, AcP 156 (1957), 522 ff.; K. Schmidt, GesR4, § 9 附其他证明。

接从规范中得出。借此,归责的法律技术区别于**类推**(Analogie)。在规范的类推适用中,规范要件(所规定的情况)恰好未被满足;规范被转移至未予规定的情况中。归责导致的是要件得以满足,这使得类推不再必要。

范例

1331   公司法上的竞争禁止也适用于那些虽然不是股东,但是作为股东的母公司控制股东,并通过控制股东而控制公司的主体。[44] 可以通过三种途径达到这一结果。首先,可以对应当得出竞争禁止的规范(《商法典》第 112 条)进行扩展解释("《商法典》第 112 条意义上的股东是……")。当然,这将使规范的文本遭受严重的曲解。其次,也可以考虑归责[45]("母公司没有满足'股东'的要件特征,但是它所控制的企业的股东地位必须归属于它")。最后可以考虑将《商法典》第 112 条类推适用于通过其控制的股东来控制公司的非股东。[46]

1332   显而易见,这种在方法论上的巧妙区别不能回避这样一个事实,即处于核心地位的并非方法论上的区别,而是对任何方法同样必要的(且内容上一致的)**利益权衡**(Interessenabwägung)。因此就能够理解,实践直接忽视了"方法顺位表"中的归属,它在具体情况中通常很难运用[47],而是完全集中于利益权衡。在前述例子中,对实践结果而言,关键的并不是方法论上的手段(解释、归责、类推),而是相关法益和利益能否使非股东承受公司法上的竞争禁止得以正当化。

---

[44] BGHZ 89, 162 = JZ 1984, 576 (附 Immenga 批评的评释);对此也参见 Wiedemann/Hirte, ZGR 1986, 163 ff.。

[45] Paschke, AG 1988, 196, 197 和 Wiedemann/Hirte, ZGR 1986, 163, 165 称其为"穿透"(被理解为归责和责任的上位概念);联邦法院也属于此流派,它 (BGHZ 89, 162, 165 ff.)一直说的是《商法典》第 112 条的适用。

[46] 如此的观点,参见 Immenga, JZ 1984, 578 f.; Löffler, NJW 1986, 223, 225。

[47] 赞同的观点,参见 Martens, ZGR 1984, 417, 433。

第三十一章　代理的适法性

> Reichel, Höchstpersönliche Rechtsgeschäfte, 1931.

1333

从《民法典》第三章("法律行为")所处的位置可知,原则上**在所有的法律行为**(grundsätzlich bei allen Rechtsgeschäften)中都允许代理,无所谓在哪个法律领域实施。[1] 当然,只是在法律行为包含意思表示的范围内考虑代理。只要法律行为的要件要求附加事实行为(Realakt),比如,第929条第1句,则对此不适用第164条以下条款(→边码1298)。反之,所谓的准法律行为,如催告、设置宽限期或者广告(→边码412),可以适用第164条以下条款,由代理人实施。

1334

然而,法律对几个法律行为规定了代理禁止。它们表明,此时代理是不适法的,或者表明法律行为的法律效果归属的人必须亲自发出意思表示。这些法律行为被宣告为高度个人化的,因为其法律效果关乎人格领域并且意义如此重大,以至于必须由当事人亲自决定他是否真的想实现该法律效果。

1335

属于此类的,比如,第1311条第1句(结婚)、第1516条第2款第1句(夫妻共同财产存续中的同意处分)、第1600a条第1款[父亲身份撤销(Vaterschaftsanfechtung)]、第1750条第3款第1句(同意领养)、第1760条第5款第2句、第1762条第1款第3句(申请废止领养)、第2064条、第

1336

---

〔1〕 诉讼代理人实施了诉讼行为,但是原则上没有作出实体法的意思表示,故第164条以下在此不适用,而是被《民事诉讼法》第80条以下替代;仅参见 BGH MDR 1964, 410; Rosenberg/Schwab/Gott-wald[17], § 55 Rdnr. 4 ff.; Stein/Jonas-Bork, ZPO[22], § 80 Rdnr. 4 f. 附其他证明。

2274 条、第 2284 条第 1 句 [终意处分（letztwillige Verfügungen）]、第 2271 条第 1 款（彼此相关的身后处分的撤回）、第 2282 条第 1 款第 1 句（共同遗嘱的撤销）、第 2290 条第 2 款第 1 句（继承合同的废止）、第 2296 条第 1 款第 2 句（继承合同的解除），以及第 2347 条第 2 款第 1 句、第 2351 条（继承放弃及其废止）。在商法中，《商法典》第 48 条规定，只有企业所有人可以授予（商事）全权代理权。[2]

1337　　第一草案第 115 条明确规定，**法律行为的属性**（Natur des Rechtsgeschäfts）可以阻却代理的适法性。第二委员会认为该条款是多余的，于是将其删除。[3] 事实上这句话至今依然被承认，只是适用范围很窄。亲自实施的（对人格权重要的）法律行为一般[4]只在家事法和继承法中出现。因为在彼处——正如从边码 1336 详述的例子中得出的那样——已经明确规定了大多数情况，只有少数情况没有规定，比如，在订婚[5]或者夫妻一方同意另一方处分全部财产（第 1365 条第 1 款，第 1366 条第 1 款），或者处分家务用品（第 1369 条）的情况下承认代理禁止，但绝不是对所有家事法领域的[6]意思表示或者所有对人格权重要的[7]意思表示都存在代理禁止。

1338　　**许可医疗手术**（Einwilligung in medizinische Eingriffe）（第 630d 条）是准法律行为，以前也被归于高度个人化的法律行为。与之对应，需要指出的是，法律至少还允许法定代理：对于无许可能力的成年人，从第 1904 条第 1 款第 1 句、第 1902 条直接得出其照护人的权限；对于未成年人，根据第 1626 条第 1 款、第 1629 条第 1 款，他的法定代理人可以许可（→边码

---

　　[2]　如果所有人无行为能力，则他的法定代理人为他行动。在此范围内授予商事代理权时，存在禁止代理的必要的例外。
　　[3]　Prot. I, 277 f.=Mugdan I, 735.
　　[4]　然而，根据《商法典》第 48 条，鉴于全权代理权的特殊范围（→边码 1456），必须要求它由被代理人亲自授予——关于公司法，另见边码 1340。
　　[5]　Palandt-Brudermüller[74] Einf. § 1297 Rdnr. 1; Staudinger-Löhnig[2015] Vorbem. zu §§ 1297 ff. Rdnr. 74.
　　[6]　参见 RGZ 63, 113, 114 对于根据第 1353 条第 2 款要求建立夫妻共同生活（旧《民法典》第 1571 条第 2 款）。
　　[7]　参见 OLG München NJW 2002, 305 f.（关于许可公布照片）。

418)。[8] 意定代理也并非自始被排除[9]，从第1896条第2款第2句、第1904条第2款可得出，如果一个现在无许可能力的人，在他尚有许可能力时为他的健康事务向第三人授权，则在健康事务中代理是适法的。[10] 然而，在此关乎的是被代理人本人不再能许可时的例外规定。它不得类推，因此——除法律规定的情况之外——在其他情况下，必须得出许可是高度个人化的。[11]

形式规定（Formvorschrift）原则上不构成代理禁止，它们不导致代理的不适法性，而是导致代理人的意思表示需要特定形式。[12] 这也对第925条第1句的土地契约（Auflassung）适用：借助"双方同时在场"[13] 这一表达，该条款不排除代理，它只是要求应根据第873条第1款对物权合意发出必要的意思表示的人亲自出现，这样他就可以听取公证员的解释说明；应当为转让人或者取得人发出决定性意思表示的代理人出现并接受释明，符合立法目的，在此方面，代理人代表了被代理人。[14]   1339

合同当事人可以达成一致，在他们的法律关系中只允许亲自发出意思表示，代理的适法性**通过法律行为被排除**（rechtsgeschäftlich ausgeschlossen）。此类约定主要在以特别信赖关系为特点的共同体和公司中予以考虑。比如，住宅所有权人可以确定，自己在业主大会中不允许被代理，或者只允许被特定的人代理。[15] 在公司法中，管理权，特别是表决权和控   1340

---

[8] Vgl. Gernhuber/Coester - Waltjen[6], § 57 Ⅶ 4; Reipschläger, Die Einwilligung Minderjähriger in ärztliche Heileingriffe und die elterliche Personensorge, 2004.

[9] OLG Stuttgart OLGZ 1994, 430, 431; Damrau/Zimmermann, Betreuungsrecht[4], § 1896 Rdnr. 109; Erman-Roth[14] § 1896 Rdnr. 43/48; Schwab, FS Henrich, 2001, 511, 524 ff.; Palandt-Götz[74] Einf. v. § 1896 Rdnr. 4 ff.; Staudinger-Bienwald[2013] § 1896 Rdnr. 308——在美国，很久以来健康事务中的意定代理就被承认；参见 Uhlenbruck, NJW 1996, 1583。

[10] 如果指定代理人，则照护者的命令根据第1896条第2款第2句是辅助性的；参见 BT-Drs. 11/4528, 122。

[11] 同样的观点，参见 Staudinger-Bienwald[2013] § 1896 Rdnr. 308。

[12] 反之，根据第167条第2款，对要式法律行为的授权通常不需形式（→边码1464）。关于预先授权，参见 Walter, FamRZ 1999, 685 ff.。

[13] 与之相反的，参见第1311条第1句（→边码1336）："……亲自并同时出现……"

[14] 一般的关于代表的理论，参见边码1294。

[15] Vgl. BGHZ 99, 90, 94 附其他证据；BayObLGZ 1996, 297, 298 f.。

制权,已经被视为高度个人化的权利(→边码 1337),因此,其代理需要得到其他股东的同意。[16]

1341　　如果某人不顾法定代理禁止或者约定代理禁止,仍然作为代理人而行动,则他的意思表示**不生效力**(unwirksam),而不是效力待定,既不能根据第 177 条第 1 款(因为不是代理权缺失,而是代理的适法性缺失),也不能根据第 185 条第 1 款(因为不涉及无权人的处分)来考虑被代理人的追认。通过第 141 条(→边码 1237)的确认而"补正"法律行为也被排除,否则,第三人的行为就可以间接地对被代理人生效力,这与立法者意思或者当事人意思相矛盾。被代理人必须自己再次重新实施法律行为,然而,此时追认或确认的意思表示可以被解释为重新实施行为所必要的意思表示。[17]

---

[16] BGHZ 25, 115, 122 f.; MünchKomm-Schäfer[6] § 709 Rdnr. 60 f./77; 不太严格的 K. Schmidt, GesR[4], § 19 Ⅲ 4 c。

[17] Flume[4], § 43, 7——如果法律行为需要一定的形式,而追认或确认的意思表示不满足该形式,那么这样的解释当然不能有助于得到想要的结果。

第三十二章　代理人自己的意思表示

　　Assmann, Die Rechtsstellung des Boten, 1906; Barcaba, Der Empfangsbote, 2002; Brox, Die Anfechtung bei der Stellvertretung, JA 1980, 449; E. Cohn, Der Empfangsbote, 1927; Falkmann, Die Rechtsstellung des Boten, 1908; Fleck, Der Bote, ArchBürgR 15 (1899), 337; Franzke, Die Rechtsstellung des Boten, insbesondere die unrichtige Übermittlung von Botenerklärungen, Diss. Breslau 1912; Fromm, Der Bote, Diss. Erlangen 1908; Hanloser, Stellvertretung und Botenschaft, 2004; Hepner, Der Bote ohne Ermächtigung, Diss. Erlangen 1908; Hoffmann, Verbraucherwiderruf bei Stellvertretung, JZ 2012, 1156; G. Hueck, Bote-Stellvertreter im Willen-Stellvertreter in der Erklärung, AcP 152 (1952/53), 432; Joussen, Abgabe und Zugang von Willenserklärungen und Einschaltung einer Hilfsperson, Jura 2003, 577; Jüngling, Zur Lehre vom Boten und vom Stellvertreter, Diss. Greifswald 1906; Kiehnle, Der Bereicherungsausgleich nach Zuvielüberweisung, VersR 2008, 1606; ders., Die Falschübermittlung durch den Erklärungsboten: Zwischen Erklärungsirrtum und Stellvertretung ohne Vertretungsmacht, RabelsZ 75 (2011), 317; Lutter, Der Stimmbote, in: FS K. Duden, 1977, 269; Marburger, Absichtliche Falschübermittlung und Zurechnung von Willenserklärungen, AcP 173 (1973), 137; Marcus, Zur Kasuistik des Botenrechts, Recht 1907, 44; Plettenberg, Vertreter und Bote bei Empfangnahme von Willenserklärungen, Diss. Erlangen 1916; Ostheim, Probleme bei Vertretung durch Geschäftsunfähige, AcP 169 (1969), 193; Sandmann, Empfangsbotenstellung und Verkehrsanschauung, AcP 199 (1999), 455; H. Schneider, Stellvertretung im Willen, Stellvertretung in der Erklärung und Bote, Diss. Köln 1959; Schreindorfer, Verbraucherschutz und Stellvertretung, 2012; Schwung, Die Verfälschung von Willenserklärungen durch Boten, JA 1983, 12.

1342

一、概述

1343　代理的关键特点是,代理人发出自己的意思表示(→边码 1292、1294)。亦即辅助人必须表达自己的法律效果意思(→边码 1344 以下)。存在自己的意思表示的,则它必须生效力,因此,就要追问一般的生效力的前提条件(→边码 1365 以下)和意思瑕疵的法律效果的问题(→边码 1371 以下)。

二、使者关系

1344　《民法典》中未论及使者的概念,实际上只在第 120 条提及,该条款处理的是"为了传达而委派的人或者组织"错误地转达意思表示。然而在立法材料中表达的是,"某人在法律行为成立时,如果仅仅基于一方当事人的委派,而将该当事人的意思表示转达给另一方当事人,则这个人是中间人、使者"。[1]

(一)与代理的区别

1345　在理论上很容易区分代理人与使者,但是在实践中反而有时候很难。教义学上的关键在于,辅助人是发出**自己的意思表示**(eigene Erklärung),还是仅仅转达他人的(交易本人的)意思表示。[2] 根据目前一致的观点,这应当

---

[1] Mot. I, 223 = Mugdan I, 475 f.
[2] 依某些观点,在代理和使者之间存在"表示中的代理"。该法律角色由司法裁判为收养法发展而来,但自始被学界拒绝,仅参见 Soergel‑Leptien[13] Vor § 164 Rdnr. 42 ff.; Staudinger‑Schilken[2014] Vorbem. zu § § 164 ff. Rdnr. 82 ff.。现在该观点仍然在与助人机构的关系中得以主张。比如,执行助人机构的决议的监事会主席或者企业工会主席,既不是代理人,因为不是他而是机关(通过决议)形成法律行为的意思表示,也不是使者,因为他作出自己的意思表示,而不仅是转达他人的意思表示;参见 OLG Düsseldorf NZG 2004, 141, 143; BAG NZA 2003, 870, 872; Bauer/Krieger, ZIP 2004, 1247, 1248; Bednarz, NZG 2005, 418, 420; Hüffer, FS Claussen, 1997, 171, 181 ff.; Schockenhoff/Topf, DB 2005, 539, 540 f.。可是这种观点难以服人,即助人机构事先作出决议,主席要么是使者,要么是(像通常那样)"具体行为受限"的代理人,不需要建立使者和代理人之间的第三类型;参见 Leuering, NZG 2004, 120, 122 f.; Staudinger‑Schilken[2014] Vorbem. zu § § 164 ff. Rdnr. 84。

通过从第三人视角的解释来确定。通过解释,不仅要查明意思表示的内容,而且要查明意思表示的要件(→边码 503),包括意思表示的主体。关键的不是表示人应当怎样做,而是受领人会如何理解。[3] 在书面表示中一般可以很容易地确定是否存在代理抑或使者关系,因为由文书本身即可得出谁发出了意思表示[4],难点可能在口头表示中。在理想的情况中,辅助人清楚地表达了意思表示的发出者(代理人:我以 X 的名义表示;使者:X 女士让我告诉你),否则应当从具体案例的具体情况中查明,辅助人表达的是他自己的意思表示还是他人的意思表示。

在典型情况下,代理人应当自己决定意思表示的发出和内容,实质上他一般有一定的**决定的回旋余地**(Entscheidungsspielraum),而使者顶多可以决定传递的方式和措辞。[5] 然而,这并不是强制性的,也存在"具体行为受限的代理人"[6],他虽然发出自己的意思表示,但是表示的内容由被代理人预先规定(例如,商事全权代理人订立了一个已经由经营者磋商成熟的买卖合同)。"具体行为受限的代理人"也应当被视为代理人,因为在与合同相对人的外部关系中,是他表达了关键的意思表示。[7] 此外——在考虑法律行为意义的情况下——表示人的社会地位、资质、能力或者年龄也可以提供依据。在存疑时,儿童、在具体行为领域无经验的人,以及下级任务的受委托人,因没有必要的决定自由,大多被视为使者,反之,有经验的交易人和管理者更容易被视为代理人。

1346

范例

某股份公司想要终止属于监事会的职权范围,但是由主席转

1347

---

[3] 不同的观点,参见 Staudinger-Dilcher[12] Vorbem. zu § § 164 ff. Rdnr. 74;关于目前绝对通说,佐证在 Soergel-Leptien[13] Vor § 164 Rdnr. 44 以及 Staudinger-Schilken[2014] Vorbem. zu § § 164 ff. Rdnr. 74 ff.。

[4] Vgl. aber BAG NJW 2008, 1243 Rdnr. 14 f. ("i. A./i. V.").

[5] Vgl. BGH WM 1963, 165, 166: 尽管译者对恰当的翻译有必要的修辞自由,但他是使者,而不是代理人,因此在传达错误时应考虑第 120 条。

[6] Ulmer, SJZ 1948, 137, 138; Vgl. § 166 Abs. 2.

[7] 不同观点,参见 G. Hueck, AcP 152 (1952/53), 432, 440; 相反的,参见 MünchKomm-Schramm[6] Vor § 164 Rdnr. 50 附其他证明。

达,那么在存疑时应当认为,主席只是作为监事会的使者,而不是作为代理人而行动。[8] 在此范围内适用的是效力维持的解释原则,据此,法律行为上的行动存疑时,亦即在情况允许时应解释为,它生效力且产生结果(→边码556)。

1348　　根据第165条,6岁的儿童不能成为代理人,因此在存疑的情况下应认为,在他表达的意思表示中只是想转达交易本人的意思表示,并非想发出基于自己之决定的意思表示。比如,6岁的儿童可以花2欧元买冰激凌,自己决定种类,但是此时不得认为,基于这种决定自由而存在代理,必须在目的上对第165条进行限缩。[9] 即使是使者也可以保留部分的决定自由。[10]

1349　　在要式意思表示中,如果只有辅助人遵守了形式,在存疑的情况下应认为构成代理[11],因为在使者关系中,交易本人必须遵守形式(→边码1358)。当然,这都是特殊情况;在实践中,就法律效果而言,辅助人是代理人还是使者,通常没有区别。[12]

(二) 受领使者

1350　　流传的谚语将使者称为交易本人的"口和耳",借此表明使者不仅可以传达交易本人的意思表示,还可以将意思表示传达给交易本人。第一种情况被称为表示使者,第二种情况被称为受领使者。受领使者不是意思表示的接受人,他同样只是在传达过程中介入的辅助人("活着的信箱")。某人是否具有使者地位,并非总能简单地查明。就表示使者而言,可以直接从交易本人在传达过程中是否使使者介入而得出[13],而就受领使者而言,存在的困难是,表示人不能总是确信,辅助人是否有权接

---

〔8〕　BGHZ 12, 327, 333 f.
〔9〕　但是这样的 Medicus[10], Rdnr. 887。
〔10〕　同样持此观点的,参见 Staudinger-Schilken[2014] Vorbem. zu § § 164 ff. Rdnr. 75。
〔11〕　因此结论上正确的,参见 OLG München ZIP 1984, 815 f.。
〔12〕　Flume[4], § 43, 4; Soergel-Leptien[13] Vor § 164 Rdnr. 45。
〔13〕　关于"无使者权的使者",参见边码1360 以下。

受意思表示并将其转达给交易本人。如果辅助人被交易本人明确授予此权利,则可以确定其为受领使者,否则应重新通过解释来查明此人是否应当被认为适合且被授权接受具体的意思表示。[14] 关键的是,从交易视角看,此人是否被认为得到授权,为意思表示受领人接受意思表示。[15] 在此,首先要考虑辅助人的社会地位、资质、能力和年龄(→边码1346)。此外,还取决于意思表示的方式,亦即是口头的还是书面的意思表示、容易理解的还是复杂的意思表示。[16] 如果解释导致的结果是,不能认为辅助人适合接受意思表示或被授权了接受意思表示,则他是使其参与到意思表示过程中的表示人的受领使者。

范例

在一个企业中,可以从外部因素推断出,受领意思表示是否属于在此工作的人的职权范围。[17] 故门卫或者收发室的工作人员无疑是书面意思表示的使者,但并非口头意思表示的使者,而仓库工作人员几乎不能被视为受领使者,秘书则通常可以被视为受领使者。   1351

配偶通常被授权受领向另一方发出的意思表示[18];这对非婚伴侣关系同样适用。   1352

对于共同生活的家庭成员而言,表示人也可以认为,相关人可以且应当受领意思表示。对儿童而言,要特别考虑其年龄和意思表示的方式。   1353

现在,家政人员不再被雇主请来参与信息传递,故一般不是受领使者,而是表示使者。向在受领人处有固定工作的人递交书面意思   1354

---

[14] 详见 Joussen, Jura 2003, 577 ff.; Sandmann, AcP 199 (1999), 455 ff.; Schilken, Wissenszurechnung im Zivilrecht, 1983, 86 ff.; Staudinger-Schilken^{2014} § 164 Rdnr. 25。

[15] BGH NJW 2002, 1565, 1566; 对该评价的批评,参见 Brinkmann, Der Zugang von Willenserklärungen, 1984, 127 ff.。

[16] 直观的观点,参见 Medicus^{10}, Rdnr. 286。

[17] Vgl. BGH NJW 2002, 1565, 1566; OLG Koblenz BB 1994, 819, 820。

[18] BGH NJW 1994, 2613, 2614; BAG NJW 2011, 2604 Rdnr. 11 ff. (如果配偶在意思表示到达时不在共同的住房中,情况也如此)。

表示,可能有所不同。

(三) 使者关系的法律效果

1. 使者传递的意思表示生效力的前提条件

1355 在使者介入的情况下,意思表示的**发出**(Abgabe)也遵循一般标准:(需受领)的意思表示在它以通常可以到达受领人的方式被发往受领人的时候发出(→边码611)。如果意思表示的使者介入,那么意思表示在被传达给使者的时候尚未发出,而是在使者发出意思表示时("带到路上")才发出。[19] 反之,在受领使者中,意思表示在表示人针对性地表达时发出,对口头意思表示而言,在它向使者传达时发出。

1356 一般定义也可以适用于**到达**(Zugang):意思表示在已处于受领人控制范围内、通常可被知悉时到达(→边码619)。表示人使用表示使者的,这些要求不会造成特别的困难,意思表示被表示人自己送至受领人的控制范围,还是他为此使用了传送人,对到达而言没有区别。意思表示对(合适的)受领使者发出的,则它借此到达受领人控制范围。[20] 但是预计获悉的时间点是,一般情况下可以期待它被转达给受领人的时间,因此使者向受领人转达意思表示通常所需的传送时间应当计算在内。当使者已经在受领人眼前时,这个时间当然可以"等于零"。

范例[21]

1357 一个打捞作业者被委托在马六甲海峡打捞一艘在第二次世界大战中沉没的德国潜水艇。当打捞作业者到达打捞地时,他的委托人表示要解除合同,并把函件递交给打捞作业者的妻子。联邦法院合理地认为,如果其丈夫位于深海,且夫妻之间无法建立持续的电话或者电

---

[19] Vgl. OLG Hamm NJW-RR 1987, 260, 262; Joussen, Jura 2003, 577, 579.

[20] Vgl. OLG Köln MDR 2006, 866——与在场情况下的口头表达相同,我们必须要求,受领使者至少有可能(在听觉上)正确理解意思表示(以获悉理论为基础;→边码631)。

[21] 根据BGH NJW 1994, 2613, 2614;也可参见BGH NJW-RR 1989, 757, 758 f.; Joussen, Jura 2003, 577, 579 f.。

报联系,那么妻子到底能否作为受领使者值得怀疑。但是无论如何,在此情况下解除函随着通常所需的必要转达时间的经过才到达丈夫,根据通常的转达关系,那时他才有(理论上)获悉的可能性。

此外,对**法律行为生效力的前提条件**(Wirksamkeitvoraussetzungen des Rechtsgeschäfts)而言,始终应当考虑,并不是使者发出意思表示,而是交易人亲自发出意思表示,因为使者没有表达自己的法律效果意思(Rechtsfolgenwillen)。因此,使者不需要具有行为能力,无行为能力人也可以成为使者;无行为能力人不能转达或者不能正确转达交托给他的意思表示的,当然由请他参与意思表示过程的人承担风险。[22] 法律行为要求形式的,则意思表示必须由交易本人满足形式要求,而不是通过使者的转达满足形式要求。在不动产转让中,必须是交易本人出现在公证人处,而非使者。[23] 这不仅对第 311b 条第 1 款第 1 句适用,也对第 925 条第 1 款适用。但是,使者可以转交根据第 311b 条第 1 款第 1 句的经公证证明的意思表示。[24] 使者的意思瑕疵同样不重要[25],因为仅交易本人发出了意思表示,关键的也只是交易本人的法律效果意思。相同规则也适用于法律所规定的重要的知道或者不知道[26],以及对转达的意思表示的解释:向受领使者转达的意思表示,不能从使者的受领人视角解释,而应从接受人的受领人视角解释。

1358

2. 任用使者订立合同

合同订立时双方都可以任用使者。首先,要约可以通过表示使者转达。他使意思表示产生到达的结果(→边码 1356),该意思表示在使者发

1359

---

[22] 依其他观点,至少需要"转达的自然能力";参见 Hübner², Rdnr. 1173; Soergel-Leptien¹³ Vor § 164 Rdnr. 43; Staudinger-Schilken²⁰¹⁴ Vorbem. zu § 164 ff. Rdnr. 78。
[23] Vgl. RG WarnRspr. 1913 Nr. 396.
[24] 这种情况主要有实践意义,因为第 128 条允许接续认证,即在不动产买卖合同中(与物权合同不同,第 925 条第 1 款第 1 句),合同当事人不必同时出现在公证人面前(→边码 1067)。
[25] 关于第 120 条对这句话的相对化,参见边码 1360。
[26] 第 166 条对使者不适用,参见 BayVerfGH NJW 2008, 3770, 3771。

送意思表示时发出(→边码1355)。要约可以通过向受领人或者他的使者表示而到达(→边码1350)。根据交易观念,通常认为,要约人的表示使者也被授权接受答复。那么对合同相对人的承诺表示而言,他是受领使者。因此对口头要约适用第147条第1款第1句[27],因为该条款不以表示人物理上的在场为基准,而是以直接联系为基准(→边码605)。因此,如果要约人未作其他规定(第148条),承诺必须立即向使者发出,以便其带回。反之,使者转达书面要约,是不在场者的要约,此处适用第147条第2款,这样就要从具体情况中推断,是否需要立即答复,抑或也可以在思考一段时间后通过其他途径答复。

3. 错误转达

1360　　**表示使者**(Erklärungsbote)将委托于他的意思表示错误转达的,应对法律效果进行区分,错误转达是基于误解还是故意。表示使者误解的错误转达被规定在第120条:有效的意思表示的内容是从受领人视角解释可以推论得出的;如果在认识到事实状况以及理智评价事件的情况下,交易本人不会发出这样的意思表示,则他可以通过撤销而清除被如此解释的意思表示,但是必须根据第122条给付损害赔偿(→边码843)。[28] 如果因为使者的误解,意思表示呈现为完全不同的内容,或者向错误的受领人作出,也同样如此。基于误解的错误转达风险总是由交易本人承担,这也符合公平利益,因为他任用使者,所以就必须在任何情况下都将使者的行为归责于他自己。

1361　　不同的是故意的错误转达。某人作为表示使者出现,尽管根本未被委托转达意思表示,或者他故意篡改委托于他的意思表示,则依通说,该意思表示不能归责于交易本人,也就不需要根据第120条予以撤销。[29]

---

[27] RG Gruchot 67 (1925), 194, 195 f.; MünchKomm-Busche[6] § 147 Rdnr. 26; Soergel-Wolf[13] § 147 Rdnr. 2; Staudinger-Bork[2015] § 147 Rdnr. 3.

[28] 详见 Kiehnle, VersR 2008, 1606, 1612 ff.。

[29] BGH NJW 2008, 2702 Rdnr. 34 ff.; WM 1963, 165, 166; RG SeuffA 94 (1940) Nr. 70; OLG Koblenz BB 1994, 819, 820; Flume[4], § 23, 3; Schwung, JA 1983, 12, 13 f.; Soergel-Hefermehl[13] § 120 Rdnr. 4.

在此情况下，意思表示并非基于交易本人的意思决定，而是基于使者独立自主的意思决定。在交易本人任用使者而使者故意错误转达的情况下，不能遵循这一观点。如果错误的源头在交易本人，他就必须将错误的转达归责于自己[30]；反之，如果某人作为使者出现，尽管他未被指派为使者，则遵循通说。无权代理人的规定[31]类推适用于此类"无使者权力的使者"。交易本人可以追认法律行为（类推适用第 177 条第 1 款），如果他不追认，则类推适用第 179 条，使者根据另一方的选择对其承担履行义务或者损害赔偿义务。[32] 只有在（交易本人）有过错的情况下，才考虑交易本人的损害赔偿义务[33]（第 280 条、第 241 条第 2 款、第 311 条第 2 款）。此外，使者可能因违反内部关系[34]而对交易本人负有损害赔偿义务（第 280 条、第 241 条第 2 款）。

根据第 120 条而撤销的可能性，只存在于表示使者的错误转达中。受领使者（Empfangsbote）将委托给他的意思表示错误地转达给交易本人的，则表示人不能撤销使者错误转达的意思表示，也根本不存在撤销的理由，因为意思表示已经随着对受领使者的表示而到达（→边码 1356）且是正确的。[35] 确切地说，如果受领使者的交易本人对错误转达于他的意思表示通过往来意思表示作出反应，则必须由他（交易本人）根据第 119 条第 1 款情况 1 撤销之。受领使者是故意还是过失地错误转达了委托给他的意思表示，并不重要。

1362

---

[30] 正确的观点，参见 Marburger, AcP 173 (1973), 137 ff.; Medicus[10], Rdnr. 748; MünchKomm-Armbrüster[6] § 120 Rdnr. 4; Wolf/Neuner[10], § 41 Rdnr. 40。

[31] 对此，参见边码 1602 以下。

[32] 参见 OLG Oldenburg NJW 1978, 951; 关于证明责任，参见 Flume[4], § 43, 4——在单方法律行为中，如果没有证明使者权力，受领人可以类推适用第 174 条拒收表示（Flume a. a. O.）。

[33] 不同观点（类推适用第 122 条），参见 Brox/Walker[38], Rdnr. 415; MünchKomm-Armbrüster[6], Rdnr. 4; 如此处 Palandt-Ellenberger[74] § 120 Rdnr. 4; Schwung, JA 1983, 12, 15 f.; Wolf/Neuner[10], § 41 Rdnr. 340。

[34] 关于内部关系，参见 Staudinger-Schilken[2014] Vorbem. zu § § 164 ff. Rdnr. 77。

[35] 关于解释，也参见边码 1358。

范例

1363　　K 用计算机在线向邮购商店 V 发出了一笔订单。当 K 输入的时候，由于传输错误，到达 V 的是另一个不同于 K 输入内容的订单号。网络服务是"为转达而使用的设施"，因此是法律意义上的使者，K 可以根据第 120 条撤销买卖合同，因为他的意思表示被错误转达。[36] 反之，如果意思表示完全被曲解，在 V 处无法理解，则不存在可归属于 K 的意思表示。[37]

1364　　供货商对受领使者发出商品要约，价格为 4.3 万欧元。受领使者告知交易本人，要约价格为 3.4 万欧元。鉴于此，交易本人表示，他接受要约，那么供货按 4.3 万欧元的价格达成意思一致。交易本人可以以内容错误为由，根据第 119 条第 1 款情况 1 而撤销，因为他想借助"我接受"表示的是"以 3.4 万欧元的价格"，但他实际表示的是"以 4.3 万欧元的价格"。

三、代理人意思表示生效力的前提条件

(一) 生效力

1365　　与使者相反，代理人发出的是他自己的意思表示，意思表示生效力仅取决于代理人个人。因此，表示代理人（第 164 条第 1 款）不仅使意思表示到达，而且他也自己发出意思表示。[38] 向受领代理人（第 164 条第 3 款）发出的意思表示的到达，仅取决于意思表示是否以代理人（而不是被代理人）可以获知的方式到达他的控制范围。故此，向被代理人转达所需

---

[36] 关于第 120 条对错误转达的"电子意思表示"的适用，参见 OLG Hamm NJW 2004, 2601; Fritzsche/Maltzer, DNotZ 1995, 3, 13; Köhler, AcP 182 (1982), 126, 140; Tschentscher, CR 1991, 141, 148。

[37] MünchKomm-Armbrüster[6] § 120 Rdnr. 5; Soergel-Hefermehl[13] § 120 Rdnr. 6.

[38] 使者则不同；参见边码 1355 以下。

的时间,在代理中并不重要。[39] 对于是在场者的法律行为还是非在场者的法律行为的问题,也仅取决于与代理人的口头联系。[40]

(二)生效力的前提条件

对于生效力的前提条件,也必须首先考虑代理人而非被代理人。比如,对于第105条第2款规定的无效的适用,即必须由代理人而非被代理人满足其前提条件,这对(意思表示的)解释适用[41],尤其对**形式**(Form)适用。[42] 如果法律行为需要形式,那么代理人的意思表示必须满足形式要求。[43] 在不动产买卖合同中,必须由代理人而非被代理人到公证人处。当然,形式的要求也针对被代理人本人,比如,代理人是商人而被代理人不是商人(比如,《商法典》第350条),则根据第766条第1句保证的意思表示需要形式。如果对生效力而言,关键的并非行动,而是法律行为的**内容**(Inhalt),则被代理人本人也可能具有决定意义。[44]

1366

范例[45]

自然人S在其私人住宅中为V的企业以V的名义与D订立买卖合同。第312b条第1款、第312条第1款、第310条第3款的前提条件是否满足,应根据代理人个人判断[46]:他必须在第312b条第1款第1句第1项至第4项所列举的情况下发出意思表示。反之,第312条第1款第1句第1项和第13项的消费者属性,则又取决于合

1367

---

[39] 关于使者的内容,参见边码1356。
[40] Vgl. auch v. Tuhr, II/2, § 84 IV 2.
[41] Flume⁴, § 46, 3; Staudinger-Schilken²⁰¹⁴ § 166 Rdnr. 8 附其他证明; v. Tuhr, II/2, § 84 IV 6.
[42] 关于意思瑕疵,参见边码1371;关于法律上重要的认知,参见边码1655以下。
[43] 按照第126条第1款规定,签名具有关键性,如果代理人没有以自己的名义签名,而是以被代理人的名义签名,同样满足形式要求。这样就存在——从公示视角评价的——假冒他人名义(unter fremdem Namen)(→边码1406)。关于代理权的形式要求,参见边码1464。
[44] Flume⁴, § 46, 1.
[45] 参见BGH WM 1991, 860, 861;整体也参见Schreindorfer(边码1342),passim。
[46] →边码1801。关于撤回权的行使,相应适用边码1371所述。

同相对人个人。否则,企业经营者可以通过委派满足第312条第1款第1句第1项和第13项要件的代理人而享有消费者保护权。故在本案例中,合同不得被撤回,因为它不是由消费者订立的。

1368　　　对于**行为能力**(Geschäftsfähigkeit),也只以代理人为准。然而,根据第165条,限制行为能力(第106条)足矣。这完全与体系吻合,因为代理人通过其所实施的法律行为并非自己取得权利并负担义务,法律行为对他而言在法律上是中立的(→边码1008),法律效果对被代理人本人发生,因此,当代理人具有限制行为能力人应当具备的最低限度的判断力时,对代理人已足够。对限制行为能力人无代理权而实施行为的情况,第179条第3款第2句也包含了附加的责任法保护(→边码1635)。相反,被代理人无须受到特别保护。被代理人在法律行为代理中选任非完全行为能力人(知道或者不知道[47])作为代理人[48],他必须将代理人因缺乏经验所犯的错误记在他自己名下。由非完全行为能力人实施的法定代理通常被排除(第1673条第2款、第1781条第1项、第1915条、第2201条;另参见第1897条第1款、第1902条),组织性代理同样如此(《股份法》第76条第3款、第100条第1款,《有限责任公司法》第6条第2款)。[49] 代理人无行为能力的(第104条),则根据第105条第1款,他为被代理人发出的意思表示无效。[50]

范例[51]

1369　　　在商事登记册中登记的有限责任公司的经理根据第104条第2

---

[47] 如果被代理人不知道代理人是限制行为能力人,那么他可以根据第119条第2款撤销授权。

[48] 在此,根据第131条第2款第2句、第107条(→边码633),限制行为能力人的授权不需要法定代理人参与,但安排内部关系、使代理人负担义务的合同则需要(→边码1480)。参见 Kleinherz, Jura 2007, 810 ff.。

[49] 对协会则不同(比如,未成年的监督员作为董事会成员;参见 Staudinger-Schilken 2014 § 165 Rdnr. 6 附其他证明。

[50] BGHZ 158, 1, 6; 53, 210, 215——参与与之相对的使者,边码1358。

[51] 参见 BGHZ 115, 78 = JZ 1992, 152 附 Lutter/Gehling 评释; Vorinstanz OLG München JZ 1990, 1029 附 W.-H. Roth 评释。

项无行为能力,因而不能有效代理公司,他的职位也被取消(理由是《有限责任公司法》第 6 条第 2 款)。《有限责任公司法》第 15 条第 1 款也不能帮助他摆脱障碍,因为该规定虽然保护对代理权的信赖,但是不保护对行为能力的信赖。如果他的股东知道经理无行为能力,但仍然未采取任何行动,则在必要时可以考虑有限责任公司的权利外观责任。

被代理人的行为能力与代理人实施的法律行为的效力无关,否则,那些不具有完全行为能力的人的(法定)代理将是不可能的。因此,被代理人在暂时精神障碍的情况下指令代理人应当如何实施法律行为,代理行为也有效。此时不适用第 166 条第 2 款,也不能类推适用。[52] 然而,在被代理人无行为能力的情况下,他授予的代理权不生效力(→边码 1461)。

1370

四、意思瑕疵

第 166 条第 1 款[53]规定,对于意思瑕疵以代理人而不是被代理人为准。这也符合逻辑,因为代理人表达自己的法律效果意思,所以只能取决于他的意思瑕疵。第 166 条第 2 款对意思瑕疵不适用。[54] 如果代理人订立的合同由于存在错误[55]而应当根据第 119 条被撤销,关键的仅是代理人是否有错误,而被代理人的设想无关紧要。[56] 这同样适用于第 123 条。被胁迫或者被恶意欺诈的人,必须是因为受胁迫或者恶意欺诈而发出意思表示的人,即代理人,而非被代理人。有权撤销的当然是被代理人,因为有意思瑕疵的法律行为的法律效果归属于被代理人,他必须决定

1371

---

[52] 不同观点,OLG Braunschweig OLGZ 1975, 441 ff. ——根据本书所持观点,第 166 条第 2 款不能类推适用(→边码 1656)。

[53] 关于该规范的其他适用范围,详见边码 1656、1662 以下。

[54] 对此更详细的,参见边码 1656。

[55] 关于第 116 条至第 118 条的案例,见 MünchKomm-Schramm[6] § 166 Rdnr. 4 f.; Soergel-Leptien[13] § 166 Rdnr. 18 f.

[56] 关于授权的撤销,见边码 1470 以下。

是接受该法律效果——尽管存在意思瑕疵——还是想消除它。然而,代理人的代理权也可以包括撤销,这样他就可以自己消除他的意思表示。

范例

1372　　商人 V 的商事全权代理人 S 在要约中书写错误,以 V 的名义[57]在 D 处预定了粗粒沙,而不是细沙。V 可以撤销,S 也可以——以 V 的名义——撤销,在此要问的是,如果 S 认识到事实情况并理性评价状况时,他是否不会预定。在该问题中也要考虑 V 的利益。对于第 121 条第 1 款的撤销期限,根据第 166 条第 1 款,在本案例中以 S 的认知为准。[58] 反之,代理人无权撤销的,则以 V 的认知为准。

1373　　如果 S 由于与 V 之间的误解而相信他应当预定粗沙,则合同根本不能被撤销。在 S 那里仅存在不重要的动机错误。[59]

1374　　如果 V 书面指示 S 预定沙子,但出现了书写错误,则合同同样不能被撤销。其他可能撤销授权[60]的情况也同样不会有进一步的结果,因为无论如何,该法律行为都被 S 的全权代理权所涵盖(《商法典》第 49 条第 1 款)。[61]

1375　　如果 S 提出要约,D 基于 V 的欺诈或胁迫接受要约,则情况相反(通过 S 的欺诈和胁迫),D 可以撤销。特别是,无论代理人[62]还是被代理人[63]都不是第 123 条第 2 款意义上的第三人(→边码 879)。

1376　　前述规则,在代理人无代理权的情况下也适用。然而,被代理人没有

---

[57]　如果 P 欲以 V 的名义行动,但没有充分地对外表达,则他自己负担义务。根据第 164 条第 2 款,他的错误无关紧要(→边码 1416)。

[58]　MünchKomm-Schramm⁶ § 166 Rdnr. 7.

[59]　RGZ 82, 193, 196.

[60]　对此,见边码 1470 以下。

[61]　当然,只有在受意思瑕疵影响的交易仍被代理权覆盖的情况下,才有撤销的问题。如果一个代理人仅有预定细沙的代理权,他因为书写错误而预定了粗沙,则合同首先根据第 177 条第 1 款而效力待定,一般不存在撤销问题,因为追认使错误变得无关紧要。

[62]　BGHZ 20, 36, 39.

[63]　Flume⁴, § 46, 3; Staudinger-Schilken²⁰¹⁴ § 166 Rdnr. 25.

动力去撤销合同,因为合同并不约束他。因此,在这种情况下,如果合同相对人根据第 179 条第 1 款对代理人主张请求权(→边码 1627),未被授权撤销的代理人也有撤销权,因为他必须如同合同相对人那样有权从错误成立的合同中解脱。这样,他不再根据第 179 条承担责任,而(只)根据第 122 条对消极利益承担责任。[64]

---

[64] 仅参见 BGH NJW 2002, 1867, 1868; WM 1991, 860, 861; Brox, JA 1980, 449, 454; Flume[4], § 47, 3 a; Staudinger-Schilken[2014] § 179 Rdnr. 10 附其他证明。

第三十三章 公示原则

文献

1377　Ahrens, Die Struktur des unternehmensbezogenen Geschäfts, JA 1997, 895; Beitzke, Eheschließung unter falschem Namen, in: FS H. Dölle, Bd. I, 1963, 229; Börner, Offene und verdeckte Stellvertretung und Verfügung, in: FS H. Hübner, 1984, 409; E. Cohn, Das rechtsgeschäftliche Handeln für denjenigen, den es angeht, 1931; Derleder, Das unternehmensbezogene Geschäft mit dem Geschäftspartner und dem Kunden, in: FS P. Raisch, 1995, 25; Dietrich, Kann man sich bei der Unterschriftsleistung vertreten lassen?, DB 1974, 2141; Dubber, Das Geschäft mit dem, den es angeht, Diss. München 1977; Eichler, Vertretung für denjenigen, den es angeht, Diss. Marburg 1931; Einsele, Inhalt, Schranken und Bedeutung des Offenkundigkeitsprinzips, JZ 1990, 1005; Gehrlein, Wirksame Vertretung trotz Unkenntnis über die Person des Vertreters, VersR 1995, 268; Geusen, Das Handeln unter fremdem Namen, Diss. Köln 1966; Glitza, Die Versicherung für Rechnung „wen es angeht", Diss. Hamburg 1964; Gronau, Das Geschäft wen es angeht, antezipiertes Besitzkonstitut und das Insichkonstitut, Diss. Köln 1936; Hansen, Handeln unter fremdem Namen, Diss. Köln 1948; Hinke, Wirkung des Handelns unter falschem Namen unter Berücksichtigung des Grundbuch – und Wechselverkehrs, 1929; Ingelmann, Importsicherung und das Geschäft für den, den es angeht, WM 1997, 745; Kronenberg, Handeln unter falschem Namen, Diss. Erlangen 1936; Larenz, Verpflichtungsgeschäfte „unter" fremdem Namen, in: FS H. Lehmann, I (1956), 234; Letzgus, Die Pseudopartei im rechtsgeschäftlichen Verkehr, AcP 126 (1926), 27; ders., Zum Handeln unter falschem Namen, AcP 137 (1939), 327; Lieb, Zum Handeln unter fremdem Namen – BGHZ 45, 193, JuS 1967, 106; v. Lübtow, Das Geschäft „für den es angeht" und sog. „antezipierte Besitzkonstitut", ZHR 112 (1949), 227; Markus, Das Handeln unter fremdem Namen bei formgebundenen Rechtsgeschäften, Diss. Königsberg 1936; Meisel, Handeln unter falschem Namen, Diss. Rostock 1936; Mittenzwei, Gutgläubiger Erwerb gebrauchter Kraftfahrzeuge bei

Handeln unter fremdem Namen, NJW 1986, 2472; Moser, Die Offenkundigkeit der Stellvertretung, 2010; K. Müller, Das Geschäft für den, den es angeht, JZ 1982, 777; Oechsler, Die Bedeutung des § 172 bei Handeln unter fremdem Namen im Internet, AcP 208 (2008), 565; Ohr, Das Handeln unter fremdem Namen für den, den es angeht, MDR 1959, 89; ders., Zum Handeln für den, den es angeht als Vertreter und als Bote und zum Handeln unter fremdem Namen, Diss. Breslau 1938; ders., Zur Anerkennung der verdeckten Stellvertretung in der Rechtsprechung des Reichsgerichts, AcP 150 (1949), 525; ders., Zur Dogmatik des Handelns unter fremdem Namen, AcP 152 (1952/53), 216; Pagel, Fälschung und Handeln unter falschem Namen, Gruchot 53 (1909), 229; Petersen, Der Offenkundigkeitsgrundsatz bei der Stellvertretung, JuS 2010, 187; Puppe, Namenstäuschung und Identitätstäuschung—OLG Celle NJW 1986, 2772, JuS 1987, 275; Rümelin, Das Handeln im fremden Namen im BGB, AcP 93 (1902), 131; K. Schmidt, Offene Stellvertretung—Der „Offenkundigkeitsgrundsatz " als Teil der allgemeinen Rechtsgeschäftslehre, JuS 1987, 425; Spiegelhalder, Rechtsscheinhaftung im Stellvertretungsrecht bei der Verwendung elektronischer Signaturen, 2007; Wolter, Effektenkommission und Eigentumserwerb. Zugleich ein Beitrag zur Lehre vom Geschäft für denjenigen, den es angeht, 1979.

一、概述

第 164 条第 1 款第 1 句规定,如果对被代理人产生法律效果,则代理人必须以被代理人的名义行动。[1] 在立法说明中对此的论述为,代理的本质是以他人名义实施以及接受法律行为。[2] 可以将该原则称为公示原则(Offenlegungsgrundsatz):必须明示或默示地对合同相对人公布法律行为的法律效果应当归属于谁。通常认为,发出相应的意思表示的人应

1378

---

〔1〕 关于代理人以自己名义为他人利益行动的间接代理,参见边码 1307 以下。
〔2〕 Mot. I, 223 = Mugdan I, 476; 关于 1861 年的《一般德国商法典》第 52 条、第 298 条的规定,参见 Laband, ZHR 10 (1866), 183 ff.——反之,以他人名义出现并不是法律行为的对他效力的本质,如第 185 条、第 1357 条可作为证明;参见 Flume[4], § 44 I; MünchKomm-Schramm[6] § 164 Rdnr. 16。

当取得权利并负担义务。如果有不同的表现,代理人必须充分地对外表达之。如果他没有完成对外表达,则根据第 164 条第 2 款,他不得主张他本不想以自己的名义实施行为(→边码 1416)。因此,发出意思表示的人自己取得权利并负担义务。公示原则主要有助于保护交易相对人。通过这一原则,对法律关系的清晰性有利益的法律交往同样间接受到保护,但这只是反射结果,并非本来的保护目的。[3] 不能确定是否以他人名义行动的,该风险依法律体系由代理人承担。因此,代理人对不以自己的名义实施的行为承担陈述责任和证明责任。

1379   公示原则(Offenlegungsgrundsatz)经常也被称为"公开原则(Offenheitgrundsatz)"[4]或"显名原则(Offenkundigkeitsprinzip)"[5]。但是"显名原则"的概念具有误导性:根据第 164 条第 1 款第 2 句,意思表示不必明确以被代理人的名义发出。故代理不必一目了然,如果从具体情况中可以得知,是以他人名义发出意思表示,足矣。正如第 164 条第 2 款表达的那样,对另一方而言可以认识到存在代理的情况,就已经足够(→边码 1384),不需要明确指出被代理人的名字。确切地说,被代理人是可以确定的,便已足够。[6] 事后才确定被代理人——这是可能的(→边码 1381)——则法律行为的效力随着交易相对人的确定才产生。[7]

范例

1380   S 作为"集中订货商"在 D 处订购了价值为 1 万欧元的货物。如

---

[3] Einsele, JZ 1990, 1005, 1006 附其他证明; G. Hager, AcP 180 (1980), 239, 248; K. Müller, JZ 1982, 777, 779——不同观点 Canaris, FS Flume, 1978, 371; Flume[4], § 44 I; Müller-Freienfels, Die Vertretung beim Rechtsgeschäft, 1955, 21; K. Schmidt, JuS 1987, 425, 426; Staudinger-Schilken[2014] Vorbem. zu § § 164 ff. Rdnr. 35。

[4] 采用该术语的有 Flume[4], § 44 I; MünchKomm-Schramm[6] § 164 Rdnr. 14; Palandt-Ellenberger[74] Einf. v. § 164 Rdnr. 2; Soergel-Leptien[13] Vor § 164 Rdnr. 23; Staudinger-Schilken[2014] Vorbem. zu § § 164 ff. Rdnr. 35。

[5] Brox/Walker[38], Rdnr. 524; Einsele, JZ 1990, 1005; Hübner[2], Rdnr. 1218; K. Schmidt, JuS 1987, 425; Wolf/Neuner[10], § 49 Rdnr. 45。

[6] BGH NJW 2008, 2178 Rdnr. 27 f. (Stapenhorst); 2006, 139, 140。

[7] BGH NJW 1998, 62, 63。

果 S 想成为 D 的单独的合同相对人,则本不需要"集中订货商"一词。因此通过解释可以得出,S 欲代理他为其(共同)订货的那些人;这样,这些人(也)成为买卖合同的当事人,故有义务支付分摊给他们的买卖价款。这里不存在违反公示原则的情况,因为 D 可以认识到,法律效果(也)应当归属于其他人。对 D 的保护不要求这些人进一步具体化,因为 D 不需要参与这样的交易,此外,如果 S 在有需要时不能告知 D 被他代理的人的名字,则 S 根据类推适用的第 179 条承担责任。[8]

为了公寓楼的融资,借款人与银行订立了借贷合同。随着加入建房人共同体,借款人应当成为目前正在建造的住宅的不为人熟知的取得人。[9] 无论从要件的视角看[10],还是从公示原则的视角看,(建设)合同订立时合同相对人尚不确定,但都不妨碍合同订立。[11]　　　　1381

二、以他人的名义行动的确定

(一) 基础

由前文(→边码 1379)已经得出,应当通过**解释**(Auslegung)来确定表示人是以自己的名义行动,还是以他人的名义行动。[12] 解释的范围(→边码 509)也包括该问题。通过解释,应当查明表示人的法效意思,因　　　　1382

---

[8] BGHZ 129, 136, 149 ff.; BGH MDR 2005, 1394, 1395; OLG Köln NJW-RR 1996, 42, 43; 1991, 918, 919 ——关于以其名义行动的人根本不存在的案例,见边码 1623。

[9] Vgl. BGH NJW 1989, 164, 166.

[10] 在此,合同的当事人可以确定即为已足,在此通过非合同当事人确定即可(→边码 712)。

[11] BGH NJW 1989, 164, 166; 对此也参见 BGH NJW 1998, 62, 63; MünchKomm-Schramm[6] § 164 Rdnr. 20; Soergel-Leptien[13] Vor § 164 Rdnr. 25 ff.; Staudinger-Schilken[2014] Vorbem. zu § 164 ff. Rdnr. 35——从不动产法对物权契约的特殊性得出不同的结论;参见 BayObLGZ 1983, 275, 278 ff.。

[12] BGHZ 125, 175, 178; 36, 30, 33; BGH NJW-RR 2006, 109, 110.

而,在审查意思表示时,也要审查表示的法律效果应当归属于谁。

1383 如果受领人知道,他人意欲作为代理人而行动,这种解释很少存在困难。在此情况下,以双方当事人的真实意思为目标的**自然解释**(natürliche Auslegung)就已经得出存在代理的情况。[13] 此处,即使对置身事外的第三人而言,不可能认识到代理人以他人的名义行动,甚至也满足第164条第1款的条件[14]。

1384 在所有其他的情况中,需要从受领人视角进行**规范解释**(normative Auslegung)。[15] 问题是,在采取可期待的谨慎措施后,受领人是否可以认识到,表示人意欲不以自己的名义而以他人的名义行动。如在第164条第1款第2句所提及(但不要求)的那样,代理人可以明确以他人的名义行动,如此将不存在任何解释空间。否则,就如第164条第1款第2句所强调的,根据一般解释规则,除了表示的文义,还必须考虑具体情况的因素,只要在考虑交易习惯的情况下从这些因素中允许推出表示的意义。[16] 属于此类因素的,还包括表示人的地位、当事人之间的关系[17]、合同标的、所参与的交易范围内的典型行为方式和具体的利益状况等,只要它们对表示受领人来说至少可以认识。

范例

1385 设计师预定空心砖,运输到建设工地。根据交易习惯和典型的利益状况,在此他——与承建人不同[18]——并非以自己的名义行动,而是以房主的名义。设计师为房主建造房子,房主依据第946条、第94条第2款是砖的所有权人。即便没有说出房主的名字,同样

---

[13] 对此,见边码512。
[14] Hübner², Rdnr. 1220; MünchKomm-Schramm⁶ § 164 Rdnr. 21.
[15] 对此,见边码525。
[16] Vgl. etwa BGH NJW 2015, 1510 Rdnr. 12.
[17] 对此,参见 OLG Hamm NJW-RR 1995, 350, 351;如果某人在交易关系中一直作为代理人出现,则可以认为,他在接下来的交易中也不以自己的名义行动;也可参见Flume⁴, § 44 I。
[18] BGH NJW 1981, 757.

如此。[19] 关于设计师的代理权参见边码1463。

1386 房管为了住宅设施而向工匠发出委托，根据情况，他通常不是以自己的名义，而是以业主共同体的名义行动，工匠应当对他们的所有物、为他们的利益而行动。[20]

1387 任何人聘请在律师事务所工作的律师时，通常与整个律师事务所订立合同，该律师事务所依第714条被分管律师代理。双方的利益在于，可以使用事务所的全部专业知识，并且在发生阻碍的情况下，合伙人有可能代替分管律师实施代理。[21]

1388 老师为班级出游预订房间，在此他代理学生而行动[22]，几乎不得认为老师愿意负担所有房间的租金。

1389 法律行为要求**形式**（Form）的，上文所述的基本原则不受影响。在要求形式的意思表示中，代理人可以明确强调代理关系，比如，他通过在签名之前标注"以代理身份"的缩写，即"i.V（in Vertretung）"或者"ppa（per procura）"。[23] 另外也可从证明文书中得出，签名人不是以自己的名义而是以他人的名义行动，比如，从合同文本、置于其前的序言或者从信头中得出。对要求形式的意思表示，也可以考虑证明文书之外的因素，前提条

---

[19] OLG Köln NJW-RR 1996, 212.

[20] BGH NJW-RR 2004, 1017; MünchKomm-Schramm⁶ § 164 Rdnr. 26; Palandt-Ellenberger⁷⁴ § 164 Rdnr. 5; Staudinger-Schilken²⁰¹⁴ § 164 Rdnr. 2; 对租赁合同，也参见 BGH NJW 2014, 1803 Rdnr. 12 ff.; KG WM 1984, 254, 255; 也参见 OLG Brandenburg NJW 1998, 1719.——不同观点 OLG Düsseldorf MDR 2003, 385; NJW-RR 1993, 885; Soergel-Leptien¹³ § 164 Rdnr. 16; 对建筑物保险合同 BGH NJW-RR 2009, 1038 Rdnr. 6; 对租赁合同，也参见 KG MDR 1998, 529。

[21] BGHZ 124, 47, 49 ff.; BGH NJW 1995, 1841; 相反范例 BGH NJW 2009, 1597 Rdnr. 9 ff.. 对合伙事务所的租赁合同，也参见 OLG Dresden NJW-RR 2001, 944; 对咨询合同 OLG Frankfurt NJW-RR 2001, 1004——然而在所有裁判中都应把握，现在合伙事务所作为民事合伙被认为具有权利能力（→边码195），因此自己是合同当事人。对其债务，类推适用《商法典》第128条由合伙人承担责任。

[22] OLG Frankfurt NJW 1986, 1941, 1942; LG Düsseldorf MDR 2000, 576, 577——关于集中预定，也见边码1380。

[23] 这样的附加明确规定在《商法典》第51条、第57条中。

件是,只有在考虑这些因素的情况下才能查明的代理意思——尽管不完整——在证明文书中有所表达。[24]

(二)特别情况:与企业相关的法律行为

1390　　实践中经常发生争议的问题是,某人显然是为特定企业订立合同,那么此时,当事人应当是谁?前文讨论的解释在此有相当大的适用空间。司法裁判发展出了以下**解释规则**(Auslegungsregel):明显在企业范围内完成的法律行为,在存疑时,应当依当事人一致的意思,使企业持有者,即企业载体负担义务。[25] 这句话包括两个彼此不同的思维路径。首先表达的是,在与企业相关的法律行为中,通常由情节可知表示人不是以自己的名义而是以他人的名义行动(第164条第1款第2句)。其次表达的是,以订立合同时的企业持有者之名义行动,这不依赖于行为人是否正确地认识到谁是企业持有者。

范例[26]

1391　　S是"S两合公司"的经理,该公司从事屋顶覆盖工作。他写信从D那里为一个大型建筑工地订购建筑材料,该信纸上写有"S"公司以及"铺屋顶、隔热、避雷、建筑水暖、屋顶材料批发"的附注。虽然S没有以两合公司的名义行动,但从各种情况中可以得出,S并非以私人的身份出现,而是实施了与企业相关的交易。因此,合同在D和作为企业载体的S两合公司之间成立。如果D认为S是持

---

[24] BGHZ 176, 301 Rdnr. 27; 125, 175, 178 f. 附其他证明; BGH NJW 2010, 1453 Rdnr. 15; ZIP 1997, 1044, 1045; MünchKomm-Einsele[6] § 126 Rdnr. 13; Palandt-Ellenberger[74] § 126 Rdnr. 9; Soergel-Hefermehl[13] § 126 Rdnr. 17。一般的也参见边码558以下。

[25] 参见 BGHZ 92, 259, 268; 91, 148, 152; 62, 216, 219 ff.; BGH NJW 2008, 1214;Rdnr. 11 (Witt); 1998, 2897; 1996, 1053, 1054; 1995, 43; NJW-RR 2006, 109, 110; 1998, 1342; 1997, 527, 528; 1995, 991; MDR 2005, 1394, 1395; BAG ZIP 1996, 779, 800——从文献中得出的,参见 Ahrens, JA 1997, 895 ff.; Derleder, FS Raisch, 25 ff.; Medicus[10], Rdnr. 917 f.; MünchKomm-Schramm[6] § 164 Rdnr. 23 ff.; K. Schmidt, JuS 1987, 425, 427 f.。

[26] 根据 BGHZ 62, 216, 219 ff.。

有人,同样如此。[27] 然而,D 可以在满足第 119 条第 2 款的条件下撤销合同(→边码 1423)。此外,如果 S 可归责地引起了一个权利外观,即合同是与承担无限责任的个体经营者订立的[28],则可以考虑 S 的权利外观责任。

与企业相关的法律行为这一表达仅关乎解释规则,对此不能有错误认识。该规则回答了在典型情况下谁是合同当事人的问题。这意味着两点:第一,只有当明确涉及**与企业相关的法律行为时**(unternehmenbezogenes Rechtsgeschäft),即涉及明显应当由企业取得权利并负担义务的法律行为时,才适用该规则,涉及与否既可能明确对外表达,也可能从各种情况中(比如,合同订立的地点、签名附注、明确为企业经营而给付等)得出。[29] 1392

范例

D 请求在 V 投资公司工作的、与他交好的 S 做一项资本投资,事后当 D 向 S 索要已经投资的资金时,S 抗辩称,他仅作为 V 的代理人而行动。该抗辩不能成立。从各种情况中并非绝对毫无疑问地推论出,存在与企业相关的法律行为,因为在该情形下同样可以解释为,S 欲自己负担义务地为 D 行动。[30] 1393

第二,即使涉及与企业相关的法律行为,从各种情况中同样可以得出解释规则不适用,因此行为人自己负担义务*。 1394

---

[27] 不同的且与绝对通说相反的观点,参见 OLG Bremen NJW 1970, 1277 附 Lorenz 否定的评释。

[28] 对此,参见 BGHZ 71, 354, 356; BGH NJW 2007, 1529 Rdnr. 14 ff.; 1998, 2897; 1996, 2645; 1991, 2627 附 Canaris 评释; 详见 Derleder, FS Raisch, 25 ff.; K. Schmidt, Handelsrecht[6], § 4 Rdnr. 88 ff.。

[29] 有启发的——也关于证明责任——参见 BGH NJW 1995, 43; OLG Brandenburg NJW-RR 1999, 1606, 1607; OLG Koblenz MDR 1997, 1108; OLG Köln NJW-RR 1999, 1615; 1997, 670, 671; 也参见 OLG Celle NJW-RR 1998, 174。

[30] Vgl. BGH NJW-RR 2006, 109, 110; 1995, 991。

* 原文使用的是"der Vertretene"。——译者注

范例

1395　　H女士有一家家具店,其配偶 H 先生有另一家家具店。H 先生从常年给 H 女士供货的 D 那里订购家具。D 要求 H 女士支付价款,理由是,他将 H 先生视为 H 女士的代理人。在此之前,从 D 与 H 女士之间的交易关系可以得出,(H 先生)以他人的名义行动(→边码1384;在此情况下,合同可以被撤销,→边码1420),否则就存在与企业相关的法律行为。但是因为不清楚 H 先生为哪家企业行动,所以在存疑时,他自己负担义务。[31]

三、公示原则的例外

1396　　如在边码 1378 中所阐述的那样,公示原则保护合同当事人。不需要这种保护的,则可以考虑公示原则的例外,其结果是,虽然代理人没有以可认知的方式以他人的名义行动,但法律效果仍归属于被代理人。这种例外以效力归属于相关人的法律行为(Geschäft für den, den es angeht)和冒名行为(Handeln unter fremden Namen)为代表。

(一)效力归属于相关人的法律行为

1. 基础

1397　　在与企业相关的法律行为中,涉及的是第 164 条第 1 款第 2 句的适用(→边码1390);在效力归属于相关人的法律行为中,涉及的是真正的例外。代理人以自己的名义(im eigenen Namen)行动。在"效力归属于相关人的法律行为"的标题下,通常讨论的情况是,代理人公开了法律效果应当归属于他人,但是隐瞒了被代理人的名字(→边码1379),这根本不存在公示原则的例外问题。[32]

---

[31] OLG Hamm NJW-RR 1996, 802.

[32] Vgl. auch Flume[4], § 44 II 2 a; MünchKomm-Schramm[6] § 164 Rdnr. 47; Soergel-Leptien[13] Vor § 164 Rdnr. 25; Staudinger-Schilken[2014] Vorbem. zu § 164 ff. Rdnr. 51 f.

在效力归属于相关人的法律行为中,代理人必须以自己的名义行 1398
动,但有**代理的意思**(Vertretungswillen)(→边码1399),即他想代理某人。
该代理意思一般不重要,关键的并不是代理人意欲如何行动,而是他的行
为从受领人视角应当被如何理解(→边码1382)。如果行为的涉他性是不
可认识的,则表示人自己取得权利并负担义务(第164条第2款)。该规
定有助于保护合同相对人,如果交易相对人不需要保护,则允许存在例
外。在方法论上涉及的是第164条的目的限缩[33],这主要表现在所谓的
日常生活的现金交易中,在此对合同相对人而言,他和谁有关系无所
谓,因为他立即取得了应当给予他的给付,债权人本身并不重要(→边码
1400)。在此类情况下,无论是债权的法律效果,还是物权的法律效果,都
直接归属于表示人意欲代理的人(→边码1404)。[34]

2. 前提条件

只有当代理人在订立交易的时间点[35]有**代理意思**(Vertretungswillen), 1399
才可能有效力归属于相关人的法律行为。反之,如果他想自己取得权利
并负担义务,因此以自己名义行动,则存在一般的自己交易。[36] 根据不
同观点,代理意思不应当起决定作用。确切地说,必须从那些与法律关系
密切的人可认识到的情况中得出,法律行为客观上涉及交易本人。[37] 该
观点主要是为了保护法律交往,然而通过公示原则,它仅受到间接保护
(→边码1378)。在诉讼中,通常迫切需要通过客观因素(情况)推论出表

---

[33] Vgl. BGHZ 154, 276, 279; K. Schmidt, JuS 1987, 425, 429.

[34] 参见 Einsele, JZ 1990, 1005, 1008 ff.; Hübner[2], Rdnr. 1183; Medicus[10], Rdnr. 920 f.; MünchKomm-Schramm[6] § 164 Rdnr. 47 ff.; Palandt-Ellenberger[74] § 164 Rdnr. 8; K. Schmidt, JuS 1987, 425, 428 f.; Soergel-Leptien[13] Vor § 164 Rdnr. 31; Wolf/Neuner[10], § 49 Rdnr. 50 f.——原则上反对第164条第2款以及对权利清晰性的风险,参见 Dubber (Rdnr. 1377), 72 ff.; Flume[4], § 42 Ⅱ 2; E. Wolf[3], § 13 D V; 批评的观点,参见 Schwark, JuS 1980, 777, 778; Staudinger-Schilken[2014] Vorbem. zu § 164 ff. Rdnr. 53。

[35] 不考虑事后的"重新划定",BGH NJW 1955, 587, 590.

[36] Vgl. nur BGH NJW 1955, 587, 590; OLG Düsseldorf NJW 1992, 1706, 1708.

[37] v. Lübtow, ZHR 112 (1949), 227, 246 ff.; MünchKomm-Schramm[6] § 164 Rdnr. 55 f.; K. Schmidt, JuS 1987, 425, 429; Staudinger-Schilken[2014] Vorbem. zu § 164 ff. Rdnr. 53; Wolf/Neuner[10], § 49 Rdnr. 50.

示人的代理意思。如果实体法上要求客观联系,则在没有保护目的要求的情况下,效力归属于相关人的法律行为的适用范围几乎将被清除,因为在有客观因素的情况下,可以适用第 164 条第 1 款第 2 句。[38]

1400　　如果存在代理意思,则还要求对另一方而言**合同当事人个人无关紧要**(die Person des Vertragspartners gleichgültig)。[39] 他可以明确如此表示,否则要从各种因素中推断,特别是在日常生活的现金交易中,一般可以从各种因素中得出,合同当事人并不重要。在立即实施的日常交易中,合同当事人的可信度和信誉并不重要。对立即取得金钱同时交货的食品出售人而言,站在他面前的人是合同当事人,抑或其他人是合同当事人,完全无所谓——在可能的瑕疵担保请求权方面也如此。这在其他现金交易中也适用,即使该交易并非日常的(或者对一方来说是日常的)。反之,发放借贷者,即便有充足的担保,也一定非常想清楚地知道,合同当事人的财务状况如何,以及在支付迟延的情况下他应该向谁主张权利。[40]

范例

1401　　S 为自己和他的女友 V 购买了两张摇滚音乐会的门票,其女友立即将钱给了他。S 意欲作为代理人为 V 购买第二张票,但这不具有可认识性,没有什么能够表明他只需要为自己购买一张票。比如,在想象中,也可能是他意欲先自己购得第二张票,然后赠与他人。如果 S 有代理 V 的意思,那么 V 根据效力归属于自身的法律行为的基本原则,直接取得音乐会门票的所有权,借此取得原始的参加音乐会的请求权,因为对于立即取得对待给付的音乐会组织者而言,谁是

---

[38] Vgl. Soergel-Leptien[13] Vor § 164 Rdnr. 24; Westermann/Gursky/Eickmann-H.P.Westermann, § 42 Rdnr. 9 ff.

[39] 第 1646 条第 1 款第 1 句是例外。此外,可以将该规范理解为效力归属于自身的法律行为的特别情况(K. Schmidt, JuS 1987, 425, 430 f.),因为法律自身根据代理意思安排。

[40] 使人产生疑问的观点,参见 Soergel-Leptien[13] Vor § 164 Rdnr. 31,该观点将小范围的信用交易也归为效力归于自身的法律行为;也参见 BGHZ 114, 74, 81。反之,有道理的MünchKomm-Schramm[6] § 164 Rdnr. 53。

参加音乐会请求权的债权人无关紧要。V 成为合同当事人,因此她在给付障碍的情况下(音乐会取消、开始严重迟延、在违反从属义务的情况下举行)有相应的合同当事人的权利。

V 委托银行 S 替他参加 D 股份公司的股东大会,S 照做,在股东大会上用 V 的票投票表决,且没有公开代理关系。在此,《股份法》第 135 条第 4 款第 2 句就允许效力归属于自身的法律行为。 1402

D 因为搬家将他的猫卖到市里,在此,取得人个人对 D 而言并非无关紧要,因为他想知道这只猫落入了谁的手里。[41] 1403

3. 法律效果

如果满足前述前提条件(此外,代理人发出自己的意思表示[42]且有代理权而行动[43]),法律效果与"普通的"代理的法律效果相符,直接取得权利且负担义务的是表示人意欲为其行动的人。这对债权法律行为[44]和物权法律行为[45]都适用。在日常生活的现金交易中,被代理人不仅是买卖合同的当事人,也是买受货物的所有权人。如有需要,代理人要告知第三人被代理人的姓名,否则代理人要像无权代理人那样承担责任。[46] 1404

范例[47]

M 与他的同居女友 F 商定在 V 处购买洗衣机,用现金支付。在 1405

---

[41] Vgl. RGZ 99, 208.
[42] 否则他就是使者,法律效果直接归属于交易本人。
[43] 否则参照适用第 177 条以下;→边码 1602 以下。
[44] 对债权法律行为的限制,参见 BGHZ 154, 276, 279; RGZ 99, 208; Flume[4], § 44 Ⅱ b; Hübner[2], Rdnr. 1183; Staudinger-Schilken[2014] Vorbem. zu § 164 ff. Rdnr. 54; 与此处相同的有 MünchKomm-Schramm[6] § 164 Rdnr. 54 und Soergel-Leptien[13] Vor § 164 Rdnr. 29 附其他证明——当然,对债权法律行为也必须谨慎审查,对交易相对人个人而言合同当事人是否无关紧要。
[45] 参见 MünchKomm-Schramm[6] § 164 Rdnr. 58——效力归属于自身的法律行为不适用于土地契约(Auflassung)(→脚注 11)。
[46] BGHZ 129, 136, 149; LAG Berlin MDR 1999, 946.
[47] 根据 BGHZ 114, 74, 75 ff.。

此情况下，由于谁是他的合同相对人对卖方来说无关紧要，且 M 不仅为他自己，也意欲为 F 行动，因此 M 和 F 共同为买卖合同的当事人。此外，他们共同取得所有权。在依第 929 条第 1 句而需要的合意中，F 又根据效力归属于自身的法律行为的基本原则被 M 代理。根据第 929 条第 1 句、第 868 条，向她完成交付即可，因为基于合意，在 M 和 F 之间成立占有媒介关系。

(二) 冒名行为

1406　需要考虑的公示原则的另一个例外是，某人假冒被代理人的名义而行动，即谎称是被代理人，此时代理人以自己的（即使是假的）名义行动，因而其实不存在代理的情况。在此，究竟是由被代理人（名字持有人）负担义务，还是根据第 164 条第 2 款由代理人负担义务，仍然以受领人的视角以及另一方的需保护性为判断标准。[48] 对双方当事人而言，最终取决于所使用的名字对法律行为是否有任何意义。因此，传统上有以下区别：

1. 行为人的自己交易

1407　如果一个人使用假名表示他想订立合同，那么，从一个专心的受领人视角来理智地评价各种因素，通常会显得行为人自己想要取得权利并负担义务。通常表现是，名字对表示的受领人没有意义。在此情况下，合同在受领人与行为人自己之间成立。[49] 如果表示人不想自己负担义务，而是想代理名字持有者，同样如此。因此，适用第 164 条第 2 款（→边码 1416 以下）。

范例

1408　S 在参加的有奖竞赛中投递了两个方案，一个以真实姓名，一个

---

[48] BGHZ 45, 193, 195 f.; BGH NJW-RR 1988, 814, 815; OLG Düsseldorf NJW 1989, 906.

[49] BGH NJW-RR 2006, 701 Rdnr. 11; 1988, 814, 815——当所使用的姓名的持有人根本不存在，即它是假名，或者当使用的是非常普通的名字时，情况更是如此；仅参见 Flume[4]，§ 44 Ⅳ。

假冒 V 的名义。如果以 V 的名义投递的作品中奖,S 仍然享有相应权利,因为名字的持有人个人对相对方而言无关紧要;他意欲向投递方案的人给付,投递方案的人想叫什么名字就叫什么。[50]

S 从 V 处借来一辆私家车,在交付车辆证书的情况下,以 V 的身份将该车转让给 D。D 不认识 V,名字的持有人对他来说也不重要。站在他面前的人是否为所有权人,对他可能也无所谓,因为他无论如何都可以善意取得该私家车(第 932 条)。在此如果以名字的持有人为准,则合同并未成立,这样的话,适用代理法以保护 D 不面对不合心意的合同相对人之目的(→边码 1410)将落空。因此,无论对买卖合同还是对物权合意而言,D 都是 S 的合同相对人。[51]

1409

2. 为名字持有人的他人交易

如果从受领人的视角看,与真实的名字持有人成立合同才有意义,情况则不同。在此情况下,表示相对人认为,对他至关重要的人站在他面前,且通过订立合同取得权利并负担义务。由于这种信赖,表示受领人必须受到保护。通过类推适用第 164 条以下条款可以直接达到该保护目的。[52] 如果名字的持有人个人对交易有意,则要像处理以他人的名义而行动那样对待冒名行为。类推适用第 164 条第 1 款,取得权利并负担义务的是名字持有人。然而,这仅适用于表示人有代理权的情况(→边码 1425、1653)![53] 否则由冒名行为人根据另一方当事人的选择而对其承担履行

1410

---

[50] Vgl. OLG Koblenz MDR 1958, 687, 688; Berg, JuS 1963, 361 ff.; Hoffmann, JuS 1970, 234, 236; MünchKomm-Schramm[6] § 164 Rdnr. 42.

[51] BGH NJW 2013, 1946 Rdnr. 6 ff.; OLG Düsseldorf NJW 1989, 906; Giegerich, NJW 1986, 1975 f.; Holzhauer, JuS 1997, 43, 48; Mittenzwei, NJW 1986, 2472 f.; MünchKomm-Schramm[6] § 164 Rdnr. 43; Soergel-Leptien[13] § 164 Rdnr. 25——不同观点,参见 OLG Düsseldorf NJW 1985, 2484; Palandt-Ellenberger[74] § 164 Rdnr. 11。

[52] BGH NJW-RR 2006, 701 Rdnr. 11; OLG Köln NJW 2006, 1676—— 对直接适用第 164 条以下条款,参见 Flume[4], § 44 Ⅳ。

[53] BGH NJW-RR 2006, 701 Rdnr. 11; 1988, 814, 815——如果不允许代理(→ 边码 1335 以下),禁止代理也阻碍冒名行为; Geusen(边码 1377), 71 ff.; Staudinger-Schilken[2014] Vorbem. zu §§ 164 ff. Rdnr. 89. 对于结婚,参见 Beitzke, FS Dölle, I, 1963, 229, 244 ff.。

责任,或者因为不履行而产生的损害赔偿责任(类推适用第 179 条;→边码 1620)。[54] 行为人意欲自己交易的,可以根据第 119 条第 1 款情况 1 予以撤销(→边码 1420)。

范例

1411　　S 可以访问 V 的电脑系统,在 V 不知情的情况下,使用与 V 约定的密码向邮寄商店 D 订货。在本案中,D 的合同相对人应当是 V,因为从 D 的视角看是 V 订的货[55],对 D 而言关键的是,他只接受在经他信用审查后(D 预先交货!)允许使用电子订购系统的人订货。然而在此情况下,D 和 V 之间订立合同的前提条件是 S 有代理权,也可以从权利外观代理权得出 S 有代理权。[56]

1412　　S 偷了 V 的支票单,用 1 万欧元从 G 手中购得二手私家车。在此他冒用 V 的名义行动,使用偷来的支票支付。与边码 1409 中所处理的情况不同,此时名字持有人 V 很关键,因为支票兑现并无保证,关乎的是有重大经济意义的信用交易。因为 S 的代理权缺失,无论是买卖合同还是物权合意都是效力待定(第 177 条第 1 款),在 V 拒绝追认时最终不生效力。

3. 形式

1413　　前述考量对要式法律行为也适用。某人用他人的名字签名,如果从文书中可得出,签名人作为名字持有人的代理人而行动,这当然足以构成书面形式(→边码 1389)。[57] 但是,如果代理不具有可认识性,从受领人视角看,表示是由名字持有人作出的,这也足以满足形式

---

　　[54]　BGHZ 111, 334, 338; BGH NJW-RR 2006, 701 Rdnr. 11.
　　[55]　BGHZ 189, 346 Rdnr. 10; OLG München NJW 2004, 1328; LG Koblenz NJW 1991, 1360; AG Bremen NJW 2006, 518 f.; Oechsler, Jura 2012, 581 f.; Redeker, NJW 1984, 2390, 2392 f.
　　[56]　BGHZ 189, 346 Rdnr. 12; OLG Köln NJW 2006, 1676 f.; OLG Oldenburg NJW 1993, 1400, 1401; Oechsler, Jura 2012, 581, 582 ff.; ders., AcP 208 (2008), 565 ff.; Spiegelhalder (Rdnr. 1377),相同的以及一般性的观点,参见边码 1562。
　　[57]　基本的 RGZ 74, 69 ff.。

规定。[58] 在此方面,代理规则参照适用(→边码 1410)。如果对当事人而言,名字持有人无关紧要,同样也可以用假名字签名。[59] 反之,对于公证文件,《公证法》第 10 条规定,要准确地标明参与人的身份,由此排除了冒名行为。[60] 关于空白支票的填写参见边码 1642 以下。

(三) 法定对他效力

法律在不同的条款中规定,以自己的名义实施的法律行为应具有对他效力,如同在代理的情况中那样。比如,第 1357 条第 1 款第 2 句就是此类条款,据此,通过有助于满足适当的家庭生活的法律行为,夫妻双方都取得权利并负担义务。如果仅配偶一方行动,且其以自己的名义行动,也(恰好)适用之。在此并不是法定的放弃遵守公示原则的代理。特别是,不能把这种情况总是归类到效力归属于自身的法律行为制度中,因为行为人通常缺失代理意思。因此,该条款包含**法定的法律效果延伸**(gesetzliche Rechtsfolgenerstreckung)(→边码 1430)。这同样适用于替代规范(Surrogationsnormen),即规定在物灭失或者被转让时,对物之权利继续存在于它的替代物的那些规范(参见第 718 条第 2 款、第 1418 条第 2 款第 3 项、第 1473 条第 1 款、第 1638 条第 2 款、第 1646 条、第 2041 条、第 2111 条)。[61]

1414

四、错误人

某人是以自己名义行动,还是以他人的名义行动,要通过从受领人视

1415

---

[58] BGHZ 45, 193, 195 f.; BGH MDR 1976, 570; Flume[4], § 44 Ⅳ; MünchKomm-Schramm[6] § 164 Rdnr. 37 ff.——不同观点,参见 Köhler[38], § 12 Rdnr. 8; ders., FS Schippel, 1996, 209, 212 ff.。

[59] MünchKomm-Schramm[6] § 164 Rdnr. 42; Soergel-Leptien[13] § 164 Rdnr. 25.

[60] Flume[4], § 44 Ⅳ; MünchKomm-Schramm[6] § 164 Rdnr. 46; Soergel-Leptien[13] § 164 Rdnr. 25; Staudinger-Schilken[2014] Vorbem. zu § § 164 ff. Rdnr. 89; 对于土地契约,也参见 Geusen (边码 1377), 118 ff.; RGZ 106, 198 ff.。

[61] 详见 Einsele, JZ 1990, 1005, 1007 f.; Hübner[2], Rdnr. 1177 f.; K. Schmidt, JuS 1987, 425, 430 f. 附其他证明;关于第 1646 条见脚注 38。

角进行的解释来确定——如在边码 1382 以下详细陈述的那样。在此,当事人的意思原则上不是关键的。只有当代理人和他的相对人对第三人应当成为合同当事人达成一致时,他才取得权利并负担义务,即使非参与人不能认识到所意图的代理(→边码 1383)。不存在此类情况的,首先应考虑非合意(→边码 779),比如,当从解释中得出,表示人意在自己取得,而相对人意在向被代理人出卖,则存在非合意。[62] 如果从接受人的视角进行解释的结果是,两个表示意在使同一个人取得权利并负担义务,则可能与一方参与人的真实意思相违背。对从中得出的法律效果,应当予以区分。

(一)代理人的错误认识

1416　第 164 条第 2 款规定了最重要的错误情况,该条款处理的是未充分表露的代理意思:代理人意欲以他人的名义行动,但通过解释得出他以自己的名义行动。对此情况,首先从第 164 条第 1 款得出,法律效果不归属于本应被代理的人。[63] 此处,根据一般法律行为学说,代理人自己取得权利并负担义务,行为人首先受制于他意欲将法律效果归属于自己的解释结果,因为关键的是表示出的法律效果意思而不是实际的法律效果意思(→边码 500)。这是恰当的,因为明确地对外表示他意欲作为代理人而行动,是表示人能够控制的。

1417　第 164 条第 2 款与该结果关联。该条款的意义不在于代理人受约束(如前所述,这已经从一般法律行为学说中得出),而在于**排除了错误的撤销**(Ausschluss der Irrtumsanfechtung)。一般情况下,行为人可以根据第 119 条第 1 款情况 1 撤销可归责于他的意思表示("我意欲将法律效果归于我自己"),因为他实际上有其他法律效果意思("我意欲将法律效果归于被代理人")。根据解释得出的表示并非其心中所想,而所想未被表示

---

[62] Vgl. RG SeuffA 77 (1923) Nr. 59; MünchKomm-Schramm[6] § 164 Rdnr. 63.

[63] 参见 BGH NJW 2009, 1597 Rdnr. 12——被代理人也不能根据第 177 条将法律行为"拽向自己";仅参见 Staudinger-Schilken[2014] § 164 Rdnr. 17。

出来(→边码 826)。第 164 条第 2 款为了交易安定之利益而排除了撤销[64],因为允许撤销"在很多情况下将打开刁难和争议的大门"。[65] 因此,表示人将受意思表示的约束,被作为间接代理人。他能否将不幸行为的后果转嫁给他想代理的人,则是内部关系的问题(→边码 1688)。

范例

S 想在 D 处为 V 购买一台机器,但是代理关系不具有可认识性。在此情况下,买卖合同(第 433 条)和物权合意(第 929 条第 1 句)在 S 和 V 之间成立。失败的代理尝试不引发可撤销性(第 164 条第 2 款)。通过将机器交付给 S,S 成为所有权人。[66] 如果 V 自己提前就已经(或者由 S 通过自己代理的方式代理,→边码 1584)与 S 就此达成一致,并且 S 愿意在占有媒介关系的框架内为 V 占有(提前的占有改定),则 V 根据第 929 条第 1 句、第 930 条成为所有权人。[67] 此外,内部关系的清算由第 662/675 条、第 667 条、第 670 条予以规定。[68]

1418

同时,第 164 条第 2 款包含了**证明责任**(Beweislast)规范。某人本来意欲以第三人名义订立合同,又基于此而被主张请求权的,原告必须陈述并证明,被告发出的是自己的意思表示。反之,被告的任务是,陈述并证明他是以他人的名义发出意思表示的事实。[69] 如果被告没有成功证明,则根据第 164 条第 2 款,得出相反结论。[70]

1419

---

[64] 绝对通说;仅参见 BGH NJW-RR 1992, 1010, 1011; Flume[4], § 44 Ⅲ; MünchKomm-Schramm[6] § 164 Rdnr. 62; Neuner, AcP 193 (1993), 1, 13 f.; K. Schmidt, JuS 1987, 425, 427; Wolf/Neuner[10], § 49 Rdnr. 66; Zunft, NJW 1959, 276, 277。

[65] Mot. I, 226=Mugdan I, 477.

[66] RGZ 140, 223, 229.

[67] RGZ 100, 190, 192 f.; 99, 208, 209 f.; Soergel-Leptien[13] Vor § 164 Rdnr. 36, § 164 Rdnr. 34.

[68] Vgl. auch Flume[4], § 44 Ⅲ.

[69] 在与企业相关的法律行为中(→边码 1390)代理人承担与企业相关的证明责任; BGH NJW 1995, 43, 44。

[70] BGHZ 85, 252, 258 f.; BGH NJW-RR 1992, 1010; NJW 1991, 2958.

1420　第 164 条第 2 款并没有规定相反的情况,即表示人**并没有代理的意思**(keinen Vertretungswillen),却反而由解释得出他是以他人的名义行动。只要表示人有代理权,则在此应与被代理人成立合同,但合同可以被撤销。[71] 第 164 条第 2 款不排除此类撤销。[72] 如果代理人意欲代理的人与根据外在因素解释得出的被代理的人不同,也如此处理。因代理人错误,根据第 119 条第 1 款情况 1、第 166 条第 1 款的一般规则,在两种情况中撤销权人都是被代理人。[73] 相反观点[74]将代理人视为撤销权人,借此追求的目标是,使代理人能以自己的名义订立合同。该观点提出的论证是,错误对被代理人通常不重要,因为他得到了他同意的结果。[75] 当然,如果是这样,那么也没有理由使被代理人从合同中解脱,尤其是,代理人的撤销不会自动使他取得他所追求的自己交易。确切地说,第三人在撤销后可以重新决定。在此第三人也可以坚持代理人的真实意思。[76] 只有当(违反他本意的)代理人没有代理权时,他才可以自己撤销(→边码 1376 结尾处)。[77]

范例

1421　商事全权代理人 S 的表示违背其本意,表现为与企业相关的法律行为,这样,从受领人视角的解释可得出,在企业持有人 V 和表示受领人 D 之间成立合同(→边码 1390),因为根据《商法典》第 49 条

---

[71] Flume[4], § 44 Ⅲ; Lieb JuS 1967, 106, 112; MünchKomm-Schramm[6] § 164 Rdnr. 65; Neuner, AcP 193 (1993), 1, 15; Soergel-Leptien[13] § 164 Rdnr. 12/35; Staudinger-Schilken[2014] § 164 Rdnr. 21.

[72] 不同观点,参见 Fikentscher, AcP 154 (1955), 1, 15 ff.; Palandt-Ellenberger[74] § Rdnr. 16; 也见 BGHZ 36, 30, 34。

[73] Erman-Maier-Reimer14 § 164 Rdnr. 26; Soergel-Leptien[13] § 164 Rdnr. 12; v. Tuhr, Ⅱ/2, 347 f.

[74] Flume[4], § 44 Ⅲ; Hübner[2], Rdnr. 1221; MünchKomm-Schramm[6] § 164 Rdnr. 66; Vgl. auch Lieb, JuS 1967, 106, 112 Fn. 63.

[75] Vgl. RGZ 82, 193, 196.

[76] Neuner, AcP 193 (1993), 1, 15 f.; →Rdnr. 954.

[77] 在结论上如此的,也包括 Erman-Maier-Reimer[14] § 164 Rdnr. 26; Staudinger-Schilken[2014] § 164 Rdnr. 21。

第1款,S的代理权包括合同,但V可以因为S的错误而撤销合同。

(二) 被代理人的错误认识

相反,被代理人的错误认识在原则上不重要。被代理人错误地认为,某人作为他的代理人出现,这并不赋予该人代理权。这种偏离只可能在他和行为人之间的内部关系中产生效果。在相反的情况中——被代理人错误地相信,行为人以他自己的名义发出意思表示——被代理人在存在代理权的情况下受意思表示约束。只有在代理人意欲以自己的名义行动时(→边码1420),才考虑撤销。相反,代理人在代理权框架内订立了他本不应实施的法律行为[78](→边码1573),从不允许被代理人撤销。

1422

(三) 第三人的错误认识

通过从受领人视角进行的解释,第三人的利益通常已经得到了充分保护。根据第119条第1款的撤销在一般情况下因此而落空,因为第三人的意思和表示并没有不一致。如果发生——特别是在与企业相关的交易中(→边码1390以下)——对合同相对人本身认识错误的情况,第三人通常可以在第119条第2款的前提条件下撤销意思表示。如果代理人说出被代理人的名称,第三人听错了,他可以根据第119条第1款撤销,也是这种情况。此外,要考虑代理人根据第179条的责任,或者因为可归责而引起的权利外观责任(→边码1391)。

1423

---

[78] RGZ 82, 193, 196.

第三十四章　代理权

文献

1424

G. J. Albrecht, Vollmacht und Auftrag, Diss. Kiel 1970; Ballerstedt, Zur Haftung für culpa in contrahendo bei Geschäftsabschluß durch Stellvertreter, AcP 151 (1950/51), 501; Bauer-Mengelberg, Generalvollmacht, 1932; Beigel, Ersatzansprüche des vollmachtlos handelnden Architekten gegen den Bauherrn, BauR 1985, 40; Beuthien, Gibt es eine organschaftliche Vertretungsmacht?, NJW 1999, 1142; ders., Gibt es im Stellvertretungsrecht ein Abstraktionsprinzip? Festgabe 50 Jahre BGH, 2000, 81; Blumenthal, Die Theorie der Erteilungs-und Widerrufserklärung bei den Vollmachten des Zivil-und Prozeßrechts, Diss. Freiburg 1906; Boettcher, Zur Lehre vom Erlöschen der Vollmacht nach dem Rechte des BGB, Diss. Leipzig 1908; Borges, Rechtsscheinhaftung im Internet, NJW 2011, 2400; Bork, Schenkungsvollzug mit Hilfe einer Vollmacht, JZ 1988, 1059; Bous, Zum Nachweis bestehender Vertretungsmacht gegenüber dem Grundbuch unter besonderer Berücksichtigung des § 172 Abs. 1 BGB, Rpfleger 2006, 357; Brehsan/Gohrke/Opolony, Der ausreichende Nachweis ordnungsgemäßer Bevollmächtigung nach § 174 BGB aus anwaltlicher Sicht, ZIP 2001, 773; Brox, Die Anfechtung bei der Stellvertretung, JA 1980, 449; Coing, Die gesetzliche Vertretungsmacht der Eltern bei der Ausschlagung einer Erbschaft, NJW 1985, 6; Deggau, § 174-eine ungenutzte Vorschrift, JZ 1982, 796; Demelius, M. Wellspachers Vollmachtslehre, AcP 153 (1954), 1; Drexl/Mentzel, Handelsrechtliche Besonderheiten der Stellvertretung, Jura 2002, 289/375; Düll, Zur Lehre vom Widerruf, 1934; Dux, Die unwiderrufliche Vollmacht zur Unterwerfung unter die sofortige Zwangsvollstreckung bei Grundschulden, WM 1994, 1145; Einsele, Formbedürftigkeit des Auftrags/der Vollmacht zum Abschluß eines Ehevertrages, NJW 1998, 1206; Erbach, Die stillschweigende Vollmachterteilung in der neueren Rechtsprechung, Diss. Marburg 1930; Eujen/Frank, Anfechtung der Bevollmächtigung nach Abschluß des Vertretergeschäfts?, JZ 1973, 232; Eule, Die über den Tod des Machtgebers erteilte Vollmacht, Diss. Breslau 1933;

K. Fischer, Die postmortale Vollmacht, Diss. Hamburg 1949; R. Fischer, Unwiderrufliche Stimmrechtsvollmacht in der GmbH, GmbHR 1952, 113; Foller, Das Erlöschen der Vollmacht nach dem Rechte des BGB, Diss. Jena 1903; Frey, Rechtsnachfolge in Vollmachtnehmer- und Vollmachtgeberstellungen, 1997; Ganter, Unwirksamkeit der Vollmacht eines Geschäftsbesorgers wegen Verstoßes gegen das Rechtsberatungsgesetz?, WM 2001, 195; Geckle, Die Vollmacht in der Betriebspraxis und im Rechtsleben, 1982; Geiger, Die Vollmachtserteilung durch schlüssiges Handeln, Diss. Erlangen 1936; Geitzhaus, Die Generalbevollmächtigung – ein empfehlenswertes Instrument der Unternehmensführung?, GmbHR 1989, 229/278; Gerke, Vertretungsmacht und Vertretungsberechtigung, 1981; Gernhuber, Die verdrängende Vollmacht, JZ 1995, 381; Gottschalk, Die Vollmacht zum Grundstückskauf und zu anderen formbedürftigen Rechtsgeschäften, 1932; ders., Die Vollmacht zur Vornahme formbedürftiger Rechtsgeschäfte, JherJb. 79 (1928/29), 212; Grau, Zum Problem der Bevollmächtigung, Diss. Berlin 1917; Gröning, Zur Empfangsvollmacht des Vermittlers für mündliche Erklärungen des Antragstellers, VersR 1990, 710; Groher, Die Beurkundungsbedürftigkeit der Vollmacht zur Veräußerung und zum Erwerb von Grundstücken, Diss. Bonn 1987; U. Haas, Die Vertreterhaftung bei Weglassen des Rechtsformzusatzes nach § 4 II GmbHG, NJW 1997, 2854; Habscheid, Zur Problematik der „gesetzlichen Vertretung", FamRZ 1957, 109; Haegele, Möglichkeit und Grenzen der postmortalen Vollmacht, Rpfleger 1968, 345; Häublein, § 174 S. 1 BGB – eine (Haftungs-) Falle nicht nur für Rechtsanwälte, NJW 2002, 1398; ders., Entbehrlichkeit von Vertretungsmacht für das Zustandekommen von Verträgen bei Beteiligung eines Vertreters, Jura 2007, 728; von Hein, Der Abschluss eines Scheingeschäfts durch einen Gesamtvertreter: Zurechnungsprobleme zwischen Corporate Governance und Rechtsgeschäftslehre, ZIP 2005, 191; Heinz, Die Vollmacht auf den Todesfall, Diss. München 1964; A. Heldrich, Schranken der elterlichen Vertretungsmacht bei der Ausschlagung einer Erbschaft, in: FS W. Lorenz, 1991, 97; K. Heldrich, Die Geltung der Vollmacht nach dem Tode des Vollmachtgebers, JherJb. 79 (1928/29), 315; Hellgardt/Majer Die Auswirkungen nichtiger Grundverhältnisse auf die Vollmacht, WM 2004, 2380; Henssler/Michel, Vertretung durch sozietätsverbundene Rechtsanwälte bei einseitigen Willenserklärungen, NJW 2015, 11; Herresthal, Formbedürftigkeit der Vollmacht zum Abschluss eines Verbraucherdarlehens, BGH NJW 2001, 1931/2963, JuS 2002, 844; Hoffmann, Rechtsscheinhaftung beim Widerruf notarieller Vollmachten,

NJW 2001, 421; Hopt, Die Auswirkungen des Todes des Vollmachtgebers auf die Vollmacht und das zugrundeliegende Rechtsverhältnis, ZHR 133 (1970), 305; H. Hübner, Zurechnung statt Fiktion einer Willenserklärung, in: FS H. C. Nipperdey, 1965, Bd. I, 373; ders., Die Prokura als formalisierter Vertrauensschutz, in: FS E. Klingmüller, 1974, 173; U. Hübner, Interessenkonflikt und Vertretungsmacht, 1977; Hupka, Die Vollmacht, 1900; Isay, Vollmacht und Verfügung, AcP 122 (1924), 195; Jagenburg, Die Vollmacht des Architekten, BauR 1978, 180; Joussen, Die Generalvollmacht im Handels-und Gesellschaftsrecht, WM 1994, 273; Jung, Anweisung und Vollmacht, JherJb. 69 (1920), 82; Kandler, Die Formbedürftigkeit von Vollmachten bei formgebundenen Geschäften, 2004; Kanzleiter, Formfreiheit der Vollmacht zum Abschluß eines Ehevertrages?, NJW 1999, 1612; Kiehl, Bedarf der Verzicht auf die Widerrufbarkeit einer Vollmacht zu seiner Verbindlichkeit einer Vereinbarung?, LZ 1925, 1020; Klein, Vollmacht bei Vermögenszuwendungen, SeuffBl. 73 (1908), 173; Kleinherz, Der Widerruf der Vollmacht gegenüber dem beschränkt Geschäftsfähigen, Jura 2007, 810; Kleinschmidt, Die über den Tod hinaus erteilte Vollmacht, Diss. Frankfurt 1928; Knoche, Die Vollmacht und ihr Verhältnis zu den Rechtsbeziehungen zwischen Vollmachtgeber und Vertreter, JA 1991, 281; Kuchinke, Das versprochene Bankguthaben auf den Todesfall und die zur Erfüllung des Versprechens erteilte Verfügungsvollmacht über den Tod hinaus, FamRZ 1984, 109; Lehmberg, Die Erlöschensgründe der Vollmacht nach heutigem Recht, Diss. Rostock 1905; Lenel, Stellvertretung und Vollmacht, JherJb. 36 (1895), 1; Lieder, Trennung und Abstraktion im Recht der Stellvertretung, JuS 2014, 393; Litterer, Vertragsfolgen ohne Vertrag, 1979; Lohr, Kündigung des Arbeitsvertrages – Zurückweisung wegen fehlender Vollmachtsurkunde, MDR 2000, 620; Loos, Betriebsführungsverträge und damit verbundene Generalvollmacht bei Handelsgesellschaften, BB 1963, 615; Lukowsky, Die Vollmacht über den Tod hinaus, MittRheinNotK 1963, 115; Luth, Die Vertretungsbefugnis des Vorstandes in rechtsfähigen Stiftungen des Privatrechts, 2005; Macris, Die stillschweigende Vollmachtserteilung, 1941; Madaus, Der Widerruf trans-oder postmortaler Vollmachten durch einzelne Miterben, ZEV 2004, 448; Manigk, Stillschweigend bewirkte Vollmachten im Handelsrecht, in: Beiträge zum Wirtschaftsrecht II (1931), 590; A. Mayer, Vollmacht mit Wirkung über den Tod des Machtgebers hinaus, Diss. Jena 1935; Merkel, Die Anordnung der Testamentsvollstreckung-Auswirkungen auf eine postmortale Bankvollmacht?, WM 1987, 1001; Mertens, Die

Schranken gesetzlicher Vertretungsmacht im Gesellschaftsrecht, JurA 1970, 466; Merz, Vertretungsmacht und ihre Beschränkungen im Recht der juristischen Personen, der kaufmännischen und der allgemeinen Stellvertretung, in: FS H. Westermann, 1974, 399; U. Müller, Die Haftung des Stellvertreters bei culpa in contrahendo und positiver Forderungsverletzung, NJW 1969, 2169; Müller-Freienfels, Die Abstraktion der Vollmachtserteilung im 19. Jahrhundert, in: Coing/Wilhelm (Hrsg.), Wissenschaft und Kodifikation des Privatrechts im 19. Jahrhundert, II, 1977, 144; ders., Die Altersvorsorge-Vollmacht, in: FS H. Coing, 1982, II, 395; ders., Die Vertretung beim Rechtsgeschäft, 1955 (zit.: Vertretung); Nipperdey, Die Gestattung der Mehrvertretung durch das Vormundschaftsgericht, in: FS L. Raape, 1948, 305; Oertmann, Die über den Tod hinaus erteilte Vollmacht im Bankverkehr, BankArch. 13 (1913/14), 5; Paulus, Zur Zurechnung arglistigen Vertreterhandelns, in: FS K. Michaelis, 1972, 215; Pawlowski, Die Gewillkürte Stellvertretung, JZ 1996, 125; E. Peters, Überschreiten der Vertretungsmacht und Haftung des Vertretenden für culpa in contrahendo, in: FS R. Reinhardt, 1972, 127; Petersen, Die Anfechtung der ausgeübten Innenvollmacht, AcP 201 (2001), 375; Pfeifer, Vertretungsprobleme bei Verträgen mit Bauträgern, NJW 1974, 1449; Plattner, Die Dauer, das Erlöschen der Vollmacht, MittWürttNotV 1932, 103; Plewnia, Die Bevollmächtigung juristischer Personen des Privatrechts, Diss. Frankfurt 1964; Pohlenz, Gesetzliche Vertretungsmacht für nahe Angehörige, 2007; Poischen, Auftrag und Vollmacht auf den Todesfall, Diss. Köln 1938; Predari, Zwei Fragen aus dem Gebiete des Geschäftsabschlusses mit sich selbst, Gruchot 63 (1919), 675; Quack, Die „originäre" Vollmacht des Architekten, BauR 1995, 441; Rabel, Unwiderruflichkeit der Vollmacht, RabelsZ 7, 797; Rehmann, Zur Beschränkung der postmortalen Vollmacht durch eine angeordnete Testamentsvollstreckung am Beispiel der Bankvollmacht, BB 1987, 213; Reinshagen, Die Vollmacht über den Tod hinaus, Diss. Erlangen 1937; Reithmann, Testamentsvollstreckung und postmortale Vollmacht als Instrumente der Kautelarjurisprudenz, BB 1984, 1394; Riedel, Tod des Vollmachtgebers, Postmortale Vollmacht, JurBüro 1972, 1041; Riezler, Konkurrierendes und kollidierendes Verhalten des Vertreters und des Vertretenen, AcP 98 (1906), 372; Röhm, Rechtsfragen zu der vom Erblasser erteilten Vollmacht, DB 1969, 1973; Safferling, Antragstellung des bevollmächtigten Notars nach dem Tode eines Beteiligten, Rpfleger 1971, 294; Schäfer, Teilweiser Vertretungsmangel, 1997; Scherer, Die Inkassovollmacht des Gläubigeranwalts, DGVZ 1994, 104;

Schimikowski, Eigenhaftung des Stellvertreters und des Verhandlungsgehilfen, JA 1986, 345; Schmalzl, Zur Vollmacht des Architekten, MDR 1977, 622; K. Schmidt, Liquidationszweck und Vertretungsmacht der Liquidatoren, AcP 174 (1974), 55; ders., Ultra-vires-Doktrin: tot oder lebendig?, AcP 184 (1984), 529; Scholz, Vollmachtgeber und Bevollmächtigter in Konkurrenz, JZ 1958, 17; Schwarze, Die Anfechtung der ausgeübten (Innen-)Vollmacht, JZ 2004, 588; Schwenker, Die Vollmacht des Vermittlungsagenten beim Abschluß von Versicherungsverträgen, NJW 1992, 343; Seif, Die postmortale Vollmacht, AcP 200 (2000), 192; Siegel, Die Kollision von Rechtsgeschäften des Vertreters und des Vertretenen, Diss. Erlangen 1936; Spiemanns, Zum mandatum post mortem, Recht 1924, 401; Spitzbarth, Die rechtliche Stellung des Generalbevollmächtigten, BB 1962, 851; ders., Vollmachten im modernen Management, 1970; Sticht, Zur Haftung des Vertretenen und des Vertreters aus Verschulden bei Vertragsschluß, Diss. München 1966; Stiegler, Vollmachtsnachweis gegenüber dem Grundbuchamt, BWNotZ 1985, 130; Stöhr, Die Darlegungs-und Beweislast bei § 172 Abs. 1 BGB, MDR 2009, 546; ders., Rechtsscheinhaftung nach § 172 BGB, JuS 2009, 106; ders., Zeitpunkt des Darlehensvertragsschlusses vor dem Hintergrund des § 172 Abs. 1 BGB, WM 2009, 928; Stüsser, Die Anfechtung der Vollmacht nach bürgerlichem Recht und Handelsrecht, 1986; Timm, Mehrfachvertretung im Konzern, AcP 193 (1993), 423; Trapp, Die post-und transmortale Vollmacht zum Vollzug lebzeitiger Zuwendungen, ZEV 1995, 314; Traumann, Probleme der Vollmacht zum Abschluß von Geschäftsanteils-Veräußerungsverträgen, GmbHR 1985, 78; Tschauner, Die postmortale Vollmacht, 2000; v. Tuhr, Die unwiderrufliche Vollmacht, in: Festgabe f. P. Laband, 1908, 43; Ullrich, Die Abmahnung und der Vollmachtsnachweis, WRP 1998, 258; Vogt, Die unwiderrufliche Vollmacht, Diss. Bonn 1961; Wieacker, Zur lebzeitigen Zuwendung auf den Todesfall, in: FS H. Lehmann, 1956, Bd. I, 271; Woeste, Sicherungseigentum im Konkurs des Sicherungsgebers, Fortbestand der Vollmacht zur Verwertung des Sicherungsgutes im Namen des Sicherungsgebers, BB 1955, 182; Th. Wolff, Die Vererblichkeit der Generalvollmacht, Recht 1922, 70; Wülfing, Formfreie Vollmacht bei formgebundenen Vertretergeschäften, insbesondere bei Grundstücksveräußerungsgeschäften, Diss. Münster 1962; Zimmermann, Zur Formbedürftigkeit der Vollmacht und zu den Informationspflichten bei Finanzierung eines Erwerbs im Immobilienmodell, 2002.

一、概述

根据第 164 条第 1 款第 1 句,只有代理人"在他应有的代理权内"行动的,代理人以他人的名义发出的意思表示才直接为被代理人且对被代理人发生效力。代理人必须有权通过发出或者接受这个意思表示为被代理人引发法律效果,并且他必须行使该权限。[1] 该权限被称为代理权。它可以由法律赋予,或者由被代理人通过法律行为授予代理人(→边码 1428 以下)。代理人的意思表示被归责于被代理人,其归责原因在代理权中(→边码 1325)。只有当代理人有代理权,且该代理权包含具体法律行为的时候,法律效果才能归属于被代理人。缺乏归责原因,且不存在权利外观授权前提条件的,则意思表示不被归责于被代理人,除非被代理人根据第 177 条第 1 款通过事后同意法律行为而补充归责原因(→边码 1604 以下)。被代理人不同意的,则他仍然不受该法律行为影响。那么,按照第 179 条法律效果应归属于代理人自己(→边码 1619 以下)。这种法律体系表明,请求被代理人履行的人,必须证明代理权存在[2],而在第三人对代理人的赔偿诉讼中,代理人必须证明,他有代理权(→边码 1621)。

1425

二、法律属性

代理权不是主观权利[3](→边码 286)。代理人为被代理人引发法律效果的行动权[4]并非从代理权中得出,而是从内部关系中得出(委托、

1426

---

[1] 如果代理人明确以"无代理权"出现,该条件缺失;BGH NJW 2009, 3792 Rdnr. 11;也参见 BGH NJW-RR 2008, 1484 Rdnr. 26。

[2] BGH WM 1998, 2295, 2296。

[3] 仅参见 BayObLG NJW-RR 2001, 297 附其他证明;OLG Frankfurt NJW-RR 2009, 1378——不同观点,参见 Doris, Die rechtsgeschäftliche Ermächtigung, 1974, 175 ff.。

[4] 关于主观权利的定义见边码 280。

服务合同、法律等)。因此代理权不是形成权[5],形成权也是主观权利。我们也不能把它归类于个人品质,比如,权利能力或者行为能力。确切地说,代理权关乎的是特有的权力,根据该权力,代理人能够为被代理人引发法律行为上的法律效果。[6]

范例

1427　　G承担对S的支付义务。S根据授予他的代理权有权处分其妻V的账户,该账户上存放着S应当得到的那部分金额。G不能扣押V的账户,因为它在法律上不属于S的财产。V可以根据《民事诉讼法》第771条借助第三人异议之诉对抗相应的扣押。G也不可以(与通说相反)扣押授予S的代理权,因为它既不关乎债权,也不关乎其他财产权(《民事诉讼法》第857条)。[7] 因此只剩下S对V的支付请求权能被扣押。

三、表现形式

(一)法定代理权、法律行为上的代理权和机关代理权

1428　　代理人可以依据法律,通过法律行为或者通过委任以机关职位来取得

---

[5] 赞同该观点的有 Doris, Die rechtsgeschäftliche Ermächtigung, 1974, 175 ff.; Ennec-cerus/Nipperdey[15], § 184 I; RGRK-Steffen[12] § 167 Rdnr. 1。

[6] 同样的 Flume[4], § 45 II 1; Müller-Freienfels, Vertretung (Rn. 1424), 34 ff.; MünchKomm-Schramm[6] § 164 Rdnr. 68 ff.; Soergel-Leptien[13] Vor § 164 Rdnr. 15; Staudinger-Schilken[2014] Vorbem. zu § 164 ff. Rdnr. 17; Wolf/Neuner[10], § 49 Rdnr. 33。

[7] 恰当的观点,参见 FG Kassel WM 1996, 1908, 1909; Gaul/Schilken/Becker-Eberhard, ZVR[12], § 54 Rdnr. 46; Staudinger-Schilken[2014] § 167 Rdnr. 4; Vortmann, NJW 1991, 1038——不同观点(可以扣押,如果只是为被授权人之利益而授予),参见 BayObLGZ 1978, 194, 195; MünchKomm-Schramm[6] § 164 Rdnr. 69; MünchKomm. ZPO-Smid[7] § 857 Rdnr. 11; Soergel-Leptien[13] § 167 Rdnr. 2; Stein/Jonas-Brehm, ZPO[22], § 857 Rdnr. 3; 对不受限制的可扣押性 Zöller-Stöber, ZPO[30], § 857 Rdnr. 2——无论如何,必须鉴于《民事诉讼法》第851条要求,代理权通过授予次级代理(→边码1447)"可以转让";参见 MünchKomm-Schramm[6] a. a. O.。

他的代理权。不同之处在于代理权的设立。第164条以下条款当然对所有这些表现形式都适用,代理人以何种方式获得代理人地位都一样。[8]

1. 法定代理权

代理权可以直接由法律赋予代理人。这被称为法定代理权。法律自己赋予代理人为被代理人引发法律效果的权限。主要适用的情况是,根据第1629条父母对子女的法定代理权(→边码986)。其他范例在《住宅所有权法》第27条第2款(管理人为住宅所有权人的代理权)或者在(《民法典》)第2038条第1款第1句第2半句(紧急交易范围内的共同继承人的代理权)。有时候法定代理权依赖于,代理人由国家行为安排到公职位置上。这是准确的,比如,监护人的代理权(第1793条)、照护人的代理权(第1902条)、看护人的代理权(第1909条以下、第1915条第1款、第1793条),以及诉讼辅助人的代理权(《民事诉讼法》第57条、第58条、第494条第2款)。[9] 在此关乎的也是法定代理权。

1429

根据第1357条第1款,任何配偶一方都有权利,完成满足恰当生活需要的交易,并对另一方配偶发生效力。在此,如果行动的配偶(也)以另一方配偶的名义出现,则他作为代理人而行动。第1357条第1款第1句授予他代理权,这样至少在此范围内存在法定代理权。然而,行动的一方配偶在第1357条的情况中不需要以他人的名义行动。在以自己的名义行动时另一方配偶也同时享有权利并负担义务(第1357条第1款第2句)。这并非法定放弃遵守代理的公示原则的情况,而是法定的法律效果延伸(→边码1414)。[10]

1430

---

[8] Mot. I, 223=Mugdan I, 475; 参见 Flume[4], § 45 II 4; Müller, AcP 168 (1968), 113, 114 ff.; Soergel-Leptien[13] Vor § 164 Rdnr. 20; Staudinger-Schilken[2014] Vorbem. zu §§ 164 ff. Rdnr. 21/23 附其他证明——不同观点,参见 Müller-Freienfels, Vertretung (Rn. 1424), 155 ff., 335 ff., 351 ff.。

[9] 反之,在遗产管理人(第1975条、第1984条以下)、遗嘱执行人(第2197条、第2205条以下)、强制管理人(《强制拍卖法》第152条以下)和破产管理人(《支付不能法》第27条第1款第1句、第80条)中,根据通说关乎的不是代理人,而是所谓的依职位的当事人,他们以自己的名义为所管理的财产行动。关于观点情况详见 Stein/Jonas-Jacoby, ZPO[23], Vor § 50 Rdnr. 64 ff.。

[10] Gernhuber/Coester-Waltjen[6], § 19 IV 4; Medicus[10], Rdnr. 922; MünchKomm-Roth[6] § 1357 Rdnr. 10; Palandt-Brudermüller[74] § 1357 Rdnr. 3; M. Schmidt, FamRZ 1991, 629, 634; Soergel-Leptien[13] Vor § 164 Rdnr. 17.

2. 法律行为上的代理权

1431　　代理权也可以由被代理人通过法律行为授予代理人。在此情况下与第 166 条的法定定义衔接，被称为"意定代理权"。授予代理权是以需受领的意思表示的形式发生的单方法律行为。下文将详细讨论（→边码 1454 以下）。

1432　　在**商事全权代理**（Prokura）中关乎的不是法定的，而是通过法律行为设立的代理权。商事代理人的代理权通过委托人单方的、需受领的意思表示而设立（《商法典》第 48 条第 1 款）。法律仅在《商法典》第 49 条以下条款规定其范围。因此也被称为通过法律行为设立的附法律确定范围的代理权。[11] 对代办权（《商法典》第 54 条）和诉讼代理权（《民事诉讼法》第 81 条以下）同样如此。

3. 机关代理权

1433　　合伙公司依法由合伙人代理（《民法典》第 714 条、《商法典》第 125 条、第 161 条第 2 款、第 170 条），法人由它的机关代理，即董事会（《民法典》第 26 条第 1 款第 2 句、第 86 条，《股份法》第 78 条）、两合公司中的无限责任股东（《股份法》第 278 条第 2 款、《商法典》第 125 条、第 161 条第 2 款、第 170 条）或者经理（《有限责任公司法》第 35 条）。虽然法律规定代理权，但严格来说关乎的并非法定代理权。原因一方面在于，需要法律行为上的行动的，即委任以机关职位，法律将代理权与该职位关联。[12] 在这方面机关代理权处于法律行为上的代理权和法定代理权之间。另一方面在于，通说目前将机关的行为视为法人自己的行为。[13] 至少思维上存在其他归责技术[14]：并不是将他人的意思表示归责于法人，而是自己（通

---

[11] 与所有观点都不同的，参见 K. Schmidt, Handelsrecht⁶, § 16 Rdnr. 11 ff.。

[12] 《民法典》第 29 条、《股份法》第 85 条包括例外。

[13] 基础内容，参见 O. v. Gierke, Die Genossenschaftstheorie und die deutsche Rechtsprechung, 1887, 603 ff.; Deutsches Privatrecht, Bd. I, 1895, § 67; 观点状况，参见 K. Schmidt, GesR⁴, § 10 I 2; Soergel-Hadding¹³ § 26 Rdnr. 2; 相反观点，参见 Flume, Die juristische Person, 1983, § 11 I。

[14] Vgl. auch Beuthien, NJW 1999, 1142 ff.; K. Schmidt, GesR⁴, § 10 II 1.

过机关)行动,即自己实现法律行为上的要件。[15] 这只是在教义学观察方式中的不同。因此第 26 条第 1 款第 2 句正确地规定,协会的董事会有法定代理人地位,并承认代理法对机关行为不受限制地适用。[16]

(二) 共同代理

> Beuthien/Müller, Gemischte Gesamtvertretung und unechte Gesamtprokura, DB 1995, 461; Jung, Gesamtvertretung, Gesamtvollmacht, Diss. Gießen 1909; Krebs, Ungeschriebene Prinzipien der handelsrechtlichen Stellvertretung als Schranken der Rechtsfortbildungspeziell für Gesamtvertretungsmacht und Generalvollmacht, ZHR 159 (1995), 635; Kunstreich, Gesamtvertretung: eine historisch–systematische Darstellung, Diss. Frankfurt 1992; Roquette, Rechtsfragen zur unechten Gesamtvertretung im Rahmen der gesetzlichen Vertretung von Kapitalgesellschaften, in: FS W. Oppenhoff, 1985, 335; Schwoerer, Die Ausübung der Gesamtvertretung, Diss. Heidelberg 1931.

1434

在一般情况下,代理权被授予个人,他独自有权力通过意思表示为被代理人引发法律效果。如果一个人并非独自,而是与另一个人或另几个人[17]一起有代理权,被称为共同代理。它经常被安排为谨慎措施("四目原则")。其**功能**(Funktion)是,预防与目的不符的或者违反义务的法律行为。它应当保证,法律行为得到谨慎考虑,风险得到充分权衡,在内部关系中为代理人设置的界限没有被超越。

1435

共同代理通过法律或者法律行为**设立**(Begründung)。法定共同代理的情况在第 1629 条第 1 款第 2 句中被规定,父母共同代理子女。第 1797 条第 1 款第 1 句包含相似规范,第 1908i 条第 1 款第 1 句、第 1915 条第 1 款指示参照该条款。在公司法中,《民法典》第 709/714 条、《股份法》第 78 条第 2

1436

---

[15] 也可参见边码 1323。
[16] MünchKomm-Schramm⁶ Vor § 164 Rdnr. 7 ff.; K. Schmidt, GesR⁴, § 10 II 1.
[17] 共同代理被确定为多于两个人的情况存在,但是特别不实用。下文为了简化仅以两个共同代理人为依据。

款、《有限责任公司法》第35条第2款第2句、《合作社法》第25条第1款第1句中有共同代理。法律行为上的共同代理通过被代理人授权的意思表示而设立。对此通常(但不仅)在企业中运用。比如,根据《商法典》第125条第2款,无限责任公司的合伙合同可以作出与法定的股东个别代理权不同的规定,即所有的或者多个股东只应当被授权共同代理公司。相应地,企业可以授予商事全权代理权并附指示,商事全权代理人应当与其他商事全权代理人一起代理(根据《商法典》第48条第2款是真正的共同商事代理),或者与股东、董事会成员或经理一起代理(不真正的共同商事代理)。[18] 旨在个人代理还是共同代理,则要通过解释确定。[19]

范例

1437　　V签署了一个将同事S1和S2任命为"商事全权代理人"的"内部通告"。在此,存疑的时候不能认为,S1和S2只可能是共同代理人。反之,如果V在文书中授权S1和S2购买不动产,则倾向于存在共同代理的情形。

1438　　如果V授予律师事务所的S1和S2诉讼代理权,则《民事诉讼法》第84条第1款已经规定,每个律师有独立代理权。

1439　　共同代理权的**效力**(Wirkung)在于,约束被代理人的法律行为原则上只能通过两个代理人的意思表示设立。该意思表示虽然可以分开前后作出,但是必须在某个时间汇合。这样才存在(无溯及力的)代理行为。[20] 某人公开以共同代理人行动[21],且使他人认识到,第二个共同代理人也必须作出相应的表示,在此之前不存在完整的法律行为。该法律行为缺失共同的表示要件。只要另一个共同代理人不通过自己的行为对共同表

---

[18] 关于具体情况和边界,参见 BGHZ 99, 76 ff.; BGH BB 1964, 151; Beuthien/ Müller, DB 1995, 461 ff.; K. Schmidt, Handelsrecht[6], § 16 Rdnr. 40 ff.。

[19] Vgl. BGH NJW-RR 2004, 1265.

[20] Flume[4], § 45 I 3.

[21] 与此相别的情况是,共同代理人对外以单独代理人出现(→边码1441)。

示要件予以补充,就既不能对被代理人产生法律效果,也不能根据第 179 条对单独行动的共同代理人产生法律效果。

范例

共同代理中的一个代理人议定合同,并在合同的书面文本上签名,在合同序言中提及了共同代理,并在合同结尾处拟定了另一个共同代理人的签名栏。在此,合同当事人以两个共同代理人的共同意思表示为前提。只要第二个共同代理人未签名,合同就未订立。[22] 已签名的共同代理人不承担责任。

1440

当然,如果**单独行动的共同代理人作为独立代理人**(der allein handelnde Gesamtvertreter als Einzelvertreter)出现,那么只有在代理人有独立代理权的情况下,法律效果才归于被代理人。该独立代理权可以从**复代理权**(Untervollmacht)中得出(→边码 1447),其结果是,行为人首先通过授予复代理权来取得代理权,该代理权源自共同代理人。但是参与人一般情况下不会这样理解单独行动的共同代理人的行为。在绝大多数情况下,他行使法律赋予他的或者通过法律行为赋予他的代理权,仅不存在受其他共同代理人配合的约束限制。比如,在一个有限责任公司的多个经理中,某一位经理的行为意味着(《有限责任公司法》第 35 条第 2 款第 2 句),他不欲作为法律行为上的授权人行动,而是作为公司的机关行动。

1441

该行动对被代理人的效力可以从代理权授予中得出,即共同代理人共同对单独行动的共同代理人授予代理权。[23] 法律规定了此类代理权的授予,比如,《商法典》第 125 条第 2 款第 2 句、第 150 条第 2 款第 1 句,《股份法》第 78 条第 4 款第 1 句、第 269 条第 4 款第 1 句,《合作社

1442

---

[22] RGZ 81, 325, 329.

[23] 参见 BGH NJW-RR 2003, 303, 304; NJW 2001, 3183。行为人在法律上参与自己的代理权。这不违反《民法典》第 181 条,因为根据交易习惯可以认为,允许这种措施(RGZ 80, 180, 182)。然而,行动的共同代理人的同意通常已经存在于他作为独立代理人出现时,这样最终只取决于其他人的同意;参见 Flume[4],§ 45 I 3; MünchKomm-Schramm[6] § 164 Rdnr. 89 ff.; Soergel-Leptien[13] § 164 Rdnr. 29; Staudinger-Schilken[2014] § 167 Rdnr. 54 f.。

法》第 25 条第 3 款第 1 句,这对其他的共同代理情况也适用。其效果是,只要授权足够,已经通过法律或者法律行为授予的共同代理权扩张至单独代理权。[24] 然而,代理权授予是有边界的。如果法律或者被代理人规定了共同代理,该意思不能被共同代理人由此而阻却,即共同代理人一般性地授予个别代理权。确切地说,授权必须限制于具体法律行为或划定的法律行为之范围内。[25] 与任何授权相同,对共同代理人的独立行为可以提前许可或者事后追认,同意可从对代理人或者对相对人(第 182 条第 1 款)明确或推定授予。共同代理人作为独立代理人行动的,无论被代理人还是其他共同代理人都可以追认法律行为,只要独立行为人在追认时仍然遵守他们的意思表示。[26] 否则,法律效果不归于被代理人[27],实施行为的代理人根据第 179 条承担责任。

1443　　存在共同代理情况的,**两个共同代理人的意思表示必须都生效力**(Willenserklärung beider Gesamtvertreter wirksam)。[28] 比如,如果两个意思表示中的一个因为共同代理人没有行为能力而根据第 105 条第 1 款无效,则不存在生效力的代理行为。也不得根据第 177 条予以追认。[29] 该规范只克服缺失的代理权。但是在此,有行为能力的代理人并不作为(单独的)无代理权之代理人而行动。更确切地说,还缺失完整的表示要件(→边码 1439 以下)。公开实施行为的共同代理人不根据第 179 条承担责任[30],因为该条规定的是其他共同代理人没有行为能力的责任!

---

　　[24]　BGHZ 64, 72, 75; BGH MDR 2005, 762; BAG NJW 1981, 2374 附其他证明——其他观点参见 Flume[4] § 45 I 3: 关乎的是向行动的共同代理权授予独立代理权的授权; 反之参见 Soergel-Leptien[13] § 164 Rdnr. 29。

　　[25]　BGH NJW 2009, 289 Rdnr. 30; NJW-RR 1986, 778.

　　[26]　Vgl. BGH NJW 2004, 2382, 2384; 1982, 1036, 1037; NJW-RR 2003, 303, 304; BAG NZA 1996, 756, 758.

　　[27]　BGHZ 147, 145, 150.

　　[28]　BGHZ 53, 210, 214.

　　[29]　不同观点,参见 Soergel-Leptien[13] § 164 Rdnr. 29; Staudinger-Schilken[2014] § 167 Rdnr. 58; 该观点当然不能主张 BGHZ 53, 210, 214.

　　[30]　结论上相似的观点,参见 Ostheim, AcP 169 (196), 193, 203 ff.——表现不同的是,如果行为人作为单独行为人出现并相信,未被认识到无行为能力的共同代理人授予他的代理权使他获得必要的单独代理权(→边码 1441)。

如果法律行为需要形式,那么代理人的意思表示必须满足**形式** 1444
(Form)要求(→边码 1366)。所有的共同代理人行动的(→边码
1439),所有的表示都必须满足形式。反之,如果只有一个共同代理人作
为单独代理人行动(→边码 1441),则只有他的表示需要形式。对他的行
动的授权可以由共同代理人根据第 182 条第 2 款非要式地授予。[31]

对于**消极代理**(passive Stellvertretung)(第 164 条第 3 款),《民法典》 1445
第 26 条第 2 款第 2 句、第 1629 条第 1 款第 2 句第 2 半句,《商法典》第 125
条第 2 款第 3 句,《股份法》第 78 条第 2 款第 2 句,《有限责任公司法》第
35 条第 2 款第 2 句,《合作社法》第 25 条第 1 款第 3 句,《民事诉讼法》第
170 条第 3 款规定,向一个共同代理人发出意思表示足矣。该规定被一般
化成基本原则,亦即为被代理人而确定的意思表示,总是可以通过向个别
共同代理人发出而到达。[32] 如果表示人必须对所有的共同代理人实施
法律行为,法律交往将被复杂化,这是不必要的。该评价在适用第 166 条
第 1 款时继续:要件的实现取决于主观要件的(认识、知道、故意等),则该
主观要件由一个共同代理人满足即可。[33]

(三)复代理

> Dittmar, Untervollmacht, BayNotZ 1931, 200; Fülster, Die rechtliche Natur der Untervollmacht, Diss. Hamburg 1928; Gerlach, Die Untervollmacht, Diss. Berlin 1966; Götz, Die Substitution im bürgerlichen Recht und im Prozeßrecht, Diss. Erlangen 1923; Killy, Substitution beim Auftrag, Diss. Heidelberg 1914; Lehnerdt, Substitution und Generalsubstitution im Prozeß, Diss. Breslau 1918; Mertens, Die Haftung der Untervertreter nach § 179 Abs. 2-BGHZ 32, 250, JuS 1961, 315; Petersen, Die Haftung bei Untervollmacht, Jura 1999, 401; Pikalo, Die Untervollmacht und ihre Bedeutung für die notarische Praxis,

1446

---

[31] Vgl. Staudinger-Schilken[2014] § 167 Rdnr. 53 ff.
[32] BGHZ 149, 28, 31; 62, 166, 173; BGH NJW 1988, 1199, 1200.
[33] 参见 BGH NJW 1999, 284, 286 以及对第 117 条(→边码 801) BGH NJW 1999, 2882; 不同观点,参见 v. Hein, ZIP 2005, 191 ff.。

> DNotZ 1943, 165; Schippers, Vollmachtslose Vollmachtserteilung, DNotZ 1997, 683; Schüle, Probleme der Untervollmacht, insbesondere beim Nachweis im Grundbuchverfahren, BWNotZ 1984, 156; Siebenhaar, Vertreter des Vertreters?, AcP 162 (1963), 354; Wilden, Die Untervollmacht bei gesetzlicher Vertretung, Diss. Köln 1956.

1447　　**复代理**(Untervertretung/Substitution)是**代理人的代理**(Vertretung des Vertreters)。如果主代理人委任另一名代理人,被称为复代理。这可能以两种方式发生。主代理人可以直接为本人委任第二个代理人(直接复代理),这样,复代理人在主代理人之外"按等级地"作为交易本人的另外的代理人而行动,在他实施的法律行为中直接代理交易本人。主代理人也可以为他自己委任代理人,这样复代理人为主代理人行动,他只是间接地为交易本人行动(间接复代理)。[34] 这样,复代理人"按等级地"处于主代理人之下。通说当然不想承认间接复代理(→边码1452)。[35] 是意在直接复代理还是间接复代理,应在考虑对第三人可认知的利益状态的情况下,通过从受领人的视角进行解释而查明。

范例

1448　　企业主V授予其雇员S商事全权代理。S任命U为行动的被授权人。如果U与第三人实施法律行为,则他在此作为V的代理人而行动,并非作为S的代理人(直接复代理)。

1449　　保险商V授权独立的代办处S为V订立保险合同。S将外部事务委托给他的雇员U。在此V由S代理,S由U代理,与客户订立保险合同(间接复代理)。

1450　　如果法律效果应当归于交易本人,则复代理人必须在两种情况中都

---

[34] BGHZ 68, 391, 394; 32, 250, 253 f. ("效力似乎根据(主)代理人的两个授权关系贯穿")。

[35] 参见 Flume[4], § 49, 5: "神秘主义"。

遵守公示原则(Offenlegungsgrundsatz)。这在直接复代理中是当然的。但是在间接复代理中,复代理人以主代理人的名义行动,并不足够。因为法律效果不应当归于主代理人,确切地说,必须认识到,主代理人自己不想被约束,而只是(通过复代理人)作为代理人而行动。如果复代理人没有将此充分明确地对外表示,且因此通过解释得出,法律效果应当归于主代理人,则复代理人将根据第179条承担责任,因为他的代理权不包括为主代理人引发法律效果。

只有在法律行为被复代理人的**代理权**(Vertretungsmacht)涵盖的情况下,交易本人才受约束。其前提条件不仅是复代理人遵守主代理人为他设置的界限,还要求主代理人有授予复代理权的代理权。至少对直接复代理必须有此要求。主代理人是否可以授予复代理权,因为没有进一步的规定[36],所以需要通过解释主代理权来确定。范围广的主授权与其说包括特别授权的权限,不如说包括授予复代理权的权限。除此之外,原则上可以认为,如果交易本人对主代理人亲自行动没有可以认识到的利益,那么应允许主代理人授予复代理权。[37] 然而在通常情况下,主代理人不能赋予复代理人比他自己所拥有的法律权力(Rechtsmacht)更多的权力。[38] 主代理人的代理权不包括委任直接复代理人的,则向复代理人授予代理权的行为原则上根据第180条第1句不生效力(→边码1614)。[39] 为交易本人订立法律行为的复代理人则作为无权代理人行动,根据第179条承担责任(→边码1619)。

1451

对于间接复代理,其法律状况存在争议。因为原则上任何人都允许

1452

---

[36] 只要法律未作其他规定,法定代理人总是被允许授予复代理权。对机关代理人同样如此,只要不违反法定代理制度(不存在通过向非机关授予一般代理权而产生的"支机关";BGHZ 34, 27, 31; BGH NJW 1977, 199)。在通过法律行为的代理人中,法律(比如,《商法典》第58条、《股份法》第135条第5款、《民事诉讼法》第81条)或者意定代理权可以明确规定该问题——详见 Staudinger-Schilken[2014] § 167 Rdnr. 63 ff.。

[37] BGH WM 1959, 377, 378; OLG München WM 1984, 834, 835——然而存疑时将不是这种情况;参见 Soergel-Leptien[13] § 167 Rdnr. 58 附其他证明。

[38] BayObLG FGPrax. 2003, 67, 68; KG HRR 1941 Nr. 468; Staudinger-Schilken[2014] § 167 Rdnr. 67.

[39] 参见——也是例外——Schippers, DNotZ 1997, 683 ff.。

为自己委任代理人,原本可以认为,主代理人总是有权授予间接复代理权。依此,关键的不是主代理人是否可以委任复代理人,而是复代理人实施的法律行为是否被授予主代理人的代理权包括在内。如果不被包括在内,因为主代理人根本没有代理权,或者代理权不包括该法律行为,那么根据主要由联邦法院所代表的观点,并非由复代理人作为无权代理人承担责任,而是由主代理人承担责任,前提是已公开多级代理。[40] 与此相反,主流观点不承认间接复代理。[41] 它认可的是,某人虽然可以为自己委任代理人,但是不能产生该代理人可以为第三人引发法律效果的效力。在存在从交易本人经主代理人至复代理人的有效的合法链的情况下,复代理人请求获得交易相对人的信赖,这也是正确的。但这并不意味着,仅直接代理主代理人的复代理人因而必须为主代理权的存在承担责任。司法的合法诉求是,避免复代理人的责任。如果主代理权缺失,而不是复代理权缺失,最容易考虑到的是,在公开的间接复代理中,不是复代理人,而是主代理人被视为第179条意义上订立合同的代理人。[42]

范例

1453   V委托S订立保险合同。S的商事全权代理人U为S行动。如果经证实,授予S的主代理权不生效力,那么不是U,而是S作为无权代理人行动。在此让U——可能只是与主代理人并列[43]——个

---

[40] 对此,参见 BGHZ 68, 391, 394 ff.; 32, 250, 254 ff.; Müller-Freienfels, Vertretung (Rdnr. 1424), 28 f.。

[41] Vgl. nur Bornemann, AcP 207 (2007), 102, 147; Brox/Walker[38], Rdnr. 548 und Rdnr. 548a; Flume[4], § 49, 5; Gerlach (Rdnr. 1446), 44 ff., 106 f.; Gernhuber, JZ 1960, 605 f.; Medicus[10], Rdnr. 951; Mertens, JuS 1961, 315 ff.; MünchKomm-Schramm[6] § 167 Rdnr. 95 ff.; Petersen, Jura 1999, 401 ff.; Siebenhaar, AcP 162 (1962), 354 ff.; Soergel-Leptien[13] § 167 Rdnr. 60; Staudinger-Schilken[2014] § 167 Rdnr. 62; Wolf/Neuner[10], § 50 Rdnr. 38.

[42] 令人信服的观点,参见 Flume[4], § 49, 5; 支持他的观点,参见 Medicus[10], Rdnr. 996; Palandt-Ellenberger[74] § 167 Rdnr. 12; Staudinger-Schilken[2014] § 167 Rdnr. 73; Wolf/Neuner[10], § 51 Rdnr. 34 ff.。

[43] 如此(逻辑不一致的),参见 Gerlach (Rdnr. 1446), 78 ff., 82 f.; Soergel-Leptien[13] § 167 Rdnr. 62.

人承担责任,借此将他的雇主的破产风险分配给他,不符合利益。

四、意定代理权

(一) 概念

根据第 166 条第 2 款第 1 句的法定概念,"意定代理权"是指通过法律行为授予的代理权。在非法律用语中,"意定代理权"经常被称作代理权的证明,即代理权文书。代理权授予的过程,即委任也被称为意定代理权。与之相反,法律将意定代理权仅理解为通过法律行为设立的代理权。它不是从被代理人剥离,转让给代理人的法律上的权力,而是通过授予代理权原始地为代理人设立的法律上的权力。因此,即使不可撤回的代理权授予也没有排他效力[44]:授权人保留所有的权利,亦即他可以继续以自己的名义在他授予代理权的领域内行动。必要时,参与人可以达成有债权效力的协议,要求被代理人放弃自己的法律行为。

1454

(二) 意定代理权的类型

意定代理权的定义经常带有分类附注。比如,共同代理权(→边码 1435)、复代理权(→边码 1447) 或者权利外观代理权(→边码 1538 以下)。

1455

有重要意义的是,根据代理权的**范围**(Umfang)进行分类。[45] 如果代理人仅就个别的,特别具体的法律行为被授予代理权,被称为特别代理权(范例:出卖一辆私家车;诉讼代理权中的实施诉讼)。如果代理权关乎的是被限定范围的法律行为,则被授予的是种类代理权(范例:就"出卖"对雇员授予代理权;就"信用交易"或者"有价证券交易"对银行雇员授予

1456

---

[44] BGH WM 1971, 956, 957; Flume[4], § 53, 6; Medicus[10], Rdnr. 936; Staudinger-Schilken[2014] § 167 Rdnr. 9——根据不同的观点,排他性的意定代理权是可能的;参见 Gernhuber, JZ 1995, 381 ff.; Müller-Freienfels, Vertretung (Rdnr. 1424), 124 ff.。

[45] 对此,详见边码 1566 以下。

代理权)。最后,还可以授予一般代理权,它包括一切允许代理的法律行为。是旨在授予特别代理权、种类代理权,抑或一般代理权,则需要通过解释确定。

范例

1457　　企业主 V 向对他有贡献的"第二个人"S 授予一般代理权。从实际情况中可以得出,该代理权仅适用于与企业相关的法律行为。[46] 通过解释代理权授予也可以得出,旨在设立的是《商法典》第 54 条意义上的共同行动代理权。[47] 比如,无论如何 S 不能为 V 预定度假行程。

1458　　80 岁的 V 向其子 S 授予代理权,"法庭内外代理一切个人的和财产的事务,只要法律允许,包括代理人以自己的名义与自己实施法律行为,以及作为第三人的代理人"。11 年后 S 与被他代理的 V 设立了一个合伙企业,他想利用该合伙企业挣点生活费。在此,S 作为无权代理人订立了该合伙合同,因为此类法律行为根据授权人个人关系是超乎寻常的,一般代理权无法涵盖。[48]

(三)(代理权的)授予

1. 授予要件

1459　　根据第 167 条第 1 款,通过向被授权人,或者向代理应当对其发生的第三人发出意思表示而授予意定代理权。应当将该条款与第 182 条第 1 款联合起来理解(→边码 1699)。在这两个规范中,得以确认的一般规则是,法律行为生效力所要求的同意的**受领人**(Adressat),既可以是需要同意的人,也可以是需要同意的法律行为的相对人。如果授予代理权在内

---

[46] 参见《商法典》第 49 条第 1 款。因此值得质疑的是,是否应当将商事代理称为"商法上的全权代理"。有道理的是,根据《商法典》第 54 条第 2 款具备扩张的代理权的"全权行动被授权人"不是全权被授权人,比如他不允许承担票据义务(RGZ 117, 164, 165; 76, 202)。
[47] BGH NJW-RR 2002, 1325, 1326.
[48] OLG Zweibrücken NJW-RR 1990, 931 附其他证明。

部关系中对代理人表示,这在代理法中被称为内部授权,如果它在外部关系中对第三人(或者在法律允许[49]的情况下,对公众)表示,这被称为外部授权。[50]

授予代理权应当与代理人以被代理人名义实施的法律行为严格区分开。它是通过需受领的**意思表示**(Willenserklärung)实施的单方法律行为。它可以明示或者默示地作出。[51] 只要授予代理权的表示到达代理人或者第三人,代理人就有意定代理权。因为授予代理权不是合同,因此无须代理人表示承诺。[52]

1460

2. 一般生效前提条件

作为单方法律行为,授予代理权受制于一般生效前提条件。这主要关系到行为能力。如果限制行为能力人授予意定代理权,因为授予代理权本身对授权人[53]既不导致义务增加,也不导致权利减少,在恰当解释第107条时关键的是,计划的法律行为是否仅具有法律上之利益。[54] 如果它是不利的,或者意定代理权包括不特定的法律行为,则它需要法定代

1461

---

[49] Frotz, Verkehrsschutz im Vertretungsrecht, 1972, 269 f.; MünchKomm-Schramm[6] § 167 Rdnr. 11; Soergel-Leptien[13] § 167 Rdnr. 5; Staudinger-Schilken[2014] § 167 Rdnr. 12; Wolf/Neuner[10], § 50 Rdnr. 15. 授予形式的适法性从第171条中得出。该规范规定的虽然只是内部授权的公开(→边码1525),因为无论代理人还是第三人都不需要保护,没有理由赋予对公众作出的意思表示比公开更少的效力(参见 v. Tuhr, II/2, § 85 Fn. 25),例外时关乎的不是需要受领的意思表示,然而一般情况下只是内部授权的公开(→边码1523)。

[50] 严格来看使用的名称不准确。应当称之为内部授予代理权和外部授予代理权。

[51] 参见 BGH NJW 2015, 1510 Rdnr. 9: 某人让别人磋商合同,则默示授予他订立对磋商必要的咨询合同的代理权;RGZ 106, 200, 203: 某人将企业经营转给他人,默示授予他与企业相关的法律行为的代理权——OLG Köln NJW-RR 1994, 1501: 某人将他人送去进行约定好的磋商,则借此推定他授予外部授权——参见 MünchKomm-Schramm[6] § 167 Rdnr. 37 ff.。

[52] 通过合同授予同样可能,被授予代理权者也可以驳回意定代理权;参见 OLG Karlsruhe NJW-RR 1986, 100, 101; Flume[4], § 49, 1, § 51, 3; Wolf/Neuner[10], § 50 Rdnr. 11——不同观点,参见 Hübner[2], Rdnr. 1244。

[53] 仅在第131条的视角下取决于被授权人的行为能力,因为代理人不必通过相互一致的表示接受授予代理权的意思表示(→边码1460),除此之外,授予代理权对代理人而言是第131条第2款第2句意义上的仅具有法律上之利益。

[54] MünchKomm-Schramm[6] § 167 Rdnr. 9; Wolf/Neuner[10], § 50 Rdnr. 17.

理人的同意。[55]法定代理人没有同意的,根据第111条第1句,代理权授予不生效力。反之,对处分行为授予意定代理权不需要代理权的授予人有处分权。意定代理权违反第134条、第138条意义上法定禁止或者善良风俗的情况很少发生。[56]违反法定禁止或者善良风俗的委托本身根据第134条、第138条可能无效。授予代理权既要区别于代理人的法律行为(→边码1460),也要区别于代理人和被代理人之间的内部关系(→边码1487)。在此,在万不得已的情况下,可以考虑根据第139条而无效(→边码1491)。意定代理权可以附条件[57]授予,或者在一般交易条款[58]中授予。

范例

1462 S 基于 V 的授权将一辆私家车转让给 D。之后发现,这辆私家车不属于 V,而属于 E。在此 D 善意取得私家车的所有权(第932条)。E 可以根据第816条第1款向 V 主张价款返还。本条意义上的处分人是 V,因为 S 作为他的代理人有代理权而行动。V 没有该私家车的处分权,并不改变他可以授予 S 处分的代理权。授予代理

---

[55] 根据第111条第1句的追认是不可能的。该条款与第180条同样适用(不同观点,参见 Frotz, Verkehrsschutz im Vertretungsrecht, 1972, 34 Fn. 79)。这不依赖于代理人的法律行为是否关乎单方法律行为的。相反观点[参见 Müller-Freienfels, Vertretung(边码1424),243 ff.;Wolf/Neuner[10], § 50 Rdnr. 18]建立的基础是否定的"传达理论",授予代理权和代理人法律行为被视为共同要件(→ 边码1296)。同本处,Flume[4], § 52, 3; MünchKomm-Schramm[6] § 167 Rdnr. 5 (不符合逻辑的); Soergel-Leptien[13] § 167 Rdnr. 4; Staudinger-Schilken[2014] § 167 Rdnr. 11。

[56] 对不可撤回的全权代理,参见边码1509;关于更早的观点,参见 Art. 1 § 1 RBerG (→ 边码1106),最近的观点,参见 BGHZ 174, 334 Rdnr. 15; 167, 223 Rdnr. 12; 161, 15, 23; BGH NJW 2012, 3424 Rdnr. 9; 2008, 3357 Rdnr. 12; 2008, 1585 Rdnr. 26; dazu Ganter, WM 2001, 195 f.;批评的观点,参见 Hellgardt/Majer, WM 2004, 2380 ff.。

[57] Flume[4], § 52, 3 Fn. 22; MünchKomm-Schramm[6] § 167 Rdnr. 6; Soergel-Leptien[13] § 167 Rdnr. 4——不同观点,参见 Müller-Freienfels, Vertretung (Rdnr. 1424), 249。

[58] 参见 BGHZ 136, 314, 321 ff. 以及具体的 Palandt-Grüneberg[74] § 307 Rdnr. 146; Soergel-Leptien[13] § 167 Rdnr. 5——关于通过一般交易条款限制法定代理权,见 BGH NJW 1999, 1633, 1635 f.。

权并不是处分私家车,也不以处分权为前提条件。[59]

在一份事前起草的建筑合同中,包含授予建筑师以业主名义与承建商订立合同的代理权条款。该条款既非不寻常(第305c条)[60],也非不合理(第307条)。有争议的是,是否在任何情况下都可以在委托中默示授予建筑师代理权。[61] 无论如何,在提前起草的建筑合同中的授权条款不应当受批评。然而,从范围看,对建筑师的授权在任何情况下都要从严解释。[62]

1463

3. 形式

根据第167条第2款,与第182条第2款一致,授予意定代理权的意思表示不需要形式,即确定意定代理权的法律行为不需要形式。该规定确认了**形式自由原则**(Grundsatz der Formfreiheit)(→边码1044),论证的理由是,要式的意思表示由代理人发出,这样,形式目的(→边码1045以下)在意思表示中也可以得到保障。代理人的意思表示满足形式要求(→边码1366)足矣。如果代理权的授予可以不需要形式,那么也就不需要授权文书,当然,制作授权文书对合法目的和证明目的而言是值得推荐的。[63]

1464

范例

V委托他的同事S购买一座仓库。S从D处取得该不动产。在此,根据第167条第2款,并不是代理权的授予根据第311b条第1款第1句需要公证文书,而是不动产买卖合同根据第311b条第1款第

1465

---

[59] Flume[4], § 52, 4; MünchKomm-Schramm[6] § 167 Rdnr. 10; Staudinger-Schilken[2014] § 167 Rdnr. 9——不同观点,参见 RGZ 90, 395, 400。

[60] 与总承包人的授权不同,参见 BGH NJW-RR 2002, 1312。

[61] 所谓的原始授权;对此,参见 BGH NJW 1960, 859; Palandt-Ellenberger[74] § 167 Rdnr. 8 附其他证明;拒绝的 OLG Düsseldorf NJW-RR 1996, 1485 f.; Quack, BauR 1995, 441 f.。

[62] BGH NJW 1978, 995; OLG Naumburg MDR 1999, 1319; OLG Saarbrücken NJW-RR 1999, 668。

[63] Brox/Walker[38], Rdnr. 545; Hübner[2], Rdnr. 1256. 也参见第174条第1句(→边码1530)。

1 句需要公证文书。达到该规定追求的警告目的和劝导目的(→边码 1050)的途径是,发出买卖合同的意思表示人,即 S,被公证人劝告。然而,代理权授予至少应当为土地簿登记进行公证认证(《土地簿条例》第 29 条)。[64]

1466　　然而,第 167 条第 2 款的形式自由原则存在规定的例外[65]或者未规定的例外。如果授予代理权的意思表示是**要式合同的组成部分**(Bestandteil eines formbedürftigen Vertrags),那么合同形式无效可以通过第 139 条延申至代理权授予(→边码 1491)。因此,如果形式无效的不动产买卖合同包含作出土地物权意思表示和登记同意的代理权授予,那么通常该表示也在形式上无效。这引发的后果是,代理人也不能补正买卖合同(第 311b 条第 1 款第 2 句)。

1467　　此外,如果应当对代理人授予不可撤回的订立要式法律行为的代理权,则代理权的授予需要形式。在此,根据形式条款之目的(Zweck der Formvorschrift),允许有第 167 条第 2 款的例外,因为不再能阻却代理人行为的被代理人,通过授予代理权受到的约束与通过订立受形式约束的法律行为本身受到的约束相同。这在下列情况中都(即使授权并非不能撤回)适用:实际已经作出订立法律行为的决定,比如,因为被授权人有明确的实施法律行为的指示,因为授权是为了被授权人之利益而产生,他愿意并允许为自己利益的行为,或者因为如果代理权撤回,被代理人将面临严重不利(比如,违约金)之威胁。[66] 在这些情况下,不仅实施的法律行为需要形式,而且代理权授予也需要形式。追求警告功能的形式条款对任

---

[64] BayObLGZ 1991, 31, 33——不需要形式而有效的代理权授予受形式约束的证明在程序法上的其他情况,被规定在《商法典》第 12 条第 2 款第 1 句,《民事诉讼法》第 80 条,《家事程序法》第 11 条第 1 句,《强制拍卖法》第 71 条第 2 款、第 81 条第 3 款。

[65] 参见第 1484 条第 2 款、第 1945 条第 3 款、第 1955 条第 2 款;另外《股份法》第 134 条第 3 款第 2 句、《有限责任公司法》第 2 条第 2 款、第 47 条第 3 款——关于约定形式,参见 Soergel-Leptien[13],第 167 条边码 10;关于第 492 条第 4 款参见边码 1834。

[66] 参见 OLG Schleswig MDR 2000, 1125;具体情况,参见 MünchKomm-Schramm[6],第 167 条,边码 17 以下;Soergel-Leptien[13],第 167 条,边码 11 以下。

何代理权人均适用[67],本文不赞同此观点。[68] 如果尚未产生实际约束,则不需要警告。

范例

在经公证的预约合同中,V 有义务将一处不动产转让给 K。在经公证人认证的意思表示中,他向 S 授予不可撤回的代理权,向 K 转让不动产。该授权生效力。尽管对不动产交易的不可撤回的授权在原则上需要第 311b 条第 1 款第 1 句的形式,[69] 但这在此处不适用,因为并不是通过不可撤回之授权才发生事实约束,而是预约合同就已经产生法律约束。[70]   1468

V 口头授予 S 不可撤回的代理权,为 V 订立一个保证合同。之前的司法裁判未将第 766 条第 1 句适用于该代理权授予。[71] 因为该形式规范也与警告功能相关联,现在对不可撤回的订立保证合同的授权也要求书面形式。[72] 如果这一形式要求没有得到保障,则保证合同根据第 177 条第 1 款效力待定(→边码 1605)。被代理的保证人现在可以根据第 182 条第 2 款口头追认(→边码 1606 以下)。   1469

4. 代理权授予中的意思瑕疵

因为代理权授予是法律行为(→边码 1454、1460),对代理权授予人的   1470

---

[67] Flume⁴, § 52, 2 a/b; 采纳该观点的有 Brox/Walker³⁸, Rdnr. 544; Kandler (Rdnr. 1424), 50 ff., 139 ff.; Staudinger–Schilken²⁰¹⁴ § 167 Rdnr. 20。

[68] 同样的(对第 1410 条)观点,参见 BGHZ 138, 239, 242 ff.; 赞同的观点,参见 Kanzleiter, NJW 1999, 1612 ff.; 拒绝的观点,参见 Einsele, NJW 1998, 1206 ff.; Vollkommer/Vollkommer, JZ 1999, 522 ff.。

[69] BGHZ 174,334 Rdnr. 17;BGH LM Nr. 18 zu § 167 BGB;NJW 1979,2306f.;RGZ 110,319,320;OLG München NJW- RR 1989,663,664f.;也参见 OLG Schleswig NJW- RR 2001,733, 734;详见 Korte,DNotZ 1984,82ff.。

[70] BGH LM Nr.1 zu § 173 BGB。

[71] RG JW 1927, 1363; SeuffA 86 (1932), Nr. 197。

[72] BGHZ 132, 119, 125; OLG Düsseldorf MDR 2004, 223; Flume⁴, § 52, 2 b; MünchKomm–Schramm⁶ § 167 Rdnr. 28; Soergel–Leptien¹³ § 167 Rdnr. 13。

意思瑕疵适用一般规定：如果代理人理解了代理权授予人的真实意思,则真实意思有效；否则(通过解释查明的)被表示的意思有效。[73] 一般规定的适用在**撤销**(Anfechtung)中引发了特别的问题,引发这些问题的情况是,通过撤销的意思表示,代理人的代理权被剥夺,且根据第142条第1款有溯及效力。

范例

1471　　V 书面授予 S 代理权,为他购买文字处理程序"Word"。然而,V 意欲请 S 购买"WordPerfect"。因为他在书写期间被一个电话打断,忘记写附加部分"Perfect"。V 可以根据第119条第1款第1句情况2撤销授权。因此 S 的代理权溯及既往地消灭(第142条第1款)。

1472　　只要代理人还**没有行使**(noch keinen Gebrauch gemacht)代理权,解决这种情况就没有困难。如果代理权是可以撤回的,那么虽然可以撤销[74],但没有必要。代理权授予人可以简单地撤回,借此阻止代理人为他实施错误的法律行为(→边码1507)。如果代理权被不可撤回地授予(→边码1508),则撤销之路不受阻。[75] 在任何情况下,代理人都将通过基础关系受到第122条的保护。他可以要求赔偿,比如,因准备措施而产生的费用的赔偿。尚未包含任何应当想到的对第三人的保护。尽管被撤回或者被撤销,但如果迄今为止被授权人仍然作为代理人出现,那么他是无权代理人。第三人根据一般规定受保护(→边码1619以下)。

---

[73] 参见 MünchKomm-Schramm[6] § 167 Rdnr. 105 f.的概述；Soergel-Leptien[13] § 166 Rdnr. 18 ff.。

[74] Flume[4], § 52, 5 a; Staudinger-Schilken[2014] § 167 Rdnr. 77; 不明确的观点,参见 Hübner[2], Rdnr. 1246; Soergel-Leptien[13] § 166 Rdnr. 22。

[75] 此外,意思瑕疵可能是不可撤回的意定代理权能被撤销的重要原因；参见 Brox/Walker[38], Rdnr. 570。

代理人在撤销表示的时刻**已经行使**(bereits Gebrauch gemacht)代理权的,适用其他规则。撤回没有溯及力,在不可撤回的代理权中也不能继续提供帮助(→边码1514)。如果对撤销适用一般规定,则要区别对待。如果代理权授予是对第三人表示的("外部授权";→边码1459),则被代理人也必须对第三人撤销(第143条第3款;→边码908)。第三人作为被撤销的授权表示的受领人可以根据第122条要求损害赔偿。此外,还考虑到根据第179条代理人被并列于被代理人承担责任,因此,他可以类推适用第122条从被代理人处取得补偿。[76] 如果代理权授予是对代理人表示的("内部授权";→边码1459),则被代理人可以对代理人撤销代理权授予,其结果是,代理人因为撤销的溯及力无代理权而行动。他因此根据第179条第1款对第三人承担损害赔偿责任,然而,因为他是善意的,所以根据第179条第2款仅承担消极利益损害赔偿。代理人必须对第三人支付价款的,通常他可以通过基础关系在被代理人处取得已支付的价款;基础关系被撤销的,通过第122条在被代理人处取得已支付的价款。该结论符合立法者的意思[77],但是经常并不能令人满意,因为代理人承担被代理人的破产风险,第三人承担代理人的破产风险。在被代理人和第三人之间直接处理这种"干扰"情况,被认为更符合利益。对此有不同的解决模式。

1473

部分观点认为,在这种情况下应排除代理权的撤销。从第166条第1款得出,只有当意思瑕疵发生在代理人方面时,被代理人才应当可以消除代理人实施的法律行为。此外,令人无法理解的是,被代理人根据表见代理的基本原则(→边码1560)必须遵守代理人实施的法律行为,而他在真实授予代理权时,可以通过撤销代理权授予消除法

1474

---

[76] 参见 Palandt - Ellenberger[74] § 167 Rdnr. 3; Soergel - Leptien[13] § 166 Rdnr. 23; Staudinger-Schilken[2014] § 167 Rdnr. 82——然而补偿毋宁通过第426条寻求。根据其他观点,第122条作为客观更接近的规范,因竞合事由而排除第179条的适用;参见 MünchKomm-Schramm[6] § 167 Rdnr. 110。

[77] Vgl. Prot., 288 ff.=Mugdan I, 738 ff.

律行为。[78] 这些论据根本不能令人信服。第166条第1款处理的是代理人行为中的意思瑕疵，而不是代理权授予中的意思瑕疵。应明确区分这两个法律行为。表见代理也无法解决问题，因为关乎的是不同的错误来源：关于表见代理的基本原则解决的是代理权授予要件，而不是授予要件中的意思瑕疵。因此结论是，代理权在表见代理中也可能被撤销，只要不是因为对权利外观要件的错误（认识）而应当被撤销（→边码1565、1559）。

1475　　根据另一种观点，应当通过以下途径解决利益冲突，即应当对第三人发出撤销的表示，原因是，与其说关乎的是代理权的消除，不如说关乎的是代理人行为的消除。因此应当类推适用第143条第3款对第三人撤销，然后第三人可以根据第122条从行使撤销权的被代理人处要求损害赔偿。根据第179条第2款的规定，代理人责任被排除。[79] 这种构建当然也与法律的规定不一致。

1476　　与此相比，必须回答的问题是，前面所述观点所称的保护需求是否存在。答案是否定的：

1477　　撤销权完全被排除的情况不予考虑，因为在此完全没有顾及被代理

---

[78] Eujen/Frank, JZ 1973, 232 ff.; Prölss, JuS 1985, 577, 582 f.; 部分的观点，参见 Müller-Freienfels, Vertretung (Rdnr. 1424), 404。同样的观点，参见 Brox/Walker[38], Rdnr. 574 und JA 1980, 451 f.，当错误事实上关乎代理人行为时，该观点根据第166条第2款的法律理念例外地意在许可代理人行为——不仅是代理权——的撤销。在此涉及的当然不是例外，而是本处问题的通常情况。因为第166条第2款作为例外条款不可以类推适用，坚持——完全不考虑保护需求（→边码1476以下）——清楚地区代理权授予和代理人行为。反对代理人行为撤销的，也包括 RGZ 106, 200, 204; Soergel-Leptien[13] § 166 Rdnr. 22; Staudinger-Schilken[2014] § 167 Rdnr. 82a 附证明，也存在反对观点。

[79] 对此，首先参见 Flume[4], § 52, 5 c/e; Hübner[2], Rdnr. 1248 f.; Medicus[10], Rdnr. 945; 部分的观点也包括 Müller-Freienfels, Vertretung (Rdnr. 1424), 402 ff.——根据另一观点，除了代理人，被代理人也应当类推第122条作为被涉及人对第三人承担责任；参见 MünchKomm-Schramm[6] § 167 Rdnr. 111; Palandt-Ellenberger[74] § 167 Rdnr. 3; Soergel-Leptien[13] § 166 Rdnr. 23。因此，部分观点要求，撤销应当对两者表示；Köhler[38], § 11 Rdnr. 28; Petersen, AcP 201 (2001), 375, 385。这没有解决代理人必须承担被代理人破产风险的问题。通过该途径只能有效地保护第三人。Flume[4] (§ 52, 5 e und § 47, 3 c) 主张保护代理人的途径是，如果代理权缺失（如此处因为拟制溯及力）完全在代理人认知和判断可能性之外则完全排除第179条的责任。此处引入了与立法者意思相反的过错责任（→ Rdnr. 1632）。

人的利益。如果在边码 1471 的范例中被代理人没有给代理人写信,而是直接给第三人写信,那么没有什么可以阻碍撤销。不能理解为被代理人因为代理人的介入应当比他自己实施行为时所处的地位更差。

代理人同样不需要特别保护。谁被设定为代理人,他就必须——与在任何法律行为中一样——考虑到,在代理权授予中发生错误。没有明显的理由认为,"意思瑕疵"这一错误源必须作为导致代理权授予不生效力的特别错误源,因此可以引起更强的保护。在撤销中,法律通过第 122 条保护撤销相对人。该请求权因为撤销人破产而没有价值,这种风险根据法律体系可以被接受。表示受领人不会因为信赖表示生效力而受绝对的保护,他只是受暂时的保护,亦即只在保留撤销的情况下与(也许是无用的)次级保护关联(→边码 792)。1478

第三人在此情况下也不需要特别保护。与代理人实施法律行为的人,必须考虑到,代理人没有代理权。他可以通过要求出示代理权文书,根据第 172 条使自己受保护。[80] 如果他没有这样做,他仍然依赖第 179 条的请求权。他在撤销时的需保护性不比在其他代理权瑕疵时的需保护性更高。因此也没有理由认为,仅仅因为错误源不在代理人,而在被代理人,就为他谋得另一个责任债务人或者第二个责任债务人。同样适用的情况是,如果代理人并非完全行为能力人,那么根据第 179 条第 3 款第 2 句,他不能自己承担责任。[81] 这样,代理人可以经第 122 条,通过第三人损失清算制度从被代理人处将第三人的损失清算,或者将相应的请求权转让给第三人。[82] 总之,没有理由操纵改变法定的赔偿体系。[83] 1479

---

[80] 根据此处解决方案撤销虽然导致代理权溯及既往地消灭,但是,如果第三人要求出示被代理人制作的授权证书,那么根据第 172 条代理权被虚构。该条款在撤销的情况下仍然适用,没有争议;与所有观点不同的,参见 MünchKomm-Schramm[6] § 167 Rdnr. 112; Soergel-Leptien[13] § 166 Rdnr. 22。授权证书的授予不能在代理权授予之外撤销,因为代理权生效力只是制作证书的动机(→边码 1526 以及边码 1524)。

[81] Vgl. aber Flume[4], § 52, 5 e; MünchKomm-Schramm[6] § 167 Rdnr. 111.

[82] Schilken, Wissenszurechnung im Zivilrecht, 1983, 40 f.; Staudinger-Schilken[2014] § 167 Rdnr. 82.

[83] 同样的观点,参见 Lüderitz, JuS 1976, 765, 770; Schwarze, JZ 2004, 588 ff.; Staudinger-Schilken[2014] § 167 Rdnr. 79, 81 f.。

(四)意定代理权与基础关系

1. 内部关系和外部关系

1480 被代理人、代理人和第三人之间的三角关系,通过内部关系和外部关系这组**概念**(Begriffe)表示。代理权的授予赋予代理人法律上的正当性,为被代理人引发法律效果。法律效果在被代理人和第三人的关系中产生,该关系被称为外部关系。与之区别的是被代理人和代理人之间的法律关系,这被称为内部关系。[84] 在内部关系中多数情况下涉及的是服务关系或劳动关系(第611条)、(有偿的)事务处理合同(第675条)或者(无偿的)委托(第662条)。但是其他法律关系也可能是基础关系。[85] 下文的出发点是将委托作为内部关系的"基本类型"。

1481 对**代理人的法律地位**(Rechtsstellung des Vertreters)要明确区分内部关系和外部关系。[86] 从内部关系中通常得出受托人负担义务,为委托人在特定事务中或者一般性地在特定任务领域而实施行为(参见第662条)。此处尚未表明,受托人在实施时应当以自己的名义还是以他人(委托人)的名义行动。受托人也可以作为间接代理人完成很多委托事务。这样,他虽然为他人利益而行动,但仍以自己的名义(→边码1307)。委托人和第三人之间未设立法律关系。在此情况下根本不存在(第三人)与委托人的外部关系,而只存在第三人和间接代理人的关系。通过意定代理权,受托人才取得以他人的名义实施委托的权力,并且因此在被代理的委托人和第三人之间成立外部关系。如果他没有该权力,他仍然必须实施委托,但是只允许以自己的名义行动。[87]

---

[84] "基础关系"或者"原因关系"这两个术语被当作同义词使用,不能理解为不当得利法意义上的原因关系或基础关系;对此参见 Staudinger-Schilken[2014] § 167 Rdnr. 4.

[85] 参见 BGHZ 110, 363, 367: S 将他的公司不动产以信托的方式转让给儿子 V,同时为该不动产授予全权代理权。此处的基础关系是信托合同。

[86] Mot. I, 228 ff.=Mugdan I, 479.

[87] 口诀:委托设立负担,授权赋予权力。

范例

  V委托S在D处购买一幅画。基于该委托,S有义务购买这幅画(第662条),他是必须以自己的名义行动,还是允许以V的名义行动,取决于V是否授予他代理权。如果V对S授予代理权,则S可以以V的名义行动。关于画的买卖合同在V与D的外部关系中成立。D只能向V主张买卖价款,不能向S主张。反之,如果没有被授予代理权,S必须以自己的名义取得这幅画。这样,买卖合同在S和D之间成立。D可以向S要求买卖价款,而S可以根据第670条向V主张已经支付的价款的补偿。S必须根据第667条将D转让给他的画转交给V。 1482

  不能将"内部关系/外部关系"这组概念与"**内部代理权/外部代理权**(Innen-/Außenvollmacht)"这组概念混淆(→边码1459)。关于内部关系的合同总是在委托人和受托人之间订立。反之,根据第167条第1款,既可以通过对代理人发出意思表示授予代理权(内部代理权),也可以通过对第三人发出意思表示授予代理权(外部代理权)。通常,在成立内部关系时同时受托人被默示授予代理权时(→边码1460),即取得内部代理权。但并不强制如此。内部关系和意定代理权不必同时成立,内部关系的成立也不必先于代理权授予。 1483

范例

  V聘请S为职员,经过两年的考察期后授权他为商事全权代理人(先成立内部关系,然后成立内部代理权)。 1484

  V告知D,他请求S以V的名义在D处取得一幅画。接着他委托S,购买这幅画(先成立外部代理权,然后成立内部关系)。 1485

  V委托一位建筑师管理工程(同时成立内部关系和内部代理权;→边码1463)。 1486

2. 抽象原则

1487　与负担(行为)和处分(行为)之间的关系(→边码476)相似,在意定代理权与内部关系的关系中也涉及**抽象原则**(Abstraktionsprinzip)[88]:意定代理权不仅与内部关系相区分,而且不依赖于内部关系生效力。借此,为第三人之利益,也为代理人之利益——否则代理人将因第179条承担责任,意定代理权应当远离由内部关系产生的错误源。无论如何,该基本原则对意定代理权的成立和范围适用,但对意定代理权的消灭而言,抽象原则被第168条第1句突破(→边码1497)。具体的意思是:

1488　有效力的意定代理权根本不以内部关系为前提条件。[89]也存在所谓的**独立意定代理权**(isolierte Vollmacht),即某人授予他人代理权,但此人不以任何形式负担为被代理人行动之义务。[90]被授权人虽然可以借助授权在外部关系中为被代理人行动,但他既没有被具体地委托,也没有被一般地委托,在授权人的利益领域内行动。这种独立授权出现的情况是,没有打算成立内部关系(比如,因为被代理人基于纯粹好意而让他人行动),或者错误地认为已经成立内部关系。

范例

1489　V预防性地授予他的儿子S账户代理权。在此根本不存在内部关系,基于此可以授予S代理权。[91]

1490　V对他的朋友S表示,如果S再开车去葡萄酒庄,就应当为V订购红酒。

---

[88] 对此,详见 Lieder, JuS 2014, 393 ff.——该教义追溯至 Laband ZHR 10 (1886), 183 ff.;关于抽象原则的历史发展,参见 Müller-Freienfels in: Coing/Wilhelm, Wissenschaft und Kodifikation des Privatrechts im 19. Jahrhundert, Bd. Ⅱ, 1977, 144 ff。批评抽象原则概念的,参见 Flume[4], § 50, 1。

[89] 在法定代理中则不同:没有父母关系等就没有法定代理权,参见 MünchKomm-Schramm[6] § 164 Rdnr. 98。

[90] Vgl. BGHZ 110, 363, 367; LG Düsseldorf Rpfleger 1985, 358.

[91] Flume[4], § 50, 1 认为在这种情况下存在"替代委托(Eventualauftrag)"。

独立的意定代理权也可能在**未设立生效力的内部关系**(Innenverhältnis nicht wirksam begründet)的情况下成立。[92] 如果基础关系无效,那么瑕疵不穿透至代理权授予。第 139 条也不是在任何情况下都适用。关于内部关系的合同与授予代理权在原则上不是一体法律行为。这既对外部代理权适用,也对内部代理权适用。[93] 然而,两个法律行为可能受因于同一个瑕疵,进而因为共同瑕疵都不生效力(→边码 482)。[94] 此外,在具体情况中可能满足第 139 条的前提条件(→边码 1209),如果从特别因素中得出,授权和基础行为应当构成一体法律行为,没有基础行为而遵守授权不符合当事人的假定意思。[95] 基础行为生效力可以成为代理权授予生效力的条件。[96] 但存疑时不得这样认为。[97]

1491

范例

V 委托并授权未成年人 S 为他从城里带一本书。在此,委托因为没有法定代理人的同意而根据第 107 条以下(待定)不生效力,相反,授予代理权生效力。任何通过肯定共同瑕疵或通过第 139 条而突破抽象原则的尝试都与第 165 条对立(→边码 1368)。可能的方式只剩下通过约定条件将两者关联。

1492

---

[92] 参见 OLG Zweibrücken OLGZ 1985, 45, 46: Staudinger-Schilken[2014] § 167 Rdnr. 2 附其他证明。

[93] OLG Hamm NJW 1992, 1174, 1175; RGZ 69, 232, 234; Hübner[2], Rdnr. 1240; MünchKomm-Schramm[6] § 164 Rdnr. 101 f.; Soergel-Leptien[13] Vor § 164 Rdnr. 40; Staudinger-Schilken[2014] Vorbem. zu § 164 ff. Rdnr. 33; Wolf/Neuner[10], § 50 Rdnr. 3 f.——对内部授权的其他观点,参见 Flume[4], § 32, 2 a; Frotz, Verkehrsschutz im Vertretungsrecht, 1972, 329 ff.; Medicus[10], Rdnr. 949。

[94] 参见 Flume[4], § 50, 2 und 3(附正确的指示,共同瑕疵主要存在于内部代理权)。

[95] 再审案例中涉及的是根据第 125 条、第 311b 条第 1 款形式无效的基础行为;参见 BGH ZIP 1987, 1454, 1455; WM 1964, 182, 183; RGZ 97, 273, 275; 94, 147, 148 f.; 81, 49, 51; Korte, DNotZ 1984, 82 ff.; 也参见 Soergel-Leptien[13] § 167 Rdnr. 8 以及边码 1466。

[96] Staudinger-Schilken[2014] § 167 Rdnr. 3。

[97] 也参见边码 465。

1493　在**范围**(Umfang)方面,意定代理权在原则上也不依赖于内部关系。在此必须区分的是,代理人通过意定代理权在外部关系中可以实施的事务,和他在内部关系中应当实施的事务。意定代理权赋予的权利可以比在内部关系中根据允诺和指示所允许(的事务)多很多。这样,"可为(意定代理权)"和"应为(内部关系)"彼此撕裂。[98] 当然,常见的情况是,授权在范围方面根据内部关系设置的边界进行调整。[99] 这样,"可为"和"应为"彼此相适应。如果授权表达得很具体,以至于代理人不再有自己的裁量空间,则被称为"具体行为受限的代理人"。[100]

范例

1494　V 授予 S 商事全权代理权,在他的经营领域内采购。S 为 V 接受了一项为购买不动产融资的银行信贷。S 因此超出了在内部关系中对他设置的边界,但同时在外部关系中有效地代理 V。对该情况,从《商法典》第 50 条第 1 款和第 2 款得出,在内部关系中受到的限制不能穿透至代理权。

1495　通过对 D 作出表示,V 向 S 授予购买一幅画的外部授权。同时他委托 S 购买这幅画,但是支出不能超过 20 万欧元。S 与 D 约定价格为 25 万欧元,那么买卖合同以该价格成立。内部关系中的限制不影响(外部)代理权。

1496　V 委托 S,以他的名义在 D 处购买一幅特定的画,最高价格为 20 万欧元。在此,从解释授予意定代理权的意思表示中得出,S 不仅在内部关系中被设置边界,而且其意定代理权不能涵盖更高价格的交易。

(五)意定代理权的消灭

1. 概述

1497　**在法律上**(gesetzlich),意定代理权的消灭被规定在第 168 条。根据

---

[98] 关于代理权滥用,详见边码 1573。
[99] 这特别适用于内部授权;参见 Flume[4], § 50, 2。
[100] 关于与使者的区别,参见边码 1346。

上文所述,意定代理权的产生和范围不依赖于基础关系,而它的继续存在通过第 168 条第 1 句与基础关系相关联。这通常意味着,当基础关系消灭时,意定代理权消灭(→边码 1499)。此外,根据第 168 条第 2 句,在基础关系继续存在的情况下,意定代理权也可以被撤回(→边码 1507)。

然而,第 168 条绝没有包含所有的消灭原因。比如,现在承认,被授权人可以放弃授予他的代理权,即使在内部关系中仍然有义务实施代理人行为,也可以放弃代理权。[101] 意定代理权的消灭可以**通过法律行为**(rechtsgeschäftlich)约定。这样,意定代理权可以仅附期限地授予,其效力是,期限经过后意定代理权直接消灭。附解除条件的意定代理权在条件成就时同样如此。此外,当事人可以通过合同确定与第 168 条不同的规则,即在基础关系消灭时意定代理权继续存在,或者它不得撤回(→边码 1500、1508)。 1498

2. 依据基础关系而消灭

根据第 168 条第 1 句的基础规则,意定代理权的消灭由授予代理权所依据的法律关系确定。这里并不是说,意定代理权随着基础关系的消灭而消灭,而只是说,意定代理权的消灭取决于基础关系。从符合事实的基础关系的解释中**通常**(im Regelfall)可以得出,法律行为上的代理权的命运应当与内部关系的命运相关联。劳动者在解除劳动关系时,不需要特别的意思表示就失去用人单位授予他的代理权了,这符合法律交往中的设想。如果委托人撤回委托,或者受托人终止委托(第 671 条第 1 款),那么双方将直接得出代理权随之消灭的结论。相同的必须适用于,基础关系没有消灭,而是通过履行完成:如果画被转让,那么卖画的意定代理权随之消灭。这也从代理权授予所依据的法律关系中得出,因此满足第 168 条第 1 句的要求。[102] 这关乎的是(通过解释得出的)意定代理权内容的 1499

---

[101] OVG Hamburg NVwZ 1985, 350; Flume[4], § 51, 3; Hübner[2], Rdnr. 1277; MünchKomm-Schramm[6] § 168 Rdnr. 8; Soergel-Leptien[13] § 168 Rdnr. 5; Staudinger-Schilken[2014] § 168 Rdnr. 18; Wolf/Neuner[10], § 50 Rdnr. 50.

[102] Staudinger-Schilken[2014] § 168 Rdnr. 3.

限制。[103]

1500 可以通过法律行为来确定该规则的**例外**(Ausnahmen)。如此,基础关系可以确定,意定代理权在基础关系消灭或者终止时应当继续存在。此外,授权人自己可以不考虑基础关系而这样表述意定代理权:意定代理权可以超越基础关系的结束而存续,比如,授予两年期限的代理权同时约定一年期限的基础关系。在这两种情况中,在基础关系消灭的情况下仍有独立的意定代理权(→边码1488)。[104]

1501 当事人**死亡**(Tod)会对代理权产生完全不同的效果。[105] 在此情况下原则上也要问,基础关系是否消灭,当事人对于这种情况约定了哪些规则。如果被授权人死亡,那么根据第673条第1句、第675条得出,在存疑的情况下委托和事务处理合同将消灭,因为根本不能认为委托人愿意直接将他的事务委任给(他可能根本不认识的)继承人。[106] 如果是这样,那么意定代理权也随着委托而消灭(第168条第1句)。仅在迟延风险中情况才有所不同(第673条第2句、第168条第1句)。反之,如果授权人死亡,那么根据第672条第1句、第675条推定[107],委托和事务处理合同应当继续存在,这样被授权人就可以在基础关系为他划定的界限内继续处理遗产。因为在此情况下基础关系没有消灭,意定代理权也继续存在,这样,被授权人现在可以代理继承人。

1502 对死亡的情况也可以通过法律行为来确定例外。这样,在基础关系中就可以确定与第672条第1句、第675条不同的内容,即该基础关系(以

---

[103] Vgl. MünchKomm-Schramm[6] § 168 Rdnr. 4; Palandt-Ellenberger[74] § 168 Rdnr. 1; Soergel-Leptien[13] § 168 Rdnr. 3.

[104] Brox/Walker[38], Rdnr. 552.

[105] 对此,详见 Frey (Rdnr. 1424), 49 ff., 162 ff.。

[106] 不同的,比如,在为被授权人利益而授予的履行代理权中:在此继承人借助向被继承人授予的代理权也可以主张对授权人的请求权。第673条第1句的推定被反驳。仅参见 MünchKomm-Schramm[6] § 168 Rdnr. 4.

[107] 《民事诉讼法》第86条包括相应规范,在此关乎的不是无可辩驳的推定,而是法律命令,即诉讼授权继续存在。

及随之的意定代理权,第 168 条第 1 句)在委托人死亡时应当终止。[108]代理人只取得生时代理权。与之相反——比如,在银行授权表格中——经常在条款中写明,意定代理权在授权人死亡后也应当继续有效[所谓的生时身后代理权(transmortale Vollmacht)]。[109] 这样的规定当然只是复述第 672 条第 1 句推定的内容[110],因此此类条款的意义仅限于排除疑虑。如果代理人从授权人死亡时起才应当有代理权,则被称为身后代理权(postmortale Vollmacht)。它通常是为了在继承问题得以澄清之前可以处分遗产而授予,比如,为了抚养死者家属或为了举行葬礼,也可能有其他目的。

范例

V 告知他的爱人 S,她应当在 V 死后取得在瑞士的银行账户。同时他向 S 授予该账户死后代理权。V 死亡后,S 凭借该授权取走了全部账户存款。死后授权不需要形式而有效,但可以由继承人撤回。[111] 没有撤回的,S 可以(以继承人的名义)处分该账户。[112] 她是可以保留这些钱,还是必须根据第 812 条第 1 款第 1 句第 2 项将钱返还给继承人,取决于作为法律原因的赠与合同是否成立并生效。因为存疑时存在死后赠与,赠与合同本应当根据第 2301 条第 1 款进行公证。因执行而补正(第 2301 条第 2 款)被排除,因为单纯的代理权授予不是执行,V 死后钱被取走才是执行。[113]

1503

---

[108] 参见 OLG Hamm NJW-RR 2003, 800——关于在此类情况下的信赖保护,参见 Rdnr. 1516 ff.。
[109] 关于其有效范围,参见 BGHZ 180, 191 Rdnr. 16 ff.。
[110] Vgl. OLG München NJW 2002, 305, 306.
[111] Dazu Madaus, ZEV 2004, 448 ff.
[112] 对外只能通过代理权滥用规范(→边码 1573)限制代理人;参见 BGH NJW 1995, 250 f.; 1994, 2082 f. 在内部关系中原则上没有义务,在实施代理行为前与继承人协商;参见 BGH NJW 1995, 250, 251 以及边码 1505。
[113] 具体情况有争议;详见 Bork, JZ 1988, 1059 ff.; Soergel-Leptien[13] § 168 Rdnr. 29 ff.; Staudinger-Schilken[2014] § 168 Rdnr. 28 ff.; Trapp, ZEV 1995, 314 ff.。

1504　如果当事人之一失去**行为能力**（Geschäftsfähigkeit），那么对法律效果要予以区分：如果失去行为能力的是授权人，通常既不会对基础关系有影响（参见第 672 条第 1 句、第 675 条；《民事诉讼法》第 86 条），也不会对意定代理权产生任何后果。因此，在丧失行为能力的情况下也可能授予代理权。[114] 如果被授权人失去行为能力，也没有什么不同。在没有其他约定的情况下，已经订立并生效力的基础关系仍然存续。意定代理权也不受影响。[115] 另外一个问题是，不再具有完全行为能力的代理人是否还可以行使代理权。该问题应根据第 165 条来确定（→边码 1368）。

范例

1505　V 想参加一次原始森林团体旅行。他请求 S 为他预定此次旅行。不久，V 在一次交通事故中受重伤，他由于头部受伤而不再有能力亲自有序安排自己的事务，照护法院命令了一项同意保留（第 1903 条），并指定 B 为照护人。S 知道所有的情况，但仍然为 V 预定了旅行。合同的效力依赖于 S 的代理权。V 不再有行为能力（第 1903 条第 1 款第 2 句），原则上不影响 S 的代理权。然而，在本案这种方式的委托中可以认为，在行为能力消灭的情况下，委托和意定代理权应当与第 672 条第 2 句的推定相反，即消灭。如果我们不遵循该观点，则代理权不受影响。根据通说，代理人既不需要征求监护人的同意[116]，也不需要将授予的委托告知他。[117] 不同的只是，代理人基于

---

[114] 也参见 § § 1896 Abs. 2 S. 2, 1904 Abs. 2. 一般的关于"老年人预防代理权"，参见 Müller-Freienfels, FS Coing, 1982, Bd. Ⅱ, 395 ff.。

[115] 不同观点，见 Hübner[2], Rdnr. 1271; Ostheim, AcP 169 (1969), 193, 218 f.; Staudinger-Schilken[2014] § 168 Rdnr. 21; 关于长期无行为能力，也见 MünchKomm-Schramm[6] § 168 Rdnr. 7; Palandt-Ellenberger[74] § 168 Rdnr. 3; Wolf/Neuner[10], § 50 Rdnr. 59; 只在法律中提到的，参见 Flume[4], § 51, 8——同本处 Erman-Maier-Reimer[14] Rdnr. 11; Soergel-Leptien[13] § 168 Rdnr. 12。

[116] BGH NJW 1969, 1245, 1246 f.; MünchKomm-Schramm[6] § 168 Rdnr. 13——不同观点，参见 OLG Köln NJW-RR 2001, 652, 653 f. und Flume[4], § 51, 6: 对于被授权人，应当适用与法定代理人相同的限制。

[117] 不同观点，参见 Pawlowski[7], Rdnr. 772。

已发生变化的情况必须考虑到,代理人行为的成立不再是所希望的。[118] 如果代理人仍然不与其法定代理人协商,那么在内部关系中他负有损害赔偿义务,意定代理权在此情况下也不消灭。在外部关系中,只能根据滥用代理权的规则而穿透它(边码1573)。

根据《支付不能法》第117条,授权人的**破产**(Insolvenz)会导致由他授予的代理权消灭。该规定的合理性在于,对于破产财产,此时应该只有破产管理人才能处理,而不是债务人安排的第三人。反之,被授权人破产不影响代理权的授予。因为关乎的是债务人的个人负担,基础关系不属于破产财产,这样,破产管理人就不能根据《支付不能法》第103条决定它是否应当继续。基础关系和授权仍然存在,但是通常因为被授权人破产可以由授权人终止或者撤回。[119] 1506

3. 因撤回而消灭

正如从第168条第2句得出的,意定代理权原则上可自由**撤回**(widerruflich)。授权人可以随时通过相反行为剥夺代理人的代理权。这不依赖于基础关系是否继续存在。可以有很多理由,在基础关系继续存在的情况下撤回授权,比如,信赖丧失或者被授权人工作领域的变更。比如,保险公司的工作人员此前一直做外部工作,现在成为内部审查的领导,那么理性且在法律上可能的是,将授予他的订立保险合同的代理权撤回。如果银行的商事全权代理人多次错误地给予无保证信贷,那么也可以将授予他的商事代理权(→边码1432)撤回,即使此人继续受雇。《商法典》第52条对此予以规定,因此该条是第168条第2句的特别法。[120] 1507

第168条第2句将意定代理权的可撤回性交予基础关系的保留。由此可得出,意定代理权应当**不可撤回**(unwiderruflich)。法律仅将(不)可 1508

---

[118] Vgl. MünchKomm-Schramm^6 § 168 Rdnr. 13.
[119] Vgl. Jaeger-Jacoby, InsO, § § 115 f. Rdnr. 86.
[120] 特别之处,根据《商法典》第52条第1款不可撤回地授予商事代理。关于撤回的后果,参见边码1514。

撤回性根据基础关系而调整。独立的意定代理权(→边码1488)因此不依赖于其表述总是可以被撤回,因为基于定义,它没有可以得出不可撤回的结论的基础关系。[121] 如果存在基础关系,那么其中必须至少推定对不可撤回性进行了约定。通过授权人的单方放弃,它可以不生效力。[122] 关键的并不是根据其文字是否不可撤回地授予代理权,而是是否可以从基础关系中得出授权具有不可撤回性。不可撤回的代理权授予因此是(一体的)法律行为,它在基础关系中由授予代理权和不可撤回协议组成。当事人是否有这样的不可撤回约定,要在基础关系中通过解释来推断。不可撤回可以明确写明,也可以从情事中得出。在通常情况下,只有当意定代理权仅是为被授权人之利益而发生时,或者根据原因和目的是服务于特别利益时,才可以认为默示地排除了其可撤回性。[123] 不可撤回约定可以嗣后加入基础关系(第311条第1款),比如,当事人在嗣后代理权授予中相应地受约束。

1509   因为不可撤回的意定代理权长期约束授权人,他不再能阻碍代理人实施法律行为,所以法律对**不可撤回的意定代理权的效力**(Wirksamkeit der unwiderruflichen Vollmacht)提出严格要求。[124] 与第167条第2款有所不同,得到承认的是,对要式代理人行为授予不可撤回的代理权,这本身需要形式(→边码1467)。不可撤回的一般代理权根据第138条第1款不

---

[121] BGHZ 110, 363, 367; BGH NJW-RR 1991, 439, 441; NJW 1988, 2603; Flume[4], § 53, 4.
[122] 通说;参见 RGZ 109, 331, 333; BayObLG NJW-RR 1996, 848 附其他证明; Hopt, ZHR 133 (1970), 303, 317; Korte, DNotZ 1984, 84, 88; Palandt-Ellenberger[74] § 168 Rdnr. 6; RGRK-Steffen[12] § 168 Rdnr. 3; Wolfsteiner, DNotZ 1979, 679, 685 f.——不同观点,参见 Flume[4], § 53, 5; Fuchs, AcP 196 (1996), 312, 365 f.; MünchKomm-Schramm[6] § 168 Rdnr. 20; Soergel-Leptien[13] § 168 Rdnr. 23; Staudinger-Schilken[2014] § 168 Rdnr. 11/17。
[123] BGH NJW-RR 1991, 439, 442; WM 1985, 646, 647; 1965, 1006, 1007; BayObLG NJW-RR 2002, 443, 444。
[124] 准确地说,无效原因首先包括不可撤回的约定。它的无效是延伸至代理权的授予,还是授权仍然作为不可撤回,要根据第139条判断,因为无效约定和代理权的授予是一体法律行为。一般情况下,仍然保持第139条推定的(→边码1209)整体无效。特别对违反法律禁止和形式的规定适用。关于无例外的整体无效,参见 Flume[4], § 53, 5; offener OLG München OLGZ 1965, 1; MünchKomm-Schramm[6] § 168 Rdnr. 27; Soergel-Leptien[13] § 168 Rdnr. 27;不同的观点,参见 Staudinger-Schilken[2014] § 168 Rdnr. 10。

生效力,因为它——即使它没有取代性效果[125](→ 边码 1454)——实际"剥夺"了被授权人的行为能力,从而不合理地限制了他在经济上的决定自由。[126] 在第 138 条的要件之外,通说认为,如果意定代理权不能至少因为同等重要的被授权人利益而具有正当性,则对该意定代理权不予认可,因为它不能在基础关系中找到正当性基础。因此,代理人的自己利益不仅是解释因素(→ 边码 1508),还是生效因素。[127] 然而本书不同意该观点。如果在基础关系中明确约定不可撤回性,则必须以当事人意思为优先。基础关系中的其他正当性原因在所不问。

反之,正确的是,(约定并生效力的)不可撤回的意定代理权也**可以因为重要事由而可撤回**(aus wichtigem Grund widerrufbar)。[128] 不可撤回的意定代理权会导致授权人长期依赖他人。正如从第 27 条第 2 款第 2 句、第 543 条第 1 款第 1 句、第 626 条第 1 款、第 723 条第 1 款第 2 句得出的那样,在其他方面,不可终止的长期法律关系在其继续存在不可期待的情况下,可以基于重要原因被终止。现在,这关乎的是第 314 条规定的一般法律理念,它对不可撤回的意定代理权也适用。

1510

范例

病重的 V 指定她的侄子 S 作为单独继承人,书面授予其代理

1511

---

[125] BGH WM 1971, 956, 957; Flume⁴, § 53, 6; MünchKomm-Schramm⁶ § 168 Rdnr. 29; Soergel-Leptien¹³ § 168 Rdnr. 22/28.

[126] 仅参见 Soergel-Leptien¹³ § 168 Rdnr. 25——Flume⁴, § 53, 3 尝试从私人自治原则中得出结论。

[127] 仅参见 BGH NJW-RR 1991, 439, 441; MünchKomm-Schramm⁶ § 168 Rdnr. 21 ff.; Soergel-Leptien¹³ § 168 Rdnr. 22; Staudinger-Schilken²⁰¹⁴ § 168 Rdnr. 8; Wolf/Neuner¹⁰, § 50 Rdnr. 42 ff.更进一步的观点,参见 Flume⁴, § 53, 3 仅在授权是为了履行授权人有效承担的义务时,愿意承认不可撤销性的排除。

[128] BGH NJW 1988, 2603; WM 1985, 646, 647; 1969, 1009; Fuchs, AcP 196 (1996), 312, 363 f.; Hübner², Rdnr. 1275; MünchKomm-Schramm⁶ § 168 Rdnr. 28; Soergel-Leptien¹³ § 168 Rdnr. 26; Staudinger-Schilken²⁰¹⁴ § 168 Rdnr. 14 附其他证明; Wolf/Neuner¹⁰, § 50 Rdnr. 43——否定的观点,参见 Flume⁴, § 53, 4; Medicus¹⁰, Rdnr. 942.

权,将 V 的不动产"转让给 S 自己,并完成所有权变动,但无偿"。[129] 该意定代理权完全是为了 S 之利益,因此应当被理解为不可撤回的意定代理权(→边码1508)。类推适用第 311b 条第 1 款第 1 句,这需要公证人公证,否则根据第 125 条第 1 句无效。

1512　　在上述案例中,V 通过公证文书授予 S 代理权。当 V 得知 S 在他的朋友和亲戚面前用虚构的、贬低性的故事嘲笑她时,她想剥夺 S 所有的权利。对此,她可以基于重要事由撤回意定代理权(→边码1509)。此外,她可以撤回遗嘱(第 2253 条以下),并撤回赠与合同(第 530 条),其后果是,意定代理权变成可以随时撤回的独立的意定代理权(→边码1508)。如果意定代理权与赠与合同一起被公证,根据第 168 条第 1 句它随着赠与的撤回而消灭了(→边码1499)。

1513　　对**撤回的意思表示**(Widerrufserklärung),第 168 条第 3 句提示参照第 167 条第 1 款。那么,撤回通过单方法律行为完成。它并非必须明确地表示,而是可以推定表示,比如,通过要回代理权证书(→边码1515)。这关乎的是需受领的意思表示,既可以对被授权人("内部撤回")发出,也可以对第三人("外部撤回")发出。也允许通过对外公示而撤回。[130] 在此,授予要件(→边码1459)不必与撤回要件一致:外部代理权可以通过内部撤回消灭,内部代理权也可以通过外部撤回消灭。如果授予要件和撤回要件不一致,比如,通过对第三人的意思表示而授予代理权,但它通过对代理人作出撤回而消灭,那么就涉及信赖保护的问题(在此:对第三人),对此将在边码 1516 以下详细论述。

4. 意定代理权消灭的法律效果

1514　　如果意定代理权通过撤回或者根据第 168 条第 1 句的规定而消灭,那么代理人失去他的代理权。其效力不溯及既往,仅**向未来**(ex nunc)生效

---

[129] Vgl. BGH WM 1965, 1006, 1007.
[130] MünchKomm-Schramm[6] § 168 Rdnr. 19; Palandt-Ellenberger[74] § 168 Rdnr. 5; Soergel-Leptien[13] § 168 Rdnr. 19; Staudinger-Schilken[2014] § 168 Rdnr. 5. Vgl. auch Rdnr. 1459.

力。[131] 此前实施的代理人行为仍然生效力,只要它被代理权包括在内。反之,代理权消灭后实施的法律行为根据第177条第1款效力待定,在被代理人拒绝追认且没有权利外观要件的情况下,导致代理人根据第179条承担责任。这些规则对商事代理的消灭也适用。虽然《商法典》第53条第2款规定,商事代理的消灭应当在商事登记簿中登记,但是登记并非消灭的前提条件,而只有宣告效力。然而,对此应考虑《商法典》第15条的权利外观责任(→边码1534)。

如果代理人有**代理权文书**(Vollmachtsurkunde),那么为了避免滥用,授权消灭后代理人必须交回文书(第175条)。但根据《民事诉讼法》第1款法院呈交卷宗的诉讼代理权例外,相关文书仍然保留在诉讼卷宗中。代理人在可以向被代理人主张费用赔偿的情况下(比如,根据第670条),仍有返还义务,因为根据第175条第2半句他对代理权文书没有债权留置权。[132] 反之,要求返还代理权文书应当被解释为代理权的撤回。[133] 授权人可以通过公告宣告代理权文书失效。这关乎的是授权人权利形成的表示,公告根据关于公开送达的规定(《民事诉讼法》第185条以下)予以公开。公告由初级法院(第176条第2款)通过非诉程序批准。[134] 失效表示也包含了代理权的撤回。[135] 然而在不可撤回的代理权中(→边码1508以下),撤回和失效表示无效(第176条第3款)。如果第三人占有文书,根据其明确的文义,第175条不适用。鉴于第176条,也没有必要类推适用。[136]

1515

---

[131] BayObLG DNotZ 1983, 752, 754.
[132] Vgl. OLG Köln MDR 1993, 512.
[133] Vgl. RG JW 1932, 1202, 1203.
[134] RG HRR 1934 Nr. 2.
[135] MünchKomm-Schramm[6] § 176 Rdnr. 4, 7; Palandt-Ellenberger[74] § 176 Rdnr. 1; Soergel-Leptien[13] § 176 Rdnr. 3; Staudinger-Schilken[2014] § 176 Rdnr. 4.
[136] 赞同观点,参见 Staudinger-Schilken[2014] § 175 Rdnr. 5; 不同观点,参见 MünchKomm-Schramm[6] § 175 Rdnr. 7; Palandt-Ellenberger[74] § 175 Rdnr. 1; 受限制的(仅在被授权人取得证书的情况下) RGRK-Steffen[12] § 175 Rdnr. 3; Soergel-Leptien[13] § 175 Rdnr. 4。对第三人可以考虑其他请求权,比如,根据第985条、第1007条。

5. 信赖保护

1516 如果代理人和第三方不知道代理权消灭,则代理权消灭可能会引起双方的混乱。那么,在对代理人撤回代理权的情况下可能发生的情况是,第三人认为他知道的代理权继续存在,于是与代理人实施法律行为。反之,对第三人撤回代理权的,未被告知的代理人可能认为,他仍然有代理权。代理权因为授权人死亡或者无行为能力而消灭的,双方都可能是无恶意的。上述情况会引出信赖保护的问题,法律对此的回答如下:

1517 (1)第674条、第729条、第169条对**代理人**(Vertreter)予以保护。[137] 通过第675条,也可以适用第674条,它与第672条第1句相关联,该条款规定,委托人的死亡或者无行为能力一般不影响内部关系(→边码1501)。如果情况不同,换言之,委托关系因委托人死亡或无行为能力而消灭[138],第674条保护善意的受托人:只要他既不知道消灭,也不应当知道(因为过失而不知道,第122条第2款),为了受托人之利益,委托被视为继续存在。这当然只是对受托人有利的拟制,原则上不能改变委托已经消灭的事实。无论是委托人还是第三人都不能主张这种拟制。如果委托"本来"已经消灭,那么根据第168条第1句对意定代理权也适用。第169条建立在这种法律状况之上。该规定的前提条件是,"本来"意定代理权也随着委托消灭而消灭,但是为了善意受委托人之利益被视为继续存在。因为受托人在此方面有代理权,他可以与任何第三人实施法律行为,且对被代理人发生效力。在第三人知道或者应当知道委托和代理权消灭的情况下,该法律行为之利益也使第三人受益。恶意第三人原本也受保护。第169条意欲对此予以阻却,它规定,基于第674条继续存在的授权不为恶意第三人之利益而发生效力。如果代理人恶意,则根据第168条第1句意定代理权消灭。如果(只有)第三人具有恶意,代理人虽然根据第674

---

[137] 类似的规定在第1698a条第1款第2句中,第1893条第1款、第1908i条第1款第1句、第1915条第1款对该条款作出提示。第169条对其他授予代理权的基础关系不能适用。

[138] 如果委托通过对受委托人作出的撤回表示而消灭(第671条),受委托人知道基础关系消灭,则不需要信赖保护。第674条从一开始就排除消灭的这种情况,第729条包含相应规定。

条、第 168 条第 1 句有代理权,但是第三人不能主张代理权,这样,对他而言,应当就像与无权代理人实施了法律行为一样。[139] 这对代理人并无不利,因为代理人根据第 179 条第 3 款第 1 句不对恶意第三人承担责任(→边码 1634)。第 674 条、第 729 条保护代理人,[140] 而第 169 条在结论上保护被代理人不受法律行为的约束,基于第 179 条第 3 款第 1 句,为保护代理人不需要该法律行为生效力。[141]

不满足第 674 条、第 729 条的前提条件的,仍然将善意代理人作为无权代理人对待,他实施的法律行为首先效力待定,在拒绝追认的情况下最终无效。因此,善意第三人(第 179 条第 3 款第 1 句)可以向他请求损害赔偿。代理人仅受第 179 条第 2 款的保护,即该条款将损害赔偿请求限制为消极利益(→边码 1631)。通常被代理人对代理人(比如,当被代理人没有将他对第三人表示的代理权撤回告知代理人)因为积极违反合同义务而承担责任,这样,代理人就可以免于第三人请求,或者代理人可以主张赔偿他已经向第三人支付的金额(→边码 1639)。 1518

(2)**第三人**(Dritter)的保护通过第 170 条以下条款达成。在此,第 170 条规定了**外部代理权**(Außenvollmacht)的消灭。如果通过对第三人的表示授予代理权,但对代理人撤回(→边码 1513),或者以其他方式消灭,那么第 170 条规定,意定代理权对第三人"仍有效力,直至授权人通知他意定代理权消灭"。该规范的前提条件相对明确地规定:被代理人通过外部代理权的授予创造了一个要件,第三人可以信赖此要件。然而法律 1519

---

[139] 恶意的判断标准是法律行为的完成,在合同订立上,即承诺的表示达到;参见 Staudinger-Schilken[2014] § 169 Rdnr. 4——第 173 条也要求第三人具有恶意(→边码 1519、1523、1526)。这引起竞合关系的问题。它回答第 170 条以下适用领域问题,第 173 条有所涉及;因为该条款既包括外部授权,也包括对外告知的内部授权,第 169 条只有在仅仅涉及对外告知的内部授权中适用;参见 Frotz, Verkehrsschutz im Vertretungsrecht, 1972, 333; MünchKomm-Schramm[6] § 169 Rdnr. 4; Staudinger-Schilken[2014] § 169 Rdnr. 7。

[140] Frotz, Verkehrsschutz im Vertretungsrecht, 1972, 132; MünchKomm-Schramm[6] § Rdnr. 5.

[141] Soergel-Leptien[13] § 169 Rdnr. 1; Staudinger-Schilken[2014] § 169 Rdnr. 4.——不同观点,参见 Frotz (前注), 332。

只保护善意第三人:授权人已经将代理权消灭通知他(第 170 条)[142]或者他基于其他因素知道或应当知道代理权消灭的[143](亦即因为过失而不知道,参见第 122 条第 2 款),那么他不享有信赖保护。此外,只有相信已经有效授予的外部代理权继续存在的,才受保护,而不是信赖代理权的授予生效力,因为信赖保护是否以及如何保障的问题,由第 104 条以下、第 116 条以下、第 122 条确定。[144]

范例

1520　　V 写信给 D,他授权 S 购买一辆私家车。D 未浏览信函,把私家车卖给了 V,由 S 作为代理人实施。V 拒绝履行,原因是,他已经在买卖合同订立前对 S 撤回了授权。在此,D 不能援引第 170 条。该条款旨在保护信赖外部代理权存续的人。如果第三人尚不知道意定代理权,也就不能认为他有信赖。第 170 条对此进行了目的限缩。[145]

1521　　针对 D 的履行要求,V 声称他在授予外部代理权时无行为能力。D 对代理权生效力的信赖在此不受保护。不适用第 170 条,也不能类推适用,因为第 104 条以下条款无条件地保护非完全行为能力人的价值优先(→边码 1519)。

1522　　反之,第 170 条的法律效果不甚明确。法律一方面表达的是意定代理权的"消灭",另一方面,意定代理权对第三人仍"有效力"。必须澄清这一法律效果规定,这与第 169 条相似(→边码 1517):意定代理权仍然消灭;但是,如果第三人对代理权存续的信赖是需要保护的(所谓的权利外

---

[142]　通知到达足矣,不取决于第三人是否知道或应当知道。

[143]　标准是,恶意关乎的是代理权自身,不是它的重要因素,BGHZ 167, 223 Rdnr. 28; 161, 15, 30; BGH NJW 2008, 1585 Rdnr. 30; 2005, 2983, 2985; 2005, 1576, 1579; 都附其他证明。

[144]　现在一致的观点,参见 MünchKomm-Schramm[6] § 170 Rdnr. 6; Soergel-Leptien[13] § 170 Rdnr. 4; Staudinger-Schilken[2014] § 170 Rdnr. 2。对相反观点引用的裁判 RGZ 104, 358, 360 谈及第 171 条——仅对外部授权的撤销,也见边码 1473;在外部授权中,撤销根据第 143 条第 3 款第 1 句对第三人表示。因此第三人通过第 122 条,而不是第 170 条受保护。

[145]　正确的是 Frotz, Verkehrsschutz im Vertretungsrecht, 1972, 281 f.。

观理论),被代理人则不能主张代理权缺失。[146] 反之,根据所谓的法律行为理论在第 170 条以下条款的情况中总是关乎法律行为上的行动,它只能通过相反的法律行为被消灭。[147] 在实施相反的法律行为之前代理权仍然存在。然而,该观点既与第 168 条第 1 句(它不区分纯粹内部代理权和对外授予或告知的代理权)不适应,又与第 168 条第 3 句(通过指示第 167 条第 1 款明确允许外部授权的内部撤回)不适应,也与第 173 条不适应,它必须以"法律行为理论"为基础将第 173 条理解为代理权的突破[148],这使法律体系遭受不必要的破坏。

与第 170 条对外部代理权的规定相似,第 171 条对**向外告知的内部代理权**(nach außen mitgeteilte Innenvollmacht)规定,代理人在对方告知(代理权消灭)之前有代理权。在要件方面与该条款相关联的只是被代理人告知第三人或者公众,他已经向代理人授予代理权。与第 170 条(→边码 1519)不同的是,第 171 条不要求确实授予代理权,或者它是生效力的。[149] 权利外观要件在此只是告知第三人或者公示。第三人或者公众可以信赖该宣告是正确的。如果不正确,因为未授予代理权或者未有效地授予代理权(第 171 条第 1 款),或者代理权又消灭了(第 171 条第 2 款),则对外宣告造成的信赖应受保护。根据第 173 条,当然只对善意第

1523

---

[146] 首先 Wellspacher, Das Vertrauen auf äußere Tatbestände im bürgerlichen Recht, 1906, 79 ff.; 参见 Canaris, Die Vertrauenshaftung im deutschen Privatrecht, 1971, 32 f.(关于第 171 条、第 172 条);MünchKomm-Schramm[6] § 170 Rdnr. 2 ff.; Palandt-Ellenberger[74] Rdnr. 1; Soergel-Leptien[13] § 170 Rdnr. 1; Wolf/Neuner10, § 50 Rdnr. 62——该理论术语上当然没有一直保持一致。部分被称为"内部消灭的外部授权的存续",或者授权消灭根据第 170 条依赖于通知(参见 MünchKomm-Schramm[6] § 170 Rdnr. 4/5)。其他的也有称以权利外观为基础的、与授权在范围上相适应的代理权(参见 Soergel-Leptien[13] § 170 Rdnr. 2; Wolf/Neuner[10], § 50 Rdnr. 63)。相反的情况是,外部授权的消灭在任何情况下都根据一般规则确定,后果是,代理人不再在代理权,被代理人不能在第 170 条的前提条件下以此法律状况作为依据。详见边码 1547。

[147] Vgl. vor allem Flume[4], § § 49, 2 c; 51, 9; Pawlowski, JZ 1996, 125, 127; wohl auch Frotz, Verkehrsschutz im Vertretungsrecht, 1972, 276 f., 307 f.; Staudinger-Schilken[2014] Rdnr. 1/3/9.

[148] 参见 Flume[4], § 49, 2 c (在结尾处)。

[149] 对于根据第 134 条无效的代理权(→边码 1461)BGHZ 171, 1 Rdnr. 11; 167, 223 Rdnr. 25; 161, 15, 24; BGH NJW 2008, 3357 Rdnr. 15; 都附其他证明。

三人适用。第 173 条仅指向第 171 条第 2 款(对代理权存续的信赖的保护),但是也对第 171 条第 1 款的情况(对授予代理权信赖的保护)类推适用。[150] 因为如果第三人知道或者应当知道,与告知他或者告知公众的情况相反,没有授予代理权,或者没有授予生效的代理权,则他没有值得保护的信赖。此外,在此的前提条件也是第三人已经知道宣告,否则不能认为存在值得保护的信赖(→边码 1520)。[151]

1524　　内部代理权的公告是准法律行为[152],对此应当类推适用第 104 条以下条款(→边码 412)。这首先意味着,必须有指向受领人的公告意思[153],公告人必须有行为能力。[154] 这是当然的,因为无行为能力人设置的权利外观从不能归责于他(→边码 1542)。然而,在限制行为能力的情况下,被代理人本来可以自己有效地与第三人实施代理人行为,这就够了。此外,生效力的公告表示可以被撤销。[155] 否则,内部代理权的对外公告就要比外部代理权的授予有更强的效力。撤销当然可以只建立在公告的意思瑕疵之上,而不是对第 171 条得出的公告的法律效果(非重大的法律效果错误;→边码 831)有错误认识,或对意定代理权的存在(非重大的动机错误;→边码 830)有错误认识。基于代理权授予中的错误只可以

---

[150] BGH NJW 2000, 2270, 2271; 1985, 730; RGZ 108, 125, 127; Frotz, Verkehrsschutz im Vertretungsrecht, 1972, 302 f.; Medicus[10], Rdnr. 946; MünchKomm-Schramm[6] § 173 Rdnr. 9; Soergel-Leptien[13] § 171 Rdnr. 2; Staudinger-Schilken[2014] § 171 Rdnr. 11, § 173 Rdnr. 7.

[151] Canaris, Die Vertrauenshaftung im deutschen Privatrecht, 1971, 509 f.; Frotz, Verkehrsschutz im Vertretungsrecht, 1972, 301 f.; MünchKomm-Schramm[6] § 171 Rdnr. 12; Palandt-Ellenberger[74] § 171 Rdnr. 2; Soergel-Leptien[13] § 171 Rdnr. 2.

[152] 不同观点(以"法律行为理论"为基础),参见 Flume[4], § 49, 2 a/c, § 51, 9; Pawlowski, JZ 1996, 125, 127,通说与本处相同;与所有的观点都不同,参见 Staudinger-Schilken[2014] § 171 Rdnr. 2 f.。

[153] Vgl. BGHZ 65, 13, 14 f. (zu § 172); LG Kassel NJW-RR 2003, 1494.

[154] BGHZ 158, 1, 7.

[155] Mot. I, 238=Mugdan I, 484 f.; Flume[4], § 49, 2 c; Frotz, Verkehrsschutz im Vertretungsrecht, 1972, 310 ff.; Medicus[10], Rdnr. 947; MünchKomm-Schramm[6] § 171 Rdnr. 8 f.; Soergel-Leptien[13] § 171 Rdnr. 4; Staudinger-Schilken[2014] § 171 Rdnr. 9; 详细内容,参见 Kindl (Rdnr. 1537), 33 ff.。仅对向具体第三人告知的情况,并非在公告的情况中,参见 Canaris, Die Vertrauenshaftung im deutschen Privatrecht, 1971, 35 ff.; Wolf/Neuner[10], § 50 Rdnr. 74。

撤销代理权的授予(→边码1470以下),而不能撤销公告。

作为法律效果,第171条规定,代理人依据公告有权代理(第1款),"代理权……存在",直到公告以与作出公告相同的方式被撤回(第2款)。就该法律效果规定的解释而言,边码1522中的详尽阐述具有意义:因为根据正确的观点,这是权利外观要件,在此代理人既没有意定代理权,也没有法定代理权[156],但必须如同代理人告知的内容(仍然)正确那样对待代理人。仅对当时的公告受领人产生这种法律效果;向第三人告知的,只对第三人产生该法律效果;公开告知的,对任何人都产生该法律效果。根据第171条第2款,权利外观要件只能通过相反行为消除,即通过向代理权授予所告知的人撤回授权。 1525

授权人交予代理人**代理权文书**(Vollmachtsurkunde),且代理人将它呈递给第三人的,第172条第1款[157]将此与第171条的代理权授予的特别告知等同对待。因为代理权文书没有转交给第三人,因此这并非第171条的特别情况,而是特有的权利外观要件。交付代理权文书的人,借此确立权利外观要件。因为收到该文书的第三人都可以信赖其内容是正确的,即由文书所指定的代理人在指定范围内获得有效的意定代理权(第172条第1款),且该意定代理权没有消灭(第172条第2款)。受保护的依然是善意第三人(第173条);边码1523以下详细阐述的内容在此也适用。此外还要求,要呈递文书原件。[158] 但合同相对人不必阅读该文书。[159] 1526

范例[160]

V想授予S订立不动产买卖合同的代理权,制作了相应的代理权 1527

---

[156] 不同的是司法裁判的表述;参见 BGH NJW 2005, 2983, 2984.

[157] 对于该规范的详细内容,参见 Bous , Rpfleger 2006, 357 ff.; Oechsler, AcP 208 (2008), 565 ff.; Stöhr, WM 2009, 928 ff.; ders., JuS 2009, 106 ff.。

[158] BGHZ 102, 60, 63; BGH NJW 2006, 1957 Rdnr. 24; NJW-RR 2003, 1203, 1204; ZIP 1996, 2169, 2171; OLG Hamm NJW 1991, 1185, 1186——公证文书的副本足矣,BGHZ 161, 15, 29; BGH NJW 2005, 2983, 2985 附其他证明。

[159] BGH NJW 2006, 1957 Rdnr. 30.

[160] 根据 BGHZ 65, 13 = JZ 1976, 132 附 Canaris 的评释。

文书。他还想再考虑一下这件事,因此将文书保存在书桌抽屉里。S 偷了该文书,以 V 的名义与 D 订立买卖合同。V 拒绝履行,这是合理的:S 尚未得到意定代理权,不适用第 172 条,因为 V 没有将文书交付给 S。部分观点认为,在此情况下应类推适用第 122 条,V 对 D 承担消极利益责任。[161] 该观点被否定,因为 V 尚未将文书带到交易中。与第 122 条的一般情况不同,V 在这天还没有对外行动。如果在 V 和 D 之间已经产生前合同上的特别法律关系,且 V 的行为有过错,则可以考虑的只有缔约过失责任(第 280 条、第 241 条第 2 款、第 311 条第 2 款)。[162]

1528   第 172 条也适用的情况是,授权人并非自己填写代理权文书,而是授权他人(通常是代理人)填写授权人已经签名的空白文书。如果代理人违反约定填写空白文书,授权人也必须受该文书的约束。被代理人通过他的整体行为(交付已经签名的空白文书并作出填写授权)制造了权利外观要件,根据第 172 条他必须遵守该文书。[163]

1529   只有通过返还文书或作出失效声明,权利外观要件才消灭。在此背景下第 175 条、第 176 条(→边码 1515)也有特别的意义,因为它们为消灭权利外观提供了工具。如果被代理人告知第三人代理权缺失或者消灭,则第三人是恶意的,不能再将文书主张为权利外观承载体。[164] 依通说[165],告知到达对此已足够。关键的不应当是知道或过失地不知道(第

---

[161] 对此,主要参见 Canaris, Die Vertrauenshaftung im deutschen Privatrecht, 1971, 487/548; ders., JZ 1976, 134; Wolf/Neuner[10], § 50 Rdnr. 78。

[162] 同样的观点,参见 BGHZ 65, 13, 15; MünchKomm - Schramm[6] § 172 Rdnr. 5; Staudinger-Schilken[2014] § 172 Rdnr. 7。

[163] 主要参见 BGHZ 132, 119, 127 f.; 113, 48, 53; Canaris, Die Vertrauenshaftung im deutschen Privatrecht, 1971, 54 ff.; G. Müller, AcP 181 (1981), 515 ff.; MünchKomm-Schramm[6] § 172 Rdnr. 14 ff.; Soergel-Leptien[13] § 172 Rdnr. 6; Staudinger-Schilken[2014] § 172 Rdnr. 8——具体将在边码 1642 中阐述。

[164] Flume[4], § 51, 9; RGRK-Steffen[12] § 172 Rdnr. 7。

[165] 参见 MünchKomm-Schramm[6] § 172 Rdnr. 13a 附其他证明; Palandt-Ellenberger[74] § 171 Rdnr. 2; Soergel-Leptien[13] § 172 Rdnr. 5; Staudinger-Schilken[2014] § 172 Rdnr. 10; Wolf/Neuner[10], § 50 Rdnr. 83。

173 条)。确切地说,与第 171 条第 2 款相同,由代理权授予制造的权利外观也可以通过简单的"撤回"而消灭。在此不能与第 171 条第 2 款等同对待,因为第 171 条第 2 款通过相反行为消除了权利外观承载体,在此只通过善意消除。

在单方法律行为中,意定代理权文书具有特别意义。[166] 第 174 条规定,通过法律行为指定[167]代理人的,如果受托人没有呈递代理权文书,且第三人基于该原因未耽搁地,即未发生有责任的迟延(第 121 条第 1 款第 1 句;→边码 913),驳回法律行为的,则该单方法律行为不生效力。[168] 代理人是否真的被授权,即他是否有代理权,在此并不重要。确切地说,与第 111 条第 2 句一致的规定避免了第三人对代理人的权利的怀疑。[169] 在第三人作为受领人不能防御的单方法律行为中,不确定性特别棘手。因此,只有在代理人通过代理权文书的原件[170]被合法化的情况下,第三人才必须接受这样的法律行为。在第 174 条第 2 句中被同等对待的情况是,被代理人将代理权的授予告知第三人[171],因为这样同样没有风险。代理人成功驳回的,第 174 条也对此适用。[172]

范例

V 和 D 订立了为期一年的租赁合同,他们约定,截至 9 月 30

---

[166] 关于对准法律行为的适用,参见边码 421。

[167] 原则上对法定代理权或机关代理权不适用第 174 条。应当作不同决定的是,商事登记簿中不能证明的民事合伙通过独立合伙人的代理((BGH NJW 2002, 1194, 1195; 对此 Wertenbruch, DB 2003, 1099 ff.),由住宅所有权人共同体的决议指定的住宅所有权管理人的代理权(BGH NJW 2014, 1587 Rdnr. 12 ff.),或者由其他共同代理人授权的可以单独行动的机关成员(→边码 1442)(LAG Köln MDR 2003, 95)。

[168] 对劳动法的终止的及时性,参见 BAG NZA 2012, 495 Rdnr. 26 ff.;关于驳回表示的解释,参见 BGH NJW 2013, 297 Rdnr. 8 ff.。

[169] BAG NJW 2003, 236.

[170] BGH NJW 1994, 1472.

[171] 对于终止,参见 BAG NJW 2014, 3595 Rdnr. 11 ff.; ZIP 1998, 748, 749; LAG Hessen NZA-RR 1998, 396, 397; dazu Lohr, MDR 2000, 620 ff.;对住宅所有权人的决议,参见 OLG München NJW-RR 2008, 245, 246。

[172] AG Kleve NJW-RR 2000, 582, 583.

日，V必须终止合同，否则合同继续延长一年。9月30日被V授予代理权的S对D表示合同终止时，D立即基于没有代理权文书而驳回终止。于是S在10月1日呈交了文书，并重新表示终止。租赁合同仍然延长了一年。因为已满足第174条第1句的前提条件，即D立即驳回了终止，第一个终止的表示不生效力，而第二个终止表示迟延了。[173] 不同的情况是，如果V已经将S的代理权告知D(这样就适用第174条第2句)，或者如果S的职位(商事全权代理人、行为的被授权人、住宅所有权的管理人等)在一般情况下赋予他相应的代理权(同样满足第174条第2句的要件)[174]，或者V是S的法定代理人或机关代理人(在此情况下不适用第174条，→边码1530)。此外，如果D此前接受了S作为不可撤回的代理人，在某些情况下根据第242条，D不可以主张迟延。

1532　　D向V发出书面合同要约，S以V的名义向D表示接受。因为没有代理权文书，D驳回了S的表示。依通说，第174条应当对不在场的情况下接受合同要约类推适用。[175] 然而，该观点在法律中找不到依据。D也不需要保护。D无防御能力，听任S的意思表示，在此他完全可以在合同要约中就请求V亲自回答，或者将V证明其代理人身份合法性作为条件。他没有这样做，就必须承受不确定性。

1533　　对于**商事全权代理**(Prokura)，要在《民法典》第170条之前将《商法典》第15条作为特别法进行审查。[176] 必须作如下区分：如果未授予或者未有效地授予商事代理权，但是以可归责于被代理的商人的方式(在商簿

---

[173] 驳回不仅仅导致效力待定，这样，根据第177条、第184条的有溯及力的追认也被排除。

[174] 参见 OLG Frankfurt NJW- RR 1996, 10 (房屋管理人); BAG ZIP 1992, 497, 500(根据《商法典》第15条第2款第2句，商事代理登记在商事登记簿中，与第174条第2句的告知相当); LAG Brandenburg MDR 2001, 160, 161(工会秘书); LAG Hessen MDR 2001, 43 (分支机构领导); LAG Niedersachsen MDR 2004, 159 (人事主管)。

[175] Flume[4], § 49, 2 d; MünchKomm-Schramm[6] § 174 Rdnr. 2; Soergel-Leptien[13] Rdnr. 7; Staudinger-Schilken[2014] § 174 Rdnr. 2.

[176] 关于《商法典》第15条，基础观点，参见 K. Schmidt, Handelsrecht[6], § 14。

中登记,且)根据《商法典》第 10 条予以公告,那么根据《商法典》第 15 条,任何不知道其正确性的第三人都可以主张公告(商簿的"积极公示")。《商法典》第 15 条第 3 款——与《民法典》第 171 条(→边码 1523)不同——提供抽象的信赖保护:第三人真的知道公告并不重要,只有——与《民法典》第 173 条不同——积极地知道公告不正确才发生损害。

虽然生效地授予了商事代理权,但是又消灭的,那么根据《商法典》第 53 条第 2 款,消灭必须在商簿中登记(→边码 1514)。只要没有登记,根据《商法典》第 15 条第 1 款,商人就不能对第三人主张商事代理权消灭(商簿的"消极公示")。在此也只有第三人的积极知道才发生损害。作为法律效果,《商法典》第 15 条第 1 款规定了抗辩排除:商事代理权被撤回后,代理人不再有代理权。但是商人不能对第三人主张无代理权。因此《商法典》第 15 条第 1 款被作为第 171 条第 2 款的特别条款,因为在商簿中登记可以被评价为公开宣告。[177]

1534

范例

V 向 S 授予商事代理权,因疏忽而没有在商簿中登记。V 撤回商事代理权,同样未登记。S 为 V 在 D 处以较贵的价格购买货物。V 必须履行合同。虽然 S 随着撤回的到达不再有代理权(→边码 1507)。D 也不能通过第 171 条得到保护,因为没有公告。但是 V 不能根据《商法典》第 15 条第 1 款主张商事代理权消灭,因为依通说,对应当登记的事实(商事代理权消灭)未进行登记的(商事代理权授予),也适用该条款。[178]

1535

V 向 S 授予商事代理权,但事后撤回了。这两个行为都在商事登记簿中登记,并依法公示。但 S 还有授权文书,在他以 V 的名义订货时,他把文书呈递给 D。在此,D 既不能主张《商法典》第 15 条第 3

1536

---

[177] RGZ 133, 229, 233.

[178] 对于通说,参见 BGHZ 116, 37, 44 f.; Heymann-Sonnenschein/Weitemeyer, HGB^2, § 15 Rdnr. 9; K. Schmidt, Handelsrecht^6, § 14 Rdnr. 27 ff.; 相反观点,参见 Canaris, Die Vertrauenshaftung im deutschen Privatrecht, 1971, 152; Schilken, AcP 187 (1987), 1, 7 f.;都附其他证明。

款(不存在不正确的公示),也不能主张《商法典》第15条第1款(商事代理权的消灭经登记并公示),但是可以主张《民法典》第172条第2款,因为该条款在《商法典》第15条之外仍然可以适用。[179]

五、权利外观代理

G. Albrecht, Voraussetzungen und Grenzen der Haftung des angeblich Vertretenen aus der sogenannten Anscheinsvollmacht, Diss. Mainz 1959; Altmeppen, Disponibilität des Rechtsscheins, 1993; Bader, Duldungs - und Anscheinsvollmacht, 1978; Bienert, „Anscheinsvollmacht" und „Duldungsvollmacht", 1975; Bornemann, Rechtsscheinsvollmachten in ein - und mehrstufigen Innenverhältnissen, AcP 207 (2007), 102; Brülle, Der Rechtsschein bei gesetzlichen Vollmachten des Privatrechts, Diss. Breslau 1916; Bürger, Die Tatbestandsvoraussetzungen der Ansceins - und Duldungsvollmacht, insbesondere zur „Häufigkeit des Auftretens", Diss. Bielefeld 1992; Chiusi, Zur Verzichtbarkeit von Rechtsscheinswirkungen, AcP 202 (2002), 494; v. Craushaar, Die Bedeutung der Rechtsgeschäftslehre für die Problematik der Scheinvollmacht, AcP 174 (1974), 2; Crezelius, Zu den Rechtswirkungen der Anscheinsvollmacht, ZIP 1984, 791; Dietz, Zur Anscheinsvollmacht des Betriebsratsvorsitzenden, RdA 1968, 439; Fikentscher, Scheinvollmacht und Vertreterbegriff, AcP 154 (1955), 1; Frotz, Verkehrsschutz im Vertretungsrecht, 1972; Goldberger, Der Schutz gutgläubiger Dritter im Verkehr mit Nichtbevollmächtigten nach dem Bürgerlichen Gesetzbuch (Diss. Heidelberg 1908); Gotthardt, Der Vertrauensschutz bei der Anscheinsvollmacht im deutschen und französischen Recht, 1970; Gottmann, Die Anscheinsvollmacht, ein Unterfall der culpa in contrahendo, Diss. Köln 1964; C. Großfeld, Die Rechtsscheinvollmacht im deutschen und italienischen Recht, 2002; Grüter,

---

[179] 《商法典》第15条不排除《民法典》第170条以下条款和一般权利外观原则的适用;参见 Canaris, Die Vertrauenshaftung im deutschen Privatrecht, 1971, 151;也可参见 K. Schmidt, Handelsrecht[6], § 14 Rdnr. 6 ff.。

Stillschweigende Bevollmächtigung und Scheinvollmacht im Rechtsverkehr der Sparkassen, Diss. Kiel 1936; Kindl, Rechtsscheintatbestände und ihre rückwirkende Beseitigung, 1999; Klees, Rechtsscheinshaftung im digitalen Rechtsverkehr, MDR 2007, 185; Kothe, Scheinvollmacht, Diss. Erlangen 1937; Lieb, Aufgedrängter Vertrauensschutz?, in: FS H. Hübner, 1984, 575; Merkt, Die dogmatische Zuordnung der Duldungsvollmacht zwischen Rechtsgeschäft und Rechtsscheintatbestand, AcP 204 (2004), 638; G. Müller, Zu den Grenzen der analogen Anwendbarkeit des § 172 in den Fällen des Blankettmißbrauchs und den sich daraus ergebenden Rechtsfolgen, AcP 181 (1981), 515; Neubau, Vollmacht und Rechtsschein beim Versicherungsvertreter, Diss. Hamburg 1942; Nitschke, Die Wirkung von Rechtsscheinstatbeständen zu Lasten Geschäftsunfähiger und beschränkt Geschäftsfähiger, JuS 1968, 541; Oertmann, Scheingeschäft und Kollusion, Recht 1923, 74; Oswald, Duldungs- und Anscheinsvollmacht im Steuerrecht, NJW 1971, 1350; Paashaus, Gesetzliche Vertretung und Rechtsschein beim Abschluß von Arbeitsverträgen Minderjähriger, DB 1966, 1313; Pawlowski, Anscheinsvollmacht der Erziehungsberechtigten?, MDR 1989, 775; F. Peters, Zur Geltungsgrundlage der Anscheinsvollmacht, AcP 179 (1979), 214; Rott, Duldungsvollmacht bei Verstoß gegen das Rechtsberatungsgesetz?, NJW 2004, 2794; K. Schmidt, Falsus-procurator-Haftung und Anscheinsvollmacht, in: FS J. Gernhuber, 1993, 435; Schnell, Signaturmissbrauch und Rechtsscheinhaftung, 2007; J.-G. Schubert, Anscheinsvollmacht und Privatautonomie, Diss. Hamburg 1970; v. Seeler, Vollmacht und Scheinvollmacht, ArchBürgR 28 (1906), 1; Tengelmann, Die Vertretung kraft Rechtsscheins, Diss. Münster 1935; Tochtermann, Die Rechtsscheinvollmacht im deutschen und amerikanischem Recht, Diss. München 1970; Veldung, Vertrauensschutz redlicher Dritter beim Vorliegen einer Scheinvollmacht, Diss. Frankfurt 1941; Voss, Die Haftung des Vertretenen kraft Rechtsschein, VersR 1962, 1121; Wackerbarth, Zur Rechtsscheinhaftung der Gesellschafter bürgerlichen Rechts am Beispiel einer Wechselverpflichtung, ZGR 1999, 265; Waldeyer, Vertrauenshaftung kraft Anscheinsvollmacht bei anfechtbarer und nichtiger Bevollmächtigung, Diss. Münster 1969; Wellspacher, Das Vertrauen auf äußere Tatbestände im bürgerlichen Recht, 1906; Wurm, Blanketterklärung und Rechtsscheinhaftung, JA 1986, 577.

(一) 信赖保护的基础[180]

1538　　前文讨论的第 171 条至第 173 条表达了一般法律理念,即与特定权利外观要件关联的信赖在法律交往中是值得保护的。该理念也存在于其他民法规范中,比如,在第 932 条以下、第 892 条,或者《商法典》第 5 条、第 15 条中。我们一般可以认为,如果满足以下前提条件,就可以为法律交往之利益而提供信赖保护[181]:

1. 权利外观要件

1539　　首先需要具备权利外观要件,必须存在**成立信赖的事实**(vertrauensbegründender Sachverhalt),即一般情况下推断出特定法律关系的实际因素。比如,此类权利外观要件在动产善意取得中(第 932 条以下)是占有。从无权利人处取得(动产)的人,受保护的原因并不是出让人声称他是被转让物的所有权人。第三人对相对人的"空话"的信赖,向来不受保护。确切地说,必须存在可以推断出法律关系的客观事实。在第 1006 条第 1 款第 1 句中,从占有人推定出,他也是所有权人。任何第三人都可以信赖占有作为权利外观要件。

1540　　对于不动产交易,在土地簿中登记取代占有,法律在第 892 条中将登记升格为权利外观要件,关乎的是登记簿权利外观的情况:在法律交往中可以信赖在官方登记簿中登记的法律关系。这种信赖保护不仅存在于第 892 条对土地簿的信赖,也存在于《商法典》第 5 条、第 15 条对商事登记簿的信赖。从信赖保护对其不利一方的行为中也可以得出权利外观要件。这体现在第 170 条以下条款中:被代理人通过作出外部授权(第 170 条;→边码 1519)、通过宣告内部授权(第 171 条;→边码 1523)或者通过制作授权文书(第 172 条;→边码 1526)引起第三人信赖代理人有代理权。

2. 可归责性

1541　　当然,只有在权利外观要件**可以归责**(zurechenbar)于承受其引起的

---

[180]　关于下文基础观点,参见 Canaris, Die Vertrauenshaftung im deutschen Privatrecht, 1971。

[181]　详细内容,参见 Canaris(同上注),490 ff.; Hübner[2], Rdnr. 586 ff.。

不利后果一方时,权利外观责任才具有正当性。个人(或者通过他可被归责的人,→边码 1321 以下)对权利外观要件的产生或者维持没有助益的,也不必受权利外观要件的约束。该理念在第 935 条第 1 款中特别明显:如果所有权人并非自愿将占有脱手,而是他人违反所有权人之意思,通过自力行为使所有权人丧失占有,那么所有权人对权利外观要件的产生(第 1006 条)没有助益,因此不能受权利外观要件的约束。对第三人的信赖保护解除,因为承受信赖保护不利的当事人没有制造信赖。[182]

相应地,绝对通说这样理解《商法典》第 15 条第 3 款,即只有在商人通过某种方式,比如,通过提交登记申请诱发错误公示的情况下,商人才受错误公示的约束。[183] 如前所述,在第 170 条以下也适用这样的"**诱因原则**(Veranlassungsprinzip)":如果被代理人并非有意地从手中交出授权文书,善意第三人不能主张由文书得出的权利外观(→边码 1527)。一般可以说,任何情况下"可归责性"都以有意识的行为和行为能力为前提条件。通过法律行为不能自己负担义务的人,也不能以可归责的方式制造权利外观要件。

1542

3. 第三人的善意

遵守可归责地引起的权利外观要件,是为了保护法律交往。在具体情况中,只有当主张权利外观要件的人值得保护时,才给予这种保护。此外,作为主观要素,第三人在真实法律状况方面是善意的,亦即他既不知道也不应当知道,权利外观是错误的。如果他知道真实的法律关系,或者他的不知情是应当受到指责的,则他的信赖不能受到保护。对于什么时候不知情应当受指责,法律作出了不同回答。有时候仅积极知道才有损害(第 892 条第 1 款),有时候则是重大过失(第 932 条第 2 款),有时候轻过失就已经有损害[184](第 173 条;→边码 1523)。最后关乎的问题是,期

1543

---

[182] 在不动产中不同:因为土地簿的意义,《民法典》第 892 条在相关人没有诱因的情况下也保护对土地簿权利外观的信赖;参见 Lieder, AcP 210 (2010), 857, 869 ff.; MünchKomm-Kohler[6] § 892 Rdnr. 2 附其他证明。

[183] 详细观点,参见 K. Schmidt, Handelsrecht[5], § 14 Rdnr. 84 ff.。

[184] 另外,参见第 68 条第 1 句、第 1412 条第 1 款第 1 句。

待第三人做什么调查。[185] 在登记簿权利外观中，由于登记簿的特别功能，只有积极知道在登记簿中显示的内容是错误的，才被视为有损害（《民法典》第892条第1款、《商法典》第15条第1款和第3款）。

4. 因果关系

1544　　信赖保护不因自身之故而受保障。第三人之所以受保护，是因为他基于信赖权利外观的正确性而行动，且若没有信赖保护他将面临不利。因此，有必要从两个方面追问因果关系。一方面，要求在**权利外观要件和信赖之间**（Rechtsscheinstatbestand und Vertrauen）存在因果关系。对此要求，第三人知道权利外观要件。如果他不知道，那么他就不是基于信赖所显示的法律关系的正确性而行动。不存在值得保护的信赖。这一前提条件在第170条以下条款中已经探讨（→边码1520、1523、1526）。对此有要求的，称之为具体信赖保护，因为只有具体的信赖才受保护。然而在登记簿中，例外地存在抽象的信赖保护。没有查阅登记簿且不知道其中包含的公告的人，也可以主张土地簿或商事登记簿的内容（→边码1533）。因为登记簿的特殊意义，法律放弃了具体信赖。

1545　　另一方面，要求在**信赖和法律行为上的行动**（zwischen Vertrauen und rechtsgeschäftlichem Handeln）之间有因果关系。要求第三人在法律交往中有信赖引起的行为，即"信赖投资"[186]，在此，权利外观成为法律行为的原因。然而，这一条件很少有特别意义，因为在大多数可以对因果关系进行质疑的情况中，就已经缺失了值得保护的信赖（→边码1543以下）。但仍有适用空间，比如，可以反驳第三人，他即使知道真实的法律关系也会与非法扮作商人的人订立合同。这样就没有理由将非商人作为商人对待，并且根据《商法典》第350条使他受口头的保证意思表示的约束。

5. 法律效果

1546　　如果满足信赖保护的前提条件，则法律效果是，在与善意第三人的关系中，应当**像权利外观真实那样对待**（so behandeln lassen muss, als wäre

---

[185]　Hübner[2], Rdnr. 594.
[186]　Steindorff, SAE 1965, 154, 155.

der Rechtsschein wahr)权利外观要件的可归责者。在第 932 条中的意思是,必须像出让的占有人真的是所有权人那样对待他。第 932 条虽然不能使出让的占有人成为所有权人,但是它规定的法律效果是,在权利外观是真实的情况下——占有的出让人真的是所有权人——应当产生的法律效果。这样,第三人就可以从无权利人处取得所有权。现在该法律效果也必须对抗真正的所有权人。正如前文所述(→边码 1522、1525),在第 170 条以下条款中同样如此。彼处包含的权利外观要件没有使无权代理人获得代理权,但是必须像权利外观是真实的那样对待被代理人。尽管没有代理权,被代理人仍受代理行为的约束。

这当然只对第三人愿意的情况适用。信赖保护体系为他的利益而存在。根据通说,尽管有争议,但是第三人可以**放弃**(verzichten)保护。[187] 在教义学上,根据对法律效果的表述,放弃并不会引发难题:权利外观责任导致抗辩被排除。[188] 如果第三人放弃这种保护,那么本来被排除的抗辩可以再次适法。《商法典》第 15 条广泛地接受了这种选择权[189],它应当对所有的权利外观要件都予以承认。在代理权的权利外观要件中(第 170 条以下,容忍代理/表见代理),这种解决方式的有利之处是,预见证明权利外观要件困难的第三人,为了避免败诉自始放弃他(可能)享有的信赖保护,并根据第 179 条向代理人主张请求权。

1547

---

[187] 该问题主要在容忍代理和表见代理中(→ 边码 1550 以下、1560 以下) 被讨论。赞同放弃可能性的观点,参见 Altmeppen, Disponibilität des Rechtsscheins, 1993, 125 ff., 186; Canaris, Die Vertrauenshaftung im deutschen Privatrecht, 1971, 518 ff.; ders., NJW 1991, 2628; Chiusi, AcP 202 (2002), 494, 509 ff.; Crezelius, ZIP 1984, 791, 793 ff.; Herrmann, NJW 1984, 471; Lieb, FS Hübner, 1984, 575 ff.; Pawlowski, JZ 1996, 125, 131; Prölss, JuS 1985, 577, 579 f.; Staudinger-Schilken[2014] § 167 Rdnr. 44/ § 177 Rdnr. 26——其他的观点,主要参见 BGHZ 86, 273, 275 ff.; MünchKomm-Schramm[6] § 167 Rdnr. 75; Palandt-Ellenberger[74] § 172 Rdnr. 17; K. Schmidt, FS Gernhuber, 1993, 435 ff.; Soergel-Leptien[13] § 167 Rdnr. 24。

[188] 可以借助 Wellspacher, Das Vertrauen auf äußere Tatbestände im bürgerlichen Recht, 1906, 87 将抗辩排除称为"信赖保护的反射效力"。

[189] 关于观点之争,参见 K. Schmidt, Handelsrecht[6], § 14 Rdnr. 50 ff.。

(二) 权利外观授权概述

1548 现在在司法裁判和理论中原则上承认,在第 170 条以下条款包含的情况之外还有其他**权利外观要件**(Rechtsscheinstatbestand),当满足这些要件时,善意第三人也可以信赖某人有代理权。因为外部授权被第 170 条完整地规定,内部授权在对外公告的情况下在第 171 条以下条款中予以规定,这里涉及的主要是尚未(或没有以可归责方式,→边码 1528、1542)对外告知的内部授权。在此也可能存在允许推断出作为代理人而行为者也有代理权的情况。若这些情况可以归责于被代理人,则考虑对善意第三人的信赖保护。

1549 这种信赖保护——在下文还将详细讨论其前提条件,且在具体情况中有争议——主要在两种情况下得到承认,被用术语"容忍代理"和"表见代理"命名。它们的共同点是,某人没有代理权而作为代理人行动[190],但是存在可以归责于被代理人的权利外观,因此可以推断出,被代理人授权给代理人。在此,满足权利外观要件不难,难的是归责。在容忍代理中,必须将权利外观要件归责于被代理人,因为他知道,某人作为代理人行动但没有反对,亦即他容忍了无权代理行为。在表见代理中,被代理人不知道代理人的行为,但是在尽谨慎义务的情况下本来可以知道并阻止。如果第三人在这些情况中以被允许的方式信赖存在授权,那么必须使代理人受可归责于他的权利外观要件的约束。这样,他不能主张没有代理权,而是必须使代理人行为对自己有效。信赖保护的效力原因不是第 170 条以下条款[191]的类推适用,确切地说,是在边码 1538 以下详细探讨的权

---

[190] 表示人是否以他人名义行动,需要通过受领人视角的解释查明。表示人的代理意思不重要(→边码 1382、1398、1416、1420);参见 BGH NJW 1962, 2196, 2197; Fikentscher, AcP 154 (1955), 1, 13 ff.; Hübner[2], Rdnr. 1285; Soergel-Leptien[13] § 167 Rdnr. 19。不能在不正确的观点中寻找论证,即第 164 条第 2 款对权利外观代理不适用 (so aber Staudinger-Schilken[2014] § 167 Rdnr. 39),而是应当在此寻找论证,即关于权利外观代理的规则处理的是代理权,而不是处理有效代理的其他前提条件。对这些前提条件适用一般规则。

[191] 这样的观点,比如 Bader, Duldungs- und Anscheinsvollmacht, 1978, 168; MünchKomm-Schramm[6] § 167 Rdnr. 50/56。

利外观责任。[192]

(三) 容忍代理

容忍代理是权利外观代理。与第 170 条以下条款不同,权利外观要件未予标准化,而是必须在具体情况中查明。根据一般规定不同的是,代理人声称他有代理权。[193] 信赖相对人的"闲话"从来不受保护(→边码 1539)。确切地说,必须存在客观因素,可以从中推断出代理人被授权。比如,可以从当事人的历史关系或者具体的现实关系中得出这种客观因素。然而司法裁判表述如下:权利外观要件通常存在于代理人在一定期限内反复地作为代理人为被代理人而行动。[194] 但是这种表述太狭隘了。在无权代理人某一次或者第一次行为中,也可以考虑容忍代理。[195] 1550

范例

尽管没有授权,但 S 多次作为代理人为 V 的企业在 D 处订购货物。为了不使企业丢脸,V 总是事后对 S 追认订货(第 177 条第 1 款、第 182 条第 1 款),并履行 D 的买卖价款请求权。当 S 再次在 D 处订货,且这次约定的价格对企业特别不利的时候,V 拒绝追认,并驳回 D 的请求权。在此 D 可以主张,由于 S 订立的合同多次顺利进展而无异议,产生了 S 被授予代理权的外观。 1551

在边码 1527 的范例中,V 注意到 S 偷了授权文书,与 D 进行合 1552

---

[192] BGH NJW 1991, 1225; Canaris, Die Vertrauenshaftung im deutschen Privatrecht, 1971, 39 ff., 49 f.; Palandt-Ellenberger[74] § 172 Rdnr. 6; Staudinger-Schilken[2014] § 167 Rdnr. 32; 也包括 Soergel-Leptien[13] § 167 Rdnr. 17。

[193] Gotthardt, Der Vertrauensschutz bei der Anscheinsvollmacht im deutschen und französischen Recht, 1970, 112; Staudinger-Schilken[2014] § 167 Rdnr. 36。

[194] Vgl. etwa BGH NJW 2011, 2421 Rdnr. 15; 2007, 987 Rdnr. 19; VersR 1992, 989, 990; LM § 164 Nr. 34; Borges, NJW 2011, 2400 ff。

[195] OLG Frankfurt WM 2006, 2207, 2208; OLG Hamm NJW 2007, 611, 612; Palandt-Ellenberger[74] § 172 Rdnr. 9; Soergel-Leptien[13] § 167 Rdnr. 21; 更谨慎的观点,参见 Hübner[2], Rdgnr. 1285。

同磋商。在此,权利外观要件是授权文书。如果 V 接受了未经授权而使用授权文书,该权利外观要件可以归责于他。S 第一次作为无权代理人行动,不危害容忍代理。

1553　　企业家 V 通常用图章签署他的交易邮件。在他不在场的情况下,他的职员使用图章,V 对此未予禁止。在此,职员冒他人之名行动。如果职员有代理权(→边码 1410),这可以归责于 V。代理权由容忍代理得出。[196]

1554　权利外观要件必须**可以归责**(zurechenbar)于被代理人。在此首先适用的是边码 1542 中论述的:作为归责事由只考虑有行为能力的人有意的行为。在由此得出的范围内,被代理人(或者某可归责于他的人[197])知道代理人的行为,但没有提出异议,尽管他可以提出。[198] 不需要作出积极行为或者意思表示,只要被告知的被代理人未干预就够了。

1555　依通说,这种归责建立在**过错**(Verschulden)基础上。[199] 然而这是值得怀疑的,因为过错只有当涉及违反义务时才存在,消灭权利外观不是被代理人的义务,而是不真正义务。确切地说,关乎的是独立的归责要件。没有阻碍权利外观要件或者没有消灭权利外观要件与通过积极行为产生权利外观要件等同。在第 170 条以下条款中,是权利外观要件的诱因被视为归责事由,而不是过错没有任何理由对容忍代理作出不同处理。

1556　知悉信息的被代理人的行为经常可以被解释为**默示授予代理权**(stillschweigende Bevollmächtigung)。在这种情况下,代理人通过法律行

---

[196]　OLG Jena MDR 1999, 859.
[197]　Vgl. nur Staudinger-Schilken[2014] § 167 Rdnr. 41.
[198]　BGH NJW 2014, 3150 Rdnr. 26; 2005, 2985, 2987; 2004, 2745, 2746 f.; 1997, 312, 314; 1988, 1199, 1200; NJW-RR 2004, 1275, 1276 f.
[199]　参见 Erman-Maier-Reimer[14],§ 167 Rdnr. 19; Hübner[2], Rdnr. 1286; Soergel-Leptien[13] § 167 Rdnr. 22; Staudinger-Schilken[2014] § 167 Rdnr. 40; 相反观点,参见 v. Craushaar, AcP 174 (1974), 2, 20; Fikentscher, AcP 154 (1955), 1, 7 f.; Gotthardt, Der Vertrauensschutz bei der Anscheinsvollmacht im deutschen und französischen Recht, 1970, 132; RGRK-Steffen[12] § 167 Rdnr. 12。根据 Canaris (Die Vertrauenshaftung im deutschen Privatrecht, 1971, 194 f., 476 ff.) 的观点,归责适用是组织风险。

为被授予代理权,不必再追溯至权利外观基本原则。没有理由将容忍一般性地视为默示授予代理权。[200] 在具体情况中可能很难区分,对法律效果也没有结论。但这不能改变这一事件,即并非每个容忍都满足意思表示的要件特点(→边码 566 以下)。通常缺失的是通过法律行为授予代理权的意思,然而,可以借助潜在的表示意识来克服这一问题(→边码 596)。[201] 此外,即使被代理人有授权意思,在从受领人视角进行的解释中通常也不存在外部表示要件。[202] 同样不允许从缄默中推断出法律行为的意思(→边码 574)。

范例

在边码1552探讨的范例中,如果 V 注意到 S 偷了授权文书,但是没有提出异议,那么在内部他可能对 S 订立的合同满意。从单纯的不行动中无法看出推定的意思表示。　　1557

V 注意到没有被授予代理权的 S 为 V 与 D 进行合同磋商,但是没有干涉。在此,因为没有对外的表示要件,故不能推定 S 得到授权。反之,V 纯粹地容忍,可能并没有向外显示,属于客观权利外观要件(→边码 1554)。[203] D 也知道这一(权利外观)要件,因为 D 知道 V 保持缄默(→边码 1558)。　　1557a

在容忍代理中,只有在第三人是**善意的**(gutgläubig)情况下,即他既不　　1558

---

[200] So aber Flume, § 49,3;Merkt,AcP 204 (2004),638ff.;Palandt-Ellenberger74 § 172 Rdnr. 8;很广泛的,也见 Staudinger-Schilken²⁰¹⁴ § 167 Rdnr. 29ff.——与通说不同;仅参见 Hübner2,Rdnr. 1283;MünchKomm-Schramm4 § 167 Rdnr. 50 附其他证明。

[201] 在此处仅参见 Soergel-Leptien¹³ § 167 Rdnr. 16。

[202] 根据通说,似乎单纯授予代理权意思对默示的意思表示已足够;参见 Staudinger-Schilken²⁰¹⁴ § 167 Rdnr. 29(彼处与此相关的联邦法院裁判仅表示,授予代理权的意思是必要的,而不是充分的)。然而没有理由在此领域偏离一般法律行为学说。

[203] 参见 BGH NJW 1997, 312, 314 und OLG Jena DtZ 1997, 130(当代理人以被代理人的名义进行合同磋商时,他没有干涉;权利外观要件是被告知的被代理人的缄默,→边码1554);OLG Brandenburg NJW-RR 1997, 886(居间人在其他人在场的情况下表示,将共同规定他的报酬请求权;权利外观要件在此也是在场的被代理人的缄默)。

知道权利外观要件(→边码1544),也不应当知道代理人根本没有被授权[204](→边码1543),他才可以主张可归责地引起的权利外观要件。与第173条相同,在此轻过失就有损害。此外,必须存在**因果关系**(Kausalität),即权利外观成为第三人实施法律行为的原因(→边码1545)。

1559　　**法律效果**(Rechtsfolge)也是,被代理人不能主张代理权缺失(→边码1546)。[205] 他因此受代理人行为的约束。有争议的是,他在什么范围内可以通过撤销法律行为而重新"解脱"。一般应当认为,一方面不能因为被代理人的意思表示缺失而排除撤销[206],另一方面权利外观责任不能因为对(容忍的)行为的法律效果有错误认识而消灭。与第170条以下条款相同(→边码1524),这样的法律效果错误也不是重大错误。除此之外,必须如同权利外观是真实的那样允许撤销,即如同第三人认为的那样,被代理人实际上向代理人进行了授权。[207] 一般性地排除撤销超出了目标,因为授权的外观情景不能比推定的代理权授予本身产生的约束更严格。[208]

(四)表见代理

1560　　表见代理与容忍代理并立。它也是权利外观代理,但没有标准化的**权利外观要件**(Rechtsscheinstatbestand)。在此也有很多客观因素作为信赖保护基础(→边码1550)。起决定作用的是,第三人基于这些因素可以认为,被代理人授予了代理人代理权。[209] 因此容忍代理和表见代理的区

---

[204] BGH NJW 1991, 1225, 1226; LM § 167 Nr. 15.

[205] 关于提供的保护的可放弃性,见边码1547。

[206] 对此,参见 Soergel-Leptien[13] § 167 Rdnr. 22 (不同的 § 171 Rdnr. 4); Staudinger-Schilken[2014] § 167 Rdnr. 45。

[207] 对此,参见 Canaris, Die Vertrauenshaftung im deutschen Privatrecht, 1971, 43 ff.; Kindl (Rdnr. 1537), 98 ff.; Medicus[10], Rdnr. 948; MünchKomm-Schramm[6] § 167 Rdnr. 53; Palandt-Ellenberger[74] § 172 Rdnr. 8——反对任何前注所称的撤销。

[208] MünchKomm-Schramm[6] § 167 Rdnr. 53.

[209] 根据通说,关键的应该是,交易相对人可以从被代理人的行为中推断出,被代理人知道代理人的行为且容忍;参见 BGH NJW 1998, 1854, 1855; MünchKomm-Schramm[6] §167 Rdnr. 54/57 附其他观点。然而这至少是不清晰的,因为在此权利外观要件与归责因素混合。

别不在于权利外观要件,而在于归责(Zurechnung)。表见代理的特点是,被代理人虽然不知道代理人的行为,但是在恰当谨慎的情况下可以知道并阻止。[210] 在此,归责事由也是没有阻止或没有消灭权利外观要件(→边码1555)。可避免的不作为等同于故意的行为。

范例

在边码1552和1557探讨的案例中,V没有把授权文书锁起来,而是放置在与S共用的书桌上。在此他作出权利外观授权,因为授权文书的权利外观要件可归责于他:V本可以阻止S使用该文书。[211]　1561

S在V不知道的情况下,在V的电脑上以V的名义在网购商店订货。[212] 根据关于表见代理的基本原则,如果V本来可以知道并阻止S滥用电脑设备(比如,通过谨慎保管钥匙或者密码),则V必须受领货物并支付价款。[213]　1562

V聘任S为法律部负责人。S为了企业的法律争议委托律师。V必须使律师合同对自己有效力。一般在法律行为引起的特定任务的委托中已经存在推定的内部授权(→1460)。如果不能确定是否存在授权,则考虑表见代理。某人被委以某职位,它通常与代理权关联,所以第三人可以信赖代理人被授权。在《商法典》第56条中,对"商店店员"的这种信赖受保护,且无须考虑被代理人是否可以知道并阻止代理人的行为。在表见代理中,必须遵守该前提条件[214],它　1563

---

[210] BGH NJW 2011, 2421 Rdnr. 16; 2007, 987 Rdnr. 25; 2005, 2985, 2987; WM 1982, 425, 427; OLG Dresden NJW-RR 1999, 897; OLG Hamm NJW 2007, 611, 612; OLG München ZIP 1997, 784, 785; BVerwG NJW-RR 1995, 73, 75; Borges, NJW 2011, 2400 ff.

[211] 在 BGHZ 65, 13, 15 中,表见代理的前提条件被否定——另外显示的是,多数情况下正确的观点,即表见代理以代理人行为的经常性和持久性为前提条件,在这里也不正确;参见边码1550以下。

[212] 参见边码1411范例。

[213] 参见 BGH NJW 2011, 2421 Rdnr. 16 ff. (但是在此表见代理在第一次滥用时被否定,这是错误的;然而赞同观点,参见 Borges, NJW 2011, 2400, 2401); OLG Köln VersR 1993, 840, 841; OLG Oldenburg NJW 1993, 1400, 1401; AG Bremen NJW 2006, 518f.。

[214] 参见 MünchKomm-Schramm[6] § 167 Rdnr. 62——不同观点,参见 Canaris, Die Vertrauenshaftung im deutschen Privatrecht, 1971, 191; Soergel-Leptien[13] § 167 Rdnr. 30。

通常也可以得到直接肯定。

1564 通说认为,表见代理中的关联点也在于**过错**(Verschulden)。[215] 对表见代理的特点所使用的表达("在恰当的谨慎时可以知道并阻止")实际上指向这一点。然而基于边码 1555 中所称之原因,没有遵循这种归类。在此,过错的范畴不合适,因为阻止或消灭权利外观不是被代理人的义务,而是被代理人的不真正义务。归责不是基于过错发生,而是基于对自己的风险范围的管控。[216] 信赖成立的要件源于归属于被代理人的,他可以管控的风险范围。人们对法律交往中的任何参与者可以期望的是,他管理自己的领域,照顾、组织并控制该领域。如果他没有做到,就必须承担对他不利的权利外观要件的风险。

1565 只要涉及第三人的**善意**(Gutgläubigkeit),以及可归责的权利外观要件对第三人行为的**因果关系**(Kausalität),关于容忍代理的规定就在此也适用(→边码 1558)。**法律效果**(Rechtsfolge)也与在边码 1559 中所述的一致:因为是权利外观要件,所以表见代理的被代理人不能主张代理权缺失。反之,部分观点反驳,表见代理要件可以导致信赖利益责任,因为涉及的是过错要件,它不能等同于意思表示(代理权授予)。该观点建立的基础已经被否定,亦即在权利外观授权中应当关乎的是法律行为的要件(→边码 1556)。[217] 该观点建立的部分基础是过错责任的归属[218],但因其前提不满足:这不是过错,而是根据风险领域

---

[215] BGH NJW 1998, 1854, 1855; Erman-Maier-Reimer[14] § 167 Rdnr. 19; Gotthardt, Der Vertrauensschutz bei der Anscheinsvollmacht im deutschen und französischen Recht, 1970, 131; Hübner[2], Rdnr. 1286; Palandt-Ellenberger[74] § 172 Rdnr. 11; Soergel-Leptien[13] § 167 Rdnr. 23; Staudinger-Schilken[2014] § 167 Rdnr. 40.

[216] 也参见 Canaris, Die Vertrauenshaftung im deutschen Privatrecht, 1971, 194 f., 473 ff.; v. Craushaar, AcP 174 (1974), 2, 19 ff.; MünchKomm-Schramm[6] § 167 Rdnr. 59 ff.。

[217] 这样的,主要是 Flume[4], § 49, 4; Staudinger-Schilken[2014] § 167 Rdnr. 31 附其他证明。

[218] Medicus[10], Rdnr. 971(不同的是,边码 972 关于商事交往)。根据 Hübner[2], Rdnr. 1289 的观点,在商法之外的法律交往中要进行区分(轻微过失时消极利益,重大过失时积极利益)。

对权利外观要件进行归责。关乎的不是过错责任,而是纯粹的权利外观责任,因此,权利外观责任的一般后果(→边码 1546)在此也适用,这是正确的。[219] 即关于容忍代理的论述(→边码 1559)对表见代理也同样适用。

六、代理权的范围

代理人有代理权,不足以使被代理人受代理人行为的约束。确切地说,实施的具体法律行为须在代理权范围内。在企业中有代理权购买原材料的人,其行为权力限制在这种结果范围内。他不能为企业雇用或解雇劳动者,不能实施不动产交易或销售货物。在任何代理人的行为中,都要询问代理权的范围,要审查的是,实施的具体法律行为是否被代理权涵盖。反之,不属于代理权范围的问题是,是否存在具体代理权或整体代理权(→边码 1435)。该问题是关于代理权的主观方面("谁有代理权"),而不是代理权的客观方面("包括哪些法律行为")。

1566

(一) 依赖于产生的要件

代理权的范围首先依赖于代理人如何取得代理权。在**法定**(gesetzlich)代理中(→边码 1429),由法律确定代理权范围。在法定代理主要适用的情况下,即父母为子女代理(第 1629 条),代理权原则上不受限制。之所以必须如此,是因为被代理的子女没有行为能力,部分甚至没有行动能力。然而,第 1629 条第 2 款联合第 1795 条以及第 1641 条包含对父母代

1567

---

[219] 同样的观点,参见 Köhler[38], § 11 Rdnr. 35; MünchKomm-Schramm[6] § 167 Rdnr. 55; Palandt-Ellenberger[74] § 172 Rdnr. 11; Pawlowski[7], Rdnr. 728 f.; Soergel-Leptien[13] § 167 Rdnr. 17. 相反的观点,参见 Canaris (Die Vertrauenshaftung im deutschen Privatrecht, 1971, 48 ff.) 和 Frotz (Verkehrsschutz im Vertretungsrecht, 1972, 299 f.) 想在商事交易之外以单纯的权利外观责任为基础,保障消极利益—— 赞同积极利益的 F. Peters [AcP 179 (1979), 214, 237 ff.],据此,被代理人在表见代理中承受追认请求权,不追认的由旧《民法典》第 286 条(现在的《民法典》第 280 条第 2 款)得出积极利益请求权。第三人并非信赖有追认义务,而是信赖有代理权。追认请求权因此不是信赖责任相当的法律效果,在其他情况下是不必要的"弯路"。

理权的限制。在其中所指出的情况中，必须为子女的代理指定补充监护人（第 1909 条）。此外，在第 1643 条以下条款中规定了同意保留。[220]

1568 在**机关**（organschaftlich）代理权中（→边码 1433），其代理权范围由法律规定。因为法人或者人合公司只有通过机关才有行动能力，它的代理权原则上也必须不受限制。然而在协会（第 26 条第 1 款第 3 句）和民事合伙中（第 709 条、第 710 条、第 714 条），可以限制代理权，且具有外部效力，比如，对那些协会或合伙从未实施的交易，或者对那些超过特定订单额度的交易，应由会员会议或者合伙人会议进行决定。在商业公司中情况则不同。无限责任公司或者两合公司（《商法典》第 126 条第 2 款、第 161 条第 2 款）、股份公司（《股份法》第 82 条第 1 款）、有限责任公司（《有限责任公司法》第 37 条第 2 款第 1 句）、合作社（《合作社法》第 2 款第 1 句），不能对外有效地限制代理权。在公司协议或章程中设定的限制，或者通过股东会议确定的限制，仅在内部关系中适用，即不触及"可以"，而只触及"应当"。清算人的代理权仅在清算阶段受清算目的的限制（《民法典》第 48 条第 2 款、第 88 条第 2 句、第 730 条第 2 款第 1 句，《商法典》第 149 条第 2 句，《有限责任公司法》第 70 条，《合作社法》第 88 条；不同的只有《股份法》第 269 条第 1 款和第 5 款）。

1569 但是在此关乎的是例外规定，需谨慎运用。[221] 原则上，机关的代理权不限制于合乎目的及义务的措施。根据由公法法人发展而来的"越权"学说，机关的代理权受到法人的任务范围和目的的限制[222]，不能要求这对私法也适用。[223] 如果机关以违反目的或义务的方式行使对外不受限制的代理权，那么在外部关系中只根据代理权滥用规则发生效果（→边码 1573）。

1570 在**法律行为上的**（rechtsgeschäftlich）代理权中（→边码 1431）同样存

---

[220] 全面的详细论述，参见边码 986。
[221] 一般的 MünchKomm-Schramm[6] § 164 Rdnr. 75 ff.。
[222] 参见 BGHZ 52, 283, 286; 20, 119, 122 ff.; Burmeister, VVDStRL 52 (1993), 190, 219 f. 附其他证明；Wolff/Bachof/Stober, Verwaltungsrecht I[12], § 32 Rdnr. 12。
[223] 详见 K. Schmidt, AcP 184 (1984), 529ff.。

在规定代理权范围的条款。在此特别要提及的是商事全权代理,它是通过法律行为设立的代理权且范围法定(→边码1432),以及诉讼代理(《民事诉讼法》第80条以下),但这些是特殊情况。一般情况下,被代理人在授予代理权时自己确定代理权范围,即通过法律行为确定代理人应当有权做什么,或者不做什么。授权人可以授予特别代理权、种类代理权或者全权代理权(→边码1456)。在每种情况中都需要通过解释确定代理权的范围。[224] 如果当事人对代理权范围达成一致,则自然解释优先(→边码518以下)。误言无害真意原则也适用。[225] 对于规范解释,在内部授权中从作为受领人的代理人之视角解释,在外部授权中从作为受领人的第三人之视角解释。[226] 在解释时可以——特别是在内部授权的情况下——追溯到基础关系中的约定,因为存疑时代理权应当只包括向代理人委托的法律行为。但是,基于抽象原则,要谨慎考虑基础关系(→边码1493)。

范例

V授予S"银行代理权"。当S想以V的名义接受贷款时,银行认为,该交易不在代理权的范围内。这种观点是正确的。从受领人视角解释时,应首要考虑V可以被认知的利益。对被代理人而言,代理权的范围越广就越危险。因此,在存疑的情况下要限缩解释。[227] 在这种背景下,"银行代理权"通常只包括处分账户存款的代理权,包含在银行许可的信用范围内执行一般支付往来。但它不包括接受贷款,连同至今尚未得到银行许可的透支。[228] 代理权绝不包括订立转让交易,比如,将存款赠与他人。[229]

1571

---

[224] 对此,详见 Staudinger-Schilken[2014] § 167 Rdnr. 84 ff.。
[225] BGH NJW 1999, 486, 487.
[226] BGH NJW 2010, 1203 Rdnr. 8; 1991, 3141; 1983, 1905, 1906; OLG Köln NJW-RR 2001, 652, 653.
[227] Staudinger-Schilken[2014] § 167 Rdnr. 83, 85.
[228] OLG Hamm NJW 1992, 378.
[229] BGH NJW 1999, 1393, 1394; dazu Jakobs, JZ 2000, 28 ff.

(二)穿透至内部关系("代理权滥用")

1572　　Bäumer, Der Vollmachtsmißbrauch und das Problem der abstrakten Vollmacht, Diss. Köln 1939; Berger, Zur Frage des Mißbrauchs der Vertretungsmacht, Diss. Köln 1936; Eckner, Der Mißbrauch der Stellvertretung, Diss. Rostock 1937; Egger, Mißbrauch der Vertretungsmacht, in: Baseler Festgabe f. Wieland, 1934, 47; R. Fischer, Der Mißbrauch der Vertretungsmacht, auch unter Berücksichtigung der Handelsgesellschaften, in: FS W. Schilling, 1973, 3; Fleck, Mißbrauch der Vertretungsmacht oder Treuebruch des mit Einverständnis aller Gesellschafter handelnden GmbH-Geschäftsführers aus zivilrechtlicher Sicht, ZGR 1990, 31; Frieling, Mißbrauch der Vertretungsmacht, insbesondere im Gesellschaftsrecht, Diss. Münster 1961; Gassner, Der Mißbrauch der Vertretungsmacht, Diss. Erlangen 1941; Gessler, Zum Mißbrauch organschaftlicher Vertretungsmacht, in: FS E. v. Caemmerer, 1978, 531; Heckelmann, Mitverschulden des Vertretenen beim Mißbrauch der Vertretungsmacht, JZ 1970, 62; Hezel, Der Mißbrauch der Vertretungsmacht, Diss. Tübingen 1937; John, Der Mißbrauch organschaftlicher Vertretungsmacht, in: FS O. Mühl, 1981, 349; Jüngst, Der Mißbrauch organschaftlicher Vertretungsmacht, 1981; Lieder, Missbrauch der Vertretungsmacht und Kollusion, JuS 2014, 681; Meiners, Der Mißbrauch der Vollmacht, Diss. Göttingen 1956; Nitzsche, Die Überschreitung der Vertretungsmacht des Bevollmächtigten und die Abgrenzung der Überschreitung vom Mißbrauch, Diss. Jena 1939; Rinck, Pflichtwidrige Vertretung, Diss. Halle 1936; Roerkohl, Inwieweit kann sich bei der Stellvertretung der Vertretene einem Dritten gegenüber darauf berufen, daß der Vertreter die ihm aus dem Innenverhältnis obliegenden Verpflichtungen verletzt habe?, Diss. Erlangen 1937; Roitzsch, Der Mißbrauch der Vertretungsmacht, insbesondere bei Drittverhältnissen zwischen einer oHG und ihren Teilhabern, Diss. Heidelberg 1949; G. Roth, Mißbrauch der Vertretungsmacht durch den GmbH-Geschäftsführer, ZGR 1985, 265; Schmid, Die gemeinschaftsrechtliche Überlagerung der Tatbestände des Mißbrauchs der Vertretungsmacht und des Insichgeschäfts, AG 1998, 127; Schott, Der Mißbrauch der Vertretungsmacht, AcP 171 (1971), 385; Siebert, Zur Lehre vom Mißbrauch der Vertretungsmacht, ZStW 1935, 629; Stoll, Der Mißbrauch der Vertretungsmacht, in: FS H. Lehmann,

1937, 115; Tank, Der Mißbrauch von Vertretungsmacht und Verfügungsbefugnis, NJW 1969, 6; Vedder, Missbrauch der Vertretungsmacht, 2007; ders., Neues zum Missbrauch der Vertretungsmacht-Vorsatzerfordernis, Anfechtbarkeit, negatives Interesse, JZ 2008, 1077; Wank, Mißbrauch der Treuhandstellung und der Vertretungsmacht, JuS 1979, 402; H. P. Westermann, Mißbrauch der Vertretungsmacht, JA 1981, 521.

(三)概述

代理权滥用涉及的是**内部关系和外部关系之间的矛盾**(Diskrepanz zwischen Innen- und Außenverhältnis)。一般情况下,在代理人和被代理人之间的内部关系中已经确立了代理人应当引发的法律效果。在抽象原则的当然结果中,可能发生的是,代理权包含更广泛的法律效果,即代理人也可以引发与内部关系规定不同的法律效果。在这种情况下,"法律上的可为"(代理权,外部关系)超出了"法律上的应为"(委托,内部关系)。[230] 发生这种矛盾的主要情形是,代理权通过法律确定,即在法定代理权(→边码1429、1567)和机关代理权中(→边码1433、1568以下),或者在商事代理中(→边码1432、1570)。如果代理人的行为超出内部关系中设定的界限,则他违反了义务,但只要代理人仍在外部关系赋予他的代理权范围内行动原则上就不对第三人发生效力。法律行为约束被代理人,第三人只能向被代理人追索。代理人的行为超越内部关系设定的界限,仅在代理人和被代理人的内部关系中产生法律效果(→边码1689)。 1573

该体系只是为第三人利益而存在。代理权因受内部关系中的指令约束而具有不确定性,第三人应当从这种不确定性中解脱。他应当只关注代理人是否有代理权,即他是否可以引发该法律效果,而不是他是否也应当引发该法律效果。在第三人是**恶意的**(bösgläubig)情况下,这种保护不再合理。如果他知道,代理人行使代理权的方式与在内部关系中约定的 1574

---

[230] 其中包括与无权代理人的区别,参见BGH NJW 2012, 3582 Rdnr. 24。

方式不一致,那么他不能对被代理人主张代理权。[231] 抽象原则不是为了使代理人或者第三人可能损害被代理人。因此承认被代理人可以对恶意第三人提出异议的各种不同情况,即法律行为虽然被代理权涵盖在内,但代理人超出了在内部关系中规定的界限。[232] 这类情况被归纳至关键词"代理权滥用"中,然而它并没有完全表明有关情况的特点(→边码 1575),对于部分情况,这种称谓则会引起误解(→边码 1582)。

2. 串通

1575   代理人和第三人共同故意损害被代理人的行为,被称为串通。在此情况下,绝对通说根本不考虑代理权的范围。确切地说,法律行为违反善良风俗,因此根据第 138 条第 1 款无效。[233] 依此观点,不再考虑被代理人类推适用第 177 条第 1 款规定的追认。[234] 被代理人遭受的损失由第三人根据第 826 条赔偿,由代理人根据内部关系中的积极违约(第 280 条)以及根据第 826 条赔偿;两者作为共同债务人承担责任(第 840 条)。然而有疑问的是,该解决方案是否超出目的。因为代理权滥用规则应当保护被代理人,看起来更合理的是,在此情况下——与下文探讨的案例组相同(→边码 1578)——不允许第三人主张存在代理权,因此视其为无代理权的行为,其必然结果是,被代理人有权在根据第 177 条第 1 款予以追认或者拒绝追认和损害赔偿请求权之间进行选择。[235]

范例

1576   S 以 V 的名义在 D 处购货。D 和 S 约定在买卖价款上加价

---

[231] 完全不同的观点,参见 Vedder, JZ 2008, 1077 ff.[ders.(Rdnr. 1572), passim],该观点在代理人故意时,赋予被代理人滥用抗辩作为撤销权,对此在善意时应当允许被代理人类推适用第 122 条主张消极利益。

[232] 完全拒绝的观点,参见 E. Wolf³, § 13 B Ⅱ c 6。

[233] Vgl. nur BGH ZIP 2014, 615 Rdnr. 10; NJW-RR 2004, 247, 248; WM 2004, 383, 385; NJW 2002, 1497, 1498 (dazu Prölss, VersR 2002, 961 f.; Reiff, VersR 2002, 597 ff.); 1989, 26, 27; Flume⁴, § 45 Ⅱ 3; Hübner², Rdnr. 1297; MünchKomm-Schramm⁶ § 164 Rdnr. 107; Soergel-Leptien¹³ § 177 Rdnr. 21; Staudinger-Schilken²⁰¹⁴ § 167 Rdnr. 93/100.

[234] MünchKomm-Schramm⁶ § 164 Rdnr. 111.

[235] 赞同的观点,参见 Lieder, JuS 2014, 681, 685 f.; Mock, JuS 2008, 486, 487.

10%，D应当将加价交付给S的近亲属。根据通说，该交易依第138条第1款整体无效。[236] 看起来更正确的是，根据第177条第1款让V决定，他是否愿意接受该法律行为。

承建人D贿赂建筑师S，通过这种方式使S以业主V的名义委托D。如果合同显示的条件合理，则它不会依据第138条第1款无效。但是这里存在代理权滥用的情况（对于要件而言不需要被代理人有损失），所以V不受约束。[237]   1577

3. 第三人恶意

同样承认的是，如果第三人是恶意的，则他不受保护。然而有争议的是，应根据哪个法律规则考虑。部分观点认为[238]，仍然是代理人的代理权。如果第三人有过错地与滥用代理权的代理人订立合同，那么他有缔约过失责任（第280条、第241条第2款、第311条第2款）。因此他必须通过实物赔偿的途径，将被代理人置于就像合同没有订立时的状态。如果被代理人没有按规定监督代理人，那么在此应根据第254条考虑被代理人的与有过错。反对该观点的意见是，在第三人存在轻微过失的情况下，必须否定其滥用代理权。根据第二种观点[239]，代理人有代理权，但是第三人根据第242条不得主张代理权。法律效果应当是，合同效力待定，被代理人可以根据第177条追认。有优势的是第三种观点[240]，该观点**从代理**   1578

---

[236] BGH NJW 1989, 26, 27.

[237] BGH NJW 1999, 2266, 2268——不同观点，参见 Flume[4], § 29, 1, V 基于欺诈想撤销合同。这一解决途径与第166条第1款矛盾，依此只有在S被欺诈的情况下，V才可以撤销。

[238] Heckelmann, JZ 1970, 62, 65; Hoffmann, JuS 1970, 286, 288; A. Hueck, Das Recht der oHG[4], 297; Lehmann, JW 1934, 683, 684.

[239] BGH NJW-RR 2004, 247, 248; WM 2004, 383, 385; NJW 2002, 1497, 1498 (dazu Prölss, VersR 2002, 961 f.; Reiff, VersR 2002, 597 ff.); 1966, 1911; MünchKomm-Schramm[8] § 164 Rdnr. 111; Soergel-Leptien[13] § 177 Rdnr. 15; H. P. Westermann, JA 1981, 521, 522 ff.; 未决的 Hübner[2], Rdnr. 1302.

[240] 这是目前文献中的通说；参见 Brox/Walker[38], Rdnr. 581; Flume[4], § 45 II 3; Lieder, JuS 2014, 681, 684; Medicus[10], Rdnr. 967; K. Schmidt, AcP 174 (1974), 55, 58 ff.; Staudinger-Schilken[2014] § 167 Rdnr. 95/103。

法体系出发给出解决方案（Lösung aus der Systematik des Stellvertretungsrechts），在此方面通过内部关系限制违反义务而行动的代理人的代理权，同时有外部效力。依此，代理人没有代理权而行动。根据第177条，只要被代理人没有追认或者拒绝追认，交易即无效（→边码1605）。在具体情况下有争议。在此必须提出以下前提条件：

1579 **第三人**（auf Seiten des Dritten）须为恶意。当第三人知道代理人违反义务而实施行为，他毫无争议地存在恶意。然而，在诉讼中很难证明这种积极认识。因此，如果保留积极认知要求，那么第三人将很容易用自己不知道——很可能只是借口——来防御，即使代理人的行为违反义务是显而易见。因此，广泛一致的观点是，如果第三人虽然不知道代理人行为违反义务，但是代理人违反义务是显而易见的，那么第三人也不可以主张存在代理权。如果内部关系的限制已被公示，那么对待第三人必须像他知道该限制一样。[241] 但是不存在特别的调查义务，因为抽象原则应当恰好将第三人从审查义务中解放出来（→边码1574）。因此，只有在积极知道或（代理人违反义务）是显而易见的时，才对第三人不利，而不是（轻微）过失地不知道。[242]

范例

1580 　　S 为 V 与 D 订立了保险合同，其中约定，D 在收到另行通知之前不必支付保险费。因为每个人都知道，保险公司不会无偿提供保险服务，因此这里存在有力的怀疑因素：S 在外部关系中滥用了无限制代理权。必须使 D 接受，保险人不同意订立这样的合同，这样，显而

---

[241] 这句话不存在争议，只是部分通过惯用语"显而易见"论证，部分通过"重大过失"论证。Vgl. BGHZ 127, 239, 241 f.; 113, 315, 320; 94, 132, 138; BGH WM 2004, 383, 385; NJW 2002, 1497, 1498 (dazu Prölss, VersR 2002, 961 f.; Reiff, VersR 2002, 597 ff.); 1999, 2883; 1990, 384, 385; WM 1998, 2295, 2297; BAG NJW 1997, 1940, 1941 f.; Flume[4], § 45 Ⅱ 3; Hübner[2], Rdnr. 1300; Medicus[10], Rdnr. 967; MünchKomm-Schramm[6] § 164 Rdnr. 114 ff.; Soergel-Leptien[13] § 177 Rdnr. 18; Staudinger-Schilken[2014] § 167 Rdnr. 97; Wolf/ Neuner[10], § 49 Rdnr. 105. 显而易见与重大过失不完全等同，因为在重大过失中关键是参与交易的人的认知可能性，显而易见则是以"任何人视角"。二者在实践中没有差异；参见 Soergel-Leptien[13] a. a. O.

[242] BGH NJW 1995, 250, 251; 1994, 2083; 1966, 1911.

易见的情况得以确定。[243]

S 从银行 D 获得了一项贷款,并在 V 的不动产上设立了土地债务以担保该项贷款。在此 V 授予代理权,允许 S 在他的不动产上设立负担。即使在内部关系中 V 只允许 S 为 V 的信贷需求在不动产上设立负担,该担保交易也发生效力。在银行交易中经常出现第三人为保证信贷而提供担保的情况。不动产所有权人 V 承担了 S 的破产风险,对他来说这不是得出滥用代理权的因素。[244] 1581

在代理人方面(auf Seiten des Vertreters),个别观点要求主观代理权滥用。[245] 只有在代理人有意识地超越内部关系设置的边界的情况下,第三人的恶意才对他不利。依此,该组案例接近串通。然而,不应要求这一附加条件。[246] 在此只是对第三人保护的突破。第三人是否值得保护,只能根据他个人情况进行判断。代理人没有危险,因为第三人对他没有追偿权。虽然在此处讨论的情况中代理人(善意地)无代理权而行动,但是因为第三人知道或者——显而易见地——应当知道(→边码 1578 以下),代理人根据第 179 条第 3 款不承担损害赔偿义务。必要时考虑被代理人基于缔约过失的损害赔偿义务(第 280 条、第 241 条第 2 款、第 311 条第 2 款),它通过第 278 条对代理人的过错也承担责任(→边码 1618)。[247] 1582

---

[243] 详见 OLG Karlsruhe VersR 1996, 45。

[244] BGH NJW-RR 1992, 1135 f.

[245] Soergel-Leptien[13] § 177 Rdnr. 17; Vedder, JZ 2008, 1077, 1078 ff.; 对法律确定的代理权,也见 BGHZ 50, 112, 114; BGH NJW 2006, 2776 Rdnr. 2 f; 1990, 384, 385; Palandt-Ellenberger[74] § 164 Rdnr. 14。

[246] 同样的观点,参见 BGH NJW 1988, 3012, 3013; Brox/Walker[38], Rdnr. 583; Flume[4], § 45 II 3; Frotz, Verkehrsschutz im Vertretungsrecht, 1972, 623; Hübner[2], Rdnr. 1298; Lieder, JuS 2014, 681, 683; Medicus[10], Rdnr. 968; MünchKomm-Schramm[6] § 164 Rdnr. 113; Staudinger-Schilken[2014] § 167 Rdnr. 95; Wolf/Neuner[10], § 49 Rdnr. 106。

[247] 实际上在此关乎的是考虑"与有过错";参见 BGH NJW 1999, 2883, 2884; MünchKomm-Schramm[6] § 164 Rdnr. 123; Soergel-Leptien[13] § 177 Rdnr. 19; Staudinger-Schilken[2014] § 167 Rdnr. 104; H. P. Westermann, JA 1981, 521, 526。

(四)自己交易的禁止(第181条)

1583　　Aigner, Die Selbstermächtigungserklärung des Gesellschafter-Geschäftsführers einer Einmann-GmbH, Diss. München 1965; Allmendinger, Vertretungsverbot bei Insichgeschäften, Ergänzungspflegschaft und gerichtliche Genehmigung: rechtsgeschäftlicher Minderjährigenschutz bei Eltern-Kind-Schenkungen, 2009; Altmeppen, Gestattung zum Selbstkontrahieren in der GmbH, NJW 1995, 1182; Bachmann, Zum Verbot von Insichgeschäften im GmbH-Konzern, ZIP 1999, 85; Bärwaldt, Befreiung vom Verbot des Selbstkontrahierens, Rpfleger 1990, 102; Benecke/Ehinger, Vollmachtlose Mehrvertretung-Die Anwendung des §181 BGB, MDR 2005, 1265; Berns, Die Einmann-Gesellschaft mit beschränkter Haftung und das Selbstkontrahieren ihres geschäftsführenden Alleingesellschafters, Diss. Marburg 1964; Bernstein/Schultze-v. Lasaulx, Gilt für Änderungen des Gesellschaftsvertrages einer GmbH & Co. KG das Verbot des Selbstkontrahierens?, ZGR 1976, 33; W. Blomeyer, Die teleologische Korrektur des §181 BGB, AcP 172 (1972), 1; ders., Zur Problematik des §181 für die Einmann-GmbH, NJW 1969, 127; Boehm, Das sogenannte Selbstkontrahieren des Vertreters, Diss. Greifswald 1903; Boesebeck, Insichgeschäfte des Gesellschafter-Geschäftsführers einer Einmann-GmbH, NJW 1961, 481; Boettger, Das Selbstkontrahieren des Vertreters, Diss. Marburg 1931; Bourier, Zur Auslegung des §181 BGB, DNotZ 1913, 553; Brodmann, GmbH und §181 BGB, JW 1925, 596; Buchholz, Insichgeschäft und Erbschaftsausschlagung, NJW 1993, 1161; Bühler, Die Befreiung des Geschäftsführers der GmbH von §181 BGB, DNotZ 1983, 588; Dittmann, Selbstkontrahieren im Wechselrecht, NJW 1959, 1957; Feller, Teleologische Reduktion des §181 letzter Halbsatz BGB bei nicht lediglich rechtlich vorteilhaften Erfüllungsgeschäften, DNotZ 1989, 66; Festner, Interessenkonflikte im deutschen und englischen Vertretungsrecht, 2006; R. Fischer, Zur Anwendung von §181 BGB im Bereich des Gesellschaftsrechts, in: FS F. Hauß, 1978, 61; Frank, Selbstkontrahieren bei der GmbH & Co. KG, NJW 1974, 1073; Göggerle, Die teleologische Reduktion des §181 BGB unter besonderer Berücksichtigung der Einmann-GmbH mit identischem Gesellschafter-Geschäftsführer, Diss. Tübingen 1974; Götze, "Selbstkontrahieren" bei der Geschäftsführerbestellung in der GmbH, GmbHR

2001, 217; Gustavus, Insichgeschäfte bei Amtsverwaltern, Diss. Heidelberg 1963; Haegele, Der Testamentsvollstrecker und das Selbstkontrahierungsverbot des § 181 BGB, Rpfleger 1958, 370; Häsemeyer, Selbstkontrahieren des gesetzlichen Vertreters bei zusammengesetzten Rechtsgeschäften, FamRZ 1968, 502; Harder, Das Selbstkontrahieren mit Hilfe eines Untervertreters, AcP 162 (1962), 295; Harder/ Welter, Drittbegünstigung im Todesfall durch Insichgeschäft?, NJW 1977, 1139; Hauschild, § 181 BGB im Gesellschaftsrecht – eine heilige Kuh auf (international) verlorenem Posten?, ZIP 2014, 954; H. Honsell, Das Insichgeschäft nach § 181 BGB: Grundfragen und Anwendungsbereich, JA 1977, 55; U. Hübner, Grenzen der Zulässigkeit von Insichgeschäften, Jura 1981, 288; Jäger, Teleologische Reduktion des § 181 BGB, 1999; Kannowski, Insichgeschäft und vollmachtloser Vertreter, in: FS D. Leipold, 2009, 1083; Kern, Wesen und Anwendungsbereich des § 181 BGB, JA 1990, 281; Kienle, Das Selbsteintrittsrecht des Kommissionärs (§ 400 HGB) und das Verbot des Selbstkontrahierens (§ 181 BGB), AcP 212 (2012), 875; Klamroth, Selbstkontrahierungsverbot bei Abstimmung über laufende Angelegenheiten in Familiengesellschaften?, BB 1974, 160; v. Koerber, Das Rechtsgeschäft des Stellvertreters mit sich selbst nach dem Bürgerlichen Gesetzbuche, Diss. Heidelberg 1907; Kreuzer, § 181 in seiner Anwendung auf die vom Vertreter sich selbst erteilte Zustimmung und die Berechtigung seiner Anwendung im Familienrecht, Diss. Münster 1937; Lessmann, Teleologische Reduktion des § 181 BGB beim Handeln des Gesellschafter – Geschäftsführers der Einmann – GmbH, BB 1976, 1377; Lobinger, Insichgeschäft und Erfüllung einer Verbindlichkeit, AcP 213 (2013), 366; v. Lübtow, Insichgeschäfte des Testamentsvollstreckers, JZ 1960, 151; Meyer – Arndt, Die Anwendbarkeit des § 181 BGB auf Gesellschaftsverträge und Gesellschaftsbeschlüsse der Handelsgesellschaften, Diss. Göttingen 1959; W. Müller, Die Bedeutung des § 181 im Familienrecht, MDR 1952, 209; Muskat, Der Vertrag des Stellvertreters mit sich selbst, ZHR 33 (1887), 507; Plander, Die Geschäfte des Gesellschafter – Geschäftsführeres der Einmann–GmbH mit sich selbst, 1969; ders., Rechtsgeschäfte zwischen Gesamtvertretern, DB 1975, 1493; Raape, § 181 und Unterhaltspflicht, AcP 140 (1935), 352; Reinhardt, Der Vertragsschluß mit sich selbst im Wirtschaftsrecht, RdW 1937, 116; Reinicke, Gesamtvertretung und Insichgeschäft, NJW 1975, 1185; Reinicke/Tiedtke, Das Erlöschen der Befreiung von dem Verbot der Vornahme von Insichgeschäften, WM 1988,

441; Riedel, Die Bedeutung des § 181 im Familien und Erbrecht, JR 1950, 40; Röll, Selbstkontrahieren und Gesellschafterbeschlüsse, NJW 1973, 627; Römer, Rechtsgeschäft des Stellvertreters mit sich selbst, ZHR 19 (1874), 67; Rückersberg, Wann darf der GmbH-Geschäftsführer mit sich selbst kontrahieren?, RdW 1939, 615; Rümelin, Das Selbstkontrahieren des Stellvertreters nach gemeinem Recht, 1888; Säcker/Klinkhammer, Verbot des Selbstkontrahierens auch bei ausschließlich rechtlichem Vorteil des Vertretenen?, JuS 1975, 626; Schilling, Gesellschafterbeschluß und Insichgeschäft, in: FS K. Ballerstedt, 1975, 257; Schlüter, Das Selbstkontrahieren (Insichgeschäft nach § 181 BGB) bei der Umschreibung von Schutzrechten, GRUR 1953, 470; Schmid, Die gemeinschaftsrechtliche Überlagerung der Tatbestände des Mißbrauchs der Vertretungsmacht und des Insichgeschäfts, AG 1998, 127; Th. Schmidt, Das Selbstkontrahieren des Stellvertreters nach gemeinem Recht und dem Recht des BGB, Diss. Greifswald 1904; W. Schmidt, Die Bedeutung des § 181 BGB für das Handelsgesellschaftsrecht, Diss. Köln 1935; Schmidt-Ott, Befreiung von § 181 BGB durch einen nicht befreiten Vertreter?, ZIP 2007, 943; Schmitt, Praktische Probleme bei der Mehrfachvertretung, § 181 2. Alt. BGB, in Unternehmen, WM 2009, 1784; Schneider, Selbstkontrahieren beim Abschluß eines Gesellschaftsvertrages mit minderjährigen Kindern?, BB 1954, 705; W. Schubert, Die Einschränkung des Anwendungsbereichs des § 181 BGB bei Insichgeschäften, WM 1978, 290; Siemes, Das Verbot der Insichgeschäfte im heutigen deutschen Recht, Diss. Köln 1964; Sohn, Die Befreiung des Verwalters vom Verbot des Selbstkontrahierens, NJW 1985, 3060; Sonnenfeld, Das Zusammenspiel von „rechtlichem Vorteil" und „Erfüllung einer Verbindlichkeit" als Ausnahme vom Vertretungsausschluss, Rpfleger 2011, 475; Sprinz, Das Selbstkontrahieren des Vertreters, Diss. Erlangen 1907; Tebben, Das schwebend unwirksame Insichgeschäft und seine Genehmigung, DNotZ 2005, 173; S. Tiedtke, Teleologische Reduktion und analoge Anwendung des § 181 BGB, 2002; Urban, Das Selbstkontrahieren des Stellvertreters im BGB, Diss. Straßburg 1907; Wahnschaft, Der Selbstabschluß und die Doppelvertretung im heutigen Recht, Diss. Jena 1907; Wilhelm, Stimmrechtsausschluß und Verbot des Insichgeschäfts, JZ 1976, 674; Winkler, Insichgeschäfte des Gesellschafter-Geschäftsführers einer Einmann-GmbH, DNotZ 1970, 476; Zorn, Erfüllung einer Verbindlichkeit oder lediglich rechtlicher Vorteil, FamRZ 2011, 776.

1. 概述

如果某人被授予实施法律行为的代理权,那么通常尚未确定的是,他应当对谁实施法律行为。在这种情况下,可以设想的是,代理人与自己或者与同由他代理的第三人订立法律行为。我们将此称为**自己交易**(Insichgeschäft)。代理人可以以自己的名义实施自己交易(那么他同时是第三人;所谓的自己缔约),或者以他人的名义实施交易(那么他代理双方;所谓的多方代理)。比如,如果某人被授予出卖不动产的代理权,那么完全可能的是,代理人自己对取得该不动产有兴趣(自己缔约)。也可以设想,代理人并非自己取得,而是想在取得方作为第三人的代理人订立买卖合同(多方代理)。

1584

显而易见,在这些情况下存在**利益冲突的危险**(Gefahr einer Interessenkollision)。想为自己或者第三人取得的代理人,通常不倾向于达成买卖价格特别高的协议。立法者看到了这种危险,但是最初并不想对此予以规范。[248] 在立法过程中人们才认识到,与自己交易关联的利益冲突通常要求对代理权予以限制。[249] 这些立法资料毫无疑问地表明,这只是为了克服利益冲突,而不是保障交易的可认识性。因此,第181条把自己交易作为代理权的例外。原则上只有在代理人得到被代理人允许的情况下(或者自己交易仅为了履行已经有效成立的债务;→边码1596),自己代理才被代理权包含。

1585

2. 要件

第181条的第一个前提条件是**法律行为**(Rechtsgeschäft)。法律行为的形式无关紧要。第181条也适用于需受领的单方法律行为,比如,行使选择权或终止权。[250] 然而,法律行为所需要的意思表示必须发出并到达。其含义是,法律效果意思根据一般规则(→566)必须对外显示。[251]

1586

---

[248] Mot. I, 224 = Mugdan I, 476.

[249] Prot. 352 ff. = Mugdan I, 759.

[250] BGH NJW-RR 1991, 1441; Festner (Rdnr. 1583), 96 ff.——在此方面"自己缔约"这一概念使人产生误解。

[251] BGH NJW 1991, 1730; Flume[4], § 48, 1; MünchKomm-Schramm[6] § 181 Rdnr. 60; Soergel-Leptien[13] § 181 Rdnr. 8 ff.; Staudinger-Schilken[2014] § 181 Rdnr. 64 ff.

自己交易也并不是只在代理人脑海里发生即可。

1587　　必要的且关键的是，这必须是一个自己交易。在存在**人的一致性**（Personenidentität）的情况下，总是成立自己交易，即法律行为的双方是同一个人，这个人至少作为（法律行为上的、机关的或者法定的）代理人而行动。如果该要件缺失，则不能适用第181条。如果确定存在规避法律规范的情况（→边码1120），则存在例外。反之，不考虑对所有的利益冲突一般性地类推适用。[252]

范例

1588　　V 是不动产的所有权人。他授予他的朋友 S 代理权，将该不动产出卖。如果 S 想自己取得不动产（自己交易），只有经过 V 允许，他才能代理 V。相同的是，如果 S 想将不动产卖给 D 有限责任公司，而 S 是执行董事（多重代理）。如果 S 指定复代理人，与复代理人达成一致，那么虽然不存在人的一致性，但是却存在对第181条的规避，其后果是，尽管没有人的一致性，但仍适用第181条（→边码1120）。[253]

1589　　S 和她的未成年女儿 V 是不动产的共同所有权人。S 把不动产卖与 D，她同时以自己的和 V 的名义行动。在此，第181条不适用，因为 S 没有为法律行为的双方行动，而只为卖方行动。[254]

1590　　未成年人 V 被他去世的祖母指定为唯一继承人。为了使她自己成为继承人，S 以 V 的名义拒绝了继承。在此不存在自己交易。尽管有明显的利益冲突，但不适用第181条。[255] V 通过代理权滥用规

---

[252] BGHZ 161, 15, 28; 91, 334, 335 ff.

[253] BGHZ 112, 339, 343; 91, 334, 336; 64, 72, 74 OLG Frankfurt OLGZ 1974, 347, 349; OLG Düsseldorf FGPrax. 1999, 80; KG NJW-RR 1999, 168; Flume[4], § 48, 4; Medicus[10], Rdnr. 962; MünchKomm-Schramm[6] § 181 Rdnr. 10/24 ff.; Soergel-Leptien[13] § 181 Rdnr. 29; Staudinger-Schilken[2014] § 181 Rdnr. 35 ff.; Wolf/Neuner[10], § 49 Rdnr. 123.

[254] OLG Jena NJW 1995, 3126; Vgl. BGHZ 94, 132, 136 f.

[255] BayObLGZ 1983, 213, 220 f.; Coing, NJW 1985, 6, 9; MünchKomm-Schramm[6] § 181 Rdnr. 31a; Palandt-Ellenberger[74] § 181 Rdnr. 13; Soergel-Leptien[13] § 181 Rdnr. 30; Staudinger-Schilken[2014] § 181 Rdnr. 40——不同观点，参见 Buchholz, NJW 1993, 1161 ff.; Heldrich, FS Lorenz, 1991, 97 ff.。

则和第 1643 条第 2 款得到充分保护。

S 以 V 的名义发出保证的意思,为 D 对 S 的债权担保。这也不是自 1591
己交易。V 和 S 存在利益冲突(S 没有保证就不能取得信贷),不能(类
推)适用第 181 条,而是适用关于代理权滥用的规则(→边码 1581)。[256]

有争议的是,第 181 条的要件是否在文义之外要求**利益冲突**(Interes- 1592
senkollision)。根据该规范意义和目的(→边码 1585),有观点认为,该条
款必须进行目的限缩:尽管存在人的一致性,但如果在具体情况中没有利
益冲突,那么法律行为有效力。[257] 本书不同意该观点。然而正确的
是,立法者想借助第 181 条应对利益冲突的危险。但是立法者没有把利
益冲突提升至要件特征,而是满足于对典型的、抽象危险的利益状况作出
规定。如果要求在任何具体情况中都查明利益冲突,则将引起很大的法
律不安定性,引发众多争议。因此,司法裁判通说[258]——早前很不幸地
将第 181 条称为"形式上的规则条款"[259]——和文献中的通说[260]不要求
查明具体的利益冲突。

这个放弃当然不排除通过**目的限缩**(teleologische Reduktion)将典型 1593
的不存在利益冲突的情况从规范适用范围中剔除。[261] 但是关乎的必须
是脱离具体情况的、抽象的、普遍的不存在利益冲突的情况。[262] 满足这
个条件的情况主要是,为被代理人只带来法律上利益的自己代理。如果

---

[256] 一般观点:仅参见 RGZ 71, 219, 220; Flume[4], § 48, 5; Soergel-Leptien[13] § 181 Rdnr. 34; Staudinger-Schilken[2014] § 181 Rdnr. 43。

[257] 比如,参见 Brox/Walker[38], Rdnr. 592。

[258] BGHZ 91, 334, 337; 59, 236, 240 f.; 56, 97, 101; OLG Jena NJW 1995, 3126, 3127.

[259] Vgl. nur BGHZ 50, 8, 11.

[260] Vgl. etwa Hübner[2], Rdnr. 1322; Medicus[10], Rdnr. 961; MünchKomm-Schramm[6] § 181 Rdnr. 9; Soergel-Leptien[13] § 181 Rdnr. 6; Staudinger-Schilken[2014] § 181 Rdnr. 7; Wolf/Neuner[10], § 49 Rdnr. 117 f.

[261] 否定的观点,参见 Flume[4], § 48, 1/5。

[262] Hübner[2], Rdnr. 1323 ff.; Kienle, AcP 212 (2012), 875, 895 ff.; Medicus[10], Rdnr. 961; MünchKomm-Schramm[6] § 181 Rdnr. 9; s. Tiedtke (Rdnr. 1583), passim;以及后面详述的司法裁判。

在这种情况下，未成年人根据第 107 条的规定不需要受到保护（→边码 997），那么也不必保护被代理人不受到代理人的损害。因此需要承认，第 181 条不介入此问题。[263]

范例

1594　　S 想赠与他 4 岁的儿子 V 一辆滑板车。根据第 1629 条第 2 款第 1 句、第 1795 条第 2 款、第 181 条，如果 S 想在这个法律行为中代理 V，则属于法律不允许的自己交易。但是 V 通过赠与获得的只是法律上的利益。该情况不适用第 181 条。

1595　　S 是 V 有限责任公司的唯一股东，同时是执行董事。他想将自己所有的一处不动产出租给该有限责任公司，这涉及的是自己交易。司法裁判早前将这种有限责任公司和它的唯一股东/执行董事之间的法律行为排除在第 181 条的适用范围之外，理由是，通常无法确定利益冲突。[264] 通过现在的《有限责任公司法》第 35 条第 4 款，立法者为这个理由设置了一个障碍。通常情况下实践对此的应对是，在章程中明确允许执行董事实施自己交易。[265]

1596　　除此之外，只有当描述的两项**例外要件**（Ausnahmetatbestände）都不存在时，才适用第 181 条。依此，在被代理人明确或者默示允许代理人的情况下，自己交易很容易发生效力。在多重代理中，两个被代理人必须都同意。[266] 在被允许的情况下，被代理人承担了利益冲突的风险，因此他不再需要保护。如果借助自己交易应当履行其他的已经生效成立的债

---

[263] Vgl. nur BGHZ 94, 232, 235; 59, 236, 240; BGH NJW 2013, 166 Rdnr. 17; Zorn, FamRZ 2011, 776 ff.

[264] Vgl. BGHZ 56, 97, 101; BGHZ 75, 358, 359 ff.; BGH NJW 1982, 386.

[265] 仅参见 BGH NJW 2000, 664, 665 ff.；关于不允许的执行董事的自己交易，见 BGH ZIP 2014, 1278 Rdnr. 11 ff.。

[266] Vgl. BGH NJW-RR 1991, 1441.

务[267],可能是被代理人对代理人的债务,也可能是代理人对被代理人的债务,同样不需要保护(→边码1599)。如果承担的义务是法律行为所追求的结果,那么只有本来应当发生的才发生,这样就不必担心利益冲突。因为这是例外要件,主张代理行为发生效力的人应对同意或履行性质承担证明责任。[268]

范例

在不动产买卖合同中,双方当事人都授权给公证人的雇员,在买卖价款支付到公证人托管账户后,宣布土地物权契约,并申请在不动产登记簿中变更。该授权包含了对第181条的限制的默示豁免,即允许。[269] 鉴于此,它不再要求第二个例外要件("履行债务")。 1597

V对他的商事代理人S负担3000欧元的工资债务,但也对S有相同额度的损害赔偿债权,因为S故意损毁了V的公司用车。问题是,S能否抵销。S以自己的名义对V作出的抵销表示因第393条而落空。但是S可以以V的名义作出抵销表示。[270] 这既不是对第393条的规避,也不违反第181条。S可以以V的名义将拖欠的工资向自己支付或者转账,不受第181条的限制,因为该自己交易只是为了履行义务。V的对待请求权仍未得到履行。这样,S必须能以V的名义抵销,因为这会使V处于更优的地位。唯一的限制是不能滥用代理权。 1598

S想赠与他4岁的儿子V一套住宅。[271] 但这属于第1629条第2款第1句、第1795条第2款、第181条禁止的自己代理。虽然债权上的赠与合同对V仅有法律上之利益(→边码1003),在此范围内不 1599

---

[267] 对此,详见 Lobinger, AcP 213 (2013), 366 ff.;也可参见 OLG Düsseldorf NJW 2014, 322 f.。

[268] 这也体现在第181条的表述中(除非……)。

[269] 一般观点;参见 MünchKomm-Schramm[6] § 181 Rdnr. 49。

[270] Flume[4], § 48, 6 Fn. 39; MünchKomm-Schramm[6] § 181 Rdnr. 57; Staudinger-Schilken[2014] § 181 Rdnr. 62——不同观点,参见 Soergel-Leptien[13] § 181 Rdnr. 43。

[271] BGHZ 94, 232, 235 f.; 详见 Allmendinger(Rdnr. 1583), passim。

违反第 181 条,但这对物权法律行为不适用。必要时第 181 条的第二个例外要件可以适用于此,因为所有权转让只是为了履行 S 对 V 的债权上的负担。但该例外要件在诸如前述情况下应加以目的限缩:若代理人通过自己交易给予被代理人债权,其履行为被代理人带来法律上之不利,那么不得适用该例外要件。其实只有在有履行意愿的代理人可能强制履行的情况下,目的限缩才介入。在此并不满足,因为在赠与合同中受赠人没有受领义务,这样,(通过补充监护人表达的)拒绝受领导致的后果是,赠与人根据第 275 条免除履行给付义务。[272]

3. 法律效果

1600　第 181 条规定的法律效果是,代理人不能实施自己交易。因此,关乎的不是禁止性法律,而是代理权的法定边界。[273] 因此,违反第 181 条而实施的法律行为根据第 177 条第 1 款效力待定,可以由被代理人追认。然而,在单方法律行为中,追认通常根据第 180 条第 1 句被排除(→边码 1614)。非完全行为能力人的法定代理人实施自己交易的,只能由被代理人取得完全行为能力后追认,或者由为被代理人专门指定的监护人追认,而不是由家事法院追认。[274]

---

[272] 参见 Jauernig, JuS 1993, 614f.; 1982, 576 f.; Martinek, JuS 1993, L 19 ff.; Sonnenfeld, Rpeger 2011, 475 ff.; Zorn, FamRZ 2011, 776ff.——相反,迄今为止的通说借助"整体观察"认为债权行为就是不发生效力的;在此仅参见 BGHZ 78, 28, 34; Gitter/Schmidt, JuS 1982, 253 ff.;但是,保守的 BGHZ 161, 170, 172 ff.;对此,详见边码 1002 附其他证明。

[273] 关于对无权代理人的适用,见 Benecke/Ehinger, MDR 2005, 1265 ff.; Tebben, DNotZ 2005, 173 ff.。

[274] BGHZ 21, 229, 234; Flume[4], §48, 6; Medicus[10], Rdnr.957; MünchKomm-Schramm[6] § 181 Rdnr. 42; Staudinger-Schilken[2014] § 181 Rdnr. 47/57;对多重代理不同的,参见 U. Hübner, Interessenkonflikt und Vertretungsmacht, 1977, 125 ff.; Nipperdey, FS Raape, 1948, 305 ff.; Soergel-Leptien[13] § 181 Rdnr. 42。

七、无权代理

Bühler, Grundsätze und ausgewählte Probleme der Haftung des ohne Vertretungsmacht Handelnden, MDR 1987, 985; Canaris, Schadensersatz-und Bereicherungshaftung des Vertretenen bei Vertretung ohne Vertretungsmacht, JuS 1980, 332; Clarus, Vollmacht und Geschäftsführung ohne Vertretungsmacht, SeuffBl. 64 (1899), 161; Crezelius, Culpa in contrahendo des Vertreters ohne Vertretungsmacht, JuS 1977, 796; Diekmann, Die Haftung des Vertreters ohne Vertretungsmacht, Diss. Rostock 1904; Fehrenbach, Die Haftung bei Vertretung einer nicht existierenden Partei, NJW 2009, 2173; Flume, Stellvertretung ohne Vertretungsmacht in rechtsvergleichender Darstellung (Diss. Würzburg 1919); Gerhardt, Teilweise Unwirksamkeit beim Vertragsschluß durch falsus procurator, JuS 1970, 326; Häublein, Entbehrlichkeit von Vertretungsmacht für das Zustandekommen von Verträgen bei Beteilgung eines Vertreters, Jura 2007, 728; Hilger, Zur Haftung des falsus procurator, NJW 1986, 2237; Holthausen-Dux, Auslösung der Rechtswirkung des § 177 Abs. 2 BGB durch den mit dem Vollzug des Vertrages beauftragten Notar?, NJW 1995, 1470; Hupka, Die Haftung des Vertreters ohne Vertretungsmacht, 1903; Jauernig, Zeitliche Grenzen für die Genehmigung von Rechtsgeschäften eines falsus procurators?, in: FS H. Niederländer, 1991, 285; Kannowski, Insichgeschäft und vollmachtloser Vertreter, in: FS D. Leipold, 2009, 1083; Kiesel, Stellvertretung ohne Vertretungsmacht im deutschen, schweizerischen und österreichischen Recht, Diss. Tübingen 1966; Kipp, Zur Lehre von der Vertretung ohne Vertretungsmacht, in: Festgabe Reichsgericht, Bd. II, 1929, 273; Lutter, Die Zulässigkeit vollmachtlosen Handelns für Gemeinden und dessen Genehmigung, MDR 1961, 361; Martinek, Der Vertreter ohne Vertretungsmacht (falsus procurator) beim Vertragsschluß, JuS 1988, 17; Mertens, Die Haftung der Untervertreter nach § 179 Abs. 2 - BGHZ 32, 250, JuS 1961, 315; H. Meyer, Zu § 179 BGB, Recht 1910, 695; K. Müller, Gesetzliche Vertretung ohne Vertretungsmacht, AcP 168 (1968), 113; Prölss, Haftung bei der Vertretung ohne Vertretungsmacht, JuS 1986, 169; ders., Vertretung ohne Vertretungsmacht, JuS 1985, 577; Reinicke/Tiedtke, Die Haftung des Vertreters ohne Vertretungsmacht bei Widerruf des Rechtsgeschäfts, DB 1988, 1203; Schnorbus, Die Haftung für den Vertreter ohne Vertretungsmacht in der Kreditwirtschaft, WM 1999, 197; Starck, Soll durch die Worte „nach dessen Wahl" in § 179 Abs. 1 BGB das Schuldverhältnis als ein alternatives bezeichnet werden?, LZ 1918, 365; Stein, Die Grenzen vollmachtloser Vertretung der Gesellschaft gegenüber Vorstandsmitgliedern und Geschäftsführern, AG 1999, 28; Steines, Die Haftung des Vertreters ohne Vertretungsmacht, Diss. Heidelberg 1908; Stertkamp, Eine rechtsvergleichende Untersuchung zur Stellvertretung ohne Vertretungsmacht im deutschen und französischen Zivilrecht, 1999; van Veenrooy, Zur Dogmatik von § 179 Abs.3 Satz2 BGB, AcP 181 (1981), 220; Walter, Der falsus procurator im Wechselrecht, Diss. Köln 1935; Welser, Vertretung ohne Vertretungsmacht, 1970; Wernecke, Schranken der Generalvollmacht, Diss. Göttingen 1937.

(一)概述

1602　代理人实施具体法律行为——不管出于什么原因[275]——没有代理权的,被称为**无权代理人**(fasus procurator)。尽管没有代理权,但他仍是代理人(他以他人的名义作出自己的意思表示)。但他的意思表示不能归责于被代理人。对于该行为的法律效果,要区分各参与人之间的法律关系。被代理人和第三人之间的(外部)关系由第 177 条、第 178 条、第 180 条规定。根据第 177 条,合同效力待定,可以由被代理人追认。相反,单方法律行为根据第 180 条原则上不生效力。代理人和第三人之间的法律关系由第 179 条规定:被代理人不追认法律行为的,代理人根据第三人的选择对其承担履行或者损害赔偿责任。无权代理人和他的被代理人之间的法律关系没有被规定在代理法中,而是通过各自的内部关系产生。

1603　关于代理权必须存在的**时间点**(Zeitpunkt)是存在争议的。正确的是,

---

[275] 可以设想的是,代理人根本就没有代理权,因为他未被授予代理权,或者未被有效授予代理权,或者代理权消灭,或者代理人超越其(法定的、法律行为上的、机关的)代理权。

根据意思表示发出的时间点确定,而不是以其到达的时间点确定。[276] 第164条第1款第2句的文本、第130条第2款和第153条的法律理念,以及对代理人的保护理念支持该观点。在代理人的意思表示发出和到达之间,代理权被撤回的,代理人有代理权。只有在外部撤回时,才类推适用第130条第1款第2句,关键的是,撤回是在代理人的意思表示之前还是与它同时到达第三人。

(二) 被代理人与第三人之间的法律关系

在第三人和被代理人之间的外部关系中,主要涉及的是法律行为的命运。代理人没有代理权的(也不存在表见代理,→边码1548以下),那么被代理人暂时不受法律行为的约束。但是他可以根据第177条、第180条的规定将法律行为归属于自己。在此作如下区分: 1604

1. 合同

第177条第1款规定,无权代理人订立的合同,只有在被代理人追认的情况下,才对他生效力。该规范与第108条的规范相对应(→边码996),亦即合同**效力待定**(schwebend unwirksam)。它暂时不产生约束力,不设立可诉的请求权。[277] 被代理人必须决定他是否愿意受法律行为之约束。对合同的命运而言,存在两种可能: 1605

被代理人可以**追认**(genehmigen)法律行为。他应当根据第182条、第184条进行追认(→边码1697以下)。通过单方法律行为以需受领的意思表示的形式追认的,根据第182条第1款,追认既可以对代理人(内部追认)也可以对第三人(外部追认)表示,但不要求以代理人实施的法律行为的特定形式进行追认(第182条第2款;→边码1609)。追认是形成性意思表示,它不可撤回,不得附条件,有溯及力(第184条第1款)。代理人实施的 1606

---

[276] 参见——也对下文——OLG Naumburg FGPrax. 1998, 1, 2; Staudinger-Schilken[2014] § 177 Rdnr. 5.——不同观点,参见 Soergel-Leptien[13] § 177 Rdnr. 5.
[277] 因此已经完成的给付,在第814条的前提条件不成立的情况下,可以根据第812条第1款第1句情况1返还不当得利;参见 BGHZ 65, 123, 126。

法律行为也可以被推定追认。[278] 比如,履行行为可以被解释为追认。[279] 原则上被代理人的沉默不得被视为追认。[280] 追认的人对代理人实施的法律行为的内容有错误设想的,该法律行为同样生效力:从受领人的视角观察,法律行为以其订立的内容被追认。[281] 在此,被代理人有权根据第119条第1款情况1撤销追认的意思表示(→边码1697)。

1607 **授予追认**(Genehmigung erteilt)的,合同生效力且约束被代理人,合同所有的权利和义务现在都归属于他。被代理人不能通过"部分追认"只接受对他有利的协议,他必须接受全部合同。若他不接受这样的结果,他应当或者尝试与第三人重新协商,或者拒绝追认。根据第139条的法律精神,只有法律行为可分,且部分生效力符合合同目的和当事人利益时,情况才不同。[282] 法律行为被追认的,法律状况就像代理人自始享有代理权一样。代理人无代理权而行动,在与第三人的关系中不再产生效果。[283]

范例

1608 　　S以V的名义作为无权代理人与D约定,D下班后应当粉刷V的住宅墙壁。V对D追认了该合同,尽管设置了期限,但D仍拒绝粉刷。V因此委托了粉刷公司,并根据第281条第1款第1句向D主张替代给付的损害赔偿。该条款以债务关系为前提,而此处不存在债务关系,因为追认虽然补正了代理权瑕疵,但不能补正代理的不适

---

[278] BGH NJW 2004, 2745, 2747; 2003, 2863, 2864.关于追认者方面的主观前提条件,参见边码1698。
[279] LG Trier NJW 1998, 1407, 1408.
[280] 其他依据来自《商法典》第75条以下、第91a条。此外,对商人确认函沉默的基本原则(→边码760)也可以导致合同生效力;Vgl. BGH NJW 1990, 386; MünchKomm-Schramm[6] § 177 Rdnr. 28.
[281] BGH NJW 2000, 2272, 2274.
[282] MünchKomm- Schramm[6] § 177 Rdnr. 40; Soergel - Leptien[13] § 177 Rdnr. 26; Staudinger-Schilken[2014] § 177 Rdnr. 15——比如,V追认了一个S与D在无代理权情况下订立的合同,但"不包括其第7条",那么,只有在可以认为,D在不包括第7条时也会订立合同的情况下,剩余合同才生效力。
[283] Vgl. BGH ZIP 1999, 845, 846.

法性(→边码 1334 以下)或者其他瑕疵,在此是由第 134 条以及《非法劳动法》第 1 条以下得出的合同无效(→边码 1119)。

S 作为无权代理人以 V 的名义与 D 订立不动产买卖合同,V 通过给公证员的信函对此予以追认。买卖合同因此生效力。公证员作为 D 的受领代理人(第 164 条第 3 款),可以对他作出追认。[284] 根据第 182 条第 2 款,不需要以第 311b 条第 1 款第 1 句规定的形式追认。相反观点认为,既然代理权授予需要形式,追认也应当需要形式,对此本书不赞同,因为它与第 182 条的文义和立法者的意愿不一致,将导致第 182 条第 2 款毫无意义。[285]

1609

对追认不存在期限限制[286],被代理人原则上也没有追认义务。[287] **追认被拒绝**(Genemigung verweigert)的,合同对被代理人最终不生效力(→边码 1711)。法律行为对他没有法律效果。然而,可以考虑第三人(→边码 1618)或者代理人(→边码 1638 以下)次要的请求权。根据第 182 条第 1 款,拒绝的意思表示既可以对代理人作出,也可以对第三人作出。它关乎的是终止待定状态的、需受领的意思表示,与追认一样不可撤回,不得附条件。这也意味着,如果追认一次被拒绝,则法律行为不可能再生效力,即使存在被代理人事后有其他考虑,又想追认的情况。[288]

1610

待定状态对第三人而言很棘手。他必须清楚合同是否应该有效。原则上法律未规定被代理人是否应当在特定期限内作出决定。[289] 相反,第

1611

---

[284] OLG Köln NJW 1995, 1499, 1500.
[285] BGHZ 125, 218, 220ff. = JZ 1995, 97 (附 Dilcher 评释)附关于争议观点的全面概述。
[286] BGH NJW 2012, 3424 Rdnr.14.
[287] 不同的是,如果成交的是负担实施代理人行为的前合同,在此情况下拒绝追认不重要,待定状态仍然存在。被代理人应当被第三人起诉作出追认的意思表示。参见 BGHZ 108, 380, 384f.; K. Schmidt, DNotZ 1990, 708ff. 此外,代理人在内部关系中有对被代理人的授予追认的请求权(→边码 1637)。
[288] BGH NJW 2000, 3128, 3129; 1999, 3704 附其他证明。
[289] 追认权在极少的情况下可以根据第 242 条失效,前提是第三人对合同不生效作好思想准备。同样,对拒绝追认亦然。参见 MünchKomm-Schramm[6] § 177 Rdnr. 16; Wolf/Neuner[10], § 51 Rdnr. 5。

三人有两个形成权,第三人可以借助它们获得明确答案。[290] 他可以根据第 177 条第 2 款第 1 句**要求被代理人对追认作出表示**(zur Erklärung über die Genehmigung auffordern)。[291] 该规范与第 108 条第 2 款相对应。第三人的要求是准法律行为,参照适用关于意思表示的规定(→边码 416)。其结果首先是,被代理人只能通过意思表示对第三人授予追认或者拒绝追认,不再可以对代理人为之(第 177 条第 2 款第 1 句第 1 半句)。已经授予的内部追认(→边码 1606)或者拒绝内部追认不生效力(第 177 条第 2 款第 1 句第 2 半句),这样,合同又处于效力待定状态。被代理人现在必须(重新)作出决定,法律在第 177 条第 2 款第 2 句第 1 半句为其设置了两周的期限,在第三人的要求到达时起算,通过追认表示的及时到达,期限可以得到保障。被代理人任由期限经过的,根据第 177 条第 2 款第 2 句第 2 半句被视为拒绝追认。效力待定状态终止。[292] 要求被代理人追认的第三人最晚两周后,可以明确知道代理人实施的法律行为的效力。然而,第三人获得关于内部追认或者拒绝追认的可靠信息的,就不存在要求(重新)追认的可能性,因为这样对他而言没有法律上的不确定性,不需要根据第 177 条第 2 款受保护。[293] 代理人将内部追认告知第三人就够了。

1612　　第 177 条第 2 款要求的替代方案是,第三人也可以通过**撤回**(widerruft)他(订立)合同的意思表示来获得确定性。第 178 条与第 109 条一致,赋予了第三人撤回权。在此撤回的并非合同,而是与一般规定相对应(→边码 649),撤回的是第三人(订立)合同的意思表示[294],其后果是,随着合同意思表示的消灭,法律行为整体也消解。其前提条件是,效力待定状态仍持续,被代理人既没有予以追认,也没有拒绝追认。此外,第三人

---

[290] 当合同相对人主张没有代理权违反诚信原则时,那么他没有这两项权利。BGH NJW 2012,3424 边码 14 以下。
[291] 多个合同当事人在此必须共同实施行为,或者让他人代理,BGH NJW 2004, 2382,2383。
[292] BGH NJW 2000, 3128, 3129; OLG Zweibrücken FGPrax. 2002, 85, 86.
[293] Brox/Walker[38], Rdnr. 599.
[294] Vgl. Medicus[10], Rdnr. 979; Staudinger-Schilken[2014] § 178 Rdnr. 1; Wolf/Neuner[10], § 51 Rdnr. 9ff.

在订立合同时可能不知道代理权瑕疵(第 178 条第 1 句),因为这样他就不需要第 178 条提供的保护。但是,重大过失并不对他造成影响。[295] 与追认相同,撤回也是以需受领的形式发出的单方法律行为,既可以对被代理人表示也可以对代理人表示(第 178 条第 2 句)。撤回的表示应当使他人知道,合同恰好因为代理权瑕疵不应当有效。因此,比如,第三人表示要基于欺诈而撤销的,则不是第 178 条意义上的撤回。[296]

范例

S 作为无权代理人为 V 与 D 订立买卖合同。V 对 S 追认了该合同,S 同时将此告知 D。期间 D 因价格过低而后悔,因此他要求 V 表示是否予以追认。V 过了三周未作回应,然后坚持履行合同。S 订立的合同首先根据第 177 条第 1 款效力待定,但是通过第 182 条第 1 款、第 184 条第 1 款的内部追认溯及既往地生效力。因此 D 也不能根据第 178 条撤回。追认不因 D 的要求而失效。第 177 条第 1 款第 1 句第 2 半句规定,要求被代理人发出追认的意思表示时,已经授予的内部追认不生效力。但是,这不适用于第三人已经获得内部追认的可靠信息的情形,正如在本案中这样(→边码 1611 结尾处)。 1613

2. 单方法律行为

如果代理人实施的法律行为并非合同,而是单方法律行为,则应适用第 180 条第 1 句作出的原则性规定,即无权代理不适法。这意味着,法律行为对被代理人**自始不生效力**(von Anfang an unwirksam)。不存在效力待定状态,法律行为也不得被追认。该规范与第 111 条相对应,另外与第 182 条第 3 款、第 1367 条、第 1427 条第 1 款、第 1831 条第 1 句相对应。它是为了在法律行为中仅作为受领人参与的第三人的特殊权利安定性之利益。 1614

然而,第 180 条在第 2 句和第 3 句中对需受领的单方法律行为规定了 1615

---

[295] OLG München ZIP 2008, 220, 222.
[296] BAG NZA 1996, 756, 758 附其他证明。

三个例外情况(Ausnahmefälle),在这些情况下第三人的需保护性通常较小,因此可以要求他们承受效力待定状态。如果第三人作为意思表示的受领人同意代理人没有代理权(第 180 条第 2 句情况 2),或者单方法律行为根据第 164 条第 3 款对无权代理人实施,且他同意(第 180 条第 3 句),则存在这种情况。在第 180 条第 2 句情况 1 中对宣称的[297]代理权没有异议的,被同等对待。与第 111 条 1 句(→边码 1035)和第 174 条(→边码 1530)相同,法律在此为单方法律行为的受领人确立了不真正义务:此类法律行为实施的相对人应当查明代理关系,亦即使代理关系得到证明,在缺失证明的情况下立即[298]驳回法律行为。如果他这样做,那么单方法律行为根据第 174 条第 1 句或者第 180 条第 1 句不生效力。反之,如果他未查明代理人宣称的代理权,那么法律行为在仍然没有代理权的情况下不生效力,但是可以参照适用关于合同的规定,这与其他两个例外情况相同。单方法律行为效力待定,可以由被代理人追认(第 177 条第 1 款)。第三人可以要求被代理人追认(第 177 条第 2 款)。但是他仅在第 180 条第 3 句规定的情况下(只要彼处对无代理权不知情不排除撤回权,→边码 1612)根据第 178 条享有撤回权,因为他自己根本没有发出可以被撤回的意思表示。[299]

范例

1616　　S 是 V 的父亲但无监护权,他以 V 的名义在 1 月 15 日向 V 的母亲 D 催告支付抚养费。S 在此期间(从 D 那里)取得转让的监护权后,4 月 15 日再次进行了催告。因为 D 没有支付,V(通过 S 代理)起

---

[297] 在此不要求明确宣称。代理人通过他的行为对外表示他有代理权,足矣。通常情况下通过他以代理人身份出现而发生。与所有观点不同的,参见 Soergel-Hefermehl[13] § 180 Rdnr. 9。

[298] 即没有可归责的耽搁,第 121 条第 1 款(→边码 913)。

[299] 依通说,第三人作为受领人可以通过驳回该单方法律行为而"撤回";仅参见 MünchKomm-Schramm[6] § 178 Rdnr. 9 und § 180 Rdnr. 13; Soergel – Leptien[13] § 180 Rdnr. 12; Staudinger-Schilken[2014] § 178 Rdnr. 6; Wolf/Neuner[10], § 51 Rdnr. 14 f.,然而这是违反体系的,不可能是指,第 180 条第 2 句和第 3 句所规定的"参照适用"第 177 条以下条款。

诉 D 要求支付自 1 月 15 日起拖欠的抚养费。只有 4 月 15 日之后的诉讼才可能胜诉,因为拖欠的抚养费从迟延开始才需要补付(第 1613 条第 1 款),而第一次催告时 D 并没有陷入迟延。第 180 条第 1 句对催告这样的准法律行为类推适用,据此催告不生效力,因为无监护权的 S 没有为 V 的代理权。例外情况之要件也不成立。特别是 S 没有根据第 180 条第 2 句情况 1 宣称有代理权,因为 D 作为监护人恰恰知道,S 作为无权代理人而行动。催告最终不生效力,不能通过追认而有溯及力地生效力。[300]

1617 S 以 V 的名义立即终止了与 D 的法律关系。D 没有就 S 无代理权提出异议。三个星期后 V 追认了该终止。在此,终止根据第 180 条第 2 句情况 1 效力待定,可以被追认,V 也确实追认了终止。但有疑问的是,第 626 条第 2 款两周的期限是否得到了保障。如果期限经过后作出的追认根据第 184 条第 1 款有溯及力,则属于这种情况。通常观点认为并不是这种情况,因为在第 626 条第 2 款中规定的是除斥期间,该期限是为了权利的清晰性,第 184 条第 1 款适用的只是在期限内作出追认的情况。[301]

3. 次要的请求权

1618 代理人和第三人之间的法律关系因为代理人没有代理权而未成立的,适当的时候可以考虑第三人对被代理人的**无因管理**(Geschäftsführung ohne Auftrag)请求权,该请求权与第 179 条规定的对(作为共同债务人承担责任的)代理人的请求权并存。[302] 也可能存在**损害赔偿请求权**(Schadensersatzansprüche)。当然,在代理人无代理权而行动时,第三人只有在例外情况下才可能对被代理人取得这些请求权。如果被代理人追认法律行为,那么第三人没有因为无权代理人的行为产生损失,因为追认导致法律行为有溯及力地生效力(→边码 1606)。被代理人拒绝追认的,第

---

[300] OLG Bremen FamRZ 1995, 1515; Vgl. auch OLG Frankfurt FamRZ 1986, 592.
[301] BAG NJW 1987, 1038, 1039.
[302] BGH NJW-RR, 2004, 82, 83.

三人可能有损失,被代理人对该损失通常不负责任。被代理人的过错(其后果是根据第 280 条、第 241 条第 2 款、第 311 条第 2 款有缔约过失损害赔偿请求权)只可能在于促使第三人错误地认为代理人有代理权;在这些情况中通常[303]满足表见代理或者容忍代理的前提条件,因此法律行为直接生效力[304](→边码 1548 以下)。无论无权代理人是故意的还是存在过失,其过错都不得加于被代理人,使其承担不利。只有当被代理人请代理人作为谈判人参与合同谈判时,情况才不同,适用第 278 条。[305] 对此情况,第 177 条、第 179 条不包含决定性的规范。[306] 确切地说,可以根据第 179 条向代理人主张请求权,被代理人作为共同债务人与代理人共同承担责任。责任仅限于消极利益(信赖损失),如果第三人知道或者应当知代理权的瑕疵,则可以根据第 254 条减轻,或者排除责任。[307] 之所以排除法定被代理人的这种责任,是因为代理人超越代理权的行为在此不能归责于被代理人。[308]

---

[303] 关于例外的情况,参见 BGH NJW 1980, 2410:一家只想做信贷业务的银行授予其部门负责人 S 商业行为代理权,授权其根据《商法典》第 55 条第 3 款为清算信贷接受支付。S 也接受客户并非为清偿贷款,而是作为定期存款而进行的支付,联邦法院否认在此情况下的代理权,对表见代理的条件未置可否,认为成立缔约过失,因为银行有义务向客户明示代理权范围。

[304] 如果否定表见代理作为权利外观要件,则当然不同了(→边码 1565);此时被代理人的缔约过失责任就很重要。示范的 Flume[4], § 47, 3 d。

[305] 绝对通说;参见 BGH NJW-RR 1998, 1342f.; RGZ 120, 126, 130; Flume[4], §47, 3d; Medicus[10], Rdnr.973 f.; Soergel-Leptien[13] § 177 Rdnr.36; Staudinger-Schilken[2014] § 177 Rdnr.24 附其他证明。

[306] 不同观点,参见 Prolss, JuS 1986, 169, 173f.; 限制的 Canaris, JuS 1980, 332, 334; Frotz, Verkehrsschutz im Vertretungsrecht, 1972, 116ff.; E. Peters, FS Reinhardt, 1972, 128 ff., 131 ff.。

[307] MünchKomm-Schramm[6] § 177 Rdnr. 54; Soergel - Leptien[13] § 177 Rdnr. 36; Staudinger-Schilken[2014] § 177 Rdnr. 24——根据不同观点,类推适用第 179 条第 3 款第 1 句;参见 Frotz, Verkehrsschutz im Vertretungsrecht, 1972, 115 f.; Hübner[2], Rdnr. 1309; RGRK-Steffen[12] § 177 Rdnr. 17——此外可以考虑的是,将代理人的内部份额从请求权中减少,如果被代理人在内部关系中有权追索,但代理人在外部关系中不根据第 179 条第 3 款第 1 句承担责任;参见 MünchKomm-Schramm[6](a.a.O.)。

[308] 一般观点;仅参见 RGZ 132, 76, 78f.; Ballerstedt, AcP 151 (1950/51), 501, 525ff.; MünchKomm-Schramm[6] § 177 Rdnr. 52; Soergel-Leptien[13] § 177 Rdnr. 34; Staudinger-Schilken[2014] § 177 Rdnr. 25 附其他证明——不同观点,参见 Prolss, JuS 1986, 169, 175。

(三) 代理人和第三人之间的法律关系

在无权代理人和第三人之间的关系中,如果被代理人拒绝追认,则主要涉及的是第三人对无权代理人的次要的请求权。在实施法律行为时,第三人可以通过约定使代理人责任得到保障——即使并非在一般交易条款中约定(第 309 条第 11 项 a 目)。但通常在合同中并没有此类约定,所以只能考虑法定请求权。在第 179 条第 1 款中(根据第 309 条第 11 项 b 目,一般交易条款中的约定与第 179 条第 1 款的规定不同,不得对代理人不利)第三人被赋予选择权:他可以请求代理人履行,或者请求因不履行产生的损害赔偿(积极利益)。在第 179 条第 1 款第 1 句中关乎的是**与过错无关的担保责任**(verschuldensunabhängige Garantiehaftung),其背后考虑的是,作为代理人而行动的人,在交易利益中坚信自己有代理权,在没有代理权或者追认落空的情况下应当承担其允诺的效果。[309] 然而,第三人的权利在第 179 条第 2 款和第 3 款中部分被限制,部分被排除:如果实施法律行为的代理人没有完全的行为能力,且没有其法定代理人的同意,或者第三人对无代理权是恶意的(第 179 条第 3 款),那么代理人根本不承担责任;代理人不知道代理权有瑕疵的,他只对信赖损失承担责任(消极利益;第 179 条第 2 款)。

1619

1. 第 179 条第 1 款的前提条件

适用第 179 条第 1 款的前提条件首先是**代理人**(Vertreter)已经行动。即被请求者必须以他人的名义发出自己的意思表示。代理人并非以他人名义而是冒他人名义的,如果是为了被冒名的他人交易,且被冒名者没有同意"代理人"的行为(→边码 1410),则类推适用该条款。这对以下情况也适用:效力归属于相关人的法律行为(das Geschaeft fuer den,den es angeht)(→边码 1404)、没有使者权的使者(→边码 1361)、没有披露被代理人身份一致性的代理人(→边码 1380),以及根本不存在被代理人的代理人(→边码 1623)。

1620

---

[309] 参见 Mot. I, 243f.=Mugdan I, 487f.(然而,很不幸地被称为"推定的担保允诺")。

1621　　其次,代理人必须**无代理权**(ohne Vertretungsmacht)而行动。法律将该前提条件作为证明责任规则而表达:如果代理人证明了代理权,则他不承担责任。因此,在诉讼中,第三人陈述后被反驳时,他要证明被告作为代理人行动,且被代理人拒绝追认,这样足矣。作为被告的代理人要做的是,陈述并证明被代理人拒绝追认并不重要,因为他(被告)有代理权。[310] 反之,代理人为什么没有代理权则并不重要。[311] 代理人从未被授予代理权,或者未被有效地授予代理权,或者超越代理权,这几种情况在此没有区别。如果代理权瑕疵的原因是存在不生效力的外部授权,则第 179 条也适用。只要第 170 条以下不适用(→边码 1519 以下),第三人就可以根据第 179 条第 2 款的条件(→边码 1631)向代理人主张权利。旨在将外部授权不生效力的风险加于第三人的相反观点[312],不符合法律规定。[313]

1622　　第 179 条第 2 款与第 177 条相关联。因此法律要求,代理人必须已经订立了合同。但通过第 180 条第 2 句和第 3 句,该条款对可以被追认的单方法律行为也适用。因此,可以一般性地称,法律要求必须实施了**可以被追认的法律行为**(genehmigungsfähiges Rechtsgeschäft)。当然,对单方法律行为而言,多数情况下要求履行对第三人没有意义,这样,就只剩下了损害赔偿责任。除此之外,可以被追认的法律行为是指,该法律行为只是没有代理权,并未因为其他原因不生效力。因此,目前原则上一般观点是,在因其他原因不生效力时,无权代理人的责任不能以第 179 条为依据,而应依据缔约过失(第 280 条、第 241 条第 2 款、第 311 条第 2 款)。[314]

---

[310] Vgl. nur BGH MDR 2005, 1394, 1395.

[311] 不同的是对行政法的代理规则,它将代理权与代理人遵守特定的形式关联起来,BGHZ 147, 381, 387 ff.。

[312] Canaris, Die Vertrauenshaftung im deutschen Privatrecht, 1971, 535 Fn. 53; MünchKomm-Schramm6 § 179 Rdnr. 8.

[313] 相同的 RGRK-Steffen[12] § 167 Rdnr. 26; Soergel-Leptien[13] § 166 Rdnr. 22——要把争议与(前)问题,代理人是否可以撤销错误的授权(→ Rdnr. 1470 ff.)关联起来看。

[314] 参见 OLG Karlsruhe NJW-RR 2010, 675, 677;关于细节,参见 Staudinger-Schilken[2014] § 179 Rdnr. 9/24——不同观点(第 179 条类推适用),参见 RGZ 145, 40, 43; 106, 68, 73;部分观点,参见 MünchKomm-Schramm[6] § 179 Rdnr.22ff.。

最后,被代理人必须**拒绝追认**(Genehmigung verweigert)。亦即必须 1623
确定法律行为最终不生效力。效力待定状态必须通过拒绝追认而终止。
如果得到追认,可以根据缔约过失(第 280 条、第 241 条第 2 款、第 311 条
第 2 款),而不是根据第 179 条对代理人主张请求权(→边码 1636)。[315]
如果代理人以其名义行动的"被代理人"根本不存在,则不可能进行追认。
因此,第三人不能向任何"被代理人"寻求帮助,任何"被代理人"都不可
能追认。在此情况下,第三人受保护的程度相同,因此类推适用第 179
条。[316] 如果被代理人存在,但没有被具名化,则同样适用(→边码 1379
以下)。

范例

D 根据第 179 条第 1 款请求 S 履行义务,理由是,S 为 V 订立了 1624
合同,V 拒绝追认合同。S 抗辩称,成立容忍代理。该抗辩对 S 没有
帮助,但他可以通过证明他有代理权而使自己免除责任(→边码
1621)。然而,容忍代理并不产生代理权(→边码 1559),而是导致抗
辩排除,D 可以放弃抗辩排除保护(→边码 1547)。

S 在没有代理权的情况下为 V 与 D 订立了合同。当 D 得知此事 1625
后,撤回了他的合同意思表示,并向 V 主张履行利益的损害赔偿。该
请求不成立,因为只有效力待定状态因拒绝追认而终止的,才适用第
179 条第 1 款。D 自己使交易落空,因此他不值得保护。[317]

D 与一家信托公司订立合同,该公司冒用"V. In- 1626
vestment Inc., Florida"公司的名称而行动,S 是代理人。该(美国法的)法人不

---

[315] OLG Hamm NJW 1994, 666.
[316] BGHZ 178, 307 Rdnr. 10; 105, 283, 285; BGH MDR 2005, 1394, 1395; NJW 1996, 1053, 1054; BAG NJW 2007, 1378 Rdnr.11; Fehrenbach, NJW 2009, 2173ff.——同样地,虽然被代理人存在,但是以其他的法律形式而存在,参见 BGH NJW 2012, 2871 Rdnr. 8 ff.。
[317] Brox/Walker[38], Rdnr. 605; Flume[4], § 47, 3 a; Hübner[2], Rdnr. 1316; MünchKomm-Schramm[6] § 178 Rdnr.11; Palandt-Ellenberger[74] § 179 Rdnr.4; Reinicke/Tiedtke, DB 1988, 1203ff.; Soergel-Leptien[13] § 179 Rdnr.5; Staudinger-Schilken[2014] § 179 Rdnr. 6——不同观点,参见 BGH NJW 1988, 1199, 1200。

存在。信托公司的持有人是 V,他向 S 授予代理权。因为 V 陷入支付不能的境地,D 类推适用第 179 条第 1 款向 S 要求承担不履行的损害赔偿。然而,根据与企业相关的法律行为之规则(→边码1390),合同与信托公司的持有人,即与 V 个人成立。持有人被错误地具名,没有损害。[318] 因为 V 向 S 授予代理权,第 179 条第 1 款的前提条件不成立。然而,S 根据权利外观承担责任[319],或者根据第 280 条、第 241 条第 2 款、第 311 条第 2 款承担缔约过失责任(→边码 1623/1636)。[320]

2. 第 179 条第 1 款的法律效果

1627 如果第 179 条第 1 款的前提条件成立,则第三人可以向代理人主张履行,或者主张承担因不履行的损害赔偿。如果第三人选择**履行**(Erfüllung),虽然在第三人和代理人之间不产生合同,但产生法定债之关系,由此代理人负担的给付义务与代理人有代理权或者被代理人追认时被代理人负担的给付义务相同。这意味着,代理人必须提供其为被代理人约定的给付。约定了第三人对待给付的,代理人可以主张不履行合同的抗辩权(第 320 条),可以根据第 275 条、第 283 条、第 326 条的条件主张履行不能。代理人向第三人履行的,也可以要求对待给付。[321] 代理人也有被代理人拥有的其他的所有抗辩和抗辩权。比如,他可以根据第 312g 条、第 495 条的条件撤回他发出的意思表示[322],他也可以撤销[323],可以主张消灭时效经过[324],可以行使瑕疵担保权或者解除权。代理人也可

---

[318] 不同观点,参见 OLG Karlsruhe MDR 1998, 1470。
[319] BGH NJW 2012, 3369 Rdnr. 9 ff.(共同持有人的权利外观)。
[320] BGH NJW 1996, 1053, 1054; Vgl. auch Haas, NJW 1997, 2854, 2855/2857。
[321] Flume[4], § 47, 3 b; MünchKomm-Schramm[6] § 179 Rdnr. 32; Soergel-Leptien[13] § 179 Rdnr.16; Wolf/Neuner[10], § 51 Rdnr. 23ff.
[322] BGH NJW-RR 1991, 1074, 1075.
[323] BGH NJW 2002, 1867, 1868; Flume[4], § 47, 3 a; MünchKomm-Schramm[6] § 179 Rdnr. 35; Vgl. auch Rdnr. 1420.
[324] 参见 BGHZ 73, 266, 269 f.。第 179 条的请求权与(意向)合同请求权在相同期限内经过消灭时效。

以主张被代理人没有财产,既不可能从他那里获得履行,也不可能获得损害赔偿。从经济的视角看,第179条使第三人所处的地位不会比被代理人追认的情况下他所处的地位更好。[325]

多数情况下,选择履行对第三人来说是没有意义的,可能因为代理人根本不能提供所负担的给付(比如,他不是被出卖的不动产的所有权人),也可能因为第三人无法向代理人提供给付(比如,约定修葺屋顶,而代理人没有房子或者房子的屋顶无论如何都没有损坏)。在这些情况下,第179条第1款选择性地赋予第三人的**替代履行的损害赔偿**(Schadensersatz statt der Leistung)更有利于第三人利益。请求权指向积极利益:第三人被置于的地位如同法律行为对被代理人有效力且恰当地得以履行一样。 1628

范例

S以V的名义向D以18万欧元购买价值为17.5万欧元的薄钢板。当V拒绝履行合同的时候,他被D起诉。D败诉,因为S没有代理权。D因此必须将薄钢板以17万欧元卖给X,并向S主张不履行造成的损失赔偿。根据"缓和的差额理论"[326],请求权包括他所负担的给付的价值(从目前的销售价格可以看出,现在仅值17万欧元)和对待给付的价值(18万欧元)之间的差额,即1万欧元,此外还包括诉讼费,因为如果S有代理权且V恰当地履行义务,就不会产生诉讼费。[327] 1629

法律让第三人选择是决定履行还是赔偿替代履行的损害。根据绝对 1630

---

[325] OLG Hamm MDR 1993, 515; Flume[4], § 47, 3 b; Haas, NJW 1997, 2854, 2855f.; Hübner[2], Rdnr.1313; MünchKomm-Schramm[6] § 179 Rdnr.34; Soergel-Leptien[13] § 179 Rdnr.16; Staudinger-Schilken[2014] § 179 Rdnr. 15——不同观点,参见 Hilger, NJW 1986, 2237, 2238 f.; Kohler[38], § 11 Rdnr. 69; Medicus[10], Rdnr. 987.

[326] 它主要适用于第218条和第283条,表达的是,双务合同的损害赔偿请求权原则上指向两个约定的给付的价值之差。被损害人保留了他负担的给付,并收取价值之差。仅在例外的情况下(亦即当债权人已经提供了他的给付,或者对对待给付有特别的利益)才可以要求交换约定的给付。对此,参见 Larenz, SchuldR AT[14], § 22 Ⅱ b。

[327] OLG Düsseldorf NJW 1992, 1176, 1177.

通说,在第179条第1款设立的选择方案中,关乎的是第262条以下的**选择性债务关系**(Wahlschuldverhältnis)。[328]相反观点认为这是选择性竞合。[329] 在选择性债务关系中,债权人只有一个请求权,其内容可以选择,而在选择性竞合中——比如,在第437条第2项——存在多个内容不同的权利,债权人必须在它们之间作出决定。这实际上涉及的是完全直接适用第263条以下条款,还是部分地类推适用。因为这些规定总体包含恰当的解决途径,故本书赞同通说,认为是选择性债务关系。

3. 代理人的善意(第179条第2款)

1631   如果代理人不知道代理权存在瑕疵,则第三人的权利受第179条第2款的限制。在此情况下,虽然代理人总是可以被指责在法律行为订立前未确定代理权,但是积极利益责任不再具有正当性。与第179条第1款不同,第三人不可以主张履行,损失赔偿请求权限于**消极利益**(negative Interesse),亦即第三人的地位如同没有与代理人有关联时一样,那么也就不会实施有疑问的法律行为。然而,与第122条相同,在此消极利益也以积极利益为限。代理人须赔偿的信赖损失最高为履行损失额。

1632   第179条第2款关乎的不是独立的请求权基础,而只是对该条第1款请求权的限制。那么,第1款的前提条件必须得到满足。[330] 但是**不要求有过错**(kein Verschulden erforderlich)。反对意见认为,如果代理权瑕疵处于代理人的认知可能性之外,则无论如何不应当让代理人承担责任,[331],这与清晰的文本和立法者的意思[332]不一致。在风险分配中要注意,代理人与被代理人的关系总是更近,因此代理人必须比第三人承担更

---

[328] RGZ 154, 58, 61f.; Brox/Walker[38], Rdnr.602; Flume[4], § 47, 3 b; Hübner[2], Rdnr.1313; MünchKomm-Schramm[6] § 179 Rdnr. 31; Soergel-Leptien[13] § 179 Rdnr. 15; Staudinger-Schilken[2014] § 179 Rdnr. 13 附其他证明; Wolf/Neuner[10], § 51 Rdnr.28。

[329] Hilger NJW 1986, 2237, 2238; Palandt-Ellenberger[74] § 179 Rdnr. 5.

[330] OLG Karlsruhe NJW-RR 2010, 675, 677.

[331] 在此意义上,比如 Canaris, Die Vertrauenshaftung im deutschen Privatrecht, 1971, 535 Fn. 53; Flume[4], § 47, 3 c; Hübner[2], Rdnr. 1315; Ostheim, AcP 169 (1969), 193, 203, 208; Prolss, JuS 1986, 169, 170; Soergel-Leptien[13] § 179 Rdnr. 18。

[332] Prot. I, 327=Mugdan I, 751.

多的代理权缺失的风险。[333]

范例

在出示授权文书的情况下，S 以 V 的名义在艺术商 D 处以 2.5 万欧元购买了标价为 2.75 万欧元的画。D 以 2.25 万欧元购得该画。在该画被取走之前，K 为该画出价 2.75 万欧元。D 拒绝了，因为他觉得要对 V 遵守诺言。之后发现，在递交授权文书时，V 有不为人知的精神疾病。此时不能根据第 172 条向 V 行使请求权，因为由于不具有法律行为能力而递交授权文书不可归责于 V（→边码 1526、1524）。尽管没有过错（→边码 1632），善意的 S 在无效的外部授权情况下（→边码 1621），根据第 179 条第 2 款也承担信赖利益责任，即 5000 欧元。假设 D 从未与 S 有关联，他可以将画卖与 K，获得 5000 欧元利润。然而，积极利益只有 2500 欧元。假设 S 有代理权，且 V 恰当履行，那么 D 只能获得 2500 欧元的利润。因为根据第 179 条第 2 款，消极利益受积极利益限制，那么 S 只需要向 D 支付 2500 欧元。

4. 抗辩（第 179 条第 3 款）

代理人通过陈述，在有争议时要证明，第三人**知道或者应当知道代理权有瑕疵**（den Mangel der Vertretungsmacht kannte oder kennen musste），这样他就可以根据第 179 条第 3 款对抗对他主张的请求权。在此情况下，第三人不值得保护。如果他在知道没有代理权[334]的情况下仍实施法律行为，那么他在明知的情况下承担了被代理人不追认的风险。不存在代理人承担责任的理由。在第三人过失地不知情的情况下[335]，也相同，因为

---

[333] RG JW 1933, 2641; Erman-Maier-Reimer[14] § 179 Rdnr. 20; Medicus[10], Rdnr. 994; MünchKomm-Schramm[6] § 179 Rdnr. 4/38; RGRK-Steffen[12] § 179 Rdnr. 6/13; Staudinger-Schilken[2014] §179Rdnr.17.

[334] 不要求知道代理权缺失的原因，BGHZ 178, 307 Rdnr. 15。

[335] Dazu BGHZ 147, 381, 385; 105, 283, 285f.; BGH NJW-RR 2005, 268; OLG Saarbrücken NJW-RR 2009, 1488, 1489; 2001, 453.

如果第三人自己可以阻止损失,那么没有理由将责任推卸给代理人。在代理人提示第三人他对代理权持怀疑的情况下,通常属于因过失不知情。尽管有这样的提示,还是不能确定过失的,则仍成立代理人责任。立法者借助第 179 条第 3 款确定,应当在多大程度上限制代理人的责任。第 179 条没有因为提示了对代理权的怀疑[336],或者提示了可以得出怀疑的事实,而为进一步限制对(第 179 条第 3 款第 1 句意义上的)善意第三人的保护提供依据。[337]

1635　此外,代理人可以根据第 179 条第 3 款第 2 句抗辩,他在实施代理人行为时**并非完全行为能力**(nicht voll geschäftsfähig)人。在无行为能力的情况下,责任因此而落空,法律行为不可能被追认。确切地说,它因为没有行为能力而无效(→边码 1368 以下)。当代理人是限制行为能力人时,情况有所不同。在此情况下代理人行为根据第 165 条不生效力。根据第 107 条以下条款,只要限制行为能力人在没有取得其法定代理人同意的情况下而行动,他的法律行为上的行动就不应当对其产生不利。对限制行为能力人的保护优先于对第三人的保护。但第三人可以抗辩,法定代理人已经同意了限制行为能力的代理人之行动。

5. 其他请求权

1636　在特殊情况下,第三人可能基于其他请求权基础向代理人主张损失赔偿请求权。在第三人根据第 179 条第 1 款选择履行,代理人撤销的情况下(→边码 1627),代理人承担第 122 条的消极利益责任。代理人有过错的,他可以根据第 280 条、第 241 条第 2 款、第 311 条第 2 款因为缔约过失承担责任。然而,其前提条件是前合同上的特别关系,这种特别关系只存在于第三人和被代理人之间,而不是第三人和代理人之间。因此代理权

---

[336] 相同观点,参见 Erman-Maier-Reimer[14] § 179 Rdnr. 21; MünchKomm-Schramm[6] § 179 Rdnr. 6; Prolss, JuS 1986, 169, 170; Staudinger-Schilken[2014] § 179 Rdnr. 18。

[337] 相同观点,参见 BGHZ 39, 45, 51 f.; Erman-Maier-Reimer[14] § 179 Rdnr. 21; Soergel - Leptien[13] § 179 Rdnr. 2; Staudinger - Schilken[2014] § 179 Rdnr. 18; 进行区分的 MünchKomm-Schramm[6] § 179 Rdnr. 5 ff.——同本处的有 Medicus[10], Rdnr. 995; Palandt-Ellenberger[74] § 179 Rdnr. 2。

缺失的,第三人根据第 280 条、第 241 条第 2 款、第 311 条第 3 款向代理人主张请求权的情况仅限于对代理人具有特殊程度的个人信赖,由此而影响谈判或者他自己对代理人行为的成立有显著的、直接的经济利益(→边码 1682、1685)。[338] 满足这些前提条件的,在代理人有代理权或者他的行为被事后追认的情况下,必定考虑代理人自己的责任,因此,第 179 条的请求权被排除(→边码 1623)。但是,在第 179 条之外也可能成立缔约过失责任。然而,代理人引发(第三人)信赖代理权存在的,不足以成立自己责任。对于这些情况,第 179 条包含了决定性规范,相对于第 280 条、第 241 条第 2 款、第 311 条第 2 款而言是特别规范,可以取代它们。[339]

(四) 被代理人和代理人之间的法律关系

在无权代理人和被代理人之间,可能成立不同的(后果)请求权。[340] 首先要考虑,是否存在代理人对被代理人的**追认**(Genehmigung)请求权。[341] 这只在特殊情况下考虑。通常情况下,追认请求权并不因为代理人行为是为了被代理人推测的利益而得以肯定,而是只有在代理人作为紧急事务管理人(第 679 条、第 680 条)为被代理人实施法律行为的情况下,才会肯定追认请求权。[342] 甚至广为流传的观点是,紧急事务管理人有法定代理权[343],但这种观点在法律中找不到依据,因此应予以否定。[344]

1637

---

[338] OLG Hamm NJW 1994, 666; MünchKomm-Schramm[6] § 177 Rdnr. 57; Soergel-Leptien[13] § 179 Rdnr. 23; Staudinger-Schilken[2014] § 179 Rdnr. 20; Vgl. auch BGH FamRZ 1970, 77, 79.

[339] Flume[4], § 47, 3 a; MünchKomm-Schramm[6] § 177 Rdnr. 56; Peters, FS Reinhardt, 1972, 127 ff., 131; Soergel-Leptien[13] § 179 Rdnr. 23——不同观点,参见 Hübner[2], Rdnr. 1317; Staudinger-Schilken[2014] § 179 Rdnr. 20。

[340] Dazu Vgl. Bornemann, AcP 207 (2007), 102, 105 ff.

[341] 关于第三人的追认请求权,参见边码 1610。

[342] BGH NJW1951,398; Beigel, BauR1985,40ff.; Hübner[2], Rdnr. 1319; Staudinger-Schilken[2014] § 177 Rdnr. 17.

[343] LG Saarbrücken NJW 1971, 1894; Bertzel, AcP 158 (1959/60), 107ff. und NJW 1962, 2280 ff.; Palandt-Ellenberger[74] § 177 Rdnr. 4; Soergel-Leptien[13] § 177Rdnr. 9.

[344] 同样的,参见 Berg, NJW 1972, 1117 ff.; Olschewski, NJW 1972, 346; Staudinger-Schilken[2014] § 177 Rdnr. 17。

1638　接下来的问题是，代理人是否有**费用赔偿**（Aufwendungsersatz）请求权。在存在代理权的情况下，该请求权一般从第 670 条中得出（→边码 1688）。在代理权缺失的情况下，如果代理人作为适法的无因管理人而行动，则第 670 条通过第 683 条第 1 句而适用。在此情况下，被第三人依第 179 条主张请求权的代理人可以要求被代理人免除他的责任（第 257 条），或者赔偿他已经向第三人给付的价款（第 670 条）。在根据第 684 条第 2 句的不适法的无因管理中也是同样，如果被代理人追认了实施的法律行为，在此依第 177 条第 1 款对代理人行为的追认通常包含根据第 684 条第 1 句的追认。[345] 被代理人在代理人之外对第三人承担责任的（→边码 1618），代理人和被代理人是共同债务人，因此，根据第 426 条第 1 款发生（按份额的）补偿。

1639　然后，要考虑代理人的**损失赔偿**（Schadensersatz）请求权。[346] 在成立内部关系的情况下，如果代理人由于被代理人有责任的行为错误地判断了代理权边界，则这种损失赔偿请求权可以根据第 280 条、第 241 条第 2 款、第 311 条第 2 款从积极违约中得出。被代理人撤销有效授予的代理权的，可以从第 122 条得出损失赔偿请求权（→边码 1472 以下、1478 以下）。

1640　反之，也应考虑**被代理人的补偿请求权**（Regressansprüche des Vertretenen）。在代理人之外，被代理人对第三人承担责任的（→边码 1618），应再次考虑第 426 条第 1 句（→边码 1638）。此外，还可能存在内部关系中的损失赔偿请求权。对代理人行为的追认不意味着直接放弃这些请求权。[347] 损失赔偿请求权也可以以第 678 条为依据。

---

[345] Soergel-Leptien[13] § 177 Rdnr. 30; Staudinger-Schilken[2014] § 177 Rdnr. 17.
[346] BAG NJW 1987, 862, 863.
[347] BAG NJW 1965, 2268, 2269; Hübner[2], Rdnr. 1320.

八、违反约定填写的空白文件

Binder, Gesetzliche Form, Formnichtigkeit und Blankett im bürgerlichen Recht, AcP 207 (2007), 155; Bülow, Blankobürgschaft und Rechtsscheinszurechnung, ZIP 1996, 1694; Fischer, Formnichtigkeit der Blankobürgschaft, JuS 1998, 205; Keim, Das Ende der Blankobürgschaft?, NJW 1996, 2774. Wimmer-Leonhardt, Rechtsfragen der Blankourkunde, JuS 1999, L 81.

1641

(一)空白文件的概念

某人在"空白"文件上签名(将他的名字置于纸上,这张纸上根本没有内容,或者缺少关键内容),同时授权给另一个人补充空缺的内容,人们称之为空白文件。在实践中,这种空白文件存在于不同的法律行为中。某人可以递交给另一个人空白授权文件,在该文件中显示的是某人应当被授予代理权,而不是他应当对于什么被授予代理权;这一点应当由另一个人补充,通常是代理人自己补充(→边码1528)。也可能出现的情况是,某人在一份保证人文件上签名,在此保证人委托他人——一般是主债务人——填写保证金额。同样,第三人在制作汇票时也可以填写由付款人签署的空白汇票。

1642

除此之外,还应区分公开的空白文件和隐藏的空白文件。如果债权人看到,空白文件如何被填写,则称其为公开的空白文件。反之,如果文件在交与债权人之前,已经被填写,则称其为隐藏的空白文件。在这种情况下,债权人通常根本不知道这是空白文件,因为交到他面前的是填写完整后的文书。

1643

(二) 教义上的归类

1644　　该过程在教义上的归类一直被人们忽视[348]，感觉归类并不是那么容易，因为使空白文件文书的完整化介于使者和代理人之间。幕后人在空白文件上签名的，尚不存在**已经完成的意思表示**（keine fertige Willenserklärung）。即使他在法律行为上的意思已经包含了此后的内容，但是对所有的核心要素而言，这个意思还没有完整地对外表明，因此，外部表示的要件尚缺失。

1645　　现在，如果某人填写表示人已经签名的文书，那么填写人**不是使者**（nicht Bote），因为他自己（共同）决定了表示的内容。[349] 这对隐藏的空白文件也适用，因此从表示受领人的视角看，填写人是使者。比如，如果是主债务人将保证金额填写在已经签名的保证表格上，他不仅转达了他人的、保证人已经作出的意思表示（→边码1345）。他不仅是"传送人"，他还共同决定了表示的内容。

1646　　另外，填写人也**不是**第164条以下条款意义上的**代理人**（nicht Stellvertreter）。如果填写人没有当着交易相对人的面填写文书（隐藏的空白文件），那么他通常已经不是以他人之名义行动，而可能是"冒他人之名"行动，因为被填补完整的表示在法律交往中作为签名人的表示而呈现。[350] 无论如何，填写文书者并非完全自己作出决定性的意思表示，他只是将签名人已经着手的意思表示补充完整。签名人在法律行为上的意思和填写人的意思共同发挥作用。

1647　　因此，最终关乎的是，分工完成处于使者关系和代理之间的**签名人的意思表示**（arbeitsteilige Herstellung einer Willenserklärung des Unterschreibenden）。[351] 由于填写人共同决定，关于代理的条款对这种法律上没有进一步规定的过程类推适用是合理的。与代理相同（→边码1425），填写

---

[348] 深入的思考仅在 Wolf/Neuner[10]，§ 50 Rdnr. 100 f.；另参见 Keim, NJW 1996, 2774。
[349] 不同观点，参见 MünchKomm-Schramm[6] § 172 Rdnr. 14：纯粹的事实行为。
[350] MünchKomm-Schramm[6] § 172 Rdnr. 14.
[351] Kohler[38]，§ 7 Rdnr. 28；Medicus[10]，Rdnr. 910.

人的行为可以归属于签名人,如果允许他将意思表示完整化,则意味着对他进行了填写授权。填写授权和代理权授予有相同功能,即为他人的行为提供归责原因。成立归责原因的,则说明签名人要遵守填写人的完整化。归责原因不成立的,从填写的行为中不能产生签名人的权利和义务,除非他对填写进行追认,他不追认的,善意的合同相对人应当可以对填写人主张请求权,就像对无代理权的代理人一样(→边码1658)。

(三) 形式

在要式的意思表示中,涉及的问题是,签名人和填写人的共同作用是否符合形式规定。长期以来司法裁判[352]和理论[353]对该问题给予了一致肯定的回答。但目前绝大多数观点对此予以否定。[354] 对该问题的回答主要依赖于形式规定的目的(→边码1046以下)。如果形式规定不仅是为了保障证明,而且是为了警告参与人,那么空白文件的签名不满足形式规定。[355] 在更多情况下,只有表示人符合形式地承认核心要素的,才满足警告功能。他可以在合同文书中这样做,也可以在授权表示中这样做,该授权表示本身必须符合形式——与不可撤回的授权相同(→边码1648)。被授权人必须符合形式要求(→边码1647),比如,将空白保证填写完整。如果形式没有得到保障,那么,(已经填写的)空白表示(因为缺失形式上有效力的填写授权)不是效力待定,而是无效(第125条第1句)。空白文件的制作人不仅要授权,而且要自己发出意思表示中属于他的部分。[356] 在此

1648

---

[352] Vgl. nur BGH NJW 1992, 1448, 1449 附其他证明。

[353] Vgl. etwa Flume[4], § 15 Ⅱ 1 d; Hübner[2], Rdnr. 854; MünchKomm-Einsele[6] § 126 Rdnr.11; Soergel-Hefermehl[13] § 126 Rdnr.5; Wolf/Neuner[10], § 44 Rdnr. 30f.

[354] 除了下文所提及的,还有 Palandt-Ellenberger[74] § 126 Rdnr. 7; 也有 Medicus[10], Rdnr. 912。

[355] 详见 Binder, AcP 207 (2007), 156 ff.——因此,空白票据只考虑汇票和支票;参见《汇票法》第10条、《支票法》第13条,以及 OLG Hamburg NJW-RR 1998, 407f.; Fischer, JuS 1998, 205, 208。

[356] Fischer, JuS 1998, 205, 208。

范围内关乎的确实是形式问题,而不是代理问题。[357]

范例

1649　　S 想在 G 银行贷款,请求 B 为其贷款提供保证。B 因此在 G 的空白保证表格上签署了自己的名字,该表格由 S 在他与 G 的谈判结束后填写完整并交与 G。B 的保证表示不满足第 766 条第 1 句、第 126 条规定的形式。只有从已经签名的文书本身至少看出签名人的保证意思、债权人、主债务人和主债务,才满足该规范的警告功能。不符合这些要求的空白保证,只有在保证人授予符合形式的、表明其核心要素的填写授权的情况下,才在形式上生效力。[358]

(四)违反约定填写

1650　　如果被授权人在填写空白票据时偏离签名人预定的参数,则会产生与无权代理人相同的问题。因为法律仅就汇票法(《汇票法》第 10 条)和支票法(《支票法》第 13 条)回答了该问题[359],因此,在其他情况下需要类推适用代理法的规定解决该问题。原则上适用的是,作出空白签名者制造了权利外观要件,鉴于此,善意的第三人[360]可以相信,签名在空间上覆盖的内容符合签名者的意思,无所谓谁表达并填入文字。这种利益状况与递交授权文书中的利益状况一致。因此根据一般观点,**类推适用第 172 条第 1 款、第 173 条**(analog §§172 Abs. 1, 173),就像填写人与授权人达

---

[357] 如果想到其他的,作为无权代理人处理的填写人应当类推适用第 179 条第 1 款承担责任,但是可以基于内部关系(第 670 条)在空白票据给予人那里取得补偿,这意味着对空白票据给予人的特别保护就落空了。

[358] 根本的观点,参见 BGHZ 132, 119, 122 ff. = JZ 1997, 305 (批评的观点,参见 Pawlowski;参见 BGH NJW 2000, 1569, 1570; WM 1999, 916, 917; 1997, 909, 910; Bülow, ZIP 1996, 1694ff. (同时在拒绝相应的权利外观责任的情况下); Pape, NJW 1997, 980, 986; 批评的观点,参见 Keim, NJW 1996, 2774 ff.。

[359] 根据这些规定,不遵守填写规定不能对抗善意的有价证券持有人。这符合权利外观规则以及下列一般解决途径。

[360] 如果填写空白票据者自己是签名人的合同相对人(范例:保证人授权给债权人,填写留白签名的保证表格),则他不具备善意,因此权利外观责任自始就被排除。

成一致并发出意思表示那样对待签名人与善意第三人的关系。谁发出不完整的表示,[361]谁就必须承担被授权人超出在内部关系中设置的边界将空白完整化的风险。签名人有意地将空白文书交出,对于归责已足够。正如在第 172 条的情况下不需要生效力地授予代理权一样,在此也不需要生效力地授权填写。[362] 如同第 172 条(→边码 1524、1526),签名人也不能通过撤销从权利外观责任中解脱。[363] 只有他对他发出的意思表示的部分发生错误的,或者填写人在补充文书时发生错误的,才可以类推适用第 166 条第 1 款主张填写人所补充完整的意思表示的内容有错误。

如果填写人不是因(签名人)交出而取得已经签名的文书,而是自己设法取得,那么文本的补充不能归责于签名人(→边码 1528、1541)。权利外观责任就不予考虑。在第三人是恶意的情况下同样如此(→边码 1543)。在这些情况下,应**类推适用第 177 条、第 179 条**(§§177, 179 analog)。签名人可以类推适用第 177 条,通过追认将法律行为归于自己。他不追认的,应类推适用第 179 条,填写人像无权代理人那样对善意第三人承担责任。[364]

1651

---

[361] 参见 BGHZ 132, 119, 127f.; OLG Saarbrücken NJW-RR 2001, 993; Canaris, Die Vertrauenshaftung im deutschen Privatrecht, 1971, 54ff., 64ff.; Flume[4], §23, 2 c; Hübner[2], Rdnr.804/1292; Medicus[10,] Rdnr. 913; Wolf/Neuner[10], §50 Rdnr.103; 限制的 G. Müller, AcP 181 (1981), 515ff.——关于违反约定填写的留白授权,参见边码 1528。

[362] BGHZ 132, 119, 127 f.

[363] 不同的是之前帝国法院的观点,合同相对人只能根据第 122 条要求消极利益(信赖利益)赔偿;参见 RGZ 105, 183, 185;如今仍然参见 Reinicke/Tiedtke, JZ 1984, 550, 551f.。

[364] Flume[4], §15 II 1 d——不同观点,参见 Binder, AcP 207 (2007), 156, 188 ff.。

第三十五章 代理的效力

文献

Aden, Wissenszurechnung in der Körperschaft, NJW 1999, 3098; Altmeppen, Verbandshaftung kraft Wissenszurechnung am Beispiel des Unternehmenskaufs, BB 1999, 749; Baum, Die Wissenszurechnung, 1999; Baumann, Die Kenntnis juristischer Personen des Privatrechts von rechtserheblichen Umständen, ZGR 1973, 284; Bayreuther, § 166 I BGB als zivilrechtliche Einstandspflicht für fremdes Handeln, JA 1998, 459; Beckmann, Auswirkungen der Auge-und-Ohr-Rechtsprechung auf die Beurteilung von Vollmachtsbeschränkungen, NJW 1996, 1378; Beuthien, Zur Wissenszurechnung nach § 166 BGB, NJW 1999, 3585; Birk, Bösgläubiger Besitzdiener-gutgläubiger Besitzherr?, JZ 1963, 354; Bork, Wissenszurechnung im Insolvenz(anfechtungs)recht, DB 2012, 33; Bott, Wissenszurechnung bei Organisationen, 2000; Buck, Wissen und juristische Person, 2001; Donle, Zur Frage der rechtserheblichen Kenntnis im Unternehmen, in: FS R. Klaka, 1987, 6; Drexl, Wissenszurechnung im Konzern, ZHR 161 (1997), 491; Faßbender/Neuhaus, Zum aktuellen Stand der Diskussion in der Frage der Wissenszurechnung, WM 2002, 1253; Flume, Die Haftung für Fehler kraft Wissenszurechnung bei Kauf und Werkvertrag, AcP 197 (1997), 441; Goldschmidt, Die Wissenszurechnung, 2001; ders., Wissenszurechnung beim Unternehmenskauf, ZIP 2005, 1305; Gross, Zur Anwendung des § 166 Abs. 2 BGB im Rahmen des § 2041 Satz 1 BGB, MDR 1965, 443; Grunewald, Wissenszurechnung bei juristischen Personen, in: FS K. Beusch, 1993, 301; Hagen, Wissenszurechnung bei Körperschaften und Personengesellschaften als Beispiel richterlicher Rechtsfortbildung, DRiZ 1997, 157; Hartung, Wissenszurechnung beim Unternehmenskauf, NZG 1999, 524; Hoffmann, Arglist des Unternehmers aus der Sicht der für ihn tätigen Personen, JR 1969, 372; Jehle, Die Vollmacht und die Willensmängel des Vollmachtgebers, Diss. Tübingen 1908; Kieser/Kloster, Wissenszurechnung bei der GmbH, GmbHR 2001, 176; Knappmann,

Zurechnung des Verhaltens Dritter im Privatversicherungsrecht, NJW 1994, 3147; Koch, Wissenszurechnung aus dem Aufsichtsrat, ZIP 2015, 1757; Koller, Wissenszurechnung, Kosten und Risiken, JZ 1998, 75; Lorenz, Mala fides superveniens im Eigentümer-Besitzer-Verhältnis und Wissenszurechnung von Hilfspersonen, JZ 1994, 549; Medicus, Probleme der Wissenszurechnung, Karlsruher Forum (Beiheft zu VersR) 1994, 4; Meyer-Reim/Testorf, Wissenszurechnung im Versicherungsunternehmen, VersR 1994, 1137; Neumann-Duesberg, § 166 II BGB bei der gesetzlichen Stellvertretung und Handeln nach bestimmten Weisungen, JR 1950, 332; Oldenburg, Die Wissenszurechnung, Diss. Leipzig 1934; Paulus, Zur Zurechnung arglistigen Vertreterhandelns, in: FS K. Michaelis, 1972, 215; Rahn, Wissenszurechnung nach der Schuldrechtsnovelle, 2004; Reischl, „Wissenszusammenrechnung" auch bei Personengesellschaften?, JuS 1997, 783; Richardi, Die Wissensvertretung, AcP 169 (1969), 385; Römmer-Collmann, Wissenszurechnung innerhalb juristischer Personen, 1998; Scheuch, „Wissenszurechnung" bei GmbH und GmbH & Co., GmbHR 1996, 828; Schilken, Wissenszurechnung im Zivilrecht, 1983; Schüler, Die Wissenszurechnung im Konzern, 2000; Schultz, Die Bedeutung der Kenntnis des Vertretenen beim Vertreterhandeln für juristische Personen und Gesellschaften, NJW 1996, 1392; ders., Nochmals: Die Bedeutung der Kenntnis des Vertretenen beim Vertreterhandeln für juristische Personen und Gesellschaften, NJW 1997, 2093; ders., Zur Vertretung im Wissen, NJW 1990, 477; Schwintowski, Die Zurechnung des Wissens von Mitgliedern des Aufsichtsrats, ZIP 2015, 617; Spieß, Der Abschlußgehilfe-Ein Beitrag zur „Auge und Ohr"-Entscheidung, in: FS E. Lorenz, 1994, 657; Stein, Die neue Dogmatik der Wissensverantwortung bei der außerordentlichen Kündigung von Organmitgliedern der Kapitalgesellschaften, ZGR 1999, 276; Taupitz, Die „Augen und Ohren" des Versicherers, in: FS E. Lorenz, 1994, 673; ders., Wissenszurechnung nach deutschem und englischem Recht, Karlsruher Forum (Beiheft zu VersR) 1994, 16; Tintelnot, Gläubigeranfechtung kraft Wissenszurechnung-insbesondere zu Lasten Minderjähriger, JZ 1987, 795; Trebing, Die Behandlung von Willensmängeln bei direkter Stellvertretung nach § 166 BGB, Diss. Jena 1904; Verse, Doppelmandate und Wissenszurechnung im Konzern, AG 2015, 413ff.; Waas, Ausschluss der Wissenszurechnung gem § 166 I BGB bei Bevollmächtigung einer Person aus dem "Lager" des Vertragspartners?, JA 2002, 511; Waltermann, Arglistiges Verschweigen eines

> Fehlers bei der Einschaltung von Hilfskräften, NJW 1993, 889; ders., Zur Wissenszurechnung am Beispiel der juristischen Personen des privaten und öffentlichen Rechts, AcP 192 (1992), 181; Weber, Die juristischen Handlungen des Vollmachtgebers und seine Willensmängel, Diss. Jena 1936; Westerhoff, Organ und (gesetzlicher) Vertreter: eine vergleichende Darstellung anhand der Wissens-, Besitz- und Haftungszurechnung, Diss. München 1993; Wilhelm, Kenntniszurechnung kraft Kontovollmacht?, AcP 183 (1983), 1.

一、第三人与被代理人关系中的效力

(一)代理人行为的归责

1653　　当我们再次另行审视代理的法律效果时,首先映入脑海的是对被代理人首要的效力:有权代理人发出的(第164条第1款第1句)或者接受的(第164条第3款)意思表示,即**法律行为上的举动**(rechtsgeschäftliches Verhalten)的直接归责。代理人行为在要件方面被归属于被代理人,其效力是,在法律效果方面应当被当作他自己发出了意思表示(→边码1289、1321)。归责原因是(意定的或者法定的)代理权授予(→边码1294、1325、1425)或者被代理人事后同意(→边码1604以下)。第164条只涉及代理人的法律行为上的举动的归责。代理人的**其他行为**(sonstiges Verhalten),特别是侵害行为,不能通过该规范归责,而只能通过其他规定归责(→边码1674以及边码1289、1301)。

1654　　法律行为上的举动归责的效果是,代理人行为的**法律效果**(Rechtsfolgen)归于被代理人,而不是代理人。比如,代理人订立合同,被代理人是合同当事人,他必须提供为他约定的给付,也可以要求对待给付,他享有从合同关系中得出的所有的形成权。如果存在形成事由,他可以撤销合同、解除合同、终止合同、要求减价,等等。在代理人的单方法律行为中,法律效果也归于被代理人。如果代理人以被代理人的名义终止了被代理人和第三人之间成立的租赁合同,则租赁关系终止。如果第三人对代理人终止合同(第164条第3款),也是如此。在此,受领代理人对接受这样的意思表示有代理权,第三人的意思表示到达他足矣。[1]

(二) 内在因素的归责

1. 第166条的规定

在积极的代理中,由代理人发出关键的意思表示。他是法律行为的实施者,起决定作用的是其法律行为上的意思。因此,**第166条第1款**在效果上正确地规定,如果起决定作用的是意思瑕疵,或者知道某个因素以及应当知道某个因素,那么应根据代理人个人确定,而不是根据被代理人个人确定。对法律行为的解释同样如此。如果应当查明交换的意思表示内容,则取决于代理人的意思和理解,而不是被代理人的。[2] 如果代理人行为因为错误应当被撤销,则必须是代理人有错误,因为他发出了(受错误影响的)意思表示,被代理人的错误不重要。反之,应当由被代理人撤销,因为通过撤销应当清除的法律效果(→ 边码1654,1371以下)归属于他。对于撤销,代理人方面的主观前提条件应归责于被代理人。前提条件当然是代理人有代理权或者被代理人追认。[3] 否则,不存在约束被代理人的法律行为,这样根本就不存在撤销问题。对于知道或因重大过失而不知道同样如此,比如,如果第三人作为无权利人通过与代理人的法律行为将物的所有权转让给被代理人,那么对于第932条的善意取得而言,起决定性作用的是代理人的善意,而不是被代理人的善意。代理人是善意的,即使被代理人确切地知道第三人是无权利人的,被代理人也会成为所有权人。这可能在法律政策上是可指责的,但这是现行法。[4] 不同的情况是,恶意的被代理人自己参与取得过程,比如,代理人和第三人在

1655

---

[1] BGH NJW 2003, 3270 f.; 2002, 1041.
[2] BGH NJW 2000, 2272, 2273.
[3] BGH NJW 2010, 861 Rdnr. 22; 2000, 2272, 2273; 1992, 899, 900——在代理权滥用(→ 边码1573)中第166条第1款同样排除, BGH NJW 2000, 1405, 1406。
[4] Medicus[10], Rdnr. 900——但是对第166条第2款的扩大适用,参见 Beuthien, NJW 1999, 3585 ff.。

达成合意后,将物交付给被代理人。[5]

1656 如果恶意的被代理人委派善意的代理人,只是为了借助他的帮助成为所有权人,那么第166条第1款规定的结果就是不公正的。为了避免发生这样的结果,**第166条第2款**规定,如果被代理人授权代理人,而代理人根据授权人的特定指令行动,那么恶意的被代理人不能主张代理人的善意。代理人在代理权范围内实施法律行为,且授权人促使他实施该法律行为的[6],满足上述前提条件。该规定只对意定代理人适用,对法定代理人不适用,因为法定被代理人不能发出指令[7],指令只适用于恶意行为。虽然通说认为,第166条第2款应当对意思瑕疵类推适用[8],但是无须如此。被代理人在授予代理权时有错误的,他可以撤销代理权的授予(→边码1470以下)。如果授予代理权时不存在意思瑕疵,而是在事后发出指令时存在意思瑕疵的,那么指令建立在错误之上。但是指令不是意思表示,因此不可撤销。在此,如果类推适用第166条第2款,以被代理人发出指令时的错误为依据,则违反了体系。[9]

范例

1657 S为V与D订立买卖合同,X代表D实施行为。X没有代理权,对此V知情,但是S不知情。当D拒绝追认买卖合同时,V向X主张损失赔偿。在"另一方"知道的情况下,第179条第3款第1句排除了该请求权。因为第166条第1款原则上以S的认知为依据,X

---

[5] MünchKomm-Schramm[6] § 166 Rdnr. 46.

[6] BGHZ 50, 364, 368; 38, 65, 68; BAG NJW 1997, 1940, 1941.

[7] (也对例外情况)参见MünchKomm-Schramm[6] § 166 Rdnr. 57; Soergel-Leptien[13] § 166 Rdnr. 32; Staudinger-Schilken[2014] § 166 Rdnr. 31——关于法人机关,参见BGH MDR 2004, 963, 964(有限责任公司执行董事通过股东大会的指令);另外参见边码1672以下。

[8] 参见OLG Braunschweig OLGZ 1975, 441, 442; Müller-Freienfels, Die Vertretung beim Rechtsgeschäft,1955,402ff.; MünchKomm-Schramm[6] § 166 Rdnr. 8/59 附其他证明;限于第123条的情况,也包括BGHZ 51, 141, 144 ff.; Hübner[2], Rdnr. 1232; Medicus[10], Rdnr. 902; Soergel-Leptien[13] § 166 Rdnr. 33; Wolf/Neuner[10], § 49 Rdnr. 91。

[9] Flume[4], § 52, 5 f; Schilken, Wissenszurechnung im Zivilrecht, 1983, 25ff.; Staudinger-Schilken[2014] § 166 Rdnr.17f.附其他证明。

不能主张适用第179条第3款第1句。根据第166条第2款,只有在V授权给S并向他授予订立具体交易的具体指令时,情况才有所不同。因为这样,V只是将不知情的S推到台前,法律不得不剥夺他主张S不知情的权利。

D向其雇主V提交了伪造的支付凭证,会计S在知道该凭证系伪造的情况下,代表V支付了费用。在此情况下,V不能根据第812条第1款第1句情况1要求将支付以不当得利返还,因为不当得利返还根据第814条被排除了。根据第166条第1款,S知道法律原因的缺失可以归责于V。[10] 1658

D通过恶意欺诈说服V指令其商事代理人S与D订立买卖合同。V不能撤销该买卖合同,因为根据第166条第1款,以S的设想(他没有受欺骗)为依据,并且与通说相反,第166条第2款不适用于意思瑕疵(→边码1656)。在第123条的情况下根本不需要类推适用,因为V可以根据第826条向D主张损失赔偿,因此作为恢复原状请求权的表达要求废止合同。[11] 1659

S作为无权代理人为V从非权利人D处取得一辆私家车。V虽然知道真正的所有权人,但仍追认了法律行为。在此不考虑V的善意取得。虽然V在法律行为之前没有授予S指令。但是根据一般观点,"指令"的概念要作宽泛解释。如果被代理人在知道重要因素的情况下使法律行为发生,那么他总要履行这一义务。[12] 无权代理人实施行为,如果被代理人在知道重要因素的情况下(在此D无权利)追认,则满足第166条第2款的要件。[13] 1660

实践中经常出现问题的是,证明(知情)代理人的知情,或者——如 1661

---

[10] BGH ZIP 1999, 241, 243.
[11] 关于代理人或者被代理人的欺诈,参见边码1375。
[12] Staudinger-Schilken[2014] § 166 Rdnr. 33 附其他证明。
[13] 与很多观点不同的,参见 RGZ 161, 153, 161f.; Flume[4], §52, 6; MünchKomm-Schramm[6] § 166 Rdnr. 56。

果关键的是他的知情——**证明被代理人的知情**(Wissen nachzuweisen)。人是健忘的,因此,法律上重要的知情可能被忘却。实践中可以借助推定取得帮助:越是过程不平常、意义重大的事情,就越可以推定得出,人们记住了它,即存在重要的知情。[14]

2. 扩大的知情归责

1662　　第 166 条仅直接适用于代理人的法律行为上的举动。该规定表达的一般法律理念是,委托他人自行负责完成特定事务的人,必须将在该框架中他人的知情归责于自己。[15] 因此,第 166 条可以类推适用于相似的情况。这首先**在事实方面**(in sachlicher Hinsicht)对代理人职权范围内的非法律行为上的行动适用。[16] 比如,某人在知道买受物有瑕疵的情况下,在其职权范围内接受该物,但没有对该瑕疵提出申诉,尽管他可以指出该瑕疵,且对买受人具有法律效力,那么该行为必须类推适用第 166 条第 1 款,在第 442 条的范围内归责于买受人。[17] 第 819 条中规定的认识到没有法律原因的情况也同样如此。[18]

1663　　同时,由此得出,**在人的方面**(in persönlicher Hinsicht),涉及其认知的人不一定是代理人。类推适用第 166 条,在很多情况下,只要涉及的事件在其职权范围内每个辅助人的认知都可以被归责。这被称为知情代理人(Wissensvertreter),如果他——即使没有法律行为上的代理权——在交易本人组织工作后主张,在法律交往中作为其代表人以自己的责任完成特定任务,在此过程中累积接受信息并传达信

---

[14] 参见 BGHZ 132, 30, 38 f.;直观的是 Medicus[10], Rdnr. 904a; ders., Karlsruher Forum 1994, 4, 5 f.。

[15] BGHZ 171, 1 Rdnr. 35; 83, 293, 296; BGH NJW 2007, 217 Rdnr. 21.

[16] 原则上,参见 BGH NJW 2013, 2015 Rdnr. 24 ff.(当然,对于在具体情况中主张第 166 条第 2 款的行为是违反诚信的)——不同观点,参见 BGH ZIP 2011, 2001 Rdnr. 23。

[17] MünchKomm-Schramm[6] § 166 Rdnr. 47; Soergel-Leptien[13] § 166 Rdnr. 16; Staudinger-Schilken[2014] § 166 Rdnr. 21/38.

[18] BGHZ 83, 293, 296; BGH NJW-RR 2001, 127, 128; OLG Köln NJW 2000, 1045, 1046; 1998, 2909.

息,则他的认知就可以被归责。[19]

范例

F 是 M 的妻子,她在 M 不知情的情况下为自己和丈夫向 X 借了一笔高利贷。她让 X 将贷款支付到了 M 的账户,她对该账户有代理权,M 不管理该账户。之后 F 把钱取出并消费,X 要求 M 还钱。由于借贷合同根据第 138 条第 2 款无效,该请求权只能以第 812 条第 1 款第 1 句情况 1 为依据。如果 M 主张得利消灭(第 818 条第 3 款),那么 X 可以对 M 抗辩,他应根据第 819 条第 1 款、第 818 条第 4 款承担责任。虽然 M 自己并非恶意,但 F 是恶意的,类推适用第 166 条第 1 款,M 必须使 F 的认知归责于他自己,因为他让 F 作为他的代理人自行负责地处分其账户。[20]

1664

3. 劳动分工组织的特殊情况

第 166 条是为典型的被代理人、代理人和第三人之间的三人关系而设置的。有一个特殊问题是,如果代理人不是一个人行动,而是多人同时行动,如同在较大的企业或者公法法人中发生的那样。重要的认知仅在很少情况下集中于一个自然人,通常是**通过分工**(arbeitsteilige Organisation)分配给不同的人,在此提出的问题是,是否真的应当只取决于具体对外行动的代理人的知情,还是也应当(借助法人的构建)考虑其他人的认知。一旦在企业中的工作人员发生变换,自然的知情也跟随知情人而离开企业,这一事实使这个问题变得更加严重。如果在此情况下严格遵守第 166 条的文本,此类企业的所有者可以比独立行动的个人更能主张代

1665

---

[19] BGHZ 171, 1 Rdnr. 39; 117, 104, 106; 83, 293, 296; BGH NJW 2014, 2861 Rdnr. 13; 2014, 1294 Rdnr. 11, 16; 2014, 684 Rdnr. 17f.; 2005, 365, 367; NJW – RR 2004, 1196, 1197f.; MünchKomm-Schramm[6] § 166 Rdnr. 40ff.; Palandt-Ellenberger[74] § 166 Rdnr. 6f.; Soergel-Leptien[13] § 166 Rdnr. 6ff.; Staudinger-Schilken[2014] § 166 Rdnr. 4f.; 拒绝的观点,参见 Baum(Rdnr. 1652), 92ff.; 批评的观点,也见 Buck (Rdnr. 1652), 151 ff.

[20] BGHZ 83, 293, 296; BGH NJW 2014, 1294 Rdnr. 11; OLG Köln NJW 1998, 2909; 批评的观点,参见 Wilhelm, AcP 183 (1983), 1 ff.。

理人善意。

1666 　　因此，现在人们普遍认为，组织分工的结构特性要求对第166条评价性地、**规范地适用**(normative Anwendung)。它的依据是，与劳动分工组织的代理人有关联的第三人，跟与自然人有关联的第三人相比，其地位不应该因为认知和职权范围分配给多个自然人而更差。[21] 对于这个基本评价而言，劳动分工组织的主体是法人(例如，有限责任公司或乡镇)、人合公司(例如，无限责任公司或者股份两合公司)，还是自然人(例如，独立商人)并不重要。确切地说，关键的是，重要的知情在劳动分工的组织内部被分配给不同的人。这是一个正在发展的解决方法，它不依赖于被代理的企业的法律形式(→ 边码1671)。

1667 　　规范适用可以从具体的规定中得出，对于劳动分工组织中的知情归责而言，有决定意义的应当是**特定的人**(ganz bestimmte Person)。比如，在第199条第1款第2项中承认，对知悉请求权情事和知悉债务人而言，关键的应当是有权准备及追索的部门。[22] 原则上适用以下规则：

1668 　　(1)在任何情况下，所有的机关成员的积极知情都属于**法人**(juristische Person)的知情，无所谓他们是否参与了具体的法律行为。[23] 机关成员的知情被"相加"。如果一家股份公司通过善意的董事会成员S行动，而董事会成员X知道重要的情事，那么该股份公司就是恶意的。该恶意对它有害。因为关键的只是股份公司自己的知情。原因在于机关代理的特殊性。法人通过其机关行动，机关的行为就是法人的行

---

[21] 反对这一观点 Baum (Rdnr.1652), 176ff.; 赞同的 Koller, JZ 1998, 75, 77f., Baum 想将此与第166条第2款或者第164条第3款以及风险制造相关联。

[22] 参见 BGHZ 134, 343, 346 ff. und BGH NJW 2012, 2644 Rdnr. 10 ff.; 2012, 1789 Rdnr. 9; 2012, 447 Rdnr. 12; 2007, 834 Rdnr. 5; BGH NJW 2001, 2535, 2536 f. (对约定除斥期间); KG NJW-RR 2004, 801, 802 (对第1954条的期限)。——遵循完全与规范有关的观点 Koller, JZ 1998, 75, 81ff.。

[23] Schilken, Wissenszurechnung im Zivilrecht, 1983, 127ff., 138; Soergel-Leptien[13] § 166 Rdnr. 5.——不同的观点 Medicus[10], Rdnr. 904c; MünchKomm-Schramm[6] § 166 Rdnr. 20 附其他证明; 也批评的 Grunewald, FS Beusch, 1993, 301, 302 ff., 只想以违反信息组织义务为基准(→ 边码1671以下); 也可参见 Koch, ZIP 2015, 1757 ff.; Schwintowski, ZIP 2015, 617 ff.; Verse, AG 2015, 413 ff.。

为,机关的知情就是法人的知情(→边码204)。对此根本不需要考虑第166条第1款。机关的知情并不是在代理法上归属于法人,而是在社团法上归属于法人,这关乎另一种归责技术(→边码1433)。因此,与第166条的一般情况不同,区分代理人(机关成员)的知情和被代理人(法人)的知情没有意义。只要涉及的是知道重要情事或者应当知道,应假定是法人自己行动,亦即严格来说,根本不存在代理的情况。

反之,已离开的机关成员的知情——与普遍的观点相反[24]——不具有可归责性。[25] 法人当前的知情只能是当前机关成员的知情。如果机关成员已经离开,其知情也随之消灭。这种情况无异于自然人原本存在的知情被忘记。这并不排除在组织义务视角下知情归责的正当性;对此将在下文论述(→边码1671、1675)。 1669

(2)上文的规则必须对所有的法律上独立的社团都适用,对人合公司也适用。[26] 被认为有权利能力的共同共有关系(→边码194以下)与法人之间结构性的区别并非关键。人合公司也没有自己的知情,其积极的有代理权的股东的知情(人合情况下)就是它的知情。 1670

(3)除了机关知情归责,在劳动分工的组织中,由于交易保护的原因,需要进一步克服与组织有关的"知情分裂"。[27] 在此首先适用的基本价值观是,享有员工分工工作利益的人,必须承担与此相关联的风险,必 1671

---

[24] BGHZ 109, 327, 330ff.; Palandt-Ellenberger[74] §166 Rdnr. 8; Soergel-Leptien[13] §166 Rdnr.5.

[25] 同样的观点,参见 BGH NJW 1995, 2159, 2160 (但是只对人合公司); Buck (Rdnr. 1652), 241 ff.; Schilken, Wissenszurechnung im Zivilrecht, 1983, 127 ff., 138 f.。

[26] BGHZ 34, 293, 297; Grunewald, FS Beusch, 1993, 301, 318f.——不同观点,参见 BGH NJW 1995, 2159, 2160; MünchKomm-Schramm[6] §166 Rdnr.21; Reischl, JuS 1997, 783, 787f.; Soergel-Leptien[13] § 166 Rdnr. 5; Schilken, Wissenszurechnung im Zivilrecht, 1983, 120。

[27] 关于以下基础的观点,参见 BGHZ 132, 30, 34ff.= JZ 1996, 731 附 Taupitz 评释; BGH NJW 1999, 284, 286 (对此 Aden NJW 1999, 3098f.); Grunewald, FS Beusch, 1993, 301ff.; Hagen, DRiZ 1997, 157ff.; Medicus, Karlsruher Forum 1994, 4ff.; Taupitz, Karlsruher Forum 1994, 16ff.; 对支付不能法,见 Bork, DB 2012, 33ff.; 批评的观点,参见 Faßbender/Neuhaus, WM 2002, 1253ff.; Goldschmidt (Rdnr.1652), passim; 与第242条建立联系观点,参见 Buck (Rdnr. 1652), 447 ff.——关于消灭时效法中的例外,参见边码324 脚注15。

须将员工的知情归责于他。[28] 在此基础上与**组织义务**(Organisationspflicht)理念相关联。其基础论点是,某人在法律交往中与有劳动分工的组织交易,并发生与之相随的"知情分裂",他必须在其组织范围内保障知情的可支配性。如果他没有这样做,那么他就不能根据第166条第1款主张具体的行为人不知情。虽然没有具体表达,但在法律构建上关乎的是彼此分离的两步:一方面是为了类推适用第166条第2款而排除了第166条第1款(依据的价值是,在组织企业过程中,如果组织者使代理人显露可避免的知情漏洞,那么他受到的对待不应当与通过指示委派善意代理人者不同);另一方面关乎的是被代理人方面的"档案知情(Aktenwissen)"(→边码1672)的归责,对此类推适用第166条第2款。由此得出的结论完全不依赖于被代理人的法律形式。起决定性作用的并非它属于是自然人、法人,还是人合公司。相反,起决定作用的只是,由于劳动分工组织而存在"知情分裂"。[29]

1672　　在审视组织义务的**细节**(Einzelheiten)时,首先要处理信息存储义务:任何信息,如果事后有可能变成法律上重要的信息,那么都应当存储,其保存期限应与其重要性相当。[30] 对于重要的信息,必须保存更长时间,不重要的信息的保存时间较短。[31] 这样,"档案知情"就与人的记忆相同(→边码1661)。重要的是,存储义务涉及的不是企业员工任何时候都可以取得的随意的知情,而是通过典型方式可以支配的知情,亦即那些被人们期待应被保留下来的知情。如何存储它们并不重要。档案和电子数据存储设备相同,都可以作为存储载体予以考虑;取得知情的员工的大脑也可以作为存储载体,只是存在的风险是信息随着员工的离职而丢失。其次,要处理信息传递义务。企业的组织方式必须是,如果具体知情人认识到信息

---

[28] BGHZ 131, 200, 204; BGH NJW-RR 2005, 634, 635.
[29] BGHZ 132, 30, 37 附其他证明; Schultz, NJW 1997, 2093, 2094; ders. NJW 1996, 1392, 1393 f.。
[30] 知情必须通过职务取得,参见 BGHZ 173, 23 Rdnr.13f.; Buck-Heeb, WM 2008, 280 ff.。
[31] BGHZ 132, 30, 38 f.

对组织内部的其他人的重要性,就要将该信息实际传递给这些人。[32] 最后,是信息调查义务。必须保障的是,必要时应查询组织内部其他部门存在的、对自己领域重要的信息。然而,该义务的前提条件是,存在具体的查证动机。[33]

范例

  V 卖给 D 一块土地。在土地上建造的房子有瑕疵,V 在订立合同时不知情,但 V 的律师 S 在他为 V 代理的一个诉讼中知道了该瑕疵。对于第 438 条第 3 款的消灭时效问题而言,关键的是出卖人有恶意,而该恶意应被否定。V 不知道瑕疵,在直接适用第 166 条第 1 款的情况下,S 的知情不能归责于他,因为 S 与不动产买卖没有关系,因此不是 V 的知情代理人(→ 边码 1663),也不存在"与组织有关的知情分裂",因为在此案中并未在有分工的组织内部将已有的知情分配给多人,因此也不得类推适用第 166 条。[34] 1673

  D 从乡镇 V 购买一处房屋。在房产局为 V 工作的 S 如实解释说,他不知道瑕疵。但是在建筑法律局工作的 T 知道瑕疵。在此同样不存在乡镇的恶意,因为不需要将 T 的知情归责于乡镇。这也不违反组织义务,因为对于被委以审查任务的建筑法律局而言,其没有动机将信息传递给为国库财产工作的房产局,对房产局而言,也不存在询问的动机。[35] 1674

  在上文的情况下,期间离职的市长 U 知道瑕疵,而订立合同的新市长 V 不知道。联邦法院在此认为,乡镇之前的机关长官的知情应当归责于乡镇。[36] 本书认为,不应当通过离职的机关成员的知情归责来寻找解决方法,而应当通过违反组织义务来寻找解决方法:如果 1675

---

[32] BGH ZIP 2010, 935 Rdnr. 11; 2009, 1726 Rdnr. 16.
[33] 参见 BGH NJW-RR 2003, 1603.
[34] OLG Düsseldorf NJW-RR 1997, 718.
[35] BGHZ 117, 104, 106 ff.
[36] BGHZ 109, 327, 330ff. = JZ 1990, 548 附 Taupitz 评释 = DNotZ 1991, 122 附 Bohrer 评释——对两个裁决批评的,参见 Flume, AcP 197 (1997), 441ff.。

U为其继任者保存了信息,V应当在档案、电子存储设备中查询,或者在紧急的情况下向U本人询问。[37]

1676　　K以有限两合公司V的名义从X处购买了一辆私家车。X告知他,行驶公里里程(37000公里)是错误的,该车(实际)跑了53000公里。K将信息输入V的办公电脑。S为V继续出售这辆车。由于他没有通过在电脑中查询来确认里程,直接相信了K的口头答复(K期间忘记了事情的经过),即车跑了37000公里。联邦法院在此否定了恶意。[38] 对此,应当反驳的是,V没有确保履行信息查询义务,因此他不能主张S是善意的,S不可以信赖K的口头答复。[39]

(三)损害赔偿请求权

1677　　第三人对被代理人的损害赔偿请求权可以从(被代理人)**自己的过错**(eigenes Verschulden)以及代理人的过错中得出。只要代理人有代理权而行动,就极少考虑与被代理人自己的过错相关联的损害赔偿请求权。如果被代理人促进了代理人对代理权的错误,那么在无权代理中可能存在被代理人的缔约过失责任(第280条、第241条第2款、第311条第2款)(→边码1618)。此外——在代理人的侵权行为中——还要考虑第831条的辅助人责任。

1678　　**代理人的过错**(Verschulden des Vertreters)可以通过第278条被归责于被代理人。对此,关键的并不是代理人是否有代理权[40],关键点也不是他作为代理人实施行为,即以他人的名义而行动,关键的是,代理人在履行(前合同的)谨慎义务时是否是履行辅助人,亦即他是否在被代理人知情和愿意的情况下,在与第三人的特别关系中而行动。[41]

---

[37]　正确的,参见 Medicus[10], Rdnr. 904c。
[38]　BGH NJW 1996, 1205, 1206。
[39]　Schultz, NJW 1997, 2093, 2094;也可参见 BGHZ 123, 224, 229ff.。
[40]　对无权代理人,参见边码1618。
[41]　Flume[4], § 46, 6。

二、第三人与代理人关系中的效力

(一) 一般情况

如果代理人对与第三人实施的法律行为有代理权,那么在他与第三人的关系中,原则上不产生法律效果。法律行为被归责于被代理人,因此代理人行为的法律效果归属于被代理人(→ 边码1654)。不同的是代理人无代理权而实施行为,在此情况下,他根据第179条的标准对第三人承担履行责任或者因不履行而造成的损失赔偿责任(→ 边码1619以下)。

1679

(二) 代理人的自己责任

在某些情况下,对代理人的损失赔偿请求权可能因侵权而成立(第823条以下),反之,仅在例外情况下可以由缔约过失得出(第280条、第241条第2款、第311条第2款和第3款)。如果代理人违反前合同义务,承担损失赔偿义务的是被代理人,代理人的过错通过第278条归责于被代理人(→ 边码1675)。代理人之所以不承担责任,是因为在他和第三人之间一般不存在前合同上的**特别关系**(Sonderbeziehung)。确切地说,在代理人介入的情况下,这种特别关系成立于与事后的合同关系相同的关系中,即在被代理人和第三人之间的关系中。仅在例外的情况下,在第三人与代理人之间成立他自己的特别关系,比如,第三人与代理人(默示地)订立了与磋商过程有关的、特别的合同,因此代理人自己负担的义务是,不仅应保障被代理人之利益,还应保障第三人之利益。[42]

1680

范例

基于V的委托,S银行发出出卖期权证明的要约。对购买证券感兴趣的D请求S提供关于这种资本投资的风险信息。在此,D和

1681

---

[42] Vgl. etwa BGH NJW-RR 2006, 993 Rdnr. 12.

S 之间默示地成立咨询合同,在该合同被不当履行的情况下,S 因为积极违约而承担责任。

1682 如果在代理人和第三人之间不成立特别关系,那么尽管如此,代理人在两种情况下仍须根据第 280 条、第 241 条第 2 款、第 311 条第 2 款和第 3 款因违反前合同义务而对第三人承担缔约过失责任。[43] 在被代理人责任之外或者在第 179 条责任(→边码 1636)之外可能产生的此类责任具有正当性,其前提是代理人利用**个人信赖**(persönliches Vertrauen)且因此而影响合同磋商和合同实施,比如,他通过提示自己的特殊专业知识或经验而促使第三人实施了法律行为。此类情况在第 311 条第 3 款中被明确提及,但要谨慎使用。一方面,一般的"磋商信赖"指向的是代理人的说明都是正确的、完整的,不因此导致自己责任。另一方面,如果在磋商信赖之外还有更多的因素得以确定,则往往存在默示地订立问询合同或者咨询合同的情况。

范例

1683 V 从 S 处购买一辆新的私家车。S 接受 V 的旧车作为支付,其方式是,他允诺将车以 V 的名义出售,所得价款与新车的价款相抵。S 在排除 V 的各个瑕疵担保责任的情况下把该二手车卖与 D,S 向 D 推销时介绍该车"经过车间检查",但未对其进行进一步检查。当不久之后出现不同的瑕疵时,D 向 S 主张因不履行的损失赔偿。在此 S 根据第 311 条第 3 款承担责任。虽然他不是出卖人,但是却因为基于对其专业知识的特别信赖而承担责任。在此情况下,S 要像自己是合同当事人那样承担责任。因此,他可以为他自己主张责任排除之约定。但是,由于约定的责任排除不包括因所担保的性质缺失而

---

[43] 具体细节属于债权法。在此仅参见 BGHZ 129, 136, 170; BGH NJW 2007, 1362 Rdnr. 9; 1997, 1233; NJW-RR 2006, 993 Rdnr. 15; 2006, 109, 110; 2005, 1137, 1138; Medicus, FS Steindorff, 1990, 725 ff.; MünchKomm-Emmerich[6] § 311 Rdnr. 186f. 附其他证明; Schautes/Mallmann, JuS 1999, 537 ff.。

产生的责任,在此 S 必须向 D 支付损失赔偿。[44]

S 是 V 有限责任公司的执行董事,在与 D 进行合同磋商过程中对有限责任公司的财务状况作出了错误说明。合同订立后有限责任公司陷入支付不能的境地。D 向 S 主张代理人的自己责任,但是其前提条件不成立,因为 S 仅利用了一般的磋商信赖,并没有引发对其表示的完整性和正确性的额外信赖。[45] 如果他表明他担保有限责任公司的偿付能力,就会有不同判断的情况。这个表示虽然(因为第 766 条的形式没有得以保障)不设立保证,也(因为没有确定有必要的自己利益)没有担保合同,但是成立代理人因缔约过失而产生的自己责任。[46]

1684

在第 311 条第 3 款中未明确提及但是得到普遍承认的[47]代理人自己责任的第二组案例的特点是,代理人对代理人行为的成立具有**自己的直接经济利益**(unmittelbares eigenes wirtschaftliches Interesse)。当然,只有当代理人犹如处理"自己的事"那样行动时,才可以认为他有自己的利益,亦即从经济学的角度来看,他自己被视为交易本人或者经济利益的持有人。

1685

范例

居间人 S 被委托以 V 的名义出卖他的不动产。S 与 D 达成合意,但是对房子的瑕疵保持沉默。在此排除了 S 的自己责任。他虽然因为居间费请求权对买卖合同的成立有自己利益,但这只是间接的自己利益,而不是直接的自己利益。这不足以成立自己责任,因为

1686

---

[44] BGHZ 87, 302, 304 ff.
[45] BGHZ 126, 181, 189f.——对有过错地违反涉及支付不能的信息义务时承担的一般"代表责任",参见 K. Schmidt, ZIP 1988, 1497, 1503;支持他的观点,参见 Flume, ZIP 1994, 337, 338。
[46] Vgl. OLG Hamm WM 1993, 241 f.
[47] Vgl. nur Palandt-Grüneberg[74] § 311 Rdnr. 61f.

不能确定的是,S与合同标的的关系是否如此紧密,以至于S犹如处理自己的事那样行动[48]。

1687　　S为了获得贷款将他的起重机向银行V作了让与担保。一段时间后,应当用一个新的起重机替换该起重机。S以V的名义将起重机卖给了D,但是对瑕疵保持沉默。在此S作为代理人自己承担责任,因为他出售起重机主要是为了自己的经济上的利益,S作为担保人是经济上的所有权人。他对出卖有很强的自己利益,因为出卖所得价款被用于清偿V的贷款债权,从而使S在经济上受益。

三、代理人与被代理人关系中的效力

1688　　在代理人与被代理人的关系中,首先应考虑**代理人的请求权**(Ansprüche des Vertreters)。在有权代理的一般情况中,首先应考虑支出费用赔偿请求权,其具体基础依赖于相应的内部关系。支出费用请求权可以通过合同约定,比如,机关成员的聘用合同。特别法定请求权基础,比如,在《商法典》第87d条中对商事代理人的请求权,再如,在《商法典》第110条中对无限责任公司股东的请求权,第110条经由《商法典》第161条第2款对两合公司的无限责任股东也适用。由于没有特别规定,第670条的一般支出费用赔偿请求权也应予以考虑。基于参照指示,该条款也适用于协会理事(第27条第3款)、事务处理(第675条)、民事合伙中的执行合伙人(第713条)、监护人、监护监督人和援助人(第1835条、第1691条),以及照护人(第1915条)。即使代理人对具体的法律行为没有代理权,也可以由第683条第1句、第670条产生支出费用赔偿请求权,或者由第684条第2句、第670条产生费用请求权(→边码1638)。在此之外可以考虑的是第426条第1款的补偿请求权或者因为违反积极合同义务产生的损失赔偿请求权(第280条、第241条第2款)(→边码1639)。

1689　　反之,也应考虑**被代理人对代理人的请求权**(Ansprüche des Vertrete-

---

[48] 参见 BGH NJW-RR 2006, 109, 110; NJW 1997, 1233f. 附其他证明。

nen gegen den Vertreter)。这由内部关系得出,可以指向在代理人行为过程中所得之返还(第667条)或者损失赔偿。如果代理人在授予他的代理权范围内有过错地超出内部关系对他设置的边界(→ 边码1573)或者代理人没有代理权而行动(→ 边码1640),则通常存在积极的违反义务的行为。

第十二部分

同意

第三十六章 基础

> **文献**
>
> Anton, Die Genehmigung von Rechtsgeschäften und Prozeßhandlungen, Diss. Bonn 1969; v. Blume, Zustimmung kraft Rechtsbeteiligung und Zustimmung kraft Aufsichtsrechts, JherJb. 48（1904），417; Finkenauer, Rückwirkung der Genehmigung, Verfügungsmacht und Gutglaubensschutz, AcP 203 (2003), 282; Graba, Bestätigung und Genehmigung von Rechtsgeschäften, Diss. München 1967; Hillebrenner, Die private Zustimmung zu Rechtsgeschäften Dritter im englischen, dänischen und deutschen Recht, 2004; Hoffmann, Die Genehmigung im bürgerlichen Gesetzbuch, Diss. Greifswald 1903; Jacobi, Über Rückwirkungsanordnungen im Bürgerlichen Gesetzbuch, Diss. Hamburg 1966; Jauernig, Zeitliche Grenzen für die Genehmigung von Rechtsgeschäften eines falsus procurator, FS H. Niederländer, 1991, 285; Knopf, Die Genehmigung im BGB unter dem Gesichtspunkt der §§ 182 ff. und ihre rechtliche Bedeutung, Diss. Berlin 1912; Krantz, Zur Auslegung des § 184 BGB, Diss. Breslau 1934; Krückmann, Die Ermächtigung und der Rechtsbesitz nach dem Bürgerlichen Gesetzbuche, RG‐FS, Bd. III, 1929, 79; ders., Ermächtigung, AcP 137 (1933), 167; Lerch, Beurkundung und formfreie Genehmigung, ZRP 1998, 347; Lorenz, Die Rückwirkung der Genehmigung von schwebend unwirksamen Verträgen (§ 184 BGB), ZRP 2009, 214; Ludewig, Die Ermächtigung nach bürgerlichem Recht, 1922; Merten, Einwilligung bei unwirksamem Rechtsgeschäft, Diss. Jena 1913; Mock, Die Heilung fehlerhafter Rechtsgeschäfte, 2014; Münzel, Nachträgliche Erteilung einer verweigerten Genehmigung?, NJW 1959, 601; ders., Die Rückwirkung der privatrechtlichen und öffentlich‐rechtlichen Genehmigung unter Einschluß des Kartellrechts, NJW 1959, 1657; Palm, Die nachträgliche Erteilung der verweigerten Genehmigung, 1964; Peutsch, Die Genehmigung nach dem BGB, Diss. Heidelberg 1911; Philipowski, Schweigen als Genehmigung, BB 1964, 1069; Raape, Zustimmung und Verfügung, AcP 121 (1923), 257; Rosenzweig, Ist die dingliche Einigung des § 873 BGB als Verfügung

1690

im Sinne des § 184 Abs. 2 BGB anzusehen?, JherJb. 58 (1911), 403; Rothkugel, Die Rückwirkung der Genehmigung nach dem Bürgerlichen Gesetzbuche, Diss. Jena 1911; Salomon, Die Genehmigung im ersten Buch des BGB in ihrer Beziehung zur Einigung des dritten Buches, Diss. Marburg 1903; K. Schmidt, Beseitigung der schwebenden Unwirksamkeit durch Verweigerung einer Genehmigung, AcP 189 (1989), 1; ders., Vertragsnichtigkeit durch Genehmigungsverweigerung, JuS 1995, 102; Schubert, Zur Rückwirkung der Genehmigung fristgebundener Geschäfte, JR 1974, 415; Thiele, Die Zustimmungen in der Lehre vom Rechtsgeschäft, 1966; Weyl, „Einwilligung", „Genehmigung" und „Zustimmung" im Bürgerlichen Gesetzbuche und im Handelsgesetzbuche, BayZ 1908, 53; Wufka, Formfreiheit oder Formbedürftigkeit der Genehmigung von Grundstücksverträgen, der Ausübung von Widerrufs-, Vorkaufs- und Optionsrechten sowie der Anfechtung, des Rücktritts und der Wandlung?, DNotZ 1990, 339; Wussow, Genehmigungsfähigkeit von Handlungen, die der Wahrung gesetzlicher Fristen dienen, NJW 1963, 1756.

一、概述

1691　法律行为通常在其被实施的时间点生效力，亦即法律行为通常随着决定性的意思表示的到达而生效力（→边码619、746）。对此存在例外，比如，法律行为的生效力依赖于条件的成就（→边码1248）。在某些情况下，法律规定了其他例外，即法律行为只有在第三人同意的情况下才生效力。法律在不同的地方都设置了这样的**同意要求**（Zustimmungserfordernisse）。比如，根据第107条、第108条第1款，对未成年人不利的法律行为只有在其法定代理人同意的情况下才生效力（→边码990）。同样，根据第177条第1款，无代理权的代理人的法律行为需要被代理人同意，才能对被代理人生效力（→边码1605）。

1692　将这种同意要求规范化主要有两个**原因**（Gründe）。[1] 在因权利参

---

［1］ 以下参见 Mock (Rdnr. 1690), 63 ff.。

与而需要同意的情况下,法律行为干涉了第三人的权利状况,或者至少触及了他的利益,因此第三人的配合是有必要的。因为根据我们的法律,不利于第三人的法律行为存在的情况只能是被干涉的第三人同意了对他不利的法律效果,他必须作出相应的表示。第三人必须同意法律行为,并借此发出接受法律效果的意思表示。《民法典》第 177 条第 1 款、第 185 条、第 415 条第 1 款第 1 句、第 876 条、第 880 条第 2 款第 2 句和第 3 款、第 1071 条第 1 款第 1 句和第 2 款、第 1183 条第 1 句、第 1245 条第 1 款第 2 句、第 1255 条第 2 款第 1 句、第 1276 条第 1 款第 1 句和第 2 款、第 1283 条第 1 款、第 1365 条以下、第 1423 条以下、第 2120 条、第 2291 条第 1 款第 2 句都规定了此类情况。在因监督权而需要同意的情况下,应当达到的目标是,对法律行为参与人或者间接被涉及的人进行保护,因此需要第三人的同意。这种保护应当通过第三人的控制来保障,法律行为生效力依赖于第三人的积极态度。《民法典》主要在第 107 条、第 108 条第 1 款、第 1411 条第 1 款、第 1746 条第 1 款、第 1903 条第 1 款第 1 句中对此予以规定。

《民法典》在第 182 条至第 185 条中规定了**同意的授予**(Zustimmungserteilung)。这些条款没有规定在哪些情况下需要同意,而是一般性地规定了如何授予同意或者拒绝同意及其各自的法律效果。《民法典》在细节方面对表示受领人、形式、时间点、撤销和效果作出了规定。在此,关键性的区别在于,是在法律行为实施前同意(所谓的许可,第 183 条第 1 句),还是在事后同意(所谓的追认,第 184 条第 1 款)。 1693

这些规范的**适用领域**(Anwendungsbereich)仅限于法定必要的私法主体的同意。首先,同意必须是法律要求的。[2] 如果法律行为的当事人约定,法律行为生效力应当依赖于第三人的同意,则并不存在第 182 条以下意义上的同意要求,而是第 158 条第 1 款意义上的延缓条件(→边码 1260)。反之,在法定的同意要求中关乎的不是第 158 条第 1 款意义上的条件,而是法定条件(→边码 1253)。其次,法律要求的必须是私法主体的 1694

---

[2] 如果《民法典》之外的规范使用了同意这一概念,则需要通过解释来确定是否指向《民法典》第 182 条以下条款。否定的观点有 BAGE 110, 1, 3f. 关于根据《解雇保护法》第 15 条、《企业组织法》第 103 条职工代表委员会对终止的同意。

同意。机关的同意不属于第182条以下条款规定的情况。很多私人的法律行为需要机关的同意。同意要求可以从私法中得出(范例:第1643条以下条款、第1811条以下条款、第1821条以下联合第1828条以下条款规定的法院的同意;《孕妇及产妇保护法》第9条、《社会法典(九)》第85条规定的对特定劳动者终止劳动关系时的机关同意;另外,还有第22条第1句、第80条第1款、第763条第1句、第1059a条第1款第2项第2句、第1092条第2款)。同样,也经常出现公法上的同意要求(范例:根据《不动产转让法》第2条对农业经济不动产和林业经济不动产转让的追认、根据《对外经济法》第2条第1款对商品出口的追认)。这些条款的前提条件和效力并非由第182条以下条款确定,而是由公法确定。[3] 比如,只要没有公法的特别规范介入,表示受领人就不是根据第182条第1款确定,而是根据《行政程序法》第37条第2款确定;撤回不是根据第183条确定,而是根据《行政程序法》第48条以下条款确定。

二、同意

(一) 概念和法律属性

1695　　从上文阐述中已经得出同意的概念:对他人实施的法律行为的生效依法要求(私法上的)第三人的意思表示。同意是意思表示,在思维上应与需要同意的法律行为区分开。同意本身是(形成性的)法律行为,但是它并非被同意的法律行为的组成部分。同意者仍然是第三人,他不会通

---

〔3〕 依通说,如果公法没有包含特别规定,应当类推适用第182条以下条款;可参见 Brox/Walker[38], Rdnr. 502。在公法没有规定的情况下,可以借助第182条以下条款,这是作为一般法律理念的依据;参见 BGHZ 142, 51, 53ff.; BGH NJW 2010, 144 Rdnr.17 ("行政行为"); BVerwGE 11, 195, 198; Erman–Maier–Reimer[14] Vor § 182 Rdnr. 8; MünchKomm–Bayreuther[6] Vor § 182 Rdnr. 17; Palandt–Ellenberger[74] Einf. v. § 182 Rdnr. 6; Soergel–Leptien[13] Vor § 182 Rdnr. 10; Staudinger–Gursky[2014] Vorbem. zu § §182ff. Rdnr. 60ff.;同样的观点,参见 Wolf/Neuner[10], § 54 Rdnr. 1。

过意思表示而成为被他同意的法律行为的当事人。因此,同意被理解为独立的辅助性法律行为附加到主法律行为上,旨在助力主法律行为生效力。[4]

(二) 类型

可以从不同的视角对同意进行分类。前文已经根据要求同意的原因进行分类处理(→边码1692),在适用第182条之前,要区分私人的同意、机关的同意和法院的同意(→边码1694)。《民法典》在第182条以下条款中根据授予同意的时间点进行了区分。在需要同意的法律行为实施前的同意被称为**许可**(Einwilligung),而发生在被同意的法律行为实施之后的,即第184条第1句规定的事后同意被称为**追认**(Genehmigung)。对于这两种形式,第182条第1款和第2款包含共同的规定,而第182条第3款、第183条、第185条第1款仅规定许可,第184条、第185条第2款仅规定追认。在大多数需要同意的法律行为中,既可以考虑事前的同意,也可以考虑事后的同意。不同的情况是第111条第1句、第180条第1句、第1367条,这些条款规定的是单方意思表示中的同意,为了权利安定之利益只允许事前的许可(→边码1033、1614)。可以从这些规定中推断出一般的法律理念,单方的权利形成性的意思表示不能承受效力待定状态,因此,在单方法律行为中只能存在许可,而不能存在追认。[5]

1696

(三) 同意的表示

1. 一般情况

同意是独立的单方法律行为,由需受领的意思表示组成。在此方面,首先适用意思表示的**一般规则**(die allgemeinen Regeln),特别是同意人必须具有行为能力。限制行为能力人只有在他的同意不会给他带来法律上之不利的情况下才可以同意。此外,同意不得根据第134条以下条款

1697

---

[4] Vgl. Flume⁴, § 54, 6 a; Staudinger-Gursky²⁰¹⁴ Vorbem. zu §§ 182 ff. Rdnr. 37.
[5] 关于终止,参见 OLG Brandenburg MDR 2000, 1306, 1307; 也参见边码1258。

无效。在意思瑕疵中,适用第 116 条以下条款。特别是,如果同意人对需要同意的法律行为的内容有错误认识,那么他可以撤销同意的意思表示。[6]

1698 作为意思表示,同意以**表示要件**(Erklärungstatbestand)为前提条件。缺失表示要件的,不存在同意,但是不要求明确地表示同意,通过行为推定的同意足矣。与所有的意思表示相同(→边码 593 以下),不要求表示人认识到或者应当认识到需要同意[7],并从而知道他的意思表示可以被理解为同意。在此潜在的表示意识也足够。只要表示人在尽到谨慎义务的情况下,本来可以认识到他的行为可以被理解为同意,就满足要求了。[8] 原则上,沉默不视为同意(→边码 574)。比如,需要同意的法律行为的一方当事人要求同意权人表示同意,而他未作表示,则意味着他未授予同意。相反,根据某些规定的拟制,超过意思表示的期限后,则被视为拒绝同意(→边码 1707)。没有同意的意思表示的,可以考虑外观同意。此时在很多情况下,可以类推适用第 170 条以下条款(→边码 1705)。除此之外,适用的规则与权利外观授权中的规则相同(→边码 1538 以下)。如果同意权人以可归责的方式引发了他同意法律行为的权利外观,那么他必须遵守权利外观,将其视为已实际授予同意。[9]

2. 受领人

1699 除一般规定外,第 182 条以下条款还包括几个特殊规则。第 182 条第

---

[6] 参见边码 1028、1606;此外,参见 BGHZ 137, 255, 260.

[7] 其他的当然主要是司法裁判;参见 BGH NJW 2004, 2745, 2747; 2002, 2863, 2864; 2002, 2325, 2326; 1988, 1199, 1200; OLG Hamm NJW-RR 1992, 1186, 1187; 同样的观点,参见 Flume[4], § 54, 6 d; Staudinger-Gursky[2014] § 182 Rdnr. 17 附其他证明。

[8] BGHZ 128, 41, 49; 109, 171, 177; BGH NJW-RR 2000, 1583, 1584; Köhler[38], § 14 Rdnr. 4; Soergel-Leptien[13] § 182 Rdnr. 7.

[9] Vgl. etwa BGH WM 1964, 224, 225; OLG Düsseldorf NJW 2014, 3455, 3456; OLG Karlsruhe NJW 1981, 1278, 1279; VGH Mannheim NJW 1993, 1812, 1813; Canaris, Die Vertrauenshaftung im deutschen Privatrecht, 1971, S. 70 ff.; Doris, Die rechtsgeschäftliche Ermächtigung bei Vornahme von Verfügungs-, Verpflichtungs- und Erwerbsgeschäften, 1974, S. 182, 185 f.; Flume[4], § 55, Rdnr.; MünchKomm-Bayreuther[6] § 182 Rdnr. 15; Soergel-Leptien[13] § 182 Rdnr.10; Staudinger-Gursky[2014] § 182 Rdnr. 20 ff.

1款规定,同意是需受领的意思表示,在合同或者单方需受领的法律行为中,同意既可以对一方表示,也可以对另一方表示。在合同中,同意人可以选择向哪个当事人求助。在单方法律行为中,要区别不同情况:如果单方法律行为是需受领的,那么既可以对表示人表示同意,也可以对接受人表示同意;如果单方法律行为是无须受领的,那么只能对表示人表达同意。然而,与第182条第1款的规定不同,在几个特别规定中,特定人被规定为必要的同意受领人(比如,参见第108条第2款第1句、第177条第2款第1句、第876条第3句、第880条第2款第3句、第1071条第1款第2句、第1183条第2句、第1245条第1款第3句、第1255条第2款第2句、第1276条第1款第2句、第1366条第3款)。

范例

16岁的K终止了他在体育协会的会员资格,加入一个新的协会,并承诺给予原团队每位准备和他一起转会的成员30欧元奖金。所有这些法律行为对K而言在法律上都是不利的,因此需要其父母的同意。父母既可以向K,也可以向原协会表示同意终止(然而根据第111条第1句,同意只能在终止的意思表示之前作出),同样,同意加入新协会既可以向K表示,也可以向协会表示(但既可以在加入的意思表示之前,也可以在其之后)。不同的是,根据第108条第2款第1句,如果其父母在加入前没有表示同意,新协会要求他们发出同意的表示。在此情况下,其父母只能向协会追认。反之,对给予奖金的同意(根据第111条第1句,同样只能在给予奖金前)只能向K表示。

1700

3. 形式

根据第182条第2款,同意无须与需要同意的法律行为具有相同的法定形式。该规定与第167条第2款相符,它对授权作出相同规定(→边码1464)。在这两个规范中,表达的都是**形式自由的基本原则**(Grundsatz der Formfreiheit)(→边码1044)。因此,同意可以推定授予。比如,如果涉及

1701

的是不动产买卖合同,那么同意本身不需要第311条第1款第1句的公证证明[10],如果同意涉及的是有限责任公司的股权转让,那么它不需要《有限责任公司法》第15条第3款的形式。[11] 与授权一样(→边码1467),其他情况必须根据形式规定的意义和目的决定许可是否需要形式。[12] 特别适用的情况是,对需要形式的法律行为授予不可撤回的许可,或者随着对需要形式的法律行为授予许可,也对需要同意的法律行为作出决定。除此之外,也要考虑几个对同意表示适用的法定形式要求(参见第1516条第2款第3句、第1517条第1款第2句,《土地簿条例》第29条)。

1702 **对单方法律行为的许可**(Einwilligung zu einem einseitigen Rechtsgeschäft)要遵守第182条第3款的规定,而且在此也适用形式自由的基本原则。第182条第3款将这种情况指向第111条第2句和第3句。这意味着,尽管存在生效的许可,但如果表示人没有以书面形式作出同意,且表示受领人因此立即驳回法律行为(→边码1035),则单方法律行为仍不生效力。只有在同意人使意思表示受领人知道许可的情况下,驳回才被排除。第182条第3款实际引起的结果是,对单方需受领的法律行为的同意产生间接的形式强制。[13]

4. 撤回

1703 **仅在许可中**(nur bei der Einwilligung)才可能撤回同意。作为事后的同意,追认随着其到达而使需要同意的法律行为生效力(→边码1707),因此,为了法律安定性之利益,撤回被排除。反之,由于许可尚未产生特别效力,因此撤回是可能的。对此,第183条第1句规定,在需要同意的法律行为实施之前,许可可以撤回,除非从授予同意的基础法律行为中得出了其他结论。该规定与第168条第2句一致(→边码1507以下)。从同意人和需要同意法律行为的(至少)一方参与人之间的基础关系中可能得

---

[10] BGHZ 125, 218, 220 ff.
[11] BGH NJW 2009, 229 Rdnr. 9.
[12] 对第766条,参见 BGHZ 132, 119, 125, 对旧《民法典》第313条(第311条第1款),参见 BGH NJW 1998, 1482, 1484。
[13] Flume[4], § 54, 6 c.

出,同意人有义务授予许可。在此情况下,他不能撤回依义务授予的同意,即使需要同意的法律行为尚未实施。[14] 此外,还存在法定的排除撤回的规范(参见第 876 条第 3 句第 2 半句、第 880 条第 2 款第 3 句、第 1071 条第 1 款第 2 句、第 1183 条第 2 句、第 1245 条第 1 款第 3 句、第 1255 条第 2 款第 2 句、第 1276 条第 1 款第 2 句)。

根据第 183 条第 2 句,**撤回的受领人**(Widerrufsaddressat)既可以是授予同意的一方,也可以是另一方。这意味着,撤回不仅可以向授予同意的受领人表示,也可以向另一方表示。当然,在此情况下特别容易产生权利外观责任的风险。 1704

范例

G 告知他的债务人 S,D 有权向 S 主张 G 的债权。之后,G 向 D 撤回了追债许可。如果善意的 S 仍然向 D 支付,那么必须类推适用第 170 条,对待 D 就如同向 S 表示的许可仍然生效力那样。 1705

5. 效力

在效力方面应将许可和追认区分开。**许可**(Einwilligung)本身不会引起直接的法律效果。必须实施需要同意的法律行为,且对该法律行为授予了许可,当实施了法律行为,许可才发挥作用。此时并不会产生效力待定状态,而是需要同意的法律行为立即生效力。 1706

在**追认**(Genehmigung)中表现则不同。如果需要同意的法律行为在没有许可的情况下得以实施,则它的效力待定。这在第 108 条第 1 款、第 177 条第 1 款中有所规定,且一般性地适用。如果予以追认,那么随着追认的到达(第 130 条第 1 款第 1 句),需要同意的法律行为也生效力。[15] 第 184 条第 1 款以此为基础构建,并补充性地规定,效力溯及至法律行为实施的时间点,亦即追认通过拟制被赋予溯及效力。[16] 它的形成性法律 1707

---

[14] 在延长的所有权保留中对再转让授权,参见 BGH NJW 1969, 1171。
[15] 因为立即探讨的溯及效力在此也称补正要件;参见 Mock (Rdnr. 1690), 67 ff.。
[16] 反对的宪法理念,参见 Lorenz, ZRP 2009, 214ff.。

效果自始发生效力。从溯及效力的规定得出,对需要同意的法律行为的有效前提条件而言,关键的时间点是实施法律行为的时间点;反之,同意的有效前提条件的时间点是表示同意的时间点。因此,在法律行为和同意之间发生的履行不能并非自始不能,而是事后不能。[17] 溯及效力的拟制当然只适用于没有其他规定的情况。例如,需要同意的法律行为的当事人可以约定,他们的法律行为应当自追认到达才生效力,且应当对未来生效力。[18] 另外,第184条第2款中的溯及效力对同意人在追认前实施的处分而言发生相对化(→边码1719)。除此之外,期限的开始或者迟延的发生并不与法律行为的实施关联,而是与追认的时间点关联,否则将使期限缩短,或者产生履行效力待定的法律行为之义务。[19]

范例

1708 　　S于4月15日与V的无权代理人G订立买卖合同,约定V的支付时间为6月1日。V在7月1日才追认合同。在此G不能要求V支付一个月的迟延利息。追认的效力溯及至4月15日。如果迟延根据第286条第2款第1项在6月1日开始,则将迫使V为了避免迟延后果在这一天支付价款,但合同在该时间点仍然效力待定。

1709 　　如果在上述情况中涉及的是分期付款买卖,那么对V而言,由第506条第1款、第495条第1款、第355条规定的撤回期限同样不始于4月15日,而始于7月1日,否则,V就没有可支配的期限,或者可支配的期限缩短。[20]

(四)拒绝同意

1710 　　如果同意权人不同意需同意的法律行为,则他可以拒绝同意。《民法

---

[17] Flume[4], §56.
[18] 不同观点,参见Flume[4], §56;在这种情况中存在条件(Bedingung);参见Staudinger-Gursky[2014] §184 Rdnr. 40。反之,正确的观点,参见MünchKomm-Bayreuther[6] §184 Rdnr. 30。
[19] Vgl. nur Wolf/Neuner[10], §54 Rdnr. 16.
[20] BGHZ 129, 371, 381 f.

典》在第182条第1款中将拒绝作为(需受领的)**意思表示**(Willenserklärung)。由此得出,只要法律没有相应的拟制规范,纯粹的不作为或者沉默就既不是同意,也不是拒绝(参见第108条第2款第2句第2半句;第177条第2款第2句第2半句[21])。根据第182条第1款,拒绝的意思表示的受领人是需要同意的法律行为的双方。这一点与同意表示适用相同规则(→边码1699)。

对拒绝的**效力**(Wirkung)也要进行区分。同意权人拒绝了许可,其后果只是需要同意的法律行为暂时不生效力。同意权人之后仍可以改变主意并授予许可,或者在法律行为实施后予以追认。反之,如果追认被拒绝,后果则是效力待定的法律行为至此最终不生效力,亦即拒绝追认具有权利形成的效果,因此,为了权利安定之利益,其效力不能溯及既往。[22] 如果同意权人从现在起声明他同意该法律行为,则需要同意的法律行为的当事人必须根据第141条通过确认再次实施该法律行为。 1711

---

[21] 这些规定在它们本来的适用范围之外也类推适用,从而使需要同意的法律行为的当事人得知,同意是否已经授予。参见 Flume[4], § 56 (结尾处); Medicus[10], Rdnr. 1024; Soergel-Leptien[13] § 184 Rdnr. 4; Staudinger-Gursky[2014] § 184 Rdnr. 18 附其他证明。

[22] BGHZ 145, 44, 48; 125, 355, 358f.; BGH NJW 2010, 229 Rdnr.10; 1999, 3704; 1993, 2525, 2526; 1989, 1672, 1673; MünchKomm-Bayreuther[6] § 182 Rdnr. 28; K. Schmidt, AcP 189 (1989), 1, 3ff.; Soergel-Leptien[13] § 184 Rdnr.2; Staudinger-Gursky[2014] § 182 Rdnr.38——不同观点,参见 Münzel, NJW 1959, 601ff.; Palm (Rdnr.1690), passim; 关于当事人同意,也参见 Flume[4], § 56。

第三十七章　特殊情况

文献

1712　　Bette/Bette, Rechtsgrundlage der Einziehungsermächtigung gemäß § 185 BGB, FLF 2009, 231/273; Bettermann, Verpflichtungsermächtigung und Vertrag zu Lasten Dritter, JZ 1951, 321; Braun, Die Rückabwicklung der Verfügung eines Nichtberechtigten nach § 185 BGB, ZIP 1998, 1469; Dölling, Mehrere Verfügungen eines Nichtberechtigten über denselben Gegenstand, Diss. Münster 1961; Doris, Die rechtsgeschäftliche Ermächtigung bei Vornahme von Verfügungs-, Verpflichtungs-und Erwerbsgeschäften, 1974; Gehrmann, Das Problem der Konvaleszenz, Diss. Hamburg 1963; Habersack, Erbenhaftung und Konvaleszenz, JZ 1991, 70; Hagen, Zur Rechtsgrundabhängigkeit der Konvaleszenz, AcP 167 (1967), 481; Harder, Zur Konvaleszenz von Verfügungen eines Nichtberechtigten bei Beerbung durch den Berechtigten, in: Zimmermann (Hrsg.), Rechtsgeschichte und Privatrechtsdogmatik, 1999, 637; Henckel, Einziehungsermächtigung und Inkassozession, FS Larenz, 1973, 643; Katzenstein, Verfügungsermächtigung nach § 185 BGB durch Zustimmung zum Abschluss eines Schuldvertrags, Jura 2004, 1; Köhler, Findet die Lehre von der Einziehungsermächtigung im geltenden bürgerlichen Recht eine Grundlage?, 1953; Kuhn, "Heilung kraft Haftung" gemäß § 185 Abs. 2 S. 1 Fall 3 BGB, 2009; Nathan, Einfluß der Eröffnung des Konkursverfahrens auf die Heilung von Verfügungen Nichtberechtigter (§ 185 BGB, § 15 KO), JW 1921, 228; Neubert, Erwerb vom Nichtberechtigten aufgrund einer Konvaleszenz des Abhandenkommens, 1998; Peters, Zur Rechtsfigur der Verpflichtungsermächtigung, AcP 171 (1971), 234; Petersen, Die Verfügung eines Nichtberechtigten, Jura 2006, 752; Pfeiffer, Die Konvaleszenz unwirksamer Rechtsgeschäfte nach dem BGB, Diss. Erlangen 1910; Pfister, In welchem Zeitpunkt muß der die Verfügung des Nichtberechtigten Genehmigende Verfügungsmacht haben?, JZ 1969, 623; Pribilla, Die Klage des Berechtigten als Genehmigung der Verfügung des Nichtberechtigten, Diss. Bonn 1935; Rüssmann, Die Einziehungsermächtigung im bürgerlichen

Recht-ein Institut richterlicher Rechtsschöpfung, JuS 1972, 169; J. Schulze, Liegenschaftserwerb vom Nichtberechtigten und Genehmigung, Diss. Berlin 1962; Simmon, Das Wirksamwerden der Verfügung eines Nichtberechtigten, Diss. Göttingen 1923; Spindler, Der Rang von Pfandrechten bei Verfügungen des Nichtberechtigten, MDR 1960, 454; Stathopoulos, Die Einziehungsermächtigung, 1968; Stöcker, Konvaleszenz nach § 185 Abs.2 BGB, 1934; v. Tuhr, Konvaleszenz der Eintragungsbewilligung, Recht 1919, 318; Wacke, Die Konvaleszenz der Verfügung eines Nichtberechtigten, ZSS (RA) 114 (1997), 197ff.; Weimar, Ist eine Verpflichtungsermächtigung oder - genehmigung nach § 185 BGB möglich?, JR 1973, 494; Winkelmann, Die Grundsätze der Konvaleszenz unwirksamer Verfügungen und ihre Anwendung auf die Entstehung der gesetzlichen Pfandrechte, Diss. Heidelberg 1922; vgl. ferner die Angaben zu Rdnr. 1690.

一、无权利人的处分

(一) 基础

《民法典》在第185条规定了同意要求的特殊情况。该条款涉及的是**无权利人的处分**(Verfügung eines Nichtberechtigten),亦即某人通过法律行为[1]处分了一个权利客体,而他对该客体没有处分权。[2] 比如,某人转让不属于他的物的所有权、让与他人债权,或者在他人拥有所有权的不动产上设定负担。在这些情况下,处分权原则上属于权利持有人。第三人作为无权利人处分的,其后果是处分法律行为虽然并非无效,但是"落空",即原则上没有效果。因为任何人不能处分自己没有的权利,除非存在特殊情况。此类处分权可以从法律中得出。比如,破产管理人依法被

---

〔1〕 根据通说,第185条对法定影响不适用,比如,取得法定质权;参见BGHZ 34, 122, 125 ff.; Staudinger-Gursky²⁰¹⁴ § 185 Rdnr. 93; 不同观点Katzenstein, Jura 2004, 1 ff.; 都附其他证明。

〔2〕 关于处分的概念,参见边码450;关于处分权的概念,参见边码1127。

授权处分破产债务人的权利(《支付不能法》第 80 条)。遗嘱执行人对继承人权利的处分权也是如此(第 2205 条第 2 句)。没有法定权利的,需要权利持有人的同意(→边码 1714)。如果权利持有人没有同意,那么处分只有在善意取得的条件下才能生效力(→边码 1128),除非考虑权利变为有效的情况(→边码 1724)。

1714　　下列陈述主要涉及的是**权利人的同意**(Zustimmung des Berechtigten)。更详细的情况被规定在第 185 条,该条款主要涉及的是无权利人处分他人权利的合法性。[3] 权利持有人不仅可以自己处分他的权利,也有权赋予第三人相应的处分权,使第三人可以处分权利客体。因此,第三人不是依据自己的权利,而是依据从权利持有人派生的处分权而处分。权利人的同意可以在处分之前授予,这属于许可;他也可以在处分后同意,这属于追认。

(二)许可

1715　　第 185 条第 1 款规定,如果有权利人的许可,则无权利人对标的的处分生效力。**事前同意**(vorherige Zustimmung)使无权利人的处分合法化。第 182 条、第 183 条对许可直接适用,因此可以参见边码 1697 以下的论述。在法律技术上关乎的不是处分权的转让。权利人保留他的处分权,仍然可以自己处分,因此,同意没有排他性效力。反之,尽管有许可,处分人仍然是无权利人。许可引发的结果只是,尽管没有权利,但无权利人的处分基于权利人的同意而生效力。[4]

1716　　第 185 条涉及的是权利持有人的同意,也被称为**处分授权**(Verfügungsermächtigung)。[5] 这在实践中经常出现。比如,在买卖委托中,委托人授权受托人以受托人自己的名义处分委托人的商品。在延长

---

　　[3] 在特别处理的情况下也可能关乎对自己权利的处分权力。比如,有法定处分权的破产管理人和遗嘱执行人(→边码 1713)可以根据第 185 条(反过来)将处分授权给无处分权的权利人(破产债务人、继承人)。

　　[4] Flume[4],§ 57,1 c.

　　[5] 法律将"同意"和"授权"这两个表达作为同义词使用(参见第 112 条第 1 款第 1 句、第 113 条第 1 款第 1 句、第 370 条、第 783 条)。

的所有权保留中,供货人授权给客户,在符合规定的交易过程框架内处分已经供给的商品。在不动产处分中,买受人尚未通过在土地簿中登记成为所有权人的,土地契约通常包括许可买受人作为无权利人处分不动产(所谓的链式土地契约)。[6] 此类处分授权或者转让授权应当与代理授权区分。通过代理授权,第三人取得法律上的权力,作为代理人通过以他人名义的行动,为授权人引发法律效果。反之,通过处分授权,他可以以自己的名义行动。代理人必须公开表示,法律效果不应当归属于他自己,而是归属于被代理人,而真正的权利持有人在处分授权中通常被隐藏。被授权的第三人以自己的名义行动,在此过程中通常作为权利持有人出现,未公开被处分的是他人之权利。因此,在代理中,交易相对人进入与被代理人的法律关系中,反之,在行为人以他自己的名义实施行为时,交易相对人进入与行为人的法律关系中(→边码 1307、1378)。

同意必须来自权利人,即作为权利持有人而有处分权的人或者(例外的情况下)通过其他方式获得处分权的人。许可人有权的关键**时间点**(Zeitpunkt),不是发出许可意思表示的时间点,而是实施处分的时间点。与一般规则一致的是,处分权力原则上并不取决于意思表示的发出,而取决于法律效果的产生。[7] 许可的法律效果是,无权利人的处分得以合法化。因此,许可人在表示同意时,他自己是否已经有权利并不重要。重要的只是在实施处分的时间点及处分应当产生效力的时间点,他是否有权利。[8]

1717

(三) 追认

根据第 185 条第 2 款第 1 句情况 1,权利人追认的,无权利人的处分

1718

---

〔6〕 Vgl. BGHZ 106, 108, 112; OLG Hamm NJW-RR 2001, 376, 377.

〔7〕 对此,详见 Bork in: Zimmermann (Hrsg.), Rechtsgeschichte und Privatrechtsdogmatik, 1999, 289, 298ff.——不同的(只)对将来债权转让,BGH ZIP 2010, 138 Rdnr. 25; 2009, 2347 Rdnr. 7 ff.。

〔8〕 Wolf/Neuner[10], § 54 Rdnr. 25——不同观点,参见 Soergel-Leptien[13] § 185 Rdnr. 21(然而在事后取得权利时,类推适用第 185 条第 2 款第 1 句情况 2;对此也参见 Staudinger-Gursky[2014] § 185 Rdnr. 21)。

生效力。该规定首先意味着,没有另行合法化的无权利人的处分并非无效,而是**效力待定**(schwebend unwirksam)。权利人可以事后接受该处分,通过追认的意思表示使其生效力。对此适用的是边码 1697 以下探讨的一般规则。对追认权而言,关键的并非处分的时间点,而是追认的时间点。[9] 因此,有追认权的人是在追认的时间点上的权利人。

1719   特别是,追认的意思表示也有溯及力(第 184 条第 1 款)。这会引发**中间处分**(Zwischenverfügungen)的问题。如果权利人在不知道无权利人的处分的情况下,自己另行处分,那么产生的危险是,通过追认无权利人在时间上更早实施的处分有溯及效力,而使权利人自己的中间处分"不攻自破"。因此,第 184 条第 2 款规定,追认不影响中间处分。这不仅对权利人的中间处分适用,也适用于通过强制执行和假扣押执行的中间处分,或者通过期间介入的破产管理人实施的中间处分。这一规定可能导致权利人不再能追认,因为他已经通过中间处分行使了处分权并因此作出追认。[10]

范例

1720   N 在 5 月 15 日将 G 对 S 的债权转让给 Z(第 398 条第 1 句),对此他并无转让的权利。不知情的 G 在 5 月 16 日将债权质押给 D(第 1274 条第 1 款第 1 句、第 1280 条、第 398 条第 1 句)。5 月 17 日,G 追认了 N 的债权让与。如果追认在质押方面有溯及力(第 184 条第 1 款),则 Z 于 5 月 15 日被视为债权持有人,这样,G 在 5 月 16 日就被视为无权利人,他对 D 的质押效力待定,其效力依赖于 Z 的追认。如果 Z 拒绝追认(估计如此),则 G 必然担心 D 的追偿。第 184 条第 2

---

[9] BGHZ 107, 340, 341f.; Flume[4], § 57, 3 a; MünchKomm-Bayreuther[6] § 184 Rdnr.19ff.; Soergel-Leptien[13] § 185 Rdnr. 21; Staudinger-Gursky[2014] § 184 Rdnr. 23; Wolf/Neuner[10], § 54 Rdnr——不同观点,参见 Finkenauer, AcP 203 (2003), 282, 297 ff.; Köhler[38], § 14 Rdnr. 9; Pfister, JZ 1969, 623 ff.

[10] Flume[4], § 57, 3 a; Soergel-Leptien[13] § 184 Rdnr. 10; Staudinger-Gursky[2014] § 184 Rdnr. 45 附其他证明; Wolf/Neuner[10], § 54 Rdnr. 34.

款排除了中间处分的溯及力,这是为了保护中间处分的受益者不遭受这样的后果。[11] 通过 G 的追认,N 向 Z 的债权让与生效力。但是 Z 只取得了负担 D 的质权的债权。

相同的是,如果 D 在 5 月 16 日扣押了 G 的债权,那么在此情况下 Z 溯及至 5 月 15 日取得债权,但是负担了 D 的扣押质权。

反之,如果 G 在 5 月 16 日将债权转让给 D,那么他根据第 184 条第 2 款,在 5 月 17 日不再是债权持有人,因此不再有权追认。确切地说,追认权和债权被一起转让给了 D。

如果存在**多个无权利人的处分**(mehrere Verfügungen eines Nichtberechtigten),权利人可以选择追认哪个处分。[12] 该选择权对于第 816 条第 1 款第 1 句的请求权有意义。比如,无权利人 N 将一个属于 E 的物品以 300 欧元的价格转让给恶意的 D,D 再以 400 欧元的价格转让给同样是恶意的 S,那么 E 有选择权。如果他追认了 N 的处分,那么他可以要求 N 交出 300 欧元。相反,他不能求助于 D,因为在这种情况下,第 816 条第 1 款第 1 句的前提条件不成立。基于第 184 条第 1 款的溯及效力拟制,应当将 D 视为有权人向 S 实施了转让。如果 E 想要求 D 交出取得的 400 欧元,那么他不应当追认无权利人 N 的处分,而应当追认同样无权利的 D 向 S 所作的处分。如果 E 这样做,那么他也不能另外追认 N 的处分,因为在这种情况下适用的是第 184 条第 2 款。

(四)变为有效

在第 185 条第 2 款第 1 句中,法律规定了两种情况,在这两种情况下,无权利人的处分在没有权利人追认的情况下也生效力。这种事后补

---

[11] Vgl. Mot. I, 247 = Mugdan I, 489.
[12] 也对下文——参见 Flume[4], §57, 3 e; MünchKomm-Bayreuther[6] §185 Rdnr. 44ff.; Soergel-Leptien[13] §185 Rdnr. 26; Staudinger-Gursky[2014] §185 Rdnr. 50ff.。

正的情况被称为变为有效。[13] 根据第 185 条第 2 款第 1 句情况 2,当**处分人取得了**他作为无权利人处分的**标的**(wenn der Verfügende den Gegenstand erwirbt)时,处分变为有效。如果处分人事后成为被转让的标的物的所有权人,或者成为被转让的债权的债权人,或者他——这种情况被同等对待——作为权利持有人取得了此前他所没有的处分权[14],那么他现在是有权利人。若没有第 185 条第 2 款第 1 句情况 2 的规定,他本可以决定是否追认至此仍效力待定的处分。然而法律剥夺了他的这项决定权。处分人不应当有可能使他作为无权利人时实施的处分落空,对于受领人他应当受约束。因此法律——甚至不考虑处分标的物是否有合法原因而给付[15]——规定,处分从现在起生效力。当然,这只发生在处分仍处于效力待定状态时,即尚未因拒绝追认或者因法律规定最终不生效力。[16] 此外,此前的无权利人不仅要取得标的物,还要有处分权。[17] 满足这些前提条件,处分就从现在起生效力,但效力面向未来[18],因为法律没有规定溯及力——这与第 184 条第 1 款的追认不同。

1725 　　如果权利人继承了无权利人的遗产且不受限制地为遗产债务承担责任(wenn der Berechtigte den Nichtberechtigten beerbt und für die Nachlass-

---

　　[13] 语言适用未完全统一,有时候第 185 条第 2 款第 1 句情况 1 的追认也被称为变为有效;参见 Mot. II, 139=Mugdan II, 76; Hübner², Rdnr. 1356。
　　[14] 范例:支付不能程序下为无权利的破产债务人处分后被废止;无权利的前顺位继承人处分后,后顺位继承人落空;参见 BGHZ 166, 74 Rdnr. 20; 123, 58, 62; 46, 221, 229f.; RGZ 149, 19, 22; Flume⁴, § 58; Medicus¹⁰, Rdnr. 1035。反之,不足的是,无权利人作为遗嘱执行人或者破产管理人取得处分权;参见 BGH ZIP 1999, 447, 450。
　　[15] 第 185 条第 2 款第 1 句情况 2 规定的变为有效与法律原因无关,对此参见 Staudinger-Gursky²⁰¹⁴ § 185 Rdnr. 66 附其他证明,也涉及相反观点。
　　[16] 同样的观点,参见 BGHZ 125, 355, 360; 47, 266, 268f.; Egert, Die Rechtsbedingung im System des bürgerlichen Rechts, 1974, 116 Fn. 200; RGRK-Steffen¹² § 185 Rdnr. 13; Soergel-Leptien¹³ § 185 Rdnr. 27; 不同观点,参见 Habersack, JZ 1991, 70, 72f.; Marotzke, Das Anwartschaftsrecht, ein Beispiel sinnvoller Rechtsfortbildung?, 1977, 34; 也见 Staudinger-Gursky²⁰¹⁴ § 185 Rdnr. 68——根据第 111 条第 1 句、第 180 条第 1 句,因为没有许可而无效的单方法律行为因此不能根据第 185 条第 2 款补正;参见 RGZ 146, 314, 316。
　　[17] BGH LM Nr. 9 zu § 185 BGB; Staudinger-Gursky²⁰¹⁴ § 185 Rdnr. 70.
　　[18] BGHZ 166, 74 Rdnr. 20.

verbindlichkeiten unbegrenzt haftet),则满足变为有效的第二种情况(第185条第2款第1句情况3)。该规定背后考虑的是,在法律规定的前提条件下,权利人有义务将无权利人的债务作为遗产债务向受领人履行(第1922条第1款、第1697条第1款)。典型的属于此类债务的负担是,使受领人获得无权利人生前处分的标的的所有权,权利人作为无权利人的继承人继承了这些义务,现在他负担使受领人取得所有权的义务。[19] 权利人本来应该追认,然而,法律剥夺了他的意思表示,并规定处分在继承人责任不再受限制的时间点[20]生效力。但是法律在此也没有规定溯及力。

第185条第2款第2句涉及的是**存在多个相互矛盾的处分**(mehrere sich widersprechende Verfügungen)的情况,此时它们根据第185条第2款第2句情况2或情况3变为有效。法律规定,只有时间在前的处分才应当生效力,借此,法律接受了优先权原则。其基础是,对于相互矛盾的处分,应当将无权利人视为自始就有处分权。因为在这种情况下,同样只有时间上最先发生的处分才完成,而对接下来的处分,他作为无权利人而行动。

1726

范例

N将其父V的债权转让给Z(第453条、第433条、第398条),对此他并无权利。V去世后,N是他唯一的继承人。在此情况下,根据

1727

---

[19] 法律所依据的基础是,典型情况下成立无权利人的此项义务。然而,在具体情况中不必寻找这样的义务。它尚未上升为法定要件。参见 Mot. Ⅱ, 139 = Mugdan Ⅱ, 76; Flume[4], § 58 Fn. 6; Harder (Rdnr. 1712), 643 ff.; Staudinger-Gursky[2014] § 185 Rdnr. 79; Wolf/Neuner[10], § 54 Rdnr. 39——不同于通说;参见 BGH NJW 1994, 1470, 1471; OLG Celle NJW-RR 1994, 646, 647; Habersack, JZ 1991, 70, 71f.; Hagen, AcP 167 (1967), 481ff.; Medicus[10], Rdnr. 1032; MünchKomm-Bayreuther[6] § 185 Rdnr. 59。它要求法律规定目的降低,而这些规定不可能违反立法者的意思(→边码142)。当然,对已经依第185条第2款第1句情况3在物权上取得了标的物的人,其债权的返还请求权仍不受影响——根据 Wacke ZSS (RA) 114 (1997), 197ff. (更新在 JZ 2001, 380, 386),被继承人只承担替代给付的损失赔偿责任;参见 Harder (Rdnr. 1712), 650 ff.。

[20] 参见 BayObLG DNotZ 1998, 138, 141; OLG Stuttgart NJW-RR 1995, 968; Harder (Rdnr.1712), 637ff.——Flume[4](§58 S.916)因此形象地将其称为"补正并非因取得,而是因责任"。

第 185 条第 2 款第 1 句情况 2，至此效力待定的债权让与随着继承的发生而生效，因为作为继承人，N 通过权利的整体继受根据第 1922 条第 1 款取得债权。

1728　　不同的情况是，如果 N 不是唯一继承人，而是与其母 M 形成继承人共同体。继承开始后，只有在由 N 和 M 共同持有的债权（第 2032 条第 1 款）通过遗产分割（第 2042 条第 1 款）转让给 N 的情况下，才满足第 185 条第 2 款第 1 句情况 2 的前提条件。M 和 N 有共同追认权，但他们可以拒绝追认（第 2038 条第 1 款、第 2040 条第 1 款），因此不再变为有效，N 必须考虑到 Z 可能主张追偿请求权。

1729　　反之，如果 N 去世，V 成为他的唯一继承人，那么适用第 185 条第 2 款第 1 句情况 3：V 作为 N 的无限承担责任的继承人，替代 N 的位置，负担使 Z 取得债权之义务。根据第 185 条第 2 款第 1 句情况 3 有关变为有效的规定，该义务依法得以履行。

1730　　如果 N 将 V 的债权先质押给 P，然后转让给 Z，之后再转让给 D，那么在边码 1727 的例子中，根据第 185 条第 2 款第 2 句变为有效的后果是，向 P 的质押和向 Z 的转让生效力，而不是向 D 的转让生效力。在时间上，质押是第一个处分，因此无论如何都生效力。向 Z 的债权让与，虽然在时间上是之后的处分，但是它与第一个处分不矛盾。[21] 因为，如果 N 自己是有权的债权持有人，他可以先将债权直接向 P 质押，然后再转让给 Z。只是 Z 取得的债权负担 P 的质权，这不改变处分之间不矛盾的情况，但是可以引起 Z 对 N 的债权上的追偿请求权。相反，向 D 的第二次债权让与和之前向 D 的债权让与存在矛盾。所以，它根据第 185 条第 2 款第 2 句不能被补正。

---

[21] MünchKomm-Bayreuther[6] § 185 Rdnr. 60; Palandt-Ellenberger[74] § 185 Rdnr. 12; Soergel-Leptien[13] § 185 Rdnr. 31; Staudinger-Gursky[2014] § 185 Rdnr. 87.

二、受领授权

第362条第2款规定了同意的另一个特殊情况。根据该规定,如果债务人没有向债权人提供其负担的给付,而是以履行为目的向第三人给付,则应参照适用第185条。一般情况下,只有债务人向债权人给付,才发生履行效力(第362条第1款)。如果债务人——疏忽地或者故意地——向第三人给付,他就不能被免除给付义务。只要第814条不与此对立,债务人就必须向债权人再次给付,且可以根据第812条第1款第1句情况1以不当得利为由向第三人主张返还已经提供的给付。如果法律为善意的债务人提供信赖保护,比如第407条第1款,情况则不同。否则,根据第362条第2款,履行效力只依第185条的规定产生。这意味着,债权人通过向债务人(第182条第1款)或者向第三人(第185条第1款)表示许可,可以提前同意向第三人给付,这被称为受领授权。它主要的意义在于,债权人必须将债务人允诺的给付转交给第三人,比如在"交易链"中就是这种情况,制造商并不是向他的合同相对人批发商供货,而是直接向批发商的合同相对人零售商供货。如果没有许可,则履行的效力待定。债权人可以根据第185条第2款第1句情况1追认,借此引发履行之效力。他也可以拒绝追认,这样,债务人就必须再次给付。最后,第185条第2款第1句情况2和情况3对向第三人的履行给付也适用,因此,如果第三人从债权人处取得应履行之债权,或者债权人继承第三人遗产,且不受限制地为遗产债务承担责任,则履行发生。

1731

三、收取债权的授权

现在习惯法上承认,主观权利的持有人可以向第三人作出**行使授权**(Ausübungsermächtigung),亦即可以同意第三人以自己的名义行使权利。如果将权利的行使视为对该权利进行处分[22],这不言而喻。我们必须

1732

---

[22] Vgl. BGHZ 82, 283, 288; 4, 153, 164; Hübner[2], Rdnr. 1362.

确定,权利的行使并不满足处分之概念(→边码 450)。另外,它与处分过程并没有本质的区别。比如收取债权的效力和废止债权的效力对债权而言是相同的:债权消灭了(第 362 条第 1 款、第 397 条第 1 款)。因此,第 182 条以下条款对权利行使类推适用,看起来是恰当的。[23] 事前的行使授权无异于许可,事后同意行使权利则无异于追认,边码 1697 以下陈述的规则对各自都适用。如果行使授权涉及的是单方法律行为,比如终止权[24],那么要仔细考虑的是,通常只有许可,如果行使授权没有书面证明,那么可以根据第 182 条第 3 款立即驳回该法律行为。

1733　　行使授权的特殊情况是**收取债权的授权**(Einbeziehungsermächtigung)。借助它,第三人可以取得权利,以自己的名义主张他人的债权。它经常发生在"隐蔽的"债权让与中,在此债权让与不应当对外公开,因此新债权人(受让人)授权原债权人(转让人),面对债务人仍然作为债权人而实施行为,且以自己的名义收取债权。此类收取债权的授权主要适用的情况是(债权)让与担保,以及在延长的所有权保留中买卖价款让与。在具体情况中为何要授权收取债权,应通过解释授权的意思表示来查明。通常,被授权人既可以向权利持有人主张给付,也可以向他自己主张给付。在此,授权包括所有的实现债权的必要(法庭外的,→边码 1735)步骤,亦即不仅是收取债权,还包括之前必要的终止、确定到期或催告;相反地,不包括免除和转让。[25] 只有当转让债权为权利持有人实现了债权的价值,比如将债权最终性地转让给代理托收人时,才允许转让债权。[26]

1734　　梅迪库斯(Medicus)[27]对收取债权的授权的适法性提出了异议,认

---

[23] 否定的观点,参见 Esser/Schmidt, SchuldR I/2⁸, § 37 I 5 c; Larenz, SchR I¹⁴, § 34 V c; Palandt-Grüneberg⁷⁴ § 398 Rdnr. 32; Rüssmann, JuS 1972, 169 ff., 它只接受不受法律约束的法官法上的表示。对"委托行使"类推适用第 1059 条第 2 句、第 1092 条第 1 款第 2 句,Staudinger-Schilken²⁰¹⁴ Vorbem. zu §§ 164 ff. Rdnr. 67; Stathopoulos (Rdnr. 1712), 77。

[24] 对此,参见 BGH NJW 1998, 896, 897; 关于根据此前法律的解除要求,也参见 BGHZ 68, 118, 125。

[25] BGH NJW 1998, 3205, 3206。

[26] "真正的代理托收";参见 BGHZ 82, 283, 288ff.; 69, 254, 258。不同的是对"不真正的代理托收",在此代理托收人有返还权,前提是债权未被实现;参见 BGHZ 82, 50, 56ff.。

[27] Medicus¹⁰, Rdnr. 1008 f.

为它通常导致债权人的双重性,债务人由此的负担可能比债权让与时更重。因此,收取债权的授权最多在延长的所有权保留中是适法的,因为债务人根本不知道债权让与。然而这不能令人信服。首先,收取债权的授权不会导致债权人的双重性(→边码1715)。即使它如此表现,我们也可以类推适用第428条、第409条以下条款保护债务人。其次,同样不符合逻辑的是,在"隐蔽的"债权让与中允许收取债权的授权,原因在于,债权让与没有被公开,并不改变在对被授权人的法律行动中必须对权利持有人表示法律效力。最后,与第362条第2款逻辑一致的是,不仅可以向第三人转让受领权,也可以向他转让收取债权的权限。因此,现在绝对通说理所应当地认为,收取债权的授权是适法的。[28]

如果应当允许被授权人为债权提起诉讼,那么他需要**诉讼实施授权** 1735 (Prozessführungsermächtigung)。在理念上,这与实体法上的收取债权的授权相区别,一般包含在收取债权的授权中。可以设想的是,第三人只取得收取债权的授权或者只取得诉讼实施授权。在第一种情况下,第三人根本不允许提起诉讼;在第二种情况下,只允许通过提起诉讼为权利持有人主张给付。即使在成立诉讼实施授权的情况下,只有在意定诉讼担当(Prozessstandschaft)的其他前提条件都满足时,才允许第三人提起诉讼。特别是,第三人必须能证明,他对以自己之名义提起诉讼有自己的法律上之利益,这在多数情况下可以从他与授权人的法律关系中得出。[29]

四、取得授权

有争议的问题是,是否应当承认取得授权(Erwerbsermächtigung)。[30] 1736
借助取得授权,在物权性权利的取得中应当达到的是,权利并没有从转让

---

[28] 参见上文脚注中所指出的司法裁判以及 Flume[4], § 57, 1 b; Hübner[2], Rdnr. 1362; Köhler[38], § 14 Rdnr. 14; MünchKomm-Bayreuther[6] § 185 Rdnr. 34 f.; Soergel-Leptien[13] § 185 Rdnr. 33; Staudinger-Schilken[2014] Vorbem. zu §§ 164 ff. Rdnr. 66 ff.。

[29] 对此,详见 Stein/Jonas-Jacoby[23] Vor § 50 Rdnr. 50 ff.。

[30] 赞同的观点,参见 Dölle, FS F. Schulz, 1951, Bd. II, 268, 276; v. Tuhr, II/1, 396 ff.。

人那里转让给以自己名义行动的合同相对人,而是直接转让给向行动人授予取得权的第三人(为了他人之财产以自己的名义取得)。比如,V 应当能够设法使 E 取得买卖标的的所有权,其方式是,V 与 K 达成物权上的合意,向 K 转让物——K 在此过程中并非作为 E 的代理人行动,而是以自己的名义行动。因为 V 和 K 不能通过这种途径强迫 E 接受所有权,所追求的结果只能在 E 同意的情况下产生,即 E 要么事前许可,要么事后追认 K 的取得。然而,通说[31]理所应当地否定了这种构造,因为这没有必要。所追求的结果可以借助代理法直接产生。需要以自己的名义实施行为的,可以考虑物权上的利益第三人合同。[32] 在这两种情况下,对物权法特别重要的权利清晰性得到了保障,因为对每个人而言,都可以清晰地认识到,并非行为人(K),而是第三人(E)应当成为所有权人。因此,类推适用第 182 条以下条款的取得授权不应被承认。

五、负担授权

1737   与取得授权类似,在债权层面讨论的是负担授权(Verpflichtungsermächtigung)。[33] 通说[34]理所应当地否定了该命题,某人可以授权给他人,通过以自己的名义行动而使授权人负担义务。如果允许负担授权,那

---

[31] Braun, ZIP 1998, 1469, 1470 m. Fn. 7; Doris (Rdnr. 1712), 150 ff.; Flume[4], § 57, 1 d (结尾处); Medicus[10], Rdnr. 1007; MünchKomm-Bayreuther[6] § 185 Rdnr. 33; Soergel-Leptien[13] § 185 Rdnr. 40; Staudinger-Schilken[2014] Vorbem. zu § § 164 ff. Rdnr. 69。

[32] 它的适法性有争议。司法裁判拒绝承认;也参见 BGHZ 41, 95f.; BGH NJW 1993, 2617. 多数理论允许;可参见 Baur/Stürner, SachenR[18], § 5 Rdnr. 28; Kaduk, FS Larenz, 1983, 303ff.; Medicus[10], Rdnr. 1007; Westermann/Gursky/Eickmann-H. P. Westermann, § 2 Rdnr. 13 f.。

[33] 无论如何,授权人的共同责任都被认为是允许的,参见 Bettermann, JZ 1951, 321 ff.; Dölle, FS F. Schulz, 1951, Bd. Ⅱ, 268, 277 ff.; Larenz, SchR Ⅰ[14], § 17 Ⅳ; Martens, AcP 177 (1977), 113, 149 ff.; Soergel-Leptien[13] § 185 Rdnr. 37 ff.; Thiele (Rdnr. 1690), 207 ff.。

[34] BGHZ 114, 96, 100; 34, 122, 125; Doris (Rdnr. 1712), 81ff.; Flume[4], § 57, 1 d; Hübner[2], Rdnr. 1359f.; Katzenstein, Jura 2004, 1f.; Medicus10, Rdnr. 1006; Peters, AcP 171 (1971), 234ff.; Schwark, JuS 1980, 777, 778; Staudinger-Gursky2014 § 185 Rdnr. 108ff. m.w.N.; Staudinger-Schilken2014 Vorbem. zu § § 164ff. Rdnr. 70f.; Weimar, JR 1973, 494ff.

么 K 就可以以自己的名义与 V 订立合同,借此设立 E 对 V 的负担。这种构造虽然不违反负担人(E)的利益,因为根据负担授权学说,类推适用第 182 条以下条款,E 只有在他同意的情况下才能受约束,亦即 E 要么事前许可,要么事后追认。反之,起决定性作用的是债权人(V)的利益,他必须知道谁是他的债务人。如果他人效力未被揭示,V 就将以自己名义行为者(K)视为他的债务人。在这种信赖中他必须受到保护。这也是法律的观点,法律在第 164 条第 2 款中拒绝承认以自己名义实施的行为对他人有效力(→边码 1378)。如果 K 公开,并非他自己,而是第三人(单独或者与他一起)应当是债务人,那么对负担授权而言,就不再需要这一制度了,因为在此可以借助代理法或者利益第三人合同(第 328 条第 1 款)达到目的。因此,负担授权也不被承认。

第十三部分

消费者保护法中的特殊性

《民法典》总则部分的条款在消费者保护法的规范中得以修正。正如从《不作为之诉法》第 2 条第 2 款中得出的,《民法典》中关于上门交易、消费者借贷、部分时间居住权和远程销售合同的规定[1]都属于**消费者保护法**(Verbraucherschutzgesetze)的范畴。《远程课程保护法》也属于消费者保护法的范畴。《民法典》中关于一般交易条款的规定也主要属于此范畴。虽然在企业间的经济来往中也使用一般交易条款,但一般交易条款控制是保护消费者的重要工具,它对经营者的保护是次要的。[2] 1738

消费者保护法的**意义和目的**(Sinn und Zweck)在于,使合同双方的结构性不平等得以平衡。通常关乎的是第 13 条意义上的消费者(→边码 169)与第 14 条意义上的企业(→边码 170)订立的法律行为。在此情况下,无经验、不机敏的消费者经常与精通业务、谈判强势的企业处于对立面。此时的危险是,企业利用其优势地位说服消费者订立合同,而在平静思考和谈判均势的情况下,消费者要么不会订立该合同,要么不会以这样的条件订立合同。为了预防这种危险,消费者保护法对合同的订立和合同的内容作出了特别的规定,这些规定要么与总则部分的规定不同,要么对其进行了补充。下文将从消费者保护法的角度详细讨论《民法典》中关于一般交易条款、上门交易、消费者信贷和远程销售的规定,将在基本要素方面解释这些规定,重点介绍对总则部分的补充和修正,比如,对合同成立(→边码 1759 以下)、解释(→边码 1770 以下)或者善良风俗的补充和修正(→边码 1745、1775)。 1739

---

[1] 消费者保护法长期以来被规定在《民法典》的附属法律中,比如,《一般交易条款法》《上门交易撤回法》《消费者信贷法》《部分时间居住权法》和《远程销售法》。这些规定通过《债法现代化法》(2001 年 11 月 26 日;BGBl.2001 I, 3138)融入《民法典》;对此,参见 Arzt, JuS 2002, 528ff.但是可以继续适用关于特别法的司法裁判和文献,因为这些规定在内容上大多没有改动。

[2] 这表明,根据《民法典》第 310 条第 1 款的规定,《一般交易条款法》在与企业家的关系中只是有限制地适用(→边码 1751、1766、1777),对消费者合同应当予以特别关注(→边码 1789 以下)。

1740　消费者保护法原则上是**强制法**(zwingendes Recht)。这意味着,不能与这些规范不一致,或者与这些规范不一致的内容无论如何不能对消费者不利(第312i条第1句、第511条第1句、第655e条第1款第1句)。此外,还存在规避禁止(第306a条、第312i条第2句、第511条第2句、第655e条第1款第2句)。在国际私法中,《罗马条例(一)》第6条确保了消费者保护法不能通过以下途径被废除,即通过当事人使合同受不属于欧盟的国家的法律规范,这些国家没有义务将消费者保护的欧盟指令转化成国内法,尽管该国在地域上与欧共体有紧密联系。

1741　可以通过两种途径审查是否**遵守**(Einhaltung)消费者保护法。在多数情况下,在消费者和经营者之间的个别诉讼(Individualprozess)中,会澄清是否要注意消费者保护法的规定。比如,当经营者起诉要求履行,或者消费者起诉主张瑕疵担保时,必须根据此处处理的规范标准来讨论合同整体的效力,或者有关瑕疵担保的规定的效力。此外还存在联合起诉的可能性。[3] 立法者在《不作为之诉法》[4]中赋予特定的联合体请求法院审查合同条款或者行为方式的权利。《不作为之诉法》第1条允许那些根据《不作为之诉法》第3条和第4条登记的消费者保护联合体、促进职业利益联合体、工商业协会以及手工业者协会,通过诉讼主张不得继续使用或推荐不生效力的一般交易条款的请求权,以及撤回此类推荐的请求权。根据《不作为之诉法》第2条第1款第1句,这一群体可以先行对违反消费者保护法的实践提起不作为之诉。[5] 最后,《反不正当竞争法》第8条允许对竞争中违背善良风俗的行为(另外)提起联合体诉讼。

---

〔3〕 对此,详见 Greger, NJW 2000, 2457ff.; ders., ZZP 113 (2000), 399ff.; Koch, ZZP 113 (2000), 413 ff.。

〔4〕 2002年7月28日;BGBl I, 3422。

〔5〕 该规定的基础是1998年5月19日的欧盟指令98/27/EG, ABlEG 1998 Nr. L 166/51。

第三十八章　一般交易条款法

文献

Belke, Die Prüfung Allgemeiner Geschäftsbedingungen in der Klausur, JA 1988, 475; Coester-Waltjen, Die AGB-Problematik, Jura 1991, 474; dies., Inhaltskontrolle von AGB-Geltungserhaltende Reduktionergänzende Vertragsauslegung, Jura 1988, 113; Dietlein/ Rebmann, AGB aktuell, Erläuterungen zum AGB-Gesetz mit Zusammenstellung von Gesetzesmaterialien, 1976; Graf von Westphalen, Stellen vs. Aushandeln von AGB-Klauseln im unternehmerischen Geschäftsverkehr, ZIP 2010, 1110; ders., Vertragsrecht und AGB-Klauselwerke, 35. Aufl. 2014; Heinrichs/Löwe/Ulmer, Zehn Jahre AGB-Gesetz, 1987; v. Hoyningen-Huene, Die Inhaltskontrolle nach §9 AGBG, 1991; Koch/Stübing, Allgemeine Geschäftsbedingungen, 1977; Locher, Das Recht der Allgemeinen Geschäftsbedingungen, 3. Aufl. 1997; Löwe/Graf v. Westphalen/Trinkner, Kommentar zum Gesetz zur Regelung des Rechts der Allgemeinen Geschäftsbedingungen, 1977; dies., Großkommentar zum AGB-Gesetz, 2. Aufl., Bd. II 1983, Bd. III 1985; Michalski, Verbraucherschutzrecht, 2002; Raiser, Das Recht der Allgemeinen Geschäftsbedingungen, 1935, Neudruck 1961; Schlosser, Allgemeine Geschäftsbedingungen, Jura 1980, 381/434; ders., AGB-Gesetz, 1980; Schlosser/Coester-Waltjen/Graba, AGB-Gesetz, 1977; Schmidt-Salzer, Allgemeine Geschäftsbedingungen, 2. Aufl. 1977; Stein, AGB-Gesetz, 1977; Stoffels, AGB-Recht, 2003; Ulmer/Brandner/Hensen, AGB-Recht, 11. Aufl. 2011; Wolf/Lindacher/Pfeiffer, AGB-Recht, 6. Aufl. 2013.

1742

一、基础

(一) 一般交易条款的意义

1743　在现在的经济生活中,大宗生产和大宗消费商品和服务,导致个别协商的合同——《民法典》的合同模式起源于此——广泛地被一方拟定的标准合同替代。这对标准合同使用人的有利之处是,他与所有的客户都订立内容相同的合同,借此可以产生明显的**优化效应**(Rationalisierungseffekt)。一方面,合同中关于供货时间、给付时间、风险负担等的相同规定使交易统一,且明显简单化;另一方面,订立批量相同的合同可以为企业降低合同资料的耗费。在法律规定缺失或者不足的情况下,尤其能产生这种优化的利益。使用标准的合同条款使在个别情况之外拟定一般规则文本成为可能,使用人可以统一地将这种规则文本作为他订立具体合同的基础。这对新兴的合同类型尤为适用,如融资租赁合同、保理合同、房地产开发合同、建设监理合同等没有法律规定的合同。同样地,一般交易条款是为了使已经存在的合同形式尽可能有效地适应经济交往需求的手段。

1744　使用提前拟定的合同条款看起来是有道理的,在经济上是有意义的,同样地,其中也隐藏很多**危险**(Gefahren)。比如,人们要担心的是,为自己将来订立合同而拟定统一的合同条款的当事人优先顾及自己的利益,设计的条款不利于合同相对人。因为合同相对人一般缺乏法律经验或者交易经验,没有认识到"缩小打印"文字的意义,或者他没有充分的时间了解规则文本,极少成功地使一般交易条款成为磋商对象。情况相同的是,当商品或者服务的提供人处于垄断地位,或者虽然市场上有多个提供人,但是都准备以相同条件订立合同,因为他们使用统一的一般交易条款。由于客户总可以自由决定他究竟是否订立合同,在使用一般交易条款的情况下,合同自由在形式上仍然可以得到保障。一旦他决定订立合同,由于一般交易条款使用人通常有优势谈判力量,那么这在事实上导致单方面的形成权。因为缺失了合同谈判过程作为建立公正的利益平衡的手段(→边码663),滥用合同形成自由的大门被打开。致力于实现公平和利益平衡的法律体系不能接受这种情况。因此,司法裁判和之后的立法者寻求其他方法阻碍一般交易条款使用人使合同相对人承受不合理的不利风险。

(二) 一般交易条款控制的发展

1.《一般交易条款法》颁布前通过司法裁判控制

《一般交易条款法》颁布之前,在说明合同自由这一更高法益的情况下,司法裁判首先只能逐条逐项地、犹疑不决地满足对一般交易条款控制的需求。因为没有法定的合同自由限制,帝国法院[6]和之后的联邦法院[7]的工作主要在于限缩解释那些对合同相对人不利的一般交易条款规定,通过这种方式,在不直接干预合同的情况下,避免对合同相对人过分不利。因为在表达明确的情况下不允许解释,或者至少严格限制解释,司法裁判很快不得不转向开放的内容控制——首先根据第138条[8],其次依据诚实信用原则。[9] 无论是通过解释来纠正一般交易条款,还是根据诚实信用原则进行开放的内容控制,最终都纳入《一般交易条款法》中。

1745

2.《一般交易条款法》

为了消除法官在一般交易条款控制中的不确定性和不统一性,德国立法者颁布了《一般交易条款法》(AGB-Gesetz),该法于1977年4月1日生效。除了提高法律安定性及限制诉讼风险,人们也期待法律具有预防效力:因为法律不但在使用人与其合同相对人之间的个别程序中作为审查标准起作用,而且在《一般交易条款法》第13条中,可以在抽象的联

1746

---

[6]　RGZ 145, 21, 26; 120, 18, 20.

[7]　BGHZ 49, 167, 174; 5, 111, 115; BGH NJW 1964, 2058, 2059.

[8]　在此帝国法院只在利用垄断地位的情况下实施了以第138条为基础的内容控制,RGZ 79, 224, 229; 62, 264, 266; 20, 115, 117; 详细阐述也参见 Raiser (Rdnr. 1742), 302 附其他证明。

[9]　BGHZ 41, 151, 154; 22, 90, 97 ff.

合诉讼程序中审查《一般交易条款法》(→边码1741)，其目的也在于使法律交往从不合理的一般交易条款中解脱出来，这样就可以自始抵御潜在的客户与不合理的条款对抗的危险。[10]

1747　　与《一般交易条款法》颁布前[11]通过高级法官的司法裁判实施内容控制的正当性一致，《一般交易条款法》的主要**保护目的**(Schutzweck)也在于为一般交易条款使用人的合同相对人提供保护，在他放弃磋商合同条件的情况下，使他不面临使用提前拟定的条款而产生的危险。[12] 为了实现这种保护，立法者没有局限于在法律上引入开放的内容控制，尽管司法裁判使用《民法典》的经典手段从根本上是针对相关一般交易条款中受指责的内容。确切地说，为了避免一般交易条款使用人单方面利用合同的形成自由，立法者选择了一条双重保障之路。[13] 立法者继续保留了与经典私法框架体系一致的手段，但对它们予以部分修正，在所谓的订入前提中甚至更严格。立法者还为公开的内容控制格外创设了不同的规则。

1748　　在《一般交易条款法》生效逾19年后，1996年的《一般交易条款法修正案》第一次对它进行了重大**修改**(Änderung)。1996年7月25日《一般交易条款法修订法》生效[14]，借此，关于消费者合同中权利滥用条款的欧共体指令[15]在迟延了足足一年半之后得以转化。新规定的核心条款是《一般交易条款法》第24a条，与欧共体指令的规定一致，它遵循了消费者保护的特殊目的，包括对消费者合同重要的特殊规定(→边码1789以下)。2000年6月30日，《远程销售法》生效，它以远程销售指令(→边码

---

〔10〕 关于《一般交易条款法》第13条以下的保护目的，参见BGHZ 109, 29, 33; 101, 271, 274; Ulmer/ Brandner/Hensen-Ulmer[9] Einl. Rdnr. 33 附其他证明。

〔11〕 Vgl. etwa BGH NJW 1977, 624, 625; 1976, 2345, 2346.

〔12〕 Ulmer/Brandner/Hensen-Ulmer[9] Einl. Rdnr. 29, § 1 Rdnr. 5; vgl. auch Begr. RegE AGBG, BT-Drs. 7/3919, 13.

〔13〕 Schlosser Jura 1980, 381, 382.

〔14〕 1996年7月19日的《一般交易条款法修订法》和《支付不能法修订法》；BGBl. I, 1013。

〔15〕 1993年4月5日的关于消费者合同中滥用权利条款的指令93/13/EWG, ABlEG Nr. L 95/29 v. 21.4.1993。

1851以下)为基础[16],借此,《一般交易条款法》最后一次进行全面修订。在债法现代化的过程中[17],《一般交易条款法》的实体部分统一到《民法典》第305条至第310条中。《一般交易条款法》的形式部分(之前的《一般交易条款法》第13条以下)现在规定在《不作为之诉法》中。[18]

(三)一般交易条款规定的适用领域

一般交易条款规定(第305条至第310条)的**一般适用领域**(genereller Anwendungsbereich)原则上从第305条第1款规定的一般交易条款的定义中得出。由此可以得出结论,无论是一般规定,还是关于内容控制的规定,都以一般交易条款的存在为前提。一般适用领域在客观方面和主体方面部分受到众多规范的限制,而部分则被扩大。   1749

根据第310条第4款第1句,通常被**客观适用范围**(sachlicher Anwendungsbereich)排除的是继承法、家事法和公司法领域的协议,以及劳动法领域的部分协议,因为立法者认为,在此范围内一般交易条款规定的保护是不必要的、不合理的或者不符合体系的。[19] 此外,第305a条,第308条第5项,第309条第7项、第8项(a目和b目以下)、第9项和第310条第2款规定,特定的具体规定对特定类型的合同不适用(比如,对运输领域及对电信服务给付的提供人)。与之相对,第310条第3款(以前的《一般交易条款法》第24a条,→边码1748)使得一般交易条款法具体规定的适用范围扩张到消费者合同中提前拟定的个别约定(→边码1789)。   1750

在**主体**(personell)方面,第305条以下条款的基础是三分法。根据《一般交易条款法》第24a条(现在的第310条第3款)的导论,消费者受到最全面的保护,因为第305c条第2款、第306条、第307条至第309条不仅适用于在消费者合同中使用的一般交易条款,也延伸至提前拟定的个别约定。对于使用一般交易条款的非经营者,当涉及一般交易条款   1751

---

[16] 2000年6月27日;BGBl. 2000 I, 897, 901ff.。
[17] 参见脚注1。
[18] 参见脚注4。
[19] Begr. § 11 RegE AGBG, BT-Drs. 7/3919, 41.

时，他们受第 305 条以下条款的完全保护；而第 310 条第 1 款和第 2 款规定，第 305 条第 2 款和第 3 款、第 308 条、第 309 条不适用于那些对经营者、公法法人和公法特别财产使用的一般交易条款。

二、一般交易条款的概念

1752　　根据第 305 条第 1 款第 1 句，第 305 条以下条款中的一般交易条款是指，所有为批量订立合同提前拟定的合同条件，它由合同一方当事人（使用人）在订立合同时提交给另一方当事人。一般交易条款涉及的必须是**合同条件**（Vertragsbedingungen），换言之，涉及的是应当形成合同内容的规定。[20] 一般交易条款不是法律规范，而是合同的组成部分（→边码 22）。对一般交易条款的概念而言，合同条件有哪些内容，是否关乎一方当事人或者双方当事人的主给付的确定，或者仅仅是从属条件，比如到期、付款或者送货条件的规定，则无关紧要。[21] 因此，在一般交易条款中可以只涉及个别的合同组成部分。它也可以是全部合同内容附到合同中，或者添加到文本中（在这种情况中被称为格式合同）。根据立法者的观点，外在特点，比如形式、规模、合同的书写方式，不应当决定一般交易条款法的适用（参见第 305 条第 1 款第 2 句）。一般交易条款也不必是打印的或者复印的。手写的合同条件同样可以符合一般交易条款的概念。

1753　　决定性的因素是，**为批量合同提前拟定**（Vorformulierung von einer Vielzahl von Verträgen）。通过提前拟定这一因素，可以明确一般交易条款保护应当介入的情况，恰恰是该条件不是合同谈判过程的结果，而是由使用人作为已经完成的、没有谈判可能性的方案而提交。合同条件提前拟定是指，在时间上它在合同订立之前就完成撰写，为了被订入未来的合同

---

[20] BGHZ 133, 184, 187; 99, 374, 376; Palandt-Grüneberg[74] § 305 Rdnr. 4.

[21] BGH NJW 1990, 576, 577; Ulmer/Brandner/Hensen-Habersack[11] § 305 Rdnr. 7; Wolf/Lindacher/Pfeiffer-Pfeiffer[6] § 305 Rdnr. 7, 19.

中。然而,"提前拟定"不意味着合同条件必须以书面或者以其他方式(磁盘、录音带、计算机)在物质上被固定下来。在第 305 条以下条款的保护目的方面,"保存在使用人的大脑中"已足够,前提是这在批量合同中发生。[22] 在此,为有限数量的合同提前拟定足矣。但是鉴于意思明确的法律文义,合同条件为唯一一计划订立的合同而拟定,则不满足要求。使用人自己拟定的合同只使用了一次,只有当该使用人在此刻有意愿,在将来订立同类的合同时[23]也以该条件为基础[24],才可以称之为一般交易条款。条款实际上已经使用的次数并不重要。

另外,使用人是否自己提前拟定合同条件并不重要。也可以通过第三人,如法律咨询人或者利益联合体,拟定合同条件。关键的只是使用人在订立合同时将它向合同相对人**提出**(stellt),换言之,他要求将合同条件订入合同中。正因为合同条款是单方拟定的,合同相对人有吃亏的风险,一般交易条款法旨在保护合同相对人免遭这种风险。如果合同条款虽然为批量合同提前拟定,但却是合同磋商的对象,因此"当事人可以在具体情况中商谈",则不存在这种"提出"。这种形式的个别约定——与第 305 条以下条款的保护目的相一致——根据第 305 条第 1 款第 3 句,不属于一般交易条款概念及一般交易条款法的控制。根据联邦法院的司法裁判,第 305 条第 1 款第 3 句意义上的"商谈"要求得比"磋商"更多。确切地说,使用人必须把在法律上没有规定的一般交易条款的核心内容严肃地提出来供探讨,赋予对方形成自由以保障自己的利益。[25]

1754

---

[22] BGHZ 141, 108, 109f.; BGH NJW 2005, 2543, 2544; 1992, 2759; 1988, 410; OLG Dresden BB 1999, 228; Ulmer/Brandner/Hensen-Habersack[11] § 305 Rdnr. 20.

[23] 通常,已知至少使用 3 到 5 次的,被认为已足够,BGH NJW 1998, 2286, 2287 (不低于 3 次)附其他证明; 1981, 2344, 2345 (5 次足矣); Palandt-Grüneberg[74] § 305 Rdnr. 9 (下限是 3 次); Ulmer/Brandner/Hensen-Habersack[11] § 305 Rdnr. 25a (至少 3 次)。

[24] BGH NJW 1997, 135; 同样的观点,参见 Schlosser/Coester-Waltjen/Graba-Schlosser § 1 Rdnr. 14; Ulmer/Brandner/Hensen-Habersack[11] § 305 Rdnr. 24; Wolf/Lindacher/Pfeiffer-Pfeiffer[6] § 305 Rdnr. 15——不同观点,参见 Löwe/von Westphalen/Trinkner-Löwe § 1 Rdnr.8; Michalski/Römermann, ZIP 1993, 1434, 1437, 根据该观点,关键的不是主观故意,而是事实上的多次使用。

[25] BGHZ 153, 148, 151; 150, 299, 302f.; 143, 103, 111f.; 104, 232, 236; 85, 305, 308; BGH NJW 2005, 2543, 2544; 1998, 2600, 2601; Wolf/Lindacher/Pfeiffer-Pfeiffer[6] § 305 Rdnr. 38.

范例

1755　　B 以表格形式向储蓄银行 S 提供一个最高至 10 万欧元的保证,以担保 S 对 X 有限责任公司所有基于交易信贷的债权。在此"交易信贷"一词以机器书写的方式被填入提前打印的意思表示文本中。当 S 后来请求 B 基于保证为保证合同订立后产生的债权承担责任时,B 提出抗辩,他认为对这些债权的保证不生效力。通过表格将保证责任扩张至所有在 S 和 X 有限责任公司之间的交易中已经产生的债权和将来的债权,属于以危害合同目的的方式限制了 S 的权利,因此根据第 307 条第 2 款第 2 项不生效力。《一般交易条款法》的规定适用的情况只是,尽管有事后添加的文字,但相应的合同条件仍然是第 305 条第 1 款第 1 句意义上的一般交易条款。本案就属于这种情况。表格在相应的位置包含一处空白,其功能恰恰应当是描述被担保的债权。因此,填写是必要的、不独立的、非个别商谈的条款补充,不能改变其作为提前拟定的合同规定之性质。[26]

1756　　K 在 M 的家具店为自己的税务咨询办公室购买多套办公桌椅。M 的买卖合同表格中写了"委托确认和账单",在 K 在场的情况下,M 在该买卖合同表格的"支付日期"栏中的预付款数额旁手写补充了"供货前支付余款"。合同订立时 M 有 15% 的概率会手写补充该内容或者内容相近的表达。根据《一般交易条款法》,对于此类提前给付条款的内容控制而言,关键的是,是否存在第 305 条第 1 款第 1 句意义上的"为批量订立合同而提前拟定的合同条件"。提前拟定这一特征不以条款落实在书面上为前提条件。确切地说,在一般交易条款使用人或者他的订立辅助人大脑中保存的条款也是"提前拟定"的。因为合同条件是否以书面形式准备或者采用,还是为将来重复订入合同文本之目的而保存于大脑,在法律的保护目的方面没有区别。因为在 M 与其客户所有的合同中,有 15% 的合同都显示了该手写补充内容,提前给付条款是第 305 条第 1 款第 1 句

---

[26] BGH NJW 1998, 2815, 2816.

意义上的一般交易条款。[27]

　　E夫妇想出卖他们的独栋住宅,为此目的以独立委托的方式签署了包含三页的"给不动产出卖人的委托证明",该证明由居间人M提前拟订,其中居间费为2.28%,含增值税。委托证明的最后一页在标题"委托人希望的合同变更及当事人商谈的合同条款(个别约定)"之下用机器书写了一句话:"在自行出卖的情况下——没有居间人参与——委托人向居间人支付……佣金,包含法定增值税,依公证合同中所得的买卖价款来计算。"M在空白处手写填入3.5%,但删除,在其下面填入3%,未删除。协议有效期间,E将住宅在没有M参与的情况下卖出,M主张约定的居间费。M声称,在订立合同前他就与E夫人通过电话商谈了委托证明的内容,他们讨论了自行出卖条款的意义和目的,在此过程中M提示,他通常与客户有此约定。当原告认为3.5%的居间费过高时,M发出3%的要约,E夫人对此同意。约定的居间费规定是否因为违反《一般交易条款法》不生效力,首先依赖于该规定是否为第305条第1款第1句意义上的一般交易条款。当M与E恰恰详细地"磋商"该条款时,在此方面是存疑的。如果当事人之间应当具体商谈条件,那么它根据第305条第1款第3句应当被视为个别约定。使用人将他提前拟定的条件中与法律规定不同的内容——在此是与第652条第1款不一致的要求,即客户在自行出卖的情况下也必须支付居间费——严肃地提出来讨论,由此可以实际保障对方的合理利益,才可以称其为"商谈"。但M没有这样做。他虽然与E夫人讨论了条款的意义和目的,但同时提示,他通常与客户约定此类条款。在后续的谈话中M也只是将居间费的额度提出来供探讨,而没有将提前拟定的自行出卖条款提出来供探讨。这不满足"商谈"的要求。[28]

---

[27] BGHZ 141, 108, 109 ff.
[28] BGH NJW 1991, 1678, 1679.

三、一般交易条款的订入

1758   一般交易条款法的出发点是,一般交易条款不是单方设置的、同时"依法"适用的规范(→边码1752),而是合同法上的规定。如果它成为合同内容,那么与其他所有的合同一样,需要合同当事人的合意,即所谓的订入协议。根据一般原则,使用人在他的要约中明确或者推定表示,意在使一般交易条款成为合同内容,合同相对人明确或者通过推定的行为同意(→边码700),对合意已足够。为了保护并非作为经营者而行动的一般交易条款使用者的合同相对人,相对于一般的规则,立法者对一般交易条款订入的前提条件作出了严格限制。

(一)根据第305条第2款订入

1759   关于将一般交易条款订入与非经营者的合同,原则上适用第145条以下条款。然而,第305条第2款又设置了两个附加的、修正合同法一般规则的前提条件。

1. 明确提示

1760   一方面,订立合同时,原则上(→边码1763)使用人需要明确告知合同相对人一般交易条款(第305条第2款第1项)。与第133条、第157条不同的是,推定的订入表示一般不重要。特别应当予以排除的是,将交易惯例作为意思表示的解释手段。[29] 另一方面,一般交易条款的生效订入的前提条件,是使用人为他的合同相对人创造了以可接受的方式认识到一般交易条款内容的可能性(第305条第2款第2项),借此第145条以下条

---

[29] 借助该理由,司法裁判起初部分肯定了一般交易条款的订入。对企业,如银行、保险公司、运输公司,每个人都应当认识到使用一般交易条款是交易惯例。因此根据交易习惯,合同要约总是只在一般交易条款订入的情况下才达成。在这类情况下,合同当事人的同意被解释为,他对适用——即使他没有考虑一般条款——表示同意。关于该司法裁判,参见Raiser (Rdnr. 1742), 201 ff.。

款得以补充。[30] 除此之外,在第 305 条第 2 款中所列的合同相对人同意一般交易条款适用的要求,仅仅是对传统的法律行为基本原则的确认[31],鉴于早期的司法裁判,立法者认为有必要对此予以强调,根据该司法裁判,合同相对人"应当知道"使用人的订入意思,对一般交易条款生效地(默示地)订入足矣。[32]

范例

K 在 V 处购买了一台新洗衣机。V 送货时将供货证明交给 K,并提示供货证明背面载有 V 的一般交易条款。一周后,因为洗衣机有瑕疵,V 必须开车再次去 K 处,V 在提示一般交易条款的情况下向 K 主张他因此产生的费用。V 的一般交易条款包含以下条款:"在合法的瑕疵申诉中,买受人有权请求免费修理机器。如果现场消除瑕疵,买方承担由此产生的费用。"只有在一般交易条款成为合同内容的情况下,V 的请求权才具合法性。本案不是这种情况。V 本来必须在订立合同时提示他的一般交易条款,使 K 可以知道一般交易条款(第 305 条第 2 款)。合同订立后完成的提示以及刊载在供货单背面的内容只是变更已订立的合同的要约。[33] 因为 K 对交付的供货单保持沉默不能被视为接受变更要约[34](→边码 743),V 没有费用补偿请求权。 1761

在上述情况下,如果 V 将一般交易条款刊载在他的要约表格背面,那么只有当要约表格正面有明显的可识别的提示时,才满 1762

---

[30] 通过互联网订立合同的,提供一个可以打印出的一般交易条款的完全文本的链接对此已足够;参见 Borges, ZIP 1999, 130, 135; Köhler, NJW 1998, 185, 188 f.; Köhler, MMR 1998, 289, 291。

[31] Schlosser, Jura 1980, 381, 385; Schmidt-Salzer[2] Rdnr. D 21; Ulmer/Brandner/Hensen-Habersack[11] § 305 Rdnr. 161.

[32] BGHZ 18, 98, 99; 12, 136, 142; BGH NJW 1976, 2075 附其他证明。

[33] Vgl. BGH NJW 1978, 2243.

[34] 这样的也有 BGH NJW 1978, 2243, 2244。

足第 305 条第 2 款规定的订入的前提条件。[35]

2. 公告

1763　　基于合同订立的方式，只有在明确提示一般交易条款十分困难的情况下，在合同订立地点明显张贴公告才满足要求（第 305 条第 2 款第 1 项）。这种前提条件主要在"自动订立合同"时满足，比如，使用存储柜、游泳馆，或者生活中发生的其他典型的大宗交易，如发生在公共交通工具上的大宗交易。[36]

范例

1764　　拍卖行 A 举办邮票拍卖会，K 通过电话向 A 授予买入委托，成交了 6 张邮票。当 A 将 1692.52 欧元的账单寄给 K 时，K 想在交付已经拍得的邮票的情况下同时支付价款。A 向他提示了一般交易条款，其明显地张贴在拍卖行中，且通俗易懂。第四项载明："直至全部拍卖账单完全支付，邮票的所有权仍属于出卖人；支付后才产生要求交付拍得物的请求权。"但是在订立合同时，A 没有明确提示一般交易条款适用。根据第 305 条第 2 款第 1 项，在例外情况下，在订立合同地点张贴明显可见的公告足矣。在拍卖合同中虽然关乎的不是日常生活的大宗交易，立法者在创设规定时本来指明的是这种大宗交易，但是，由于本案合同订立的方式较为特殊，明确提示是特别困难的。因为合同通常在多个快速且前后相连的出价之后成立。拍卖的流程不允许拍卖人直接在每个出价之前或者之后提示拍卖条件的适用。在每一次拍卖之前进行提示也不够，因为之后加入的出价人不能获悉提示。因此在拍卖中，替代明确提示，在拍卖地点明显可视地公告对一般交易条款已足够。这对那些同 K 一样不自己发出要约，而是通过拍卖商发出要约的客户订立的合同，同样适用。因为拍

---

[35]　BGH NJW-RR 1987, 112, 114.
[36]　Begr. § 2 Nr. 1 RegE AGBG, BT-Drs. 7/3919, 18.

卖商作为客户的代理人而行动，因此，法律为订立合同而规定的前提条件以他个人为标准(→边码1366)。[37]

3. 框架协议

倘若某使用人与同一个客户订立多个形式相同的合同，原则上必须为每个具体的合同特别约定一般交易条款的订入。然而，第305条第3款在其规定的前提条件下，使合同当事人有可能为将来的特定类型的交易提前订立适用特定一般交易条款的框架协议。这种可能性主要适用于银行往来和其他持续交易关系。[38]   1765

(二) 企业往来中一般条款的订入

根据第310条第1款第1句，第305条第2款和第3款不适用于那些对企业使用的一般交易条款。[39] 在此范围内，对于订入仍然适用《民法典》第145条以下条款和《商法典》第346条。因此，关于对企业使用的一般交易条款，合同当事人对一般交易条款的订入达成合意[40]——可能只是推定的——足矣。对公法法人或者公法特别财产使用一般交易条款的情况同样如此。在此企业的概念根据《民法典》第14条确定：必须是自然人或者法人或者有权利能力的合伙，他们在订立法律行为时从事的是商业行为或者是独立工作的行为(→边码170)。   1766

在企业间的往来中经常出现双方均要求订入自己的一般交易条款的情况。[41] 在**有矛盾的一般交易条款**(kollidierende AGB)中本来存在第150条第2款的情况(→边码743)。因此长期以来普遍认为，应当接受新要约，适用"最后言辞原则"：谁对对方最后寄出的一般交易条款保持沉   1767

---

[37] BGH NJW 1985, 850.
[38] Begr. § 2 Abs. 2 RegE AGBG, BT-Drs. 7/3919, 18.
[39] 依通说，第310条第1款第1句并不是决定性的，而是对特定的法律领域和合同设计允许其他例外；参见 BGH NJW 2005, 2917.
[40] BGHZ 102, 293, 304; BGH BB 1991, 501, 502; 1985, 1838, 1839 附其他证明。
[41] 对此，详见 Staudinger-Bork[2015] § 150 Rdnr. 17 f.; Ulmer/Brandner/Hensen-Ulmer[11] § 305 Rdnr. 182 ff.; Wolf/Lindacher/Pfeiffer-Pfeiffer[6] § 305 Rdnr. 137 ff.。

默,或者没有提出异议而接受给付,则接受对方的一般交易条款。"最后言辞原则"通常是不令人满意的,因为在没有明确的防御条款的情况下,从使用自己的一般交易条款可得出,合同当事人并不想以对方的条件订立合同。因此,现在不再通过第150条第2款解决这种情况,而是将其作为非合意处理,适用第139条、第306条,但不同于第154条、第155条的(解释)规则,由此得出的结论是,合同原则上生效力,一般交易条款仅在其覆盖范围内有效。对其余部分,双方当事人并没有对一般交易条款生效地达成一致。[42] 这种解决途径也符合《联合国国际商事合同通则》第2.22条的规定(→边码25)。

(三) 意外条款

1768　　尽管满足一般的订入前提条件,但那些"如此不寻常的,以至于使用者的相对人不必考虑"的条款不能成为合同的组成部分(第305c条第1款)。法律在此保护合同相对人的信赖,具体规定在总体上保持在根据合同订立时的因素可以期待的范围内。[43] 该规则的适用不依赖于相对人是否逐条阅读并理解了一般交易条款。条款未订入的前提条件有两方面[44]:在此类合同的典型内容方面,从通常对该类合同有期待的客户群体的视角看,条款在客观上必须"不寻常"。对于条款是否不寻常这一问题,取决于合同订立时的一般性伴随因素和个别性伴随因素。属于前者的,包括对非强制性法律的偏离程度,以及交易圈子的通常形态;属于后

---

[42] 可参见 OLG Hamburg ZIP 1981, 1238, 1239; OLG Koblenz WM 1984, 1347, 1348f.; OLG Saarbrücken NJW-RR 1998, 1664; Bunte, JA 1982, 321ff.; Flume[4], §37, 3; Lindacher, JZ 1977, 604 f.; Schlechtriem, FS Wahl, 1973, 67, 75ff.; Striewe, JuS 1982, 728ff.; Ulmer/Brandner/Hensen-Ulmer[11] §305 Rdnr. 188 ff., 193; Wolf/Lindacher/Pfeiffer-Pfeiffer[7] §305 Rdnr. 143; 但是不同的 Ebel, NJW 1978, 1033 ff.——关于所谓的放弃条款,参见 BGH NJW-RR 2001, 484, 485。

[43] Begr. §3 RegE AGBG, BT-Drs. 7/3919, 19; 也参见 BGH DB 1975, 2366, 2367f. 以及 Art. 2.20 der UNIDROIT-Grundsätze (→ Rdnr. 25)。

[44] 赞同根据第305c条第1款的两层审查的,还包括 OLG Düsseldorf BB 1986, 1464, 1465; Erman-Roloff[14] §305c Rdnr. 8; Löwe/Graf v. Westphalen/Trinkner-Löwe/Trinkner §3 Rdnr. 10, 13; Ulmer/Brandner/Hensen-Schäfer[11] §305c Rdnr. 11。

者的,包括订立合同时使用人的行为表现(广告、目录手册、要约材料),以及合同对外的表现形象。[45] 在主观方面,作为不寻常的条款内容和客户期待之间差异的后果,还必须有意外效果或者偷袭效果。[46] 客户不必理解不寻常条款的,就是这种情况。在此原则上关键的也不是个别合同当事人的想象和期待,而是通常对此类合同有期待的客户群的认知可能性。[47] 只有当客户期待的落空恰好建立在订立合同时的个别因素基础上,才以相关客户的理解可能性为标准,比如,使用人通过他的表示或者他的行为促使合同相对人认为,不必对此类条款有预期。[48]

四、解释和效力审查

一般交易条款生效地订入合同后,接下来面对的问题是具体的合同条件的效力。因为对条款合理性审查的前提条件是该条款的内容确定,因此,原则上解释优先于内容控制。

1769

(一) 解释

在一般交易条款订入的情况下订立合同,其解释原则上以第 133 条、第 157 条规定的对法律行为一般适用的规则为标准(→边码 494 以下)。对成为合同组成部分的一般交易条款的解释,相对于个别协议的解释有几处修正,这是解释一般交易条款要考虑的特殊性。

1770

1. 客观解释的基本原则

从使用人的角度看,一般交易条款的目的是使大宗合同得以统一订

1771

---

[45] BGHZ 109, 197, 201; 102, 152, 159; Erman-Roloff[14] § 305c Rdnr. 9.

[46] BGHZ 100, 82, 85; BGH NJW 1990, 576, 577; 1985, 848, 849.

[47] BGHZ 130, 150, 154; 106, 42, 49; 102, 152, 159; Staudinger-Schlosser[13] § 3 AGBG Rdnr.13; Ulmer/Brandner/Hensen-Schäfer[11] § 305c Rdnr.13 附其他证明——不同观点(以具体客户的认知状况为标准) OLG Frankfurt DB 1981, 1459; LG Stuttgart WM 1987, 68, 70; Koch/Stübing § 3 Rdnr. 7; Löwe/Graf v. Westphalen/Trinkner-Löwe/ Trinkner § 3 Rdnr. 13。

[48] BGH NJW 1987, 2011; 1981, 117, 118; Ulmer/Brandner/Hensen-Schäfer[11] § 305c Rdnr. 13a.

立,在一般交易条款的解释中,与个别协议相反(→边码 511 以下),起决定作用的并非具体合同当事人之间达成一致的意思和意图,而是条款的客观内容和典型意义。因此,从一般客户的理解可能性出发,一般交易条款整体应当解释为,就像理智的、诚实可靠的合同当事人在对通常参与此类交易的交易群体之利益进行衡量后理解的那样。[49] 当事人可以一致地——默示地或者通过行为推定地——赋予一般交易条款中的条款与客观解释不同的意义。但是在此情况下,实际发生的并非一般交易条款的自然解释。确切地说,存在的是个别约定,它根据第 305b 条有优先性(→边码 1774)。[50]

2. 不清晰规则

1772　　如果通过解释可以得出,条款内容不清晰,至少可能有两种不同的意思,则第 305c 条第 2 款的不清晰规则介入。[51] 据此,一般交易条款以不利于使用者的内容订入合同,使用人基于他的单方合同形成力必须承担清晰且表达可理解的责任。因此,在存在多个解释可能性的情况下,让使用者的相对人有更好的法律地位的解释总是优先。这导致的后果是,在**个别诉讼**(Individualprozess)中,原则上适用对客户最友好的解释,只要所有的正当解释可能性维持在第 307 条至第 309 条允许的框架内。然而,如果一个条款在不利于客户的解释时根据第 307 条至第 309 条不生效力,则可以选择该解释,只要根据第 306 条第 2 款适用任意性法律(边码 1788)对客户在法律上更有利。[52]

---

[49] BGHZ 176, 244 Rdnr. 19; 162, 39, 44; 107, 273, 277; 79, 117, 119; 77, 117, 118; NJW 2010, 2197 Rdnr.14; 2008, 2495 Rdnr.19; 2007, 504 Rdnr.19; 2005, 425, 426; 此外 MünchKomm-Basedow[6] § 305c Abs. 2 Rdnr. 22; Raiser (Rdnr. 1742), 252; Schmidt-Salzer[2] Rdnr. E 35——不同观点,参见 Emmerich, JuS 1972, 361, 366: 在考虑具体情况中所有因素和当事人意思和利益的情况下解释。

[50] 赞同第 305b 条适用的,也包括 BGHZ 113, 251, 259; BGH NJW 1995, 1494, 1496。

[51] BGH NJW 2010, 2197 Rdnr.14.-vgl. auch Art.4.6 der UNIDROIT-Grundsätze (→ Rdnr. 25).

[52] BGHZ 181, 278 Rdnr. 21; 178, 244 Rdnr. 19; BGH NJW 2010, 1072 Rdnr. 26/34; OLG München NJW 1998, 393, 394; OLG Schleswig ZIP 1995, 759, 762; Locher[3], 68; Palandt-Grüneberg[74] § 305c Rdnr. 18; Ulmer/Brandner/Hensen-Schäfer[11] § 305c Rdnr. 91; Wolf/Lindacher/Pfeiffer-Hau[6] § 305c Rdnr. 133——不同观点,参见 Roth, WM 1991, 2085, 2088 f. 附其他证明。

反之,在**联合诉讼**(Verbandsprozess)中根据《**不作为之诉法**》第1条,在其功能方面作为抽象的控制程序,总是以与客户对立的解释为出发点。因为这可以导致所有对客户不利的条款均不生效力并被排除,在该过程中,这是对客户更有利的解释。[53]

1773

3. 个别约定优先

如果当事人不仅约定使用人的一般交易条款适用,而且还有附加的个别合同约定,那么一般交易条款内容和个别约定之间可能会产生矛盾。对于此情况,第305b条规定个别约定优先。[54] 该规定以此前司法裁判[55]中已经承认的法律理念为基础,即一般的、为批量情况提前拟定的合同条款仅对当事人在具体情况下通过法律行为协商的合意进行补充和填补,而不允许将其破坏或消除。[56] 如果条款与当事人的约定有直接或间接矛盾,那么根据第305b条,一般交易条款作为一般规定位于作为特别约定的个别协议之后。[57]

1774

(二) 内容控制

由于缺失合同的磋商过程,以及使用人单方在内容上的形成自由要求,对一般交易条款有必要实施比一般合同自由的边界更严格的内容控制。因此,一般交易条款的内容控制主要根据第307条至第309条进行评价,基于第306条,这几条在其适用范围的框架内作为特别规定优先于第134条、第138条、第242条的一般规定,在其他情况下要通过它们

1775

---

[53] BGHZ 158, 149, 155; 139, 190, 199; 95, 362, 366; BGH NJW 2006, 47, 51; 2005, 3567, 3568; 1999, 276, 277; 1994, 1060, 1062; 1991, 1886, 1887; Palandt-Grüneberg[74] § 305c Rdnr. 18; Locher[3], 68; Ulmer/Brandner/Hensen-Schäfer[11] § 305c Rdnr. 93.

[54] 同样的观点,参见 Art. 2.21 der UNIDROIT-Grundsätze (→ Rdnr. 25)。

[55] Vgl. nur BGHZ 52, 30, 35; BGH NJW 1987, 2076, 2077; WM 1982, 447, 450.

[56] MünchKomm-Basedow[6] § 305b Rdnr. 1; Palandt-Grüneberg[74] § 305b Rdnr. 1.

[57] 这种"功能上的排序"是通说;参见 BGHZ 164, 133, 136; BGH NJW-RR 1990, 613, 614; Soergel-Stein[12] § 4 AGBG Rdnr. 1; Ulmer/Brandner/ Hensen-Schäfer[11] § 305b Rdnr. 7; Wolf/Lindacher/Pfeiffer-Hau[6] § 305b Rdnr. 2 ff.; Wolf/ Neuner[10], § 47 Rdnr. 42。

进行补充。[58] 为权利安定之利益,第 308 条、第 309 条中的条款目录包括具体定义的禁止规定。对所有不被第 308 条、第 309 条包含的情况,第 307 条的一般条款起到兜底的作用。

1. 适用范围

1776　　内容控制延伸至所有成为生效的合同组成部分的一般交易条款。然而,根据立法者的观点,法官的内容控制应当限于保护合同相对人,避免为使用人之利益而单方废除任意性的法律规范。相反,不可以进行价格控制或者给付控制,也不可以对其他法律规定进行修正。[59] 因此,根据第 307 条第 3 款第 1 句,只有那些包括与任意性法律不同的规定或者补充性规定的条款才受第 307 条至第 309 条的内容控制。那些仅宣告性表述法律状况的条款,或者包含给付描述和价格约定的条款,不受内容控制。因为在此关乎的是第 305 条第 1 款第 1 句意义上的一般交易条款(→边码1752),它们总是受透明性控制(→边码 1781),关于订入(→边码 1758 以下)或解释的规则(→边码 1770 以下)对它们的适用也不受限制。

2. 特别的条款禁止

1777　　第 308 条、第 309 条中条款目录区分的依据为,它们包括的条款禁止有评价的可能性和无评价的可能性。第 309 条所列条款的不生效力不依赖于(法官的)评价,而第 308 条提及的条款禁止包括不确定的法律概念,比如"不合理的""客观正当的""过高的""可以承受的",这在具体情况中赋予了法官评价或评论的空间。根据第 310 条第 1 款第 1 句,第 308 条和第 309 条中具体的条款禁止不适用于那些对经营者、公法法人或公法特别财产使用的一般交易条款。同样地,在这些条款中包含的禁止规定可以在第 307 条第 1 款和第 2 款的一般条款可适用的框架内予以考虑(第 310 条第 1 款第 2 句)。

---

[58] 具体表达,参见 v. Hoyningen-Huene (Rdnr.1742), Rdnr.98ff.; MünchKomm-Wurmnest[6] Vor § 307 Rdnr. 8; Ulmer/Brandner/Hensen-Fuchs[11] § Vorb v § 307 Rdnr. 54 ff.; Wolf/Lindacher/Pfeiffer-Pfeiffer[6] § 307 Rdnr. 12 ff.。

[59] Begr. § 6 RegE AGBG, BT-Drs. 7/3919, 22.

范例

在洗衣机案中(→边码1761),让顾客承担修理费用的条款违反第309条第8项b目cc子目,因此不生效力。 　　1778

K在V处以4万欧元的价格订购房车。作为订购依据的一般交易条款包括:"买受人最多受四周的订购期间约束。出卖人在此期限内书面确认,如果已接受详细描述的买卖标的的订购,或者出卖人已经供货,则买卖合同订立。"三周后,V寄给K委托确认。整件事对K而言持续太久,他在此期间在另一个供应商处购买了房车,不再接受V的车辆。对于V和K之间是否成立买卖合同的问题,关键取决于V的订购表格中包含的与法定承诺期限(第147条第2款)不同的订购人受约束期限是否生效力。如果四周承诺期限不合理,则该条款违反第308条第1项,不生效力。评价性地确定承诺期限是否属于第308条第1项意义上的时间不合理,需要在考虑合同标的等典型因素的情况下权衡当事人的利益。[60] 在此,原则上以第147条第2款的规定为出发点。如果承诺期限明显比第147条第2款规定的期限长,则只有在使用人有值得保护的利益,并且客户尽早消灭约束之利益须让步于使用人利益的情况下,该期限规定才生效力。[61] 但是在本案中作为条件提出的期限并未显著超过法定承诺期限。这在订购新车的情况中是正当的。因为——正如在这种情况中的惯例那样——V在库存中没有K订购的新车,他必须先通过询问车辆制造商来确定,K想要购买的车是否能按期供货,这可能持续两周。还要附加最终弄清楚筹措买卖价款资金的时间(可能与审查买受人信用相关联,或者与审查置换为价款的二手车的利用率相关联),商行通常必须关心这些情况。基于这些原因,原则上承认V对四周的约束 　　1779

---

[60]　BGHZ 145, 139, 141f.; BGH NJW 2013, 3434 Rdnr. 21; 1986, 1807, 1808; MünchKomm-Wurmnest[6] § 308 Nr. 1 Rdnr. 19; Wolf/Lindacher/Pfeiffer-Dammann[7] § 308 Nr. 1 Rdnr. 10.

[61]　BGHZ 145, 139, 142; 109, 359, 361f.; BGH NJW 1986, 1807, 1808; MünchKomm-Wurmnest[6] § 308 Nr.1 Rdnr. 19; Staudinger-Schlosser[13] § 10 AGBG Nr.1 Rdnr. 10; Löwe/Grafv. Westphalen/Trinkner-Graf v. Westphalen[2] § 10 Nr. 1 Rdnr. 11.

期限有合法利益。在该期限内,他的买受人不能接受其他有利的要约。因为 K 在向 V 订购之前通常已经了解了其他商行的价格,四周的约束期限没有不合理地侵害他的利益。因此,在新车交易中机动车买受人四周的约束期限不违反第 308 条第 1 项。[62]

3. 一般条款

1780 只有当第 308 条、第 309 条的特别条款禁止不介入或者不可适用的,才审查条款是否与第 307 条第 1 款和第 2 款不一致。根据第 307 条第 1 款第 1 句,如果一般交易条款中的规定违反诚实信用的要求,对合同相对人而言存在不合理的不利,则不生效力。立法者在第 307 条第 2 款中将该**不合理不利之禁止**(Verbot der unangemessenen Benachteiligung)以举例的方式具体化。据此,如果一般交易条款中的规定与其所偏离的法律规定的本质性的基本理念相违背(第 307 条第 2 款第 1 项),或者如果它限制了因合同性质而发生的根本性权利和义务,以至于危及合同目的之实现(第 307 条第 2 款第 2 项),则在存疑时应认为存在不合理的不利。在其他情况下,只有使用人企图借助一般交易条款中的条款以牺牲相对人利益为代价,通过滥用权力实现自己的利益,自始没有充分考虑到相对人利益并给予合理平衡的,才成立第 307 条第 1 款第 1 句意义上的不合理的不利。[63]

1781 不合理的不利也可以因规定不清晰及不易理解而产生(第 307 条第 1 款第 2 句。该条款规定了所谓的**透明性要求**(Transparenzgebot)。[64] 据此,即使一般交易条款本来根据第 307 条第 3 款第 1 句不受第 307 条至第 309 条的内容控制(参见第 307 条第 3 款第 2 句),它在任何情况下也都必须通过相应的设计方案和恰当的表述,可识别地、正确地、确定地、尽可能

---

[62] BGHZ 109, 359, 363; Löwe/Graf v. Westphalen/Trinkner-Graf v. Westphalen[2] § 10 Nr. 1 Rdnr. 12, 13; Staudinger-Schlosser[13] § 10 Nr. 1 AGBG Rdnr. 11; Schlosser/Coester-Waltjen/Graba-Coester-Waltjen § 10 Nr. 1 Rdnr. 10——不同观点,参见 LG Lüneburg NJW-RR 2002, 564; Wolf/Lindacher/Pfeiffer-Dammann[6] § 308 Nr.1 Rdnr. 15 f. (两周)。

[63] BGHZ 164, 196, 205; 153, 148, 153f.; 143, 103, 113; 120, 108, 118; 90, 280, 284.

[64] 另外,参见 BGHZ 130, 150, 153 附其他证明; Armbrüster, DNotZ 2004, 437ff.——关于与第 305c 条第 1 款的关系,参见 Wolf/Neuner[10], § 47 Rdnr. 76。

清晰地表达合同相对人的权利和义务。[65] 给付内容、价款额度及价格——给付关系也必须对平均客户而言是清晰的,且从提前拟定的合同条件中必须可以有效地识别(→边码1776)。

范例

在家具案中(→边码1756),提前给付条款的约定应当根据第307条第1款和第2款进行衡量。[66] 因为客户通过该条款负担了提前给付之义务,这与第320条、第322条的法定规范相反,即他必须在交付商品之前给付。对牵连性合同,如对家具案中的买卖合同而言,第320条的抗辩权保证了买受人的履行请求权,它是对出卖人的施压手段,借此出卖人会尽快履行其负担的义务。因此,提前给付负担的约定与法律的基本理念不一致(第307条第2款第1项),从而违反了诚实信用的要求,使合同当事人处于不合理的不利地位。一般交易条款中先给付义务生效力的情况仅限于,它由于客观原因而具有合法性,且在权衡由此对买受人产生的不利后该原因仍存在。但在本案中此类原因不明显。[67]   1782

在保证案中(→边码1755),根据表格责任延伸至S对X有限责任公司所有已经成立的和将来的请求权,如果保证人不能对主债务人承担哪些债务施加影响,那么这违反第307条第2款第1条和第2条。[68] 通过此类条款,保证人被苛求承担不可预测的风险,由此他   1783

---

[65] 基本观点,参见 BGHZ 106, 42, 49;此后有争议的司法裁判,参见 BGHZ 145, 203, 220f.; 119, 152, 170; 115, 177, 185; 108, 52, 57; BGH NJW 2006, 211, 213; 2005, 3567, 3569;参见 Ulmer/Brglandner/Hensen-Fuchs[11] § 307 Rdnr. 20, 323 ff.附其他证明。

[66] 根据多数观点,第309条第2项b目包括拒绝给付的情况,并不禁止先给付条款,它是否存在要根据第307条审查,参见 BGHZ 141, 108, 114; BGH ZIP 1998, 1492, 1493; Ulmer/Brandner/Hensen-Schäfer[11] § 309 Nr. 2 Rdnr. 13 附其他证明——不同观点,参见 Löwe/von Westphalen/Trinkner-von Westphalen[2] § 11 Nr. 2 Rdnr. 13; Tonner, NJW 1985, 111, 112; DB 1980, 1629, 1630。

[67] BGHZ 141, 108, 114f.; Vgl. aber BGH NJW- RR 2003, 834, 836。

[68] 有该限制的,参见 BGH NJW 1998, 2815, 2816;也可参见(没有限制的)BGHZ 132, 6, 8f.; 130, 19, 33 f. 附其他证明。

可能面临破产的风险。第767条第1款第3句恰好应当保障他不面临该风险。此外，条款也限制保证人由合同性质产生的主要权利，以至于危及合同目的之实现。哪些法律地位对于合同是至关重要的，在依法形成的合同中，应根据其法定类型确定。在保证合同中，根据第767条第1款第3句，禁止他人支配对于合同是至关重要的。因此，在这些情况中，保证人的责任限于促使他作出保证的债权。

1784　　K在储蓄银行S开通了一个账户。他签名的开户表格中包含一个条款，在该条款中，K表示同意S及他的合作伙伴通过电话宣传其产品。如果此类条款违反诚实信用的要求，提出对客户不合理不利的要求，那么它违反第307条第1款第1句。以牺牲合同相对人为代价的单方利益，在本案中体现为电话推广严重损害了宪法所保护的被致电者的私人空间。被致电人在违反自己意思的情况下，在他不能影响的时间内被推荐商品或服务。使用人以牺牲被致电人利益为代价，以滥用权力的方式使用消遣性的电话连线，并以这种方式长时间阻碍被致电人所希望接收的致电。基于此原因，此类条款因违反第307条第1款第1句而不生效力。[69]

4. 规避禁止

1785　　如果一般交易条款的规定通过其他方案被规避，那么根据第306a条，《一般交易条款法》也适用。如果产生了法律所反对的结果，其产生的方式使该结果不能通过解释而涵摄至法律规范中，则满足规避要件。[70]在这种情况下，适用相关的《一般交易条款法》的规定，就像当事人选择了法律所包含的构造那样。该规定当然没有很大意义，因为规避第305条、第305b条至第306条根本不可想象，可以通过第307条第1款和第2款而阻止规避第308条、第309条。最可能考虑的是，滥用权力而选择那些被所有的法律规范或者被个别法律规范的适用范围排除在外的合同形式

---

[69] BGHZ 141, 124, 127f.; BGH NJW 2000, 2677, 2678.

[70] 参见BGHZ 162, 294, 299——一般性的关于规避禁止，参见边码1120以下。

(→边码1750),比如,违反第309条第9项的长期供货关系被伪装成第310条第4款意义上的合伙关系。在此,是否存在使规避禁止之适用正当化的状况,仅依据客观因素评判;规避的故意无关紧要。[71]

五、不订入或不生效的法律效果

如果在使用人和合同相对人之间的法律争议中,法院确定了条款不生效力,那么首先面临的问题是,是否可以将该条款以那些恰好被允许的内容保留。通说[72]在提示法律保护目的的情况下,否定此类形式的**效力限缩**(geltungserhaltende Reduktion),这不无道理。使用人排挤其合同相对人利益明显超出允许的限度,且相信客户不防御,使用人不得因合同完全不生效力的风险被降低而获得保护。确切地说,他应当承担的风险是,他基于条款完全不生效力所处的地位比他在适度地、生效地实现其利益时所处地位更差。[73]

1786

如果订入合同中的一般交易条款的一个或多个条款不生效力,那么在适用一般合同基本原则的情况下,合同可能根据第139条整体无效(→边码1209)。但是这一结果通常违反一般交易条款控制之目的,即保护使用者的合同相对人,他在多数情况下对合同的实现有利益。因此第306条第1款规定,尽管一般交易条款全部或者部分未订入,或者不生效力,但**其他合同仍生效力**(Vertrag im übrigen wirksam bleibt)。在考虑依第306条第2款适用的任意性法律的情况下,严守合同对合同一方当事人仍

1787

---

[71] 与所有的都不同:Palandt-Grüneberg[74] § 306a Rdnr. 2。
[72] BGHZ 125, 343, 348; 124, 371, 375; 120, 108, 122; 114, 338, 342; 107, 273, 277; 98, 303, 311; 92, 312, 315; 84, 109, 115; v. Hoyningen-Huene (Rdnr. 1742), Rdnr. 69; Locher[3], 78; Palandt-Grüneberg[74] § 306 Rdnr. 6; Ulmer/Brandner/Hensen-Schmidt[11] § 306 Rdnr.14 ff. 附其他证明; Wolf/Lindacher/Pfeiffer-Hau[6] § 306 Rdnr. 31 ff.; Wolf/Neuner[10], § 47 Rdnr. 87——不同观点,参见 Canaris, FS Steindorff, 1990, 519, 547 ff.; Hager JZ 1996, 175 ff.; ders., Gesetzes-und sittenkonforme Auslegung und Aufrechterhaltung von Rechtsgeschäften, 1983, 63ff.; MünchKomm-Basedow[6] § 306 Rdnr. 12 ff.; 附其他证明。
[73] 关于第138条的相应法律问题,参见边码1201。

有不可承受之困难的,合同才应当根据第 306 条第 3 款不生效力。

1788　　　因一般交易条款全部或部分未订入或者不生效力而产生的合同漏洞,应根据第 306 条通过任意性法律予以补充。只有当任意性法律有漏洞时,才产生问题。在此首要审查漏洞是否可以通过类推适用其他法律规定得以填补,或者条款无替代性地消灭是否具有利益公正性。如果不是这种情况,那么要考虑以客观标准为导向的补充性的合同解释。[74]

六、消费者合同的特殊性

1789　　　为了将欧共体指令 93/13/EWG 关于滥用权力的条款转换到消费者合同中,设立了《一般交易条款法》第 24a 条(《民法典》第 310 条第 3 款),由此,一般交易条款法在消费者和企业之间的合同方面经历了明显的变化。在此类合同中,法律追求的特殊目的在于,鉴于消费者特定的弱势而保护消费者。基于该原因,如果提前拟定的合同条款确定一次性使用,那么不属于第 305 条第 1 款第 1 句的一般交易条款概念[所谓的**提前拟定的个别协议**(vorformulierte Individualvereinbarung)][75],但第 305c 条、第 306 条、第 307 条至第 309 条也适用。然而,对这种情况也需要确定经营者单方的谈判力量。因此,只有消费者基于提前拟定而不能对条款内容施加影响的,上述提及的规范对提前拟定的个别协议才适用。通常在劳动合同中是这种情形。[76]

1790　　　此外,在第 310 条第 3 款第 1 项中规定的**标准消费者合同**(Standard-Verbaucherverträge),与第 305 条第 1 款第 1 句的一般交易条款定义不同

---

[74] BGHZ 164, 297, 17ff.; 137, 153, 157; 120, 108, 122; 117, 92, 98; 90, 69, 73ff.; Canaris, ZIP 1996, 1109; 1116; Lindacher, BB 1983, 154, 158; Palandt‐Grüneberg[74] § 306 Rdnr. 12 f.; Staudinger‐Schlosser[13] § 6 AGBG Rdnr. 12; Ulmer, NJW 1981, 2025, 2030 f.; Ulmer/Brandner/Hensen‐Schmidt[11] § 306 Rdnr. 31 ff.; Wolf/Lindacher/Pfeiffer‐Hau[6] § 306 Rdnr. 15 ff.——否定的观点,参见 Esser/Schmidt, SchR I/1[8], § 11 Ⅳ; E. Schmidt, JuS 1987, 929, 935; Steindorff, ZHR 148 (1984), 271, 276。

[75] 对此批评的观点,参见 Coester‐Waltjen, FS Medicus, 1999, 63 ff.。

[76] BAG MDR 2006, 97.

的情况在于,不仅由使用者提出的条款受《一般交易条款法》规则的规范,而且由于第三人促成(比如公证员、建筑师、居间人)而订入合同的条款也受规范。第310条第3款第1项规定了拟制,亦即在消费者合同中使用的一般交易条款原则上被视为由经营者提出的,只有当一般交易条款是由消费者自己提出并订入合同中的时,才不适用这一拟制。

最后,鉴于消费者合同的两种类型,要注意一般交易条款规定的两个**其他修正**(weitere Modifikationen)。一方面,除了一般性的解释原则,也适用与指令一致的解释原则。[77] 另一方面,在根据第307条第1款和第2款实施内容控制时,不仅可以选择一般化的超个人观察视角,而且应当将具体的个别因素也加入评价中(第310条第3款第3项)。

---

[77] Dazu Ulmer/Brandner/Hensen-Schäfer[11] §310 Rdnr. 42 f.

第三十九章 在经营场所外订立的合同

文献

Bennemann, Ein neues Widerrufsrecht für den Verbraucher, JR 1986, 358; Bergmann, Der Kreditvertrag als Haustürgeschäft – eine kleine Geschichte der Schrottimmobilien, Jura 2010, 426; Boente/Riehm, Besondere Vetriebsformen im BGB, Jura 2002, 222; Fischer, HWiG, 2. Aufl. 1995; Gilles, Das Gesetz über den Widerruf von Haustürgeschäften und ähnlichen Geschäften, NJW 1986, 1131; Grigoleit, Besondere Vetriebsformen im BGB, NJW 2002, 1151; Habersack, Widerruf notariell beurkundeter Willenserklärungen, ZIP 2001, 353; Hoffmann, Verbraucherwiderruf bei Stellvertretung, JZ 2012, 1156; Hoffmann/Schneider, Die Rücksendung der Ware als Widerrufserklärung, NJW 2015, 2529; Kemper, Verbraucherschutzinstrumente, 1994; Klauss/Ose, Verbraucherkreditgeschäfte, 2. Aufl. 1988; Knuth, Sas neue Widerrufsrecht 2010–ein Weg zu mehr Rechtssicherheit?, ZGS 2010, 253; Löwe, Schutz gegen Überrumpelung beim Vertragsschluß, BB 1986, 821; Martis, Aktuelle Entwicklungen im Recht der Haustürwiderrufsgeschäfte, MDR 1999, 198; ders., Aktuelle Entwicklungen im Recht der Haustürgeschäfte, MDR 2003, 961; Martis/Meinhof, Verbraucherschutzrecht, 2.Aufl. 2005; Meller-Hannich, Vertragslösungsrechte des Verbrauchers aus dem BGB–Geschichte und Gegenwart, Jura 2003, 369; Michalski, Das Haustürwiderrufsgesetz, Jura 1996, 169; Micklitz, Vertriebsrecht: Haustür-, Fernabsatzgeschäfte und elektronischer Geschäftsverkehr (§§ 312–312f; 355–359 BGB), 2002; Petersen, Anfechtung und Widerruf des Vertrags, in: Liber Amicorum f. Detlef Leenen, 2012, 219; Pfeiffer/Dauck, BGH–Rechtsprechung aktuell: Das Haustürgeschäftewiderrufsgesetz, NJW 1996, 2077; Reiner, Der verbraucherschützende Widerruf im Recht der Willenserklärungen, AcP 203 (2003), 1; Rohlfing, Die Entwicklung der Rechtsprechung zum Widerrufsrecht bei Haustürgeschäften, MDR 2010, 552; Schirmbacher, Verbrauchervertriebsrecht: die Vereinheitlichung der Vorschriften über Haustürgeschäfte, Fernabsatzverträge und Verträge im elektronischen

Geschäftsverkehr, 2005; Schlaus, Rechtsfragen der Haustürgeschäfte unter besonderer Berücksichtigung der Kredit-und Wertpapiergeschäfte, ZHR 151 (1987), 180; Schreindorfer, Verbraucherschutz und Stellvertretung, 2012; Staudinger, Der Widerruf bei Haustürgeschäften: eine unendliche Geschichte?, NJW 2002, 653; ders., Unbegrenztes Widerrufsrecht bei Haustürgeschäften ohne Belehrung, ZGS 2002, 18; Schwab, Der verbraucherschützende Widerruf und seine Folgen für die Rückabwicklung des Vertrages, JZ 2015, 644; Wassermann, Grundfälle zum Recht der Haustürgeschäfte, JuS 1990, 548/723; Wilhelm, Änderung der Schuldrechtsreform aufgrund der Haustürgeschäftsrichtlinie und die Sprache des Gesetzgebers, DB 2002, 1307; Zerres, Bedeutung der verbraucherschützenden Umgehungsverbote am Beispiel der „Haustürgeschäfte", MDR 2004, 1334.

一、概述

如果合同订立不是在经营场所准备,而是经营者迫使消费者在其家中、在休闲时间或者在类似情况下面对合同要约,则需要特别保护消费者。在此类情况中存在的风险是,顾客的"防御准备"减弱,他"措手不及",最后同意订立合同,而他本来不会订立合同或者不会以这样的条件订立合同。为了防范这种不能通过《民法典》的一般手段应对的危险[1],1996年立法者以1985年12月20日[2]的欧共体指令为基础,签署了《上门销售及类似交易撤回法》(Gesetz über den Widerruf von Haustürgeschäften und ähnlichen Geschäften)(HWiG)[3],而2000年10月1

1793

---

[1] 对于第123条在多数情况下缺失欺诈,对于第138条,缺失明显的不成比例或者特别软弱的情况(→边码1773)。如果合同已经根据第138条无效,则撤回权被排除(→边码929a)。

[2] 1985年12月20日的"涉及在交易场所之外订立合同的情况的指导方针",85/77/EWG;ABlEG Nr. L 372/31 vom 31.12.1985.

[3] 1996年1月16日;BGBl. I, 122——该法律经常不幸地被称为"上门撤回法"。撤回的当然不是上门,而是上门(或者类似情况中)订立的交易。

日[4]生效的《远程销售法》从根本上对该法进行了修订。在债法现代化的过程中,《上门销售及类似交易撤回法》的规定被纳入《民法典》[5],通过消费者权利指令[6]的转化得以修订。目前主要在**第 312 条至第 312b 条、第 312g 条**中。这些规范现在被称为"经营场所之外订立的(消费者)合同",主要包括消费者与经营者之间在其经营场所之外订立的所有类型的有偿合同(第 312 条、第 312b 条)。在这些合同中推定,合同订立并非以谨慎的考虑和恰当的谈判为基础,而是建立在顾客意外的基础上,顾客没有经过客观的考量(出于意外、注意力被转移、摆脱纠缠不休的合同相对人、被错误理解的礼貌等原因)而被诱导发出意思表示。立法者赋予消费者撤回其合同意思表示的权利。如果消费者按规定被告知撤回期限,那么原则上的撤回期限是两周[第 312g 条第 1 款,第 355 条第 1 款(第 1 句和)第 5 句、第 2 款第 1 句]。与这些规定不同的约定不能对消费者不利(第 312k 条第 1 款第 1 句)。

1794   典型的例子是所谓的上门推销,销售人员按门铃并出售书籍、化妆品、小商品、杂志等。此时被推销的顾客本来有其他打算(他想把电视里的侦探剧看完、家中有访客、感觉受干扰、害怕被纠缠等),只是为了打发销售人员才签名。法律考虑到这种在日常生活中典型的情况,借助撤销权使消费者可以单方从合同中解脱。

二、撤回权的前提条件

(一)主体前提条件

1795   在人的适用范围方面,第 312 条第 1 款联合第 310 条第 3 款处理的是

---

[4] 2000 年 6 月 26 日的《远程销售法》第 6 条、第 12 条;BGBl, I, 897, 906/909.
[5] 参见边码 1738 脚注 1。
[6] 2011 年 10 月 25 日,欧洲议会和参议会的关于消费者权利指导方针 2011/83/EU (2011 年 11 月 22 日 ABl. L 304,第 64 页)。

消费者(Verbraucher)和经营者(Unternehmer)之间的关系。上述规定指示参照第13条、第14条,亦即一方必须是自然人,在此合同不应当主要属于其工商业行为或独立的职业行为(→边码169),另一方必须是自然人、法人或者有权利能力的合伙,他们的行为属于商业活动行为或者独立的职业行为(→边码170)。

(二) 客观前提条件

对于客观适用范围,首先要考虑的是,消费者保护的特别规定优先(第312g条第3款),前提是它赋予消费者至少相同广度的撤回权。[7] 此外,立法者在第312条中一般性地规定了客观前提条件,在第312b条中进一步作出特别规定。具体必须满足以下条件: 1796

1. 有偿合同

根据第312条第1款(联合第312g条),撤回权只在以有偿给付为标的的合同中予以考虑。该规定并非对所有的法律行为都适用(比如,对在工作岗位上未经思考而表达的终止不适用),而是只对合同适用。合同必须以有偿的给付为标的,这样,仅单方负担义务的合同(如赠与),或者非牵连性的、不完全的双方负担义务的合同(如借用)被排除。[8] 除此之外,法律没有在合同类型方面作出规定。 1797

范例

企业S想向银行G借商业信贷。G将是否授予信贷依赖于S设置的保证。于是,S拿着G准备好的保证表格来到他的朋友F的住处,劝说他在保证合同上签名。事后F想撤回他的保证意思表示。然而,第312条第1款、第312b条(第1款第1句第1项)、第312g条第1款并没有赋予F撤回权。保证本身不是有偿合同。同时,规范以共同体法为基础,只要共同体法要求保证订入,与指令相符的解释 1798

---

[7] EuGH NJW 2002, 281ff.; BGHZ 159, 280, 283ff.; 150, 248, 251ff.; BGH NJW 2006, 497.
[8] 对于有偿法律行为的概念,参见边码490以下。

原则(→边码140)就也要求保证订入。只有主债务人和保证人都是消费者,且在上门交易框架内负担义务的,根据欧洲法院的司法裁判,才符合这种情况。[9] 接着,通过符合指令的解释,第312条第2款、第312b条第1款第1句第1项、第312g条第1款延伸至这种情况。[10] 反之,如果像本案这样,主债务人是经营者,或者他订立的合同并非上门交易,那么规范不应当对保证人适用,因为在债权人和保证人之间的关系中不存在有偿合同。第312条第2款、第312b条第1款第1句第1项、第312g条第1款的类推适用也被排除,因为立法者有意识地将客观适用范围限制于有偿合同,这样就不存在违反计划的规定漏洞(→边码144)。[11] 这期间联邦法院将消费者保护扩大,赋予担保人消费者保护的权利,且不依赖于主债务人是否为消费者。[12]

2. 经营场所之外的合同对接

1799 最重要的前提条件是,消费者和经营者之间的有偿合同必须在经营场所之外作对接,因为只有在这种情况中才存在特别的**意外之危险**(überrumpelungsgefahr),应当保护消费者不遭受这种意外。法律并没有满足于这种概括性表述的特点,而是在第312b条第1款第1句第1项至第4项中详细表述这些情况。

1800 在所有情况下,都必须要求消费者在法律规定的情况下**被动地决定订立合同**(zum Vertragsschluss bestimmt),亦即要求在特殊的事实因素和消费者的意思表示之间存在因果关系。只要确定合同不会以其他方式或

---

[9] EuGH NJW 1998, 1295, 1296.

[10] BGHZ 139, 21, 22ff.; OLG München ZIP 1999, 1433, 1436; Erman-Koch[14] § 312 Rdnr. 16f.; Mayen, FS Schimansky, 1999, 415, 421ff.——在欧洲法院作出裁判前,该问题长时间有争议,在司法裁判中的回答不统一。关于观点的概况,参见 BGH NJW 1996, 930 ff。

[11] 不同观点,参见 Auer, ZBB 1999, 161, 168f.; Breithaupt, MDR 1998, 1020f.; Brox/Walker[38], Rdnr. 202; Kröll, DZWIR 1998, 426, 429 f.; Lorenz, NJW 1998, 2937, 2939 f.; Lubitz, JA 1998, 617, 618f.; Pfeiffer, ZIP 1998, 1129, 1135f.; ders., EWiR 1998, 465, 466; Reinicke/Tiedtke, ZIP 1998, 893, 895.

[12] BGH NJW 2006, 845 f.

者以现有方式成立,共同因果关系就够了。[13] 因此,合同并非必须在法律规定的情况中已经完成订立。只要令人意外的效果在紧随其后的合同订立中仍然继续存在,就足够了(→边码 1805)。[14]

主要包括的合同是那些双方当事人同时在场的情况下,**不在企业经营场所内**(der kein Geschäftsraum des Unternehmers ist)订立的合同(第 312b 条第 1 款第 1 句第 1 项)。一方面,它要求合同当事人或者其代理人亲自在场[15],通过邮寄广告或者通过电话或互联网的合同准备,不满足此情况。[16] 另一方面,合同订立的地点必须不是第 312b 条第 2 款意义上的企业经营场所,比如,在消费者的工作岗位或者私人住宅内。在私人住宅相遇的诱因则无关紧要。[17] 私人住宅不必是消费者的;第三人的私人住宅足矣。[18] 反之,如果顾客是为了合同谈判而找到经营者的私人住宅,那么这不包括在第 312b 条第 1 款第 1 句第 1 项中。[19]

1801

范例

F 在她朋友 A 家里举办的"特百惠派对"上,以 235 欧元的价格订购了特百惠商品。第二天早上她的先生责备了她,因此 F 想要撤回她的订购。对此,F 可以以第 312b 条为依据,因为她在 A 的私人

1802

---

[13] BGHZ 131, 385, 392; BGH NJW 2006, 497; 1999, 575, 576.

[14] BGHZ 123, 380, 392 f.

[15] 只要代理人介入,就必须满足法定的事实要件,而对于人的前提条件,关键则在于被代理人(→边码 1367);参见 BGHZ 144, 223, 226 ff.; BGH NJW-RR 2006, 1757 Rdnr. 14 ff.; NJW 2005, 664, 668; 2000, 2270, 2271; OLG Düsseldorf ZIP 2001, 285, 286; OLG Karlsruhe MDR 2001, 982; 概括的观点,参见 Schreindorfer (Rdnr.1792), passim; 不同观点,参见 Hoffmann, JZ 2012, 1156, 1157f.。如果合同通过独立的第三人传达,则消费者和第三人之间的上门情况足矣。企业必须对此不知情。过错也不起作用。参见 EuGH NJW 2005, 3555; BGH NJW 2006, 1340 Rdnr. 13f.; 2006, 497f.; NJW-RR2006,1715 Rdnr. 14 ff.; Knops,WM 2006, 70 f.。

[16] BGHZ 132, 1, 3f.; 131, 385, 390; Borges, ZIP 1999, 130, 132; Köhler, NJW 1998, 185, 186; Palandt-Grüneberg[74] § 312b Rdnr. 4——不同观点,参见 Klingsporn, NJW 1997, 1546ff.; Ruoff, NJW-CoR 2000, 38 ff.。

[17] BGH NJW 1999, 575, 576.

[18] BGH ZIP 2005, 67, 68.

[19] BGH NJW 2000, 3498, 3499.

住宅内因口头展示而决定订立合同，A 自己也是顾客，第 312g 条第 2 款第 1 句第 11 项的排除事由在纯粹的商品展示邀请中不适用(→边码 1807)。

1803 第 312b 条第 1 款第 1 句第 4 项指出的第二种情况是，经营者为了出卖商品或者提供服务向消费者做宣传，并与之订立相应的合同，而组织**郊游**(Ausflug)，消费者在这种企业组织的或借助企业帮助组织的郊游中订立合同。在这种休闲活动中，人们通常也不适合订立有偿合同。休闲经历转移了消费者对活动本来目的的注意力，因此，法律行为上的决定自由受到干扰。[20] 除此之外，消费者会因心理上的压力而同意企业的推广，因此，消费者在这种情况下也有撤回权。消费者并非对在此类活动中决定订立的所有的合同均享有撤回权。确切地说，休闲活动必须由企业举办或者由企业支持的第三人举办。

范例

1804 公交车企业 U 以 5 欧元的价格发出瓦尔特堡一日游的要约，且包含一顿丰盛的点心自助餐。在 B 的咖啡厅休息期间，电热被生产商 H 的售货员经 U 的同意出现在咖啡厅，用他令人印象深刻的口才推销电热被。美好的郊游使参加人的情绪特别好，也出于对 U 慷慨的感谢——因为他只收取很少的钱而为参加人提供了很多服务，参加人订购了很多这种价格超高的被子。在此，合同首先生效力(→边码 1173)，但是满足第 312b 条第 1 款第 1 句第 4 项的撤回前提条件，因为 U 在与 H 协商后组织了郊游，这(也)是为了 H 的利益。

1805 第 312b 条第 1 款第 1 句第 2 项和第 3 项包含了**保护不受规避**(Schutz vor Umgehung)的规定。虽然合同在企业经营场所内订立，但是消费者是在经营场所外对此时在场的经营者发出合同要约(第 2 项)，或者经营者

---

[20] BGH NJW 2004, 362f.; 1990, 3265, 3266.

在经营场所之外与消费者攀谈(第 3 项;→边码 1800),消费者也有撤回权。

范例

U 在他的店面前分发传单,借此为打折的时髦手机作广告。他也给了 V 一份这样的传单,并试图劝说他购买。V 因此同意了,在 U 的店里购买了一部时髦手机。 1806

3. 未排除

尽管上述前提条件成立,但是对不需要法律特别保护的情况,立法者也排除了撤回权。出于该目的,第 312g 条第 2 款规定了很多排除要件,在此应当只是示范性地指出。比如,第 312g 条第 2 款第 1 句第 1 项规定,如果关乎的不是预先制作完成的商品的合同,或者是明显为消费者需求量身定制的商品,则不存在撤销权。 1807

范例

V 为了让 U 给他的衬衣测量尺寸,约 U 在他的住宅中会面。这满足第 312b 条第 1 款第 1 句第 1 项的要件,撤回权被第 312g 条第 2 款第 1 句第 1 项排除。 1808

第二个排除要件处理的是**清算不可能**(Rückabwicklung unmöglich)的合同。第 312g 条第 2 款第 1 句的情况属于此,比如第 2 项(易腐烂商品)、第 3 项(保健品),或者第 4 项(商品不可分离地混合在一起)。 1809

第三个排除要件在**经公证人公证的合同**(notariell beurkundete Verträge)中满足(第 312g 条第 2 款第 1 句第 13 项)。根据《公证法》第 17 条,公证人必须向当事人说明交易在法律上的效果,并确保避免无经验的和不机敏的当事人遭受不利(→边码 1049)。与之相关联的保护已经足够,因此不需要格外的撤回权。 1810

第 312 条第 6 款将**保险合同**(Versicherungsverträge)从消费者保护法 1811

的适用范围中排除。这具有正当性,因为保险合同根据《保险合同法》第18条第1款第1句,在14天内可以撤回。

三、撤回权的行使

(一) 形式

1812 根据第312g条第1款,第355条的规定对撤回权的行使适用。[21] 撤回是消费者作出的需受领的意思表示,为了产生效力,根据第130条它必须到达经营者。撤回不需要特别的形式。明信片足矣,传真和电子邮件等也同样可以。通过寄回已收到的商品来推定撤回也足够。[22] 不必对撤回进行说理。只需要充分明确表示,合同不应当再继续有效。[23]

(二) 期限

1813 撤回权与期限关联。如果未在期限内行使撤回权,则权利消灭。因此,这属于除斥期间(→边码317)。根据第312g条第1款,第355条第1款第1句、第2款第1句,期限原则上是两周。通过发出应当到达经营者[24](→边码1812)的撤回意思表示,期限得以维持。根据第356条第2款和第3款,期限只有两周的前提条件是,经营者履行了根据第312d条第1款、《民法典实施法》第246a章第1条第2款第1句第1项,或者根据第312d条第2款、《民法典实施法》第246b章第2条第1款的信息义务。特别是,提示撤回权状况属于此义务(《民法典实施法》第246a章第1条第2款第1句第1项)。只有在这些前提条件满足的情况下,撤回期限才是两

---

[21] 其他的消费者保护规范也指向第355条以下;参见第312g条第1款,第358条第2款、第4款第1句、第5款,第485条第1款,第495条第1款,《远程销售法》第4条第1款。
[22] Dazu Hoffmann/Schneider, NJW 2015, 2529 ff.
[23] BAG NJW 2015, 2908 Rdnr. 16 附其他证明。
[24] Flume ZIP 2000, 1427, 1429; Wolf/Neuner[10], §43 Rdnr. 20——经证明按期限发出,但在途中丢失的撤回可以在期限内有效补发,OLG Dresden MDR 2000, 407 附其他证明。

周。如果根本没有提示撤回权,或者没有按规定提示,那么撤回权在合同订立并完全转让商品的1年零14天后消灭(第356条第3款第2句)。

四、撤回的法律效果

(一) 撤回权的教义

对之前的《上门销售及类似交易撤回法》第1条和《消费者信贷法》第7条(《民法典》第312g条、第495条、第355条)中的撤回权的理解有争议的是,可撤回的意思表示在撤回期限内是否已经生效力,但可以通过撤回消灭(未决地生效力)[25],抑或它随着撤回期限的经过才生效力(未决地不生效力)。[26] 在第一种情况下,撤回被归类为权利消灭的抗辩;在第二种情况下,撤回被归类为权利阻碍的抗辩。[27] 随着《民法典》第355条的介入[28],争议有了决断,第355条的文义表达为,随着撤回当事人"不再"受其意思表示的约束。立法者明确赞同消费者的合同表示属于**效力待定**(schwebende Wirksamkeit)[29],这样,撤回权现在被归类为消费者的单方**形成权**(Gestaltungsrecht)。[30] 合同随着最后合同表示的到达成立且生效

1814

---

[25] So etwa Bülow, VerbrKrG³ §7 Rdnr.15; Gernhuber, WM 1998, 1797, 1804f.; Krämer, ZIP 1997, 93ff.; Medicus⁷, Rdnr. 305; Palandt-Putzo⁵⁹ §7 VerbrKrG Rdnr. 4; Teske, NJW 1991, 2793, 2794.

[26] 在此意义上的,参见 BGHZ 131, 82, 85; 119, 283, 298; 113, 222, 225; Erman-Saenger¹⁰ §7 VerbrKrG Rdnr. 6; Köhler²⁴ §15 Rdnr. 36c; Larenz/Wolf⁸, §39 Rdnr. 38; MünchKomm-Ulmer³ §1 HausTWG Rdnr. 6.

[27] 尽管将其归类为权利阻碍的抗辩,但仍有部分观点称之为形成权,因为撤回使此前效力待定的法律行为最终不生效力;可参见 Larenz/Wolf⁸, §39 Rdnr. 42; MünchKomm-Ulmer³ §1 HausTWG Rdnr. 3。

[28] 在《债法现代化法》(→边码1793)第361a条之前。

[29] 参见 Begr. RegE §361a BGB, BT-Drs. 14/2658, 47; 对术语的批评,参见 Reiner, AcP 203 (2003), 1, 30 f.。

[30] Bülow/Artz, NJW 2000, 2049, 2052; K. Schmidt, JuS 2000, 1096, 1098; Wolf/Neuner¹⁰, §43 Rdnr. 20; 赞同归类为准撤销权的,参见 Reiner, AcP 203 (2003), 1, 26ff.。

力。双方都有履行请求权。[31] 如果消费者撤回他的意思表示,则意思表示(的约束)消灭,合同根据第 357 条转化为返还之债的关系(→边码 1816)。[32] 由此同时显示,不应当将根据第 355 条的撤回与根据第 130 条第 1 款第 2 句的撤回(→边码 649)混淆:后者已经阻碍意思表示生效力,因此阻碍合同成立,而前者以生效力的意思表示为前提条件,该意思表示事后被剥夺约束力。法律效果也仅对未来有效力(mit Wirkung ex nunc)。因为它属于——与撤销时不同(第 142 条第 1 款,→边码 918)——没有溯及效力的规定,撤回仅对未来产生法律效果。因此,在撤回的意思表示到达之前,合同仍被作为生效力而对待。

范例

1815　　V 根据《民事诉讼法》第 767 条提起执行异议之诉,来抗议 U 根据 2012 年 12 月生效力的判决而提出的强制执行,在该判决中,V 被裁判支付买卖价款 8000 欧元。2013 年——在判决生效之后——V 撤回他的意思表示,理由是,他在 U 的同事的私人住宅中发出意思表示,而该同事未告知他关于撤回权的信息。V 的观点是,基于生效判决的强制执行已变得不适法,因为他现在撤回了判决以之为基础的意思表示。《民事诉讼法》第 767 条的前提条件是,V 的抗辩触及由判决确定的请求权本身,且产生抗辩的原因在最后一次口头审理之后才产生。联邦法院[33]以《上门销售及类似交易撤回法》第 1 条的旧文义为依据否定该前提条件成立:撤回权是权利阻碍的抗辩,合同总是(待定)不生效力,因此,V 现在不能主张新的情况。如今我们不能再这样判决。[34] 撤回权现在是形成权,因此,在口头审理结束后表示的撤回改变了法律状况。然而,《民事诉讼法》第 767 条第 2 款的排除规则通常与考虑该因素相冲突,司法裁判适用第 767 条第 2 款

---

[31] Fuchs, ZIP 2000, 1273, 1282.
[32] 依通说,合同本身被撤回;参见 Petersen (Rdnr. 1792), 221 ff.。
[33] BGHZ 131, 82, 85.
[34] 同样的观点,参见 K. Schmidt, JuS 2000, 1096, 1098f.。

时的理解是,如果本来也可以在口头审理结束前主张形成权,那么就不能再借助执行异议之诉主张形成权。[35]

(二) 返还

撤回使作为双方给付的法律基础的合同消灭,这样就必须返还。因为撤回仅向未来生效力(→边码1814),在不当得利法上,不能根据第812条第1款第1句情况1返还,而是应根据第812条第1款第2句情况1返还。然而,立法者在第357条第1款第1句和第4款中确定了与解除权相似的返还。[36] 亦即撤回引起的效力是使合同关系转化成法定清算关系,其效果是,消费者根据第357条第4款第1句负担将转让给他的合同给付返还之义务,在有相应的告知时要以牺牲他的利益为代价(第357条第6款)。 1816

虽然按规定使用商品,但对于使用期间导致商品价值损失,消费者必须根据第357条第7款给付**价值赔偿**(Wertersatz),前提是他就该法律效果得到符合规定的告知。正如从第357条第7款第1项得出的反向推论那样,如果价值损失仅仅归因于商品检测,则不适用第357条第7款。 1816a

---

[35] 仅参见 BGHZ 123, 49, 52; 94, 29, 34f.; 42, 37, 39ff.; 38, 122, 123; 34, 274, 279。相反地,文献中的通说以形成权的行使为标准;关于观点的概括,参见 Baur/Stürner/Bruns, Zwangsvollstreckungsrecht[13], Rdnr. 45. 12; Brox/Walker, Zwangsvollstreckungsrecht[10], Rdnr. 1343 ff.; Rosenberg/Gaul/Schilken, Zwangsvollstreckungsrecht[12], § 40 Rdnr. 58; Stein/Jonas-Münzberg[22] § 767 Rdnr. 32 ff.。

[36] 对此,详见 Schwab, JZ 2015, 644 ff.。

第四十章　消费者信贷

> **文献**
>
> 1817　Artz, Der Verbraucher als Kreditnehmer, 2001; Bruchner/Ott/Wagner – Wieduwilt, VerbrKrG, 2. Aufl. 1994; Bülow, VerbrKrG, 6. Aufl. 2006; ders., Das neue Verbraucherkreditgesetz, NJW 1991, 129; ders., Verbraucherkreditrecht im BGB, NJW 2002, 1145; Emmerich, Das Verbraucherkreditgesetz, JuS 1991, 705; v. Heymann, Zum neuen Verbraucherkreditgesetz, WM 1991, 1285; Karollus, Grundfälle zum Verbraucherkreditgesetz, JuS 1993, 651; Lwowski/Peters/Münscher, Verbraucherdarlehensrecht, 3. Aufl. 2008; Martis/Meinhof, Verbraucherschutzrecht, 2. Aufl. 2005; Medicus, Das Verbraucherkreditgesetz, Jura 1991, 561; Michalski, Das Verbraucherkreditgesetz, Jura 1997, 169; Münstermann/Hannes, VerbrKrG, 1991; Reinking/Nießen, Das Verbraucherkreditgesetz, ZIP 1991, 79; Sauer/Wittemann, Einführung in das deutsche und europäische Verbraucherkreditrecht, Jura 2005, 8; Scholz, Das Verbraucherkreditgesetz, DB 1991, 215; Seibert, Das Verbraucherkreditgesetz, insbesondere die erfaßten Geschäfte aus dem Blickwinkel der Gesetzgebung, WM 1991, 1445; Ulmer/Habersack, VerbrKrG, 2. Aufl. 1995; Vortmann, VerbrKrG, 1991; Graf v. Westphalen/Emmerich/v. Rottenburg, VerbrKrG, 2. Aufl. 1996; Wiechers, Die Rechtsprechung des Bundesgerichtshofs zum Verbraucherkreditgesetz, WM 2000, 1077; Wittig/Wittig, Das neue Darlehensrecht im Überblick, WM 2002, 145.

一、概述

1818　基于与上门交易相同的原因（→边码 1793），消费者的信贷交易也有特殊规定。为了确保在经济上和社会上通常处于弱势的买受人受到合理保护,自 1894 年以来,对分期付款买卖就适用《分期付款法》。[1] 以 1991 年 1 月 1 日的消费者信贷指令[2]为基础,《分期付款法》被《消费者信贷法》[3]取代。债法改革[4]之后,《消费者信贷法》的规定主要见于第 491 条至第 592 条。有必要在信贷领域实施统一且有效率的消费者保护的理由是,消费者总是面临更大的危险,不能充分判断与信贷交易相关联的负担和风险。[5] 信贷交易在多数情况下由借款人设计合同,除了本来的信贷金额,还规定了不同的费用、支出等,特别是对没有经验的顾客而言,这些很难洞察,实际产生的经济上的负担也不易识别。保护不但应当通过撤回权的赋予来实现(→边码 1839),而且还要通过对形式和内容作出规定来实现(→边码 1833)。与消费者信贷规定不一致的约定不得对消费者不利。第 506 条、第 655e 条规定,相关规定具有强制性,同时规定了规避禁止。个别约定与法律规定不一致的,只要该约定降低了消费者的主动权,就被排除。

二、适用范围

《消费者信贷法》区分人的适用范围和事实适用范围。并非只要当事人实施了信贷交易,就概括地适用《消费者信贷法》。确切地说,既要审查条款在事实方面的可适用性,也要审查条款在人的方面的可适用性。满足相应前提条件的,这些条款取代上门交易中的撤回权(第 312g 条第 3 款,→边码 1796)。   1819

---

[1] RGBl. 1894, 450.
[2] 1986 年 12 月 22 日的 87/102/EWG;1987 年 2 月 12 日的 ABlEG Nr. L 42/48;通过 1990 年 2 月 22 日的指令 90/88/EWG 修改;1990 年 3 月 10 日的 ABlEG Nr. L 61/14。
[3] Vom 12.12.1990; BGBl. 1990 I, 2840. 这部法律被 2000 年 10 月 1 日生效的《远程销售法》从根本上修改;BGBl. 2000 I, 897, 905/909。
[4] 参见边码 1738 脚注 1。
[5] Allg. Begr. RegE, BT-Drs. 11/5462, 11.

(一) 人的适用范围

1820　第 491 条第 1 款、第 506 条第 1 款、第 655a 条第 1 款规定了人的适用范围。信贷交易的当事人一方是经营者,作为贷款人或者信贷居间人提供信贷;另一方是消费者,作为借款人需要信贷。

1. 贷款人或者信贷居间人

1821　在贷款人方面,关于消费者借贷合同的规定根据第 491 条第 1 款、第 506 条第 1 款、第 655a 条第 1 款延伸至作为经营者提供借贷的人,或者居间促成以及介绍信贷的人。对经营者的概念适用第 14 条(→边码 170)。据此,适合作为信贷人的不仅有银行和储蓄所,还有如作为生产者、供货人、批发商或零售商等基于信用出卖商品的人,还包括那些与需要信贷的顾客订立服务合同、承揽合同和承揽供货合同的手工业者,他们为合同产生的报酬提供信贷。相反,这些规定在私人领域被排除适用,如朋友之间或者亲戚之间提供贷款的情况,因为贷款人——即使贷款人在其他情况下是经营者——没有在经营工商企业或者行使独立职业的行为中提供贷款。

范例

1822　为了能负担继续法律教育学业的费用,S 在 B 银行借款 1 万欧元。在此可以适用关于消费者借贷合同的规定。反之,如果 S 从他叔叔 A——一个汽车经销商——那里借款,则不适用上述规定,因为 A 并非作为经营者而行动。

2. 借款人

1823　第 13 条意义上的消费者(→边码 169)必须以贷款人的合同当事人的身份出现。根据该规定,只有自然人可以作为消费者,且借贷不是为了他的经营行为或者独立职业行为。第 512 条扩张了一般的消费者概念,它将创业信贷(不超过 7.5 万欧元)包括在内,即自然人为了设立第一次商业行为或自由职业行为而接受的借贷(→边码 1830)。[6]

范例

建筑师 A 购买了一辆价值为 3 万欧元的车,他想将该车用于工作行程。为了筹措资金,他向 B 银行贷款。在此不适用第 491 条以下条款,因为贷款的目的不是私人使用车辆,而是为自由职业而使用该车。如果 A 仅想为私人目的而使用车辆,则情况不同。 1824

(二)事实适用范围

根据第 491 条第 1 款、第 655a 条第 1 款,信贷合同和信贷居间合同受关于消费者贷款规定的规范,除此之外,还包括支付延期和其他的根据第 506 条的融资援助,以及部分由第 510 条规定的合同类型,前提是第 491 条第 2 款和第 3 款没有作出限制(参见第 506 条第 4 款、第 510 条第 3 款第 1 句)。 1825

1. 借贷合同

根据第 491 条第 1 款、第 506 条第 1 款,借贷合同是以贷款、支付迟延及其他的融资援助的形式发生的有偿信贷。借贷合同的概念并不表明自己的合同类型特征,而是把债法分则中法定类型的合同和非典型合同"叠加"在一起。如果一个合同包括两项资格特征,则成为借贷合同:一方面,合同的内容必须是提供贷款、支付延期或者其他融资援助;另一方面,消费者必须为此承担支付酬金义务。[7] 依此,不仅包括买卖合同和根据第 488 条的关于金钱借贷的合同,还包括关于承揽给付、服务给付和事务处理的合同。在任何情况下,都必须是有偿合同。无偿合同不受第 491 条以下条款的规范。比如,无偿借贷和无偿支付延期不包括在第 491 条第 1 款、第 506 条第 1 款中。对于要求的"有偿"而言,任何种类的对待 1826

---

[6] 根据第 14 条,设立人也是企业,对此参见边码 170;关于(第二个)商业行为的成立与已经行使的商业行为的扩张之间的区别,见 BGH NJW-RR 2000, 1221, 1222。

[7] Palandt-Weidenkaff[74] § 491 Rdnr. 3, Vorb v § 506 Rdnr. 3 ff.

给付都足够,即使它十分微小。[8] 同样无关紧要的是,报酬是否必须以利息、一次性酬劳、部分支付加价、费用等形式支付。关键的事实只是,消费者确实必须为取得贷款提供对待给付。因此,信贷合同特别包括第488条以下条款意义上的有偿借贷,如固定额度信贷、分期信贷(特别是融资性分期付款交易)、往来账户信贷、有偿的买卖价款延期,以及其他关于商品或服务的分期付款交易。[9]

范例

1827　　V 与 K 订立了一份建筑吊车的融资租赁合同。双方约定,K 迟延支付分期款的,V 有权利立即终止融资租赁合同。此外,在这种情况下 V 可以主张未支付的租金,但是要扣除建筑吊车的变价所得。通过书面合同,B 对 V 为该交易中所有的债权承担独立债务人保证。此后不久,K 陷入租金支付迟延。V 立即终止了融资租赁合同,并请求保证人支付余款。B 抗辩,保证根据第 507 条第 2 款第 1 句形式上无效,因为它与第 492 条的规定不一致。然而,他不能这样做。与债务加入[10]或合同承受[11]不同,保证不能被涵摄至信贷合同中,因此不在第 491 条以下条款的事实适用范围中。[12] 即使保证人和主债

---

[8] OLG Köln ZIP 1994, 776.

[9] 不动产交易不属于此,参见 BGHZ 165, 325, 329 ff.——详细的关于被《消费者借贷法》包括的交易,参见 Seibert, WM 1991, 1445ff.。

[10] BGHZ 155, 240, 243; 133, 220, 222ff.; 133, 71, 74ff.; BGH NJW 2006, 431, 432; 2000, 3496, 3497; 2000, 3133, 3135 f.

[11] BGHZ 129, 371, 378f.; BGH NJW 1999, 2665, 2666 (dazu Martinek JZ 2000, 551ff.); 区别的 OLG Düsseldorf NJW- RR 2001, 641 f.

[12] 参见 BGHZ 138, 321, 323ff.; OLG Düsseldorf WM 1998, 169, 170; OLG Hamm WM 1998, 171f.; OLG Rostock WM 1998, 446, 447; BAG NJW 2000, 3299, 3300; Becker/Dietrich, NJW 2000, 2798ff.; Erman-Saenger[14] § 491 Rdnr.25; Mayen, FS Schimansky, 1999, 415, 427ff.; Reinking/Nießen, ZIP 1991, 79, 80; Ulmer, JZ 2000, 781; Zahn, DB 1998, 353, 358——不同观点,参见 LG Köln WM 1998, 172f.; LG Neubrandenburg NJW 1997, 2826; Auer, ZBB 1999, 161, 169; Bülow, ZIP 1999, 1613ff.; ders., NJW 1996, 2889, 2892; Holznagel, Jura 2000, 578ff.; Scherer/Meyer, DB 2000, 818f.; Sölter, NJW 1998, 2192ff.; Graf v. Westphalen, DB 1998, 295, 296 ff.。

务人都是第 13 条、第 512 条意义上的消费者[13],同样如此。符合指令的解释也得不出其他结论,因为共同体法持同样立场。[14]

2. 借贷居间合同

第 655a 条意义上的借贷居间合同是消费者和经营者之间的协议,根据该协议,经营者应当有偿向消费者介绍消费者借贷合同,或者向他介绍订立消费者借贷合同的机会。在此,被介绍的借贷必须满足消费者贷款的所有前提条件和性质。比如,介绍此类合同可以是经纪业务(《民法典》第 652 条以下、《商法典》第 93 条以下)的对象,或者是商事代理行为(《商法典》第 84 条)的对象。

1828

范例

S 不想比较不同银行的贷款条件,因为这很困难。因此,S 让"贷款咨询人"K 向他介绍最优惠的贷款。[15] 在此对贷款合同适用第 491 条以下条款的规定,对贷款居间合同适用第 655a 条以下条款的规定。

1829

(三) 例外

在第 491 条第 2 款、第 506 条第 4 款、第 510 条第 3 款第 1 句中,消费者信贷的规定适用范围受到限制。根据上述规定,被排除在外的信贷合同包括,净贷款额度(或者现金支付的价款,或者消费者截至最早可能的终止时间需要支付的部分价款总额)少于 200 欧元的贷款合同(第 491 条第 2 款第 1 项联合第 506 条第 4 款第 2 句、第 510 条第 3 款第 2 句)[16]、超过 7.5 万欧元的创业贷款合同(第 512 条),以及允许不超过三个月的支

1830

---

[13] 不同观点,参见 LG Magdeburg NJW 1999, 3496f.——持开放观点的还有 BGHZ 138, 321, 327f.; OLG Düsseldorf WM 1998, 169, 170。
[14] EuGH JZ 2000, 780 (Ulmer).
[15] 范例见 Karollus, JuS 1993, 651, 652。
[16] 对杂志订购,参见 BGH NJW-RR 2004, 841。

付延期(第491条第2款第3项联合第506条第1款)。第一个和最后一个例外都是小微信贷,在此类情况中,消费者没有遭受特别的负担,仍然可以适用一般合同法。然而,对于第二个例外值得怀疑。将信贷数额限制在7.5万欧元,借此立法者想排除法律对商事公司设立框架内的商业性大额信贷的适用。[17] 但是,有疑问的是,创业者的需保护性并不会随着贷款额到达7.5万欧元而自动消灭。与之相反,其需保护性随着贷款额度的提高而提高。因此,这一例外不能令人信服。[18]

范例

1831　　A想建造一间建筑艺术办公室,因此在B银行贷款8万欧元。因为这是创业贷款,根据第512条,A本身是消费者(→边码1823)。但是他的贷款额超过7.5万欧元,这样,适用第512条的例外规定。因此,在结论上不适用第491条以下的规定。

三、特殊性

1832　　如果合同在人的适用范围和事实适用范围方面符合消费者借贷合同规定,那么无论是对信贷合同(第492条以下)还是对信贷居间合同(第655b条以下),适用的都是与《民法典》一般规定不一致的规定。以下阐述限于信贷合同,而《民法典》一般规定限于形式规定(→边码1833以下)、撤回权(→边码1839)、贷款人解脱的可能性(→边码1840以下),以及对关联合同的影响(→边码1843以下)。

(一) 形式

1. 形式要求

1833　　根据第492条第1款第1句、第506条第1款和第2款,信贷合同生

---

[17] 对§1 RegE, BT-Drs. 11/8274, 20 法律委员会的决议推荐。
[18] 也批评的,参见 Reinking/Nießen, ZIP 1991, 79, 80。

效力需要**书面形式**(Schriftform)。在此原则上适用第 126 条第 1 款的一般规定(→边码 1053 以下):信贷合同的内容要记录在文书中,且当事人要亲笔签名或者借助公证认证的手势签名[19],记录在文书中的意思表示必须到达双方(→边码 630)。[20] 书面形式要求一方面对消费者有警告功能,另一方面有信息功能。依据是贷款合同抑或分期付款交易,根据第 492 条第 2 款、第 506 条第 1 款、第 507 条第 2 款,以及《民法典实施法》第 247 条第 6 款至第 13 款,具体的说明要记录在合同文书中。借此应当使消费者在订立合同时就有可能对合同内容和他拥有的权利获得可靠的认识。特别是通过说明有效的年利息,消费者有可能对不同的信贷要约进行比较,并找出最优惠的一个。

如果消费者授予被授权人订立信贷合同的权利,那么问题是,**授权** 1834 (Bevollmächtigung)接受信贷是否需要第 492 条第 1 款和第 2 款所规定的说明。对该问题长期有争议[21],现在第 492 条第 4 款第 1 句给出了回答,依此,在授权订立消费者借贷合同时要遵守形式要求,这与第 167 条第 2 款不同(→边码 1464 以下)。仅对诉讼授权或者经公证的授权(第 492 条第 4 款第 2 句)[22]不同。反之,根据第 506 条第 1 款,第 492 条第 4 款对第 506 条以下的条款不适用。在此立法者认为,只需要对那些从他的视角看特别容易遭受规避的消费者借贷合同作出不同于第 167 条第 2 款的特殊规定。[23] 因此,对于类推适用第 492 条第 4 款,不存在违反计划的规范漏洞。在这方面仍然遵守授权的形式自由原则(第 167 条第 2 款),因此,根据第 507 条第 2 款、第 506 条第 1 款、第 492 条第 1 款和第 2

---

[19] Erman-Saenger[14] § 492 Rdnr.2.
[20] BGH ZIP 2006, 224 f.
[21] 参见本书第 1 版边码 1834。
[22] 然而,依据一般评价(→边码 1467),如果消费者的代理权授予已经导致事实的约束,第 492 条第 4 款第 2 句在目的上要降低,且必须坚持形式强制(不仅是义务说明);部分扩张,参见 Herresthal, JuS 2002, 844ff.; MünchKomm-Schürnbrand[6] § 492 Rdnr. 54。
[23] Vgl. BT-Drs. 14/7052, 202 f.

款,关于形式和义务说明的规定只需要对代理人遵守。[24]

1835　　相比第 126 条第 2 款的严格要求,即要求双方当事人在相同的文书上签署合同(→边码 1058),第 492 条第 1 款第 2 句和第 3 句、第 506 条有一定程度的**缓和**(Erleichterung)。因此,要约和承诺可以记录在分开的文书上。除此之外,如果借助自动装置生成意思表示(第 492 条第 1 款第 3 句),特别是借助电脑打印,那么就不需要出借人的签名。

2. 形式瑕疵的法律效果

1836　　作为对违反形式规定的惩罚,第 494 条第 1 款、第 506 条第 1 款、第 507 条第 2 款第 1 句规定,原则上信贷合同**无效**(Nichtigkeit)。不但出借人的意思表示无效,而且消费者的意思表示也无效。因此,第 494 条第 1 款、第 507 条第 2 款第 1 句被视为对第 125 条第 1 句的特别规定。[25]在法律效力方面,根据第 494 条第 1 款、第 507 条第 2 款第 1 句无效,原则上与第 125 条第 1 句的法律效力相同。

1837　　但是,根据第 494 条第 2 款、第 507 条第 2 款第 2 句至第 5 句,依第 494 条第 1 款、第 506 条第 1 款、第 507 条第 2 款第 1 句产生的全面无效后果通过**补正**(Heilung)的可能性而得以缓和。[26]如果合同因违反形式而无效,那么瑕疵在消费者借贷合同(第 494 条第 2 款第 1 句)及支付延期和其他的融资援助(第 506 条第 1 款、第 494 条第 2 款第 1 句)中通过受领贷款和使用信贷而补正,在部分支付交易中(第 507 条第 2 款第 2 句)通过物的交付和提供给付而补正。在消费者借贷合同中,法律通过"只要"一词将补正效果限制在实际已经支付的或者使用的信贷额度。该规定的背景是,尽管贷款合同无效,在信贷支付的情况下,仍要停止向消费者主张第 812 条第 1 款第 1 句情况 1 的不当得利请求权。只要消费者能够在约定期间内获得其所期待使用的资金,那么补正的可能性就考虑了消费

---

[24] Tummann, BB 2003, Beilage 5, 23, 26f.——当然在此适用的是,如果消费者的代理权授予已经导致事实的约束,根据一般原则(→边码 1467),应作出不同决定;参见 MünchKomm-Schürnbrand[6] § 506 Rdnr. 20(形式的必要性,但义务说明不是)。

[25] MünchKomm-Schürnbrand[6] § 494 Rdnr. 14; Palandt-Weidenkaff[74] § 494 Rdnr.1 f.

[26] Vgl. M. Roth, WM 2003, 2356ff.; vgl. ferner BGH NJW 2006, 681, 682ff.

者的利益。贷款人通常较容易注意遵守形式规定,他通过补正规定至少获得一部分他所期待的利息[27]和其他信贷费用。因此,补正可能性合理地考虑到双方当事人的利益。

范例

  A 向 B 银行借了 1 万欧元的信贷。款项应当分四期支付给他,每期 2500 欧元。当 A 已经取得 7500 欧元时,他确定,第 492 条第 1 款要求的形式没有得到遵守。根据第 492 条第 2 款第 1 句,只要 A 接受了借款,信贷合同就变成有效的。这意味着对 7500 欧元存在有效的信贷合同,它是 A 已经获得的给付的法律原因,而合同的其他部分无效,尽管仍然可以补正。然而,如果 S 加入信贷合同中(→边码 1827),那么向 A 支付贷款不能补正与 S 的关系中的形式瑕疵。[28]

1838

(二)撤回权

在第 495 条第 1 款、第 506 条第 1 款中,消费者被另外赋予第 355 条的撤回权。对撤回权的行使和效果可以参阅对第 312a 条的阐述。

1839

(三)贷款人退出的可能性

对于消费者信贷的规定不仅允许消费者通过撤回权从信贷合同中退出,而且也使贷款人有可能事后在特定条件下终止合同。对此,第 498 条首先在部分支付贷款中赋予贷款人**到期确定权**(Fälligstellungsrecht)。不仅第 491 条第 1 款意义上的消费者贷款,如分期还款的贷款属于此情况,而且还包括交付特定商品或提供特定服务,但仅支付部分价款的信贷合同(参见第 506 条第 1 款和第 3 款、第 501 条),如分期付款买卖合同或者融资租赁合同(第 506 条第 2 款)。其前提条件一方面是,消费者至少接连两期付款迟延(第 498 条第 1 句第 1 项);另一方面是,贷款人必须设

1840

---

[27] 贷款人获得以支付的借贷额度为基础计算的合同利息,在第 494 条第 2 款第 2 句中获得法定利息。
[28] BGH NJW 2006, 431, 433 附其他证明。

置了两周无果的宽限期,且表示在宽限期内不支付的,他将要求支付全部剩余债务(第498条第1句第2项)。满足这些前提条件的,根据第498条第1句的文义,贷款人可以"终止消费者借贷合同"。在此,"消费者借贷合同"不是指整体合同,而是指分期支付的约定。因此,终止的法律效果并非合同的清算,而是到期约定消灭,借此尚未支付的部分分期支付款全部确定地到期。[29]

1841　　　与之相似,第508条在特定条件下赋予经营者**解除权**(Rücktrittsrecht)。其前提条件是,满足第498条第1句的要件,亦即必须存在部分支付交易,消费者必须连续两次迟延支付分期款。此外要求宽限期和威胁,即在设置的期限内不支付的,要求支付全部剩余款(→边码1840)。没有明确的或推定的解除意思表示的,根据第508条第2款第5句,如果经营者将基于分期支付交易而交付的物重新取回,则拟制存在解除的意思表示,除非经营者和消费者达成一致,否则经营者应当向消费者补偿该物在取回时间点的通常出卖价值。

范例

1842　　　V以2万欧元的价格将汽车卖给K,在此K应当每月分期支付250欧元。4个月之后,K就已经迟延支付三期的分期款。V根据第508条第1句、第498条第1句作出所要求的意思表示,但无果,接着他取得对K的支付名义。生效后,V委托法院执行员执行被卖的汽车,即扣押该汽车,然后拍卖,或者不经公开拍卖而变价,然后将所得价款支付给V。在此虽然V没有对K作出明确的或者推定的解除意思表示,但是在对K的强制执行中变价被视为第508条第5句意义上的重新取回车,这样该过程被评价为解除的意思表示。[30]

---

[29] MünchKomm-Schürnbrand[6] §498 Rdnr. 1.

[30] 参见BGHZ 55, 59, 62ff.(还对《分期付款法》第5条)。如果贷款人自己拍卖物,则同样如此;参见BGHZ 15, 241, 244ff.。

(四) 联合交易

实践中,信贷合同和需融资的合同通常分开。比如,某人购买一辆私家车,如果买卖价款应当分期支付,那么买卖合同受融资援助法律的规范(第506条以下)。反之,如果买受人在银行取得信贷,用借款支付该私家车,只有原来的贷款合同受第491条以下条款的规范。这无法让借款人满意,因为贷款合同无效或者撤回不影响买卖合同的效力。如果贷款合同被解除,借款人必须返还借款,这是他做不到的,因为他已经用借款支付了私家车。为了处理这种矛盾,第358条、第359条在特定条件下将法律效果延伸至需融资的买卖合同。 1843

1. 前提条件

根据第358条第3款第1句的定义,如果消费者借贷合同[31]中的借款全部或者部分用于向提供商品或其他服务的合同支付资金,且两个合同被视为经济上的整体,则存在联合交易。贷款首先用于为销售交易提供资金,即贷款是专用的。与"普通"贷款不同,借款人(消费者)在联合交易中不能自由地处分借款,他必须根据约定为另一个合同提供资金而使用借款。另外,从买受人的视角看,两个合同必须表现为经济上的整体。根据第358条第3款第2句,如果经营者自己为消费者的对待给付提供资金,或者——在第三人融资的情况下——贷款人在消费者贷款合同准备阶段或订立阶段利用了经营者参与,那么不可辩驳地被推定成立整体性。对此的证据是,消费者在同一个过程中签订两个合同(如在企业经营场所与他谈判的过程中),或者在经营者和信贷机构之间存在固定交易关系,且经营者将信贷机构的表格交与消费者。[32] 1844

范例

K想在汽车经销商V处购买一辆价值为7500欧元的二手车。 1845

---

[31] 通过第506条第1款,第358条以下条款同样适用对支付延期和其他有偿的融资帮助。

[32] BGHZ 95, 350, 354 f.; 91, 338, 341; 91, 9, 11f.; 83, 301, 304.

交易订立进展得很困难,因为K没有能力立即筹措买卖价款,而V只想在买方支付现金的情况下出卖。为了解决这个问题,K在签订买卖合同的同时,还签订了由V提供的B银行的信贷申请表,B银行为K提供7500欧元贷款,但不应当向K支付该笔借款,而应当直接向V支付。在此,买卖合同和消费者借贷合同是联合合同。

2. 法律效果

1846 根据第358条第2款第1句,需融资的合同和信贷合同的联合性导致**撤回效果的延伸**(Erstreckung der Widerrufsfolgen)。[33] 消费者也不受需融资的合同的约束,前提是他根据第495条第1款联合第355条撤回消费者贷款合同。两个合同的存在通过这种方式稳定地彼此关联。第355条第2款规定两周的撤回期限(→边码1839)依赖于消费者被按规定告知这种相互关联性(第357a条第3款第4句、《民法典实施法》第247条第12款)。如果信贷款已经向经营者支付,那么在两个合同都不生效力的情况下,根据第358条第4款第5句,清算只发生在信贷提供人和消费者之间。[34] 即消费者向信贷提供人交出买卖标的,必要时根据第358条第4款第1句、第357a条第2款的标准支付价值赔偿。作为回应,信贷提供人必须将消费者实际提供的所有的付款返还。借贷款额度在此关系中不被考虑。就这方面而言,信贷提供人必须借助穿透的不当得利(第812条第1款第1句情况2)优先于出卖人。[35]

1847 相反,第359条使**抗辩穿透**(Einwendungsdurchgriff)成为可能。消费者——如果他尚未支付——可以拒绝提供对待给付,他也可以向贷款人的贷款返还请求权提出抗辩。不应当因为两个合同紧密关联,而使消费者在联合交易中所处的境况比他只面对单一合同相对人时更差。第359

---

[33] 关于两个合同根据第123条撤销,见BGH NJW 2006, 1955 Rdnr. 29。
[34] BGHZ 131, 66, 72 ff.
[35] BGHZ 133, 254, 259ff.——根据不同观点,信贷提供人在与企业的关系中处于消费者的地位,因此可以主张他的清算请求权;参见Dauner-Lieb, WM 1991, Sonderbeilage 6, 21; MünchKomm-Habersack⁶ § 358 Rdnr. 89 (在边码87以下附关于观点的全面概览)。

条意在保护消费者,不必向贷款人全额返还借款,虽然借贷款对商品供货人有益,他没有向消费者提供给付,或者没有按合同向消费者提供给付。因此,由此产生的给付拒绝权也可以向贷款人主张。这一基本理念也对抗辩的概念产生影响,抗辩在此包括权利阻碍的抗辩、权利消灭的抗辩和阻碍权利的抗辩。[36] 其前提条件当然是抗辩要件完全满足,比如,不依赖于终止或者其他因素。[37]

范例

K 与 V 订立分期付款买卖合同,由 B 银行对其提供融资。已证明买卖合同因为暴利(第 138 条第 2 款)而无效。在此 K 必须将买卖标的返还给 V,但是可以根据第 359 条拒绝偿还贷款,因为他本来也不必向 V 支付买卖价款(抗辩穿透)。除此之外,他可以根据第 813 条第 1 款第 1 句要求返还已经向 K 支付的分期款(所谓的返还请求穿透),但同时将他对 V 的返还价款请求权转让。因为买卖合同无效,贷款合同缺失交易基础,导致合同根据不当得利的基本原则进行清算。K 得利的只是根据第 812 条第 1 款第 1 句情况 1 的对 V 的买卖价款返还请求权,他必须将该请求权转让给 B(不当得利的不当得利)。[38]   1848

上述案件已经证明的是,买卖标的物存在瑕疵。在补救履行失败后,K 表示解除合同。其后果是,信贷合同也被剥夺了交易基础。因此法律效果与无效的法律效果一致:K 必须向 V 返还买卖标的物,但可以要求 B 返还已经支付的贷款,同时将他对 V 的价款返还请求权转让给 B,因此 V 必须将已经支付的贷款赔偿给 B。[39]   1849

---

[36] 参见 BGHZ 149, 43, 46 ff.; BGH NJW 2006, 1955 Rdnr. 27; Erman-Koch[14] § 359 Rdnr. 4。关于概念的概述,参见 Rdnr. 90, 312/314。

[37] BGH NJW 2000, 3558, 3560; ZIP 2000, 1483, 1485。

[38] Vgl. BGHZ 71, 358, 365; BGH NJW 1980, 1155, 1157; 1979, 1593, 1595。

[39] Erman-Koch[14] § 359 Rdnr. 9; Vollkommer, FS Merz, 1992, 595, 608 ff.;开放的观点,参见 BGH ZIP 2000, 1483, 1485——关于已经给付的分期款的不同观点,参见 Fuchs, AcP 199 (1999), 305, 332ff.; Martis, MDR 1999, 65, 70; MünchKomm-Habersack[6] §359 Rdnr.39f., 68ff.; Reinicke/Tiedtke, ZIP 1992, 217, 223 ff.。

第四十一章　远程销售合同

文献

1850　Brönneke, Abwicklungsprobleme beim Widerruf von Fernabsatzgeschäften, MMR 2004, 127; Bülow/Artz, Fernabsatzverträge und Strukturen eines neuen Verbraucherprivatrechts im BGB, NJW 2000, 2049; Dilger, Verbraucherschutz bei Vertragsabschlüssen im Internet, 2002; Dörner, Rechtsgeschäfte im Internet, AcP 202 (2002), 363; Ende/Klein, Grundzüge des Vertriebsrechts im Internet: Fernabsatz und Vertrieb von Waren und Dienstleistungen, 2001; Engels, Umfassende Änderung der Vorschriften über den Widerruf von Fernabsatzverträgen, K & R 2010, 361; Fuchs, Das Fernabsatzgesetz im neuen System des Verbraucherschutzrechts, ZIP 2000, 1273; Gaertner/Gierschmann, Das neue Fernabsatzgesetz, DB 2000, 1601; Härting, Fernabsatz – Änderungen durch das Schuld rechtsmodernisierungsgesetz, MDR 2002, 61; ders., Fernabsatzgesetz, 2000; Härting/Schirmbacher Fernabsatzgesetz – Ein Überblick über den Anwendungsbereich, die Systematik und die wichtigsten Regelungen, MDR 2000, 917; Hoenike/Hülsdunk, Die Gestaltung von Fernabsatzangeboten im elektronischen Geschäftsverkehr nach neuem Recht – Gesetzesübergreifende Systematik und rechtliche Vorgaben vor Vertragsschluss, MMR 2002, 415; dies., Rechtliche Vorgaben für Fernabsatzangebote im elektronischen Geschäftsverkehr bei und nach Vertragsschluss – Ein Überblick über die gesetzlichen Anforderungen und die Rechtsfolgensystematik bei Verstößen, MMR 2002, 516; Horn, Verbraucherschutz bei Internetgeschäften, MMR 2002, 209; Kamanabrou, Die Umsetzung der Fernabsatzrichtlinie, WM 2000, 1417; Lorenz, Im BGB viel Neues: Die Umsetzung der Fernabsatzrichtlinie, JuS 2000, 833; Lütcke, Fernabsatzrecht, 2002; Martis/Meinhof, Verbraucherschutzrecht, 2.Aufl. 2005; Meub, Fernabsatz und E-Commerce nach neuem Recht, DB 2002, 359; Riehm, Das Gesetz über Fernabsatzverträge und andere Fragen des Verbraucherrechts, Jura 2000, 505; Ring, Fernabsatzgesetz, 2000; H. Roth, Das Fernabsatzgesetz, JZ 2000, 1013; Tonner, Das neue Fernabsatzgesetz-oder: System statt

„Flickenteppich", BB 2000, 1413; Wegner, Das Fernabsatzgesetz und andere neue Verbraucherschutzvorschriften, NJ 2000, 407.

一、概述

消费者保护法的整体机制在 2000 年 6 月 30 日有效地扩张至《远程销售法》。[1] 它以欧盟的远程销售指令[2]为基础,目标是在远程销售中保护消费者免受误导性的和侵略性的销售手段影响。[3] 在债法改革的框架中,有效期至 2001 年 12 月 31 日的《远程销售法》被纳入《民法典》中(第 312 条、第 312a 条、第 312c 条、第 312g 条)。[4] 正如其他消费者保护规范那样,在此也规定了强制性和规避禁止(第 312k 条)。根据第 312c 条第 1 款,**远程销售**(Fernabsatz)是指经营者和消费者在合同磋商和合同订立过程中仅使用远程通信手段(远距离交易,→边码 1854 以下)。它是指那些通过信函、电话、传真、电子邮件、电视、互联网等渠道订立的合同。在此,合同相对人、合同标的、合同条件的信息比亲自在场时的一般交易更难获得。[5] 因此,法律想从两方面为消费者提供保护。一方面,应当由信息义务负责,消费者在知道所有的重要因素的情况下订立合同(→边码 1860)。另一方面,消费者被赋予撤回权,借此消费者可以在不必说明原因的情况下,可以再次从远程销售合同中退出(→边码 1861)。

1851

从该特征中已经得出它**与其他消费者保护规定的关系**(Verhältnis zu anderen Verbraucherschutzvorschriften)的提示。关于远程销售合同的规定和关于在经营场所外订立合同的规定彼此排除。因为在第 312b 条第 1 款第 1 句第 1 项至第 4 项中规定的"上门情况"的前提是,合同当事人(或其代理人)亲自在场,而远程交易合同恰恰以相反的情况为前提条件。反

1852

---

[1] 在 2000 年 6 月 27 日;BGBl. 2000 I, 897。
[2] Richtlinie 97/7/EG vom 20.5.1997; ABlEG Nr. L 144/19 vom 4.6.1997=NJW 1998, 212.
[3] 政府草案的一般论证,参见 BT-Drs. 14/2658, 15。
[4] 参见边码 1738 脚注 1。
[5] Fuchs, ZIP 2000, 1273 f. 附其他证明。

之，关于一般交易条款的规定（第 305 条以下）可以直接与第 312c 条同时适用。与消费者信贷规定之间的关系更为复杂。对此，第 312g 条第 3 款规定，如果在远程销售合同中，消费者已经基于第 495 条、第 506 条至第 512 条有撤回权或者取回权，则在远程交易中不存在撤回权。该规定导致在消费者借贷合同、融资援助和分批供货合同中，优先适用第 491 条以下的规定。第 312i 条第 2 款中规定了涉及企业信息义务的竞合规则，因为该条意义上更广泛的信息义务可以从第 491 条以下的规定中得出。

二、适用范围

（一）主体适用范围

1853　　根据第 312c 条第 1 款、第 312 条第 1 款、第 310 条第 3 款，关于远程销售合同的规定适用于消费者和经营者之间的合同。借此再次提示参阅第 13 条、第 14 条（→边码 169、170）。

（二）事实适用范围

1854　　困难的是，如何确定事实适用范围。在此首先要求，消费者和经营者订立的合同是远程销售合同。该合同具有多个典型特征。

1855　　第一，合同完全**在使用远程通信手段的情况下**（unter ausschließlicher Verwendung von Fernkommunikationsmitteln）订立。正如从"完全"一词及第 312c 条第 1 款中得出的那样，该要件既包括合同准备，也包括合同订立。只要当事人[6]——可能在合同磋商过程中——在物理上有一次相遇，就不再适用第 312c 条。[7] 确切地说，要求的是，当事人对合同的准备，以及对意思表示的发出，都只使用了远程通信手段。对此，第 312c 条第 2 款给出规则范例：远程通信手段特别指信函、目录、打电话、传真、电子邮件、通过移动电话服务发出的信息（SMS），以及无线电广播和电信媒体。

---

〔6〕　未被告知合同内容的使者参与不妨碍认定远程销售合同，BGHZ 160, 393, 398 ff.。

〔7〕　对此，批评的观点，参见 Bülow/Artz, NJW 2000, 2049, 2054。

第二,在第312c条第1款中,法律要求,**在为远程销售而组织的销售体系或者服务体系的框架内**(im Rahmen eines für den Fernabsatz organisierten Vertriebs- oder Dienstleistungssystems)使用远程通信手段。[8] 即经营者必须有计划地利用远程通信手段。如果他只是偶然或者偶尔使用该销售途径,而其他情况下通过直接销售亲自在场订立合同,那么不可适用第312c条。确切地说,为了有规律地订立远程合同,经营者必须在企业运转中,创造了人员的前提条件和组织的前提条件。同时还发生直接销售的,不妨碍这些规定对远程销售合同的适用。[9] 1856

第三,第312条第2款中的**例外**(Ausnahmen)对远程销售合同也适用。部分情况发生的原因是,消费者保护对相应的合同类型通过特别法的形式规定,或者通过其他方式得以保障。比如,对分时操作的合同适用第481条以下的规定(第312条第2款第6项)。在不动产交易中,根据第311b条第1款第1句,消费者保护通过经公证人公证过的合同得以保障(参见第312条第2款第1项和第2项)。部分例外情况建立的依据是,没必要对消费者进行特别的保护。比如,对食品、饮料,或其他日常必需品店供货(参见第312条第2款第8项),或者对在使用自动售货机的情况下订立的合同(第312条第2款第9项)。 1857

范例

V通过电话向U的比萨店订购了一份比萨。虽然根据第147条第1款第2句订立合同,它遵守当事人亲自在场时的合意之规定(→边码605),根据第312c条第1款的定义,在这里是远程销售合同,但是,根据第312条第2款第8项,它被排除在规范适用范围之外。 1858

V在函购商店U的目录中,用手机短信订购了一件毛衣。之后,U书面向他确认此项订购。一周后V撤回合同。根据第312g条第1款,他有权撤回。该合同是远程销售合同,因为它在只使用了远 1859

---

[8] 对该开放要件的批评,参见Bülow/Artz, NJW 2000, 2049, 2053; Härting/ Schirmbacher, MDR 2000, 917, 918。

[9] 全部的论证,参见§ 1 RegE, BT-Drs. 14/2658, 30。

程通信手段的情况下订立。虽然目录不包括意思表示,而只是要约邀请(→边码 705)。但 V 用他的手机发出要约[10],U 通过信函接受。借此进入了关于远程销售合同的规定适用范围。

三、具体细节

(一)信息义务

1860　　第 312d 条使经营者负担向消费者告知大量情事的义务,亦即经营者应当"明牌"。在合同开展阶段,经营者的交易目的和身份一致性就应当公开(第 312a 条第 1 款)。此后,消费者必须在订立合同前被及时告知主要的合同用途(第 312d 条第 1 款联合《民法典实施法》第 246a 条、第 312d 条第 2 款联合《民法典实施法》第 246b 条)。义务说明和其他重要信息必须最晚至为了履行合同而处分时提出。由其他法律规定的更广泛的信息义务仍然不变(第 312i 条第 3 款)。然而,第 312d 条的信息义务首先只有竞争法上的重要性。违反义务的,竞争者和联合体可以决定提起不作为之诉(→边码 1741)。但是只要不存在一般的不生效力原因,合同订立的效力就不改变,比如,非合意、基于撤销而无效,或者因缔约过失而废止合同(→边码 886)。除此之外,违反信息义务仅对撤回期限的计算有影响。

(二)撤回权

1861　　与第 495 条(→边码 1839、1846)相同,第 312g 条为消费者规定了撤回权。因此原则上可以指示参阅"上门交易"中的论述(→边码 1812 以下)。

(三)联合交易

1862　　对融资性远程销售合同适用第 358 条,对此可以参阅边码 1843 以下的论述。第 359 条的关于抗辩穿透的规定(→边码 1847)对这些联合交易同样适用。

---

〔10〕 关于手机短信等订入,参见 Härting/Schirmbacher, MDR 2000, 917。

法律条文索引

法律条文出处为边码,包括其脚注。主要出处加黑表示。

AEUV
《欧洲经济共同体条约》/《罗马条约》
Art. 4　　　　140
Art. 101　　　23, 1202
Art. 288　　　23, 140

AGG
《全面平等待遇法》
§ 21　　　　671

AktG
《股份法》
§ 1　　　　**196**
§ 13　　　1059
§ 16　　　1322, 1327
§ 36　　　**190**
§ 36a　　**190**
§ 41　　　**189**
§ 67　　　959
§ 76　　　1368
§ 78　　　1433, 1436, 1442, 1445
§ 82　　　1568
§ 85　　　1433
§ 92　　　913
§ 100　　1368
§ 119　　439
§ 130　　439
§ 133　　436
§ 134　　1466
§ 135　　1402, 1451
§ 186　　269
§§ 241 ff.　438, 959
§ 241　　439
§ 269　　1442, 1568
§ 275　　959
§ 278　　**196**, 1433

AnfG
《撤销法》
§ 1　　　1320
§ 4　　　490
§ 7　　　1320

AO
《捐税法》
§ 42　　　1120

AWG
《对外经济法》
§ 2　　　1694

BBiG
《联邦教育法》
§ 1　　　1040
§ 6　　　1040

BDSchG*
《联邦数据保护法》
§ 1　　　179

---

* 《联邦数据保护法》通常简写为 BDSG,写为 BDSchG 的情况比较少,此处保留了原书的简写方式。——译者注

BetrVerfG
《企业组织法》
§ 77　21
§ 103　1694

BeurkG
《公证法》
§ 8　1069
§ 9　1069
§ 10　1413
§ 13　1069
§ 17　**1050, 1069,** 1810
§ 31　139
§ 40　1070
§ 62　1067

BGB
《民法典》
§ 1 ff.　273
§ 1　153, **156,** 157, 971
§ 2　53, 95, **161,** 334, 991
§ 6　153
§ § 7 ff.　162
§ 7　**163, 165**
§ 8　**166**
§ 9　165
§ 11　164, **166**
§ 12　153, 172, **173, 174, 176,** 179, 291
§ 13　23, 153, **167,** 168, **169,** 1367, 1739, 1795, 1823, 1827, 1853
§ 14　23, 154, 153, **167, 170,** 195, 1739, 1766, 1795, 1821, 1853
§ 21 ff.　**186,** 187, **189**
§ 21　**196**
§ 22　**189,** 202, 1694
§ 25　**200**
§ § 26 ff.　**205**

§ 26　**205,** 210, 224, 1433, 1445, 1568
§ 27　**205,** 206, 1510, 1688
§ 28　**205,** 436
§ 29　1433
§ 30　**207,** 210, 212
§ 31　198, **211, 212,** 213, 214, 221, 224, 1289, **1301,** 1322, 1324
§ 32　**205,** 206, 436
§ 33　206
§ 34　206
§ 36　206
§ 37　206
§ 38　208
§ 39　208
§ 40　206
§ 41　215
§ 42　198, 225
§ § 43 f.　**217**
§ 45　**215,** 216
§ 46　309
§ § 47 ff.　**215,** 225
§ 48　**215,** 1568
§ 49　**215,** 216
§ 52　392
§ 54　194, 199, 201, **218,** 219, **221**
§ § 55 ff.　199
§ 55　**203**
§ 56　**200, 203**
§ § 57 ff.　**200**
§ 59　**190,** 203
§ 61　**220**
§ 64　205
§ 65　**203**
§ 66　**203**
§ 67　205
§ 68　**205,** 1543

§ 70	205		1368, 1369
§ 73	217	§ 105	90, 398, 404, 437, 483, 634,
§ 74	215, 217		969, **970,** 972, **973, 974,**
§ 77	203, **1070**		**975, 977, 981, 985, 987,**
§ § 80 ff.	**222**		988, **989,** 994, 1366, 1368,
§ 80	196, 1694		1443
§ 81	**223**	§ 105a	**984, 989a**
§ 82	**223**	§ 106	53, 92, 161, 970, **990, 991,**
§ 85	**223**		1037, 1368
§ 86	**223, 224, 225,** 1433	§ § 107 ff.	757, 989, **990, 991,** 1014,
§ 87	**225**		1635
§ 88	**225,** 1568	§ § 107 f.	1492
§ 89	198	§ 107	69, 136, 970, 975, **993, 996,**
§ § 90 ff.	**235,** 273		**997,** 1008, 1010, 1011, 1015,
§ 90	125, **234, 236,** 240, 845		1021, 1033, 1037, 1038,
§ 90a	125, **235,** 372		1101a, 1368, 1461, 1593,
§ 91	241, **242**		1691, 1692
§ 92	241, **243**	§ § 108 f.	1034
§ 93	239, **248,** 249, 250, 251,	§ 108	414, 423, 575, 993, **996,**
	254, 256, 259, 267, 270		1009, 1010, 1019, 1026,
§ 94	50, 241, **249,** 251, 252, 256,		1029, 1030, 1031, 1032,
	267, 270, 1385		1038, 1605, 1611, 1691,
§ 95	241, **249,** 252		1692, 1699, 1700, 1707,
§ 96	241, **254**		1710
§ 97	241, **258, 259, 260, 261,**	§ 109	993, **1032,** 1038, 1612
	262, 263, 264	§ 110	69, 993, **1017, 1018, 1020,**
§ 98	261, 1283		**1021,** 1022, 1023, 1024,
§ 99	267, 269		1038, 1039, 1041
§ 100	**266,** 268	§ 111	398, 423, 904, 913, 993,
§ 101	133, **267**		**996,** 1009, **1033, 1034,**
§ 102	**266**		**1035,** 1036, 1037, 1038,
§ 103	**271**		1204, 1461, 1530, 1614,
§ § 104 ff.	77, 95, 104, 153, 165, 406,		1615, 1696, 1700, 1702,
	410, 417, 437, 967, 1519,		1724
	1521, 1524	§ 112	976, 993, 1014, 1037, **1038,**
§ 104	53, 93, 118, 161, 404, 969,		1039, 1041, 1716
	970, 972, **973, 974, 975,**	§ 113	635, 976, 993, 1014, 1037,
	977, 978, 980, 985, 987,		**1040,** 1041, 1042, 1716
	988, **989,** 989a, 992, 994,	§ § 116 ff.	1519, 1697

§ 116	587, 745, 788, 790, 791, 794, **795**, **796**, **797**, 798, 799, 800, 801, 808, 811, 812, 943, 1079		**934**, **935**, **936**, 937, 938, **939**, 1028, 1207, 1360, 1361, 1376, 1472, 1473, 1475, 1478, 1479, 1517, 1519, 1527, 1574, 1631, 1636, 1639, 1650
§ 117	587, 788, 791, 794, **801**, **802**, **803**, **806**, **808**, **809**, **810**, 812	§ 123	7, 437, 468, 487, 587, 591, 644, 788, 790, 792, 812, 820, 824, 825, 830, **865**, 867, **871**, **873**, **874**, 876, 877, **878**, **879**, 880, 881, **883**, 884, **885**, **886**, **888**, **889**, **890**, **891**, 893, **894**, **899**, 901a, 909, 910, 914, 915, 921, 928, 940, 942, 944, 950, 963, 1028, 1081, 1103, 1152, 1183, 1239, 1371, 1375, 1659, 1793
§ 118	788, 791, 794, 795, 801, **811**, **812**, **813**, 815, 816, 1239		
§§ 119 ff.	406, 419, 600		
§ 119	92, 398, 425, 437, 438, 468, 476, 481, 486, 514, 515, 553, 587, 596, 597, 615, 758, 768, 782, 788, 790, 792, 820, 821, 824, 825, 826, 827, 830, 831, 832, 835, 836, 839, **840**, **842**, 843, **844**, **845**, **848**, 849, 850, 851, 852, **853**, **854**, 855, **856**, 859, **860**, **861**, **862**, **864**, 885, 906, 912, 915, 921, 923, 932, 939, 942, 943, 945, 954, 959, 963, 1239, 1362, 1364, 1371, 1391, 1410, 1417, 1420, 1423, 1471, 1606		
		§ 124	92, 311, **317**, 865, 886, 889, **911**, **914**, 963, 964, 1268
		§ 125	53, 90, 93, 404, 439, 556, 777, 810, 1044, **1074**, 1075, **1076**, 1077, 1079, 1081, 1083, 1085, 1086, 1087, 1095, 1221, 1235, 1241, 1491, 1511, 1648, 1836
		§§ 126 ff.	1051
		§ 126	92, 1052, **1053**, **1054**, 1056, **1057**, **1058**, 1062, 1063, 1064, 1067, 1068, 1366, 1649, 1833, 1835
§ 120	587, 615, 788, 792, 820, 824, 825, **843**, 907, 912, 915, 932, 942, 954, 959, 963, **1344**, 1346, 1358, **1360**, **1361**, **1362**, 1363		
		§ 126a	1062
§ 121	85, 92, 311, 732, **911**, **912**, **913**, 914, 963, 964, 1035, 1268, 1372, 1530, 1615	§ 126b	1062
		§ 127	1044, 1051, 1052, **1063**, **1064**, 1065,
§ 122	587, 596, 615, 736, 757, 758, 792, 794, 812, **814**, 816, 844, 847, 860, 865, 878, 885, 906, **932**, 933,	§ 127a	1067
		§ 128	748, **1067**, **1068**, 1358
		§ 129	1070
		§§ 130 ff.	420

§ 130	424, 425, **602, 603, 607,** **609,** 618, **619, 622, 632,** **634, 643, 644, 645, 646,** **647, 648, 649,** 652a, 652b, 723, 724, 734, 746, 825, 904, 913, 987, 1239, 1603, 1707, 1812, 1814		404, 439, 485, 663, 852, 893, 895, 928, 929a, 1107, 1108, 1152, 1154, 1155, **1158, 1160, 1163,** 1166, **1167,** 1173, **1175,** 1176, **1177,** 1178, **1179, 1180,** **1182, 1183,** 1188, 1189, 1190, 1191, **1193,** 1194, 1195, **1199, 1200,** 1201, 1260, 1461, 1509, 1575, 1576, 1577, 1664, 1745, 1775, 1793, 1848
§ 131	602, **633,** 634, 635, 643, 734, 970, 977, 985, 987, **993,** 1368, 1461		
§ 132	162, 163, 602, 637, 641		
§ 133	112, 165, **499, 501, 517,** **519,** 542, **545,** 744, 1760, 1770	§ 139	92, **488,** 780, 924, 925, 1073, 1074, 1075, 1113, 1201, 1202, 1205, 1207, **1209,** 1211, **1212, 1215, 1216, 1217,** 1219, 1220, 1221, **1222, 1224,** 1225, 1231, 1235, 1260, 1461, 1466, 1491, 1492, 1509, 1607, 1767, 1787
§§ 134 ff.	1130, 1697		
§ 134	53, 101, 484, 663, 895, **1089, 1090, 1091,** 1096, **1097,** 1098, **1099,** 1100, 1101a, **1102, 1103,** 1104, **1105,** 1106, 1108, 1109, **1110, 1111,** 1114, **1120,** 1121, 1122, 1126, 1131, 1134, 1135, 1136, 1140, 1147, 1154, 1155, 1158, 1177, 1220, 1225, 1260, 1461, 1523, 1608, 1775		
		§ 140	1205, 1207, 1215, **1227,** **1228, 1230, 1231,** 1242
		§ 141	952, 955, 1207, 1157, 1205, **1237, 1238, 1239, 1245, 1246,** 1265, 1341, 1711
		§ 142	90, 398, 425, 481, 648, 820, **915, 926, 927,** 928, **930,** **931,** 944, 952, 955, 960, 963, 1204, 1228, 1242, 1265, 1471, 1470, 1814
§§ 135 ff.	**1125, 1126**		
§ 135 f.	**1137**		
§ 135	**1125,** 1126, 1132, 1133, **1137, 1138,** 1139, **1140, 1141,** 1142, 1143, **1144,** 1145		
		§ 143	425, **904, 908,** 909, 910, 935, 963, 964, 965, 1028, 1419, 1473, 1475
§ 136	**1125,** 1132, 1133, 1135, **1138,** 1139, 1143, **1144,** 1145		
		§ 144	647, 946, 952, 1242
§ 137	95, 1098, **1125, 1147, 1148, 1149,** 1150, 1196, 1316	§§ 145 ff.	15, 69, 77, 85, **655, 700, 701,** 1759, 1760, 1766
§ 138	7, 53, 94, 95, 101, 104, 105, 118, 343, 344, **346,** 348,	§ 145	652a, 653, **702, 723, 724, 725,** 837

§ 146	726, 741	§ 163	1248, 1249, 1250, **1286**
§ § 147 ff.	701	§ § 164 ff.	757, **1288, 1289, 1309**, 1334, 1410, 1428, 1646
§ 147	605, 726, 727, 728, **730, 733**, 759, 1359, 1779, 1858	§ 164	133, 421, 573, 934, 972, 985, 1290, **1292, 1293, 1294**, 1308, 1321, 1322, 1323, 1324, 1325, 1334, **1365**, 1372, **1378, 1379, 1383, 1384, 1390, 1397, 1398, 1399, 1406, 1407, 1410, 1416, 1417**, 1418, **1419, 1420**, 1425, 1445, 1549, 1603, 1609, 1615, 1653, 1654, 1666, 1737
§ 148	726, 727, **728**, 1359		
§ 149	415, 726, 727, **732**, 733, 913		
§ 150	639, 704, 727, **732**, 733, **741**, 742, 743, 1767		
§ 151	514, 630, 736, **749**, 751, 752, 753, 755, **757, 758, 759**		
§ 152	630, 701, **748**	§ 165	985, 1008, 1348, **1368**, 1492, 1504, 1635
§ 153	645, **734, 735**, 737, 933, 1603		
§ § 154 f.	765, 766, 767, 769		
§ 154	92, 555, 685, 701, 721, 762, 763, 764, 769, **771, 772**, 774, **776, 777, 778**, 779, 780, 1086, 1767	§ 166	92, 801, 842, **1294, 1295**, 1322, 1324, 1346, 1358, 1370, **1371**, 1372, 1420, 1431, 1445, **1454, 1474**, 1577, **1650, 1655, 1656**, 1657, 1658, 1659, 1660, **1662, 1663, 1664, 1665, 1666, 1668, 1671**, 1673
§ 155	92, 701, 721, 762, 763, 764, 769, **779, 780**, 781, **782**, 1767		
§ 156	**710**, 710a		
§ 157	6, 112, 133, **499, 501, 537**, 538, 744, 1267, 1760, 1770	§ 167	**1339, 1459, 1464**, 1465, **1466, 1467**, 1483, 1509, 1513, 1522, 1834, 1701
§ § 158 ff.	489, **1252, 1253, 1254**, 1267		
§ 158	468, 555, 1248, 1249, 1250, **1252, 1264, 1269**, 1286, 1694	§ 168	653, 1487, **1497, 1498, 1499, 1501, 1502, 1507, 1508**, 1512, **1513, 1514**, 1517, 1522, 1703
§ 159	955, **1265**, 1267, 1269, 1271, 1286	§ 169	**1517, 1522**
§ 160	**1272, 1278**, 1279, 1280, **1281**, 1286	§ § 170 ff.	1517, **1519, 1522**, 1533, 1536, 1540, 1542, 1544, 1546, 1547, 1548, 1549, 1550, 1555, 1559, 1621, 1698
§ 161	1134, 1150, **1272, 1273**, 1274, 1276, 1277, **1281, 1282**, 1286		
§ 162	351, **1264, 1266**, 1269, 1270, 1286	§ 170	415, 419, 1013, **1519**, 1520, 1521, **1522, 1523**, 1538,

	1540,		**1636, 1638,** 1648, 1651,
§ 171 f.	1548, 1705, 1548		1657, 1679, 1682
§ 171	106, 415, 419, 1459, **1523,**	§ 180	423, 1035, 1293, 1451,
	1524, 1525, 1526, 1529,		1461, 1530, 1600, 1602,
	1533, 1534, 1535, 1538,		1604, **1614, 1615,** 1616,
	1540		1617, 1622, 1696, 1724
§ 172	842, 1479, **1526,** 1527,	§ 181	1042, 1442, **1585, 1586,**
	1528, 1536, 1538, 1540,		**1587,** 1588, 1589, 1590,
	1650		1591, **1592, 1593,** 1594,
§ 173	842, 1013, 1468, 1517,		1595, **1596,** 1597, 1598,
	1519, 1522, **1523,** 1526,		1599, **1600**
	1529, 1533, 1538, 1543,	§§ 182 ff.	1040, **1694, 1696, 1699,**
	1558, 1650		1732, 1736, 1737
§ 174	421, 423, 913, 1035, 1361,	§ 182	**1011, 1027, 1029,** 1030,
	1464, **1530,** 1531, 1532,		1140, 1442, 1444, 1459,
	1615		1464, 1469, 1551, 1606,
§ 175	**1515,** 1529		1609, 1610, 1613, 1614,
§ 176	**1515,** 1529		1693, 1694, **1696, 1699,**
§ 177	414, 575, **1293, 1341,** 1361,		**1701, 1702, 1710,** 1715,
	1374, 1412, 1416, 1425,		1731, 1732
	1443, 1469, 1514, 1531,	§ 183	653, **1010, 1011,** 1012,
	1551, 1575, 1576, 1578,		**1015,** 1140, 1693, 1694,
	1600, 1602, **1604, 1605,**		**1696, 1703, 1704,** 1715
	1611, 1612, 1613, 1615,	§ 184	996, **1026,** 1030, 1140,
	1618, 1622, 1638, 1651,		1531, 1606, 1613, 1617,
	1691, 1692, 1699, 1707,		1693, **1696, 1707,** 1719,
	1710		1720, 1722, 1723, 1724
§ 178	1602, **1612,** 1613, 1615	§ 185	299, 305, 455, 1008, 1140,
§ 179	146, 210, 936, 1008, **1293,**		1232, 1308, 1316, **1341,**
	1361, 1368, 1376, 1380,		1378, 1692, 1693, 1696,
	1410, 1423, 1425, 1439,		**1713, 1714, 1715, 1716,**
	1442, 1443, 1450, 1451,		1717, **1718, 1724, 1725,**
	1452, 1473, 1475, 1479,		**1726,** 1727, 1728, 1729,
	1487, 1514, 1517, 1518,		1730, 1731
	1547, 1582, 1602, 1618,	§§ 186 ff.	**334,** 338
	1619, **1620, 1621, 1622,**	§ 186	**335,** 729
	1623, 1624, 1625, 1626,	§§ 187 ff.	335
	1627, 1628, 1630, **1631,**	§ 187	161, **337,** 339, 341, 729,
	1632, 1633, **1634,** 1635,		991

§		
§ 188	325, **339**, **341**, 729	
§ § 189 ff.	338	
§ 192	133	
§ 193	**340**, 729	
§ § 194 ff.	**334**, **335**	
§ 194	279, 280, **290**, 318, 448, 911	
§ § 195 ff.	**321**	
§ 195	299, **321**, **322**, 325	
§ § 196 f.	321	
§ 196	321, 324	
§ 197	133, 318, 321, 324	
§ 198	329	
§ 199	**324**, 1667	
§ 200	324	
§ 201	324	
§ 202	331	
§ § 203 ff.	326	
§ 203	326	
§ 204	326	
§ 205	326	
§ 206	**326**, 914, 993	
§ § 207 f.	326	
§ 209	326a	
§ 210	**326a**, 914	
§ 211	**326a**, 914	
§ 212	327	
§ 213	318	
§ 214	90, 275, 299, 314, 318, **328**, 330	
§ 215	328	
§ 216	**328**	
§ 217	328	
§ 218	317, 1629	
§ 226	104, 343, **344**, 345, 346	
§ § 227 ff.	357	
§ 227	357, 358, **359**, **360**, 365, 368, 375, 873	
§ 228	357, 358, **370**, **371**, **372**, **373**, **374**, 375, 377, 379, 380	
§ § 229 ff.	357, 358, **383**	
§ § 229 f.	**386**, **389**, 390	
§ 229	**383**, **385**, **386**, 387, **389**, 390	
§ 230	**387**, **388**, 913	
§ 231	389	
§ § 232 ff.	393	
§ 232	393	
§ 233	393	
§ 234	393	
§ 236	393	
§ 237	393	
§ 238	393	
§ 239	393	
§ 241	20, 276, 290, 448, 638, 682, 683, **686**, 687, 783, 808, 837, 874, 886, 901a, 932, 940, 1031, 1079, 1081, 1175, 1361, 1527, 1578, 1582, 1618, 1622, 1623, 1626, 1636, 1639, 1677, 1680, 1682, 1688
§ 241a	167, 514, 758	
§ 242	93, 94, 95, 331, 332, 343, 344, **348**, 350, **363**, 636, **637**, 663, 725, 771, 815, 837, 866, 951, 953, 960, 1078, 1079, 1081, 1107, 1115, 1152, 1156, 1157, 1224, 1225, 1267, 1531, 1578, 1611, 1775
§ 243	457	
§ 244	573	
§ 246	1178	
§ 248	97	
§ 249	242, 688, 886, 1659	
§ 251	242	

§ 253	13, 150, 368
§ 254	615, 783, 870, 886, 901a, 939, 1578, 1618
§ 257	**392**, 1638
§ 258	**392**
§ § 262 ff.	1630
§ § 263 ff.	1630
§ 264	414
§ 269	162
§ 270	162
§ 271	1285
§ 273	**392**
§ 275	311, 467, 1142, 1145, 1149, 1599, 1627
§ 276	95, 97, 106
§ 278	213, 615, 682, 683, 1031, 1289, 1290, **1301**, 1302, 1322, 1324, 1325, 1582, 1618, 1678, 1680
§ 280	15, 20, 92, 209, 276, 413, 596, 638, 682, 683, **686**, 687, 783, 808, 874, 885, 886, 901a, 932, 940, 1031, 1079, 1081, 1175, 1290, 1361, 1527, 1565, 1575, 1578, 1582, 1618, 1622, 1623, 1626, 1636, 1639, 1677, 1680, 1682, 1688
§ 281	311, 414, 467, 678, 1142, 1145, 1149, 1608
§ 283	467, 1142, 1145, 1149, 1627, 1629
§ § 286 ff.	413
§ 286	79, 274, 277, 413, 414, 417, 1708
§ 287	86, 1323
§ 288	79
§ 292	86, 481
§ 300	1323

§ § 305 ff.	**1748, 1749, 1751, 1752, 1753, 1754, 1852**
§ 305	22, **1749, 1751, 1752, 1754,** 1755, 1756, 1757, **1759,** **1760,** 1761, 1762, **1763,** 1764, **1765, 1766,** 1776, 1785, 1789, 1790
§ 305a	1750
§ 305b	**1771, 1774,** 1785
§ 305c	556, 1463, **1751, 1768, 1772,** 1785, 1789
§ 306	1201, 1222, 1751, 1767, 1772, 1785, **1787,** 1788, 1789
§ 306a	1120, 1740, **1785**
§ 307	113, 663, 956, 1463, **1751,** 1755, 1772, 1775, 1776, 1777, **1780,** 1781, 1782, 1783, 1784, 1785, 1789, 1791
§ 308	575, 576, 663, 724, 1750, 1751, 1772, 1775, 1776, 1777, 1779, 1780, 1781, 1785, 1789
§ 309	113, 331, 663, 1063, 1619, 1750, 1751, 1772, 1775, 1776, 1777, 1778, 1780, 1781, 1782, 1785, 1789
§ 310	167, 576, 1367, 1738, **1750, 1751, 1766,** 1777, 1785, **1789, 1790, 1791, 1795,** 1853
§ 311	20, 100, **448,** 450, 596, 638, 657, **686,** 687, 742, 783, 808, 874, 886, 901a, 932, 940, 1031, 1079, 1081, 1175, 1361, 1508, 1527, 1578, 1582, 1618, 1622, 1623, 1626, 1636, 1639,

	1677, 1680, 1682, 1683, 1685	§ 326	467, 1142, 1145, 1627
		§ 328	303, 883, **1311**, 1737
§ 311b	101, 231, 404, 405, 564, 689, 693, 775, 781, 810, 1044, **1047, 1048, 1049, 1050**, 1077, 1080, 1139, 1238, 1358, 1465, 1466, 1468, 1491, 1511, 1609, 1701, 1857	§ 331	157, 645
		§ 343	94
		§ 346	266, 311, 929a,
		§ 347	266
		§ 349	568
		§ 355	167, 929a, 1211, 1709, 1793, 1812, **1813**, 1814, 1839, 1846, 1861
§ 311c	258		
§ 312	23, 167, 1367, **1793, 1795, 1796, 1797**, 1798, **1811**, 1839, 1851, 1853, 1857, 1858	§ 356	1813
		§ 357	1211, 1814, **1816, 1816a**
		§ 357a	1846
		§ 358	1843, **1844, 1846**, 1862
§ 312a	23, **1793**, 1851, 1860	§ 359	1843, **1847**, 1848, 1862
§ 312b	1367, **1793, 1796**, 1798, 1799, **1801**, 1802, **1803**, 1804, **1805**, 1808, **1852**,	§ 361	1120
		§ 362	90, 299, 310, 311, 446, 452, **1731**, 1732, 1734
§ 312c	19, 23, **1851**, 1852, **1853, 1855, 1856, 1858**,	§ 363	92
		§ 364	294, 311, 473
§ 312d	1813, **1860**	§ 370	1716
§ 312e	19	§ 372	311, 1275
§ 312g	23, 929a, 1117, 1173, 1627, **1793**, 1796, 1797, 1798, 1802, **1807**, 1808, **1809, 1810, 1812, 1813**, 1814, 1819, 1851, 1852, 1859, **1861**	§ 374	415, 913
		§ 376	632
		§ 378	311
		§ 384	913
		§ 387	229, 311, 350
		§ 388	1258
§ 312i	1740, 1852, 1860	§ 389	311
§ 312k	1120, 1793, 1851	§ 393	1598
§ 313	468, 944, 945, 1156	§ 396	913
§ 314	1510	§ 397	310, 311, 450, 657, 798, 1732
§ 315	94		
§ 317	136, 1008	§ 398	229, 299, 303, 308, 450, 458, 460, 481, 657, 1720, 1727
§ 318	907, 913		
§ 320	**353**, 531, 1627, 1782		
§ 321	**392**	§ 399	305, 1148
§ 322	1782	§ 400	305
§ 323	92, 414	§ 401	60, **308**

§ 402	1101	§ 475	113, 331
§ 403	1071	§ 477	1062
§ 404	329	§ § 481 ff.	1857
§ 407	96, 1274, 1275, 1731	§ 482	19, 1062
§ 408	1274	§ 482a	1062
§ § 409 ff.	1734	§ 484	1062
§ 409	106, 415, 417, 419	§ 486a	1062
§ 410	415, 913, 1071	§ § 488 ff.	15, 242, 1826
§ 411	415	§ 488	79, 1004, 1826
§ 415	414, 415, 575, 1692	§ 491	167, 1820, 1821, **1825, 1826, 1830,** 1840, 1818, 1824, 1826,
§ 416	415, 575		
§ 417	329		
§ 426	1473, **1638,** 1640, 1688	§ § 492 ff.	1827, 1829, 1831, 1843, 1852, 1832
§ 428	295, 1734		
§ 433	15, 24, 79, 89, 227, 277, 294, 432, 433, 441, 442, 446, 449, 491, 568, 690, 718, 1094, 1142, 1300, 1324, 1418, 1727	§ 492	1827, **1833, 1834, 1835,** 1838
		§ 494	1077, **1836, 1837,** 1838
		§ 495	1627, 1709, 1814, 1839, 1846, 1852, 1861
§ § 434 ff.	15, 96, 234, 535		
§ 434	856	§ 498	**1840,** 1841, 1842
§ 437	110, 293, 568, 856, 885, 940, 950, 1630	§ 501	1840
		§ 505	1062,
§ 438	321, 324, 337, 722, 857, 1673	§ § 506 ff.	1834, **1843, 1852**
		§ 506	1709, **1818,** 1820, 1821, **1825, 1826, 1830,** 1833, 1834, **1835, 1836, 1837,** 1839, 1840
§ 442	277a, 1662		
§ 444	96, 97, 113, 127, 1102, 1223		
		§ 507	1827, 1833, 1834, **1836, 1837**
§ 446	92, 266, **271**		
§ 447	1323	§ 508	**1841,** 1842
§ 448	403, 838	§ 510	1062, 1211, 1825, 1830
§ 449	555, 1250, 1261, 1271	§ 511	1740
§ 451	414, 575	§ 512	1823, 1827, 1830, 1831
§ 453	1727	§ 516	79, 414, 435, 449, 470, 491, 575, 657
§ 454	1250, 1261		
§ 455	575	§ 518	546, 645, **1045,** 1049, 1077, 1238
§ 456	697		
§ 469	415		
§ 474	167	§ 521	490, 1280

§		
§ 525	1000	
§ 528	490	
§ § 530 ff.	653	
§ 530	490, 1512	
§ § 535 ff.	15	
§ 535	77, 79, 89, 268, 274, 442, 449, 491, 657	
§ 536	403	
§ 536c	415	
§ 536d	1102	
§ 542	281, 441, 568	
§ 543	92, 147, 426, 1510	
§ 546a	295	
§ 550	1043, 1044, 1045, 1047, 1055, 1061, **1076**	
§ 555a	1062	
§ 555d	1062	
§ 556a	1062	
§ 556b	1062	
§ 556c	1062	
§ 556g	1062	
§ 557	54	
§ 557b	1062	
§ 558a	1062	
§ 559b	1062	
§ 560	1062	
§ 562b	**383**	
§ 562c	**392**	
§ 563	134	
§ 566	1047, 1232	
§ 566e	415	
§ 573	54, 134	
§ 573c	651	
§ 574	54, 97	
§ 575	54	
§ 580	134	
§ 581	266, 383	
§ 586a	**271**	
§ 596	79	
§ 598	491	
§ 599	490	
§ 604	242, 1000	
§ 607	242, 1000	
§ § 611 ff.	15, 47	
§ 611	79, 227, 491, 1480	
§ 612	712, 713, 744, 1225	
§ 613	442	
§ 613a	1062	
§ 623	1062	
§ 625	913	
§ 626	94, 147, 1510, 1617	
§ 630	1062	
§ 630a	54	
§ 630c	1062	
§ 630d	418, 1338	
§ 630e	1062	
§ 631	79, 89, 292	
§ 632	712, 744, 1201	
§ 634a	**321**, 322, 324, 336	
§ 639	1102	
§ 650	415, 913	
§ § 651a ff.	23	
§ 651a	19, 79	
§ 651c	414	
§ 651e	414	
§ 651g	317, 421	
§ § 652 ff.	1828	
§ 652	1304, 1757	
§ 653	712	
§ § 655a ff.	1829	
§ 655a	167, 1820, 1821, 1825, **1828**	
§ § 655b ff.	1832	
§ 655b	1062	
§ 655e	1120, 1740, **1818**	
§ 657	427, 448, 462, 465, 604	
§ 658	653	
§ 661a	167, 414, 419	

§	页码	§	页码
§ 662	79, 490, 491, 1308, 1418, 1480, 1481, 1482	§ 723	147, 219, 1510
§ 663	913	§ 727	85, 913
§ 664	442	§ 729	1517, 1518
§ 665	206, 415	§ 730	1568
§ 667	88, 1308, 1418, 1482, 1689	§ 738	309
§ 670	17, 382, 1000, 1115, 1307, 1418, 1482, 1515, 1638, 1648, 1688	§ 741	**193**
		§ § 743 ff.	193
		§ 743	193
		§ 745	193, 441
§ 671	653, 1499, 1517	§ 747	193
§ 672	311, 1501, 1502, 1504, 1505, 1517	§ 748	193
		§ 752	244
§ 673	311, 415, 1501	§ 753	244
§ 674	1517, 1518	§ 758	**318**
§ 675	568, 1062, 1308, 1418, 1480,	§ 759	311
		§ 761	1062
§ § 676a ff.	1501, 1502, 1504, 1517, 1688, 54	§ 763	1694
		§ 765	79, 393
§ 677	79	§ 766	547, 556, 563, 747, 1045, 1048, 1057, 1062, 1077, 1235, 1238, 1366, 1469, 1649, 1684, 1701
§ 678	1640		
§ 679	1637		
§ 680	1637		
§ 683	17, 382, 1115, 1638, 1688	§ 767	547, 917, 1783
§ 684	1638, 1688	§ 770	907
§ 687	284	§ 773	162
§ 690	490	§ 775	**392**
§ 692	415	§ 777	913
§ 693	1000	§ 779	468
§ 700	573	§ 780	472, 1062
§ 703	415	§ 781	472, 473, 1062
§ 704	**383**	§ 783	1716
§ § 705 ff.	218, 219	§ 789	913
§ 705	79, **194**, 491	§ 793	1059
§ 709	1436, 1568	§ 812	79, 294, 472, 473, 475, 476, 480, 481, 693, 920, 921, 922, 931, 1012, 1099, 1115, 1175, 1176, 1200, 1264a, 1503, 1605, 1658, 1664, 1816, 1837, 1846, 1848,
§ 710	1568		
§ 713	1688		
§ 714	1387, 1433, 1436, 1568		
§ 718	1414		
§ 719	194		

	1731	§ 854	234, 304, 1300, 1303
§ 813	328, 1285, 1848	§ 855	1300, 1303, 1322
§ 814	931, 1605, 1658, 1731	§ 859 f.	**383**
§ 816	284, 490, 492, 1274, 1275, 1462, 1723	§ 859	390
		§ § 861 f.	287
§ 817	1099, 1115, **1175,** 1176, **1177,** 1178, 1190, 1200	§ 867	**383,** 287
		§ 868	1405
§ 818	86, 266, 481, 931, 958, 1007, 1178, 1664	§ § 873 ff.	15
		§ 873	93, 95, 101, 241, 246, 308, **393,** 402, 405, 450, 458, 564, 568, 653, 656, 657, 662, 724, 969, 972, 1077, 1211, 1339
§ 819	86, 481, 931, 1007, 1662, 1664		
§ 821	294, 314		
§ 822	490, 492		
§ § 823 ff.	276, 682, 1680	§ 875	311, 632
§ 823	79, 88, 157, 172, 176, 179, 209, 212, 274, 276, 279, 283, 287, 288, 293, 300, 364, 365, 368, 374, 377, 381, 389, 390, 683, 808, 885, 940, 1132, 1229, 1271, 1282	§ 876	632, 1692, 1699, 1703
		§ 880	1692, 1699, 1703
		§ 891	107, 1128
		§ 892	107, 455, 969, 1008, 1128, 1133, 1538, 1540, 1541, 1543
		§ 898	**318**
		§ 902	**318**
§ 826	7, 46, 343, 344, 345, **346, 347,** 667, 668, 672, 808, 885, 940, 1152, 1175, 1575, 1659	§ § 903 ff.	104
		§ 903	100, 227, 228, 281, 283, 288, 343, 345, 378, 456
		§ 904	357, 358, 368, 370, **378, 379, 380, 381, 382**
§ § 827 f.	973		
§ 827	973	§ 910	**383**
§ 828	161, 369, 418, 973	§ 924	**318**
§ 829	94	§ 925	241, 246, 308, 405, 489, 564, 568, 573, 632, 662, 969, 1044, 1067, 1068, 1072, 1077, 1211, 1258, 1339, 1358
§ 831	**212, 1301,** 1302, 1328, 1677		
§ 832	679		
§ 833	382		
§ 840	1575		
§ 843	**392**	§ 925a	1077
§ 844	157	§ 926	258, 263
§ 852	**321**	§ 928	311, 632, 910
§ 853	314	§ 929 ff.	234, 263
§ § 854 ff.	234	§ 929	77, 85, 125, 237, 241, 246,

	252, 255, 264, 274, 304, 307, 308, 397, 401, 435, 441, 442, 446, 450, 452, 456, 458, 460, 469, 555, 656, 657, 703, 718, 1132, 1146, 1229, 1271, 1300, 1308, 1334, 1405, 1418		330, 357, 476, 921, 923, 931, 1132, 1146, 1175, 1515
		§ § 987 f.	266
		§ 987	295
		§ 989	86, 481
		§ 990	86, 266, 295, 481
§ 930	264, 1229, 1418	§ 993	266
§ 931	1132, 1146, 1276	§ 1004	62, 79, 179, 283, 288, 291, 390, 1282
§ § 932 ff.	455, 1128, 1133, 1538, 1539		
§ 932	129, 277a, 304, 307, 481, 926, 928, 1008, 1144, 1145, 1409, 1462, 1543, 1546, 1655	§ 1006	129, 307, 1128, 1539, 1541
		§ 1007	287, 1515
		§ 1008	193
		§ 1018	254
§ 935	95, 129, 304, 330, 1541	§ 1030	243, 266, 456
§ 936	307, 1276	§ 1032	456, 458
§ 937	330	§ 1037	243
§ § 946 ff.	250	§ 1039	**392**
§ 946	251, 252, 256, 1385	§ 1042	913
§ § 947 ff.	250	§ 1047	**271**
§ 947	253, 255	§ 1051	**392**
§ 948	1175	§ 1055	243
§ 949	250	§ 1056	1002
§ 950	277, 408	§ 1059	305, 1732
§ 951	250, 1175	§ 1059a	195, 1694
§ § 953 ff.	267	§ 1061	311
§ 954	270	§ 1067	243, **392**
§ 956	270	§ 1068	269
§ 958	304	§ 1071	1692, 1699, 1703
§ 959	311, 429, 441, 450, 451, 516, 604, 821	§ 1075	243
		§ 1090	311
§ 960	304, 913	§ 1092	1694, 1732
§ 961	913	§ § 1113 ff.	15
§ 962	**383**	§ 1113	228
§ 965	913	§ 1120	258, 264, 1283
§ 976	632	§ 1128	1137
§ 978	913	§ 1137	314, 907
§ 984	409, 410	§ 1147	228
§ 985	86, 227, 234, 255, 292, 318,	§ 1160	913

§ 1163	917		§ 1316	974
§ 1166	314, 913		§ 1353	311, 1337
§ 1168	632, 909		§ 1354	48
§ 1177	917		§ 1355	176
§ 1183	632, 1692, 1699, 1703		§ 1357	1378, 1414, **1430**
§ 1192	258, 450, 909		§ § 1365 ff.	1692
§ 1199	781		§ 1365	1129, 1133, 1235, 1337
§ 1204	228, 450, 456		§ 1366	1337, 1699
§ 1205	**393**, 441, 442, 450, 456, 458, 1276		§ 1367	1614, 1696
			§ 1369	1129, 1133, 1337
§ 1211	907		§ 1382	**392**
§ 1218	**392**, 913		§ 1408	77, 441, 442
§ 1220	415, 913		§ 1410	1068, 1467
§ 1228	228		§ 1411	1692
§ 1241	913		§ 1412	101, 1543
§ 1245	1692, 1699, 1703		§ 1416	**194**, 309
§ 1253	1276		§ 1418	1414
§ 1255	451, 1692, 1699, 1703		§ 1419	194
§ 1273	229		§ § 1423 ff.	1692
§ 1274	**393**, 1720		§ 1427	1614
§ 1276	1692, 1699, 1703		§ 1473	1414
§ 1280	415, 458, 1720		§ 1484	1466
§ 1283	1692		§ 1516	1336, 1701
§ 1285	913		§ 1517	1701
§ 1287	1282		§ 1560	1070
§ § 1297 ff.	6		§ § 1564 ff.	15, 56
§ 1297	100, 442		§ § 1565 f.	56
§ § 1303 ff.	15, 56		§ 1585a	**392**
§ 1303 f.	974		§ 1585c	449
§ 1303	161, 443, 974		§ § 1591 ff.	15
§ 1306	100		§ 1592	441, 442
§ 1310	100, 405, 442, 632, 974, 1044, 1072		§ 1594	157, 441, 442, 443, 1258
			§ 1595	1258
§ 1311	84, 443, 662, 974, 1068, 1072, 1258, 1336, 1339		§ 1596	443
			§ 1597	443, 1067
§ 1312	1072, 1075		§ 1600a	161, 1336
§ 1313	95, 662, 962		§ 1600b	161
§ 1314	808, 962, 974		§ § 1601 ff.	104
§ 1315	974		§ 1601	77, 79

§ 1602	351
§ 1611	351
§ 1613	1616
§ 1614	311
§ 1615	311
§ 1615a	77
§ 1626	161, 230, 297, 300, 986, 1338
§ 1629	166, 305, 635, 985, **986,** 1039, 1042, 1338, 1429, 1436, 1445, 1567, 1594, 1599
§ 1629a	985
§ 1638	1414
§ 1641	986, 1567
§ § 1643 ff.	1694, 1567
§ 1643	986, 1039, 1040, 1041, 1590
§ 1646	1400, 1414
§ 1666	101, 1010
§ 1673	1368
§ 1698a	1517
§ 1691	1688
§ 1746	1692
§ 1750	1258, 1336
§ 1752	1258
§ 1760	1336
§ 1762	1336
§ 1773	101, 985
§ 1781	161, 1368
§ 1793	985, 1429
§ 1795	986, 1042, 1567, 1594, 1599
§ 1797	1436
§ 1799	913
§ § 1811 ff.	1694
§ § 1821 ff.	1694
§ 1821 f.	101
§ 1821	986, 1002
§ 1822	986, 1002, 1039, 1040, 1041
§ § 1828 ff.	1694
§ 1831	913, 1614
§ 1835	1688
§ 1893	1517
§ 1894	913
§ § 1896 ff.	53, 153
§ 1896	101, **992,** 994, 1338, 1504
§ 1897	1368
§ 1901	**992**
§ 1902	985, **992,** 1338, 1368, 1429
§ 1903	643, 970, 990, **993,** 994, 995, 997, 1037, 1505, 1692
§ 1904	1338, 1504
§ 1908i	1436, 1517
§ § 1909 ff.	1429
§ 1909	101, 913, 985, 1042, 1567
§ 1912	157
§ 1915	985, 1368, 1429, 1436, 1517,
§ § 1922 ff.	1688, 15
§ 1922	160, 223, 231, 274, 275, **309,** 1725, 1727
§ 1923	157
§ 1937	100, 428, 441, **444,** 450
§ 1941	441, **444**
§ 1942	309
§ 1945	632, 963, 1466
§ 1947	1258
§ 1949	963
§ § 1954 ff.	963
§ 1954	914, 963
§ 1955	904, 963, 1466
§ 1956	963
§ 1957	963
§ 1960	1429
§ 1967	160, 231, 1725
§ 1973	314
§ 1975	1429

§ 1980	913		§ 2202	632, 1258
§ 1984 f.	1429		§ § 2205 f.	1429
§ 1986	**392**		§ 2205	1129, 1713
§ 1989	314		§ 2211	1129, 1133
§ 1990	314		§ 2215	913
§ 2020	266		§ 2217	**392**
§ 2023	104		§ 2229	161, 444, 967, 975
§ 2032	**194**, 1728		§ 2231	444, 1045, 1067
§ 2033	194		§ 2232	139, 1045, 1049, 1067
§ 2038	1429, 1728		§ 2233	139, 975
§ 2040	1728		§ 2247	161, 444, 604, 975, 1054
§ 2041	1414		§ 2250	1072
§ 2042	244, **318**, 1728		§ § 2253 ff.	653, 1512
§ 2045	913		§ 2253	964
§ 2048	508		§ 2255	572
§ § 2064 ff.	15, 444		§ 2259	913
§ 2064	1336		§ 2260	618
§ 2075	1261		§ 2262	618
§ § 2078 ff.	84, 964		§ 2271	964, 1336
§ 2078	468, 830, 877, 964		§ § 2274 ff.	**444**
§ 2079	964		§ 2274	77, **444**, 1336
§ 2080	907, 964		§ 2275	444, 975
§ 2081	632		§ 2276	444, 662, 1068
§ 2082	964		§ 2278	662
§ 2083	314		§ § 2281 ff.	964, 965
§ 2084	1157		§ 2281	965
§ 2085	1222		§ 2282	904, 965, 1336
§ 2101	157		§ 2284	965, 1336
§ 2106	157		§ 2285	965
§ 2111	1414		§ 2286	444
§ 2120	1692		§ 2287	490
§ 2128	**392**		§ 2290	1336
§ 2146	913		§ 2291	1692
§ 2147	79, 508		§ § 2293 ff.	965
§ 2162	157		§ 2296	1336
§ 2178	157		§ 2301	645, 1077, 1503
§ 2180	1258		§ § 2303 ff.	104
§ 2197	1429		§ 2329	490
§ 2201	161, 1368		§ 2345	314

§ 2347	1336
§ 2351	1336
§ 2365	107
§ 2366	107
§ 2371	449, 1049
§ 2384	913

BjagdG
《联邦狩猎法》

§ 1	304

BRAO
《联邦律师条例》

§§ 45 f.	1105
§§ 48 ff.	667
§ 49b	1225

BtmG
《麻醉品交易法》

§ 12	1100, 1134
§ 29	1100, 1134

BverfGG
《联邦宪法法院组织法》

§ 31	12
§ 39	215

Code Civile
《法国民法典》

Art. 1138	**477**
Art. 1583	**477**

EGBGB
《民法典实施法》

Art. 2	10, 14, 1091
Art. 3	65, 72
Art. 4	67
Art. 6	66, 71
Art. 7	66, 69
Art. 11	71, 73
Art. 12	71
Art. 13	66, 74
Art. 17	74
Art. 18	74
Art. 24	74
Art. 25	75
Art. 26	66, 75
Art. 38 ff.	66
Art. 38	72
Art. 39	72
Art. 40	72
Art. 41	72
Art. 42	72
Art. 43	66, 73
Art. 46	73
Art. 55	61
Art. 69	62
Art. 82 f.	**196**
Art. 130	42
Art. 133	42
Art. 163 ff.	**196**
Art. 230 ff.	70
Art. 238 ff.	19
Art. 243	**22**
Art. 246	1062
Art. 246a	1062, 1813, 1860
Art. 246b	1813, 1860
Art. 247	1833, 1846

EnWG
《能源产业法》

§ 11	22

ErbbauRG
《地上建筑权法》

§ 1	1258
§ 11	1258

FamFG
《家事与非诉事件程序法》

§ 11	1465

FernUSG
《远程课程保护法》

§ 8	1120

GaststG
《餐饮业法》
§ 4　　　　807, 1122

GBO
《土地簿条例》
§ 20　　　　564
§ 29　　　　1070, 1465, 1701

GebrMG
《实用新型法》
§ 1　　　　229
§ 11　　　　229

GenG
《合作社法》
§ 11　　　　190
§ 13　　　　**189**
§ 17　　　　**196**
§ 25　　　　1436, 1442, 1445
§ 27　　　　1568
§ 88　　　　1568
§ § 94 ff.　　959

GeschmMG
《外观设计法》
§ 1　　　　229

GewO
《工商管理条例》
§ 56　　　　1117

GG
《基本法》
Art. 1　　　172, 668, 671
Art. 2　　　**102**, 103, **172**, 668, 670
Art. 3　　　48, 114, 139, 142, 145, 154, 671, 1108
Art. 5　　　670
Art. 6　　　102
Art. 9　　　221, 1109
Art. 12　　　670, 1182, 1188
Art. 14　　　102, 139

Art. 18　　　215
Art. 20　　　11, **104**, 114, 148
Art. 21　　　221
Art. 25　　　24, 141
Art. 31　　　61
Art. 38　　　161
Art. 59　　　24
Art. 70　　　17
Art. 72　　　17, 61
Art. 74　　　17, 61
Art. 77　　　9
Art. 80　　　9
Art. 95　　　12
Art. 110　　　10

GmbHG
《有限责任公司法》
§ 6　　　　1368, 1369
§ 7　　　　190
§ 11　　　　**189**
§ 13　　　　196
§ 15　　　　1701
§ 16　　　　959
§ 35　　　　1433, 1436, 1441, 1445, 1595
§ 37　　　　1568
§ 47　　　　1466
§ 70　　　　1568
§ 75　　　　959

GrundstVG
《不动产转让法》
§ 2　　　　1694

GVG
《法院组织法》
§ 13　　　　17
§ 132　　　　12

GWB
《反限制竞争法》
§ 19　　　　667

§ 20	667	§ 93	1304
§ 33	667	§ 105	**194, 195**
§ 34	1241	§ 110	1688
§ 36	1323	§ 112	1331

HeimG
《养老机构法》

		§ 114	1038
		§ 119	436
§ 14	1105	§ 124	170, **195**

HGB
《商法典》

		§ 125	1038, 1433, 1436, 1442, 1445
§ 5	1538, 1540	§ 126	1568
§ 10	1533	§ 128	1387
§ 12	1070, 1465	§ 149	1568
§ 15	107, 1369, 1514, 1531, 1533, 1534, 1535, 1536, 1538, 1540, 1542, 1543, 1547	§ 150	1442
		§ 161	**194**, 1038, 1433, 1568, 1688
§ 17	173, 1060	§ 164	1038
§ 30	177	§ 170	1433
§ 48	573, 1336, 1337, 1432, 1436	§ 346	6, 552, 575, 1766
		§ 350	1366, 1545
§§ 49 f.	1432	§ 352	1178
§ 49	1374, 1421, 1457	§ 354a	1148
§ 50	1494	§ 359	338
§ 52	1507	§ 362	575, 576
§ 53	1514, 1534	§ 377	415, 417, 575, 913
§ 54	1432, 1457	§§ 383 ff.	**1310**
§ 55	1618	§ 383	**1310**
§ 51	1389	§ 384	**1310**
§ 56	1563	§ 386	575
§ 57	1389	§ 392	**1310**
§ 58	1451	§ 406	**1310**
§ 75d	1120	§ 489	**194**

HRG
《高等教育法》

§ 75f	1606	§ 58	198

InsO
《支付不能法》

§ 84	1304, 1828		
§ 87d	1688	§ 3	162
§ 89	536	§ 12	198
§ 91a	1606		
§§ 93 ff.	1828		

§ 21	1129, 1130
§ 22	1130
§ 24	1129, 1133, 1135
§ 27	1429
§ 47	486, 1320
§ 50	805
§ 51	805
§ 80	1129, 1429, 1713
§ 81	1129, 1133, 1135
§ 103	575, 913, 1506
§ 117	1506
§ 134	490
§§ 286 ff.	1197

KunstUrhG
《艺术著作权法》
| §§ 22 ff. | 172, 179 |
| § 22 | 230 |

KSchG
《解雇保护法》
§ 1	1123
§ 2	1259
§ 4	626
§ 5	626
§ 15	1694

LFischG. NW
《北莱茵-威斯特法伦州渔业法》
| § 3 | 62 |
| § 4 | 62 |

LSchlG
《商店停止营业法》
| § 6 | 1096 |

LuftVG
《航空运输法》
| § 21 | 667 |

MarkenG
《商标法》
| § 1 | 173 |

§ 3	173
§ 5	173
§§ 14 ff.	173
§ 14	177

MitbestG
《共同决定法》
| § 1 | 1326 |
| § 5 | 1322, 1324, 1326 |

MuSchG
《孕妇及产妇保护法》
| § 9 | 913, 1694 |

OWiG
《违反秩序法》
| § 10 | 1119 |

ParteienG
《政党法》
| § 3 | 221 |

PatG
《专利法》
| §§ 1 ff. | 229 |
| §§ 9 ff. | 229 |

PBefG
《旅客运输法》
§ 22	667
§ 47	667
§ 58	22

PflVersG
《强制保险法》
| § 5 | 575, 667 |

ProdHaftG
《产品责任法》
| § 1 | 106 |

ProstG
《性工作者法律关系规范法》
| § 1 | 1186 |

RDG
《法律服务法》
§ 3	484, 1105, 1106, 1111
§ 5	484
§ 10	484, 1101, 1106

RPflG
《执行动产登记法》
| § 3 | 203 |

Rom-I-VO
《罗马条例(一)》
| Art. 6 | 1740 |

ScheckG
《支票法》
Art. 12	294
Art. 13	1648, 1650
Art. 40	294
Art. 60 ff.	65

SchwarzarbeitsG
《非法劳动法》
| § 1 | 1119, 1608 |
| § 2 | 1119 |

SGB I
《社会法典(一)》
| § 32 | 1102 |

SGB VIII
《社会法典(八)》
| § 30 | 161 |
| § 59 | 1067 |

SGB IX
《社会法典(九)》
| § 85 | 1694 |

StGB
《刑法典》
§ 14	1322
§ 32	358, **359**, 368
§ 33	**365**
§ 34	358, **370**, 368
§ 35	**370**
§ § 153 ff.	7
§ 184a	1104
§ 203	1101, 1220
§ 211	1103
§ 223	1111
§ 229	683
§ 240	899
§ 253	899, 940, 1103
§ 259	1094
§ 263	808, 885, 940, 1103, 1105
§ 291	1158

StPO
《刑事诉讼法》
| § 290 | 1136 |

StVG
《道路交通法》
§ 6	9
§ 7	49, 106, 120, 279, 293, 683
§ 8a	683
§ 18	293, 683
§ 24	683

StVO
《道路交通条例》
| § 8 | 683 |

TierschutzG
《动物保护法》
| § 11c | 1101a |

TVG
《工资协议法》
| § 1 | 21 |

UKlaG
《不作为之诉法》
§ § 1 ff.	1773
§ 1	1741
§ 2	1738, 1741

法律条文索引　0955

§ 3	1741
§ 4	1741

UmwG
《企业改制法》

§ 17	1070
§ 20	309

UrhG
《著作权法》

§ 1	411
§ 2	234, 411
§§ 11 ff.	179, 229
§ 11	411
§ 64	311, 317

UWG
《反不正当竞争法》

§ 8	1741

VAG
《保险监管法》

§ 15	189, 196

VereinsG
《社团法》

§ 3	215, 216

VerschG
《宣告失踪法》

§ 9	160

VVG
《保险合同法》

§ 8	1811
§ 19	866

VwGO
《行政法院法》

§ 40	17

VwVfG
《行政程序法》

§ 32	1322
§ 37	1694

§ 41	1694
§§ 48 ff.	1694
§ 54	17

WBVG
《居住与照护合同法》

§ 4	985

WechselG
《汇票法》

Art. 10	1648, 1650
Art. 91 ff.	65

WEG
《住宅所有权法》

§ 1	50, 249
§ 4	1258
§ 12	1148
§ 27	1429
§ 35	1148

WiStG
《经济刑法》

§ 5	1114, 1155, 1158

ZPO
《民事诉讼法》

§ 13	162
§ 20	163
§ 50	155, 221, 976
§ 52	155, 161, 976, 983, 1041
§ 57	1429
§ 58	1429
§§ 80 ff.	1334, 1570
§ 80	1465, 1515
§§ 81 ff.	1432
§ 81	1451
§ 84	1438
§ 86	1501, 1504
§§ 108 ff.	392
§ 170	1445
§§ 185 ff.	637, 1515

§ § 191 ff.	641
§ 217	336
§ 222	335, 336, 340, 341
§ 278	1053
§ 325	12
§ 415	1069, 1071
§ 416	1071
§ 494	1429
§ 517	341
§ § 545 ff.	557
§ 563	12
§ 604	336
§ 606	163
§ § 709 ff.	392
§ 767	1815
§ 771	1282, 1310, 1317, 1320, 1427
§ 803	241
§ 804	1143
§ 828	1427
§ § 828 ff.	229
§ 829	350, 1130, 1138, 1143
§ 835	350, 1130
§ 851	1427
§ 857	229, 1427
§ 864	241
§ 865	258
§ 888	673, 694
§ 894	673, 691, 694, 1142
§ 897	1142
§ 916	384, 385
§ 917	388
§ 918	388
§ 928	388
§ 935	385, 1138
§ 938	1132, 1138
§ 940	385

ZVG
《强制拍卖法》

§ 20	258, 264, 1283
§ 23	1138
§ 55	264, 1283
§ 71	937, 1465
§ 72	937
§ 81	1465
§ 90	264, 1283
§ § 180 ff.	244
§ § 152 f.	1429

关键词索引

德语词汇	中文对译词	位置（边码）
Abgabe einer Willenserklärung	意思表示的发出	**611 ff.**
－Begriff	－概念	611
－Bote	－使者	1355
－Erforderlichkeit	－必要性	617
－Irrtümer	－错误人	647
－Rechtsfolgen	－法律效果	643 ff.
－Testament	－遗嘱	617
－Tod oder Wegfall der Geschäftsfähigkeit	－死亡或行为能力消灭	643
－Vertreter	－代理人	1343 ff.
－Voraussetzungen	－前提条件	613
－Widerruf	－撤回	647
Abstraktes Rechtsgeschäft	**抽象的法律行为**	**469 ff.**
－Handgeschäft	－现货交易	471
－Inhalt	－内容	469
－Verpflichtung und Verfügung	－负担和处分	472 ff.
－Zweckbestimmung	－目的确定	470
－Zweckverfehlung	－目的不达	473
Abstraktionsprinzip	**抽象原则**	**476 ff.**
－Abgrenzung zum Trennungsprinzip	－与分离原则的界分	477

* 本书正文中，个别词因翻译表达的需要，与本关键词索引译法略有差异。——译者注

(续表)

德语词汇	中文对译词	位置(边码)
-Anwendung des §139	-第139条的适用	488
-Begriff	-概念	478
-Durchbrechungen	-突破	482 ff.
-Inhalt	-内容	476
-Sittenwidrigkeit	-违反善良风俗/悖俗	1200
-Unabhängigkeit einer Zuwendung	-给予的独立性	479
-Verbotsgesetz	-禁止性法律	1099
-Vollmacht und Grundverhältnis	-授权和原因关系(基础关系)	1487 ff.
-Zweck	-目的	480 f.
Abtretungsverbot	让与禁止	1148 f.
Aktivlegitimation	原告适格/起诉权	305
Allgemeine Geschäftsbedingungen	一般交易条款/格式条款	1742 ff.
-Auslegung (s.d.)	-解释(参见此处)	1770 ff.
-Bedeutung	-意义	1743
-Begriff	-概念	1752 ff.
-Besonderheiten bei Verbraucherverträgen	-消费者合同的特殊性	1789
-Einbeziehung von AGB (s.d.)	-一般交易条款的订入(参见此处)	1758 ff.
-Entwicklung der AGB-Kontrolle	-一般交易条款控制的发展	1745
-Gefahren	-危险	1744
-Geltungserhaltende Reduktion	-效力维持性限缩	1786
-Generalklausel	-一般条款	1780
-Grundsatz des §139 BGB	-《民法典》第139条的基本原则	1787

(续表)

德语词汇	中文对译词	位置(边码)
-Individualabreden	-个别约定	1754
-Inhaltskontrolle (s.d)	-内容控制(参见此处)	1775 ff.
-Kollidierende AGB	-矛盾的一般交易条款	1767
- Kontrolle durch Rechtsprechung vor Erlass des AGB-Gesetzes	-一般交易条款法颁布前通过司法裁判控制	1745
-Lückenfüllung	-漏洞填补	1788
- Nichteinbeziehung oder Unwirksamkeit	未订入或者不生效力	1786 ff.
-Rationalisierungseffekt	-合理化效果	1743
-Spezielle Klauselverbote	-特殊条款禁止	1777
-Transparenzgebot	-透明性要求	1781
-Überraschende Klauseln	-意外条款	1768
-Umgehungsverbot	-规避禁止	1785
-Unternehmer (s.d.)	-企业主(参见此处)	1739,167 ff.
-Verbot der unangemessenen Benachteiligung	-不合理不利之禁止	1780
-Verbraucher (s.d.)	-消费者(参见此处)	1739,167 ff.
-Verbraucherverträge (s.d.)	消费者合同(参见此处)	1798 ff.
-Vertragsbedingung	-合同条件	1752
-Verwendung	-使用	1754
-Vielzahl von Verträgen	-批量合同	1753
-Vorformulierung	-提前拟定	1753
-Wirksamkeit des übrigen Vertrags	-其余合同生效力	1787
Allgemeiner Teil des BGB	《民法典》总则	77 f.
Allgemeines Persönlichkeitsrecht (s. a.Persönlichkeitsschutz)	一般人格权(另参见人格保护)	179 ff.
-Güter-und Interessenabwägung	-法益和利益权衡	180

(续表)

德语词汇	中文对译词	位置(边码)
-Intimsphäre	-私密领域	181
-Öffentlichkeitssphäre	-公开领域	183
-Privatsphäre	-私人领域	182
-Zuordnung	-归属	184
Analogie	**类推**	**143 ff.**
-Abgrenzung zur Auslegung	-与解释的界分	126
-Abgrenzung zur Zurechnung	-与归责的界分	1330
-Anwendungsbereich	-适用范围	143
-Gesetzesanalogie	-法条类推	145
-Interessenlage	-利益状况	145
-Normzweck	-规范目的	145
-Planwidrige Lücke	-违反计划的漏洞	144
-Rechtsanalogie	-法律类推	145
Anfechtung	**撤销**	**817 ff.**
-Anfechtung einer Vollmacht	-授权的撤销	1470 ff.
-Anfechtung nichtiger Rechtsgeschäfte	-无效法律行为的撤销	927
-Anfechtungsausschluss (s.d.)	-撤销排除（参见此处）	941 ff., 953 ff., 1417
-Anfechtungsberechtigter	-撤销权利人	907
-Anfechtungserklärung (s.d.)	-撤销的意思表示(参见此处)	904 ff.
-Anfechtungsfrist (s.d.)	-撤销期限（参见此处）	911
-Anfechtungsgegenstand (Willens-erklärung)	-撤销对象（意思表示）	820
-Anfechtungsgegner	-撤销相对人	908
-Anfechtungsgrund	-撤销原因	824 ff.
-Aufechtungsparteien	-撤销当事人	907

(续表)

德语词汇	中文对译词	位置（边码）
-Arbeitsverträge	-劳动合同	960
-Arglistige Täuschung (s.d.)	-恶意欺诈（参见此处）	865 ff.
-Dauerschuldverhältnisse	-继续性债之关系	958 ff.
-Duldungsvollmacht	-容忍代理	1560
-Eheschließung	-结婚	962
-Eigenschaftsirrtum (s.d.)	-性质错误（参见此处）	844 ff.
-Erbrechtliche Erklärungen (s.d.)	-继承法上的表示（参见此处）	963 ff.
-Erklärungsirrtum (s.d.)	-表示错误（参见此处）	840 ff.
-Fehleridentität (s.d.)	-瑕疵一致/共同瑕疵（参见此处）	921
-Folgegeschäfte	-后续交易	931
-Gesellschaftsverträge	-公司设立合同/合伙合同	959
-Gutgläubiger Erwerb	-善意取得	926
-Inhaltsirrtum (s.d.)	-内容错误（参见此处）	826 ff.
-Kausalität	-因果关系	832
-Lehre von der Doppelwirkung im Recht	-权利中的双重效力说	927
-Mietverträge	-租赁合同	961
-Motivirrtum (s.d.)	-动机错误（参见此处）	944
-Nichtigkeit ex tunc	-自始无效	915 ff.
-Rechtsfolgen	-法律效果	915 ff.
-Rechtsgeschäftsähnliche Handlungen	-准法律行为	419
-Rückabwicklung nach Anfechtung	-撤销后的返还/撤销后的回复原状	930 f.
-Rückwirkung	-溯及效力	918

(续表)

德语词汇	中文对译词	位置（边码）
−Schadensersatz aufgrund Anfechtung (s.d.)	−基于撤销的损失赔偿（参见此处）	932 ff.
−Sonderfälle	−特殊情况	957
−Stellvertretung	−代理	822
−Teilanfechtung	−部分撤销	924
−Testament	−遗嘱	964
−Trennungsprinzip	−区分原则	919
−Übermittlungsirrtum (s.d.)	−传达错误（参见此处）	843
−Verschulden	−过错	832
−Versicherungsverträge	−保险合同	961
−Vollmacht	−意定代理权	1470 ff.
−Vorrang der Auslegung	−解释优先	819
−Widerrechtliche Drohung (s.d.)	−违法的胁迫（参见此处）	888 ff.
−Willensmängel	−意思瑕疵	792
−Zeitpunkt des Vorliegens eines Anfechtungsgrundes	−撤销原因成立的时间点	825
Anfechtung erbrechtlicher Erklärungen	**继承法上意思表示的撤销**	**963 ff.**
−Annahme und Ausschlagung einer Erbschaft	−接受和拒绝遗产	963
−Erbvertrag	−继承合同	965
−Letztwillige Verfügungen	−身后处分/终意处分	964
−Testament	−遗嘱	964
Anfechtungsausschluss	**撤销排除**	**941**
−Beiderseitiger Irrtum	−双方错误	942
−Bestätigung	−确认	946 ff.
−Fristablauf	−期限经过	941
−Gesetzeskonkurrenz	−法条竞合	941

(续表)

德语词汇	中文对译词	位置(边码)
－Irrtum über die Vertretung	－对代理的错误	1417
－Motivirrtum (s.d.)	－动机错误（参见此处）	944
－Treuwidrigkeit	－违反忠实义务	953 ff.
－Vereinbarung	－协议	956
Anfechtungserklärung	**撤销的表示**	**904 ff.**
－Empfangsbedürftige Willenserklärung	－需受领的意思表示	904
－Form	－形式	905
－Nennung des Anfechtungsgrundes	－列举撤销原因/说明撤销原因	906
Anfechtungsfrist	**撤销期限**	**911 ff.**
－Anfechtung nach § 123 BGB	－根据《民法典》第 123 条撤销	914
－Anfechtung nach §§ 119, 120 BGB	－根据《民法典》第 119 条、第 120 条撤销	912
－Ausschlussfrist (s.d.)	－除斥期间（参见此处）	911
－Unverzüglich	－立即/马上	913
Angebot	**要约**	**702 ff.**
－Abgrenzung	－界分	705
－Ablehnung	－拒绝	726
－Accidentalia negotii	－合同偶素	721
－Ad incertam personam	－向不特定人	716
－Angebotsvertrag	－要约合同	696
－Antrag	－要约、申请、动议	702
－Begriff	－概念	702 ff.
－Bestimmtheitserfordernis	－确定性要求	711
－Bindungswirkung (s.d.)	－约束效力（参见此处）	723 ff.
－Definition	－定义	704

(续表)

德语词汇	中文对译词	位置(边码)
-Essentialia negotii	-合同要素	712,1073
-Inhalt	-内容	711 ff.
-Invitatio ad offerendum	-要约邀请	705 ff.
-Naturalia negotii	-合同常素	720
-Tod oder Geschäftsunfähigkeit nach Abgabe des Angebotes	-要约发出后死亡或无行为能力	734 ff.
-Versteigerung	-公开拍卖	710
-Widerruf	-撤回	724
-Willenserklärung	-意思表示	703
Annahme	**承诺**	**738 ff.**
-Annahmeerklärung (s.d.)	-承诺的表示(参见此处)	732
-Annahmefähigkei	-承诺能力/可承诺性	734
-Annahmefrist (s.d.)	-承诺期限(参见此处)	728 f.,759
-Begriff	-概念	738
-Entbehrlichkeit des Zugangs	-到达可缺/无须到达	749
-Fehlendes Erklärungsbewusstsein	-缺失表示意识	758
-Inhalt	-内容	739 ff.
-Kaufmännisches Bestätigungsschreiben	-商人的确认函	760
-Schweigen	-沉默	760
-Sukzessivbeurkundung	-继续性公证	748
-Tod oder Geschäftsunfähigkeit des Angebotsempfängers	-要约受领人死亡或者无行为能力	737
-Uneingeschränktes Einverständnis	-完全同意	741
-Wirksamkeit	-生效	746 ff.
-Zugang	-到达	746 ff.
-Zugangserfordernis	-到达的要求	746 f.
Annahmeerklärung	**承诺表示**	**732**

(续表)

德语词汇	中文对译词	位置(边码)
-Verspätet zugegangene	-迟到的/迟延到达的	732
Annahmefrist	**承诺期限**	**728 ff.**
-Gesetzliche	-法定的	730
-Gewillkürte	-意定的/任意的	728
Anscheinsvollmacht	-表见代理权/表见授权	**1560 ff.**
-Beherrschbarkeit der eigenen Risikosphäre	-自己风险领域的可控制性	1564
-Gutgläubigkeit	-善意	1565
-Kausalität	-因果关系	1565
-Ladenangestellte	-商店店员	1563
-Rechtsfolge	-法律效果	1565
-Rechtsscheinstatbestand	-权利外观要件	1560
-Verschulden	-过错	1564
-Zurechnung	-归责	1560
Anspruch	**请求权**	**290 f.**
-Anspruchsgrundlage	-请求权基础	88 ff., 292
-Anspruchshäufung	-请求权聚合	293
-Anspruchsinhaber	-请求权人	293
-Anspruchskonkurrenz	-请求权竞合	293
Anwartschaftsrecht	**期待权**	**1281 ff.**
Arglistige Täuschung	**恶意欺诈**	**856 ff.**
-Anfechtung (s.d.)	-撤销(参见此处)	817 ff.
-Arglist	-恶意	874
-Doppelte Kausalität	-双重因果关系	871
-Dritter i.S.d. § 123 II BGB	-《民法典》第 123 条第 2 款意义上的第三人	879
-Grundtatbestand	-基础要件	865

(续表)

德语词汇	中文对译词	位置（边码）
-Irrtum	-错误	870
-Konkurrenzen	-竞合	885 ff.
-Offenbarungspflicht	-释明义务	866
-Rechtswidrigkeit	-违法性	873
-Sonderfall des Motivirrtums	-动机错误的特殊情况	865
-Täuschung durch Dritte	-经由第三人的欺诈	877 ff.
-Täuschungshandlung	-欺诈行为	866
-Vertrag zugunsten Dritter	-利益第三人合同	883 f.
Arrest	**假扣押**	**388,384**
Auslegung	**解释**	**493 ff.**
-Abgrenzung Vertrag und Gefälligkeitsverhältnis	-合同和情谊关系的界分	677
-Abgrenzung zur Stellvertretung	-与代理的界分	1330
-Allgemeine Geschäftsbedingungen (s.d.)	——般交易条款(参见此处)	1770 ff.
-Auseinanderfallen von Wille und Erklärung	-意思和表示不一致	581
-Auslegungsgegenstand	-解释对象	541
-Auslegungsregeln	-解释规则	92,555 ff.
-Automatisierte Erklärungen	-自动的表示	544
-Empfängerhorizont	-受领人视角	527
-Ergänzende Auslegung	-补充解释	532
-Erklärungstatbestand	-表示行为(要件)	541 ff.
-Erläuternde Auslegung	-说明性解释	525 ff.,1384
-Formbedürftige Rechtsgeschäfte	-要式法律行为	558 ff.
-Formwirksamkeit	-形式有效性	562
-Gang der Auslegung	-解释的过程	540 ff.

(续表)

德语词汇	中文对译词	位置(边码)
-Gesetzesauslegung (s.d.)	-法律解释(参见此处)	121 ff.
-Grundlagen	-基础	494 ff.
-Hypothetischer Parteiwille	-假定的当事人意思	537
-Inhalt des Rechtsgeschäfts	-法律行为的内容	507
-Konkrete Rechtsfolge	-具体的法律效果	507
-Methoden	-方法	497,511 ff.
-Natürliche Auslegung	-自然解释	512 ff.,1383
-Nicht empfangsbedürftige Willenserklärungen	-无须受领的意思表示	513 ff.
-Normen	-规范	499
-Parteiwille	-当事人意思	548,112
-Rechtsfolgewille (s.d.)	-法律效果意思(参见此处)	503
-Regelungslücke	-规范漏洞/规制漏洞	533
-Revisionsinstanz	-三审上诉	557
-Sinnermittlung	-意义查明	559
-Tatsächlicher Parteiwille	-当事人的真实意思	548
-Übereinstimmendes Parteiverständnis	-当事人一致的理解	518 ff.,548
-Umstände außerhalb der Erklärung	-表示之外的因素	549
-Vertrauensschutz (s.d.)	-信赖保护(参见此处)	500 ff.
-Wortlaut	-文义	545 ff.
Auslegung von allgemeinen Geschäftsbedingungen	一般交易条款/格式条款的解释	**1770 ff.**
- Grundsatz der objektiven Auslegung	-客观解释的基本原则	1771
-Individualprozess	-个别程序	1772
-Unklarheitenregel	-不清晰规则	1772
-Verbandsprozess	-联合体程序	1773

(续表)

德语词汇	中文对译词	位置（边码）
-Vorrang der Individualabrede	-个别约定优先	1774
Auslobung	悬赏广告	604
Ausschlussfrist (Präklusion)	除斥期间	317
-Anfechtung	-撤销	911
-Widerruf	-撤回	1813
Bedingung	条件	1252 ff.
-Absolutes Verfügungsverbot	-绝对的处分禁止	1273 ff.
-Abstraktionsprinzip	-抽象原则	489
-Auflösende Bedingung	-解除条件	1250, 1263 ff.
-Aufschiebende Bedingung	-延缓条件/生效条件	1250, 1268 ff.
-Bedingungsausfall	-条件落空	1266, 1270
-Bedingungseintritt	-条件成就	1264 ff., 1269
-Bedingungsfeindliche Rechtsgeschäfte	-不得附条件的法律行为	1258
-Begriff	-概念	1249, 1252
-Potestativbedingung	-任意条件	1261
-Rechtsfolgen	-法律效果	1262 ff.
-Schadensersatzanspruch	-损失赔偿请求权	1278
-Scheinbedingung	-表见条件	1254
-Schutz des bedingt Berechtigten	-受条件限制的权利人的保护	1272 ff.
-Schwebezustand	-待定状态	1268
-Trennung von rechtsgeschäftlicher Bindung und Eintritt der Rechtsfolgen	-与法律行为的约束的区分以及法律效果产生	1248
-Treuwidrigkeit	-违反忠实义务	1264
-Ungewisses Ereignis	-不确定事件	1255
-Wirkung ex nunc	-向未来的效力	1265, 1269

(续表)

德语词汇	中文对译词	位置(边码)
-Zukünftiges Ereignis	-未来事件	1254
-Zulässigkeit	-适法性	1257 ff.
Befristung	**期限**	**1284 ff.**
-Abgrenzung	-界分	1285
-Auflösende (resolutiv)	-解除的	1250,1286
-Aufschiebende (suspensiv)	-延缓的/生效的	1250,1286
-Begriff	-概念	1249,1284
-Rechtsfolgen	-法律效果	1286
-Schutz des Berechtigten	-权利人保护	1286,1263 ff., 1268 ff.,1272 ff.
- Trennung von rechtsgeschäftlicher Bindung und Eintritt der Rechtsfolgen	-与法律行为的约束的区分以及法律效果产生	1248
Bereicherungsrecht	**不当得利法**	**475**
Beschlüsse	**决议**	**436**
-Auslegung	-解释	500
-Definition	-定义	436
-Tatbestand	-要件	437
Beschränkte Geschäftsfähigkeit	**限制行为能力**	**990 ff.**
-Betreuer	-照护人	992
-Betreute	-被照护人	992
-Dienst-oder Arbeitsverhältnis	-劳务关系和劳动关系	1040
-Einwilligung des gesetzlichen Vertreters (s.d.)	-法定代理人的同意(参见此处)	1010
-Einwilligungsvorbehalt	-同意保留	993
-Empfangszuständigkeit	-受领权限	1006
-Gegenseitiger Vertrag	-双务合同	1000

(续表)

德语词汇	中文对译词	位置(边码)
-Genehmigung des gesetzlichen Vertreters (s.d.)	-法定代理人的追认(参见此处)	1025 ff.
-Genehmigung des Vormundschaftsgerichts	-监护法院的追认	986,1038
-Minderjährige	-未成年人	991
-Neutrales Rechtsgeschäft	-中性的法律行为	1008
-Partielle beschränkte Geschäftsfähigkeit	-不完全的限制行为能力	994
-Partielle Geschäftsfähigkeit (s.d.)	-不完全的行为能力(参见此处)	1037 ff.
-Rechtlich nachteilige Rechtsgeschäfte	-法律上不利的法律行为	1009 ff.
-Rechtlich nicht nachteilige Rechtsgeschäfte	-法律上并非不利的法律行为	997 ff.
-Rechtlicher Vorteil	-法律上的利益	998
-Rechtsfolgen	-法律效果	996 ff.
-Schuldrechtliche Rechtsgeschäfte	-债权法上的法律行为	1000 ff.
-Sonstige rechtliche Nebenpflichten	-其他法律上的从属义务	1001
-Tatbestand	-要件	990 ff.
-Verfügungen	-处分	1004 ff.
-Vermehrung von Pflichten	-义务的增加	998
-Verminderung von Rechten	-权利的缩减	998,1004
-Vertreter	-代理人	1368
-Wohnsitz	-住所	166
Besitzdiener	**占有辅助人**	**1303**
Bestandteile von Sachen	**物的组成部分**	**245 ff.**
-Gründstücke	-不动产	249
-Rechtsfolge	-法律效果	250

(续表)

德语词汇	中文对译词	位置(边码)
－Unwesentliche Bestandteile	－不重要的组成部分	254
－Wesentliche Bestandteile	－重要的组成部分	248
Bestätigung	**确认**	**1236 ff.,946 ff.**
－Bestätigungserklärung	－确认表示	1243
－des anfechtbaren Rechtsgeschäftes	－可撤销法律行为的	946 ff.
－Dogmatik	－教义	1238
－Maßgeblicher Zeitpunkt	－决定性的时间点	1239
－Nichtiges Rechtsgeschäft	－无效的法律行为	1242
－Rechtsfolgen	－法律效果	1245 f.
－Schuldrechtliche Rückbeziehungsvereinbarung	－债权法上的溯及既往协议	1246
－Unheilbarkeit	－不可补正性	1240
－Voraussetzungen	－前提条件	1242 ff.
－Wirksamkeitsvoraussetzungen des Rechtsgeschäfts	－法律行为生效的前提条件	1244
－Wirkung ex nunc	－向未来的效力	1245
Betriebsvereinbarungen	**企业协定**	**21**
Beweisaufnahme	**举证**	**117**
Bindungswirkung des Angebotes	**要约的约束效力**	**723 ff.**
－Ablehnung	－拒绝	726
－Nicht rechtzeitige Annahme	－未及时之承诺	727
－Verspätet zugegangene Annahmeerklärung	－迟延到达的承诺表示	732
－Widerruf	－撤销	724
Blankett	**空白(文件)**	**1641 ff.**
－Abredewidriges Ausfüllen	－违反约定填写	842,1650 f.

(续表)

德语词汇	中文对译词	位置(边码)
-Analogie zu §§ 172 I, 173	-对第172条第2款、第173条的类推	1650
-Analogie zu §§ 177, 179	-对第177条、第179条的类推	1651
-Ausfüllen in fremdem Namen	-以他人名义填写	1413
-Begriff	-概念	1642
-Bürgschaftsblankett	-空白保证	1642
-Dogmatische Einordnung	-教义上的归属	1644
-Form	-形式	1648 ff.
-Offenes Blankett	-公开的空白	1643
-Verdecktes Blankett	-隐藏的空白	1643
-Vollmachtsblankett	-空白授权	1528,1642
-Wechselblankett	-空白汇票	1642
Blankounterschrift	空白签名(已签名的空白文件)	1642 ff.,1648
Botenschaft	使者关系	1344 ff.
-Abgabe der Willenserklärung	-意思表示的发出	1355
-Abgrenzung zur Stellvertretung	-与代理的界分	1305,1345 ff.
-Auslegung vom Empfängerhorizont	-从受领人视角解释	1345
-Ehegatten	-配偶	1352
-Empfangsbote	-受领使者	622,1350 ff.,1362
-Erklärungsbote	-表示使者	1360
-Familienangehörige	-家庭成员	1353
-Geschäftsfähigkeit des Boten	-使者的行为能力	1358
-Hauspersonal	-家政人员	1354

(续表)

德语词汇	中文对译词	位置(边码)
－Irrtümliche Falschübermittlung	－意思表示错误上的错误转达	1360
－Rechtsfolgen	－法律效果	1355 ff.
－Unternehmen	－企业	1352
－Vertragsschluss durch Boten	－通过使者的合同订立	1359
－Vertretungsbote	－代理使者	1336
－Vorsätzliche Falschübermittlung	－故意的错误转达	1361
－Wirksamkeitsvoraussetzungen der übermittelten Willenserklärung	－转达的意思表示的生效前提条件	1355 ff.
－Wirksamkeitsvoraussetzungen des Rechtsgeschäftes	－法律行为生效的前提条件	1358
－Zugang der Willenserklärung	－意思表示的到达	1356
Bruchteilsgemeinschaft	**按份共有**	**193**
Bürgerliches Gesetzbuch	**《民法典》**	**26**
－Abstraktion	－抽象	83
－Änderungen	－修改/修订	53 ff.
－Aufbau	－结构/构建	76 ff.
－Defizite	－遗漏/亏空	45 ff.
－Entstehung	－产生	33 ff.
－1. Entwurf	－第一草案	36, 39
－1. Kommission	－第一委员会	35
－2. Entwurf	－第二草案	41 ff.
－2. Kommission	－第二委员会	40
－Vorkommission	－预备委员会	34
－Entwicklung	－发展	43 ff.
－Geltungsbereich	－适用范围/效力范围	58
－Räumlich	－空间的	64

(续表)

德语词汇	中文对译词	位置(边码)
-Sachlich	-事实的	59
-Zeitlich	-时间的	63
-Grundwertungen	-基本价值	98
-In-Kraft-Treten	-生效	42
-Motive	-动机	37
-Normarten (s.d.)	-规范类型(参见此处)	87 ff.
-Protokolle	-立法会议纪要	41
-Systematik	-体系性	76
-Verabschiedung	-通过	42
-Verweisungen	-指示参阅/参照	85
Culpa in Contrahendo	**缔约过失**	**20,682 ff.**
-Konkurrenz zur arglistigen Täuschung	-与恶意欺诈的竞合	886
-Option (s.d.)	-选择权(参见此处)	695 ff.
-Schadensersatzanspruch	-损失赔偿请求权	682,685,686, 690,695,886, 1636,1639
-Stellvertretung	-代理	1636,1639
-Vertragsverhandlungen	-合同磋商	685
-Vorvertrag (s.d.)	-前合同/预约(参见此处)	690 ff.
-Vorvertragliches Schuldverhältnis	-前合同上的债之关系	686
Dauerschuldverhältnisse	**继续性债之关系**	**958 ff.**
-Anfechtung	-撤销	958 ff.
-Nichtigkeit	-无效	985,1205
Deliktsfähigkeit	**侵权能力**	**973**
Dereliktion	**放弃财产**	**604**
Dissens	**不合意/非合意**	**761 ff.**

(续表)

德语词汇	中文对译词	位置(边码)
-Accidentalia negotii	-合同偶素	764
-Anwendungsbereich	-适用范围	766
-Auslegungsregeln	-解释规则	769
-Begriff	-概念	762
-Essentialia negotii	-合同要素	763
-Offener Dissens (s.d.)	-公开的不合意(参见此处)	770 ff.
-Rechtsfolge	-法律效果	769
-Schadensersatz	-损失赔偿	783
-Teildissens	-部分不合意	780
-Versteckter Dissens (s.d)	-隐藏的不合意(参见此处)	779 ff.
Doppelnichtigkeit	双重无效	927
Doppelwirkung	双重效力	927
Duldungsvollmacht	容忍代理权	1550 ff.
-Abgrenzung zur still schweigenden Bevollmächtigung	-与默示授权的界分	1556 f.
-Anfechtung	-撤销	1560
-Gutgläubigkeit	-善意	1558
-Kausalität	-因果关系	1558
-Rechtsfolge	-法律效果	1559
-Rechtsscheintatbestand	-权利外观要件	1550 ff.
-Verschulden	-过错	1555
-Zurechenbarkeit	-可归责性	1554
Durchgriffshaftung	穿透性责任	1329
Eigenhaftung des Vertreters	代理人的个人责任	1680 ff.
-Persönliches Vertrauen	-个人信赖	1682 ff.
-Sonderbeziehung	-特殊关系	1680 f.

(续表)

德语词汇	中文对译词	位置(边码)
-Unmittelbares eigenes wirtschaftliches Interesse	-直接的自己的经济利益	1685 ff.
Eigenschaftsirrtum	**性质错误**	**844 ff.**
-Anwendungsbereich	-适用范围	844
-Eigenschaft einer Person oder Sache	-人或物的性质	845
-Erheblichkeit	-重要性/显著性	848
-Konkurrenzen	-竞合	853 ff.
-Lehre vom geschäftlichen Eigenschaftsirrtum	-法律行为上的性质错误学说	861 ff.
-Rechtspolitische Kritik	-法政策上的批评	844,860
-Subsidiarität	-辅助性	856
-Verkehrswesentliche Eigenschaft	-对交易重要的性质	846
-Voraussetzungen	-前提条件	845 ff.
Eigentum	**所有权**	**283,288**
Einbeziehung von AGB	**一般交易条款的订入**	**1758 ff.**
-Ausdrücklicher Hinweis	-明确的指示	1760
-Aushang	-通告/公告/布告	1763
-Einbeziehungsvereinbarung	-订入协议	1758
-Kenntnisnahme	-获悉/知悉	1760
-Kollidierende AGB	-冲突的一般交易条款	1767
-Nichtunternehmer	-非企业主	1759
-Rahmenvereinbarung	-框架协议	1765
-Überraschende Klauseln	-出人意料条款	1768
-Unternehmensverkehr	-企业交易	1766 ff.
Einreden	**抗辩权**	**313**

(续表)

德语词汇	中文对译词	位置(边码)
-Dilatorische Einreden	-延缓性抗辩权/一时性抗辩权	90,314
-Gegenrecht	-对抗权	90
-Missbrauchsschranken	-滥用限制	342
-Peremptorische Einreden	-永久性抗辩权	90,314
-Verjährung (s.d.)	-消灭时效(参见此处)	316 ff.
-Voraussetzung	-前提条件	315
Einwendung	**抗辩**	90,310 ff.
-Gegenrecht	-对抗权	90
-Einwendungsdurchgriff	-抗辩穿透	1847
-Rechtshindernde Einwendung	-权利阻碍性抗辩	90,312
-Rechtsverlust	-权利丧失	310
-Rechtsvernichtende Einwendung	-权利消灭的抗辩	90,312
Einwilligung	**许可**	1010 ff.,1715 ff.
-Ärztliche Heilbehandlung	-医治	418,1338
-Beschränkte Geschäftsfähigkeit	-限制行为能力	1010 ff.
-Einseitiges Rechtsgeschäft	-单方法律行为	1702
-Einwilligungsvorbehalt	-许可保留	993
-Form der Zustimmung	-同意形式	1669,1715 ff.
-Legitimation des Nichtberechtigten	-无权利人的正当化	1715
-Verfügungsermächtigung (s.d.)	-处分授权(参见此处)	1716
-Verweigerung	-拒绝	1711
-Widerruf	-撤回	1703 ff.
-Wirkung	-效果/效力	1706
Einwilligung des gesetzlichen Vertreters	**法定代理人的许可**	1010 ff.
-Genehmigung des Vormundschaftsgerichts	-监护法院的追认	986,1039

(续表)

德语词汇	中文对译词	位置（边码）
－Generalkonsens (s.d.)	－一般合意（参见此处）	1014 f.
－Spezialkonsens	－特别合意	1011
－Taschengeldparagraph	－零花钱条款	1017 ff.
Einziehungsermächtigung	订入授权	1732 ff.
－Ausübungsermächtigung	－行使授权	1731
－Inhalt	－内容	1733
－Kritik	－批评	1734
－Prozessführungsermächtigung	－诉讼实施授权	1735
Elektronische Willenserklärungen	电子意思表示	628
－Ausdrückliche Willenserklärung	－明确的意思表示	570
－Schriftform	－书面形式	1062, 1064
－Zugang	－到达	628
Empfängerhorizont	受领人视角	527
Empfangsermächtigung	受领授权	1731
－Erfüllungsleistung an Dritten	－向第三人履行给付	1731
－Kettengeschäft	－连锁交易/倒手交易	1731
－Spezialfall der Zustimmung	－同意的特别情况	1731
Empfangsbote	受领使者	1350
Empfangsvertreter	受领代理人	1445, 1654
Erbengemeinschaft	继承人共同体	430
Erbrecht	继承法	82, 75, 157, 440
－Anfechtung erbrechtlicher Erklärungen (s.d.)	－继承法上的表示的撤销（参见此处）	963 ff.
－Gesetzliche Vertretungsmacht von Miterben	－共同继承人的法定代理权	1429
－Rechtsgeschäft von Todes wegen	－死因法律行为	444
－Testament (s.d.)	－遗嘱（参见此处）	604

(续表)

德语词汇	中文对译词	位置(边码)
-Testierfähigkeit	-遗嘱能力	975
-Vertretungsverbote	-代理禁止	1336
Erklärungsirrtum	**表示错误**	**840 ff.**
Erlöschen einer Vollmacht	**授权消灭**	**1497 ff.**
-Abhängigkeit vom Grundverhältnis	-依赖于基础关系	1499 f.
-Gesetzliche Regelung	-法律规定	1497
-Insolvenz des Vollmachtgebers	-授权人支付不能/授权人破产	1506
-Lebzeitige Vollmacht	-生前代理权	1502
-Postmortale Vollmacht	-死后代理权	1502 f.
-Rechtsfolgen	-法律效果	1514 ff.
-Rechtsgeschäftliche Regelung	-通过法律行为的规定	1498
-Rückgabe der Vollmachtsurkunde	-代理权证书返还	1515
-Tod des Bevollmächtigten	-被授权人死亡	1501
-Tod des Vollmachtgebers	-授权人死亡	1501
-Transmortale Vollmacht	-生前死后代理权/跨越死亡代理权	1502
-Unwiderrufliche Vollmacht (s.d.)	-不可撤回的代理权（参见此处）	1508 ff.
-Verlust der Geschäftsfähigkeit	-行为能力的丧失	1504 f.
-Vertrauensschutz bei Erlöschen der Vollmacht (s.d.)	-代理权消灭时的信赖保护(参见此处)	1516 ff.
-Widerruf der Vollmacht	-代理权的撤回	1507 ff.
-Widerrufserklärung	-撤回表示	1513
-Wirkung ex nunc	-效力向未来	1514
Erwerbsermächtigung .	**取得的授权/买进的授权**	**1736 ff.**
Essentialia negotii (s.a. unter Angebot)	**合同要素（另见要约项下）**	**712**

(续表)

德语词汇	中文对译词	位置(边码)
Ethik	伦理学	7
Europarecht	欧洲法	23 ff., 137
-Auslegungskriterium	-解释的标准	137
-Richtlinie	-指令	23 ff., 1851, 1818
Faktisches Vertragsverhältnis	事实合同关系	744
Falsa demonstratio non nocet (→Auslegung eines Rechtsgeschäfts)	误言无害真意(→法律行为的解释)	519
Falsus Procurator (→Vertreter ohne Vertretungsmacht)	无权代理人(→无代理权代表)	1602 ff.
Familienrecht	家庭法	81, 74, 440
-Anfechtung der Eheschließung	-结婚的撤销	962
-Ehefähigkeit	-结婚能力	974
-Eltern als gesetzliche Vertreter	-父母作为法定代理人	986, 1429
-Empfangsboten	-受领使者	1352 f.
-Gesetzlicher Vertreter	-法定代理人	985 f., 1429
-Vertretungsmacht von Ehegatten	-配偶的代理权	1430
-Vertretungsverbote	-代理禁止	1336
Faustrecht	武力自卫权	356
Fehlerhafte Gesellschaft	有瑕疵的合伙	959, 1205
Fehleridentität	瑕疵一致性/错误一致性	482
-Anfechtung	-撤销	921
Fernabsatzvertrag	远程销售合同	1850 ff.
-Anwendungsbereich	-适用范围	1853 ff.
-Ausnahmen	-例外	1857
-Direktvertrieb	-直接销售	1851
-Distanzgeschäft	-远距离交易	1854 ff.
-Fernabsatz	-远程销售	1851

(续表)

德语词汇	中文对译词	位置(边码)
-Fernabsatzrichtlinie	-远程销售指令	1851
-Informationspflichten	-信息义务/告知义务	1860
-Organisiertes Vertriebs-oder Dienstleistungssystem	-有组织的销售体系或者服务体系	1856
-Time-Sharing-Vertrag	-分时度假合同	1857
-Verbraucherschutzrecht (s.d.)	-消费者保护法(参见此处)	1851
-Verbundene Geschäfte	-联合交易	1862
-Verhältnis zu anderen Verbraucherschutzgesetzen	-与其他消费者保护法的关系	1852
-Vertrag über die Lieferung von Waren oder die Erbringung von Dienstleistungen	-提供商品或服务的合同	1854
-Verwendung von Fernkommunikationsmitteln	-远程通信手段的使用	1855
-Widerrufsrecht	-撤回权	1861
Form des Rechtsgeschäftes	**法律行为的形式**	**1043 ff.**
-Beglaubigung	-认证	1070
-Besonderheiten bei der Auslegung	-解释的特殊性	558 ff., 1083
-Beurkundung	-(作成)证明书	1067
-Formarten	-形式类型	1051 ff.
-Formfreiheit beim Vertrag (s. a. dort)	-合同的形式自由(另参见此处)	661
-Formnichtigkeit	-形式无效	1075
-Formzwecke (s.d.)	-形式目的(参见此处)	1046 ff.
-Gesetzliche Form	-法定形式	1044
-Gewillkürte Form	-任意形式、意定形式	1044
-Grundsatz der Formfreiheit	-形式自由的基本原则	1044

(续表)

德语词汇	中文对译词	位置（边码）
－Halbseitige Form	－半页的形式	1045
－Heilung	－补正	1077
－Notarielle Beurkundung（s.d.）	－作成公证的证明书（参见此处）	1067 ff.
－Öffentliche Beglaubigung	－官方认证	1070 ff.
－Rechtsfolgen bei Formverstößen	－违反形式的法律效果	1073 ff.
－Rechtsfolgenvereinbarung	－法律效果协议	1084
－Schriftform（s.d.）	－书面形式（参见此处）	1052 ff.
－Sonstige Formarten	－其他形式类型	1072
－Spezialvorschriften bei Formverstössen	－违反形式时的特别规定	1076
－Treu und Glauben als Grenze des Formzwanges	－诚实信用作为形式强制的边界	1078
－Treuwidrigkeit	－违反忠实义务	1087
Formzwecke	**形式的目的**	**1046 ff.**
－Beratungsfunktion	－咨询功能	1049
－Beweisfunktion	－证明功能	1047
－Kumulierung	－累积/聚集	1050
－Warnfunktion	－警告功能	1048
Fristberechnung	**期限计算**	**333 ff.**
－Dauer	－持续	339
－Fristbeginn	－期限开始	337
－Fristende	－期限终止	339
Früchte	**孳息/成果**	**267**
Gebrauchsvorteil	**使用利益**	**268**
Gefälligkeitsverhältnis	**情谊关系**	**674 ff.**
－Abgrenzung	－界分	676 ff.
－Auslegung	－解释	677

(续表)

德语词汇	中文对译词	位置（边码）
-Begriff	-概念	675
-Gefälligkeitsvertrag	-情谊合同	676
-Haftungsgrundlage	-责任基础	682
-Keine Vertragsansprüche	-无合同请求权	680
-Kriterien	-标准	677
-Rechtsbindungswille	-法律约束意思	676
-Rechtsfolgen	-法律效果	680 f.
Gegenleistung	对待给付	491
Geheimer Vorbehalt	隐蔽的保留	795 ff.
-Abgrenzung	-界分	795
-Kenntnis des Empfängers	-受领人知悉	797
-Motive	-动机	795
-Rechtsfolge	-法律效果	796
-Tatbestand	-要件	795
Geliebtentestament	情人遗嘱	1192
-Postmortale Vollmacht	-死后代理权	1502 f.
-Sittenwidrigkeit	-悖俗	1192
Gemeines Recht	共同法	30
Gemeinschaft	共同体	192 ff.
-Bruchteilsgemeinschaft	-按份共有人	193
-Gesamthandsgemeinschaft	-共同共有人	194
Gemeinschaftsrecht (s. Europarecht)	共同体法（见欧洲法）	23
Genehmigung (s. a. unter Zustimmung)	追认（见下文同意）	1025 ff., 1718 ff.
-beschränkter Geschäftsfähigkeit	-限制行为能力	1025 ff.
-Verfügung eines Nichtberechtigten (s.d.)	-无权利人的处分（参见此处）	1719

(续表)

德语词汇	中文对译词	位置(边码)
-Vertretung ohne Vertretungsmacht (s.d.)	-无权代理(参见此处)	1606 ff., 1610 f., 1622 f., 1637
-Verweigerung	-拒绝	1711, 1610, 1623
-Wirkung	-效力	1707
-Zwischenverfügung	-中间处分	1719
Genehmigung des gesetzlichen Vertreters	法定代理人的追认	1025 ff.
-Aufforderung zur Erklärung	-要求作出(意思)表示	1029
-Begriff	-概念	1027
-Einseitiges Rechtsgeschäft	-单方法律行为	1033 ff.
-Genehmigung des Vormundschaftgerichtes	-监护法院的追认	986, 1038
-Unverzügliche Zurückweisung	-立即驳回	1035
-Verträge	-合同	1026
Generalkonsens	一般合意	1014 ff.
-Beschränkter Generalkonsens	-限制的一般合意	1015
-Surrogate	-代替物	1024
-Unbeschränkter Generalkonsens	-不受限制的一般合意	1014
Gerechtigkeit	公正性	8
Gesamthandsgemeinschaft	共同共有人	194 ff.
-Rechtsfähigkeit	-权利能力	195
Gesamtvertretung	共同代理	1434 ff.
-Auftreten als Einzelvertreter	-作为独立代理人实施行为	1441 f.
-Begründung	-论证	1436
-Form	-形式	1444
-Funktion	-功能	1435

(续表)

德语词汇	中文对译词	位置(边码)
-Gesetzliche	-法定的	1436
-Passive Stellvertretung	-消极代理	1445
-Rechtsgeschäftliche	-意定的	1436
-Vier-Augen-Prinzip	-四目原则	1435
-Wirksamkeit der Willenserklärungen	-意思表示生效力	1443
-Wirkung	-效果/效力	1439 ff.
Geschäft für den, den es angeht	效力归属于相关人的法律行为	1396 ff.
-Bargeschäfte des täglichen Lebens	-日常生活的现金交易	1400
-Gleichgültigkeit der Person des Vertragspartners	-合同相对人个人无关紧要	1400
-Handeln in eigenem Namen	-以自己的名义实施行为	1397
-Rechtsfolge	-法律效果	1404 f.
-Vertretungswille	-代理的意思	1398 f.
-Voraussetzungen	-前提条件	1399 ff.
Geschäftsfähigkeit	行为能力	966 ff., 161
-Abgrenzungen	-界分	971 ff.
-Als Wirksamkeitsvoraussetzung	-作为生效力的前提条件	404
-Ärztliche Heilbehandlung	-医治	418
-Begriff	-概念	967
-Beschränkte Geschäftsfähigkeit (s.d.)	-限制行为能力(参见此处)	990 ff.
-Betreute	-被照护人	992
-Bote	-使者	1358
-Geschäftsunfähigkeit (s.d.)	-无行为能力人(参见此处)	977 ff.
-Juristische Personen	-法人	970
-Minderjährige	-未成年人	990
-Partielle Geschäftsfähigkeit (s.d.)	-部分行为能力(参见此处)	1037 ff.

(续表)

德语词汇	中文对译词	位置(边码)
-Sinn und Zweck	-意义和目的	968 ff.
-Unbeschränkte Geschäftsfähigkeit	-完全行为能力	161
-Verlust	-丧失	643,1504
-Vertreter	-代理人	1368 ff.,1635
-Zugang einer Willenserklärung	-意思表示的到达	633
Geschäftsgrundlage	交易基础	944
Geschäftsunfähigkeit	无行为能力	977 ff.
-Ausschluss der freien Willensbestimmung	-自由意思决定的排除	980
-Bewusstlosigkeit	-失去意识	987
-Dauernde Geistesstörung	-长期的精神障碍	981
-Gesetzlicher Vertreter	-法定代理人	985
-Kinder	-子女	978
-Partielle Geschäftsunfähigkeit	-部分无行为能力	983
-Psychisch Kranke	-心理疾病	980
-Rechtsfolgen	-法律效果	985 ff.
-Relative Geschäftsunfähigkeit	-相对无行为能力	984
-Tatbestand	-要件	978 ff.
-Verfassungsrechtliche Bedenken	-基本法上的思考	989
-Vollrausch	-大醉	988
-Vorübergehende Störung der Geistestätigkeit	-精神行为暂时受干扰	987
-Zugang einer Willenserklärung	-意思表示到达	985
Gesetz	法律/法条	9 ff.
-Formell	-形式的	10
-Materiell	-实体的	10
Gesetzesanwendung	法律适用	11,108

(续表)

德语词汇	中文对译词	位置(边码)
−Analogie (s.d.)	−类推(参见此处)	143 ff.
−Gesetzesauslegung (s.d.)	−法律解释(参见此处)	121
−Methode (s.d.)	−方法(参见此处)	109 ff.
−Rechtsfindung	−法律发现	109,115
−Rechtsfortbildung	−法律续造	12,148
−Teleologische Reduktion (s.d.)	−目的性限缩(参见此处)	142 ff.
Gesetzesauslegung	**法律解释**	**121 ff.**
−Auslegungskriterien	−解释标准	123 ff.
− Entstehungsgeschichte (historische Auslegung)	−产生的历史(历史解释)	130 ff.
−Historischer Gesetzgeber	−历史立法者	130
−Materialien	−材料	131
−Regelungsabsicht	−规范意图	131
−Wert	−价值	132
−Gegenstand	−对象	121
−Höherrangiges Recht	−上位法/更高位阶的法律/更高位阶的权利	137 ff.
− Normzweck (teleologische Auslegung)	−规范目的(目的解释)	135 以下
− Regelungsumfeld (systematische Auslegung)	−规范体系/规范群(体系解释)	128 ff.
−Richtlinienkonforme Auslegung	−与指令一致的解释	137
−Verfassungskonforme Auslegung	−与宪法一致的解释/合宪解释	138
−Völkerrechtskonforme Auslegung	−与国际法一致的解释	141
−Wortlaut (philologische Auslegung)	−文本解释(语言学解释)	124 ff.
−Ziel	−目标	122

(续表)

德语词汇	中文对译词	位置(边码)
Gesetzesbindung	法律发现	11
Gesetzliche Rechtsfolgenerstreckung	法定的法律效果延伸	1414,1430
Gesetzliche Verbote	法定禁止	1088 ff.
-Rechtsfolgen	-法律效果	1111 ff.
-Umgehungsgeschäfte	-规避行为	1120 ff.
-Verbotsgesetze (s.d.)	-禁止性法律(参见此处)	1091 ff.
Gesetzliche Verbote	法定禁止	1089 ff.
-Einseitiger Verstoß	-单方违反	1118
-Einseitiges Verbot	-单方禁止	1116
-Inhaltsverbote	-内容禁止	1113
-Nichtigkeit als Regelfall	-无效作为常规	1115
-Nichtigkeitsvermutung	-无效推定	1111
-Rechtsfolgen	-法律效果	1111 ff.
-Rechtsfolgenseite	-法律效果方面	1089
-Umgehungsgeschäfte	-规避行为	1120
-Verbotsgesetz (s.d.)	-禁止性法律(参见此处)	1091 ff.
-Verfügungsverbote (s.d.)	-处分禁止(参见此处)	1125 ff.
-Vornahmeverbote	-实施禁止	1115
Gesetzliche Vertretungsmacht	-法定代理权	1429 f.
-Beschränkte Geschäftsfähigkeit	-限制行为能力	1009 ff.,1368
-Erscheinungsform der Vertretungsmacht	-代理权的表现形式	1429 f.
-Geschäftsunfähigkeit	-无行为能力	985 f.
Gestaltungsrecht	形成权	297
Gewaltenteilung	权力分配	13,148
Gewaltmonopol des Staates	国家的权力垄断	356 f.
-Ausnahmen	-例外	357 ff.

(续表)

德语词汇	中文对译词	位置(边码)
Gewohnheitsrecht	习惯法	12,14,20
Gleichheitssatz	平等原则	145
Globalzession	概括让与	1191
-Teilverzichtsklausel	-部分放弃条款	1191
-Unbeschränkte Globalzession	-完全概括让与	1191,1200
-Vertragsbruchtheorie	-违约理论	1191
Gutgläubiger Erwerb	善意取得	1128,1133,1144
-Erwerb vom Nichtberechtigten	-无权利人的取得	1128,1133,1144
-Verhältnis zur Anfechtung	-与撤销的关系	926
Handeln unter fremdem Namen	冒名行为	1406 ff.
-Eigengeschäft	-自己交易	1407 ff.
-Form	-形式	1413
-Fremdgeschäft für den Namensträger	-为姓名人的他人交易	1410 ff.
Haustürgeschäft	上门交易	1792 ff.
-Arbeitsplatz	-工作岗位	1801
-Ausschluss des Widerrufsrechts	-撤回权排除	1807
-Ausschlussfrist (s.d.)	-除斥期间(参见此处)	1813
-Ausübung des Widerrufsrechts	-撤回权行使	1812 f.
-Form	-形式	1812
-Frist	-期限	1813
-Bagatellfälle	-微小情况	1809
-Belehrung	-劝导	1813
-Bestellung des Besuchs durch Verbraucher	-消费者的预定拜访	1807
-Beurkundung durch Notar	-由公证人制作证书	1810
-Entgeltlicher Vertrag	-有偿合同	1797
-Freizeitveranstaltung	-休闲活动	1802

(续表)

德语词汇	中文对译词	位置(边码)
-Kaffeefahrt	-购物游	1803
-Kausalität des Vertragsschlusses	-合同订立的因果关系	1800
-Öffentliche Verkehrsmittel oder Verkehrswege	-公共交通工具或交通线路	1805
-Privatwohnung	-私人住宅	1801
-Provozierte Bestellung	-被刺激的订购	1808
-Rechtsfolgen des Widerrufs (s. a. unter Widerruf)	-撤回的法律效果(见下文撤回)	1814 ff.
-Rückabwicklung	-返还/回复原状	1816
-Überrumpelungsgefahr	-突袭的危险	1799
-Unternehmer (s.d.)	-企业主(参见此处)	167 ff.
-Verbraucher (s.d.)	-消费者(参见此处)	167 ff.
-Versicherungsvertrag	-保险合同	1811
-Vertragsanbahnung außerhalb von Geschäftsräumen	-交易场所之外的合同开展	1799
-Voraussetzungen des Widerrufsrechts	-撤回权的前提条件	1795 ff.
Inhaltsirrtum	**内容错误**	**826 ff.**
-Beispiele	-范例	835
-Divergenz zwischen Erklärungsinhalt und Geschäftswille	-表示内容和效果意思之间的分歧	826,829 ff.
-Erklärungsinhalt	-表示内容	827
-Geschäftswille	-效果意思/法律行为意思	828
-Kausalität	-因果关系	832
-Motivirrtum (s.d.)	-动机错误(参见此处)	830
-Objektive Erheblichkeit	-客观的严重性	834
-Rechtsfolgenirrtum	-法律效果错误	831
-Subjektive Erheblichkeit	-主观的严重性	833

(续表)

德语词汇	中文对译词	位置(边码)
Inhaltskontrolle von AGB	一般交易条款的内容控制	1776 ff.
－Anwendungsbereich	－适用范围	1776
－Generalklausel	－一般条款	1780
－Spezielle Klauselverbote	－特别的条款禁止	1777
－Transparenzgebot	－透明性要求	1781
－Umgehungsverbot	－规避禁止	1785
－Verbot der unangemessenen Benachteiligung	－不合理不利之禁止	1780
Innenvollmacht	内部代理权	1459,1483
－Begriff	－概念	1459,1483
－Kundgabe der Innenvollmacht	－内部代理权的公开	1524
－Nach außen kundgemachte Innenvollmacht	－对外公开的内部代理权	1523
－Vertrauensschutz bei Erlöschen	－消灭时的信赖保护	1525
Insichgeschäft	自己代理	**1583 ff.**
－Ausnahmetatbestände	－例外要件	1596 ff.
－Begriff	－概念	1584
－Gefahr einer Interessenkollision	－利益冲突的危险	1585
－Interessenkollision	－利益冲突	1592
－Personenidentität	－人的一致性	1587
－Rechtsfolge	－法律效果	1600
－Schenkung	－赠与	1594
－Tatbestand	－要件	1586 ff.
－Teleologische Reduktion	－目的降低	1593 ff.
Interessenausgleich	利益平衡	**663**
－AGB－Recht	－一般交易条款法	1744 ff.
－Zwingendes Recht	－强制性法律	663

(续表)

德语词汇	中文对译词	位置(边码)
Internationales Privatrecht	**国际私法**	**65 ff.**
-Anknüpfungspunkte	-链接点	66
-Anwendung	-适用	68
-Regelungen zu den übrigen Bestimmungen	-对其他规定的规范	72 ff.
-Regelungen zum Allgemeinen Teil des BGB	-对民法总则的规范	71
-Rückverweisung	-驳回	67
Invitatio ad offerendum	**要约邀请**	**705 ff.**
Irrtum	**错误**	**826 ff.**
-Bei der Notwehr (s.d.)	-在正当防卫中（参见此处）	364 f.
-Eigenschaftsirrtum (s.d.)	-性质错误（参见此处）	844 ff.
-Erklärungsirrtum (s.d.)	-表示错误（参见此处）	840 ff.
-Inhaltsirrtum (s.d.)	-内容错误（参见此处）	826 ff.
-Irrtum des Vertretenen	-被代理人的错误	1422
-Irrtum eines Dritten	-第三人的错误	1423
-Motivirrtum (s.d.)	-动机错误（参见此处）	836 ff.
-Rechtsfolgenirrtum	-法律效果错误	831
-Übermittlungsirrtum	-传达错误	843
Irrtum des Vertreters	**代理人的错误**	**1416 ff.**
-Ausschluss der Irrtumsanfechtung	-错误撤销的排除	1417
-Fehlender Vertretungswille	-缺失代理意思	1420
-Vertretungswille	-代理意思	1416
Juristische Person	**法人**	**185 ff.**
-Abgrenzung	-界分	192 ff.
-Arten	-类型	196 ff.
-Begriff	-概念	186 f.

(续表)

德语词汇	中文对译词	位置(边码)
-Bestimmungen im AT	-总则中的规定	199
-Konzessionssystem	-许可制度	189,223
-Körperschaft	-社团/组织/团体	196,198
-Rechtsfähiger Verein	-有权利能力的协会	196
-Rechtsfähigkeit	-权利能力	188 ff.
-Stiftung	-基金会	197
Justizgewährungspflicht	遵守司法义务	356
Kaufmännisches Bestätigungsschreiben	商人的确认函	760
Kausales Rechtsgeschäft	有因的法律行为	460 ff.
-Abgrenzung	-界分	460 ff.,468
-Auswirkung auf das Schuldverhältnis	-对债之关系的影响	467
-Motiv	-动机	468
-Voraussetzungen	-前提条件	464 ff.
-Zweckbestimmung	-目的确定	460 ff.,464
-Zweckverfehlung	-目的不达	466
Kausalgeschäfte	原因行为	**474 ff.**
-Abgrenzung	-界分	474
-Bereicherungsrecht	-不当得利法	475
Kirche	教堂/教会	198
Knebelungsvertrag	捆绑合同	1196
Kollusion	销赃/串通	**1575 ff.**
Kontrahierungszwang	强制缔约	**664 ff.**
-Angemessene und übliche Bedingungen	-合理的及通常的条件	665
-Begriff	-概念	664
-Durchsetzung	-实施	673

(续表)

德语词汇	中文对译词	位置(边码)
-Monopolstellung	-垄断地位	664,667
-Rechtsgrundlage	-法律基础	667
-Rechtsnatur	-法律属性	672
-Schuldrechtlicher Kontrahierungszwang	-债权法上的强制缔约	690
-Voraussetzungen	-前提条件	669
Körperschaft	社团/组织/团体	196
-Öffentlich-rechtliche Körperschaft	-公法上的社团	198
-Privatrechtliche Körperschaft	-私法上的社团	196
Legaldefinition	法定定义	92
Leistungsverweigerungsrechte	拒绝给付权	328
-Verjährung	-消灭时效	316 ff.
Mentalreservation	内心保留	795
Methodik	方法论	109 ff.
Minderjährige (s. beschränkte Geschäftsfähigkeit)	未成年人(参见限制行为能力)	166,991 ff.
Missbrauch der Vertretungsmacht	代理权滥用	1572 ff.
-Begriff	-概念	1573 f.
-Bösgläubigkeit des Dritten	-第三人的恶意	1574,1578 ff.
-Insichgeschäft (s.d.)	-自己代理(参见此处)	1583 ff.
Kollusion	销赃/串通	1575 ff.
Missbrauchsschranken	滥用的限制	342 ff.
-Schikane	-恶意刁难/权利滥用	344
-Sittenwidrigkeit (s.d.)	-悖俗、违反善良风俗(参见此处)	346
-Treuwidrigkeit (s.d.)	-违反忠实义务(参见此处)	348
-Vertrag	-合同	663

(续表)

德语词汇	中文对译词	位置(边码)
Mittelbare Stellvertretung	间接代理	1306 ff.
-Bürgerliches Gesetzbuch	-《民法典》	1309
-Handelsgesetzbuch	-《商法典》	1320
-Hintermann	-幕后人/策划人	1307
-Kommissionsgeschäft	-行纪行为	1310
-Vertragspartner	-合同当事人	1307
-Willenserklärung in eigenem Namen	-以自己名义的意思表示	1307
Monopolstellung	垄断地位	
-Allgemeine Geschäftsbedingungen (s.d.)	-一般交易条款/格式条款（参见此处）	1744
-Kontrahierungszwang (s.d.)	-缔约强制（参见此处）	664,667
-Missbrauch	-滥用	1196
Motivirrtum	动机错误	830,836 ff.
-Anfechtungsrecht	-撤销权	944
-Arglistige Täuschung	-恶意欺诈	865
-beidseitiger	-双方的	782,944
-Eigenschaftsirrtum als Form des Motivirrtums	-性质错误作为动机错误的形式	853
Natürliche Person	自然人	152 ff.
-Geschäftsfähigkeit (s.d.)	-行为能力（参见此处）	966 ff.
-Persönlichkeitsschutz	-人格保护	171
-Rechtsfähigkeit (s.d)	-权利能力（参见此处）	153,156
-Verbraucher	-消费者	167
-Volljährigkeit	-成年	161
-Wohnsitz	-住所	162
Nichtigkeit	无效	915 ff.,1207 f.

(续表)

德语词汇	中文对译词	位置(边码)
-Anfechtung	-撤销	915 ff.
-Begriff	-概念	1207
-Doppelnichtigkeit	-双重无效	927
-Formnichtigkeit	-形式无效	1075
-Rechtswirkungen trotz Nichtigkeit	-尽管无效时的法律效力	1207
-Scheinerklärung	-虚假表示	808
-Scherzerklärung	-戏谑表示	813
-Sittenwidrigkeit	-违反善良风俗/悖俗	1202, 1175
-Teilnichtigkeit (s.d.)	-部分无效(参见此处)	1209 ff.
-Verbraucherdarlehen (s.d.)	-消费者借贷(参见此处)	1836 ff.
-Wirkung ex tunc	-效力溯及既往	1207
Normarten	**规范类型**	**87 ff.**
-Anspruchsgrundlagen	-请求权基础	88 ff.
-Gegenrecht	-对抗权	90
-Typisierung	-典型化/标准化	89
-Notarielle Beurkundung	-公证的证书	**1067 ff.**
-Begriff	-概念	1067
-Beurkundungsverfahren	-作成证书的程序	1069
-Identität der Beteiligten	-参与者的身份一致性	1413
-Sukzessivbeurkundung	-连续作成证书	1068
Notstand	**紧急避险**	**370**
-Aggressivnotstand	-攻击性紧急避险	378 ff.
-Defensivnotstand	-防御性紧急避险	371 ff.
-Güterabwägung	-法益权衡	373
-Notstandshandlung	-紧急避险行为	373, 380
-Notstandslage	-紧急避险状况	372, 379
-Rechtsfolgen	-法律效果	374, 381

(续表)

德语词汇	中文对译词	位置（边码）
Notwehr	**正当防卫**	**359 ff.**
－Güterabwägung	－法益权衡	362
－Irrtümer	－错误人	364
－Notwehrexzess	－防卫过当	365
－Notwehrhandlung	－防卫行为	361
－Notwehrlage	－防卫状况	360
－Putativnotwehr	－假想防卫	364
－Rechtsmissbrauch	－权利滥用	362 f.
－Schranken	－限制	363
Nutzungen	**用益**	**266**
－Begriff	－概念	266
－Früchte	－孳息	267
－Gebrauchsvorteile	－使用利益	268
Objektiver Empfängerhorizont	**客观受领人视角**	**527**
Offener Dissens	**公开的不合意**	**770 ff.**
－Auslegungsregel des §154 BGB	－《民法典》第154条的解释规则	772
－Rechtsfolge	－法律效果	771
－Tatbestand	－要件	770
－Verbleibende Lücken	－剩余漏洞	773
－Vereinbarte Beurkundung	－约定作成证书	776
Offenkundigkeit	**公示性**	**1379**
Offenlegungsgrundsatz	**公开原则**	**1377 ff.**
－Ausnahmen	－例外	1396 ff.
－Erkennbarkeit des Vertreterhandelns	－代理人行为的可认知性	1379, 1384
－Feststellung durch Auslegung	－通过解释而确定	1382 ff.
－Form	－形式	1389

(续表)

德语词汇	中文对译词	位置(边码)
-Geschäft für den, den es angeht (s.d.)	-效力归属于行为自身的法律行为(参见此处)	1397 ff.
-Gesetzliche Fremdwirkung	-法定的对他人效力	1414
-Gesetzliche Rechtsfolgenerstreckung	-法定的法律效果延伸	1414
-Handeln in fremdem Namen	-以他人名义实施行为	1382 ff.
-Handeln unter fremdem Namen (s.d.)	-冒名行为(参见此处)	1406 ff.
-Irrtümer (s.d.)	-错误人(参见此处)	1415
-Unternehmensbezogene Rechtsgeschäfte	-与企业相关的法律行为	1390 ff.
Öffentliche Beglaubigung	**公证**	
Option	**选择权**	**695 ff.**
-Angebotsvertrag	-要约合同	696
-Ausübung	-行使	697
-Bedingter Hauptvertrag	-受限制的主合同	696
-Festofferte	-固定报价/固定要约	698
-Form	-形式	697
-Gestaltungsmöglichkeiten	-形成的可能性	696
-Gestaltungsrecht	-形成权	698
-Interessenlage	-利益状况	695
Organe	**机关**	**211 ff.**
-Organhaftung	-机关责任	211 ff.
-Organschaftliche Vertretungsmacht	-机关的代理权	205, 1433, 1568 f.
-Wissenszurechnung (s.d.)	-认识的归责(参见此处)	1688 ff.
Organisationspflicht bei juristischen Personen und Personengesellschaften	**法人和合伙的组织义务**	**1671 ff.**
-Informationsabfragepflicht	-信息调查义务	1672

(续表)

德语词汇	中文对译词	位置（边码）
-Informationsspeicherpflicht	-信息储存义务	1672
-Informationsweiterleitungspflicht	-信息转达义务	1672
Pacta sunt servanda	契约严守	11
Parteifähigkeit	当事人能力	976
Partielle Geschäftsfähigkeit	部分行为能力	1037 ff.
-Arbeitsverhältnis	-劳动关系	1040
-Ausbildungsverhältnis	-学徒关系、职业教育关系	1040
-Betrieb eines Erwerbsgeschäfts	-从事经营	1038f.
-Dienstverhältnis	-劳务关系	1040
-Genehmigung des Vormundschaftsgerichtes	-监护法院的追认	986,1038
Persönlichkeitsrecht	人格权	297
-Allgemeines Persönlichkeitsrecht (s. d.)	--般人格权（参见此处）	179 ff.
-Persönlichkeitsschutz (s.d.)	-人格保护（参见此处）	171ff.
Persönlichkeitsschutz	人格保护	171 ff.
-Allgemeines Persönlichkeitsrecht (s. d.)	--般人格权（参见此处）	179 ff.
-Grundlagen	-基础	172
-Güter-und Interessenabwägung	-法益和利益权衡	180
-Namensschutz	-姓名保护	173 ff.
Positive Vertrag – oder Forderungsverletzung	积极违约	20
-Gefälligkeitsverhältnis	-情谊关系	682
Präklusion (s.a. unter Ausschlussfrist)	排除（参见下文除斥期间）	317
Privatautonomie	私人自治	99,112
-Grenzen	-边界	103 ff.,1097

(续表)

德语词汇	中文对译词	位置(边码)
-Grundlage	-基础	102
-Vertrag	-合同	660
Privatrecht	**私法**	1 ff.,15 ff.
-Abgrenzung zum öffentlichen Recht	-与公法的界分	17
-Bürgerliches Recht	-民法	15
-Erscheinungsformen	-表现形式	9
-Interlokales Privatrecht	-跨区域私法	70
-Internationales Privatrecht (s.d.)	-国际私法(参见此处)	65 ff.
-Privatrechtsverhältnis	-私法关系	59
-Recht	-法律/权利	3
-Rechtsquellen	-法源/权源	15,18
Prokura	**商事代理**	1432,1533 ff.
-Abstrakter Vertrauensschutz	-抽象的信赖保护	1533
-Negative Publizität des Handelsregisters	-商事登记簿的消极公示	1534
-Positive Publizität des Handelsregisters	-商事登记簿的积极公示	1533
-Rechtsnatur	-法律属性	1432
-Unwirksame Erteilung	-不生效的授予	1533
Protestatio facto contraria	**相反事实抗辩**	744
Prozessfähigkeit	**诉讼能力**	976
Prozessführungsermächtigung	**授予诉讼代理权**	1735
Publizitätsprinzip	**公示原则**	458
Realakt	**事实行为**	277,407 ff.
-Abgrenzung zur Stellvertretung	-与代理的界分	1298 ff.
-Besitzdiener	-占有辅助人	1303

(续表)

德语词汇	中文对译词	位置(边码)
-Zurechnungsnorm	-归责规范	1301
Recht	**权利/法律**	**3 ff.**
-Als Rechtsobjekt	-作为权利客体	229
-An Bestandteilen	-在组成部分方面	250
-Billiges Recht	-衡平法/公平法	94
-Bürgerliches Recht	-民法	15
-Dispositives Recht	-非强制性法律	96,112
-Erscheinungsformen	-表现形式	9
-Gestaltungsrecht	-形成权	297
-Herrschaftsrecht	-支配权	297
-Kodifiziertes Recht	-法典化的权利/法典化的法律	9
-Landesrecht	-州法律	61
-Persönlichkeitsrecht (s.d.)	-人格权(参见此处)	297
-Positives Recht	-实证法/积极法	9
-Privatrecht	-私法	15
-Quelle	-源	10,15,18
-Strenges Recht	-严格法	93
-Subjektives Recht (s.d.)	-主观权利(参见此处)	278
-Zwingendes Recht	-强制法	95,663
Rechtsanwendung	**法律适用**	**109 ff.**
-Judiz	-审判/法庭/判决	114
-Juristische Methode	-法律方法	114
-Rechtsfindung	-法律发现	109
-Rechtsfolge	-法律效果	119
-Sachverhalt	-事实	117
-Subsumtion (s.d)	-涵摄(参见此处)	111

(续表)

德语词汇	中文对译词	位置(边码)
−Tatbestand	−要件	116
−Vorverständnis	−前理解/先验理解	116
Rechtsbindungswille	**法律约束的意思**	**676 ff.**
−Begriff	−概念	656
−Gefälligkeitsverhältnis	−情谊关系	677 ff.
−Invitatio ad offerendum	−要约邀请	705
Rechtsdurchsetzung	**法律实施/权利实施**	**355 ff.**
−Eigenmächtige Rechtsdurchsetzung	−恣意的法律(权利)实施	358 ff.
−Widerrechtlichkeit	−违法性	357 ff.
Rechtserwerb	**权利取得**	**301**
−Derivativer Rechtserwerb	−派生的权利取得	306 ff.
−Orginärer Rechtserwerb	−原始的权利取得	301
Rechtsfähigkeit	**权利能力**	**153 ff., 188 ff.**
−Abgrenzung zur Geschäftsfähigkeit	−与行为能力的界分	971
−Beginn	−开始	156 ff.
−Begriff	−概念	154
−Ende	−终止	160
−Erbrecht	−继承法	157
−Erwerb	−取得	189
−Juristische Person	−法人	188 ff.
−Konzessionssystem	−许可制度	189,223
−Natürliche Person	−自然人	153 ff.
−Partielle Rechtsfähigkeit	−部分权利能力	157,192
−Umfang	−范围	191,154
−Ungeborenes Leben	−未出生的生命	157
Rechtsfolgenirrtum	**法律效果错误**	**831**
Rechtsfolgenwillen	**法律效果意思**	**395,566 ff.**

关键词索引 | 003

(续表)

德语词汇	中文对译词	位置(边码)
-Als Teil der Willenserklärung	-作为意思表示的部分	566 ff.
-Auslegung	-解释	503
-Begriff	-概念	395
-Inhalt	-内容	578
Rechtsfortbildung	**法律续造**	**12,148 ff.**
-Gesetzesüberschreitende Rechtsfortbildung	-跨法的法律续造	148
-Grenzen	-界限	148
-Zulässigkeit	-合法性/适法性	149
Rechtsgeschäft	**法律行为**	**966**
-Abgrenzung	-界分	277,406 ff.
-Abstraktes (s.d.)	-抽象的(参见此处)	469 ff.
-Arten	-类型	422 ff.
-Auslegung (s.d.)	-解释(参见此处)	493
-Bedingtes	-附条件的	1247,1252 ff.
-Bedingungsfeindliches	-不得附条件的	1258
-Befristetes	-附期限的	1247,1284 ff.
-Bei Vereinen	-在协会中	210
-Definition	-定义	395 ff.
-Dingliches (s. Verfügung)	-物上的(参见处分)	445 ff.
-Einseitiges	-单方的	424 ff.
-Entgeltliches	-有偿的	490 ff.
-Form (s.d)	-形式(参见此处)	404 f.,1043 ff.
-Gesamtakt	-共同行为	430
-Gesetzliche Rechtsfolgen	-法定的法律效果	403
-Gesetzliches Verbot (s.d.)	-法定禁止(参见此处)	1088
-Kausales (s.d.)	-原因的(参见此处)	464 ff.

(续表)

德语词汇	中文对译词	位置（边码）
-Kausalgeschäft (s.d.)	-原因行为（参见此处）	474 ff.
-Mängel	-瑕疵	404
-Mehrseitiges	-多方的	431 ff.
-Personenrechtliches	-人格权的	442 f.
-Sittenwidrigkeit (s.d.)	-违反善良风俗/悖俗（参见此处）	1151
-Umdeutung	-意义转换	1126
-Unentgeltliches	-无偿的	490 ff.
-Unter Lebenden	-生时、生前	444
-Unwirksamkeitsfolgen	-不生效力的后果	1203
-Verfügung (s.d.)	-处分（参见此处）	445 ff.
-Verfügungsverbot (s.d.)	-处分禁止（参见此处）	1124
-Vermögensrechtliches	-财产法的	442
-Verpflichtung (s.d.)	-负担（参见此处）	445 ff.
-Von Todes wegen	-死因的	444
-Willenserklärung (s.d.)	-意思表示（参见此处）	398
-Wirksamkeit	-生效	966 ff.
-Wirksamkeitsvoraussetzungen	-生效的前提条件	404
-Zustimmungserfordernisse (s. unter Zustimmung)	-同意的要求（见下文同意）	1691
Rechtsgeschäftsähnliche Handlung	**准法律行为**	**277, 412 ff.**
-Analoge Anwendung von Rechtsnormen	-法律规范的类推适用	416 ff.
-Willensäußerungen	-意思表达	414
-Wissensmitteilung	-观念通知	415
Rechtsgeschäftslehre	**法律行为学说**	**394**
-Auslegung des Rechtsgeschäfts	-法律行为的解释	493

(续表)

德语词汇	中文对译词	位置(边码)
−Begriff	−概念	394
−Rechtsgeschäftsarten	−法律行为的类型	422
Rechtshandlung	**法律上行为**	**276 ff.**
−Abgrenzung	−界分	277
−Rechtmäßig	−合法的	277
−Rechtswidrig	−违法的	276
Rechtsnorm	**法律规范**	**3 ff.**
Rechtsobjekt	**权利客体**	**226**
−Abgrenzungen	−界分	230
−Arten	−类型	228
−Definition	−定义	227
−Immaterialgüter	−非物质性法益	229
−Körperliche Gegenstände	−有体物	228
−Unternehmen	−企业	232
−Vermögen	−财产	231
Rechtsquellen des Privatrechts	**私法的法源**	**10, 18 ff.**
−Betriebsvereinbarung	−营业协议	21
−Gemeinschaftsrecht	−共同法	23
−Gesetz	−法律	18
−Richtlinie	−指令	23
−Tarifvertrag	−劳资协定	21
−Völkerrecht	−国际法	24
Rechtsscheinhaftung	**权利外观责任**	**1542**
−Minderjährige	−未成年人	968
Rechtsscheinsvollmacht	**权利外观代理权**	**1537 ff.**
−Anscheinsvollmacht (s.d.)	−表见代理权(参见此处)	1560 ff.
−Arten	−类型	1548 ff.

(续表)

德语词汇	中文对译词	位置(边码)
-Duldungsvollmacht (s.d.)	-容忍代理权(参见此处)	1550 ff.
-Gutgläubigkeit des Dritten	-第三人的善意	1543
-Kausalität	-因果关系	1544
-Rechtsfolgen	-法律效果	1546 ff.
-Rechtsscheinstatbestand	-权利外观要件	1539
-Veranlasserprinzip	-诱因原则	1542
-Voraussetzungen	-前提条件	1538 ff.
-Wahlrecht des Dritten	-第三人的选择权	1547
-Zurechenbarkeit	-可归责性	1541
Rechtssicherheit	**权利安定**	**8**
Rechtssubjekte	**权利主体**	**151 ff.**
-Juristische Person	-法人	185
-Natürliche Person	-自然人	152
-Träger von Rechten und Pflichten	-权利和义务的承担人	151,154
Rechtstatsache	**法律事实**	**272 ff.**
-Ereignisse	-事件	275
-Rechtshandlungen (s.d.)	-法律上行为(参见此处)	276 ff.
Rechtsvereinheitlichung	**法律统一化**	**31**
Rechtsverhältnis	**法律关系**	**289**
Rechtsverordnung	**法律命令/法律规定**	**19**
Rechtsverteidigung	**法律辩护/权利辩护**	**356**
Rechtszersplitterung	**权利分裂**	**28**
Reichsgründung	**帝国的建立**	**32**
Richterrecht	**法官法**	**12,148**
Religionsgemeinschaft	**宗教共同体**	
-Kirchen (s.d.)	-教会(参见此处)	
Rückabwicklung	**返还/回复原状**	**930 f.**

(续表)

德语词汇	中文对译词	位置(边码)
-Anfechtung	-撤销	930 f.
-Haustürgeschäft	-上门交易	1815 f.
Rückwirkung	溯及效力	918
Sachen	物	233 ff.
-Arten	-类型	24
-Begriff	-概念	229,234,246
-Bestandteile (s.d.)	-组成部分(参见此处)	245 ff.
-Bewegliche	-移动的	241,260
-Grundstücke	-不动产	249,254
-Lasten	-负担	271 ff.
-Menschlicher Körper	-人的身体	240
-Natürliche Mehrheit	-自然的多数性	238
-Natürliche Sacheinheiten	-自然的一体物	238
-Nutzungen	-用益	266 ff.
-Rechtsobjekt	-权利客体	228
-Sachgesamtheiten	-物的集合/集合物	236
-Teilbare Sachen	-可分物	244
-Tiere	-动物	235
-Unbewegliche Sachen	-不动产	241
-Unteilbare Sachen	-不可分物	244
-Verbrauchbare Sachen	-可消费物	243
-Vertretbare Sachen	-可替代物	242
-Zubehör	-附属物/从物	257 ff.
-Zusammengesetzte Sachen	-合成物/结合物	239
Sachenrecht	物法/物权	80,73,440
Salvatorische Klausel	安全措施条款	1216
Satzung	章程	19

(续表)

德语词汇	中文对译词	位置(边码)
-Verein	-社团	200
Schadensersatz	**损失赔偿**	**932**
-Bedingung	-条件	1278
-Culpa in contrahendo (s.d.)	-缔约过失(参见此处)	686 ff.
-Dissens	-不合意	783
-Notstand	-紧急避险	374,381
-Scherzerklärung	-戏谑表示	814
-Vertreter ohne Vertretungsmacht	-无权代理	1618,1628,1639
-Vertretung	-代理	1677 f.
-Zugangsverhinderung	-到达的障碍	638
Schadensersatz bei Anfechtung	**撤销时的损失赔偿**	**932 ff.**
-Analoge Anwendung des § 122	-第122条的类推适用	933
-Anfechtung nach § 123	-根据第123条撤销	940
-Anspruchsberechtigter	-请求权的权利人	935
-Anspruchsverpflichteter	-请求权的义务人	934
-Mitverschulden	-与有过错/共同过错/过失相抵	939
- Negatives Interesse, begrenzt auf das positive Interesse	-消极利益,以积极利益为限	936
-Umfang	-范围	936
-Verschuldensunabhängige Vertrauenshaftung	-无过错的信赖责任	932
Scheinerklärung	**虚假表示**	**801 ff.**
-Abgrenzungen	-界分	803 ff.
-Beweislast	-证明责任	801
-Einverständnis des Erklärungsempfängers	-表示受领人的同意	801

(续表)

德语词汇	中文对译词	位置(边码)
-Empfangsbedürftige Willenserklärung	-需受领的意思表示	801
-Nichtigkeit einer simulierten Erklärung	-伪装表示的无效	808
-Rechtsfolge	-法律效果	808 ff.
-Simulationsabrede	-伪装约定	801
-Tatbestand	-要件	801
-Umgehungsgeschäft	-规避行为	806
-Wirksamkeit einer dissimulierten Erklärung	-非伪装表示的生效力性	809
Scherzerklärung	**戏谑表示**	**811 ff.**
-Aufklärungspflicht	-释明义务	815
-Erwartung, der Mangel an Ernstlichkeit werde nicht verkannt werden	-期待，没有误解其缺乏诚意	812
-Nichtigkeit	-无效	813
-Rechtsfolge	-法律效果	813
-Schadensersatz	-损失赔偿	814
-Tatbestand	-要件	811
Schriftform	**书面形式**	**1052 ff.**
-Aufhebung der Formvereinbarung	-形式约定的废止	1066
-Auslegungsregel des § 127 BGB	-《民法典》第 127 条的解释规则	1063 f.
-Aussteller	-签发人	1058
-Blankounterschrift	-空白签名	1642 ff., 1648
-Eigenhändige Unterschrift	-亲笔签名	1059
-Elektronische Willenserklärung	-电子意思表示	1062, 1064
-Gesetzliche	-法定的	1053 ff.
-Gewillkürte	-意定的/任意的	1063 ff.

(续表)

德语词汇	中文对译词	位置(边码)
-Namensunterschrift	-签名	1060
-Notariell beglaubigtes Handzeichen	-经公证认证的画押	1060
-Telefax	-传真	1064
-Unterschrift	-签名	1056
-Urkunde	-证书	1054
-Zugang der Urkunde	-证书的到达	1054,630
Schuldrecht	**债法/债权**	79,72,440
-Verpflichtungsvertrag	-负担合同	449
Schweigen	**沉默**	574 f.
-Kaufmännisches Bestätigungsschreiben	-商人的确认函	760
-Willenserklärung	-意思表示	575
Selbsthilfe	**自助/自救**	383 ff.
-Erforderlichkeit	-必要性	387
-Grenzen	-界限	383
-Rechtsfolgen	-法律效果	389
-Selbsthilfehandlung	-自助行为	386 ff.
-Selbsthilfelage	-自助状况	384 f.
Sicherheitsleistung	**提供给付**	391 ff.
-Grundlage	-基础	392
-Sicherungsmittel	-担保手段	393
-Sinn	-意义	391
Singularsukzession	**个别继受**	309,236 ff.
Sitte	**习俗**	4 ff.
-Kernbereich	-核心领域	7
-Rechtliche Relevanz	-法律上的重要性	6
Sittenwidrigkeit	**违反善良风俗/悖俗**	346,1151 ff.

(续表)

德语词汇	中文对译词	位置(边码)
-Ablösesumme	-清偿额/赔偿额	1188
-Abstraktionsprinzip	-抽象原则	1200
-Ausnutzen einer besonderen Schwäche	-利用特别弱点	1196
-Ausnutzen wirtschaftlicher Übermacht	-利用经济上的优势	1196
-Begleitumstände	-伴随因素	1183
-Begriff	-概念	346,1180
-Bierlieferungsverträge	-供啤酒合同	1198,1202,1213
-Bürgschaften	-保证	1196 f.
-Fallgruppen	-案例组	1184 ff.
-Geliebtentestament	-情人遗嘱	1192
-Geltungsbereich	-适用范围	1179
-Geltungserhaltende Reduktion	-效力维持性限缩	1201
-Generalklausel des § 138	-第138条的一般条款	1153
-Gesamtwürdigung	-总体评价	1183,1196
-Herrschende Sozialmoral	-主流的社会道德	1153,1180
-Hintergrund des § 138	-第138条的背景	1152
-Interessenabwägung	-利益权衡	1183
-Knebelungsvertrag	-捆绑合同	1196
-Prostituiertenverträge	-性交易合同	1186
-Radarwarngerät	-雷达探测器	1190
-Rechts-und Anstandsgefühl	-法感情和礼节感情	1181
-Rechtsfolgen	-法律效果	1200 ff.
-Rechtswertwidrigkeit	-违反法律价值	1182
-Sittenwidrigkeit des einseitig gegen den Vertragspartner gerichteten Zwecks	-单方针对合同相对人之目的违反善良风俗	1193 ff.

(续表)

德语词汇	中文对译词	位置(边码)
-Sittenwidrigkeit des gemeinsamen Zwecks	-总体目的违反善良风俗	1189 ff.
-Sittenwidrigkeit des Inhalts	-内容违反善良风俗	1185 ff.
-Subjektiver Tatbestand	-主观要件	1199
-Telefonsex-Verträge	-电话性服务合同	1187
-Umfang der Nichtigkeit	-无效的范围	1201
-Unangemessenheit der vereinbarten Leistung	-约定给付的不合理性	1196
-Unbeschränkte Globalzession (s.d.)	-完全概括让与(参见此处)	1191
-Verhältnis des § 138 zu § 134	-第138条与第134条的关系	1154
-Verwerfliche Gesinnung	-应斥责的思想	1196
-Wucher (s.d.)	-暴利(参见此处)	1158 ff.
-Zeitpunkt der Sittenwidrigkeit	-悖俗的时间点	1156
Sonderprivatrecht	**特别私法**	**16**
Sondervermögen	**特别财产**	**197,222**
Stellvertretung	**代理**	**1287 ff.**
-Abgrenzung	-界分	1297 ff.,1345
-Außenverhältnis	-外部关系	1480
-Bei rechtsgeschäftsähnlichen Handlungen	-在准法律行为中	421
-Bereich des rechtsgeschäftlichen Handelns	-法律行为上的行为领域	1289
-Dogmatische Grundlage	-教义学的基础	1294
-Eigenhaftung des Vertreters (s.d.)	-代理人的自己责任(参见此处)	1679 ff.

(续表)

德语词汇	中文对译词	位置(边码)
-Einwilligung in medizinische Eingriffe	-医疗术中的同意	1338
-Fehlvorstellungen Dritter	-第三人的错误设想	1423 ff.
-Formvorschriften als Vertretungsverbot	-形式规定作为代理禁止	1339
-Gesamtvertreter	-总代理人	430,1434 ff.
-Geschäftsherrentheorie	-交易本人理论	1295
-In der Erklärung	-在表示中	1345
-Innenverhältnis	-内部关系	1480
-Interessen der Beteiligten	-参与人的利益	1291
-Mittelbare Stellvertretung (s.d.)	-间接代理(参见此处)	1306 ff.
-Offenlegungsgrundsatz (s.d.)	-公开原则(参见此处)	1377 ff.
-Passive	-消极的	1654
-Rechtsgeschäftlicher Ausschluss der Stellvertretung	-通过法律行为排除代理	1340
-Rechtsstellung des Vertreters	-代理人的法律地位	1481
-Relevanz	-重要性	1288
-Repräsentationstheorie	-代表理论	1294
-Schadensersatzansprüche des Dritten	-第三人的损失赔偿请求权	1677 f.
-Überblick über die Rechtsfolgen	-法律效果的概览	1293
-Überblick über die Voraussetzungen	-前提条件的概览	1292
-Unwirksamkeit der Willenserklärung bei Vertretungsverboten	-代理禁止时意思表示的不生效力	1341
-Vermittelnde Theorie	-中介理论/居间理论	1296
-Verschuldenszurechnung	-过错归责	1678
-Vertretungsmacht (s.d.)	-代理权(参见此处)	1424 ff.

(续表)

德语词汇	中文对译词	位置(边码)
-Vertretungsverbote	-代理禁止	1335 ff.
-Willenserklärung des Vertreters (s.d.)	-代理人的意思表示(参见此处)	1342 ff.
-Willensmängel des Vertretenen	-被代理人的意思瑕疵	1422 ff.
-Willensmängel des Vertreters	-代理人的意思瑕疵	1366 ff., 1416 ff.
-Wirksamkeit der Willenserklärung des Vertreters	-代理人的意思表示生效	1365
-Wirkungen der Stellvertretung (s.d.)	-代理的效力(参见此处)	1652 ff.
-Zulässigkeit der Stellvertretung	-代理的适法性	1333 ff.
Stiftung	**基金会**	**222 ff.**
-Erlöschen	-消灭	225
-Gründung	-设立	223
-Konzessionssystem	-许可制度	189,223
-Sondervermögen	-特别财产	222
-Stiftungsgeschäft	-基金会(设立)行为/捐助行为	604
-Verfassung	-章程/基本法	224
Strohmann	**间接代理人**	**803,1318 ff.**
-Abgrenzung	-界分	1318
Subjektives Recht	**主观权利**	**278 ff.**
-Abgrenzung	-界分	289 ff.
-Absolute subjektive Rechte	-绝对主观权利	280,288
-Arten	-类型	296 ff.
-Begriff	-概念	280
-Durchsetzbarkeit (s.a. unter Einreden)	-可实施性(另见下文抗辩权)	313 ff., 355 ff.

(续表)

德语词汇	中文对译词	位置(边码)
-Eigentum	-所有权	283,288
-Entstehung	-产生	300 ff.
-Forderungsrecht	-请求的权利	284,288
-Grenzen (s.a. unter Missbrauchs-schranken)	-边界(另见下文滥用限制)	342 ff.
-Notstand (s.d.)	-紧急避险(参见此处)	370
-Notwehr (s.d.)	-正当防卫(参见此处)	359
-Realisierung	-实现	354,357 ff.
-Relative subjektive Rechte	-相对主观权利	280,288
-Selbsthilfe (s.d.)	-自助(参见此处)	383 ff.
-Übertragung (s.a. derivativer Rechtserwerb)	-转让(另见继受的权利取得)	305 ff.
-Untergang (s.a. unter Einwendungen)	-消灭(另见抗辩)	310 ff.
Subsumtion	**涵摄**	**111,118 ff.**
-Wertungen	-评价	118
Tarifvertrag	**劳资协议**	**21**
Taschengeldparagraph	**零花钱条款**	**1017 ff.**
-Auslegungsregel	-解释规则	1020
-Bewirkung der Leistung	-给付的影响力	1019
-Surrogate	-替代品	1024
-Zweck der Mittelverwendung	-手段使用的目的	1020
Teilnichtigkeit	**部分无效**	**1209 ff.**
-Abweichungen	-偏离/不一致	1222 ff.
-Ausdrückliche Parteivereinbarung	-明确的当事人协议	1216
-Auslegungsregel des § 139	-第139条的解释规则	1209
-Einheitliches Rechtsgeschäft	-一体法律行为	1210

(续表)

德语词汇	中文对译词	位置（边码）
-Grundgedanke	-基本理念	1209
-Hypothetischer Parteiwille	-假定的当事人意思	1218
-Rechtsfolgen	-法律效果	1215 ff.
-Salvatorische Klausel	-补充适用条款/替代适用条款	1216
-Spezialvorschriften	-特别条款	1222
-Tatsächlicher Parteiwille	-实际的当事人意思	1217
-Teilbarkeit	-可分性	1212
-Teilweise Nichtigkeit	-部分的无效	1214
-Treu und Glauben	-诚实信用	1224
-Voraussetzungen	-前提条件	1210 ff.
-Zweck der Nichtigkeitsnorm	-无效规范的目的	1223
Telefax	**传真**	**628**
-Fernabsatzvertrag	-远程销售合同	1851 ff.
-Formerfordernis	-形式要求	1064
-Zugang der Willenserklärung	-意思表示的到达	628
Teleologische Reduktion	**目的性限缩**	**142 ff.**
Testament	**遗嘱**	**604**
-Abgabe der Willenserklärung	-意思表示的发出	617
-Anfechtung	-撤销	964
-Geliebtentestament	-情人遗嘱	1192
-Testierfähigkeit	-遗嘱能力	975
Trennungsprinzip	**区分原则**	**445**
-Abgrenzung zum Abstraktionsprinzip	-与抽象原则的界分	476
-Begriff	-概念	445
Treu und Glauben	**诚实信用**	

（续表）

德语词汇	中文对译词	位置（边码）
-Formzwang	-形式强制	1078 ff.
-Teilnichtigkeit	-部分无效	1224
-Treuwidrigkeit (s.d.)	-违反忠实义务（参见此处）	348 ff.
-Verjährung	-消灭时效	332
-Zugangsverhinderung	-阻碍到达	637
Treuhand	**信托**	**805, 1313 ff.**
-Begriff	-概念	1313
-Ermächtigungstreuhand	-授权信托	1316
-Fiduziarische Trauhand	-基于信用的信托/委托信托	1316
-Gestaltungsmöglichkeiten	-形成的可能性	1316
-Sicherungstreuhand	-保证信托	1313, 1315
-Verwaltungstreuhand	-行政信托	1313 f.
-Vollmachtstreuhand	-授权信托	1316
-Zweck	-目的	1313
Treuwidrigkeit	**违反忠实义务**	**332, 348 ff.**
-Anfechtungsausschluss	-撤销排除	953 ff.
-Bedingungseintritt	-条件成就	1264
-Formzwang	-形式强制	1087
-Früher zu missbilligendes Verhalten	-过去不可接受的行为	351
-Gegenwärtig zu missbilligendes Verhalten	-当前不可接受的行为	349
-Tu quoque Einwand	-"相似非难"抗辩	353
-Widerspruch zu früherem Verhalten	-与前行为矛盾/自相矛盾行为	352
Übermittlungsirrtum	**传达错误**	**843**
Umdeutung	**意义转换**	**1226 ff.**

(续表)

德语词汇	中文对译词	位置(边码)
-Ersatzgeschäft	-替代交易	1230
-Konversion	-转换	1227
-Nichtiges Rechtsgeschäft	-无效的法律行为	1228
-Parteiwille	-当事人意思	1231
-Rechtsfolge	-法律效果	1234 ff.
-Schranke	-限制	1235
-Voraussetzungen	-前提条件	1228 ff.
-Wirkung ex lege	-法定效力	1234
Umgehungsgeschäft	规避行为	806,1120 ff.
UNIDROIT-Grundsätze für internationale Handelsverträge	国际商事合同基本原则	25
Unionsrecht(s. Europarecht)	联盟法(参见欧洲法)	23
Universalsukzession	概括继承	309,236 ff.
Unrecht	非法	8
Unternehmensbezogenes Rechtsgeschäft	与企业相关的法律行为	1390
Unternehmer	经营者	167
-Grundlage	-基础	167
-Legaldefinition	-法定定义	170
Untervertretung, Untervollmacht	复代理,复授权	1446 ff.
-Begriff	-概念	1447
-Mittelbare Untervertretung	-间接复代理	1447,1452
-Offenlegungsgrundsatz	-公开原则	1450
-Unmittelbare Untervertretung	-直接复代理	1447,1451
-Vertretungsmacht	-代理权	1451
Unwiderrufliche Vollmacht	不可撤回的授权	1508 ff.
-Abhängigkeit vom Grundverhältnis	-依赖于基础关系	1508
-Widerruf aus wichtigem Grund	-基于重要原因撤回	1510 ff.

(续表)

德语词汇	中文对译词	位置(边码)
-Wirksamkeitsanforderungen	-生效力要求	1509
Unwirksamkeit eines Rechtsgeschäftes	法律行为不生效力	1203 ff.
-Begriff	-概念	1204
-Korrektive	-改正的/补正的	1205
-Rechtsfolgen	-法律效果	1203
Verbandsklage	团体诉讼/共同诉讼	1741
Venire contra factum proprium (s. a. unter Treuwidrigkeit)	行为自相矛盾(另见违反忠实义务)	352
Verbot	禁止	1088,1124
-Gesetzliches (s.d.)	-法定的(参见此处)	1088 ff.
-Verfügungsverbote (s.d.)	-处分禁止(参见此处)	1124 ff.
Verbotsgesetz	禁止性法律	1091 ff.
-Abstraktionsprinzip	-抽象原则	1099,476 ff.
-Begriff	-概念	1091
-Einschränkung der Privatautonomie	-私人自治的限制	1097
-Einseitige Verbote	-单方禁止	1105 f.
-Grundrechte	-基本法	1107
-Inhaltsverbote	-内容禁止	1093
-Ordnungsvorschriften	-秩序规定	1095
-Spezialgesetze	-特别法	1102
-Strafnormen	-刑事规范	1103
-Subjektive Voraussetzungen	-主观的前提条件	1110
-Vornahmeverbote	-实施禁止	1094
Verbraucher	消费者	167
-Grundlage	-基础	167
-Legaldefinition	-法定定义	169
Verbraucherdarlehen	消费者借贷	1817 ff.

(续表)

德语词汇	中文对译词	位置(边码)
-Anwendungsbereich	-适用范围	1819 ff.
-Ausnahmen	-例外	1830 f.
-Ausschluss von Individualvereinbarungen	-个别协议的排除	1818
-Darlehensgeber	-贷款人	1821
-Darlehensnehmer	-借款人	1823
-Darlehensvermittler	-借贷居间人	1821
-Darlehensvermittlungsvertrag	-借贷居间合同	1828
-Existenzgründungskredite	-创业信贷	1823
-Form	-形式	1833 ff.
-Kaufpreisstundung	-买卖价款延期	1826
-Lösungsmöglichkeiten des Darlehensgebers	-贷款人的解除可能性	1840 ff.
-Ratenkredit	-分期信贷	1826
-Rücktrittsrecht des Darlehensgebers	-贷款人的解除权	1841
-Teilzahlungsgeschäfte	-部分支付交易	1826
-Umgehungsverbot	-规避禁止	1818
-Unabdingbarkeit	-不可更易性	1818
-Unternehmer (s.d.)	-经营者(参见此处)	1822, 167 ff.
-Verbraucher (s.d.)	-消费者(参见此处)	1823, 167 ff.
-Verbraucherkredit-Richtlinie	-消费者信贷指令	1818
-Verbraucherdarlehensvertrag (s.d.)	-消费者借贷合同(参见此处)	1826 f.
-Verbundene Geschäfte (s.d.)	-联合交易/关联交易(参见此处)	1843 ff.
-Widerrufsrecht	-撤回权	1839 ff.
Verbraucherdarlehensvertrag	**消费者贷款合同**	**1832 ff.**

(续表)

德语词汇	中文对译词	位置(边码)
-Bevollmächtigung	-授权/代理权授予	1833
-Erleichterungen	-简化	1835
-Fälligstellungsrecht	-到期确定权	1840
-Formerfordernis	-形式要求	1833
-Heilung	-补正	1837
-Lösungsmöglichkeiten des Darlehensgebers	-贷款人的解除可能性	1840 ff.
-Nichtigkeit	-无效	1836
-Rechtsfolgen bei Formmängeln	-形式瑕疵的法律效果	1836 ff.
-Rücktrittsrecht des Darlehensgebers	-贷款人的解除权	1841
-Schriftform	-书面形式	1833
-Widerrufsrecht	-撤回权	1839 ff.
Verbraucherschutzrecht	**消费者保护法**	**16, 1738 ff.**
-AGB-Recht (s.d.)	--一般交易条款法(参见此处)	1742 ff.
-Einhaltung	-遵守	1741
-Fernabsatzvertrag (s.d.)	-远程销售法(参见此处)	1851 ff.
-Grenze der Vertragsfreiheit	-合同自由的边界	663
-Haustürgeschäft (s.d.)	-上门交易(参见此处)	1792 ff.
-Sinn und Zweck	-意义和目的	1739
-Sonderprivatrecht	-特别私法	16
-Unternehmer (s.d.)	-经营者(参见此处)	167 ff.
-Verbandsklage	-团体诉讼/共同诉讼	1741
-Verbraucher (s.d.)	-消费者(参见此处)	167 ff.
-Verbraucherdarlehensvertrag (s.d.)	消费者贷款合同(参见此处)	1817 ff.
-Verbraucherschutzgesetze	-消费者保护法	1738
-Zwingendes Recht	-强制法	1740

(续表)

德语词汇	中文对译词	位置(边码)
Verbraucherverträge	**消费者合同**	**1789 ff.**
- Modifikationen der AGB-Vorschriften	-一般交易条款规定的修正	1789
-Standard-Verbraucherverträge	-标准消费者合同	1790
- Vorformulierte Individualvereinbarungen	-提前拟定的个别约定	1789
Verbundene Geschäfte	**联合交易**	**1844 ff.**
-Einwendungsdurchgriff	-抗辩穿透	1847
-Erstreckung der Widerrufsfolgen	-撤回效果的延伸	1846
-Rechtsfolgen	-法律效果	1846
-Vorsaussetzungen	-前提条件	1844
-Wirtschaftliche Einheit	-经济上一体性	1844
Verein	**社团**	**196,199 ff.**
-Auflösung	-解散/解体	215
-Delikt	-侵权	211
-Erlöschen	-消灭	216
-Gründung	-设立	200
-Idealvereine	-非营利性社团	203
-Mitgliederversammlung	-全体成员大会/全体会员大会	206
-Mitgliedschaft	-成员资格/会员资格	208 ff.
-Nichtrechtsfähiger Verein	-无权利能力的社团	218 ff.
-Organe	-机关	204 ff.
-Rechtsfähiger Verein	-有权利能力的社团	199 ff.
-Rechtsgeschäfte	-法律行为	210
-Satzung	-章程	200
-Vorstand	-董事会/理事会	205

(续表)

德语词汇	中文对译词	位置(边码)
-Vorverein	-先社团/预备社团/设立中的社团	201
-Wirtschaftlicher Verein	-营利性社团	202
Verfassung	**宪法**	**138,224**
-Als Rechtsquelle	-作为法源	18,224
-Stiftung	-基金会	224
-Verfassungskonforme Auslegung	-与宪法一致的解释	138
Verfügung	**处分**	**445 ff.**
-Berechtigung	-权利/合法性	455
-Beschränkt Geschäftsfähiger	-限制行为能力人	1004 ff.
-Bestimmtheit	-确定性	457
-Bezugspersonen	-相关人	453
-Definition	-定义	450
-Publizitätsprinzip	-公示原则	458
-Trennungsprinzip	-区分原则	445
-Typenzwang	-类型强制	454
-Unentgeltliche Verfügung	-无偿处分	492
-Unterschied zur Verpflichtung	-与负担的区别	452
-Verfügungsarten	-处分类型	456
Verfügung eines Nichtberechtigten	**无权利人的处分**	**1713 ff.**
-Einwilligung(s.d.)	-同意(参见此处)	1715 ff.
-Erwerb des Gegenstandes	-取得标的物	1724
-Genehmigung(s.d.)	-追认(参见此处)	1718 ff.
-Grundlagen	-基础	1713
-Konvaleszenz	-变为有效	1724 ff.
-Mehrere Verfügungen	-多重处分	1723
-Nichtberechtigter als Erbe	-无权利人作为继承人	1726

(续表)

德语词汇	中文对译词	位置（边码）
-Schwebende Unwirksamkeit	-效力待定	1718
-Verfügungsmacht	-处分权力	455
-Widersprüchliche Verfügungen	-矛盾的处分	1726
-Wirksamkeit	-生效力	1128
-Zustimmung des Berechtigten	-权利人的同意	1715ff.
-Zwischenverfügung	-中间处分	1719
Verfügungsermächtigung	**处分授权/授予处分的代理权**	**1716 ff.**
-Abgrenzung zur Stellvertretung	-与代理的界分	1716
-Inhalt	-内容	1716
-Zeitpunkt	-时间点	1717
Verfügungsmacht	**处分权力**	**1127 ff.**
-Einschränkungen	-限制	1129
-Entzug der Verfügungsmacht	-处分权力的撤销	1129
-Erwerb vom Nichtberechtigten(Gutgläubiger Erwerb)	-无权利人的取得（善意取得）	1128, 1133
-Zustimmungserfordernisse	-同意的要求	1129
-Verfügungsverbot	-处分禁止	1124 ff.
-AbsoluteVerfügungsverbote	-绝对的处分禁止	1134 ff.
-Abtretungsverbot	-让与禁止	1149
-Bedingung	-条件	1273 ff.
-Behördliche Verfügungsverbote	-官方的处分禁止	1135, 1138
-Erwerbsverbot	-取得禁止	1139
-Fehlen der dinglichen Wirkung	-物上效力缺失	1147
-Forderungspfändung	-请求权扣押/债权扣押	1130
-Gesetzliche Verfügungsverbote(s.a. unter Verbotsgesetz)	-法定处分禁止（另见禁止性法律）	1134, 1137

(续表)

德语词汇	中文对译词	位置(边码)
-Insolvenzverfahren	-支付不能程序/破产程序	1129 f.
-Möglichkeit des gutgläubigen Erwerbs	-善意取得的可能性	1144
-Rechtsfolge	-法律效果	1140
-Rechtsgeschäftliche Verfügungsverbote	-法律行为的处分禁止/约定的处分禁止	1147 ff.
-Regelungszusammenhang mit § 134	-与第134条的规制关联性	1126
-Relative Unwirksamkeit	-相对不发生效力	1140
-Relative Verfügungsverbote	-相对的处分禁止	1137 ff.
-Schuldrechtliche Wirkung	-债权上的效力	1149
-Verfügungsmacht (s.d.)	-处分权力(参见此处)	1127 ff.
-Verhältnis von Verfügungsmacht und Verfügungsverbot	-处分权力和处分禁止的关系	1127
-Zwangsvollstreckung	-强制执行	1141
Verjährung	**消灭时效**	**316 ff.**
-Berechnung	-计算	320,333
-Grundlagen	-基础	317
-Hemmung	-停止/中止	326,332
-Modifikationen	-修正	331 ff.
-Rechtsfolge	-法律效果	328
-Rechtsnachfolger	-权利继受人	329
-Unterbrechung	-中断	327
-Verjährungsfristen	-消灭时效期限	321
Verkehrssitte	**交易习惯**	**6**
-Auslegungskriterium	-解释标准	501,549
-Schweigen	-沉默	574 f.

(续表)

德语词汇	中文对译词	位置(边码)
Vermittlung	中介/传达	1304
-Abgrenzung zur Stellvertretung	-与代理的界分	1304
Verpflichtung	负担	445
-Berechtigung	-合法性	455
-Bezugspersonen	-相关人	453
-Definition	-定义	448
-Privatautonomes Rechtsgeschäft	-私人自治的法律行为	448
-Trennungsprinzip	-区分原则	445
-Unterschiede zur Verfügung	-与处分的区别	452
Verpflichtungsermächtigung	负担授权	1737
Versteckter Dissens	隐藏的不合意	779 ff.
-Abgrenzung zum Irrtum	-与错误的界分	782
-Rechtsfolge	-法律效果	780
-Schadensersatz	-损失赔偿	783
-Tatbestand	-要件	779
-Teildissens	-部分不合意	780
Versteigerung	公开拍卖	710
Vertrag (s.a. unter Rechtsgeschäft)	合同(另见法律行为)	21,654 ff.
-Abgrenzung	-界分	656
-Als Rechtsgeschäft	-作为法律行为	432 ff.,656
-Als Steuerungsinstrument	-作为控制工具	657
-Angebot(s.d.)	-要约(参见此处)	702 ff.
-Annahme(s.d.)	-承诺(参见此处)	738 ff.
-Begriff	-概念	432,655
-Bindungswirkung	-约束效力	659
-Dissens(s.d.)	-不合意(参见此处)	761 ff.
-Einigung	-合意/一致	656

(续表)

德语词汇	中文对译词	位置(边码)
—Form(s.d.)	—形式(参见此处)	1043 ff.
—Lex contractus	—合同法律	659
—Tatbestand	—要件	654
—Verbot(s.d.)	—禁止(参见此处)	1088 ff., 1124 ff.
—Vertragsschluss(s.d.)	—合同订立(参见此处)	658 ff., 699
Vertrag zugunsten Dritter	**利益第三人合同/利他合同**	**883 ff., 1311**
—Abgrenzung zur Stellvertretung	—与代理的界分	1311
—Arglistige Täuschung(s.d.)	—恶意欺诈(参见此处)	883 ff.
Vertragsfreiheit	**合同自由**	**660 ff.**
—Abschlussfreiheit	—订立自由	661
—Änderungs- und Aufhebungsfreiheit	—变更和废止自由	661
—Ausprägungen	—表现形式	661
—Formfreiheit	—形式自由	661
—Grenzen	—边界	105 ff., 662 ff.
—Inhaltsfreiheit	—内容自由	661
—Instrument der Privatautonomie	—私人自治的工具	660
—Kontrahierungszwang(s.d.)	—缔约强制(参见此处)	664 ff.
—Negative Abschlussfreiheit	—消极的订立自由	664
—Partnerfreiheit	—相对人自由	661
—Systematische Vorgaben	—体系的要求	662
—Zwingendes Recht	—强制法	663
Vertragsschluss	**合同订立**	**700 ff.**
—Angebot (s.d.)	—要约(参见此处)	702 ff.
—Annahme (s.d.)	—承诺(参见此处)	738 ff.
—Zustimmung zur Vorlage	—对草案表示同意	701

(续表)

德语词汇	中文对译词	位置(边码)
Vertrauensschutz (s. a. Treu und Glauben)	**信赖保护(另见诚实信用)**	107
-Auslegung	-解释	500 f.,512,525
-Willensmängel	-意思瑕疵	787
Vertrauensschutz bei Erlöschen der Vollmacht	**授权消灭时的信赖保护**	1516 ff.
-Außenvollmacht	-外部授权	1519 ff.
-Nach außen mitgeteilte Innenvollmacht	-对外告知的内部授权	1523 ff.
-Prokura (s.d.)	-商事代理(参见此处)	1533 ff.
-Schutz des Dritten	-第三人保护	1519 ff.
-Schutz des Vertreters	-代理人保护	1517
-Unkenntnis des Erlöschens	-对消灭不知情	1516
-Vollmachtsurkunde (s.d.)	-授权证书(参见此处)	1526 ff.
Vertreter	**代理人**	212,1342 ff.
-Eigenhaftung (s.d.)	-自己责任(参见此处)	1680 ff.
-Empfangsvertreter (s.d.)	-受领代理人(参见此处)	1445,1654
-Gesamtvertreter	-共同代理人	430,1434 ff.
-Gesetzlicher Vertreter (s.d.)	-法定代理人(参见此处)	985 f.,1009 ff.,1368,1429
-Irrtum des Vertreters (s.d.)	-代理人的错误(参见此处)	1416 ff.
-Verfassungsmäßiger Vertreter	-合宪代理人	212
-Willenserklärung (s.d.)	-意思表示(参见此处)	1342 ff.
-Willensmängel	-意思瑕疵	1371 ff.
Vertreter ohne Vertretungsmacht	**无权代理**	**1602 ff.**
-Abredewidrig ausgefülltes Blankett (s.u. Blankett)	-违反约定填写空白文件(另见下文空白文件)	1641 ff.

(续表)

德语词汇	中文对译词	位置(边码)
-Anspruch auf Genehmigung	-追认的请求权	1637
- Aufforderung zur Erklärung über die Genehmigung	-要求对追认作出表示	1611
-Aufwendungsersatz	-费用赔偿	1638
-Begriff	-概念	1602
-Einseitige Rechtsgeschäfte	-单方法律行为	1614 ff.
-Einwendungen	-抗辩	1634 f.
-Erfüllung	-履行	1627
-Fehlende Geschäftsfähigkeit	-缺失行为能力	1635
-Genehmigung durch Vertretenen	-由被代理人追认	1606
-Genehmigungsfähiges Rechtsgeschäft	-有追认能力的法律行为/可以追认的法律行为	1622
-Gutgläubigkeit des Vertreters	-代理人的善意	1631 ff.
-Kenntnis der fehlenden Vertretungsmacht	-知道代理权缺失	1615 ff., 1634
-Negatives Interesse	-消极利益	1631
-Rechtsbeziehung zwischen Vertretenem und Drittem	-被代理人和第三人之间的法律关系	1604 ff.
-Rechtsbeziehung zwischen Vertretenem und Vertreter	-被代理人和代理人之间的法律关系	1637 ff.
-Rechtsbeziehung zwischen Vertreter und Drittem	-代理人和第三人之间的法律关系	1619 ff.
-Rechtsfolgen des § 179 Abs. 1	-第179条第1款的法律效果	1627 ff.
-Regressansprüche des Vertretenen	-被代理人的补偿请求权	1640
-Schadensersatz statt der Leistung	-替代给付的损失赔偿	1628

(续表)

德语词汇	中文对译词	位置(边码)
-Schadensersatzansprüche des Vertreters	-代理人的损失赔偿请求权	1639
-Schadensersatzansprüche gegen den Vertretenen	-对被代理人的损失赔偿请求权	1618
-Schweigen des Vertretenen	-被代理人的沉默	1606
-Sonstige Ansprüche	-其他的请求权	1636
-Verschulden	-过错	1632
-Verschuldensunabhängige Garantiehaftung des Vertreters	-不依赖过错的代理人保证责任	1619
-Verträge	-合同	1605
-Verweigerung der Genehmigung durch den Vertretenen	-被代理人拒绝追认	1610,1623
-Voraussetzungen des § 179 Abs. 1	-第179条第1款的前提条件	1620 ff.
-Wahlschuldverhältnis	-选择性债之关系	1627,1630
-Widerruf des Vertrages durch den Dritten	-由第三人撤回合同	1612
-Wirkung der Genehmigung durch den Vertretenen	-由被代理人追认的效力	1607 ff.
-Zeitpunkt des Vorliegens der Vertretungsmacht	-代理权存在的时间点	1603
Vertretungsmacht	**代理权**	**1424 ff.**
-Abgrenzung	-界分	286
-Abredewidrig ausgefülltes Blankett (s.u. Blankett)	-违反约定填写空白文件(另见下文空白文件)	1641 ff.
-Erscheinungsformen	-表现形式	1428 ff.
-Gesamtvertretung (s.d.)	-共同代理(参见此处)	1434 ff.
-Gesetzliche Vertretungsmacht (s.d.)	-法定代理权(参见此处)	1429 f.,1567

(续表)

德语词汇	中文对译词	位置(边码)
−Insichgeschäft (s.d.)	−自己代理(参见此处)	1583
− Missbrauch der Vertretungsmacht (s.d.)	−代理权滥用(参见此处)	1572 ff.
−Organschaftliche Vertretungsmacht	−机关代理权	205, 1433, 1568 f.
−Passive	−消极	1445, 1654
−Prokura (s.d.)	−商事代理(参见此处)	1432
−Rechtsgeschäftliche Vertretungsmacht	−意定代理权	1431 f., 1570
−Rechtsnatur	−法律属性	1426 f.
−Rechtsscheinsvollmacht (s.d.)	−权利外观代理(参见此处)	1537 ff.
−Umfang	−范围	1566 ff.
−Untervertretung (s.d.)	−复代理(参见此处)	1446 ff.
−Vertreter ohne Vertretungsmacht (s.d.)	−无权代理(参见此处)	1601 ff.
−Vollmacht (s.d.)	−意定代理权(参见此处)	1431, 1454 ff.
Völkerrecht	**国际法**	**24, 137, 141**
Volljährigkeit(s.a.Geschäftsfähigkei)	**成年(另见行为能力)**	**161 ff.**
−Rechtsfolgen	−法律效果	161
Vollmacht	**意定代理权**	**1454 ff.**
−Abstraktionsprinzip	−抽象原则	1487 ff.
−Adressat	−接收人/相对人	1459
−Anfechtung einer Vollmacht	−意定的撤销	1470 ff.
−Außenvollmacht	−外部代理权	1459, 1483
−Begriff	−概念	1454
−Empfangsbedürftige Willenserklärung	−需受领的意思表示	1469
−Erlöschen der Vollmacht (s.d.)	−意定代理权消灭(参见此处)	1497 ff.

(续表)

德语词汇	中文对译词	位置(边码)
-Erteilung	-授予	1459 ff.
-Form	-形式	1464 ff.
-Formbedürftigkeit	-形式需求	1467
-Gattungsvollmacht	-种类代理权	1456
-Generalvollmacht	-一般代理权	1456
-Gesamtvollmacht (s.d.)	-共同代理权(参见此处)	1435 ff.
-Innenvollmacht (s.d.)	-内部代理权(参见此处)	1459,1483
-Isolierte Vollmacht	-独立代理权	1488
-Postmortale Vollmacht	-死后代理权	1502 f.
-Rechtsscheinsvollmacht (s.d.)	-权利外观代理权(参见此处)	1537 ff.
-Spezialvollmacht	-特别代理权	1456
-Umfang	-范围	1456,1493 ff.
-Untervollmacht (s.d.)	-复代理权(参见此处)	1447
-Unwiderrufliche Vollmacht (s.d.)	-不可撤回的代理权(参见此处)	1467,1508 ff.
-Unwirksames Innenverhältnis	-不生效力的内部关系	1489
-Verhältnis zum Grundverhältnis	-与原因关系的关系	1480 ff.
-Vertrauensschutz bei Erlöschen der Vollmacht (s.d.)	-代理权消灭时的信赖保护(参见此处)	1516 ff.
-Vollmachtsarten	-代理权类型	1455 ff.
-Vollmachtsurkunde (s.d.)	-代理权证书(参见此处)	1515
-Widerruf der Vollmacht	-代理权的撤回	1507 ff.
-Willensmängel	-意思瑕疵	1470 ff.
-Wirksamkeitsvoraussetzungen	-生效力的前提条件	1461
Vollmachtsurkunde	**代理权证书**	**1515**
-Bei einseitigen Rechtsgeschäften	-在单方法律行为中	1530 ff.

(续表)

德语词汇	中文对译词	位置(边码)
−Beseitigung des Rechtsscheintatbestandes	−权利外观要件的清除	1529
−Blankett (s.d.)	−空白文件(参见此处)	1528
−Rückgabepflicht des Vertreters	−代理人的返还义务	1515
−Vertrauensschutz des Dritten	−第三人的信赖保护	1526 f.
Vorvertrag	**预约/前合同**	**690 ff.**
−Abgrenzung	−界分	690
−Durchsetzung	−实施	694
−Inhalt	−内容	691
−Schuldrechtlicher Kontrahierungszwang	−债权上的缔约强制	690
Vorvertragliche Rechtsbeziehungen (s. culpa in contrahendo)	**预约法律关系/前合同法律关系(见缔约过失)**	**684 ff.**
Wertentscheidung, -vorstellung	**价值确定/价值判断,价值设想**	**18, 48 ff.**
−Anpassung an Wertvorstellung	−适应价值设想	48 ff.
Widerrechtliche Drohung	**违法胁迫**	**888 ff.**
−Drohung	−胁迫	889
−Finale Verknüpfung	−最终的连接	901
−Inaussichtstellen	−有希望、有前景	891
−Kausalität	−因果关系	900
−Mittel-Zweck-Relation	−手段—目的—关系	896
−Möglichkeit der Einflussnahme durch Drohenden	−胁迫者实施影响的可能性	892
−Subjektive Kenntnis des Drohenden	−胁迫者的主观认知	899
−Übel	−不利	889
−Widerrechtlichkeit	−违法性	894

（续表）

德语词汇	中文对译词	位置（边码）
-Zukünftiges Übel	-将来的不利	890
Widerruf	**撤回**	**649 ff.**
-Angebot	-要约	724
-Fernabsatzvertrag	-远程销售合同	1861 ff.
-Geschäfte beschränkt Geschäftsfähiger	-限制行为能力人的交易	1032
-Haustürgeschäft	-上门交易	1793 ff.
-Verbraucherdarlehensvertrag	-消费者借贷合同	1839 ff.
-Vollmacht	-意定代理权	1507 ff.
-Widerrufsadressat	-撤回接收人/撤回相对人	1704
-Zustimmung	-同意	1703 f.
Widerrufsrecht	**撤回权**	**1814 ff.**
-Dogmatik	-教义学	1814
-Gestaltungsrecht	-形成权	1814
-Rückabwicklung	-返还	1815
-Wirkung ex nunc	-向未来的效力	1814
Willenserklärung	**意思表示**	**565 ff., 398 ff.**
-Abgabe (s.d.)	-发出（参见此处）	611 ff.
-Abgrenzung	-界分	399
-Als Teil eines Rechtsgeschäfts	-作为法律行为的部分	398 ff.
-Ausdrückliche Willenserklärung	-明确的意思表示	567 ff.
-Auseinanderfallen von Wille und Erklärung	-意思和表示不一致	579 ff.
-Auslegung	-解释	121, 581, 494 ff.
-Äußerer Tatbestand	-外部的要件	567 ff.
-Des Vertreters (s.d.)	-代理人的（参见此处）	1342 ff.
-Elektronische Willenserklärung	-电子意思表示	570, 1062
-Empfangsbedürftige Willenserklärung	-需受领的意思表示	603

(续表)

德语词汇	中文对译词	位置(边码)
-Erklärungsbewusstsein	-表示意识	593 ff.
-Erklärungsvorgang	-表示进程/过程	607
-Formulierung	-作成	610
-Gefälligkeitshandlung	-情谊行为/好意施惠行为	595
-Geltungsgrund	-有效原因/适用原因	582 ff.
-Geschäftswille	-效果意思/法律行为意思	600
-Handlungswille	-行为意思	589 ff.
-Innerer Tatbestand	-内部要件	578 ff.
-Kenntnisnahme	-获悉/获知	642
-Konkludente Willenserklärung	-推定的意思表示	571 ff.,631a
-Nicht empfangsbedürftige Willenserklärung	-无须受领的意思表示	603
-Potentielles Erklärungsbewusstsein	-潜在的表示意识	596
-Rechtsfolgen	-法律效果	643 ff.
-Rechtsfolgewille (s.d.)	-法律效果意思(参见此处)	578
-Risikoverteilung	-风险分配	608,619
-Schweigen (s.d.)	-沉默(参见此处)	574
-Tatbestandsmerkmale einer Willenserklärung	-意思表示的要件特点	566 ff.
-Telegraphische Willenserklärung	-通过电报的意思表示	570
-Theorien	-理论	583 ff.
-Unter Abwesenden	-在不在场的情况下	605,622
-Unter Anwesenden	-在在场的情况下	605,631
-Verkörperte Willenserklärung	-实体化的意思表示/有载体的意思表示	606
-Willensmängel (s.d.)	-意思瑕疵(参见此处)	587

(续表)

德语词汇	中文对译词	位置(边码)
-Wirksamwerden einer Willenserklärung	-意思表示产生效力	601 ff.,1691
-Zugang (s.d.)	-到达(参见此处)	619 ff.
-Zustimmungserfordernisse	-同意的要求	1691
Willenserklärung des Vertreters	**代理人的意思表示**	**1342 ff.**
-Botenschaft (s.d.)	-使者关系(参见此处)	1344 ff.
-Eigener Rechtsfolgenwille	-自己的法律效果意思	1343 ff.
-Form	-形式	1366
-Geschäftsfähigkeit	-行为能力	1368 ff.
-Willensmängel	-意思瑕疵	1371 ff.
-Wirksamkeitsvoraussetzungen	-生效力的前提条件	1366 ff.
-Wirksamwerden	-生效力	1365
Willensmängel	**意思瑕疵**	**785 ff.**
-Anfechtung (s.d.)	-撤销(参见此处)	792,817 ff.
-Bewusstes Abweichen von Wille und Erklärung (bewusste Divergenz)	-意思和表示有意识的不一致(有意识的分歧)	788,793 ff.
-Des Vertreters	-代理人的	1371 ff.
-Fehlerursache	-错误的原因	788
-Geheimer Vorbehalt	-隐藏的保留	790,795 ff.
-Lösungen	-解除/解脱	789
-Nichtigkeit einer fehlerhaften Willenserklärung	-有错误的意思表示的无效	791
-Problemstellung	-问题的提出	785
-Scheinerklärung (s.d.)	-虚假表示(参见此处)	801 ff.
-Scherzerklärung (s.d.)	-戏谑表示(参见此处)	811 ff.
-Schutzwürdigkeit des Empfängers	-受领人值得保护	791
-Unbewusste Divergenz	-无意识的分歧	792

(续表)

德语词汇	中文对译词	位置（边码）
-Vertrauensschutz	-信赖保护	787
-Willensbildungsfehler	-意思形成的错误	792
-Wirksamkeit einer fehlerhaften Willenserklärung	-有错误的意思表示生效力	790
Wirkung der Stellvertretung	**代理的效力**	**1652 ff.**
-Eigenhaftung des Vertreters (s.d.)	-代理人的自己责任（参见此处）	1680 ff.
-Schadensersatzansprüche des Dritten	-第三人的损失赔偿请求权	1677 f.
-Verhältnis des Dritten zum Vertretenen	-第三人与被代理人的关系	1653 ff.
-Verhältnis des Dritten zum Vertreter	-第三人与代理人的关系	1679 ff.
-Verhältnis des Vertreters zum Vertretenen	-代理人与被代理人的关系	1688 ff.
-Zurechnung (s.d.)	-归责（参见此处）	1653 ff.
Wissenszurechnung bei der Stellvertretung	**代理的知情归责**	**1655 ff.**
-Aktive Organmitglieder	-积极的机关成员	1668
-Ausgeschiedene Organmitglieder	-退出的机关成员	1669
-Besonderheiten bei arbeitsteiligen Organisationen	-劳动分工组织的特殊性	1665 ff.
-Erweiterte Wissenszurechnung	-扩张的知情归责	1662 ff.
-Juristische Person	-法人	1668
-Normative Anwendung des § 166	-第166条的规范适用	1666
-Organisationspflicht (s.d.)	-组织义务（参见此处）	1671
-Personengesellschaften	-合伙	1670
-Regelung des § 166	-第166条的规定	1655 ff.

(续表)

德语词汇	中文对译词	位置（边码）
-Wissensnachweis	-认知证明	1661
Wohnsitz	**住所**	**162 ff.**
-Begriff	-概念	163
-Minderjährige	-未成年人	166
-Relevanz	-重要性	162
-Wille	-意思	165
Wucher	**暴利**	**1158 ff.**
-Auffälliges Missverhältnis	-明显的不合比例	1161
-Ausbeutung	-剥削	1174
-Austauschvertrag	-交换合同	1160
-Besondere Situation der benachteiligten Partei	-受不利当事人的特殊情况	1163 ff.
-Beweiserleichterung	-证明缓和化/证明简单化	1174
-Erhebliche Willensschwäche	-显著的意志薄弱	1171 ff.
-Geltungserhaltende Reduktion	-效力维持性限缩	1177
-Mangel an Urteilvermögen	-判决财产的瑕疵	1169 f.
-Nichtigkeit	-无效	1175
-Rechtsfolge	-法律效果	1175 ff.
-Spezialfall der Sittenwidrigkeit	-违反习俗的特别情况	1158,1193
-Strafbarkeit nach dem StGB	-根据《刑法典》当受刑罚性	1158
-Subjektive Voraussetzung	-主观前提条件	1174
-Unerfahrenheit	-无经验	1167 f.
-Voraussetzungen	-前提条件	1159 ff.
-Wucherdarlehen	-暴利借贷	1176,1178
-Zwangslage	-强制状况	1164 ff.
Zivilrecht	**民法**	**15**

(续表)

德语词汇	中文对译词	位置(边码)
Zubehör	附属物/从物	**257 ff.**
-Begriff	-概念	258
-Selbständige Sachen	-独立的物	259
-Voraussetzungen	-前提条件	261
Zugang einer Willenserklärung	意思表示的到达	**619 ff.**
-Begriff	-概念	619
-Behörden	-行政机关	632
-Bei rechtsgeschäftsähnlichen Handlungen	-在准法律行为中	420
-Beweislast	-举证责任	620
-Elektronische Willenserklärungen	-电子意思表示	628
-Formgebundene Willenserklärungen	-受形式约束的意思表示	630
-Fremdsprachliche Willenserklärungen	-用外国语言作出的意思表示	629
-Herrschaftsbereich	-控制范围/控制领域	622
-Kenntnisnahme	-认知取得/认知获得	619,621 ff.,642
-Rechtsfolgen des Zugangs	-到达的法律效果	648 ff.
-Risikoverteilung	-风险分担	619
-Unter Abwesenden	-在不在场的情况下	622 ff.
-Unter Anwesenden	-在在场的情况下	631 ff.
-Verhältnis von Zugang und Kenntnisnahme	-到达和认知获得的关系	621
-Vernehmungstheorie	-询问理论、审问理论	631,609
-Widerruf	-撤回	649
-Zugangsnachweis	-到达证明	641
-Zugangsverhinderung	-到达阻碍	636
Zurechnung	归责	**1321 ff.,1653 ff.**

(续表)

德语词汇	中文对译词	位置(边码)
-Abgrenzungen	-界分	1328 ff.
-Begriff	-概念	1322
-Des Vertreterverhaltens	-代理人的表现/代理人的举止	1653 ff.
-Durchgriff	-穿透	1329
-Haftungsnormen	-责任规范	1328
-Interessenabwägung	-利益权衡	1332
-Prinzip der Zurechnung	-归责原则	1321 ff.
-Rechtstechnik	-法律技术	1323
-Verschuldenszurechnung	-过错归责	1678
-Von inneren Umständen (s. Wissenszurechnung)	-关于内在的因素(见认知归责)	1655 ff.
-Zuordnende Gesamtschau	-归属的综合观察	1324
-Zurechnungsgrund	-归责原因/归责事由	1325 ff.
-Zurechnungsnorm	-归责规范	1324
Zustimmung	**同意**	**1690 ff., 1731 ff.**
-Adressat	-接收人/相对人	1699 ff.
-Anwendungsbereich	-适用范围	1694
-Arten	-类型	1696
-Begriff	-概念	1695
-Behördliche Zustimmung	-政府机关同意	1694
-Des Berechtigten	-权利人的	1714 ff.
-Des gesetzlichen Vertreters	-法定代理人的	1009 ff.
-Einwilligung (s.d.)	-许可(参见此处)	1696
-Empfangsermächtigung (s.d.)	-受领授权(参见此处)	1731
-Erklärungstatbestand	-表示要件	1698
-Form	-形式	1701

(续表)

德语词汇	中文对译词	位置(边码)
−Genehmigung (s.d.)	−追认(参见此处)	1696
−Rechtsnatur	−法律属性	1695
−Rechtsscheinszustimmung	−权利外观的同意	1698
−Schweigen	−沉默	1698
−Widerruf	−撤回	1703 f.
−Wirkung	−效力	1706
−Zustimmungserfordernisse	−同意的要求	1691 f.
−Zustimmungserklärung	−同意的表示	1697 ff.
−Zustimmungserteilung	−同意授予	1693
−Zustimmungsverweigerung	−拒绝同意	1710 ff.
Zuwendung	**给予**	**479**
−Abstraktion	−抽象	479
−Unentgeltliche Zuwendung	−无偿的给予	492

Allgemeiner Teil des Bürgerlichen Gesetzbuchs

4. Auflage

内容简介

本书是莱因哈德·博克教授有关民法总则部分研究的集大成之作，根据其2016年德文第4版译出。

本书的内容按照传统的民法总则教科书的顺序展开。首先，讨论了民法的基本理论，即私法和权利理论，包括私法的秩序、权利主体、权利客体、法律事实和主观权利。其次，以私法自治原则为基础，详细论述了民法总则部分的核心内容，即法律行为理论，包括法律行为、意思表示、合同、意思表示的瑕疵和法律行为的效力。最后，讨论了法律行为的特殊行使行为，以及新时代民法的发展，包括代理、同意和消费者保护制度。

博克教授在教科书中所阐述的《德国民法典》总则编的基本制度，旨在为初学者介绍民法领域的入门知识，同时也可以作为进阶者，以及理论家和实务家在民法总则部分的参考工具。本书第4版对整本书进行了彻底的修订，特别是整合了自上一版问世以来的最新司法判例和文献。本书不仅是一本学术水平很高的教科书，而且非常注重对实践经验的总结。此外，考虑到引入消费者权利指令给德国法律体系带来的重大变化，本书特设专章加以讨论。

此外，与其他很多教科书不同，本书的一个显著特点是，非常成功地展示了《德国民法典》不同条款之间的关联性。不仅展示了教义学内容，还包括了理论讨论，这有利于在读者心中建立对知识体系的全面理解。本书还特别注重总则编与《德国民法典》其他部分的联系，揭示了在其他书中难以找到的民法典体系关联，无论是对于初期的学习，还是对于后期的提升，都是非常有益的。

法律人进阶译丛

⊙ 法学启蒙

《法律研习的方法：作业、考试和论文写作（第10版）》，〔德〕托马斯·M. J. 默勒斯 著，2024年出版

《如何高效学习法律（第8版）》，〔德〕芭芭拉·朗格 著，2020年出版

《如何解答法律题：解题三段论、正确的表达和格式（第11版增补本）》，〔德〕罗兰德·史梅尔 著，2019年出版

《法律职业成长：训练机构、机遇与申请（第2版增补本）》，〔德〕托尔斯滕·维斯拉格 等著，2021年出版

《法学之门：学会思考与说理（第4版）》，〔日〕道垣内正人 著，2021年出版

⊙ 法学基础

《法律解释（第6版）》，〔德〕罗尔夫·旺克 著，2020年出版

《法律推理：普通法上的法学方法论》，〔美〕梅尔文·A. 艾森伯格 著，待出版

《法理学：主题与概念（第3版）》，〔英〕斯科特·维奇 等著，2023年出版

《基本权利（第8版）》，〔德〕福尔克尔·埃平 等著，2023年出版

《德国刑法基础课（第7版）》，〔德〕乌韦·穆尔曼 著，2023年出版

《刑法分则I：针对财产的犯罪（第21版）》，〔德〕伦吉尔 著，待出版

《刑法分则II：针对人身与国家的犯罪（第20版）》，〔德〕伦吉尔 著，待出版

《民法学入门：民法总则讲义·序论（第2版增订本）》，〔日〕河上正二 著，2019年出版

《民法的基本概念（第2版）》，〔德〕汉斯·哈腾豪尔 著，待出版

《民法总论》，〔意〕弗朗切斯科·桑多罗·帕萨雷里 著，待出版

《德国民法总论（第44版）》，〔德〕赫尔穆特·科勒 著，2022年出版

《德国物权法（第32版）》，〔德〕曼弗雷德·沃尔夫 等著，待出版

《德国债法各论（第16版）》，〔德〕迪尔克·罗歇尔德斯 著，2024年出版

⊙ 法学拓展

《奥地利民法概论：与德国法相比较》，〔奥〕伽布里菈·库齐奥 等著，2019年出版

《所有权的终结：数字时代的财产保护》，〔美〕亚伦·普赞诺斯基 等著，2022年出版

《合同设计方法与实务（第3版）》，〔德〕阿德霍尔德 等著，2022年出版

《合同的完美设计（第5版）》，〔德〕苏达贝·卡玛纳布罗 著，2022年出版

《民事诉讼法（第4版）》，〔德〕彼得拉·波尔曼 著，待出版
《德国消费者保护法》，〔德〕克里斯蒂安·亚历山大 著，2024年出版
《日本典型担保法》，〔日〕道垣内弘人 著，2022年出版
《日本非典型担保法》，〔日〕道垣内弘人 著，2022年出版
《担保物权法（第4版）》，〔日〕道垣内弘人 著，2023年出版
《日本信托法（第2版）》，〔日〕道垣内弘人 著，2024年出版
《公司法的精神：欧陆公司法的核心原则》，〔德〕根特·H. 罗斯 等 著，2024年出版

⊙ 案例研习

《德国大学刑法案例辅导（新生卷·第三版）》，〔德〕埃里克·希尔根多夫著，2019年出版
《德国大学刑法案例辅导（进阶卷·第二版）》，〔德〕埃里克·希尔根多夫著，2019年出版
《德国大学刑法案例辅导（司法考试备考卷·第二版）》，〔德〕埃里克·希尔根多夫著，2019年出版
《德国民法总则案例研习（第5版）》，〔德〕尤科·弗里茨舍 著，2022年出版
《德国债法案例研习I：合同之债（第6版）》，〔德〕尤科·弗里茨舍 著，2023年出版
《德国债法案例研习II：法定之债（第3版）》，〔德〕尤科·弗里茨舍 著，待出版
《德国物权法案例研习（第4版）》，〔德〕延斯·科赫、马丁·洛尼希 著，2020年出版
《德国家庭法案例研习（第13版）》，〔德〕施瓦布 著，待出版
《德国劳动法案例研习（第4版）》，〔德〕阿博·容克尔 著，待出版
《德国商法案例研习（第3版）》，〔德〕托比亚斯·勒特 著，2021年出版
《德国民事诉讼法案例研习：裁判程序与强制执行（第3版）》，〔德〕多萝特娅·阿斯曼著，待出版

⊙ 经典阅读

《法学方法论（第4版）》，〔德〕托马斯·M. J. 默勒斯 著，2022年出版
《法学中的体系思维与体系概念（第2版）》，〔德〕克劳斯-威廉·卡纳里斯 著，2024年出版
《法律漏洞的确定（第2版）》，〔德〕克劳斯-威廉·卡纳里斯 著，2023年出版
《欧洲合同法（第2版）》，〔德〕海因·克茨 著，2024年出版
《民法总论（第4版）》，〔德〕莱因哈德·博克 著，2024年出版
《合同法基础原理》，〔美〕麦尔文·A. 艾森伯格 著，2023年出版
《日本新债法总论（上下卷）》，〔日〕潮见佳男 著，待出版
《法政策学（第2版）》，〔日〕平井宜雄 著，待出版